CHILDREN AND THEIR DEVELOPMENT

아동과 발달 ^{제7판}

Robert V. Kai······ 옮김

Σ시그마프레스

아동과 발달 제7판

발행일 | 2016년 3월 2일 1쇄 발행
      2020년 9월 25일 2쇄 발행
      2023년 7월 5일 3쇄 발행
저자 | Robert Kail
역자 | 권민균, 김정민, 최형성
발행인 | 강학경
발행처 | Σ 시그마프레스
디자인 | 차인선
편집 | 김성남

등록번호 | 제10-2642호
주소 | 서울특별시 영등포구 양평로 22길 21 선유도코오롱디지털타워 A401~402호
전자우편 | sigma@spress.co.kr
홈페이지 | http://www.sigmapress.co.kr
전화 | (02)323-4845, (02)2062-5184~8
팩스 | (02)323-4197
ISBN | 978-89-6866-669-8

Children and Their Development, 7th edition

* 책값은 책 뒤표지에 있습니다.

* 이 도서의 국립중앙도서관 출판예정도서목록(CIP)은 서지정보유통지원시스템 홈페이지
  (http://seoji.nl.go.kr)와 국가자료공동목록시스템(http://www.nl.go.kr/kolisnet)에
  서 이용하실 수 있습니다.(CIP제어번호: CIP2016004929)

Robert Kail의 *Children and Their Development*, 7판은 아동 발달에 대한 최신 연구의 결과뿐만 아니라 아동의 삶을 이해하고 아동의 삶을 향상시키는 데 적용이 가능한 자료들을 많이 제시하고 있다. 지난 100년간 진행된 아동 발달에 대한 과학적 연구를 통해 축적된 방대한 자료와 결과를 저자는 효과적인 교수법으로 구성하여 제시하고 있어 아동 발달을 처음 접하는 학생들의 이해를 돕고 있다. 저자는 각 장의 주제를 쉽게 이해할 수 있도록 실제 사례를 들어 핵심 개념과 이슈를 소개하는 것으로 각 장을 시작하여 해당 주제를 이론적으로 통합할 수 있도록 각 장을 끝맺는다. 또한 저자는 아동 발달을 연구하는 궁극의 목적은 아동의 삶을 향상시키는 것에 있다는 신념하에 아동 발달과 관련된 개념, 이론과 연구법을 부모, 가정, 교사, 학교, 지역사회 그리고 정책 결정자에게 함의하는 바를 쉽게 풀어 제시하고 있다.

이 책은 아동 발달에 대한 후속 연구를 위한 아이디어를 지속적으로 던져 주어서 아동에 대한 깊이 있는 이해와 관심의 폭을 확장시키고 더 깊이 있게 연구하고자 하는 대학원생들에게도 도움을 준다. 이 책의 독자는 가장 최근의 연구물을 검토하여 아동 발달에 대한 새로운 관점과 가설을 독자에게 소개하려는 저자의 부단한 노력을 엿볼 수 있을 것이다. 또한 전판과 비교해 인종, 민족, 피부색, 언어, 문화의 다양성에 대한 저자의 민감성이 더 높아져서 사례를 소개할 때에도 다양한 인종, 민족, 언어와 문화를 고려한 예시가 눈에 띄게 많아졌다. 동학자로서 역자들은 저자가 보여 준 아동 발달에 대한 방대한 선행 연구 자료에 대한 검토 능력에 도전을 받았다. 또한 이 책을 이용한 아동 발달 수업의 교수-학습의 효능감을 높일 수 있다는 확신에 이 책을 번역하게 되었다.

아동기를 거치지 않고 성인이 된 사람은 아무도 없지만 성인이 된 이후에 아동기의 경험과 발달과정에 대해 지속적인 관심을 가지고 있는 사람은 그리 많지 않다. 그러나 우리가 아동의 발달에 관심을 가지는 이유는 아동기의 삶과 경험이 성인기의 삶과 발달에 지대한 영향을 미치고 지금의 삶의 모습, 여건과 큰 관련이 있다는 것을 인식하기 때문일 것이다. 또한 아동 발달에 대한 연구가 인간이 추구하는 행복한 삶에 좀 더 가까이 다가갈 수 있는 여정을 제시하기 때문일 것이다. 진실로 아동 발달에 대한 관심은 우리 삶의 질적 수준을 한 단계 높은 수준으로 끌어올릴 수 있는 힘을 가지고 있다.

이 책이 출간되기까지 여러모로 도움을 주고 지원해 주신 (주)시그마프레스에 감사드린다. 까다로운 편집과 교정과정을 담당해 주신 편집부의 김성남 선생님을 비롯한 직원 모두에게 감사드린다. 또한 번역에 시간을 쏟느라 함께 보내야 할 시간을 양보해 준 우리의 사랑하는 가족들의 희생과 배려에 고마운 마음을 전한다.

역자 일동

교재를 저술한 많은 교수들과 마찬가지로, 나 또한 내가 강의하는 아동 발달 수업의 목표를 충족시킬 수 있는 마땅한 교재가 없어 이 책을 저술하게 되었다. 아래에 그 목표가 무엇이고 이 책이 그 목표를 달성하기 위해 어떻게 디자인되었는지에 관해 설명하였다.

목표 1 : 학생들의 학습을 촉진할 수 있는 효과적인 교육 방법을 사용한다. 학생들이 이해하기 쉬운 책을 만들고자 하는 노력은 각 장의 구조에서부터 시작된다. 각 장은 분명하고 알기 쉽게 구성된 서너 개의 절로 구성되어 있다. 각 절은 학습 목표와 주제를 잘 설명하는 일화로 시작된다. 다른 교재에서는 별도의 박스로 구성되는 특별한 주제들이 본 교재에서는 본문의 내용과 완벽하게 통합되었다. 각 절의 끝 부분은 학생들이 중심 아이디어를 이해하였는지 확인할 수 있는 질문들로 구성되어 있다.

각 장의 끝부분에는 학습 참고자료를 첨부하였다. "주제 통합하기"는 각 장의 아이디어를 발달의 중요한 주제와 관련시킨 것이다. "직접 해 보기"는 학생들이 아동 발달의 주제를 직접 관찰할 수 있는 활동을 제시한 것이다. "자기 평가"는 학습 자료에 대한 학생들의 이해를 확고하게 하기 위한 질문으로 구성되어 있다. "요약"은 간략하게 복습해 놓은 것이다.

이런 다양한 교육적 요소들로 인해 이전 판을 공부하였던 학생들은 이 책이 읽기 쉬울 뿐 아니라 복잡한 주제를 이해하기 쉽게 제시하고 있다는 이야기를 자주 하였다.

목표 2 : 학생들이 아동 발달 이론과 연구를 학습할 수 있도록 근본적인 발달 이슈를 제시한다. 너무나 많은 주제와 연구로 인해 종종 학생들은 아동 발달 수업을 부담스러워한다. 실제로 오늘날의 아동 발달 과학은 발달의 계속성 그리고 발달에서의 본성과 환경의 영향과 같은 소수의 근본적인 발달적 이슈에 대한 관심에 의해 진행되고 있다. 이 책은 제1장에서 네 가지 기초적인 이슈를 소개하고, 학생들의 이해를 돕기 위해 이후의 장에서 이를 반복하여 제시하였다. 앞서 언급하였듯이, 장의 끝 부분에는 기초적인 주제 중의 하나를 설명하기 위해 장에서 나온 아이디어를 사용한 "주제 통합하기"가 있다. 교재 전반에 걸쳐 이러한 것을 반복함으로써 학생은 이 주제를 통해 아동 발달 과학을 이끌어 가는 핵심 이슈들을 기억하게 될 것이다.

목표 3 : 아동 발달 과학에는 과학적 진보에 기여하는 많은 상호 보완적 연구 방법이 사용된다는 것을 학생들에게 가르친다. 나는 1.4절에서 아동 발달 연구라는 것이 연구자가 연구 계획을 세우는 동안 많은 결정을 해야 하는 역동적 과정임을 기술하였다. 이러한 과정을 통해 연구자들은 강점과 약점을 모두 가지고 있는 연구를 산출한다. 제1장 이후의 모든 장에 있는 "집중 연구"는 특정한 하나의 연구에 대한 연구자들의 각기 다른 결정을 보여 줌으로써 그 과정을 입증하였다. 그림을 사용하여 그 결과를 보여 줌으로써 학생들이 그래프를 어떻게 해석해야 하는지를 배울 수 있도록 하였다. 나는 각 "집중 연구"에 연구자의 결론을 기술하였으며, 연구자의 결론을 강화할 수 있는 수렴적 증거들을 언급하면서 마무리하였다. 이와 같이 연구란 다양한 방식을 사용한 많은 연구자의 공헌에 의한 협력 작업으로 묘사되면서, 각 장마다 제1장에 소개된 아동 발달의 연구 방법이 반복되었다.

목표 4 : 아동 발달 연구 결과들이 아동의 삶을 어떻게 향상시키는지를 학생들에게 보여 준다. 아동 발달 연구자와 학생 모두 연구 결과가 아동 발달을 촉진하는 데 어떻게 사용될 수 있는지를 알고 싶어 한다. 나는 제1장에서 연구자들이 아동의 삶을 향상시키기 위해 자신의 연구를 사용할 수 있는 다양한 방법에 대해 기술하였다. 이러한 생각은 이후의 장에 있는 2개의 특별한 코너에 잘 나타난다. "아동의 삶 향상시키기"에서는 아동의 삶에서 발견되는 보편적인 문제를 해결하기 위해 연구에 근거한 해결 방안을 제시하였고, "아동 발달과 가족 정책"에서는 연구들이 아동과 가족에게 영향을 미치는 사회 정책에 어떻게 변화의 자극을 주었는지를 기술하였다. 이를 통해 학생들은 아동 발달 촉진을 위해 부모, 교사, 정책입안자들이 연구를 사용할 수 있으므로 아동 발달 연구가 정말 중요하다는 것을 깨닫게 될 것이다.

제7판에 새롭게 추가된 것

연구를 업데이트하기 위해 수백 개의 새로운 인용들을 2010년 이후 발표된 연구에 추가하였다. 또한 각 장마다 중요한 새로운 내용을 추가하였다.

제1장에는 다양한 연구방법의 최근 예들이 추가되었다.

제2장에는 또래 관계의 유전적 근간에 관한 새로운 "집중 연구", 분자유전학에 관해 광범위하게 개정된 학습 자료, 후생학적 메커니즘으로서 메틸화 반응에 관한 새로운 학습 자료가 있다.

제3장에는 환경오염에 관한 새로운 학습 자료, 업데이트된 코카인의 영향, 경막 외 진통의 영향에 관해 개정된 학습 자료, 어머니의 우울과 아동의 행동 문제와의 관계에 관한 새로운 "집중 연구", 개정된 "아동 발달과 가족 정책"이 있다.

제4장에는 수면에 관해 많이 개정된 학습 자료, 업데이트된 어린 아동의 건강식 섭취 방법, 성숙의 시기가 남아 발달에 미치는 영향에 관해 많이 개정된 학습 자료, 비만을 부르는 새로운 요인에 대한 목록, 섭식 장애를 예방하는 프로그램을 다룬 새로운 "집중 연구", 10대와 법에 관해 새롭게 기술된 "아동 발달과 가족 정책"이 있다.

제5장에는 안면 지각에 관해 많이 개정된 내용, 주의 집중에 관한 새로운 내용, 유아의 소유욕에 관해 새롭게 기술된 "집중 연구"가 있다.

제6장에는 실행 기능과 순진한 심리학에 관해 많이 개정된 내용이 담겨져 있다.

제7장에는 아동의 과학적 사고에 영향을 미치는 오해에 관한 새로운 학습 자료, 아동이 실험 설계할 수 있도록 가르치는 방법에 관해 새롭게 기술된 "집중 연구", 독서와 양적 추론에 관해 많이 개정된 내용이 있다.

제8장에는 역동적 평가(예전에 역동적 검사였던)에 관해 전적으로 개정된 내용, 덜 위협적인 검사 만들기에 관해 새롭게 기술된 "집중 연구", 독해 장애의 본질에 관해 새롭게 기술된 "주목할 만한 이론", 영재아에 관해 많이 재구성한 학습 자료가 있다.

제9장에는 단어 학습에 문장이 주는 암시에 관하여 개정된 내용, 부모의 대화에 노출되는 것이 왜 아동의 단어를 증가시키는지에 관해 새롭게 기술된 "집중 연구", 이중 언어 아동의 언어 획득에 관해 많이 개정된 내용이 담겨져 있다.

제10장에는 무서운 자극 지각에 관한 새로운 학습 자료, 많이 개정된 "주목할 만한 이론", 기질의 안정성 그리고 기질과 인성과의 관계에 관해 많이 개정된 기술, 기질의 장기적 결과에 관해 새롭게 기술된 "집중 연구"가 포함되어 있다.

제11장에는 자아 인식에 관해 재구성된 내용, 자기도취증에 관한 새로운 학습 자료, 차별 행동의 영향에 관해 새로운 학습 자료를 추가하여 많이 개정된 편견, 차별 행동으로부터 젊은이를 보호하는 요인을 담은 새로워진 "집중 연구" 코너가 있다.

제12장에는 도덕적 추론에 관한 새로운 학습 자료, 많이 개정된 "문화적 영향" 코너, 사회적 행동 촉진에 영향을 미치는 옥시토신의 역할에 관한 새로운 학습 자료, 업데이트된 "주목할 만한 이론", 따돌림 방지 프로그램에 관한 "아동 발달과 가족 정책" 코너를 새롭게 추가하고 공격성의 희생자에 관해 많이 개정된 내용이 담겨져 있다.

제13장에는 '핑크색의 주름 많은 드레스' 현상과 선머슴에 관한 새로운 학습 자료뿐 아니라 기억과 의도적인 통제에서의 성차에 관한 새로운 정보를 추가하여 성차의 내용을 광범위하게 개정한 내용이 담겨 있다.

제14장에는 양육 스타일에 미치는 유전적 영향, 양육 기술을 가르치는 중재 프로그램, 그리고 투옥된 엄마와 함께 하는 공동 부모로서의 조부모에 관한 새로운 학습 자료를 추가하였고, 공개 입양에 관한 새로운 학습 자료를 포함하여 입양아의 내용을 많이 개정하였다.

제15장에는 애완동물과 아동의 놀이에 관한 새로운 학습 자료를 추가하고, 인기도에 영향을 미치는 문화적 차이에 대해 개정하였으며, 빈곤, 스트레스, 아동의 건강과의 관계, 아동 발달에 미치는 정치 폭력과 노숙의 영향, 멘토링과 교사 훈련 프로그램이 학업 우수에 미치는 공헌과 함께 '새로운 매체(예 : 스마트폰, 비디오 게임)'와 탁아의 내용을 많이 개정하였다.

학생들에게

이 책은 배아의 수정에서 청소년기까지 아동의 발달에 대해 살펴볼 것이다. 이러한 목표를 토대로 여러분은 이 책이 유아기와 아동기에 중점을 둘 것이라 유추할 수 있겠지만 이러한 예상과 달리 이 책은 특별한 형식으로 구성되어 주제를 다룬다. 제2~5장은 유전, 인간 발달의 생물학적 근원 및 지각과 운동 기술 발달에 초점을 두고 있다. 제6~9장은 아동의 학습, 사고, 추론 및 문제 해결에 기초가 되는 지적 기능에 대해 살펴본다. 제10~15

장은 사회의 관습을 습득하고, 사회적 역할을 수행하는 것과 연관 있는 사회적 및 정서적 발달에 대해 설명한다.

이러한 구성은 연구자들이 아동이 발달하는 과정을 연구하는 데 있어서 발달의 특정한 측면을 구체적으로 살펴본다는 사실을 반영한다. 예를 들어, 아동이 자라면서 그의 기억이 어떻게 변화하는지 또는 아동기의 우정이 청소년기의 우정과 어떻게 다른지 연구할 수 있다. 이와 같이 이 책은 연구자들이 실제로 아동의 발달을 연구하는 방식으로 구성되어 있다.

각 장의 구성과 활용 자료

이 책의 각 장은 2~4개의 소단원으로 구성되어 있다. 각 장의 서두에는 소단원의 제목들이 나열되어 있다. 각 소단원은 질문 형식의 학습 목표, 소단원의 부제목을 나열한 개요 및 소단원에서 다룰 주제를 소개하는 간략한 이야기로 시작한다. 학습 목표, 개요, 그리고 이야기를 통해 소단원에서 다룰 내용들을 예측할 수 있다.

제2~15장에 걸쳐 있는 각 소단원은 주제에 대한 이해를 넓히는 데 도움이 되는 특집을 하나 이상 제시하고 있다. 이 책은 아래와 같이 총 다섯 가지의 특집을 포함하고 있다.

집중 연구(Focus on Research) 하나의 특정 연구에 사용되는 측정 방법과 연구 설계에 대한 구체적인 정보를 제공해 준다. 특정 연구를 자세히 살펴봄으로써 연구에 대한 확실한 이해를 얻고 과학적 연구는 실제 인물들에 의해 실시되는 논리적인 단계들을 포함한다는 사실을 알게 된다.

문화적 영향(Cultural Influences) 문화가 아동에게 어떤 영향을 미치는지 밝히고 발달의 여정이 얼마나 다양한지 보여 준다. 모든 아동의 발달은 생물학에 뿌리를 두지만 그들이 속한 문화는 각각 다르다. 문화적 영향 특집은 다양한 환경의 경험과 이에 따른 발달적 요소들을 다룬다.

아동의 삶 향상시키기(Improving Children's Lives) 연구와 이론이 아동의 발달을 향상시키는 데 어떻게 적용되는지 보여 준다. 매일 직면하는 문제들에 대한 실용적인 해결책들을 접하며 연구와 이론이 실제의 삶과 연관이 있음을 알게 된다.

아동 발달과 가족 정책(Child Development and Family Policy) 연구 결과가 아동과 가족의 삶을 개선하는 사회 정책을 세우는 데 어떻게 사용되는지 보여 준다.

주목할 만한 이론(Spotlight on Theories) 영향력 있는 이론들과 그 이론들을 검증하는 연구 결과들을 살펴본다.

이 교재의 주제에 초점을 맞추는 데 도움을 주기 위해 추가적

으로 두 가지 요소를 준비했다. 첫째는 핵심 용어가 등장할 때는 고딕볼드체로 강조하였고 용어에 대한 정의는 볼드체로 부각시켰다. 이러한 형식은 학생들이 핵심 용어를 찾고 익히는 데 도움을 줄 것이라 예상된다. 둘째로는 이 책 전체를 통해 "요약표"에서 주요 포인트를 다루고 각 포인트에 대한 설명을 제공한다.

각 소단원의 마지막 부분은 "학습 확인"으로 소단원의 주요 포인트들을 복습한다. "학습 확인"은 점검, 이해, 적용, 이 세 부분으로 나뉜다. "학습 확인"에서 제시하는 질문들에 대해 정답을 말할 수 있다면 여러분은 소단원의 학습 내용을 잘 습득한 것이다. 하지만 시험을 준비할 때 "학습 확인"에만 의존하는 것은 바람직하지 않다. 이 부분의 질문들은 여러분의 이해를 빠르게 확인하는 단계일 뿐 소단원 전체의 내용을 확실히 이해했는지 측정하는 도구는 아니다.

각 장의 마지막 부분은 추가적인 학습 자료로 구성되어 있다. "주제 통합하기" 부분은 각 장의 내용을 1.3(소단원)에서 제시하는 아동 발달의 연구 주제와 연결하는 역할을 한다. "직접 해 보기"는 아동 발달에 관한 특정 주제를 간단한 활동을 통해 여러분이 직접 탐구할 수 있도록 격려한다. "자기평가" 부분의 질문들은 각 장에 대한 이해를 확인하고 더 확고하게 하는 역할을 한다. 마지막으로 "요약" 부분은 각 장의 전체 내용을 소단원의 제목별로 간략하게 요약하고 있다.

용어

다른 모든 학문 분야와 마찬가지로 아동 발달 분야에도 사용되는 용어가 따로 있다. 나는 영아기, 아동기, 그리고 청소년기에 속한 다양한 시기를 특정 용어로 표현했다. 아래의 용어들은 우리가 일상에서 흔히 접하는 단어들이다. 하지만 이 책에서는 특정한 시기를 나타내고 있다.

신생아(Newborn)	출생~1개월
영아(Infant)	1개월~1년
걸음마기 아기(Toddler)	1~2년
취학전 아동(Preschooler)	2~6년
학령기 아동(School-age child)	6~12년
청소년(Adolescent)	12~18년
성인(Adult)	18년 이상

특정 시기와 밀접한 연관이 없을 경우 다양성을 위해 가끔은 다른 단어들을 사용하기도 했다. **아기**(babies), **어린아이들**(youngsters), **초등학생**(elementary-school children) 등이 그 예이다. 이런 경우 문맥을 통해 어떤 집단을 나타내는지 어렵지 않게 알 수 있을 것이다. 또한 다양한 인종과 민족을 대상으로 실행된

연구 결과 부분에서 특정 용어가 사용되었다. 예를 들어, 아프리카에서 건너온 이민자들의 미국인 후손을 우리는 *colored people, Negroes, Black Americans,* 그리고 *African Americans*로 표현해 왔다. 이 책에서 나는 *African Americans*('아프리카계 미국인'으로 번역)를 사용했는데, 이 단어는 그들 고유의 문화유산을 강조하기 때문이다. *European American*(*Caucasian* 또는 *White* 대신), *Native American*(*Indian* 또는 *American Indian* 대신), *Asian American*, 그리고 *Hispanic American* 또한 동일한 이유로 선택되었다.

이러한 용어들이 완벽하다고는 볼 수는 없다. 많은 경우, 한 인종 또는 민족 내에서의 차별성이 반영되지 않는다. 예를 들어, *Hispanic American*이라는 용어는 포르투갈, 멕시코, 과테말라 등 여러 다른 나라에서 미국으로 온 사람들 사이의 차별성을 간과한다. *Asian American*은 일본, 중국 또는 한국에서 온 미국인들을 혈통의 구분 없이 통합적으로 나타내는 것에 그친다. 하위 집단을 구분한 연구의 경우, 결과를 설명하는 과정에서 더 세분화된 용어들이 사용되었다. 이 책에서 특정 인종 또는 민족 집단이 일반적인 용어로 표현되었을 경우, 해당 내용 및 결론이 모든 하위 종족에게 적용되지 않을 수 있음을 기억하기를 바란다.

맺음말

이 책을 집필하게 된 목적은 퍼듀대학교 학생들의 아동 발달에 대한 이해를 높이는 데 있다. 내가 여러분을 직접 가르치지 못할지라도 이 책을 통해 여러분이 아동과 발달에 관심을 갖게 되기를 바라는 마음이다. 이 책에 대한 여러분의 피드백은 후에 이 책을 개정할 때 큰 도움이 될 것이다. 여러분의 의견을 **rkail@purdue.edu**로 보내 주면 감사하겠다.

Robert V. Kail은 퍼듀대학교 심리학과 교수이다. 오하이오웨슬리언대학교에서 학사학위를, 미시간대학교에서 박사학위를 받았다. 또한 *Child Development Perspectives*의 편집자이자 *Psychological Science*의 명예 편집자이다. 미국심리학회에서 수여하는 McCandless 젊은 과학자상과 오하이오웨슬리언대학교에서 심리학 부분, 150주년의 자랑스러운 동문인 (Distinguished Sesquicentennial Alumnus)으로 선정되었다. 심리과학협회 회원으로 활동하고 있으며 *Scientific Writing for Psychology: Lessons in Clarity and Style*을 저술하였다. 그의 연구는 아동기 및 청소년기의 인지 발달에 초점을 두고 있다. 연구실 밖에서는 사진 찍기와 운동을 즐긴다. 그의 홈페이지 주소는 http://www2.psych.purdue.edu/~rk/home.html 이다.

요약 차례

⑬ 성역할과 발달

⑭ 가족 관계

⑮ 가족 이외의 영향

CHAPTER 1

아동 발달 과학

이 장의 절

1.1 아동 발달의 배경

1.2 아동 발달의 기본 이론

1.3 아동 발달 연구의 주제

1.4 아동 발달 연구의 실제

모든 인간은 하나의 작은 세포에서 시작하여 마침내 성인기에 이르는 놀라운 여정을 거친다. 이 여정은 매우 흥미로운 도전들로 가득하다. 이 책은 다학제 간 연구를 통해 수정에서부터 청소년기까지 성장의 모든 측면을 다루는 아동 발달 과학에 관한 것이다. 당신은 성인이 된 지금 이미 이러한 여정을 지나왔을 것이다. 바라건대, 이 책을 공부하면서 아동 발달 연구의 관점에서 자신의 발달 경로를 돌아봄으로써 지금의 자신을 있게 한 발달 요인들에 관해 새로운 통찰을 얻을 수 있었으면 한다.

이 장은 아동 발달 연구의 배경에 대해 이야기한다. 먼저 **1.1절**에서는 아동 발달의 철학적 기초와 더불어 아동 발달이 새로운 과학으로 등장하게 되는 데 영향을 미친 사건들을 살펴볼 것이다. **1.2절**에서는 아동 발달의 중심 이론들을 다룰 것이다. **1.3절**에서는 아동 발달 연구의 주요 주제들을 탐색해 볼 것이다. 끝으로 **1.4절**에서는 아동 발달을 연구하기 위해 과학자들이 사용하는 방법들에 대해 배울 것이다.

1.1 아동 발달의 배경

학습 목표	개요
LO1 철학자들은 아동과 아동기에 대해 어떤 생각을 가졌는가?	아동 및 아동기에 대한 역사적 관점
LO2 현대 과학으로서 아동 발달은 어떻게 등장하게 되었는가?	새로운 과학의 기원
LO3 아동 발달 과학자들은 아동의 삶을 향상시키기 위해 연구 결과를 어떻게 활용하는가?	연구 결과 활용하기

켄드라는 12개월 된 아들 조슈아를 사랑하지만, 은행 대출 업무를 담당하던 직장으로 복귀하고 싶어 한다. 켄드라는 집 근처에 평판이 괜찮은 어린이집 한 곳을 알고 있다. 그러나 사실 그녀는 과연 어린이집에 조슈아를 맡기는 것이 조슈아에게 정말 최선일지 알고 싶다. 또한 그녀는 집 근처 어린이집이 기관 '인증'을 받은 곳인지도 알고 싶다.

요즘 켄드라는 어린 조슈아를 어떻게 돌보는 것이 최선일까 고민이다. 그녀는 조슈아가 태어난 이래 궁금한 것이 많아졌다. 조슈아가 신생아였을 때 켄드라는 조슈아가 그녀의 얼굴과 목소리를 알아볼 수 있을지 궁금했다. 조슈아가 자라면서 계속 궁금한 점들이 생겼는데, 이를테면 조슈아는 왜 유치원에서 그렇게 부끄럼을 타는 걸까? 조슈아를 영재 아동을 위한 수업에 보내야 할까, 아니면 일반 아동을 위한 수업에 보내야 할까? 조슈아가 마약을 사용하지 않는다는 것을 어떻게 알 수 있을까? 등과 같은 것들이다.

이런 수많은 질문들은 켄드라와 같이 자녀를 키우는 부모들이 흔히 마주하는 문제들과 관련이 있다. 또한 부모들만이 이런 궁금증을 갖는 것은 아니다. 교사, 의료인, 사회복지사와 같이 아동을 대하는 많은 전문가들도 종종 무엇이 아동 발달에 최선인가에 대해 의문을 갖는다. 이들은 아동의 자아존중감은 학교생활의 성패에 영향을 미치는가? 어린 아동이 학대를 당해 왔다고 주장할 때 이것을 믿어야 하는가? 등에 관해 궁금해한다. 한편 정부의 관련 부처 공무원들은 어떤 프로그램과 법령이 아동 및 그 가족에게 가장 큰 혜택을 제공할 것인지 결정해야 한다. 예를 들면, 복지 개혁이 어떻게 아동 및 가족에게 영향을 미치는가? 10대 청소년들이 성교육 프로그램에 참여했을 때 과연 성관계를 덜 갖게 되는가? 등과 같은 것들이다.

이런 수많은 질문들은 모두 다 중요하다! 다행히도 수정에서 성인기까지 신체적 · 정신적 · 정서적 발달을 다루는 아동 발달 분야는 많은 부분에서 해답을 제공한다. 먼저, 과학으로서 등장하게 되는 아동 발달의 기원에 대해 살펴보는 것으로 시작하자.

아동 및 아동기에 대한 역사적 관점

LO1   철학자들은 아동과 아동기에 대해 어떤 생각을 가졌는가?

수천 년 동안 철학자들은 아동의 기본적인 본성이 무엇이며 어떻게 아동의 복지를 증진시킬 수 있을지에 대해 고민해 왔다. 그리스의 유명한 철학자 플라톤(Plato, B.C. 428~347)과 아리스토텔레스(Aristotle, B.C. 384~322)는 아동으로 하여금 유능한 시민이 되도록 하기 위해 학교와 부모가 자기통제(self-control)를 가르칠 책임이 있다고 믿었다. 그러나 두 철학자(특히 아리스토텔레스)는 지나친 훈육이 아동의 주도성과 개성을 억제해 리더로 성장하는 것을 방해할 수 있음을 우려하기도 하였다.

또한 플라톤과 아리스토텔레스는 지식(knowledge)이 어떻게 얻어지는가에 대해서도 설명하였다. 플라톤은 아동이 동물, 사람 등의 구체적인 대상뿐 아니라 용기, 사랑, 선함과 같은 추상적인 개념에 대한 지식을 가지고 태어난다고 주장하였다. 플라톤에 따르면, 아동의 경험은 단순히 출생 시 가지고 태어나는 지식을 이끌어 내는 역할을 한다. 아동이 처음 개를 보았을 때 아동의 선천적 지식은 그것을 개로 인식하도록 만든다. 여기에 학습은 필요치 않다. 반면 아리스토텔레스는 타고난 지식의 존재를 부인한다. 그는 지식이 지각적 경험에 뿌리를 두고 있다고 보았다. 아동은 자신의 감각이 제공한 정보에 기초하여 서서히 지식을 습득한다.

이러한 상반된 견해는 계몽주의 시대에 다시 표면화되었다. 영국의 철학자 존 로크(John Locke, 1632~1704)는 영아를 '글자가 쓰여 있지 않은 서판(tabula rasa)'으로 묘사하고, 경험을 통해 독특한 한 개인이 빚어진다고 주장했다. 로크에 따르면, 부모는 어린 아동을 가르치고 보상을 주며 훈육해야 하지만 아동이 자람에 따라 점차 자신의 권위를 누그러뜨려야 한다. 1장 처음에 나오는 에피소드에서 아마도 로크는 켄드라에게 어린이집에서의 경험은 조슈아의 발달에 분명 영향을 미칠 것이라고 조언했을 것이다(구체적으로 어떻게 영향을 미칠지에 대해서는 말하지 못하더라도).

이런 로크의 견해는 다음 세기에 이르러 프랑스의 철학자 장 자크 루소(Jean Jacques Rousseau, 1712~1778)에 의해 도전을 받았다. 루소는 신생아가 정의감과 도덕성을 지니고 있으며 이것이 성장과 동시에 자연스럽게 나타나게 된다고 믿었다. 이러한 과정에서 아동은 오늘날 우리가 알고 있는 영아기, 아동기, 청소년기 등의 발달 단계를 거치게 된다고 보았다. 루소는 부모의 훈육을 강조하기보다 부모가 아동의 필요에 관심을 갖고 이를 수용해야 한다고 주장하였다. 아마도 루소는 조슈아의 필요에 관심을 갖는 양육자의 중요성을 강조했을 것이다.

루소는 아동들이 내재되어 있는 지식을 가지고 준비된 발달 여정을 시작한다고 보는 플라톤과 견해를 같이한다. 로크는 그보다 2,000년이나 앞선 아리스토텔레스와 마찬가지로 아동들이 가벼운 차림으로 여정을 시작하지만 가는 도중 경험을 통해 필요한 지식을 얻는다고 믿었다. 이러한 철학적 논쟁들은 아동 발달이 과학으로서 등장하게 됨에 따라 획기적인 변화를 맞게 된다.

새로운 과학의 기원

LO2   아동 발달은 어떻게 현대 과학으로 등장하게 되었는가?

아동 발달이 과학으로 발돋움하게 된 계기는 19세기 영국에서의 예상치 못했던 두 가지 사건에서 비롯되었다. 그중 하나가 산업혁명이었다. 영국은 1700년대 중반부터 시작하여 농경에 기반을 둔 농업 국가에서 면직을 생산하는 방직 제조 공장 등 공장 중심의 도시 중심 사회로 변모했다. 아동들은 가족과 함께 도시로 이주하여 공장에서 터무니없는 조건으로 수당도 거의 받지 못하고 오랜 시간 일하는 경우가 많았다. 아동들은 빈번하게 일어나는 사고로 불구가 되거나 죽는 일이 흔했는데, 한 예로, 방직 제조 공장에서는 종종 가장 나이 어린 아동들에게 기계가 돌아가는 동안 거대한

Q&A

질문 1.1

18개월 된 여아 모르간의 아버지는 자신의 딸이 신체 활동, 책 읽기, 퍼즐 맞추기 등이 포함된 규칙적인 일과를 보내야 하며, 안전감을 주기 위해 포옹과 입맞춤을 많이 해 주어야 한다고 믿는다. 모르간의 아버지는 아동기에 대한 루소의 견해를 믿는 것인가, 아니면 로크의 견해를 믿는 것인가?

직조기 아래에서 헐거워진 실을 줍는 일을 맡기곤 했다.

개혁론자들은 이러한 상황에 대해 경각심을 갖고 아동의 노동을 제한하여 더 많은 아동을 학교에 보내기 위한 법령을 제정하기 위해 노력했다. 이러한 계획은 1800년대 중요한 정치적 논쟁의 주제였다. 당시 영국에서 가장 영향력 있는 계층에 속했던 공장 소유주들은 싸고 풍부한 노동력을 제한하려는 이러한 움직임에 대항하였다. 그러나 결국 개혁론자들은 승리를 거두었으며 그 과정에서 아동의 복지는 국가적인 관심사로 급부상하게 되었다.

한편 아동 발달이 과학으로 등장하게 된 또 다른 계기는 찰스 다윈(Charles Darwin)의 진화에 관한 연구였다. 그는 한 종(species)의 개체들이 서로 다르다고 주장했는데, 어떤 개체들은 특정 환경에 더 잘 적응하므로 생존할 가능성이 더 많아 다음 세대에 그들의 형질을 전달한다는 것이다. 당시 몇몇 과학자들은 다윈의 종의 진화에 따른 변화와 연령에 따른 인간 행동의 변화 간의 유사점을 발견하였다. **이는 다윈을 포함한 많은 과학자들로 하여금 아동 개개인에 대해 상세하고 체계적인 관찰과 이를 기록하는 아기 자서전(baby biographies)을 쓰도록 부추기는 결과를 가져왔다.** 이러한 관찰 기록은 종종 주관적이거나, 때로는 최소한의 증거에 기초하여 결론을 내린 것들도 있었으나, 그럼에도 불구하고 아기 자서전의 체계적이고 광범위한 기록은 객관적이고 분석적인 연구의 기초를 마련하는 데 공헌했다.

20세기 초 새로운 과학을 주도한 인물은 진화론에 기초하여 아동 발달의 이론을 이끌어 낸 스탠리 홀(G. Stanley Hall, 1844~1924)이다. 그는 다양한 주제에 대해 아동이 가지고 있는 신념의 연령 추이를 조사하는 연구들을 수행했다. 더욱 중요한 것은, 홀이 최초로 아동 발달 연구 결과들을 출판한 영문 과학 학술지를 발간했다는 점이다. 또한 홀은 클라크대학에 아동연구소를 설립했으며, American Psychological Association(APA)의 초대 회장을 역임했다.

한편 프랑스에서는 알프레드 비네(Alfred Binet, 1857~1911)가 최초로 심리 검사를 고안해 내었다(8.2절에서 다루게 됨). 오스트리아에서는 지그문트 프로이트(Sigmund Freud, 1856~1939)가 초기 아동기의 경험으로 성인기의 행동을 설명할 수 있다는 제안을 해 학계를 놀라게 하였다. 미국에서는 행동주의의 창시자인 존 왓슨(John B. Watson, 1878~1958)이 아동 양육에 있어서 보상과 처벌의 중요성에 대해 저술과 강의를 시작했다.

1933년 이러한 새로운 과학적 움직임들은 새로운 다학제 조직인 Society for Research in Child Development(SRCD)에 집결되었다. 이 조직의 구성원들은 심리학자, 의사, 교육자, 인류학자, 생물학자 등으로 이루어졌으며, 모두 아동의 복지와 발달에 공통의 관심을 가지고 있었다(Parke, 2004). 이후 SRCD는 5,000명 이상의 과학자들로 구성된 명실 공히 아동 발달 연구자들의 주요 전문 조직으로 성장했다. SRCD는 아동 발달 과학에 일조한 다른 조직들(예 : International Society for the Study of Behavioural Development, International Society on Infant Studies, Society for Research on Adolescence)과 더불어 다학제 연구를 촉진했을 뿐 아니라 아동의 삶을 개선하기 위해 연구 결과들을 활용하도록 권장하였다.

연구 결과 활용하기

LO3 아동 발달 과학자들은 아동의 삶을 향상시키기 위해 연구 결과를 어떻게 활용하는가?

아동 발달 연구들이 아동의 발달을 신장시키는 방법들에 관해 많은 성과를 거둔 결과 아동 발달 연구의 새로운 분야가 등장하게 되었다. **응용 발달 과학(applied developmental science)은 건강한 발달을 증진시키기 위해 발달 연구들을 활용하며, 특히 취약한 아동과 가족들에게 초점을 맞춘다**(Lerner, Fisher, & Giannino, 2006). 이 분야에 관심이 있는 과학자들은 다양한 경로를 통해 건전한 가족 정책에 기여한다(Shonkoff & Bales, 2011). 어떤 이들은 아동 발달 연구에서 얻은 사실적 지식에 근거하여 정책 사안들을 고려한다. 또한 아동 발달 전문가들은 정부 부처의 공무원들이 아동 관련 문제를 다룰 때 아동 및 아동의 발달에 관해 유용한 정보를 제공할 수 있다(Shonkoff & Bales, 2011). 다른 이들은 아동에 대한 지지자의 역할을 담당함으로써 기여하기도 한다. 아동 발달 연구자들은 아동 옹호 집단과 함께 정책 입안자들로 하여금 아동의 필요에 주의를 기울이도록 할 수 있으며, 그러한 필요를 다루는 가족 정책을 지지할 수 있다. 또 다른 아동 발달 전문가들은 아동 및 가족에 관한 정부 정책들[예 : 낙오학생방지법(the No Child Left Behind Act)]을 평가한다(Yarrow, 2011). 마지막으로, 정책 입안자들에게 영향을 미칠 수 있는 좋은 방법은 실행 프로그램을 개발하는 것이다. 연구자들이 아동이나 청소년 관련 문제들을 효과적으로 다룰 수 있는 프로그램(예 : 영아 돌연사 증후군 혹은 10대 청소년 임신)을 개발했을 때 이는 정책에 영향을 미칠 수 있는 매우 효과적인 수단이 될 수 있다(Huston, 2008).

이렇듯 100년 전 시작된 아동 발달 과학은 이제 아동에 관한 방대한 지식의 목록을 양산하는 학문으로 성장했다. 과학자들은 아동의 삶을 개선시키기 위해 이러한 지식을 적극적으로 활용한다. 이에 관해서는 이 책의 많은 장에서 다룬 "아동 발달과 가족 정책"에서 살펴볼 것이다. 이 책에 등장하는 연구들은 현대 아동 발달 연구의 기초를 제공하는 일련의 발달 이론들에 뿌리를 두고 있다. 이 이론들은 다음 절에서 다루게 될 핵심 내용이다.

 학습 확인

점검 아동 발달 과학이 등장하는 데 배경이 된 두 가지 사건은 무엇인가?

SRCD가 결성되기 이전 새로운 아동 발달 분야의 리더는 누구누구였는가?

이해 아동 발달에 관한 루소와 플라톤의 견해 간의 유사점을 설명하시오. 그들의 견해는 로크와 아리스토텔레스의 것과 어떻게 다른가?

적용 영양 섭취가 아동의 신체적, 정서적 발달에 미치는 영향에 관한 전문가인 아동 발달 연구자가 있다고 가정해 보자. 그 연구자가 아동의 영양 섭취 관련 공공 정책을 널리 알릴 수 있는 방법에 대해 기술하시오.

 # 1.2 아동 발달의 기본 이론

개요	학습 목표
생물학적 관점	**LO4** 생물학적 관점의 주요 원리는 무엇인가?
정신역동적 관점	**LO5** 정신역동적 이론은 발달을 어떻게 설명하는가?
학습적 관점	**LO6** 학습 이론의 초점은 무엇인가?
인지 발달적 관점	**LO7** 인지 발달 이론은 아동의 사고 변화를 어떻게 설명하는가?
상황적 관점	**LO8** 상황적 관점의 주요 요인들은 무엇인가?

월은 고등학교를 일등으로 졸업했다. 그의 어머니 베티가 생각할 때 월은 늘 즐겁고 느긋했으며 배우는 것에 관심이 많았다. 베티는 어떻게 월이 언제나 그렇게 너그럽고 호기심이 많은지 궁금하다. 만일 베티가 그 비밀을 알게 된다면 아마도 그녀는 베스트셀러를 쓸 수 있을 것이다. 어쩌면 "콜버트 리포트"와 같은 토크쇼의 게스트가 될 수 있을지도 모른다!

여기서 잠깐 베티의 질문에 대해 생각해 보자. 당신은 윌의 너그러움, 학습에 대한 관심, 호기심을 어떻게 설명할 것인가? 베티가 훌륭한 어머니이기 때문에 항상 적절한 순간에 올바른 양육을 했기 때문인가? 해마다 윌의 교사들이 그의 호기심을 알아채고 격려해 주었기 때문인가? 아니면 단순히 윌이 이런 점들을 타고난 것인가?

각각의 설명들은 단순한 이론을 가지고 윌의 호기심과 너그러움을 설명하려고 한다. 아동 발달 연구의 이론들이 이보다 훨씬 더 복잡하지만 아동의 행동과 발달을 설명한다는 점에서 동일한 목적을 갖고 있다. **아동 발달 과학에서 이론**(theory)**은 발달을 설명하고 예측하도록 고안된 개념들을 체계화한 것이다.**

이론은 가설을 낳게 되고 이러한 가설은 연구를 통해 검증될 수 있다. 어떤 가설은 지지되며 어떤 가설은 기각된다. 윌의 행동에 대한 다양한 설명들을 생각해 보라. 각각의 설명들은 저마다 독특한 가설들로 이끈다. 예를 들어, 교사들의 격려가 윌을 호기심이 많은 아이가 되도록 만들었다면, 교사들이 그러한 격려를 하지 않을 경우 윌은 더 이상 호기심을 갖지 않을 것이라는 가설을 세울 수 있다. 연구의 결과가 가설대로라면 그 이론은 지지된다. 반면, 결과가 가설에 위배될 때 그 이론은 기각되며 수정된다. 수정된 이론들은 다시 새로운 가설의 기초를 제공함으로써 새로운 연구로 이어지는 순환이 계속된다. 이러한 과정을 통해 그 이론은 점점 더 완전한 설명에 가까워지게 된다. 이 책 전체를 통해 "주목할 만한 이론" 부분에서는 구체적인 이론과 그것으로부터 나온 가설, 그리고 이러한 가설을 검증하는 연구 결과들을 살펴보게 될 것이다.

아동 발달 과학 역사에 걸쳐 많은 이론들이 아동 발달에 관한 연구를 주도해 왔다. 초기의 발달 이론들은 보다 새롭고 발전된 이론들의 밑거름이 되었다. 이 절에서는 현대 이론들의 과학적 기초를 제공한 초기 이론들을 살펴볼 것이다. 이러한 역사적 뿌리의 관점에서 바라볼 때 나중에 다루게 될 새로운 이론들 또한 더 잘 이해할 수 있다.

많은 초기 이론들은 아동과 발달에 대한 가정과 개념을 공유하고 있다. 아동 발달 연구의 다섯 가지 주요 이론적 관점은 생물학적, 정신역동적, 학습적, 인지 발달적, 그리고 상황적 관점이다.

생물학적 관점

LO4 생물학적 관점의 주요 원리는 무엇인가?

생물학적 관점에 따르면, 신체 · 운동 발달뿐만 아니라 지적 발달과 성격 발달 또한 생물학에 뿌리를 두고 있다. 초기 생물학적 이론들 중 하나인 성숙 이론은 아놀드 게젤(Arnold Gesell, 1880~1961)에 의해 제시되었다. **성숙 이론**(maturational theory)**에 따르면, 아동 발달은 신체에 미리 예정된 특정 설계 혹은 계획이 그대로 반영된 것이다.** 게젤의 관점에서 볼 때 발달은 단순히 생물학적 설계에 따라 자연스럽게 펼쳐지는 것이다. 경험은 거의 중요하지 않다. 그보다 200년이나 앞선 루소와 마찬가지로 게젤은 부모들에게 아동이 자연적으로 발달하도록 내버려 두라고 격려한다. 게젤은 말, 놀이, 추론과 같은 행동들이 성인의 개입 없이도 예정된 발달 시간표에 따라 자발적으로 나타난다고 주장하였다.

성숙 이론은 아동의 발달에 관한 환경의 영향에 대해 거의 설명하지 못하므로 지지를 받지 못했다. 그러나 다른 생물학적 이론들은 경험에 더 큰 비중을 둔다. **동물행동학 이론**(ethological theory)**은 진화론적인 관점에서 발달을 바라본다.** 이 이론에 따르면, 많은 행동은 적응적이다, 다시 말해, 생존을 위해 유익하다. 예를 들어, 영아의 매달리기, 잡기, 울기와 같은 행동들은 성인으로 하여금 영아를 돌보도록 이끌므로 적응적이다. 동물행동학 이론가들은 인간이 이러한 많은 적응적 행동들을 물려받는다고 가정한다.

여기까지는 동물행동학 이론이 진화의 요소를 가지고 있다는 점에서 성숙 이론과 유사해 보인

막 부화한 병아리들은 처음 보게 되는 움직이는 대상의 뒤를 따르는데, 그 대상이 인간인 경우에도 그것을 '어미'로 여긴다.

질문 1.2

자매인 근호와 영신은 각각 15세, 10세일 때 한국에서 토론토로 이민을 갔다. 캐나다로 이민을 간 후 둘 다 거의 영어만 사용하였다. 하지만 영신은 원어민처럼 영어를 훌륭하게 구사하는 반면 근호는 가끔 발음과 억양이 어색한 영어를 구사하고 문법실수도 한다. 결정적 시기와 관련해서 근호보다 뛰어난 영신의 영어 실력에 대하여 어떻게 설명하겠는가?

다. 그렇다면 동물행동학 이론은 경험을 어떻게 바라보는가? 동물행동학 이론가들은 특정 종류의 학습은 특정 연령에서만 일어나도록 모든 동물이 생물학적으로 프로그래밍되어 있다고 믿는다. **결정적 시기(critical period)는 특정 유형의 학습이 일어날 수 있는 발달 시기를 말한다.** 결정적 시기 이전이나 이후에는 동일한 학습이 일어나기 어렵거나 아예 불가능하다.

결정적 시기의 널리 알려진 한 예로 동물학자 콘레드 로렌츠(Konrad Lorenz, 1903~1989)의 연구를 들 수 있다. 로렌츠는 새로 부화한 병아리들이 그 어미의 뒤를 따르는 것을 깨닫고 이는 병아리들이 부화 후 처음 보는 움직이는 대상을 따르도록 생물학적으로 프로그래밍되어 있기 때문이라고 주장하였다. **대개 이 대상은 어미였으며, 어미를 따르는 것은 각인(imprinting)의 첫 단계로 어미와의 정서적 유대를 만든다.** 로렌츠는 만약 병아리들이 부화한 후 즉시 그 어미를 치우고 다른 움직이는 대상으로 대체할 경우 병아리들은 그 대상을 따르며 그것을 '어미'로 여길 것이라는 그의 이론을 검증하였다. 그러나 이때 병아리는 부화한 후 하루 내에 움직이는 대상을 보아야만 한다. 하루가 지나면 병아리는 움직이는 대상을 각인하지 못하였다. 다시 말해, 각인의 결정적 시기는 약 하루 동안 지속된다. 결정적 시기가 지난 후에 병아리가 움직이는 대상을 접하게 된 경우 각인은 일어나지 않는다. 기저에 작용하는 생물학적인 기제가 프로그래밍되어 있는 적응적 행동을 끌어내기 위해서는 반드시 경험이 필요하다.

동물행동학 이론과 성숙 이론은 모두 아동 발달의 생물학적 기초를 중시한다. 생물학적 이론가들은 아동의 행동이 오랜 진화 역사의 산물임을 강조한다. 결과적으로 생물학적 이론가는 베티에게 월의 선한 성품과 우수한 학업 성취는 모두 생물학적, 유전적 산물이라고 말할 것이다.

정신역동적 관점

LO5 정신역동적 이론은 발달을 어떻게 설명하는가?

정신역동적 접근은 아동 발달에 관한 가장 오래된 과학적 관점으로 19세기 후반과 20세기 초 프로이트의 연구에 기원을 두고 있다. 프로이트는 명백한 생물학적 원인을 찾을 수 없는 질병으로 고통을 겪는 성인 환자들을 다루는 정신과 전문의였다. 프로이트는 그의 환자들이 그들의 문제와 삶에 대해 설명하는 것을 들으며 개인의 초기 경험들이 그의 전 인생 동안 지속되는 특정 패턴들을 만들어 낸다고 확신하게 되었다. **프로이트는 그의 환자들의 사례를 들어 개인이 각기 다른 연령대에서 직면하게 되는 갈등을 어떻게 잘 해결하느냐에 의해 발달이 결정된다고 보는 정신역동 이론(psychodynamic theory)을 창시하였다.**

이러한 갈등의 역할은 프로이트가 말한 성격의 세 가지 주요 요인에 대한 설명에 잘 나타나 있다. **원초아(id)는 원시적 본능(instinct)과 추동(drive)의 저장고이다.** 출생 시부터 원초아는 신체의 필요와 욕구를 즉각적으로 만족시키도록 압력을 행사한다. 배가 고픈 아기의 울음은 원초아 활동의 예이다. **자아(ego)는 성격의 현실적이고 합리적인 요소이다.** 자아는 생후 1년경 나타나기 시작하는데, 이즈음 영아는 자신이 원하는 것을 언제나 가질 수는 없다는 것을 배우기 시작한다. 자아는 원초아의 본능적 욕구가 현실 세계의 장애물들과 만나게 될 때 생기는 갈등을 해결하려 한다. 종종 자아는 원초아의 충동적인 요구들이 사회적으로 수용될 수 있는 통로를 통해 방출되도록 이끈다. 예를 들어, 사진에서처럼 장난감이 없는 아동은 분명 장난감을 가진 아동을 부러워한다. 프로이트에 따르면, 원초아는 아동으로 하여금 그 장난감을 낚아채도록 부추기는 반면, 자아는 친구와 함께 그 장난감을 가지고 놀도록 격려할 것이다.

성격의 세 번째 요소는 초자아(superego)로서 '도덕적 대리인'의 역할을 한다. 이것은 성인의 옳고 그름의 기준을 내면화하기 시작하는 학령 전기에 나타난다. 앞의 예시에서 친구가 장난감을 보고 있지 않을 때, 원초아는 아동에게 장난감을 가지고 도망가라고 말하는 반면, 초자아는 아동에게 다른 사람의 장난감을 가져가는 것은 잘못임을 상기시킬 것이다.

오늘날 과학자들은 프로이트의 이론을 약화시키는 많은 단점들을 인식하고 있다(프로이트의 몇몇 주요 개념들이 지나치게 모호함). 그럼에도 불구하고 그의 이론은 두 가지 측면에서 아동 발달 연구와 이론에 영향을 미쳤다. 첫째, 초기 경험은 아동 발달에 지속적인 영향을 미칠 수 있다. 둘째, 아동은 종종 그들이 하고 싶어 하는 것과 해야 한다고 알고 있는 것 사이의 갈등을 경험한다.

프로이트의 이론에 따르면, 원초아는 오른편의 아동이 옆 아동에게서 장난감을 낚아채도록 부추기는 반면, 초자아는 그것이 잘못된 일임을 상기시켜 줄 것이다.

에릭슨의 심리사회적 이론 에릭 에릭슨(Erik Erikson, 1902~1994)은 프로이트의 제자로 프로이트의 갈등 개념을 받아들였으나 갈등의 생물학적 · 신체적 측면보다 심리적 · 사회적인 측면을 강조하였다. 에릭슨의 **심리사회적 이론**(psychosocial theory)에서 **발달은 연속적인 단계들로 구성되며, 각 단계는 특유의 기준에 따라 정의된다.** 발달은 〈표 1-1〉의 8단계를 포함하고 있으며, 각 단계의 명칭은 개인이 특정 연령에서 대면하게 되는 도전을 반영한다. 예를 들어, 청소년기의 도전은 자신의 정체성을 발달시키는 것이다. 이러한 정체성 발달의 도전을 충족시키지 못한 청소년은 자신의 정체성을 타인과의 관계에서 찾으려 해 타인에 지나치게 의존하며, 그 결과 진정한 친밀한 관계를 맺을 수 없게 될 것이다.

정신역동적 관점에서는 성인기로의 여정이 여러 장애물(우리가 그것을 갈등, 도전, 위기 혹은 뭐라고 부르든 간에)로 인해 쉽지 않다는 점을 강조하고 있다. 아동이 이러한 삶의 장애물들을 어떤 방식으로, 얼마나 쉽게 극복했는지에 따라 발달의 결과가 달라질 것이다. 아동이 이러한 초기 장애물들을 쉽게 극복하게 되면 이후의 장애물들은 더욱 잘 다룰 수 있게 된다. 이 절의 시작 부분의 에피소드로 돌아가면, 정신역동적 이론가는 베티에게 윌의 낙천적 성격과 학업 성취는 윌이 인생의 초기 장애물을 잘 다뤘음을 보여 주는 것이며, 이것은 또한 향후 그의 발달에 대한 좋은 징후로 볼 수 있다고 말할 것이다.

표 1-1 에릭슨의 심리사회적 발달의 8단계

심리사회적 단계	연령	도전
기본적 신뢰 대 불신	출생~1세	세상은 안전하고 '좋은 곳'이라는 느낌 발달시키기
자율성 대 수치 및 의혹	1~3세	자신이 결정을 내릴 수 있는 독립적인 존재임을 깨닫기
주도성 대 죄책감	3~6세	새로운 것을 시도하는 자발성과 실패를 다루는 능력 기르기
근면성 대 열등감	6세~청소년기	기본적 기술 학습하기, 타인들과 작업하기
정체성 대 정체성 혼미	청소년기	지속적이고 통합된 자아 개념 발달시키기
친밀성 대 고립	청년기	타인과 사랑의 관계 형성하기
생산성 대 침체	장년기	아동 양육과 돌봄 혹은 다른 생산적인 일을 통해 젊은 세대에 기여하기
통합 대 절망	노년기	자신의 삶을 만족스럽고 가치 있는 삶으로 바라보기

학습적 관점

LO6　학습 이론의 초점은 무엇인가?

초기의 학습 이론들　학습 이론가들은 영아의 마음이 백지 상태이며 경험이 그 위를 써 내려간다는 로크의 관점을 지지한다. 왓슨은 이러한 관점을 아동 발달에 적용한 최초의 이론가이며, 경험으로부터의 학습이 아동의 미래를 결정한다고 주장하였다.

왓슨은 그의 주장을 뒷받침할 만한 연구를 거의 수행하지 않은 반면, 스키너(B. F. Skinner, 1904~1990)는 많은 연구를 수행하였다. 스키너는 행동의 결과가 앞으로 그 행동이 반복될 것인지를 결정한다는 개념의 **조작적 조건화(operant conditioning)**를 **강조했다.** 스키너는 특히 두 종류의 결과가 특히 영향을 미친다는 것을 밝혀냈다. **강화(reinforcement)는 앞으로 일어날 행동의 빈도를 증가시키는 것이다.** 긍정적인 강화는 초콜릿, 스티커 또는 돈과 같은 보상을 주어 이전 행동을 반복할 가능성을 증가시키는 것이다. 부모는 아동이 자기 방을 치울 때마다 칭찬이나 음식, 돈 등으로 보상을 주는 정적 강화를 사용할 수 있다. 한편 부적 강화는 불쾌하게 여기는 것들을 제거해 줌으로써 보상을 주는 것이다. 위 예에서 부모는 부적 강화를 사용할 수 있는데, 아동이 방을 치울 때마다 설거지나 빨래 개는 것 등을 하지 않게 해 주는 것이다.

처벌(punishment)은 앞으로 일어날 행동의 빈도를 감소시킨다. 처벌은 꺼리는 일을 시키거나 즐거운 활동을 못하게 하여 특정 행동을 금지하는 것이다. 아동이 자기 방을 치우지 않았을 때 부모는 부가적인 집안일(꺼리는 일)을 하도록 하거나 TV 보는 것을 금지(즐거운 활동의 억제)하는 벌을 줄 수 있다.

실제로 적절하게 사용된 강화와 처벌은 아동에게 커다란 영향을 미친다. 그러나 아동들은 종종 강화나 처벌 없이 학습을 하기도 한다. **아동들은 단순히 주위를 둘러보는 것으로도 많은 것을 배우는데, 이를 모방(imitation) 혹은 관찰학습(observational learning)이라고 한다.** 예를 들어, 유아가 다른 유아의 장난감 던지는 행동을 그대로 따라 하거나, 아동이 평소 부모가 하던 대로 나이 든 노인의 물건을 들어 드리거나, 사진에서처럼 아들이 아버지를 따라 면도를 하는 것 등이다.

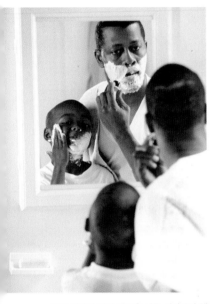

발달 전반에 걸쳐 아동은 다른 사람들의 행동을 모방함으로써 많은 것을 배운다.

사회 인지 이론　초기의 연구자들은 모방을 단순한 흉내 내기로 생각했으나 그 후 연구를 통해 사실 그렇지 않다는 것이 입증되었다. 아동은 눈에 보이는 것을 언제나 모방하지는 않는다. 대신 아동은 모방의 대상이 인기가 있거나 똑똑하거나 혹은 재능이 있을 때 더욱 그 대상을 따라 하는 경향이 있다. 또한 아동은 어떤 행동이 보상을 받는 것을 볼 때 더욱 그 행동을 모방한다. 이러한 결과는 모방이 단순한 흉내라기보다 좀 더 복잡한 것임을 의미한다. 아동은 그가 보고 들은 것을 기계적으로 따라 하는 대신 적절한 행동에 대한 정보를 얻기 위해 다른 사람들을 주의 깊게 살핀다. 아동이 인기가 많고 똑똑한 다른 또래들의 특정 행동 방식을 모방하는 것이 그 예이다.

앨버트 반두라(Albert Bandura, 1925~)의 사회 인지 이론(social cognitive theory)은 보상, 처벌 및 모방에 대한 좀 더 복잡한 관점에 기초하고 있다. 반두라는 그의 이론에서 '인지'라는 용어를 사용했는데, 이는 아동들이 외부 세계에서 일어나고 있는 일들을 능동적으로 이해하려고 노력한다고 믿었기 때문이다. 또한 그는 '사회'라는 용어도 사용했는데, 이는 강화와 처벌과 더불어 다른 사람들의 행동이 외부 세계에 대한 중요한 정보의 원천이라고 믿었기 때문이다(Bandura, 2006, 2012).

반두라는 아동이 경험을 통해 자신의 능력과 재능에 대한 신념인 자기 효능감(self-efficacy)을 갖게 된다고 주장하였다. 자기 효능감은 아동이 다른 사람들의 행동을 모방할지 결정하는 데 영향을 미친다. 예를 들어, 한 아동이 자신의 운동 신경이 부족하다고 여긴다면 르브론 제임스가 분명 재능 있고 인기가 많음을 안다 하더라도 그의 덩크 동작을 모방하려고 애쓰지는 않을 것이다. 그러나 사진 속의 아동은 자신이 농구에 재능이 있다고 믿기 때문에 르브론 제임스를 모방하려고 한다. 이렇듯

만약 누군가가 르브론 제임스와 같이 재능이 있다면 그를 따라 하려는 시도는 충분히 납득할 만하다. 어린 아동들은 종종 재능 있는 사람들을 따라 한다.

아동이 모방을 시도하느냐의 여부는 모방의 대상이 누구이며, 그의 행동이 보상을 받는지 그리고 아동 자신의 재능에 대한 신념에 의해 좌우된다.

반두라의 사회 인지 이론은 스키너의 조작적 조건화와는 매우 다르다. 능동적으로 상황을 해석하는 반두라의 사회 인지적 아동이 기계적으로 강화와 처벌에 반응하는 스키너의 조작적 조건화된 아동을 대신하게 된 것이다. 그럼에도 불구하고 스키너, 반두라, 그리고 모든 학습 이론가들은 경험이 아동 발달의 여정을 이끌어 간다는 점에는 동의한다. 이들은 베티에게 윌이 경험을 통해 낙천적 성격과 학업 성취를 얻게 되었다고 말할 것이다.

인지 발달적 관점

LO7 인지 발달 이론은 아동의 사고 변화를 어떻게 설명하는가?

인지 발달적 관점(cognitive-developmental perspective)은 아동이 어떻게 사고하는가와 아동이 성장함에 따라 사고가 어떻게 변화하는지에 초점을 둔다. 장 피아제(Jean Piaget, 1896~1980)의 이론은 가장 널리 알려져 있다. 그에 따르면 아동들은 나면서부터 그들의 세계를 이해하려고 애쓴다. 영아와 아동 그리고 청소년들은 물리적 세계뿐 아니라 사회적 세계에서의 작업 또한 이해하기를 원한다. 예를 들어, 영아들은 사물에 관해 알고 싶어 한다. '내가 이 장난감을 식탁에서 밀어내면 어떻게 될까?' 또한 영아들은 사람들에 대해 알고 싶어 한다. '나를 먹이고 돌보는 이 사람은 누구일까?'

피아제는 아동이 자신의 세계를 이해하기 위해 노력하며, 마치 과학자처럼 사물과 사람에 대해 알고 있는 모든 것을 하나의 완벽한 이론으로 엮어 내려고 노력한다고 주장하였다. 즉 아동은 물리적·사회적 세계에 대한 이론을 세워 외부 세계를 이해하려 한다고 보았다. 아동은 이러한 이론들을 바탕으로 어떤 일이 일어날 것임을 예측한다. 따라서 아동이 세운 이론들은 매일 경험에 의해 검증된다. 실제 과학 이론의 경우와 마찬가지로 아동의 예측대로 사건이 일어날 경우 그 이론에 대한 아동의 신념은 더욱 강해진다. 반면 예측된 사건이 일어나지 않을 경우 아동은 그 이론을 수정한다. 예를 들어, 사진 속의 영아에 대해 생각해 보자. 영아가 쥐고 있는 딸랑이와 같은 사물에 대해 갖고 있는 이론은 '만약 내가 딸랑이를 손에서 놓으면 딸랑이는 바닥에 떨어질 거야' 등과 같은 생각들이다. 만일 영아가 접시나 천 조각 등 다른 사물들을 손에서 놓을 경우 그 사물들 역시 바닥에 떨어진다는 것을 알게 되어 이론은 '사물을 손에서 놓으면 바닥에 떨어진다'로 좀 더 일반화된다.

또한 피아제는 발달 과정에서 아동이 자신의 이론에 기본적인 결함이 있음을 깨닫는 몇몇 중요한 시점들이 있다고 보았다. 이 시점에서 아동은 자신의 이론을 대폭 수정하게 된다. 이러한 변화들은 매우 근본적인 것들이어서 수정된 이론은 거의 새로운 이론에 가깝다고 볼 수 있다. 피아제는 대략 2세, 7세, 그리고 청소년기 직전에 이러한 수정이 일어난다고 주장하였다. 이러한 변화들은 아동이 크게 인지 발달의 네 단계를 거친다는 것을 의미한다. 각 단계는 아동이 그들의 환경을 이해하고 조직하는 방식의 근본적인 변화를 나타낸다. 예를 들어, 감각운동기는 출생에서 약 2세까지의 시기로 감각운동기의 사고는 영아의 감각 및 운동 능력과 밀접한 연관이 있다. 인지 발달의 네 단계는 〈표 1-2〉에 나타나 있다.

피아제에 따르면, 아동의 사고는 현재 가지고 있는 이론이 정교해짐에 따라 점점 정교해진다. 아마도 피아제는 윌의 유순함에 대해서는 이야기할 것이 거의 없을 것이다. 그러나 피아제는 윌의 학업 성취에 대해서 모든 아동이 선천적으로 그들의 세계를 이해하기 원하는데 단지 윌은 이 부분에 있어 특별히 뛰어나다고 말할 것이다.

피아제의 이론에 따르면 영아들도 사물과 그 속성에 대해 초보적인 이론을 가지고 있다.

표 1-2 피아제의 인지 발달 단계

단계	연령	특징
감각 운동기	출생~2세	외부 세계에 대한 영아의 지식은 감각과 운동 기술에 기초한다. 이 시기가 끝날 무렵 영아는 정신적 표상을 사용하기 시작한다.
전조작기	2~6세	아동은 외부 세계를 표현하기 위해 단어와 수와 같은 상징들을 사용하는 법을 배우나 자신의 관점에서만 외부 세계를 바라본다.
구체적 조작기	7~11세	아동은 지금 여기에서의 논리적 조작을 이해하고 경험에 적용한다.
형식적 조작기	청소년기 이후	청소년과 성인은 추상적으로 사고하고 가상의 상황을 예측하며 무엇이 가능한가를 연역적으로 추론한다.

상황적 관점

LO8 상황적 관점의 주요 요인들은 무엇인가?

많은 발달 전문가들은 환경이 아동의 삶에 중요한 작용을 한다는 데 동의한다. 전통적으로 대다수의 아동 발달 이론들은 아동에게 직접적인 영향을 미치는 환경의 영향을 강조하였다. 예를 들어, 직접적인 환경의 영향으로는 아동을 칭찬하는 부모, 동생을 괴롭히는 형, 트럭을 가지고 노는 여아를 말리는 유치원 교사 등을 들 수 있다. 이러한 직접적인 영향들이 아동의 삶에 중요한 것은 사실이지만, 상황적 관점에서 볼 때 이러한 영향들은 각 요소들이 연결되어 상호 영향을 미치는 더 큰 체계의 일부분일 뿐이다. 이러한 체계는 부모, 형제뿐 아니라 가족 외의 대가족 구성원, 친구, 교사 등을 포함한다. 또한 여기에는 발달에 영향을 미치는 학교, TV, 직장, 교회 등도 포함된다.

결국 위의 것들이 모여 한 개인의 문화(culture)—특정 집단과 관련이 있는 지식, 태도, 또는 행동—를 형성한다. 문화는 특정 나라나 민족(예 : 프랑스 문화), 특정 시점(예 : 1990년대의 대중문화), 혹은 크완자(Kwanzaa)를 기념하는 아프리카계 미국인과 같은 동일한 문화적 전통을 가지고 있는 집단을 가리킨다. 문화는 아동 발달의 배경을 제공해 주므로 아동기와 청소년기에 걸쳐 발달에 중요한 영향을 미치는 요인이다.

아동 발달에 있어 문화적인 배경을 강조한 최초의 이론가들 중 한 명은 레프 비고츠키(Lev Vygotsky, 1896~1934)이다. 러시아의 심리학자인 비고츠키는 성인들이 아동에게 문화의 신념, 관습, 그리고 기술을 전달하는 방식에 초점을 맞추었다. 비고츠키는 모든 사회의 기본 목적이 아동으로 하여금 핵심적인 가치와 기술을 획득하도록 하는 것이기 때문에 아동 발달의 모든 측면은 반드시 이러한 배경을 고려해야 한다고 보았다. 예를 들어, 미국의 대부분의 부모들은 자녀가 대학에 들어가기 위해 학교에서 열심히 공부하기를 바란다. 마찬가지로 아프리카의 에페(Efe) 부모들은 자녀가 식량을 모으고, 집을 짓고, 사진에서처럼 사냥하는 법을 배우기를 원한다. 왜냐하면 이러한 기술들은 그들의 환경에서 생존을 위해 필수적이고 중요하기 때문이다. 비고츠키는 발달이란 도제(apprenticeship)와 같다고 보았는데, 즉 아동은 교사와 부모를 포함하여 숙련된 기술을 가진 성인들과 함께 일할 때 발달한다는 것이다. 이 책 6.2절에서는 인지 발달에 기여한 비고츠키의 특별한 공헌에 대해 좀 더 살펴볼 것이다.

이 절의 시작 부분의 에피소드로 돌아가 보면, 비고츠키는 베티에게 환경이 윌의 좋은 기질과 학업 성취에 중추적인 역

상황적 관점에 따르면 부모들은 아동들이 사냥하기 등과 같이 그들 문화의 필수적인 가치와 기술을 숙달할 수 있도록 돕는다.

할을 했다고 말할 것이다. 그런 점에서 그는 학습 이론가들과 일치한다. 그러나 상황적 이론가는 '환경'이 강화, 처벌, 관찰 그 이상의 것을 의미한다고 주장할 것이다. 상황적 이론가는 베티가 아들에게 호기심과 학업 성취의 중요성을 어떻게 전달하였는지를 강조할 것이다. 또한 베티가 학교 생활을 중시하는 문화 집단의 구성원이라는 사실이 윌의 발달에 영향을 미쳤다고 설명할 것이다.

큰 그림 기본적인 5개의 주요 관점을 비교하는 것은 마치 큰 도시의 주요 볼거리들을 하루에 보려고 노력하는 것과 같다. 〈요약표 1-1〉은 5개의 관점과 중요한 이론들에 대한 간략한 설명을 제시하고 있다.

이러한 관점들은 이 책을 통해 소개할 현대 이론들의 기초가 된다. 예를 들어, 피아제의 이론은 사물에 대한 영아의 이해와 취학 전 아동의 사고에 이바지하였다. 이와 유사하게 에릭슨의 이론은 어머니−영아 간의 애착 관계와 청소년기의 정체성 형성에 기여하였다.

이 책의 〈요약표 1-1〉에서 다루고 있는 현대 이론들은 이들 5개의 관점에서 파생된 것이다. 왜냐하면 어떤 하나의 관점도 아동 발달의 모든 측면을 완벽하게 설명하지는 못하기 때문이다. 인지 발달 관점의 이론들은 아동의 연령에 따라 아동의 사고가 어떻게 변화하는지를 이해하는 데 유용하다. 반면 상황적 관점과 학습적 관점은 부모나 또래, 학교, 문화와 같은 환경이 어떻게 아동의 발달에 영향을 미치는지를 설명해 준다. 따라서 이러한 모든 관점을 파악함으로써 아동 발달에 기여하는 다양한 요인들을 더욱 잘 이해하게 될 것이다.

발달에 기여하는 요인들을 이해하는 또 다른 방법은 다양한 이론적 관점에서 다루어진 발달의 몇몇 주제를 자세히 살펴보는 것이다.

학습 확인

점검 아동 발달에 대한 생물학적 관점의 여러 가지 이론들을 설명해 보시오.

아동 발달에 대한 상황적 관점의 주요 특징은 무엇인가?

이해 아동 발달에 관한 에릭슨과 피아제의 견해 간의 유사점과 차이점을 설명하시오.

적용 한 어머니가 자신의 1세 영아가 다른 또래에 비해 지나치게 많이 우는 것 같다고 호소한다고 가정할 때, 〈요약표 1-1〉에 제시된 5개 관점의 이론가들은 각각 이 문제를 어떻게 설명할 것인가?

요약표 1-1 발달적 관점의 특징

관점	핵심 가정	이론
생물학적	발달은 기본적으로 생물학적 영향력에 의해 결정된다.	**성숙 이론** : 생물학적 계획의 자연적인 발현
		동물행동학 이론 : 아동과 부모의 행동이 특정 환경의 도전에 적합하도록 변화함
정신역동적	발달은 아동이 연령 시기에 따라 직면하게 되는 다양한 갈등을 어떻게 해결하는지에 따라 결정된다.	**프로이트의 이론** : 원초적인 생물학적 영향력과 옳고 그름에 대한 사회적 기준 간의 갈등
		에릭슨의 이론 : 신뢰, 자율성, 주도성, 근면성, 정체성의 형성에 의한 도전
학습적	발달은 기본적으로 아동의 환경에 의해 결정된다.	**스키너의 조작적 조건화** : 강화와 처벌의 역할
		반두라의 사회 인지 이론 : 강화, 처벌 및 아동이 타인의 행동을 사용하여 외부 세계를 이해하려는 노력
인지 발달적	발달은 아동이 세계를 이해하려는 노력을 반영한다.	**피아제의 이론** : 아동이 외부 세계에 대해 갖고 있는 이론의 변화에 따른 다양한 사고의 단계
상황적	발달은 직간접적인 환경에 의해 영향을 받는다.	**비고츠키의 이론** : 다음 세대로의 문화 전승에 있어 부모(그리고 다른 성인들)의 역할

1.3 아동 발달 연구의 주제

개요	학습 목표

발달의 연속성

LO9   초기의 삶은 이후의 발달을 얼마나 잘 예측하는가?

본성과 양육의 영향

LO10   유전과 환경은 발달에 어떻게 영향을 미치는가?

능동적 아동

LO11   아동은 자신의 발달에서 어떠한 역할을 담당하는가?

다양한 발달 영역들 간의 연관성

LO12   발달의 다양한 영역들은 서로 연결되어 있는가?

하비에르는 그의 갓 태어난 손자를 안고 활짝 웃었다. 그의 마음속에 많은 생각들이 떠올랐다. 리카르도는 자라면서 무엇을 경험하게 될 것인가? 가난한 주변 환경으로 인해 그의 잠재력이 발휘되지 못하는 것은 아닐까? 리카르도는 가족의 건강한 유전자를 물려받았을까? 미국 내에서 치카노(Chicano, 멕시코계 미국시민)로서 성장할 리카르도의 삶은 멕시코에서 자란 하비에르의 경험과 어떻게 다를 것인가?

하비에르는 다른 여느 할아버지와 마찬가지로 그의 손자의 미래에 무엇이 기다리고 있을지 궁금하다. 그의 질문은 실제로 이 단원에서 초점을 맞추고 있는 발달의 네 가지 주요한 주제를 반영하고 있다. 이러한 주제들은 이 책의 나머지 부분에서 다루고 있는 아동 발달에 관한 많은 중요한 사실들을 이해하고 정리하기 위한 기반을 마련해 줄 것이다. 이를 위해서 제2장에서 제15장까지 각 장의 맨 마지막에 그 장의 내용과 관련 있는 주제를 함께 다룬 "주제 통합하기"가 제시되어 있다.

발달의 연속성

LO9   초기의 삶은 이후의 발달을 얼마나 잘 예측하는가?

이 주제는 발달의 예측에 관한 것이다. 행복하고 쾌활한 5세 아동이 일평생 외향적이고 사교적일 것이라고 생각하는가? 만약 그렇다면 이것은 발달이 연속적인 과정임을 믿는 것이다. 이런 관점에서 볼 때 아동은 특정한 발달 경로에 한 번 들어서면 이후 계속 그 경로에 머무르게 된다. 즉 만약 리카르도가 5세까지 다정하고 똑똑하다면, 그는 15세와 25세 때에도 다정하고 똑똑할 것이다. 또 다른 관점은 발달이 연속적인 것이 아니라는 것이다. 이런 관점에서 볼 때 리카르도가 5세에는 다정하고 똑똑했지만, 15세에는 건방지고 어리석을 수 있고, 25세에는 조용하지만 지혜로울 수도 있을 것이다. **따라서 연속성-비연속성 논쟁(continuity-discontinuity issue)은 사실상 발달의 '관련성 (relatedness)'에 대한 것이다. 발달의 초기 측면들은 이후의 발달과 지속적인 관련이 있는가?**

사실 두 관점 모두 정확한 것은 아니다. 발달은 완벽히 예측할 수 없다. 다정하고 똑똑한 5세 아동이 15세 혹은 25세 때에도 그러하리라고 보장할 수는 없지만, 또래들이 싫어하고 지능이 낮은 아동보다 다정하고 똑똑한 성인이 될 가능성은 더 많다. 다정하고 똑똑한 15세 청소년이 되기 위해서 반드시 5세 때 다정하고 똑똑해야 하는 것은 아니지만 이 둘 간에 관련이 있음은 분명하다.

질문 1.3
어렸을 적 헤더는 매우 수줍음이 많고 내성적인 성격이었으나 어른이 되어서는 외향적인 성격이 되었다. 헤더의 사례는 내향성의 지속성과 비지속성에 대하여 무엇을 말하고 있는가?

본성과 양육의 영향

LO10 유전과 환경은 발달에 어떻게 영향을 미치는가?

나는 이 주제를 소개하기 위해 내 아들들에 관한 이야기를 하려고 한다. 첫째 아들인 벤은 영유아기 때부터 쾌활한 기질을 보였다. 그는 매일 아침 웃는 얼굴로 깨서 즐겁게 하루를 시작하곤 하였다. 벤은 거의 화를 내는 일이 없었으며, 화났을 때에도 안아 주거나 흔들어 주면 곧 화가 풀리곤 했다. 나는 그의 이러한 특성이 분명 적절한 양육의 결과라고 생각하였다. 그러나 둘째 아들인 매트가 생후 1년 동안 신경질적이고 까다롭게 구는 것을 보고 깜짝 놀랐다. 그는 쉽게 짜증을 내고 달래기가 어려웠다. 왜 벤에게는 효과적이던 양육 방식이 매트에게는 그렇지 못한가? 답은 물론 벤의 쾌활한 성품이 양육 방식 때문만은 아니라는 것이다. 나는 환경적인 영향이 벤의 사랑스런 성품을 설명해 준다고 생각했으나 사실 생물학적인 영향 또한 중요한 역할을 담당하였다.

이것은 **본성-양육 논쟁**(nature-nurture issue)을 보여 주는 일례이다. **유전(본성)과 환경(양육)은 아동 발달을 어떻게 결정짓는가?** 과학자들은 한때 원인이 유전인지 아니면 환경인지에 대한 해답을 찾으려 애를 썼다. 예를 들면, 지능은 유전에 기인한다든지 혹은 성격은 경험에 기인한다는 것을 밝히고자 하였다. 그러나 오늘날 우리는 실제 아동 발달의 어떤 측면도 단지 하나에만 기인하지는 않는다는 사실을 알게 되었다. 대신 발달은 언제나 본성과 양육의 상호작용으로 만들어진다(Sameroff, 2010). 사실 아동 발달 연구의 주요 목적은 어떻게 유전과 환경이 아동의 발달을 결정하는지를 이해하는 것이다.

능동적 아동

LO11 아동은 자신의 발달에서 어떠한 역할을 담당하는가?

나는 종종 아동 발달 수업 시간에 학생들에게 그들이 자녀를 가지게 되었을 때 어떤 계획이 있는지 묻곤 한다. 자녀를 어떻게 양육할 것인가? 자녀가 성장하여 어떤 사람이 되기를 원하는가? 학생들의 답변은 흥미로웠다. 많은 학생들이 미래의 자녀에 대해 큰 계획을 가지고 있었다. 한편 이미 자녀가 있는 학생들의 경우 다른 사람들의 계획에 대해 "현실은 생각과 달라"와 같은 태도를 보이는 모습도 흥미로웠다. 그들은 자신들도 한때 자녀 양육에 대해 커다란 계획을 가지고 있었음을 인정했다. 그러나 그들은 곧 자신들의 양육 방식이 자녀에 의해 정해진다는 것을 알게 되었다.

다음 주제는 **능동적-수동적 아동**(active-passive child)에 관한 것이다. 아동은 단지 환경에 의해 좌우되는가(수동적 아동), 아니면 자신의 독특한 개인적 특성을 통해 능동적으로 자신의 발달에 영향을 미치는가(능동적 아동)? 수동적 관점은 아동이 마치 글씨가 쓰여 있지 않은 서판과 같으며 경험이 그 위를 써 내려간다고 본 로크의 견해와 일치하며, 능동적 관점은 발달을 아동 안에서 일어나는 자연적인 전개로 본 루소의 견해와 일치한다. 오늘날에도 경험이 매우 중요하다는 것에는 이견이 없으나, 로크가 생각했던 그러한 방식은 아니다. 종종 아동의 발달을 결정하는 것은 경험에 대한 아동의 해석이다. 아동은 출생 시부터 자신의 세계를 이해하려고 노력하며 그러한 과정에서 아동은 자신의 운명에 영향을 미친다.

또한 아동의 특성은 아동으로 하여금 독특한 경험을 갖도록 이끈다. 부모가 그림책을 읽어 주는 것을 좋아하는 사진 속의 아동에 대해 생각해 보자. 부모가 책을 읽어 주는 동안 아동이 관심을 보이면 부모는 매일 밤 기꺼이 책을 읽어 주게 된다. 반대로 만약 책을 읽어 주는 동안 아동이 산만하거나 지루한 태도를 보이면 부모는 아동에게 더 이상 책을 읽어 주지 않을는지도 모른다. 이 두 경우 모두 부모가 책을 읽어 주는 동안 아동이 보이는 행동이 이후 그 부모가 아동에게 책을 읽어 줄 것인지에 영향을 미친다.

책 읽기를 즐기는 이 아동의 성향은 이후 부모로 하여금 더욱 아동에게 책을 읽어 주도록 이끌 것이다. 이는 아동 스스로가 자신의 발달에 영향을 미칠 수 있음을 보여 준다.

다양한 발달 영역들 간의 연관성

LO12 발달의 다양한 영역들은 서로 연결되어 있는가?

아동 발달 연구자들은 신체적 성장, 인지, 언어, 성격, 사회적 관계와 같은 발달의 다양한 영역들을 조사하였다. 한 연구자는 아동이 어떻게 문법적으로 말하기를 배우는지 연구하며, 다른 연구자는 아동의 도덕적 문제에 대한 추론을 연구한다. 발달의 각 측면은 다른 것들과 완전히 분리되어 있지 않다. 발달의 다양한 영역들은 언제나 서로 연결되어 있다. 예를 들어, 인지적 발달과 사회적 발달은 독립적이지 않다. 한 영역의 진보는 다른 영역의 진보에 영향을 끼친다. 리카르도의 인지적 성장(예 : 그는 성적이 우수한 학생이다)은 그의 사회적 발달(예 : 그는 학업에 열심이 있는 또래들과 친구가 된다)에 영향을 미칠 것이다.

지금까지 소개된 주제들을 다시 한 번 살펴보자.

- **연속성** : 초기의 발달은 이후의 발달과 관련이 있으나 이후 발달을 완벽하게 예측하는 것은 아니다.
- **본성과 양육** : 발달은 항상 유전과 환경에 의한 영향을 함께 받는다.
- **능동적 아동** : 아동은 그들 자신의 발달에 영향을 미친다.
- **연관성** : 발달의 다양한 영역들은 서로 연결되어 있다.

대부분의 아동 발달 과학자들은 위 주제들이 아동 발달의 중요한 일반적 주제라는 점에 동의할 것이다. 그러나 집을 지을 때 원목, 벽돌, 배관, 전선 등이 다양하게 사용되는 것처럼 이러한 주제들은 아동 발달의 주요 이론들에 다양한 방식으로 등장한다. 예를 들어, 유전-환경의 논쟁을 생각해 보자. 다섯 가지 관점 중 생물학적 관점은 본성의 영향을 강조하는 한 극단이며, 학습적 관점과 상황적 관점은 또 다른 극단으로 볼 수 있다.

또한 각 관점들은 다양한 발달 영역들 간의 연관성을 다르게 해석한다. 피아제의 인지 발달 이론에서는 이러한 연관성을 강조한다. 왜냐하면 아동은 외부 세계를 설명하기 위해 통합된 이론을 얻으려고 노력하기 때문에 인지적 성장과 사회적 성장은 밀접하게 연결되어 있다. 반면 학습적 관점은 영역들 간 연관성의 정도가 환경적인 영향에 달려 있다고 본다. 즉 아동의 다양한 삶의 영역들은 유사한 환경적인 영향을 받는 경우에 한해 연관성을 가지게 된다.

 학습 확인

점검 연속성 발달과 비연속성 발달 사이의 차이점을 설명하시오.

발달의 다양한 영역이 서로 연결되어 있다는 것을 보여 주는 예를 들어 보시오.

이해 본성과 양육 간의 차이점을 설명하고, 이 두 가지 접근으로 폭력이 어떻게 아동 발달에 영향을 미치는지 설명하시오.

적용 부모는 활동적인 자녀와 조용한 자녀에게 어떻게 다르게 반응해야 하는가?

아동 발달 연구의 실제

학습 목표

LO13 과학자들은 어떻게 아동 발달의 관심 주제들을 측정하는가?

LO14 아동 발달 연구에서 사용되는 일반적인 연구 설계는 무엇인가?

LO15 연령에 따른 변화 연구에서 사용되는 특별한 연구 설계는 무엇인가?

LO16 연구자들이 따라야 할 윤리적인 절차는 무엇인가?

LO17 과학자들은 어떻게 다른 과학자들에게 연구 결과를 전달하는가?

개요

아동 발달 연구의 측정 방법

일반적 연구 설계

연령에 따른 변화를 연구하기 위한 설계

윤리적 책임

연구 결과 전달하기

리아와 조안은 둘 다 10세 남아 자녀를 둔 어머니이다. 두 아이 모두 친구가 많지만, 리아와 조안은 무엇이 이 아이들로 하여금 서로 친구가 되게 하는지 잘 모른다. 리아는 반대 성향을 가진 사람들이 서로 끌린다고 여겨 서로 다른 관심과 능력을 가진 아이들이 친구가 된다고 생각한다. 조안은 다른 생각을 가지고 있는데, 그녀의 아들은 자신과 흥미와 능력이 비슷한 또래들을 찾는 것처럼 보인다.

만약 리아와 조안이 당신이 아동 발달 수업을 듣는다는 것을 알고 이러한 궁금증을 해결하기 위해 당신에게 질문을 한다고 가정해 보자. 리아와 조안은 각각 아동들의 우정에 관해 단순한 이론을 가지고 있다. 리아의 이론은 상호보완적인 아동들이 서로 친구가 되는 일이 많다는 것이며, 조안의 이론은 비슷한 아동들이 서로 친구가 되는 일이 많다는 것이다. 이러한 이론들은 연구를 통해 검증되어야 한다. 그러나 어떻게 해야 하는가? 모든 과학자와 같이 아동 발달 연구자들은 다음의 단계들을 포함한 과학적 방법을 따른다.

- 답변하고자 하는 질문 혹은 이해하고자 하는 현상이 무엇인지 확인한다.
- 질문에 대한 잠정적인 답변 또는 현상에 대한 잠정적인 설명인 가설을 세운다.
- 가설을 평가하기 위해 사용될 수 있는 자료들을 수집할 방법을 선택한다.

위의 에피소드에서 리아와 조안은 이미 처음 두 단계를 거쳤다. 그들은 아이들은 왜 친구가 되는지 알고 싶어 했으며, 각각 이러한 현상에 대한 가설을 만드는 데 사용될 수 있는 간단한 이론을 가지고 있다. 이제 남은 것은 자료를 수집하기 위한 방법을 찾는 것으로, 이 절에서 초점을 맞추게 될 부분이다. 아동 발달 과학자들은 아동 발달에 관한 가설을 검증하는 데 유용한 증거를 수집하기 위한 방법들을 어떻게 선택하는가?

아동 발달 과학자들은 연구 방법을 고안함에 있어서 몇 가지 중요한 결정을 내려야 한다. 그들은 연구하고자 하는 그 현상을 어떻게 측정할 것인가를 결정해야 하며, 연구를 설계해야 한다. 또한 그들은 자신들의 연구가 연구 대상자 개인의 권리를 존중하는 것임을 분명히 해야 한다. 연구가 종료된 후에는 연구 결과를 다른 연구자들에게 전달해야 한다.

아동 발달 연구자들이 항상 이러한 단계들의 순서를 꼭 따라야만 하는 것은 아니다. 예를 들어, 연구자들은 대개 다른 단계들의 결정을 내릴 때에도 그것이 연구 대상자들의 권리를 침해하는 것은 아닌지 고려한다. 그럼에도 불구하고 편의상 이 책에서는 발달 연구의 단계들을 설명하는 데 이 순서를 사용할 것이다.

아동 발달 연구의 측정 방법

LO13 과학자들은 어떻게 아동 발달의 관심 주제들을 측정하는가?

연구는 보통 관심 있는 주제나 행동을 어떻게 측정할지 결정하는 것에서부터 시작한다. 아동 발달 연구자들은 통상적으로 네 가지 접근 방법, 즉 관찰, 과제를 사용한 행동 샘플링, 자기 보고, 생리적 반응 측정 중 하나를 사용한다.

체계적 관찰 체계적 관찰(systematic observation)은 아동을 관찰하여 그가 행동하고 말하는 것을 신중하게 기록하는 것이다. 흔히 체계적 관찰에는 두 종류가 있다. 자연적 관찰(naturalistic observation)은 실제 삶의 상황에서 아동의 자발적인 행동을 관찰하는 것이다. 물론 연구자는 아동의 모든 행동을 기록할 수는 없다. 먼저 연구자는 어떤 변인(variable)을 기록할 것인지 결정해야 한다. 우정에 대해 연구하는 연구자들은 학교 식당에서 아동들을 관찰하기로 결정할 수 있다. 그들은 아동 개개인이 어느 자리에 앉는지, 누가 누구와 이야기하는지를 기록할 것이다. 또한 연구자들은 막 중학교에 입학한 아동들을 관찰하기로 결정할 수 있는데, 이는 이 시기가 많은 아동들이 새로운 친구를 사귀는 때이기 때문이다.

자연적 관찰은 각각 14개월, 26개월, 38개월 된 자녀들과 그들의 어머니 간의 상호작용에 대한 연구에서 살펴볼 수 있다(Gunderson et al., 2013). 그들은 비디오 카메라를 설치하고 각 연구 대상 아동들의 일상적인 활동(예 : 옷 입기, 식사, 놀이)을 90분간 녹화하였다. 연구자들은 비디오 테이프에서 어머니가 아동에게 칭찬을 하는 횟수를 측정했는데, 이때 칭찬은 드러나게("잘했어!") 혹은 드러나지 않게("혼자서 했구나!") 아동에게 긍정적인 피드백을 제공하는 말로 정의했다.

구조화된 관찰(structured observation)은 연구자가 관심 있는 행동을 끌어내기 위해 환경을 조성한다. 특히 구조화된 관찰은 흔히 일어나지 않거나 혹은 개인적인 상황에서 일어나기 때문에 자연스럽게 관찰하기 어려운 행동들을 연구하는 데 유용하다. 예를 들어, 연구자가 응급 상황에서 아동이 보이는 반응에 대해 연구하려고 할 때 자연적 관찰을 사용한다면 진행이 더딜 것이다. 왜냐하면 응급 상황이라는 것이 예정된 시간과 장소에서 일어나는 것이 아니기 때문이다. 그러나 구조화된 관찰을 사용한다면 연구자는 주변에 도움을 요청하는 성인을 설정함으로써 응급 상황에서 아동의 반응을 관찰할 수 있다. 이와 유사하게 친구들 간의 상호작용은 종종 집에서 일어나기 때문에 연구자가 자연적 관찰을 하기 어렵다. 그러나 구조화된 관찰을 위해 친구 관계인 아동들을 의자와 탁자로 꾸며진 연구자의 연구실에 오도록 할 수 있다. 이때 아동들에게 게임을 하는 것과 같이 친구들 간에 흔히 하는 활동을 하도록 하고, 연구자는 (때때로 일방경을 통해) 이들의 행동을 관찰할 수 있다.

구조화된 관찰의 좋은 예로 양육 전략에 대한 스터지 애플 등(Sturge-Apple, Davies & Cummings, 2010)의 연구를 들 수 있다. 연구자들은 6세 아동과 그 어머니에게 재미있는 장난감이 많은 방에서 5분 동안 장난감을 가지고 놀도록 한 다음, 어머니에게는 아동이 장난감을 정리하도록 격려하게 하였다. 놀이 상황과 정리 상황은 모두 녹화되었다. 추후 연구자들은 녹화 테이프를 통해 어머니가 아동이 장난감을 정리하도록 격려하기 위해 칭찬이나 인정을 사용한 정도와 같은 부모 행동을 측정하였다. 연구자들은 어

자연적 관찰은 연구자들이 학교 식당과 같은 자연적 환경에서 아동의 자발적인 행동을 기록하는 것이다.

머니들에게 다소 어려운 상황—대부분의 6세 아동들은 계속
장난감을 가지고 놀려고 하였으며 장난감을 정리하지 않았다!
—을 설정하여 양육 행동에 대한 통찰을 얻고자 하였다.

구조화된 관찰을 사용할 경우 설정된 환경이 관찰하고자 하
는 행동을 방해하지 않도록 주의해야 한다. 예를 들어, 설정된
상황에서 친구들과 게임하는 것을 관찰한다고 가정할 때 여기
에는 인위적인 요소들이 많이 개입된다. 아동들은 자신의 집
이 아닌 곳에서 지시 사항을 들으며, 또한 자신을 관찰하고 있
다는 것도 알고 있다. 이와 유사하게 스터지 애플 등의 연구에
서 어머니들은 자신이 비디오 테이프로 녹화될 것임을 알고
있었기 때문에 어쩌면 가장 바람직한 양육 행동을 보여 주고
자 했을 수 있다. 이러한 요인들은 아동과 어머니로 하여금 실
제 상황과는 다르게 행동하도록 할 수 있다. 연구자들은 그들
이 사용하는 연구 방법이 관찰하려는 행동을 왜곡시키지 않도
록 주의를 기울여야 한다.

구조화된 관찰은 경쟁과 같은 관심 행동을 이끌어 내기 쉬운 상황을 조성하는 것을 포함한다.

과제를 사용한 행동 샘플링 행동을 직접 관찰하기 어려운 경우 연구자들은 그 행동의 샘플을 얻기
위해 과제를 만들 수 있다. 예를 들어, 기억력을 측정하기 위해 연구자는 때때로 숫자 스팬 과제
(digit span task)를 사용한다. 먼저 아동은 큰 소리로 제시되는 일련의 숫자들을 듣는다. 마지막 숫
자가 제시된 후 아동은 자신이 들은 정확한 순서대로 숫자들을 반복하도록 한다. 또한 다양한 감
정을 인식하는 아동의 능력을 측정하기 위해 연구자들은 종종 〈그림 1-1〉에서와 같은 과제를 사
용한다. 연구자는 아동에게 다양한 얼굴 표정을 보여 주고 그중 행복해 보이는 사람을 가리키도록
한다.

과제를 통한 행동 샘플링은 매우 편리하기 때문에 아동 발달 연구자들이 많이 사용한다. 그러나
이때 발생할 수 있는 문제는 그 과제가 연구하고자 하는 행동을 정확하게 측정하지 않을 수 있다는
것이다. 예를 들어, 사진을 통해 감정을 판단하도록 하는 것은 적절하지 않을 수 있는데, 이는 아동
이 실제 생활에서 감정을 판단하는 것과 차이가 있을 수 있기 때문이다. 만일 그렇다면 당신은 어
떤 이유들을 생각해 볼 수 있는가? 31쪽에 그것에 대한 몇 가지 이유가 제시되어 있다.

자기 보고 세 번째 측정 방법인 자기 보고를 사용하는 것은 사실 아동의 행동을 측정하기 위해 과
제를 사용하는 특별한 경우에 해당된다. **자기 보고(self-reports)는 연구 주제에 관한 문항에 대해 아동**

그림 1-1

이 답하는 것이다. 문항이 문서 양식으로 제시될 경우의 보고는 질문지이며, 문항이 말로 제시될 경우의 보고는 면접이다. 어느 양식이든 문항은 주제의 다양한 측면을 조사하도록 만들어진다. 예를 들어, 비슷한 성향이 우정에 미치는 영향을 알아보기 위해 당신은 연구 대상자에게 다음과 같은 이야기를 할 수 있다.

> 제이콥과 데이브는 학교에서 방금 만난 사이이다. 제이콥은 책을 읽는 것과 학교 오케스트라에서 클라리넷을 연주하는 것을 좋아한다. 데이브는 Xbox 360 게임하는 것을 좋아하며 농구 팀의 주전이다. 당신은 제이콥과 데이브가 친구가 될 것이라고 생각하는가?

연구에 참여하는 아동들은 제이콥과 데이브가 친구가 될 가능성을 평가하게 될 것이다.

질문지를 사용하여 아시아계 미국인 청소년들의 민족 정체성이 학교 내의 다양성에 의해 영향을 받는 정도를 측정한 연구(Yip, Douglass, & Shelton, 2013)에서 청소년들의 민족 정체성을 측정하기 위해 연구자들은 "나는 나와 같은 민족적 혹은 인종적 집단 출신의 사람들에 대해 좋은 감정을 느낀다", "일반적으로 나의 인종 혹은 민족성은 내 자아상의 중요한 부분이다" 등의 항목을 포함한 질문지를 사용하였다. 청소년들은 각 문항별로 '매우 동의하지 않는다'에서 '매우 동의한다'까지의 7점 척도를 사용하여 자신이 해당되는 곳에 표시하였다.

자기 보고는 직접적으로 관심 주제에 관한 정보를 다룰 수 있다는 점에서 유용하다. 특히 자기 보고는 아동 혹은 청소년 집단을 대상으로 실시될 경우 상대적으로 편리하다. 그러나 자기 보고는 아동의 대답이 때로 부정확하기 때문에 언제나 유효한 것은 아니다. 과거에 일어난 사건에 대해 물었을 경우 아동이 그것을 정확하게 기억하지 못할 수도 있다. 예를 들어, 청소년에게 아동기의 친구들에 대해 물었을 때 그 당시의 친구 관계를 잘 기억하지 못할 수 있다. **또한 아동들은 때때로 반응 편파성(response bias)으로 인해 부정확하게 대답하기도 한다. 즉 아동들은 사회적으로 비수용적인 응답보다 사회적으로 좀 더 수용적인 응답을 선택하기 쉽다.** 예를 들어, 입 등(Yip et al., 2013)의 연구에서 어떤 청소년들은 자신들이 뚜렷한 민족 정체성을 가지고 있지 않다는 사실을 인정하기 꺼릴 수도 있을 것이다. 그러나 연구자들이 이러한 약점들을 염두에 둔다면 자기 보고는 아동 발달 연구를 위한 가치 있는 도구가 될 수 있다.

생리적 변화 측정 아동의 생리적 반응을 측정하는 방법은 흔히 사용되지는 않지만 매우 효과적인 방법이 될 수 있다. 예를 들어, 심장 박동은 종종 아동이 흥미 있는 것에 깊이 집중할 때 느려진다. 따라서 연구자들은 아동의 주의 정도를 알아보기 위해 종종 심장 박동을 측정한다. 다른 예로 호르몬 코르티솔(cortisol)은 종종 스트레스에 반응하여 분비된다. 과학자들은 아동의 침으로 코르티솔 수준을 측정하여 아동이 언제 스트레스를 경험하는지 알 수 있다(Koss et al., 2013).

위의 예시들에서 알 수 있듯이, 생리적 측정은 대개 아동의 행동의 특정 측면(주의, 스트레스)에 초점을 맞추고 있다. 생리적 측정은 종종 다른 행동 지향적인 연구 방법들과 함께 사용된다. 스트레스를 연구하는 연구자가 아동에게 뚜렷한 스트레스 징후가 나타나는지 관찰하거나, 부모에게 아동의 스트레스 정도를 평가하게 하거나, 혹은 아동의 침으로 코르티솔을 측정할 수 있다. 만약 이 세 가지 측정 방법이 스트레스에 대해 동일한 결과를 가져온다면 연구자는 그 결과에 대해 더욱 확신할 수 있을 것이다.

또한 생리적 측정은 뇌의 활동을 연구하는 데도 사용된다. 지난 25년간 기술이 발달함에 따라 현대 과학자들은 아동이 특정 과제를 수행할 때 뇌 기능의 많은 양상들을 기록할 수 있게 되었다. 오늘날 아동 발달 과학자들은 추론, 기억, 감정, 그 외 다양한 심리적 기능과 관련이 있는 뇌의 영역들을 밝혀내어 커다란 진보를 이루었다.

측정의 네 가지 접근 방법은 〈요약표 1-2〉에 나타나 있다.

측정 도구 평가하기 연구자는 측정 방법을 선택한 후 그것의 신뢰도와 타당도를 입증해야 한다. 만약 시간이 흐른 뒤에도 결과가 일관성이 있다면 그 측정 도구는 적절한 신뢰도(reliability)를 가진 것이다. 예를 들어, 만약 우정을 측정하는 도구를 사용하여 검사를 실시할 때마다 동일한 결과를 얻었다면 그 측정 도구는 신뢰할 만하다고 할 수 있다. **만약 측정 도구가 연구자가 측정하려는 것을 실제 측정한다면 그 측정 도구는 적절한 타당도(validity)를 가진 것이다.** 예를 들어, 우정을 측정하는 도구는 실제로 우정(인기도가 아닌)을 측정할 때 타당하다고 볼 수 있다. 우정을 측정하는 질문지의 타당도는 질문지 점수와 우정에 관한 또래 및 부모의 평가가 연관이 있는지 살펴봄으로써 확인할 수 있다.

이 책에서는 이러한 다양한 연구 방법들을 사용하는 많은 연구들을 만날 수 있다. 또한 동일한 주제나 행동에 대한 연구들이 때때로 다른 측정 도구들을 사용하기도 한다. 이것은 바람직한 일이다. 왜냐하면 측정 도구들의 여러 장점과 약점에도 불구하고 측정 도구와 상관없이 동일한 결과를 얻게 될 때 그 결과는 더욱 확고해진다. 예를 들어, 사진에서와 같이 자기 보고를 사용한 한 연구에서 여아들보다 남아들 사이에서 논쟁이 더 흔하게 일어난다는 주장을 하였다고 가정해 보자. 만약 다른 연구자들이 체계적 관찰이나 과제를 통한 행동 샘플링을 통해서도 같은 결과를 얻게 된다면 이러한 주장은 더욱 지지를 얻게 될 것이다.

만일 이와 같은 논쟁들이 여아들보다 남아들 사이에 더 흔하다면 아동들의 자기 보고뿐 아니라 행동 관찰에서도 그러한 차이가 나타나야만 한다.

대표 샘플링 측정 도구의 타당도는 측정 방법뿐 아니라 검사를 받는 아동에 따라서도 좌우된다. **연구자들은 보통 모집단(populations)이라 부르는 광범위한 아동 집단에 관심을 갖는다.** 모집단의 예로는 미국의 모든 7세 아동 혹은 모든 아프리카계 미국 청소년 등을 들 수 있다. 그러나 연구자가 그러한 대집단의 모든 구성원을 조사하기란 매우 어렵다. **사실 모든 연구는 모집단의 한 부분인 아동들의 표본(sample)을 대상으로 한다.** 연구자는 그 표본이 실제 연구하고자 하는 모집단을 대표하는지에 주의를 기울여야 한다. 그렇지 못한 표본을 사용할 경우 연구는 무의미해진다. 예를 들어, 아동들의 우정에 관한 연구에서 표본 집단이 주로 유치원생을 친구로 둔 8세 아동들로만 이루어졌다고 가정해 보자. 이 8세 아동들의 표본 집단은 문제가 있는 것처럼 보이므로, 이 표본 집단을 사용하여 얻은 연구 결과를 전체 모집단에 일반화하기

많은 연구들은 북미와 기타 세계 선진국들의 아동들을 표본 집단으로 실시되었기 때문에 이 연구 결과들을 개발도상국의 아동들에게 일반화하기는 어렵다.

요약표 1-2 아동 발달 연구에서 행동을 측정하는 방법

방법	강점	약점
체계적 관찰		
자연적 관찰	자연스러운 상황에서 아동의 행동을 관찰할 수 있음	흔히 일어나지 않는 행동이나 개인적 상황에서 일어나는 행동은 관찰하기 어려움
구조화된 관찰	흔히 일어나지 않는 행동이나 개인적 상황에서 일어나는 행동 연구에 사용될 수 있음	구조화된 환경이 행동을 왜곡시킬 경우 적절하지 않음
과제를 사용한 행동 샘플링	편리함 — 대부분의 행동 연구에 사용 가능함	만일 과제를 통해 얻은 행동 샘플이 자연스러운 상황에서 발생하는 행동과 차이가 있을 경우 적절하지 않음
자기 보고 (질문지와 면접)	편리함 — 대부분의 행동 연구에 사용 가능함	아동의 부주의나 반응 편파성으로 인해 부정확한 응답을 할 경우 적절하지 않음
생리적 변화 측정	다른 행동 측정 결과를 확인할 수 있는 독립적인 증거를 제공함	특정 행동 유형에 사용 가능하며 모든 주제를 다루기는 어려움

는 어려울 것이다.

아동에 관한 대부분의 연구는 중산층 유럽계 미국 아동들을 표본 집단으로 하고 있다. 그렇다면 이러한 표본 집단들은 미국의 모든 아동 혹은 개발도상국의 아동들을 대표한다고 볼 수 있는가? 항상 그렇다고 보기는 어렵다. 그러므로 한 집단을 대상으로 하여 얻은 연구 결과를 다른 집단에 적용할 때는 주의를 기울여야 한다(Jensen, 2012).

일반적 연구 설계

LO14 아동 발달 연구에서 사용되는 일반적인 연구 설계는 무엇인가?

연구자들은 가설을 설정하고, 변인을 규명하며, 주제에 관한 자료 수집 방법을 정한 다음 전반적인 개념적 접근인 **연구 설계**(research design)를 선택해야 한다. 아동 발달 연구자들은 대개 상관 연구 혹은 실험 연구 중 하나를 사용한다.

상관 연구 상관 연구(correlational study)에서 연구자는 존재하는 변인들 간의 관계를 살핀다. 가장 단순한 상관 연구에서 연구자는 두 개의 변인을 측정하고 그 둘이 어떠한 관련이 있는지 살펴본다. 예를 들어, 똑똑한 아동이 친구가 많다는 주장을 검증하기 위해서 아동들을 대상으로 두 개의 변인, 아동의 지능과 친구 수를 측정하는 것이다.

상관 연구의 결과들은 두 변인 간 관계의 방향과 강도를 나타내는 **상관 계수**(correlation coefficient), **r**로 표시한다. 상관 계수는 −1.0~+1.0의 범위에 있다.

- **r이 0일 때, 두 변인은 전혀 관련이 없다** : 아동의 지능은 친구 수와 관련이 없다.
- **r이 0보다 클 때, 점수들은 정적인 상관관계가 있다** : 똑똑한 아동은 그렇지 않은 아동보다 친구가 많은 경향이 있다. 즉 지능이 높은 것과 친구가 많은 것은 관련이 있다.
- **r이 0보다 작을 때, 점수들은 부적인 상관관계가 있다** : 똑똑한 아동은 그렇지 않은 아동보다 친구가 적은 경향이 있다. 즉 지능이 높은 것과 친구가 적은 것은 관련이 있다.

상관 계수를 해석할 때는 상관 계수의 부호와 크기를 고려해야 한다. 부호는 변인들 간 관계의 방향을 가리킨다. 예를 들어, 여아들의 사춘기가 시작되는 연령이 영아기 때 어머니에 대한 정서적인 애착 안전감과 관련이 있는지 알아보고자 한 연구(Belsky, Houts, & Pasco Fearon, 2010)에서 연구자들은 여아가 15개월 되었을 때 어머니-유아 간의 애착 안전감을 평가했으며, 또한 여아의 사춘기가 시작했는지 알아보기 위해 신체 검사 자료들을 사용하였다. 분석 결과, 상관 계수는 .47로 나타나 영아기에 더 안전한 애착을 형성한 여아가 대개 더 늦은 연령에 사춘기가 시작됨을 알 수 있다.

관계의 강도(strength)는 상관관계가 부적인 상관이든 정적인 상관이든 0과 얼마나 차이가 있는지로 측정된다. 만약 지능과 친구 수 사이의 상관 계수가 .75라면 변인들 간의 관계는 강하다고 볼 수 있다. 그러나 만약 상관 계수가 .25라면 지능과 친구 수 사이의 관계는 약하다고 볼 수 있을 것이다. 즉 더 똑똑한 아동들이 평균적으로 더 많은 친구를 갖는다 하더라도 여기에는 많은 예외가 있음을 나타낸다. 마찬가지로 상관 계수가 −.75라면 지능과 친구 수 사이의 강한 부적 상관을, 상관 계수가 −.25일 경우 약한 부적 상관을 의미한다. 애착과 사춘기의 시작 간의 관계에 대한 연구(Belsky et al., 2010)에서 상관 계수 .47은 애착 안전감과 사춘기 시작 연령 간에 중간 크기 정도의 상관관계가 있음을 가리킨다. 영아기 때 어머니와 안전한 애착을 가졌던 많은 여아들이 상대적으로 늦은 나이에 사춘기가 시작되는 경향이 있으나 다 그런 것은 아니었다. 영아기 때 안전한 애착을 형성했던 몇몇 여아들은 상대적으로 더 이른 나이에 사춘기가 시작되기도 하였다.

상관 계수의 세 가지 해석

1 첫 번째 변인은 두 번째 변인의 원인이다.

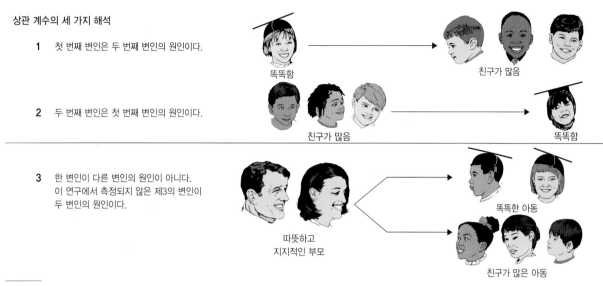

똑똑함   친구가 많음

2 두 번째 변인은 첫 번째 변인의 원인이다.

친구가 많음   똑똑함

3 한 변인이 다른 변인의 원인이 아니다.
이 연구에서 측정되지 않은 제3의 변인이
두 변인의 원인이다.

따뜻하고
지지적인 부모

똑똑한 아동

친구가 많은 아동

그림 1-2

상관 연구의 이러한 결과들은 변인들이 서로 관련이 있는지의 여부는 알려 주지만 변인들 간 원인과 결과의 문제에 대해서는 말해 주지 않는다. 다시 말해, 변인들 간의 상관관계가 반드시 변인들 간의 인과관계를 의미하지는 않는다. 지능과 친구 수 사이의 상관 계수를 .7로 가정해 보자. 이것은 똑똑한 아동이 그렇지 않은 아동보다 친구가 더 많다는 것을 의미한다. 당신은 이러한 상관관계를 어떻게 해석할 것인가? 〈그림 1-2〉를 보면 세 가지 해석이 가능하다. 첫 번째 해석은 아동이 똑똑하기 때문에 더 많은 친구를 사귈 수 있다는 것이다. 두 번째 해석은 친구가 많은 것이 아동을 더 똑똑하게 만든다는 것이다. 세 번째 해석은 지능과 친구의 수는 이 연구에서 측정되지 않은 제3의 변인에 기인한다는 것이다. 예를 들어, 따뜻하고 지지적인 부모가 똑똑하고 친구가 많은 자녀를 만든다는 것이다. 이러한 해석들 모두 사실일 수 있다. 인과관계는 상관 연구로 파악될 수 없다. 따라서 연구자가 원인을 규명하고자 할 때는 다른 설계, 즉 실험 연구를 사용해야 한다.

실험 연구 실험(experiment) 연구에서 연구자는 특정 행동을 일으킨다고 가정하는 요인들을 체계적으로 달라지도록 만든다. 이때 달라지도록 한 요인은 독립 변인(independent variable), 측정된 행동은 종속 변인(dependent variable)이라 한다. 실험 연구를 할 때 연구자는 아동들을 동일하게 처치된 여러 집단 혹은 조건에 무작위로 배정한다. 단, 예외적으로 하나의 요인은 집단에 따라 달라지도록 한다(예 : 독립 변인). 그런 다음 모든 집단에서 각각 종속 변인을 측정한다. 각 아동이 어느 한 집단에 배정될 확률은 같으므로 집단들은 그들이 받는 처치를 제외하고는 동일한 조건이어야 한다. 그래야만 집단 간의 차이가 다른 요인들 때문이 아닌 아동들이 받은 다른 처치에 기인하는 것으로 볼 수 있다.

한 연구자가 아동들은 낯선 사람보다 친구들과 물건이나 음식을 잘 나눈다는 가설을 세웠다고 가정해 보자. 〈그림 1-3〉은 연구자가 어떻게 이 가설을 검증하는가를 보여 준다. 먼저 무선 배정에 따라 어떤 5학년 아동들은 친한 친구 한 명과 함께 실험실에 오게 되고, 또 다른 5학년 아동들은 실험실에 와서 모르는 아동과 짝이 된다. 실험실은 집 거실처럼 꾸며진다. 연구자는 한 아동에게는 Wii 비디오 게임기와 같은 흥미로운 장난감을 주고 다른 아동에게는 아무것도 주지 않는다. 그런 다음 연구자는 아동들에게 자신은 곧 가야 한다고 이야기한다. 사실 연구자는 일방경이 있는 방으로 가서 Wii 비디오 게임기를 가진 아동이 다른 아동에게 게임기를 같이 가지고 놀도록 제안하는지 관찰한다.

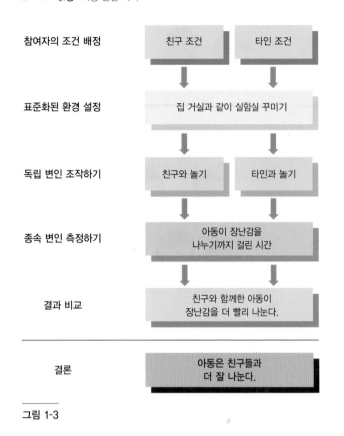

참여자의 조건 배정	친구 조건	타인 조건
표준화된 환경 설정	집 거실과 같이 실험실 꾸미기	
독립 변인 조작하기	친구와 놀기	타인과 놀기
종속 변인 측정하기	아동이 장난감을 나누기까지 걸린 시간	
결과 비교	친구와 함께한 아동이 장난감을 더 빨리 나눈다.	
결론	아동은 친구들과 더 잘 나눈다.	

그림 1-3

이러한 시나리오는 모든 아동에게 동일하게 적용된다. 동일한 방과 Wii 게임기를 사용하고 연구자는 같은 시간 동안 나가 있어야 한다. 가능한 한 모든 환경은 모든 아동에게 동일해야 하지만 한 가지 예외인 것은 어떤 아동들은 친구와 참여하고 어떤 아동들은 그렇지 않다는 점이다. 만약 친구와 참여한 아동이 친구에게 더 빨리 Wii 게임기를 주었다면 아동들은 낯선 사람보다 친구들과 장난감을 더 잘 나눈다는 결론을 내릴 수 있다. 이 경우 다른 요인들을 통제한 상태에서 독립 변인(친구와 참여하기 혹은 모르는 아동과 참여하기)을 조작하였으므로 인과관계에 대한 결론이 가능하다.

버틀맨과 그 동료들(Buttelmann et al., 2013)의 연구도 실험을 사용하였다. 영아들은 다른 사람들의 행동을 손쉽게 따라 한다. 그러나 영아들은 선택적으로 다른 사람들의 행동을 따라 하는가? 예를 들어, 영아들은 그들의 문화 집단에 속하는 성인을 좀 더 따라 할 가능성이 높은가? 이 질문에 답하기 위해 연구자들은 14개월 된 영아들을 무작위로 배정하여 모국어로 말하는 성인 또는 외국어로 말하는 한 성인을 관찰하도록 하였다. 그 성인은 모국어 혹은 외국어로 몇 가지 간단한 이야기를 들려준 다음, 조용히 영아가 처음 보는 물건을 가지고 새로운 몇 가지 행동들을 보여 주었다(예 : 머리를 상자 옆면에 닿게 해 상자 안의 램프 켜기). 마지막으로 영아들에게 그 낯선 물건(예 : 상자 안의 램프)을 보여 주고 그것을 가지고 놀도록 하였다.

이 실험에서 독립 변인은 영아들이 모국어로 이야기를 하는 성인을 관찰했는지, 아니면 외국어로 이야기를 하는 성인을 관찰했는지 하는 것이다. 또한 종속 변인은 영아들이 새로운 행동을 따라 함으로써 그 성인을 모방한 정도이다. 실제 영아들은 모국어로 말하는 성인을 모방할 가능성이 더 높았다. 성인이 모국어로 말할 때 영아들의 44%가 그 성인을 모방한 반면, 성인이 외국어로 말할 때는 불과 31%만이 그를 모방하였다. 영아들은 무작위로 배정되었기 때문에 연구자들은 성인의 언어가 영아들로 하여금 좀 더 모방을 하도록 했다는 결론을 내릴 수 있었다.

아동 발달 연구자들은 일반적으로 연구 결과에 영향을 미칠 만한 모든 변인을 통제하기 위해 실험실과 같은 환경에서 실험을 수행한다. 그러므로 실험 연구의 단점은 연구하고자 하는 행동이 때때로 자연적인 환경에서 이루어지지 않는다는 것이다. 결과적으로, 인위적인 상황에서 얻은 연구 결과는 유효하지 않을 수 있다. 특정 실험실의 환경은 자연적인 환경과는 차이가 있다.

연구자들은 이러한 제한점을 극복하기 위해 특별한 유형의 실험인 현장 실험을 제안했다. **현장 실험(field experiment)에서는 연구자가 자연적인 환경에서 독립 변인을 조작하여 연구 결과가 실제 환경에서의 행동에 더욱 가깝도록 한다.** 다시 아동들은 친구들과 물건을 더 잘 나눌 것이라는 가설로 돌아가 보자. 현장 실험에서는 학생들에게 교실에서 집단 과제를 완성하도록 한다. 연구자는 교사들과 협력하여 아동들을 세 명씩 나눈다. 어떤 집단은 세 명 모두 친한 친구 사이일 수도 있고, 어떤 집단은 세 명이 서로 아는 사이이기는 하지만 친하지는 않을 수 있다. 교사는 집단 과제가 끝난 후 각 집단의 리더에게 집단 구성원들의 기여 정도에 따라 스티커를 나눠 주게 한다. 연구자는 집단의 리더가 집단 구성원들이 친구 사이일 경우에 그렇지 않은 경우보다 더 많이 나눌 것으로(예 : 스티커를 좀 더 공평하게 분배할 것으로) 예상했다.

현장 실험의 좋은 예로는 어휘학습을 증진시키기 위해 고안된 비디오가 실제 영아가 단어를 학습하는 데 도움이 되는지를 조사한 연구(DeLoache et al., 2010)를 들 수 있다. 연구자들은 1세 영아들을 세 가지 조건 중 하나에 무작위로 배정하였다. 첫 번째 조건에서는 매주 여러 번 영아와 부모가 유아의 어휘를 향상시키기 위해 고안된 광고 DVD를 보는 것이고, 두 번째 조건에서는 부모들에게 단순히 DVD에 나오는 25개의 단어를 들려주고 영아들이 그 단어들을 익힐 수 있도록 도울 것을 격려했다. 세 번째 통제 조건에서는 영아들은 어떤 DVD도 보지 않았으며, 부모들은 어떤 단어도 듣지 못했다. 4주 후 연구자들은 DVD에 나온 25개의 단어에 대해 영아의 지식을 테스트했다. 이들은 영아에게 두 가지 물건을 보여 주었는데, 그중 하나는 DVD에 나온 단어를 묘사하는 것이었다. 연구자는 그 단어를 말한 후 영아에게 그것에 해당하는 물건을 가리키도록 하였다.

이 실험에서 독립 변인은 영아가 단어들을 접하게 된 경로(DVD를 통해, 부모로부터, 접한 적이 없음)였으며, 종속 변인은 영아가 단어를 듣고 올바른 물건을 가리킨 횟수였다. 비디오는 유용했는가? 그렇지 않다. DVD를 본 영아들은 통제 조건의 영아들과 같은 수의 단어들을 알고 있었다. 그리고 이 두 집단의 영아들은 모두 부모가 영아에게 단어를 가르치도록 했던 집단의 영아들보다 더 적은 수의 단어들을 알고 있는 것으로 나타났다. 영아들은 무작위로 조건에 배정되었기 때문에 연구자들은 영아가 단어들을 접하게 된 경로에 따라 학습한 단어 수에서 차이를 나타낸다는 결론을 내릴 수 있었다.

현장 실험은 연구자가 자연적인 환경에서 독립 변인을 조작하기 때문에 더욱 타당한 결론에 도달할 수 있다. 그러나 현장 실험에도 문제가 있다. 자연적인 환경에서는 대부분의 아동들이 성인들(예 : 부모, 교사)의 지도를 받게 되는데, 이들이 연구에 협조적이어야 한다는 것이다. 이들은 연구자의 필요에 맞추기 위해 자신들의 일상을 바꾸고 싶어 하지 않을 수 있다. 또한 현장 실험에서 연구자들은 대개 일정 부분의 통제를 희생하는 경우가 많다. 예를 들어, 영아용 비디오에 대한 연구에서 연구자들은 과연 부모들이 지시한 대로 비디오를 보여 주었는지, 또 그들이 얼마나 자주 자녀들과 함께 비디오를 봤다고 정직하게 보고했는지는 부모들에게 의존할 수밖에 없다. 분명 어떤 부모들은 다른 부모들보다 지시를 잘 따랐을 것이고, 어떤 부모들은 다른 부모들보다 더 정직하게 얼마나 자주 비디오를 봤는지 말해 주었을 것이다.

또 다른 중요한 변인은 무작위 배정으로 구성되지 않은 집단들을 사용하여 독립 변인의 영향을 조사하는 방식인 유사 실험(quasi-experiment)이다. 예를 들어, 아동 발달 연구자들이 (a) 어머니의 흡연, (b) 허리케인 카트리나와 같은 자연 재해에의 노출, 혹은 (c) 도시가 아닌 시골에서 성장하는 것 등이 아동 발달에 미치는 결과를 어떻게 연구할 수 있을지 생각해 보자. 위의 예들에서 엄격한 의미의 실험을 수행하기는 불가능하거나 비윤리적이다. 왜냐하면 아동들을 흡연을 하는 어머니 밑에서 혹은 농촌에서 자라도록 무작위로 배정할 수 없기 때문이다. 그러나 이러한 조건에서 살고 있는 아동들을 이와 대조적인 상황(예 : 어머니가 흡연을 하지 않는 아동들 또는 도시에서 살고 있는 아동들)에서 살고 있는 아동들과 비교하는 것은 가능하다. 단, 아동들이 집단에 무작위로 배정되지 않았기 때문에 다른 차원에서도 집단 간 차이를 보일 수 있다. 예를 들어, 교육 수준이 낮은 사람들은 흡연을 할 가능성이 높기 때문에 흡연을 하지 않는 여성들의 자녀들에 관한 유리한 결과는 이들 여성들의 높은 교육 수준 경향을 반영한 것일 수도 있다. 이러한 문제는 다른 변인들을 일정하게 유지하는 통계 분석을 이용하여 어느 정도 해결할 수 있다.

대부분의 연구 설계와 같이 유사 실험 또한 장점과 단점이 있다. 결과적으로, 어떤 하나의 연구가 어떤 질문에 대해 확정적인 답변을 내릴 수는 없다. 연구자들은 결론에 도달하기 위해 하나의 연구 혹은 한 가지 연구 방법에 의존하지 않고 가능한 한 많은 다양한 종류의 연구 방법을 사용한 연구들로부터 수렴되는 증거들을 찾으려고 한다. 예를 들어, 우리의 가상 실험실과 현장 실험 결과, 아동들은 낯선 사람보다 친구와 더 기꺼이 나누는 것으로 나타났다고 가정해 보자. 이러한 결론에 대해 더욱 확신할 수 있는 한 가지 방법은 점심시간 동안 아동들을 관찰해 그들이 다른 사람들과 얼마나 자주 음식을 나누는지를 측정하는 상관관계 연구를 하는 것이다.

연령에 따른 변화를 연구하기 위한 설계

LO15 연령에 따른 변화 연구에서 사용되는 특별한 연구 설계는 무엇인가?

아동 발달 연구는 종종 취학 전 아동들의 기억 혹은 어머니−1세 영아 간의 관계, 5학년 아동들의 친구들과 낯선 사람들 간의 나눔에 대한 실험에서와 같이 한 연령대를 대상으로 한다. 이런 경우라면 연구자는 연구하고자 하는 행동을 어떻게 측정할 것인지, 연구 설계를 상관 연구 혹은 실험 연구로 할 것인지 결정한 후 마지막 단계로 연구의 윤리성 여부를 판단할 것이다.

그러나 많은 아동 발달 연구들은 아동 발달 과정에서 일어나는 변화들에 초점을 맞춘다. 따라서 연구자들은 일반적인 연구 설계와 더불어 연령에 따른 변화를 평가하기 위한 전략을 선택해야 한다. 다양한 연령 집단들을 대상으로 실험 연구 혹은 상관 연구를 설계할 때 세 가지 방법이 사용되는데, 종단적 접근, 횡단적 접근, 그리고 종단 순열적 접근이 그것이다.

종단적 설계 종단적 설계(longitudinal design)에서는 동일한 개인들을 그들 삶의 다양한 시점에서 반복적으로 관찰하거나 검사한다. 종단적 접근은 발달에 대해 종적인 관점을 가지고 성장을 살펴보는 가장 직접적인 방법이다. 〈그림 1-4〉의 종단 연구에서 아동들은 6세, 9세, 그리고 12세에 검사를 받았다. 종단적 접근은 발달의 거의 모든 측면을 다루기에 적절한 연구 방법이다. 더욱이 종단적 접근은 행동의 연속성이나 비연속성 문제에 대한 해답을 제공해 줄 수 있는 유일한 길이다. 영아기나 아동기 초기에 관찰된 공격성, 의존성 혹은 불신과 같은 특성들은 성인기까지 지속되는가? 부모로부터 버려지는 것과 같은 외상적 사건은 이후 사회적, 인지적 발달에 영향을 미칠 것인가? 이러한 질문들은 아동을 대상으로 발달 초기와 이후에 반복적인 검사를 실시해야만 알 수 있다. 예를 들어, 벨스키 등(Belsky et al., 2010)에 의한 양육에 관한 연구(22쪽에 설명됨)는 1991년 미국에서 태어난 1,000명 이상의 아동들을 대상으로 진행 중인 종단 연구의 일부로 아동들은 아동기, 청소년기, 초기 성인기 동안 반복적으로 검사를 받았다. 따라서 연구자들은 취학 전 아동의 경험이 청소년기와 초기 성인기에 어떻게 영향을 미치는 확인할 수 있다.

종단 연구의 반복적인 검사는 대개 수년간 지속되나 그렇지 않은 경우도 있다. **종단적 설계의 특별한 유형인 미시발생적 연구**(microgenetic study)에서 아동들은 며칠 혹은 몇 주에 걸쳐 일어나는 변화

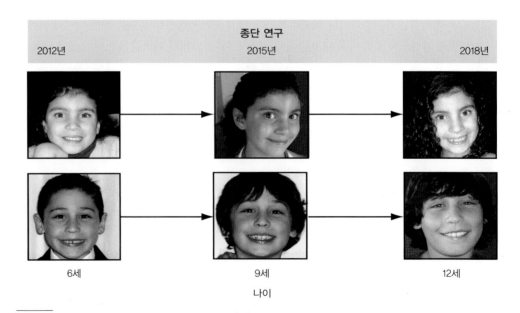

종단 연구

2012년 2015년 2018년

6세 9세 12세

나이

그림 1-4

를 관찰하기 위해 반복적으로 검사를 받는다. 예를 들어, 연구자들은 영아를 대상으로 생후 12개월에서 18개월까지 매주 검사를 실시하였다. 미시발생적 연구들은 연구자들이 발달적 변화가 일어나는 특정 기간에 대해 가설을 세울 때 특히 유용하다. 이 경우 연구자들은 이 기간 이전, 기간 중, 기간 이후에 아동들을 반복 검사하여 변화가 일어나는지를 확인한다(예 : Opfer & Siegler, 2007).

그러나 종단적 접근은 그 비용이 많이 든다는 문제가 있다. 많은 수의 사람들로 구성된 표본을 몇 년에 걸쳐 유지하는 것도 어려운 일이다.

- **연습 효과**(practice effects) : 아동들이 같은 검사를 여러 번 받았을 경우 그 검사에 익숙해졌기 때문에 좋은 점수를 받을 수 있다. 그러므로 아동 발달에 따른 변화가 아니라 실은 특정 검사를 여러 번 치른 데서 온 것일 수 있다. 이 경우 매번 다른 검사를 실시하게 되면 이러한 문제는 해결되지만 각기 다른 검사들의 점수를 비교하기가 어렵다는 문제가 남아 있다.
- **선택적인 인원 감소**(selective attrition) : 또 다른 문제는 연구 과정 동안 동일한 표본을 유지하는 것이다. 어떤 아동들은 이사를 가서 탈락할 수도 있다. 또 어떤 아동들은 단순히 흥미를 잃고 연구 참여를 중단하기로 결심할 수도 있다. 이러한 탈락 아동들은 종종 연구에 참여한 다른 아동들과 차이가 있으므로 연구 결과를 왜곡할 가능성이 있다. 예를 들어, 한 연구 결과 8~11세 사이에 기억력이 향상하는 것으로 밝혀졌다고 하자. 그러나 이는 실제 8세 아동들이 검사가 너무 어려워 연구를 중도 탈락함에 따라 11세에 검사받은 아동들의 집단 평균이 높아진 것이다.
- **코호트 효과**(cohort effects) : 종단 연구에서 아동들을 수년에 걸쳐 관찰할 때 나타나는 발달적 변화는 **코호트**(cohort)라고 알려진 특정 세대에 기인한 것일 수 있다. 예를 들어, 앞서 소개한 종단 연구는 미국에서 1991년에 태어난 아동들을 포함하고 있다. 이 연구의 결과들은 일반적인 것일 수도 있지만(1950년에 태어난 아동들뿐 아니라 2000년에 태어난 아동들에게도 적용되는), 1990년대 초기에 태어난 아동들에게만 해당되는 경험이 반영된 것일 수도 있다.

이러한 종단 연구의 문제로 인해 아동 발달 연구자들은 또한 횡단 연구를 사용한다.

횡단적 설계 횡단적 설계(cross-sectional design)에서는 발달 과정의 한 시점에서 다양한 연령의 아동들을 검사하여 발달적 변화를 확인하는 것이다. 〈그림 1-5〉와 같이 연구자는 어떤 속성에 있어서 6, 9, 12세 아동들 간의 차이를 검사한다. 예를 들어, 한 연구에서 연령에 따른 아동의 집단 선호도 변화를 조사하기 위해 6세, 8세, 10세 아동들을 검사하였다(Verkuyten & De Wolf, 2007). 이것은 6세 아동이 10세가 되기까지 4년을 기다리는 것보다 훨씬 시간이 덜 소요될 뿐 아니라 연습 효과와 선택적인 인원 감소를 포함한 종단 연구의 문제들을 피할 수 있다. 그러나 코호트 효과는 아직 해결되지 못했으므로, 연구 결과는 검사 당시 6세, 8세, 10세 아동들에게 적용할 수 있으나, 그 이전 혹은 그 이후 세대까지 일반화하기는 어렵다. 횡단 연구의 단점은 아동들을 발달의 어느 한 시점에서만 연구하므로 발달의 연속성을 볼 수 없다는 점이다. 예를 들어, 공격적인 6세 아동이 9세, 12세에도 공격적일지는 예측할 수 없다.

종단 순열적 설계 종단 연구와 횡단 연구는 모두 결점을 가지고 있기 때문에 연구자들은 종종 혼합 설계를 사용하기도 한다. 종단 순열적 설계(longitudinal-sequential design)는 일련의 표본들을 각각 종단적으로 연구하는 것이다. 예를 들어, 연구자들은 6세와 9세 아동들을 대상으로 연구를 시작한다. 〈그림 1-6〉과 같이 각 집단은 연구 시작 시점과 3년이 지난 후 총 두 번 검사를 받게 된다. 순수한 종단 연구와 마찬가지로 종단 순열적 설계는 발달의 연속성에 대한 정보를 제공한다. 연구자는 공격적인 6세 아동이 9세에도 공격적인지, 공격적인 9세 아동이 12세에도 공격적인지 알 수 있

그림 1-5

그림 1-6

다. 물론 공격적인 6세 아동이 12세에도 공격적인지 알기 위해서는 완전한 종단 연구가 필요하다.

종단 순열 연구의 또 다른 이점은 연구 결과가 연습 효과나 코호트 효과의 영향을 받은 것인지 알 수 있다는 것이다. 즉 그림에서 볼 때 두 순열의 공통 연령인 9세 아동들에 대한 결과를 비교해 보면 알 수 있다. 연습 효과와 코호트 효과가 있을 경우 9세 아동들로 이루어진 두 집단의 점수가 다르게 나타날 것이며, 만약 두 집단의 점수가 같다면 연습 효과와 코호트 효과는 문제가 되지 않을 것이다.

〈요약표 1-3〉과 같이 발달을 연구하기 위한 각각의 설계(종단적 설계, 횡단적 설계, 종단 순열적 설계)는 두 가지 일반적 연구 설계(관찰, 실험)와 결합하여 6개의 설계 모형이 가능해진다. 23쪽에서 다룬 아동들이 낯선 사람 또는 친구들과 물건이나 음식을 나누는 것에 대한 가상 실험을 예로 들어 보자. 만일 7세 아동들과 11세 아동들을 대상으로 연구를 진행했다면 이것은 횡단적 실험 연

요약표 1-3 아동 발달 연구에 사용된 설계

설계 유형	정의	강점	약점
일반적 설계			
상관	있는 그대로의 변인들을 관찰하고 변인들 간의 관계를 밝힘	행동이 자연스럽게 발생될 때 측정함	원인과 결과를 밝힐 수 없음
실험	독립 변인들과 종속 변인들을 조작함	변인들을 통제함으로써 원인과 결과에 대해 결론을 이끌어 내는 것이 가능함	연구는 종종 실험실에서 이루어지므로 인위적일 수 있음
발달적 설계			
종단적	발달 과정에서 한 집단의 아동들을 반복적으로 테스트함	시간 경과에 따라 개인의 발달을 기록하고 행동의 연속성을 살펴보는 유일한 방법임	많은 비용. 참여자들의 중도 탈락. 반복 테스트로 인해 결과가 왜곡될 가능성이 있음
횡단적	다양한 연령의 아동들을 동시에 테스트함	편리함. 종단 연구들과 관련된 대부분의 문제가 해결됨	행동의 연속성을 조사할 수 없음. 코호트 효과가 집단들 간의 차이에 대한 해석을 어렵게 만들 수 있음
종단 순열적	다양한 순열의 아동들을 종단적으로 테스트함	연속성에 대한 정보를 제공함. 연구자들은 연습 효과 및 코호트 효과 여부를 밝힐 수 있음	완전한 종단 연구에 비해 연속성에 대한 정보가 제한적임. 횡단적 연구에 비해 시간이 많이 소요됨

구이다. 그러나 만일 점심시간에 7세 아동들의 자발적인 행동을 관찰한 후 같은 아동들을 4년 후 다시 관찰했다면 이것은 종단적 상관 연구가 될 것이다.

이 책에서는 이러한 모든 설계를 사용한 다양한 연구가 등장하지만, 그중 두 가지 유형의 횡단적 설계가 좀 더 빈번하게 등장한다. 그 이유는 무엇인가? 이는 대부분의 발달 연구자들에게 종단적 연구에 비해 횡단적 연구를 수행하는 것이 훨씬 수월하기 때문이다.

다양한 연구 결과들의 통합 이 절에서 하나의 주제에 대해 다양한 방법을 사용한 많은 연구들을 수행하는 것이 중요하다는 점은 여러 차례 강조하였다. 물론 이러한 접근의 이점은 다양한 방법을 사용한 결과 모두 동일한 결론에 도달한다는 것을 보여 주는 것이다.

그러나 실제로 결과들은 종종 일관적이지 않다. 예를 들어, 많은 연구자들이 아동들은 자주 자기 것을 친구들과 나눈다는 것을 발견했고, 어떤 연구자들은 아동들이 가끔 자기 것을 친구들과 나눈다는 것을 발견했다고 가정해 보자. 또한 소수의 연구자들은 아동들이 결코 자기 것을 친구들과 나누지 않는다는 것을 발견했다고 해 보자. 우리는 어떤 결과를 믿어야 하는가? 우리는 어떤 결론을 내려야 하는가? **메타 분석(meta-analysis)은 연구자들로 하여금 많은 연구 결과들을 통합하여 변인들 간의 관계를 추정하도록 하기 위한 도구이다**(Cooper, Hedges, & Valentine, 2009). 메타 분석을 수행할 때 연구자는 상당 기간(예 : 10~20년)에 걸쳐 하나의 주제에 대해 발행된 모든 연구를 찾은 다음 결과 및 중요한 방법론적 변인들을 기록하고 분석한다.

메타 분석의 유용성은 입양된 아동들과 입양되지 않은 아동들의 자아존중감이 차이를 보이는지 알아본 연구(Juffer & van IJzendoorn, 2007)에 잘 나타나 있다. 그들은 1970년에서 2007년 사이에 발행된 약 11,000명의 입양 아동을 포함한 88개의 연구를 찾아냈다. 88개의 연구 모두 자아존중감을 측정했는데, 흔히 "나는 가치 있는 사람이다"와 같은 문항들을 포함한 척도에서 연구 참여자들이 스스로를 평가하도록 했다. 모든 연구 결과를 분석한 후 두 연구자는 입양된 아동과 입양되지 않은 아동의 자아중존감은 차이가 없음을 밝혀냈다. 이러한 결과는 아동이 입양된 연령, 해외 입양 혹은 국내 입양 여부, 아동과 같은 인종의 부모에게 입양되었는지 아니면 다른 인종의 부모에게 입양되었는지 등과 관계없이 동일하게 나타났다. 분명 입양은 자아중존감에 영향을 미치지 않는다.

과학자들은 메타 분석을 통해 어떤 연구 결과가 다른 방법들을 사용한 많은 연구들에 일반화될 수 있는지 결정할 수 있으므로 메타 분석은 특히 효과적인 도구이다. 또한 메타 분석은 다양한 연구 방법들이 결과에 미치는 영향력을 보여 줄 수 있다(예 : 자기 보고가 관찰 연구에 비해 아동들이 자기 것을 친구들과 더 많이 나눈다는 결과를 나타내는지).

윤리적 책임

LO16 연구자들이 따라야 할 윤리적인 절차는 무엇인가?

과학자들은 행동 측정 방법과 연구 설계를 선택한 후에도 아직 중요한 한 단계가 남아 있다. 과학자들은 그들의 연구가 윤리적인지, 즉 연구에 참가하는 아동들의 권리를 침해하지 않는지 결정해야 한다. 물론 과학자들은 언제나 인간을 대상으로 하는 연구의 윤리적인 문제들을 고려해야 하지만 상처받기 쉽고 민감한 아동들의 경우에 이는 더욱 중요하다. 전문 기구 및 정부 기관들은 연구 참여자들을 보호하기 위해 연구 과정과 연구 참여자들의 권리를 명시해 놓은 행동 지침을 다음과 같이 제시하였다.

- **연구 참여자들의 위험을 최소화한다 :** 연구 참여자들에게 해를 끼치거나 스트레스를 줄 가능성이 가장 적은 연구 도구를 사용한다. 연구 수행 중에도 예상하지 못한 스트레스나 피해를 방지하기 위해 연구 과정을 모니터링한다.
- **예비 연구 참여자들에게 연구에 대한 설명을 해 주어 그들이 연구에 참여하기를 원하는지 결정할 수 있도록 한다 :** 예비 연구 참여자들은 연구에 대한 충분한 이해를 가지고 연구 참여에 대한 동의(informed consent)를 할 수 있도록 한다. 아동은 어리기 때문에 동의에 대한 법적 효력이 없다. 따라서 연구자들은 부모에게 연구를 설명하고 아동의 연구 참여를 허락할 것인지 물어야 한다.
- **연구 참여자들을 속이지 않는다 :** 만약 연구 참여자들을 속여야 할 경우 가능한 한 빨리 연구의 참목적에 대해 꼼꼼한 설명을 제공해야 한다. 연구에 대한 모든 정보를 미리 제공하는 것은 때때로 참여자들의 반응을 왜곡시킬 수 있다. 따라서 연구자들은 부분적인 정보만을 제공하거나 연구의 참 목적을 참여자들에게 숨길 수도 있다. 이럴 경우 대개 실험이 끝난 직후 잘못된 정보를 수정하고 속인 이유를 알려야 한다.
- **연구 결과를 무기명으로 하거나 비밀리에 보관한다 :** 연구 결과와 참여자들에 관한 정보는 무기명이어야 한다. 무기명으로 할 수 없는 경우 연구를 실시한 연구자를 제외하고 연구 결과들을 비밀에 부쳐야 한다.

아동이 연구에 참여하기 전 부모나 법적 보호자의 문서화된 동의서를 얻어야 한다.

연구자는 연구를 실시하기 전에 이러한 윤리적인 문제들을 모두 신중하게 고려했다는 것에 대해 심의위원회의 승인을 얻어야 한다. 만약 심의위원회에서 연구 제안서 중 어떤 항목에 관해 이의를 제기할 경우, 연구자는 승인을 받기 위해 그것을 수정하여 다시 제출해야 한다.

많은 아동 발달 연구들은 연구 방법들이 아동에게 피해를 입히거나 아동을 속이는 것이 아니므로 윤리적인 문제를 일으키지 않는다. 그러나 어떤 연구 방법들은 위험 요소를 가지고 있거나 아동을 속이는 경우도 있는데, 이런 경우 심의위원회는 아동의 권리와 궁극적으로 아동의 삶 향상에 기여하는 연구의 가치 사이에서 균형을 맞춰야 한다. 예를 들어, 10.3절에서는 어머니-영아의 관계를 연구하기 위한 방법으로 영아를 어머니와 잠시 떨어지게 한 다음 영아의 반응을 살피는 연구가 소개되어 있다. 많은 영아들은 어머니가 떠날 때 불안해하며 어머니가 돌아왔을 때 어떤 경우에는 쉽사리 진정되지 않는다. 이것은 분명히 영아들에게 불쾌한 경험이다. 그러나 과학자들은 이것이 영아에게 지속적인 해를 미치는 것이 아니며, 부모가 미리 연구에 대한 상세한 설명을 듣고 참여에 동의한다면 연구를 진행하는 것이 적합하다고 결정을 내렸다.

연구 결과 전달하기

LO17 과학자들은 어떻게 다른 과학자들에게 연구 결과를 전달하는가?

연구를 수행하고 자료 분석이 끝나면, 연구자는 연구 보고서를 작성한다. 이 보고서는 보통 4개의 주요 부분을 포함하는 표준 양식을 사용하는데, 연구 주제 또는 연구 문제와 저자의 가설을 기술하는 서론 부분, 연구 설계와 절차를 기술하는 연구 방법 부분, 결과를 제시하는 연구 결과 부분, 그리고 결과와 가설 간의 연관성을 설명하는 논의 부분이 그것이다.

연구자는 *Child Development*, *Developmental Psychology*, *Developmental Science*과 같은 아동 발달 연구 전문 과학 저널들에 보고서를 투고한다. 저널의 편집장은 다른 과학자들에게 보고서를 평가하도록 의뢰하는데, 이 연구가 잘 수행된 것인지, 연구 결과들이 그 주제에 관한 새로운 지식에 기여를 했는지 결정하도록 요청한다. 만약 심사위원들이 그 보고서가 출판되도록 추천한다면, 보고서는 저널에 실리게 되어 다른 아동 발달 연구자들이 그 연구 결과들에 대해 알게 된다.

이 책에 제시된 대부분의 정보들은 이러한 연구 보고서들에 기초하고 있다. 이 책을 읽을 때, 당신은 (Levine, Waite, & Bowman, 2007)과 같이 괄호 안의 이름과 날짜를 보게 될 것이다. 이것은 연구를 수행한 사람과 연구 보고서가 출판된 연도를 가리킨다. 465쪽에서 시작되는 참고문헌 부분은 알파벳순으로 되어 있으며, 출판된 저널과 논문의 제목을 찾을 수 있다.

아마도 이러한 연구의 모든 단계가 지루하고 복잡하게 보일 수도 있다. 그러나 아동 발달 연구자로서 연구의 가장 창의적이고 흥분되는 것 중 하나는 아동 발달에 관한 이해를 넓히고 다른 전문가들에게 유용한 정보를 제공할 새로운 연구를 계획하는 것이다.

이 책의 나머지 장들에서 등장하는 "집중 연구"는 아동 발달 연구 수행의 창의성과 도전을 전달하기 위해 마련되었다. 각 "집중 연구"는 하나의 특정 연구에 초점을 맞추고 있다. 어떤 연구들은 최근 출판된 것들이며, 다른 연구들은 고전들로 새로운 탐구 영역을 밝히거나 또는 어떤 영역에서 확정적인 연구 결과들을 제공했던 것들이다. 각각에서 연구자들이 연구를 계획할 때 내렸던 결정들을 추적해 볼 수 있을 것이다. 그러한 과정에서 당신은 연구자들이 얼마나 독창적으로 아동 발달에 대한 물음을 추구해 왔는지 보게 될 것이다. 당신은 또한 어떤 개개인의 연구도 제한점을 가지고 있음을 알게 될 것이다. 여러 측정 방법들과 연구 설계들의 조합을 사용한 각각의 많은 연구들로부터 얻은 증거들이 동일한 결론을 가리킬 때에만 우리는 그 연구 결과에 대해 확신을 가질 수 있다.

19쪽의 질문에 대한 답변 : 아동들이 사진에 나타난 감정들을 이해하는 것은 실제 생활에서 감정을 이해하는 것보다 덜 정확할 수 있다. 왜냐하면 (1) 실제 생활에서는 대개 얼굴의 특징들이 사진에서와 같이 정지되어 있는 것이 아니라 움직이고 있으며, 이러한 움직임은 아동들이 감정을 판단하기 위해 자연스럽게 사용하는 단서들 중 하나일 수 있다. 또한 (2) 실제 생활에서는 얼굴 표정들이 흔히 소리를 동반하는 경우가 많아 아동들이 감정을 이해하기 위해 시각과 소리를 둘 다 사용할 수도 있다. 그리고 (3) 실제 생활에서 아동들은 종종 그들이 아는 사람들(예 : 부모, 형제, 또래)의 얼굴 표정을 판단한다. 아동에게 익숙한 얼굴은 아동이 감정을 정확하게 판단하는 데 도움이 될 수도 있다.

질문 1.4
한 연구자는 10세의 이단에게 그의 실험에 참가하면 10달러를 받을 수 있다고 하였다. 이단은 그 제안에 동의하고 실험에 참가하였다. 하지만 이단은 참가비용을 받았음에도 실험자가 자신의 선생님에게 그가 실험을 얼마나 못했는지 말하는 것을 듣고는 화가 나서 나가 버렸다. 이 연구에서의 세 가지 윤리적 문제점은 무엇인가?

점검 아동들을 대상으로 연구를 수행하는 과학자들의 윤리적 책임을 나열하시오.

연구 결과를 학계에 보고하기 위해서는 어떤 단계들을 거치는가?

이해 아동 발달 연구에서 다양한 측정 방법들의 장점과 단점을 비교하시오.

적용 이혼이 아동의 학업 성취에 미치는 영향에 대해 알고 싶다고 가정해 보자. 이 주제에 관해 상관관계 연구 대 실험 연구의 이점은 무엇인가? 종단 연구와 횡단 연구는 어떤 차이가 있는가?

직접 해 보기

아동의 발달에 스스로가 어떤 영향을 미치는가를 확인하는 좋은 방법 중 하나는 둘 이상의 자녀를 둔 부모를 인터뷰하는 것이다. 부모에게 각각의 자녀에게 동일한 양육 방법을 사용했는지 또는 다른 양육 기술을 사용했는지 물어보라. 만약 부모가 자녀에 따라 다른 양육 기술을 사용했다면, 왜 그랬는지 그 이유를 알아보라. 부모는 일반적인 양육 철학을 갖고 자신의 자녀들을 일관적으로 양육하려고 하지만, 많은 경우 아이에 따라 다른 양육 기술을 사용한다. 이는 자녀가 직접 부모에게 영향을 미치고 있음을 증명하는 것이다.

요약

1.1 아동 발달의 배경

아동 및 아동기에 대한 역사적 관점
플라톤과 아리스토텔레스는 아동기의 철학적 관점을 처음으로 제시하였다. 그들의 이론은 17세기에 부각되었다. 로크는 아동의 생활에서 경험의 중요성을 강조하였지만, 루소는 발달은 자연스럽게 나타나는 것으로 여겼다.

새로운 과학의 기원
아동 발달은 19세기 아동 복지와 다윈의 진화 이론에 대한 관심을 가진 개혁가들에 의해 과학적 학문에 이르게 되었다. 이 새로운 학문의 선구자들은 G. 스탠리 홀(아동 발달 이론), 비네(지능 검사), 프로이트(초기 경험), 왓슨(행동주의)이다.

연구 결과 활용하기
아동 발달 연구자들은 아동에 관한 지식을 제공함으로써 정확한 정보에 근거를 둔 가족 정책을 수립하는 데 도움을 주고 있다. 그들은 또한 사회적 프로그램의 영향을 평가하고, 다양한 환경에서 구현될 수 있는 효과적인 프로그램을 개발하여 아동들을 위한 지지자 역할에 기여하고 있다.

1.2 아동 발달의 기본 이론

이론은 발달에 대한 설명과 연구를 위한 가설을 제공한다. 전통적으로 다섯 가지 주요 관점을 바탕으로 연구가 이루어진다.

생물학적 관점
생물학적 관점에 따르면 생물학적 요인은 발달에 매우 중요하다. 성숙 이론에 따르면 아동은 타고난 생물학적 요인에 의해 자연스럽게 발달한다고 설명한다. 생태학적 이론에 따르면 아동 및 부모의 행동은 변화하는 환경에 적응한다고 설명한다.

정신역동적 관점
프로이트는 아동들의 발달에서 초기 경험과 갈등의 역할을 강조한다. 에릭슨은 심리사회적 발달을 여덟 가지 단계로 나누고 각 단계마다 특정 갈등을 경험한다고 제시했다.

학습적 관점
조작적 조건화는 강화와 처벌, 행동의 환경적 조절에 근거를 두고 있다. 사회 학습 이론은 사람은 다른 사람들을 관찰함으로써 학습한다고 가정한다. 사회 인지 이론은 아동이 자신이 본 것을 능동적으로 해석하려고 한다는 것을 강조한다.

인지 발달적 관점
인지 발달적 관점은 사고의 과정에 초점을 두고 있다. 피아제는 아동들의 인지 과정은 네 단계를 거친다고 주장했다.

상황적 관점
비고츠키는 아동의 발달에서 문화의 역할을 강조한다. 그의 이론에 따르면 아동은 기술을 가진 성인의 도움으로 신념, 관습 및 문화적 기술을 습득한다고 주장했다.

1.3 아동 발달 연구의 주제

이 책을 통해 제시된 네 가지 주제는 아동 발달 연구에서의 발견들을 통합하는 데 도움을 준다.

발달의 연속성
초기의 발달은 이후의 발달과 연관이 있지만 완벽한 연관성은 아니다. 다시 말해, 발달을 완벽하게 예측할 수는 없다. 초기의 발달은 이후의 발달에 영향을 미치지만 확정할 수는 없다.

본성과 양육의 영향
발달은 항상 유전과 환경에 의한 영향을 함께 받는다. 즉 유전과 환경은 상호작용하며 발달 과정에서 협력한다.

능동적 아동
아동은 자신의 경험을 끊임없이 해석하며, 개별적 특성에 의하여 자신의 경험에 영향을 주기도 한다.

다양한 발달 영역들 간의 연관성
아동의 삶에서 발달의 다양한 영역들은 언제나 서로 연결되어 있다. 인지 발달은 사회 발달과 다른 영역에 영향을 미친다.

1.4 아동 발달 연구의 실제

아동 발달 연구의 측정 방법
일반적으로 연구는 현상을 어떻게 측정할지 결정하는 것에서부터 시작한다. 체계적 관찰은 구조화된 장소나 자연스러운 환경 중에서 발생한 아동들의 행동을 기록하는 것을 포함한다. 연구자들은 때때로 아동들의 행동 샘플을 얻기 위하여 과제를 만든다. 자기 보고 방법은 아동들이 연구자에 의해 제시된 질문에 대답한다. 때때로 연구자들은 생리적 변화를 측정한다(예 : 심장 박동). 연구자들은 또한 더 큰 모집단의 표본집단을 얻어야 한다.

일반적 연구 설계
상관 연구에서 연구자들은 자연적으로 존재하는 변인들 간의 관계를 조사한다. 실험 연구는 종속 변인에 미치는 영향을 알아내기 위해 독립 변인을 조작한다. 현장 연구는 자연적인 환경에서 독립 변인을 조작하는 것을 포함한다. 유사 실험 연구는 그룹으로 구성되거나 구성되지 않은 아이들을 무작위 배정하여 사용하는 이점이 있다. 제일 좋은 접근은 실험 연구와 상관 연구 모두를 사용하고, 수렴되는 증거를 모아서 제공하는 것이다.

연령에 따른 변화를 연구하기 위한 설계
발달적 변화를 연구하는 연구자들은 같은 아동의 성장을 반복적으로 관찰할 때 종단적 연구 설계를 사용한다. 횡단적 연구 설계는 다양한 연령의 아동들을 검사하는 것을 포함한다. 메타 분석은 같은 주제에서의 다양한 연구 결과를 통합한다.

윤리적 책임
연구자들은 연구 참여자들의 잠재적인 위험 요소를 최소화해야 하며, 예비 연구 참여자들에게 연구에 대해 설명해 주어야 하며, 속임수를 피하고, 연구 결과를 무기명으로 하거나 비밀리에 보관해야 한다.

연구 결과 전달하기
연구자들은 자신의 연구 결과를 설명하는 보고서를 작성하고, 전문 과학 저널에 투고한다. 이는 아동 발달에 관한 과학적 지식을 기반으로 한 출판물이다.

자기평가

1. 아동의 마음을 '백지 상태'로서 보는 관점은 아동 발달 과정에서 _____의 역할을 강조한다.
   a. 경험
   b. 능동적 아동
   c. 유전학
2. _____는 아동 개인의 세부적, 체계적 관찰 방법이다.
   a. 지능 검사
   b. 결정적 시기
   c. 아기 자서전
3. 성숙 이론에서, 발달은 _____(으)로 구성된다.

   a. 명확하며 예정된 신체적 계획의 자연스러운 전개
   b. 생물학적 욕구와 사회적 기준 간 갈등의 해결
   c. 정적 및 부적 강화의 누적된 영향
4. 행동학자들은 몇몇 행동은 유기체가 생물학적으로 학습을 위해 준비되었을 때, 오직 _____ 동안에만 학습될 수 있다고 증명한다.
   a. 운동감각기
   b. 결정적 시기
   c. 정적 및 부적 강화 시기
5. 프로이트의 정신역동 이론은 후기 발달 형성에 있어 _____

의 역할을 강조한다.

   a. 성숙

   b. 초기 경험

   c. 아동의 독자적 세계관

6. 에릭슨의 심리사회학 이론에서, 청소년기는 _____ 간의 갈등 해소가 필요하다.

   a. 정체성과 정체성 혼란

   b. 구체적 조작기와 형식적 조작기

   c. 정적 및 부적 강화

7. 조작적 조건화+ _____ = 사회 인지 이론

   a. 성숙

   b. 문화적 맥락

   c. 관찰학습

8. 장 피아제에 따르면, 모든 연령의 아동들은 _____을/를 창작한다.

   a. 심리적 및 사회적 갈등

   b. 그들의 세계를 이해하는 데 도움을 주는 이론

   c. 그들의 학습 가능성이 가장 큰 결정적 시기

9. 초기 발달이 후기 발달에 관련되어 있다는 발견은 발달상 _____ 을 위한 증거이다.

   a. 연속성

   b. 본성과 양육의 영향력

   c. 아동 행동의 역할

10. 아동의 _____ 에 따르면, 아동은 자신의 운명의 주인이다.

   a. 연속적 관점

   b. 본성–양육

   c. 능동적 관점

11. 구조화된 관찰의 잠재적 결점은 _____.

   a. 인위적 상황 설정이 관심 행동을 왜곡할 수 있다.

   b. 희소성 혹은 비공개성으로 인해 관심 행동의 관찰 가능성이 적다.

   c. 망각 혹은 편향된 응답으로 인한 아동의 부정확한 응답이다.

12. _____ 에서, 한 변인의 높은 점수는 두 번째 변인의 높은 점수와 관련이 있다.

   a. 표본

   b. 정적 상관

   c. 부적 상관

13. 실제로 평가해야 할 것을 평가할 때 그 평가는 _____ .

   a. 신뢰할 수 있다

   b. 편향적이다

   c. 타당하다

14. _____ 에서, 연구자는 독립 변인을 조작하고 그것의 종속 변인에 대한 영향을 측정한다.

   a. 종단 연구

   b. 실험

   c. 구조화된 관찰

15. 종단 연구의 가장 큰 장점은 연구자가 _____ 할 수 있다는 점이다.

   a. 원인과 효과를 설정

   b. 초기 연령의 행동이 성장 이후 행동과 관련이 있는지 조사

   c. 자기 보고 관련한 문제를 회피

핵심 용어

각인 8

강화 10

결정적 시기 8

관찰학습 10

구조화된 관찰 18

능동적–수동적 아동 15

독립 변인 23

동물행동학 이론 7

동의 30

메타 분석 29

모방 10

모집단 21

문화 12

미시발생적 연구 26

반응 편파성 20

변인 18

본성–양육 논쟁 15

사회 인지 이론 10

상관 계수 22

상관 연구 22

성숙 이론 7

신뢰도 21

실험 23

심리사회적 이론 9

아기 자서전 5

연구 설계 22

연속성–비연속성 논쟁 14

원초아 8

유사 실험 25

응용 발달 과학 5

이론 7

인지 발달적 관점 11

자기 보고 20

CHAPTER 2

아동 발달의 유전적 기초

나의 부모님이나 장인, 장모님께서는 종종 내 아이들에 대해 "쟤가 어느새 저걸 할 나이가 됐구나"라고 말씀하신다. 그 말의 뜻은 나와 내 아내가 그 나이 때 했던 행동들을 아이들도 그대로 하게 된다는 것이다. 키나 머리색과 같은 신체적 특성들이 유전되는 것처럼 많은 행동적 특성들도 부모로부터 유전된다.

이 장에서는 유전이 어떻게 아동 발달에 영향을 미치는지 살펴볼 것이다. **2.1절**에서는 유전의 기본 기제를 다룰 것이다. **2.2절**에서는 유전과 환경이 어떻게 함께 작용하여 아동 발달에 영향을 미치는지 알아볼 것이다.

2.1 유전의 기제

학습 목표

LO1 염색체와 유전자는 무엇인가?

LO2 우성 인자와 열성 인자는 무엇이며 어떻게 유전되는가?

LO3 유전되는 장애에는 어떤 것들이 있는가? 염색체 수 이상으로 생기는 장애에는 어떤 것들이 있는가?

개요

유전생물학

단일 유전자 유전

유전적 장애

레슬리와 글렌은 아기를 갖기 위해 노력하기로 결정했다. 그들은 가족이 생긴다는 생각에 기쁘기도 했지만 걱정이 되기도 했다. 왜냐하면 레슬리의 할아버지께서 겸상 적혈구 질환을 앓다가 20세에 돌아가셨기 때문이다. 레슬리는 아기에게 할아버지를 돌아가시게 한 그 질환이 유전될까 봐 두려웠다. 레슬리와 글렌은 누군가가 그들의 아기가 괜찮을 것이라고 안심시켜 주길 바랐다.

당신은 레슬리와 글렌을 어떻게 안심시킬 수 있을까? 먼저 겸상 적혈구 질환(sickle-cell disease)에 대해 알아보자. 아래의 사진과 같이 적혈구 세포들은 신체 조직에 산소와 이산화탄소를 운반한다. 그런데 겸상 적혈구 질환에 걸릴 경우 적혈구 세포는 38쪽 맨 위에 있는 사진과 같이 길고 구부러진 낫 모양이 된다. 이러한 뻣뻣한 기형 세포들은 작은 모세 혈관을 통과할 수 없으므로 신체 모든 부위에 산소를 공급하는 것이 어려워진다. 결과적으로, 겸상 적혈구 질환에 걸릴 경우, 자주 피곤을 느끼고, 수 시간 혹은 며칠 동안 심한 통증을 경험하기도 하며, 감염에 취약해진다. 이 질환을 가진 사람들의 약 10%는 20세가 되기 전에, 50%는 50세가 되기 전에 사망한다(Kumar et al., 2010).

겸상 적혈구 질환은 유전되며, 레슬리의 할아버지처럼 상대적으로 아프리카계 미국인들에게 흔하다. 레슬리의 아기는 어쩔 수 없이 그녀의 할아버지로부터 이 질환을 물려받게 되는 것인가? 이 질문에 답하기 위해 유전의 기제에 대해 살펴봐야 한다.

유전생물학

LO1 염색체와 유전자는 무엇인가?

사정을 통해 질 안에 들어온 티스푼 분량의 정액은 2~5억 개의 정자를 가지고 있다. 그중 몇백 개의 정자들만이 15~18센티미터를 여행하여 나팔관에 도달하는 데 성공한다. 만약 난자가 있을 경우 많은 정자들은 난자를 둘러싼 영양 세포 다발을 통과하기 위해 동시에 구멍을 파기 시작한다. 마침내 한 정자가 난자의 세포벽을 통과하게 되면 즉각적으로

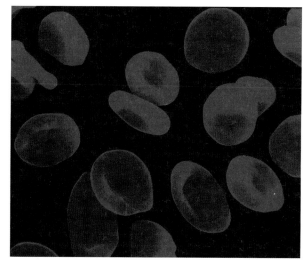

적혈구 세포들은 신체에 산소를 운반한다.

다른 모든 정자가 들어오지 못하도록 만드는 화학적 변화가 일어난다. **각각의 난자와 정자 세포는 23개의 염색체(chromosomes)를 가지고 있다. 염색체는 유전적 요소를 가지고 있는 핵 안의 작은 조직이다.** 정자가 난자를 관통하게 되면 염색체들은 23개의 쌍으로 결합된다. 새로운 인간의 발달이 시작된 것이다.

이제까지 대부분 정자와 난자의 결합은 성관계를 통해서만 이루어졌다. 그러나 이제는 더 이상 그렇지 않다. 1978년 루이즈 브라운은 어머니의 몸 안에서가 아닌 실험실 접시에서 수정된 최초의 시험관 아기로 전 세계의 이목을 끌었다. 오늘날 보조 생식 기술은 더 이상 실험적 단계에 머물러 있지 않고 매년 미국 여성들이 160,000회 이상 시도해 60,000명 이상의 아기들이 태어난다(Centers for Disease Control and Prevention, 2013). 성관계를 통해 임신을 하지 못하는 부부들을 대상으로 한 새로운 많은 기술들이 개발되었다. **잘 알려진 체외 수정(in vitro fertilization)은 실험실에서 정자와 난자를 함께 섞어 수정된 몇 개의 난자들을 어머니의 자궁에 넣어 주는 것이다.** 맨 아래 사진은 난자가 들어 있는 접시에 스포이드 속의 정자를 넣어 주는 실험실에서의 수정 과정을 보여 준다. 만약 난자가 수정되면 약 24시간 내에 여성의 자궁에 넣어 주어 자궁벽에 착상이 되도록 한다.

정자와 난자는 대개 부모들의 것을 사용하지만 때때로 기증을 받게 되는 경우도 있다. 종종 수정된 난자는 대리모의 자궁에 놓이기도 한다. 따라서 아기는 많게는 5명의 '부모'(정자와 난자를 기증한 남자와 여자, 임신 중인 대리모, 아기를 길러 줄 부모)를 갖게 되는 경우도 있다.

이러한 새로운 생식 기술들은 오랫동안 아이를 원했지만 임신을 할 수 없었던 부부들에게 희망을 가져다주었다. 새로운 생식 기술에 의해 태어난 1세대 아동들에 관한 연구들은 이들이 지극히 정상적인 사회적 및 정서적 발달을 한다고 밝혔다(Golombok, 2013). 그러나 여기에는 어려움 또한 존재한다. 체외 수정 시도의 약 1/3만이 성공에 이른다. 더욱이 수정된 난자가 여성의 자궁에 착상되도록 하는 확률을 높이기 위해 다수의 난자를 자궁에 옮겨 놓기 때문에 쌍둥이 혹은 세쌍둥이가 생기기 쉽다. 따라서 출산 시 아기가 저체중이거나 선천적 장애일 위험이 커지게 된다. 끝으로, 이러한 과정에 드는 비용이 비싸다는 것이다. 미국의 경우 이러한 과정을 한 번 거치는 데 보통 10,000달러에서 15,000달러 정도가 들며 대개 의료 보험의 혜택을 받지 못한다. 이렇듯 비록 획기적인 기술의 발달로 불임 부부들을 위한 여러 대안이 개발되었음에도 불구하고 임신 문제의 해결은 여전히 난항을 겪고 있다.

어떠한 난자와 정자이든 간에, 또는 그것들이 어떻게 만났든 간에 난자와 정자의 결합은 중대한 사건이다. 난자와 정자의 결합으로 인해 생기는 23쌍의 염색체들은 한 아동의 유전을 결정한다. 또한 레슬리와 글렌에게는 이 순간이 그들의 아이에게 겸상 적혈구 질환이 유전될 것인지가 결정되는 순간이기도 하다.

유전이 아동 발달에 어떤 영향을 미치는지 이해하기 위해 염색체를 자세히 살펴보자. 사진에서 볼 수 있듯이 46개의 염색체들이 크기에 따라 쌍으로 나열되어 있다. **첫 22쌍의 염색체들은 상염색체(autosomes)**

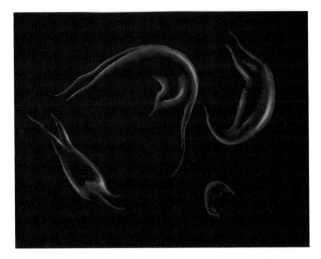

겸상 세포 질환과 관련이 있는 겸상 적혈구 세포는 신체의 가장 작은 혈관들을 통과할 수 없다.

정자가 난자를 통과할 때 수정이 일어난다.

난자가 들어 있는 접시에 정자를 넣어 주고 있다.

라 하며 각 쌍의 염색체들은 대략 크기가 같다. 그러나 23번째 쌍의 X 라고 불리는 염색체는 Y라 불리는 다른 염색체보다 훨씬 크다. 이 23 번째 염색체 쌍은 아동의 성을 결정하기 때문에 이 둘은 성염색체(sex chromosomes)로 알려져 있다. 난자는 언제나 23번째 염색체에 X를 가 지고 있으나 정자는 X나 Y 중 하나를 가지고 있다. 만약 X를 가지고 있 는 정자가 난자에 수정되면 23번째 쌍은 XX가 되어 여자가 된다. 만약 Y를 가지고 있는 정자가 난자에 수정되면 23번째 쌍은 XY가 되어 남자 가 된다.

각 염색체는 디옥시리보핵산(deoxyribonucleic acid), 즉 하나의 DNA 분자로 이루어져 있다. DNA 분자는 나선형 계단과 그 모양이 비슷하 다. 〈그림 2-1〉에서 계단의 가로장들은 뉴클리오타이드 쌍으로 이루어 진 유전적 코드를 가지고 있다. 아데닌(adenine)과 티민(thymine)이 쌍 을 이루며 구아닌(guanine)과 시토신(cytosine)이 쌍을 이룬다. 뉴클리 오타이드 쌍들의 순서는 세포로 하여금 특정 아미노산, 단백질, 효소 등 중요한 생물학적 요소들을 만들어 내도록 하는 코드이다. **특정 생화학적 지시를 제공하는 뉴클리오타이드 각 집단이 바로 유전자(gene)이다.** 예를 들어, 연속적인 세 개의 티민 뉴클리오타이드(thymine nucleotide)는 아미노산 페닐알라닌(amino acid phenylalanine)을 만들도록 하는 코드이다.

40쪽에 있는 〈그림 2-2〉는 이러한 염색체, 유전자, DNA 간의 관계를 요약해서 보여 준 다. 각 세포는 DNA로 구성된 유전자들을 운반하는 염색체들을 가지고 있다.

아동의 46개 염색체들은 약 20,500개의 유전자를 포함하고 있다. 염색체 1은 대부분의 유전자를 가지고 있으며(거의 3,000개), Y 염색체는 가장 적은 유전자를 가지고 있다(200개 가 조금 넘는). 이 유전자들의 대부분은 모든 사람에게 있어 동일하며, 유전자들의 1% 미만 에 해당하는 부분이 개개인의 차이를 가져온다(Human Genome Project, 2003). 완전한 유 전자 세트는 한 개인의 유전적 특징을 구성하고 있는데, 이를 그 개인의 **인자형(genotype)**이 라고 한다. 유전자들은 DNA 안에 부호화된 생화학적 지시들을 통해 모든 인간의 특성과 능력 의 발달을 통제한다. 유전적 지시들은 환경적 영향과 결합하여 개인의 신체적, 행동적, 심리적 특징인 **표현형(phenotype)**을 만들어 낸다.

다음은 유전자에 담긴 정보들이 다양한 표현형을 만들어 내는 여러 경로를 살펴볼 것 이다.

단일 유전자 유전

LO2 우성 인자와 열성 인자는 무엇이며 어떻게 유전되는가?

어떻게 유전적 지시가 겸상 적혈구 질환의 기형적인 적혈구 세포를 만들어 내는가? 유전자 들은 **대립 형질(alleles)**로 알려진 서로 다른 모양으로 되어 있다. 예를 들어, 한 대립 형질은 정 상 적혈구 세포의 유전적 지시를 가지며, 다른 대립 형질은 겸상 적혈구 세포의 유전적 지 시를 가질 수 있다. **염색체 쌍의 대립 형질이 같은 경우는 동질 접합(homozygous)이라 하며 다 른 경우는 이질 접합(heterozygous)이라 한다.** 레슬리의 아기는 동질 접합일 수 있는데, 이는 2개의 정상 세포 대립 형질 또는 2개의 겸상 세포 대립 형질을 가지고 있음을 의미한다. 또 한 레슬리의 아기는 이질 접합일 가능성도 있는데, 이는 하나의 정상 세포 대립 형질과 하 나의 겸상 세포 대립 형질을 가졌을 경우이다.

그렇다면 인자형이 어떻게 표현형을 만들어 내는가? 동질 접합일 경우 답은 간단하다.

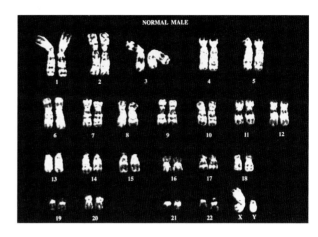

인간은 22쌍의 상염색체와 1쌍의 성염색체로 이루어진 총 23쌍의 염색체를 갖는다.

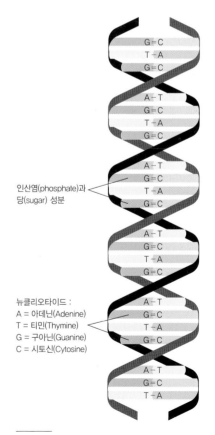

인산염(phosphate)과
당(sugar) 성분

뉴클리오타이드 :
A = 아데닌(Adenine)
T = 티민(Thymine)
G = 구아닌(Guanine)
C = 시토신(Cytosine)

그림 2-1

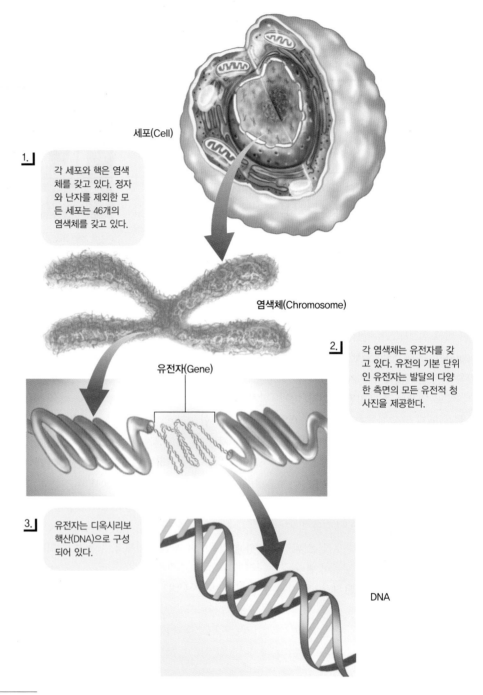

세포(Cell)

1. 각 세포와 핵은 염색체를 갖고 있다. 정자와 난자를 제외한 모든 세포는 46개의 염색체를 갖고 있다.

염색체(Chromosome)

2. 각 염색체는 유전자를 갖고 있다. 유전의 기본 단위인 유전자는 발달의 다양한 측면의 모든 유전적 청사진을 제공한다.

유전자(Gene)

3. 유전자는 디옥시리보핵산(DNA)으로 구성되어 있다.

DNA

그림 2-2

2개의 대립 형질은 동일하기 때문에 같은 표현형으로 이끄는 화학적 지시를 갖는다. 그럴 경우 보통 그 표현형을 갖게 된다(2.2절에 예외가 나와 있음). 만약 레슬리의 아기가 11번째 염색체 쌍에 2개의 정상 적혈구 세포 대립 형질을 가지고 있다면, 아기는 정상 세포들을 갖게 될 것이라고 거의 보장할 수 있다. 그러나 아기가 만약 2개의 겸상 세포 대립 형질을 가지고 있다면, 아기는 겸상 적혈구 질환에 걸릴 것이 거의 확실하다.

이질 접합일 경우 그 과정은 훨씬 복잡하다. **종종 한 대립 형질이 우성**(dominant)**일 때 다른 열성**(recessive) **대립 형질의 화학적 지시는 무시되며 우성 대립 형질의 지시를 따르게 된다.** 겸상 적혈구 질환일 경우, 정상 세포의 대립 형질은 우성이며 겸상 세포의 대립 형질은 열성이다. 이것은 레슬리에게 좋은 소식이다. 레슬리나 글렌 어느 쪽이든 아기에게 정상 적혈구 세포 대립 형질을 전달한다면 아기는 겸상 적혈구 질환에 걸리지 않을 것이다.

〈그림 2-3〉은 겸상 적혈구 질환을 간략히 정리해 놓은 것이다. A는 정상적인 혈액 세포 대립 형질을 의미하고, a는 겸상 세포 대립 형질을 의미한다. 이 도표에서 볼 수 있듯이 글렌의 인자형은 우성 동질 접합이다. 왜냐하면 그의 가족 중 어느 누구도 겸상 적혈구 질환을 가진 사람이 없었기 때문이다. 레슬리의 가족력을 살펴보면, 그녀는 우성 동질 접합이거나 이질 접합일 가능성이 있다. 이 도표에서는 후자의 경우로 가정한다. 그렇다면 레슬리와 글렌은 겸상 적혈구 질환에 걸린 아기를 가질 수 없음을 알 수 있다. 그러나 그들의 아기가 다른 식으로 영향을 받을 가능성은 있다. **종종 한 대립 형질이 다른 대립 형질을 완전히 지배하지 않을 수 있는데 이를 불완전 우성(incomplete dominance)이라고 한다.** 불완전 우성에서 나타나는 표현형은 종종 두 대립 형질의 표현형들 사이에 위치한다. 적혈구 세포들을 통제하는 유전자들이 이러한 경우이다. **하나의 우성 대립 형질과 하나의 열성 대립 형질을 가지고 있는 경우 겸상 세포 특성(sickle-cell trait)을 지닌다. 이들 대부분은 문제가 없지만 산소가 심각하게 부족할 때 일시적으로 경미하게 이 질환을 앓게 된다.** 따라서 이러한 겸상 세포 특성은 운동을 격렬하게 해서 탈수 상태가 되거나 높은 고도에 있을 때 나타나기 쉽다(Fidler, 2012). 〈그림 2-3〉에서와 같이 레슬리와 글렌의 아기가 레슬리로부터 열성의 유전자를 물려받고 글렌으로부터 우성의 유전자를 물려받는다면 겸상 세포 특성을 가질 수 있다.

왜 겸상 적혈구 질환이 주로 아프리카계 미국인 아동들에게 영향을 미치는가에 관해서는 아직 이야기하지 않았다. "문화적 영향"에서 이 점을 다룰 것이다.

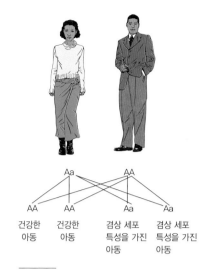

Aa   AA

AA   AA   Aa   Aa

건강한 아동   건강한 아동   겸상 세포 특성을 가진 아동   겸상 세포 특성을 가진 아동

그림 2-3

질문 2.1

만약 글렌이 겸상 적혈구 질환과 관련해서 자신이 우성 동질 접합이 아닌 이질 접합임을 알게 된다면, 그와 레슬리 사이에 겸상 적혈구 질환을 가진 아이가 태어날 확률에 어떠한 변화가 생길까?

문화적 영향

왜 아프리카계 미국인들에게 겸상 적혈구 질환이 유전되는가?

겸상 적혈구 질환은 400명 중 1명꼴로 아프리카계 미국 아동들에게 발생한다. 이와 대조적으로 유럽계 미국 아동들은 이 질환에 걸리지 않는다. 이것은 무엇 때문인가? 겸상 세포 대립 형질이 갖는 한 가지 이점이 있는데, 이 대립 형질을 가지고 있는 경우 아동기 사망 원인들 중 하나인 말라리아 전염병에 대해 저항력을 갖는다는 것이다. 말라리아는 모기를 통해 전염되며, 아프리카의 많은 지역을 포함하여 따뜻한 기후에서 흔히 발생한다. 아프리카인들 중 정상 혈액 세포의 대립 형질을 가진 이들에 비해 겸상 세포 대립 형질을 가진 이들이 말라리아로 사망하는 경우가 적었다. 이는 겸상 세포의 대립 형질이 다음 세대에 전달된다는 것을 의미한다.

겸상 적혈구 질환에 대한 이러한 설명은 다음 두 가지를 전제로 한다. 첫째, 겸상 적혈구 질환은 말라리아가 흔한 지역에 사는 사람들 집단에서 발견되어야 한다. 실제로 겸상 적혈구 질환은 카리브와 중남미의 말라리아가 빈발하는 지역에 뿌리를 둔 히스패닉계 미국인들에게 발병한다. 둘째로, 말라리아는 미국에서 드물게 발병하기 때문에 아프리카계 미국인들에게는 겸상 세포 대립 형질이 생존 가치가 없으므로 아프리카계 미국인들의 이후 세대들에서는 겸상 세포 대립 형질이 더 적어져야 한다. 이것 또한 연구 결과 입증되었다.

이는 유전의 영향이 환경에 따라 달라진다는 중요한 교훈을 보여 준다. 한 대립 형질이 어떤 환경에서는 존재 가치를 갖지만 다른 환경에서는 그렇지 않을 수 있다. 유전의 영향은 환경에 따라 달라진다. 우리는 이러한 교훈을 2.2절에서 좀 더 자세히 살펴볼 것이다.

표 2-1 단일 유전자 쌍과 관련이 있는 표현형	
우성 표현형	열성 표현형
곱슬머리	직모
정상 머리카락	대머리(남성)
짙은 색 머리카락	금발
두꺼운 입술	얇은 입술
보조개	보조개 없음
정상 청력	특정 유형의 청력 상실
정상 시력	근시안
원시안	정상 시력
색맹 없음	적녹 색맹
혈액형 A	혈액형 O
혈액형 B	혈액형 O
혈액형 Rh+	혈액형 Rh-

출처 : Data from the Online Mendelian Inheritance in Man(OMIM). National Center for Biotechnology Information, U.S. National Library of Medicine. http://www.ncbi.nlm.nih.gov/omim.

검상 적혈구 질환을 일으키는 간단한 유전적 기제, 즉 하나의 우성 대립 형질과 하나의 열성 대립 형질을 가진 1개의 유전자 쌍은 〈표 2-1〉의 흔히 볼 수 있는 다른 많은 특성들과도 관련이 있다. 각각의 경우, 열성의 표현형을 가진 개인은 부모로부터 받은 2개의 열성 대립 형질을 갖고 있는 것이다. 우성의 표현형을 가진 개인은 최소한 하나의 우성 대립 형질을 갖고 있다.

〈표 2-1〉에 나열된 대부분의 특징은 생물학적 및 의학적 표현형들이다. 이러한 동일한 유전 양식은 다음에서 살펴볼 심각한 장애를 일으킬 수 있다.

유전적 장애

LO3 유전되는 장애에는 어떤 것들이 있는가? 염색체 수 이상으로 생기는 장애에는 어떤 것들이 있는가?

유전은 두 가지 방식으로 발달 장애를 가져올 수 있다. 첫째, 어떤 장애들은 유전된다. 검상 적혈구 질환은 유전되는 장애의 한 예이다. 둘째, 종종 난자나 정자가 23개의 염색체 수보다 많거나 적은 경우이다. 다음으로 어떻게 유전된 장애와 비정상적인 염색체 수가 아동 발달에 영향을 미치는지 살펴볼 것이다.

유전되는 장애 검상 적혈구 질환은 양 부모에게서 열성 대립 형질을 물려받음으로써 발생하는 열성 동질 접합 장애 중 하나이다. 〈표 2-2〉는 이와 같은 방식으로 흔히 유전되는 장애들을 보여 준다.

우성 대립 형질에 의해 발병하는 심각한 장애들은 상대적으로 그 수가 매우 적다. 이것은 무엇 때문인가? 만약 장애를 일으키는 대립 형질이 우성일 경우, 적어도 하나의 대립 형질을 가진 모든 이들은 장애를 가지게 될 것이다. 그러나 이러한 장애를 가진 이들은 대개 생산을 할 만큼 오래 살지 못하므로 치명적 장애를 유발하는 우성 대립 형질은 곧 사라지게 된다. **여기에는 예외도 있는데 헌팅턴 무도병(Huntington's disease)이 바로 그것이다. 이 장애는 신경 체계의 점진적인 퇴행이 일어나는 치명적인 질환이다.** 이 장애가 유전될 경우 아동기, 청소년기, 청년기에는 정상적인 발달을 한다. 그러나 중년기 동안 뇌의 신경 세포들은 붕괴되기 시작한다. 이때는 이미 자녀를 두고 있는 경

표 2-2 열성 대립 형질과 관련이 있는 장애

장애	발생 빈도	특징
백색증(Albinism)	15,000명당 1명	피부에 멜라닌이 부족하여 시각 문제를 야기하거나 빛에 극도로 민감함
낭포성섬유증 (Cystic Fibrosis)	유럽계 미국인의 경우 3,000명당 1명. 아프리카계나 아시아계 미국인은 그보다 적음	과도한 점액이 소화관과 기도를 막음. 흔히 폐 감염을 동반함
페닐케톤뇨증 (Phenylketonuria, PKU)	10,000명당 1명	페닐알라닌이라 불리는 아미노산이 신체에 축적되어 신경계를 손상시키고 정신 지체를 야기함
테이삭스병 (Tay-Sachs disease)	유럽계 유태인의 경우 2,500명당 1명	영아기에 신경계가 붕괴하여 시청각 장애, 정신 지체를 야기하며 취학 전 사망함

출처 : Based on American Lung Association, 2007; Committee on Genetics, 1996; Hellekson, 2001; Oline Mendelian Inheritance in Man, 2013; Thompson, 2007.

우가 많아 많은 자녀들이 이 장애를 물려받게 된다.

다행히 대부분의 유전되는 질환들은 드물게 발병한다. 예를 들어, 페닐케톤뇨증(PKU)은 10,000 명당 1명꼴로 발병하고, 헌팅턴 무도병은 그보다 드물게 발병한다. 그럼에도 불구하고 이러한 장애의 가족력이 있는 성인들은 종종 그들의 자녀들이 영향을 받게 될 것인지 알고 싶어 한다. "아동의 삶 향상시키기"는 이들이 어떻게 도움을 받을 수 있는지를 보여 준다.

다음은 유전되는 질환들보다 더 흔히 발생하는 염색체 수 이상으로 인한 장애들을 살펴볼 것이다.

비정상적인 염색체 수 아동이 더 많거나 적은 수의 염색체 또는 손상된 염색체들을 가지고 태어나게 되면 정상적인 발달이 어렵게 된다. 가장 좋은 예로 다운증후군(Down syndrome)을 들 수 있다. 이는 21번째 염색체가 한 개 더 많아 나타나는 유전적인 장애로 정신 지체를 초래한다.[1] 사진 속의 아동

아동의 삶 향상시키기

유전 상담

자녀에게 심각하거나 치명적인 질병이 유전되는 것을 두려워하는 부부들에게 가족 계획을 하는 일은 쉽지 않다. 가장 좋은 방법은 여자가 임신하기 전 유전 상담(genetic counseling)을 통해 도움을 받는 것이다. 유전 상담자는 부부와 함께 상세한 가족력을 만들어 남자 혹은 여자가 그들이 우려하는 장애의 대립 형질을 가지고 있을 가능성을 살펴본다.

이 절 처음에 등장하는 부부인 레슬리와 글렌의 가계도를 보면 레슬리는 겸상 적혈구 질환의 열성 대립 형질을 가지고 있을 가능성이 높음을 확인할 수 있다. 다음 단계로 유전 상담자는 통상적으로 레슬리의 혈액이나 타액에서 DNA 표본을 얻는다. 이 표본은 11번째 염색체가 겸상 적혈구 질환의 열성 대립 형질을 가지고 있는지 알기 위해 분석에 사용된다. 만약 레슬리가 건강한 혈액 세포들의 2개의 우성 대립 형질을 가진 동질 접합임이 밝혀지면, 그녀와 글렌은 그들의 자녀들이 겸상 적혈구 질환에 걸리지 않을 것임을 확신할 수 있다. 그러나 만일 레슬리가 하나의 열성 대립 형질을 가지고 있음이 밝혀지면, 그들의 아기가 겸상 세포 특성을 갖게 될 위험은 50%가 된다. 또한 임신한 후에도 태아가 유전된 장애를 가지고 있는지 알아보는 검사를 실시할 수 있다. 이에 대해서는 제3장에서 다룬다.

다운증후군 아동은 보통 위로 비스듬히 올라간 눈, 눈꺼풀 위의 주름, 평평한 얼굴 윤곽, 평균보다 작은 코와 입이 특징이다.

처럼 다운증후군을 가지고 있는 경우 눈이 아몬드 모양이고 눈꺼풀 위에 주름이 있다. 다운증후군 아동의 머리, 목, 코는 일반적으로 정상 아동보다 작다. 다운증후군 아동은 처음 몇 개월 동안은 정상적으로 발달하는 것처럼 보이나 이후 정신 및 행동 발달에서 평균 아동에 뒤처지기 시작한다. 예를 들어, 다운증후군 아동은 약 1세가 되기까지 도움 없이 혼자 앉지 못하며, 2세가 되기까지 걷지 못하고, 3세가 되기까지 말을 하지 못한다. 이는 수개월 혹은 수년을 정상 아동보다 뒤처지는 것이다. 아동기에 이르면 다운증후군 아동의 정신 지체는 명백히 드러난다.

다운증후군 아동을 양육하는 일은 특별한 어려움이 뒤따른다. 취학 전 기간에는 다운증후군 아동들의 학업을 준비시키기 위한 특별 프로그램이 필요하다. 다운증후군 아동의 학업 성취는 제한적이며, 평균 수명 역시 약 50세 정도이다(Coppus, 2013). 그럼에도 불구하고 다운증후군을 가지고 있는 많은 사람들은 만족스런 생활을 영위한다.

무엇이 다운증후군을 일으키는가? 다운증후군의 경우 21번째 염색체가 하나 더 많은데, 이는 난자에서 온 것이다(Vraneković et al., 2012). 그러나 왜 어머니 쪽에서 2개의 21번째 염색체를 제공하는지는 알려져 있지 않다. 그러나 나이 든 여자일수록 다운증후군 아동을 낳을 확률은 크게 증가한다. 20대 후반 여성이 다운증후군 아기를 출산할 위험은 약 1,000명당 1명꼴이지만, 40대 초반 여성의 경우 약 50명당 1명꼴로 늘어난다. 이렇듯 위험률이 증가하는 까닭은 난자들이 태내기 때부터 난소에 있었기 때문일 수 있다. 시간이 지남에 따라 난자의 질이 떨어지거나 X선과 같은 환경의 위험에 노출되는 시간이 길어져 난자가 손상됐을 수도 있다. 정상보다 많거나 적은, 혹은 손상된 상염색체는 반드시 발달에 장기적인 영향을 미치는데, 이는 상염색체가 방대한 양의 유전 정보를 가지고 있기 때문이다. 실제 모든 수정란의 절반 정도가 비정상적인 상염색체로 인해 2주 안에 자연스럽게 유산된다. 따라서 정상적으로 발달할 수 없는 난자들 대부분은 자연적으로 제거된다(Moore, Persaud, & Torchia, 2012).

비정상적인 성염색체 또한 발달을 방해할 수 있다. 〈표 2-3〉에는 X, Y 염색체의 수와 관련이 있는 네 가지 장애가 나타나 있다. 이러한 장애들은 PKU나 헌팅턴 무도병보다 자주 발병하는 것은 사실이나 표에 나타난 바와 같이 이들 장애의 대부분은 드물게 발병한다. 어떤 장애도 오직 Y 염색체들로만 이루어진 것은 없음을 주목하라. 아마도 X 염색체의 존재는 생명에 필수적인 것처럼 보

표 2-3 성염색체와 관련이 있는 장애			
장애	성염색체	발생 빈도	특징
클라인펠터 증후군 (Klinefelter's syndrome)	XXY	남아 500명~1,000명당 1명	큰 키, 작은 고환, 불임, 정상 이하의 지능, 잠복성
XYY 보체 (XYY complement)	XYY	남아 1,000명당 1명	큰 키, 어떤 경우 정상 이하의 지능을 갖기도 함
터너증후군 (Turner's syndrome)	X	여아 2,500~5,000명당 1명	작은 키, 2차 성징 발달의 제한, 공간 관계 지각의 문제
XXX 증후군 (XXX syndrome)	XXX	여아 500~1,200명당 1명	정상 신장, 운동 및 언어 발달 지체

출처 : Based on Milunsky, A. (2002). *Your genetic destiny: Know your genes, secure your health, and save your life.* Cambridge, MA: Perseus Publishing.

---

1) 다운증후군의 학명은 'Trisomy 21'로 21번째 염색체가 2개가 아닌 3개이기 때문이다. 그러나 대부분의 사람들은 1860년대 이 장애를 밝혀낸 영국 의사 존 랭던 다운(John Langdon Down)의 이름을 따서 다운증후군이라 부른다.

인다.

이러한 유전적 장애들은 유전의 커다란 영향력을 보여 준다. 그럼에도 불구하고 유전이 어떻게 발달에 영향을 미치는지를 보다 잘 이해하기 위해서는 환경을 고려해야 한다. 2.2절에서 이에 대해 알아본다.

 학습 확인

점검 우성 대립 형질과 열성 대립 형질의 차이점에 대해 기술하시오.

유전되는 장애들과 비정상적인 염색체 수와 관련이 있는 장애들을 구분해 설명하시오.

이해 우성 대립 형질들과 관련이 있는 유전적 장애들은 왜 상대적으로 적은가?

적용 당신의 친구가 낭포성 섬유증(cystic fibrosis) 열성 대립 형질을 가지고 있다고 가정해 보자. 당신은 어떤 조언을 해 줄 것인가?

2.2 유전, 환경 그리고 발달

학습 목표	개요
LO4 아동 발달에 미치는 유전과 환경의 영향을 연구하기 위해 과학자들이 사용하는 방법은 무엇인가?	행동유전학
LO5 유전과 환경은 어떻게 아동 발달에 영향을 미치는가?	유전자에서 행동에 이르는 경로

새디와 몰리는 이란성 쌍생아이다. 이들이 아기일 때, 새디는 차분하고 달래기가 쉬었으나, 몰리는 신경질적이고 진정시키기가 어려웠다. 이들이 학교에 들어갔을 때, 새디는 다른 사람들과 만나는 것을 즐기고 다른 사람들과 어울려 노는 것을 더 좋아한 한편, 몰리는 좀 더 내성적이며 혼자 노는 것을 매우 좋아했다. 그들의 조부모들은 이 쌍생아들이 왜 이렇게 다른지 궁금해한다.

새디와 몰리는 유사한 유전자들을 가졌음에도 불구하고 왜 이렇게 다른 것인가? 이 질문에 답하기 위해, 우리는 먼저 아동 발달 과학자들이 유전과 환경이 아동 발달에 미치는 영향을 연구하기 위해 사용하는 연구 방법들을 살펴볼 것이다. 그런 다음 유전과 환경의 영향력을 좌우하는 몇 가지 기본 원리들을 알아볼 것이다.

행동유전학

LO4 아동 발달에 미치는 유전과 환경의 영향을 연구하기 위해 과학자들이 사용하는 방법은 무엇인가?

2.1절(표 2-1)에서 살펴본 대부분의 특성들은 하나의 유전자에 의해 통제되는 '이것 아니면 저것 (either-or)'의 표현형들이다. 예를 들어, 어떤 사람이 Rh+ 혈액형인지 아니면 Rh− 혈액형인지는 염색체 1의 RHD 유전자에 의해 결정된다. 이와는 대조적으로 대부분의 행동 및 심리적인 특성은 '이것 아니면 저것'이라기보다 다양한 결과가 나올 수 있는 전체적인 범위로 설명하는 것이 더 타당하다. 외향성을 예로 들어 보자. 당신은 아마도 몇몇 지나치게 외향적인 사람들과 지나치게 부끄러움을 타는 사람들을 알고 있을 것이다. 그러나 당신이 아는 사람들의 대부분은 한쪽 끝은 극단적인 외향성, 다른 쪽 끝은 극단적인 내향성으로 되어 있는 연속선의 중간 어딘가에 속할 것이다.

지능과 성격의 다양한 측면을 포함하는 많은 행동 및 심리적 특징들도 이런 식으로 연속선 양 끝에 소수와 중간 부분에 대다수가 분포되어 있다. **이와 같이 분포되어 있는 표현형들은 종종 여러 개 유전자들의 결합된 작용을 보여 주는 것으로 다원 유전**(polygenic inheritance) **양식으로 알려져 있다.** 연속선상에서 하나의 행동적 표현형을 만들어 내기 위해 얼마나 많은 유전자들이 작용하는지 알아 보기 위해 가설적 예시를 들어 살펴보자.

외향성에는 네 쌍의 유전자들이 관여하며, 외향성의 대립 형질은 우성이고 외향성의 정도는 우성 대립 형질들의 합계라고 가정하자. 우성 대립 형질은 대문자로, 열성 대립 형질은 소문자로 쓴다면 네 쌍의 유전자들은 Aa, Bb, Cc, Dd가 될 것이다.

이러한 4개의 유전자 쌍들은 81개의 서로 다른 유전자형과 9개의 표현형을 만들어 낸다. 예를 들어, AABBCCDD 유전자형을 가지고 있는 사람은 8개의 외향성 대립 형질들을 가진다. aabbccdd 유전자형을 가지고 있는 사람은 외향성 대립 형질을 전혀 가지고 있지 않다. 그 밖의 다른 유전자 형들은 우성과 열성 대립 형질들의 조합으로 중간 수준의 외향성을 나타내는 표현형들과 연관이 있다. 〈그림 2-4〉에서 알 수 있듯이 가장 흔한 결과는 정확히 4개의 우성 대립 형질들과 4개의 열성 대립 형질들이 유전되는 것이다. 81개의 유전자형들 중 19개가 이런 패턴을 만들어 낸다(예 : AABbccDd, AaBbcCDd). 극단적인 경우들(매우 외향적이거나 매우 부끄러움을 타는)은 소수에 불과하다. 따라서 많은 행동 및 심리적 특성들은 종 모양의 분포를 이룬다.

위의 예는 하나의 가설일 뿐 외향성은 4개 유전자 쌍의 결합된 영향력에 기초하고 있는 것은 아니다. 그러나 이 예시는 함께 작용하는 몇 개의 유전자들이 어떻게 표현형의 연속선을 만들어 낼 수 있는지를 보여 준다. 그러나 실제로는 더 많은 유전자 쌍들이 관여하고 환경 또한 표현형에 영향을 미친다는 것을 고려해야 할 것이다(Plomin, 2013).

행동 및 심리적인 특징에 관한 유전의 영향을 알아내는 것이 행동유전학(behavioral genetics)**의 목표 이다.** 2.2절의 나머지 부분에서는 행동유전학이 아동들의 심리적 발달에 미치는 유전의 영향력에 관해 밝혀낸 것들을 살펴볼 것이다.

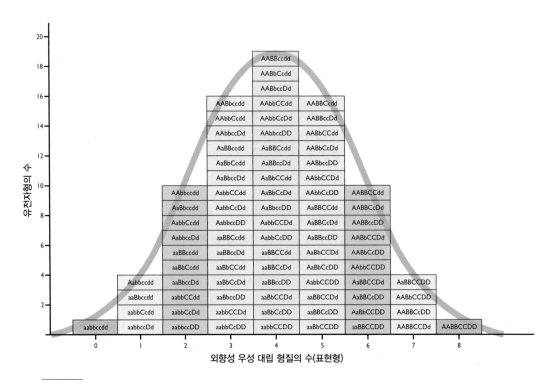

그림 2-4

행동유전학의 연구 방법 만약 행동적 표현형에 무수한 유전자들이 관련되어 있다면 어떻게 유전의 영향을 밝힐 수 있을 것인가? 전통적으로 행동유전학자들은 유전적인 유사성에서 차이를 보이는 집단들을 비교하는 통계 방법에 의존해 왔다. 예를 들어, 쌍생아들은 유전의 영향을 밝히는 데 중요한 열쇠를 제공한다. **일란성 쌍생아**(identical twins)**는 하나의 수정란이 2개로 분리된 경우이므로 단일 접합체 쌍생아**(monozygotic twins)**라고 불린다.** 일란성 쌍생아들은 동일한 수정란에서 생겨났기 때문에 신체 조직, 키, 얼굴 특징을 통제하는 유전자들이 동일하므로 오른쪽 사진에서처럼 서로 꼭 닮게 된다. **반면 이란성 쌍생아**(dizygotic twins)**는 2개의 난자와 2개의 정자가 수정되어 생겨난다.** 유전적으로 볼 때 이란성 쌍생아들은 다른 형제자매들과 동일하다. 즉 평균적으로 이들은 약 절반 정도의 유전자들이 일치한다. 쌍생아 연구에서 과학자들은 일란성 쌍생아들과 이란성 쌍생아들을 비교한다. 일란성 쌍생아들이 이란성 쌍생아들보다 좀 더 유사할 때 유전이 연루되어 있음을 알게 된다.

일란성 쌍생아들은 단일 접합체 쌍생아로 불리는데, 이는 하나의 수정란이 2개로 분리되어 동일한 유전자들을 가지고 있기 때문이다.

다음의 예는 일란성 쌍생아들과 이란성 쌍생아들을 비교하는 논리를 보여 준다. 예를 들어, 외향성이 유전되는지 알아보려 한다고 가정하자. 그렇다면 먼저 많은 수의 일란성 쌍생아들과 이란성 쌍생아들의 외향성을 측정할 것이다. 이때 외향성 질문지의 점수 범위는 0~100(100은 극단적인 외향성을 가리킴)이라고 하자. 일부 가상의 연구 결과들이 〈표 2-4〉에 나타나 있다.

먼저 이란성 쌍생아들의 결과를 살펴보자. 대부분 비슷한 점수들을 보인다. 버레스 쌍생아들은 둘 다 높은 점수를 보이며, 매닝 쌍생아들은 둘 다 낮은 점수를 보인다. 일란성 쌍생아들을 살펴보면, 이들의 점수는 좀 더 유사하며 보통 5점 이상 차이가 나지 않는다. 이란성 쌍생아들보다 일란성 쌍생아들 간의 더 큰 유사성은 외향성이 유전된다는 증거인 것이다. 이것은 일란성 쌍생아들이 이란성 쌍생아들보다 더 닮았다는 사실이 얼굴 특징이 유전된다는 증거인 것과 같은 논리이다.

이러한 접근은 아동들의 또래 관계에 미치는 유전의 영향에 대해 조사한 한 쌍생아 연구를 다룬 "집중 연구"에서 자세히 살펴볼 수 있다.

표 2-4 쌍생아들의 외향성 가상 점수

가족	이란성 쌍생아 한 쌍생아	다른 쌍생아	쌍생아 간의 차이	가족	일란성 쌍생아 한 쌍생아	다른 쌍생아	쌍생아 간의 차이
버레스	80	95	15	브레디	100	95	5
제이콥스	70	50	20	모스	32	30	2
매닝	10	35	25	소오	18	15	3
스트라한	25	5	20	브라벨	55	60	5
투머	40	65	25	웰커	70	62	8

집중 연구

아동들의 또래 관계에 대한 유전적 기초

- **연구자 및 연구 목표** 아동들은 일마나 쉽게 학급 친구들과 어울리는지 혹은 얼마나 쉽게 친구를 사귀는지에 있어서 차이를 나타낸다. 또래와의 상호작용은 어떤 아동들에게는 쉽고 보람이 있지만, 다른 아동들에게는 힘든 일이다. 미셸 보뱅과 그의 동료들(Boivin, Brendgen, Vitaro, Dionne, Girard, Pérusse, & Tremblay, 2013)은 유전이 아동들의 성공적인 또래 관계에 기여하는지 알기 위해 쌍생아 연구를 수행하였다.

- **연구 방법** 아동들에게 그들의 학급 친구들의 사진을 보여 주고, 함께 노는 것을 가장 좋아하는 3명과 가장 좋아하지 않는 3명을 고르도록 하였다. 아동들의 성공적인 또래 관계는 각 아동이 좋아하는 친구로 선택된 횟수에서 좋아하지 않는 친구로 선택된 횟수를 뺀 것으로 측정하였다. 점수가 높을수록 좋아하는 친구로 선택된 횟수가 많으며 좋아하지 않는 친구로 선택된 횟수가 적음을 가리킨다.

- **연구 대상** 연구 시작 당시 표본은 일란성 쌍생아 198쌍과 이란성 쌍생아 276쌍으로 구성되었고, 모두 1학년생들이었다. 3년 후 또래 관계를 다시 측정했는데, 이때 일란성 쌍생아 182쌍과 이란성 쌍생아 257쌍이 참여했다.

- **연구 설계** 이 연구는 보뱅과 그의 동료들이 일란성 쌍생아들과 이란성 쌍생아들의 또래 관계 유사성을 조사했기 때문에 상관관계 설계로 되어 있다. 또한 이 연구는 1학년과 4학년, 두 번에 걸쳐 측정되었으므로 종단 연구이다.

- **윤리적 문제** 아동들의 연구 참여에 대한 부모들의 동의를 얻었으며, 또래 선택은 비밀이 보장되었다.

- **결과** 〈그림 2-5〉에 나와 있듯이, 주요 결과는 일란성 쌍생아들과 이란성 쌍생아들 각각의 또래 관계에 대한 상관관계이다. 모든 상관관계는 정적인 것으로 나타나, 쌍생아 중 하나가 성공적인 또래 관계를 갖고 있을 때 다른 하나도 흔히 성공적인 또래 관계를 갖고 있음을 가리켰다. 그러나 두 학년에서 모두 일란성 쌍생아들의 상관관계가 이란성 쌍생아들의 상관관계보다 더 높은 것으로 드러났는데, 이는 또래 관계의 질에 있어서 일란성 쌍생아들이 더 밀접하게 연결되어 있음을 의미한다.

- **결론** 또래 관계의 성공은 이란성 쌍생아들보다 일란성 쌍생아들 간에 더 유사했기 때문에, 이는 아동들이 얼마나 쉽게 또래와 상호작용하는가 하는 것에 유전이 중요한 역할을 담당함을 가리킨다. 물론 '또래와의 성공적인 상호작용'이 직접적으로 유전되는 것은 아니다. 아동들의 어떤 경향—과잉활동적인 혹은 지나치게 공격적인—이 유전될 경우 성공적인 또래 관계에 장애물이 될 수 있다.

- **함의 및 적용** 첫째, 비록 또래 선택 과제가 아동들의 또래 관계의 질을 측정하는 데 널리 사용되는 타당한 측정 방법이기는 하지만, 또래 관계를 직접 관찰했을 경우에도 이러한 결과들을 얻을 수 있을지 알아본다면 유용할 것이다. 둘째, 이 연구의 표본은 남아들과 여아들을 따로 분석하기에는 충분히 크지 않았다. 남아들과 여아들의 또래 간 상호작용은 차이가 있으므로 좀 더 큰 표본을 확보하여 이 두 집단을 따로 분석한다면 더 많은 정보를 얻을 수 있을 것이다(제13장과 제15장).

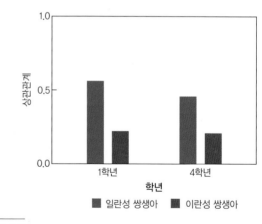

그림 2-5

입양된 아동들은 유전에 대한 정보에 있어 또 하나의 중요한 자료가 된다. 입양 아동들은 유전자를 제공해 준 생물학적 부모들 그리고 환경을 제공해 준 입양 부모들과 비교된다. 만약 입양된 아동의 행동이 그의 생물학적 부모들을 닮는다면, 이것은 유전의 영향을 가리킨다. 반면 입양된 아동의 행동이 그의 입양 부모들을 닮는다면, 이는 환경의 영향을 가리키는 것이다.

표 2-5 입양 연구에서의 외향성 가상 점수

아동의 이름	아동의 점수	생물학적 어머니의 점수	입양 어머니의 점수
아닐라	60	70	35
제롬	45	50	25
케리	40	30	80
마이클	90	80	50
트로이	25	5	55

입양 연구를 활용하여 외향성이 유전이 되는지 알기 위해서는 많은 수의 입양 아동들과 그들의 생물학적 어머니들, 그리고 입양을 한 어머니들을 대상으로 외향성을 측정할 것이다(왜 어머니들만을 대상으로 하는가? 이는 입양 아동의 생물학적 아버지에게서 정보를 얻기가 어렵기 때문이다). 이러한 가상 연구의 결과는 〈표 2-5〉에서 볼 수 있다.

전반적으로 아동들의 점수는 그들의 생물학적 어머니들의 점수와 유사하다. 마이클과 같은 외향적인 아동들은 외향적인 생물학적 어머니를, 트로이와 같은 내성적인 아동들은 내성적인 생물학적 어머니를 갖는 경향이 있다. 반면 아동들의 점수는 그들을 입양한 어머니들의 점수와 일관된 관련성을 나타내지 않는다. 예를 들어, 마이클이 가장 높은 점수이고 트로이가 가장 낮은 점수이지만 이들을 입양한 어머니들은 매우 비슷한 점수를 보인다. 아동들이 그들을 입양한 부모들보다 생물학적 부모들과 더 큰 유사성을 보이는 것은 외향성에 대한 유전적 영향을 가리키는 증거이다.

입양 연구의 핵심적인 특징들은 플로민과 그의 동료들에 의한 연구에 잘 나타나 있다(Plomin et al., 1997). 그들은 지능에 미치는 유전과 환경의 기여에 대해 알기 원했다. 따라서 그들은 출산을 몇 개월 앞둔 생물학적 어머니들과 아동들을 입양한 어머니들을 대상으로 지능 검사를 실시했다. 또한 아동들을 대상으로도 수년간 매년 지능 검사를 실시했다. 모든 연령에서 아동들의 지능은 입양한 어머니들의 지능보다 생물학적 어머니들의 지능과 더 큰 상관관계를 보이는 것으로 나타나 유전이 지능에 중요한 역할을 함을 시사했다.

〈요약표 2-1〉에 기술된 쌍생아 연구와 입양 연구가 효과적인 도구임에는 틀림이 없으나 항상 정확한 것은 아니다. 쌍생아 연구에서 문제가 될 수 있는 것은 부모들 혹은 다른 사람들이 이란성 쌍생아들보다 일란성 쌍생아들을 더 비슷하게 대했을 가능성이 있다는 것이다. 이것은 일란성 쌍생아들이 이란성 쌍생아들보다 더 유사한 경험을 갖도록 이끌 수 있다. 입양 연구 또한 약점이 있을 수 있다. 입양 단체들은 종종 아동을 그의 생물학적 부모와 비슷한 입양 부모에게 보내려고 한다. 예를 들어, 만약 입양 단체가 아동의 생물학적 부모가 명랑하다고 믿는다면 입양 부모도 명랑한 사람을 찾으려고 노력할 것이다. 이것은 생물학적 부모와 입양 부모가 비슷해지는 결과를 가져오므로 입양 연구를 왜곡시킬 수 있다.

그러나 쌍생아 연구와 입양 연구의 문제점들은 극복될 수 있다. 쌍생아 연구와 입양 연구는 서로

요약표 2-1 행동유전학의 주요 연구 방법

방법	정의	유전의 증거	주요 약점
쌍생아 연구	일란성 쌍생아들과 이란성 쌍생아들의 비교	일란성 쌍생아들이 이란성 쌍생아들보다 더 유사함	일란성 쌍생아들이 이란성 쌍생아들보다 더 유사한 취급을 받을 가능성이 있음
입양 연구	아동과 생물학적 부모와의 비교, 아동과 입양 부모와의 비교	아동은 그의 입양 부모보다 생물학적 부모와 더 유사함	입양 가정의 선별 배정 : 아동의 입양 부모가 아동의 생물학적 부모와 유사할 가능성이 있음

다른 문제점을 가지고 있으므로 만약 이 두 종류의 연구가 유전의 영향에 대해 유사한 결과를 내놓는다면 그 결과에 대해서는 확신을 가져도 좋을 것이다. 더욱이 행동유전학자들은 쌍생아 연구나 입양 연구와 같은 전통적 방법을 뛰어넘어 행동과 분자유전학을 연결하고 있다(Plomin, 2013). 오늘날 연구자들은 아동의 입 안쪽의 세포를 채취해 DNA를 얻을 수 있다. DNA가 들어 있는 용액은 수천 개의 DNA 시퀀스들로 이루어진 마이크로어레이(microarray)—우표만 한 크기의 '칩'— 위에 놓이게 된다. 아동의 DNA와 그 시퀀스들을 모두 대조, 기록하여 마침내 아동의 인자형 프로필이 만들어지게 된다. 그런 다음 연구자들은 그 인자형이 행동 표현형과 관련이 있는지 살펴본다. 예를 들면, 한 연구에서는 10개의 대립 형질들이 아동의 수학 능력과 관계가 있는 것으로 나타났다(Docherty et al., 2010).

이러한 유형의 분자유전학 연구는 하나의 유전자가 갖는 아주 작은 영향을 찾기 위해서 수천 명의 아동 표본이 필요하기 때문에 쉽지 않은 일이다. 그러나 이러한 연구들은 하나의 유전자와 행동 간의 연관성을 밝힐 수 있는 가능성을 가지고 있다. 또한 이러한 새로운 방법들은 행동유전학의 전통적인 기술들과 함께 사용될 때(예 : 입양 연구) 어떻게 유전자가 행동과 발달에 영향을 미치는지에 대해 더 많은 지식을 제공해 줄 수 있을 것이다(Plomin, 2013).

어떤 심리적 특성들이 유전의 영향을 받는가? 성격, 지적 능력, 심리적 장애, 태도 및 관심사를 포함한 많은 심리적 영역에서 일관적인 유전의 영향이 보고되고 있다. 한 전문가는 다음과 같이 말하고 있다. "거의 모든… 심리적 표현형(정상과 비정상)은 유전적 요인들에 의해 크게 영향을 받는다"(Bouchard, 2004, p. 151). 쌍생아 연구와 입양 연구의 예시들을 통해 이미 또래 관계와 지능에 대한 유전의 영향을 살펴보았다. 다음은 어린 아동들을 대상으로 한 3개의 쌍생아 연구이다. 당신은 이 연구들을 통해 유전적 영향의 범위에 대해 알 수 있다.

- 아동이 아는 글자 소리의 수(예를 들어, k를 "크"로 발음하는 것은 읽기를 배우는 데 중요한 전제 조건이다)는 일란성 쌍생아들 간에는 .68, 이란성 쌍생아들 간에는 .53의 상관관계를 갖는다(Taylor & Schatschneider, 2010).
- 유혹에 저항하는 능력 척도의 점수(맛있어 보이는 간식을 먹지 말라고 한 지시나 멋진 선물을 만지지 말라고 하는 지시를 따르는 것)는 일란성 쌍생아들 간에는 .38, 이란성 쌍생아들 간에는 .16의 상관관계를 갖는다(Gagne & Saudino, 2010).
- 또래들과의 공격적인 놀이 척도의 점수는 일란성 쌍생아들 간에는 .55, 이란성 쌍생아들 간에는 .16의 상관관계를 갖는다(Brendgen et al., 2011).

이들 각각의 연구들은 유전적 영향의 친숙한 결과들을 보여 준다. 그것이 글자 소리를 아는 것이건, 유혹에 저항하는 것이건, 또래에 대한 공격성이건 간에 일란성 쌍생아들이 이란성 쌍생아들보다 더 비슷했다(예 : 일란성 쌍생아들 간의 상관관계가 이란성 쌍생아들 간의 상관관계보다 더 크다).

우리는 이 책 전반에 걸쳐 유전(그리고 환경)이 아동 발달에 기여하는 것에 대해 살펴볼 것이다. 먼저 지금까지 기술한 바와 같이 쌍생아 연구들과 입양 연구들로부터 얻은 두 가지 결론을 기억해야 한다. 하나는 행동 발달에 대한 유전의 영향이 상당히 크며 그 범위가 넓다는 것이다. 유전은 지능과 성격과 같은 발달의 다양한 측면들에도 꽤 큰 영향력을 가지고 있다. 아동과 그들의 발달을 이해하기 위해서 우리는 항상 어떻게 유전이 기여하는지에 대해 생각해야 한다. 다른 하나는 유전이 행동 발달의 유일한 결정 요인은 결코 아니라는 점이다. 만약 유전자들만이 책임이 있다면 일란성 쌍생아들은 동일한 행동적 표현형과 심리적 표현형을 가져야만 한다. 그러나 앞서 기술한 연구들에서 일란성 쌍생아들 간의 상관관계는 일란성 쌍생아들 간의 동일한 점수를 가리키는 1에 미치지 못한다. 상관관계 .5와 .6은 일란성 쌍생아들의 점수가 완벽하게 일치하지는 않음을 의미한다. 예를 들어, 쌍생아 중 1명은 또래들과 공격적으로 놀지만 다른 하나는 그렇지 않을 수 있다. 이러한 차이들은 환경의 영향을 반영하는 것이다. 제1장에서 살펴본 것처럼 사실 과학자들은 발달에 있어서 거의 모든 심리적 및 행동적 표현형들이 본성과 양육, 이 둘의 영향과 관련이 있다는 사실에 동의한다(LaFreniere & MacDonald, 2013).

유전자에서 행동에 이르는 경로

LO5 유전과 환경은 어떻게 아동 발달에 영향을 미치는가?

유전자들은 어떻게 어떤 아동들이 다른 아동들보다 더 명랑한 혹은 더 외향적인 성격을 갖도록 하는가? 다시 말해, DNA의 정보는 어떻게 아동의 행동 및 심리 발달에 영향을 미치는가? 아직까지는 유전자에서 행동에 이르는 특정 경로에 대해 알려진 것이 별로 없다(Meaney, 2010). 다음은 몇 가지 일반적인 속성들에 관한 것이다.

유전과 환경은 발달 전반에 걸쳐 활발하게 상호작용한다 전통적인 관점은 유전이 삶의 점토를 제공하고 경험이 그것을 빚는다고 보는 것이다. 사실 유전자들과 환경은 아동의 발달 전반에 걸쳐 끊임없이 상호작용하며 표현형들을 생산해 낸다(LaFreniere & MacDonald, 2013). 인자형과 표현형의 관계는 종종 어떤 인자형이 주어지면 반드시 그리고 자동적으로 특정 표현형이 나온다는 식으로 설명된다. 그러나 사실 인자형에서 표현형까지의 경로는 이것보다 엄청나게 더 복잡하고 덜 직접적이다. 더 정확하게 표현하자면, 하나의 인자형은 하나의 표현형으로 이어지지만 이것은 환경이 평상시의 방식대로 '협조하는' 경우에만 가능한 것이다.

　페닐케톤뇨증(PKU)은 이것의 아주 좋은 예이다. 이 질환은 아동이 양쪽 부모로부터 염색체 12에서 열성 유전자를 물려받았을 때만 나타날 수 있다(예 : 열성 동질접합의 경우). 이러한 인자형을 가진 아동은 아미노산인 페닐알라닌을 분해하는 효소가 부족하다. 결과적으로 페닐알라닌은 아동의 몸 안에 축적되어 신경계를 손상시키고 정신 지체의 발달로 이어지게 된다. 페닐알라닌은 대부분의 아동들이 규칙적으로 섭취하는 음식—고기, 닭, 달걀, 치즈—에 많이 들어 있다. 따라서 환경은 대개 표현형(PKU)이 나타나는 데 필요한 페닐알라닌을 제공하는 셈이 된다.

　그러나 20세기 중반에 페닐케톤뇨증(PKU)의 생화학적 기초가 발견되어 오늘날 신생아들은 장애에 대한 검사를 받게 되었다. 이 질환의 인자형을 가진 영아들은 즉시 페닐알라닌을 제한하는 식이 요법을 시행해 질환이 나타나지 않게 된다. 이러한 아동들의 신경계는 정상적으로 발달한다. 좀 더 일반적인 용어를 사용한다면, 하나의 인자형은 다른 환경(페닐알라닌이 부족한 환경)에 노출될 때 다르게 표현된다(발병하지 않음).

　한편 오히려 환경이 유전적 표현을 촉발하는 경우도 가능하다. 즉, 아동의 경험은 유전자들이 언제 어떻게 작동될지에 영향을 미칠 수 있다. 예를 들어, 10대 여아가 스트레스가 많은 아동기를 보냈다면 일찍 월경을 시작할 수 있다(Belsky, Houts, & Fearon, 2010). 이는 아마도 스트레스에 의해 배란을 일으키는 호르몬이 활성화되기 때문인 것으로 보인다. 앞의 예는 환경이 발달을 앞당기는 경우를 명확히 보여 준다(Ellis, 2004).

　지금까지 아동의 발달에서 본성과 양육 사이의 밀접한 관계를 보여 주기 위해 흔히 발병하지 않는 질환(PKU)과 일생에 한 번뿐인 사건(월경의 시작)의 예를 사용하였다. 이 예들은 마치 본성과 양육의 이러한 관계가 비교적 드문 경우들이라는 오해를 일으킬 수 있다. 그러나 사실은 그렇지 않다. 생물학적 수준에서 유전자들은 항상 세포의 환경 안에서 작동한다. 유전적 지시와 주변 세포 환경의 특성 간에는 지속적인 상호작용이 있는데, 이러한 상호작용은 좀 더 광범위한 다수의 환경 요인들(예 : 아동의 경험에 의해 촉발되는 호르몬)에 의해 영향을 받을 수 있다. **후성설(epigenesis)** 은 유전자들과 환경의 다양한 수준들(세포부터 문화에 이르기까지) 간의 이러한 지속적인 상호작용을 통해 발달이 일어난다고 보는 것이다. 점토를 빚는 비유로 돌아가면, 후성설적 관점은 다른 형태의 새로운 유전자 점토가 계속 더해져 환경은 이를 다시 빚게 되며, 이러한 과정에서 더 많은 점토가 더해지는 식의 사이클이 계속된다고 본다. 유전자 점토와 이를 빚는 환경은 계속하여 서로에게 맞물려 영향을 미치게 된다.

분자유전학 연구는 경험이 영향을 미치는 방식을 밝히기 위해 시작되었다. 때때로 경험은 DNA의 표현을 변화시킨다—유전 코드는 보존되지만 어떤 유전자들은 "스위치가 꺼지게 된다." **이러한 과정을 메틸화(methylation)라고 하는데, 이는 화학적 소음기가 메틸 분자이기 때문이다**(van IJzendoorn, Bakermans-Kranenburg, & Ebstein, 2011). 한 연구에서 또래들에 의한 괴롭힘은 기분과 관련된 유전자의 메틸화 증가와 연관이 있는 것으로 밝혀졌다(Oullet-Morin et al., 2013). 다시 말해, 경험(괴롭힘)은 유전자의 변화(기분과 연결된 유전자의 "스위치가 꺼짐")로 이어졌다고 볼 수 있다.

이러한 후성설적 원리 때문에 "어떤 특성의 X퍼센트는 유전에 기인한다"와 같은 문장을 읽을 때 신중해야 한다. **사실 행동유전학자들은 사람들 간의 차이가 유전을 반영하는 정도를 측정하는 유전 계수(heritability coefficient)를 계산하기 위해 종종 쌍생아 연구들과 입양 연구들로부터 얻은 상관관계를 사용한다.** 예를 들어, 지능은 대략 .5의 유전 계수를 갖는데, 이는 사람들 간 지능의 차이 중 약 50%가 유전의 결과임을 의미한다(Bouchard, 2004).

그렇다면 왜 신중해야 하는가? 한 가지 이유는 많은 사람들이 유전 계수를 잘못 이해하여 한 개인의 지능 중 50%가 유전에 기인한다고 믿기 때문이다. 유전 계수는 개개인이 아니라 집단에게 적용되는 것이기 때문에 이러한 생각은 틀린 것이다.

신중해야 하는 두 번째 이유를 살펴보면, 유전 계수는 특정 환경에서 살고 있는 특정 집단의 사람들에게만 적용되는 것이기 때문이다. 유전 계수는 동일한 환경에서 살고 있는 다른 집단들에게 적용될 수 없으며, 다른 곳에 살고 있는 동일한 사람들에게도 적용될 수 없다. 예를 들어, 아동의 키는 분명 유전에 의해 영향을 받지만 유전 계수는 환경에 의존한다. 아동들이 풍부한 영양을 제공받을 수 있는 환경—유전적으로 가능한 범위까지 성장하도록 하는—에서 성장할 때 유전 계수는 높게 나타난다. 그러나 어떤 아동들은 적절한 영양 공급을 받지 못하고 있는데, 이러한 그들의 환경은 그들의 키를 제한하게 될 것이며, 유전 계수는 낮게 나타난다.

이와 유사하게, 아동들의 인지 능력에 대한 유전 계수는 낮은 교육 수준의 부모들보다 높은 교육 수준의 부모들 사이에서 더 높게 나타난다(Tucker-Drob, Briley, & Harden, 2013). 이것은 왜 그런 것인가? 고학력의 부모들은 아동의 인지 발달을 촉진시키는 자극들을 더 자주 제공한다. 결과적으로 이 집단의 인지적 능력은 대개 유전의 영향을 반영한다. 이와는 반대로, 저학력의 부모들은 필요한 자극들을 덜 자주 제공한다. 따라서 이 집단의 인지적 능력은 유전의 영향과 환경의 영향이 혼합되어 있음을 반영한다.

이제 앞서 말했던 "발달 전반에 걸쳐 유전과 환경은 역동적으로 상호작용한다"는 원리로 다시 돌아가 보자. 유전자와 환경은 모두 아동의 발달에 커다란 영향을 끼치지만, 하나를 이해하기 위해서는 다른 하나 역시 고려해야만 할 것이다. 이는 아동 발달 과학자들이 선호해 온 중산층 유럽계 미국 아동들을 넘어 연구를 확장하는 것이 왜 필요한지에 대한 또 다른 이유이다. 다양한 아동 집단들을 연구함으로써만 유전자와 환경이 아동의 발달 여정을 이끄는 많은 방법들을 진정 이해할 수 있을 것이다(Tucker-Drob et al., 2013).

유전자들은 아동이 노출되는 환경 유형에 영향을 미칠 수 있다 다시 말해, '본성(nature)'은 아동이 받는 '양육(nurturing)' 유형에 영향을 미칠 수 있다(Scarr, 1992; Scarr & McCartney, 1983). 아동의 유전형은 사람들로 하여금 아동에게 특정 방식으로 반응하도록 이끈다. 예를 들어, 똑똑하고 외향적인(두 가지 특성 모두 일부는 아동의 유전자에 기인함) 아동은 교사들로부터 많은 관심과 격려를 받을 것이다. 반대로 그리 밝지 않고 위축된 아동은 교사들의 눈에 띄기 어려울 수 있다. 더욱이 아동이 성장하여 점차 독립적이 되면서 더욱 적극적으로 자신의 유전적 기질에 맞는 환경을 찾게 된다. 똑똑한 아동은 자신의 지적 발달을 강화해 주는 또래, 성인, 활동을 적극적으로 찾는다. 특히 외향적인 아동은 자신처럼 외향적인 동료들을 찾는다. **이렇듯 의도적으로 자신의 유전에 적합한 환경을 찾는 과정을 적합한 환경 선택하기(niche-picking)라고 한다.** '적합한 환경 선택하기'는 아동이 성장하여 자신의 환경을 통제할 수 있게 됨에 따라 흔히 일어난다. '적합한 환경 선택하기'를 통해 환경은 유전적 차이를 더 크게 만

외향적인 아동들은 종종 다른 사람들과 함께 있기를 좋아하여 의도적으로 다른 사람들을 찾아나서는데 이러한 현상을 '적합한 환경 선택하기'라고 한다.

든다. 예를 들면, 똑똑한 아동들은 지적으로 자극을 줄 수 있는 환경을 찾는데, 이는 이들을 더욱 똑똑하게 만드는 결과를 가져온다. 또한 외향적인 아동들은 사회적으로 흥분시키는 환경을 찾는데, 이는 이들을 더욱더 외향적이 되도록 이끈다(Tucker-Drob et al., 2013).

적합한 환경 선택하기는 본성, 양육, 그리고 발달 사이의 상호작용을 보여 주는 훌륭한 예이다. 경험은 어떤 표현형이 등장하게 될 것인가를 결정하며, 인자형은 아동들이 어떤 경험을 하게 될 것인가에 영향을 미친다. 새디와 몰리의 이야기는 이것을 분명히 보여 준다. 어떻게 유전자가 발달에 영향을 미치는지를 이해하기 위해서는 다음에 다룰 주제인 어떻게 환경이 작용하는지를 신중하게 살펴보아야 한다.

환경의 영향으로 인해 한 가족 내의 아동들도 차이를 나타낸다 행동유전학 연구의 성과는 환경이 아동에게 영향을 미치는 방식에 대해 좀 더 이해하게 된 것이다(Harden, 2014). 전통적으로 과학자들은 어떤 환경이 아동에게 유익하고 또 어떤 환경이 해로운지를 연구하였다. 이러한 관점은 특히 가정 환경에 대해 지지를 받아 왔다. 즉 어떤 양육 방식은 다른 것들보다 더 효과적이며, 그러한 효과적인 방식을 사용하는 부모의 자녀들은 평균적으로 그러한 방식을 사용하지 않는 부모의 자녀들보다 낫다는 것이다. 이러한 관점에 따르면, 한 가족 내의 아동들은 모두 동일한 유형의 효과적인(혹은 효과적이지 않은) 양육을 받기 때문에 비슷해야 한다. 그러나 사실 많은 행동유전학 연구들은 형제자매들의 인지적, 사회적 발달이 그리 유사하지 않음을 보여 준다(Plomin & Spinath, 2004).

이는 가정 환경이 중요하지 않음을 의미하는가? 그렇지 않다. **이러한 연구 결과들은 형제자매들을 서로 다르게 만드는 영향력인 비공유 환경 영향(nonshared environmental influences)의 중요성을 가리키는 것이다.** 환경은 각 아동에게 독특한 방식으로 영향을 미침으로써 형제자매들을 다르게 만든다. 예를 들어, 부모가 한 자녀를 편애할 수도 있고, 다른 자녀를 더 많이 체벌할 수도 있으며, 또 다른 자녀에게 학업 성취에 대해 더 높은 기대를 가질 수도 있다. 한 10대 청소년은 술 마시는 것을 좋아하는 친구들이 있는 반면, 그의 형제자매는 술 마시는 것을 반대하는 친구들이 있을 수 있다(예 : Tarantino et al., 2014). 이러한 서로 다른 환경적 영향은 형제자매들을 서로 다르게 만드는 경향이 있다. 환경은 중요하다. 그러나 이 책에서 환경의 영향에 관해 이야기할 때, 한 가족 내에서 각각의 아동은 모두 독특한 환경을 경험한다는 사실을 기억해야 한다.

질문 2.2
19세의 에릭과 16세의 잭슨은 형제이다. 에릭의 학업능력은 우수하다. 그는 올 A를 받고, 수학 동아리의 회장이며 자신보다 나이가 어린 아이들을 가르치는 것을 좋아한다. 반면 잭슨은 학교를 싫어한다. 그의 성적이 이를 증명한다. 비공유 환경 영향이 이러한 차이점들을 어떻게 설명할 수 있을까?

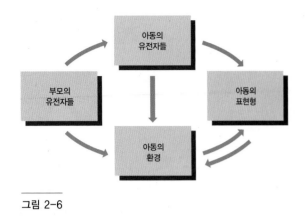

그림 2-6

〈그림 2-6〉에는 유전자, 환경, 그리고 발달에 관해 다룬 많은 것들이 요약되어 있다. 부모는 아동에게 유전자를 제공하는 근원이며, 적어도 어린 아동에게는 경험을 제공하는 주요 공급자이기도 하다. 또한 아동의 유전자들은 그가 갖는 경험에 영향을 미치며, 그의 경험들은 유전자들에게 영향을 미친다. 그러나 비공유 환경의 영향을 이해하기 위해 부모는 각 자녀에게 독특한 유전자와 함께 독특한 가정 환경을 제공한다는 사실을 반영하는 도표가 필요할 것이다. 또한 유전자들이 아동의 인생 전반에 걸쳐 표현된다는 개념을 이해하기 위해 각 아동에 대한 도표를 여러 번 반복해야 할 것이다. 인생의 어느 주어진 시점에서의 유전-환경의 영향은 이전의 유전-환경의 상호작용과 관련이 있을 것이다.

이러한 방식을 사용하여 왜 이 절 처음에 등장한 이란성 쌍생아 새디와 몰리가 그렇게 다른지 생각해 볼 수 있다. 아마도 그들의 부모는 몰리에 비해 새디에게 더 많은 사회성 유전자들을 물려줬을 것이다. 영아기 때 그들의 부모는 두 아이 모두 다른 아이들과 함께하는 놀이 집단에 보냈는데, 새디는 이것을 재미있어 했지만 몰리는 이 일로 인해 짜증이 나고 스트레스를 받았다. 점차 그들의 부모는 자신들도 모르는 사이 새디의 친구 관계에 대해서는 적극적으로 관심을 가졌지만, 몰리의 친구 관계에 대해서는 덜 걱정했다. 왜냐하면 몰리는 책 읽고, 색칠하고, 혼자 퍼즐을 맞추며 노는 것에 매우 만족하는 것처럼 보였기 때문이다. 분명 유전은 새디에게 약간의 더 많은 사회성을 주었지만, 경험은 결국 두 자매 간의 차이를 더욱 두드러지도록 만들었다.

이 책의 나머지 부분들에서는 이와 유사한 방식으로 본성, 양육, 그리고 발달 사이의 관계를 살펴볼 것이다. 본성과 양육의 상호작용은 제3장의 주제인 태내 발달 시기에 잘 나타나 있다.

 학습 확인

점검 다윈 유전은 무엇이며, 그것은 행동 표현형들을 어떻게 설명하는가?

쌍생아 연구와 입양 연구의 기본적인 특징, 논리 및 약점에 대해 기술하시오.

이해 적합한 환경 선택하기가 어떻게 유전과 환경의 상호작용을 보여 주는지 설명하시오.

적용 레슬리와 글렌 부부는 벌써 아기에 대한 구체적인 계획을 세워 놓았다. 항상 노래하는 것을 좋아하는 레슬리는 아기가 훌륭한 음악가가 될 것이라고 확신했고, 음악 수업, 리허설과 콘서트 등의 평범한 일상을 상상했다. 조종사인 글렌 역시 아기도 비행하는 것을 좋아할 것이라고 믿었다. 그는 벌써 아기와 둘이 함께 여행 갈 계획을 세우고 있다. 레슬리와 글렌의 생각은 능동적 아동에 대한 관점 혹은 수동적 아동에 대한 관점 중 어느 것과 더 일치하는가? 당신은 레슬리와 글렌이 무시하고 있는 요인들에 관해 어떤 조언을 해 줄 수 있는가?

주제 통합하기 **본성과 양육**

이 장 전체는 하나의 주제에 대해 다룬다. 발달에 있어서 유전과 환경은 항상 공동으로 영향을 미친다. 우리는 항상 같은 비율은 아닐지라도 유전과 환경 둘 다 모든 발달 과정에서 어떤 필수적인 역할을 하는지 계속해서 살펴보았다. 겸상 적혈구 질환의 경우 관련 대립유전자는 말라리아가 근절되었던 환경에서와는 달리 말라리아가 유행하는 환경에서 생존적인 가치를 보인다. 평균 이상의 지능적 유전자를 가진 아동은 지적 자극을 주는 환경을 찾게 되고 따라서 지능을 더 높인다. 본성과 양육… 둘 다 발달에 있어서 중요하다.

직접 해 보기

2003년에 완성된 인간 게놈 프로젝트(Human Genome Project)는 인간 DNA에 있는 20,500개의 유전자의 위치를 모두 정확하게 확인하고, 39쪽 그림에서 제시하듯이 약 30억 개의 뉴클레오티드 염기쌍의 배열을 밝히기 위해 설계되었다. 이 연구의 이력과 시사점 및 인간 게놈 지도 제작과 관련된 윤리적인 쟁점에 대한 자세한 정보는 www.genome.gov를 통해 얻을 수 있다.

요약

유전의 기제

유전생물학

배아의 수정 단계에서 정자의 23개의 염색체와 난자의 23개의 염색체가 합쳐진다. 46개의 염색체는 22쌍의 상염색체와 2개의 성염색체를 포함한다. 각각의 염색체는 나선형 계단과 유사한 모형의 뉴클리오타이드로 구성된 하나의 DNA 분자로 이루어져 있다. 특정 생화학적 지시를 제공하는 DNA의 한 부분을 유전자라고 한다. 모든 사람의 유전자는 인자형으로 만들어진다. 표현형은 인자형이 특정 환경에 노출되어 나타나는 신체적, 행동적, 심리적 특성을 의미한다.

단일 유전자 유전

같은 유전자의 서로 다른 모양들은 대립 형질이라고 불린다. 염색체 한 쌍의 동일한 대립 형질을 가진 사람은 동질 접합으로 이 경우에는 대립 유전자에 대한 생화학적 지시를 따르게 된다. 다른 대립 형질을 가진 사람은 이질 접합으로 이 경우에는 열성의 대립 형질은 무시되는 반면 우성 대립 형질의 지시를 따르게 된다. 불완전 우성에서 사람들은 이질 접합이지만 표현형은 우성과 열성의 표현형 사이에 있다.

유전적 장애

대부분 유전적 장애는 열성의 대립 형질에 의해 물려받는다. 예를 들면, 겸상 적혈구 질환, 백색증, 낭포성 섬유증, 페닐케톤뇨증, 테이삭스병 등을 포함한다. 우성 대립 형질에 의해 발병하는 유전적 장애는 드물게 나타나는데, 이러한 장애를 가진 개인은 아이를 가질 만큼 충분히 오래 살지 못하기 때문이다. 여기에 예외도 있는데 헌팅턴 무도병은 중년기까지 증상을 나타내지 않는다. 대부분 46개의 염색체를 가지고 있지 않은 수정란은 수정이 된 후 곧 자연스럽게 유산된다. 한 가지 예외는 21번째 염색체가 추가되어 발생되는 다운증후군이다. 다운증후군은 각각 독특한 외모와 지적 장애를 가진다. 클라인펠터 증후군과 같은 성염색체의 장애는 염색체가 유전적 요소를 적게 포함하고 있기 때문에 좀 더 흔하게 나타난다.

유전, 환경 그리고 발달

행동유전학

기본적인 연속체(지능과 같은)를 반영하는 행동 및 심리적인 표현형들은 종종 다원 유전을 포함한다. 다원 유전에서 표현형은 구별된 많은 유전자들의 결합적 활동을 나타낸다. 다원 유전은 전통적으로 쌍생아와 입양아 연구, 그리고 최근에는 분자유전학을 통해 연구되어 왔다. 이러한 연구들은 지능, 정신적인 장애와 성격 등 많은 영역에 미치는 유전의 영향력을 강조하고 있다.

유전자에서 행동에 이르는 경로

아동의 발달에서 유전은 유전적 지시가 수행된 환경과 함께 영향을 미친다. 이러한 유전과 환경 사이의 상호작용은 아동의 인생 전반에 걸쳐 나타난다. 아동의 인자형은 아동이 갖는 경험에 어느 정도 영향을 미칠 수 있다. 아동과 청소년들은 종종 활발하게 자신의 유전자 형성과 연관된 환경을 찾는다. 환경은 형제자매에게 다른 영향(비공유 환경 영향)을 미친다. 다시 말해, 한 가족 안에서 아동은 각각 독특한 환경을 경험한다.

자기평가

1. 인간의 유전자형은 22쌍의 _____와/과 한 쌍의 성염색체로 구성되어 있다.
   a. 상염색체
   b. 유전자
   c. 대립 형질

2. 각 염색체는 하나의 _____ 분자로 이루어져 있다.
   a. 정자
   b. DNA
   c. 메틸화

3. 유전 적인 장애는 대개 _____ 대립 형질에 의해 야기된다.
   a. 열성
   b. 불완전한
   c. 우성

4. 유전 상담은 일반적으로 상세한 가족력을 포함할 뿐만 아니라 _____도 포함시킨다.
   a. 유전자 검사를 하는 것
   b. 불완전한 우성을 평가하는 것
   c. 비공유 환경 영향을 측정하는 것

5. 추가된 염색체, 결여된 염색체 혹은 손상된 염색체는 _____.
   a. 항상 발달을 방해한다
   b. 항상 자연유산을 하게 한다
   c. 드물게 발달에 영향을 미친다

6. 다운증후군은 _____.
   a. 10대 임산부에게서 가장 흔하게 나타난다
   b. 보통보다 더 느리게 발달하는 것으로 인식된다
   c. 대게 21번째 염색체 손실에 의해 기인된다

7. _____은 행동 및 심리적 특징의 유전과 관련이 있는 유전학의 한 분야이다.
   a. 분자유전학
   b. 행동유전학
   c. 응용 발달 과학

8. 다원 유전은 _____.
   a. 여러 개 유전자들의 결합된 영향력을 보여 준다
   b. 대부분 어느 하나의 특징에 책임이 있다
   c. 질병이 아니라 행동 유전적 기제에 책임이 있다

9. 수정란이 2개로 분리된 결과는 _____이다.
   a. 이란성 쌍생아
   b. 일란성 쌍생아
   c. 이란성 쌍생아

10. 쌍생아 연구는 _____.
    a. 일란성 쌍생아들이 이란성 쌍생아들보다 좀 더 닮았을 때 유전이 연루되어 있음을 추정하는 것에 기초를 둔다
    b. 다원 유전 특성을 연구하는 데 가치가 없다
    c. 입양 연구보다 훨씬 더 유용하다

11. 입양 연구에서, 유전적 특성은 입양된 아동이 그들의 _____를 닮는 것을 초래할 것이다.
    a. 입양 부모
    b. 입양 형제자매
    c. 생물학적 부모

12. 쌍생아와 입양 연구 결과는 유전이 _____에 영향을 미친다는 것을 가리킨다.
    a. 지능이 아니라 성격
    b. 행동적 · 심리적 특징
    c. 지능, 심리적 장애 그리고 성격

13. _____은/는 유전자들과 환경의 다양한 수준들 간의 지속적인 상호작용을 나타낸다.
    a. 후성설
    b. 유전
    c. 메틸화

14. 적합한 환경 선택하기는 _____ 사실을 나타낸다.
    a. 어떤 유전자는 환경적 영향에 의해 '작동이 중지된다'는
    b. 대부분 행동 특징은 복합 유전자에 의해 영향을 받는다는
    c. 아동과 청소년은 그들의 유전에 기초한 환경을 선택한다는

15. _____의 결과, 가족 안에 있는 아동은 서로 다르다.
    a. 불완전 우성
    b. 적합한 환경 선택하기
    c. 비공유 환경 영향

핵심 용어

CHAPTER **3**

태내 발달, 출생, 그리고 신생아

약 부모들에게 그들의 삶에서 가장 기억에 남는 경험을 말하라고 한다면 많은 경우 임신과 출산을 들 것이다. 임신으로부터 9개월 뒤 출산에 이르기까지의 모든 경험은 경이로운 것이다. 임신과 출산은 아동 발달의 기반이 된다. 3.1절에서는 정자와 난자가 하나의 살아 숨 쉬는 인간으로 탈바꿈하는 태내 발달의 사건들을 추적할 것이다. 3.2절에서는 출산 전에 일어날 수 있는 발달적 문제들에 대해 배울 것이다. 3.3절에서는 진통과 출산 시 일어나는 일들과 문제들을 알아볼 것이다. 끝으로, 3.4절에서는 신생아에 대해 살펴볼 것이다.

3.1 수정에서 출생까지

학습 목표		개요
LO1	수정 후 첫 2주 동안 수정란은 어떤 변화가 일어나는가?	접합체기(1~2주)
LO2	태내 발달 과정 중 신체 구조와 내부 기관들은 언제 생겨나는가?	배아기(3~8주)
LO3	신체적 시스템이 제대로 기능하기 시작하는 것은 언제부터인가?	태아기(9~38주)

은정은 자신이 첫아이를 임신했다는 사실을 알게 되었다. 다른 많은 예비 부모들처럼 그녀와 그녀의 남편 기남은 매우 행복하다. 그러나 그들은 임신 중 '언제 어떤 일이 일어나는지'에 관해 아는 것이 거의 없다는 것을 깨달았다. 은정은 임신 기간 동안의 정상적인 태내 발달에 관해 더 알기 위해 산부인과 전문의를 방문하고 싶어 한다.

태내 발달(prenatal development)은 수정란이 신생아로 바뀌게 되는 변화들로 이루어져 있다. 태내 발달은 평균 38주에 걸쳐 일어나며, 접합체기, 배아기, 태아기의 세 단계로 나뉜다. 각 단계의 명칭은 태내 발달의 각 시점에서 아기(baby-to-be)를 가리키는 용어에서 가져온 것이다.

이 절에서는 각 단계의 주요 발달들을 다룰 것이다. 그런 가운데 은정이 궁금해하는 질문, 즉 임신 중 언제 어떤 일이 일어날 것인가에 대한 해답을 알게 될 것이다.

접합체기(1~2주)

LO1 수정 후 첫 2주 동안 수정란은 어떤 변화가 일어나는가?

60쪽의 〈그림 3-1〉은 수정으로 시작하여 첫 2주 동안 일어나는 태내 발달의 주요 사건들을 보여 준다. **이 시기는 접합체(zygote)라고 불리는 수정란이 자궁벽에 착상하는 때까지를 말한다.** 첫 2주 동안 접합체는 세포 분열을 통해 빠르게 성장하며, 나팔관을 따라 자궁 쪽으로 이동한다. 수정 후 몇 시간 내에 접합체는 처음으로 분열이 일어나며, 이후 12시간마다 분열이 계속된다. 종종 접합체는 두 개로 분리되어 일란성 쌍생아로 발달하기도 한다. 이란성 쌍생아의 경우, 두 개의 난자가 방출되어 각각 다른 정자 세포에 의해 수정될 때 만들어진다. **약 4일 후 접합체는 대략 100개의 세포들로 구성되며, 속이 빈 공 모양과 비슷해지는데, 이를 배반포(blastocyst)라고 부른다.**

첫 주 끝 무렵에 접합체는 드디어 자궁에 도달한다. **그다음 단계는 착상(implantation)이다.** 배반포는 자궁벽에 구멍을 내고 모체의 혈관에 연결부를 만든다. 착상을 완료하는 데에는 약 1주가 소요되는데, 이로 인해 월경을 억제하는 호르몬의 변화가 일어나 임신한 사실을 알게 된다.

뒤쪽 사진에서 볼 수 있듯이 착상된 배반포는 지름이 1밀리미터도 되지 않는다. 그러나 배반포의 세포들은 이미 분화하기 시작하였다. 배반포와 자궁벽의 단면도를 보여 주는 〈그림 3-2〉에서 여러 층으로 되어 있는 세포들을 볼 수 있다. **배반포 중앙 근처의 작은 세포 덩어리는 배아 원반(germ disc)으로 이것이 후에 아기로 발달한다.** 다른 세포들은 이 유기체를 지탱하고 영양을 공급하며 보호

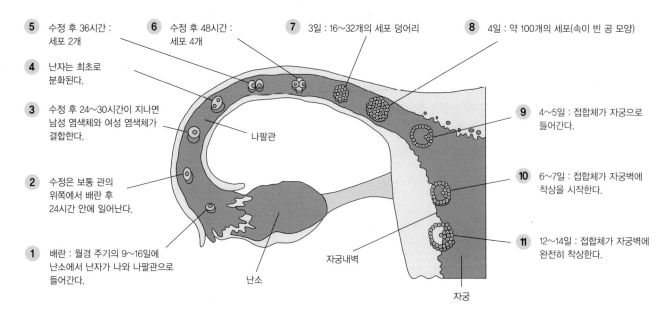

5 수정 후 36시간 : 세포 2개

6 수정 후 48시간 : 세포 4개

7 3일 : 16~32개의 세포 덩어리

8 4일 : 약 100개의 세포(속이 빈 공 모양)

4 난자는 최초로 분화된다.

3 수정 후 24~30시간이 지나면 남성 염색체와 여성 염색체가 결합한다.

2 수정은 보통 관의 위쪽에서 배란 후 24시간 안에 일어난다.

1 배란 : 월경 주기의 9~16일에 난소에서 난자가 나와 나팔관으로 들어간다.

나팔관

9 4~5일 : 접합체가 자궁으로 들어간다.

10 6~7일 : 접합체가 자궁벽에 착상을 시작한다.

11 12~14일 : 접합체가 자궁벽에 완전히 착상한다.

자궁내벽

난소

자궁

그림 3-1

접합체기가 끝날 무렵 수정된 난자는 자궁벽에 착상하여 어머니의 혈관과 연결되기 시작한다.

하는 조직이 된다. **자궁에 가장 가까운 세포층은 태반(placenta)으로 모체와 유기체 간에 영양분과 배설물을 교환하는 조직이다.**

착상과 세포 분열은 접합체 시기의 막바지에 이르렀음을 말해 준다. 이제 자궁에 자리를 잡은 배반포는 출생까지 남은 36주의 여정을 위한 준비를 마친 것이다.

배아기(3~8주)

LO2 태내 발달 과정 중 신체 구조와 내부 기관들은 언제 생겨나는가?

배반포가 자궁벽에 완전히 정착하게 되면, 이를 배아(embryo)라고 부른다. 배아기는 대개 수정 후 3주경에 시작되어 8주까지 지속된다. 배아기 동안 신체의 조직과 내부 기관들이 발달하게 되는데, 배아기 초기에 3개의 층이 형성된다. **외층 혹은 외배엽(ectoderm)은 머리카락, 피부 표피, 신경계가 된다. 중간층 혹은 중배엽(mesoderm)은 근육, 뼈, 순환계를, 내층 혹은 내배엽(endoderm)은 소화계와 폐를 형성한다.**

배아기 동안 일어나는 변화를 살펴보는 한 방법은 3주 된 배아와 8주 된 배아를 비교하는 것이다. 61쪽 위쪽 사진에서 볼 수 있듯이 3주 된 배아는 길이가 2밀리미터 정도이다. 세포 분화가 진행 중이기는 하나 유기체는 사람보다는 도마뱀에 더 가까운 모습을 하고 있다. 그러나 성장과 분화는 매우 빠르게 진행되어 8주 된 배아는 아래쪽 사진에서처럼 눈, 팔, 그리고 다리가 있는 분명한 사람의 모습이다. 뇌와 신경계 또한 빠르게 발달하며, 심장은 4주경부터 뛰기 시작한다. 8주 된 배아는 성인이 갖고 있는 대부분의 기관을 가지고 있다(성기 예외). 그러나 아직 배아의 키는 2.5센티미터에 불과하며, 몸무게는 28그램이 채 되지 않는다.

배아의 환경은 〈그림 3-3〉에 나타나 있다. **배아는 양막 주머니(amniotic sac) 안에 있는데, 이는 양수(amniotic fluid)로 채워져 있어 충격으로부터 태아를 보호하는 쿠션 역할과 일정한 온도를 유지해 주는 역할을 한다.** 배아는 2개의 기관에 의해 모체와 연결된다. **탯줄(umbilical cord)은 배아와 태반을**

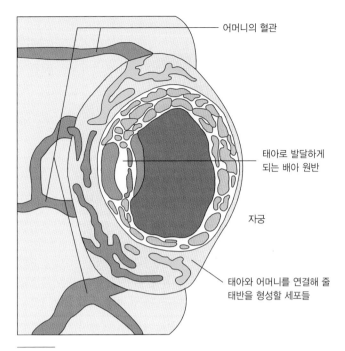

어머니의 혈관

태아로 발달하게
되는 배아 원반

자궁

태아와 어머니를 연결해 줄
태반을 형성할 세포들

그림 3-2

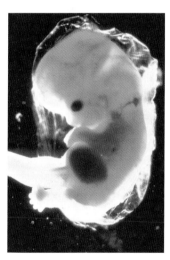

착상 3주 후 수정된 난자는 길이가 약 2밀리
미터이며 도마뱀을 닮았다.

이어 주는 혈관들을 가지고 있다. 탯줄의 혈관들은 모체의 혈관 가까이에 있으나 실제 연결되어 있지는 않다. 〈그림 3-3〉에서처럼 **혈액은 손가락 모양의 탯줄 혈관 돌기인 융모**(villi)**를 통해 흐른다.** 융모는 모체의 혈관 가까이에 위치해 모체와 배아 간에 영양분, 산소, 비타민, 배설물 등을 교환할 수 있도록 해 준다.

이렇듯 신체 조직과 내부 기관들이 자리를 잡게 되면 태내 발달의 또 다른 중요한 관문은 통과한 것이다. 남은 일은 이들이 적절한 기능을 시작하는 것이다. 이것은 다음에서 살펴볼 태내 발달의 마지막 시기에 일어나게 된다.

태아기(9~38주)

LO3   신체적 시스템이 제대로 기능하기 시작하는 것은 언제부터인가?

태내 발달의 마지막 단계인 태아기(period of the fetus)**는 수정 후 9주에서 출생에 이르는 가장 긴 시기이다.** 이 시기 동안 태아는 더욱 커지며, 신체의 시스템이 기능하기 시작한다. 먼저 태아의 크기가 현저하게 증가한다. 태아기 초기에 태아의 체중은 28그램이 채 되지 않는다. 4개월경 태아의 체중은 110~230그램 정도이며, 어머니는 태아의 움직임을 느낄 수 있다. 임산부들은 종종 이러한 태아의 움직임을 마치 몸 안에서 팝콘이 튀는 것 같거나, 금붕어가 헤엄치는 것 같은 느낌이라고 말한다. 출생 전 마지막 5개월 동안 태아의 몸무게는 평균 3킬로그램이 더 증가한다. 〈그림 3-4〉는 태아의 크기가 얼마나 놀랍게 증가하는지 보여 준다. 그림의 태아는 실제 크기의 1/8 크기로 그려졌다.

태아기 동안 신경계, 호흡계, 소화계 등의 신체 기관들에 대한 마무리 작업이 이루어진다. 이 시기에 일어나는 중요한 사건들은 다음과 같다.

착상 8주 후 배아기 말경 수정된 난자는 분명 아기의 모습을 하고 있다.

- 수정 후 4주째에 평평한 세포들이 구부러져 하나의 튜브를 형성한다. 튜브의 한쪽 끝은 점점 커져 뇌를 형성하고, 다른 쪽 끝은 척수를 형성한다. 태아기 초기에 뇌는 뚜렷한 체계를 가지고 있으며, 신체 기능을 조절하기 시작한다. **태아기 동안 뇌의 모든 영역이 발달하는데, 특히 인**

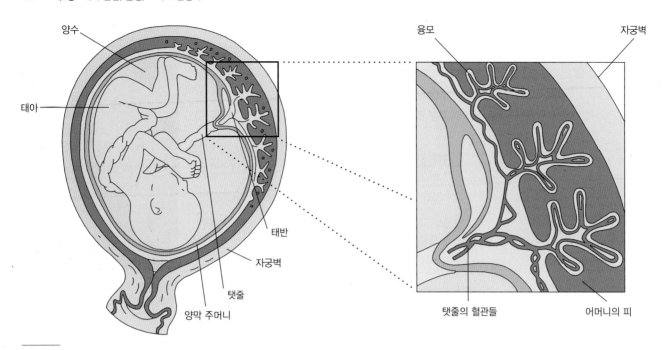

양수

융모

자궁벽

태아

태반

자궁벽

탯줄

양막 주머니

탯줄의 혈관들

어머니의 피

그림 3-3

간의 많은 중요한 행동들을 조절하는 뇌의 주름진 표면인 대뇌 피질(cerebral cortex)이 발달한다.

- 배아기 말경 남성 배아는 고환이 발달하고 여성 배아는 난소가 발달한다. 수정 후 3개월이 되면 남성 태아의 고환은 한 세트의 세포들을 음경과 음낭이 되도록 만드는 호르몬을 분비한다. 여성 태아는 이 호르몬이 없으므로 동일한 세포들이 질과 음순으로 발달한다.
- 수정 후 5, 6개월이 되면 눈썹, 속눈썹, 머리털이 생긴다. 피부는 두꺼워지며 두터운 지방층인 **태아 지방(vernix)으로 덮이게 되어 오랜 시간 양수에 잠겨 있는 태아를 보호한다.**
- 수정 후 6개월경, 태아들은 평상시의 심박동수와 생리적 스트레스에 대한 반응으로 나타나는 심박동수의 변화량에 있어서 차이를 보인다. 한 연구(DiPietro et al., 2007)에서 더 큰 심박동수 변이(heart rate variability)를 보이는 태아들이 출생 후 2개월이 되었을 때, 그들의 운동, 정신, 그리고 언어 발달에서 진전을 나타냈다. 큰 심박동수 변이는 지나치게 큰 경우가 아닌 한 신경계가 환경의 변화에 효과적으로 반응하고 있다는 신호일 수 있다.

이러한 빠른 변화들로 인해 수정 후 22~28주가 되면 태아의 신체 시스템들은 대부분 잘 기능할 수 있다. 따라서 만약 조산아로 태어나게 되더라도 태아는 생존할 가능성이 있으므로 이 시기를 **생존 가능 시기(age of viability)라고 부른다.** 이 시기의 태아는 오른쪽 사진에서처럼 분명한 아기의 형상을 하고 있다. 그러나 이렇게 일찍 태어난 태아는 폐가 아직 성숙하지 못했으므로 호흡에 곤란을 겪는다. 또한 수정 후 8개월경 형성되는 지방층이 부족하므로 몸의 온도를 잘 조절하지 못한다.

태아의 행동 태아기 동안 태아는 실제로 행동하기 시작한다(Joseph, 2000). 4개월경 거의 알아차리기 어려웠던 미세한 움직임들은 이제 분명해진다. 사실 태아는 신예 체조 선수나 킥 복서처럼 주먹으로 치고 발로 차고 재주를 넘는다. 활동적인 태아는 1분에 한 번씩 움직인다(DiPietro et al., 2004). 그러나 태아는 이러한 활발한 움직임들 뒤에는 한동안 가만히 움직이지 않는다. 이런 식으로 태아의 규칙적인 활동 사이클이 생기게 된다. 태아의 움직임은 흔히 있는 일이지만, 어떤 태아들은 다른 태아들보다 더 활발하게 움직인다. 이러한 차이를 통해 출생 후 영아의 행동에 대해 예측하는 것이 가능한데, 활발하게 움직이는 태아는 그렇지 않은 태아보다 불만족스러워하고 까다로울 확률이 높다(DiPietro et al., 1996).

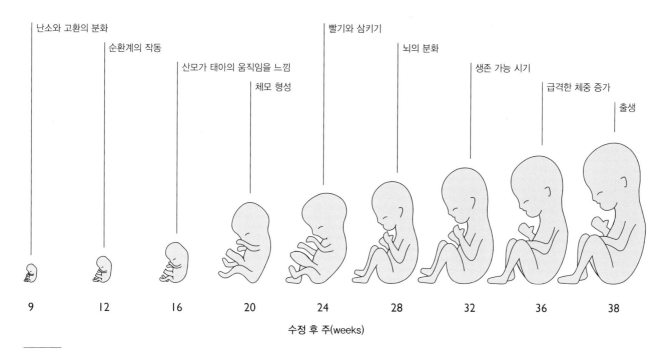

난소와 고환의 분화
순환계의 작동
산모가 태아의 움직임을 느낌
체모 형성
빨기와 삼키기
뇌의 분화
생존 가능 시기
급격한 체중 증가
출생

9   12   16   20   24   28   32   36   38

수정 후 주(weeks)

그림 3-4

출처 : Based on Moore and Persaud: *Before We Are Born* (1993).

태아의 행동이 점차 발달하고 있다는 것에 대한 또 다른 신호는 감각들이 작동한다는 것이다. 태아는 어머니의 심장 박동과 어머니가 말하는 것을 들을 수 있다(Lecanuet, Granier-Deferre, & Busnel, 1995). 또한 태아는 양수를 삼킬 때 양수의 다양한 맛에 반응한다. 임신 후기에는 태아가 볼 수 있을 만큼 충분한 빛이 복벽을 통과한다(Del Giudice, 2011).

태아는 이러한 감각 경험들을 기억할 수 있다. 예를 들어, 태아는 낯선 여성의 녹음된 음성과 어머니의 녹음된 음성에 대해 다르게 반응(심박동수가 변화함)한다(Kisilevsky et al., 2009). 또한 출생 후 아기는 자궁에서 경험한 사건들을 기억할 수 있다. 영아들과 아동들은 태내 발달 시기 동안 맛을 본 적이 있는 음식들을 더 선호한다. 한 연구(Mennella, Jagnow, & Beauchamp, 2001)에서는 임신부들에게 임신 마지막 달에 매주 여러 날 동안 당근 주스를 마시도록 하였다. 출산 후 5, 6개월이 되었을 때, 아기들은 당근 주스 맛의 시리얼을 더 좋아하는 것으로 나타났다. 또 다른 연구(Hepper et al., 2013)에서는 어머니가 임신 기간 동안 마늘을 먹었던 8세, 9세 아동들은 마늘 맛이 나는 감자를 더 좋아하는 것으로 드러났다.

또한 영아는 태내 발달 기간 동안 들었던 말을 인식한다. 한 연구(DeCasper & Spence, 1986)에서 신생아들은 그들의 어머니들이 임신 마지막 몇 주 동안 매일 읽어 줬던 "모자 쓴 고양이(The Cat in the Hat)"를 인식할 수 있었다. 또 다른 연구(Partanen et al., 2013)에서 신생아들은 태내 발달 중 태아기 동안 들었던 새로운 단어들을 인식하였다. 음식과 소리에 대한 태내의 경험들이 이렇게 오래 지속될 수 있는 것은 태내 발달이 태아로 하여금 자궁 밖의 삶에 대해 잘 준비되도록 하는 과정임을 분명히 보여 주는 것이다.

이와 같은 연구 결과들을 읽고 나서 혹 태아에게 청각 자극을 제공하여 태아를 "가르친다"고 주장하는 상품들(예 : 리드미컬한 소리, 말, 음악)을 구입하고 싶어질지도 모른다. 이런 상품들을 만드는 사람들은 이러한 청각 자극에 노출된 태아가 더 일찍 중요한 발달 단계들에 도달할 것이고,

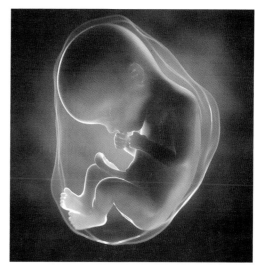

수정 후 22∼28주가 되면 태아는 생존 가능 시기에 도달하게 되어 만약 조산아로 태어나게 되더라도 생존할 가능성이 있다.

학업을 더 잘 준비할 수 있을 것이라고 주장한다. 그러나 앞의 연구들(예 : 음성을 인식하는 것)에서 나타난 학습은 태내 '교육' 없이 출생 직후 매우 빠르게 일어난다. 또한 이러한 상품들이 주장하는 좀 더 복잡한 형태의 학습은 자궁 안에서는 불가능하다. 왜냐하면 이러한 학습은 동시에 시각 자극이 함께 요구되거나(예 : 음성과 얼굴 짝 짓기), 또는 출생 후 일어나는 뇌 발달에 의존하기 때문이다.

이 절에서 다룬 태내의 변화들은 〈요약표 3-1〉에 나와 있다. 표에 열거된 중요한 단계들을 보면, 태내 발달은 태아로 하여금 신생아로서의 독립적인 삶을 준비하도록 하는 놀라운 과정임을 알 수 있다. 그러나 이러한 놀라운 태내의 변화들은 오직 어머니가 배 속의 아기를 위해 건강한 환경을 제공할 때에만 일어날 수 있다. "아동의 삶 향상시키기"는 태내 발달을 위한 최상의 토대를 제공하기 위해 임신한 여성이 해야 할 것에 대해 설명하고 있다.

아동의 삶 향상시키기

건강한 아기를 출산하기 위한 5단계

1. 규칙적인 태내 검진을 받아야 한다. 보통 매달 태내 검진을 받는 것이 좋으며, 예정일이 가까워지면 2주에 한 번 혹은 매주 검진을 받는 것이 좋다.

2. 건강에 좋은 음식을 섭취해야 한다. 식단에 다섯 가지 주요 식품군(곡류, 과일, 야채, 유제품, 고기와 콩)이 모두 포함되어 있는지 확인해야 한다. 또한 비타민, 미네랄, 철분을 보충하여 아기에게 필요한 모든 영양분을 공급받을 수 있도록 해야 한다.

3. 알코올, 카페인 음료, 담배를 금해야 한다. 처방전이 필요 없는 약이나 처방된 약을 먹기 전에 의사와 상의해야 한다.

4. 임신 기간 동안 운동을 해야 한다. 체력이 뒷받침된다면, 진통과 분만뿐 아니라 아기의 요구도 더 잘 다룰 수 있을 것이다.

5. 충분한 휴식을 취해야 한다(특히 임신 마지막 2개월 동안). 또한 분만 교육 과정에 참가하여 진통과 분만에 대비해야 한다.

이러한 단계들이 매우 중요한 것은 사실이지만, 불행히도 이것들만으로 건강한 아기를 보장하지는 못한다. 3.2절에서는 때때로 태내 발달이 어떻게 잘못된 길로 들어서게 되는지 알아볼 것이다.

요약표 3-1 태내 발달의 변화

단계	시기	주	크기	특징
1	접합체기	1~2		수정된 난자는 자궁벽에 착상하여 배반포가 됨
	배아기	3~4	0.6센티미터	급성장기. 신경계(뇌와 척수), 심장, 사지를 포함한 대부분의 신체 기관들이 형성됨
	배아기	5~8	2.5센티미터, 28그램 미만	
	태아기	9~12	7.6센티미터, 약 28그램	급성장이 지속됨. 대부분의 신체 시스템이 기능하기 시작함
2	태아기	13~24	30~38센티미터, 약 0.9킬로그램	성장이 지속됨. 이제 태아는 어머니가 그의 움직임을 느낄 수 있을 정도의 크기임. 태아는 태아 지방으로 덮여 있음
3	태아기	25~38	50센티미터, 약 3킬로그램	성장이 지속됨. 신체 시스템은 출생에 대비해 계속적으로 성숙함. 지방층이 생김. 생존 가능 시기에 도달함

✓ 학습 확인

점검 태내 발달의 세 단계에 대해 기술하시오. 각 단계의 가장 중요한 점들은 무엇인가?

태아가 행동한다는 것을 보여 주는 연구 결과들에는 어떤 것들이 있는가?

이해 생존 가능 시기 전후에 일어나는 태내 발달의 사건들을 비교해 보시오.

적용 출생을 몇 개월 앞둔 태아들은 기본적인 지각 및 운동 기술들을 가지고 있다. 예를 들어, 태아는 듣고, 보고, 맛을 보고, 움직일 수 있다. 태아들이 일찍이 이러한 기술들을 가지게 됨으로써 얻게 되는 이점은 무엇인가?

3.2 태내 발달에 미치는 영향

학습 목표

개요

LO4 임산부의 영양, 스트레스, 연령은 태내 발달에 어떻게 영향을 미치는가?

일반적인 위험 요인들

LO5 기형 발생 물질은 무엇이며, 기형을 유발하는 특정 질병, 약, 환경적인 위험은 무엇인가?

기형 발생 물질

LO6 기형 발생 물질은 어떻게 태내 발달에 영향을 미치는가?

기형 발생 물질은 어떻게 태내 발달에 영향을 미치는가?

LO7 태내 발달은 어떻게 모니터링할 수 있는가? 비정상적인 태내 발달은 바로잡을 수 있는가?

태내 진단과 치료

클로이는 임신 2개월이 되었을 때 첫 번째 산부인과 검진을 받게 되었다. 그녀는 의사를 기다리면서 의사에게 질문하고 싶은 질문들을 적은 목록을 들여다봤다. "저는 직장에서 많은 시간을 휴대전화로 이야기를 하면서 보내요. 휴대전화에서 나오는 방사선이 내 아기에게 해로운가요?" "저와 남편은 퇴근 후 하루 스트레스를 풀기 위해 와인 한잔할까 하는데, 이 정도의 음주는 괜찮은가요?" "저는 38세예요. 나이가 많은 여성일수록 장애를 가신 아기를 출산하는 것으로 알고 있어요. 내 아기가 장애를 가지게 될지 알 수 있는 방법이 있나요?"

클로이의 모든 질문은 그녀의 배 속 아기에게 미칠 수 있는 해와 관련된 것들이다. 그녀는 휴대전화의 안전성, 밤에 마시는 와인 한 잔, 그리고 그녀의 나이에 대해 걱정하고 있다. 클로이의 걱정들은 일리가 있는 것들이다. 수정이 일어난 후 환경적인 요인들은 태내 발달 과정에 영향을 미치는데, 이것이 이 절에서 다루고 있는 초점이다. 만약 당신이 클로이의 모든 질문에 답을 할 수 있다고 확신한다면, 이 절을 건너뛰고 바로 78쪽의 3.3절로 가면 된다. 그렇지 않다면 다음의 내용을 읽으면서 임신 중 때때로 일어나는 문제들에 대해 배울 수 있다.

일반적인 위험 요인들

LO4 임산부의 영양, 스트레스, 그리고 연령은 태내 발달에 어떻게 영향을 미치는가?

제목이 암시하는 바와 같이, 일반적인 위험 요인들은 태내 발달에 광범위한 영향을 미칠 수 있다. 과학자들은 일반적인 위험 요인들을 영양, 스트레스, 그리고 임산부의 연령으로 구분하였다.

영양 태내의 아동에게 어머니는 유일한 영양 공급원이므로 다섯 가지 주요 식품군 모두를 포함한 균형 있는 식습관은 매우 중요하다. 대부분의 임산부들은 태내 발달의 필요를 충족시키기 위해 약 10~20%의 열량을 더 섭취해야 한다. 임산부는 임신 전의 체중이 정상이라고 가정할 때, 임신 기간 동안 11~15킬로그램의 체중이 증가하게 된다. 임신 전의 체중이 표준 체중 이하였던 여성은 18킬로그램 정도까지 증가하기도 하며, 임신 전의 체중이 표준 체중 이상이었던 여성도 최소한 7킬로그램은 증가하게 된다(Institute of Medicine, 1990).

건강한 임신을 위해서는 임산부가 섭취하는 음식의 양뿐 아니라 임산부가 무엇을 먹느냐 하는 부분 또한 매우 중요하다. 단백질, 비타민, 미네랄은 정상적인 태내 발달에 중요하다. 예를 들어, 비타민 B군 중 하나인 엽산은 신경계가 제대로 발달하기 위해 반드시 필요한 것이다(Goh & Koren, 2008). **임산부가 적절한 양의 엽산을 섭취하지 않을 때, 아기는 임신 첫 달에 배아의 신경관이 제대로 닫히지 않는 장애인 척추 피열**(spina bifida)**에 걸릴 위험이 있다.** 신경관이 제대로 닫히지 않게 되면 척수와 신경계에 영구적인 손상을 가져온다. 결과적으로 척추 피열이 있는 많은 아동들은 목발, 교정기 혹은 휠체어를 사용하게 된다(National Institute of Neurological Disorders and Stroke, 2013). 또한 태내 발달 동안 충분하지 않은 다량영양소(macronutrients)(예 : 단백질)와 미량영양소(micronutrients)(예 : 아연, 철)는 주의력, 기억, 그리고 지능에 문제를 초래한다(Monk, Georgieff, & Osterholm, 2013). 따라서 의사들은 보통 임산부들에게 단백질, 비타민, 그리고 미네랄을 추가로 섭취하도록 권장한다.

스트레스 임산부의 기분이 어떻게 자궁 속의 접합체, 배아 혹은 태아에게 영향을 미칠까? 임신 중 행복한 여성은 행복한 아기를 출산할 확률이 더 높은가? 사진에서처럼 임산부가 스트레스를 많이 받는 직장 여성일 경우 신경질적인 아기를 출산할 확률이 더 높은가?

이러한 질문들은 위협적인 혹은 힘든 상황에 대한 개인의 신체적, 심리적 반응을 가리키는 **스트레스**(stress)**가 태내 발달에 미치는 영향과 관련이 있다.** 임신 중 더 높은 불안을 보고한 여성들은 더 자주 조산을 하거나, 평균 체중보다 체중이 덜 나가는 아기를 출산한다(Copper et al., 1996; Tegethoff et al., 2010). 뿐만 아니라 임산부가 불안할 때, 자녀들은 집중력이 떨어지며, 취학 전 행동 문제들을 보이는 경향이 많다(Loomans et al., 2012; O'Connor et al., 2002). 세계무역센터 9/11 테러와 같은 재난에 노출된 임산부들에 관한 연구들에서도 유사한 결과들이 나타났다. 이들의 자녀들은 신체적, 인지적, 언어적 발달에서 영향을 받은 것으로 보고되었다(Engel et al., 2005; King et al., 2012). 마지막으로, 스트레스의 해로운 영향들은 일반적인 불안과 관련이 있는 것이 아니라, 특히 임신 초기 임신에 대한 걱정들과 연관이 있다.

임산부가 만성적인 스트레스를 경험할 경우 조산하거나 저체중아를 출산하기 쉽다. 그러나 이는 스트레스를 받는 여성이 담배를 피거나 술을 마시기 쉬우며 휴식, 운동, 섭식을 제대로 하지 않기 때문일 수 있다.

스트레스의 증가는 다양한 방식으로 태내 발달에 해를 끼칠 수 있다. 첫째, 임산부가 스트레스를 경험할 때 태아의 산소 공급을 감소시키는 호르몬이 분비되며, 태아는 심장 박동수와 활동 수준이 증가한다(Monk et al., 2000). 둘째, 스트레스는 임신 여성의 면역 체계를 약화시켜 병에 감염되기 쉽게 만든다. 이는 결국 태아 발달에 손상을 입힌다(Cohen & Williamson, 1991). 셋째, 스트레스를 겪는 임산부들은 흡연이나 음주를 하기 쉽지만, 휴식을 취하고 운동을 하며 적절한 음식을 섭취하기는 어렵다(DiPietro, 2004; Monk et al., 2013). 넷째, 스트레스는 후성적(epigenetic) 변화들(2.2절)(예 : 아동이 자신의 행동을 통제하도록 돕는 유전자들의 효과가 감소하는 것)을 일으킬 수 있다(Monk, Spicer, & Champagne, 2012). 결국 이러한 모든 행동이 태내 발달을 위협한다.

그러나 이러한 연구 결과들은 만성적인 스트레스(chronic stress)를 경험하는 여성들의 경우에 적용되는 것이다. 거의 모든 여성들이 임신 중 때때로 불안하거나 혼란스럽다. 가끔 경험하는 높지 않은 수준의 불안은 태내 발달에 어떠한 해도 미치지 않는 것으로 알려져 있다.

임산부의 연령 전통적으로 20대는 임신의 최적기로 여겨졌으며, 30대 이상 혹은 10대 여성들은 임신하기에 덜 적합하다고 생각되었다. 성공적인 임신을 위해 20대인 것이 정말 중요한 것인가? 여기 이 질문에 관해 10대와 30대 이상 여성들의 경우를 따로 생각해 보자. 20대 여성들과 비교하여 10대 소녀들은 예정보다 일찍 그리고 체중이 적은 아기를 출산할 위험이 더 크다(Khashan, Baker, & Kenny, 2010). 이는 임신한 10대들은 빈곤한 삶으로 인해 출산 전 적절한 보살핌을 받지 못하는 경우가 많기 때문이다. 그럼에도 불구하고 10대 임산부들이 출산 전 적절한 보살핌을 받고 건강한 아기를 출산한다 하더라도 모든 게 장밋빛인 것은 아니다. 10대 임산부들이 출산한 아동들은 일반적으로 학교에 잘 적응하지 못하고, 더 자주 행동 문제를 일으킨다(D'Onofrio et al., 2009; Fergusson & Woodward, 2000). 예를 들어, 이들은 청소년이 되었을 때 범죄에 대해 유죄 선고를 받는 일이 훨씬 더 많다(Coyne et al., 2013). "주목할 만한 이론"에서는 아동 발달 연구자들이 왜 이런 문제들이 발생하는지에 대해 설명한 것을 볼 수 있다.

주목할 만한 이론

10대 어머니들과 연관된 위험들

배경 : 10대 어머니에게서 태어난 아동들은 일반적으로 잘하지 못한다. 이 아동들은 아동기와 청소년기에 지적 능력 검사에서 대개 더 낮은 점수를 받으며, 학교에서는 더 낮은 성적을 받는다. 또한 이들은 더 자주 행동 문제들을 나타낸다(예 : 매우 공격적인). 그러나 왜 10대 어머니의 자녀들이 이러한 결과에 이르게 되는지에 관해서는 잘 알려져 있지 않다.

이론 : 사라 제피(Sara Jaffee, 2003)는 10대에 어머니가 되는 것은 두 가지 기제를 통해 좋지 않은 결과들을 낳게 된다고 보았다. **사회적 영향**(social influence)이라 불리는 하나의 기제는 10대 소녀가 출산을 하게 될 때 수반되는 사건들—그녀가 아기의 발달을 위해 긍정적인 환경을 제공하기 어렵도록 하는 사건들—을 가리킨다. 예를 들어, 그녀는 학교를 그만두었기 때문에 일자리를 구하는 데 어려움이 있을 것이다. 또 다른 경우, 그녀는 학교를 마치기 위해 노력할 수도 있지만 공부에 너무 많은 시간을 쓰느라 아기를 잘 돌보지 못하게 될 것이다.

　　사회적 선택(social selection)이라 불리는 두 번째 기제에 따르면, 어떤 10대 소녀들은 다른 10대 소녀들보다 임신을 하게 될 가능성이 더 많은데, 이들이 임신을 하도록 영향을 미치는 같은 요인들이 그 자녀들 또한 위험에 처하도록 이끈다는 것이다. 예를 들어, 종종 거짓말을 하고, 규칙을 어기며, 신체적 · 언어적으로 공격적인 품행 장애가 있는 10대 소녀들은 이런 장애가 없는 10대 소녀들에 비해 더 임신을 하는 경향이 있다. 품행 장애의 특징적인 행동들은 효과적인 양육을 어렵게 만든다. 또한 품행 장애는 유전적인 요소를 가지고 있으므로 10대 어머니들은 이를 자녀들에게 전달하게 된다.

　　사회적 선택에 따르면, 출산 시 어머니의 연령은 그렇게 중요하지 않다. 이러한 10대 소녀들은 20대나 30대에 어머니가 된다 하더라도 효과적인 양육을 하는 데 어려움이 있을 것이다. 이들이 10대에 임신을 하도록 영향을 미쳤던 요인들은 이제 그 자녀들 또한 위험에 처하도록 이끈다는 것이다.

가설 : 사회적 영향 기제에 따르면, 자녀 양육 환경 척도는 10대 어머니들에게서 태어난 자녀들에 대한 결과를 예측해야 한다. 예를 들어, 만일 10대에 어머니가 되는 것이 더 낮은 교육 수준과 더 적은 수입이라는 결과를 가져온다면, 이러한 변수들은 그 자녀들에 대한 결과를 예측해야 한다. 사회적 선택 기제에 따르면, 10대 소녀들이 임신을 하는 것과 관련이 있는 특성들이 그들 자녀들에 대한 결과를 예측해야 한다. 예를 들어, 만일 10대 소녀들이 별로 똑똑하지 않고 품행 장애가 있을 때 더 임신을 하는 경향이 있다면, 이러한 변인들은 이들의 자녀들에 대한 결과를 예측해야 한다.

검증 : 제피(Jaffee, 2003)는 뉴질랜드에서 실시한 20년 종단 연구(연구 대상자 중 20%가 10대에 출산함)를 통해 두 가설을 평가하였다. 그녀는 어머니들의 교육과 수입뿐만 아니라 반사회적 행동을 측정했다. 또한 그녀는 그 자녀들에 관해서도 측정했는데, 여기에서는 한 가지 변인, 즉 이들이 청소년기나 초기 성인기에 어떠한 범죄를 저질렀는지 여부만 살펴볼 것이다.

　　제피는 나이가 더 많은 어머니에게서 태어난 자녀들과 비교할 때 10대 어머니에게서 태어난 자녀들이 거의 3배 더 많이 범죄를 저지르는 것을 발견했다. 이것은 사회적 영향 기제와 사회적 선택 기제의 결과이다. 10대 어머니들은 교육 수준이 낮았으며, 수입이 더 적었고, 이러한 변인들은 그들 자녀의 범죄 행동을 예측하였다. 이는 사회적 영향 기제와 일치하는 것이다. 또한 10대 어머니들은 반사회적 행동의 전력이 있는 경향이 있는 것으로 나타났으며, 이러한 전력은 그들 자녀들의 범죄 행동을 예측하였다. 이는 사회적 선택 기제와 일치하는 것이다.

결론 : 10대에 어머니가 되는 것과 연관이 있는 부정적인 결과들은 하나의 이론만으로 설명되지는 않는다. 어떤 것들은 10대에 출산함으로써 생기게 되는 연속적인 사건들로 거슬러 올라간다. 예를 들어, 일찍 어머니가 되면 교육과 수입이 제한되어 자녀의 발달에 좋은 환경을 제공하는 것이 어려워진다. 그러나 어떤 문제들은 일찍 어머니가 되는 것 그 자체에

기인하지 않는다. 대신 10대에 임신을 하는 소녀들은 종종 출산 연령에 상관없이 부정적인 결과들을 낳게 되는 특성을 갖는다.

적용 : 정책 입안자들은 10대들의 출산을 미루도록 장려하는 많은 사회적 프로그램들을 고안해 냈다. 제피의 연구는 다음 두 가지를 제안한다. 첫째, 임신한 10대들이 출산으로 인해 받을 수 있는 불리한 영향들을 제한하는 정책이 필요하다(예 : 이들이 자녀들을 돌보면서 학교를 마칠 수 있도록 하는 프로그램들). 둘째, 10대 임신과 관련된 많은 문제들은 단지 어머니가 10대라는 사실과 우연히 맞물려 있을 뿐이다. 따라서 이 소녀들이 효과적인 양육 방법을 배우도록 돕는 프로그램들이 필요하다.

물론 모든 10대 어머니들과 그 자녀들이 이러한 어려움을 겪는 것은 아니다. 어떤 10대 어머니들은 학업을 마치고 좋은 직장을 얻으며 행복한 결혼 생활을 하기도 한다. 그들의 자녀들 또한 학업적으로나 사회적으로 학교생활에 잘 적응하기도 한다. 이러한 경우들은 대부분 10대 어머니가 친척(대개 아동의 할머니)과 같이 살 때이다(Gordon, Chase-Lansdale, & Brooks-Gunn, 2004). 또한 간호사들이 이들을 방문해 지원, 조언, 격려를 제공하는 가정 방문 프로그램(home-visiting program)에 참여했을 때 성과가 있었다(Kitzman et al., 2010). 그러나 10대의 임신이 '해피엔딩'인 것은 분명 예외적인 일이다. 실제 많은 10대 어머니들과 그 자녀들이 어려움을 겪는다. 따라서 10대 임신이 초래하는 결과들을 알리기 위한 교육이 매우 중요하다. 다행스럽게도 미국 10대들 사이의 임신율은 1990년대 초반 최고조에 도달한 이후 꾸준히 감소하고 있는 추세이다(Martin et al., 2012).

그렇다면 나이 많은 여성의 임신은 어떠한가? 요즈음 미국 여성들의 임신이 늦어지는 것을 고려할 때 이는 중요한 질문이다. 여성들은 종종 학업을 끝내기 위해 혹은 직장 생활을 시작하기 위해 임신을 늦춘다. 사실 2000년대 40~44세 여성의 출산율은 1960년대 이래로 가장 높은 수준이다(Hamilton et al., 2010).

나이가 많은 여성은 임신하기도 더 어려우며, 성공적인 출산을 기대하기도 어렵다. 20대 여성의 임신 가능성은 30대 여성의 2배이다(Dunson, Colombo, & Baird, 2002). 또한 지난 35년간 유산과 사산의 위험도 빠르게 증가하고 있다. 예를 들어, 40~45세 여성의 임신은 유산이나 혹은 저체중아 출산으로 이어지는 경향이 훨씬 더 많았다(Khalil et al., 2013). 더욱이 40대 여성은 다운증후군을 가진 아기를 출산할 여지가 훨씬 더 많다. 그러나 나이 많은 여성들이 어머니로서는 꽤 효과적인 측면이 있다. 예를 들어, 그들은 아동의 발달을 촉진하는 민감하고 반응적인 돌봄을 제공할 수 있다(Bornstein et al., 2006).

일반적으로, 20~35세 사이의 건강한 여성이 적절하게 영양을 섭취하고 정기적인 의료 서비스를 받으며 만성적인 스트레스가 없는 생활을 영위할 때 태내 발달은 정상적으로 진행된다.

기형 발생 물질

LO5 기형 발생 물질은 무엇이며, 기형을 유발하는 특정 질병, 약, 환경적인 위험은 무엇인가?

1950년대 후반 독일의 많은 임산부들이 탈리도마이드(thalidomide) 수면제를 복용한 결과, 팔, 다리, 손, 혹은 손가락이 기형인 아기를 출산하였음이 보고되었다. **탈리도마이드는 비정상적인 태내 발달을 일으키는 강력한 기형 발생 물질(teratogen)이다.** 결국 세계적으로 10,000명 이상의 아기들이 탈리도마이드로 인한 피해를 입었다(Kolberg, 1999).

나이 많은 여성들은 임신하기가 더 어려우며 유산될 확률도 더 높으나, 자녀 양육에는 능숙한 경우가 많다.

탈리도마이드로 인한 끔찍한 불행으로 인해 과학자들은 기형 발생 물질에 대해 광범위한 연구를 시작하였다. 그 결과, 오늘날에는 세 가지 주요 기형 발생 물질인 질병, 약, 환경의 위험에 대해 많은 것들이 밝혀졌다.

질병 때때로 여성들은 임신 중 질병에 걸린다. 감기, 독감과 같은 대부분의 질병은 유기체 발달에 영향을 미치지 않는다. 그러나 몇몇 박테리아 감염 및 바이러스성 감염은 매우 해로울 수 있으며, 종종 배아나 태아에게 치명적인 경우도 있다. 〈표 3-1〉에는 가장 흔한 질병 다섯 가지가 제시되어 있다.

어떤 질병들은 어머니의 태반을 통해 배아나 태아에 직접 침투한다. 사이토메갈로 바이러스(포진의 일종), 풍진, 매독 등이 이러한 것들이다. 어떤 질병들은 출생 시 감염되기도 한다. 출산 과정 중 아기가 산도 내의 바이러스에 의해 감염되는 것이다. 생식기 헤르페스가 여기에 해당한다. AIDS는 태반과 산도를 통해 모두 감염될 수 있다.

이러한 질병들로부터 영향을 받지 않는 유일한 길은 여성이 임신 전이나 임신 기간 중에 질병에 걸리지 않는 것뿐이다. 약물 치료가 여성에게 도움을 줄 수는 있으나 태아의 손상을 막지는 못한다.

약 탈리도마이드는 태내 발달 기간 동안 약물이 일으킬 수 있는 피해를 잘 보여 준다. 〈표 3-2〉는 기형 발생 물질로 알려진 약물의 목록이다.

목록에 있는 대부분의 약물은 일상적으로 흔히 사용하는 어큐테인(여드름 치료에 쓰임), 알코올, 아스피린, 카페인, 니코틴 등이다. 그럼에도 불구하고 임산부가 복용했을 때에는 특별한 위험이 따른다(Behnke & Eyler, 1993).

니코틴은 전형적인 기형 발생 물질이다(Cornelius et al., 1995; Espy et al., 2011). 흡연으로 인한 니코틴은 혈관을 수축시킴으로써 태반을 통해 태아에게 도달하는 산소와 영양분을 감소시킨다. 그러므로 담배를 피는 임산부의 경우 아기가 유산되거나, 출산 시 평균보다 작은 아기를 낳기 쉽다(Cnattingius, 2004). 게다가 담배를 피는 임산부의 아동들은 시간이 지남에 따라 인지 능력 손상,

표 3-1 기형 발생 관련 질환 및 그에 따른 결과

질환	잠재적 결과
AIDS	잦은 감염, 신경 장애, 사망
사이토메갈로 바이러스(Cytomegalovirus)	시청력 장애, 비정상적으로 작은 머리, 정신 지체
생식기 헤르페스(Genital herpes)	뇌염, 비장 확대, 비정상적인 혈액 응고
풍진(Rubella)	발달 장애, 눈 · 귀 · 심장의 손상
매독(Syphilis)	중추 신경계 · 치아 · 뼈의 손상

표 3-2 기형 발생 관련 약 및 그에 따른 결과

약	잠재적 결과
어큐테인(Accutane)	중추 신경계, 눈, 귀의 기형
알코올	태아 알코올 스펙트럼 장애, 인지적 결함, 성장 지체
아스피린	지능, 주의력, 운동 능력의 결함
카페인	저체중, 근육 긴장 감소
코카인과 헤로인	성장 지체, 신생아의 과민함(irritability)
마리화나	저체중, 운동 제어 능력 저하
니코틴	성장 지체, 인지적 손상 가능

학업 성취 저하, 그리고 행동 문제들을 보이기 쉽다(Clifford et al., 2012; Wakschlag et al., 2006). 마지막으로, 간접 흡연의 경우도 해로운데, 임산부가 담배를 피우지 않더라도 담배 연기로 가득 찬 환경에 있을 때에는 마찬가지로 더 작은 아이를 출산하거나 조산을 하는 경향이 있다(Meeker & Benedict, 2013). 이러한 해로운 결과들의 대부분은 노출 정도에 따라 달라지는데, 과도한 수준의 흡연은 보통 수준의 흡연보다 더 해롭다. 태아의 유전자형 또한 영향을 미치는데, 어떤 아동들은 자궁 내에서 담배 연기의 독소를 방어하는 데 더욱 효과적인 유전자들을 물려받기도 한다(Price et al., 2010).

알코올 역시 심각한 위험을 일으킨다. **많은 양의 알코올을 규칙적으로 섭취하는 임산부는 태아 알코올 스펙트럼 장애(fetal alcohol spectrum disorder, FASD)를 가진 아기를 낳을 수 있다.** 가장 심한 형태인 태아 알코올 증후군(FAS)은 과도한 음주를 하는 임산부들에게서 가장 태어나기 쉬운데, 예를 들어, 이들은 주말에 15캔 이상의 맥주를 마신다(May et al., 2013). FAS 아동들은 대개 정상 아동들보다 성장이 느리며, 얼굴 기형이 나타난다. 사진 속의 아동과 같이, FAS 아동들은 종종 머리가 작고, 윗입술이 얇으며, 눈 사이가 넓은 특징을 보인다. FAS는 미국에서 발달 장애를 일으키는 가장 중요한 원인이며, FAS 아동들은 주의 집중, 인지, 행동의 심각한 문제들을 가지고 있다(Davis et al., 2013).

그렇다면 적당한(moderate) 수준의 음주는 안전한가? 그렇지 않다. 임신 기간 내내 적당량의 알코올을 섭취한 경우에도 부분 태아 알코올 증후군(partial fetal alcohol syndrome, p-FAS)이 생길 수 있다. p-FAS 아동들은 신체적인 성장은 정상이나, 얼굴 기형과 인지 능력 손상을 보인다. 이보다 덜 심각한 이상으로는 알코올 관련 신경 발달 장애(alcohol-related neurodevelopmental disorder, ARND)가 있다. ARND 아동들은 정상적인 외모를 가지고 있으나, 주의 집중, 기억, 지능에 결함이 있다(Pettoni, 2011).

임신 중에 안전한 음주량이라는 것이 있을까? 그것에 관해서는 아직 밝혀진 것이 없다. 최종 자료들을 모으는 일은 그리 간단하지 않은데, 이것은 다음 두 가지 요인 때문이다. 첫째, 연구자들은 대개 면접이나 질문지에 대한 반응에서 음주량에 관한 정보를 얻는다. 만약 어떤 이유에서건 그녀가 자신의 음주량을 정확하게 보고하지 않는다면 문제가 생길 것이다. 둘째, 안전한 음주량이라는 것이 모든 여성에게 다 동일하지는 않을 것이라는 점이다. 건강 상태나 유전적 특징에 따라 어떤 여성들은 다른 사람들보다 더 많은 양의 음주를 해도 안전할 수 있을지 모른다.

이러한 요인들로 인해 알코올 혹은 〈표 3-2〉에 나열된 다른 약물들의 안전 수준을 보장하는 일은 불가능하다. 그러므로 가장 좋은 방법은 임산부는 가능한 한 약물을 피하고, 필요한 경우 약물을 복용하기 전에 의사와 상의하는 것이다.

환경의 위험 산업화의 결과로 사람들은 종종 그들이 섭취하는 음식, 마시는 음료, 호흡하는 공기 등의 독소에 노출되어 있다. 산업 폐기물과 관련된 화학 성분들은 가장 흔한 환경적 기형 발생 물질로서 대개 그 양은 미미하다. 그러나 약물의 경우와 마찬가지로 성인에게는 별 영향을 미치지 못하는 소량의 물질도 태아에게는 심각한 손상을 초래할 수 있다(Moore, 2003). 〈표 3-3〉에는 잘 알려진 환경적 기형 발생 물질 다섯 가지가 제시되어 있다.

폴리 염화 비페닐(PCBs)은 환경적 기형 발생 물질의 위험성을 잘 보여 준다. 이러한 화학 물질들은 1970년대 미국 정부가 사용을 금지시키기 전까지 전기 변압기와 페인트에 사용되었다. 그러나 많은 산업 폐기물들처럼 그것들은 수로에 흘러 들어가 어류 및 야생 동물들을 오염시켰다. 보통 오염된 생선 한 마리 안의 PCBs 양은 성인들에게는 영향을 미치지 않는다. 그러나 임신한 여성이 많은 양의 PCB에 오염된 생선을 먹었을 때, 그 자녀들의 인지적 기능과 읽기 능력은 손상을 입는 것으로 나타났다(Jacobson & Jacobson, 1996; Winneke, 2011).

임산부가 많은 양의 알코올을 섭취할 경우 종종 태아 알코올 증후군 아동을 출산한다. 태아 알코올 증후군 아동은 머리가 작고 윗입술이 얇으며 발달적인 장애를 겪는다.

질문 3.2

사라는 22세이며 처음으로 임신을 했다. 그녀는 하루에 담배 반 갑의 흡연을 하고, 저녁식사에서 한 잔의 맥주를 마신다. 사라는 이처럼 많지 않은 양의 흡연과 음주가 뱃속 아기에게 나쁜 영향을 준다고 생각하지 않는다. 당신은 뭐라고 말하겠는가?

선진국의 가장 흔한 기형 발생 물질은 오염된 공기이다. 매우 오염된 공기에 노출되는 것은 조산 및 저체중아 출산의 위험이 증가하는 것과 연관이 있다(Currie, 2013). 예를 들어, 한 연구는 고속도로 통행요금소 인근에 거주하는 임신한 여성들을 조사했다(Currie & Walker, 2011). 운전자들이 멈출 필요 없이 전자카드를 사용하여 자동으로 통행료가 지불되는 장치가 설치됐을 때, 공기 오염은 상당히 감소했다. 왜냐하면 자동차들이 통행료를 지불하기 위해 기다리거나, 다시 속도를 높이기 위해 가속 페달을 밟지 않았기 때문이다. 이러한 통행료 전자카드 장치는 이 여성들의 조산 및 저체중아 출산율을 10%나 떨어뜨렸다. 이와 유사한 결과들은 독성 화학 물질을 방출하는 산업 공장들의 폐쇄가 태내 발달에 미치는 영향을 조사한 연구에서도 드러났다(Currie, 2013).

〈표 3-3〉에는 나와 있지 않지만 현대 환경에서 빠질 수 없는 휴대전화에 대한 궁금증은 아직 남아 있다. 임신한 여성들의 휴대전화 사용은 태아의 건강에 위험한가? 현재 이 질문에 대한 최종적인 답변은 나와 있지 않다. 휴대전화에서 발생되는 고주파 방사선(radiofrequency radiation)은 때때로 성인들의 건강 위험(예 : 암)과 관계가 있는 것으로 나타났으나, 연구 결과가 일관적이지는 않다(Verschaeve, 2009; Vijayalaxmi & Prihoda, 2012). 태내 발달에 대한 휴대전화의 영향과 관련하여 수행된 과학적인 연구들은 거의 없다. 덴마크에서 수행된 한 연구에 따르면, 임신 기간 중 그리고 출산 후의 휴대전화 사용은 아동기 행동 문제의 위험성이 증가하는 것과 연관이 있는 것으로 나타났다(Divan et al., 2012). 그러나 네덜란드에서 수행된 연구에서는 임신 기간 동안의 휴대전화 사용은 아동의 행동 문제와 관련이 없었다(Guxens et al., 2013). 현시점에서 임신한 여성의 휴대전화 사용, 즉 휴대전화의 고주파 방사선이 건강에 위험 요인인지를 밝히기 위해서는 더 많은 연구가 필요하다. 물론 운전 도중 휴대전화를 사용하는 것은 주의를 딴 데로 돌려 사고가 일어날 가능성을 50% 이상 증가시킨다(Asbridge, Brubacher, & Chan, 2013). 따라서 임신한 여성을 위한 가장 좋은 조언은 휴대전화를 사용하지 않을 때는 전화기를 가까이 두지 않고, 운전 중에는 절대 사용하지 않는 것이다.

〈표 3-3〉에 나와 있는 환경적 기형 발생 물질들은 종종 환경에서 그것들의 존재를 인식하지 못하는 경우가 많아 더욱 위험하다. 예를 들어, 한 연구(Jacobson & Jacobson, 1996)에서는 여성들이 PCBs가 축적된 생선을 먹고 있다는 것을 전혀 알지 못했다. 이렇듯 환경적 기형 발생 물질은 눈에 보이지 않으므로, 임산부가 그것으로부터 자신을 보호하기가 더 어렵다. 임산부는 특히 섭취하는 음식과 호흡하는 공기에 주의를 기울일 필요가 있다. 모든 식재료는 살충제를 제거하기 위해 깨끗이 씻어야 한다. 또한 화학 첨가제를 많이 함유한 인스턴트 식품은 피해야 하며, 세제, 페인트 제거제, 화학 비료 등으로 오염된 공기는 멀리해야 한다. 이런 기형 발생 물질과 접촉해야 하는 직업을 가진 여성(예 : 청소부, 미용사)이라면 덜 독한 화학 제품으로 바꿔야 한다. 예를 들면, 독한 화학 성분의 세제보다는 중조(베이킹 소다)를 사용해야 한다. 또한 기형 발생 물질과의 접촉을 줄이기 위해 장갑, 앞치마, 마스크를 착용해야 한다. 마지막으로, 환경적 기형 발생 물질들은 계속 증가하므로 의사에게 멀리해야 할 다른 물질들이 있는지 확인할 필요가 있다.

표 3-3 환경적 기형 발생 물질 및 그에 따른 결과

위험 요소	잠재적 결과
대기 오염 물질	저체중아 출산, 조산, 낮은 검사 점수
납	발달 장애
수은	성장 지체, 발달 장애, 뇌성마비
PCBs	기억 및 언어 능력 손상
X선	성장 지체, 백혈병, 발달 장애

주 : 대기 오염 물질은 일산화탄소, 오존, 납, 아황산가스, 그리고 이산화질소를 포함한다.

기형 발생 물질은 어떻게 태내 발달에 영향을 미치는가?

LO6 기형 발생 물질은 어떻게 태내 발달에 영향을 미치는가?

과학자들은 질병, 약, 환경적인 위험 등으로 인한 피해 증거들을 취합하여 기형 발생 물질들이 어떻게 영향을 미치는지에 관해 다섯 가지 중요한 일반적인 원리를 밝혀내었다(Hogge, 1990; Jacobson & Jacobson, 2000; Vorhees & Mollnow, 1987).

1. **기형 발생 물질의 영향은 유기체의 유전 인자에 따라 달라진다.** 어떤 물질은 한 종에게는 해롭지만 다른 종에게는 그렇지 않을 수 있다. 탈리도마이드의 안전성을 파악하기 위해 연구자들은 새끼를 밴 쥐와 토끼에게 탈리도마이드를 투약한 결과 정상적인 사지를 가진 새끼들을 낳은 것으로 드러났다. 그러나 임산부들이 동일한 약을 복용했을 때에는 사지 기형을 가진 많은 아기들이 태어났다. 탈리도마이드는 쥐나 토끼에게는 해롭지 않았으나 사람에게는 해로웠던 것이다. 더욱이 탈리도마이드를 복용한 어떤 여성들은 정상적인 사지를 가진 아기를 출산했으나, 어떤 여성들은 기형아를 출산하였다. 이는 분명 유전적 요인으로 인해 어떤 사람은 다른 사람에 비해 기형 발생 물질에 더 민감함을 의미한다.

2. **기형 발생 물질은 태내 발달 과정을 바꾼다.** 기형 발생 물질에 노출된 시기는 매우 중요하다. 〈그림 3-5〉는 접합체기, 배아기, 태아기에 따라 기형 발생 물질의 결과가 어떻게 달라지는지를 보여 준다. 접합체기 동안 기형 발생 물질에 노출된 수정란은 대개 자연적으로 유산된다. 배아기에 기형 발생 물질에 노출될 경우에는 심각한 신체 기관 장애를 일으키게 된다. 예를 들어, 배아기에 탈리도마이드를 복용한 여성은 사지가 기형이거나 사지가 없는 아기를 출산한다. 배아기에 풍진에 걸린 여성은 심장 기형을 가진 아기를 출산한다. 태아기에 기형 발생 물질에 노출되면, 신체 기관의 기형을 일으키거나 신체 기능의 이상을 초래한다. 예를 들어, 태아기에 임산부가 다량의 알코올을 섭취하면 태아는 더 적은 수의 뇌 세포를 갖게 된다.

   같은 태내 발달 단계라 하더라도 각 신체 부위의 발달은 어떤 시점에 기형 발생 물질에 노출되느냐에 따라 받는 영향이 달라진다. 〈그림 3-5〉의 파란색 부분은 가장 영향을 받기 쉬운 시기를 가리킨다. 반면 주황색 부분은 유기체가 영향을 덜 받는 시기를 나타낸다. 예를 들어, 심장은 배아기의 처음 2/3 기간에 기형 발달 물질에 가장 예민하다. 이 시기 이전에 기형 발달 물질에 노출될 때 심장 손상이 일어나는 경우는 드물다. 또한 이 시기 이후에 노출될 경우에는 경미한 심장 손상을 입게 된다.

3. **각 기형 발생 물질은 태내 발달의 특정 측면(들)에 영향을 미친다.** 기형 발생 물질이 신체 모든 체계를 손상시키는 것은 아니다. 만약 임산부가 풍진에 걸리게 되면, 아기는 눈, 귀, 심장에 문제가 있을 수 있으나 사지는 정상일 것이다. 만약 임산부가 PCBs에 오염된 생선을 먹을 경우, 아기의 인지 능력은 평균 이하일 가능성이 높으나 신체와 운동 능력은 정상일 것이다.

4. **기형 발생 물질의 영향은 그 양에 따라 달라진다.** 한 방울의 기름이 호수 전체를 오염시킬 수 없듯이 적은 양의 기형 발생 물질은 태아에게 해를 끼치지 않는다. 예를 들어, PCBs 관련 연구에서 태내기에 PCBs에 가장 많이 노출된 아동들만 인지 능력의 손상을 나타냈다. 일반적으로 기형 발생 물질에 더 많이 노출될수록 더 많은 손상의 위험이 있다(Adams, 1999).

   이것은 어떤 기형 발생 물질의 안전 수준을 알아낼 수 있음을 의미한다. 그러나 실제로 기형 발생 물질에 대한 민감도는 개인마다 다르므로 이것을 파악하기란 매우 어렵다. 따라서 가장 안전한 방법은 기형 발생 물질에 노출되지 않는 것이다.

5. **기형 발생 물질로 인한 손상은 출생 시에는 나타나지 않을 수 있으며 이후 발달에서 나타나기도 한다.** 사지 기형 혹은 코카인 중독 영아의 경우 기형 발생 물질의 영향은 즉각적으로 나타난

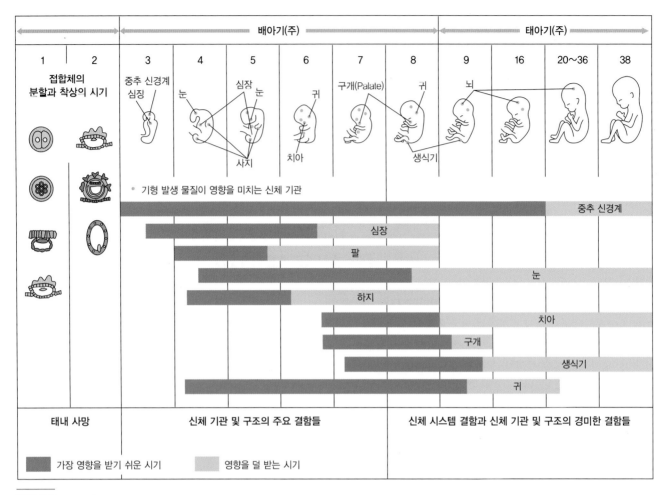

그림 3-5
출처 : Based on Moore and Persaud: *Before We Are Born* (1993).

다. 코카인 중독 영아는 마약 중지로 인해 몸을 떨거나 심하게 울며 잠을 자지 못한다. 그러나 때때로 기형 발생 물질로 인한 손상은 아동의 이후 발달 과정에서 드러나기도 한다. 예를 들어, 1947~1971년 사이 북미와 유럽의 많은 임산부들은 유산을 방지하기 위해 디에틸스틸베스트롤(diethylstilbestrol, DES)을 복용하였다. 출생 시 이들 임산부들의 아기들은 분명 정상이었다. 그러나 이들이 성인이 되었을 때 여성들은 유방암이나 드문 질암에 걸리는 경향이 더 높았다. 또한 이들은 때때로 생식관(reproductive tract)에 이상이 있어 임신하는 것이 어려웠다. 한편 남성들은 성인이 되었을 때 고환 기형과 고환암에 걸릴 위험이 높았다(National Cancer Institute, 2006). 이러한 경우에 기형 발생 물질의 영향은 출생 이후 수십 년이 흐르기까지는 분명하지 않다.

태내 위험의 실제 실제 많은 태아들은 다양한 위험 요인과 기형 발생 물질에 노출되어 있다. 술을 마시는 임산부들은 종종 담배를 피운다(Baron et al., 2013). 스트레스 상태의 임산부들은 흔히 술을 마시며 아스피린이나 의사 처방이 필요 없는 약을 먹기도 한다. 이러한 여성들 대부분은 가난으로 인해 임신 중에 적절한 영양 섭취나 의료 서비스를 받지 못한다. 위의 모든 위험 요인이 더해졌을 때 태내 발달이 순조롭게 진행되기는 어려울 것이다(Yumoto, Jacobson, & Jacobson, 2008).

이러한 패턴 때문에 아동 발달 연구자들은 각각의 기형 발생 물질이 어떤 해를 일으키는지 규명하는 데 어려움을 겪는다. 코카인을 예로 들어 보자. 아마도 신문과 잡지에서 'crack babies'와 그들이 겪는 발달 문제에 대해 본 적이 있을 것이다. 태내 발달 기간 동안 코카인에 노출된 아동들은 신체 성장, 인지 발달, 행동 조절 그리고 정신 병리 등 다양한 영역에서 문제를 겪게 된다(예 : Buckingham-Howes et al., 2013; Schuetze, Molnar, & Eiden, 2012). 그러나 코카인과 관련된 많은 문제들은 임신 중의 흡연 및 음주, 그리고 이 아동들이 받는 부적절한 양육의 영향을 일부 반영하는 것이다(Lambert & Bauer, 2012). 이와 유사하게, 임신 기간 중의 흡연으로 인한 결과들은 담배를 피우는 임산부들의 교육 수준이 낮으며 반사회적 행동을 포함한 심리적인 문제들을 가지고 있을 가능성이 많다는 사실에서 비롯된 것일 수도 있다(D'Onofrio et al., 2010).

물론 이와 같은 결과들이 임신한 여성들이 마음대로 담배를 피우거나 마약을 해도 된다는 것을 의미하는 것은 아니다. 이러한 결과들은 하나의 위험 요인(예 : 흡연)과 연관된 해로운 결과를 밝히는 것이 쉽지 않은 일임을 강조한다. 왜냐하면 하나의 위험 요인은 대개 많은 다른 위험 요인들(예 : 부적절한 양육, 출생 후 계속 흡연에 노출됨)과 함께 일어나기 때문이다.

이제 당신은 아마도 태아가 이러한 위험들로부터 벗어날 기회는 거의 없을 것이라고 생각할지 모른다. 그러나 대부분의 아기들은 건강하게 태어난다. 물론 임신한 여성들은 질병, 약물 그리고 기형 발생 물질로 알려진 환경적인 위험들을 피해야 한다. 이는 임신 기간 중의 꼼꼼한 검진 및 적절한 영양 섭취와 더불어 정상적인 태내 발달을 위한 가장 좋은 방안이다.

태내 진단과 치료

LO7 태내 발달은 어떻게 모니터링할 수 있는가? 비정상적인 태내 발달은 바로잡을 수 있는가?

"내 아기가 건강하기만 하다면 그게 아들이든 딸이든 나는 정말 아무런 상관이 없어요." 모든 부모의 마음은 다 이와 같을 것이다. 그러나 얼마 전까지만 하더라도 그들이 할 수 있는 일은 그저 그것을 바라는 일뿐이었다. 그러나 이제 부모들은 기술의 진보로 인해 그들의 아기가 정상적으로 발달하고 있는지에 대해 좀 더 확실한 정보를 얻을 수 있게 되었다.

여성이 임신을 하기 전에도 부부는 유전 상담을 받을 수 있다. 상담자는 부부 각각의 가계도(family tree)를 만들어 유전 질환을 점검한다. 만약 한 사람(혹은 두 사람 모두)이 어떤 질환을 가지고 있다면 또 다른 검사를 통해 그의 유전 인자형을 알아볼 수 있다. 이러한 정보들을 가지고 상담자는 예비 부모들과 함께 어떤 선택을 할 것인지 논의할 수 있다. 그들은 아기가 건강할 것이라는 가능성을 근거로 자연 임신을 선택하거나, 또는 다른 사람들의 정자나 난자를 사용하기로 결정을 내릴 수도 있다. 또 다른 선택은 아기를 입양하는 것이 될 수도 있다.

여성이 임신한 후, 태내 발달이 정상적으로 진행되는지는 어떻게 알 수 있을까? 전통적으로 산부인과 의사들은 여성의 배를 만져 보고 태아의 크기와 위치를 통해 발달을 측정하였다. 이러한 기술은 정확성이 떨어질 뿐 아니라 태아가 충분히 자라기 이전에는 진찰이 불가능하다. 그러나 오늘날 새로운 기술로 인해 태내 성장과 발달을 정확히 점검하는 것이 가능해졌다. **북미에서 태내 발달을 점검하는 표준 방식 중 하나는 음파를 사용하여 태아의 모습을 만들어 내는 초음파(ultrasound)이다.** 사진에서 보듯이 헤어드라이어 크기의 기구를 가지고 여성의 복부를 문지르면 옆 TV 모니터에 형상이 나타나게 된다.

초음파는 수정 후 빠르면 4~5주에 실시할 수 있다. 그 이전

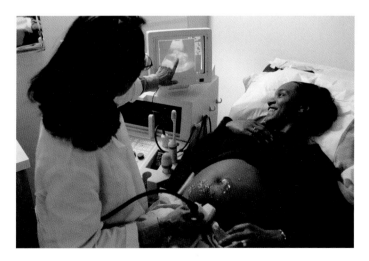

태내 발달을 점검하는 전형적인 방식인 초음파는 음파를 사용하여 태아의 이미지를 만들어 낸다.

에는 태아가 너무 작기 때문에 이미지를 식별하기가 어렵다. 초음파 사진은 수정 날짜를 알아내는 데 유용하다. 이를 통해 의사는 출산 예정일을 정확하게 예측할 수 있다. 또한 초음파 사진은 자궁 속의 태아와 태반의 위치를 보여 주기 때문에 태아 머리의 비정상적인 성장과 같은 뚜렷한 신체 기형을 찾아낼 수 있다. 초음파는 쌍생아 임신 등을 찾아내는 데도 도움을 준다. 마지막으로, 수정 후 대략 20주가 되면 초음파 형상으로 아기의 성을 알 수 있다.

유전 질환이 의심되는 경우에 태아 세포의 샘플을 채취하여 분석하는 두 가지 기술이 특히 유용하다. **양수 천자(amniocentesis)는 임산부의 복부에 바늘을 삽입하여 태아를 감싸고 있는 양수의 샘플을 얻는 것이다.** 이는 보통 수정 후 약 16주가 되었을 때 시행된다. 〈그림 3-6〉에서 보듯이 초음파를 사용하여 자궁 속으로 바늘을 삽입한다. 채취한 양수에 들어 있는 피부 세포들은 실험 접시에서 배양하여 분석한다.

융모막 융모 채취(chorionic villus sampling, CVS)는 (태반의 일부인) 융모막으로부터 조직의 샘플을 채취하여 분석하는 것이다. 〈그림 3-7〉에서와 같이 작은 관이 질을 통해 자궁으로 삽입되어 태반으로부터 작은 세포 전(plug)을 모은다. 종종 양수 천자보다 CVS를 선호하는데, 이는 양수 천자보다 4~6주 빠른 수정 후 9~12주경에 시행할 수 있기 때문이다(양수 천자는 양막이 충분히 커서 쉽게 양수에 접근할 수 있을 때까지는 시행할 수 없음).

양수 천자의 결과는 약 2주 뒤에, 그리고 CVS의 결과는 약 7~10일 뒤에 알 수 있다(유전 물질의 분석은 충분한 세포들이 만들어져야 하기 때문에 양수 천자의 결과가 나오기까지 더 오랜 시간이 걸림). 양수 천자나 CVS에서 채취된 샘플로 약 200가지의 다양한 유전 질환을 찾아낼 수 있다. 예를 들어, 30대 후반 혹은 40대 임산부의 경우 종종 태아에게 다운증후군이 있는지 알아보기 위해 양수 천자나 CVS를 시행한다. 이러한 절차들은 사실상 거의 오류는 없으나 위험성이 따른다. 양수 천자나 CVS를 시행한 후 유산을 하는 경향이 약간 증가했다는 보고가 있다(Wilson, 2000). 이러한 절차들은 〈요약표 3-2〉에 나와 있다.

초음파, 양수 천자, 그리고 융모막 융모 채취로 인해 태내 발달이 정상적으로 진행되는지 알아보는 것이 훨씬 쉬워졌다. **최근에는 출생 전 태내의 문제들을 치료하는 것과 관련하여 태아 의학(fetal medicine)이라 불리는 전혀 새로운 분야가 등장하였다**(Rodeck & Whittle, 2009). 한 가지 방법은 태아에게 약이나 호르몬을 투여하는 것이다. 예를 들어, 태아 갑상선 기능 부전(fetal hypothyroidism)은 태아의 갑상선 분비 기관이 충분한 호르몬을 만들지 않아 신체 및 정신 발달의 지체를 가져온다. 따라서 이 질환은 필요한 호르몬을 양막 공간에 직접 주사함으로써 치료할 수 있다.

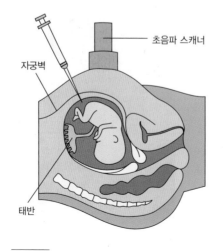

초음파 스캐너

자궁벽

융모막 융모

질

태반

자궁벽

그림 3-6   그림 3-7

요약표 3-2 태내 진단 방법		
절차	설명	주요 용도
초음파	음파를 이용하여 태아의 형상을 만들어 냄	출산 예정일과 자궁 속 태아의 위치 파악, 신체 기형·쌍생아·태아의 성별 파악
양수 천자	양수에서 태아의 세포 샘플을 채취	유전적 장애 선별 검사
융모막 융모 채취(CVS)	융모(태반의 일부)에서 조직의 샘플을 채취	유전적 장애 선별 검사

태내 문제를 치료하는 또 다른 방법은 태아 수술이다(Warner, Altimier, & Crombleholme, 2007). 예를 들어, 척추 피열(spina bifida)이 임신 7~8개월경 태아 수술을 통해 치료된 사례가 있다. 의사는 임산부의 복부 벽을 절개하여 태아를 드러내고 다시 태아의 복부 벽을 절개하여 척수를 치료한 후 태아를 다시 자궁으로 돌려보낸다. 이러한 출생 전 수술을 했을 경우, 척추 피열 영아들은 뇌에서 체액을 빼내기 위한 션트(shunt)를 할 필요가 줄어들며, 유아기에 지지대 없이 걸을 수 있는 확률이 증가한다(Adzick et al., 2011).

태내 문제를 치료할 수 있는 또 다른 방법은 결함이 있는 유전자들을 합성된 정상 유전자들로 교체하는 유전 공학(genetic engineering)이다. 2.1절의 겸상 적혈구 질환(sickle-cell disease)을 예로 들어 보자. 양쪽 부모에게서 겸상 적혈구 질환의 열성 대립 형질을 물려받을 경우, 아동은 모세 혈관을 통과할 수 없는 기형의 적혈구 세포들을 만들어 낸다. 이론적으로 볼 때, 태아의 세포 샘플을 채취해 11번째 염색체 쌍에서 열성 유전자들을 제거하고 우성 유전자들로 교체하는 것이 가능하다. 이 세포들을 다시 태아에게 주사하게 되면, 이 세포들은 증식하여 정상적인 적혈구 세포들이 생산되도록 할 수 있을 것이다(David & Rodeck, 2009). 그러나 태아 수술과 마찬가지로 이를 실행에 옮기는 것은 쉽지 않은 일이다(O'Brien, 2013). 연구자들은 여전히 동물들을 대상으로 이러한 기술들을 연구 중이며, 나이가 많은 아동들을 대상으로 몇몇 성공적인 적용 사례들도 보고되었다(Coutelle et al., 2005; Maguire et al., 2009). 그러나 태아 의학에서 이러한 방법의 사용이 보편화되기까지는 아직 시간이 필요하다.

클로이의 질문들에 대한 답 : 66쪽의 클로이의 질문들로 돌아가 그것들에 대한 답을 찾아보라. 만약 잘 모르겠다면, 다음의 페이지들을 참고할 수 있다.

- 그녀의 휴대전화에 대한 질문—72쪽
- 그녀가 밤에 마시는 한 잔의 와인에 대한 질문—71쪽
- 발달상의 장애를 가진 아기를 출생하는 것에 대한 질문—70쪽

 학습 확인

점검 태내 발달을 위험에 처하게 할 수 있는 중요한 일반적인 요인들은 무엇인가?

오늘날 태내 진단을 위해 사용되는 주요 기술들에 대해 설명하시오.

이해 태내 발달 과정에서 기형 발생 물질의 영향이 어떻게 변화하는지 설명하시오.

적용 한 45세 여성이 임신을 하고 싶지만 이런 늦은 나이에 임신을 할 경우 고려해야 할 위험들에 관해서는 잘 알고 있지 못하다고 가정해 보자. 당신은 그녀에게 무엇을 말해 줄 것인가?

3.3 해피 버스데이!

개요	학습 목표
진통과 분만	**LO8** 진통과 분만에는 어떤 단계들이 있는가?
분만의 다양한 방식	**LO9** 분만의 고통에 대처하는 '자연적인' 방법은 무엇인가? 가정에서 분만하는 것은 안전한가?
'부모가 되는 것'에 적응하기	**LO10** 산후 우울증은 무엇이며 그 영향은 무엇인가?
분만 합병증	**LO11** 분만 중 일어날 수 있는 합병증에는 어떤 것들이 있는가?

임신 6개월이 된 도미니크는 곧 남편과 함께 근방의 병원에서 분만 수업을 받게 될 것이다. 그녀는 드디어 수업이 시작되는 것에 안도감을 느꼈다. 왜냐하면 이것은 임신 기간이 거의 끝나 간다는 것을 의미하기 때문이다. 그러나 '숨쉬기 운동'과 '코칭'에 대해 그녀가 들은 말들은 잘 이해가 되지 않는다. 도미니크는 이것들이 어떤 관련이 있는지, 그리고 이 수업이 그녀가 진통과 분만을 하는 동안 어떻게 그녀를 도울 것인지 궁금하다.

임신 말기가 가까워짐에 따라 임산부들은 잠을 자는 것과 숨을 쉬는 것이 점점 더 힘들어지며, 더 빨리 피곤해지고, 다리와 발이 붓게 된다. 임산부들은 이러한 불편을 덜고 또 자신의 아기를 보고 싶은 까닭에 출산을 고대하게 된다. 이번 절에서는 출산의 단계를 알아보고, 출산의 다양한 접근을 살펴보며, 일어날 수 있는 문제들을 짚어 볼 것이다. 또한 도미니크가 듣게 될 분만 수업들에 대해서도 살펴볼 것이다.

진통과 분만

LO8 진통과 분만에는 어떤 단계들이 있는가?

일반적으로 임산부는 수정 후 약 38주에 진통을 시작하게 되는데, 이것은 태아와 어머니, 그리고 태반 간의 호르몬 신호 흐름에 의해 일어난다(Smith et al., 2012). 분만(labor)은 그 이름과 같이 강렬하고 오랜 신체적 수고가 수반된다. 이는 〈그림 3-8〉과 같이 보통 세 단계로 나뉘고 〈요약표 3-3〉에 설명되어 있다. 1단계는 자궁의 근육이 수축하기 시작할 때 온다. 이러한 수축은 양수를 분만 통로의 입구인 자궁 경부 반대쪽으로 가도록 한다. 자궁이 수축할 때마다 양수는 물결과 같이 움직여 자궁 경부가 점차 커지도록 만든다.

분만의 3단계

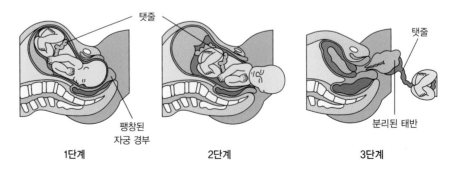

1단계   2단계   3단계

그림 3-8

요약표 3-3	분만의 단계	
단계	지속 시간	주요 특징
1	12~24시간	자궁 경부가 10센티미터까지 확장됨
2	1시간	아기가 분만 통로를 통해 움직임
3	10~15분	태반이 방출됨

1단계 초기에 일어나는 수축은 약하고 불규칙하다. 수축은 점차 더 강해지며, 더 자주 일어나게 된다. 1단계 후기, 즉 다음 단계로의 전환기의 수축은 매우 강렬하고 때때로 휴지기 없이 계속된다. 임산부들은 이 전환기가 진통 과정 중 가장 고통스러운 시기라고 보고한다. 후기 끝 무렵이 되면 자궁 경부의 지름은 약 10센티미터가 된다.

초산인 경우, 1단계는 12~24시간 지속되며, 대부분의 분만 시간은 상대적으로 평온한 1단계 초기에 해당된다. 초산이 아닌 경우, 1단계의 지속 시간은 흔히 3~8시간으로 대개 짧아진다. 그러나 이것은 대략적인 근사치일 뿐 실제 진통 시간은 개인차가 크므로 예측하기 어렵다.

자궁 경부가 완전히 확장되었을 때 분만의 2단계가 시작된다. 이때 대부분의 여성들은 아기를 밖으로 밀어내려는 강한 충동을 느끼며 복부의 근육을 사용한다. 이러한 밀어내기는 자궁의 수축과 더불어 아기를 분만 통로로 내려오도록 한다. **곧 아기의 머리 꼭대기가 보이는데, 이를 크라우닝(crowning)이라 한다.** 초산일 경우 아기는 약 1시간이 걸려 분만 통로를 통과해 나온다. **대부분의 아기는 머리가 먼저 나오지만 발이나 엉덩이가 먼저 나오는 둔위 역위(breech presentation)가 되는 경우도 있다.** 아기의 출산으로 인해 분만의 2단계는 종료된다.

아기가 태어난 후 분만이 종료되었다고 생각할 수 있으나 사실은 그렇지 않다. 분만의 3단계는 태반이 자궁에서 떨어져 나오는 시기로, 이 단계는 매우 짧아 보통 10~15분간 지속된다.

분만의 다양한 방식

LO9 분만의 고통에 대처하는 '자연적인' 방법은 무엇인가? 가정에서 분만하는 것은 안전한가?

나의 어머니는 진통을 시작하셨을 때 근처 병원에 입원하여 곧 전신 마취제를 투여받으셨다. 아버지는 대기실로 가셨고, 그곳에서 곧 아버지가 될 다른 사람들과 함께 아기 소식을 기다리셨다. 어머니는 마취에서 깨어나신 후 건강한 남자 아기를 낳았다는 것을 아셨다. 아버지는 기다리시다 지쳐 직장으로 다시 들어가신 다음 그곳에서 전화로 기쁜 소식을 들으셨다.

이것은 1950년대의 통상적인 병원 절차였으며, 그 당시 거의 모든 미국의 아기들은 이런 식으로 태어났다. 그러나 이제 더 이상은 그렇지 않다. 20세기 중반 유럽의 두 의사 그랜틀리 딕 리드(Dick-Read, 1959)와 페르낭 라마즈(Lamaze, 1958)는 진통과 분만에 관한 전통적 관점이 불필요한 의료 절차를 시행하고 분만에 대한 두려움을 갖도록 한다고 비판하였다. 이러한 두려움은 임산부를 더욱 긴장시켜 분만의 고통을 증가시킨다는 것이다. 이들은 진통과 분만을 견뎌야 하는 의료 절차가 아닌 기념해야 할 인생의 사건으로 보고 좀 더 '자연적인' 혹은 준비된 분만을 주장하였다.

오늘날에는 다양한 방식으로 분만을 준비하는 것이 가능하다. 그러나 대부분 기본적인 신념은 동일하다. 첫째, 어머니와 아버지가 임신, 진통, 그리고 분만 중 어떤 일이 일어나는지를 이해할 때 분만과 관련한 문제들을 예방할 수 있을 뿐 아니라 분만 자체가 더욱 가치 있는 일이 될 수 있을 것이다. 즉 분만을 준비하기 위해서는 수업에 참여하여 임신과 분만에 대한 기초적인 사실들을 배우는 것이 중요하다.

둘째, 부작용이나 합병증을 일으킬 수 있는 의학적인 처치보다 자연적인 방법들로 통증을 다루는 것을 강조한다. 예를 들어, 미국에서 가장 흔한 처치는 경막외 마취제 투여(epidural analgesia)로, 이는 척수 아래의 공간에 약물을 주입하는 것이다. 이것은 출산의 고통을 줄여 주지만 때때로 여성에게 두통을 일으키거나 혈압을 떨어뜨린다(American College of Obstetricians and Gynecologists, 2011b). 약물 없이 고통을 감소시키는 한 가지 열쇠는 이완(relaxation)이다. 보통 긴장을 하게 되면 고통을 더 많이 느끼므로, 임산부는 분만 중에 심호흡을 하거나 편안하고 즐거운 장면 혹은 경험을 마음속에 떠올림으로써 이완하는 것을 배운다.

셋째, 출산을 준비하는 데는 지지적인 성인이 있어야 하는데, 배우자, 친척, 가까운 친구 혹은 훈련된 출산 도우미 등이 될 수 있다. 이들은 정서적인 지지를 제공하고, 지지자의 역할을 수행하며 (임산부가 원하는 것을 의사나 간호사 혹은 병원 직원들에게 전달하는 일), 임산부가 통증을 다루기 위한 기법들을 사용하도록 돕는다. 임산부가 이러한 지원을 받을 때, 분만 시간이 짧아지며, 약물을 덜 사용하고, 출산에 대해 더 큰 만족감을 보고하는 것으로 나타났다(Hodnett et al., 2012).

자연 출산에 대한 경향은 출산이 항상 병원에서 일어날 필요는 없다는 것을 전제로 한다. 미국의 거의 모든 아기는 병원에서 태어나며, 단지 1%만이 가정에서 출생한다(Martin et al., 2013). 병원에서의 분만이 익숙한 미국인들에게 가정에서의 분만은 위험한 제안으로 보일 수 있으며, 몇몇 의학 전문가들은 이에 대해 여전히 회의적이다(Declercq, 2012). 그러나 많은 여성들은 가정에서 분만을 할 때 더 편안해했으며, 진통과 분만을 더 잘 조절하였다. 다시 말해, 가정에서의 출산은 여성이 건강하고, 임신에 다른 문제가 없으며, 진통과 분만에 별다른 어려움이 없을 것으로 예상되고, 훈련된 전문가가 참여해 도울 것이며, 필요시에는 종합적인 의학적 처치가 가능할 경우에 한해 고려해 볼 수 있다(Wax, Pinette, & Cartin, 2010).

'부모가 되는 것'에 적응하기

LO10 산후 우울증은 무엇이며 그 영향은 무엇인가?

질문 3.3

로사는 1주 전에 출산을 했다. 그녀는 하루에 한두 번 울음을 터뜨리고, 남편이 그녀와 아기에게 상당히 도움을 줌에도 불구하고 종종 남편에게 화를 냈다. 당신은 로사가 산후 우울증이라고 생각하는가?

아기를 출산한 후 부모는 고대하던 아기를 얻은 흥분과 자랑스러움, 그리고 기쁨을 경험한다. 그러나 또한 새로운 변화에 적응하는 것이 필요하다. 여성은 분만 후 많은 신체적 변화를 겪는다. 어머니는 모유를 만들어 내기 시작하며, 자궁은 점점 작아져 5~6주 후에는 정상 크기로 돌아간다. 그러는 사이 여성 호르몬(예 : 에스트로겐)의 수치는 낮아진다.

또한 부모는 심리적으로도 적응이 필요하다. 특히 첫아기일 경우, 그들은 아기의 수면-각성 주기에 맞춰 일과를 재조정하게 된다. 이 과정에서 아내가 아기에게만 관심을 쏟게 될 때 남편은 때때로 소외감을 느낀다.

연구자들은 부모가 적응해야 할 것들 중에서 영아와 정서적인 유대를 형성하는 것을 중요하게 생각하였다. 몇몇 연구자들은 출산 이후 처음 며칠을 부모와 아기가 신체적으로 긴밀하게 접촉하는 결정적인 시기로 보고, 이때 이러한 접촉이 없을 경우 부모와 아기는 정서적인 유대를 맺기 어려울 것으로 생각하였다(Klaus & Kennell, 1976). 그러나 오늘날에는 출산 후 처음 며칠간의 접촉이 아기의 정상적인 발달에 필수적인 것으로 보지는 않는다(Eyer, 1992). 10.3절에서, 이러한 정서적인 유대를 구축하기 위한 필수적인 단계가 무엇인지, 그리고 언제 이들이 일반적으로 발생하는지를 배울 것이다.

부모가 되는 것은 상당한 적응을 필요로 한다. 산모들 중 약 절반이 소위 '베이비 블루(baby blues)'를 경험하게 되는데, 처음의 흥분이 사라지고 짜증과 분노를 경험하거나 한바탕 울기도 한다. 이러한 감정들은 보통 1~2주간 지속되는데, 이는 아기를 돌보는 것에 대한 스트레스와 임신 전의 신체 상태로 돌아가는 과정에서의 생리적인 변화로 인해 생기는 것이다(Brockington, 1996).

그러나 10~15%의 산모들은 이러한 과민성이 수개월 동안 지속되며, 종종 낮은 자기 가치감, 수면

장애, 식욕 감퇴, 무관심 등이 동반되는데, 이를 산후 우울증(postpartum depression)이라 한다. 산후 우울증은 생물학적 요인의 영향을 받는다. 출산 후 일어나는 호르몬 수치의 변화는 어떤 여성들로 하여금 산후 우울증의 위험에 처하도록 만든다(O'Hara & McCabe, 2013). 경험 또한 산후 우울증에 기여한다. 임산부가 독신이거나, 임신 전에 우울했거나, 다른 생활 스트레스를 겪고 있거나(예 : 사랑하는 사람의 죽음, 새로운 곳으로의 이사), 계획하지 않은 임신이었거나, 분만 후 적응을 지지해 주는 다른 성인들(예 : 배우자)이 없을 경우 산후 우울증에 더 쉽게 걸린다(Edwards et al., 2012; O'Hara, 2009).

무기력하고 무표정한 산모가 따뜻하고 열정적인 어머니가 되는 것은 불가능하다. 이러한 산모는 아기를 많이 만져 주거나 껴안아 주지 않으며, 아기에게 이야기도 잘 하지 않는다. 또한 우울한 어머니들은 아기에게 우유를 먹이고 잠을 재우는 것과 같은 일상적이지만 중요한 일들을 효과적으로 하지 못한다(Field, 2010). 산후 우울증이 수년간 지속될 때 아동의 발달은 영향을 받는다(Goodman et al., 2011). 예를 들어, 다음의 "집중 연구"에서는 어떻게 어머니의 우울증이 아동으로 하여금 행동 문제를 갖도록 이끄는지 볼 수 있다.

집중 연구

어머니의 우울과 아동의 행동 문제 간의 관계

- **연구자 및 연구 목표** 어머니가 우울한 경우에는 효과적인 양육을 할 수 없다. 그러나 이것은 아마도 우울 그 자체 때문이 아닐 수 있는데, 산후 우울증의 위험을 높이는 요인들—예를 들어, 독신이거나, 사회적 지지가 부족하거나, 스트레스를 경험하는 등—이 효과적인 양육을 방해할 수도 있기 때문이다. 에드워드 바커와 그의 동료들(Barker et al., 2012)은 어떻게 어머니의 우울이 아동의 발달에 영향을 미치는지 알기를 원했다.
- **연구 방법** 바커와 동료들은 3개의 변인, 즉 어머니의 우울, 아동의 발달을 손상시키는 우울과 관련이 있는 어머니의 위험 요인들, 그리고 아동의 행동 문제들에 관심을 가졌다. 처음의 두 변인은 질문지를 사용하여 측정되었다. 아동이 1.5세일 때 어머니를 대상으로 우울 질문지를 실시하였다. 또한 아동의 출생부터 2세가 될 때까지 여러 시점에서 어머니를 대상으로 위험 요인(독신, 그리고 배우자의 학대, 부적절한 지지 관계와 같은 스트레스 사건에 노출되는 것) 노출을 측정하는 질문지를 실시하였다. 아동이 7세 혹은 8세가 되었을 때, 임상전문가가 교사와 부모의 보고에 기초하여 아동의 행동 문제들을 진단하였다.
- **연구 대상** 연구 표본은 7,429명의 어머니들과 아동들로 Avon Longitudinal Study of Parents and Children에서 가져왔다. 이는 영국에서 수행된 프로젝트로 아동들의 건강과 발달을 연구한다.
- **연구 설계** 이 연구는 상관관계 설계로 되어 있는데, 왜냐하면 연구자들이 우울, 위험 요인들, 그리고 아동의 문제 행동들 간에 자연스럽게 존재하는 관계에 관심이 있었기 때문이다. 또한 이 연구는 아동들과 부모들을 대상으로 여러 차례에 걸쳐 검사를 실시했기 때문에(연구는 아직 진행 중이므로 여전히 검사가 실시되고 있음) 종단 연구이다.
- **윤리적 문제** 본 연구에 대한 윤리적인 문제는 없다. 본 연구의 측정 도구들은 부모들과 아동들을 대상으로 흔히 사용되는 것들이며, 이것들과 관련하여 알려진 위험은 없다. 연구자들은 부모들과 아동들로부터 연구 참여에 대한 동의를 얻었다.
- **결과** 바커와 그의 동료들은 우울 질문지에 대한 어머니들의 응답을 근거로 하여 아동이 1.5세일 때 우울했던 어머니들과 우울하지 않았던 어머니들을 구분하였다. 그런 다음 그들은 이 두 집단 자녀들의 행동 문제 비율을 비교하였다. 그 결과, 〈그림 3-9〉에서 보듯이 어머니가 우울한 경우 7, 8세 아동들은 다섯 가지 장애 각각에 대해 훨씬 더 많은 행동 문제들을 보이는 것으로 드러났다. 또한 전반적으로 이들은 2.56배 더 많은 문제를 보이는 것으로 나타났다. 다음으로, 바커와 그의 동료들은 예상했던 대로 우울한 어머니들의 위험 요인 비율이 더 높음을 확인했다. 예를 들어, 우울한 어머니들은 배우자로부터의 학대를 경험할 가능성이 5배 더 많았으며, 충분하지 못한 지지를 받을 가능성이 4배 더 많았다. 그럼에도 불구하고 통계적으

로 이러한 위험 요인들에 대한 노출의 차이를 통제했을 때에도 우울한 어머니들의 자녀들이 여전히 1.92배 더 많은 행동 문제들을 보이는 것으로 나타났다.

- **결론** 출산 후 몇몇 여성들이 경험하는 우울은 두 가지 경로로 아동들에게 영향을 미친다. 하나는 우울 증상 그 자체가 아동들에게 해롭다는 것이다. 우울한 어머니들은 효과적인 양육을 하기 어려우며, 이는 행동 문제로 이어질 수 있다. 두 번째는 어머니를 우울로 이끈 위험 요인들(예 : 충분하지 않은 지지)이 아동의 발달을 손상시킬 수 있다는 것이다. 왜냐하면 이러한 위험 요인들은 어머니가 효과적으로 양육을 하지 못하도록 방해하기 때문이다.

- **함의 및 적용** 이러한 연구 결과들은 주로 우울, 위험 요인들, 그리고 자녀의 행동들에 대한 어머니의 보고에 기초하고 있다. 만일 이 변인들을 독립적으로 측정할 수 있다면 가치가 있을 것이다(예 : 품행 장애 진단과 관련이 있는 아동의 반사회적인 행동에 대한 관찰). 또한 어머니들의 거의 1/3이 연구에서 중도 탈락했는데, 이들은 위험 요인에 노출된 사람들이었을 가능성이 높다. 현재의 연구 결과가 지지를 얻기 위해서는 중도 탈락자가 적은 장기적

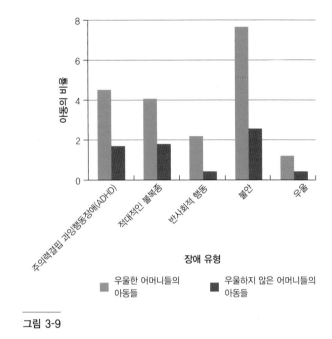

그림 3-9

으로 안정적인 표본을 대상으로 다시 연구를 실시할 필요가 있다.

"집중 연구"에서 다룬 연구 결과들은 산후 우울증을 가벼이 생각해서는 안 된다는 것을 보여 준다. 만약 출산 후의 우울증이 몇 주 후에도 좋아지지 않는다면 전문가의 도움을 받는 것이 필요하다. 훈련을 받은 건강관리 전문가들이 직접 가정을 방문하는 것도 도움이 될 수 있다(O'Hara & McCabe, 2013). 이때 건강관리 전문가들은 새로운 아기가 태어나면서 따라오게 되는 많은 변화들에 대해 어머니들이 잘 대처할 수 있도록 돕는다. 또한 그들은 돌봄과 세심한 경청을 통해 정서적인 지지를 제공한다. 필요에 따라 그들은 어머니들을 위해 지역사회의 다른 필요한 자원의 연계를 요청할 수도 있다. 마지막으로, 모유 수유는 산후 우울증의 위험을 감소시키는 한 가지 간단한 방법이다. 모유 수유를 하는 어머니들은 덜 우울해지는 경향이 있는데, 이는 모유 수유가 항우울 호르몬을 방출하기 때문일 것이다(Gagliardi, 2005).

분만 합병증

LO11 분만 중 일어날 수 있는 합병증에는 어떤 것들이 있는가?

건강한 여성이 임신한 경우에는 보통 정상적인 임신, 진통 및 분만의 과정을 겪는다. 그러나 여성이 건강하지 않거나 태내기에 적절한 보살핌을 받지 못했을 때 진통과 분만 과정 중에 문제가 생길 수 있다. 흔하게 나타나는 분만 합병증들이 〈표 3-4〉에 제시되어 있다.

이들 합병증 중 탯줄 탈출은 탯줄을 통과하는 혈액의 흐름을 방해하기 때문에 위험하다. **이로 인해 영아는 적절한 산소를 공급받지 못하는 저산소증(hypoxia)을 겪게 된다.** 종종 저산소증은 분만 과정에서 탯줄이 꼬이거나 조여져 혈액의 흐름이 중단되기 때문에 일어난다. 저산소증은 발달 장애나 사망을 초래할 수 있으므로 매우 심각하다(Hogan et al., 2006).

분만 도중의 저산소증을 방지하기 위해서 초음파나 혹은 미세한 전극을 질에 넣어 태아의 두피

표 3-4 흔한 분만 합병증	
합병증	특징
두개골반 불균형 (Cephalopelvic disproportion)	영아의 머리가 골반보다 커서 분만 통로를 통과할 수 없다.
역위(Irregular position)	견갑위 : 아기가 자궁 내에 가로로 놓여 있어 어깨가 먼저 보인다. 둔위 : 엉덩이나 발이 먼저 보인다.
자간전증(Preeclampsia)	임산부의 혈압이 높고, 소변에서 단백질이 검출되며, 사지가 붓는다.
탯줄 탈출 (Prolapsed umbilical cord)	탯줄이 태아보다 먼저 산도를 통해 나온다. 탯줄이 꼬여 아기에게 산소 공급이 차단된다.

에 붙임으로써 태아의 심박동수를 체크할 수 있다. 갑자기 심박동수가 변할 경우, 이는 태아가 충분한 산소를 공급받지 못한다는 것을 가리킨다. 만일 심박동수가 갑자기 변한다면, 의사는 산모의 복부에 청진기를 대 태아의 심박동수를 측정함으로써 태아가 위험한지를 알아보려고 할 것이다.

태아가 위험한 상태이거나 정상적인 위치에 있지 않을 때, 혹은 태아가 너무 커서 분만 통로를 빠져나오기 어려울 때 의사는 수술을 통해 자궁에서 태아를 꺼내기로 결정한다(American College of Obstetricians and Gynecologists, 2011a). **제왕 절개(cesarean section, C-section)는 복부를 절개해 자궁에서 아기를 꺼내는 것이다.** 제왕 절개는 자연 분만보다 출혈이 많고 감염의 위험이 커 임산부에게 더 위험하다. 간혹 수술 전 마취제로 인해 종종 아기가 잠시 무기력해지는 경우가 있으나, 제왕 절개가 아기에게 위험을 초래하는 일은 거의 없다. 또한 어머니와 아기의 상호작용 측면에서도 자연 분만으로 태어난 아기와 계획된 혹은 갑작스런 제왕 절개로 태어난 아기 간에 별다른 차이는 없다(Durik, Hyde, & Clark, 2000).

분만 합병증은 신생아의 건강에 위험할 뿐 아니라 장기적인 영향을 미친다. 아기들은 많은 분만 합병증을 경험할 때 이후 공격적 혹은 폭력적이 되거나 정신 질환을 가질 위험이 있다(예 : de Haan et al., 2006; Fazel et al., 2012). 이것은 특히 분만 합병증을 가진 신생아가 나중에 빈곤한 가정 환경을 경험하는 경우 더욱 그러하다. 한 연구(Arseneault et al., 2002)에서는 탯줄 탈출이나 자간전증과 같은 치명적인 분만 합병증을 경험한 남아가 그렇지 않은 남아에 비해 6세가 되었을 때 더욱 공격적이었으며, 17세가 되었을 때 더욱 폭력적이었다(예 : 패싸움에 가담하거나 무기를 소지함). 그러나 이것은 낮은 수입, 편부, 편모와 같은 불우한 가정 환경을 경험한 경우에만 그러하였다. 이러한 사실은 임신과 분만 기간 중 적절한 건강 관리를 받는 것과 함께 아동기의 지지적인 환경이 중요하다는 것을 보여 준다.

조산과 저체중 수정에서 분만까지의 정상적인 임신 기간은 38주이다. **조산아(premature infant)는 수정 후 35주 혹은 그 이전에 태어나는 경우이다. sfd 영아(small-for-date infant)는 임신 기간에 비해 훨씬 작은 경우를 말한다.** 때때로 이 두 경우가 함께 일어나기도 하지만 꼭 그런 것은 아니다. 다 그런 것은 아니나 어떤 sfd 영아는 조산아이다. 이와 반대로, 다 그런 것은 아니나 어떤 조산아는 sfd 영아이다. 다시 말해, 영아는 9개월을 다 채우고도 출생 시 신생아의 평균 체중인 3~3.5킬로그램보다 가벼울 수 있다. 따라서 이 아기는 sfd 영아이나 조산아는 아니다. 이와 유사하게 임신 7개월째에 1.3킬로그램(7개월 된 태아의 평균 체중)으로 태어난 아기는 조산아이다. 그러나 임신 7개월째에 평균 이하의 체중으로 태어난 아기는 조산아인 동시에 sfd 영아이다.

이 두 경우 중 조산아의 문제가 덜 심각하다. 조산아는 종종 임신 기간을 다 채운 정상 영아에 비해 첫해에는 많은 발달 영역에서 뒤처진다. 그러나 2, 3세가 되면 이러한 차이는 사라지고 대부분의 조산아들은 이후 정상적으로 발달한다(Greenberg & Crnic, 1988).

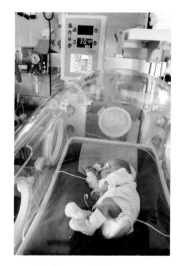

sfd 영아들은 종종 생존한다. 그러나 그들의 인지 및 운동 발달은 대개 뒤처진다.

그러나 사진에서와 같이 sfd 영아의 경우는 그다지 낙관적이지 않다. sfd 영아들은 대부분 임신 중 잦은 흡연이나 알코올을 섭취한 경우, 혹은 충분한 영양 섭취를 하지 못한 여성에게서 태어난 다(Chomitz, Cheung, & Lieberman, 1995). 출생 시 체중이 1,500그램 미만인 아기들은 생존 가능성이 낮다. 이들이 생존할 경우 대개 인지 및 운동 발달의 지체가 나타난다(Kavsek & Bornstein, 2010).

sfd 영아들 중 체중이 1,500그램 이상인 경우 적절한 보살핌을 받게 되면 결과는 보다 희망적이다. 앞의 사진 속의 영아처럼 sfd 영아는 온도와 공기를 조절할 수 있도록 특별히 고안된 밀폐형 침대에서 지낸다. 이 밀폐형 침대는 환경적인 자극들을 허용하지 않기 때문에 영아는 격리된 상태로 있게 된다. 따라서 영아는 종종 부드러운 음악이나 어머니의 음성이 녹음된 테이프와 같은 청각적 자극을 받거나, 침대 위에 걸린 모빌을 보며 시각적 자극을 받는다. 또한 영아는 매일 여러 번 '마사지'를 받음으로써 촉각적인 자극을 받는다. 이러한 자극들은 sfd 영아들의 신체적, 인지적 발달을 촉진한다(Field, Diego, & Hernandez-Reif, 2010).

이러한 특별한 보살핌은 영아가 병원을 떠나 가정으로 돌아간 후에도 지속되어야 한다. 그러므로 sfd 영아들을 위한 중재는 보통 이들의 부모들을 훈련하기 위해 고안된 프로그램을 포함하고 있다. 이러한 프로그램을 통해 부모는 자녀의 행동에 대해 적절하게 반응하는 법을 배운다. 예를 들어, 부모들은 아기가 위험한 상태이거나, 지나치게 흥분을 하거나, 혹은 상호작용할 준비가 된 것을 가리키는 신호를 배운다. 또한 부모들은 아기의 발달을 조장하기 위해 활용할 수 있는 게임과 활동을 배운다. 뿐만 아니라 자녀들을 교과 과정과 부모 훈련이 잘 구성되어 있는 육아 센터에 등록시킬 수도 있다. 이러한 세심한 보살핌은 저체중아의 발달을 촉진시킨다. 때때로 적절한 보살핌을 받은 저체중아들은 정상 체중 영아들의 인지 발달 수준을 따라잡기도 한다(Hill, Brooks-Gunn, & Waldfogel, 2003).

장기적으로 볼 때, 이러한 영아들의 발달은 결정적으로 지지적이고 적절한 자극을 제공하는 가정 환경에 의해 좌우된다. 불행하게도 모든 아기들이 이러한 최적의 경험을 하는 것은 아니다. 많은 아기들이 가정 생활에서 스트레스나 혼란을 경험하며, 이들 대부분이 발달에 영향을 받는다(Poehlmann et al., 2011). 1995년 하와이의 섬 카우아이(Kauai)에서 태어난 아동들에 대한 종단 연구는 지지적인 환경의 중요성을 극적으로 보여 준다(Werner & Smith, 2001). 연구 결과, 안정적인 가정에서 양육된 저체중아들은 정상아들과 별반 다르지 않았다(여기서 '안정적인 가정 환경'이란 아동기에 2명의 지지적이고 정신적으로 건강한 부모가 있는 환경으로 정의한다). 그러나 저체중아들이 이혼, 부모의 알코올 중독, 혹은 정신 질환 등의 불안정한 가정 환경에 처하게 되면 이들의 인지적 및 사회적 발달은 또래에 비해 뒤처지게 된다.

위의 하와이 연구는 이 장에서 여러 번 다뤘던 요점을 강조한다. 발달은 임신한 여성이 적절한 산전 관리를 받고, 아동들이 지지적인 환경에서 살 때 가장 잘 이루어진다. "문화적 영향"에서는 세계의 영아 사망률을 살펴봄으로써 이러한 주장을 다시 확인할 것이다.

문화적 영향

영아 사망률

만약 당신이 신생아의 부모이며, 아프가니스탄 시민이라면, 당신의 아기가 첫돌 이전에 사망할 확률은 6명 중 1명꼴이 될 것이다. 전 세계적으로 아프가니스탄은 가장 높은 영아 사망률(infant mortality)을 나타낸다. 영아 사망률은 첫돌 이전에 사망하는 영아들의 퍼센트로 정의된다. 이와 대조적으로, 만약 당신이 체코 공화국, 아이슬란드, 핀란드 혹은 일본 시민이라면, 당신의 아기가 첫돌 이전에 사망할 가능성은 300명 중 1명꼴보다 작아진다. 왜냐하면 이 나라들은 영아 사망률이 가장 낮은 나라들이기 때문이다.

〈그림 3-10〉의 그래프는 세계 15개의 개발도상국들과 15개의 선진국들의 영아 사망률 수치를 보여준다. 선진국들에 비해 개발도상국들에서 영아에 대한 위험은 평균 약 20배 정도 더 높은 것으로 나타났다(Central Intelligence Agency, 2013). 실제로 이 두 집단 간의 차이는 매우 커서 각 집단의 그래프는 각기 다른 눈금자를 사용해 그려야 한다.

만일 당신이 미국인이라면, 미국이 선진국들 명단의 거의 맨 아래에 자리하고 있는 것을 보고 놀랄지 모른다. 그 차이는 크지 않다. 그러나 만일 미국의 영아 사망률이 유럽 국가들의 평균치인 4%로 감소한다면, 이것은 매년 첫돌 이전에 사망하는 8,000명의 미국 아기들이 살 수 있음을 의미한다.

영아 사망률에서 이러한 차이들은 무엇을 설명하는가? 미국 영아들의 경우, 출생 시 낮은 체중은 중요한 문제이다. 미국은 거의 모든 선진국보다 저체중아들이 많다. 그리고 우리는 앞서 저체중이 영아를 위험에 처하게 한다는 사실을 살펴보았다. 저체중의 문제는 대개 임산부가 규칙적인 산전 관리를 받을 때 막을 수 있다. 그러나 미국의 많은 임산부들은 건강 보험이 없기 때문에 적절하지 않은 산전 관리를 받고 있거나, 혹은 아예 그마저도 받지 못하고 있다(Cohen, Martinez, & Ward, 2010). 그림에서 미국보다 위에 자리하고 있는 거의 모든 국가들은 적은 비용으로 또는 무료로 필요한 산전 관리를 제공하고 있다. 또한 이들 중 많은 나라들은 임산부를 위해 유급 휴가를 제공한다(OECD, 2006).

개발도상국들에서 적절하지 않은 산전 관리는 흔히 찾아볼 수 있으며, 임산부들은 종종 충분하지 않은 영양 상태를 보인다. 출생 후 개발도상국들의 영아들에게 충분한 영양 공급을 받는 것과 질병을 피하는 것은 쉽지 않은 일이다. 그러나 산전 관리 및 영아를 위한 영양 공급이 개선됨에 따라 세계의 영아 사망률은 1990년 이래 절반으로 감소했다(UNICEF, 2007). 이러한 개선의 노력이 계속될 때, 전 세계

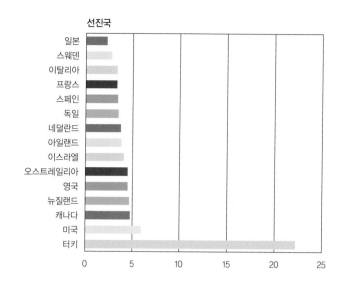

선진국

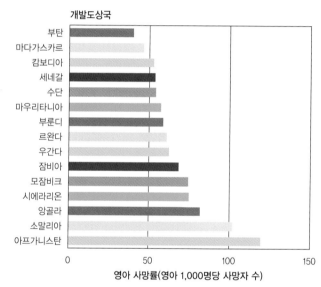

개발도상국

영아 사망률(영아 1,000명당 사망자 수)

그림 3-10

영아들의 주요 도전들은 단순한 생존의 문제가 아닌 걷기, 말하기, 그리고 부모와의 유대 맺기가 될 것이다.

 학습 확인

점검 분만의 세 단계는 무엇인가? 각 단계의 가장 중요한 점들은 무엇인가?

분만을 준비하는 다양한 방식의 주요 특징들을 설명하시오.

이해 위험한 상태에 있는 어떤 신생아들은 정상적인 발달을 하는 반면, 어떤 신생아들은 정상적인 발달을 하지 못한다. 왜 그런지 설명하여 보시오.

적용 린은 첫아이를 임신했고 집에서 출산을 하고 싶어 한다. 그녀의 남편은 이것이 너무 위험하다고 주장해 반대한다. 당신은 그들에게 어떤 조언을 해 줄 것인가?

3.4 신생아기

학습 목표

LO12 신생아가 건강한지 혹은 자궁 밖의 생활에 잘 적응하고 있는지 어떻게 알 수 있는가?

LO13 반사 작용들은 어떻게 신생아가 외부 세계와 상호작용하는 것을 돕는가?

LO14 신생아에게서 관찰되는 행동들에는 어떤 것들이 있는가?

LO15 신생아들은 외부 세계를 얼마나 잘 경험할 수 있는가? 그들은 어떻게 경험을 통해 배우는가?

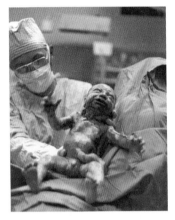

이 신생아—내 아들 벤—는 태아 지방으로 덮여 있고, 안짱 다리이며, 머리는 분만 통로를 빠져나오느라 비뚤어져 있다.

리사와 매트는 그들의 삶이 태어난 지 10일 된 한나를 먹이고 재우는 일 중심으로 돌아가는 것에 당황했다. 리사는 마치 자신이 24시간 내내 한나를 먹이고 있는 것처럼 느꼈다. 한나가 낮잠을 잘 때, 리사는 해야 할 일들을 하려고 했지만 너무 피곤해서 같이 잠이 들곤 했다. 매트는 한나가 언제쯤에야 밤에 깨지 않고 잠을 자서 자신과 리사가 푹 잘 수 있을지 궁금했다.

신생아들은 내 아들 벤의 사진처럼 사실 조금 못생겼다. 이 사진은 그가 태어난 지 20초가 되었을 때 찍은 것이다. 다른 신생아들과 마찬가지로, 벤은 피와 태지(vernix)로 덮여 있었다. 이러한 태지는 태내 발달의 여러 달 동안 태아의 피부를 보호하는 흰색의 '지방(grease)'이다. 그의 머리는 산도를 통과하면서 일시적으로 찌그러져 있으며, 그는 배불뚝이에다가 안짱다리이다. 그러나 우리는 그를 아름답다고 생각하고 그가 태어난 것에 기뻐한다.

한나와 벤과 같은 신생아들은 무엇을 할 수 있는가? 이 절에서는 이러한 질문에 대한 답을 다루게 될 것이다.

신생아 검사

LO12 신생아가 건강한지 혹은 자궁 밖의 생활에 잘 적응하고 있는지 어떻게 알 수 있는가?

한 산모가 자신의 신생아가 건강한지 묻는다고 상상해 보자. 당신은 어떻게 결정할 것인가? **이때 신생아의 상태를 평가하기 위해 버지니아 아프가(Virginia Apgar)가 고안해 낸 검사 도구인 아프가 점수(Apgar score)가 사용된다.** 의사들은 신생아의 호흡, 심장 박동, 근육 상태, 반사의 유무(예 : 기침), 피부색을 포함하여 생명 유지에 필요한 5개의 신호를 검사한다. 〈표 3-5〉에서 볼 수 있듯이, 이러한 5개의 신호 각각에 대해 0, 1, 혹은 최적일 경우 2점을 받는다.

이 5개의 점수를 모두 더해 7점 이상이 될 경우, 신생아의 신체 상태가 양호함을 가리킨다. 4~6점은 신생아가 특별한 관심과 보살핌이 필요하다는 것을 알려 준다. 3점 이하일 경우에는 응급 의료 조치가 필요한 생명이 위험한 상황임을 알려 준다(Apgar, 1953).

아프가 점수는 생명 유지에 필요한 신체 시스템에 초점을 둠으로써 신생아의 상태에 대해 신

표 3-5 다섯 개의 아프가 점수 평가 신호

점수	활동	맥박	자극에 대한 반응	피부색	호흡
2	사지를 활발하게 움직인다.	1분당 100회 이상	세차게 운다.	전체적으로 정상 피부색	강한 호흡과 울음
1	사지를 약간 움직인다.	1분당 100회 미만	얼굴을 찌푸리거나 운다.	사지를 제외하고는 정상 피부색	느리고 불규칙한 호흡
0	아무런 움직임이 없다. 근육이 축 늘어진다.	맥박 없음	반응하지 않는다.	전체적으로 푸른 회색이며 창백함	호흡 없음

속하고 대략적인 평가를 내릴 수 있도록 한다. 한편 신생아의 건강에 대한 광범위한 평가를 위해 소아과 의사들과 아동 발달 전문가들은 신생아 행동 검사(Neonatal Behavioral Assessment Scale, NBAS)를 사용한다(Brazelton & Nugent, 1995). NBAS는 신생아에서 생후 2개월까지 아기의 행동 목록이 상세히 나와 있다. 이 척도는 18개의 반사를 검사하는 항목들과 28개의 행동 항목들로 되어 있다. 아기의 수행에 대해 다음 네 가지 시스템의 기능을 평가한다.

- **자율 신경** : 호흡, 체온 조절과 같은 신체 기능을 통제하는 신생아의 능력
- **운동 신경** : 신체 움직임과 활동 수준을 통제하는 신생아의 능력
- **상태** : 특정 상태를 유지하는 신생아의 능력(예 : 깨어 있는 혹은 잠든)
- **사회성** : 사람들과 상호작용하는 신생아의 능력

NBAS는 신생아를 환경과 상호작용할 수 있도록 잘 준비되어 있는 매우 유능한 존재로 보는 관점에 기초한다. 따라서 검사자들은 아기가 최상의 수행을 할 수 있도록 노력한다. 그들은 검사 중 아기가 편안하고 안전하게 느끼도록 하기 위해 최선을 다한다. 또한 만약 영아가 처음 어떤 항목에서 성공하지 못할 경우, 검사자는 약간의 도움을 제공한다(Alberts, 2005).

NBAS는 의사들이 아기 개개인의 건강을 평가하는 데 유용할 뿐 아니라, 연구자들이 사용할 수 있는 유용한 도구임이 밝혀졌다. 때때로 NBAS 수행 점수는 종속 변인으로 사용된다. 예를 들어, 기형 발생 물질과 연관된 피해는 NBAS에서의 낮은 점수로 측정되었다(예 : Engel et al., 2009). 또한 연구자들은 NBAS 점수를 이후 발달을 예측하는 데 사용하기도 한다(예 : Stjernqvist, 2009).

신생아의 반사

LO13 반사 작용들은 어떻게 신생아가 외부 세계와 상호작용하는 것을 돕는가?

많은 아동 발달 연구자들은 신생아가 외부 세계와 상호작용을 시작할 수 있도록 잘 준비되었다는 관점에 동의한다. **이러한 관점에서 볼 때 신생아의 다양한 반사(reflexes)는 매우 중요하다. 반사는 특정 자극 유형에 의해 촉발되는 반응으로 학습된 것이 아니다.** 〈표 3-6〉에는 신생아에게서 흔히 발견되는 많은 반사들이 나와 있다.

어떤 반사들은 신생아가 성장하는 데 필요한 영양분을 섭취할 수 있도록 도움을 준다. 근원 반사와 빨기 반사는 신생아가 생명을 유지하기 위해 모유라는 새로운 음식을 시작할 준비가 되었다는

표 3-6 신생아에게서 발견되는 주요 반사들

명칭	반응	중요성
바빈스키(Babinski)	발바닥을 발꿈치에서 발가락 쪽으로 만지면 발가락을 부챗살처럼 폄	알려지지 않음
깜빡이기(Blink)	밝은 빛이나 큰 소리에 눈을 감음	눈을 보호함
모로(Moro)	큰 소리가 나거나 머리를 아래로 향하게 하면 팔을 뻗은 다음 포옹하듯이 안쪽으로 구부림	어머니에게 매달리는 것을 도움
손바닥 쥐기(Palmar)	손바닥에 놓인 물체를 쥠	자발적인 잡기의 전조
근원(Rooting)	한쪽 뺨을 만지면 고개를 그쪽으로 돌리며 입을 벌림	젖꼭지 찾는 것을 도움
걸음마(Stepping)	성인이 아기를 곧추 세워 앞으로 움직이면 발을 내딛기 시작함	자발적인 걷기의 전조
빨기(Sucking)	입에 들어온 사물을 빪	젖을 빠는 것을 도움
움츠리기(Withdrawal)	핀으로 발바닥을 찌르면 발을 움츠림	불쾌한 자극으로부터의 보호

것을 분명히 보여 준다. 또 어떤 반사들은 신생아를 환경의 위험으로부터 보호한다. 예를 들어, 눈 깜빡이기 반사와 움츠리기 반사는 신생아가 불쾌한 자극을 피할 수 있도록 돕는다. 그러나 다른 반사들은 자발적인 운동 활동 패턴의 기초가 된다. 예를 들어, 걸음마 반사는 걷기의 전조인 것처럼 보인다.

반사는 신생아의 신경계가 제대로 작동하는지를 나타낸다. 예를 들어, 척수의 좌골 신경이 손상된 영아는 움츠리기 반사를 보이지 않으며, 척추 하부에 문제가 있는 영아는 바빈스키 반사를 보이지 않는다. 만일 특정 반사가 약하거나 나타나지 않는다면, 면밀한 신체 및 행동 검사가 필요하다 (Falk & Bornstein, 2005).

신생아의 상태

LO14 신생아에게서 관찰되는 행동들에는 어떤 것들이 있는가?

신생아는 다음 네 가지 상태를 번갈아 경험하며 하루 대부분의 시간을 보낸다(St. James-Roberts & Plewis, 1996; Wolff, 1987).

- **경계 비활동** : 아기는 눈을 뜨고 있으며 주의를 기울이고 있다. 아기는 마치 주변 환경을 살피고 있는 것처럼 보인다.
- **각성 활동** : 아기는 눈을 뜨고 있으나 초점이 없는 것처럼 보인다. 아기는 갑자기 팔이나 다리의 협응되지 않은 움직임을 보인다.
- **울음** : 아기는 힘차게 운다. 이때 대개 흥분된, 협응되지 않은 움직임을 보인다.
- **수면** : 아기는 눈을 감고 있으며, 규칙적으로 숨 쉬면서 움직이지 않는 시기와 불규칙하게 숨 쉬면서 부드럽게 팔다리를 움직이는 시기가 반복된다.

연구자들은 특히 울음과 수면에 관심을 기울여 왔다. 왜냐하면 부모들은 왜 아기들이 우는지, 어떻게 그들을 달랠 수 있는지 알고 싶어 하며, 또한 아기들은 잠자는 상태로 많은 시간을 보내기 때문이다.

울음 신생아들은 매일 2~3시간꼴로 운다. 만일 신생아들 주변에서 많은 시간을 보내지 않았다면, 모든 울음이 다 비슷하다고 생각할지 모른다. 실제로 신생아들이 우는 이유는 다 다르며, 울음소리 또한 다 다르다. 과학자들과 부모들은 각각 구별된 울음의 세 가지 유형을 식별할 수 있다(Snow, 1998). **기본적인 울음**(basic cry)은 부드럽게 시작하여 점점 강렬해지며, 보통 아기가 배가 고프거나 피곤할 때 일어난다. **화가 난 울음**(mad cry)은 기본적인 울음의 더욱 강렬한 형태이고, **고통스러운 울음** (pain cry)은 갑자기 시작되는 긴 울음으로 중도에 쉬거나 숨이 막히기도 한다.

부모들은 자연히 아기가 울 때 걱정스러워진다. 만약 우는 아기를 진정시키지 못할 경우 부모는 더욱 걱정스러워지며, 쉽게 좌절하거나 짜증이 날 수 있다. 따라서 부모들은 아기를 달래기 위해 여러 방법을 고안해 낸다. 서양의 많은 부모들은 아기를 어깨에 태우고 걸어 다니거나, 아기를 가볍게 좌우로 흔든다. 또한 자장가를 불러 주거나, 아기의 등을 토닥여 주거나, 젖꼭지를 물리기도 한다. 또 다른 방법은 아기를 카시트에 태우고 운전을 하는 것이다. 나도 마지막 수단으로 새벽 2시에 생후 10일 된 아들 벤을 태우고 운전했던 적이 있다. 그 블록을 12번째 돌았을 때, 벤은 마침내 울기를 멈추고 잠이 들었다!

또 다른 유용한 방법은 영아를 담요로 꼭 싸는 것(swaddling)이다. 사진에서처럼 이 방법은 아시아의 여러 나라들뿐 아니라 터키와 페루를 포함하여 세계의 많은 문화권에서 사용된다. 이러한 방법은 대개 아기를 진정시키는 데 도움이 되는 따뜻함과 촉각적인 자극을 제공한다(Delaney, 2000).

Q&A

질문 3.4

메리는 4개월 된 아들이 울 때, 즉시 달려가 달래기 위해 가능한 모든 일을 한다. 이것이 좋은 방법인가?

부모들은 때때로 우는 아기에게 반응을 보이면 아기가 자꾸 울까 봐 아기에게 반응하기를 꺼린다. 그러나 도움을 요청하는 것 같은 아기의 울음을 들을 때 그것을 무시해서는 안 된다. 부모는 우는 아기에게 반응을 보여야 하는가? 아기가 생후 3개월이 되기까지는 '그렇다.' 그러나 더 나이가 많은 아기의 부모들은 왜 아기가 우는지 그리고 울음의 강도는 어떤지를 고려해야 한다(St. James-Roberts, 2007). 생후 3개월이 지난 아기가 밤에 잠에서 깨어 조용히 울 때, 부모는 아기에게 반응을 보이기 전에 아기 스스로 진정될 수 있는 기회를 주기 위해 기다려야 한다. 물론 만약 아기의 침실에서 큰 소리가 나고 바로 아기의 화가 난 울음이 들릴 경우 부모는 즉각 반응해야 한다. 부모는 울음이 실제로 신생아가 다른 사람들과 의사소통하려는 첫 시도라는 사실을 기억해야 한다. 부모는 영아가 무엇을 말하려고 하는지를 알아내어 신속한 반응을 해야 할지, 혹은 아기 스스로 진정하도록 내버려 둘지를 결정해야 한다.

수면 수면은 신생아가 다른 무엇보다도 많이 하는 행동이다. 신생아는 매일 16~18시간을 잔다. 신생아들은 보통 대략 4시간마다 자고 깨는 주기를 반복한다. 즉 신생아는 약 1시간 동안 깨어 있고 3시간 동안 잠을 잔 다음, 다시 1시간 동안 깨어 있는 주기를 다시 시작한다. 신생아는 깨어 있는 동안 규칙적으로 여러 각성 상태들을 경험한다. 즉 신생아는 깨어 있는 동안 경계 비활동, 각성 활동, 그리고 울음의 주기를 거친다.

시간이 지나면서 자고 깨는 주기는 점차 밤낮의 주기와 일치하기 시작한다(St. James-Roberts & Plewis, 1996). 대다수의 아기들은 약 3, 4개월이 되면 밤에 깨지 않고 자기 시작한다. 이는 리사와 매트처럼 피곤한 부모들에게는 중요한 사건이다.

생후 6개월까지 대부분의 북미의 영아들은 자신의 방의 아기 침대에서 잠을 잔다. 이러한 관습은 북미의 부모들에게는 자연스러워 보일지 모르지만, 세계 많은 나라들의 아기들은 영아기와 유아기 동안 부모와 함께 잠을 잔다. 이와 같이 부모와 자녀가 함께 자는 것은 사람들이 그들 스스로를 독립적인 개인이라기보다 집단의 일부로 정의하는 문화에서 흔히 발견된다. 그러한 상호의존성을 가치 있게 생각하는 문화권—이집트, 이탈리아, 일본, 한국, 말레이시아, 과테말라의 마야, 그리고 캐나다의 이누이트족—의 부모들에게 부모와 자녀가 함께 자는 것은 부모-자녀의 유대를 구축하는 중요한 단계이다. 이는 혼자 자는 것이 자립심을 가치 있게 여기는 문화권에서 독립을 향한 중요한 단계인 것과 마찬가지이다(Nelson, Schiefenhoevel, & Haimerl, 2000; Tan, 2009; Worthman & Brown, 2007).

부모와 아이가 함께 자는 것은 어떤 식으로 일어나는가? 아기들은 아마도 부모의 침대 옆에 위치한 아기 침대에서 자거나, 혹은 부모의 침대 안에 있는 바구니에서 잔다. 그들이 자라게 되면 어머니와 함께 한 침대에서 잔다. 문화에 따라 아버지는 사진에서와 같이 같은 침대에서 자거나, 같은 방의 다른 침대에서 자거나, 다른 방에서 잘 수도 있으며, 아예 다른 집에서 잘 수도 있다!

부모와 아기가 함께 자는 것이 자녀들을 부모에게 더 의존적으로 만들거나, 혹은 다른 행동적 문제들을 야기한다고 생각할지 모른다. 그러나 연구들에 따르면 이것에 대한 증거는 어디에도 없다(Barajas et al., 2011; Okami, Weisner, & Olmstead, 2002). 게다가 부모와 아기가 함께 자는 것은 어린 아동들로 하여금 자기 방에서 혼자 자도록 하기 위해 종종 사용되는 길고 세세한 절차

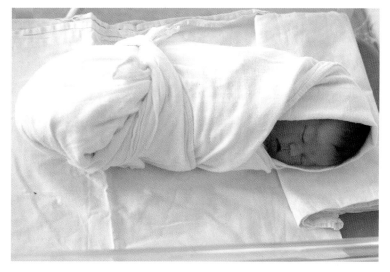

영아를 담요로 꼭 싸는 것은 화가 난 아기를 달래는 효과적인 방법이다.

영아와 어린 아동들이 그들의 부모들과 함께 자는 것은 전 세계적으로 많은 나라에서 흔한 일이다.

들을 피할 수 있는 이점이 있다. 부모와 아동이 함께 잘 경우, 부모와 아동은 갈등 없이 그저 함께 잠자리에 든다.

잠을 자는 동안 아기들은 두 가지 유형의 수면을 번갈아 하게 된다. **빠른 안구 운동 수면**(rapid-eye-movement (REM) sleep) 중 아기들은 그들의 팔과 다리를 움직이며, 얼굴을 찡그리거나, 눈꺼풀 아래에서 눈동자들이 빠르게 움직인다. 뇌파는 빠른 움직임을 보이고, 심장 박동과 호흡도 빠르다. 반면, **비-REM 수면**(non-REM sleep) 동안에는 호흡, 심장 박동, 뇌의 활동이 고르게 나타나며, **REM 수면에서 나타나는 근육 경련을 보이지 않는다.** 신생아들의 경우, REM 수면과 비-REM 수면을 보이는 시간의 양은 대략 같다. REM 수면은 영아가 자라면서 덜 빈번하게 나타난다. 1세경 REM 수면은 약 33%로 감소하여 성인의 평균인 20%와 비슷해진다 (Lushington et al., 2013).

REM 수면의 기능에 대해서는 아직까지 많은 논란이 있다. 나이가 많은 아동들과 성인들은 REM 수면에서 꿈을 꾸며, REM 수면 시의 뇌파는 깨어 있는 때의 뇌파와 비슷하다. 따라서 많은 과학자들은 REM 수면이 뇌를 자극하여 신경계의 성장을 촉진하는 데 도움을 준다고 믿는다 (Halpern et al., 1995; Roffwarg, Muzio, & Dement, 1966).

영아 돌연사 증후군 영아 돌연사 증후군(sudden infant death syndrome, SIDS)은 **건강한 아기가 갑자기 명백한 이유 없이 사망하는 것이다.** 미국 아기 1,000명 중 약 1~3명이 SIDS로 사망한다. 이 아기들 대부분은 생후 2~4개월 된 영아들이다.

과학자들은 SIDS의 정확한 원인을 밝혀내지는 못했다. 그러나 한 가지 가설은 생후 2~4개월 된 영아들이 특히 SIDS에 취약한데, 이는 많은 신생아기의 반사 작용들이 이 기간 동안 약해지기 때문에 영아들이 숨쉬기가 어려워질 때 효과적으로 반응하지 못할 수 있기 때문이다. 영아들은 그들을 질식시키는 담요나 베개로부터 머리를 반사적으로 움직이지 못할 수 있다(Lipsitt, 2003).

연구자들은 또한 SIDS와 관련이 있는 몇 가지 위험 요인들을 밝혀냈다(Carpenter et al., 2013; Sahni, Fifer, & Myers, 2007). 조산아 혹은 저체중아로 출생한 경우 SIDS의 위험은 높아진다. 또한 아기의 부모가 흡연을 할 경우 SIDS의 위험이 증가한다. SIDS는 아기가 바로 누워 잘 때보다 엎드려서 잘 때 일어나기 쉽다. 마지막으로, SIDS는 아기가 너무 많은 담요와 너무 두터운 잠옷으로 체온이 오르기 쉬운 겨울에 더 많이 일어난다(Carroll & Loughlin, 1994). 분명 SIDS 영아들 중 많은 경우가 조산아이거나 지체중아이며, 흡연, 일시적인 호흡 중단, 혹은 체온 증가로 인한 생리적 스트레스와 불균형을 견디는 능력이 떨어진다(Simpson, 2001).

SIDS의 원인에 관한 증거들이 쌓여 감에 따라 아동 옹호자들은 영아 돌연사 문제에 대한 캠페인을 시작했다. 그 결과는 "아동 발달과 가족 정책"에 나와 있다.

아동 발달과 가족 정책

안전하게 재우기

영아가 엎드려 자는 경우 SIDS가 더 자주 발생한다는 증거들에 기초하여 1992년 AAP (American Academy of Pediatrics)는 부모들에게 아기를 바로 눕히거나 옆으로 뉘여 재우도록 알리기 시작하였다. 1994년 AAP는 미국 공중 위생국(U.S. Public Health Service)과 함께 SIDS의 위험성과 아기를 바로 뉘여 재우는 것의 중요성을 부모에게 교육하는 국가 차원의 프로그램에 착수하였다. '바로 뉘여 재우기(Back to Sleep)' 캠페인은 소책자, 〈그림 3-11〉의 포스터, 비디오 등을 통해 널리 알려졌다. 이 캠페인이 시작된 이래 SIDS의 발생은 절반으로 줄었으나, SIDS는 여전히 생후 1~12개월의 영아들의 가장 중요한 사망 원인으로 남아 있다(Trachtenberg et al., 2012). 따라서 21세기에 들어서면서 미국 국립 보건원(National Institutes of Health, NIH)은 SIDS가 더 흔하게 발생하는 아프리카계 미국인들과 미국 원주민들을 포함한 집단들에 초점을 맞췄다. NIH는 '바로 뉘여 재우기'를 문화적으로 적절한 방식으로 아프리카계 미국인 지역사회에 홍보하기 위한 방법들을 개발했다(NICHD, 2004). 또한 NIH는 간호사들과 약사들을 위한 교육 프로그램들을 개발했다. 2012년 이 캠페인은 '안전하게 재우기'라는 이름이 붙여졌으며, 영아들을 안전하게 재울 수 있도록 하기 위한 부가적인 권고 사항들이 포함되었다. 이러한 정책들을 통해 NIH가 부모들 및 영아들을 돌보는 사람들에게 전달하고자 희망하는 내용은 다음과 같다. '안전하게 재우기'의 비결은 영아를 흡연으로부터 멀리하는 것, 너무 푹신하지 않은 단단한 매트리스에 바로 뉘여 재우는 것, 그리고 옷을 너무 많이 입히거나 담요로 너무 꼭 싸지 않도록 하는 것이다.

그림 3-11

출처 : Courtesy of the National Institute of Health.

신생아의 지각과 학습

LO15 신생아들은 외부 세계를 얼마나 잘 경험할 수 있는가? 그들은 어떻게 경험을 통해 배우는가?

당신은 신생아에게 말을 하고 폭신한 작은 장난감을 주는 것이 중요하다고 믿는가? 신생아의 방은 환하고 여러 가지 색으로 꾸며져야 하는가? 만약 그렇다면 당신은 신생아들에 대해 다음 두 가지 사항을 믿는 것이다. 첫째, 신생아는 자신의 경험을 지각할 수 있다. 즉 신생아는 보고, 냄새 맡고, 듣고, 맛을 보며, 느낄 수 있다. 둘째, 감각 경험들은 학습과 기억을 통해 신생아에게 인식된다. 만일 경험들이 인식되지 않는다면 이러한 경험들은 이후 행동에 영향을 미칠 수 없기 때문이다. 많은 연구들은 이러한 믿음을 지지하고 있다. 모든 기초 지각 시스템들은 출생 시 이미 작동하고 있다. 신생아는 자궁 밖의 세계를 보고, 냄새 맡고, 듣고, 맛보고, 느낄 수 있다(Cohen & Cashon, 2003; Slater et al., 2010). 더욱이 신생아는 학습하고 기억하는 능력을 가지고 있다. 신생아는 자신의 경험에 기초하여 자신의 행동을 변화시킨다(Rovee-Collier & Barr, 2010).

우리는 이러한 지각의 변화들에 대해 제5장에서 상세히 논의할 것이며, 학습과 기억은 제7장에서 다루게 될 것이다. 이 절에서 기억해야 할 것은 신생아들이 외부 세계와 상호작용하기 위한 준비가 매우 잘되어 있다는 사실이다. 신생아의 반사는 지각 및 학습 기술과 함께 이후 아동 발달의 견고한 기초를 제공한다.

 학습 확인

점검 반사의 다양한 기능은 무엇인가?

영아 행동의 네 가지 주요 상태에 대해 기술하시오.

이해 갓 태어난 아기의 상태를 측정하는 아프가 검사와 신생아 행동 검사(NBAS)를 비교하시오.

적용 영아 돌연사 증후군(SIDS)에 대해 걱정하는 2개월 된 아기의 부모에게 당신은 무엇을 권고할 것인가?

 주제 통합하기 **연속성**

이 장은 완벽하지는 않지만 **초기 발달이 이후의 발달과 연관이 있다**는 주제를 강조한다. 하와이 연구를 기억하는가? 이 연구는 위험한 상태의 영아들에 대한 결과가 한결같지 않다는 것을 보여 준다. 위험한 상태의 영아들이 지지적이며 안정적인 환경에 있을 때 정상적인 아동으로 성장한다. 그러나 그들이 스트레스가 많은 환경에 노출되어 성장할 때 인지적, 사회적으로 뒤떨어지게 된다. 이와 유사하게, 영아 돌연사 증후군(SIDS)은 조산아, 저체중아로 태어난 아기들에게 더 영향을 미치는 경향이 있으나 이러한 아기들이 모두 SIDS로 사망하는 것은 아니다. 조산이나 저체중 아기가 바로 누워 자고, 지나치게 더운 환경을 피하고, 담배 연기를 마시지 않는다면, 그들이 SIDS로 사망할 확률은 거의 없다. 조산이나 저체중 출산과 같은 초기 발달의 트라우마적 사건들로 아동의 미래의 삶을 확정 지을 수는 없다. 하지만 그들만의 독특한 발달 과정의 길을 걷게 될 가능성 또한 배제할 수 없다.

직접 해 보기

신생아의 기적을 말로 정확히 표현하기는 어렵다. 만약 신생아를 본 적이 없다면, 한 명 아니 가능한 많은 아기들을 봐야만 한다. 신생아실을 포함한 지역 병원의 산부인과 병동을 방문해 보라. 이 영아들은 더 이상 피나 태지로 덮여 있지 않을 것이다. 그러나 산도를 통과하는 과정에 의해 아기들의 머리가 종종 비뚤어져 있는 것을 볼 수 있을 것이다. 영아에게 나타나는 반사적인 행동과 변화를 관찰하라. 아기들이 손가락을 빠는 행동을 살펴보라. 초롱초롱한 눈을 하고 깨어 있는 아기들이 얼마나 오랫동안 그 상태를 유지하는지 지켜보고 시간이 지나 그 상태가 어떻게 변하는지 보라. 마지막으로 아기들이 서로 얼마나 다른 외모를 갖고 있는지, 얼마나 다른 행동을 보이는지 관찰하라. 인간이 보이는 놀라운 독특성과 다양성은 태어난 지 며칠 안 된, 아니 몇 시간 안 된 아기들에게서도 분명히 나타난다. 직접 확인해 보자!

요약

수정에서 출생까지

접합체기(1~2주)
태내 발달의 첫 번째 시기는 2주 동안 지속된다. 이 기간은 난자가 수정되었을 때 시작한다.

배아기(3~8주)
태내 발달의 두 번째 시기는 대부분의 주요 신체 구조들이 형성되었을 때이다.

태아기(9~38주)
태내 발달의 세 번째 시기에서 태아는 훨씬 더 커지고 신체의 구조는 기능할 준비를 한다.

태내 발달에 미치는 영향

일반적인 위험 요인들
임신한 여성이 유기체 발달을 위한 적절한 영양을 제공하지 못하거나 상당한 스트레스를 경험한다면 태내 발달은 원만하지 않을 수 있다. 예를 들어, 10대들이 임신했을 때 대부분의 경우 적절한 산전 관리를 받지 못하기 때문에 임신 중 문제가 종종 생긴다. 35세 이후의 여성은 난임의 확률이 높고 임신 중에 더 많은 어려움이 생길 수 있지만 산전 관리는 더욱 효율적으로 한다.

기형 발생 물질
기형 발생 물질은 비정상적인 태내 발달을 유발할 수 있는 물질이다. 몇몇의 질병 및 약 등은 기형 발생 물질에 속한다. 환경적 기형 발생 물질은 특히 위험한데, 임산부가 위험 물질의 존재를 인식하지 못할 수 있기 때문이다.

기형 발생 물질은 어떻게 태내 발달에 영향을 미치는가?
기형 발생 물질의 영향은 노출의 시간과 양뿐만 아니라 유기체의 유전 인자에 달려 있다. 기형 발생 물질의 영향은 인생 후반부까지 나타나지 않을 수 있다.

태내 진단과 치료
초음파 검사는 음파를 사용하여 태아의 위치, 성, 그리고 전반적인 신체적 기형의 모습을 만들어 낸다. 유전 질환이 의심되는 경우에, 양수천자나 융모막 융모 채취(CVS)를 통해 태아의 유전인자를 알아낼 수 있다. 태아 의학은 약, 수술, 또는 유전공학을 통해 태내의 문제들을 치료하는 분야이다.

해피 버스데이!

진통과 분만
진통은 세 단계로 구성된다. 1단계에서 자궁의 근육이 수축하여 자궁 경부가 확장된다. 2단계에서 아기는 분만 통로를 통해 이동한다. 3단계에서 태반이 방출된다.

분만의 다양한 방식
분만 준비에서, 임산부들은 분만 중 어떤 일이 일어나는지 이해하고 이완과 다른 지지적인 성인들의 도움을 받아 고통에 대처하는 방법을 배운다. 미국의 경우 대부분의 아기들은 병원에서 태어나지만, 임산부가 건강하며 분만에 별다른 문제가 없을 것으로 예상되고 훈련된 전문가가 있을 때에는 가정 분만을 고려할 수 있다.

'부모가 되는 것'에 적응하기
아기를 출산한 후, 여성의 몸은 신체적으로 변화한다. 부모 모두 심리적인 변화 또한 경험하며 남편은 소외감을 느낄 수 있다. 출산 후에 많은 여성들은 산후 우울증을 경험하는데, 짜증을 내고, 식욕 부진과 수면 장애를 경험하며 무기력감을 느낀다. 효과적인 양육을 방해하는 산후 우울증은 반드시 치료를 필요로 한다.

분만 합병증

진통과 분만 과정 중에 혈액의 흐름이 방해를 받아 산소 부족을 일으키는 저산소증이 발생할 수 있다. 만약 태아가 위험에 처하게 되면, 의사는 수술을 통해 자궁에서 아기를 꺼내는 제왕 절개를 실시할 수 있다. 분만 합병증은 아기들을 공격적으로 만들고 정신질환을 초래할 수 있다.

조산아는 처음에는 더 천천히 발달하지만, 몇 년 안에 정상적인 수준에 이를 수 있다. 1,500그램 미만의 sfd 영아들은 정상적으로 발달하지 못하는 경우가 대부분이다. 몸무게가 더 나가는 sfd 영아들의 경우 좋은 자극을 받고 스트레스가 없는 환경에 있을 때 정상적인 발달에 이를 수 있다.

세계의 많은 나라들은 적절한 산전 관리의 결여 및 출생 후 불균형적인 영양 섭취와 질병의 원인으로 인해 높은 영아 사망률을 보인다.

 ### 3.4 신생아기

신생아 검사

아프가 점수는 다섯 가지 중요한 신호를 통하여 신생아의 신체적 상태를 측정한다. 신생아 행동 검사는 아기들의 행동과 신체적인 상태를 평가한다.

신생아의 반사

어떤 반사들은 신생아가 자궁 밖의 환경에 적응하도록 돕고, 어떤 반사들은 신생아를 보호하고 또 다른 반사들은 차후 운동 활동의 기초가 된다.

신생아의 상태

신생아들은 비활동, 각성 활동, 울음, 수면, 이렇게 네 가지 상태를 경험하며 하루를 보낸다. 신생아의 울음은 기본적인 울음, 화가 난 울음, 그리고 고통스러운 울음을 포함한다.

신생아들은 매일 보통 하루 중 2/3를 자는 데 보내며 대략 4시간마다 자고 깨는 주기를 반복한다. 그들은 하루 중 절반의 시간을 REM 수면을 취하며 보내는데, 이를 통해 신경계 성장이 촉진된다는 연구도 있다.

몇몇 건강한 아기들은 영아 돌연사 증후군(SIDS)으로 사망한다. 조산아 혹은 저체중으로 출산한 경우, 엎드려서 자거나 지나치게 더운 환경이나 담배 연기에 노출되었을 때 영아 돌연사 증후군의 확률은 높아진다. 바로 눕혀 재우는 것의 중요성에 대한 교육을 통해 SIDS의 발생이 줄어들었다.

신생아의 지각과 학습

신생아는 뛰어난 지각 활동과 학습 능력을 통해 세상을 경험한다.

자기평가

1. 수정된 난자는 _____ 동안 자궁벽에 착상한다.
   a. 접합체기
   b. 태아기
   c. 배아기
2. 세포 분열은 _____에 시작한다.
   a. 배아기
   b. 접합체기
   c. 태아기
3. _____ 동안에 신체의 조직들이 더욱 커지고 신체적 시스템이 기능하기 시작한다.
   a. 배아기
   b. 태아기
   c. 접합체기
4. 태내 발달에 영향을 미치는 일반적인 위험 요인들은 불균형적인 영양, 스트레스 그리고 _____이다.
   a. 약물
   b. 기형 발생 물질
   c. 산모의 연령
5. 질병, 약물 그리고 _____은/는 일반적인 기형 발생 물질의 범주이다.
   a. 환경의 위험
   b. 스트레스
   c. 불균형적인 영양
6. 태아기 동안 기형 발생 물질에 대한 노출은 종종 _____의 결과를 낳는다.
   a. 신체 구조의 주요한 결함
   b. 수정된 난자의 자연적인 유산
   c. 적절하게 기능하지 못하는 신체 혹은 신체 시스템의 미미한 결함
7. _____는 태아의 성별과 쌍생아 임신의 존재를 확인하는 데 필요한 태아의 모습을 만들어 낸다.
   a. 초음파
   b. 융모막 융모 채취
   c. 양수천자

8. 다음 중 태아가 유전적 장애를 가졌는지 보기 위한 확인을 할 때 가장 도움이 안 되는 것은 무엇인가?

    a. 양수천자

    b. 초음파

    c. 융모막 융모 채취

9. 분만의 단계 중 첫 번째 단계는 보통 가장 길다. 아기는 _____ 단계에서 태어난다.

    a. 첫 번째 단계

    b. 두 번째 단계

    c. 세 번째 단계

10. 출산 준비는 교육, _____, 그리고 지지적인 성인의 존재를 포함한다.

    a. 기형 발생 물질

    b. 병원에서의 출산

    c. 진통을 이기는 자연스러운 방법들

11. 출산 후 지속적인 짜증, 낮은 자존감, 수면 장애로 고통받는 여성은 _____을 경험하고 있을 가능성이 크다.

    a. 산후 우울증

    b. 척추 피열

    c. 비REM 수면

12. 위험한 상태의 영아들이 _____ 경우 정상적으로 발달할 수 있다.

    a. 출생 시 몸무게가 1,500그램 미만일

    b. 지지적이고, 좋은 자극을 주는 환경에 있을

    c. 분만 합병증이 있을

13. _____는 다섯 가지 주요 신호를 사용하여 신생아의 상태를 빠르고 개략적으로 평가한다.

    a. 아프가 점수

    b. 신생아 행동 검사

    c. 양수천자

14. 다음 중 신생아들의 일반적인 상태가 아닌 것은 어느 것인가?

    a. 수면

    b. 경계 활동

    c. 울음

15. 영아 돌연사 증후군(SIDS)을 예방하기 위해 정부는 교육 프로그램들을 통해 _____의 중요성을 가르친다.

    a. 아기를 바로 재우는 것

    b. 아기가 수면 시 따뜻한 온도를 유지하는 것

    c. 부드러운 매트리스에서 자는 것

핵심 용어

성장과 건강

이 장의 절

간은 다른 동물에 비해 신체적으로 성숙하는 데 더 오랜 시간이 걸린다. 대략 인생의 20%에 해당하는 아동기와 청소년기를 거쳐 신체적으로 성장한다. 신체적 성숙을 향한 이러한 여정은 그 자체가 흥미로운 이야기이다. 더욱이 신체적 성장은 인지, 사회적 행동, 성격을 포함한 아동 발달의 다양한 측면에 중요한 영향을 미친다. 아동은 신체적으로 성장함에 따라 타인에게 덜 의존하게 되며, 성인이 아동을 대하는 방식이 달라질 뿐 아니라, 아동 자신이 스스로를 좀 더 성숙했다고 느끼게 된다. 아동의 신체적 성장에 대해 공부함으로써 이 책의 나머지 부분에서 다루게 될 발달의 다른 측면들을 더욱 잘 이해할 수 있게 될 것이다.

이 장에서는 아동이 어떻게 신체적으로 성장하는지를 배울 것이다. 4.1절에서는 신체적 성장의 다양한 양상과 개인차에 대해 살펴볼 것이다. 4.2절에서는 신체적 성장을 방해하는 문제들을 알아볼 것이며, 4.3절에서는 특히 뇌의 발달에 대해 살펴볼 것이다.

4.1 신체적 성장

학습 목표

개요

LO1 아동기 신체적 성장의 중요한 특징은 무엇인가? 그러한 특징은 아동마다 어떻게 다른가?

인간 성장의 특징

LO2 수면과 영양이 건강한 성장에 어떻게 기여하는가?

신체적 성장의 기제

LO3 사춘기에 따른 신체적 변화와 그 결과는 무엇인가?

청소년의 성장 급등과 사춘기

올해 피트는 15세가 되었으나 신체적으로는 10세 때와 별 차이가 없어 보인다. 그의 친구들 대부분은 지난해 키가 약 15센티미터 자라고 음경과 고환이 더 커졌으며 음모가 자랐다. 피트는 자신의 신체에 대해 부끄러워하며, 특히 탈의실에서는 자신이 성인들 사이에 끼어 있는 아이처럼 느껴졌다. 그는 '나는 왜 변하지 않을까?' 고민한다.

신체적 성장은 부모와 아동 모두 관심을 갖는 주제이다. 부모들은 아기의 몸무게와 키가 빨리 느는 것에 놀라워한다. 2세 아동들은 자랑스럽게 "나 이제 더 컸어요!"라고 말한다. 많은 청소년들은 드디어 부모보다 키가 더 커진 것에 대해 큰 만족감을 느낀다. 피트와 같은 청소년들은 성숙의 신체적 신호들을 기다리며 힘들게 10대를 보낸다.

이 절에서 우리는 신체적 성장과 다양한 성장 패턴의 몇 가지 기본적인 특징을 알아볼 것이다. 또한 성장을 맡고 있는 기제에 대해서도 살펴볼 것이다. 마지막으로, 매우 특별한 신체적 성장기인 사춘기에 대해 따로 살펴봄으로써 이 절을 마무리할 것이다.

인간 성장의 특징

LO1 아동기 신체적 성장의 중요한 특징은 무엇인가? 그러한 특징은 아동마다 어떻게 다른가?

성장 신체적 성장을 가장 확실하게 측정하는 방법 중 하나는 키와 몸무게의 변화를 보는 것이다. 〈그림 4-1〉은 출생에서 20세까지 아동의 키와 몸무게의 평균적인 변화를 보여 준다. 예를 들면, 출생에서 2세까지 신장은 평균 48~81센티미터 증가하며, 몸무게는 3~10킬로그램 증가한다. 성인 키의 절반가량이 되는 데 남아는 2년이 걸리며, 여아는 18개월이 걸린다.

이 성장 차트들에는 키와 몸무게의 증가가 안정적이지 않다는 사실이 확연히 드러나지는 않는다. 몸무게와 키의 매년 평균 증가치를 살펴보면 전체 몸무게와 키의 매년 평균치와는 매우 다른 신체적 성장 패턴을 보인다. 〈그림 4-2〉의 그래프에 나타난 바와 같이, 출생 후 1년간 보통 아기

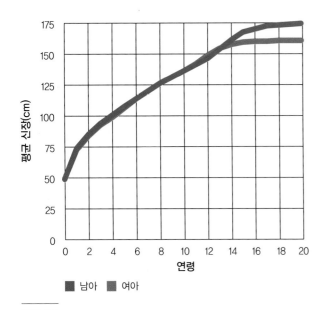
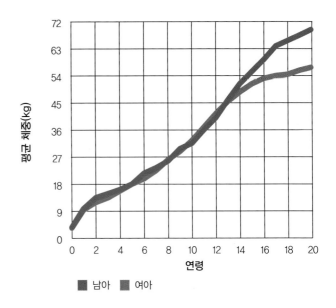

그림 4-1

들은 키는 25센티미터, 몸무게는 6.8킬로그램이 증가하는 놀랄 만큼 빠른 성장을 보여 준다. 유치원·초등학교 시기에는 매년 키 7.6센티미터, 몸무게 3.5킬로그램 정도가 증가한다. 초기 청소년기에 이르면 성장은 다시 가속화된다. 〈그림 4-2〉의 차트들 중앙의 최고점들과 일치하는 이러한 성장 급등기 동안 10대들은 매년 키는 10센티미터가 자라고 체중은 7.5킬로그램이 증가한다. 성장 급등기는 여아들이 1~2년 더 일찍 시작된다. 이러한 성장 급등기 이후 아동이 성인기로 접어들게 되면서 성장은 다시 느려진다.

아동이 성장함에 따라 신체 부위들은 각기 다른 비율로 발달한다. 머리와 몸통은 다리보다 빨리 자란다. 따라서 영아들과 어린 아동들은 단순히 성인을 그대로 축소시켜 놓은 것이 아니다. 〈그림 4-3〉에서 볼 수 있듯이, 영아들과 유아들은 어울리지 않게 큰 머리와 몸통을 가지고 있어서 나이 많은 아동들과 청소년들에 비해 머리가 무거워 보인다. 아동기 후기에 이르면 엉덩이, 다리 그리고 발이 성장함에 따라 신체는 좀 더 성인과 같은 비율을 갖게 된다.

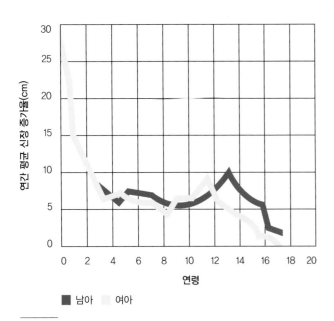
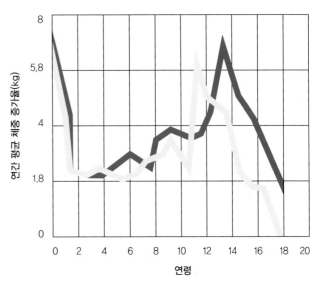

그림 4-2

근육, 지방, 뼈 신체 성장의 다른 중요한 특징들은 몸 안에서 일어나는데, 근육, 지방, 그리고 뼈의 발달이다. 신체의 대부분의 근육 섬유는 출생 시부터 존재한다. 아동기 동안 각각의 섬유질들이 연합하여 근육은 더 길고 두터워진다. 이 과정은 특히 남아에게 더욱 빨리 진행된다.

지방층은 태아기 발달 중 마지막 단계에 만들어진다. 마치 벽의 단열재가 집 안의 온도를 안정시키는 것과 같이, 지방은 태아와 영아가 체온을 조절하도록 돕는다. 지방은 출생 후 1년 동안 빠르게 축적되는데, 아기들이 대부분 **통통한 것**(baby fat)은 바로 이것 때문이다. 유아기 동안 아동들은 실제로 더 날씬해지지만, 초등학교 시기 초반부에 다시 지방을 축적하기 시작한다. 이러한 과정은 처음에는 서서히 진행되다가 청소년기 동안 더욱 빨라진다. 청소년기의 지방 증가는 남아보다 여아에서 더욱 두드러진다.

뼈는 태내 발달 동안 형성되기 시작하는데, 부드럽고 유연한 조직인 연골(cartilage)로 출발한다. **배아기 중 연골 조직의 중심부가 뼈로**

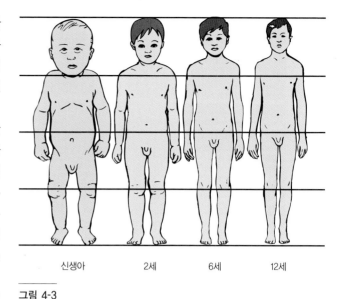

신생아　　2세　　6세　　12세

그림 4-3

변하기 시작하여, 출생 직전 골단(epiphyses)**으로 알려진 연골 조직 구조들의 끝부분들이 뼈로 변한다.** 따라서 연골 조직 구조들의 각 끝부분과 중심부 모두 단단해진다. 중심부에서부터 시작하여 연골 조직들은 뼈로 변하며, 마침내 중심부가 확대되어 골단에 이르면 골격의 성장이 끝이 나게 된다.

몸의 크기와 체형의 변화, 그리고 근육, 지방 및 뼈의 변화를 종합하면, 아동기 동안 일어나는 신체 성장의 완전한 그림이 갖춰진다. 여기서 다루지 않은 중추 신경계는 4.3절에서 따로 살펴볼 것이다.

평균 프로파일의 다양한 형태 지금까지 기술한 아동의 신체 성장 그림은 일반적인 프로파일이다. 그러나 다양한 버전의 프로파일들이 존재한다. 예를 들어, 오리건대학 덕스가 1939년 첫 NCAA 남자 농구 토너먼트에서 우승했을 때 선발 선수들의 평균 신장은 187센티미터였다. 한편 켄터키대학 와일드캐츠가 2012년 토너먼트에서 우승했을 때 선발 선수들의 평균 신장은 197센티미터로 예전과 10센티미터 차이가 나는데, 이는 전체 미국 인구에서의 신장의 변화를 반영하는 것이다. 오늘날 성인과 아동은 건강 및 영양 개선으로 인해 이전 세대보다 키가 더 크고 체중이 더 많이 나간다. **한 세대에서 다음 세대로의 신체 발달 변화를 지칭하여 장기적인 성장 추세**(secular growth trends)**라고 한다.** 이러한 장기적인 성장 추세는 매우 크다. 중세 기사의 갑옷은 오늘날의 10~12세 남아에게 맞는다. 1812년 전쟁 당시 미국 선원들의 평균 신장은 157센티미터였다!

'평균적인' 신체적 성장은 세대에 따라 달라질 뿐 아니라 나라에 따라서도 차이를 보인다. 〈그림 4-4〉는 세계 여러 나라의 8세 남아와 여아의 평균 신장을 보여 준다. 미국, 서유럽, 일본, 그리고 중국 아동들은 대략 124센티미터 정도로 키가 비슷하다. 아프리카와 인디아의 아동들은 이보다 더 작은데, 평균이 117센티미터에서 조금 모자란다. 폴리네시아 아동들의 경우 더욱 작은데, 평균이 109센티미터이다.

또한 여기서 기억해야 할 것은 '평균(average)'과 '정상(normal)'이 같지 않다는 것이다. 많은 아동들이 평균치보다 훨씬 크거나 작지만 지극히 정상이다. 예를 들어, 8세 미국 남아의 정상 몸무게는 대략 20~34킬로그램의 범위에 있다. 즉 매우 말랐지만 정상 몸무게 범위에 속하는 8세 남아는 매우 뚱뚱하지만 역시 정상 몸무게 범위에 속한 그의 친구의 체중의 절반 정도보다 약간 더 체중이 나가는 셈이다. 정상 범위는 매우 넓을 수 있으며, 이는 키, 몸무게 등의 신체적 성장뿐 아니라 발달의 모든 측면에 적용된다. 어떤 중요한 발달 단계에 대한 '평균' 연령이 주어질 때마다 그 단계에

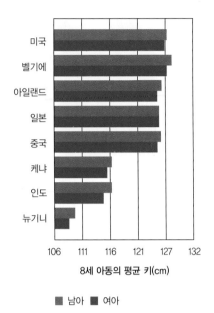

8세 아동의 평균 키(cm)

■ 남아 ■ 여아

그림 4-4

대한 정상 연령 범위는 훨씬 넓다는 사실을 기억해야 한다. 어떤 아동들은 그 '평균' 연령보다 일찍 혹은 늦게 그 단계에 도달하지만 이들 모두는 정상이다.

아동들의 키는 한 문화 내에서도, 세대에 따라서도, 그리고 문화들 간에도 차이를 보인다. 무엇이 이런 차이를 만드는가? 이 질문에 대한 답을 찾기 위해 인간의 성장을 담당하는 기제들을 살펴보는 것이 필요하다.

신체적 성장의 기제

LO2 수면과 영양이 건강한 성장에 어떻게 기여하는가?

흔히 신체적 성장을 당연한 것으로 생각하기 쉽다. 아동 발달의 다른 중요한 사건들(예 : 읽는 것을 배우는 것)에 비하면 신체 성장은 매우 쉽게 일어나는 것처럼 보인다. 그러나 실제 신체 성장은 매우 복잡한 과정을 거친다. 물론 여기에는 유전이 관여한다. 유전의 일반적인 규칙은 부모가 모두 키가 크면 자녀들의 키도 클 것이다, 부모가 모두 키가 작으면 자녀들의 키도 작을 것이다, 또는 부모 중 하나가 크고 하나가 작으면 평균 키의 자녀들이 태어날 것이다 등과 같은 것이다.

그렇다면 유전적 지시들은 어떻게 실제 성장으로 나타나는가? 여기에는 수면과 영양이 영향을 미친다.

수면 3.4절에서 살펴보았듯이 영아들은 깨어 있는 시간보다 자는 시간이 더 많다. 아동의 수면 시간은 대략 3세 때 11시간, 7세 때 10시간, 12세 때 9시간으로 점차 감소한다(Snell, Adam, & Duncan, 2007). **수면은 정상적인 성장에 있어서 필수적이다.** 왜냐하면 성장을 촉진하는 호르몬의 80% 정도가 아동 및 청소년이 자는 동안 분비되기 때문이다 (Smock, 1998). 성장 호르몬은 뇌 속의 뇌하수체 샘으로부터 수면 중 분비되며, 이는 뇌에서 간으로 가서 또 다른 간장 호르몬(somatomedin)의 분비를 촉진한다. 이러한 간장 호르몬은 근육과 뼈를 자라게 한다(Tanner, 1990).

또한 수면은 아동의 심리적인 발달에도 영향을 미친다. 아동들이 만성적으로 졸려 하는 경우는 밤중에 자주 깨거나 밤에 일정 양의 수면을 취하지 못했기 때문이다. 이런 아동들은 우울이나 불안과 같은 행동 문제를 보이기 쉽다(El-Sheikh et al., 2013). 또한 아동이 충분한 수면을 취하지 못하면 학교 공부도 잘 하지 못한다(Astill et al., 2012). 수면이 부족할 경우 아동은 자신의 행동을 잘 통제하지 못해 학교 과제를 끝내는 데 어려움을 겪는다. 또한 수면은 새로운 학습이 기존의 지식에 통합되는 시간이다(Henderson et al., 2012). 수면이 방해를 받을 때 이러한 통합은 잘 이루어지지 않는다. 다시 말해, 수면이 부족한 아동은 수업 시간에 제시된 새로운 정보와 기술을 쉽게 '구체화(gel)'할 수 없다.

이와 같은 연구 결과들은 '밤에 잘 자는 것'이 아동들에게 얼마나 유익한지 보여 준다. 아동들이 잠을 더 푹 그리고 충분히 잘 수 있도록 부모가 도울 수 있는 한 가지 방법은 규칙적인 취침 시간 일과를 갖도록 하는 것이다. 이것은 매일 밤 거의 같은 시간에 시작되는 동일한 일련의 활동들을 가리킨다. 또한 아동들은 몇몇의 다른 사람들과 침실을 공유할 때 더 잘 잔다(Buckhalt, El-Sheikh, & Keller, 2007).

수면 부족은 특히 청소년들에게 문제가 될 수 있다. 청소년들은 종종 학교 숙제를 끝마치기 위해, 친구들과 시간을 보내기 위해, 아르바이트를 하느라 밤늦게까지 깨어 있을 수 있다. 또한 청소년들은 보통 어린 초등학생들보다 더 일찍 등교한다. 그 결과 낮에 학교에서 쏟아지는 졸음을 참느라 어려움을 겪는 청소년들을 흔히 볼 수 있다(Carskadon, 2002). 많은 청소년들은 더 오래 공부하기 위해 잠자는 것을 희생하는데, 이것은 문제를 더 복잡하게 만든다. 이런 전략은 흔히 부작용을 낳는다. 10대들은 밤늦게까지 공부한 다음 날 학교 수업에서 제시된 내용을 이해하는 데 어려움을 느끼며, 시험에서도 낮은 점수를 받는다(Gillen-O'Neel, Huynh, & Fuligni, 2013). 따라서 밤에 잘 자는 것은 아동들과 청소년들의 건강한 신체적, 심리적 발달을 위해 중요하다.

영양 성장은 아동이 먹는 음식과 연관이 있다. 영양 섭취는 신체 성장이 매우 빠른 영아기에 특히 중요하다. 생후 2개월경 신체 에너지의 약 40% 정도는 성장하는 데 쓰인다. 성장은 매우 많은 에너지를 필요로 하기 때문에, 어린 아기들은 체중의 0.45킬로그램당 약 50칼로리를 소모해야 한다(성인의 경우 0.45킬로그램당 15~20칼로리를 소모해야 함). 아기들이 필요한 열량을 얻는 가장 좋은 방법은 무엇인가? "아동의 삶 향상시키기"에서 그에 대한 해답을 살펴볼 것이다.

아동의 삶 향상시키기

아기에게 가장 좋은 음식은 무엇인가?

모유 수유는 아기에게 필요한 영양을 공급해 주는 가장 좋은 방법이다. 모유는 아기에게 적절한 양의 탄수화물, 지방, 단백질, 비타민, 그리고 미네랄을 가지고 있다. 또한 모유 수유는 우유와는 다른 다양한 이점을 갖는다(Dewey, 2001). 첫째, 사진에서 보는 것과 같이 모유는 박테리아와 바이러스를 죽이는 항체를 가지고 있어 아기의 면역력을 증가시킨다. 둘째, 모유 수유를 한 아기는 설사와 변비에 걸릴 확률이 적다. 셋째, 모유 수유를 한 아기는 일반적으로 고형식(solid food)을 더 쉽게 받아들이는데, 이는 분명 아기가 어머니의 식단과 연관이 있는 모유 맛의 변화에 익숙해져 있기 때문이다. 넷째, 모유는 오염되어 있지 않다(수유하는 어머니가 코카인과 같은 특정 마약을 복용하지 않는 한). 반면 개발도상국들의 경우 분유 사용 시 오염의 위험은 우유를 먹는 아기들에게 종종 심각한 문제가 된다.

모유 수유의 많은 이점이 그렇다고 반드시 우유가 해롭다는 의미는 아니다. 일반적으로 분유는 위생적인 상태로 준비되었을 때 모유와 같은 영양분들을 제공한다. 그러나 분유는 영아들을 질병으로부터 보호하지 못하며, 알러지를 일으키기 쉽다. 그러나 분유를 먹이는 것에도 이점은 있다. 모유 수유를 할 수 없는 어머니가 자신의 아기를 먹이는 친밀감을 누릴 수 있으며, 다른 가족 구성원도 아기를 먹이는 일에 동참할 수 있다. 사실 모유를 먹는 아기들과 우유를 먹는 아기들은 어머니와 비슷한 정서적 유대를 맺는 것으로 드러났다(Jansen, de Weerth, & Riksen-Walraven, 2008). 따라서 선진국들의 여성들은 모유 수유나 분유를 먹이는 것 중 하나를 선택할 수 있다. 이는 이 두 방법 모두 아기들의 식이 및 심리

모유 수유는 아기가 필요로 하는 모든 영양분을 제공해 주며, 질병으로부터 보호해 주고, 고형식도 쉽게 받아들이게 한다.

적인 필요를 충족시킬 수 있다는 사실에 근거한 것이다.

전문가들은 모유 수유를 2세까지 진행하고, 6개월 이후부터 고형식을 시작하는 것을 추천한다(UNICEF, 2010). 실제로 많은 개발도상국들에서는 어머니들이 아기가 2세가 될 때까지 모유 수유를 한다(Arabi et al., 2012). 그러나 미국 및 다른 선진국들에서는 절반 정도의 어머니들이 6개월 안에 모유 수유를 중단하는 것으로 나타났다. 왜냐하면 이들이 다시 직장으로 돌아갔을 때 모유 수유를 하는 것이 불편하다고 생각했기 때문이다(U.S. Centers for Disease Control, 2012).

미국의 많은 아동들은 높은 열량의 패스트푸드를 지나치게 많이 먹는다.

질문 4.1

첫째 아이를 임신한 타메카는 모유 수유가 진짜 필요한지 궁금해하고 있다. 당신이라면 그녀에게 모유 수유의 이점이 무엇이라고 하겠는가?

약 2세경부터 많은 아동들은 까다로운 식성을 갖게 된다. 그들은 예전에 잘 먹던 음식들도 거부한다.

취학 전 아동들은 영아들과 걸음마기의 아동들보다 천천히 성장하므로 전보다 몸무게에 비해 적게 먹을 필요가 있다. 취학 전 아동들은 몸무게 0.45킬로그램당 40칼로리를 소모하기 때문에 대부분 하루에 약 1,500~1,700칼로리가 빠져나간다.

그러나 칼로리 수치보다 더 중요한 것은 5대 영양소(곡물, 야채, 과일, 우유, 고기와 콩)를 고루 포함한 균형 있는 식습관을 갖는 것이다. 또한 건강한 식습관은 지나친 당분 및 지방의 섭취를 피하는 것이다. 취학 전 아동의 경우, 하루 섭취한 열량 중 지방으로부터 얻는 것이 약 30%를 넘지 않아야 하므로 지방으로 인한 열량은 대략 500칼로리가 된다. 불행히도 사진에서와 같이 많은 취학 전 아동들은 지방 함량이 상당히 높은 패스트푸드 식사를 매우 좋아한다. 과도한 지방의 섭취는(이 장의 뒷부분에 다루게 될 것임) 비만에 이르는 첫걸음이기 때문에 부모는 취학 전 아동들의 지방 섭취를 경계할 필요가 있다(Whitaker et al., 1997).

취학 전 아동들은 종종 식성이 까다로워지기 때문에 이들이 건강한 음식을 먹도록 부모가 격려하는 일은 그리 쉽지 않다. 사진 속의 여아처럼 걸음마기의 어린 아동들과 취학 전 아동들은 예전에 잘 먹던 음식들을 '역겹다고' 여긴다. 나의 딸은 걸음마를 할 즈음에는 초록색 콩을 좋아했지만, 2세 때에는 초록색 콩을 싫어하여 더 이상 먹지 않게 되었다. 비록 이런 결벽증은 성가실 수 있지만, 점점 더 독립적이 되는 취학 전 아동들에게 사실상 적응적인 측면도 있다. 취학 전 아동들은 먹어도 안전한 것이 어떤 것인지 잘 모르기 때문에 잠재적인 위험으로부터 자신을 보호하기 위해서는 친숙한 음식만을 섭취하는 경향이 있다(Aldridge, Dovey, & Halford, 2009).

부모가 자녀들의 이러한 까다로운 식성에 대해 지나치게 염려할 필요는 없다. 비록 어떤 아동들은 전보다 덜 먹기는 하지만(1킬로그램당의 칼로리 면에서) 대개는 실질적으로 성장하는 데 필요한 음식들을 섭취한다. 그럼에도 불구하고 아동들이 보다 건강하게 먹을 수 있도록 격려하기 위해 사용할 수 있는 몇 가지 방법에 대해 알아보자.

- 아동들이 건강한 음식을 먹을 때 보상을 준다. 한 연구(Cooke et al., 2011)에서 4~6세 아동들을 대상으로 야채를 먹을 경우 스티커를 준 결과, 야채 섭취는 6배 증가했으며 보상을 끊은 지 3개월 후에도 그 효과가 지속되었다.
- 어린 아동들에게 같은 연령, 같은 성별의 또래들이 목표 음식을 먹으며 행복해하는 사진을 보여 준다. 아동들은 그러한 모델들을 더 잘 따라 한다(Frazier et al., 2012).
- 아동들에게 각각의 신체 기능에는 여러 가지 영양소를 포함하고 있는 다양한 식단이 필요하다는 것을 가르친다. 한 연구(Gripshover & Markman, 2013)에서 취학 전 아동들에게 이야기책을 통해 이런 개념들을 가르친 결과, 야채 섭취가 2배 증가하였다.
- 아동들에게 새로운 음식을 권할 때는 한 번에 하나씩 적은 양을 준다. 새로운 음식을 맛보도록 격려는 하되 억지로 먹이려 하지는 않는다. 또한 아동들이 새로운 음식을 거부할 경우 그 음식이 익숙해질 수 있도록 몇 끼니에 걸쳐 권한다(American Academy of Pediatrics, 2008).

종합하면, 이 지침들은 아동들이 성장에 필요한 영양소들을 섭취하도록 하는 데 도움을 줄 수 있을 것이다.

청소년의 성장 급등과 사춘기

LO3　사춘기에 따른 신체적 변화와 그 결과는 무엇인가?

사춘기(puberty)는 청소년기의 생물학적 시작으로 청소년의 성장 급등과 성적인 성숙을 가리킨다. 청소년의 성장 급등은 〈그림 4-1〉에서 쉽게 볼 수 있다. 신체적 성장은 초등학교 시기에 느려지는데, 한 해 동안 6~10세 남아 혹은 여아는 체중 약 2~3킬로그램, 키 5~7센티미터가 증가한다. 이와 대조적으로, 청소년의 성장 급등기에는 한 해 동안 남아는 11킬로그램, 여아는 9킬로그램까지 체중이 증가할 수 있다(Tanner, 1970). 이러한 성장 급등기는 수년간 지속된다.

또한 그림에서 여아의 성장 급등이 남아에 비해 일반적으로 약 2년 정도 빨리 시작되는 것을 알 수 있다. 다시 말해, 대개 여아들은 11세 즈음에 성장 급등이 시작되어 12세경에 정점에 이르며, 15세경에 다 자란 키에 도달한다. 한편 남아들은 13세경에 성장 급등이 시작되어 14세경에 정점에 이르며, 17세에 다 자란 키에 도달한다. 성장 급등에 있어 이러한 2년의 차이는 종종 사진에서와 같이 11~12세 여아들이 같은 연령대의 남아들보다 훨씬 더 크고 성숙해 보이도록 만든다.

성장 급등기 동안 뼈는 더 길어지고(이로 인해 청소년들의 키가 커짐) 더 조밀해진다. 뼈의 성장에는 여러 다른 변화들이 수반되는데, 이러한 변화들은 성별에 따라 차이를 보인다. 근육은 청소년기 동안 근육 섬유소들은 더 두껍고 더 조밀해져서 훨씬 센 힘을 발휘할 수 있다. 이러한 근육의 성장은 여아들보다 남아들에게서 더욱 두드러진다(Smoll & Schutz, 1990). 신체 지방 또한 청소년기에 늘어나는데, 남아들보다 여아들에게서 훨씬 더 빨리 증가한다. 결국 심장과 폐의 용량은 여아들보다 남아들이 더 커지게 된다. 이러한 변화들은 청소년기 남아들이 여아들에 비해 더 힘이 세고 더 빠르며 더 끈기가 있는 이유를 설명해 준다.

청소년들은 키가 자라고 체중이 늘 뿐 아니라 성적으로도 성숙해진다. **성적인 성숙은 1차 성징**(primary sex characteristics)**의 변화를 가리키며, 직접적으로 생식에 개입하는 신체 기관들과 관련이 있다.** 이는 여아의 난소, 자궁, 질과 남아의 음낭, 고환, 음경을 포함한다. **또한 성적인 성숙은 2차 성징**(secondary sex characteristics)**의 변화도 포함하는데, 이는 생식 기관과 직접적인 연관이 없는 신체적 성숙의 신호를 뜻한다.** 즉 여아의 유방 성장과 골반 확장, 남아의 수염과 벌어진 가슴, 그리고 남녀 모두에게 나타나는 체모, 음성 및 피부의 변화를 포함한다.

성장 급등기 동안 여아들은 종종 같은 연령의 남아들보다 키가 더 크다.

1, 2차 성징의 변화들은 남아들과 여아들에게 예정된 순서대로 진행된다. 여아들의 경우, 사춘기는 유방의 성장 및 성장 급등과 함께 시작되며, 곧 음모가 나타나게 된다. **초경(menarche)은 보통 13세 즈음에 시작된다.** 초기의 월경 주기는 대개 불규칙하며, 배란이 일어나지 않는다.

남아들의 경우, 사춘기는 보통 고환과 음낭의 성장으로 시작되며, 이후 음모가 나타나고, 성장 급등이 시작되며, 음경의 성장이 뒤따르게 된다. **대부분의 남아들은 13세경 첫 사정(spermarche)을 하는데,** 이때 정자의 수는 종종 상대적으로 적은 편이며, 수개월 혹은 때때로 수년 뒤에 난자를 수정시킬 만한 충분한 양의 정자들이 생산된다(Dorn et al., 2006).

성적 성숙은 청소년이 성인기에 다다랐다는 첫 번째 신호이다. 우리는 "문화적 영향"을 통해 많은 문화들에서는 이런 변화를 어떻게 축하하는지 알아볼 것이다.

문화적 영향

청소년기의 통과의례

역사적으로 볼 때 많은 문화들에서 청소년기를 개인의 삶에 있어서 하나의 독특한 단계로 인정하는 특별한 통과 의식이나 의례를 행한다. 한 예로, 고대 일본에서는 12세와 14세의 남아들과 여아들이 성인의 옷과 머리 모양을 받는 의식을 치렀다. 전통적으로 호주의 토착민 남아들은 청소년이 되면 선조들의 발자취를 따라 혼자 황무지를 걸었다.

이러한 의식들은 현재 여러 다른 형태들로 남아 있는데, 어린 유대인 청소년들은 '바르(bar)'와 '바트 미쯔바(bat mitzvah)' 의식을 통해 이제 자신의 행동에 책임을 져야 한다는 것을 인식한다. 또한 북미와 중남미의 스페인어를 사용하는 많은 지역에서는 사진에서와 같이 '킨세아네라(Quinceañera)'를 통해 15세가 되는 여아를 축하한다.

미국의 남서부 지역에 거주하는 서부 아파치 미국 원주민들은 전통적으로 여아들의 초경을 축하하는 의식인 해돋이 춤(Sunrise Dance)을 갖는다(Basso, 1970). 여아의 첫 월경 주기 후 그 마을의 원로들이 모여 좋은 성품과 재력(의식에 드는 비용을 부담함)을 지닌 한 여성 후원자를 선택하게 되는데, 선택된 후원자는 그 여아와 아무런 관계가 없어야 한다. 의식이 치러지기 전 후원자는 여아와 그 가족들을 위해 큰 잔치를 베풀며, 의식의 마지막 순서에서 가족들은 이제 후원자를 가족 구성원으로 받아들인다는 것을 상징하는 답례를 한다.

의식은 동이 트면서 시작되어 몇 시간 동안 지속된다. 사진에서와 같이 여아는 의식을 위한 복장을 하게 된다. 의식은 여덟 단계로 진행되며, 때때로 후원자나 주술사와 함께 여아의 춤과 노래가 등장한다. 이러한 의식은 여아가 아파치 신화에 나오는 영웅적인 존재인 '변화의 여인(Changing Woman)'으로 탈바꿈하는 내용을 담고 있다. 그들은 이러한

킨세아네라는 미 대륙의 스페인어 사용 문화권들에서 행해지는 의식으로 여아의 15세 생일을 기념한다.

아파치는 여아에게 전설 속의 영웅이 되었음을 알리는 특별한 의식을 통해 초경을 기념한다.

변화를 통해 장수와 영원한 힘이 찾아온다고 믿는다.

'해돋이 춤', '바르'와 '바트 미쯔바', '킨세아네라'와 같은

의식들은 많은 부분 동일한 기능을 담당한다. 이러한 의식들은 의식을 행하는 청소년이 이제 성인이라는 것을 공동체에 게 고하며, 또한 이제 공동체는 청소년에게 성인으로서의 행동을 기대한다는 것을 알린다.

성숙의 기제 사춘기에 많은 신체적 변화가 일어나는 것은 무슨 이유에서일까? 그 열쇠는 뇌하수체에 있다. 앞에서 살펴본 바와 같이, 뇌하수체는 성장 호르몬을 분비하여 신체 발달을 조절하도록 돕는다. 또한 뇌하수체는 다른 분비선들에게 신호를 보내 호르몬을 분비하도록 함으로써 사춘기의 변화를 조절한다. 사춘기의 뚜렷한 조짐이 나타나기 훨씬 이전인 초등학교 시기 초반부 동안, 뇌하수체는 부신이 안드로겐(androgen)을 분비하도록 신호를 보내 체모가 생기는 생화학적 변화를 일으킨다. 몇 년 뒤 여아의 뇌하수체는 난소가 에스트로겐(estrogen)을 분비하도록 신호를 보내 유방이 커지고, 여성 생식기가 성숙하며, 지방이 축적되도록 한다. 남아의 뇌하수체는 고환이 안드로겐 테스토스테론(androgen testosterone)을 분비하도록 신호를 보내 남성 생식기가 성숙하고, 근육량이 증가하도록 한다.

유전은 부분적으로 사춘기가 나타나는 시기에 영향을 미친다(Cousminer et al., 2013). 이는 일란성 쌍생아가 이란성 쌍생아보다 사춘기가 더 비슷한 시기에 찾아오는 데서 알 수 있다. 일란성 쌍생아들은 체모가 자라는 시기가 같다(Mustanski et al., 2004). 또한 초경을 시작한 어머니의 연령과 딸의 연령은 연관이 있다(Belsky, Bakermans-Kranenburg, & van IJzendoorn, 2007). 그러나 이러한 유전적 영향은 환경, 즉 청소년기의 영양과 건강에 따라 달라진다. 일반적으로 영양 상태가 좋고 건강한 청소년의 경우 그렇지 않은 청소년보다 사춘기가 일찍 찾아온다(St. George, Williams, & Silva, 1994).

다른 연구들은 사춘기의 시작에 미치는 영양과 건강의 중요성을 강조하고 있다. 초경은 영양과 건강이 양호한 지역에서 더 일찍 일어난다. 또한 같은 지역 내에서도 사회경제적 지위의 영향은 중요하다. 부유한 가정의 여아들은 적절한 영양과 건강관리를 받을 가능성이 많으므로 초경이 더 일찍 찾아온다(Steinberg, 1999). 마지막으로, 세계 많은 선진국들에서 지난 150년간 초경의 평균 연령은 꾸준히 낮아졌는데, 이는 이 시기에 전반적인 건강 및 건강관리가 개선되었기 때문이다(Ellis, 2004).

또한 제1장에서 언급했던 바와 같이 사회적 환경은 사춘기 시작에 영향을 미치는데, 적어도 여아들의 경우에 그러하다. 만성적인 스트레스에 시달리거나 우울한 여아들은 더 어린 나이에 초경을 경험한다(James et al., 2012). 예를 들어, 벨스키와 동료들(Belsky et al., 2010)은 여아가 취학 전 아동 또는 어린 아동이었을 때 그의 어머니가 심한 처벌을 사용한 경우 더 일찍 초경을 시작한다는 것을 발견하였다.

이러한 연결고리들에 대해 정확하게 알려진 바는 없다. 그러나 많은 연구들은 환경이 초경을 조절하는 호르몬 분비를 촉진한다고 여긴다. 하나의 가정은 어린 여아들이 만성적인 사회정서적 스트레스(예 : 부모가 따뜻하고 지지적이지 않음)를 경험할 때, 이러한 스트레스에 의해 분비되는 호르몬들이 초경을 촉진하는 호르몬들을 활성화시킨다는 것이다. 이러한 기제는 진화적인 측면에서 볼 때 이점이 있다. 만약 여아가 경험하는 사건들로 인해 미래의 성공적인 생식이 불확실할 경우, 좀 더 성숙해져서 자녀를 더 잘 돌볼 수 있을 때까지 기다리는 것보다 가능한 한 빨리 자녀를 생산하는 편이 적응적일 수 있다. 이 경우 진화적인 관점에서는 나중에 '더 높은 질'의 자손을 얻는 것보다 지금 '더 낮은 질'의 자손을 얻는 것이 유리할 것으로 보고 이를 선호하는 것이다(Ellis, 2004).

"주목할 만한 이론"에서는 이와 관련하여 아버지들의 역할을 강조하는 내용을 다루고 있다.

주목할 만한 이론

여아의 사춘기 시기에 대한 아버지의 투자 이론

배경 청소년기 여아들의 사춘기는 환경적인 요인으로 인해 일찍 시작될 수 있다. 어떤 과학자들은 스트레스가 청소년기 여아들을 일찍 성숙하도록 이끄는 주요 요인이라고 믿는다. 그러나 다른 과학자들은 여아의 사춘기 시작에 영향을 미치는 다른 요인들을 찾기 위해 노력하고 있다.

이론 브루스 앨리스(Ellis & Essex, 2007; Ellis et al., 2003)는 사춘기 시기를 결정하는 데 있어 아버지들의 역할을 강조하는 '아버지의 투자 이론(paternal investment theory)'을 제안했다. 이 이론은 진화적인 관점에 기초하여 사춘기 시기(또는 생식 시기)와 아동의 환경 내 자원(넓은 의미에서의)을 연관 짓는다. 환경이 예측 가능하고 풍부한 자원을 가지고 있을 때에는 생식을 늦추는 것이 적응적이다. 왜냐하면 이럴 경우 청소년 여아는 자신의 신체적·인지적·사회정서적 발달을 마칠 수 있으며, 그 결과 좋은 부모가 되기 때문이다. 반면 환경이 불안정하고 자원이 거의 없을 경우, 나중에 생식이 불가능할 수 있는 위험을 감수하기보다 일찍 성숙하여 자녀를 생산하는 것이 적응적이다.

앨리스에 따르면, 아버지의 존재와 행동은 여아에게 장래 배우자의 질에 관해 중요한 단서들을 제공한다. 딸에게 시간과 노력을 들이는 아버지는 자원이 많은 환경(높은 질의 남성들이 많음)을 암시하므로 성숙의 시작이 늦춰진다. 아버지의 부재 또는 딸에게 무관심한 아버지는 자원이 부족한 환경(높은 질의 남성들이 드묾)을 암시하므로 성숙이 일찍 시작된다. 높은 질의 아버지들이 많은 경우에는 사춘기를 늦추는 것이 적응적이다. 왜냐하면 이로 인해 높은 질의 남성과 장기적인 관계를 형성하는 데 필요한 기술들을 익힐 수 있기 때문이다. 그러나 높은 질의 아버지들이 드문 경우에는 사춘기를 앞당기는 것이 적응적이다. 왜냐하면 더 어린 나이에 출산을 하게 되면 여아의 어머니가 양육을 도와줄 가능성이 더 많기 때문이다.[1]

가설 만일 여아의 아동기 경험(아버지의 투자와 관련된)이 성숙 시기에 영향을 미친다면, 여아가 아버지와 맺은 경험의 양과 질은 사춘기가 시작되는 연령을 예측할 수 있어야 한다. 아버지와의 상호작용이 빈번하지 않았거나, 혹은 아버지와 부정적인 상호작용을 한 여아들은 그렇지 않은 여아들에 비해 사춘기가 더 일찍 시작될 것이다. 왜냐하면 빈번하지 않은 혹은 부정적인 경험들은 그 환경에 높은 질의 아버지들이 거의 없음을 가리키는 것이기 때문이다.

검증 다른 연구(Tither & Ellis, 2008)에서는 두 집단의 생물학적 자매들을 연구했는데, 한 집단은 이혼이나 별거로 인해 아버지가 계시지 않은 가정인 반면, 다른 집단은 온전한 가정이었다. 연구자들은 아버지들의 양육의 질과 딸들이 초경을 경험한 연령을 측정하였다.

두 가지 주요 연구 결과들은 위의 이론을 지지하는 것으로 나타났다. 첫째, 여동생은 언니보다 아버지의 부재를 오래 경험하였으므로 초경을 더 일찍 시작해야 한다. 실제로 여동생은 언니보다 또는 온전한 가정의 여동생보다 더 이른 나이에 생리를 시작했다. 둘째, 이

---

1) 이것들은 의식적인 기제들이 아니다. 어린 여아들은 스스로에게 "여기 주변의 남성들은 별 볼 일 없으니 나는 빨리 서두르는 편이 나아."라고 말하지 않는다. 한 가지 가능성은 돌보는 남성들의 존재에 민감한 신경 경로들이 사춘기를 촉발하는 경로들을 억제하는 기능을 하는 것이다.

러한 영향은 아버지가 심리적으로 냉담하거나 또는 정신건강의 문제가 있는 경우에 가장 뚜렷했다. 이러한 여아들은 대개 아버지가 없으며, 있다고 해도 도움을 주기보다 오히려 해를 끼치므로 이중으로 어려움을 경험하였다.

결론 예상한 바와 같이, 사춘기 시기는 아버지와 딸 사이의 상호작용의 질과 양에 의해 영향을 받았다. 사춘기는 아버지와 딸의 상호작용이 빈번하지 않거나 부정적일 때 일찍 시작되었는데, 앨리스에 따르면 이는 그 환경에 높은 질의 아버지들이 거의 없음을 가리키는 것이다.

적용 3.2절에서 살펴본 바와 같이, 10대 어머니들과 그 자녀들은 대개 여러 어려움을 겪게 된다. 청소년기의 여아가 좀 더 나이가 들 때까지 출산을 미루는 것이 언제나 최선임은 분명한 사실이다. 아버지의 투자 이론에 의하면, 10대 임신을 감소시키는 하나의 방법은 아버지들로 하여금 딸들과 더욱더 긍정적인 상호작용을 하도록 격려하는 것이다. 이것은 사춘기의 시작을 늦춤으로써 10대의 임신의 가능성을 줄여 줄 것이다. 물론 딸에 대한 아버지의 투자는(아들에 대한 투자도 마찬가지로) 신체적 성숙의 문제뿐 아니라 여러 다른 유익들 또한 가져다줄 것이다.

오늘날 여러 다양한 관련 이론들이 활발하게 연구되고 있으나, 초경의 시작이 단지 유전적 · 생물학적 통제하에 있는 것이 아니라 사회적 · 정서적 요인들 또한 기여한다는 점에서는 과학자들 간에 이견이 없다.

사춘기의 심리적 영향 10대들은 자신의 신체에서 일어나는 변화들을 잘 알아차린다. 이러한 변화들은 청소년의 심리적 발달에 영향을 끼친다. 예를 들어, 아동 및 성인에 비해 청소년들은 자신의 외모에 대해 훨씬 더 많은 관심을 갖는다. 많은 10대들은 규칙적으로 거울을 보고 자신의 신체 변화를 점검한다. 일반적으로, 여아는 남아보다 외모에 대해 더 많이 염려하며 더 많이 불평한다 (Vander Wal & Thelen, 2000). 특히 여아의 경우 외모는 친구들과의 대화 주제로 자주 등장하는데, 이는 여아로 하여금 자신과 또래의 외모를 비교하도록 이끌며, 그 결과 자신의 외모에 대해 만족하지 못하게 된다. 남아가 자신의 외모에 대해 느끼는 만족감은 상대적으로 또래들의 영향을 덜 받는다. 대신 남아들은 이상적인 강한 근육질의 몸매를 갖기를 기대하지만 그렇지 못할 때 자신의 외모에 대해 만족감을 느끼지 못한다(Jones, 2004).

또한 청소년들은 성숙의 시기에 의해 영향을 받는다. 많은 아동들은 몇 년 일찍 혹은 몇 년 늦게 사춘기를 시작한다. 일찍 성숙한 남아는 11세에 사춘기가 시작될 수 있는 반면, 늦게 성숙한 남아는 15세나 16세에 사춘기가 시작될 수도 있다. 일찍 성숙한 여아는 9세에 사춘기가 오기도 하며, 늦게 성숙한 여아는 14세나 15세에 사춘기가 온다. 예를 들면, 108쪽 사진 속의 두 여아는 같은 나이이나 이 중 한 여아만 사춘기가 시작되었다.

일찍 성숙하는 것은 여아들에게 해로울 수 있다. 일찍 성숙한 여아들은 종종 자신감이 부족하고, 인기가 없으며, 우울하거나 문제 행동을 보이기 쉽고, 흡연을 하거나 술을 마실 가능성이 높다 (Mendle, Turkheimer, & Emery, 2007; Schelleman-offermans, Knibbe, & Kuntsche, 2013). 일찍 성숙한 여아들은 나이 든 남아들과 어울리게 되지만 이러한 관계에 대처할 준비는 잘 되어 있지 않다(Stattin, Kerr, & Skoog, 2011). 그 결과 이 여아들은 성관계를 갖도록 강요를 받아 10대에 어머니가 되기도 한다. 또한 이들은 성인이 되었을 때 대개 좋지 않은 조건에 낮은 임금을 받는 직업을 갖게 된다(Mendle et al., 2007). 이러한 문제들은 일찍 성숙한 여아들이 빈곤한 가정에서 자라거나

10대들은 사춘기가 되면서 외모에 대한 관심이 매우 많아진다.

사춘기가 시작되는 연령이 각자 다르므로 일찍 성숙한 아동은 늦게 성숙한 동년배에 비해 훨씬 더 크다.

또는 부모와 갈등이 있는 경우에 더 불거지게 된다(Lynne-Landsman, Graber, & Andrews, 2010; Rudolph & Troop-Gordon, 2010). 다행히도 이 여아들의 부모가 따뜻하고 지지적일 경우 이른 성숙으로 인해 초래될 수 있는 문제들을 덜 겪을 수 있다(Ge et al., 2002).

일찍 성숙하는 것은 남아들에게도 해로울 수 있다. 일찍 성숙한 남아들은 우울증과 같은 심리적 장애를 경험할 위험이 높다. 또한 이들은 물질 남용이나 성적 행동을 하는 경향이 있다(Mendle & Ferrero, 2012). 이들은 자신의 연령에 비해 신체적으로 조숙하기 때문에 아직 성숙하지 않은 또래들과 문제가 생기기도 한다(우울을 초래할 수 있음). 또한 이들은 자신보다 나이가 많은 남아들과 시간을 보내면서 위험한 행동에 노출될 수 있다. 그러나 이른 성숙으로 인한 이러한 문제들은 남아들보다 여아들에게 더 두드러지게 나타난다(Graber, 2013).

남아이건 여아이건 간에 늦게 성숙한다고 해서 위험이 따르지는 않는다. 늦게 성숙한 여아들은 별다른 문제가 없는 반면, 남아들은 우울증에 걸릴 위험이 약간 증가한다(Mendle & Ferrero, 2012). 그러나 앞서 등장했던 피트는 자신의 늦은 성숙에 대해 염려할 필요가 없다. 마침내 그가 성숙한 이후 사람들은 자연스레 그를 성인으로 대하게 될 것이다. 당분간 그가 아이 취급을 받는다 하더라도 그것이 피트에게 해로운 영향을 미치지는 않을 것이다(Weichold & Silbereisen, 2005).

 학습 확인

점검 신체적 성장의 기제에 대해 요약해 보시오.

사춘기는 무엇이며, 남아와 여아의 사춘기는 어떻게 다른가?

이해 수면이 건강한 성장과 발달에 중요한 이유는 무엇인가?

적용 언뜻 보기에 사춘기의 시작은 전적으로 생물학의 결과인 것처럼 보인다. 실제로 아동의 환경은 사춘기의 시작에 영향을 미친다. 생물학과 경험이 상호작용하여 사춘기의 시작에 영향을 미치는 경로에 대해 요약해 보시오.

 4.2 **건강한 성장에 대한 도전**

개요	학습 목표
영양실조	**LO4** 영양실조란 무엇이며, 어떤 결과를 가져오는가? 영양실조의 해결책은 무엇인가?
섭식 장애 : 신경성 식욕부진증과 신경성 폭식증	**LO5** 본성과 양육은 어떻게 여자 청소년들로 하여금 지나친 다이어트를 하도록 이끄는가?
비만	**LO6** 왜 어떤 아동들은 비만이 되는가? 이를 해결할 수 있는 방법은 없는가?
질병	**LO7** 전 세계 아동들의 삶을 위협하는 질병은 어떤 것들이 있는가?
사고	**LO8** 어떤 사고들이 특히 아동과 청소년들에게 위험한가?

12세의 리카르도는 지금까지 대부분 과체중이었다. 그는 쉬는 시간 동안 대부분의 반 친구들과 달리 놀이터에서 노는 것을 싫어하고 교실 안에 있는 것을 더 좋아한다. 그는 상대적으로 친구가 적다. 리카르도는 여러 번 다이어트를 통해 살을 뺐지만 늘 금세 다시 뚱뚱해졌다. 그의 부모는 과체중이 건강에 해롭다는 것을 알기 때문에 그를 도울 수 있는 길이 없는지 고민한다.

아동기의 많은 과제들에 비해 신체적 성장은 쉬운 것처럼 보인다. 영화 "꿈의 구장"에서 "아이들은 먹이기만 하면 자란다."라는 유명한 대사가 있다. 그러나 실제로는 많은 아동들은 건강한 신체적 성장을 방해하는 장애물들을 마주하고 있다. 어떤 장애물들은 영양과 관련된 것들이다. 성장하는 데는 축적된 많은 에너지가 필요하다. 그러나 많은 아동들은 충분한 음식을 섭취하지 못하므로 이러한 에너지를 제공받지 못한다. 반면 다른 아동들과 청소년들은 너무 많이 먹는다. 또 다른 문제들은 전 세계 수백만의 아동들에게 영향을 미치는 질병과 사고이다. 우리는 이 절에서 이러한 문제들을 살펴볼 것이다. 그러는 가운데 리카르도가 과체중인 이유와 어떻게 그 문제를 다룰 것인지에 관해 알게 될 것이다.

영양실조

LO4 영양실조란 무엇이며, 어떤 결과를 가져오는가? 영양실조의 해결책은 무엇인가?

전 세계의 많은 아동들에게 적절한 영양 섭취는 단지 꿈같은 일에 불과하다. **5세 이하 아동 4명 중 1명은 영양실조(malnutrition)로 나이에 비해 작다**(UNICEF-WHO-The World Bank, 2012). 사진 속의 아동들처럼 이들은 대부분 제3세계 국가들의 아동들이다. 사실 전 세계 영양실조 아동들의 거의 절반가량이 인도나 방글라데시 그리고 파키스탄에 살고 있다(UNICEF, 2006). 그러나 안타깝게도 영양실조는 선진국에서도 흔히 일어난다. 미국의 많은 집 없는 아동들과 빈곤 가정의 아동들은 영양실조를 겪고 있다. 대략 미국 가정의 15%가 어느 시점에서는 모든 가족 구성원들에게 충분한 음식을 제공하는 데 어려움이 있는 것으로 나타났다(Coleman-Jensen, Nord, & Singh, 2013).

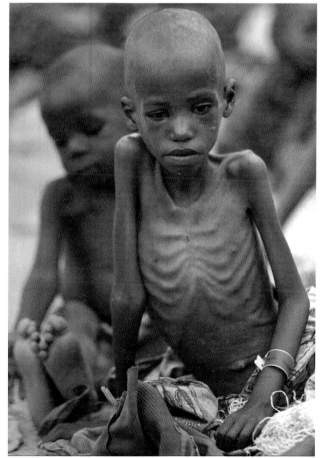

영양실조는 특히 영아기에 치명적인데, 이는 이 시기 동안 성장이 매우 빠르게 일어나기 때문이다. 영아기에 영양실조를 경험한 아동의 경우 학교에 들어갈 나이가 되면 종종 수업에 집중하는 데 어려움이 있으며 쉽게 산만해진다. 이렇듯 빠르게 성장하는 시기 동안 일어나는 영양실조는 분명 뇌에 손상을 주어 아동의 주의 집중 및 학습 능력에 영향을 미친다(Morgane et al., 1993; Nyaradi et al., 2013).

영양실조는 단순히 적절한 식단으로 치유될 수 있는 것처럼 보이나 사실 해결책은 그것보다 더 복잡하다. 영양실조 아동들은 종종 기운이 없고 게으른데, 이러한 행동들은 에너지를 보존하는 데 유용하다. 동시에 영양실조 아동들이 일상적으로 반응을 보이지 않고 무기력하므로, 부모들은 이 아동들에게 발달에 도움이 되는 경험들을 점점 더 제공하지 않게 된다. 예를 들어, 아동에게 책 읽어 주기를 시작했던 부모는 아동의 무관심하고 산만한 모습에 책 읽어 주기를 중단할 수 있다. 부모는 아동이 반응하지 않는다고 느껴 더 이상 시도를 하지 않게 됨으로써 부모는 아동을 저버리게 되는 악순환이 일어난다. 생물학적 영향—영양실조로 인한 무기력—은 아동의 발달을 형성하는 경험—부모의 교육—에 큰 변화를 가져올 수 있다(Worobey, 2005).

이러한 악순환에서 벗어나기 위해서는 식단을 개선하는 것 외에 어떻게 아동 발달을 조성해야 할 것인지에 대한 부모 교육이 필요하다. 적절한 식단과 부모 훈련이 조합된 프로그램들은 영양실

영양실조는 제3세계 국가들의 심각한 문제로 3명의 아동 중 1명은 영양실조이다.

조를 치료하는 데 있어 성공적이었다(Nahar et al., 2012). 이 프로그램에 참여한 아동들은 또래 아동들의 신체적, 인지적 성장을 따라잡는 성과를 거두었다. 이러한 성과는 생물학적 요인들과 사회문화적 요인들을 모두 다뤄 주는 것이 영양실조를 해결하는 가장 좋은 방법임을 보여 준다(Super, Herrera, & Mora, 1990).

단기 기아 아침 식사는 아동에게 하루 열량의 1/4을 제공해야 한다. 그러나 선진국이나 개발도상국의 많은 아동들은 아침 식사를 거른다(Grantham-McGregor, Ani, & Gernald, 2001). 아동들이 영양분이 많은 아침 식사를 규칙적으로 할 때 좀 더 성공적인 학교생활을 할 수 있다(Adolphus, Lawton, & Dye, 2013).

이 문제에 대한 해결책으로는 학교에서 학생들에게 무상으로 혹은 저렴한 비용으로 식사를 제공하는 방안이 있다. 점심 식사 프로그램이 가장 흔하지만 때때로 아침이나 저녁 식사 프로그램도 가능하다. 이러한 프로그램들은 아동들에게 매우 긍정적인 영향을 미치는데, 이는 식사를 잘할 경우 결석 횟수가 감소하고 학업 성취가 향상되기 때문이다(Grantham-McGregor et al., 2001).

섭식 장애 : 신경성 식욕부진증과 신경성 폭식증

LO5 본성과 양육은 어떻게 여자 청소년들로 하여금 지나친 다이어트를 하도록 이끄는가?

2010년 프랑스의 모델 겸 배우인 이사벨 카로가 갓 26세의 나이에 호흡기 질환으로 사망했다. 사망 당시 그녀의 체중은 34킬로그램이 채 되지 않았다. 그녀는 섭식 장애를 가지고 있었다. **신경성 식욕부진증**(anorexia nervosa)**은 음식에 대한 지속적인 거부와 함께 과체중이 되는 것에 대한 비합리적인 두려움을 보이는 장애이다.** 신경성 식욕부진증이 있는 사람들은 자신의 신체에 대해 지나치게 왜곡된 상을 가지고 있다. 이들은 사진 속의 여아와 같이 극도로 말랐음에도 불구하고 스스로를 과체중이라고 주장한다(Wilson, Heffernan, & Black, 1996). 신경성 식욕부진증은 심장, 뇌, 신장에 손상을 주며 때때로 사망에 이르기도 하는 심각한 장애이다. 또 다른 섭식 장애 유형으로 신경성 폭식증이 있다. **신경성 폭식증**(bulimia nervosa)**의 증상은 통제할 수 없을 정도로 폭식을 하는 기간과 스스로 토해 내거나 완하제를 사용해 설사를 하는 것을 번갈아 하는 것이다.** 신경성 폭식증이 있는 사람들의 경우 폭식의 빈도는 일주일에 서너 번에서 30회 이상에 이르기까지 그 차이가 크다.

신경성 식욕부진증과 신경성 폭식증은 많은 부분에서 유사하다. 두 장애 모두 주로 여성들에게 영향을 미치며, 청소년기에 등장한다(Wang & Brownell, 2005). 또한 특히 10대 여아들에게 영향을 미쳐 이 두 섭식 장애에 취약하도록 만드는 요인들은 대부분 같다. 섭식 장애 연구들에 대한 메타분석(Jacobi et al., 2004) 결과, 유전적 특징이 어떤 여아들을 섭식 장애에 취약하도록 영향을 미치는 것으로 밝혀졌다. 또한 분자 유전 연구들은 불안과 음식 섭취 이 둘을 조절하는 유전자들이 연루되었을 것으로 추정하였다(Klump & Culbert, 2007). 한편 여러 심리적 요인들 또한 섭식 장애에 취약하도록 영향을 미친다. 아동들이 섭식 문제의 전력이 있는 경우(예 : 까다로운 식성 또는 분필, 종이, 먼지 등 음식이 아닌 것들을 먹는 이식증 진단을 받음), 청소년기에 들어와 신경성 식욕부진증이나 신경성 폭식증에 걸릴 위험이 더 높다. 부정적인 자존감, 기분 장애 또는 불안 장애가 있는 10대들(Hutchinson, Rapee, & Taylor, 2010)과 또래에 의한 성추행 경험이 있는 여아들(Petersen & Hyde, 2013) 또한 위험에 노출되어 있다. 그러나 청소년들에게 가장 중요한 위험 요소들은 자신의 신체와 체중에 대해 지나치게 걱정하는 것과 과거 다이어트 경험들이다(George & Franko, 2010). 10대 여아들은 매력적이고 마른 등장인물들을 강조하는 TV쇼를 자주 시청할 때, 그리고 친구들이 빈번하게 체중에 대해 이야기하고 날씬함을 유지하기 위해 지속적으로 다이어트를 할 때 섭식 장애에 걸릴 위험이 높아진다(Grabe, Hyde, & Ward, 2008; Rancourt et al., 2013).

신경성 식욕부진증을 보이는 청소년 여아들은 자신이 과체중이라고 믿어 먹기를 거부한다.

또한 메타 분석 연구들은 신경성 식욕부진증과 신경성 폭식증 각각에 어떤 독특한 위험 요인들이 결부되어 있는지 밝혀내었다. 예를 들어, 과잉보호적인 양육 방식은 신경성 식욕부진증과 관련이 있으나, 신경성 폭식증과는 관련이 없다. 이와 대조적으로, 아동기의 비만은 신경성 폭식증과 연관이 있으나 신경성 식욕부진증과는 연관이 없다.

비록 섭식 장애들은 여아들에게 더 흔하지만 남아들도 섭식 장애 진단 사례의 약 10% 정도를 차지한다. 섭식 장애를 가진 남아들이 훨씬 더 적기 때문에 이들에 관한 연구들 또한 많지 않다. 그러나 남아들의 섭식 장애에 영향을 미치는 위험 요인으로는 아동기의 비만, 낮은 자존감, 부모와 또래들로부터의 체중을 줄이라는 압력, 그리고 군살이 없이 호리호리한 것을 강조하는 스포츠에 참여하는 것 등이 있다(Ricciardelli & McCabe, 2004; Shoemaker & Furman, 2009).

다행히도 섭식 장애로부터 10대를 보호하도록 돕기 위한 프로그램들이 개발되었다(Stice & Shaw, 2004). 가장 효과적인 프로그램들은 섭식 장애에 취약한 청소년들을 위한 것이다(예 : 자신의 신체에 대해 만족스러워하지 않는 10대들). 이러한 프로그램들은 날씬해지는 것에 대한 사고 방식을 변화시키며, 날씬해야 한다는 사회적 압력에 저항하는 방법을 다룬다. "집중 연구"에서는 이 중 한 프로그램에 대해 다루고 있다.

집중 연구

섭식 장애 예방 프로그램에 대한 평가

- **연구자 및 연구 목표** 10대 여아들의 섭식 장애를 예방하는 한 가지 방법은 대중매체에서 종종 마른 여성의 신체가 이상적인 것처럼 잘못 인식되고 있다는 사실을 보도록 하는 것이다. 이러한 대중매체의 영향에 대해 비판하는 활동에 참여한 10대들은 섭식 장애에 잘 걸리지 않는 경향이 있다. 예를 들어, 이들은 더 이상 마른 몸매가 이상적인 것이라고 여기지 않게 되어 다이어트를 할 가능성이 더 적으며, 섭식 장애의 증상을 보고하는 일이 감소하게 된다. 그러나 이러한 결과는 연구가 매우 통제된 조건하에서 수행되었을 때 얻어진 것이다(예 : 잘 훈련된 조력자들과 함께 연구 센터에서 모니터링을 받으며 진행됨). 에릭 스타이스와 그의 동료들(Stice et al., 2009)은 이러한 예방 프로그램이 좀 더 현실적인 상황에서 진행될 때에도(이 경우에 간호사나 상담사와 같은 학교 직원들에 의해 진행될 때에도) 효과가 있을 것인지 확인하고자 하였다.

- **연구 방법** 스타이스와 그의 동료들은 자신의 신체상(body image)에 대해 관심이 있는 여자 고등학생들을 모집하였다. 모집된 여학생들의 반은 통제 조건에 배정하고, 섭식 장애 및 자신의 신체상을 향상시키는 방법들에 관한 책자를 제공하였다. 나머지 반은 중재 조건에 배정하여 회기당 1시간씩 총 4회에 걸쳐 진행되는 프로그램에 참여하도록 하였다. 프로그램은 마른 몸매를 이상적인 것이라고 여길 때 수반되는 손실을 보여 주도록 고안된 다양한 활

동들로 구성되었다. 예를 들어, 그들은 역할극을 통해 왜 여학생들이 마른 몸매를 이상적인 것으로 추구해서는 안 되는지 집단의 리더들을 설득하거나, 그들이 살을 빼도록 압력을 받았던 경험들과 그러한 압력에 저항하는 방법들을 기록하는 과제를 하였다. 프로그램 시작 전, 프로그램 종료 1개월 후, 6개월 후, 그리고 12개월 후 두 집단의 여학생들은 마른 몸매가 이상적인 것이라는 생각을 고수하는 정도, 신체 불만족, 다이어트 행동, 그리고 섭식 장애 증상들에 관한 질문지를 작성하였다.

- **연구 대상** 이 연구의 대상은 306명의 청소년 여아들로 이 중 139명은 중재 조건에, 167명은 통제 조건에 배정되었다.

- **연구 설계** 이 연구는 실험 연구 설계로 스타이스와 동료들은 예방 프로그램이 청소년 여아들의 섭식 장애 관련 태도 및 행동에 미치는 영향을 통제 조건과 비교하는 데 관심을 두었다. 연구자들은 연령 차이를 살펴보지 않았으므로 이 연구는 횡단 연구와 종단 연구 어느 것에도 해당되지 않는다.

- **윤리적 문제** 연구자들은 청소년들과 그들의 부모로부터 동의서를 받았다. 측정 도구와 예방 프로그램이 참여자들에게 미치는 어떤 명백한 위험도 제기되지 않았다. 섭식 장애의 증상을 보이는 여학생들은 치료에 연계되었다.

- **결과** 각 척도별 연구 결과들은 대체적으로 유사한 것으로 나타났다. 다이어트 행동의 경우, "당신은 식사할 때 먹고

싶은 것보다 좀 덜 먹으려고 노력하는가?", "당신은 의도적으로 살을 빼려고 먹는 음식이 있는가?" 등의 항목들이 포함된 질문지를 통해 측정되었다. 척도의 점수는 1점(전혀 그렇지 않다)에서 5점(항상 그렇다)으로 구성되어 있다. 〈그림 4-5〉에 나타난 결과들을 보면, 사전검사에서 두 집단의 여학생들은 때때로 다이어트와 관련된 행동들을 지지하였다. 여기서 주목할 것은 통제 조건의 여학생들의 경우 이러한 응답들이 별다른 변화를 보이지 않은 반면, 중재 조건의 여학생들의 경우에는 감소했다는 것이다. 즉 예방 프로그램에 참여한 여학생들은 다이어트와 관련된 행동들을 보고할 가능성이 적은 것으로 나타났다.

- **결론** 이러한 연구 결과들은 이전 연구와 마찬가지로 마른 몸매를 이상적인 것으로 여길 때 수반되는 손실들을 강조하는 예방 프로그램에 참여한 여학생들은 자신의 신체 및 섭식 관련 태도와 행동이 변화되었음을 가리킨다. 스타이스와 그의 동료들은 "생태학적으로 적절한 환경에서 다양한 인종을 대상으로 예방 프로그램이 제공될 경우에도 긍정적인 개입의 효과가 나타날 것이다"(p. 831)라고 말했다.

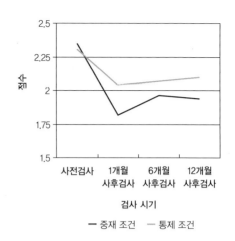

그림 4-5

- **함의 및 적용** 4개의 측정 도구는 청소년들이 직접 질문지를 작성하도록 되어 있다. 부모들에게 딸의 다이어트 관련 행동들에 대해 기술하도록 요청하거나, 실험 과제를 통해 신체 불만족을 측정하거나, 또는 섭식 장애를 반영하는 생리학적 측정치를 얻는 것과 같은 다양한 측정 방법을 사용하여 본 연구 결과들과 일치하는 증거들을 제공할 수 있을 것이다.

"집중 연구"에서 살펴본 것과 같은 프로그램들은 효과적이다. 이러한 프로그램들에 참여한 위기 청소년들은 자신의 외모에 대해 더 만족했으며, 다이어트나 폭식을 할 가능성이 적었다(Stice, South, & Shaw, 2012). 섭식 장애를 가진 10대들을 위한 치료가 가능한데, 대개 치료는 예방 프로그램과 마찬가지로 핵심 태도와 행동을 수정하는 데 초점을 맞춘다(Puhl & Brownell, 2005).

비만

LO6 왜 어떤 아동들은 비만이 되는가? 이를 해결할 수 있는 방법은 없는가?

미국과 세계 여러 나라들의 아동기 비만은 급속하게 확산되고 있다.

이 절 앞부분에 등장한 리카르도는 과체중이다. 그는 키에 비해 체중이 많이 나간다. **비만의 전문적인 정의는 키에 대한 체중의 비율을 가리키는 신체질량지수**(body mass index, BMI)**에 기초한다.** 상위 5%에 속하는(키에 비해 매우 체중이 많이 나가는) 아동들과 청소년들은 비만인 것으로 정의된다. 미국의 경우, 지난 25~30년 동안 과체중인 아동의 수는 2배, 과체중인 청소년의 수는 3배 증가하여 오늘날 대략 6명 중 1명의 아동 혹은 청소년이 과체중이다(U.S. Department of Health and Human Services, 2010). 이는 미국에만 해당되는 독특한 경향이 아니다. 서구의 식습관과 생활 방식을 도입한 많은 선진국과 개발도상국가에서도 이러한 경향은 뚜렷하다(World Health Organization, 2010).

사진 속의 남아처럼 과체중 청소년들은 종종 인기가 없고, 낮은 자존감을 보이며, 학교 성적이 좋지 않다(Gable, Krull, & Chang, 2012; Puhl & Latner, 2007). 게다가 이들은 고혈압이나 당뇨와 같은 병에 걸릴 위험이 높은데 이는 대부분의 비만 아동 및 청소년들이 성인이 되어서도 비만이기 때문이다(U.S. Department of Health and Human Services, 2010).

아동이 비만이 되는 것은 한 가지 요인 때문만이 아니며, 다음과 같은 여러 요인들이 영향을 미친다.

- 유전—비만은 가계에 유전된다. 유전자들은 과식을 하도록, 몸을 많이 움직이지 않도록, 혹은 지방이 연료로 덜 전환되도록 한다(Cheung & Mao, 2012).
- 부모—많은 부모들은 아동이 더 이상 배가 고프지 않을 때에도 '남기지 말도록' 재촉한다. 어떤 부모들은 화난 아동을 달래 주기 위한 방편으로 음식을 사용한다. 이러한 습관은 아동들로 하여금 배가 고플 때만 먹는 것 대신 외적인 신호에 의존해 먹도록 만든다(Coelho et al., 2009; Wansink & Sobal, 2007).
- 몸을 많이 움직이지 않는 생활 방식—밖에서 노는 대신 TV를 보는 것과 같이 신체적인 활동을 잘 하지 않는 아동들은 비만이 되기 쉽다(Tremblay et al., 2011).
- 너무 적은 수면—잠을 충분히 자지 않는 아동과 청소년들은 체중이 느는 경향이 있는데, 이는 아마도 오래 깨어 있기 때문에 더 배고픔을 느끼거나, 또는 너무 피곤해서 운동을 할 수 없기 때문이다(Magee & Hale, 2012).

이러한 각각의 요인들은 비만으로 이어지지 않을 수 있다. 그러나 이 요인들이 함께 작용할 때 아동은 비만에 이르게 된다. 만일 아동이 유전적으로 과식하는 경향이 있으며, 몸을 잘 움직이지 않는 데다, 만성적으로 잠이 부족하다면 비만이 될 위험은 더 커진다. 아동기 비만을 이해하기 위해서는 아동의 환경에서 제공되는 음식의 양과 질뿐 아니라 이러한 모든 위험 요인을 고려해야 한다(Harrison et al., 2011).

비만 아동들과 청소년들이 체중을 줄이는 것은 가능하다. 가장 효과적인 체중 감량 프로그램은 아동의 식습관을 바꾸는 것과 아동으로 하여금 더 활동적이 되도록 격려하는 데 초점을 맞춘다. 먼저 아동은 식사 및 운동 목표를 세운다. 부모는 아동이 현실적인 목표를 세우도록 도울 뿐 아니라, 진전에 대해 보상을 주며, 아동의 식습관과 운동을 모니터링한다. 프로그램이 이러한 요소들을 포함하고 있을 때 비만 아동의 체중은 감소하게 된다(Oude Luttikhuis et al., 2009; West et al., 2010). 그러나 많은 아동들은 이러한 프로그램에 참여해 체중을 감량한 후에도 여전히 과체중이다. 따라서 아동들에게 우선 건강한 식습관과 신체 활동을 격려함으로써 과체중과 비만을 피하도록 하는 것이 최선이다.

질병

LO7 전 세계 아동들의 삶을 위협하는 질병은 어떤 것들이 있는가?

전 세계적으로 800만에 가까운 아동들이 5세 이전에 사망한다. 이 중 절반 이상이 아프리카에 있는 국가에서 발생한다(WHO, 2013). 이는 대략 한 해에 미국에서 사망한 모든 1, 2, 3세 아동들의 수와 맞먹는 엄청난 규모이다. 전 세계 어린 아동들의 가장 중요한 사망 원인들로는 폐렴, 설사, 말라리아, 그리고 영양실조를 들 수 있다(WHO, 2012). 이 질병들로 인한 사망은 대부분 비용 효율이 높은 검증된 치료들로 예방할 수 있다. 예를 들어, 설사는 수분 부족을 일으켜 사망에 이르게 하지만 소금과 칼륨이 들어 있는 물을 즉각 섭취하면 죽음을 면할 수 있다.

지난 20년간 WHO(World Health Organization)는 아동의 질병을 예방하기 위한 일환으로 아동의 백신 접종에 힘써 왔다. 이러한 노력으로 많은 개발도상국들의 백신 접종률이 크게 증가하였다. 또한 WHO는 UNICEF(United Nations

질문 4.2
10세인 조슈아는 평균체중보다 11킬로그램 더 많이 나간다. 그의 체중 감량을 돕기 위해 그와 그의 부모는 무엇을 할 수 있는가?

어린 아동들을 질병들로부터 보호하는 한 방법은 건강한 성장을 돕는 관습(예 : 말라리아를 전염시키는 모기로부터 아동을 보호하기 위해 모기장 안에서 잠을 자도록 하는 것)을 채택하는 것이다.

영아 및 어린 아동들을 보호하는 간단한 방법은 차를 탈 때 카시트에 태우는 것이다.

Children's Fund)와 연합하여 폐렴, 설사, 홍역, 말라리아 및 영양실조를 퇴치하는 IMCI(Integrated Management of Childhood Illness) 프로그램을 개발하였다(WHO, 2004). IMCI는 아동의 전반적인 건강에 초점을 맞추는 통합적인 전략을 사용했는데, 이는 질병에 걸린 많은 아동들이 위의 다섯 가지 중 두 가지 이상과 관련이 있는 증상들을 보였기 때문이다. IMCI의 첫 번째 구성 요소는 건강관리 전문가들을 훈련시켜 아동기 질병을 다루는 데 더욱 숙련된 기술을 갖도록 하는 것이다. 두 번째 구성 요소는 건강관리 시스템을 개선하여 아동기 질병에 더욱 효과적으로 대처하도록 하는 것이다(예 : 필요한 약품들을 확보하는 것). 세 번째 구성 요소는 가족 및 공동체의 관습을 변화시켜 건강한 성장을 위해 도움이 되도록 하는 것이다. 예를 들어, 말라리아를 일으키는 모기로부터 아동을 보호하려면 앞의 사진에서처럼 아동을 모기장 안에서 잠을 자도록 해야 한다. IMCI는 60개 이상의 국가에 의해 채택되었으며, 전 세계 아동들의 건강 증진에 중추적인 역할을 담당하고 있다(Bhutta et al., 2010; Victora et al., 2006).

사고

LO8 어떤 사고들이 특히 아동과 청소년들에게 위험한가?

미국에서 영아 사망의 대부분은 출생 시의 결함이나 저체중과 관련이 있는 질병들로 인한 것이다. 그러나 1세 이후에는 사고로 인한 사망이 가장 큰 비율을 차지한다(Federal Interagency Forum on Child and Family Statistics, 2013). 자동차 사고는 아동의 사고사 중 가장 흔한 원인이다. 유감스럽게도 이러한 죽음은 대부분 아동이나 청소년이 안전벨트를 착용했다면, 또는 영아와 어린 아동을 사진에서처럼 카시트에 안전하게 태웠다면 충분히 예방할 수 있는 것들이다. 이런 규제가 없다면 아동과 청소년들은 자동차의 앞유리를 뚫고 떨어져 나가거나 도로에 부딪힐 때 심각한 머리 부상을 당할 수 있다.

또한 많은 영아와 어린 아동들은 익사하거나, 불에 데어 사망하거나, 질식사한다. 이러한 죽음들은 종종 어린 아동들을 적절하게 감독하지 못한 결과이다(Morrongiello & Schell, 2010; Petrass & Blitvich, 2013). 예를 들면, 어린 아동들이 돌아다니다가 울타리가 없는 수영장에 떨어져 익사하는 일은 매우 흔하다. 부모는 아동들이 종종 주변 환경을 탐색하고 싶어 하지만 아직 많은 위험을 인식하지 못한다는 사실을 기억해야 한다. 부모는 어린 아동들을 계속 잘 지켜보아야 한다. 또한 나이가 많은 아동의 경우 부모는 아동의 능력을 과대평가하지 않도록 주의해야 한다. 어떤 사고들은 부모가 아동의 인지 및 운동 능력을 너무 자신하기 때문에 일어난다. 어떤 부모들은 사진 속의 여아처럼 자동차가 많이 다니는 차도 옆 자전거 도로로 통학하도록 허락하기도 한다. 그러나 많은 아동들이 자전거를 탈 때 계속해서 주의를 집중하지 않으며, 때때로 잘 살피지 않고 차가 많이 다니는 길을 건너려고 시도한다(Morrongiello, Klemencic, & Corbett, 2008; Stevens et al., 2013).[2]

청소년들에게 자동차 사고는 가장 중요한 사망 원인이다. 물론 다른 점은 청소년들은 더 이상 승객이 아닌 운전자라는 점이다. 안타깝게도 많은 청소년들이 과속 운전, 음주 운전, 운전 중 문자 보내기, 안전벨트 미착용으로 사망한다(Centers for Disease Control and Prevention, 2012). 또한 총기 사고는 10대 남자 청소년들의 가장 중요한 사망 원인으로 대두된다. 실제로 총기 사고는 15~19세 아프리카계 미국 청소년들의 사망을 초래하는 가장 빈번한 원인이다(Federal Interagency Forum on Child and Family Statistics, 2013).

---

2) 10세인 나의 아들 매트는 그의 새로운 자전거를 타다가 기어가 바뀌는 것을 쳐다보는 데 정신이 팔려 주차된 자동차의 뒤쪽을 바로 들이받았다. 다행히 그는 약간의 상처만 난 채 탈출했다. 그러나 이런 예는 어린 시절의 집중력 부족이 얼마나 쉽게 자전거 사고로 이어질 수 있는지를 보여 준다.

사고의 의미는 우연히 일어나는 사건으로 누구에게도 책임을 물을 수 없음을 내포한다. 그러나 아동과 청소년이 개입된 대부분의 사고는 예측할 수 있는 것들이며, 사고를 미연에 예방하거나 피해를 줄일 수 있는 방법이 있다. 자동차 사고의 경우를 예로 들면, 단순히 안전벨트를 하는 것만으로도 상당 부분 안전성을 높일 수 있다. 총기 관련 사고들은 아동과 청소년이 총기류에 접근 가능하지 않도록 함으로써 줄일 수 있다(예 : 총과 탄약을 따로 분리해 잠가 둠). 또한 학교 및 지역사회를 기반으로 한 안전 프로그램들은 아동기의 사고를 감소시킬 수 있는 비용 효율적인 방법이다(Nilsen, 2007; Schwebel, Davis, & O'Neal, 2012). 아동은 도보로 혹은 자전거로 등교하는 안전 수칙을 배울 수 있으며, 성인의 지도하에 그것을 연습해 볼 수 있다. 이러한 프로그램들을 통해 아동들은 안전에 도움이 되는 행동을 손쉽게 배운다.

부모는 때때로 아동이 안전하지 않은 도로에서 자전거 타는 것을 허용하는 등 아동의 능력을 과대평가하기 때문에 사고를 초래한다.

학습 확인

점검 사춘기 소녀들을 신경성 식욕부진증과 신경성 폭식증의 위험에 빠뜨리는 요인들에 대해 요약해 보시오.

걸음마기 영아들과 미취학 아동들의 주요 사망 원인은 무엇인가? 청소년들의 경우에는 어떠한가?

이해 비만에 기여하는 생물학적 요인과 환경적 요인을 구별하여 보시오.

적용 영양실조는 아동의 발달에 어떻게 영향을 미칠 수 있는가?

4.3 신경계의 발달

학습 목표

LO9 신경 세포는 무엇으로 이루어져 있는가? 뇌는 어떻게 조직되어 있는가?

LO10 태내 발달 중 뇌는 언제 형성되는가? 뇌의 다양한 영역들은 언제 기능하기 시작하는가?

개요

성숙한 뇌의 조직

뇌의 발달

10세인 마틴은 길을 건너다가 지나가는 차에 치였다. 그는 일주일간 혼수 상태였으나 점차 의식을 회복했으며 이제 주변을 알아본다. 마틴의 어머니는 마틴이 생명을 건진 것에는 감사하지만 앞으로 그가 어찌될지 걱정이다.

아동이 성장함에 따라 일어나는 신체적 변화들은 놀랍다. 그러나 그보다 더 놀라운 것은 우리가 눈으로 볼 수 없는 뇌와 신경계의 변화이다. 영아의 배고픈 느낌, 아동의 웃음, 대수학을 배우려는 청소년의 노력 등은 모두 뇌와 나머지 신경계의 기능과 관련이 있다. 또한 언어 및 다른 인지 능력들을 포함하여 아동들이 학습하는 모든 정보는 뇌에 저장된다.

뇌는 어떻게 이러한 많은 과제들을 완수하는가? 마틴과 같이 뇌가 부상을 당할 경우 어떤 영향을 받는가? 이러한 질문들에 답하기 위해 먼저 성인의 경우 뇌가 어떻게 조직되어 있는지 살펴보자.

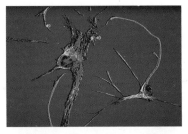

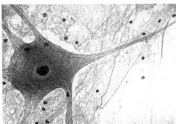

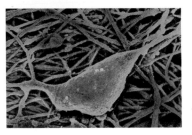

뉴런은 다양한 형태를 하고 있으나 정보를 전달하는 동일한 기능을 갖는다.

그림 4-6

성숙한 뇌의 조직

LO9 신경 세포는 무엇으로 이루어져 있는가? 뇌는 어떻게 조직되어 있는가?

뇌와 나머지 신경계의 기본 단위는 정보를 받아 전달하는 역할을 하는 **뉴런**(neuron)이다. 여러 사진에서처럼 뉴런은 다양한 모양을 하고 있다. 〈그림 4-6〉은 모든 뉴런에서 발견되는 기본적인 부분들을 이해하기 쉽도록 되어 있다. 뉴런의 중앙에 있는 **세포체**(cell body)는 뉴런의 생명을 유지시켜 주는 생물학적 조직을 가지고 있다. 또한 정보를 받아들이는 뉴런의 한쪽 끝인 **수지상 돌기**(dendrite)는 가지가 많은 나무와 모양이 비슷하다. 이러한 가지들은 한 뉴런이 수천 개의 다른 뉴런들로부터 입력 데이터를 받아들일 수 있도록 돕는다(Morgan & Gibson, 1991). 세포체의 또 다른 끝은 정보를 다른 뉴런들에 전달하는 **축색 돌기**(axon)로 튜브처럼 생겼다. 축색 돌기는 **미엘린**(myelin)으로 싸여 있는데, 이는 정보 전달이 더 빠르게 일어나도록 돕는다. 미엘린에 의해 신경 속도는 초당 1.8미터에서 초당 15미터로 증가하게 되는데, 이는 마치 차로 운전하는 것과 비행기로 가는 것의 차이와 같다. 축색 돌기의 끝에는 **말초 신경 버튼**(terminal buttons)이라 불리는 작고 둥근 것들이 있는데, 이것들은 근처 뉴런들에게 정보를 전달하는 화학 물질인 **신경 전달 물질**(neurotransmitter)을 방출한다. 마지막으로, 한 축색 돌기의 말초 신경 버튼들은 실제로 다른 뉴런들의 수지상 돌기와 닿아 있지 않은 것을 볼 수 있다. 한 뉴런과 다음 뉴런 사이의 틈이 바로 **시냅스**(synapse)이다. 신경 전달 물질은 시냅스를 가로질러 뉴런들 사이에 정보를 전달한다.

인간의 뇌는 이러한 뉴런들을 500억~1,000억 개가량 가지고 있다. 성인의 뇌는 그 무게가 1.3킬로그램도 되지 않는 손 안에 쉽게 들어올 만한 크기이다. 뇌의 주름진 표면은 약 100억 개의 뉴런들로 구성된 **대뇌 피질**(cerebral cortex)로 인간의 많은 고유 기능들을 관장한다. 대뇌 피질은 각각 좌우 **반구**(hemisphere)들로 구성되어 있으며, **뇌량**(corpus callosum)이라고 불리는 두터운 다발 안의 수백만 개의 축색 돌기와 연결되어 있다. 〈그림 4-7〉에서와 같이 당신의 호감 가는 성격, 뛰어난 말솜씨, 타인을 읽는 이상한 재주 등 당신이 중요하게 여기는 특징들은 모두 대뇌 피질의 특정 영역들에 의해 통제된다.

개인의 성격이나 계획을 세우고 실행하는 능력은 대부분 대뇌 피질의 앞부분인 **전두 피질** (frontal cortex)의 기능이다. 언어를 말하고 이해하는 능력, 추론하는 능력, 계산하는 능력은 대부분의 사람들의 경우 좌반구 대뇌 피질의 뉴런들에 기인한다. 또한 예술 및 음악적 능력, 공간 관계 지각, 그리고 얼굴과 감정을 인식하는 능력은 대부분의 사람들의 경우 우반구의 뉴런들로부터 나온다.

이제까지 성숙한 뇌의 조직에 관해 간략하게 살펴보았다. 다음은 뇌가 어떻게 발달하고 기능하기 시작하는지 알아보자.

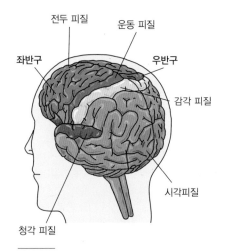

그림 4-7

뇌의 발달

LO10 태내 발달 중 뇌는 언제 형성되는가? 뇌의 다양한 영역들은 언제 기능하기 시작하는가?

뇌의 발달을 연구하는 과학자들은 몇 개의 핵심 질문을 가지고 있다. 언제, 어떻게 뇌의 구조들이 발달하는가? 언제 뇌의 다양한 영역들이 기능하기 시작하는가? 왜 뇌의 영역들은 각기 다른 기능을 가지고 있는가? 이제부터 연구 결과들을 통해 각각의 질문에 대한 답을 찾아볼 것이다.

뇌 구조의 출현 3.1절에서 알 수 있듯이 뇌의 시작은 접합체 시기로 거슬러 올라간다. **수정 후 대략 3주가 되면 세포들이 모여 신경판**(neural plate)**이라고 알려진 평평한 조직을 형성한다.** 4주째에는 이 신경판이 포개져서 튜브를 만드는데, 이 튜브는 궁극적으로 뇌와 척수(spinal cord)가 된다. 튜브 퓨 즈(fuse)의 양 끝이 닫혔을 때 신경 튜브의 한 작은 부분에서 뉴런이 만들어진다. 뉴런의 생산은 수 정 후 약 10주경에 시작되며, 28주까지 뇌는 거의 모든 뉴런을 갖게 된다. 이 기간 동안 뉴런들은 매 초당 3,000개 이상이 생산된다. 놀랍게도, 새로 만들어진 많은 뉴런들은 수명이 짧다. 그것들은 근처의 뉴런들이 연결부를 형성할 수 있도록 공간을 만들어 주기 위해 일찍 사라지게끔 프로그래 밍되었다(Stiles, 2008).

뉴런들은 신경 튜브 속 뉴런들을 생산해 내는 곳에서부터 뇌 안의 최종 위치로 이동한다. 뇌는 가장 안쪽 층에서부터 시작하여 단계적으로 만들어진다. 처음에 가장 안쪽 층의 뉴런들이 자리 를 잡고, 다음은 두 번째 층의 뉴런들이 자리를 잡는 식이다. 이러한 과정은 성숙한 뇌의 6개 층이 형성될 때까지 계속되는데, 수정 후 약 7개월이 걸린다 (Rakic, 1995). 〈그림 4-8〉에서와 같이 신경 세포들은 마치 뱀이 장대를 오르듯이 지지 세포들 주위를 감싸며 위쪽으로 움직인다.

태내 발달 4개월경 신경 전달을 가속화하는 두터운 막 인 미엘린이 축색 돌기에 생기기 시작한다. 이 과정은 영아기를 거쳐 아동기와 청소년기까지 계속된다(Paus, 2010). 감각 정보를 전달하는 뉴런들의 경우 맨 처음 미엘 린이 생기는 반면, 대뇌 피질의 뉴런들은 가장 나중에 미 엘린이 만들어진다. 미엘린이 많을수록 협응과 반응 시간 이 향상되는 효과를 가져온다. 시간이 지날수록 영아는 좀 더 빠르고 협응된 반응을 보인다(이 현상에 대해서는 5.3절의 소근육 운동에서 더 자세히 다룰 것이다).

출생 후 수개월 동안 뇌는 빠르게 성장한다. 축색 돌기 와 수지상 돌기는 길게 자라는데, 특히 수지상 돌기는 마 치 나무가 자라듯이 빠르게 새로운 가지들을 낸다. 수지 상 돌기의 수가 증가함에 따라 시냅스의 수 역시 증가하 여 생후 1년경에는 정점에 도달한다. **얼마 지나지 않아 시 냅스들은 점차 사라지기 시작하는데, 이를 시냅스 가지치기** (synaptic pruning) **현상이라고 한다.** 이렇듯 뇌는 영아 기에 시작하여 청소년 초기로 이어지는 동안 뉴런들 사 이의 불필요한 연결 고리들을 없애는 스스로의 '축소화 (downsizing)' 과정을 거친다. 이러한 가지치기는 신경 회 로의 활동에 달려 있다. 활동적인 시냅스들은 보존되지만

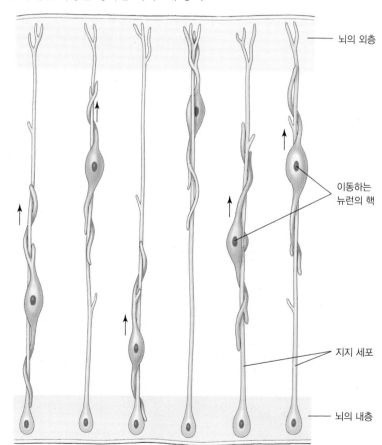

— 뇌의 외층

이동하는 뉴런의 핵

지지 세포

— 뇌의 내층

마치 뱀이 장대를 오르듯이 뉴런들은 지지 세포들 주위를 감싸며 뇌 안의 최종 장소로 이동한다.

그림 4-8

그렇지 못한 시냅스들은 제거된다(Webb, Monk, & Nelson, 2001). 가지치기는 감각 및 운동 기능과 관련된 영역에서 제일 처음 완성되며, 다음으로 기본 언어와 공간 능력 관련 영역에서, 마지막으로 주의력과 계획 관련 영역에서 완성된다(Casey et al., 2005).

특성화된 뇌의 성장 성숙한 뇌는 특정 영역들에 국한된 다양한 심리적인 기능들로 특성화되어 있기 때문에 발달 연구자들은 뇌의 특성화의 기원과 과정에 대해 뜨거운 관심을 가져왔다. 수년 동안 특성화에 대한 유일한 단서들은 뇌 손상을 입은 아동들로부터 나온 것들이다. 이때 사용된 논리는 손상된 영역과 그로 인해 초래되는 장애를 연결 짓는 것이다. 만일 뇌의 한 영역이 특정 기능(예 : 말을 이해하는 것)을 조절한다면, 그 영역이 손상될 경우 관련 기능의 장애를 가져올 것이다.

뇌의 기능을 연구하는 한 방법은 아동의 두피에 전극을 붙여 뇌의 전기 활동을 기록하는 것이다.

다행히도 뇌 손상을 입은 아동들은 상대적으로 매우 소수이다. 그러나 이것은 과학자들이 뇌 발달을 연구하기 위해서 다른 방법을 모색해야 한다는 것을 의미한다. **이 중 하나가 뇌파 전위 기록술(electroencephalography)로 사진에서처럼 두피에 붙인 전극들을 통해 뇌의 전기 활동을 측정하는 것이다.** 만약 뇌의 한 영역이 어떤 기능을 조절한다면, 아동이 그 기능을 사용하는 동안 뇌의 그 영역은 독특한 패턴의 전기 활동을 보여야 한다. **또 다른 최신 기술인 기능적 자기 공명 화상법(functional magnetic resonance imaging, fMRI)은 뇌 속 혈액의 흐름을 추적하기 위해 자기장을 이용한다.** 이는 아래 사진과 같이 연구 참여자들의 뇌를 문자 그대로 강력한 자석으로 둘러싸 이들이 다양한 과제를 수행할 때 뇌 속의 혈액의 흐름을 추적할 수 있다(Casey et al., 2005). 이때 사용된 논리는 활동적인 뇌 영역은 더 많은 산소를 필요로 하기 때문에 그 영역으로의 혈액의 흐름이 증가할 것이라는 것이다.

이러한 방법들 중 어느 것도 완벽한 것은 없으며, 각각의 단점을 가지고 있다. 예를 들어, fMRI는 비용이 많이 들고 참여자가 한 번에 몇 분씩 움직이지 않은 채 누워 있어야 하기 때문에 잘 사용되지 않는다. 이러한 제한점들에도 불구하고 위의 다양한 접근을 사용한 연구들은 아동 발달에 따른 뇌의 특성화를 설명하는 몇 가지 일반적인 원리를 밝혀냈다.

1. **특성화는 발달 초기에 일어난다.** 당신은 아마도 신생아의 뇌가 전혀 특성화되어 있지 않다고 생각할지 모른다. 사실 많은 뇌 영역들은 이미 영아기 초기에 특성화되어 있다. 예를 들면, 영아기에 전두 피질이 손상된 경우 의사 결정 장애와 비정상적인 정서 반응을 보이는데, 이러한 결과는 전두 피질이 일찍 특성화되었음을 가리키는 것이다(Anderson et al., 2001). 이와 유사하게 뇌파 전위 기록술을 사용한 연구들은 말소리에 대한 반응으로 신생아의 좌반구가 우반구에 비해 더 많은 전기 활동을 보이는 것을 알아내었다(Molfese & Burger-Judisch, 1991). 따라서 출생 시 좌반구의 대뇌 피질은 이미 언어 처리 과정과 관련이 있음을 알 수 있다. 제9장에서 다루게 되겠지만, 이러한 특성화는 영아기 동안 언어가 빠르게 발달할 수 있도록 돕는다. 마지막으로, 태내 뇌 손상을 입은 아동들에 관한 연구들은 영아기에 이미 우반구가 몇몇 유형의 공간 관계를 이해하는 것과 관련이 있음을 보여 준다(Stiles et al., 2005).

2. **특성화는 두 가지 특징을 나타낸다.** 첫째, 활동적인 뇌 영역들은 발달과 더불어 좀 더 집중적으로 활성화되는 경향이 있는데, 이는 마치 뇌우가 넓은 지역에 내리다가 훨씬 작은 지역에서 동일한 힘을 집중적으로 쏟아붓는 것과 같다(Durston et al., 2006). 둘째, 뇌의 활동을 촉진시키는 자극의 종류는 일반적인 것에서 특정한 것으로 옮겨 간다(Johnson, Grossman, & Cohen Kadosh, 2009). 뇌가 얼굴과 같은 자극을 처리할 때 위의 두 가지 경향을 모두 보여 준다. 뇌는 특정 영역(방추상회, fusiform gyrus)에서 집중적으로 활성화되며, 또한 사람의 얼굴을 볼 때에만 활성화된다(Cohen Kadosh et al., 2013; Scherf et al., 2007).

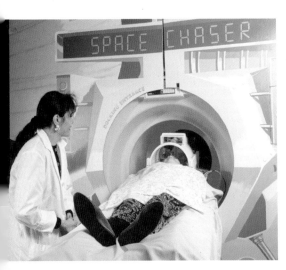

기능적 자기 공명 화상법은 강력한 자석을 통해 뇌의 여러 영역들로의 혈액의 흐름을 추적함으로써 아동이 다양한 과제를 수행할 때 활동적인 뇌 영역들을 보여 준다.

3. **다양한 뇌 시스템들은 서로 다른 속도로 특성화된다.** 여러 층으로 된 새 집을 짓는다고 생각해 보자. 모든 집은 위 층을 올리기 전에 1층부터 짓는다. 그러나 어떤 집들은 다른 집들이 채 시작하기도 전에 완성된다. 마찬가지로, 기본적인 감각 및 지각 과정들과 관련이 있는 뇌 영역들은 보다 상위 명령 과정들에 필요한 다른 영역들보다 먼저 특성화된다(Fox, Levitt, & Nelson, 2010). 이와 유사하게, 보상(특히 또래들로부터의 보상)에 민감한 뇌 시스템들은 청소년기에 성숙에 도달하지만, 자기 통제를 관장하는 뇌 시스템들은 성인기까지는 완전히 특성화되지 않는다(Casey & Caudle, 2013; Galván, 2013).

뇌 발달 속도에서의 이런 차이는 청소년들이 왜 그러한 위험한 행동들(예 : 음주 운전, 무분별한 성관계)을 하는지에 대한 하나의 이유가 될 수 있다. 즉 자기 통제와 관련된 뇌 영역이 보상과 관련된 뇌 영역에 비해 상대적으로 미성숙하기 때문이다(Somerville & Casey, 2010). 또한 이러한 연구 결과들은 청소년 관련 법안들을 변화시키는 결과를 가져왔다. 이에 관해서는 다음의 "아동 발달과 가족 정책"에서 다룰 것이다.

아동 발달과 가족 정책

10대 관련 법안들

아동 발달 전문가들은 발달이 여러 단계들로 이루어져 있음을 발견하였다(예 : 피아제의 인지 발달 4단계). 그러나 미국의 법은 대개 성인의 특권이나 책임을 갖지 않는 미성년자들과 그러한 특권이나 책임을 갖는 성인들로 구분하는 데 그친다. 미성년자들이 성인의 특권과 책임을 얻게 되는 연령은 특권에 따라 달라진다. 한 예로, 미국 주들의 대부분은 16세에 자동차를 운전할 수 있으며, 21세에 술을 구입할 수 있도록 허용하고 있다.

전통적으로, 청소년들이 성인의 특권을 얻기에 가장 적절한 연령이 언제인지에 대한 결정은 아동 발달 연구에 기초해 이루어지지 않았다. 그러나 최근 이러한 경향은 바뀌고 있는데(Bonnie & Scott, 2013), 운전이 바로 그 좋은 예이다. 4.2절에서 살펴본 바와 같이 자동차 사고는 미국 10대들의 주요 사망 원인이다. 이러한 사망 사고들은 대부분 또래들을 같이 태우고 운전했을 때 일어난다. 이는 아마도 또래들이 10대 운전자의 주의를 산만하게 하거나, 혹은 위험하게 운전하도록 부추기기 때문이다(Laird, 2011). 그러나 미국의 모든 주에서 청소년들이 위험을 감수하는 행동을 하는 경향이 있으며, 또래들로부터 받는 보상에 민감하다는 연구들에 기초하여 등급별 운전 면허 정책을 시행하였다. 이 프로그램들은 주마다 차이가 있으나, 학습 단계를 늘리고 중간 단계(또래들을 태우고 운전하거나 어두워진 이후에 운전하는 것을 제한함)를 포함하고 있다. 이러한 새로운 정책들은 효과를 나타냈다. 전반적으로 10대 운전자들의 사고가 줄었으며, 사망자도 감소하였다(McCartt & Teoh, 2011; Zhu et al., 2013).

또 다른 예로 청소년의 뇌 발달 연구가 유죄 판결을 받은 범죄자를 처형하는 사형 제도에 관한 정책에 영향을 미친 것을 들 수 있다. 1980년대 후반, 미국 대법원은 사형에 해당하는 범죄를 저지른 16세 미만의 청소년들에 대해 사형을 금지하는 한편(Thompson v. Oklahoma, 1988), 범죄 당시 16세 이상인 청소년들의 경우에는 사형을 옹호하였다(Stanford v. Kentucky, 1989).

이러한 변화는 2004년 한 법정 소송 사건으로부터 시작되었다. 한 17세 소년이 한 여성을 묶은 후 강에 던져 익사시키는 살인을 저질렀다. 그 소년은 범죄를 자백했지만, 배심원단이 그에게 유죄 평결 및 사형을 권고하였고 판사는 이대로 판결을 내렸다. 그 소년은 사형 선고에 대해 항소하였고, 결국 사건은 미국 대법원에서 마무리되었다.

APA(American Psychological Association)는 청소년이 저지른 범죄에 대한 사형 선고는 잔인하고 통상적이지 않은 처벌임을 주장하는 '법정 조언자(friend of the court)' 변론 취지서를 제출했다(APA, 2004, July 19). 이 변론 취지서는 청소년들은 미성숙한 뇌 발달 때문에 더 충동적이고, 위험을 추구하며, 성인들보다 자신의 행동의 결과에 대해 예측하는 능력이 부족하다는 것을 주장했다. 또한 청소년들은 성인들보다 또래 압력에 더 취약하며, 이에 대해 자신을 방어하는 능력이 부족하다고 주장했다. 법원은 이러한 주장들을 인용하여 청소년들에게 사형을 선고하는 것은 잔인하고 통상적이지 않은 처벌이기 때문에 이를 폐지한다고 밝혔다(Roper v. Simons, 2005). 이후 법원은 같은 논리를 사용하여 가석방 없는 종신형을 청소년에게 선고할 수 없다는 판결을 내렸다(Miller v. Alabama, 2012).

이와 같이 청소년들의 위험 감수에 대한 행동 및 신경 과학 연구들은 운전 면허 제도와 사형 제도에 대한 공공 정책에 영향을 미쳤다. 아마도 이러한 연구 결과들은 청소년들이 (a) 술을 구입하거나, (b) 성관계를 갖기로 동의하거나, (c) 부모의 동의 없이 피임약을 구입할 수 있는 연령에 관한 법안들과 같은 청소년 관련 법안들의 적절성을 밝히는 데에도 사용될 수 있을 것이다.

4. **성공적인 특성화를 위해서는 환경으로부터의 자극이 필요하다.** 뇌를 집에 비유한다면, 신생아의 뇌는 아마도 아직 마무리가 되지 않은, 아직 가구가 다 갖추어지지 않은 집과 같다. 신생아의 뇌는 특정 기능을 수행하도록 설계된 예비 신경 경로들로 되어 있는 일반적인 조직 체계를 가지고 있다. 좌반구는 언어와 관련된 일부 경로들을 가지고 있으며, 전두 피질은 정서와 관련된 일부 경로들을 가지고 있다. 그러나 성숙한 뇌 조직이 완성되려면 환경으로부터의 자극이 필요하다. 아직 어떤 특정 기능과 연관되지 않은 다른 뉴런들을 자극하는 환경의 자극이 필요하다(Greenough & Black, 1992). **이 경우 환경으로부터의 자극 투입은 경험 예기적 성장(experience-expectant growth)에 영향을 미친다. 진화의 과정에서 영아들은 대개 뇌의 배선을 조정하는 데 사용되는 어떤 형태의 자극들에 노출되게 되는데, 그 결과 어떤 회로들은 강화되고 다른 회로들은 제거된다.** 예를 들면, 정상적인 조건에서 건강한 영아들은 움직이는 시각 패턴(예 : 얼굴 등)과 다양한 소리(예 : 목소리)를 경험한다. 마치 새로 심은 씨앗이 성장하기 위해 수분이 있는 환경에 의존하는 것처럼, 뇌의 발달은 시각, 청각 및 기타 시스템의 미세 회로들에 대한 환경으로부터의 자극에 의존한다(Black, 2003).

물론 이후의 경험들도 뇌에 영향을 미친다(이에 관해서는 이 책의 뒷장들에서 다룰 것이다). **경험 의존적 성장(experience-dependent growth)은 발달의 특정 시점들과 연결되어 있지 않으면서 개인과 문화에 따라 차이를 보이는 뇌의 변화들을 의미한다.** 경험 의존적 성장의 예로는 유치원 아동이 같은 반 친구의 이름을 외우는 것, 초등학생이 집에서 학교까지의 지름길을 발견하는 것, 청소년이 새 휴대전화의 기능을 숙지하는 것 등을 들 수 있다. 각각의 경우에 뇌의 회로들은 개인의 경험에 대응하여 수정된다. 현대의 기술로는 매일 뇌에서 일어나는 변화들을 눈으로 볼 수 없다. 그러나 오랜 기간에 걸쳐 그러한 매일의 변화들이 쌓이게 될 때 뇌의 변화들을 감지하는 것이 가능해진다. 한 예로, 사진에서와 같이 숙련된 첼로 연주자들은 첼로 줄 위에 놓인 왼쪽 손가락들을 조절하는 뇌 영역들이 광범위하게 활성화되어 있다(Elbert et al., 1995). 이와 유사하게, 다년간 택시를 운전했던 경험은 방향 읽기 및 길 찾기와 관련이 있는 뇌 영역인 해마의 변화를 일으키는 것으로 밝혀졌다(Maguire, Woollett, & Spiers, 2006).

이 숙련된 첼로 연주자의 왼손 손가락들을 조절하는 뇌의 영역은 아마도 잘 발달되어 있을 것이다.

5. **특성화가 덜 이루어진 미성숙한 뇌가 갖는 유익(더 큰 유연성)이 있다.** 주택 단지의 개발이 각 집의 위치 및 설계를 명시한 계획에 따라 이루어지는 것과 마찬가지로, 뇌의 발달은 대개 유전자 코드와 환경적 자극 간의 후생유전학적 상호작용(제2장)을 반영하는 예측 가능한 경로를 따른다. 그러나 때때로 그러한 정상적인 경로는 방해를 받는다. 뇌에 손상을 입히는 사건(예 : 사고로 인한 부상)을 경험하거나, 혹은 성공적인 뇌 발달에 필요한 성분들(예 : 필요한 경험들)이 주어지지 않을 수 있다.

이러한 이례적인 경험들의 결과를 조사한 연구들은 뇌가 어느 정도의 유연성(plastic)을 가지고 있음을 발견하였다. 앞서 자동차 사고로 뇌 손상을 입은 마틴을 기억하는가? 사고 후 그의 언어 능력은 손상되었다. 이는 마틴의 뇌 중 좌반구가 사고의 물리적인 충격을 대부분 흡수했기 때문이었다. 그러나 수개월 후 마틴은 언어 능력을 완전히 회복하였다. 이것은 분명 다른 뉴런들이 손상된 뉴런들 대신 언어 관련 처리 과정을 대신하게 되었음을 가리킨다. 이러한 기능의 회복은 특히 어린 아동들에게 흔히 일어나며, 뇌가 유연하다는 것을 보여 주는 것이다. 다시 말해, 어린 아동들은 종종 나이 많은 아동들이나 성인들에 비해 뇌 손상 이후 더 많은 기능들이 회복되는데, 이것은 분명 어린 아동의 뇌 기능들이 더 쉽게 재배정되기 때문이다(Kolb & Teskey, 2012; Demir, Levine, & Goldin-Meadow, 2010).

그러나 이러한 유연성에는 한계가 있다. 태어나자마자 버려져 수개월 또는 수년 동안 보육원에서 보낸 루마니아 아동들에 관한 연구들을 살펴보자. 보육원의 영아들과 어린 아동들에게는 음식과 주거지가 제공되었으나, 장난감은 거의 제공되지 않았다. 또한 이들을 돌보는 양육자들과 아동들 간에는 최소한의 대화만이 이루어졌으며, 이들 간의 개인적인 관계는 형성되지 못했다. 이 아동들이 영국 가정에 입양된 이후 이들의 인지 발달은 빠른 진전을 나타냈으나, 정상적인 발달 과정은 따라잡지 못하였다. 더욱이 보육원에서 오랜 기간을 보낸 아동일수록 인지적 결함은 더 컸다(Rutter et al., 2010). 이 아동들의 입양 이후 경험들은 영아기의 극심한 결핍을 보상해 주지 못하는 것으로 드러났는데, 이러한 사실은 뇌가 완전히 유연한 것은 아님을 보여 주는 것이다.

뇌 기반 교육이란? 뇌 발달과 경험의 영향에 대해 더 많이 알게 되면서 많은 과학자들과 교육자들 그리고 부모들은 이러한 지식이 더 나은 교육으로 이끌게 되기를 희망하였다. 결국 뇌가 학습 기관이고, 학교의 목표가 학생들의 학습을 증진시키는 것이라면, 뇌 발달에 관한 지식들은 더 나은 교수 방법들을 제공해야만 한다. 많은 사람들이 '뇌 기반 교육(brain-based education)'에 뛰어들고 있으며, 뇌 발달에 대한 연구들이 아동들의 읽기 문제와 같은 특정 학업 능력에 대해 가치 있는 통찰을 제공하고 있는 것은 사실이다(Szücks & Goswami, 2007). 그러나 뇌 발달에 대해 현재 우리가 알고 있는 사실을 바탕으로 전 교육 과정을 재설계하는 문제는 신중해야 한다. 많은 비평가들은 비록 뇌 발달과 관련하여 우리가 얻게 된 지식들로 인해 아동의 학습을 증진시키는 조건들에 대해 몇 가지 알게 된 것들이 있다 하더라도 온전히 '뇌 친화적인' 교과 과정을 고안해 내기에는 아직까지 우리가 알고 있는 것들이 너무 적다는 사실을 지적하고 있다(Sylvan & Christodoulou, 2010). 하버드의 '마음, 뇌, 교육 프로그램'의 책임자인 커트 피셔와 그의 동료(Fischer & Immordino-Yang, 2008, p. xviii)에 따르면,

> 불행히도, 대부분의 '뇌 기반 교육'이라 불리는 것들은 뇌 또는 인지 과학에 전혀 기반을 두고 있지 않다…. 일반적으로 뇌 기반 교육에서는 학습과 학교 교육에 대한 신념들이 뇌 과학의 용어들로 재진술되어 있으나, 그러한 재진술들의 근거가 되는 뇌 연구들은 존재하지 않는다.

그러나 향후 수십 년 내에 뇌에 관한 확실한 이해에 기초한 교과 과정을 세우는 데 필요한 토대

질문 4.3

애슐리의 2세 된 딸은 계단 꼭대기에서 떨어지면서 머리를 콘크리트 벽에 부딪혔다. 이를 본 애슐리는 정신이 나간 상태에서 병원으로 달려갔다. 당신은 애슐리의 딸의 상태에 대해 어떤 말로 애슐리를 안심시키겠는가?

가 제공될 것이라는 점에서는 낙관적이다(Fischer & Immordino-Yang, 2008).

 학습 확인

점검 신경 세포의 주요 부분들과 대뇌 피질의 주요 영역들을 기술하시오.

뇌의 유연성을 보여 주는 증거에 대해 설명하시오.

이해 출생 이전의 뇌의 성장과 출생 이후의 뇌의 성장을 비교하시오.

적용 이번 절의 뇌의 발달은 4.1절의 신체적 성장의 일반적인 패턴과 어떻게 다른가?

 ## 주제 통합하기 **연결**

이 장에서 강조하는 주제는 **다양한 영역들 안에서 이루어지는 발달은 서로 연결되어 있다**는 것이다. 사춘기의 시기가 미치는 영향에 대해 생각해 보자. 아이가 성숙하는 시기는 사회성 발달에 영향을 준다(일찍 성숙하는 여아들은 대체로 인기가 없다). 이번에는 영양실조의 영향에 대해 고려해 보자. 영양실조에 걸린 청소년은 대체로 무기력한데 이는 부모-청소년 사이의 상호작용에 영향을 미친다(좋은 자극의 경험이 부족한 경향이 있다). 자극 부족은 아동의 지적 발달을 느리게 한다. 신체, 인지, 사회성 그리고 성격은 발달에 있어 서로 영향을 준다. 한 영역이 변화한다는 것은 일반적으로 다른 어떤 영역도 변화한다는 것이다.

직접 해 보기

아이들은 놀이터를 사랑한다. 불행히도 미국에서는 매년 수십만 명의 아이들이 놀이터에서 부상을 당한다. 일부 사고의 경우 부모가(혹은 다른 성인이) 아동의 놀이에 세심하게 주의를 기울였다면 막을 수 있었다. 동네 놀이터에 가서 아이들이 노는 것을 관찰하라. 얼마나 많은 아이들이 무의식적으로 자신들을 위험에 노출시키는지 주목해 보라. 또한 성인들이 아이들이 노는 것을 잘 지켜보고 통제하는지 확인해 보자.

요약

 ### 4.1 신체적 성장

인간 성장의 특징

신체적 성장은 특히 유아기에 급속하게 진행되며 학령기가 되면 느려졌다가 청소년기가 되면 다시 가속된다. 신체적 성장은 신장과 몸무게의 증가뿐만 아니라 근육, 지방, 뼈의 발달과도 연관이 있다.

아동의 신장은 이전 세대보다 지금 세대가 더 크다. 평균 키는 문화나 나라에 따라 차이를 보이며 한 문화 내에서도 키의 정상 범위는 다양하다.

신체적 성장의 기제

신체적 성장은 수면의 영향을 받는데 이는 대부분의 성장호르몬이 수면 중에 분비되기 때문이다. 영양은 특히 유아기와 청소년기처럼 급성장하는 시기에 중요하다. 모유 수유는 아기에게 모든 필수적인 영양소를 공급해 주고 다른 이점들을 제공한다. 많은 아동들과 청소년들은 부적절한 영양 섭취로 인해 충분한 영양소를 얻지 못한다.

청소년의 성장 급등과 사춘기

사춘기에는 청소년의 성장이 급등하고 성적으로 성숙해진다. 여아는 일반적으로 남아보다 성장 급등이 먼저 시작되며 남아는 근육이 더 불어나고 지방이 적어지며 심장과 폐의 용량이 증가한다. 성적 성숙은 1차 성징과 2차 성징을 포함하며 남아와 여아 모두에게 예정된 순서대로 진행된다.

사춘기의 변화가 뇌하수체가 분비선에게 신호를 보내면 부신, 난소, 그리고 고환에서 호르몬이 분비되어 신체적 변화를 촉진시킨다. 사춘기의 시기는 건강과 영양 그리고 사회적 환경에 의해 영향을 받는다.

사춘기의 변화는 청소년기의 심리적 기능에 영향을 준다. 10대는 외모에 대해 고민하게 된다. 이른 성숙은 여아에게 해롭지만 남아에겐 보다 적은 영향을 미친다.

4.2 건강한 성장에 대한 도전

영양실조

영양실조는 세계적인 문제(미국을 포함한)로 성장이 급속히 빨라지는 유아기 때 특히 치명적이다. 영양실조는 뇌 손상을 야기하여 아동의 지능과 집중력에 영향을 미친다. 영양실조를 치료하기 위해서는 아동의 식단이 개선되어야 하고 부모 훈련을 통해 좋은 자극을 주는 환경을 조성하도록 하는 것이 필요하다.

섭식 장애 : 신경성 식욕부진증과 신경성 폭식증

신경성 식욕부진증과 신경성 폭식증은 섭식 장애로 일반적으로 청소년기 여아에게 영향을 준다. 그들은 특징적으로 과체중이 되는 것에 대한 비합리적인 두려움을 가지고 있다. 이 장애에 기여하는 여러 가지 요인을 살펴보면 유전, 아동기 섭식 문제, 청소년기 자신의 신체와 체중에 대한 집착이 있다. 섭식 장애는 남아에겐 거의 없으며 위험 요인으로는 아동기의 비만, 낮은 자아존중감, 체중 감소에 대한 사회적 압력과 특정 스포츠의 참여를 포함한다. 치료와 예방 프로그램은 청소년의 마른 몸매에 대한 시각과 섭식 관련 행동을 바꾸는 것에 초점을 맞추고 있다.

비만

다수의 비만 아동과 청소년들은 인기가 없으며 낮은 자존감을 가지고 있으며, 의학적 질병에 걸릴 위험에 처해 있다. 비만은 유전, 부모의 영향, 앉아 있는 생활습관이 반영되어 나타난다. 비만을 치료하는 효과적인 프로그램은 청소년과 아동의 식습관을 바꾸도록 격려하고 보다 활동적인 생활을 하도록 돕는 것이다. 이를 위해 부모들은 사실적인 목표를 세우고 진행 과정을 감독하면서 도움을 줄 수 있다.

질병

매년 전 세계 100만 명의 아동이 폐렴, 설사, 말라리아, 그리고 영양실조로 사망한다. 아동기 질병에 대한 통합적 관리(IMCI)는 새로운 통합적 접근으로 아동의 건강을 홍보하기 위해 개발되었다.

사고

미국에서 아동과 청소년의 사망은 다른 어떤 원인보다 사고에 기인한다. 자동차 사고로 인한 사망률이 높은데 이는 아동과 청소년이 안전장치를 착용했다면 예방할 수 있는 것들이었다. 부모들은 때때로 아동과 청소년의 능력을 과대평가하여 사고를 초래한다.

4.3 신경계의 발달

성숙한 뇌의 조직

뉴런이라 불리는 신경 세포는 세포체, 수지상 돌기, 축색 돌기로 구성되어 있다. 성숙한 뇌는 수십억의 뉴런으로 구성되어 있으며 좌우 반구가 거의 동일하게 조직화되어 뇌량으로 연결되어 있다. 전두 피질은 성격이나 목표 지향적 행동, 좌반구 피질은 언어, 우반구 피질은 비언어적 과정에 관여한다.

뇌의 발달

뇌의 구조는 태아 때부터 발달이 시작된다. 이때 뉴런들이 믿기 힘든 속도로 증가한다. 출생 후 중앙 신경 시스템의 뉴런은 미엘린으로 둘러싸이게 되며 이로 인해 정보의 전달이 더욱 신속하게 일어난다. 아동기를 거치면서 가지치기의 과정을 통해 사용하지 않는 시냅스는 점차적으로 사라진다.

뇌의 특성화는 초기에 나타난다. 더 나아가 특성화는 특정 뇌의 영역에 집중적으로 활성화되는데 뇌의 활동을 촉발시키는 자극이 특정한 부분으로 옮겨 간다. 다양한 뇌 시스템들은 서로 다른 속도로 특성화된다. 특성화는 환경으로부터 온 자극에 의해 결정된다. 상대적으로 특성화가 덜 된 미성숙한 뇌는 손상 이후 더 쉽게 회복된다.

자기평가

1. 신체적 성장은 유아기와 _____에 급속하게 진행된다.
   a. 미취학 시기
   b. 청소년기
   c. 학령기

2. 영아는 많은 영양소를 필요로 하는데 이는 _____을 위해 많은 양의 에너지를 필요로 한다.
   a. 호흡
   b. 영아의 높은 활동 수준

c. 성장

3. 모유를 먹은 아기는 분유를 먹은 아이에 비해 어떤 점이 다른가?
   a. 더 자주 아프다.
   b. 설사와 변비에 걸릴 확률이 더 낮다.
   c. 고형식으로 바꿀 때 더 어렵다.

4. 사춘기에 대한 설명으로 맞는 것은?
   a. 여아보다 남아에게 먼저 온다.
   b. 스트레스를 덜 받은 여아보다 스트레스를 경험한 여아에게 먼저 온다.
   c. 유전에 의한 영향은 없다.

5. 일찍 성숙한 여아는 늦게 성숙한 여아보다 _____.
   a. 흡연과 음주를 할 가능성이 높다
   b. 또래들에게 더 인기 있다
   c. 자신감이 더 높다

6. 영양실조의 최선의 치료법은?
   a. 아동의 식단을 개선하는 데 초점을 맞추는 것이다.
   b. 아동의 식습관을 통제하기 위해 약을 복용한다.
   c. 식단 개선과 더불어 부모 교육을 시킨다.

7. _____ 청소년은 폭식하거나 스스로 구토 혹은 변비약을 사용하여 음식물을 제거한다.
   a. 신경성 식욕부진증
   b. 비만
   c. 신경성 폭식증

8. 비만은 _____에 의해 유발될 수 있다.
   a. 텔레비전 광고를 통한 마른 몸매의 이상적인 문화적 강조
   b. 부모가 내부적 신호보단 외부적 신호를 강조하여 먹는 것을 통제하는 경우
   c. 높은 활동의 수준을 결정하는 유전적 요인

9. 전 세계 어린아이들의 주요 사망 원인은?
   a. 전염병
   b. 사고
   c. 출생 시 결함

10. 미국의 청소년의 주요 사망 원인은?
    a. 익사
    b. 자동차 사고
    c. 질병

11. 이것은 뉴런에 포함한 생물학적 조직으로 뉴런의 생명을 유지시켜 준다.
    a. 세포체
    b. 축색 돌기
    c. 수지상 돌기

12. 뇌의 전두피질의 손상은 어떤 영향을 미치는가?
    a. 언어에 대한 이해와 구사
    b. 공간 능력
    c. 계획하는 능력

13. 시냅스 가지치기는 뇌의 영역 중 어떤 부분에서 처음으로 완성되는가?
    a. 감각 및 운동 기능
    b. 의사결정
    c. 언어

14. 뇌의 특성화에 대한 설명 중 틀린 것을 고르시오.
    a. 다양한 뇌 시스템들은 서로 다른 속도로 특성화된다.
    b. 특성화가 덜 이루어진 미성숙한 뇌가 갖는 유익(더 큰 유연성)이 있다.
    c. 특성화는 발달의 나중에 나타난다.

15. 환경의 자극이 뇌의 배선을 미세 조정하는데 이런 현상을 무엇이라 하는가?
    a. 경험 예기적 성장
    b. 뇌 기반 교육
    c. 시냅스 가지치기

핵심 용어

지각 및 운동 발달

아이가 아기였을 때 자기 오빠가 드럼을 연습할 시간에 낮잠을 자곤 했다. 물론 딸의 침실 문을 닫아 두었지만 드럼 치는 소리는 여전히 매우 컸다! 처음 몇 번은 드럼 치는 소리가 시작되자 딸아이는 깜짝 놀라기는 했지만 이내 다시 잠들었다. 그러나 며칠이 지난 후에는 드럼 연습이 시작되어도 딸아이는 꿈쩍도 하지 않았다. 이러한 딸의 행동은 지각이 기능하고 있음을 보여 주는 것이다. 우리의 감각에는 수많은 자극이 주어지지만, 그중 많은 자극은 무시된다. **우리는 감각 및 지각 과정**(sensory and perceptual process)**을 통해 외부 세계로부터 자극을 받아들이고, 선택하며, 수정하고, 조직한다.** 감각 및 지각 과정은 마침내 '알게 되는 것'에 이르는 복잡한 과정의 첫 단계이다. 5.1절에서는 영아기의 감각 과정의 기원에 대해 살펴볼 것이다. 5.2절에서는 아동기에 더욱 복잡한 지각 및 주의 과정이 어떻게 발달하게 되는지 알아볼 것이다.

지각 과정은 운동 기술(motor skill)—**근육과 사지의 협응된 움직임—과 밀접한 관련이 있다.** 지각은 종종 아동의 움직임을 인도한다. 아동은 시각을 사용하여 장애물을 피한다. 또한 그러한 환경에서 아동의 움직임은 매우 다양한 지각적 자극을 제공하게 된다. 5.3절에서는 운동 기술의 발달로 인해 외부 세계를 탐색하고 이해하며 즐기는 아동의 능력이 어떻게 향상되는지 살펴볼 것이다.

5.1 감각과 지각의 기본 과정

학습 목표

LO1 신생아는 냄새를 맡고 맛을 볼 수 있는가? 신생아는 접촉에 반응하며 고통을 경험하는가?

LO2 영아들은 얼마나 잘 들을 수 있는가? 영아들은 외부 세계를 이해하기 위해 어떻게 소리를 사용하는가?

LO3 영아들의 시각은 얼마나 정확한가? 영아들은 색을 지각하는가?

LO4 영아들은 어떻게 다양한 감각 정보를 통합하는가?

개요

후각, 미각, 촉각

청각

시각

감각 정보의 통합

달라는 태어난 지 3일 된 딸 올리비아를 매우 예뻐한다. 그녀는 딸을 안거나 딸에게 말을 하는 것도 좋아하고 그냥 딸을 들여다보는 것도 좋아한다. 달라는 올리비아가 벌써 자신의 얼굴과 목소리를 듣고 자신을 알아본다고 확신한다. 달라의 남편 스티브는 아내가 말도 안 되는 소리를 한다고 생각한다. 그는 그녀에게 "아기들은 태어날 때 눈이 보이지 않는다는 건 상식이야. 그러니까 아마 잘 들을 수도 없을 거야"라고 말한다. 달라는 스티브 말이 옳은지 잘 모르겠다. 그녀는 누군가 자신에게 아기의 시각과 청각에 대해 말해 주길 바란다.

달라의 질문은 신생아인 딸의 감각 및 지각 기술에 대한 것들이다. 그녀의 이해를 돕기 위해, 사람들은 다양한 유형의 감각 기관을 가지고 있으며, 각 감각 기관은 독특한 종류의 물리적 에너지를 수용한다는 사실을 기억할 필요가 있다. 예를 들면, 눈 뒤쪽의 망막은 어떤 유형의 전자기 에너지에 민감한데, 그 결과 우리가 볼 수 있는 것이다. 고막은 기압의 변화를 감지할 수 있는데, 그 결과 우리가 소리를 들을 수 있는 것이다. 비강 위쪽의 세포들은 공기로 운반되는 분자들을 감지할 수 있는데, 그 결과 우리가 냄새를 맡을 수 있는 것이다. 각각의 경우에 감각 기관은 물리적 자극을 신경 자극의 형태로 바꿔 뇌로 보내게 된다.

인간의 다양한 감각 기관들은 인생의 초기에 기능을 시작한다. 이것이 이번 절의 대부분이 영아기에 관한 내용인 이유이다. 영아가 무엇을 느끼는지 어떻게 알 수 있는가? 영아들은 어떤 냄새를 맡고, 어떤 소리를 듣고, 어떤 것을 보는지 말할 수 없으므로 연구자들은 다른 방법을 고안해 냈다. 연구자는 영아들에게 높은 신호음과 낮은 신호음, 단맛이 나는 물질과 신맛이 나는 물질 같은 두 가지 자극을 제시한다. 그런 다음 심장 박동, 얼굴 표정 혹은 눈동자의 움직임과 같은 영아들의 반

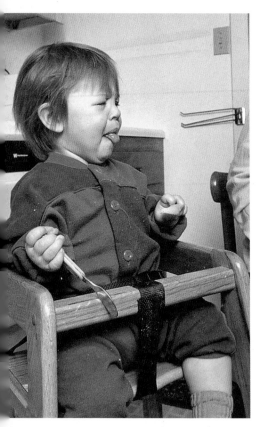

영아들과 어린 아동들은 쓴맛을 좋아하지 않는다.

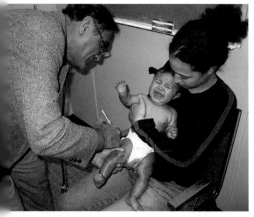

예방 접종을 할 때의 영아의 반응—특유의 얼굴 표정과 울음—은 아기가 통증을 느낀다는 것을 보여 준다.

응을 기록한다. 만약 영아들이 계속 두 자극에 대해 다르게 반응한다면(예 : 한 신호음이 나는 방향은 쳐다보지만 다른 신호음에 대해서는 그런 반응을 보이지 않음), 영아들은 이 두 가지 자극을 구분하는 것이 틀림없다.

또 다른 방법은 대개 영아들이 익숙한 자극보다 새로운 자극을 선호한다는 사실에 기초한다. 새로운 자극이 제시되었을 때 영아들은 더 많은 주의를 기울인다. 그러나 그 자극이 익숙해짐에 따라 주의를 덜 기울이게 되는데, 이러한 현상을 습관화(habituation)라고 한다. 연구자들은 지각을 연구하기 위해 습관화를 사용한다. 한 예로, 영아가 거의 반응을 하지 않을 때까지 낮은 신호음을 반복하여 들려준 다음 높은 신호음을 들려준다. 만일 영아가 강하게 반응한다면 영아는 이 두 가지 자극을 구별할 수 있는 것이다.

이번 절에서는 이러한 방법들을 통해 영아들의 감각 및 지각 과정에 대해 밝혀진 것들을 학습할 것이다. 이 과정은 그 자체로도 흥미롭다. 당신은 영아의 감각이 놀라울 정도로 뛰어나다는 것을 발견하게 될 것이다. 그러나 아동의 복잡한 생각과 감정을 이해하기 위한 기초로 감각 및 지각 과정을 공부하는 것도 중요하다. 이러한 문제들을 더 다루기 전에 먼저 영아들이 그들 주변의 세계로부터 얼마나 능숙하게 정보를 받아들이는지 알아야 한다.

후각, 미각, 촉각

LO1   신생아는 냄새를 맡고 맛을 볼 수 있는가? 신생아는 접촉에 반응하며 고통을 경험하는가?

신생아들은 예민한 후각을 가지고 있다. 신생아들은 좋은 냄새에는 긍정적으로 반응하며, 불쾌한 냄새에는 부정적으로 반응한다(Mennella & Beauchamp, 1997). 신생아들은 꿀이나 초콜릿 냄새를 맡을 때 느긋하고 만족스러운 얼굴 표정이 되지만, 썩은 달걀이나 암모니아 냄새를 맡을 때에는 얼굴을 찡그리거나 찌푸리며 고개를 돌린다. 또한 신생아들은 익숙한 냄새를 구별할 수 있다. 신생아는 자신의 양수를 적신 패드 쪽을 쳐다본다. 또한 신생아들은 어머니의 모유나 향수를 적신 패드 쪽으로 고개를 돌린다(Porter & Winburg, 1999; Schaal, Soussignan, & Marlier, 2002).

또한 신생아들은 잘 발달된 미각을 가지고 있다. 신생아들은 손쉽게 짠맛, 신맛, 쓴맛, 단맛을 구분할 수 있다(Schwartz, Issanchou, & Nicklaus, 2009). 대부분의 영아들은 달고 짠 것들을 선호한다. 이러한 것들을 먹을 때 영아들은 미소를 지으며 입술을 빨거나 핥는 반응을 보인다(Beauchamp & Mennella, 2011). 반면 위쪽 사진 속의 영아가 무엇을 맛보았는지 아마 추측할 수 있을 것이다! 이러한 찌푸린 얼굴은 보통 영아가 쓴맛 혹은 신맛이 나는 물질을 먹었을 때의 표정이다(Kaijura, Cowart, & Beauchamp, 1992). 또한 영아는 어머니의 식단을 반영하는 모유 맛의 변화에도 민감하다. 어머니가 바닐라와 같은 단맛의 음식을 먹은 후에는 영아가 젖을 더 많이 먹는다(Mennella & Beauchamp, 1997).

신생아들은 터치에 민감하다. 3.4절에서 기술한 바와 같이 신생아의 신체 중 많은 부분들이 터치될 때 반사적으로 반응한다. 영아의 뺨, 입, 손 혹은 발을 만지면 반사적인 움직임을 보이는데, 이는 영아가 터치를 지각한다는 것을 입증한다. 더욱이 통증을 일으키는 명백한 자극들에 반응하는 영아들의 행동은 영아가 통증을 경험한다는 것을 암시한다(Warnock & Sandrin, 2004). 예를 들어, 아래쪽 사진 속의 예방 접종 주사를 맞는 아기를 보라. 아기는 입을 벌리고 울고 있다. 비록 아기의 소리를 들을 수는 없지만, 아마도 그 울음소리는 통증과 관련이 있는 독특한 패턴일 것이다. 통증으로 인한 울음은 고음이며 갑자기 시작되고 쉽게 진정되지 않는다. 이때 아기는 흥분 상태이며 심장 박동이 빨라지고 손과 팔다리를 움직이려고 애쓴다(Craig et al., 1993; Goubet, Clifton, & Shah, 2001). 이러한 신호들은 아기가 통증을 경험한다는 것을 가리킨다.

지각 능력은 특히 신생아들과 어린 아기들에게 매우 유용하다. 냄새와 터치는 이들이 어머니를 인식할 수 있도록 도움을 주며, 이들이 먹는 방법을 더 쉽게 배울 수 있도록 해 준다. 후각, 미각, 그리고 촉각의 초기 발달은 신생아들과 어린 아기들로 하여금 외부 세계에 대해 학습할 수 있도록 준비시킨다.

청각

LO2 영아들은 얼마나 잘 들을 수 있는가? 영아들은 외부 세계를 이해하기 위해 어떻게 소리를 사용하는가?

3.1절에서 살펴보았듯이 태아는 수정 후 7~8개월이 되면 들을 수 있다. 이러한 연구 결과들로부터 예상할 수 있는 것처럼 신생아들은 대개 주변 환경에서 나는 소리에 반응한다. 만약 부모가 조용히 있다가 기침을 하면 영아는 깜짝 놀라며 눈을 깜빡이고 팔이나 다리를 움직인다. 이러한 반응들은 자연스러워 보이지만 사실 영아들이 소리에 민감하다는 것을 의미한다.

그러나 영아들이 성인들만큼 잘 듣는 것은 아니다. **청각 한계(auditory threshold)는 들을 수 있는 가장 조용한 소리를 가리킨다.** 성인의 청각 한계는 측정하기가 매우 쉽다. 한 신호음을 제시하면 그것을 듣고 말하는 식이다. 그러나 영아는 들은 것을 명확히 보고하지 못하므로 연구자들은 영아들의 청각 한계를 측정하기 위해 여러 방법을 개발하였다(Saffran, Werker, & Werner, 2006). 예를 들어, 한 가지 간단한 방법은 아기를 부모의 무릎에 앉히고 부모와 아기 모두 헤드폰을 낀다. 관찰자는 헤드폰을 끼고 다른 방에 앉아 관찰 창을 통해 아기를 보고 있다. 실험자는 주기적으로 아기의 헤드폰에 신호음을 보낸다. 관찰자나 부모는 실험자가 언제 신호음을 보내는지 모른다(그들의 헤드폰으로는 신호음을 들을 수 없다). 매 시도마다 관찰자는 단지 아기가 어떤 반응을 보이는지 판단한다. 즉 고개를 돌리거나 얼굴 표정 혹은 활동 수준이 변하는지를 본다. 나중에 실험자는 매 시도와 관찰자의 판단이 얼마나 일치했는지 확인한다. 만약 아기가 신호음을 들을 수 있다면 관찰자는 신호음이 제시되었을 때만 아기의 반응을 보고했어야 한다.

이러한 유형의 검사를 실시한 결과, 전반적으로 성인들이 영아들보다 더 잘 들을 수 있다는 것이 밝혀졌다. 성인들은 영아들이 듣지 못하는 매우 조용한 소리도 들을 수 있다(Saffran et al., 2006). 더욱 중요한 것은 영아들이 사람의 말소리 범위—너무 높지도 너무 낮지도 않은—에 해당하는 피치의 소리를 가장 잘 듣는다는 사실이다. 또한 영아들은 자음과 모음을 구분할 수 있으며, 4개월 반경에는 자신의 이름을 인식할 수 있다(Jusczyk, 1995; Mandel, Jusczyk, & Pisoni, 1995). 9.1절에서는 말소리를 듣는 영아들의 놀라운 능력에 대해 더 많은 것을 배우게 될 것이다.

또한 영아들은 다양한 음악 소리를 구별할 수 있다. 영아들은 다양한 멜로디를 구분할 수 있으며, 불쾌한 소리나 불협화음보다 유쾌한 소리의 멜로디를 선호한다(Trainor & Heinmiller, 1998). 영아들은 음악의 리드미컬한 구조에 민감하다. 영아들은 간단한 음표의 배열을 들은 후 새로운 배열과 원래 배열의 차이를 구별할 수 있다(Hannon & Trehub, 2005). 음악에 대한 이러한 초기의 민감성은 주목할 만한 것이다. 그러나 모든 문화에 있어서 음악이 매우 중요한 위치를 차지하고 있음을 생각할 때 이것은 그리 놀라운 일이 아니다.

따라서 생후 6개월경의 영아들은 대부분 소리에 의해 제공되는 많은 정보에 반응한다. 그러나 모든 영아가 그렇게 할 수 있는 것은 아니다. 이 주제는 다음의 "아동의 삶 향상시키기"에서 다루게 된다.

질문 5.1
티파니는 12개월 된 딸이 청각 손상이 있을까 봐 걱정하고 있다. 어떤 증상이 그녀가 이런 걱정을 하게 만들었는가? 만일 이러한 증상이 있다면 그녀는 무엇을 해야 하는가?

아동의 삶 향상시키기

영아기의 청각 장애

어떤 영아들은 청각 장애를 가지고 태어난다(어린 영아들의 청력을 정확하게 검사하는 경우는 드물기 때문에 정확한 수치는 파악하기 어렵다). 아프리카계, 아시아계, 유럽계, 그리고 라틴 아메리카계 아기들 모두 동일하게 청각 장애에 취약하다. 유전은 신생아 청각 장애의 주요한 원인이다. 출생 후에는 뇌와 척수 주변의 피막에 염증이 생기는 뇌수막염이 주요한 원인이 될 수 있다.

부모가 주의를 기울여야 하는 청각 장애의 신호들에는 어떤 것들이 있는가? 만약 어린 아기가 갑작스런 큰 소리에 전혀 반응을 보이지 않는다면 이는 당연히 의심해 보아야 한다. 또한 아기가 중이염을 반복해서 앓는다면, 혹은 생후 4~5개월경에 소리가 나는 방향으로 고개를 돌리지 않는다면, 혹은 생후 8~9개월경에 자신의 이름에 반응하지 않는다면, 혹은 생후 12개월경에 말소리나 간단한 단어의 모방을 시작하지 않는다면 장애를 의심할 필요가 있다.

이럴 경우 부모는 영아를 의사에게 데려가 검사를 받도록 해야 하며 검사를 미뤄서는 안 된다. 문제를 더 빨리 발견할수록 아기는 더 많은 도움을 받을 수 있다.

만약 검사 결과 아기가 청각 장애를 가지고 있음이 드러나면 청력 상실의 정도에 따라 다양한 치료가 가능하다. 부분적인 청력이 손실된 아동들의 경우 기구의 도움을 받을 수 있다. 어떤 아동들은 보청기의 도움을 받기도 하며, 어떤 아

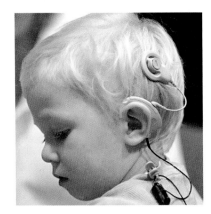

많은 청각 장애 아동들은 언어 신호를 전기 자극으로 바꿔 청각 신경 회로를 자극하는 달팽이관 이식의 도움을 받는다.

동들은 사진 속의 아동과 같이 달팽이관 이식을 받기도 하는데, 이것의 원리는 언어를 전기 신호로 바꾸는 전자 장치를 귀 속에 넣어 내이(inner ear)의 신경 세포를 자극하는 것이다. 또한 입술을 읽는 방법(lipreading)을 훈련하는 것도 도움이 된다. 심각한 청력 상실이 있는 아동들은 수화로 의사소통하는 것을 배울 수 있다. 청각 장애 아동들은 언어(구두 언어 혹은 수화)를 습득하고 효과적인 상호작용을 함으로써 정상적인 인지 및 사회 발달이 가능하다. 열쇠는 장애를 신속하게 파악하는 것이다.

시각

LO3   영아들의 시각은 얼마나 정확한가? 영아들은 색을 지각하는가?

영아들은 깨어 있는 동안 주변을 둘러보면서 대부분의 시간을 보낸다. 영아들은 때때로 주변 환경을 대충 훑어보는 것같이 보이기도 하고, 때로는 가까운 물체에 집중하는 것같이 보이기도 한다. 그러나 영아들은 실제 무엇을 보는가? 영아들의 시각 세계는 회색빛의 얼룩들이 펼쳐져 있는가? 아니면 그들은 성인들이 보는 것과 같이 외부 세계를 보는가? 사실 두 경우 모두 틀리지만 두 번째가 사실에 더 가깝다.

태어날 때부터 아기들은 빛에 반응할 수 있으며, 눈으로 움직이는 물체를 좇을 수 있다. 그러나 영아의 시력을 어떻게 측정할 수 있는가? **시력(visual acuity)은 분명하게 구별될 수 있는 가장 작은 패턴으로 정의된다.** 성인의 경우 차트에서 점차 크기가 작아지는 문자열들을 읽음으로써 시력을 측정한다. 영아들의 시력 검사에도 두 가지 전제에 근거한 같은 기본 논리가 사용된다. 첫째, 대부분의 영아들은 단순하고 패턴이 없는 자극 대신 패턴이 있는 자극을 주시할 것이다. 예를 들어, 만약 영아들에게 〈그림 5-1〉과 같은 두 개의 자극을 보여 준다면 대부분은 회색 패턴보다 줄무늬 패턴을

그림 5-1

더 오래 볼 것이다. 둘째, 줄 사이의 간격과 더불어 줄들의 너비를 더 좁게 만들 경우 어느 순간부터는 검은 줄과 하얀 줄이 매우 가늘어져서 전체가 회색 패턴과 같이 보이게 될 것이다.

영아의 시력을 측정하기 위해 〈그림 5-2〉와 같이 회색 사각형과 줄무늬의 너비가 다른 사각형들을 짝 지어 제시했을 때, 영아가 두 개의 자극을 동일하게 주시한다면, 이는 두 자극을 구별하지 못한다는 것을 의미한다. 이런 식으로 줄무늬들의 너비와 영아의 눈에서부터의 거리를 측정하여 시력을 측정할 수 있다(더 가는 줄무늬를 찾아내는 것은 시력이 더 좋다는 것을 뜻한다). 측정 결과, 정상 성인들이 약 60~120미터에서 보는 것을 신생아 및 1개월 된 아기들은 6미터에서 보는 것으로 나타났다. 영아들의 시력은 빠르게 향상되며, 첫돌이 되면 정상 성인과 같아진다(Kellman & Arterberry, 2006).

영아들은 첫해 동안 더 정확하게 볼 수 있게 될 뿐만 아니라 컬러로 외부 세계를 보기 시작한다. 우리는 색을 어떻게 지각하는가? 빛의 파장은 색 지각의 근원이다. 〈그림 5-3〉을 보면 우리가 빨갛다고 보는 빛은 상대적으로 긴 파장을 가진 반면, 스펙트럼의 다른 쪽 끝에 있는 보라색은 훨씬 짧은 파장을 가진다. **즉 우리는 눈의 망막에 있는 특정 뉴런인 감광 세포**(cones)**로 파장을 찾아낸다.** 어떤 감광 세포들은 특히 짧은 파장의 빛(파랑과 보라)에 민감하고, 어떤 것들은 중간 길이의 빛(초록과 노랑)에 민감하며, 또 어떤 것들은 긴 파장의 빛(빨강과 주황)에 민감하다. 이러한 다양한 종류의 감광 세포들은 눈과 뇌의 복잡한 뉴런 회로들에 연결되어 있으며, 이러한 신경 회로들은 세상을 컬러로 볼 수 있도록 해 준다.

이 회로들은 출생 후 처음 몇 개월 이내에 점차 기능하기 시작한다. 신생아들과 어린 아기들은 몇 개의 색만을 지각할 수 있으나, 생후 3개월경에는 3개의 감광 세포들과 관련 회로들이 작동하므로 색의 전 범위를 볼 수 있게 된다(Kellman & Arterberry, 2006). 실제로 3~4개월 된 영아들은 성인과 유사하게 색을 지각하는 것처럼 보인다(Adams & Courage, 1995; Franklin, Pilling, & Davies, 2005). 특히 영아들은 성인과 마찬가지로 색을 범주별로 지각하는 경향이 있다. 예를 들어, 만약 노란 빛의 파장이 점차 증가하면 영아는 갑자기 그것을 노랑의 색조가 아닌 빨강의 색조로 지각한다(Dannemiller, 1998; Ozturk et al., 2013).

영아들의 색을 지각하는 능력은 빠르게 향상되는 시력과 더불어 그들의 시각적 경험을 이해할 수 있도록 해 준다. 또한 영아들은 다양한 감각으로부터 얻은 정보들을 연결함으로써 이들의 시각적 능력은 더욱 향상된다.

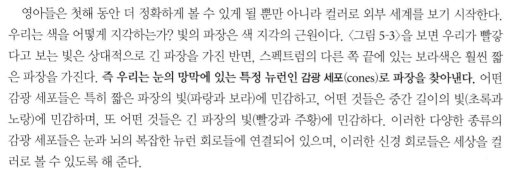

그림 5-2

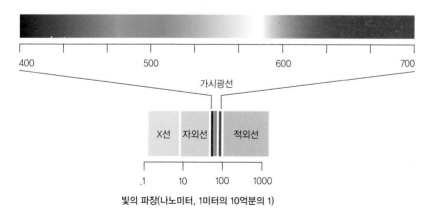

그림 5-3

감각 정보의 통합

LO4   영아들은 어떻게 다양한 감각 정보를 통합하는가?

지금까지 우리는 영아들의 감가 기관을 각각 따로 살펴보았다. 그러나 영아들의 경험 대부분은 '멀티미디어 사건들'이다. 사진 속에서 아기에게 모유를 먹이고 있는 어머니는 아기에게 시각적 단서와 미각적 단서를 제공한다. 딸랑이는 시각, 청각, 그리고 촉각을 자극한다. 이러한 예들은 많은 정보들이 여러 감각에 걸쳐 있음을 보여 준다. 음의 길이나 템포와 같이 시간과 관련된 정보는 시각혹은 청각에 의해 전달될 수 있다. 예를 들어, 리듬은 박수를 치는 양손이 마주치는 것을 보거나, 양손이 부딪히는 소리를 들음으로써 알 수 있다. 이와 유사하게, 어떤 표면의 결이 거친지 혹은 부드러운지는 시각이나 촉각에 의해 알 수 있다.

영아들은 이러한 감각들 간의 관계를 쉽게 지각한다. 예를 들어, 영아들은 이전에 만져 보기만 했던 물체를 시각적으로 인식할 수 있다. 이와 유사하게, 영아들은 시각적으로 제시된 정보와 청각적으로 제시된 정보 사이의 관계를 찾아낼 수 있다. 영아들은 어떤 대상의 움직임과 그 소리가 일치하는 경우(대상이 올라갈 때에는 고음이 나지만, 내려갈 때에는 저음이 나는 경우)에 그렇지 않은 경우보다 더 오래 그 대상을 바라본다(Walker et al., 2010). 또한 그들은 음의 길이와 리듬과 같은 시각 자극과 청각 자극의 시간적 속성을 연결시킬 수 있다(Lewkowicz, 2000). 마지막으로, 영아들은 자신의 신체 움직임과 음악적 리듬을 지각하는 일을 연결시킬 수 있다(Gerry, Faux, & Trainor, 2010).

전통적으로, 영아들은 다양한 감각으로부터 얻는 정보들을 협응하는 것(예 : 시각과 청각, 시각과 촉각)이 어려울 것으로 생각되었다. 그러나 최근 제시된 견해들은 이러한 관점을 지지하지 않는다. 한 가지 견해는 감각 처리 과정과 관련이 있는 뇌 영역들이 영아기에는 아직 특성화되지 않았기 때문에 감각 통합적 지각(cross-modal perception)은 영아들에게 실제로 더 쉽다는 것이다. 예를 들면, 성인의 어떤 뇌 영역들은 시각적 자극에만 반응한다. 그러나 영아의 동일한 뇌 영역들은 시각적 자극과 청각적 자극에 모두 반응한다(Spector & Maurer, 2009 ; Wagner & Dobkins, 2011).

다양한 감각으로부터 얻은 정보들을 통합하는 영아의 능력에 대한 또 다른 설명은 "주목할 만한 이론"에 나와 있다.

아기에게 모유를 먹이는 어머니는 아기에게 멀티미디어 사건을 제공한다. 아기는 어머니를 보고, 냄새 맡고, 듣고, 느끼고, 맛본다.

주목할 만한 이론

감각 간 중복 이론

배경 : 전통적으로, 다양한 감각으로부터 얻은 정보들을 연결하는 것(예 : 시각과 청각, 시각과 촉각)은 영아들에게 어려운 과제이기 때문에 이러한 능력은 영아들이 먼저 각 감각의 지각 과정들을 숙달한 후에야 가능할 것으로 생각되었다. 이러한 관점에서 본다면, 아기는 좋아하는 곰인형의 생김새, 촉감, 그리고 냄새는 지각할지 모르지만, 이러한 지각들을 통합하는 일은 점차적으로만 가능하다.

이론 : 그러나 최근 연구(Bahrick & Lickliter, 2002, 2012)는 이와는 다른 관점을 제시하였다. 그들은 음의 길이, 빠르기, 강도와 같은 무형의(amodal) 정보들은 다양한 감각으로 제시될 수 있다는 것을 발견하였다. 예를 들어, 어머니가 음악의 박자에 맞춰 박수를 칠 때, 붙고 떨어지는 두 손의 모양과 박수 소리는 음악의 템포에 대한 단서를 제공한다.

이 연구자들의 **감각 간 중복 이론**(theory of intersensory redundancy)에 따르면, 영아의 지각 체

계는 특히 여러 감각 모드로 제시되는 정보들에 맞춰진다. 즉 어린 영아들의 경우 정보가 여러 감각에 중복되어 제시될 때 정보를 가장 잘 지각할 수 있다. 한 영아가 어머니가 박수 치는 것을 보고 그 소리를 들을 때(시각적, 청각적 정보), 영아는 두 감각에 전달되는 정보에 집중하며, 어머니 손톱의 매니큐어색 혹은 노래에 맞춰 허밍하는 소리와 같이 한 가지 감각에만 전달되는 정보에는 덜 집중한다. 또는 영아는 어머니의 입술이 갈라진 것을 보고 자신에게 뽀뽀를 할 때 거친 입술의 느낌에 의해 어머니의 입술이 튼 것을 알 수 있다. 영아는 마치 '여러 감각이 제시하는 정보는 분명 중요한 것임에 틀림이 없으므로 그것에 집중할 것!'이란 규칙을 따르는 것처럼 보인다.

가설 : 만일 영아들이 특히 다양한 감각에 중복되어 제시되는 정보에 특히 주의를 기울인다면, 더 어린 연령에서도 정보가 하나의 감각으로만 제시될 때보다 다양한 감각에 제시될 때 정보의 변화를 알아차려야 한다. 즉 만약 어머니가 처음에는 천천히 박수를 치다가 그다음 빠르게 박수를 치게 되면, 더 어린 연령의 영아는 어머니가 박수 치는 것을 보기만 하거나 듣기만 할 때보다 어머니가 박수 치는 것을 보고 들을 때 이러한 변화를 알아차려야 한다.

검증 : 또 다른 연구(Flom & Bahrick, 2007)는 영아들이 성인의 정서 표현—기쁨, 분노, 또는 슬픔—의 차이를 찾아낼 수 있는지에 관해 연구했다. 다양한 모드 상황에서 영아들은 그들에게 직접 이야기를 하는 것처럼 보이는 한 여성이 등장한 비디오를 보았다. 그녀는 얼굴 표정과 목소리 톤을 통해 세 가지 감정 중 하나를 전달하였다. 영아들은 여러 차례 같은 비디오를 본 다음, 이번에는 동일한 여성이 등장하여 다른 감정을 표현하는 새로운 비디오를 보았다. 생후 4개월 된 영아들은 새로운 비디오를 더 오래 바라보았는데, 이것은 영아들이 그 여성의 정서 표현의 변화를 알아차렸음을 보여 주는 것이다. 그러나 사운드 트랙을 끈 상태에서 실험이 반복되었을 때—정서에 관한 정보는 시각에 의해서만 전달되도록—영아들은 생후 7개월이 될 때까지 정서 표현의 변화를 알아차리지 못하였다.

결론 : 이러한 결과는 위 가설을 지지한다. 영아들은 정보가 하나의 감각 모드로 제시되었을 때(7개월)보다 다양한 감각 모드로 제시되었을 때 더 어린 연령(4개월)에서 정서 표현의 변화를 알아차렸다.

적용 : 감각 간 중복 이론에 의하면, 영아들은 정보가 동시에 여러 감각에 의해 제시될 때 가장 잘 학습한다. 부모들은 이 원리를 사용하여 영아들의 학습을 도울 수 있다. 언어 학습은 그 좋은 예이다. 물론 아기들에게 이야기를 들려주는 것은 유익하다(이 주제는 제9장에서 더 깊이 다룰 것이다). 그러나 아기들과 얼굴을 마주 보고 이야기하는 것이 가장 좋은데, 왜냐하면 그때 아기들은 말소리를 구별할 수 있는 시각적 단서들을 보기 때문이다. 어머니가 "오(oooh)"라고 말할 때, 입술은 동그랗게 모아진다. 어머니가 "아(ahhh)"라고 말할 때에는 입이 크게 벌어지게 된다. 아기와 얼굴을 마주 보고 말하는 경우, 어머니는 소리에 대한 정보를 청각적으로 그리고 시각적으로 중복하여 제시하고 있는 것이다. 이것은 영아로 하여금 이러한 소리들을 구별하기 더 쉽도록 만든다(Burnham & Dodd, 2004).

다양한 감각으로부터의 정보들을 통합하는 능력은 영아들의 놀라운 감각 및 지각 능력을 강조한다. 앞서 등장했던 달라의 아기 올리비아는 확실히 냄새를 맡고, 맛을 느끼며, 통증을 느낄 수 있다. 그녀는 소리도 구분할 수 있다. 그녀의 시력은 약간 흐릿하지만 빠르게 향상될 것이며, 곧 모든

다양한 색을 볼 수 있을 것이다. 또한 그녀는 시각과 청각 그리고 다른 감각들을 연결시킬 수 있다. 물론 시간이 지남에 따라 올리비아의 지각 능력은 더 정교하게 맞춰질 것이다. 그녀는 특히 그녀의 환경에서 흔히 발견할 수 있는 자극들을 찾아내는 데 능숙해질 것이다(Scott, Pascalis, & Nelson, 2007). 그러나 지금 올리비아는 대부분의 영아들처럼 그녀의 환경을 이해할 준비가 잘 갖춰진 상태이다.

 학습 확인

점검 영아들의 후각, 미각, 그리고 촉각 능력에 대해 알려진 것들을 요약해 보시오.

유아기 시력의 중요한 발달 이정표를 설명하시오.

이해 영아들의 감각 및 지각 능력의 발달에 유전과 환경이 미치는 영향을 비교해 보시오.

적용 유아는 출생 시에도 꽤 세련된 지각 능력을 가지고 있으며 이후에도 급속도로 발달한다. 이러한 급속도의 발달은 어떤 진화적 목적을 제공하는가?

 5.2 복잡한 지각 및 주의 과정

개요

사물의 지각

주의력

주의력 결핍 과잉행동 장애

학습 목표

LO5 영아들은 어떻게 사물을 지각하는가?

LO6 주의력의 요소들은 어떤 것들이 있는가? 이러한 요소들은 어떻게 발달하는가?

LO7 주의력 결핍 과잉행동 장애는 무엇이며, 아동의 발달에 어떻게 영향을 미치는가?

스테판이 1학년에 입학하자마자 그의 선생님은 그가 때때로 통제가 되지 않는다고 말했다. 그는 쉽게 산만해져서 종종 아무 생각 없이 한 가지를 하다가 그만두고 다른 것을 시작한다. 또한 그는 충동적인 것처럼 보이며 자기 차례를 기다리기 어려워한다. 이러한 그의 행동은 그가 2학년이 될 때까지 계속되었고, 읽기와 산수에서 뒤처지기 시작했다. 그의 행동은 반 친구들을 짜증 나게 했기 때문에 다들 그를 피하기 시작했다. 그의 부모는 스테판이 그저 사내아이다운 에너지가 많은 것인지, 혹은 어떤 문제가 있는 것인지 궁금해했다.

'기본적인' 지각 과정과 '복잡한' 지각 과정의 경계선은 임의로 정할 수 있다. 5.2절은 5.1절에서 제시된 정보들의 논리적인 연장선으로 볼 수 있다. 우리는 먼저 사물을 어떻게 지각하는지를 살펴보기 시작할 것이다. 또한 주의 과정 및 주의력의 문제가 있는 아동들에 관해서도 살펴볼 것이다. 이번 절이 끝날 즈음 당신은 스테판이 그렇게 행동한 이유를 이해하게 될 것이다.

사물의 지각

LO5 영아들은 어떻게 사물을 지각하는가?

환경은 사물들로 가득 차 있다. 예를 들면, 오른쪽 사진 속에는 집 서재의 책상이 놓여 있다. 이 사진에서 당신은 노트북, 책상 램프, 마우스와 같이 뚜렷이 구별되는 별개의 사물들을 본다. 당신은 연필꽂이와 램프 그림자를 노트북의 일부로 보지 않는다. 성인들은 책상 위의 각각의 사물들을 구별하기 위해 많은 지각적 단서를 사용한다. 어린 아기들 또한 많은 단서를 사용한다. 이때 움직임(motion)은 하나의 단서가 된다. 대개 함께 움직이는 요소들은 동일한 물체의 일부이다. 예를 들

영아들은 노트북이 하나의 사물이고, 램프, 마우스, 연필꽂이는 다른 별개의 사물들이라는 것을 알아내기 위해 색과 일직선상에 있는 2개의 끝을 사용한다.

어, 〈그림 5-4〉의 왼쪽 그림을 보면 연필 한 자루가 색종이 뒤에서 앞뒤로 움직이는 것처럼 보인다. 그러나 색종이를 치우면 당신은 그것이 오른쪽 그림에서처럼 작은 연필 한 쌍임을 보고 놀랄것이다. 연필의 지우개와 연필 끝이 같이 움직였기 때문에 그것이 동일한 연필의 일부라고 믿었던 것이다.

어린 영아들 역시 이것을 보여 주면 놀란다. 영아에게 색종이 뒤에서 움직이는 연필을 보여 준다음 색종이를 치웠을 때 하나의 연필을 발견하게 되면, 영아는 그것이 연필 한 자루라고 기대했었기 때문에 그 연필을 잠깐 동안만 바라본다. 이와 반대로, 영아에게 색종이 뒤에서 움직이는 연필을 보여 준 다음 색종이를 치웠을 때 2개의 작은 연필을 발견하게 되면, 영아는 어떻게 된 일인지 파악하려고 노력하는 것처럼 그것들을 더 오래 바라본다(Amso & Johnson, 2006; Kellman & Spelke, 1983). 영아들은 사물을 확인하기 위해 이러한 움직임을 단서로 사용하며, 이것은 신생아들의 경우에도 가능하다(Valenza & Bulf, 2011).

영아들은 이러한 움직임 외에도 하나의 사물임을 나타내는 다른 단서들로 색, 결, 일직선상에 있는 2개의 끝 등을 사용한다. 〈그림 5-5〉에서 보는 바와 같이 영아들은 같은 색, 같은 결, 2개의 끝이 일직선상에 있을 때 더 종종 그것들이 같은 연필의 일부라고 믿는다(Johnson, 2001).

지각적 항상성 물체를 지각할 때 동일한 물체도 다르게 보일 수 있다. 예를 들어, 어머니가 아기에게서 멀어질 때 아기의 눈 망막에 비치는 어머니의 상은 점점 작아진다. 아기는 어머니가 멀어질 때 실제로 어머니의 머리가 작아진다고 생각하는가? 그렇지 않다. **영아들은 망막 상의 크기가 달라지더라도 물체의 실제 크기는 여전히 동일하다는 것, 즉 크기 항상성**(size constancy)**을 이해한다.**

영아들이 크기의 항상성을 이해하고 있는지 어떻게 알 수 있는가? 한 영아에게 처음 보는 곰인형을 보여 준다고 가정해 보자. 그런 다음 영아에게 아까와는 다른 거리에서 조금 전에 보여 주었던 그 곰인형과 함께 그 곰인형과 모양은 같으나 크기가 더 큰 곰인형을 동시에 보여 주었다. 만약 영아가 크기의 항상성을 알지 못한다면, 영아에게 두 곰인형은 똑같이 처음 보는 것들이므로 영아는 두 곰인형에 비슷한 반응을 보일 것이다. 그러나 만약 영아가 크기의 항상성을 안다면, 영아는 처

질문 5.2

6개월 된 세바스찬은 키보드를 두드리는 엄마를 보면서 엄마의 손가락과 키보드가 하나의 크고 특이한 개체가 아니란 것을 어떻게 알 수 있는가?

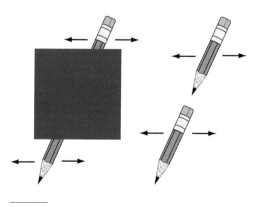

그림 5-4

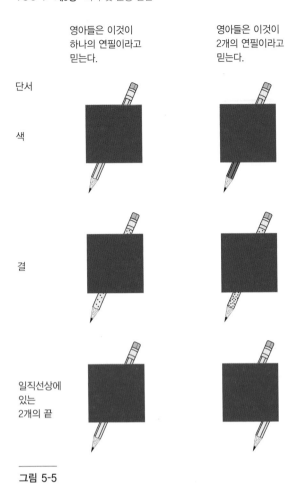

영아들은 이것이 하나의 연필이라고 믿는다.

영아들은 이것이 2개의 연필이라고 믿는다.

단서

색

결

일직선상에 있는 2개의 끝

그림 5-5

음에 보았던 곰인형을 알아볼 것이며 크기가 더 큰 곰인형은 처음 보는 것임을 알 것이다. 그렇다면 영아는 처음 보는 곰인형에 더 반응을 보일 것이다. 실제 생후 4~5개월 된 아기들은 그러한 반응을 보였다(Granrud, 1986). 이러한 결과는 영아들이 크기의 항상성을 이해하고 있는 경우에만 가능한 것이다. 따라서 영아들은 어머니(혹은 다른 사람들, 물체)가 가까워지거나 멀어질 때 실제 그 크기가 변한다고 생각하지 않는다(Kellman & Arterberry, 2006).

크기의 항상성은 여러 지각적 항상성 중 하나이다. 그 외에 모양의 항상성(그림 5-6), 밝기의 항상성, 색의 항상성 등이 있다. 이러한 모든 항상성은 영아가 생후 4개월경이 되면 최소한의 기본적인 형태는 갖춰진다(Aslin, 1987; Dannemiller, 1998). 따라서 어린 영아들도 하나의 사물이 다르게 보인다 하더라도 그것이 같은 사물이라는 것을 알기 때문에 혼란스러워하지 않는다. 어머니가 가까이 있거나 멀리 있을 때에도, 건물 밖에서 어머니가 분명히 보일 때나 어두운 방에서 잘 보이지 않을 때에도 여전히 같은 어머니이다.

깊이 아기들은 사물이 무엇인지 아는 것뿐 아니라 그것이 어디에 있는지도 알아야 한다. 높낮이와 좌우를 아는 것은 상대적으로 쉽다. 왜냐하면 이러한 차원들(수평, 수직)은 망막의 평평한 표면에 바로 보여질 수 있기 때문이다. 반면 거리나 깊이는 좀 더 복잡한데, 이러한 차원은 망막에 바로 보여질 수 없기 때문이다. 그러므로 거리나 깊이를 측정하기 위해서 많은 다양한 단서들이 사용된다.

영아들은 어느 연령이 되어야 깊이를 지각할 수 있는가? 엘리너 깁슨과 리처드 워크(Gibson & Walk, 1960)는 시각 절벽이라는 특별히 고안된 기구를 사용하여 이에 관한 실험을 수행하였다. **시각 절벽**(visual cliff)은 유리가 깔려 있는 단(platform)으로 한쪽은 유리 바로 밑에 패턴이 있으나 다른 쪽은 유리 밑 몇 피트 아래에 패턴이 보이도록 되어 있다. 즉 한쪽은 얕아 보이며 다른 한쪽은 가파른 낭떠러지처럼 보인다. 이 실험에서는 사진에서와 같이 아기를 단 위에 올려놓은 다음 어머니는 아기를 달래 자신에게 오도록 한다. 대부분의 아기들은 어머니가 얕은 쪽에 서 있을 때에는 기꺼이 기어간다. 그러나 거의 모든 아기들이 어머니가 아기의 이름을 부르며 좋아하는 장난감으로 유인하려 해도 깊은 쪽으로는 가로질러 오려 하지 않았다. 따라서 잘 기어 다닐 수 있는 연령의 영아는 깊이를 지각할 수 있는 것이 분명하다.

그렇다면 아직 기지 못하는 아기는 어떠한가? 생후 1개월 반 된 아기들을 단의 깊은 쪽에 올려놓았을 때 아기들의 심박동수는 느려지는 것으로 나타났다. 종종 심박동수는 흥미로운 것을 알아차렸을 때 느려진다. 따라서 이러한 결과는 1개월 반 된 아기들이 단의 깊은 쪽이 얕은 쪽과 무언가 다르다는 것을 알고 있음을 보여 준다. 생후 7개월 된 영아들의 경우에는 심박동수가 빨라지는데, 이는 두려움을 느낀다는 신호이다. 따라서 비록 어린 아기들도 시각 절벽의 얕은 쪽과 깊은 쪽의 차이를 감지할 수는 있으나, 기어 다닐 수 있는 연령의 아기들만이 실제로 깊은 쪽에 대해 두려움

모양의 항상성 : 문이 열릴 때 그 모양이 변하는 것처럼 보이지만 실제로 문의 모양은 여전히 직사각형이라는 사실을 안다.

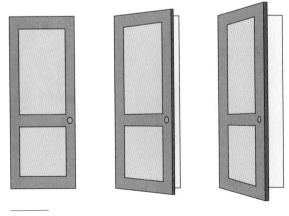

그림 5-6

을 갖는다(Campos et al., 1978).

영아들은 어떻게 시각 절벽에서 깊이를 짐작하는가? 영아들은 몇 가지 유형의 단서들을 사용한다. 그중 하나는 움직임으로 깊이를 측정하는 **운동 단서**(kinetic cue)이다. **시각적 확장**(visual expansion)은 사물이 가까워질수록 망막의 더 큰 부분을 차지하게 된다는 사실을 가리킨다. 시각적 확장은 누군가 갑자기 음료수 캔을 내 쪽으로 던질 때 주춤하여 물러서도록 하거나, 타자로 하여금 언제 야구공이 본루에 도착할지 예측할 수 있도록 해 준다. **또 다른 단서는 이동 변위**(motion parallax)로 가까운 곳의 이동 물체가 멀리 있는 이동 물체에 비해 시야에서 더 **빠르게 움직인다는 사실을 가리킨다.** 움직이는 차의 옆 창문으로 밖을 내다볼 때, 길 옆의 나무들은 시야에서 빠르게 움직이지만 멀리 있는 산은 훨씬 더 천천히 움직인다. 아기들은 이러한 단서들을 출생 후 첫 몇 주 내에 사용한다. 예를 들어, 생후 1개월 된 영아는 움직이는 사물이 얼굴에 부딪힐 것처럼 보이면 눈을 깜빡인다(Nánez & Yonas, 1994).

또 다른 단서는 생후 4개월경에 중요하게 사용되는 **망막 불균형**(retinal disparity)인데, 이는 **좌우의 눈이 종종 동일한 장면을 약간 다른 버전들로 본다는 사실에 근거한다.** 사물이 멀리 있을 때 상은 좌우 망막의 비슷한 위치에 나타난다. 그러나 사물이 가까이 있을 때 상은 좌우 망막의 다른 위치에 나타난다. 따라서 좌우 망막에 나타나는 상의 위치가 보다 큰 불균형을 보일 경우 물체가 가까이 있다는 것을 가리킨다. 생후 4개월 된 영아들은 깊이에 대한 단서로 망막 불균형을 사용하여 불균형이 클 경우 사물이 가까이 있다고 정확하게 추론한다(Kellman & Arterberry, 2006).

영아들은 시각 절벽의 '깊은 쪽'을 피하는데, 이는 영아들이 깊이를 지각한다는 것을 가리킨다.

결의 변화(texture gradient) : 가까이 있는 사물의 결은 고르지 않고 분명하지만, 멀리 있는 사물의 결은 더 촘촘하고 희미하다. 사진에서 볼 때, 또렷한 꽃들은 가까이 있는 것이고 희미한 꽃들은 멀리 있다고 판단한다.

사이에 두기(interposition) : 가까이 있는 사물은 멀리 있는 사물의 일부를 가린다. 사진 속의 잔들은 병보다 더 가까이 있음을 알 수 있다(같은 단서를 사용하면 오른쪽 잔이 왼쪽 잔보다 더 가까이 있음을 알 수 있다).

선형 원근 화법(linear perspective) : 평행선들은 멀리 한 점에서 모이게 된다. 따라서 두 선 사이의 공간은 거리에 대한 단서로 사용된다. 그 결과, 사진 속의 기차가 멀리 있음을 알 수 있는데, 이는 기차가 있는 지점의 두 평행한 기찻길들이 서로 가까이 붙어 있기 때문이다.

상대적 크기(relative size) : 가까이 있는 사물은 멀리 있는 사물보다 훨씬 크게 보인다. 대개 주자들은 체격이 비슷하므로 사진에서 더 작게 보이는 주자가 더 멀리 있음을 알 수 있다.

생후 7개월 된 영아들은 깊이를 파악하기 위해 환경에서 사물들의 배열에 따른 다양한 단서들을 사용한다(예 : Hemker et al., 2010). **이러한 단서들은 예술가들이 데생이나 그림에서 깊이를 표현하기 위해 사용하는 단서들과 같은 것을 사용하므로 때때로 그림 단서(pictorial cues)라고 한다.**

운동 기술의 발달의 영향 생후 1년 동안 영아의 지각 기술은 놀라운 발달을 하게 된다. 이러한 변화는 유전적 지시가 자극을 제공하는 환경에 따라 전개되는 후생유전학적 계획을 반영한다. 또한 이 계획에 있어 영아의 새로운 운동 기술은 필수적인 것이다. 즉 이 장 초반부에서 언급했듯이 영아들의 운동 기술이 향상됨에 따라 영아들은 환경을 다르게 경험하며, 문자 그대로 좀 더 복잡한 새로운 방식으로 세상을 보게 된다.

영아들은 사물을 잡고 조작하는 능력이 점차 발달한다. 5.3절에서 살펴보겠지만, 4개월 된 영아들은 손가락으로 장난감을 잡을 수 있으나, 몇 개월이 더 지난 후에야 장난감을 잡고, 장난감의 다른 쪽을 보기 위해 돌리고, 장난감의 감촉을 확인하기 위해 한 손가락으로 쓰다듬고 하는 것들을 능숙하게 할 수 있다. 이러한 운동 기술의 향상은 영아들로 하여금 사물의 속성에 대해 더 많은 것을 배울 수 있도록 해 주며, 문자 그대로 영아들이 사물을 지각하는 방식을 변화시킨다. 사물을 탐색할 수 있는 영아들은 사물의 3차원적 특징을 더 잘 이해할 수 있으며, 사물의 색과 같은 외형의 세부적인 특징들을 더 잘 알아차릴 수 있다(Baumgartner & Oakes, 2013; Schwarzer et al., 2013).

또 다른 예로 우리에게 친숙한 현상을 생각해 보자. 가로수 길을 운전할 때, 나무들은 당신의 앞에서 뒤로 빠르게 움직인다. 차 안에서 오래 시간을 보내게 되면, 당신은 나무들의 모습이 달라지는 것을 보고 자신이 탄 차가 움직이고 있다고 생각한다. 이것과 같은 이유로 만일 당신이 게이트에 주차된 비행기 안에 앉아 있는데 옆 게이트의 비행기가 후진을 하면 당신은 마치 앞으로 움직이는 것처럼 느낄 것이다. 이러한 경험은 〈그림 5-7〉과 같이 벽면과 천장이 앞뒤로 움직이는(화살표 방향대로) 방에서 시뮬레이션될 수 있다. 만일 벽면들이 앞에서 뒤로 움직인다면, 방 가운데 앉아 있는 성인은 마치 자신이 앞으로 움직이는 것처럼 느끼고 그것을 보상하기 위해 종종 상체를 뒤로 젖힌다. 길 수 있는 영아들은 성인과 같은 반응을 보인다. 그러나 혼자 힘으로 이동할 수 없는 영아들은 그러한 반응을 보이지 않는다(Uchiyama et al., 2008). 영아는 스스로 이동하는 경험을 한 후에야, 앞뒤로 움직이는 사물들을 보고 그것이 영아 자신이 움직이고 있음을 의미한다고 이해한다. 마치 미술 작품 감상 수업에서 모나리자를 여러 다른 관점에서 바라보는 것과 같이, 영아들의 스스로 이동할 수 있는 능력과 사물을 조작할 수 있는 능력이 발달함에 따라 영아들은 새로운 지각 경험을 할 수 있게 된다.

그림 5-7

영아기 동안 지각 능력이 빠르게 변화한다는 사실은 영아들이 얼굴을 어떻게 지각하는가 하는 문제에서도 분명히 알 수 있다.

얼굴 지각 아기들은 그들을 돌보는 다른 사람들에게 의존한다. 따라서 어린 아기들이 사람의 얼굴에 주의를 기울이는 것은 그리 놀라운 일이 아니다. 예를 들면, 신생아들은 뒤죽박죽된 이목구비보다 정상적인 이목구비를 선호하며(Easterbrook et al., 1999), 거꾸로 놓인 얼굴보다 똑바로 놓인 얼굴을 선호한다(Mondloch et al., 1999). 또한 이들은 매력적이지 않은 얼굴보다 매력적인 얼굴을 선호한다(Slater et al., 2000). 이러한 결과들은 여러 과학자들로 하여금 영아들이 선천적으로 얼굴 모양(예 : 세 개의 분명한 덩어리들이 모여 있는 모양)의 움직이는 자극에 끌린다는 주장을 하도록 이끌었다. 다시 말하면, 신생아들의 얼굴 지각은 반사적인 것으로 뇌의 초기 회로들에 기초한다고 보는 것이다. 생후 2, 3개월경 뇌 피질의 다양한 회로들은 영아의 얼굴 지각을 조절하기 시작한다. 그 결과 영아들은 얼굴을 인식하고 다른 얼굴들을 구별하게 된다(Morton & Johnson, 1991).

생후 처음 몇 개월 동안 영아들은 얼굴에 대한 일반적인 원형—사람 얼굴과 사람이 아닌 것의 얼굴을 포함하는 원형—을 갖게 된다(Pascalis, de Haan, & Nelson, 2002). 그러나 생후 1년에 걸쳐 영아들이 가지고 있던 얼굴 원형들은 자신의 환경에서 친숙한 얼굴들을 반영하도록 조정된다(Pascalis et al., 2014). 예를 들어, 3개월 된 영아들은 자신과 같은 인종의 얼굴을 보는 것을 선호하지만, 다른 인종의 얼굴들을 알아볼 수 있다. 반면 6개월 된 영아들은 종종 자신과 다른 인종이나 친숙하지 않은 인종의 얼굴들을 알아보지 못한다(Anzures et al., 2013).

나이 많은 영아들은 어린 영아들에 비해 자신과 같은 인종의 얼굴들이 더 친숙하기 때문에 친숙한 인종의 얼굴들을 더 정확하게 구성할 수 있다. 아시아에서 태어나 영아 때 유럽인 부모들에게 입양된 경우, 아시아인의 얼굴보다 유럽인의 얼굴을 더 잘 알아본다는 연구 결과는 이러한 해석을 지지한다(Sangrigoli et al., 2005). 나아가 나이 많은 영아들도 다른 인종의 얼굴들을 접한 경험이 많을 때에는 그들의 얼굴을 잘 알아볼 수 있다(Anzures et al., 2012).

이러한 얼굴 지각 능력의 변화는 영아들의 지각에 영향을 미치는 경험의 역할을 보여 준다. 이 주제는 9.1절 언어 학습의 초기 단계에서 다시 알아볼 것이다. 또한 이러한 얼굴 지각 능력의 향상은 생후 첫해에 영아들이 형성하는 사회적 관계의 기초를 제공한다는 점에서 적응적이다. 이것에 관해서는 10.3절에서 더 살펴볼 것이다.

주의력

LO6 주의력의 요소들은 어떤 것들이 있는가? 이러한 요소들은 어떻게 발달하는가?

당신은 강의를 들으면서 필기를 해야 하는 수업 시간에 강의가 너무 지루해서 다른 것들—바깥에서 진행되고 있는 공사 혹은 가까이 앉은 매력적인 사람—에 주의를 빼앗긴 적이 있는가? 잠시 후 아마도 당신은 "집중하자!"라고 스스로에게 말했을지 모른다. 사실 우리가 주의를 빼앗기게 되는 것은 우리의 지각 체계가 놀라울 정도로 뛰어나기 때문이다. 우리의 지각 체계는 우리가 이해할 수 있는 것보다 훨씬 더 많은 정보를 한 번에 제공한다.

주의력(attention)은 환경으로부터 오는 자극을 통제하고 행동을 조절하도록 만드는 과정을 가리킨다. 과학자들은 주의 과정의 세 가지 네트워크를 구분하였는데, 각 네트워크는 독특한 기능과 신경 회로를 가지고 있다(Posner et al., 2012). 오리엔팅 네트워크(orienting network)는 선택과 관련이 있으며, 어떤 자극을 처리하고 어떤 자극을 무시할 것인지를 결정한다. 이 네트워크는 영아기에 잘 발달되어 있다. 한 예로, 영아는 이 네트워크에 의해 반짝이는 불빛 쪽으로 자신의 머리를 돌린다. 경계 네트워크(alerting network)는 아동의 주의 과정이 유지되도록 함으로써 새로 들어오는 자극을 발견하고 그것에 반응하도록 한다. 이 네트워크 또한 영아기에 잘 발달되어 있다. 예를 들면, 옆 방에서 나는 어머니의 발자국 소리를 들은 아기가 어머니가 도착할 것을 예상해 방문을 쳐다본다.

실행 네트워크(executive network)는 생각, 감정 및 반응을 모니터링할 뿐 아니라 일어날 수 있는 갈등을 해결하는 일을 맡고 있다. 이것은 주의력의 가장 복잡한 요소이며 가장 천천히 발달한다. 예를 들면, 생후 1년 된 아기들은 새로운 장난감을 가지고 놀 때 주변의 TV 프로그램에 쉽게 주의를 빼앗긴다. 장난감과 TV 프로그램은 영아의 주의를 끌기 위해 경쟁을 벌인다. 이때 영아의 행정 네트워크는 아직 미성숙하기 때문에 영아는 TV 자극을 무시하고 장난감에 집중할 수 없다(Ruff & Capozzoli, 2003).

실험 연구들은 실행 네트워크의 발달이 오랜 기간에 걸쳐 진행된다는 것을 보여 준다. 예를 들어, 유치원 아동들을 대상으로 한 실험에서 오른쪽 버튼과 왼쪽 버튼이 주어지고, 어느 버튼을 눌러야 할지를 가리키는 화살표가 제시된다. 그런데 어느 버튼을 눌러야 할지를 가리키는 큰 화살표와 그것과 반대 방향을 가리키는 작은 화살표가 함께 제시되는 갈등 상황이 될 때 아동들은 더 느리게, 덜 정확하게 반응한다(Posner & Rothbart, 2007). 이는 아동들의 실행 네트워크가 아직 이러한 갈등을 해결할 수 있을 만큼 발달하지 않았음을 의미한다. 다음은 이와 유사한 예이다. 유치원 아동들이 하나의 규칙에 따라(예 : 색에 의한 분류) 그림을 분류하는 것을 배운 다음, 다른 규칙을 사용하여(예 : 모양에 의한 분류) 다시 그림을 분류하도록 했을 때, 아동들은 새로운 규칙을 완벽하게 말할 수 있음에도 종종 처음 규칙에 의해 그림을 분류하던 것으로 돌아간다. 그들은 처음 규칙에 의해 발생한 갈등을 무시하지 못하기 때문에, 새로운 규칙이 모양에 따라 분류하는 것임을 알고 있을 때에도 어떤 그림들은 색에 따라 분류한다(Zelazo et al., 2013).

실행 네트워크는 그 범위가 매우 넓고 또한 매우 천천히 발달하기 때문에 신체건강, 정신건강, 학업 등 아동 발달에 중요한 영향을 미친다(Diamond, 2013). 우리는 6.2절에서 실행 네트워크의 구조와 학업의 성공과의 연관성에 대해 더 살펴볼 것이다. 또한 10.2절에서는 이러한 네트워크의 차이들이 아동들의 기질을 구성하는 핵심 요소임을 알게 될 것이다.

한편 교사들과 부모들은 어린 아동들이 더 잘 집중할 수 있도록 도울 수 있다. 예를 들면, *Tools of the Mind*는 유치원 아동들을 대상으로 실행 네트워크의 주의 과정들을 향상시키기 위해 가상 놀이(pretend play)를 활용한 커리큘럼이다(Diamond & Lee, 2011). 가상 놀이는 놀이를 하는 동안 '등장인물의 역할(in character)'을 유지해야 하므로 이것이 아동들로 하여금 '등장인물에서 벗어난(out of character)' 부적절한 행동들을 하지 못하도록 가르치게 된다. 또한 아동들은 친구들의 즉흥 연기에 반응할 때 유연하게 사고하도록 격려된다. 교사들 또한 아동들에게 주의를 집중하라는 신호를 제공하기 위해 귀가 그려져 있는 그림과 같은 시각적 자료들을 보여 줌으로써 도움을 줄 수 있다.

부모들 역시 아동들의 주의력을 촉진하는 데 도움을 줄 수 있다. 한 연구(Neville et al., 2013)에서 부모들과 유치원 자녀들은 아동들의 주의력 향상을 위해 고안된 활동들로 이루어진 방과 후 프로그램에 참석했다. 예를 들면, 한 활동에서 아동은 옆의 친구가 풍선을 가지고 놀고 있는 동안 주의를 뺏기지 않고 주의하여 색칠하는 법을 배운다. 부모들은 아동들의 주의를 지지하는 방법을 배우게 된다. 프로그램에 참여한 이후 아동들의 주의력은 향상된 것으로 나타났다(예 : 주의를 산만하게 하는 사건은 무시하는 동시에 특정 사건에 주의를 기울이는 것).

이러한 방법들은 아동들의 주의력을 향상시키며, 특히 주의력의 문제가 있는 아동들에게 유용할 수 있다.

주의력 결핍 과잉행동 장애

LO7　주의력 결핍 과잉행동 장애는 무엇이며, 아동의 발달에 어떻게 영향을 미치는가?

주의력 결핍 과잉행동 장애(attention deficit hyperactivity disorder, ADHD)를 가진 아동들은 주의 집중에 관한 특별한 문제들을 가지고 있다. 모든 학령기 아동들 중 대략 3~7%가량이 ADHD로 진단되며, 남아와 여아의 비율은 4:1로 남아가 훨씬 많다(Goldstein, 2011). 이 절의 앞부분에서 등장한 스테판은 ADHD의 세 가지 핵심 증상들을 보여 주고 있다(American Psychiatric Association, 2004).

- **과잉행동** : 사진 속의 남아와 같이 ADHD 아동들은 몹시 활동적이며, 안절부절못하고, 특히 학교 교실과 같이 행동을 제한해야 하는 상황에서 가만히 있지 못한다.
- **부주의** : ADHD 아동들은 하나의 과제에서 다른 과제로 건너뛰며 과제를 이리저리 바꾼다. 그들은 수업 시간에 주의를 기울이지 않으며, 학교 과제에도 집중하지 못하는 것처럼 보인다.
- **충동성** : ADHD 아동은 종종 생각하기 전에 행동한다. 그들은 신호를 보지 않고 길에 뛰어들거나, 다른 사람들이 말하고 있는 도중에 끼어든다.

모든 ADHD 아동이 같은 정도로 이러한 모든 증상을 나타내는 것은 아니다. 어떤 ADHD 아동들은 매우 활동적이고 충동적이지만, 다른 아동들은 주로 부주의하다(Frick & Nigg, 2012). ADHD 아동들은 종종 학업 수행, 품행, 또래들과 어울리는 것과 관련하여 어려움을 갖는다(Murray-Close et al., 2010; Stevens & Ward-Estes, 2006). ADHD로 진단된 많은 아동들은 청소년기와 초기 성인기까지도 과잉행동, 부주의 및 충동성의 문제들을 나타낼 것이다(Barbaresi et al., 2013; Biederman et al., 2010). 이들 성인들 중 대학을 마치는 경우는 거의 없으며, 일부는 직장 및 가족과 관련된 문제들을 나타낼 것이다(Biederman et al., 2006; Murphy, Barkley, & Bush, 2002).

여러 해 동안 ADHD는 TV, 음식 알러지, 그리고 설탕과 연관이 있는 것으로 생각되었으나, 연구 결과 이것들 중 어느 것도 ADHD의 원인으로 분명하게 밝혀진 것은 없다(예 : Wolraich et al., 1994). 대신 과학자들은 유전적 요인들이 주의력의 경계 및 실행 네트워크들과 이들을 지원하는 뇌 구조에 영향을 미침으로써 어떤 아동들을 ADHD에 취약하도록 만든다고 믿는다(Gizer & Waldman, 2012; Johnson et al., 2008). 그러나 환경적 요인들 또한 영향을 미친다. 예를 들면, 태내기에 알코올 및 다른 약물에 노출된 아동의 경우 ADHD의 위험에 놓일 수 있다(Milberger et al., 1997).

ADHD는 아동기와 청소년기에 걸쳐 학업 및 사회적 성공에 영향을 미치기 때문에 연구자들은 ADHD의 효과적인 치료법을 찾기 위해 노력해 왔다. "아동 발달과 가족 정책"에서는 이러한 노력들에 관해 다루고 있다.

이러한 치료가 필요한 많은 아동들이 치료를 받지 못하고 있음은 안타까운 일이다. 아프리카계 미국 아동들과 히스패닉계 미국 아동들은 유럽계 미국 아동들에 비해 같은 증상을 보이는 경우에도 ADHD로 진단되거나 치료를 받을 가능성이 훨씬 더 적다(Miller, Nigg, & Miller, 2009; Morgan et al., 2013). 이것은 왜 그런가? 바로 수입이 큰 이유이다. 아프리카계 미국인 가족들과 히스패닉계 미국인 가족들은 경제적으로 불리한 조건에 있는 경우가 더 흔하므로, 결과적으로 진단과 치료를 위해 비용을 지출하기가

과잉행동은 ADHD의 세 가지 주요 증상 중 하나이다. 다른 증상으로는 부주의와 충동성이 있다.

아동 발달과 가족 정책

ADHD에 대한 최선의 치료법은 무엇인가?

1980년대 중반까지 ADHD가 치료될 수 있는 장애임은 분명해 보였다. 예를 들어, ADHD 아동들은 종종 리탈린(Ritalin)과 같은 흥분제에 잘 반응했다. 이미 과잉행동을 보이는 아동들에게 흥분제를 주는 것이 이상해 보일지 모르지만, 이러한 약물들은 과잉행동 및 충동적인 행동들을 정상적으로 억제하는 뇌 부분을 자극한다. 따라서 흥분제는 실제로 많은 ADHD 아동들이 진정되도록 영향을 미쳐 주의 집중을 가능하게 만든다(Barkley, 2004).

약물 치료만이 유일한 접근 방법은 아니었다. 앞에서 살펴본 바와 같이, 아동들의 인지적·사회적 기술 향상을 위해 고안된 개입 프로그램들 또한 효과적이었다. 종종 가정에서 진행되는 개입들과 집중적인 여름 프로그램들도 여기에 포함되었다. 예를 들어, 아동들은 과제를 시작하기 전에 먼저 설명을 읽도록 스스로에게 상기시킬 수 있다. 또한 아동들이 자신의 충동적 행동들과 과잉행동들을 억제하는 것에 대해 다른 사람들로부터 강화를 받을 수도 있다(Lee et al., 2012; Webster-Stratton, Reid, & Beauchaine, 2011).

이러한 치료 방법들은 1980년대 말경 널리 알려졌으나, 많은 연구자들은 이에 대해 의문을 제기했다. 그중 하나는 치료의 장기적인 성과에 관한 것이다. 대부분의 연구들은 수 주 혹은 수개월 이내의 치료 효과를 측정하였다. 그보다 더 긴 기간에 걸쳐 치료 효과가 유지되는지에 관해서는 알려진 것이 거의 없다. 또 하나의 문제는 어떤 치료 방법들을 함께 병행하는 것이 가장 효과적인가 하는 것과 또한 이것이 모든 아동에게 동일하게 적용되는가 하는 것이다. 즉 약물 치료와 심리사회적 치료를 병행하는 것이 모든 아동에게 최선의 방법인가? 또한 그러한 치료책은 ADHD와 관련이 있는 모든 아동 발달 문제(예 : 학업적, 사회적)에 적용될 수 있는가?

이러한 우려에 의해 1980년대 말과 1990년대 초 여러 과학 자문 위원회들이 발족하여 이러한 문제들을 규명하고 이를 해결하기 위한 연구들을 제안하였다. 1992년 National Institute of Mental Health는 이들 자문 위원회들의 보고서를 토대로 연구 계획서를 공모했다. 그 결과 엄격한 심사를 통해 상위 점수를 받은 6개의 지원서가 채택되어 Multimodal Treatment Study of Children with ADHD(MTA)로 통합되었다(Richters et al., 1995). MTA는 18명의 ADHD 전문가들과 ADHD 진단을 받은 거의 600명의 초등학생들로 구성되었다. 이 아동들은 서로 다른 치료 유형들에 배정되어 14개월 동안 치료를 받았다. 치료가 아동의 여러 발달 영역에 미치는 영향은 몇 년마다 측정되었다.

14개월의 치료가 끝난 후 실시된 검사 결과, 과잉행동 그 자체에 대해서는 약물 치료만 단독으로 시행하는 것이 가장 효과적이었다. 그러나 학업 및 사회적 기술, 부모-자녀 관계 등을 포함한 다양한 측정치들을 살펴보면, 약물 치료만 시행했을 때보다 약물 치료와 심리사회적 치료를 병행했을 때 조금 더 효과적이었다(The MTA Cooperative Group, 1999). 이와는 대조적으로, 14개월의 치료가 종료된 지 각각 6년과 8년이 경과된 후 수행된 후속 연구들에서는 더 이상 치료 집단들 간의 차이가 없는 것으로 나타났으며, 모든 집단의 아동들이 ADHD 진단을 받지 않은 아동들에 비해 ADHD 아동들은 부주의하고, 과잉행동적이며, 충동적일 가능성이 더 높았다. 또한 이들은 공격적일 가능성은 더 높았으며, 학업에서 성공할 가능성은 더 적었다(Molina et al., 2009).

이는 연구자들과 부모들, 그리고 ADHD 아동들에게 실망스러운 결과이다. 그러나 이러한 결과들은 다음의 중요한 결론을 가리키고 있다. ADHD는 수개월의 집중적인 치료로 '치유'되지는 않을 것이다. 대신 ADHD는 당뇨나 천식과 같이 지속적인 모니터링 및 치료가 요구되는 만성적인 질환으로 보는 것이 더 적절하다(Hazell, 2009).

더 어렵다. 여기에 인종 차별 또한 한몫한다. 부모들과 전문가들은 종종 유럽계 미국인 아동들의 ADHD 증상이 치료 가능한 생물학적 문제에 기인하는 것으로 보는 반면, 아프리카계 혹은 히스패닉계 미국 아동들의 ADHD 증상은 부적절한 양육, 생활 스트레스 혹은 기타 치료될 수 없는 다른 원인들에 기인하는 것으로 보는 경우가 많다(Bailey & Owens, 2005; Kendall & Hatton, 2002).

ADHD를 가진 모든 아동들은 적절한 치료를 받아야 한다. 교사와 다른 아동 전문가들은 ADHD 아동들이 빈곤과 인종적 편견으로 인해 필요한 치료를 받지 못하는 일이 없도록 해야 한다.

학습 확인

점검 아기가 깊이를 추정할 때 사용하는 단서들에 대해 설명하시오.

ADHD의 주요 증상들은 무엇인가?

이해 얼굴에 대한 초기 경험들이 영아의 얼굴 지각에 영향을 미친다는 것을 보여 주는 증거에 대해 설명하시오.

적용 ADHD 아동들은 그들이 청소년 그리고 성인이 되었을 때 어떻게 되는가? 이것은 발달의 연속성 논쟁과 어떤 관련이 있는가?

 # 5.3 운동 발달

학습 목표		개요
LO8	걷기를 배우는 것과 관련이 있는 기본 기술들은 무엇이며, 영아들은 몇 세 때 이런 기본 기술들에 숙달하는가?	보행 능력
LO9	영아들은 어떻게 자신의 손의 움직임을 조정하게 되는가? 언제 그리고 왜 대부분의 아동들은 한 손을 다른 손에 비해 더 많이 사용하기 시작하는가?	소근육 운동 기술
LO10	아동들은 신체적으로 건강한가? 아동들이 스포츠에 참여하는 것은 유익한가?	체력

14개월 된 낸시는 기는 데 매우 능숙하다. 낸시는 두 팔과 무릎을 사용하여 근처 가고 싶은 곳은 어디든 간다. 낸시는 걷지 않을 뿐 아니라 걷는 법을 배우는 것도 관심이 없는 것처럼 보인다. 낸시의 아버지는 낸시가 걷도록 하기 위해 무엇을 해야 도울 수 있을지 궁금하다. 또한 그는 내심 낸시가 더 어릴 때 운동이나 훈련을 더 많이 시켰어야 했던 것은 아닌지 염려스럽다.

이쪽에 있는 사진들은 모두 공통된 주제를 가지고 있다. 각 사진은 운동 기술—근육과 사지의 협응된 움직임—과 관련이 있는 활동을 보여 준다. 영아들은 운동 기술에 있어 두 가지 도전에 직면하게 된다. **영아들은 보행 능력**(locomotion), **즉 한곳에서 다른 곳으로 움직이는 것을 익혀야 한다.** 상대

운동 기술은 근육과 사지의 움직임을 협응하는 것과 관련이 있다.

적으로 잘 움직이지 못하는 신생아들에 비해 영아들은 금세 기기, 서기, 걷기를 배운다. 직립 자세로 움직일 때 두 팔과 두 손이 자유로우므로 영아들은 사물들을 잡고 조작할 수 있게 된다. **영아들은 사물을 쥐는 것, 잡는 것, 조작하는 것과 연관이 있는 소근육 운동 기술**(fine-motor skills)**을 배워야 한다.** 예를 들어, 처음에는 다른 사람들이 영아에게 우유를 먹여 주는 것에서부터 시작하여, 그다음은 영아가 자신의 손가락을 사용하여 우유병을 잡고 먹게 되며, 시간이 지나면 마침내 숟가락으로 음식을 먹을 수 있게 된다.

영아들에게 보행 능력과 소근육 운동 기술은 쉽지 않은 과제이긴 하지만 그것들이 갖는 이점들 때문에 숙달할 만한 가치는 충분하다. 한곳에서 다른 곳으로 이동할 수 있고 사물을 붙잡는 것이 가능해지면서 아동들은 환경에 대해 방대한 정보를 얻을 수 있게 된다. 아동들은 흥미로워 보이는 사물들을 탐색할 수 있으며, 부모 곁에 가까이 붙어 있을 수도 있다. 운동 능력의 향상은 아동들의 인지적·사회적 발달을 촉진할 뿐 아니라 아동들의 삶을 더 흥미롭게 만든다는 것은 더 말할 필요도 없다.

이 절에서는 아동들이 어떻게 보행 능력과 소근육 운동 기술들을 습득하는지 살펴볼 것이다.

보행 능력

LO8　걷기를 배우는 것과 관련이 있는 기본 기술들은 무엇이며, 영아들은 몇 세 때 이런 기본 기술들에 숙달하는가?

생후 1년이 지나면 신생아들의 자세와 보행 능력에 커다란 변화가 생긴다. 거의 누워만 있던 신생아들은 직립의 자세로 걷게 된다. 〈그림 5-8〉은 운동 발달의 중요한 이정표들과 대부분의 영아들이 그것을 습득하는 연령을 보여 준다. 생후 4개월경 대부분의 아기들은 지지대에 의지하여 똑바로 앉을 수 있다. 6, 7개월경 영아들은 지지대 없이 앉을 수 있으며, 7, 8개월에는 지탱할 수 있는 사물을 잡고 설 수 있다. 보통 11개월이 되면 잠깐 동안 혼자 설 수 있으며, 도움을 받아 걸을 수도 있다. 이 연령의 영아들은 초기 걷기의 형태인 아장아장 걷는(toddling) 방식을 따 걸음마기 영아(toddlers)로 불

그림 5-8

린다. 물론 모든 아동이 정확히 동일한 연령에 걷게 되는 것은 아니다. 어떤 아동들은 첫돌 전에 걷는다. 앞에 등장했던 낸시와 같은 아동들은 17, 18개월에 첫걸음을 떼기도 한다. 생후 24개월경이 되면 대부분의 아동들은 계단을 오를 수 있으며, 뒤로 걸을 수도 있고, 공을 찰 수도 있다.

한때 연구자들은 이러한 발달의 이정표들이 성숙(maturation)을 반영한 것이라고 생각했다(예 : McGraw, 1935). 예를 들어, 걷기는 필요한 근육과 신경 회로들이 성숙하였을 때 자연스럽게 시작된다고 보았다. 그러나 오늘날 보행 능력—사실상 모든 운동 발달—에 대한 새로운 관점이 등장하였다. **동적 시스템 이론(dynamic systems theory)에** 따르면, 발달은 특정 과제들의 요구에 맞추어 오랜 시간에 걸쳐 많은 별개의 기술들이 조직되고 재조직되는 것과 관련이 있다. 예를 들어, 걷기는 균형 유지하기, 사지 움직이기, 환경 지각하기, 움직여야 하는 이유 찾기 등과 관련이 있다. 이러한 각각의 기술들과 더불어 특정 상황에서 이러한 기술들이 어떻게 조합되는가를 이해함으로써 어떻게 걷기 및 다른 기술들이 발달하게 되는지를 알 수 있다(Spencer, Perone, & Buss, 2011).

다음은 걷기를 배우는 것에 어떻게 많은 기본적인 기술들의 연합과 숙달이 반영되어 있는지 살펴볼 것이다.

자세와 균형 똑바로 선 자세를 유지하는 능력은 걷기에 있어서 기본적인 것이다. 그러나 어린 영아들의 체형은 머리가 무겁기 때문에 이러한 직립 자세는 이들에게 쉽지 않다. 결과적으로 어린 영아들은 균형을 잃자마자 넘어진다. 다리와 근육이 성장해야만 영아들은 직립 자세를 유지할 수 있다(Thelen, Ulrich, & Jensen, 1989).

영아들이 똑바로 설 수 있게 된 후 이들은 넘어지지 않으려고 계속 자세를 고친다(Metcalfe et al., 2005). 출생 후 몇 개월이 지나면 영아들은 자세를 고치기 위해 시각적 단서와 내이(inner-ear)의 기제를 사용하기 시작한다. 연구자들은 영아가 균형을 유지하려고 시각적 단서를 사용하는지 알아보기 위해 줄무늬 모양이 그려진 움직이는 벽으로 된 방에 영아를 앉혀 놓았다. 성인들은 그러한 방에 앉아 있을 때 벽이 아닌 자신이 움직이는 것으로 지각하여 자세를 고친다. 연구 결과, 영아들도 같은 반응을 보이는 것으로 나타나 영아들도 시각을 사용하여 직립 자세를 유지함을 알 수 있다(Bertenthal & Clifton, 1998).

그러나 균형은 영아가 한 번에 습득할 수 있는 것이 아니다. 영아는 앉기, 기기, 걷기, 그리고 다른 자세들을 위해 균형 잡는 것을 매번 다시 배워야만 한다. 왜냐하면 신체는 각 자세마다 다르게 중심을 옮길 뿐 아니라(예 : 길 때는 손목, 걸을 때는 발목에 중심을 둠), 영아가 균형을 잃기 시작할 때 그것을 보상하기 위해 다른 근육이 사용되기 때문이다. 따라서 영아들은 앉아서는 쉽게 균형을 유지하지만, 기어 다닐 때는 자주 넘어지곤 한다. 일단 영아들이 걷기 시작하면 사물을 나를 때 균형이 영향을 받으므로 넘어지지 않기 위해서는 자세를 고쳐야 한다(Garciaguirre, Adolph, & Shrout, 2007). 영아들은 마치 농구 선수가 덩크 슛을 할 때와 3점 슛을 할 때 근육의 움직임을 재조종하는 것처럼 새로운 자세를 취할 때마다 균형 시스템을 재조정해야 한다(Adolph, 2000, 2002).

발 내딛기 걷기의 또 다른 중요한 요소는 반복적으로 몸의 무게를 한쪽 다리에서 다른 다리로 옮기며 다리를 번갈아 움직이는 것이다. 아동들이 걷기 위해서는 똑바로 설 수 있어야 하기 때문에 생후 10개월경까지는 자발적으로 발을 내딛지 못한다.

만일 어린 아동들이 똑바로 설 수 있도록 잡아 준다면 발을 내딛는 것이 가능한가? 한 연구(Thelen & Ulrich, 1991)에서는 영아들을 트레드밀(treadmill) 위에 올려놓고 똑바로 설 수 있도록 잡아 주었다. 트레드밀의 벨트가 움직이기 시작하면 영아들은 여러 가지 반응을 보일 수 있다. 벨트에 의해 두 다리가 뒤로 끌려가거나, 아니면 잠깐 동안 두 다리가 끌려가다가 깡총 뛰는 것처럼 두 다리를 함께 앞으로 움직이기도 한다. 생후 6~7개월 된 영아들은 사진에서처럼 두 다리를 번갈아 내딛는 성숙한 패턴을 보여 주었다. 더 놀라운 것은 아기들의 양쪽 다리가 각각 다른 속도로 움

어린 아기들은 똑바로 설 수 있도록 잡고 앞으로 움직이게 하면 반사적으로 발을 내딛는다.

직이는 벨트가 장착된 트레드밀 위에서 아기들은 더 빨리 움직이는 벨트 위에서는 더 빠르게 발을 내딛는다는 사실이다. 따라서 걷기에 반드시 필요한 번갈아 발을 내딛는 동작은 영아들이 독립적으로 걸을 수 있기 훨씬 이전에 가능하다는 것은 분명하다. 그러나 다른 기본 기술들이 숙달될 때까지는 영아들이 도움 없이 혼자 걷는 것은 불가능하다.

환경적 단서 많은 영아들은 집 안의 평평하고 깔끔한 바닥과 같이 비교적 안전한 장소에서 걷기를 배운다. 그러나 그들은 곧 주변에 여러 지면이 있다는 것과 어떤 지면들은 다른 것들보다 걷기가 더 쉽다는 사실을 발견한다. 영아들은 환경적 단서들을 사용하여 지면이 걷기에 적합한지를 판단한다. 예를 들면, 영아들은 좁고 흔들리는 난간이 있는 다리보다 넓고 견고한 난간이 있는 다리를 더 건너려고 한다(Berger, Adolph, & Lobo, 2005; Kretch & Adolph, 2013b). 또한 계단을 내려갈 때 계단의 한 층이 너무 커서 안전하게 내려갈 수 없는 경우, 보행을 막 시작한 영아들은 종종 계속 내려가다가 넘어지곤 한다. 그러나 보행 경험이 있는 나이 많은 영아들은 멈추거나 또는 등을 대고 미끄러져 내려간다. 영아들은 보행 경험이 있는 경우에만 계단의 한 층이 걷기에 안전한지 아닌지를 암시하는 단서들을 알아볼 수 있는 것이다(Kretch & Adolph, 2013a). 만일 지면이 안전한지 아닌지를 결정할 수 없는 경우라면 영아들은 성인의 충고에 의존한다(Tamis-LeMonda et al., 2008). 이와 같은 결과들은 영아들이 지각적 단서를 사용하여 지면이 걷기에 안전한지를 판단한다는 사실을 보여 준다.

협응 기술 동적 시스템 이론에 따르면, 걷기를 배우는 데는 많은 개별적인 기술들의 조합이 요구된다. 먼저 각각의 기본 기술들이 숙달되어야 하며 그런 다음 다른 기술들과 통합이 이루어져야 한다(Werner, 1948). 즉 복잡한 동작을 숙달하기 위해서는 **분화**(differentiation)—기본 기술들을 숙달하는 것—와 **통합**(integration)—각각의 기술들이 하나의 전체로 작동하도록 적절한 순서로 조합하는 것—이 요구된다. 걷기의 경우, 생후 9~15개월경이 되면 비로소 영아들은 그러한 기본 기술들에 숙달하게 될 뿐 아니라 이러한 기술들을 서로 협응할 수 있게 되므로 도움 없이 혼자 걷는 것이 가능해진다.

각각의 기본 기술에 숙달되고 그것들을 잘 협응하는 데는 시간이 걸린다. 막 걷기 시작한 영아들은 1시간에 약 320미터의 거리를 거의 1,500걸음으로 걷는 동안 30회 이상 넘어진다. 영아들은 분명 넘어지는 것을 통해 피드백을 얻게 되는 자연스러운 연습 과정을 거쳐 걷기에 숙달되게 된다(Adolph et al., 2012). 이와 유사하게, "문화적 영향"에서는 아동들이 걷는 것을 배우는 데 도움이 되는 관습을 가지고 있는 문화들에 대해 살펴볼 것이다.

문화적 영향

운동 발달에 영향을 미치는 문화적 관습

유럽과 북아메리카의 영아들 대부분은 대개 첫 번째 생일 즈음 혼자 걷기 시작한다. 그러나 다른 문화권의 영아들은 종종 더 일찍 걷기 시작하는데, 그 문화의 양육 관습이 영아들로 하여금 새로운 운동 기술을 연습하도록 이끌기 때문이다. 예를 들면, 어떤 전통적인 아프리카 문화들에서 영아들은 더 일찍 혼자 앉을 수 있으며, 더 일찍 걷기 시작한다. 부모들은 흔히 사진 속의 '피기백(piggyback)'으로 영아들을 데리고 다

니는데, 이는 영아들의 다리와 몸통의 근육들이 발달하는 데 도움이 되기 때문이다.

어떤 문화에서는 운동 기술들이 정상적으로 발달하기 위해서는 연습이 필요하다고 여겨 부모들(또는 형제자매들)은 매일 훈련 시간을 제공한다. 예를 들어, 케냐의 킵시기스족은 아동들이 앉을 때 버팀목을 사용하여 넘어지지 않게 받쳐 줌으로써 앉는 것을 배우도록 돕는다(Super, 1981). 자메이카

의 웨스트 인디언들은 아기들이 걷기 연습을 하도록 어머니들이 매일 운동을 시킨다(Hopkins & Westra, 1988). 이런 경험들을 한 영아들이 더 빨리 앉고 걷는 것을 배우는 것은 당연하다. 이는 부모들이 아기들로 하여금 자신의 신체를 조절하도록 연습시키는 활동들에 참여한 한 실험 연구를 통해서도 확인되었다(Lobo & Galloway, 2012).

어떤 문화는 이와 정반대이다. 그들 문화는 운동 기술의 발달을 막는 관행을 가지고 있다. 파라과이의 원주민인 아체족은 영아들과 걸음마기 아기들을 계속하여 짊어지고 다님으로써 위험으로부터 이들을 보호한다(Kaplan & Dove, 1987). 중국에서는 부모들이 종종 아동들이 더러운 바닥을 기어 다니지 않도록 하기 위해 베개로 둘러싼 침대 위에서만 기어 다니도록 허용하기도 한다(Campos et al., 2000). 위 두 경우에서 모두 영아들은 〈그림 5-8〉에 제시된 것보다 몇 개월 더 늦게 운동 발달 단계에 도달한다.

이와 유사하게 오늘날 선진국의 영아들은 이전 세대들보다 더 늦게 기기 시작한다(Dewey et al., 1998; Lung & Shu, 2011). 이런 세대 간의 차이는 부모들에게 아기를 등을 대고 바로 눕혀 재우도록 장려한 프로그램들(제3장 참조)의 효과를 반영하는 것이다. 오늘날의 아기들은 배를 깔고 엎드려 보내는 시간이 더 적기 때문에 아기들은 기어서 나아갈 수 있다는 것을 발견할 기회가 더 적다.

따라서 문화적 관습은 영아들과 걸음마기 아기들이 경험하는 관습의 특성에 따라 운동 발달의 초기 단계들을 앞당기거나 지연시킬 수 있다(Adolph & Robinson, 2013). 그러나 장기적으로 보았을 때 다양한 운동 발달 단계에 숙달하게 되

많은 아프리카 문화에서는 영아들을 보통 피기백으로 데리고 다니는데, 이는 영아들의 다리를 튼튼하게 만들어 더 일찍 걸을 수 있도록 해 준다.

는 연령은 아동 발달에 중요하지 않다. 모든 건강한 아이들은 걷기를 배우며, 〈그림 5-8〉에 제시된 일반적인 연령보다 몇 개월 빠르거나 몇 개월 늦어진다 하더라도 아동들의 추후 발달과는 관계가 없다(Lung & Shu, 2011).

걷기 그 이후 처음 운전면허를 땄을 때의 그 자유의 느낌을 떠올린다면, 영아들과 걸음마기 아기들이 혼자 움직이는 것을 배웠을 때 그들 앞에 세상이 어떻게 펼쳐졌을까 하는 것은 쉽게 짐작할 수 있을 것이다. 처음에는 머뭇거리며 걸음을 떼었지만 곧 능숙하게 걸음을 뗄 수 있게 된다. 많이 걸을수록 영아들은 더 큰 보폭으로 더 똑바로 걸을 수 있다. 성인들과 같이 영아들은 걸을 때 자신의 팔을 흔들기 시작하는데, 오른쪽 다리가 움직일 때 왼쪽 팔을 앞으로 내밀고 왼쪽 다리가 움직일 때 오른쪽 팔을 앞으로 내미는 것을 반복한다(Ledebt, 2000; Ledebt, van Wieringen, & Savelsbergh, 2004). 아동들의 향상된 기술은 달리거나 한 발로 깡충깡충 뛸 때 분명하게 나타난다. 대부분의 2세 아동들은 사실상 달린다기보다는 빨리 걷는 것에 가깝다. 이들은 (무릎을 구부리지 않고) 뻣뻣하게 다리를 움직이며, 진짜 달릴 때와 같이 공중에 붕 뜨는 것이 없다. 5~6세가 되면 아동들은 쉽게 달릴 수 있으며, 방향이나 속도를 빨리 바꿀 수 있다.

영아들은 멀리 있는 사물(다른 방에 있는 좋아하는 장난감)을 얻기 위해 또한 그것을 다른 사람들과 나누기 위해 새로 습득한 걷기 기술을 사용한다(Karasik, Tamis-Lemonda, & Adolph, 2011). 다음에서는 어떻게 영아들의 소근육 기술들이 사물을 잡는 것을 가능하게 하는지 살펴볼 것이다.

소근육 운동 기술

LO9 영아들은 어떻게 자신의 손의 움직임을 조정하게 되는가? 언제 그리고 왜 대부분의 아동들은 한 손을 다른 손에 비해 더 많이 사용하기 시작하는가?

영아기의 주요한 성과는 손을 능숙하게 사용할 수 있게 되는 것이다(Bertenthal & Clifton, 1998). 신생아들은 마음대로 손을 조절하지 못하나, 1세 영아들은 이것을 매우 잘할 수 있다.

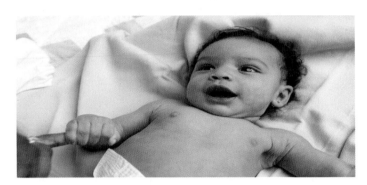

4개월 된 아기들은 엄지를 제외한 손가락들만으로 사물을 잡는다.

사물을 향해 손 뻗기와 잡기 생후 4개월경 영아들은 성공적으로 사물을 향해 손을 뻗어 그것에 도달할 수 있다(Bertenthal & Clifton, 1998). 이러한 동작은 종종 어색하게 보이는데, 여기에는 몇 가지 이유가 있다. 영아들은 손을 뻗을 때 나이 많은 아동들이나 성인들과 같이 자신의 팔과 손이 원하는 사물 쪽으로 바로 그리고 부드럽게 움직이지 못한다. 영아들의 손은 마치 초보 항해사가 조정하는 배처럼 움직인다. 영아들의 손은 짧은 거리를 느리게 움직인 다음 다시 약간 다른 방향으로 움직이는데, 사물에 손이 닿을 때까지 이러한 과정을 반복한다(McCarty & Ashmead, 1999). 영아들이 성장함에 따라 사물을 향해 손을 뻗을 때 이러한 움직임들은 점점 더 적어진다. 그러나 아직까지는 나이 많은 아동들이나 성인들처럼 연속적으로 부드럽게 움직이지는 못한다(Berthier, 1996).

사물에 손을 뻗어 도달하기 위해서는 영아는 자신의 손을 원하는 사물이 있는 위치로 움직여야 한다. 사물을 잡는 것에는 또 다른 도전이 요구되는데, 이제 영아들은 사물을 잡기 위해 각 손가락들의 움직임을 협응해야 한다. 사물을 잡는 것 또한 영아기 동안 더욱 능숙해진다. 4개월 된 영아들 대부분은 사물을 잡기 위해 손가락을 사용하는데, 사진 속의 아기처럼 엄지를 제외한 손가락들만으로 사물을 꼭 감싼다. 생후 7~8개월이 되어서야 대부분의 영아들은 사물을 쥐기 위해 엄지 손가락을 사용한다(Siddiqui, 1995). 이 시기에 영아들은 사물을 더 쉽게 쥘 수 있도록 손의 자리를 잡기 시작한다. 예를 들어, 가늘고 긴 막대를 쥐려고 할 때 영아는 자신의 손가락들을 막대와 직각이 되도록 놓는데, 이는 막대를 쥐기에 가장 좋은 위치이다(Wentworth, Benson, & Haith, 2000). 또한 영아들은 좀 더 정확하게 잡아야 하는 작은 사물들에는 더욱 천천히 손을 뻗는다(Berthier & Carrico, 2010). 그러나 영아들은 첫 번째 생일이 지난 이후에야 손을 뻗어 사물에 도달하기 위해 자신의 손을 다양하게 조절할 수 있게 된다. 이것에 관해서는 다음의 "집중 연구"에서 살펴볼 것이다.

집중 연구

사물을 잡을 때 조절하기

• **연구자 및 연구 목표** 사물을 효과적으로 잡기 위해서 종종 영아들은 자신의 손을 다양한 방법으로 조절해야 한다. 예를 들어, 수평으로 놓여 있는 작은 사물을 잡는 가장 좋은 방법은 손등을 수평으로 하여 2~3개의 손가락을 사용하는 것이다. 반면 수직으로 놓여 있는 큰 물건을 잡기 위한 가장 좋은 방법은 손등을 수직으로 하여 손 전체를 사용하는 것이다. 니나 슘과 그녀의 동료들(Schum, Jovanic, & Schwarzer, 2011)은 아기들이 사물을 잡을 때 두 가지 조절(예 : 잡는 방식과 손의 방향을 바꾸는 것)을 사용하는지 알아보았다.

- **연구 방법** 슘과 동료들은 어머니의 무릎에 앉은 영아들에게 20센티미터 정도 떨어진 거리(영아들이 손을 뻗어 연필에 닿을 수 있는 거리)에서 다양한 색의 연필을 보여 주었다. 연필은 큰 것과 작은 것으로 구성되었으며, 영아들에게 수평 혹은 수직으로 제시되었다. 실험 과정은 모두 비디오로 녹화되었다.

- **연구 대상** 본 연구에는 38명의 10개월 된 아기들과 32명의 12개월 된 아기들이 참여했다.

- **연구 설계** 이 연구는 실험 연구 설계로 되어 있다. 독립 변인은 연필의 크기(큰 것, 작은 것)와 방향(수평, 수직)이며, 종속 변인은 잡는 유형으로 (a) 손 전체 혹은 두세 손가락을 사용하는 것과 (b) 손등의 방향이 수평인지 혹은 수직인지 하는 것이다. 이 연구는 10개월 된 아기들과 12개월 된 아기들을 대상으로 각각 검사를 진행했으므로 횡단 연구에 해당된다.

- **윤리적 문제** 연필에 손을 뻗는 것은 어떤 위험도 초래하지 않는다.

- **결과** 연구자들은 비디오를 검토하여 아기들의 손가락이 연필에 닿기 직전 손의 위치를 분류하였다. 예를 들면, 두세 손가락을 사용하는 것은 작은 연필을 잡는 데 적절하나, 손 전체를 사용하는 것은 더 큰 연필을 잡는 데 적절하다. 손등은 수평으로 놓인 연필의 경우 수평이 되어야 하고, 수직으로 놓인 연필의 경우 수직이 되어야 한다.

  〈그림 5-9〉는 연필을 적절하게 잡은 영아들의 비율을 보여 준다. 대부분의 12개월 된 아기들은 손의 방향과 손가락 수를 조절하여 연필을 적절한 방법으로 잡을 수 있었다. 반면 10개월 된 아기들 중 절반도 안 되는 수만이 적절한 방법으로 연필을 잡을 수 있었다. 〈그림 5-9〉와 같이

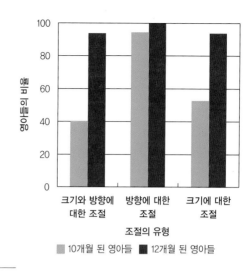

그림 5-9

10개월 된 아기들은 대개 손의 방향은 조절할 수 있었으나, 손가락의 수는 조절하지 못하는 것으로 나타났다.

- **결론** 후속 통제 연구에서 슘과 동료들은 10개월 된 아기도 연필의 방향에는 차이를 두지 않고 연필의 크기만 달리했을 경우에는 정확하게 손가락 수를 조절할 수 있음을 밝혔다. 따라서 10개월 된 아기들의 문제는 손가락 수 자체를 조절하지 못하는 것이 아니라 사물을 잡을 때 동시에 여러 차원에서 손을 조절하는 데 어려움이 있는 것이다.

- **함의 및 적용** 이 연구에 대한 유용한 후속 연구로는 어떻게 영아들이 동시에 다른 유형의 조절을 사용하는지를 살펴보는 것이다(예 : 수직 혹은 수평으로 놓여 있는 무거운 사물 대 가벼운 사물을 잡는 것). 또 다른 후속 연구는 영아들이 가정에서 자연스럽게 사물에 손을 뻗는 것을 관찰하는 것이다.

영아들은 오른손과 왼손을 더 잘 조절할 수 있게 됨에 따라 양손의 협응도 더 잘할 수 있게 된다. 4개월 된 영아들은 양손을 사용하기는 하지만 영아의 각 손은 따로따로 움직이는 것처럼 보인다. 영아들은 한 손으로는 딸랑이를 흔들면서 다른 한 손으로는 장난감을 쥐고 움직이지 않은 채 있을 수 있다. 생후 약 5~6개월이 되면 영아들은 양손의 움직임을 협응하여 공동의 목표를 이루기 위해 각 손이 각기 다른 행동을 취할 수 있다. 예를 들어, 아동은 한 손으로 장난감 동물을 잡고 다른 손으로 그것을 쓰다듬을 수 있다(Karniol, 1989). 이러한 기술들은 첫돌 이후에 계속하여 발달한다. 1세 아동들은 대부분의 사물을 한 손을 뻗어 잡지만, 2세 아동들은 사물의 크기에 따라 한 손 혹은 두 손을 뻗어 잡는다(van Hof, van der Kamp, & Savelsbergh, 2002).

이렇듯 손을 뻗는 기술과 잡는 기술의 변화는 영아들이 혼자 음식 먹는 것을 학습하는 것에서 잘 나타난다. 생후 약 6개월 된 영아들은 핑거 푸드(예 : 얇게 저민 바나나)를 쉽게 잡을 수는 있지만 그것을 입으로 가져가는 것은 또 다른 문제이다. 음식을 잡은 손은 뺨으로 간 다음 입술 가장자리

5세경에는 소근육 운동 기술이 발달하여 대부분의 아동들은 혼자 옷을 입을 수 있다.

대부분의 걸음마기 아동들은 왼손으로는 사물이 흔들리지 않도록 쥐고, 오른손으로는 그것을 탐색한다.

질문 5.3

제니와 랜은 모두 왼손잡이다. 그리고 아들 타일러도 왼손을 사용하길 기대한다. 그러나 그는 이미 8개월에 장난감과 다른 사물을 잡을 때 양손을 모두 사용하는 것으로 보인다. 제니와 랜은 아들이 왼손잡이길 바라는 기대를 포기해야 하는가?

로 움직였다가 마침내 입으로 들어간다. 눈-손의 협응이 빠르게 발달함에 따라 영아들은 곧 다양한 크기, 모양, 질감의 음식들을 입에 바로 가져갈 수 있게 된다.

첫돌 즈음 대개 영아들은 숟가락으로 음식을 먹으려고 시도한다. 처음에 영아들은 단순히 숟가락을 가지고 노는데, 음식이 담긴 접시에 숟가락을 넣었다 뺐다 하거나 빈 숟가락을 빤다. 영아들은 약간의 도움을 받아 숟가락에 음식을 떠서 입에 넣는 것을 배우게 되는데, 이때 영아들은 손목을 돌리지 않기 때문에 이런 동작은 어색해 보인다. 1세 영아들 대부분은 음식을 뜰 때 숟가락을 접시 위로 가져가 숟가락에 음식이 담길 때까지 숟가락을 낮춘다. 그런 다음 숟가락을 들어 입으로 가져가는데, 이때 손목을 굽히지 않는다. 반면 2세 영아들은 성인들이 하는 것과 같이 접시에서 음식을 뜨거나 숟가락을 입으로 가져갈 때 손목을 돌린다.

영아기 이후 소근육 운동 기술은 빠른 진전을 보인다. 취학 전 아동들은 손과 손가락을 사용한 정확하고 섬세한 많은 동작들이 가능하다. 이러한 소근육 운동 기술의 발달은 취학 전 아동들이 부모의 도움 없이 혼자 먹고 혼자 옷을 입을 수 있는 등 스스로 자신을 돌볼 수 있게 되었음을 의미한다. 예를 들어, 2~3세 아동들은 간단한 옷을 입을 수 있고, 단추가 아닌 지퍼를 사용할 수 있으며, 3~4세 아동들은 단추를 끼울 수 있으며, 화장실에 갈 때 옷을 벗을 수 있다. 사진 속의 아동처럼 5세 아동들 대부분은 혼자 옷을 입고 벗을 수 있으나, 신발 끈을 매는 것은 대개 6세가 되어야 할 수 있다.

앞에서 논의한 보행 능력과 마찬가지로 이러한 각각의 행동들에는 동적 시스템 이론의 원리들이 적용된다. 복잡한 행동들은 많은 기본적인 움직임들을 포함하고 있다. 각각의 움직임은 정확하게 그리고 적절한 순서로 수행되어야 한다. 발달은 먼저 별개의 요소들을 숙달한 다음 그것들이 순조롭게 기능하는 하나의 전체를 이루도록 조합하는 것을 포함한다. 예를 들면, 핑거 푸드를 먹는 것은 음식을 잡는 것, 손을 입으로 움직이는 것, 그런 다음 음식을 입에 넣는 것이 요구된다. 어떤 과제인가에 따라 그리고 아동들이 발달함에 따라 동일한 기술은 종종 다른 순서의 움직임들로 재조합된다.

한 손을 사용하는 경향 어린 아기들이 사물을 잡으려고 손을 뻗을 때 한 손을 다른 손보다 선호하는 것처럼 보이지 않는다. 이들은 왼손과 오른손을 번갈아 가며 사용한다. 왼손으로 딸랑이를 흔든 다음 잠시 후 오른손으로 블록을 잡기도 한다. 생후 1년이 되면 대부분의 아기들은 새로이 오른손잡이가 된다. 또한 사진 속의 걸음마기 아동처럼 왼손으로는 장난감이 움직이지 않도록 잡고 오른손으로 그것을 능숙하게 조작하였다. 이렇듯 한 손을 다른 손보다 선호하는 초기의 경향은 취학 전 시기 동안 더욱 뚜렷하게 지속적으로 나타나며, 아동이 유치원에 들어갈 무렵 이러한 경향은 확고해진다(Marschik et al., 2008; Nelson, Campbell, & Michel, 2013).

무엇이 아동을 왼손잡이 혹은 오른손잡이가 되도록 결정하는가? 어떤 과학자들은 유전자가 아동이 오른손잡이가 되도록 영향을 미친다고 믿는다(Corballis, Badzakova-Trajkova, & Häberling, 2012). 일란성 쌍생아들은 이란성 쌍생아들보다 둘 다 오른손잡이든지 혹은 둘 다 왼손잡이인 경향이 더 높다는 사실은 위의 의견과 일치하는 것이다(Meland et al., 2009). 그러나 경험 또한 오른손잡이 혹은 왼손잡이를 결정하는 데 영향을 미친다. 많은 문화에서는 전통적으로 왼손잡이를 나쁜 것으로 여겨 음식을 먹거나 글을 쓸 때 왼손을 사용하는 아동에게 벌을 주기도 하였다. 이러한 문화들에서 왼손잡이인 아동이 드문 것은 당연하다. 이와 유사하게, 과거 많은 선진국들에서 초등학교 교사들이 왼손잡이인 아동들에게 오른손을 사용하여 글씨를 쓰도록 강력히 권고하곤 하였다. 이후 이러한 관행이 없어지면서 왼손잡이 아동들의 비율은 증가를 나타냈다(Provins, 1997). 따라서 한 손을 사용하는 경향은 유전과 환경의 영향을 모두 받는다.

체력

LO10 아동들은 신체적으로 건강한가? 아동들이 스포츠에 참여하는 것은 유익한가?

운동 기술을 사용하는 것, 즉 신체적인 활동을 하는 것은 아동들에게 많은 유익이 있다. 신체적인 활동은 근육과 골격의 성장, 순환계 건강, 그리고 인지적 과정을 촉진한다(Best, 2010; Biddle & Asare, 2011; Hillman et al., 2009). 또한 이것은 평생 동안의 운동 패턴을 확고히 하는 데 도움이 된다(Perkins et al., 2004). 규칙적으로 운동을 하는—일주일에 최소한 세 번 30분씩—사람들은 비만, 암, 심장 질환, 당뇨병, 우울과 불안을 포함한 심리적 장애에 걸릴 위험이 적다(Tomson et al., 2003). 달리기, 큰 보폭으로 걷기, 수영, 에어로빅, 자전거 타기, 그리고 크로스컨트리 스키는 모두 이런 수준의 강도를 제공하는 활동들의 예이다.

스포츠에 참여함으로써 아동들의 신체적, 인지적, 사회적, 그리고 운동 발달이 향상된다.

불행히도 아동들과 청소년들의 체력을 마일 런(mile run)과 턱걸이와 같은 종목들을 통해 객관적으로 측정했을 때, 보통 이들 중 절반은 모든 종목의 체력 기준에 미치지 못했다(Morrow et al., 2010). 이러한 낮은 체력에 영향을 미치는 요소들은 많이 있다. 대부분의 학교에서 체육 수업은 일주일에 겨우 한 번 또는 두 번 이뤄지며, 고등학교의 경우 대개 필수 교과 과정이 아니다(Johnston, Delva, & O'Malley, 2007). 심지어 아동들은 체육 시간의 절반가량을 운동을 하는 대신 우두커니 서 있는 것으로 보낸다(Lowry et al., 2001; Parcel et al., 1989). TV와 주로 앉아서 보내는 다른 여가 활동들 또한 영향을 미친다. TV나 온라인으로 많은 시간을 보내는 아동들은 종종 신체적으로 덜 건강한 경향이 있으나(Lobelo et al., 2009), 이들 간의 관계에 대해서는 아직 분명하게 밝혀지지 않았다. TV나 컴퓨터 화면에 붙어 있는 아동들은 운동할 기회가 더 적을 가능성이 많다. 그러나 신체적으로 건강하지 않은 아동들은 운동보다는 몸을 많이 움직이지 않는 활동을 선택하는 것으로 드러났다.

많은 전문가들은 미국의 학교들이 주당 체육 시간을 더 늘려야 한다고 믿는다. 또한 많은 사람들은 체육 수업이 모든 아동이 참여할 수 있고 평생의 체력 관리 프로그램의 기초가 될 수 있는 다양한 활동을 제공해야 한다고 제안한다(National Association for Sport and Physical Fitness, 2004). 따라서 터치 풋볼과 같은 팀 스포츠를 강조하는 대신 체육 수업은 달리기, 걷기, 라켓 스포츠, 수영과 같은 활동들을 강조해야 한다. 이러한 활동들은 혼자 혹은 다른 사람과 함께 아동기, 청소년기, 그리고 성인기까지 계속할 수 있는 것들이다. 가족들 또한 체력 관리를 격려할 수 있다. 오후 시간에 TV를 시청하며 팝콘을 먹는 대신 함께 자전거를 타러 나갈 수 있다. 또는 가족들이 함께 *Dance Dance Revolution*과 같이 운동과 비디오 게임이 결합된 디지털 게임을 할 수도 있다. 규칙적으로 이런 게임들을 하게 될 때 신체적 건강이 증진되는 것으로 드러났다(Staiano & Calvert, 2011).

스포츠에 참여하기 많은 아동들과 청소년들은 야구, 소프트볼, 농구, 축구와 같은 팀 스포츠에 참여하는 것으로 운동을 즐긴다. 사진 속의 소녀들과 같이 아동들은 분명 스포츠를 통해 운동을 할 수 있을 뿐 아니라 그들의 운동 기술 또한 향상된다. 그러나 다른 이점도 있다. 스포츠는 참여자들의 자존감을 높이며, 결단력을 배우는 데 도움이 될 수 있다(Bowker, 2006; Eime et al., 2013). 스포츠는 또한 아동들에게 집단의 구성원으로 상호 보완적인 역할을 통해 어떻게 효과적으로 기능하는지와 같은 중요한 사회적 기술들을 배울 기회를 제공한다. 마지막으로, 아동들은 스포츠를 통해 새로운 경기 전략을 고안하거나 혹은 게임 규칙들을 수정함으로써 새로운 인지적 기술들을 사용할 수 있다.

한편 스포츠에 참여할 때 따를 수 있는 잠재적인 위험도 존재한다. 여러 연구들은 청소년의 스

성인 코치들이 이기는 것을 지나치게 강조하거나 선수들을 자주 비난하면, 많은 아동들은 흥미를 잃고 스포츠를 그만두게 된다.

포츠 참여가 비행 및 반사회적 행동들과 연관이 있다고 밝혔다(예 : Gardner, Roth, & Brooks-Gunn, 2009). 그러나 스포츠에 참여하는 것 외에 학교, 종교 집단, 청소년 집단과 같이 성인이 포함된 활동에 참여하는 경우 대부분 긍정적인 결과들이 보고되었다(Linver, Roth, & Brooks-Gunn, 2009; Zarrett et al., 2009). 그러나 이런 잠재적인 이점들은 함께하는 성인들에게 전적으로 달려 있다. 성인 코치들이 선수들을 격려하고 기술의 발달을 강조할 때 아동들은 스포츠를 즐기며, 종종 기술이 향상될 뿐 아니라 자존감도 높아진다(Coatsworth & Conroy, 2009). 이와는 대조적으로, 사진 속의 코치와 같이 기술의 발달보다 이기는 것을 강조하고 안 좋은 플레이에 대해 선수들을 비난하거나 처벌을 할 때 아동들은 흥미를 잃고 경기를 그만둔다. 청소년들은 경기로 인해 많은 스트레스를 받게 될 때 흔히 "에너지가 소진된다(burned out)." 그들은 흥미를 잃고 스포츠를 그만둔다(Raedeke & Smith, 2004).

아동들이 스포츠에 참여하도록 격려하기 위해 성인들(그리고 부모들)은 아동들에 대해 현실적인 기대를 가지고 비난보다는 칭찬을 통해 긍정적으로 지도하는 것이 필요하다. 그들은 아동들이 레크리에이션, 즉 즐거움을 위해 경기를 한다는 점을 기억할 필요가 있다.

 학습 확인

점검 영아들이 걸을 수 있으려면 어떤 기술들을 숙달해야 하는지 설명해 보시오.

연령에 따라 소근육 기술은 어떻게 발달하는가?

이해 아동과 청소년들이 스포츠에 참여하는 것은 어떤 장단점을 갖는지 말해 보시오.

적용 스포츠에 참여하는 것과 운동, 인지적 및 사회적 발달은 어떤 연관이 있는지 설명하시오.

> ## 주제 통합하기 **활동적인 아동**

이 장의 각 소단원은 **아동이 자신의 발달에 영향을 미친다**는 주제를 다루고 있다. 우리는 유아가 자신이 접하는 환경을 해석하고 탐색한다는 것을 계속해서 살펴보았다. 5.1절에 의하면 첫돌부터 대부분의 감각 체계가 상당히 효율적으로 기능하여 유아는 해석에 필요한 기본적인 정보를 얻는다고 알려 준다. 5.2절에서는 주의력 기술이 유아기에 시작된다는 것을 학습했다. 습관화를 통해서 유아는 어떤 자극은 무시하고 어떤 자극은 받아들인다. 마지막으로 5.3절에서 우리는 보행 능력과 소근육 기술이 유아기에 급속도로 향상된다는 것을 발견했다. 첫돌 즈음, 유아는 독립적으로 이동이 가능하며 물건을 솜씨 있게 다룰 수 있다. 총괄하여 이러한 업적은 유아가 세상을 탐색하고 이해할 수 있도록 더 잘 준비시킨다.

직접 해 보기

영아와 작은 종을 통해 주의력의 기원을 살펴보자. 1~5개월 영아는 이동하지 못하고 돌아다니지 못하기 때문에 이 실험에 가장 적합하다. 영아가 깨어 있을 때 바로 눕힌다. 그리고 나서 영아의 머리 뒤편(시야 바깥)으로 이동하여 종을 여러 번 울린다. 종을 크게 울릴 필요는 없으며 '보통'의 음량으로 울리면 된다. 영아는 눈을 크게 뜨고 아마 소리가 나는 방향으로 돌아보려고 할 것이다. 2~3분마다 종을 다시 울린다. 처음에는 강했던 영아의 반응이 시간이 지날수록 시들해지는 것을 볼 수 있을 것이다. 그리고 결국 영아는 종소리를 완전히 무시할 것이다. 직접 확인해 보라!

요약

5.1 감각과 지각의 기본 과정

후각, 미각, 촉각

신생아는 냄새를 맡고 엄마의 향수를 알아차릴 수 있다. 또한 맛을 느끼기도 하는데, 단 음식을 선호하고 쓴맛과 신맛에는 부정적인 반응을 보이기도 한다. 영아는 접촉에도 민감하다. 통증을 일으키는 자극에 대한 반응을 살펴보면(나이 많은 아동이 보이는 반응과 같음) 영아도 고통을 느낀다는 것을 알 수 있다.

청각

영아는 비록 성인보다 고음과 저음에 덜 민감하지만, 들을 수는 있다. 영아는 (언어와 노래의) 서로 다른 소리를 구별할 수 있다.

시각

신생아의 시력은 비교적 좋지 않다. 그러나 생후 1년이 되면 정상 성인과 같아진다. 색에 대한 지각은 다양한 종류의 감광 세포가 기능하기 시작하면서 발달한다. 3~4개월경 영아는 성인과 유사하게 색을 지각할 수 있다.

감각 정보의 통합

영아는 다른 감각(예 : 시각과 청각, 시각과 촉각)에서 오는 정보를 통합하기 시작한다. 영아는 종종 여러 감각에 중복되어 제시된 정보에 더 집중한다.

5.2 복잡한 지각 및 주의 과정

사물의 지각

영아는 사물을 구별하기 위해 움직임, 색, 결, 일직선상에 있는 2개의 끝을 사용한다. 생후 4개월 영아는 크기, 밝기, 모양, 색의 항상성을 숙달하기 시작한다. 영아는 먼저 운동 단서와 시각적 확장, 이동 변위를 사용하여 깊이를 지각한다. 마지막으로 영아는 망막 불균형과 그림 단서(선형 원근 화법, 결의 변화, 상대적 크기, 사이에 두기)를 사용하여 깊이를 판단한다. 영아는 첫돌 즈음 얼굴을 지각한다. 영아는 경험을 통해 그들이 자주 본 얼굴과 유사하도록 얼굴 원형을 조정한다.

주의력

주의력은 오리엔팅 네트워크와 경계 네트워크를 포함한다. 그리고 이 네트워크는 유아기에 잘 기능하고 실행 네트워크는 더 천천히 발달한다. 교사와 부모는 더 효율적으로 주의를 기울이도록 하는 전략을 어린 아동들에게 가르칠 수 있다.

주의력 결핍 과잉행동 장애

ADHD 아동은 전형적으로 부주의하고 과잉행동을 보이며 충동적이다. 그들은 때때로 품행 문제와 학업에서 어려움을 보인다. Multimodal Treatment Study of Children with ADHD에 따르면, ADHD에 단기간 가장 효과적인 접근은 약물치료와 심리사회적 치료를 병행하는 것이다.

5.3 운동 발달

보행 능력

영아는 생후 1년 동안 운동 발달 이정표의 순서대로 발달하며, 첫돌 이후 몇 달 이내 걷는 것으로 끝이 난다. 대부분의 다른 운동 기술처럼 걷는 학습은 균형 유지하기, 다리를 번갈아 내딛기와 같은 개별적인 기술의 분화를 포함하며 결국 이러한 기술들은 총체적으로 통합된다. 이러한 분화와 통합의 기술은 운동 발달의 동적 시스템 이론의 핵심이다. 경험은 특정 운동 발달을 가속화시킬 수 있다.

소근육 운동 기술

처음에 영아는 한 번에 한 손만 사용하다가 두 손을 독립적으로 사용하고, 이후에는 양손을 사용하여 하나의 행동을 취하고, 마침내 한 목적을 위해 양손을 사용하여 다양한 행동을 취할 수 있다.

대부분의 사람들은 오른손잡이이며, 이러한 성향은 첫돌 이후 나타나고 만 2세 후에 성립된다. 손의 선호도는 유전과 환경의 영향을 받는다.

체력

아동이 신체적인 활동에 많은 시간을 보낸다고 보고되지만, 미국에서는 아동의 절반 이상이 체력 기준에 미치지 못한다. 체력 단련이 부족한 이유의 하나는 학교 내 체육시간이 부족하다는 것이다. 텔레비전 또한 이에 기여한다. 전문가들은 학교 내 체육시간을 더 늘리고 평생 지속적으로 할 수 있는 운동 활동을 지향해야 한다고 권고한다. 가족들이 활동적으로 참여하여 아동의 체력을 장려할 수 있다.

스포츠에 참여함으로써 신체적, 인지적 및 사회적 발달이 향상될 수 있다. 그러나 스포츠에 참여하는 것이 때때로 반사회적 행동으로 이어지고, 코치가 기술 발달보다 이기는 것을 강조할 때 아동은 경기를 그만두게 된다.

자기평가

1. 신생아의 후각은 _____.
   a. 엄마를 알아보지 못할 정도로 좋지 않다
   b. 성인의 후각과 다르다. 신생아는 성인이 선호하는 냄새(예 : 꿀 또는 초콜릿)를 거부한다
   c. 태어날 때부터 잘 발달되어 있다

2. 영아의 청각에 관련된 설명 중 사실인 것은 무엇인가?
   a. 영아는 사람의 말의 음높이를 가장 잘 듣는다.
   b. 영아는 고음 소리를 제일 잘 듣는다.
   c. 영아는 모음과 자음 소리를 구별할 수 없다.

3. 영아의 청각손상을 일으키는 가장 큰 위험이 무엇인가?
   a. 중이염을 반복적으로 앓은 1세 영아
   b. 이름에 반응하지 않는 2개월 영아
   c. 큰 소리에 과잉 반응을 보이는 6개월 영아

4. 영아의 색 지각은 _____ 즈음 성인의 색 지각과 비슷하다.
   a. 출생 직후
   b. 7~8개월
   c. 3~4개월

5. 감각 간 중복 이론에 따르면 영아는 _____ 주어질 때, 운율 체계의 변화를 좀 더 발견할 가능성이 많다.
   a. 시각 정보만
   b. 청각과 시각 정보가 동시에
   c. 청각 정보만

6. 영아는 사물을 구별하기 위해 움직임, 색, _____, 일직선상에 있는 2개의 끝을 포함한 많은 단서를 사용한다.
   a. 결
   b. 선형 원근 화법
   c. 망막 불균형

7. 사이에 두기, 결의 변화, 상대적 크기, 선형 원근 화법은 모두 _____을 위한 단서를 제공한다.
   a. 시력
   b. 색 지각
   c. 깊이 지각

8. 영아기 얼굴 인식 과정에 대한 설명으로 옳은 것은 무엇인가?
   a. 영아는 자신의 환경에서 사람의 얼굴에 노출됨에 따라 친숙한 얼굴을 알아차리는 능력을 상실한다.
   b. 생후 1년에 걸쳐 자신과 같은 인종의 얼굴을 인식하는 능력이 손실되면서 다른 인종의 얼굴을 구분하는 능력을 얻게 된다.
   c. 영아는 자신의 환경에서 사람의 얼굴에 노출됨에 따라 친숙한 얼굴이 반영되도록 얼굴 인식 체계를 조정한다.

9. 주의력의 발달과 관련된 설명 중 옳은 것은 무엇인가?
   a. 오리엔팅 네트워크와 경계 네트워크는 태어날 때부터 발달하지만, 실행 네트워크는 느리게 발달한다.
   b. 모든 주의력 네트워크는 태어날 때부터 발달되어 있다.
   c. 모든 주의력 네트워크는 영아기, 미취학 아동기, 초기 학령기를 거쳐 서서히 발달한다.

10. 주의력 결핍 과잉행동 장애(ADHD)를 가진 아동들은 _____.
    a. 종종 생각보다 행동이 앞선다
    b. 친구들로부터 사랑을 받는다
    c. 평균 이하의 지적 수준을 가지고 있다

11. _____에 따르면, 운동 발달은 특정 과제의 요구에 맞추어 오랜 시간에 걸쳐 많은 별개의 기술들이 조직되고 재조직되는 것과 관련이 있다.
    a. 감각 간 중복 이론
    b. 동적 시스템 이론
    c. 운동 시차 이론

12. 신생아는 _____ 때문에 직립 자세를 유지할 수 없다.
    a. 무거운 상부
    b. 무거운 하부
    c. 몸통보다 다리가 더 발달했기

13. 사물을 향한 손 뻗기와 잡기와 관련된 설명 중 옳은 것은 무엇인가?
    a. 4개월 된 영아는 사물을 향해 손을 뻗을 때, 느긋하게 여러 차례 근거리에서 그들의 손을 움직여 방향을 조절한다.
    b. 대부분의 3개월 영아는 사물을 잡을 때 손가락과 엄지손가락을 사용한다.
    c. 대부분의 영아들이 6개월 즈음이 되면 사물의 크기와 방향에 맞게 잡는 방식을 조절한다.

14. 한 손을 사용하는 경향은 _____.
    a. 3개월에 잘 발달되어 있다
    b. 환경의 영향을 받지만 유전적인 영향은 없다
    c. 첫돌 즈음에 발생하며 유치원에 들어갈 때까지 잘 발달된다

15. 아동은 _____ 때, 경기 참여를 즐기고 지속할 가능성이 높다.
    a. 승부가 기술 발달보다 강조될
    b. 코치가 선수들에게 현실적인 기대와 요구를 가질
    c. 코치가 상대팀과 심판에 대해 안 좋게 이야기할

핵심 용어

인지 발달 이론

TV쇼 "패밀리 가이"에 나오는 1세 된 스튜이는 엄마를 잘 놀린다. "헤이, 이것 보세요, 엄마 선물 가져왔어요. 힌트를 줄 테니 한번 맞혀 보세요. 그것은 바로 내 기저귀에 있고, 축배를 들 정도로 큰 선물은 아니에요." 이는 아기도 꽤 복잡한 사고를 할 수 있다는 믿음에 근거한 유머의 한 예이다. 아기는 복잡한 사고를 단지 표현할 수 없을 뿐이다. 그러나 TV 시청자에게 질문하면 위와 같이 복잡하고 유머가 넘치는 말을 아기가 실제 할 수 있다고 믿는 사람은 드물 것이다. 그렇다면 아직 말을 할 수 없는 아기의 마음에는 어떤 그림자들이 비추이고 있을까? 아기 때 갖고 있던 사고의 싹들이 어떻게 아동, 청소년 및 성인이 되어서 일상적으로 사용하는 강력한 추론 기술로 발달하게 되는 것일까? 즉 아동이 성장하면서 사고는 어떻게 변화하는 것인가? 왜 이러한 변화가 일어나는 것일까?

지난 수년간 이러한 질문에 대한 답은 앞 1.2절에서 언급한 장 피아제에 의해 제안된 이론으로부터 얻어졌다. 6.1절에서 이에 대해 좀 더 자세하게 살펴보고, 이 외에도 6.2절에서 아동의 사고 발달에 대한 현대적 이론에 대하여 알아볼 것이다. 마지막으로 6.3절에서 아동이 어떻게 사물, 생물과 사람에 대한 지식을 습득하게 되는가에 대하여 볼 것이다.

6.1 인지 발달 이론의 출발 : 피아제의 이론

학습 목표

LO1 피아제 인지 발달 이론의 기초 원리는 무엇인가?

LO2 피아제 인지 발달 이론에서 아동의 사고는 네 단계를 거치면서 어떻게 변화되는가?

LO3 피아제 이론의 공헌은 무엇이며 단점은 무엇인가?

개요

피아제 이론의 기초 원리

인지 발달 단계

피아제의 공헌

활동적인 2세 반 된 이썬은 처음으로 호랑나비를 보았다. 어머니가 그에게 "나비야, 나비. 저것은 나비란다."라고 말했다. 몇 분 후, 호랑나비 한 마리가 풀숲에 앉아 있는 것을 본 이썬은 흥분하여 "나비, 엄마 나비야!" 하고 외쳤다. 조금 있다가, 나방이 풀숲에서 날아오르자 이썬의 목소리는 아주 흥분되어 "나비, 엄마 나비가 더 있어!" 하고 외쳤다. 그러자 어머니는 "아니야, 그것은 나방이지 나비가 아니야."라고 말해 준다. 이썬의 어머니는 몇 번 가르쳐 주지도 않았는데 아들이 이렇게 빨리 사물의 이름을 습득하게 되는 것이 무척 신기하다. 어떻게 이런 일이 가능한 것일까?

장 피아제(Jean Piaget)의 아동기 인지 발달에 대한 이론은 1920년대에 시작되었다. 초기에 그는 생물학자로 훈련받았으나 지식의 성질과 기원에 대한 호기심이 많아서 전통적 철학자들과는 달리 직접 아동들의 생각을 들어 보는 방법으로 지식의 기원에 대하여 연구하기 시작하였다.

피아제의 이론은 현대 인지 이론의 기초가 되고 있기 때문에 아동의 사고를 이해하기 위해서는 그의 이론을 먼저 살펴보아야 한다. 먼저 피아제 이론의 기초적 원리를 살펴보고, 아기들이 자신의 환경을 이해하는 과정에 대하여 살펴볼 것이다. 그다음 피아제 이론에서 가장 중요한 인지 발달의 단계를 살펴보고 그 이론이 아동 발달에 공헌한 바를 살펴볼 것이다.

피아제 이론의 기초 원리

LO1 피아제 인지 발달 이론의 기초 원리는 무엇인가?

피아제는 아동은 생래적으로 호기심이 많은 존재라는 신념을 갖고 있었다. 아동은 자신의 경험을 이해하려고 하며 이를 통해 자신의 이론을 구성해 간다. 모든 아동은 세상에 대한 자기 나름대로의 이론을 구성하므로 작은 과학자라고 할 수 있다. 물론 그들의 이론은 불완전하지만 자신의 환경에

이 아기의 '개 이론'은 개는 착하며 사람의 얼굴을 핥는 것을 좋아한다는 지식을 포함한다.

대한 예측 기능을 하므로 가치가 있다.

아동은 주변에 일어나고 있는 일들을 이해하기 위하여 스스로 구성한 이론을 활용하는데, 새로운 경험은 이미 구성된 이론을 기초로 이해된다. **피아제는 이를 동화(assimilation)라고 하였는데, 이는 아동이 현재 갖고 있는 이론에 기초하여 새로운 사건과 경험을 이해하는 과정을 의미한다.** 예를 들어 자신의 집에서 기르는 개가 멍멍 짖고, 자신의 얼굴을 핥기도 한다는 이론을 갖고 있는 아기가 친척집에서 비슷한 행동을 하는 개를 보게 되면, 개에 대하여 갖고 있는 이론과 일치하므로 이 영아는 지금 만난 개의 행동을 쉽게 이해한다. 이와 같은 방법으로 처음 만나는 개의 행동을 이해하는 것이 바로 동화 과정이다. 그러나 아동이 형성한 이론은 불완전하고 부정확한 경우가 많은데 이런 경우 아동은 당황한다. **피아제는 이러한 과정을 조절(accommodation)이라고 하였다. 이는 새로운 경험에 맞추어서 자신의 이론을 수정하는 것을 뜻한다.** 개에 대한 이론을 갖고 있는 아기가 처음으로 고양이를 만나면 고양이는 멍멍 짖지 않고 야옹 하며 울고, 빠는 행동 대신에 얼굴을 쓱 비벼대는 행동을 보고 깜짝 놀라게 된다. 이때 아기는 기존의 이론을 이 새로운 동물을 설명할 수 있는 이론으로 수정하게 된다. 이것이 조절이다.

동화와 조절의 과정은 이 절 시작부의 이썬의 행동을 통해서 잘 설명될 수 있다. 이썬의 엄마가 호랑나비를 '나비'라고 가르쳐 주자 이썬은 '나비는 큰 날개가 달린 벌레'라는 간단한 이론을 구성한다. 두 번째 나비는 색은 약간 달랐지만 나비처럼 큰 날개가 있으므로 이썬은 바로 이를 나비로 동화시킨다. 그러나 어머니는 나방을 나비로 부르는 이썬의 행동을 수정하므로 이썬은 나비로 동화된 이론을 나방으로 조절시켜야 한다. 따라서 '나비와는 비슷하지만 몸통이 크고 밋밋한 색의 날개를 가진 벌레'라는 정교한 이론을 탄생시킨다.

동화와 조절은 생각과 지식에만 해당되는 것이 아니다. 아기들은 동작을 통해 동화와 조절을 한다. 공을 잡을 수 있는 아기는 블록, 딸랑이처럼 작은 대상물도 잡을 수 있음을 알게 된다. 그런데 어떤 대상들은 한 손이 아닌 두 손으로 잡아야 한다는 것을 깨달아 한 손으로 잡을 수 없는 물체를 두 손을 사용하여 잡게 되면 아기의 '물건 잡기'에 대한 도식은 조절된 것이다.

동화와 조절은 대개 균형을 이루는데 이를 평형(equilibrium)이라고 한다. 아동은 자신이 갖고 있는 이론에 대부분의 경험을 동화할 수 있으나, 새로운 경험이 자신의 이론에 더 이상 부합되지 않으면 자신의 이론을 수정하는 조절을 하게 된다. 이러한 동화와 조절의 과정은 위에서 예로 든 개와 고양이에 대한 이론을 구성해 가는 아기처럼 지식구조에 평형을 이루게 한다.

동화와 조절의 균형이 깨지면 불평형의 상태가 된다. **이때 아동은 평형의 상태가 되도록 자신의 이론을 재조직하는데 이러한 과정을 피아제는 평형화(equilibration)라고 하였다.**

과학자들이 자신의 이론에 결정적 결함이 있음을 발견하듯이 아동도 그러하다. 과학자들은 자신의 이론에 결함을 발견하였을 때, 그저 단순히 일부분만을 수정하기보다는 원래의 이론에 근거하면서도 근본적으로 다른 이론을 구성한다. 예를 들어서 천문학자 코페르니쿠스는 기존의 천동설의 결함을 발견하고 움직이는 주체는 해가 아니라 지구라고 이론을 재구성하였다. 마찬가지로, 아동 역시 자신의 이론의 결함을 발견하고 좀 더 설득력 있는 이론을 구성하기 위하여 기존에 갖고 있던 이론을 완전히 포기하기도 한다.

피아제에 의하면 이러한 지식 구성에서의 혁명적 변화는 인생의 2, 7, 11세쯤 세 번 일어난다. 이를 근거로 인지 발달은 네 단계로 나뉜다. 감각운동기(출생~2세에 이르는 영아기), 전조작기(2~6세의 유아기 및 초등 저학년기), 구체적 조작기(7~11세의 초등기), 마지막 단계인 형식적 조작기(11세 이상으로 청소년기와 성인기)이다.

피아제는 모든 아동은 인지 발달의 네 단계를 차례대로 거치면서 지적 능력이 발달한다고 하였다. 즉 전조작기 단계 전에는 반드시 감각운동기를 거쳐야 하며, 구체적 조작기를 거치지 않고 바로 형식적 조작기로 발달할 수 없다고 하였다. 그러나 각 단계에 해당되는 생물학적 연령은 대략적인 것이다. 어떤 아동은 자신의 능력과 경험에 따라서 또래에 비하여 이른 나이에 구체적 조작기에 도달할 수 있다. 다음 절에서 각 단계를 좀 더 자세히 기술하겠다.

인지 발달 단계

LO2 피아제 인지 발달 이론에서 아동의 사고는 네 단계를 거치면서 어떻게 변화되는가?

금빛 아치(arch)를 보면 맥도날드 햄버거 가게로 인지하거나 쇠스랑 모양을 보면 나이키 브랜드로 인지할 수 있듯이, 피아제 인지 이론의 각 발달 단계는 세상에 대한 독특한 이해 구조를 갖는다.

감각운동기 제5장에서 아동의 지각 및 운동 발달에 대하여 보았듯이 생후 첫 1년간 지각 및 운동 능력은 급격히 발달한다. 피아제는 생후 2년간 일어나는 지각 및 인지 발달을 인간 발달에서 독특하고 특별한 단계라고 하였다. **감각운동기(sensorimotor stage)는 출생에서 2세까지의 기간인데, 환경에 적응하고 환경을 탐색하는 시기로 영아는 단순한 반사 행동에서 시작하여 상징을 다룰 수 있는 수준으로 변화한다.** 24개월 동안 아기의 사고는 환경에 대한 적응, 사물에 대한 이해 그리고 상징 사용하기에서 눈부신 발전을 한다.

4~8개월 사이에 아기는 새로운 사물을 열정적으로 탐색한다.

환경에 적응하고 탐색하기 신생아는 환경으로부터 제시되는 자극에 반사적으로 반응한다. 이 반사 반응은 점차 적응되어서 1~4개월이 되면 엄지손가락으로 자신의 입술을 의도적으로 만져서 빨기를 스스로 시작할 수 있고 빨기로 인한 감각적 즐거움을 얻기 위하여 행동한다. 엄마가 아기의 입술에 젖꼭지를 대면 아기는 더 이상 반사적으로 빠는 것이 아니라 아기 스스로 젖꼭지를 빠는 행동을 시작하게 된다.

4~8개월이 되면 아기는 환경에 대한 관심이 증대하여 사물에 대하여 주시한다. 사진에 보이듯이 아기는 처음에는 우연히 딸랑이를 흔들게 된다. 딸랑이의 흥미로운 소리를 듣게 되면 딸랑이를 다시 붙잡고 이를 흔들 때 들리는 소리에 굉장히 즐거워한다. 이러한 과정이 몇 번 반복된다.

8개월이 되면 아기는 대상물에 손을 뻗는다. 즉 의도적이고 의지적인 행동을 하게 된다. 목적을 위한 수단적 행동이 나타난다. 예를 들어서 장난감을 아버지가 손으로 가리면, 아기는 아버지의 손을 밀어내면서 장난감을 잡으려 한다. 즉 '아버지의 손을 밀어내는 것'은 '장난감을 잡으려는' 목적의 수단이 되는 행동인 것이다. 하나의 목적을 얻기 위하여 별개의 수단적 행동을 하는 것은 영아기에 나타나는 목적을 향한 최초의 행동과 의지라 할 수 있다.

12개월이 되면 아기는 적극적인 실험가가 된다. 아기는 다양한 종류의 사물을 흔들어 보면서 어떤 사물이 소리를 내고 어떤 사물이 소리를 내지 않는가를 알아내려고 한다. 혹은 다양한 사물을 떨어뜨리면서 어떠한 일이 일어나는가를 관찰하려고 한다. 솜으로 만들어진 아기 곰은 바닥에 떨어져도 아무런 소리가 나지 않으나, 다른 장난감은 "꽝" 소리를 낸다는 것을 발견한다. 이러한 반복적 행동은 아기들의 의도적 행동을 분명하게 보여 준다.

사물을 이해하기 세상은 다양한 사물로 가득 차 있다. 개, 거미, 사람은 살아 있는 생물이며, 치즈 버거, 양말, 책 등은 죽어 있는 사물이다. 그러나 이 모든 것은 기본적으로 우리의 행동이나 생각 과는 별개로 독립적으로 존재하는 것들이다. 우리 대부분이 싫어하는 거미는 우리가 눈을 감아 버리거나 혹은 그것이 없어져 버렸으면 좋겠다는 우리의 생각과는 별개로 존재하고 있다. **사물 이 우리의 바람과 생각과는 상관없이 독립적으로 존재하고 있음을 이해하는 것을 대상 영속성**(object permanence)**이라고 한다.** 1세가 되기 전까지는 이러한 개념이 전혀 없다고 주장한 사람이 피아제 이다. 그의 표현에 의하면 사물에 대하여 1세 미만의 아기들은 '내 눈에 보이지 않으면 존재하지 않 는 것이다'라는 생각을 갖는다. 아기에게 있어 사물은 눈에 보이면 존재하고 그렇지 않으면 존재하 지 않는 단명한 존재이다.

4~8개월 된 아기에게 흥미로운 장난감을 보여 주면 아기는 장난감을 잡으려고 할 것이다. 그러 나 장난감을 보자기 등으로 덮어서 눈에 보이지 않게 가리면 아기는 이것을 잡으려고 하지도 않고 찾으려고도 하지 않는다. 오히려 아기는 방금 전에 갖고 있던 장난감에 대해 관심이 없었던 듯이 행동한다.

그러나 8개월이 넘은 아기는 위와 같은 상황에서 장난감을 찾으려고 한다. 사실 8~12개월 사이 의 아기는 어른이 보자기로 덮어서 눈에 보이지 않게 한 장난감을 찾아내는 게임을 매우 즐긴다. 아기는 보자기가 덮여 있는 장난감을 향해 가면서 미소를 입가에 띠고 보자기를 휙 뒤집으면서 까 르르 소리를 내면서 웃기도 한다. 8개월 이전의 대상 영속성에 대한 이해에 비하여 이 시기의 사물 의 존재성에 대한 이해는 상당히 발달한 수준이지만 여전히 불완전하다. 8~10개월 된 아기에게 용 기로 덮인 사물을 반복적으로 보여 준 후에 다시 그 사물을 다른 용기에 감추는 것을 보여 준다. 그 러면 아기는 대개 첫 번째 용기를 뒤집으면서 그 사물을 찾는다. 이러한 아기의 행동은 사물의 존 재성에 대한 이해가 단편적임을 증명하는 것이다. 즉 아기는 반복적으로 보았던 사물의 위치와 현 재 사물의 위치를 구분하지 못한다. 따라서 사물의 존재에 대한 영속적 이해는 18개월이 되어야 완 전하게 획득된다고 피아제는 주장하였다.

18개월 된 아기가 사용하는 제스처는 상징 을 사용할 수 있는 능력을 나타낸다.

상징을 사용하기 18개월이 되면 대부분의 아기들은 말을 하거나 제스처를 사용하는데 이는 상징을 사용할 능력이 생겼음을 보여 준다. 말과 제스처는 다른 사물과 사건을 대신하는 상징이다. 아기가 손을 흔드는 것은 "안녕"이라고 말하는 것만큼 효과적이며 의미를 갖고 있다. 또한 아기들은 가상 행동 혹은 가상 놀이를 하기 시작하는데 이 역시 상징을 사용하는 것이다. 20개월 된 아기는 입가 에서 손을 앞뒤로 흔드는데 이는 이 닦는 행동을 가장하는 것이다.

아기가 상징을 사용하는 것은 행동을 실제로 행하지 않고도 그 행동과 결과를 정신적으로 표상 할 수 있다는 것을 뜻한다. 엄마와 아기가 문이 열린 문가에서 블록으로 탑을 쌓고 있다고 가정해 보자. 12~18개월 된 아기는 이 방을 나가면서 문을 닫아 탑을 다 무너뜨리는데 그 이유는 문을 닫 는 것의 결과를 미리 생각할 수 없기 때문이다. 그러나 18~24개월 된 아기는 문을 닫게 되는 것의 결과를 짐작할 수 있기 때문에 문을 닫기 전에 탑을 옮긴다.

생후 2년이 되면서 아기들의 반응은 반사적 수준에서 사물을 탐색하고, 이해하며 상징을 사용하 며 적극적으로 반응하는 수준으로 발달한다. 이러한 발달은 괄목할 만한 것이며 전조작기 수준의 단계로 넘어가는 기초가 된다.

전조작기 상징을 사용하게 되면서 아기들의 사고 수준은 전조작기로 넘어간다. **전조작기**(preope-rational stage)**는** 2~7세까지의 시기를 말하며 이 시기에는 **사물과 사건을 상징으로 표상할 수 있게 된 다.** 이 시기에 아동은 말, 제스처, 그래프, 지도와 모델 같은 일상적 상징을 사용하는 데 능숙해진 다. 그러나 감각운동기에 비하여 전조작기 아동이 상징을 사용하는 능력이 괄목하게 발달하였다 할지라도, 초등학교에 다니는 아동에 비하여 상대적으로 상당히 제한적이다. 이러한 제한점이 바로 전조작기 아동의 사고가 가지는 특성이다.

전조작기 아동은 자신들이 세상을 보는 것과 같이 다른 사람들도 동일하게 본다고 생각한다. **자아중심성**(egocentrism)**이란 다른 사람의 관점에서 사물을 보는 데 어려움을 갖는 것을 의미한다.** 아동이 자신의 방식을 고집하는 것은 단순히 고집스러운 성격 때문만은 아니다. 이것은 타인이 자신과 다른 의견과 감정을 가질 수 있다는 것을 이해하지 못하였기 때문이다.

예를 들어서 〈그림 6-1〉과 같이 학령 전 아동에게 테이블 위의 모형이 어른에게는 어떤 모양으로 보일까를 물어본다고 가정해 보자. 제일 왼쪽의 그림은 아동에게 보이는 모습이고, 어른에게 보이는 모습은 제일 오른쪽의 것이어야 한다. 대개의 아동은 제일 왼쪽의 그림을 선택할 것인데, 학령 전 아동들은 모든 방향의 사람에게 이 그림이 이러한 모습으로 보일 것이라고 믿는다. 즉 자신에게 보이는 모습이 모든 방향에서도 똑같이 보일 것이라고 생각한다(Piaget & Inhelder, 1956).

전조작기 아동은 생명이 없는 사물에 생명이 있는 것처럼 생각하는 물활론적 사고(animism)**를 한다** (Piaget, 1929). 비 오는 날 3세 반 된 크리스틴과 내가 나눈 대화가 물활론적 사고의 특징을 잘 보여 준다.

그림 6-1

크리스틴 : 오늘 해가 슬픈가 봐요.
　　나 : 왜?
크리스틴 : 왜냐하면 오늘 날이 흐리잖아요. 해가 빛을 낼 수가 없어요. 그리고 나도 볼 수가 없어요.
　　나 : 네 자전거는 어떨까, 행복할까?
크리스틴 : 아니에요, 자전거도 슬퍼요.
　　나 : 왜?
크리스틴 : 왜냐면 오늘 자전거를 내가 못 타서 하루 종일 창고에 있어야 하니까요.

자아중심적 사고에 붙들린 크리스틴은 해와 자전거도 자기처럼 생각하고 느낀다고 믿는다.

이 시기의 아동은 심리적으로 터널 시각을 갖고 있다고 할 수 있다. 즉 오로지 문제의 한 측면에만 주의를 하고 다른 측면은 완전히 무시한다. **피아제는 이와 같은 학령 전 아동들의 좁은 시각을 가리켜 중심화**(centration)**라고 하였다.** 피아제는 보존과제 실험을 통하여 이 연령 아동의 중심성을 보여 주었다. 그는 보존과제 실험을 통하여 특정 사물의 외형이 변화된다 할지라도 그 본질적 특성은

전조작기 아동은 보존과제 실험에서 폭이 좁고 키가 큰 비커에 더 많은 주스가 담겨 있다고 대답한다.

질문 6.1

3세 자밀라는 전화 통화를 하면서 질문에 답을 할 때 고개를 끄덕임으로 답을 한다. 자밀라 아버지가 그렇게 답을 하면 수화기 너머에 있는 사람이 자밀라의 답을 볼 수 없으니 '예' 혹은 '아니요'라고 말을 하라고 가르친다. 그러나 자밀라는 다시 머리를 끄덕이는 행동으로 답을 한다. 자밀라 아버지에게 피아제는 자밀라의 행동을 어떻게 설명하겠는가?

변하지 않는다는 것을 아동들이 언제 깨닫게 되는가를 알아보고자 하였다.

전형적인 보존과제는 액체의 부피 보존실험이다. 아동에게 똑같은 모양과 크기의 두 비커에 같은 양의 주스를 담아서 보여 준다. 아동이 두 비커에 같은 양의 주스가 있다는 것에 동의하면, 아동이 보는 자리에서 한 비커의 주스를 길고 좁은 모양의 비거에 따라 붓는다. 겉으로 보기에 길쭉한 모양의 비커에 담긴 주스가 키가 더 크게 보일 수 있으나 실제 그 양에는 변화가 없다. 그러나 전조작기 아동은 키가 크고 폭이 좁은 비커에 담긴 주스가 원래 비커에 담긴 주스보다 더 많다고 인식한다.

왜 그럴까? 피아제에 의하면 전조작기 아동은 비커에 담긴 주스의 높이에만 집중하기 때문이라는 것이다. 즉 전조작기 아동의 인식은 비커의 좁다란 높이에만 인식이 집중되며, 비커의 폭이 좁아졌다는 것을 동시에 인식할 수 없기 때문이다.

중심화와 자아중심성은 전조작기 아동 인식 단계에서 가장 주요한 결함이나 이는 구체적 조작기에 극복된다.

구체적 조작기 초등학교에 들어가면서 아동의 인지 발달은 좀 더 성인과 비슷하게 그리고 초등학교 입학 전과는 다른 특징을 갖는 사고 단계로 들어선다. **약 7~11세까지의 기간에 걸친 구체적 조작기**(concrete operational stage)**에는 문제를 해결하거나 이유를 생각하는 데 있어서 최초로 정신적 조작을 할 수 있다. 정신적 조작**(mental operation)**이란 문제를 해결하거나 이유를 추론하는 과정에서 좀 더 체계적이며 효율적인 책략과 규칙을 사용하는 것을 의미한다.** 예를 들면, 더하기, 빼기, 곱하기 및 나누기를 하는 데 일어나는 정신적 조작은 대표적인 구체적 조작기의 인지작용이다. 대상을 분류하는 데 있어서도 범주를 더하거나(어머니+아버지=부모), 빼기도 한다(부모-어머니=아버지). 대상들 간의 공간적 관계에서도 정신적 조작을 할 수 있는데, A 사물이 B와 C 사물에 가까이 있다면, B와 C 사물은 서로 가까이 있어야 한다는 것을 안다.

또한 각각의 정신적 조작은 가역될(reversed) 수 있다. 즉 모든 조작은 다시 원래의 상태로 가역될 수 있는데 5 더하기 3은 8이며, 8에서 3을 빼면 다시 5로 돌아온다는 것을 이해한다. 피아제는 이런 종류의 가역성을 모든 정신적 조작에 적용하여 설명하였다. 전조작기 아동에게 불가능한 가역적 사고가 구체적 조작기 아동에게는 가능하다. 전조작기 아동은 부피 보존과제를 통과하지 못하나 구체적 조작기 아동은 이 과제를 통과하는데, 이유는 이 시기에는 가역적인 정신적 조작을 할 수 있기 때문이다. 앞의 보존과제 중에서 모양이 다른 비커에 주스가 부어져서 한 비커의 높이가 높아 주스의 양이 많아 보일지라도 이를 다시 원래의 비커에 옮겨 부으면 두 비커에 담겨 있는 주스의 부피가 같다는 가역적 사고를 구체적 조작기 아동은 할 수 있다.

전조작기 아동이 자신들이 세계를 보는 방식으로 타인도 똑같이 보고 있다고 간주하는 것에 비하여, 구체적 조작기 아동은 타인의 관점이 자신과 다를 수 있다는 것을 인식할 수 있기 때문에 지적으로 상당히 발달한 것이다. 그러나 이 역시 인지적 결함을 갖고 있다. 구체적 조작기라는 용어에 내포되어 있듯이 사고의 대상은 실제적이고, 손에 잡힐 수 있는 것 그리고 여기 지금에 관계된 것에 한하여 논리적 조작을 할 수 있다. 구체적 조작기 아동은 "(사고의 대상이) 지상에 묶여 있는, 구체적이고 실용적인 문제해결자이며, 자신 바로 앞에 있는 인식 가능한 실재에만 사고의 대상이 한정되었다"(Flavell, 1985, p. 98).

형식적 조작기 형식적 조작기(formal operational stage)**는 약 11세부터 성인기까지를 포함하는 것인데, 추상적 대상에 대하여 정신적 조작을 할 수 있다. 이 시기에는 가설적이며 연역적 사고를 할 수 있다.** 구체적이고 실재하는 대상에 한정된 사고의 제약을 넘어서서 단지 가능성에 근거해 있어야만 하는 것 혹은 있을 수 있는 것에 대하여 사고할 수 있다. 실재 중심적 사고를 하는 구체적 조작기 아동과 달리 형식적 조작기의 청소년은 실재하는 것만이 유일한 가능성이라고 생각하지 않는다. 청소년은 대안적 실재를 생각할 수 있으며 그것의 결과까지 탐색할 수 있다. 구체적 조작기 아동에게 "사물을 둥둥 뜨게 하는 것이 중력이라고 한다면 어떤 일이 일어날까?" 혹은 "남자가 아이를 낳는다면 어떤 일이 일어날까?"라는 질문을 한다면, "그렇지 않아. 금방 떨어질 거야." 혹은 "남자는 아기를 낳지 않아. 여자가 낳아."와 같은 답을 혼란스러운 표정으로 제시할 것이다. 즉 실재는 구체적 정신활동의 기초이다. 반면에 형식적 조작기 청소년은 물리적 혹은 생물학적 현상 및 규칙의 상반되는 가설을 제안할 수 있으며 그것의 결과까지 추론할 수 있다.

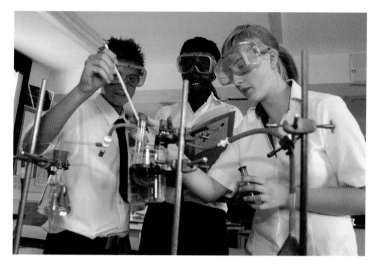

구체적 조작기의 아동들은 문제를 해결할 때, 가설을 설정하여 미리 계획되고 통제된 해결방법을 가지고 접근하는 것이 아니라 '바로 문제에 뛰어드는' 방식의 접근을 한다.

형식적 조작기에는 문제에 접근할 때 다양하고 복잡한 경로를 택할 수 있다. 문제를 해결하기 위하여 가설 혹은 가설의 집합을 설정하며 이를 검증한다. 피아제(Inhelder & Piaget, 1958)는 구체적 조작기와 형식적 조작기의 지적 작용의 특징을 비교하기 위하여 실험을 하였다. 아동과 청소년에게 겉으로 보기에는 똑같은 액체로 짐작되는 액체가 담긴 여러 개의 플라스크를 보여 주었다. 그중 하나를 다른 액체에 섞으면 파란색으로 변화시킬 액체를 찾아보라고 제시하였다.

구체적 조작기의 아동은 두 플라스크의 액체를 별 주의 없이 바로 섞는다. 반면에 형식적 조작기의 청소년은 이 문제를 풀기 위하여 액체 간의 조합을 체계적으로 조합하여, 액체 혼합물을 파란색으로 변화시키는 액체를 찾아내려고 한다. 즉 액체 간의 조합을 시도할 때 별 규칙 없이 액체를 섞는 것이 아니라 각 액체들의 조합을 체계적으로 계획하여 해당 액체를 찾아내려고 한다.

형식적 조작기 청소년의 사고는 실재에만 국한된 것이 아니기 때문에 제시된 전제로부터 합당한 결론을 이끌어 낼 수 있다. **구체적 사실로부터 합당한 결론을 이끌어 내는 과정을 연역적 사고(deductive reasoning)라고 한다.** 다음의 예를 보자.

1. 망치로 유리컵을 치면 유리컵은 깨질 것이다.
2. 도날드가 망치로 유리컵을 쳤다.

형식적 조작기 청소년은 위와 같은 두 가지 사실을 제시받았을 때 '유리컵은 깨졌다'라는 결론을 내릴 수 있다. 구체적 조작기 아동도 이러한 결론을 내릴 수 있으나, 이 결론은 위의 두 가지 사실에 대한 논리적 귀결에 의한 것이라기보다는 자신의 경험적 지식에 근거한 것이다. 좀 더 이해를 구하기 위하여 다음의 예를 보자.

1. 새의 깃털로 유리컵을 치면 유리컵은 깨질 것이다.
2. 도날드가 새의 깃털로 유리컵을 쳤다.

앞의 예와 같이 위의 두 가지 전제에 의한 합당한 논리적 귀결은 '유리컵은 깨졌다'이다. 그러나 이 결론은 실제 일상에서 관찰할 수 있는 현상과는 상반된다. 따라서 10세 된 구체적 조작기 아동의 이 가설에 대한 결론은 사실적이고 일상적 경험에 근거하므로 '유리컵은 안 깨졌다'이다. 그러나 15세의 형식적 조작기 청소년은 사실적 경험과는 상관없이 두 가설에 대한 논리적 귀결을 할 수 있다.

가설적이고 연역적 사고는 매우 강력한 지적 조작이다. 형식적 조작기 청소년은 문제 해결을 추상적이고 가설적으로 접근할 수 있다. 즉 현재 자신의 눈앞에 펼쳐져 있는 구체적 실재에만 국한되지 않고 가능성과 대안을 생각할 수 있다.

표 6-1	피아제 인지 발달의 네 단계	
단계	**연령**	**특징**
감각운동기	출생~2세	지식은 감각과 운동 기술에 의하여 습득됨. 이 단계 후반부에 아기는 심적 표상을 할 수 있음.
전조작기	2~6세	사물의 속성을 표상하기 위하여 말과 수와 같은 상징을 사용할 수 있으나 자신만의 관점으로 사물을 이해함.
구체적 조작기	7~11세	지금, 여기와 같은 구체적이고 실제적 사실과 경험에 근거하여 논리적으로 생각할 수 있음.
형식적 조작기	청소년기 이후	가설적이고 추상적 사고를 할 수 있으며, 가능성에 근거하여 연역적으로 추론할 수 있음.

형식적 조작기는 피아제 이론에서 최고 수준의 지적 단계이다. 청소년 및 성인이 일상 경험을 통하여 축적하는 지식의 양은 계속적으로 증가할 수 있으나 이것을 처리하는 지적 능력은 기본적으로 형식적 지적 작용에 의한다는 것이 피아제의 관점이다. 〈표 6-1〉에 출생부터 성인기까지 피아제의 4단계 인지 발달이 요약되어 있다.

피아제의 공헌

LO3 피아제 이론의 공헌은 무엇이며 단점은 무엇인가?

만약 아동 발달 연구자에게 20세기 아동 발달 연구에 가장 큰 영향을 끼친 연구자를 뽑으라고 하면 대부분이 피아제를 선택할 것이다. 아동 발달 연구의 다양한 영역에서 피아제만큼 깊고 광범위하게 영향력을 끼친 연구자는 없다. 한 전문가는 "인지 발달에 대한 우리의 지식과 관점에 미치는 피아제의 영향은 너무나 광범위하여 사실 그 영향의 정도가 우리 눈에 감지되지 못할 수준이다"라고 이야기하였다(Flavell, 1996, p. 202). 그러면 우리가 의식하지 못할 정도로 광범위한 그의 공헌을 세 가지로 요약하고자 한다(Brainerd, 1996; Siegler & Ellis, 1996).

- **인지 발달 연구 자체에 대한 공헌.** 피아제 이전에는 아동 발달 연구가들에게 인지는 연구 대상조차 되지 않았다. 피아제는 발달을 이해하는 데 있어서 인지가 왜 중요한지를 알려 주었으며, 인지를 연구하는 데 사용될 수 있는 연구 방법도 제시하였다.
- **아동에 대한 새로운 관점.** 피아제는 아동은 환경과 대상물에 대한 체계적이고 깊은 이해를 위하여 아동 스스로 그리고 적극적으로 지식을 구성하는 존재라는 구성주의(constructivism) 관점을 강조하였다. 구성주의 관점은 이 교재의 처음부터 끝까지 일관된 아동에 대한 관점인데 이는 바로 피아제에 의하여 시작되었다.
- **직관에 상반되는 놀라운 발견들.** 피아제의 연구가 수많은 연구자들의 관심을 끄는 이유는 그의 연구 결과는 완전히 예기치 못한 것이고, 퍼즐처럼 애매하기도 하여서 많은 연구자들로 하여금 퍼즐을 풀고자 하는 의욕을 부추겼기 때문이다. 예를 들어 연구자들은 학령전 아동이 왜 보존과제를 못하는지 혹은 세 산 모형 과제에서 자아중심적 관점을 유지하는지 이해하고자 많은 실험을 하였다. 프레블은 "피아제는 발달 연구에 있어서 지구상에서 가장 의미 있으면서 놀랍고도 중요한 진전을 이루었다"라고 피아제를 기리는 축사에서 표현하였다(Flavell, 1996, p. 202).

피아제 이론의 교육적 적용 피아제 이론은 아동의 인지 발달을 위한 교육적 실천에 다음과 같은 시사점을 갖는다.

- **아동의 학습을 지시하기보다는 촉진한다.** 인지 발달은 아동 스스로가 지식을 구성하면서 이루어지는 것이므로 교사의 역할은 세상의 특징이 어떠하며 이들이 어떻게 작동하는가를 아동 스스로 발견할 수 있는 환경을 제공하는 것이다. 교사는 단순히 아동에게 더하기와 빼기의 상호적 관계를 말로 설명하는 것이 아니라 이들의 상호성을 아동 스스로 발견할 수 있도록 사물을 제공해야 한다.

- **개인적 차이를 인정한다.** 인지 기술의 발달 속도는 아동마다 차이가 있다. 따라서 학급의 모든 아이를 대상으로 하는 수업은 어떤 아이에게는 지루한 것인 반면 다른 아이에게는 어려운 것일 수 있다. 수업은 개인적 차이를 고려할 때 효과가 있다. 한 반에서 더하기를 학습할 때 몇몇의 아이들에게는 더하기의 기본 개념을 가르치는 것에 초점을 맞추고 다른 아이들에게는 교환과 교집합을 가르쳐야 할 때도 있다.

- **아동의 발달적 준비도에 민감하라.** 아동의 경험은 아동 자신이 현재 갖고 있는 인지적 발달 수준과 일치하거나 이러한 개념에 의하여 해석될 때만 배움이 될 수 있다. 따라서 최고의 교수 내용과 경험이란 학습자의 현재 발달 수준보다 약간 상향 조정된 것이다. 예를 들어서 더하기에 대한 기본적 이해를 시작하였을 때 바로 빼기에 대한 개념을 경험시키는 것이 아니라 조금 더 어려운 수준의 더하기 문제를 경험시키는 것이 효과적이다.

- **탐색과 상호작용을 강조한다.** 인지 발달은 아동 스스로가 자기 사고의 비일관성과 오류를 발견할 때 급격히 이루어진다(Legare, Gelman, & Wellman, 2010). 따라서 교사는 아동이 사고의 일관성에 주목하도록 돕고, 그다음 단계로 아동이 자기 사고의 오류 혹은 비일관성을 스스로 발견할 수 있도록 놔두어야 한다. 예를 들어서 빼기 문제를 풀 때 빌려오기에서 실수를 하면 교사는 이 오류를 직접적으로 바로 수정하도록 지적하는 것보다 아동 스스로 오류를 발견할 수 있도록 큰 수를 탐색하게 하는 방법이 더 좋다.

피아제 이론의 결점 아동 발달에 대한 피아제 이론의 영향이 전설적 수준이라 할지라도 그의 이론에는 몇 가지 결점이 있다(Miller, 2011; Newcombe, 2013; Siegler & Alibali, 2005).

- **피아제의 이론은 영·유아의 지적 능력을 과소평가하였고, 청소년들의 지적 능력을 과대평가하였다.** 피아제의 인지 발달 이론은 초기 발달 단계에서는 꾸준한 성장을 강조하고 있다. 그러나 현대 아동 발달 연구의 주요한 발견 중 하나는 영아와 걸음마기 아기들의 능력이 기대한 것보다 아주 빠르게 발달한다는 것이다. 피아제가 사용하였던 과제보다 아동들의 사고 특징을 감지할 수 있는 더 적절하고 민감한 과제를 사용하여 피아제가 관찰하였던 것보다 훨씬 많은 능력을 갖고 있는 영아와 걸음마기 아기들의 능력이 관찰되고 있다. 예를 들어 뒤 6.3절에서 제시되겠지만 영아들은 피아제가 생각했던 것보다 훨씬 깊게 대상물에 대한 이해를 하고 있다. 또한 피아제는 청소년기의 인지 능력을 과대평가하였는데, 청소년들은 피아제가 생각했던 것만큼 형식적 정신 작용을 잘 하지 못하고 문제를 해결하는 추리 방식도 덜 섬세하다. 뒤의 7.2절에서 제시될 것이지만 청소년들도 자신이 갖고 있는 신념 때문에 논리적 추론을 하지 못한다.

- **피아제의 이론은 변화의 과정과 메커니즘에 대하여 모호하다.** 피아제 이론의 다양한 개념 중 조절 혹은 동화의 개념은 과학적으로 검증하기에는 너무나 모호하다는 것이다. 따라서 연구자들은 아동의 사고 과정을 설명하는 데 좀 더 설득력 있고 쉽게 측정될 수 있는 인지적 개념을 선호하여 피아제의 개념 중 상당수를 포기하기에 이르렀다.

- **피아제의 인지 발달의 단계 모델은 아동의 수행 능력이 보여 주는 다양성을 설명하지 못한다.** 인지 발달 과정은 피아제가 개념화한 만큼 단계적이지 않다는 비판이 팽배하다. 피아제의 관점에서 인지 발달의 각 단계는 다른 단계와 명백하게 구별되는 독특한 특징을 갖고 있어 해당 단계의 모든 아동의 정신적 조작에는 그 단계의 흔적을 분명하게 갖고 있다. 전조작기 단계의 정신

조작은 자아중심성, 형식적 조작기의 정신 조작은 추상적이고 가설적 추론의 특징을 갖는다. 따라서 특정 단계에 있는 아동의 수행 수준은 과제에 상관없이 일관적이어야 한다. 그런데 실제로 아동의 반응은 이렇게 일관적이지 않다. 한 영역에서의 정신 조작은 상당히 복잡한 수준으로 할 수 있고 다른 영역에서는 아주 미숙한 수준으로 한다(Siegler, 1981). 과세 영역에 따라서 사고의 수준이 다른 것은 피아제의 단계 이론의 타당성을 흔들리게 한다.

- **피아제의 이론은 인지 발달에 대한 사회문화 영향의 정도를 과소평가하였다.** 피아제는 아동을 작은 과학자로 비유하였는데, 이 과학자는 혼자 있는 과학자로 특징지을 수 있다. 이 과학자는 항상 자신의 이론이 구체적 자료들과 어떻게 통합될 수 있는지를 스스로 검증해야 하는 존재이다. 그러나 실제에서는 아동이 세상을 탐색하는 과정은 혼자서가 아닌 사회적 상호작용의 과정이다. 즉 아동이 구성해 가는 환경에 대한 지식은 가족 구성원, 또래 그리고 교사에 의하여 상당히 영향을 받으며 이것은 문화적 가치가 배경이 되어서 이루어진다. 물론 피아제가 이러한 사회문화적 요인을 완전히 무시한 것은 아니나 그의 이론에서 주요한 부분이 아닌 것은 분명하다.

이상과 같은 피아제의 인지 이론의 결함으로 이후의 인지 발달 연구자들은 피아제와는 다른 경로를 선택하였다. 지금부터 아동의 사고 발달 과정에 대한 세 가지 다른 관점을 제시할 것이다.

 학습 확인

점검 피아제의 인지 이론의 단계는 무엇이며 각 단계의 특징은 무엇인가? 피아제의 인지 이론의 단점에 대하여 간단하게 요약하시오.

이해 피아제는 아동은 자신의 발달에 주도적 역할을 한다고 하였다. 감각운동기 아동과 형식적 조작기 아동 간에 자신의 발달에 대한 역할에서의 차이는 무엇인가?

적용 피아제의 인지 이론은 앞의 1.3절에서 논의된 연속성–비연속성의 이슈에서 어느 지점에 놓일 것인가?

 6.2 ## 인지 발달에 대한 현대적 이론

개요	학습 목표	
사회문화적 관점 : 비고츠키 이론	**LO4**	비고츠키의 사회문화적 이론에서 어른 혹은 주변 인물은 아동의 인지 발달에 어떻게 공헌하는가?
정보처리이론	**LO5**	정보처리이론에서 사고는 어떻게 발달하는가?
핵심지식이론	**LO6**	물리학, 심리학 혹은 생물학에 대해 아동들이 갖는 이론은 무엇인가?

4세 된 빅토리아는 아빠와 함께 직소 퍼즐을 하는 것을 굉장히 좋아한다. 쉬운 것은 혼자서 할 수 있으나 어려운 것은 아빠가 도와준다. 아빠는 퍼즐 조각의 방향을 맞추어 주고 테두리의 모양에 주목하도록 빅토리아에게 도움을 준다. 빅토리아는 한 번에 대개 10~12개 정도의 퍼즐을 맞추는데 이를 하고 나면 엄마에게 자랑스러운 표정과 말로 자신이 완성한 퍼즐을 보여 준다. 이때 빅토리아가 사용하는 언어는 상당히 구체적이고 복잡하며, 사용하는 단어의 수도 많다. 그러나 여전히 조금 더 복잡한 퍼즐을 맞추는 것은 어려워하는 빅토리아의 행동을 보면 잘 이해가 안 된다고 아빠는 생각한다.

아동 발달 이론들의 상당수가 피아제의 선구자적 이론에 기초하고 있다. 그러나 이 절에서는 피아제와는 다른 경로로 인지 발달을 연구한 이론을 제시할 것이다. 이 절이 진행되면서 빅토리아의 인지와 언어 능력의 차이 혹은 불균형에 대한 이해가 향상될 것이다.

사회문화적 관점 : 비고츠키 이론

LO4 비고츠키의 사회문화적 이론에서 어른 혹은 주변 인물은 아동의 인지 발달에 어떻게 공헌하는가?

아동 발달 이론가들은 아동 발달을 여행으로 비유하길 즐기는데 이 여행은 다양한 길을 선택할 수 있다고 본다. 피아제는 이 여행을 아동 스스로가 물리적 환경과 상호작용하며 홀로 가는 여행으로 묘사하였다. 이 여정에서 분명 주변의 인물 혹은 문화가 아동의 여행에 동반자가 될 수도 있으나 그래도 여전히 아동은 혼자 여행한다.

반면 **사회문화적 관점**(sociocultural perspective)에 의하면 아동은 문화의 산물로 규정된다. 아동의 인지 발달은 사회적 상호작용으로 진행되는 것뿐만 아니라 그 아동이 속한 문화적 맥락과도 분리될 수 없이 진행된다. 문화적 맥락은 다양한 방식으로 인지 발달을 조직화한다. 첫째, 문화는 어떤 활동이 인지적으로 가치 있는 것인가를 규정한다. 미국 아동들은 읽을 수 있는 능력을 갖출 것으로 기대되나, 별을 보면서 항해하는 능력을 갖도록 기대되지는 않는다(Gauvain & Munroe, 2012). 둘째, 문화는 지적 활동에 필요한 도구를 제공한다(Gauvain & Munroe, 2009). 더하기나 빼기와 같은 연산적 문제해결에서도 사진에 보는 바와 같이 어떤 문화권에서는 주판을 사용하나, 다른 문화권에서는 종이와 연필 혹은 계산기를 사용한다. 셋째, 높은 수준의 문화적 관행들은 아동의 지식을 조직하고 다른 사람과 의사소통하는 데 도움이 된다. 예를 들어서, 미국 학교에서는 협동적이기보다는 독립적으로 생각하고 과제를 해결하는 학생을 기대한다(Matusov, Bell, & Rogoff, 2002). "문화는 인간의 지적 기능과 발달을 관통하는데 이는 조직화된 개인 혹은 사회적 관행 등의 여러 차원에서 개입한다"(Gauvain, 1998, p. 189).

사회문화적 이론 중 독창적이며 지금까지도 영향을 끼치는 이론은 레프 비고츠키(Lev Vygotsky, 1896~1934)에 의해 제안된 것이다. 비고츠키는 발달이란 그 문화권에서 좀 더 성숙한 타자와 협동하면서 일어나는 **도제 과정**(apprenticeship)과 같은 것이라고 하였다. 즉 비고츠키 이론에서 발달이란 아동 혼자만의 여행이 아니다. 아동은 대개 타인과 함께 여행하며 좀 더 유능한 파트너와 손을 잡고 여행할 때 발달이 가장 많이 이루어진다고 하였다. **비고츠키를 비롯한 사회문화적 이론가들은 인지 발달의 사회적 본질을 상호주관성**(intersubjectivity)**이란 개념으로 설명하고 있다. 상호주관성이란 특정한 활동 혹은 과제에서 참여자들 간의 상호적이고 공유된 이해를 뜻한다.** 빅토리아와 그의 아빠가 함께 퍼즐을 맞출 때 그들은 활동 목표에 대하여 잘 이해하고 있으며 각자의 역할에 대해서도 잘 이해하고 있다. 이러한 참여자 간의 상호 이해는 빅토리아와 아빠가 서로 보완하며 함께 퍼즐을 맞출 수 있도록 한다. **이러한 상호작용은 아동보다 더 진보한 기술을 가진 타인과의 구조적 활동에 아동이 몰입할 수 있도록 하기 때문에 이를 안내된 참여**(guided participation)**라고 하며, 이때 아동의 인지 발달이 이루어진다.** 안내된 참여를 통하여 아동은 새롭게 경험하는 지식과 기술을 자신이 이미 알고 있는 것들과 통합하게 된다(Rogoff, 2003). 안내된 참여 과정의 예는 아동이 친구로부터 새로운 비디오 게임을 배우거나, 청소년이 가라테(karate)를 파트너에게서 배우는 상황 등이 될 수 있다.

비고츠키는 37세에 폐렴으로 사망하여, 피아제처럼 인지 발달 이론을 체계화할 시간을 갖지 못하였다. 그럼에도 불구하고 그의 이론은 피아제 이론이 가지고 있는 틈을 메꾸어 준다는 점에서 큰 영향력을 발휘하고 있다. 비고츠키 이론의 가장 영향력 있는 개념은 근접발달영역, 스카홀딩과 사적 언어이다.

주판과 같은 문화적 도구는 아동의 사고 능력을 촉진시키며 인지 발달에 영향을 미친다는 것을 강조하는 것이 사회문화적 이론의 특징이다.

근접발달영역 안젤라는 11세 된 자신의 아들이 문장제 수학문제를 풀 때 도와주는 것을 좋아한다. 안젤라의 아들은 대부분의 수학문제를 스스로 풀 수 있으나 안젤라는 가끔 힌트를 준다. 예를 들어서 어떤 종류의 연산이 필요한지 팁을 준다. 이런 종류의 문제를 안젤라 아들은 스스로 풀려고 하나 대개 실패한다. **안젤라 아들이 타인의 도움을 받아서 문제를 풀 수 있는 수준과 스스로 문제를 풀 수 있는 수준과의 차이를 근접발달영역**(zone of proximal development)**이라고 한다.** 이 영역이란 아동 혼자 독립적으로 수행하여 성취할 수 있는 수준과 아동보다 더 능력이 있는 어른 혹은 또래와 상호작용하여 성취할 수 있는 수준과의 차이를 뜻한다(Daniels, 2011; Wertsch & Tulviste, 1992).

자신의 방을 정리하는 유아를 예로 들어 보자. 이 아이는 무엇부터 정리를 해야 할지 감조차 잡을 수 없다. "책을 먼저 정리하고, 그다음 장난감과 빨래를 치우자."라고 어른이 옆에서 정리하는 과정을 구조화해 주면, 이 아이 스스로 할 수 없었던 것을 할 수 있게 된다. ZPD란 위의 에피소드에서 소개하였듯이 빅토리아가 아빠의 도움으로 직소 퍼즐을 다 맞추게 되는 과정을 설명해 준다. 두발자전거를 균형을 잡고 탈 수 있도록 도와주는 보조 바퀴는 아동이 두발자전거를 운전하는 법에 집중하여 이를 마스터하고 스스로 균형을 잡을 수 있도록 잠시 도와주는 역할을 한다. 마찬가지로 아동이 어떤 과제를 수행할 때 옆의 사람은 아동에게 힌트, 암시 혹은 구조를 제공하여 성공적으로 과제를 마칠 수 있도록 도와준다.

ZPD 개념은 인간의 지적 활동은 사회적 맥락에서 시작되어 점차 아동의 독립적 통제하에 놓이게 된다는 비고츠키의 관점에서 자연스럽게 도출된다. 이러한 사회적 차원이 개인적 차원으로 어떻게 전이되는가에 대한 것이 비고츠키 이론의 두 번째 중요한 개념인 스카홀딩이다.

스카홀딩 어린 시절 어려운 과제를 해결하려고 씨름하고 있을 때 아주 자연스러운 방법과 적절한 때에 문제해결을 하도록 도운 선생님을 만난 경험이 있는가? **스카홀딩**(scaffolding)**이란 학습자가 문제를 해결하는 데 필요한 도움의 양, 방법과 내용을 적절하게 조정하여 제공하는 교수 스타일을 지칭한다.** 새로운 과제를 배우는 초기 단계에서 교사는 사진에서처럼 직접적인 교수를 많이 제공하게 된다. 그러나 차츰 과제에 익숙해지면 교사는 간헐적인 도움을 주기만 하면 된다(Gauvain, 2001).

노련한 교사는 아동이 처음 과제를 할 때는 구체적이고 직접적 지시로 도움을 주다가 아이가 익숙해지면 점차 도움을 줄여 간다.

앞에서 유아가 방을 정리할 수 있도록 부모가 어떻게 도우는가를 제시하였다. 부모는 초반에는 아주 자세한 구조를 제공하여야 한다. 그러나 아이의 경험이 증가할수록 구조화된 지시 유형은 사라진다. 기하학을 증명하려는 고등학생을 도우는 교사는 맨 처음에는 각 단계 하나하나에 대하여 설명한다. 그러다가 학생이 점차 그 과정에 익숙해지면 학생이 스스로 할 수 있도록 교사의 도움은 점차 철회된다.

그러면 부모들이 자녀를 양육하면서 스카홀딩을 제공하는 것은 인류 보편적인 현상인가? 그렇다면 스카홀딩의 방법도 비슷한가? 이에 대한 답은 다음의 "문화적 영향"에서 제시하고자 한다.

스카홀딩은 필요 이상의 도움을 주지 않는 것인데 이것이 학습을 향상시키는 것은 분명하다(Cole, 2006). 어린아이들에게 무엇을 해야 하는지 이야기를 해 주지 않거나 과제를 아무 도움 없이 스스로 해결하도록 놔두면 학습은 어렵다. 그러나 교사가 학생 스스로 과제에 익숙해지도록 도움의 양을 조정해 주면 배움이 훨씬 효과적이다(Murphy & Messer, 2000). 따라서 스카홀딩은 학교와 같은 형식적 맥락뿐만 아니라 가정과 놀이터와 같은 비형식적 맥락에서 아동에게 기술을 전이하는 데 중요한 테크닉이다(Bernier, Carlson, & Whipple, 2010).

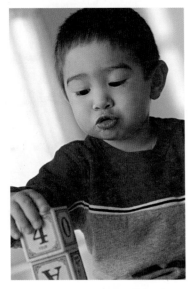
어려운 과제를 하는 어린 아동은 혼잣말을 종종 하는데 이는 아이의 행동을 조정한다.

문화적 영향

문화마다 부모의 스카홀딩의 특징은 어떠한가?

바바라 로고프와 그녀의 동료들(Rogoff et al., 1993)의 문화 간 연구에 의하면 모든 문화의 부모와 성인들은 그들 후속 세대의 학습을 스카홀딩하나 그 방법에는 차이가 있다고 제안하였다. 이들은 미국의 중간 정도 크기의 도시, 인도의 작은 시골 마을, 터키의 대도시와 과테말라의 고지대 마을, 총 네 집단의 1~2세 아동과 부모들을 연구하였다. 연구자들은 부모에게 줄을 잡아당기면 움직이는 나무인형과 같은 장난감을 작동하는 법을 아이들에게 가르치도록 부탁하였다. 이들에게 어떻게 가르쳐야 하는가에 대한 안내나 규칙은 전혀 제공되지 않았다. 즉 부모들은 직접적으로 가르치거나 혹은 아이 스스로 만지게 하거나, 그저 자신들이 하는 방식으로 행동하면 되는 것이다.

부모들은 어떻게 행동하였는가? 네 지역 대부분의 부모들은 작동법을 쉬운 몇 가지 단계로 나누어서 아이가 경험하게 하든가, 아니면 자신들이 그 문제를 직접 해결하려 하든가 등의 다양한 방식으로 자녀의 학습을 스카홀딩하였다. 그러나 아래 그래프에서 보이듯이 각 문화에서의 스카홀딩 방식은 차이가 있었다. 터키의 부모는 언어적 지시와 더불어 손가락으로 가리키기, 고개를 끄덕이기 혹은 어깨를 들썩하기 등의 동작을 가장 많이 사용하였다. 미국 부모도 이와 같은 양식이었으나 그 정도는 터키 부모보다 적었다. 터키 부모와 미국 부모는 아이의 소매를 잡아끈다든가 혹은 아이를 바라보며 윙크를 한다든가 눈맞춤을 하는 것과 같은 행동은 전혀 보이지 않았다. 인도의 부모들은 언어, 동작과 피부 접촉과 응시를 대개 고르게 사용하였다. 과테말라 부모도 언어, 동작과 응시 및 피부 접촉과 같은 종류의 스카홀딩을 사용하였는데, 네 집단의 부모 중 이것을 사용하는 양이 가장 많았다. 이 같은 연구 결과가 우리에게 분명하게 보여 주고 있는 것은 모든 문화권의 부모들은 후속 세대의 학습을 도와주기 위하여 스카홀딩을 사용하나 그 스카홀딩의 방식은 문화권마다 독특하다는 것이다.

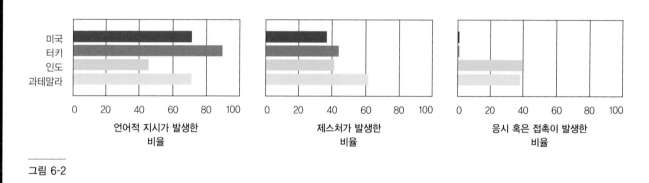

그림 6-2

사적 언어 왼쪽 사진의 소년은 블록을 가지고 놀면서 자기 자신에게 무언가를 말하고 있다. **이러한 행동은 타인을 대상으로 하는 것이 아니라 자신의 행동을 조정하기 위하여 말하는 것이므로 사적 언어(private speech)라고 한다.** 비고츠키는 사적 언어는 인지 기술을 습득하는 과정에서 아동 자신의 행동을 조정하기 위하여 사용하는 매개자 역할을 한다고 하였다. 즉 인지 발달 초기에 성인은 아동의 행동을 조정하기 위하여 언어로 아동의 행동을 조정한다. 그러다가 아동 스스로 자신의 행동과 사고를 조정하고자 할 때 혼자서 목소리를 크게 발화하여 자신에게 지시를 한다. **인지 기술이 성숙해지면서 이러한 사적 언어는 점차 내적 언어(inner speech)로 변화된다.**

아동은 쉬운 과제보다는 어려운 과제에서, 그리고 오류가 없는 행동보다는 오류가 있는 행동에서 자신의 행동을 조정하기 위하여 사적 언어를 더 자주 사용한다(Berk, 2003). 이러한 현상은 행동과 사고를 조정하기 위하여 언어를 사용하고 있다는 증거이다.

능숙한 성인 혹은 전문가에 의하여 연마되는 도제식 인지 발달을 강조하는 비고츠키의 견해는 피아제의 인지 발달 이론을 보완한다. 비고츠키의 이론도 아동의 학습에 대하여 시사하는 바가 있다. 교사는 아동의 학습을 지시하는 것이 아니라 스카홀딩하여야 한다. 또한 아동 스스로가 배울수 있는 환경을 제공하여야 한다는 의미이다. 아동은 교사가 "자, 이것은 이렇게 하는 것이고 이 방법이 맞는 거야"라고 하는 것과 "어떻게 하는 것인지 네가 스스로 알아보도록 하거라" 하는 것의 중간점을 찾는 것이다. 교사는 우선 아동이 현재 가지고 있는 지식을 파악하여 제안, 질문 혹은 구체적 행동의 모델 등을 제시하여 스스로 깨달을 수 있도록 돕는다(Polman, 2004; Scrimsher & Tudge, 2003).

비고츠키 이론에서 특히 강조되어야 할 것은 아동들 간의 협력 학습이다. 협력은 또래 튜터링의 형식을 띨 수도 있다. 튜터는 가르치면서 학습 주제와 내용에 대한 이해를 심화시키고 튜티는 일대 일 학습을 통하여 자세하게 배울 수 있는 이점이 있다.

또 다른 협력 학습은 팀 프로젝트이다. 팀을 구성하여 발표하기를 준비하거나 학급 운영의 규칙을 세우거나 하면서 공통의 목적을 달성하므로써 함께 배운다. 팀 프로젝트는 구성원 하나하나가 책임감을 배우며 팀 구성원의 역할을 배우고 다른 구성원의 관점을 고려할 수 있게 되면 구성원 간의 의견 갈등을 조정하는 것을 배우게 된다.

협력 학습을 통해 아동의 성취 수준이 향상될 뿐만 아니라(Rohrbeck et al., 2003), 자아 개념이 향상되고, 협상·협의·갈등 해결 등의 사회적 기술도 배울 수 있다(Ginsburg-Block, Rohrbeck, & Fantuzzo, 2006).

정보처리이론

LO5   정보처리이론에서 사고는 어떻게 발달하는가?

6.1절에서 피아제 이론에 대한 비판 중 하나는 동화, 조절 및 평형화와 같은 인지 변화의 메커니즘이 모호하고 이를 과학적으로 연구하는 것에 어려움이 있다는 것임을 지적하였다. 따라서 이 변화의 메커니즘을 규명하는 것이 아동 발달 학자들의 최우선 과제였고 이러한 노력은 1960년대부터 컴퓨터의 작동 방식을 인간의 사고 과정을 이해하는 데 비유하는 형태로 시작되었다. **컴퓨터의 체계가 디스크 드라이브, 랜덤 액세스 메모리(RAM), 중앙 처리 단위 등의 하드웨어와 컴퓨터를 작동하게 하는 소프트웨어로 구성되어 있듯이, 정보처리이론(information-processing theory)은 인간의 인지 작용은 정신 하드웨어와 정신 소프트웨어의 작동으로 이루어진다고 보는 이론이다.** 〈그림 6-3〉은 정보처리이론가들이 컴퓨터와 인간의 인지 과정의 유사성을 설명하는 도식이다. 정신 하드웨어는 감각 기억, 작동 기억, 장기 기억 3요소로 이루어져 있다.

감각 기억(sensory memory)은 2초 정도의 짧은 순간에만 저장되는 것으로 분석되지 않은 원래 상태의 정보가 저장되는 것이다. 예를 들어서 주먹을 쥐었다 빨리 펴는 당신의 손을 보라. 그리고 다시 빨리 주먹을 쥐어 보라. 이를 아주 주의 깊게 보면 주먹을 다시 쥔 후에도 순간적으로 보이는 손가락의 잔상을 보게 될 것이다. 이 순간의 잔상이 바로 감각 기억에 저장된 이미지를 보는 것이다.

작동 기억(working memory)은 인지 활동이 계속적으로 일어나는 곳이다. PC의 RAM은 소프트웨어를 작동시키면서 소프트웨어가 처리한 데이터를 저장한다. 이와 같은 방식으로 작동 기억이란 인지 활동이 일어나면서도 이에 필요한 정보를 저장하고 있다(Baddeley, 2012). 예를 들어서 지금이 교재를 읽는 순간에도 당신의 작동 기억은 각 낱말의 의미를 결정하는 데 필요한 인지 처리에 부분적으로 할당되어 있고 동시에 이 처리를 통한 결과로서의 의미 혹은 정보를 저장하는 데 할당된다.

장기 기억(long-term memory)은 무제한적이고 영원한 정보 저장 창고이다. 장기 기억은 컴퓨터의 프로그램과 데이터를 반영구적으로 저장하는 하드 드라이브와 같다. 이는 '2002년 월드컵에 한국

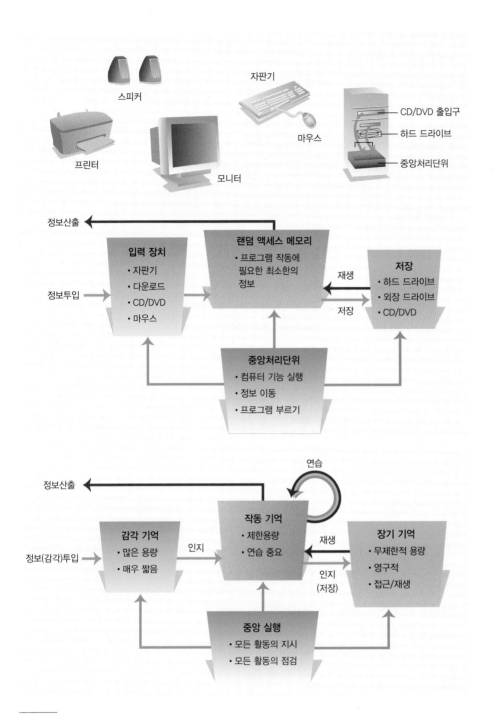

그림 6-3

'대표팀이 4강에 진출하였다'는 사실과 '나는 1985년에 태어났다'와 같은 개인적 기록뿐만 아니라, 휴대전화에서 문자를 어떻게 보내는가에 대한 구체적 기술에 대한 정보를 다 저장하고 있다.

장기 기억에 저장된 정보는 접근이 어려울 수는 있어도 완전히 손실될 수가 없다는 것이 정보처리이론가들의 견해이다. 예를 들어서 피넛 버터를 발명하고 곡식 다모작과 같은 선구자적인 개발을 한 아프리카계 미국인 농업 화학자의 이름을 기억하고 있는가? 바로 그 이름이 머릿속에 떠오르지 않는다면 다음의 목록을 보라.

Marconi　Carver　Fulton　Luther

자, 그러면 이제 답을 알겠는가? (답을 모르겠다면 "학습 확인"란 바로 앞을 보라.) 도서관에 책이 다른 자리에 잘못 놓여 있는 것처럼 장기 기억에 있는 사실을 찾아내는 데 어려움을 겪기도 한다. 그러나 앞에서처럼 목록을 보게 되면 당신의 장기 기억은 관련된 이름을 검색하게 될 것이고 바로 그 유명한 농업 화학자의 이름을 찾게 될 것이다.

실행 기능(executive functioning)은 위의 감각 기억, 작동 기억, 장기 기억을 통합하여 조율하는 역할을 한다. 실행 기능은 관계없는 정보나 행동을 차단하고 하나의 행위, 사고, 과제에서 다른 것으로 이해하도록 하며 작동 기억의 내용을 업데이트한다(Bull & Lee, 2014).

문장을 읽거나, 친구의 집을 찾아가거나 혹은 디저트로 무엇을 먹을 것인가를 결정할 때에 〈그림 6-3〉과 같은 과정을 거치게 된다. 예를 들어 독서를 하게 되면 특정 글자에 해당되는 소리를 찾는다. 정보처리이론은 컴퓨터의 작동과 마찬가지로 인간은 특정한 정신 활동을 달성하기 위하여 특정한 소프트웨어를 사용한다고 설명한다.

발달에 따라 정보처리는 어떻게 변화하는가? 피아제 이론에서는 동화, 조절 그리고 평형화에 의하여 정교한 사고 수준으로 발달한다. 그러나 정보처리이론가들은 인지 발달을 추진하는 몇 가지 다른 메커니즘을 제시하고 있다(Halford & Andrews, 2011; Siegler & Alibali, 2005). 일부를 살펴보자.

더 좋은 책략 나이가 많은 아동은 어린 아동에 비하여 문제해결 시 더 좋은 책략을 사용한다(Bjorklund, 2012). 즉 더 빠르고, 더 정확하고 쉬운 책략을 사용한다. 예를 들어서 사람이 꽉 찬 공연 객석에서 부모를 찾아야 하는 어린 아동을 가정해 보자. 이 아동은 각 줄에서 모든 사람들 하나하나를 체크하면서 자신의 부모를 찾을 것이다. 좀 더 나이 든 아동은 자신의 부모가 주황색 셔츠를 입었음을 기억하고 주황색 옷을 입은 사람만 체크할 것이다. 두 아동이 모두 부모를 찾을 수 있는 책략을 사용하고 있으나 나이가 든 아동의 책략이 더 효율적이다.

그러면 아동들은 더 효율적 책략을 어떻게 배우게 되는가? 물론 부모 혹은 교사가 새로운 책략에 대하여 아동에게 가르쳐 줄 수 있다. 행동을 구조화하거나 힌트를 주면서 성인들은 새로운 책략을 보여 주며 이것을 어떻게 사용하는 것이 최선인가를 보여 준다. 그러나 아동들은 자신보다 더 기술이 발달한 또래를 관찰하거나 함께 협동하면서 새로운 책략을 배우기도 한다(Tudge, Winterhoff, & Hogan, 1996). 예를 들어서 오락실에서 다른 또래가 게임을 하는 것을 보고 더 효율적 전략을 관찰하고 학습한다. 혹은 스스로 효율적 전략을 발견하기도 한다(Tsubota & Chen, 2012). 예를 들어서 내 딸이 5세였을 때 반대말을 찾는 언어 학습지를 하고 있었는데, 각 페이지마다 각 단어와 동일한 수의 반대어가 나열된 것을 보고 마지막 단어의 반대어는 그것의 뜻을 생각하지 않고도 마지막으로 남아 있는 단어를 선택하였다.

효율적 실행 기능의 증가 아동은 성장하면서 실행 기능이 효율적이 된다. 문제를 해결하는 데 있어서 관계가 없는 생각이나 행동을 제외시키는 능력이 증가한다. 예를 들어서, 아동은 수업시간에 옆에서 휘파람을 부는 친구의 방해를 무시하고 좀 더 선생님에게 집중할 수 있다. 또한 아동은 성장하면서 한 과제에서 다른 과제로 전이하는 것을 쉽게 한다. 예를 들어서 수학 문제를 풀다가 일기를 쓰는 작업의 전이가 쉬워진다. 또한 실행 기능은 정보를 업데이트하는 것도 빠르게 하도록 발달한다. 예를 들어서 농구 경기를 하고 있는 청소년은 어린 아동에 비하여 각 팀의 점수 변화 정보를 더 빨리 처리할 수 있다(Diamond, 2013). 실행 기능이 효율적으로 변화하는 것은 나이가 들면서 진행되므로 아동의 추론 능력 혹은 학습 능력도 함께 발달한다(Bull & Lee, 2014; Richland & Burchinal, 2013).

자동 처리의 증가 당신이 타이핑을 처음 배울 때를 상기해 보자. 먼저 당신은 모든 과정에 필요한 하나하나의 단계에 대하여 의식적으로 생각하며 반응해야 한다. '아동'이라는 단어를 타이핑해야 할 때 먼저 키보드에 있는 'o'의 위치를 생각하며 이것을 어느 손가락으로 쳐야 할지 결정해야 한다. 이 같은 과정은 나머지 낱자를 치는 과정에 모두 적용된다. 그러나 이러한 과정에 점점 더 익숙해지면 '아동'을 타이핑할 때 이 단어에 대한 의식적 생각 없이도 이미 그 단어를 자동적으로 타이핑하게 되는 경지에 이르게 된다. **이와 같은 아무런 의식적 노력 없이 수행 가능한 인지적 활동을 자동 처리**(automatic processes)**라고 한다.**

자동 처리가 발달적 변화에 어떠한 영향을 미치는가를 이해하기 위하여 다시 작동 기억에 대하여 이야기해 보자. 특정 기술을 배우는 초기 단계에서는 각각의 단계가 하나씩 작동 기억에 저장이 되어야 한다. 따라서 익숙하지 않은 기술을 수행하는 데 있어서 필요한 모든 과정은 이미 작동 기억을 다 소진하게 된다. 반면에 기술이 자동의 수준으로까지 습득되면 각 단계는 더 이상 작동 기억에 저장될 필요가 없으며, 이는 다른 활동을 위하여 여분의 작동 기억이 확보되는 것을 뜻한다.

청소년 혹은 성인과는 대조적으로 아동은 대개의 과제에 대하여 미숙하여 과제 수행이 덜 자동적이다. 따라서 과제를 수행하는 데 상당한 양의 작동 기억이 요구된다. 그러나 아동의 경험이 증가하면서 대개의 과정은 자동화되므로 이들의 작동 기억은 다른 과제를 위하여 사용될 수 있다(Rubinstein et al., 2002). 따라서 많은 과정이 요구되는 복잡한 과제를 할 때에는 나이 든 아동들은 몇몇 단계를 자동적으로 처리할 수 있으므로 어린 아동보다 성공할 가능성이 크다. 반면에 어린 아동들은 그 과제를 수행하는 데 모든 과정에 주목해야 하므로 작동 기억이 고갈되거나 혹은 기억 능력 이상을 초과할 소지가 크다.

처리 속도의 증가 아동은 성장하면서 지적 활동에 소요되는 시간을 상당히 단축한다. 아동이 과제 수행에 소요하는 시간은 연령이 많을수록 짧다. 두 수 중에 큰 수 찾기, 그림으로 표현된 대상의 이름을 말하기, 혹은 정보를 인출하기 등과 같은 인지적 과제에 어른이 가장 빠르게 반응하며, 8~9세 아동은 어른이 걸린 시간의 2배가 걸리며, 4~5세 아동은 3배가 걸린다(Kail et al., 2013).

정해진 시간에 과제를 완성해야 하는 상황에서 나이에 따른 처리 속도의 차이는 아주 분명하다. 예를 들어서 당신은 아주 빠른 속도로 많은 양을 강의하는 수업을 이해하려고 애쓴 경험이 있을 것이다. 강사의 말은 아주 빨라서 그가 설명하는 내용을 거의 따라잡을 수 없으며, 그 강의를 통하여 얻는 것이 거의 없을 수 있다. 이러한 문제는 성인보다 정보를 처리하는 속도가 느린 아동의 경우 더 심각하다.

이상에서 기술한 더 좋은 책략, 효율적 실행 기능의 증가, 자동 처리 및 처리 속도의 증가라는 네 개의 유형은 〈요약표 6-1〉에 요약되어 있듯이 아동의 인지 발달에 작용하는 메커니즘이다. 피아제 이론과 대조적으로 인지 능력에서의 질적 혹은 단계적 변화가 있는 것이 아니라 이러한 메커니즘이 각각 혹은 상호작용하면서 점차적으로 그리고 꾸준하게 나이가 증가하면서 발달하게 된다.

아동과 청소년이 컴퓨터 자판 처리 기술에 능숙해지면 컴퓨터 관련 수행 속도가 빨라지며 정확해진다.

질문 6.2

15세 퀸은 운전면허를 취득해서 운전하기를 무척 즐긴다. 그의 부모는 퀸이 운전하는 것을 허락하지만 운전하면서 라디오를 듣는 것은 못하게 한다. 퀸은 이에 대하여 불만이 많다. 당신의 생각은 어떠한가?

요약표 6-1 정보처리이론의 발달적 변화		
유형	**정의**	**예**
더 좋은 책략	나이가 들수록 더 빠르고, 정확하며 더 쉬운 책략을 사용할 수 있다.	어린 아동은 단어의 철자를 '소리 내어' 표기하나, 나이가 든 아동은 바로 철자를 쓴다.
효율적 실행 기능의 증가	나이가 들수록 관계없는 자극을 차단하고 정보 이동이 빠르며 정보의 업데이트가 가능하다.	과제를 새로운 형식으로 수행하라는 교사의 지시(예 : 다른 지역의 지명 대기, 날짜가 아닌 요일 말하기 등)에 나이 든 아동의 적응이 더 빠르다.
자동 처리의 증가	나이가 들수록 작동 기억의 사용 없이 과제를 자동적으로 처리할 수 있다.	잠자리를 준비하면서 나이 든 아동은 다른 것에 대한 생각을 하면서도 동시에 이를 닦고, 잠옷을 입는 등 자동적으로 행동할 수 있으나 어린 아동은 한 번에 한 행동만 할 수 있다.
처리 속도의 증가	나이가 들수록 정신 활동을 빨리 진행할 수 있다.	개의 사진을 보고, 나이 든 아동은 '개'의 이름을 더 빨리 기억할 수 있다.

결국 정보처리이론가들은 앞에서 예를 든 빅토리아에 대하여 어떻게 설명하겠는가? 그들은 빅토리아가 어떤 퍼즐을 더 쉬워하고 어떤 퍼즐을 더 어려워하는 그 이유에 대하여 설명을 시도할 것이다. 앞에서 설명한 4개의 발달적 메커니즘을 이용하여 복잡한 퍼즐은 빅토리아의 작동 기억 능력을 초과하여 그녀가 어려워한다고 설명할 것이다. 그러나 아버지와 함께 퍼즐을 맞추어 가는 경험이 증가하면서 복잡한 책략들이 자동적으로 처리되어 빅토리아의 퍼즐 맞추기 활동은 훨씬 수월하게 그리고 빨리 진행될 것이다.

핵심지식이론

LO6 물리학, 심리학 혹은 생물학에 대해 아동들이 갖는 이론은 무엇인가?

12세 소녀가 (a) 새로 산 아이패드에 새 앱을 다운로드받으려 한다, (b) 오늘 아버지의 기분이 왜 저기압인가에 대하여 궁금하다, (c) 애완견을 산책에 데려가려고 하는 상황을 가정해 보자. 피아제와 대부분의 정보처리이론가들에게 있어서 위의 세 가지 상황에 적용되는 지적 활동의 메커니즘은 사고의 대상과 내용이 사물, 사람 그리고 애완동물이라는 차이점을 제외하고는 동일하다. 이 두 관점에서 지식 유형의 차이는 여러 자동차들의 종류의 차이와 같은 것이다. 즉 자동차를 만드는 회사, 모델 그리고 색깔 등에서는 차이가 있으나, 모든 자동차는 엔진, 4개의 바퀴, 문, 창문 등과 같은 동일한 구조를 갖는다.

그러나 **핵심지식이론**(core-knowledge theories)**은 꽤 어린 시절부터 획득되는 별개의 지식 유형을 제안한다**(Newcombe, 2013; Spelke & Kinzler, 2007). 이 관점에서 지식이란 좀 더 넓은 의미의 교통기관과 같은 것이다. 대부분의 지식은 교통기관에 대하여 가지는 일반적 지식과 같이 일반적이다. 그러나 버스, 트럭 그리고 오토바이와 같은 지식들은 좀 더 차별되는 구체적 지식이다. 앞의 12세 소녀의 예에서 사물, 사람과 애완견에 대한 이 소녀의 지식 혹은 사고 과정은 각각이 독특하고 차이가 있는 것이라는 것이 핵심지식이론가들의 주장이다.

대개의 아동들이 특정 지식을 어린 시절에 아주 쉽게 습득하는 과정을 설명하기 위하여 제안된 것이 핵심지식이론이다. 예를 들어, 모국어를 배우는 것과 방정식을 배우는 것을 비교해 보자. 대부분의 아동들은 모국어를 구사하는 데 어려움이 전혀 없다. 반면 방정식은 여러 문제를 풀며 많은 시간이 지나야 습득이 되며 또한 모든 아동이 획득하는 것은 아니다.

핵심지식이론가들에 따르면 특정 지식은 인간의 생존에 필수적인 것이므로 이 지식을 습득하는 데 용이하도록 인간이 진화되었다는 것이다. 예를 들어서 구어적 의사소통은 인간 역사에서 필수적인 것이므로 인간의 뇌는 언어를 습득하는 데 용이하도록 진화된 것이라고 설명한다. 또한 사물에 대한 지식 혹은 사람에 대한 이해는 인간의 생존에 필수적인 것이므로 이를 습득하는 데 용이하도록 인간의 뇌가 진화되었다고 할 수 있다.

이러한 지적 구조 혹은 모듈은 아직 논쟁의 여지가 많이 있다. 몇몇 핵심지식이론가들은 이러한 지적 구조는 마치 컴퓨터의 수학 혹은 그래픽을 처리하는 구조와 같다고 주장한다. 즉 수, 이미지 등에 관한 데이터를 아주 효율적으로 처리할 수 있도록 뇌에 특정 모듈이 내장되어 있다는 것이다. 언어 모듈은 말소리에 매우 민감하며, 소리 혹은 단어의 묶음에서 문법적 규칙을 도출하기 쉽도록 이미 내선이 되어 있다는 것이다. 특정 지식 및 구조에 대한 인간 뇌에 대한 관점은 피아제가 어린 유아들은 세상에 대한 비형식적 이론과 가설을 도출하는 과학자와 같다고 하는 비유와 상당히 유사하다. 그러나 핵심지식이론가들이 피아제와 구분되는 것은 피아제는 비형식적 지식이 모든 구체적 지식을 포괄하는 것으로 제안하였다면, 핵심지식이론가들은 특정 영역에 더 집중하였다는 차이가 있다. 아동들은 자신의 이론을 체계화할 때 무에서 출발하는 것이 아니라 이미 몇 개의 내재적 원리에 기초하여 이론을 구성한다. 예를 들어서 영아가 갖고 있는 사물에 대한 이론은 사물은

요약표 6-2	현대 인지 발달 이론의 특징
이론	**특징**
비고츠키의 사회문화이론	인지 발달은 사회문화적 과정이다. 초보자의 지식 구성을 위하여 전문가가 스카홀딩을 한다. 아동은 자신의 행동을 조정하기 위하여 사적 언어를 사용한다.
정보처리이론	인지 발달은 컴퓨터의 작동과 변화에 비유한다. 인지 발달은 더 나은 전략, 작동 기억, 효율적인 실행 기능, 자동 처리와 처리 속도의 증가로 설명한다.
핵심지식이론	언어, 사물에 대한 지식 혹은 사람에 대한 지식은 인간에게 진화적으로 중요한 영역이므로 이러한 영역은 쉽게 습득이 된다.

서로 연결된 전체로서 움직인다고 하는 응집(cohesion)이라는 원리에 기초하여 출발한다(Spelke & Kinzler, 2007). 유아가 과학자라고 하는 관점은 아이들의 지식 구성 과정을 더 효율적으로 이해하게 하며, 특정 지식은 모듈로서 설명되는 것이 효율적인 상황이 동시에 존재하기 때문에 피아제와 핵심지식이론가들 각각의 관점은 둘 다 유효하다고 할 수 있다.

특성화된 지적 구조에 저장되어 있는 지식 영역(domains of knowledge)이란 무엇인가? 언어는 과학자들이 제일 먼저 지적한 핵심지식 영역이다. 또한 많은 발달 이론가들은 유아들이 사물, 사람 혹은 살아 있는 생물체에 대한 지식을 상대적으로 빠르게 습득한다는 것에 동의한다. 즉 어린이들은 물리학, 심리학 그리고 생물학에 대하여 비형식적 혹은 나이브한 이론을 구축한다. 이는 언어와 마찬가지로 이러한 영역에 대한 지식은 인간 생존에 아주 중요한 부분이기 때문이다. 나이브한 물리학 지식은 사물이 어디에서 어떻게 움직일 것인가에 대한 정보를 주며, 나이브한 심리학은 타인과의 상호작용에 유용한 정보를 주며, 건강과 안전을 유지하는 데 필요한 정보를 나이브한 생물학 지식이 제공한다.

앞의 빅토리아에 대하여 핵심지식이론가들의 코멘트는 아마 이것일 것이다. 빅토리아의 발달된 언어 기술과 상대적으로 덜 발달된 퍼즐 맞추기 기술을 비교하는 것이다. 즉 언어는 진화적으로 중요한 영역이므로 빅토리아가 언어능력이 발달된 것은 당연한 것이다. 그러나 직소 퍼즐을 맞추는 것은 진화에 크게 의미 있는 것이 아니었으므로 이 영역에 대한 기술은 아직 미숙한 것이 당연하다.

6.3절에서 기초적 지식 영역이 발달과 함께 어떻게 변화하는가에 대하여 기술할 것이다. 〈요약표 6-2〉는 6.2절에서 제시한 현대 인지 발달 이론의 특징을 제시하였다.

비고츠키 이론, 정보처리이론 및 핵심지식이론 모두 각각이 차별화된 내용으로 피아제 이론을 보완하고 있다. 즉 사회문화적 관점은 독립적 아동을 타인 혹은 문화와 연결된 존재로서 보게 한다. 정보처리 관점은 조절 및 동화의 과정을 작동 기억, 처리 속도와 같은 지적 하드웨어와 소프트웨어로서 구체화시킨다. 핵심지식이론은 진화적으로 의미가 있는 지식 영역에 관심을 확장시켰다. 따라서 이러한 관점은 인지 발달을 설명하는 데 있어서 서로 모순적이기보다는 보완적이라고 보는 것이 적절하다.

172쪽 질문에 대한 답 : 곡식 다모작의 선구자인 농업학자는 터스키기 기술연구소의 교수였던 조지 워싱턴 카버(George Washington Carver)이다.

 **학습 확인**

점검 비고츠키의 사회문화이론에서 주요한 개념은 무엇인가?

핵심지식이론가들이 주장하는 핵심지식은 무엇인가?

이해 정보처리이론의 발달 메커니즘은 자연, 환경 혹은 이 둘의 상호작용 중 어느 것을 더 강조하는가?

적용 정보처리이론가들은 인지 발달에 대한 사회문화적 영향으로서 스카홀딩에 대하여 어떻게 설명하겠는가?

6.3 핵심지식에 대한 이해

개요

사물과 속성에 대한 이해

생물에 대한 이해

사람에 대한 이해

학습 목표

LO7 영아의 사물에 대한 이해 혹은 지식은 무엇인가?

LO8 유아는 살아 있는 것과 살아 있지 않은 것에 대하여 언제부터 어떻게 구분하는가?

LO9 유아는 마음의 이론을 어떻게 습득하는가?

새로 출시된 생산품을 소개하는 잡지 기자인 에이미는 젖병을 떼고 컵으로 음료를 마시는 것을 배우기 시작한 영아들이 마시기에 편리하고 내용물이 흐르지 않도록 고안된 다양한 종류의 뚜껑이 있는 '빨대 컵'에 대한 소개를 하게 되었다. 에이미는 이 제품을 소개하기 전에 우선 자신의 10개월 된 아들에게 시험적으로 사용해 보고자 하였다. 모두 12종류의 컵을 아들에게 하루에 하나씩 사용해 보게 했다. 12종류의 컵 중에 어떤 것은 다른 것에 비하여 내용물이 흐르지 않고 영아가 사용하기 편리한 제품이었다. 그런데 이것보다 에이미를 더 놀랍게 한 것은 색, 크기와 빨대의 모양에 상관없이 아들이 모든 빨대 컵을 빨대 컵으로 인지하고 있다는 것이다. 즉 아들은 다양한 종류의 빨대 컵을 들어서 자신의 입에 갖다 대고 바로 마시기 시작한다는 것이다. 에이미는 아들의 이러한 능력이 신기하기만 하다.

아이를 둘러싼 환경은 빨대 컵, 고양이, 야구 선수 등과 같은 무한한 수의 '대상물'로 꽉 차 있다. 같은 종류에 속하는 서로 다른 낱낱의 개체를 인식하는 것은 영아에게 필수적 능력이다. 한 개체가 특정한 종류에 속한다는 것을 안다는 것은 그 개체의 속성을 아는 것과 같다. 이러한 속성을 안다는 것은 그 개체를 가지고 우리가 무엇을 할 수 있으며, 그것이 어디에 위치하고 있다는 것을 알게 한다. 에이미의 아들은 빨대 컵의 공통 속성을 재빨리 파악하여 다양한 모양과 색깔의 빨대 컵의 개체에도 불구하고 빨대 컵으로 무엇을 하는 것인지를 정확하게 파악하고 그대로 실행할 수 있었다. 마찬가지로 경험하는 것을 유형화하지 않는다면 모든 경험은 항상 새로운 것이 되어 낱낱의 속성에 알맞은 기능과 목적을 새롭게 알아내야 한다.

아기들은 범주화를 어떻게 하는 것일까? 중요한 암시는 지각적 특징과 이것들의 구성에서 온다. 예를 들어서 빨대 컵의 지각적 특징은 실린더 모양의 몸체와 뚜껑 한쪽에 빨대가 있다는 것이다. 영아들이 이러한 특징을 지각하고 이 지각들의 관계성을 인식하게 되면 각각의 빨대 컵의 차이점에도 불구하고 모든 빨대 컵을 빨대 컵으로 인식할 수 있다(Quinn, 2004, 2011). 또한 영아들은 개와 고양이, 나무와 의자가 갖는 각각의 특징을 파악할 수 있다. 영아의 최초의 범주 분류는 동물 혹은 가구 등과 같이 매우 일반적 수준이라고 하는 것에 많은 학자들이 동의한다. 그러다가 각 범주의 하위 범주를 구분하는 특징들을 감지하게 되면서 영아의 사물에 대한 인식은 더 구체적이게 된다. 영아의 동물 범주에 대한 인식은 몸의 모양과 움직임과 같은 대략적 특징에서 점차 개, 고양이, 말, 붕어와 같은 하위 종류로 나뉜다. 이러한 인식은 치와와와 셰퍼드처럼 같은 개 종류에서도 하위 종류의 특징을 구분하게 되는 수준에 이르게 된다(Rakison & Yermolayeva, 2010).

사물을 범주화할 때 감각적 특징만 기준이 되는 것은 아니다. 기능도 중요한 기준이 되어서 다른 모양을 하고 있으나 같은 기능을 한다면, 예를 들어서 다른 모양으로 되어 있으나 흔들면 같은 소리가 난다면, 이 사물은 같은 범주로 구분된다. 마찬가지로, 다르게 생겼으나 이름이 같다면 아동은 그 사물은 동일한 범주로 구분한다(Gelman & Meyer, 2011).

아동이 구분하는 초기 범주는 나무, 꽃, 개, 새, 자동차, 의자처럼 아주 기초적인 수준에서 시작된다. 동일한 범주의 것들은 모양이 같거나 비슷한 기능을 한다. 점차 아동들은 나무와 꽃은 식물이라는 좀 더 일반적 범주에 속하는 것이라는 것을 알게 되고 개와 새는 동물의 범주에 속하는 것임을 알게 된다(Mareschal & Tan, 2007). 또한 꽃이라는 범주는 장미, 튤립, 국화와 같은 종류로 나뉠 수 있다는 것을 알게 된다.

이제부터 영아기 이후 아동들이 자신의 환경을 유형화하는 기술을 어떻게 발달시키며 어떻게 영역을 구분하여 이론을 생성하게 되는가를 기술하겠다.

사물과 속성에 대한 이해

LO7   영아의 사물에 대한 이해 혹은 지식은 무엇인가?

성인인 우리는 사물과 그 속성에 대하여 상당히 많이 알고 있다. 예를 들어서 우리가 커피잔을 테이블 위에 올려놓았다면, 다른 사람이 와서 그것을 움직이지 않는 이상 그 자리에 계속 있을 것이라는 것을 알고 있다. 즉 그것은 스스로 움직일 수 없으며 사라질 수도 없다. 또한 이 컵을 공중에 놓을 수 없다는 것을 알고 있다. 아동 발달 연구가들은 어린 아동이 사물에 대한 지식을 어떻게 습득하게 되는지 혹은 그 지식이 무엇인지에 관심을 많이 가져왔는데, 첫 번째 이유는 피아제가 사

1. 스크린이 바닥에 놓여 있고
빨간 박스가 그 뒤에 있다.

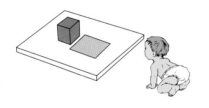

2. 스크린이 점차 세워지나
빨간 박스는 여전히 보인다.

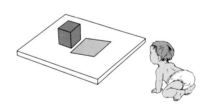

3. 스크린이 바로 세워져 있으므로
빨간 박스는 보이지 않는다.

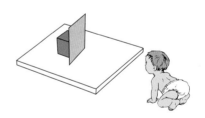

4. 스크린이 뒤로 젖혀지면서 빨간 박스 위를
덮친다. 빨간 박스는 비밀장치에 의하여
아래로 떨어진다.

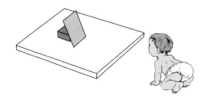

5. 스크린이 완벽하게 뒤로 눕혀진다.

6. 스크린이 다시 세워지면 빨간 박스가
보이지 않는다.

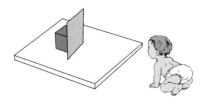

7. 스크린이 제자리로 돌아와 놓이면
빨간 박스가 보인다.

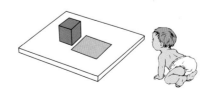

그림 6-4

물에 대한 이해는 완벽한 이해의 수준까지 몇 달이 걸리며 천천히 발달하는 것이라고 주장하였기 때문이다. 그러나 절묘한 실험 방법이 고안되면서 몇몇 연구자들은 피아제가 주장했던 것보다 사물에 대한 영아들의 인식 수준이 훨씬 높다는 것을 밝혀내었다. 르네 베일라전(Baillargeon, 1987, 1994)은 영아에게 실버 스크린이 앞뒤로 왔다 갔다 하는 것을 보여 주면서 대상 영속성 개념을 측정하였다. 아기들이 이러한 모습에 익숙해지면 두 종류의 장면을 보여 주었다. 실재적 장면에서는 빨간 박스가 스크린 뒤에 놓인 장면을 보여 주는데, 이 상황에서는 스크린이 처음에 보았던 장면처럼 앞뒤로 왔다 갔다 할 수가 없다. 대신에 이 스크린은 박스에 부딪힐 때까지만 뒤로 갈 수 있고 다시 앞으로 돌아와야 한다. 그러나 비실재적 장면에서는 빨간 박스가 놓여 있음에도 불구하고 스크린이 처음 장면처럼 뒤에까지 넘어가고 다시 앞으로 오면서 빨간 박스가 보이게 된다. 이러한 현상은 박스를 밑이 빠지는 판자 위에 올려놓아서 스크린이 가까이 오게 되면 박스를 밑으로 빠지게 하도록 고안하였기 때문에 연출할 수 있었다. 그러나 아기들이 보기에 박스는 스크린 뒤에서 사라졌다 다시 나타나는 것으로 보이도록 장치를 하였다.

비실재적 장면에서 박스의 사라짐과 재출현은 대상물이 영속한다는 아이디어에 위배된다. 아기가 대상 영속성 개념을 갖고 있다면 이 사건을 매우 새로운 자극으로 인식할 것이며 따라서 이 사건을 실재적 사건보다 더 오래도록 응시할 것이다. 사실 4개월 반 된 영아들이 실재적 사건보다 비실재적 사건을 더 오래도록 응시하였다. 즉 이 나이의 영아들은 비실재적 사건이 새로운 것이며 우리가 마치 마술사의 손수건 안에서 대상물이 사라진 것을 보고 놀라는 것처럼 신기해하는 것이다. 따라서 영아의 대상 영속성 개념은 첫돌이 되기 훨씬 전에 습득되는 것이라고 할 수 있다.

물론 사물이 독립적으로 존재한다는 인식은 기초적 지식에 불과하다. 사물이 나타내는 중요한 속성들은 무수한데 이들의 상당 부분을 이미 영아가 알고 있다. 예를 들어서 사물은 연속적이며 연결된 동선에 따라서 움직이며, 다른 사물을 통과할 수 없다는 것을 영아도 알고 있다. 또한 한 사물이 다른 사물을 치게 되면 두 번째 사물을 움직이게 한다는 것을 알고 있다(Hespos & vanMarle, 2012). 아래 "집중 연구"는 아기가 고체와 액체의 속성에 대한 지식을 가지고 있음을 보여 주고 있다.

집중 연구

고체와 액체의 구분

- **연구자 및 연구 목표** 고체는 흔들려도 모양을 유지하지만 액체는 흔들리거나 용기의 모양에 따라서 변한다. 한 연구(Hespos, Ferry, & Rips, 2009)에서 5개월 아기가 고체와 액체의 차이를 아는가를 확인하고자 하였다.
- **연구 방법** 아기들은 〈그림 6-5〉의 맨 위의 그림처럼 액체와 고체의 본질적 특징에 익숙해지는 시간을 갖기 위하여 두 가지 조건 중 하나의 조건에 배당되었다. 액체 조건에서는 투명 컵에 푸른 액체가 들어 있는 것을 아기는 본다. 시간이 흘러 이 조건에 아기가 익숙해지면 실험자가 그릇을 앞뒤로 흔들면 액체가 출렁이는 것은 분명하지만 액체 표면은 바닥면에 수평 모양을 유지하는 것, 즉 액체의 본질적 특징을 보여 준다. 고체 조건의 아기에게는 투명 컵에 푸른 고형물이 있는 것을 보여 준다. 실험자가 컵을 앞뒤로 흔들면 고체 덩어리는 출렁이지 않고 하나의 덩어리로 흔들리며 위 표면이 바닥면에 수직의 모양을 유지한다.

각 조건의 아기들 모두를 이번에는 〈그림 6-5〉의 아랫부분과 같이 두 가지 상황을 보게 한다. 한 가지 상황은 푸른색의 액체를 담은 컵을 들어서 다른 용기에 옮겨 담는다. 두 번째 상황은 푸른 고체가 든 컵을 들어서 다른 용기에 담는다. 실험자는 아기가 어떤 상황을 더 오래 보는가를 측정하여 기록한다. 아기가 액체와 고체의 속성을 구분할 수 있다면, 액체 조건에 익숙해진 아기들은 고체 덩어리가 다른 컵에 미끄러져 들어가는 상황을 더 오래 볼 것이다. 같은 원리로 고체 조건에 익숙한 아기들은 액체가 다른 컵에 흐르듯이 들어가는 것을 보면 놀라서 더 오래 볼 것이다.

- **연구 대상** 5개월 된 아기 32명이 실험에 참가하여 16명이 액체 조건에 배당되고 16명이 고체 조건에 배당되었다.

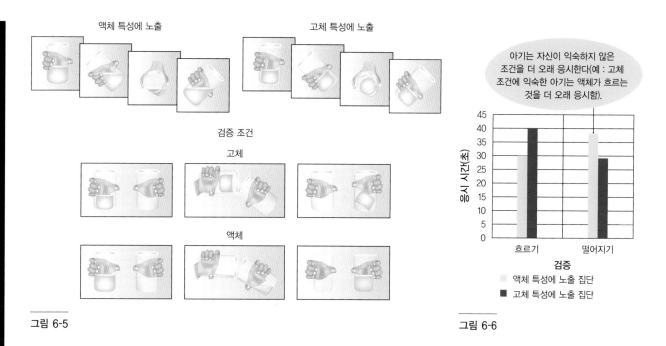

액체 특성에 노출   고체 특성에 노출

아기는 자신이 익숙하지 않은
조건을 더 오래 응시한다(예 : 고체
조건에 익숙한 아기는 액체가 흐르는
것을 더 오래 응시함).

검증 조건

고체

액체

그림 6-5   그림 6-6

- **연구 설계** 이 연구는 실험 연구로서 독립 변인은 액체 혹은 고체 중 어느 조건에 노출되었느냐이다. 자극은 액체가 흐르듯이 들어가는 상황 혹은 고체가 미끄러져 들어가는 상황이다. 종속 변인은 각 상황에 대하여 아기들이 응시한 시간이 된다. 이 연구는 5개월 아기만 참여하였으므로 발달 연구는 아니다.

- **윤리적 문제** 모든 아기는 이 실험에 참여하여 즐거운 시간을 보냈으므로 윤리적 문제는 없다. 몇몇 아기가 실험 중에 지루해하거나 피곤하여 칭얼대기도 하였는데 그럴 때는 바로 실험을 중단하였다.

- **결과** 〈그림 6-6〉은 액체 혹은 고체 조건에 습관화된 아기들 집단별로 액체가 흘러 들어가는 상황과 고체가 미끄러져 들어가는 상황별로 아기가 응시한 시간을 그래프로 나타낸 것이다. 흘러 들어가는 상황 혹은 미끄러져 들어가는 조건에 익숙한 아기들은 자신이 익숙하지 않은 상황을 더 오래 응시하였다. 즉 액체 조건에 습관화된 아기들은

액체가 흘러 들어갈 것이라고 기대하였으므로 액체가 흘러 들어가는 상황보다는 고형 물질이 미끄러져 들어가는 상황을 더 오래 응시하였다. 반대로 고체 조건에 습관화된 아기들은 자신의 기대와 달리 흐르듯이 흘러가는 상황을 더 오래 응시하였다.

- **결론** 5개월 아기는 액체와 고체의 속성을 구분할 수 있다. 아기도 액체는 흔들리면 그 모양이 변하나 고체는 그렇지 않음을 아는 것이다. 따라서 아기들은 이러한 지식을 기초로 사물의 속성에 대한 기대를 가지고 있다.

- **함의 및 적용** 딱딱함 혹은 유연성은 고체와 액체를 구분하는 속성 중 하나에 불과하다. 고체는 액체를 통과하지만 액체는 고체를 통과할 수 없고, 고체는 체와 같은 구멍이 있는 용기에 담을 수 있지만 액체는 그렇지 못하다. 이렇듯 고체와 액체 간의 차이를 나타내는 속성은 여러 가지이다. 따라서 아기들이 이러한 속성을 인식하는지에 대한 연구도 필요하다.

이와 같은 연구들은 영아들이 순진한 물리학자라는 것을 확증시켜 준다(Baillargeon, 2004). 물론 영아들이 갖고 있는 물리학 이론들은 여러 수준에서 다시 수정되고 보강되어야 한다(Hood, Carey, & Prasada, 2000). 중력을 예로 들면, 영아들은 받침이 없이 공중에 있는 사물은 떨어진다는 것을 이해하는 수준이나, 초등학생들은 중력에 의하여 이러한 현상이 있음을 이해하며, 물리학 전공의 학부생들은 중력의 힘은 사물의 질량 곱하기 중력에 의한 가속도와 동일하다는 것을 알고 있다. 즉 사물의 속성에 대한 영아의 이해 수준은 물리학 전공의 대학생과 같을 수는 없다. 그러나 중요한 점은 영아는 꽤 이른 시기에 사물의 기초적 속성에 대한 꽤 합리적인 지식을 구성하며 이것이 나름

의 구조를 가지고 체계적으로 구성되며 이를 기초로 장난감 혹은 자신들이 조작하는 사물의 성질과 움직임에 대한 기대와 추측을 한다는 것이다.

생물에 대한 이해

LO8 유아는 살아 있는 것과 살아 있지 않은 것에 대하여 언제부터 어떻게 구분하는가?

순진한 생물 이론의 가장 기초는 살아 있는 것과 죽어 있는 것에 대한 구분일 것이다. 성인은 생물은 세포로 구성되어 있으며 부모에게서 유전적 성질을 물려받으며 독립적으로 움직일 수 있다는 것을 알고 있다. 성인기에 갖고 있는 생물에 대한 지식과 이해는 영아기부터 발달하기 시작한다. 영아기에 사람, 곤충 혹은 동물과 같은 생물과 돌, 식물, 가구 혹은 도구와 같은 무생물 종류를 구분한다. 이 시기의 생물과 무생물 구분의 기준은 움직임이다. 12~15개월 된 아기들은 생물은 스스로 움직이며, 작위적 동선을 가질 수 있으며 목표를 향하여 움직인다는 지식을 갖고 있다(Biro & Leslie, 2007; Opfer & Gelman, 2011; Rakison & Hahn, 2004).

유아기가 되면서 생물에 대한 이들의 이론은 좀 더 구체적 속성을 포함한다(Wellman & Gelman, 1998). 만 4세 유아의 생물학 지식은 다음과 같은 내용을 포함한다.

- **움직임** : 동물은 스스로 움직일 수 있으나 무생물은 다른 사물 혹은 사람에 의하여 움직일 수 있다. 〈그림 6-7〉에서 개구리와 자동차가 각각 움직일 때 개구리만 이러한 움직임이 가능하다고 생각한다(Gelman & Gottfried, 1996).
- **성장** : 동물은 처음보다 크기가 커지며 그 속성이 더 복잡하게 변화한다고 생각하나, 사물은 그렇지 않다는 것을 이해한다. 즉 바다표범과 벼룩은 시간이 흐르면서 크기가 점점 커지나 주전자 혹은 곰돌이 인형에는 이러한 변화가 없다고 믿는다(Margett & Witherington, 2011;

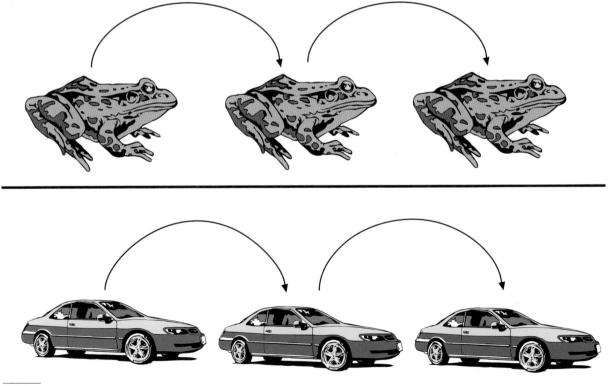

그림 6-7

Rosengren et al., 1991).

- **내부 기관** : 무생물의 내부에 비하여 생물의 내부는 외관과 다른 것들이 존재한다는 것을 알고 있다. 즉 생물체 내부에는 피와 뼈가 있으나, 무생물 내부에는 솜과 금속이 있다는 것을 알고 있다(Simons & Keil, 1995).
- **유전** : 생물은 그들의 부모를 닮은 후손을 낳는다는 것을 알고 있다. 유아에게 개의 털이 어떻게 분홍색일 수 있느냐고 질문하면 부모의 털이 분홍색이었기 때문이라고 대답한다. 반면 전화기의 색이 왜 분홍색이냐고 질문을 하면 공장의 기계공이 그렇게 만들었기 때문이라고 설명한다(Diesendruck et al., 2013; Weissman & Kalish, 1999).
- **질병** : 색맹 혹은 특정 음식에 대한 알러지와 같은 만성적 질병은 부모로부터 유전된 것이라고 생각하며, 코감기와 같은 일시적 질병은 다른 사람에 의해 전염된 것이라는 지식을 갖고 있다(Raman & Gelman, 2005). 또한 부패한 음식을 먹으면 병에 걸린다는 것도 알고 있다(Legare, Wellman, & Gelman, 2009).
- **회복** : 생물이 질병이나 상해가 있으면 성장하면서 회복될 수 있으나 무생물은 고장이 나면 사람이 고쳐야 한다고 생각한다. 또한 가위로 자른 생물의 머리는 계속 자라지만 인형 머리는 다시 자랄 수 없다고 생각한다(Backscheider, Shatz, & Gelman, 1993).

4세가 되면 살아 있는 생물에 대한 지식이 꽤 발달하여 움직이는 로봇은 생물이 아님을 알고 있다. 로봇은 먹거나 자라지 않으며 로봇은 사람이 만들었고 고장 날 수 있다는 것을 알고 있다(Jipson & Gelman, 2007). 유아가 가지고 있는 이런 지식에도 불구하고 로봇은 친절하다는 사람과 같은 속성을 부여하는 것을 보면 로봇은 특별한 기계라고 생각하는 것 같다(Kahn, Gary, & Shen, 2013).

질문 6.3
15개월 브랜든과 6개월 저스틴은 난생 처음, 날면서 모기를 잡고 있는 잠자리를 보았다. 브랜든과 저스틴은 잠자리를 살아 있는 생물이라고 생각할까?

생명체에 대한 유아의 지식은 상당 부분 목적론적 신념(teleological explanations)**에 기초하고 있다. 즉 모든 살아 있는 것은 목적이 있다는 것이다.** 사진의 유아에게 물고기의 피부가 왜 미끄러울까라고 물으면 그것은 옆에서 수영하고 있는 다른 물고기에게 상처 내지 않기 위한 것이라고 설명할 가능성이 크다(Kelemen, 2003). 또한 사자는 사람들이 동물원에서 볼 수 있게 그곳에 있다고 믿는다. 생물에 대한 목적론적 신념은 도구와 기계와 같은 사물은 무언가를 위하여 만들어진 것이라는 유아의 믿음과 같은 맥락에서 이해될 수 있다. 즉 살아 있는 생물도 무엇인가의 목적을 달성하기 위하여 존재하는 것이라고 믿는다는 것이다(Kelemen & DiYanni, 2005).

생명체에 대한 유아의 지식은 또한 본질주의 신념(essentialism)**에 기초하고 있다. 즉 모든 살아 있는 것들은 눈으로 볼 수는 없지만 특정 생명체를 다른 것과 구별하는 본질 혹은 무엇인가가 있다고 믿는다.** 모든 새는 개에게는 없는 '새 같은 특징'을 공유한다. 물론 모든 개도 '개 같은 특징'을 공유하고 이것이 날 수 있고 노래를 하는 새로부터 개를 구분 지어 주는 것이다(Gelman, 2003). 본질주의 신념은, 새끼 캥거루가 어미 염소젖을 먹고 자랐을지라도 다른 캥거루와 같이 껑충껑충 뛰고 배에 주머니가 있다는 것을 유아가 알게 하는 바탕이 된다(Solomon & Zaitchik, 2012). 즉 아기 캥거루는 성장하여 다른 캥거루와 같은 특징을 가지게 되는 것을 아는 것이 본질주의이다.

서구의 아동들 대부분은 생물의 본질에 대하여 정교한 정의를 가지고 있는 것 같지는 않다. 그들은 만일 동물의 내부 기관을 제거하면, 예를 들어 피와 뼈가 제거된 개는 더 이상 개가 아니고 개의 존재가 바뀐다고 생각하는데 이를 보면 본질은 동물 내부에 있다고 믿고 있다고 할 수 있다(Gelman & Wellman, 1991). 이들의 본질에 대한 관념은 생물체 중심에 위치한 '내부 기관'이라고 믿는 수준이다(Newman & Keil, 2008). 그러나 위스콘신 주에 거주하는 아메리카 원주민 메노미니

유아의 생명체에 대한 지식은 목적론적 신념이라고 할 수 있다. 즉 물고기의 피부가 미끄러운 것은 옆의 다른 물고기를 다치게 하지 않기 위한 것이라고 생각한다.

부족의 유아는 본질에 대한 이해가 좀 더 정교하다. 이 부족은 피 혹은 혈연을 크게 가치 있게 여겨서 학교 기금 마련 규정 혹은 사냥에 관련된 규정의 기초는 얼마나 많은 '순수 혈통'의 메노미니부족이 있는가를 세기도 한다. 메노미니부족 유아는 어미 돼지가 기른 송아지라도 커서는 소와 같은 모양을 하고 소처럼 행동한다고 하는 본질주의 신념을 가지고 있다. 그러나 송아지가 돼지피를 수혈받는다면 송아지는 커서 돼지가 된다고 믿는다. 즉 메노미니부족의 유아는 피가 소 혹은 돼지의 본질을 나타낸다고 믿는 것이다(Waxman, Medin, & Ross, 2007).

아이들은 이러한 지식을 어떻게 얻게 되었을까? 일부는 동물을 관찰하면서 얻게 되었을 것이며, 혹은 부모가 설명해 주었을 것이다. 부모는 어린 자녀에게 책을 읽어 주면서 생물과 생물의 움직임, 내면적 성격 등 생물의 속성에 대하여 자주 언급해 준다. 부모가 주는 이러한 설명과 정보가 생명체와 무생물의 속성에 대한 지식에 상당히 공헌한다(Gelman et al., 1998).

물론 유아들이 갖고 있는 생물학 이론은 완전하지 않은 순진한 이론이다. 이들은 유전인자가 유전의 생물학적 기초라는 지식이 없으며(Springer & Keil, 1991), 이들 지식의 상당수는 잘못된 것이다. 식물은 자라고 스스로 회복이 되는 것이지만 식물은 생물이라고 생각하지 않는다. 7세 혹은 8세가 되어야 식물이 생물임을 인정하게 된다. 이러한 식물에 대한 오류적 판단은 생물의 기본 성격으로 중요시하는 것은 목적이 있는 움직임으로 판단하기 때문으로 설명될 수 있다. 그러나 5세 된 유아에게 식물도 물이 있는 곳으로 뿌리를 움직이며, 햇빛이 비추는 방향으로 잎과 가지의 방향이 기울며, 파리 잡기 식물이 곤충을 잡기 위하여 잎을 움직이는 것을 보게 되면 식물도 생명체라는 것을 인정한다(Opfer & Siegler, 2004).

유아의 물리학 혹은 생물학 이론이 정확한 이론이라고 하기에는 거리가 먼 순진한 이론일지라도 이들의 지식은 자신들의 환경과 새로운 경험을 이해하고 예측하는 데 상당히 중요한 역할을 한다.

사람에 대한 이해

LO9 유아는 마음의 이론을 어떻게 습득하는가?

유아기에 형성하는 순진한 이론의 세 가지 중 마지막으로 기술하고자 하는 것이 사람과 사람의 행동에 대한 지식의 체계인 순진한 심리학(folk psychology)이다. 우리는 일상생활을 하면서 우리와 관계를 맺고 상호작용하는 사람의 행동과 심리를 이해하기 위하여 나름의 지식과 추론으로 그들의 행동을 설명하려고 한다. 이런 상황에서 우리는 모두 순진한 심리학자로 사람의 행동을 욕구와 목표에 기인한 것으로 설명한다(Carlson, Koenig, & Harms, 2013). 순진한 물리학 이론이 물리적 세계를 이해하고 순진한 생물학이 생물체에 대한 지식과 기대감을 제공하듯이 순진한 심리학은 사람들의 행동을 예측하는 데 사용된다.

순진한 심리학은 사람의 행동은 특정한 목표를 달성하기 위한 것이라는 목표지향적 설명을 많이 한다(Woodward, 2009). 놀랍게도 영아들 또한 '사람의 행동은 목적을 성취하기 위한 의도성에 기인한다'와 같은 몇 가지 중요한 심리적 현상을 이해한다. 예를 들어서 1세 된 딸 앞에서 "크래커가 어디 있지?"라며 싱크대 문을 열고 그 안에 있는 물건을 치우면서 마침내 "여기 있네!"라는 모습을 보인 아버지가 있다고 하자. 이 아기가 사람 행동의 의도성을 이해하고 있다면, 아버지가 물건을 움직이는 행동이 크래커를 찾으려고 하는 의도와 관련이 있다고 생각해야 할 것이다.

영아의 이러한 인식의 존재 여부를 확인하기 위하여 창의적 실험이 수행되었다. 예를 들어서 아기 앞에서 어른이 장애물 너머에 있는 공을 잡으려 하지만 공이 멀리 있어서 잡지 못하는 장면을 연출하였다. 바로 장애물을 치우고 나서 다시 '장애물 넘어서' 공을 잡으려는 행동을 보이거나 혹은 공을 바로 잡는 행동을 보여 준다. 10개월 아기는 장애물이 없는데도 '장애물 넘어서' 공을 잡는 장면에 놀라워하는 반응을 보였다. 즉 장애물이 제거된 상황에서는 바로 공을 잡는 행위를 아기가 기대하기 때문에 더 이상 장애물을 넘어서 공을 잡는 행동이 불필요하다는 것을 안다(Brandone & Wellman, 2009).

사람 행동은 의도성에 기인한다는 것을 아기가 알고 있다는 증거는 다른 연구들에서도 증명되었다. 아기에게 장난감을 조작하는 것을 보여 주면서 어떤 행동은 실수를 한 듯 "어이쿠!"라는 표현을 한다. 이후 아기에게 장난감을 가지고 놀도록 하면, 아기는 실수로 보였던 행동은 덜 따라 하는 경향이 있다. 즉 아기는 특정 행동은 그 장난감을 가지고 하는 목적 행위와는 관련이 없다는 것을 이해하고 있다는 것이다(Sakkalou et al., 2013). 다른 연구에서는 한 명은 상자 뚜껑을 열고 옆에 있던 다른 한 명은 그 안에 물건을 꺼내는 장면을 아기에게 보여 주었다. 아기는 상자 뚜껑을 열던 한 명이 사물보다 상자에 더 많은 관심을 보이면 놀라는 반응을 보인다. 이는 아기가 두 명의 어른이 사물을 꺼내는 데 목적이 있다는 것을 이해하고 있다는 증거이다(Henderson et al., 2013). 이상과 같은 연구들은 아기들은 인간의 행동은 목적 지향적이고 무엇인가를 이루고자 하는 데서 기인한다는 것을 이해하고 있음을 보여 준다(Woodward, 2013).

사람 행동에 대한 순진한 심리학인 1세 이전의 사람 행동의 의도성에 대한 이해는 2~5세에 이르면 마음의 이론(theory of mind)**으로 발달한다.** 마음의 이론이란 사람의 마음과 행동의 관계에 대한 순진한 이론을 말한다. 마음의 이론에 대한 많은 연구를 한 헨리 웰먼(Wellman, 2002, 2011, 2012)은 유아기의 마음의 이론은 몇 개의 단계적 발달을 보인다고 하였다. 마음의 이론 초기에는 사람마다 다른 욕구를 가진다는 것을 이해하여, 한 명이 간식으로 건포도를 원하면 다른 사람은 과자를 원한다는 것을 안다. 그다음 단계에는 사람마다 믿음이 다르다는 것을 이해하여 신발을 찾으려고 할 때 한 사람은 신발이 부엌에 있다고 믿는다면, 다른 사람은 그것이 차 안에 있다고 믿을 수 있다는 것을 안다. 세 번째 단계에서는 경험이 다르면 지식도 다를 수 있다는 것을 알아서 장난감이 서랍에 숨겨지는 것을 본 아이는 지금 서랍에 무엇이 들어 있는지를 알지만 장난감이 숨겨지는 것을 본 경험이 없는 아이는 서랍 안에 무엇이 있는지 모른다는 것을 알게 된다.

그다음 단계는 마음의 이론에서 큰 변화가 오게 되는 단계인데, 사람의 행동은 신념에 근거하고 있다는 것을 이해하는 수준이 된다. 이 신념이 틀린 것이라도 즉 오류 믿음(false belief)도 행동의 원인이 된다. 이는 〈그림 6-8〉의 오류 믿음 과제에서 분명하게 드러난다. 실험 대상 아동은 구슬이 현재 상자 안에 있는 것을 알고 있다. 가상의 인물인 샐리는 구슬이 바구니 안에 있는 것으로 믿고 있다. 이때 실험 대상의 아동에게, 샐리가 구슬을 찾으려면 어디에서 찾으려고 하겠는가라고 질문을 던지면, 4세 아동은 샐리는 바구니 안에서 구슬을 찾으려고 할 것이라고 답한다. 반면 3세 아동은 샐리는 상자 안에서 구슬을 찾으려고 한다고 대답한다. 이러한 3세와 4세 아동의 답의 차이는 4세는 타인의 행동은 비록 잘못된 믿음일지라도 믿고 있는 것에 일치하게 행동한다는 것을 이해하고 있는 것이다.

마음의 이론 마지막 단계는 사람은 속으로 느끼는 감정과 다르게 표현할 수 있다는 것을 알게 된다. 예를 들어, 생일 선물이 마음에 들지 않지만 겉으로는 미소를 지을 수 있는데 이는 부모가 자신의 실망을 알지 않기를 원하기 때문이다.

마음의 이론은 유아기를 거치면서 더 정교해지고 발달하는데 이러한 현상은 한 가지를 제외하고 세계적으로 보편적이다. 위에서 기술된 마음의

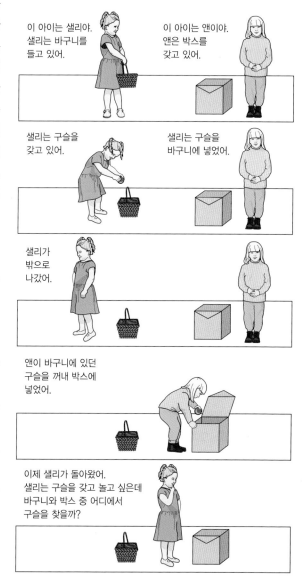

그림 6-8

이론 5단계는 서구에서는 보편적인 발달 패턴으로 나타나는데 중국과 이란의 유아들은 세 번째 단계인 지식이 다를 수 있다는 이해가 두 번째 단계인 믿음이 다를 수 있다는 것보다 먼저 발달한다 (Shahaeian et al., 2011; Wellman, Fang, & Peterson, 2011). 중국과 이란의 부모는 '바르게 아는 것' 과 같이 지식을 강조하고 믿음이 다른 것에는 덜 관대하다는 것에 의한 차이로 설명된다(Wellman, 2012).

아동기 마음의 이론 발달 과정은 꽤 설득력이 있으나 어떻게 이러한 변화가 일어나는가에 대하여는 여러 가지로 설명될 수 있다. 한 견해에 의하면 선천적이고 특성화된 뇌의 특정 구역(module)은 바람, 가상, 믿음과 같은 다양한 정신적 상태와 행동을 자동적으로 인식할 수 있다고 한다. 이 견해는 다른 사람에게 관심을 갖지 않는 질병인 자폐증을 앓고 있는 아동이 오류 믿음 과제에서 일반아보다 발달이 느리다는 것에 의하여 지지되고 있다(Peterson, Wellman, & Slaughter, 2012). 자폐아가 오류 믿음 과제를 잘 해결하지 못한다는 것이 "아동의 삶 향상시키기"에 제시되어 있으나 그 이유에 대한 해석에서는 여전히 논쟁의 여지가 있다.

마음의 이론을 관장하는 뇌의 특정 모듈이 자폐아에게는 결핍되어 있다고는 하나 사실 일반아의 마음의 이론은 뇌의 특정 모듈에 의한 것이라고 하는 것도 불분명하다. 즉 마음의 이론은 실행 기능에 의한 것임을 가리키는 증거도 있다. 즉 실행 기능 점수가 높은 아동들은 오류 믿음 과제를 잘 해결한다(예 : Lackner et al., 2012). 또한 어떤 연구자들은 마음의 이론이 발달하는 시기는 언어가 왕성하게 발달하는 시기와 일치한다는 점에 주목하여 언어의 역할을 강조하기도 한다. 이는 '생

아동의 삶 향상시키기

자폐아의 마음의 이론

자폐증은 자폐 범주성 장애(Autism Spectrum Disorders, ASD)에서 가장 심각한 질병이다. 자폐 범주성 장애는 언어 발달이 늦고 다른 사람의 말을 그대로 따라 하는 경향이 있다. 이 장애는 특정 행동을 반복하고 몰입하는 특징을 보인다. 이들은 타인과 상호작용하는 것에 관심이 없고 상호작용을 한다 해도 일반적인 상호작용의 양식을 따르지 않는다. 이 장애는 생후 18~24개월에 나타나기 시작하는데 미국 아동의 200~300명 중 약 1명이 이 장애가 있는 것으로 판정되며 그중의 약 80%가 남자아이이다(Landa et al., 2013; Mash & Wolfe, 2010). ASD는 선천성 장애로 분류되며 신경전달물질이 비정상적이어서 이는 뇌 장애의 문제로 보고 있다(NINDS, 2009).

ASD 아동은 오류 믿음 과제 해결이 늦다는 이유로 많은 연구자들이 자폐아는 마음의 이론이 발달하지 않는다고 결론을 짓곤 한다(Baron-Cohen, 2005; Tager-Flusberg, 2007). 그러나 이러한 의견에 동의하지 않는 연구자들도 있다. 이들은 자폐아가 오류 믿음 과제를 잘 못한다는 데에는 이견이 없으나 이것은 자폐증에 의한 것이라기보다는 실행 기능에 문제가 있어서 비롯된 결과라고 본다. 이들은 자폐아가 사회

적 상호작용에 문제가 있는 것은 계획하거나 관계없는 행동을 억제하거나 처음 행동에서 다음 행동으로 자연스럽게 전이하는 것에 문제가 있기 때문이라고 설명하려고 한다. 반면 자폐아는 일반아에 비하여 숨겨진 물건을 찾아내는 속도가 빠른데 이는 몰입도가 무척 높아서이고 이러한 정교한 지각력이 전체 그림을 일관되게 보는 능력을 희생하여 결과적으로 다른 사람의 특정 행동에 집중을 못한다. 예를 들어 몸짓에 집중하고 말, 얼굴 표정 등의 정보를 처리하지 못하는 것이다. 결과적으로 이들의 실행 기능에 문제가 있으므로 마음의 이론 발달에 장애를 낳는 것이라는 설명이다. 이러한 견해에 대한 설득력은 여전히 검증의 과정에 있으며 여러 가지 요인이 ASD와 관련이 있는 것임은 확실하다.

ASD는 완치는 어려우나 치료를 통해 언어, 사회적 기술을 향상시킬 수 있다. 또한 약물치료를 통해서 반복 행동을 감소시킬 수 있다(Leekam, Prior, & Uljarevic, 2011). 조기에 ASD 진단이 이루어지고 지지적이고 일관적인 환경에서 적절한 치료를 받으면 자폐증은 상당히 호전되어 만족스럽고 생산적인 삶을 유지할 수 있다.

각하다, 알다, 믿다'와 같은 정신적 상태를 가리키는 어휘가 확장되어 이것이 마음의 이론의 발달에 기여한다고 보는 것이다(Pascual et al., 2008). 혹은 타인이 오류 믿음을 가지고 있다는 맥락을 기술하는 문법 형식, 즉 언어의 발달에 기인한 것이라고 해석하는 학자도 있다(Farrant, Maybery, & Fletcher, 2012).

유아들이 마음의 이론을 구성하는 과정을 부모 혹은 교사와 같은 타인과의 상호작용으로 설명하는 견해도 있다(Dunn & Brophy, 2005; McAlister & Peterson, 2013). 부모는 자녀와 상호작용할 때 타인의 의도, 믿음, 생각과 같은 정신적 상태에 대하여 자주 언급하게 되는데 이를 통하여 타인의 행동은 이러한 정신적 상태에 근거한다는 것을 아동들이 배우게 된다는 것이다.

마음의 이론의 발달 과정에 대한 여러 설명이 조합되어 어린 아동의 마음의 이론은 점차 사람의 심리에 대한 광범위한 이론으로 발전한다. 10세 아동은 심리적인 것이 원인이 되어 토하기 혹은 두통과 같은 신체적 문제를 낳을 수 있다는 것을 이해한다(Notaro, Gelman, & Zimmerman, 2001). 중요한 점은 순진한 심리학은 유아기 때 이미 활발하게 발달하여 다른 사람의 행동을 전혀 예측할 수 없는 것이 아니라 일정한 규칙이 있음을 알게 된다. 순진한 생물학, 순진한 물리학과 더불어, 유아들은 이미 그들의 물리적 그리고 사회적 세계에 대한 상당한 지식을 갖추게 되며 이 지식을 근거로 그들의 세계 안에서 성공적으로 상호작용할 수 있다.

 학습 확인

점검 피아제가 영아의 대상 영속성에 대한 이해를 과소평가하였다는 증거를 들어 보시오.

유아의 순진한 생물학에서는 살아 있는 것을 어떻게 정의하고 있는가?

해석 1세 아기의 사물에 대한 이해는 사람에 대한 이해보다 훨씬 발달되어 있다. 그 이유는 무엇인가?

적용 영아의 대상 영속성에 대한 메타 분석을 한다면 그 결과는 어떨 것이라고 생각하는가? 연령에 따른 사물에 대한 이해는 세계적으로 보편적으로 발달할 것이라고 보는가?

> ## 주제 통합하기 **적극적인 아동**

아동은 자신의 발달을 주도한다는 것이 이 장의 핵심 주제이다. 이는 피아제 이론뿐만 아니라 핵심지식이론의 주요 주제이다. 영아기부터 청소년기에 이르기까지 아동은 자신의 주변을 이해하기 위하여 적극적으로 관여한다. 경험은 아동이 소화시켜야 할 음식물이다. 부모, 교사와 또래는 아동의 인지 발달에서 이들에게 직접 지식을 제공하는 것 이상으로 중요한 역할을 한다. 따라서 발달이라는 항해에서 아동은 적극적인 항해사로 자신에게 주어진 자료를 요리한다.

직접 해 보기

피아제가 기술한 아동의 인지 구조 변화를 확인할 수 있는 가장 좋은 방법은 피아제가 사용한 실험을 직접 해 보는 것이다. 보존 과제는 실험 방법도 간단하고 아동들도 즐기는 과제이므로 독자가 직접 해 보기에 좋다. 3세 혹은 4세 아동과 7세 혹은 8세 아동을 대상으로 같은 크기와 모양의 용기에 든 액체의 양이 같은가를 확인한다. 이후 크기는 같으나 모양이 다른 용기에 액체를 따라 부었을 때 이들의 답을 들어 보고 그렇게 판단한 이유를 설명하게 한다. 3세와 7세의 답의 차이는 놀라울 것이다. 직접 해 보시기를!

요약

 6.1 인지 발달 이론의 출발 : 피아제의 이론

피아제 이론의 기초 원리

아동은 세계에 대한 자신의 이론을 구성하는 존재이다. 아동의 이론은 경험이 누적되면서 계속적으로 변화한다. 동화란 현재의 이론에 새로운 경험이 통합되는 것이고 조절이란 경험에 의해 기존의 이론이 변화되는 것이다.

조절이 동화보다 더 자주 일어날 때 아동의 이론은 새롭게 조직된다. 이 새로운 재조직 혹은 구조화가 영아기부터 청소년기에 일어나는 4개의 인지 발달 단계이다. 모든 사람은 인지구조 4단계의 변화를 거치지만 그 속도가 동일한 것은 아니다.

인지 발달 단계

생후 첫 달부터 2세까지는 감각운동기로서 아기는 자신의 환경에 적응하고 사물에 대한 지식을 쌓아 가며 상징을 사용하기 시작한다.

2~7세는 전조작기로서 상징을 사용할 수 있으나 이 단계의 사고는 자아중심적 관점으로 인해 다른 사람의 관점을 고려할 수 없는 한계를 지닌다. 전조작기 아동은 문제의 일부분에만 집중하거나 자신의 생각에만 집중하는 특징이 있다.

7~11세는 구체적 조작기로 문제를 해결할 때 원위치로 되돌릴 수 있는 능력이 있다. 그러나 이 단계에는 구체적이고 실제적인 현상에만 이러한 능력을 발휘할 수 있다.

청소년기는 형식적 조작이 가능하게 되는데 문제를 가설적이고 추상적으로 생각할 수 있다. 연역적 사고가 가능하여 경험이 아닌 논리에 의하여 결론을 내릴 수 있다.

피아제의 공헌

피아제는 인지 발달이 아동 발달에 미치는 영향의 중요성을 알게 하였고 아동은 자신의 발달을 주도하는 존재라는 인식을 높였다. 그러나 그의 이론은 변화의 기제에 대한 설명이 빈약하고 같은 인지 단계에 있는 아동 간의 수준 차이를 설명할 수 없다는 단점이 있다.

6.2 인지 발달에 대한 현대적 이론

사회문화적 관점 : 비고츠키 이론

인지 발달은 먼저 사회적 맥락에서 시작되어 점차 아동 개인의 독립적 조절력으로 완성된다. 타인의 도움으로 할 수 있는 것과 스스로 할 수 있는 것의 차이를 근접발달영역이라고 한다.

인지 발달은 과제의 목표에 도달하기까지 아동이 스스로 할 있도록 돕는 교수법인 스카홀딩에 의하여 타인의 조절력에서 시작하여 아동의 독립적인 조절력으로 변화된다.

정보처리이론

인지란 감각, 작동 그리고 장기 기억으로 이루어진 실행 과정인 하드웨어와 컴퓨터의 소프트웨어에 해당되는 프로그램이다.

정보처리이론가들은 전략과 실행 과정(억제, 전이, 최신화)이 효율적으로 바뀌거나 자동화되는 것을 인지 발달이라고 본다.

핵심지식이론

언어, 사물에 대한 이해, 생명에 대한 이해 등은 핵심지식이고, 이들은 인간 생존에 주요한 역할을 하므로 아기 때부터 습득된다. 이런 지식들은 이미 생래적으로 타고났다고 믿는 이론가들도 있고 다른 이론가들은 피아제처럼 아동은 과학자라고 설명하기도 한다.

 6.3 핵심지식에 대한 이해

사물과 속성에 대한 이해

사물은 자신과 별개로 존재하는 것임을 아기는 이해한다. 독립적으로 존재하는 사물의 움직임에는 궤도가 있고 한 물체가 다른 물체를 통과하지 못한다는 것을 아기는 이해한다.

생물에 대한 이해

아기들은 생물은 움직이고 사물은 움직이지 못하는 것이라고 생각한다. 유아기가 되면 생물은 스스로 움직일 수 있으며 점점 몸이 커지고 복잡한 신체 기관이 있으며 외부와 다른 내부 기관이 있고 부모로부터 나온 존재이며 부모로부터 병을 물려받기도 한다는 지식을 가지고 있다. 또한 다른 사람과 접촉을 통해 병을 얻으며 상처는 치료될 수 있다는 지식을 갖는다. 유아의 생물에 대한 지식은 목적론적 신념과 본질주의적 신념에 근거한다.

사람에 대한 이해

1세 아기는 사람은 의도를 가지고 행동을 한다는 것을 인식한다. 유아기의 인간의 마음에 대한 이론은 꽤 복잡해져서 사람의 행동은 비록 신념이 틀린 것이라도 그 신념에 근거한다는 것을 이해한다. 아동의 마음의 이론은 특정한 분야에 대한 인지적 모듈로 더 정교해진다.

자기평가

1. 피아제 이론에서 아동은 _____ 이다.
   a. 어린 과학자
   b. 어른의 축소판
   c. 컴퓨터

2. 피아제 이론에서 모유 수유를 하던 아기가 젖병 수유로 바뀔 때 적응하는 과정을 ____ (이)라고 한다.
   a. 동화
   b. 조절
   c. 평형화

3. 아래 중 감각운동기와 관계가 없는 것은?
   a. 환경에 적응하고 환경을 탐색하기
   b. 사물을 이해하기
   c. 물활론과 중심화

4. 다른 사람의 관점을 고려할 수 없는 자아중심성은 아래의 어느 단계와 관계가 있는가?
   a. 감각운동기
   b. 전조작기
   c. 구체적 조작기

5. ____ 단계에서는 규칙과 논리를 고려할 수 있으나 구체적이고 실제적인 상황에만 적용되는 한계를 지닌다.
   a. 전조작기
   b. 구체적 조작기
   c. 형식적 조작기

6. 다음 중 피아제 이론에 근거한 교수 실제인 것은?
   a. 아동의 현재 사고 수준보다 약간 상향하여 가르친다.
   b. 아동 스스로가 오류를 볼 수 없도록 한다.
   c. 반복 학습을 위하여 플래시 카드를 사용한다.

7. 근접발달영역이란 _____ 이다.
   a. 아동 스스로가 도달할 수 있는 최고의 성취수준
   b. 아동 스스로가 할 수 있는 것과 타인의 도움을 받아서 할 수 있는 수준과의 차이
   c. 아동의 필요에 맞추어서 도와주는 교수법

8. 사적 언어란 _____.
   a. 아동의 행동을 스스로 조절할 수 있도록 돕는다
   b. 다른 사람에게 소리 내어 말하는 것이다
   c. 어려운 과제보다 쉬운 과제를 할 때에 주로 나타난다

9. 정보처리이론가는 감각 기억, 작동 기억, 장기 기억을 ____ (이)라고 한다.
   a. 소프트웨어
   b. 전략
   c. 하드웨어

10. 정보처리이론에서 발달이란 _____ 이다.
    a. 평형화의 결과
    b. 하나의 경로가 아닌 다양한 경로
    c. 인지구조가 재구조화된 것

11. 어린 시절부터 지식은 몇 개의 영역으로 습득된다고 하는 이론은 _____ 이다.
    a. 정보처리이론
    b. 사회문화적 이론
    c. 핵심지식이론

12. 연구에 따르면 아기의 순진한 물리학은 _____ 는 것이다.
    a. 고체는 흔들려도 형태를 유지하나 액체는 그렇지 않음을 안다
    b. 사물의 움직임은 간헐적인 궤도를 그린다고 생각한다
    c. 한 물체는 다른 물체를 통과할 수 있다고 생각한다

13. 4세 아동 대부분은 _____ 고 생각한다.
    a. 생명이 없는 사물은 스스로 움직인다
    b. 살아 있는 것만이 새끼를 낳을 수 있다
    c. 생명이 없는 사물은 자란다

14. 아래 기술된 순진한 심리학에 대한 설명으로 틀린 것은?
    a. 1세는 사람의 행동에는 목적이 있음을 안다.
    b. 순진한 심리학의 초기 발달 단계 중 하나로서 초등 입학 전 아동은 사람의 욕구는 다르다는 것을 안다.
    c. 사람의 행위는 상황에 대한 맞는 신념에 근거한다는 것을 알 때 아동의 순전한 심리학은 큰 변화가 있는 것이다.

15. 일부 연구자들은 자폐증에 나타나는 현상 중 주목할 부분이 마음의 이론이 없다는 것이라고 한다. 마음의 이론이 없는 것을 _____ (이)라고 한다.
    a. 마음을 읽지 못함
    b. 동물숭배
    c. 자아중심성

핵심 용어

CHAPTER 7

인지 과정 및 학습 기술

이 장의 절

7.1   기억력

7.2   문제해결력

7.3   학습 기술

주 전 나는 1학년 학급에서 아동들이 책을 소리 내어 읽기, 짧은 단어 쓰기와 간단한 수학 문제를 푸는 방법에 대하여 배우는 것을 관찰하였다. 같은 날 오후에는 5학년 교실을 참관하였는데, 10~11세 아동들 역시 6~7세 아동들처럼 읽기, 쓰기 및 수학에 많은 시간을 쓰고 있었다. 이들은 수백 쪽에 달하는 책을 읽고 있었고, 두 쪽 분량의 에세이를 썼으며, 문장으로 된 문제를 이해하고 곱셈과 나눗셈을 해야 하는 문제를 풀고 있었다.

불과 4~5년 사이에 아동의 사고 능력은 본질적인 변화가 일어난다. **7.1절**에서 이러한 변화와 기억력의 확장에 대하여 기술할 것이며, **7.2절**에서는 문제해결 기술에 대하여 공부할 것이다. 마지막으로 읽기, 쓰기와 수학을 배우는 학습 기술에 대하여 자세하게 살펴볼 것이다.

7.1 기억력

학습 목표

LO1 영아의 기억력은 어느 정도인가?

LO2 어떤 전략이 아동의 기억력을 향상시키는가?

LO3 아동의 지식은 기억력에 어떻게 영향을 미치는가?

개요

기억력의 기원

기억을 돕는 전략

지식과 기억

어느 날 오후, 4세 셰릴이 집에 돌아와서 오랫동안 알고 지내 온 이웃집 아저씨인 존슨 씨가 그녀의 바지를 벗기며 중요한 부분을 만졌다고 울며 이야기하였다. 셰릴의 엄마는 이와 같은 이야기를 듣고 졸도할 지경이었다. 존슨 씨가 그동안 보여 준 인격과 행동을 생각하면 이를 전혀 받아들일 수 없어서 엄마는 셰릴의 상상력이 발동하여 이러한 이야기를 꾸미는 것은 아닌지 하는 생각도 들었다. 그러나 어떻게 보면 존슨 씨의 행동이 독특한 부분도 있어서 셰릴이 하는 이야기가 진실일 수도 있다는 생각이 들었다.

안타까운 이야기이지만 위와 같은 에피소드는 현재 미국 사회에서 빈번하다. 아동학대가 의심되는 상황에서 아이가 유일한 목격자이자 증언자일 때, 이들의 증언은 신뢰할 만한 것인가? 아이가 묘사하는 사건과 상황이 사실일까? 이에 대한 답은 아동의 기억력 발달에 대한 이해에서 출발해야 한다. 이를 위하여 먼저 영아기 기억력의 실마리를 보고 아동기와 청소년기의 기억력에 영향을 주는 요인들에 대하여 기술할 것이다.

기억력의 기원

LO1 영아의 기억력은 어느 정도인가?

생후 몇 개월이면 기억력의 실마리가 보인다(Bauer, Larkina, & Deocampo, 2011). 아기들은 특정 사건을 몇 날 혹은 몇 주간 기억할 수 있다. 영아들의 기억 능력에 대한 우리의 시각을 열어 준 것은 캐럴린 로비 콜리어(Rovee-Collier, 1997, 1999)의 연구이다. 연구 방법은 아기가 나오는 사진에 보이듯이, 2~3개월 된 아기의 발에 리본을 묶어서 모빌에 연결시킨다. 몇 분이 안 되어서 아기는 자신의 발길질이 모빌을 움직이게 한다는 것을 알게 된다. 로비 콜리어는 며칠 뒤 혹은 몇 주 뒤 똑같은 모빌을 아기의 집에 가져왔더니, 아기들은 모빌을 움직이게 하기 위하여 발길질을 하였다. 로비 콜리어가 다시 몇 주가 흐른 후 돌아오면, 대부분의 아기들은 발길질이 모빌을 움직이게 한다는 것을 잊어버렸다. 이때 연구자는 발에 연결하지 않고 연구자가 모빌을 흔드는 힌트를 아기에게 주었다. 그다음 날 다시 아기집을 방문하여 아기의 발에 리본을 매서 모빌에 연결하면, 아기는 모빌을 움직이게 하기 위하여 발길질을 했다.

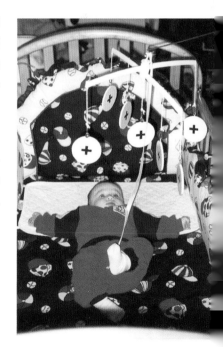

발길질이 모빌을 움직이게 한다는 것을 아기는 금방 깨닫는다. 며칠 뒤 아기는 모빌에 바로 발길질을 하는데 이는 아기가 자신의 행동과 모빌의 움직임 간의 관계를 기억하고 있음을 뜻한다.

모빌 실험은 2~3개월 된 아기의 기억 능력의 중요한 특징을 보여 준다. (1) 과거의 사건은 기억된다, (2) 시간이 흐르면 그 사건은 더 이상 기억되지 않는다, 그리고 (3) 힌트는 망각하였던 기억을 다시 생각나게 한다.

이러한 기억 능력은 걸음마기를 지나면서 점차 빠른 속도로 발달한다. 아이들은 자신이 경험한 것을 더 오랫동안 기억한다(Bauer & Leventon, 2013; Bauer & Lukowski, 2010). 장난감을 다루는 새로운 동작을 걸음마기 영아에게 보여 주고 이를 뒤에 따라 해 보게 하면 아기들보다 더 잘 기억하며 더 오랫동안 기억한다(Bauer, San Souci, & Pathman, 2010). 예를 들어서 나무 조각을 용기에 담고 뚜껑을 닫아서 흔들면 딸랑이와 같은 소리가 나는데, 걸음마기 영아는 아기보다 이러한 연속된 행동을 잘 기억한다.

또한 걸음마기 아기의 기억력은 아기보다 더 유연하다. 과거에 일어난 사건의 맥락이 변해도 그 사건을 기억할 수 있다(Bauer et al., 2010). 예를 들어서 어린 아기는 어떤 행동을 보여 주고 따라하게 할 때 실험자가 바뀌거나 다른 방에서 기억하게 하면 그 행동을 기억하지 못한다. 그러나 걸음마기 아기는 사건의 맥락에 변화가 있어도 방해받지 않고 잘 기억한다(Patel, Gaylord, & Fagen, 2013).

뇌 발달과 기억력 기억력의 발달적 변화는 뇌의 성숙과 관련이 있다(Bauer et al., 2010). 뇌는 정보의 단기 저장에도 상관이 있으며 이는 뇌의 해마 모양의 융기(hippocampus)와 편도(amygdala)에서 관장하는데, 이러한 능력은 꽤 일찍 발달한다. 또한 저장된 정보를 재생하는 데 관여하는 전두엽(frontal cortex)은 약 2세 정도에 발달한다. 출생에서 2세까지 이르는 기억력의 발달은 이러한 뇌의 성숙과 분명 관련이 있다.

일단 아동이 말을 할 수 있게 되면 기억력을 테스트하는 과제와 검사법은 나이가 많은 아동 혹은 성인을 대상으로 하는 과제와 동일한 방법으로 할 수 있다. 이 방면의 연구 결과들은 연령 증가에 따른 기억 능력의 증가는 두 가지 요인과 관련이 있음을 제시한다(Pressley & Hilden, 2006). 첫째는 아동이 성장함에 따라서 기억을 돕는 전략이 발달한다. 둘째, 지식이 증가하면서 아동들은 관련된 정보를 조직화하는 데 능숙해지며 이는 기억력을 향상시킨다. 다음에 이 두 요인에 대하여 더 자세하게 기술하겠다.

기억을 돕는 전략

LO2 어떤 전략이 아동의 기억력을 향상시키는가?

우리는 시험공부를 할 때 기억해야 할 것은 줄을 쳐서 표시를 한다. 또한 여러 가지를 해야 하는 경우 목록을 만들고 눈에 띄지 않는 스마트 폰을 찾기 위하여 과거에 했던 행동을 다시 되돌려 생각해 본다. **이러한 행동은 기억력을 향상시키기 위하여 우리가 사용하는 기억을 돕는 전략**(memory strategy)**이다.** 아동은 기억을 돕는 전략을 꽤 어린 시기부터 사용할 수 있다. 기억을 돕기 위하여 초등학교 입학 전의 유아들은 그 사물을 바라보거나 손으로 만진다(DeLoache, 1984). 바라보거나 만지는 것은 그리 효율적인 전략이 아닐 수 있으나 유아들도 기억해야 할 것에 대하여 무엇인가 노력을 하고 있음을 보여 준다. 왜냐하면 기억은 자동적으로 되는 것이 아니기 때문이다. 초등학생이 되면 좀 더 확실한 전략을 사용할 수 있다(Schwenck, Bjorklund, & Schneider, 2009). **예를 들어서 7~8세 아동은 기억해야 할 정보를 반복적으로 소리 내어 외우는 전략인 리허설**(rehearsal)**을 사용한다.** 친구에게 전화를 하려는 아동은 친구의 전화번호를 중얼중얼 소리 내어 반복하면서 수화기를 든다.

성장하면서 좀 더 체계적인 기억 전략을 사용하는데 그중 하나가 조직화이다. **조직화**(organization)**란 관련된 정보를 서로 연관시켜서 암기를 용이하게 하고자 하는 전략이다.** 예를 들어서 미국의 독립

전쟁에서 일어난 주요 전투를 기억하려는 중학교 1학년 아이는 이를 지역적 근접성으로 연관시키거나 시간의 흐름에 따라서 연관시켜서 외우려 한다. **또 다른 전략은 정교화(elaboration)인데 이는 암기해야 할 사실에 정보를 추가하는 전략을 뜻한다.** 예를 들어서 rehearsal 단어의 두 번째 음절의 철자를 자꾸 잊어버리는 아동이 있다고 가정하자. 이 아동은 이 단어의 철자를 기억하기 위하여 두 번째 음절을 her 혹은 hear라고 정보를 추가하여 re-hear-ring으로 발음해 보면 rehearsal의 철자를 기억하는 데 도움이 될 것이다. 마지막 전략은 암기해야 할 정보를 기록하거나 달력에 적어 놓고 앞으로 일어날 사건에 대하여 망각하지 않도록 사진에 보이는 소녀처럼 외적 도구를 사용하는 것이다(Eskritt & Lee, 2002; Eskritt & McLeod, 2008).

초인지 사용법도 모르는 많은 도구를 연장통에 넣어 두는 것이 아무 소용이 없듯이, 기억 전략이 사용되어야 하는 때를 모른다면 아무 소용이 없다. 예를 들어서, 소리를 내어 연습하는 리허설은 전화번호를 기억하는 데는 유익한 전략이나, 미국 헌법의 부록을 기억하는 데는 별 소용이 없는 방법이다. 초등학교 및 중·고등학교 학생 정도가 되면 암기해야 할 대상 혹은 과제에 맞는 전략을 선택하여 사용할 수 있게 된다. 예를 들어서 교과서를 읽거나 TV 뉴스를 볼 때에는 요점을 분리하고 줄 긋기 혹은 요약 전략이 적절한 것임을 판단할 수 있게 된다. 그러나 고등학생이라고 해서 항상 기억에 도움이 되는 전략을 효율적으로 사용하는 것은 아니다(Grammer et al., 2011; Pressley & Hilden, 2006).

암기해야 할 대상과 과제에 적절한 전략을 선택하였다 하더라도 이 선택된 전략의 효용성을 모니터링할 수 있어야 한다. 예를 들어서 암기 내용을 스스로에게 질문해 보아서 이를 잘 기억하고 있는지 점검해야 하며 자신이 선택하여 사용한 암기 전략이 효과적이었는가를 판단해야 한다. 만약 자신이 사용한 암기 전략이 효율적이지 않다면, 적절한 암기 전략을 다시 선택하여 시작해야 한다. 만약 암기 전략에 문제가 없는 것으로 판단된다면 아직 외우지 못한 것을 외우도록 노력과 시간을 더 집중해야 할 것이다. 이러한 모니터링 혹은 점검 능력은 나이가 들면서 향상된다. 유아도 자신이 알고 있는 것과 모르는 것을 구분할 수 있고(Ghetti, Hembacher, & Coughlin, 2013), 초등학생 이상이 되면 이것을 더 정확하게 할 수 있다(Bjorklund, 2005).

초기억(metamemory)이란 자신의 기억에 대한 인식을 말하는데 이것은 과제에 적절한 기억 전략을 사용하고 이것의 효과를 점검하는 능력이다. 앞의 6.3절에서 기술한 마음의 이론처럼 초기억은 기억이 어떻게 작동하는가에 대한 직관적 이해라고 할 수 있다(Lockl & Schneider, 2007). 아동은 기억이란 상실되기 마련이며, 기억하기 쉬운 과제도 있고 상대적으로 어려운 과제도 있다는 것을 알게 된다. 기억에 대한 지식이 향상되면, 숙련된 목수가 못, 드라이버, 풀 등을 언제 사용해야 하는지를 알듯이, 아동은 더 효율적 기억 전략을 선택하게 한다(Ghetti & Lee, 2011).

물론 기억에 관련된 아동의 이해는 다른 인지적 과정에 대한 이해가 향상되는 것과 동일하다. **이러한 인지적 과정에 대한 지각 혹은 인식을 초인지적 지식(metacognitive knowledge)이라고 한다.** 초인지적 지식은 초등학교 시기에 아주 급속도로 발달한다. 초등학생이 되면 지각, 주의집중, 의도, 지식 혹은 생각에 대한 지식이 상당히 증가한다(Flavell, 2000; McCormick, 2003). 예를 들어, 군중에 있는 자신의 부모님을 찾는 상황에서 자신들의 주의를 의도적으로 집중할 필요가 있다는 것을 안다. 또한 갑자기 천둥이 치는 것과 같은 특정 사건은 자신의 주의를 끈다는 것도 이해한다(Parault & Schwanenflugel, 2000).

초인지적 지식의 가장 중요한 특징은 목적, 전략, 점검과 그 결과들이 서로 연관되어 있음을 아는 것이다. 〈그림 7-1〉에 보이듯이 아동들에게 펼쳐져 있는 일상적 과제—단어 철자 외우기, 축구에서 패널티킥 차기 혹은 수다스러운 짝꿍과 사이 좋게 지내기 등—에 대하여 목표를 세우고 이를 달성하기 위한 수단을 선택하면서 자신들의 학습 과정을 조정할 수 있게 된다.

초등학교 이상의 아동은 기억을 돕기 위하여 달력에 메모를 하는 것과 같은 전략을 사용할 수 있다.

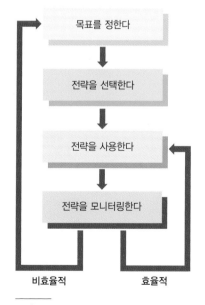

목표를 정한다

전략을 선택한다

전략을 사용한다

전략을 모니터링한다

비효율적   효율적

그림 7-1

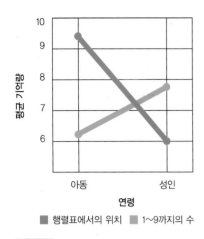

그림 7-2

효율적인 인지적 자기 조절(cognitive self-regulation), 즉 **목표를 설정하고 효율적 전략을 선택하며, 그 과정을 점검하는 능력**은 학업에 성공적인 학생들이 보여 주는 대표적인 특징이다(Usher & Pajares, 2009; Zimmerman, 2001). 받아 쓰기 시험을 앞둔 학생은 백 점을 목표로 하여 각 단어를 두 번씩 써 보는 전략을 선택하였다. 그러나 70%의 정답률을 보였을 때 이 학생은 각 단어를 네 번씩 써 보고 단어의 정의도 한 번씩 더 써 보는 새로운 전략을 선택할 것이다. 이러한 과정은 자기 조절이 잘되는 학습자의 적응적 혹은 조절적 인지 과정을 보여 준다.

학습에 필요한 전략을 스스로 배우지 못하는 학생도 선생님이 이러한 전략의 중요성과 사용법을 가르치면 이들의 학습 향상에 도움이 된다(Grammer, Coffman, & Ornstein, 2013; Ornstein et al., 2010). 또한 이러한 전략을 중점적으로 가르치는 프로그램도 있다(Pressley, 2002). 예를 들어서 읽기 이해에 도움이 되는 전략인 목표 정하기, 텍스트와 관련한 이미지 그리기, 다음에 어떤 내용이 나올지 예측하기, 요약하기 등과 같은 전략을 배우게 되면 학생들의 텍스트에 대한 이해도가 향상되며 시험에서도 좋은 점수를 받는 것으로 관찰되었다(Pressley & Hilden, 2006).

전략, 초기억과 초인지는 효율적인 학습과 기억을 위하여 필요한 것인데, 다음 장에서는 기억력을 향상시키는 데 지식도 기여한다는 것을 보여 주고자 한다(Schneider, 2011).

지식과 기억

LO3   아동의 지식은 기억력에 어떻게 영향을 미치는가?

기억력을 향상시키는 데 지식도 기여한다는 것을 10세 아동과 성인이 일련의 수를 외우는 과제를 통하여 알아보자(Chi, 1978). 이 과제에서 성인은 〈그림 7-2〉에서 보이는 바와 같이 10세 아동보다 훨씬 많은 수를 외웠다. 그러나 행렬표에 위치한 사물의 위치를 기억하는 과제에서는 10세 아동이 성인보다 더 많이 외웠다(그림 7-2).

이러한 차이는 어디서 기인한 것일까? 행렬표에 위치한 사물의 위치를 기억하는 과제는 체스보

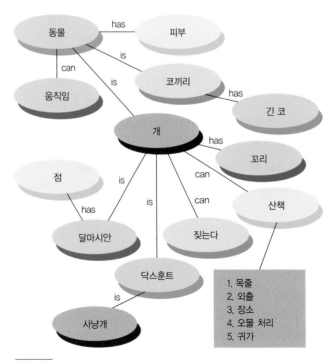

그림 7-3

드에 놓인 사물의 위치를 기억하는 것이었는데, 이 과제에 참여한 10세 아동은 체스에 아주 능한 아동들이었던 반면 이 과제에 참석한 성인은 체스에 대하여 거의 아는 바가 없었다. 체스판에 놓인 사물의 위치는 실제 체스 게임에 놓이는 말들의 위치와 같았는데, 이것은 체스에 능한 아동들에게는 매우 익숙한 배열이다. 그러나 체스에 대하여 거의 아는 바가 없는 성인에게 사물의 배치는 거의 임의적으로 보였을 것이다. 이 아동들은 사물이 배열된 모양에서 일정한 유형을 짐작할 수 있으므로 암기가 상대적으로 쉬웠을 것이다. 이것은 마치 아래의 글자열을 아무 의미가 없다고 보는 것과 같다.

nnccbasbccbn

반면 아래의 문자열은 다르게 기억된다.

nbc cbs abc cnn

과자 굽기와 같은 일상생활의 친숙한 활동은 사태도식으로 저장되는데, 이는 활동의 내용과 순서를 기억하는 것을 도와준다.

나이가 들면서 정보를 조직하고 이것에 의미를 부여하는 능력은 증가한다(Schneider & Bjorklund, 1998). 연구자들은 지식이 기억되는 양상을 하나의 그물망처럼 도식화하기도 한다. 특정 정보는 유형(예 : 달마시안은 개의 한 종류이다) 혹은 특징(예 : 코끼리는 긴 코가 있다)으로 조직화된다. **어떤 연구자들은 사태도식(script)이라는 용어를 사용하기도 하는데, 이는 특정 사건이 일어나는 순서에 대한 구조가 기억되는 것을 말한다.** 예를 들어서 생일잔치가 일어나는 순서 및 순서에 따른 특징에 대한 기억을 사태도식이라고 할 수 있다.

어린 아동은 정보를 연결시키는 망이 단순하며, 망에 서로 연결된 지식도 적다. 따라서 더 나이 든 아동에게 기억을 용이하게 하기 위한 정보의 연결 혹은 조직화가 어린 아동은 불가능하므로 기억 과제를 어려워하기 마련이다.

그럼에도 불구하고 어린 아동일지라도 가지고 있는 지식을 조직화한다. 이것은 아동들에게 굉장히 효과적인 도구이다. 사태도식에 들어맞는 사건일 경우 관련된 하나하나의 행동을 다 기억하려고 애쓸 필요가 없다. 대신에 그저 사태도식을 기억하면 된다. 오늘 엄마와 함께 초콜릿 쿠키를 구운 소년이 아버지에게 이 요리 경험을 이야기하고자 한다면, 이 소년은 '초콜릿 쿠키 굽기'라고 하는 사태도식을 재생하여 관련된 행동 및 사건을 이 도식에 근거하여 인출하면 된다. 그러나 지식이 기억을 왜곡할 수도 있다. 특정 경험이 아동의 지식 구조 혹은 사태도식과 일치하지 않는 경우, 그 경험은 쉽게 망각되거나 기존의 지식 구조에 일치하도록 내용이 왜곡되어 기억된다(Farrar & Boyer-Pennington, 1999; Williams & Davidson, 2009). 예를 들어서 헬리콥터를 운전하는 여자에 대한 이야기를 해 주면 어린아이들은 종종 파일럿을 남자로 기억하는데, 그 이유는 이들의 지식망이 파일럿은 남자라고 구조화되어 있기 때문이다.

어린 아동에 비하여 나이 있는 아동의 지식이 더 많으므로 나이 든 아동의 기억이 더 왜곡될 가능성이 있다(Brainerd, Reyna, & Ceci, 2008). 이에 대한 것을 "주목할 만한 이론"에서 자세히 기술한다.

주목할 만한 이론

모호 흔적 이론

배경 일반 지식은 아동의 기억 능력을 돕는 것이 분명하지만, 때때로 기억을 부정확하게 하거나 왜곡되게 하기도 한다. 이러한 현상은 아동과 청소년에게서 빈번하지만, 이러한 기억의 오류(memory errors)에 대하여 알려진 것이 별로 없다.

이론 찰스 브레이너드와 발레리 레이나(Brainer & Reyna, 2005, 2013)에 의하여 발전된 **모호 흔적 이론**(fuzzy trace theory)에 따르면, 대부분의 경험은 말 그대로(verbatim) 혹은 그것의 기초적 의미 혹은 요점(gist)으로 저장된다. 생일초대 카드를 읽은 10세 된 아동은 '파티는 저녁 7시 30분에 시작한다'(말 그대로) 혹은 '파티는 저녁 먹고 난 뒤에 시작한다'(요점)는 의미로 정보를 기억할 수 있다. 과학 성적표를 받은 14세 된 소년은 '75점 맞았어'(말 그대로) 혹은 '평균점수야'(요점)라고 기억할 수 있다.

아동은 성장하면서 기억해야 할 정보에 대해 '말 그대로'와 '요점' 두 가지 형식을 다 사용할 수 있으나, 초등학교 입학 전의 어린 아동은 '말 그대로' 형식에 더 치우쳐 있다. 그러나 아동기와 청소년기에는 '요점' 기억에 대한 편중이 나타나기 시작한다. 이 이론은 사실 그대로가 아닌, 의미하는 바를 기억·저장하는 것으로 구체적이지 않은 모호한 형식을 강조하므로 모호 흔적 이론이라고 명명되었다.

가설 기억 오류는 요점 형식의 기억 처리 과정과 관련이 있다. 초등학교 아동 혹은 청소년기 아동의 기억이 요점 형식의 정보처리에 편중되어 있다면, 어린 아동들보다 이런 류의 오류에 더 취약할 것이다. 예를 들어서 사람들은 쉬다(rest), 깨어 있는(awake), 침대(bed), 졸다(snooze), 담요(blanket), 코 골다(snore) 그리고 꿈(dream)과 같이 의미가 연관된 단어들을 외우는 과제에서 비슷한 오류를 범한다. 대개 검사받는 성인들의 75%는 분명 외워야 할 단어 리스트에 없었음에도 불구하고 'sleep'이란 단어가 있었다고 주장한다. 초등학교 고학년 아동 및 청소년도 이런 류의 과제에서 외워야 할 단어의 의미를 추출하여 '이 단어들은 모두 잠에 관련된 것이다'의 요점 형식의 정보처리를 할 것이기 때문에 이들도 성인과 같은 오류를 범할 확률이 '말 그대로' 형식의 정보처리를 하는 어린 유아들보다 높다.

검증 브레이너드와 동료들(Brainerd et al., 2010)은 여러 개의 단어로 구성된 단어 목록표를 7세, 11세 및 성인에게 제시하였다. 앞의 예에서처럼 외워야 할 단어들은 목록에는 제시되어 있지 않으나 특정 단어와 연관된 것이다. 각 단어의 목록을 외우게 하도록 한 결과, 놀랄 것도 없이 단어 기억 능력은 나이가 증가함에 따라서 증가하였다. 성인은 외워야 할 단어의 88%를 기억하였고, 11세 아동은 76%, 7세 아동은 71%를 기억하였다. 관심의 초점은 실제로 단어 목록에는 없으나 관계된 단어를 얼마나 많이 언급하느냐에 있다. 성인은 60%, 11세 아동은 40%, 그리고 7세 아동은 22%로 나타났다.

결론 기억 오류—이 연구의 경우 외워야 할 단어 목록에도 없었던 단어를 기억하는 것—는 어린 아동에게는 흔치 않은 일이나 초등학교 고학년과 성인에게는 빈번하다. 이 결과는 모호 흔적 이론의 가설과 일치한다고 볼 수 있다. 즉 성인을 포함하여 초등학교 고학년 이상의 아동들은 자신들이 경험한 것은 '말 그대로'의 형식보다 '요점' 형식으로 기억 처리를 하는 경향이 크므로 이로 인해 기억 오류가 나타나는 것이다(Brainerd, 2013).

적용 형제간에 과거에 누가 무엇을 어떻게 말했는지(혹은 어떻게 행동하였는지)에 대하여 논쟁을 하는 경우가 많다. 예를 들어 보자.

형 : "항상 해 왔던 것처럼, 어젯밤에도 내가 쓰레기를 내다 놨어."
동생 : "아니야. 어제 형은 너무 바빠서 내가 했잖아."

위와 같은 형제간의 말다툼을 듣다 보면 큰 아이의 기억력이 더 정확하기 때문에 큰아이의 말을 신뢰하는 경향이 있다. 이러한 가정은 틀린 가정은 아니나 딜레마가 존재한다. 큰 아이의 기억을 돕는 처리 과정은 또한 특정 기억 오류에 취약할 수 있기 때문이다. 따라서 부모들은 큰아이가 특정 사건에 대하여 기억하는 처리 양식이 '요점' 형식으로 인한 기억 오류가 있을 수 있다는 가능성을 염두에 두고, 큰아이의 기억에 더 많은 신뢰를 줄 수 없음을 기억해야 한다. 즉 큰아이는 저녁에 대개 자신이 쓰레기를 치운다고 하는 확고한 사태도식에 의존하여 기억 오류가 있을 수 있음을 기억해야 한다.

따라서 아동은 성장과 함께 일반 지식이 증가하므로 이로 인해 기억 능력이 향상될 수 있으나 동시에 이로 인해 기억을 방해받을 수 있다. 다음 장에서는 지식과 기억의 또 다른 관계, 즉 아동 자신의 삶에 대한 기억인 전기적 기억에 대하여 기술하겠다.

전기적 기억 이 내용을 다루기 전 다음과 같은 질문으로 시작해 보자. 당신이 4학년 때 담임선생님이 누구셨는가? 당신의 첫 데이트는 누구와 어디에서 하였는가? 고등학교 졸업식을 야외에서 하였는가 혹은 실내에서 하였는가? 이러한 질문에 답하기 위하여 당신은 "캐나다의 수도가 어디지?" 혹은 "재봉틀은 누가 발명하였나?"와 같은 질문에 대답하기 위한 과정과 같은 방법으로 뇌에 저장된 정보를 탐색할 것이다. 그러나 캐나다의 수도에 관한 것이나 재봉틀 발명가에 관한 답은 당신이 개인적으로 경험한 사건과는 관련이 없는 일반적 지식이다. 그러나 4학년 때 담임선생님, 첫 데이트 상대자와 장소 및 고등학교 졸업식에 관한 것은 당신의 개인적 삶의 경험에 근거한 것이다. **따라서 전기적 기억(autobiographical memory)이란 개인 각자의 삶에 중요한 사건 혹은 경험에 대한 기억이다.** 전기적 기억은 우리 각자의 삶의 역사를 구성하는 데 있어서 의미 있는 내용이다. 또한 전기적 기억은 다른 사람의 전기적 기억과 공통성을 찾아서 서로의 공감대를 형성하고 사회적 관계를 형성하는 데 의미가 있다(Bauer, 2006).

한 영향력 있는 이론(Nelson & Fivush, 2004)에 의하면, 전기적 기억은 점차적으로 구성되기 시작한다. 영아와 걸음마기 아이들은 과거에 일어난 사건을 기억할 수 있는 능력을 갖고 있다. 언어 능력이 발달하고 자아 개념이 발달하면서 이러한 전기적 기억 능력은 성장한다. 즉 아기가 말을 하기 시작하면서 부모들은 자녀가 경험한 과거의 사건 혹은 앞으로 일어날 사건에 대하여 자녀와 많은 이야기를 나눈다. 예를 들어서 오늘 어린이집에서 어떻게 지냈는지, 혹은 다가오는 주말에 가족과 무엇을 할 것인가에 대하여 이야기를 나눈다. 이야기를 나누면서 부모들은 자녀에게 사건의 중요한 요소가 무엇이며 자신들이 경험한 내용을 어떻게 구조화하는 것인가에 대한 예시를 보여 준다(Fivush, Reese, & Haden, 2006). 아동의 전기적 기억은 부모가 과거에 경험한 사건을 자녀와 함께 자세하게 이야기를 나눌 때 아주 풍성해진다. 그러나 이러한 부모와 자녀의 이야기 과정에서 부모의 이야기 나누기 유형이 자녀로 하여금 '예' 혹은 '아니요'와 같은 답이 나오도록 유도한다면 자녀의 전기적 기억 내용은 빈약해진다. 반면에 유아기 때 부모와 "어제 밤 엄마가 어디 갔었지?"와 같은 질문으로 대화한 경험을 가진 청소년은 어린 시절에 대한 기억을 더 많이 하고 있다(Jack et al., 2009).

부모와 자녀 간 자세한 대화는 전기적 기억에서의 문화 간 차이를 설명하고 있다. 동아시아 성인에 비하여 유럽과 미국에 사는 성인들은 어린 시절에 대한 기억을 더 자세히 많이 가지고 있다(Ross & Wang, 2010). 이러한 차이는 각 지역의 부모와 자녀 간 대화 스타일의 차이로 설명될 수 있다. 아시아 부모는 자녀와 지난 일에 대하여 이야기를 나눌 때 덜 자세한 경향이 있어 아시아 젊은이들은 전기적 기억의 양이 적은 특징을 보인다(Kulkofsky, Wang, & Koh, 2009; Schröder et al.,

영아기 기억상실증은 어린 동생의 탄생처럼 아주 어린 시절에 경험한 것 혹은 언어 사용 이전의 경험을 기억하지 못하는 것을 뜻한다.

2013). 또한 여성의 전기적 기억이 남성에 비하여 더 분명하고 자세한 것도 부모-자녀 간 대화 스타일의 차이에 기인한 것으로 설명할 수 있다. 부모는 아들에 비하여 딸과 이야기 나눌 때 더 정교하고 자세하게 이야기하는 경향이 있다(Grysman & Hudson, 2013).

자아 개념의 출현은 전기적 기억과 관계가 있다. 1~2세가 되면 아동들의 자아 개념은 크게 발달한다. 자아 개념에 대해서는 11.1절에서 자세하게 기술하였지만, 1~2세가 되면 이들은 자신이 공간과 시간 속에 독립적으로 존재한다는 것을 인식한다. 즉 자아감이 나타나면서 자기 경험의 일관성과 계속성을 인지하게 된다. 즉 며칠 전 공원에 산책을 간 존재와 지금 생일 파티에 참석하고 있는 존재와 잠자기 전 아버지와 함께 책을 읽는 존재가 동일함을 인식하도록 돕는 것이 자아인식인 것이다. 따라서 자아감과 언어 능력은 영아가 부모와 함께 과거 및 현재에 대하여 이야기 나눌 수 있도록 도우며, 이것이 유아기 전기적 기억의 출현에 공헌한다.

초등학교 고학년, 청소년 및 성인이 전기적 기억이 형성되기 이전의 경험과 사건에 대하여 기억할 가능성은 극히 적다. **영아기 기억상실증**(infantile amnesia)**은 인생 초기에 경험한 사건을 기억하지 못하는 것을 뜻한다.** 성인뿐만 아니라 초등학생은 아기 시절을 거의 기억하지 못하나, 3~4세 이후의 경험을 기억할 가능성은 크다(Hayne & Jack, 2011). 예를 들어, 사진에 보이는 2세 영아가 자라서는 동생이 태어난 것을 거의 기억하지 못한다(Peterson & Rideout, 1998; Quas et al., 1999).* 그러나 이 아이가 동생의 두 번째 혹은 세 번째 생일을 기억할 가능성은 크다.

전기적 기억에 도움이 되는 요인들은 똑같이 영아기 기억상실증에 공헌한다(Hayne & Jack, 2011). 타인과 의사소통할 즈음이 되면(약 12~15개월쯤), 자신의 경험을 언어로 표상하는 것이 빈번해진다. 결과적으로, 마치 우리가 방을 정리하고 나서 특정 사물을 찾으려고 할 때 어려움을 겪듯이 언어 사용 이전에 경험한 것을 언어로 다시 재생하는 것이 어려워진다(Simcock & Hayne, 2002). 어떤 연구자들은 영아와 걸음마기 영아들은 자아감이 없고, 또한 자신의 개인적 경험을 구성할 수 있는 전기적 기억이 없기 때문에 영아기 기억상실이 있는 것이라고 주장한다(Howe & Courage, 1997).

따라서 인생 초기의 경험은 언어 능력의 부재 혹은 자아감이 발달하지 않았기 때문에 기억하기가 어렵다(Hayne & Jack, 2011). 그러나 걸음마기를 지나면 개인에게 중요한 삶의 경험과 사건을 구조화할 수 있는 전기적 기억이 발달한다. 불행하게도, 어떤 아동의 전기적 기억에는 학대에 대한 기억도 있다. 이들의 기억은 신뢰할 만한 것인가? 이에 대한 답을 이제 기술하겠다.

목격자 증언 이 장을 시작하면서 소개하였던 4세 된 셰릴을 기억하는가? 만약 셰릴의 증언에 의하여 경찰 조사가 시작된다면, 셰릴의 증언은 이 사건의 아주 결정적인 요소가 될 것이다. 그러나 그녀의 기억에 의한 진술을 신뢰할 수 있는가? 이 질문에 대한 답은 그리 간단해 보이지 않는다. 법적 처리 과정에서 아동들은 많게는 10회에서 15회까지 반복적으로 심문을 받게 된다. 이러한 반복적 심문 과정에서 아동은 심문자가 제안하는 것과 실제로 일어난 일 사이에 혼란을 경험한다. 예를 들어서 보육교사가 반 아이를 학대한 유명한 사건에서 유아들은 반복적으로 다음과 같은 질문을 받았다.

선생님이 너를 아프게 했을 때 선생님이 나쁘다고 생각했니?
선생님이 네게 뽀뽀할 때 혀가 네 입으로 들어왔니?(Bruck & Ceci, 1995)

질문 7.1

12개월 코트니는 걷다가 넘어져서 응급실에 가서 몇 바늘 꿰맸다. 이제 엄마가 된 코트니는 자녀들 앞에서 자신이 응급실에서 얼마나 용감했는가를 이야기하는 것을 매우 즐긴다. 코트니 이야기의 진실은 무엇일까?

---

* 2세 때 동생이 태어난 것을 기억하거나, 이사 간 기억 혹은 친척의 죽음 같은 것을 생생하게 기억하고 있는 당신은 이 말에 크게 동의하지 않을 수 있다. 그러나 당신이 기억하고 있다고 생각하는 것은 실제 일어난 것이기보다는 다른 사람이 이야기한 것을 기억하고 있는 것이라고 장담할 수 있다. 우리가 기억하는 사건의 대부분은 사회적으로 구성되고 공유된 것인 경우가 많다.

앞의 질문들은 실제로 일어나지 않았을 수도 있는 일에 대하여 일어난 것인 양 암시하고 있다. 어린아이들은 오른쪽 사진에서 보이는 것처럼 권위 있는 사람이 제안하는 내용을 '기억하는' 경향이 있다(Candel et al., 2009; Ceci & Bruck, 1998).

어린이의 기억은 옆에서 하는 이야기를 듣는 것만으로도 왜곡될 수 있다. 예를 들어서, 같은 반 교실의 아동들이 특정 사건(현장 학습 혹은 외부 인사의 방문 등)을 경험하고, 그때 함께 있지 않았던 친구에게 이들의 경험에 대하여 이야기해 줄 수 있다. 그러면 이 결석했던 친구는 그날 어떤 일이 있었는지를 기술할 수 있으며, 실제 자기가 그 자리에 함께 있었다고 주장하기도 한다(Principe & Ceci, 2002; Principe & Schindewolf, 2012).

초등학교 입학 전 유아는 다른 사람이 제안하는 내용을 잘 받아들인다. 그 이유는 인지적으로 정보의 출처에 대한 추적 능력이 미숙하기 때문이다(Poole & Lindsay, 1995). 그러나 초등학교 고학년, 청소년 혹은 성인들은 자신이 기억하는 정보의 자료 혹은 근원에 대하여 더 잘 인지할 수 있다. 딸의 피아노 발표회를 기억하는 아버지는 그 기억의 출처를 구분하여 인지할 수 있다. 일부는 자신이 발표회에 직접 참여하였던 것이고, 일부는 녹화된 비디오 테이프를 본 것이고 나머지는 딸이 들려준 이야기를 들어서 기억하는 것이라고 인지할 수 있다. 그러나 유아는 이런 종류의 모니터링에 미숙하다. 과거에 일어난 사건을 기억할 때 유아는 누가, 무엇을, 왜, 어떻게 하였는지에 대하여 상당히 혼동스러워하며, 자신이 직접 경험한 것이라고 간주하는 것이 빈번하다. 따라서 누군가에 의하여 제안적 질문(예를 들어, "그 사람이 너를 만졌을 때, 아팠니?")을 받으면 질문 자체가 아이의 기억에 저장이 된다(Ghetti, 2008).

이상과 같은 주장을 받아들이지 않는 독자도 있을 수 있다. 어린이가 일어나지도 않은 것을 이야기할 때 그것의 진위 여부를 확실하게 판단할 수 있어야 한다. 아동복지 전문가 혹은 법 집행자들은 어린이가 거짓말을 하는지 혹은 진실을 말하는지 구분할 수 있다고 자신 있어 한다. 그러나 연구에 의하면 실제 꼭 그렇지만은 않다(Klemfuss & Ceci, 2012).

따라서 어린아이들을 증언자로 세울 때 아래 "아동 발달과 가족 정책"에 제시된 사항에 유의해야 한다.

어린 아동은 과거의 사건을 회상할 때, 권위 있는 사람이 제안하는 내용을 '기억하는' 경향이 있다.

아동 발달과 가족 정책

효과적인 어린이 인터뷰

20세기 후반에 크게 증가된 아동학대 신고는 아동의 잘못된 기억에 의하여 잘못 기소된 성인의 숫자와 동반 상승하였다. 따라서 연방정부뿐만 아니라 주정부는 아동학대 신고에 따라서 정확한 판단을 내리기 위한 매뉴얼을 만들기 시작하였다. 예를 들어 미시건 주에서는 1992년에 어린이를 면접할 때 준수해야 할 프로토콜을 만들어서 어린이의 기억과 증언을 왜곡시킬 가능성이 있는 질문 유형을 제시하였다. 미시건대학교 심리학과 교수이면서 어린이 증언 연구의 전문가인 데브라 풀(D. Poole)을 중심으로 미시건 주 정부 이름으로 1998년에 어린이 증언자 인터뷰 프로토콜을 출판하였다. 이 프로토콜은 우선 "어린이의 충격을 최소화하며 법정에서 사용될 신뢰할 만한 정보를 얻고 피의자의 권리는 보호하는 것에 목표를 두었다"(Governor's Task Force, 1998, p.v).

이후 2004년, 2011년 개정을 거듭하였고, 다른 주에서도 비슷한 프로토콜이 발표되었고 연방정부 아동건강 및 인간발달 연구소에서도 어린이 인터뷰 관련 프로토콜이 제시되었다. 아래에 그 사항이 정리되어 있다.

- 문제의 사건이 제기되면 빠른 시간 안에 어린이를 인터뷰한다.
- 어린이에게 사실을 말하도록 격려하고 답을 잘 모를 때에는 "잘 모르겠어요"라고 말하도록 격려하고 면접자가 틀린 말을 하면 "아니다"라고 말하도록 격려한다.
- "방과 후에 어떤 일이 있었는지…"와 같이 일어난 일을 아이의 표현으로 말하는 것으로 인터뷰를 시작한다. 또한 구체적인 질문은 일어나지 않은 것을 일어난 것인

양 제안할 가능성이 있으므로 되도록 피한다.
- 생일 파티 혹은 명절 때와 같이 사건과 관련 없는 이야 기로 시작하여 어린이가 인터뷰 형식에 긴장을 풀도록 한다.
- 인형과 같은 소품을 사용한 인터뷰는 되도록 삼간다.
- 어떤 일이 일어났는가 혹은 누가 관여하였는가에 대한

질문에는 반드시 대안적 질문도 병행한다.

이상의 유의점을 기억하고 아동을 면접한다면 아동은 과 거 경험을 좀 더 진실되게 기억할 것이며, 그들은 유익한 증 언자가 될 수 있을 것이다(Hershkowitz et al., 2012; Poole & Bruck, 2012).

학습 확인

점검 기억을 돕기 위하여 아동이 사용하는 전략에 대하여 설명하시오.

걸음마기 영아들의 전기적 기억을 구성하는 과정에 대하여 기술하시오.

이해 과거의 것을 기억할 때 요점으로 기억하는 것이 유리한 상황과 그렇지 않은 상황에 대하여 기술하시오.

적용 어린이 증언에 대한 연구는 아동의 정서, 사회, 인지 발달 간의 관계에 대하여 어떻게 설명할 지 설명해 보시오.

 7.2 문제해결력

개요	학습 목표
문제해결력의 발달적 경향	**LO4** 초등학교 고학년 혹은 청소년기의 문제해결능력은 어린 아동보다 뛰어난가?
아동과 청소년의 문제해결력의 특징	**LO5** 초등학교 고학년과 청소년의 문제해결에 도움이 되는 요인은 무엇인가?
과학적 문제해결	**LO6** 초등학교 고학년과 청소년들은 과학적으로 추론할 수 있는가?

12세 브래드는 새해 1월 1일에 가게에 가려고 한다. 어머니는 휴일이라 가게가 영업을 하지 않을 거라며 브래드에게 가게에 먼저 전화를 걸어 보라고 하였다. 전화를 걸고 난 후 브래드가 와서 "엄마 가자"라고 해서 가게에 가 보니 문이 닫혀 있었 다. 화가 난 어머니는 "네가 전화 걸었잖니!"라고 이야기하였다. 그랬더니 브래드는 "전화를 했었지. 그런데 전화를 받지 않 길래, 너무 바빠서 전화를 받지 못하는가 보다 했어."라고 답했다. 그날 오후에 브래드의 3세 된 여동생이 음료수 병을 잡고 서는 어머니를 보며, "엄마, 이것은 음료수 통이 아니야. 왜냐하면 립스틱 자국이 없잖아."라고 했다. 이에 어머니는 오늘 아 침에 브래드가 한 행동에 비하면 3세 된 딸아이의 사고력이 더 섬세하고 논리적인 것 같다고 생각했다.

피아제에 의하면 아동의 추리력과 문제해결력은 나이가 들면서 더 섬세해지고 향상된다. 특히 초 등학교 입학 이전 아동의 사고는 제한적인 데 비하여, 청소년들의 사고 능력은 아주 논리적이라고 보았다. 그러나 이러한 주장은 이후에 진행된 여러 연구에 의하여 두 가지 면에서 잘못된 것으로 지적되고 있다. 앞의 브래드 여동생의 경우처럼 어린 아동들의 추론 능력은 가끔 우리를 놀라게 할 정도로 꽤 논리적이므로 피아제가 이들의 능력을 너무 과소평가하였고 브래드의 예에서처럼 청소 년들의 사고력을 너무 과대평가하였다는 것이다.

지금부터 아동기와 청소년기에 걸친 문제해결력의 발달 과정을 기술하고자 한다. 피아제가 말 했던 것보다 어린 아동의 문제해결력이 높다는 것과 청소년, 성인들은 여러 가지 요인에 의하여 문

제해결력에 제한이 있다는 것을 보게 될 것이다.

문제해결력의 발달적 경향

LO4 초등학교 고학년 혹은 청소년기의 문제해결능력은 어린 아동보다 뛰어난가?

아동은 매일 먹고 자는 것과 같은 일상의 일부로서 문제해결의 장면에 놓인다. 예를 들어서,

아기도 손에 닿지 않는 장난감을 갖기 위하여 줄 잡아당기기와 같은 효율적 방법으로 문제를 해결할 수 있다.

- 저녁을 먹고, 숙제를 하고 난 뒤에 좋아하는 TV 프로그램을 어떻게 볼 수 있을까를 고민하는 경우
- 다른 자전거들이 자신의 자전거 위에 걸쳐서 자전거대에 묶여 있는데 자신의 자전거를 어떻게 꺼낼 것인가를 고민하는 경우
- 집 마당 낙엽 쓸기를 어떻게 하면 피할 수 있는가를 고민하는 경우

이 모든 문제는 다 목표가 있으며, 아동은 이를 이루기 위하여 고민해야 한다. 아동이 성장함에 따라 이상과 같은 문제를 푸는 방법이 더 효과적이며 목표를 달성할 수 있다. 어린 아동도 성공적으로 문제를 해결할 수 있다. 슈퍼마켓에 갔는데 가져간 돈이 충분하지 않다거나, 해변가에 갔는데 점심을 싸 가지 않았다든가 하는 문제들을 제공하면 4~5세 아동도 자신이 아는 사람에게 돈을 빌린다 혹은 주변에서 점심을 산다와 같은 꽤 그럴듯하고 효과적인 해결 방법을 제시할 수 있다 (Hudson, Shapiro, & Sosa, 1995). 더욱이 영아도 간단한 문제는 해결할 수 있다. 수건 위에 장난감이 놓여 있는데 장난감에는 손이 닿지 않으나 수건에 손이 닿는다면, 아기는 장난감을 갖기 위하여 수건을 잡아당긴다. 이는 아주 간단한 방법이지만 목표를 달성하기 위해서는 가장 적합한 방법이라고 할 수 있다(Willatts, 1999).

앞에 제시된 브래드의 경우에서처럼 청소년의 문제해결력은 항상 좋은 것은 아니어서 그들의 방법은 때로는 비효율적이고 위험하며 그저 잘못된 경우가 많다. 아래의 문제 상황을 생각해 보자.

두 종류의 추첨 경품을 두고 무엇이 나올지 고민하는 경우를 예로 들어 보자. 한 경품은 "50개 중 5개가 당첨되어 10%의 당첨 확률이 있습니다!"라고 선전하고 다른 경품은 "500개 중 40개가 당첨되어 8%의 당첨 확률이 있습니다!"라는 광고를 하고 있다. 당신은 어느 경품을 선택하겠는가?

청소년들 중 많은 수가 첫 번째가 아닌 두 번째 경품을 선택한다고 하는데 그 이유는 당첨 확률 10%와 8%를 보는 것이 아니라 첫 번째는 5개가 당첨되었으나 두 번째는 40개가 당첨되었다는 것에 집중하였기 때문이다(Kokis et al., 2002). 또한 이들은 첫 번째의 것은 45개가 탈락되었으나 두 번째의 것은 460개가 탈락되었다는 것을 고려하지 못하는 것이다! 위의 브래드와 여동생의 이야기처럼 연구들도 청소년의 문제해결력의 문제점에 대하여 증명하고 있다. 나이가 들어가면서 문제해결력이 향상되는 것은 분명하지만 어린 아동의 문제해결력이 뛰어날 때도 있고 오히려 청소년의 문제해결력은 기대에 미치지 못한 경우도 있다. 이제부터 문제해결능력과 관계된 요인들에 대하여 기술하겠다.

아동과 청소년의 문제해결력의 특징

LO5 초등학교 고학년과 청소년의 문제해결에 도움이 되는 요인은 무엇인가?

문제해결력은 중요한 기술이므로 아동 발달 연구자들은 이 기술을 향상시키는 요인을 밝히는 데 열심히 노력해 왔다. 문제해결력과 관련된 요인으로 많은 연구들에 의하여 밝혀진 것을 다음에 제시하였다.

어린 아동이 문제해결에 실패하는 경우는 문제에서 제시된 중요한 정보를 인지하는 데 실패하기 때문이다 우리는 문제를 해결해야 할 때에는 문제의 성격과 관련된 중요한 특징 및 정보를 인지적으로 표상한다. **문제와 관련된 정보를 인지적으로 표상하는 것을 부호화 과정(encoding processes)이라고 한다.** 다른 물건들 아래 놓인 자전거를 꺼내야 하는 문제를 예로 들면, 문제의 목표 및 방해가 되는 요인들을 인지적으로 표상해야 한다.

그런데 문제에 대한 표상 과정이 불완전하거나 오류가 있을 수 있다. 문제의 특성을 부호화하지 못하기 때문에 문제를 해결할 수 없게 되는 것이다. 액체 보존 실험에서 용기의 높이는 인지할 수 있으나 용기의 폭을 인지하는 데 실패한다. 혹은 "6+2=5+___"를 푸는 문제에서 이를 "6+2+5=___"로 인지하는 오류를 범한다(McNeil, 2014).

문제와 관련된 주요 정보를 인지하거나 표상하는 데서 누락하는 것이라면, 어린 아동이 문제를 풀 수 없는 것은 놀라운 일이 아니다. 성장하면서 아동의 인지는 좀 더 완벽해지는데, 이는 기억 능력이 증가하고, 일반 지식이 증가하기 때문이다.

어린 아동이 문제해결에 실패하는 이유는 먼저 문제해결과 관련하여 계획을 세우지 않기 때문이다 복잡한 문제일수록 첫 단계로서 계획이 필요하다. '등교하기'는 먼저 여러 가지를 계획해야 한다. 옷 입기, 아침밥 먹기, 이 닦기, 가방 꾸리기 등은 시간에 맞추어서 이루어져야 하는 일이다. 이러한 문제에 직면하여 어린 아동들은 효율적인 계획을 세우지 못한다. 그 이유는 다음과 같은 요인과 관련이 있다(Ellis & Siegler, 1997; McCormack, 2011).

- 어린 아동들은 문제를 해결하기 위해 사전에 계획 없이도 문제를 해결할 수 있다는 비현실적인 믿음을 갖는 경향이 있다. 많은 사람들이 새로운 기계나 도구의 설명서를 미리 읽어 보고 도구를 사용하는 과정을 귀찮아하듯이 어린 아동들은 어떤 상황에 대하여 일단 해 보고자 하는 요구를 조절하기가 쉽지 않아 미리 생각해 보고 이에 대한 계획을 미리 세우는 것이 어렵다.
- 미리 계획하는 것은 쉬운 일이 아니다. 어린 아동들이 계획을 세워 실행하였는데 문제해결에 실패하였다면, 이들이 이러한 노력과 시간을 들일 이유가 없다.
- 어린 아동들은 부모 혹은 성인들이 자신을 위하여 복잡한 문제를 해결해 줄 것을 기대하는 경향이 있다.

어린 아동들은 절대로 사전 계획을 세우지 않거나 할 수 없다는 것을 의미하는 것은 아니다. 4세 된 아동에게 미로를 풀어 보게 할 때, '막다른 골목'에 가지 않도록 강조하면 대개 잠시 생각하며 손가락으로 길을 먼저 따라가는 등의 행동을 보이며 문제를 해결해 간다(Gardner & Rogoff, 1990). 따라서 어린 아동들도 계획을 세우도록 안내를 받거나, 문제가 너무 복잡하지 않다면 계획을 세우고 문제해결에 도전할 수 있다. 그러나 대개의 문제들에 대하여 어린 아동들 스스로 먼저 계획을 세우지 않는다.

문제를 성공적으로 해결한다는 것은 일반적인 인지적 처리 과정이 필요할 뿐만 아니라 그 문제와 관계된 특정 지식을 필요로 한다 문제를 해결하려면 그것과 관계된 특정 지식이 있어야 한다. 초등학생은 "죠는 초콜릿 두 개를 가지고 있습니다. 제시카가 네 개를 죠에게 주었습니다. 그렇다면 죠는 초콜릿을 몇 개 가지고 있을까요?"와 같은 문장제를 푸는 실력이 향상된다. 이 문제를 정확하게 푸는 능력은 수학 일반 지식이 향상되어 문장제를 수학적 문제로 전환하는 능력이 향상되기 때문이다(Kail & Hall, 1999). 즉 아동은 나이가 들면서 문제해결에 필요한 지식이 많아지기 때문에 성공적으로 문제를 해결할 수 있다.

그러나 문제해결력이란 단지 특정한 지식에 의존하는 것 이상을 의미한다. **수단과 목표 분석 (means-ends analysis)과 같은 전략을 사용하여 문제를 해결할 수 있다.** 이는 목표에 근거하여 현재 상태를 평가하여 목표점과 현재 상태의 차이를 분석하는 것을 뜻한다. 이 차이가 분석되면 이 차이를 좁혀 가기 위하여 하부 목표를 세워서 문제를 해결할 수 있다. 예를 들어서 9세 소녀가 자신의 방에서 책을 읽고 있는데 배가 고프다. 그녀의 목표는 무엇인가를 먹어야 하는 것인데 방에는 먹을 것이 하나도 없다. 그러면 그녀의 하부 목표는 '부엌에 가는 것'이 되는데 이는 원래 목표와의 거리를 좁히게 된다. 또 다른 예는 앞에서 보여 준 것인데, 수건 위에 놓인 장난감을 갖기 위하여 아기가 수건을 잡아당기는 행동이 그 예가 될 수 있다.

학령 전 유아도 문제를 해결하기 위하여 수단과 목표 분석을 한다. 예를 들어서 2세 반 아기가 선반 위에 놓인 책을 꺼내고자 하면 의자를 갖다 놓고 올라가서 책을 꺼낼 수 있다. 여기서 의자는 "책을 손에 넣어야 한다"는 목표를 달성하는 데 수단이 된다. 어린 아동들이 수단과 목표 분석을 할 수 있긴 하나 필요한 동작이 많지 않은 쉬운 수준이어야 성공할 수 있다. 반면 목표를 해결하기 위하여 중간 단계의 목표와 수단을 분석하고 이의 결과들을 주시하며 최종 목표를 달성해야 하는 복잡한 문제를 해결하는 것은 이들에게 아직 어렵다(DeLoache, Miller, & Pierroutsakos, 1998; McCormack, 2011).

아동과 청소년은 문제해결을 위하여 다양한 전략을 사용한다 피아제 관점에서 아동과 청소년의 문제해결 방법은 근본적으로 다르다. 8세 아동은 구체적 조작의 논리를 사용하여 문제를 해결하나 13세 아동은 형식적 조작의 논리를 사용하여 문제를 해결한다. 그러나 현대적 관점은 피아제의 관점과 차이가 있어 아동과 청소년이 사용하는 문제해결 전략의 차이에 주목한다. 주사위를 굴려서 말을 움직이는 보드 게임을 할 때, 어린 아동은 말을 움직이는 방법을 여러 가지 사용한다(Bjorklund & Rosenblum, 2002). 주사위가 5와 2를 나타냈다면, 아동은 "1, 2, 3, 4, 5, 6, 7"이라고 큰 소리를 내면서 7칸만큼 말을 움직일 수 있다. 혹은 "5 … 6, 7"이라고 말하면서 말을 움직일 수도 있고, 어떤 때는 주사위를 한 번 힐끗 보고 소리를 내지 않고 말을 움직일 수도 있다.

위와 똑같은 상황은 청소년이 새로운 게임을 배울 때에 일어날 수 있다. 먼저 처음 게임을 배우는 단계에서는 여러 가지 다양한 방법으로 문제를 해결한다. 그러다가 문제를 해결하는 방법에 충분히 익숙해지면 가장 쉽고 효율적인 방법을 가장 많이 사용하여 문제를 해결한다(Siegler, 2000).

이러한 일반적 경향이 연구(Siegler, 1996, 2007)에서 검증되었다. 이 연구에 의하면 아동은 문제를 해결하기 위하여 다양한 전략을 사용한다. 그러다 시간이 흐르면서 여러 개의 전략 중 가장 효율적이며 쉽고 빠르게 문제를 해결할 수 있는 전략을 선택하게 된다. 이러한 과정이 〈그림 7-4〉에 표현되어 있다. 이 그림에는 아동이 성장하면서 다양한 전략이 사용되다가 특정 나이에 주로 사용되는 전략이 그래프로 표현되어 있다. 예를 들어서 어린 아동들이 잘 사용하는 전략 A는 나이가 들면서 덜 사용된다. 반면 전략 E는 어린 나이에는 잘 사용되지 않는 전략이나 나이가 든 청소년에게는 자주 사용되는 전략이다. 그래프에 수직선을 그려 보면 특정 나이에 자주 사용되는 전략의 유형을 쉽게 알아볼 수 있다. 예를 들어서 7세 아동들에게는 전략 A가 가장 많이 사용되고 그다음으로 전략 B와 D가 자주 사용된다. 반면 14세 아동들 사이에서는 전략 D가 가장 많이 사용되며, 그 뒤로 전략 C와 E가 자주 사용된다. 따라서 청소년뿐만 아니라 어린 아동도 자신이 갖고 있는 전략 저장고에서 문제해결을 위한 전략을 사용한다는 점에서 동일하나, 단지 청소년의 전략 저장고가 더 다양하다는 것에 차이가 있다.

Q&A

질문 7.2

10세 카일라는 일어나자마자 첫눈이 온 것을 보았다. 빨리 나가서 썰매를 타고 싶지만 썰매가 자동차 차고에 높이 매달려 있는 것을 보고 낙망한다. 카일라가 썰매를 타게 되는 과정을 수단과 목표 분석 전략으로 문제를 해결하라.

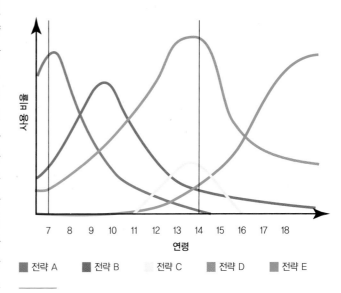

■ 전략 A　■ 전략 B　■ 전략 C　■ 전략 D　■ 전략 E

그림 7-4

출처 : *Emerging Minds: The Process of Change in Children's Thinking* by Sigler (1996) Fig.4.4 p.89 © 1996 by Oxford University Press, Inc. By permission of Oxford University Press, USA.

어떤 연구자들은 이에 멈추지 않고 더 나아가 전략 저장고에는 두 종류의 전략이 있다고 한다 (Klaczynski, 2004; Stanovich, West, & Toplak, 2011). 두 종류의 전략이란 체험적 전략과 분석적 전략을 말한다. **아동과 청소년은 문제를 해결하는 데 최선의 결과를 보장하지 않더라도 체험적 전략 (heuristics)을 사용하는 경향이 있다.** 체험적 전략과 분석저 전략을 이헤하고자 다음과 같은 예를 보자.

에리카는 야구 게임을 구경하면서 관중석으로 날아오는 야구공을 얻었으면 한다. 미리 주최 측에 전화를 걸어서 알아보았더니, 플라이볼로 날아가는 야구공은 대개 관중석 43구역에서 잡힌다는 것을 알았다. 그런데 에리카는 자신의 자리를 예약하기 바로 전에, 친구 지미가 지난주 게임에서 2구역에 앉아 있다가 두 개의 플라이볼을 잡았다는 사실을 알게 되었다. 그렇다면 에리카는 어느 구역의 관중석을 선택해야 플라이볼을 잡을 기회가 있는 것일까? (Kokis et al., 2002, p. 34)

체험적 전략이란 경험에 의존하는 것을 뜻한다. 불확실한 상황에서는 다른 사람을 따라 한다. 따라서 에리카가 지미가 앉았던 자리에 앉는 것은 경험적 분석에 의한 것이다. 반면 통계적 확률과 같은 논리적이고 분석적 전략을 사용한다면 43구역에 앉는 것이 맞다. 청소년은 어린 아동보다 분석적 전략을 사용하는 경향이 있으나 어린 아동이 오히려 분석적 전략에 더 의존하고 청소년이 통계적 확률보다는 개인적 경험에 더 의존할 수 있다(Kokis et al., 2002). 결론적으로 아동과 청소년모두 체험적이고 분석적 전략을 다 사용할 수 있으나 나이가 들면서 분석적 전략을 더 많이 사용한다(Furlan, Agnoli, & Reyna, 2013; Kail, 2013).

협동하여 문제를 해결하는 것이 어린 아동에게는 덜 효율적일 수 있는데. 이유는 협동에 필요한 인지적 혹은 사회적 기술이 부족하기 때문이다.

협력은 문제해결능력을 향상시킨다　연구에서 아동들은 혼자 문제를 푸나 일상생활에서는 부모, 형제 혹은 또래와 협력하여 문제를 푸는 경우가 더 많다. 문제를 해결하는 파트너가 부모, 나이 많은 아동 혹은 더 능력 있는 또래가 될 때 문제해결능력이 향상된다. 이미 앞의 6.2절에서도 이야기한 것이지만, 부모와 나이 든 아동은 문제해결 과정을 구조화하거나, 방향을 제시하여 아동이 문제를 혼자 해결할 때보다 협력하여 문제를 해결할 때 성공할 수 있도록 스카홀딩한다(Rogoff, 1998).

또래와 협력하는 것이 항상 성공적인 것은 아니다. 또래와의 협력이 아동의 문제해결능력을 향상시키느냐의 문제는 아직 불분명하다(Siegler & Alibali, 2005). 예를 들어서 옆의 사진과 같은 상황에서 아동들 간의 협력은 사실 실패의 가능성이 크다. 어린 아동들은 협력에 필요한 사회적 혹은 언어적 능력이 아직 미숙하기 때문이다. 한편 어린 아동들끼리의 협력이 성공적일 때도 있는데, 이는 파트너가 문제를 해결하는 데 함께 몰입되어 있거나 함께 그 결과를 책임져야 하는 경우에 그렇다.

미국, 캐나다 그리고 유럽 학교에서는 단독 과제를 많이 하고 혼자 성취해야 하는 분위기 때문에 협력의 장점을 많이 활용하지 못하고 있다. 그러나 멕시코, 일본과 같은 나라에서는 급우의 아이디어 혹은 제안을 받아들여 서로 지지하고 자원으로 활용하는 것을 강조한다(Chavajay, 2008; Silva, Correa-Chávez, & Rogoff, 2010).

과학적 문제해결

LO6　초등학교 고학년과 청소년들은 과학적으로 추론할 수 있는가?

제6장에서 많은 아동 발달 연구가들이 아동을 과학자에 비유한다고 이야기하였다. 과학자란 경험을

'데이터화'하여 물리적 세계 혹은 사회적 세계에 대한 논리적이고 체계적인 이해를 시도하는 사람을 뜻한다. 그런데 아동을 과학자로 비유할 경우 이들의 이론은 객관적이고 엄격한 논리가 결여되어 있기 때문에 혹은 이들이 실제 과학자와 같은 실험을 수행하는 것이 아니기 때문에 비형식적이라고 한다. 또한 이들의 이론 혹은 논리를 실제 과학적 사고에서 요구되는 논리성 혹은 기술과 비유해 보면 이들의 추론은 상당히 미숙하다(Kuhn, 2012).

- **아동과 청소년은 과학적 현상에 대한 오류 개념을 가지고 있어서 과학적 사고에 오류가 생긴다.** 아동과 청소년은 물리적, 사회적 세계에 대하여 경험이 쌓이면서 세상에 대한 심리적 모델을 구축하는데 이 모델이 종종 오류를 가지고 있다. 예를 들어서 6세는 지구는 정지하고 있으나 해와 달은 위와 아래로 움직인다고 생각한다(Klahr, Zimmerman, & Jirout, 2011). 또한 사람과 생물은 에너지를 가지고 있으나 물리 체계 혹은 사물에는 에너지가 없다고 생각한다(Nordine, Krajcik, & Fortus, 2011). 아동과 청소년이 과학적 사고를 하려면 우선 이러한 오류 개념을 포기하여야 한다(Klahr et al., 2011).

- **아동과 청소년이 구성하는 실험 변인들은 상당히 혼동스럽다**(confounded). 즉 독립적으로 취급되어야 할 변인들이 혼합되어서 이에 의한 결과들이 상당히 혼란스럽다. 예를 들어서 엔진, 바퀴와 꼬리 날개 등이 자동차의 속도에 어떠한 영향을 주는가를 계산해 보게 하면, 아동들은 한 가지 이상의 변인을 동시에 조작한다. 즉 큰 엔진, 큰 바퀴와 큰 꼬리 날개를 작은 엔진, 작은 바퀴 및 작은 꼬리 날개의 속도와 비교한다. 어른이 되어서야 이 세 가지 변인 중 하나(예 : 자동차 바퀴)만을 비교하기 위하여 다른 변인(자동차 엔진과 꼬리 날개)을 일정하게 하여 속도를 비교할 수 있게 된다. 이래야만 원인과 결과에 대한 결론이 가능하다(Schauble, 1996).

- **아동과 청소년이 내리는 결론의 근거가 되는 증거 및 데이터는 종종 너무 빈약하다.** 특정 변인의 효과를 확신하기 위하여 관계없는 변인을 통제하지 않고 대개 관계된 변인 일부만을 조작하거나 혹은 부분적 실험만을 통하여 결론을 내리는 경향이 있다(Zimmerman, 2007). 위의 자동차의 예에서 세 가지 변인을 하나하나 고려하여 충분한 실험을 진행하지 않고 부분적으로 실험을 하고 결론을 내리는 경향이 있다. 즉 이들은 자동차 엔진이 크거나 꼬리 날개의 크기가 작으면 속도가 빠르다고 결론을 내릴 때, 자동차 바퀴에 대한 구체적인 실험을 진행하지 않고서도 위와 같은 결론을 내린다(Kuhn et al., 1995).

- **아동과 청소년은 데이터와 이론을 통합하는 것을 어려워한다.** 실험의 결과가 그들의 믿음에 일치하지 않으면 이들은 실험의 가치를 과소평가하는 경향이 있다(Croker & Buchanan, 2011; Klaczynski, 2004). 예를 들어 특정 종교를 믿고 있는 청소년이 이 종교를 가진 부모는 훌륭한 부모가 된다는 실험을 보게 되면, 이 실험에 오류가 있음에도 불구하고 이 오류를 간과한다. 그러나 이 종교를 가진 부모가 나쁜 부모가 된다는 실험을 보게 되면 이 실험의 오류를 간과하지 않는다. 즉 자신들이 믿는 바를 지지하는 증거를 보게 되는 경우, 그 실험의 제한점 혹은 오류를 발견하는 데 덜 엄격한 기준을 적용한다(Jacobs & Klaczynski, 2002; Klaczynski, 2000).

위의 연구 결과들에 따르면 아동과 청소년의 과학적 사고능력은 제한적이라고 할 수 있다. 그러나 어린 아동일지라도 가설을 지지할 수 있는 증거를 제시할 수 있고 기초적인 과학적 사고력을 갖고 있음을 보여 주는 연구도 있다. 예를 들어서 동물의 후각이 뛰어나다는 것을 증명하기 위하여 6~8세 아동은 냄새가 강한 음식보다는 냄새가 약한 음식을 가지고 실험을 해야 한다는 것을 알고 있다. 또한 집 안에서 돌아다니고 있는 쥐가 큰 쥐인지 혹은 작은 쥐인지를 알아보기 위해서 미끼를 놓아 두는 박스 입구를 작게 하는 것이 적절하다는 판단을 할 수 있다(Sodian, Zaitchik, & Carey, 1991). 이런 연구에서는 어린 아동 스스로가 완벽하게 실험을 구성하는 것이 아니라, 타인이 구성해 놓은 실험에서 가설을 증명하기 위하여 어떤 실험이 더 적절한가를 판단하도록 하였다

집중 연구

실험 연구법에 대한 학습

- **연구자 및 연구 목표** 아동은 실험 연구에 필요한 변인 조작에 대하여 배울 수 있다. 그러나 연구자들마다 아동을 가르치는 최선의 방법에 대하여는 의견이 다르다. 어떤 연구자들은 아동 스스로 실험을 진행하고 그 결과를 평가하면서 실험에 필요한 요소를 스스로 발견해 가는 것이 좋다고 주장한다. 그러나 다른 연구자들은 실험에 필요한 요소와 과정에 대하여 구체적으로 지도를 받아야 한다고 주장한다. 로베르트 로르히와 그의 동료들(Lorch et al., 2010)은 초등학생에게 실험 연구법을 가장 효과적으로 가르칠 수 있는 방법을 알고자 하였다.

- **연구 방법** 먼저 아동은 변인 분류가 잘되어 있지 않은 연구와 변인 분류가 잘되어 있는 연구에 관하여 "좋다", "나쁘다"로 평정하는 설문에 참가하였다. 이후 아동은 공이 멀리 굴러가는 데 영향을 끼칠 변인을 찾아야 한다. 세 가지 조건 중 하나에 참여 아동을 배당하였다. 첫 번째 조건에서 아동은 바닥의 기울기, 바닥 표면의 재질, 굴러가는 시작점, 공 색깔 변인 각각이 공이 굴러가는 거리에 영향을 미치는 정도에 대하여 연구하도록 하였다. 두 번째 조건에서는 교사가 다른 조건을 동일하게 하고 바닥의 기울기와 같은 하나의 조건을 조작해야 한다는 것을 가르쳐 주었다. 마지막 조건에서는 교사에게 수업을 받은 후 스스로 변인을 조작할 기회를 주었다. 이후 모든 아동은 실험에 필요한 요소를 묻는 설문지에 다시 참여하였다.

- **연구 대상** 초등학교 4학년 797명이 참가하였다.

- **연구 설계** 이 연구는 실험 연구이다. 독립 변인은 스스로 발견하는 조건, 구체적인 지도를 받는 조건과 발견과 지도 두가지 모두를 경험하는 조건이다. 종속 변인은 실험이 끝난 후 작성한 설문지에 정답을 맞힌 정도이다. 이 연구에는 초등 4학년생만 참여하였으므로 발달 연구는 아니다.

- **윤리적 문제** 참여 아동에게 위험이 없다.

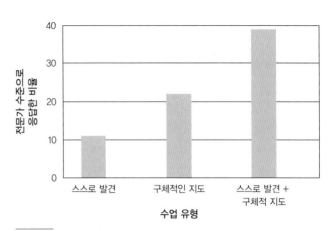

그림 7-5

- **결과** 연구자들은 실험에 필요한 요소를 묻는 설문지의 87% 이상을 맞추면 '전문가' 수준이라고 명하였다. 〈그림 7-5〉에 세 가지 조건별로 전문가 수준의 비율이 나타나 있다. 스스로 발견하는 조건에서 전문가 비율이 가장 낮았고, 발견과 지도 두 가지를 모두 경험한 조건에서 전문가 비율이 가장 높았다.

- **결론** 구체적으로 연구법에 대하여 지도를 받고 아동 스스로 실험 변인을 조작하여 발견할 수 있는 기회가 함께 제공될 때 아동들도 과학적인 실험 연구를 할 수 있다.

- **함의 및 적용** 가장 효과적인 조건이라고 결론짓는 근거는 설문지에 답을 맞춘 정도에 있다. 즉 아동 스스로 실험을 논리적인 방법으로 진행한 수행에 대한 평가가 아니라, 실험에 대한 지식에 대한 평가를 통해서 아동에게 가장 효과적인 지도법에 대한 결론을 내린 것이다. 따라서 실제 지도를 받고 스스로 발견하는 과정을 통하여 좋은 연구를 진행할 수 있는 정도를 평가하는 연구가 진행되어야 할 것이다.

는 것을 참고로 밝힌다(DeLoache et al., 1998).

또한 어린 아동들은 좀 더 과학적으로 사고할 수 있도록 훈련받을 수 있다. "집중 연구"에서 초등학생들이 특정 변인의 효과를 알아보기 위하여 한 번에 한 가지 변인만을 조작하여 실험하도록 교육받은 예를 제시하였다.

따라서 과학적 사고력의 발달 경향은 문제해결력의 발달 경향과 유사하다. 아동이 성장하면서 이들의 과학적 사고가 좀 더 조직적이고 논리적으로 되나, 어린 아동이 어떤 경우에는 놀라울 정도로 능숙함을 보여 줄 때도 있고, 오히려 나이가 많은 아동이나 청소년이 논리에 있어서 놀라울 정도로 미숙함을 보이기도 한다(Kuhn, 2011). 이제부터는 아동의 읽기, 쓰기 및 수학과 같은 학습 기술이 어떻게 발달해 가는가를 기술하겠다.

 학습 확인

점검 나이가 들면서 문제해결력이 향상된다는 일반적 경향을 뒤집는 예를 기술하시오.

어린 아동이 문제해결에 실패하는 이유를 제시하시오.

이해 '어린 과학자' 비유를 아동과 청소년의 실제 과학적 사고력에 대한 연구와 비교하여 논하시오.

적용 협력하여 문제를 풀 때 더 성공적이라는 사실에 근거하여 숙제를 함께하는 것에 동의하겠는가?

 7.3 학습 기술

학습 목표

	개요
LO7 능숙하게 읽기에는 어떤 기술이 필요한가?	읽기
LO8 아동이 성장하면서 쓰기는 어떻게 발달해 가는가?	쓰기
LO9 아동은 언제부터 수에 대한 이해가 발달하며 수와 관련된 지식을 사용하기 시작하는가?	수에 대한 이해 및 사용

말을 한창 예쁘게 하는 3세 재스민은 다음 생일에 몇 살이 되냐는 질문에 손가락 5개를 보이면서 "네 살!" 하고 자랑스럽게 대답한다. 사탕, 장난감 혹은 양말 등 사물의 종류에 상관없이 4개를 주며 세어 보라고 하면 항상 "1, 2, 6, 7…일곱!"이라고 한다. 이에 대해 재스민의 오빠들은 그저 재미있어하지만, 재스민의 엄마는 이를 재미있게만 보지 않는다. 재스민의 숫자 세기는 정확하지 않을지라도 이는 재스민의 수와 수 세기에 대한 지식은 상당히 발전해 가고 있음을 보여 준다고 생각한다. 그러나 수에 대하여 재스민이 정확하게 알고 있는 것은 무엇일까에 대하여 잘 모르겠다고 생각한다.

아동과 청소년은 다양한 맥락에서 과제를 해결하기 위하여 자신들의 인지적 기술을 사용한다. 이들에게 요구되는 과제 중에서 읽기, 쓰기 및 셈하기와 같은 학교 관련 과제가 가장 중요할 것이다. 학교에서 이 세 가지 기술은 학업 성취와 크게 관계가 있으며 상급 학교 진학, 나아가서는 직업, 소득과도 연결이 된다(Ritchie & Bates, 2013). 따라서 아동 발달 연구자들은 세 가지 학습 기술에 대하여 연구를 많이 하였다.

읽기

LO7 능숙하게 읽기에는 어떤 기술이 필요한가?

이 문장을 읽어 보라.

Андрей достал билеты на концерт.

러시아말을 모른다면 위 문장은 무슨 말인지 전혀 알 수가 없다.

그럼 이 문장을 읽어 보라.

Snore secretary green plastic sleep trucks.(초록색 플라스틱 트럭에서 잠을 자고 비서의 코를 골 아라.)

위 문장은 읽을 수는 있으나 무슨 뜻인지는 전혀 알 수가 없다. 이상의 두 가지 예는 읽기에 필요한 두 과정을 보어 주고 있다. **하나는 각 언어가 갖고 있는 낱자의 고유한 패턴을 인식하는 과정인데 이를 단어 해독(word decoding)이라고 한다.** 특정 언어를 전혀 모르는 상황에서는 글의 패턴을 인식할 수 없다. 그러나 글을 인식할 수 있어도 그 뜻을 모른다면 이 또한 읽었다고 할 수가 없다. **즉 일련의 문자열에서 의미를 추출하는 것을 독해(comprehension)라고 하는데 이것이 읽기의 두 번째 과정이다.**

이제부터 아동이 읽기를 어떻게 하는가에 대하여 기술할 것이다. 먼저 읽기에 필요한 몇 가지 기술에 대하여 기술하고 이후 단어 인식과 독해에 대하여 기술할 것이다.

읽기에 필요한 기초 기술 읽기란 철자로부터 의미를 추출하는 과정인데 이 과정을 성공적으로 수행하기 위해서는 여러 가지 기술의 숙련이 필요하다. 먼저 아동은 읽기란 그림 혹은 낙서와 같은 휘갈긴 표시가 아니라 낱자로 구성된 단어를 읽는 것이라는 깨달음이 있어야 한다. 또한 단어들은 띄어쓰기가 있으며, 영어를 읽어 가는 방향은 왼쪽에서부터 오른쪽으로 그리고 위에서 아래로 진행된다는 것을 알아야 한다. 아동들은 성인과 함께 책읽기, 자석 글자 갖고 놀기 혹은 자신의 이름과 같은 간단한 글자를 따라 쓰기 등의 문해 관련 활동에 참여하면서 글자의 이름을 깨우쳐 간다. 물론 글자의 이름을 먼저 깨우치는 아동들이 그렇지 않은 또래에 비하여 더 빨리 글을 읽게 된다 (Levy et al., 2006; Treiman & Kessler, 2003).

글을 읽게 되는 데 중요한 능력 중 하나가 소리에 대한 민감성이다. **낱자가 내는 소리를 들을 수 있는 능력을 음운 인식(phonological awareness)이라고 한다.** 아동에게 펀(fun), 핀(pin), 번(bun), 건(gun)과 같은 몇 개의 단어를 하나씩 들려준 후, 끝소리가 다르게 들리는 단어를 찾게 하면 이러한 활동이 음운 인식을 측정하는 방법이다. 혹은 캣(cat)의 첫소리가 무엇인가를 내 보게 한다. 이 방법으로 아동의 음운 인식을 측정하는데, 이 능력이 아동의 읽기 능력과 상당히 관계가 있다는 것을 많은 연구 결과들이 공통적으로 보여 주고 있다(Melby-Lervåg, Lyster, & Hulme, 2012). 즉 말소리를 잘 구분할 줄 아는 아동은 그렇지 않은 아동에 비하여 읽기를 빨리 배운다. 따라서 말소리에 대하여 무감각한 것은 읽기 장애와 관련이 있다는 것을 8.3절에서 자세히 볼 것이다.

영어는 낱자가 내는 소리가 항상 같지 않고(예를 들어, bat, far, rake, was에서 'a'가 내는 소리를 비교하라), 소리를 낱자로 표기하는 것에 규칙이 없으므로(예를 들어, 장음 'e'는 team, feet, piece lady, receive, magazine 등 다양한 낱자로 표기된다) 영어 읽기를 배우는 것은 다른 언어에 비하여 어려울 수 있다. 그러나 그리스어, 핀란드어, 독일어, 이탈리아어, 스페인어, 네덜란드어, 한국어는 소리와 낱자의 관계가 일관적이어서 배우기가 쉽다. 그러나 소리와 낱자의 관계가 단순하고 일관적인 언어에서도 아동의 음운 인식은 읽기 성취도에 가장 강력한 변인인 것으로 조사되었다 (Caravolas et al., 2012; Ziegler et al., 2010).

음운 인식이 읽기 능력과 관계가 있다면 어떻게 아동이 말소리를 습득할 수 있도록 도와줄 수 있는가? 이에 대한 것을 "아동의 삶 향상시키기"에서 알아본다.

아동의 삶 향상시키기

말소리 맞추기는 정말 멋진데, 이유는 소리의 풍성함을 즐길 수 있기 때문이다

닥터 수스(Dr. Seuss)의 그림책 시리즈 중 *The Cat in the Hat*과 *Green Eggs and Ham*은 흥미진진한 이야기 속에서 끝소리 맞추기(rhymes)가 훌륭하게 표현된 책이다. 부모들이 닥터 수스의 책뿐만 아니라 각운 혹은 두운이 있는 동시를 읽어 주면, 아동의 소리에 대한 민감성이 크게 증진된다.

소리에 대한 민감성은 글 읽기를 상당히 도와준다(Bradley & Bryant, 1983; Erhi et al., 2001). 따라서 자녀에게 책을 많이 읽어 주라.

사진과 같이 아동은 성인이 책을 읽어 주는 것을 무척 즐기고 말소리의 규칙을 발견할 때 무척 기뻐한다.

그림책 읽기는 부모와 자녀 모두에게 즐거울 뿐 아니라 자녀의 읽기 기술 발달에도 효과적이다.

부모들은 자녀에게 책을 읽어 주어 아동들이 읽기에 관련된 기초 지식을 습득하도록 도울 수 있을 뿐만 아니라 직접적으로 그리고 체계적으로 자녀의 책읽기를 가르칠 수 있다. 낱자의 이름을 말해 주고 자녀가 따라 읽어 보게 할 수 있는데, 이러한 과정은 아동에게 재미를 느끼게 할 뿐만 아니라 이들의 음운 인식을 민감하게 할 수 있다. 자녀가 이런 과정을 통하여 습득한 읽기와 관련된 기초 지식은 초등학교 시절에만 유익한 것이 아니라 외국어를 배울 때도 유익하다(Chow et al., 2008; Sénéchal & LeFevre, 2002).

성인과 함께 책을 읽는 경험은 유아기 교육에서도 좋은 결과를 낳는다. 유아 교육에서 그림책을 자주 읽어 주고 읽기에 필요한 기술에 대하여 이야기를 나눈 유아는 초등학교에 입학해서도 읽기 점수가 높다. 한 연구(Piasta et al., 2012)에서, 한 어린이집 교사는 매주 그림책을 읽어 주고 다른 어린이집 교사는 그림책을 읽어 주면서 글자에 대한 언급을 보태었다. 그 결과 두 번째 집단의 유아가 초등학교에 가서 읽기 점수가 더 높았다.

글자의 인식 읽기의 최초 단계는 글자를 소리 내어 읽을 줄 아는 글의 부호화(decoding) 혹은 해독이다. 즉 낱자 혹은 연속된 여러 낱자의 소리를 인식하여 소리 낼 수 있어야 한다. 읽기를 처음 배우는 아동들이 빈번하게 시도하는 것이 이 '소리 내기(sounding out)'이다. 읽기에 좀 더 익숙해지면 소리 내기는 점차 감소한다. 단어의 소리는 먼저 각 낱자를 인식하고 이 낱자의 묶음으로 장기 기억에 저장되어 있는 것을 탐색하여 해당되는 연속 낱자의 소리를 장기 기억 저장으로부터 인출하는 것이다. 예를 들어서 c-a-t를 읽고 이를 장기 기억 속에서 해당되는 것을 찾아서 이를 '캣'이라고 읽게 된다(Nunes, Bryant, & Barros, 2012).

사진에서처럼 이제 막 글을 읽기 시작한 아동은 아는 단어가 그리 많지 않기 때문에 '소리 내기' 전략을 많이 사용한다. 읽을 수 있는 단어 수가 많아지고, 장기 기억에 저장된 단어들이 많아지면 이를 직접 인출하는 속도도 빨라진다. 초보 읽기에서 능숙한 읽기로 변화되는 과정에서 단어 인식의 순서는 먼저 소리 내어 읽기를 할 것이고, 장기 기억에 있는 단어가 인식되면 소리 내어 읽기보다는 장기 기억 내의 단어 인식을 통하여 단어를 직접 인출하려고 할 것이다. 그러나 단어 인출

이제 막 글을 읽기 시작한 아동은 철자와 낱말을 인식하기 위하여 '소리 내기'를 하면서 장기 기억에서 단어를 인출한다.

이 실패하면 아동은 다시 소리 내어 읽기를 시도할 것이고, 이조차 실패하면 어른의 도움을 구할 것이다(Siegler, 1986). 이 과정을 보면 단어를 인식하는 데 있어서 말소리에 익숙한 게 커다란 도움이 된다는 것을 알 수 있다.

읽기 교육에 대한 시사점 미국 초등학교 교육의 가장 큰 과제는 아동들이 읽기를 습득하도록 돕는 것이다. 전통적으로 세 가지 종류의 읽기 교육 방법이 쓰여 왔다(Rayner et al., 2001, 2002). 가장 오래된 방법은 발음 중심 교수법이다. 몇백 년 동안 미국 아동들은 낱자 이름을 먼저 익히고, 그다음은 음절, 다음은 단어의 순서로 진행되어 낱자 혹은 단어의 소리를 읽도록 교육받았다. 예를 들어서 b 낱자는 'buh'로, e 낱자는 'eeee'로 소리 내며 이두 글자를 합해서 'buh-eee…be'로 배우는 것이다.

낱자의 소리를 익히고 연속된 낱자의 이름을 하나하나 배우는 것은 지루한 과정이어서 읽기에 대한 관심과 흥미를 떨어트릴 가능성이 크다. 결과적으로 교사들은 다른 방법을 시도하게 되는데 그중 하나가 통글자(whole-word method)이다. 이는 아동들에게 한 글자를 통째로 읽게 하는 것이다. 대개 아동들에게 익숙한 단어 약 50~100개의 단어로 시작하는데, 'run, spot, run!'과 같은 단어를 반복적으로 읽게 해서 이 단어들의 모양에 익숙해지도록 하는 것이다. 마지막으로 총체적언어접근법(whole-language method)은 지난 25년간 미국에서 꽤 유행되어 글자를 읽는 것은 소리 내는 법을 배우는 것이 아니라 교사와 아동의 자연스럽고 일상적인 활동 속에서 습득되도록 실천되어 왔다. 이는 아동들이 창의적으로 자신들의 말과 이야기를 소리 나는 대로 써 보게 하기 등의 활동이 강조된다. 예를 들어서 교사가 읽어 주는 글을 따라 쓰기 등과 같은 방법이 실천되었고 파닉스를 가르치는 것은 자제되어 왔다.

이상에서 소개된 각각의 방법은 강점과 약점이 있으나 발음 중심 교육은 읽기 교육에서 필수적이라는 견해가 많다(Rayner et al., 2001, 2002). 먼저 글자와 소리의 관계를 습득해야만 능숙한 읽기 능력을 갖고 있다고 본다. 이러한 관계는 읽기 기술을 습득하는 데 위험한 상황에 처해 있는 아동들에게 특히 더 필수적이다. 영어와 독일어와 같은 알파벳 언어는 낱자와 소리의 관계가 우연적으로 혹은 자연적으로 습득될 수 없는 특징을 갖고 있으므로 낱자와 소리의 관계에 대한 것은 직접적으로 교수되어야 한다.

물론 의미 없는 낱자와 소리의 관계를 플래시 카드 활동 혹은 반복적 소리 내기 등의 활동을 통해 연습하는 것은 아동들에게 무척 지루할 것이다. 이를 단어 게임과 활동으로 재미있게 가르칠 수 있다. 물론 낱자 혹은 음절과 소리의 관계를 시각적으로 배우는 것도 유용하다. 그러나 이는 파닉스 교수법의 보조적 교수가 되어야지 이를 대체하는 것이어서는 안 된다(Rayner et al., 2001, 2002).

독해 단어를 유창하게 소리 내어 읽을 수 있게 되면 단어의 묶음들이 하나의 아이디어 혹은 의미가 있다는 것을 알게 된다. 읽기 과정의 하나인 독해에는 몇 가지 요인이 관계된다(Siegler & Alibali, 2005).

- **언어 능력 전반이 향상되면서 이해도가 향상된다.** 어휘에 대한 지식이 향상되면 그 전에는 소리 내어 읽기만 하고 뜻을 모르던 것에 대한 이해도가 향상된다. 또한 문법 구조에 대한 지식이 향상되면 이해도도 자연스럽게 향상된다(Muter et al., 2004; Oakhill & Cain, 2012).

- 단어 해독이 능숙해지면 작동 기억 용량에 여유가 생기므로 의미를 처리하는 데 더 집중할 수 있게 된다 (Zinar, 2000). 단어를 인식하는 데 온 신경을 집중하게 되면 소리 내어 읽는 것에는 성공할 수 있으나, 이것이 무엇을 뜻하는가를 이해하지 못하는 경우가 많다. 그러나 단어 인식이 수월하면 아동은 전체 문장의 의미 추출에 자신의 노력을 집중시킬 수 있다.

- 작동 기억 용량이 증가하면 문장에 관련된 뜻 혹은 아이디어에 대한 기억 능력이 증가한다(De Beni & Palladino, 2000; Nation et al., 1999). 기억 용량에 여유가 생기면 다음과 같은 문장을 처리할 때 더욱 극명해진다. "케빈은 공을 쳤다."와 "9회말 만루 상황에서 그리고 7:4의 점수에서 케빈은 구장의 왼쪽 편에 서서 그의 배트에 침을 한 번 뱉고는 이번 시리즈의 네 번째 홈런을 때렸다."

- 물리적, 사회적 그리고 심리적 세계에 대한 지식이 증가하면 읽기에 대한 이해력도 증가한다(Ferreol-Barbey, Piolat, & Roussey, 2000; Graesser, Singer, & Trabasso, 1994). 6세 아동이 위의 케빈의 홈런에 대한 긴 문장을 소리 내어 다 읽었다 할지라도 야구에 대한 지식이 적으면 이 문장을 완전히 이해할 수 없다.

- 경험이 증가하면서 아동은 자신의 이해 과정을 모니터링할 수 있다. 우리는 내용이 어렵거나 복잡하여 단락의 의미를 이해하지 못하면 다시 읽는다(Baker & Brown, 1984). 예를 들어서 이 문장을 처음 읽을 때 "남서부 주 낚시 대회에 지역의 내로라하는 모든 낚시꾼이 모여들었다. 이들 중에는 미시건 주에서 제일 뛰어난 베이스 기타리스트들도 있었다." 이 문장을 처음 읽을 때 베이스(bass)를 읽으면서 이를 생선 배스(bass, 농어의 일종)로 생각하며 읽을 수도 있다. 그러나 뭔가 이상하다는 생각이 들면서 이 문장을 다시 읽을 것이다. 이와 같이 읽고 있는 내용에 대하여 혼란스러우면 스스로 이것을 수정하려고 한다.

- 경험이 증가하면 이해에 도움이 되는 책략을 사용하는 능력이 향상된다. 쉬운 소설책을 읽을 때 우리는 읽고 싶은 부분만을 읽기 위하여 몇 단락 혹은 몇 쪽은 생략하고 읽어 나갈 수 있다. 그러나 이는 심심풀이로 책을 읽을 때는 가능하나, 교과서나 요리법 등과 같이 처음부터 끝까지 제공된 정보를 얻어야 할 때에는 적절하지 않은 책략이다. 읽기에 능숙한 사람은 자신이 읽고 있는 자료의 성격에 따라서 필요한 책략을 자유롭게 구사할 수 있다(Brown et al., 1996; Cain, 1999).

언어 능력과 단어 인식 능력이 향상되고, 작동 기억 용량에 여유가 있고, 세상에 대한 지식이 증가하고, 모니터링 실력이 증가하며, 읽기 이해 과정에 적절한 책략을 사용하는 것은 능숙하게 글을 읽을 수 있는 사람이 작동시키는 정보처리 과정이라고 할 수 있다. 다음 절에서는 쓰기 능력이 어떻게 발달하는지에 대하여 기술하고자 한다.

쓰기

LO8 아동이 성장하면서 쓰기는 어떻게 발달해 가는가?

우리 중 마야 안젤루 혹은 존 그리샴과 같은 작가가 되는 경우는 극히 드물지만 현대 사회 대부분의 성인들은 가정에서 혹은 일터에서 쓰기를 하고 있다. 쓰기는 어린 시절에 시작되나 이에 관련된 기술을 정복하는 데는 수년이 걸린다. 초등학교 입학 전 4~5세 아동들도 쓰기란 것은 자신의 생각을 타인에게 전달하기 위하여 종이 위에 남기는 표식이라는 것을 어렴풋이 이해하고 있다(McGee & Richgels, 2004). 그러나 글을 잘 쓰게 되기까지의 과정은 매우 점차적으로 진행된다. 그 이유는 쓰기란 인지적, 언어적 능력과 이런 능력들이 통합되는 복잡한 과정이 요구되기 때문이다. 아동의 쓰기 발달 과정에는 여러 과정이 포함된다(Adams, Treiman, & Pressley, 1998; Siegler & Alibali,

2005).

쓰기는 주제에 대한 풍부한 지식이 필요하며 지식에 대한 접근성이 요구된다 쓰기란 타인에게 '무엇' 인가에 대하여 이야기를 하는 것이다. 아동은 성장하면서 무엇인가에 대하여 이야기를 할 수 있는 지식이 증가하며 이 지식을 쓰기로 표현하게 된다(Benton et al., 1995). 예를 들어서 시장 선거에 관련된 이야기를 쓰도록 하면, 아동들은 이를 인기투표 정도로 묘사할 것이며, 청소년들은 좀 더 복잡하고 미묘한 내용을 담는 정책적 문제와 관련해서 글을 쓸 것이다. 아주 생소한 주제에 대하여 글을 쓸 때, 초등학교 고학년 아동이나 청소년은 관련된 참고 자료를 찾아서 활용하는 능력이 어린 아동에 비하여 더 발달되어 있다.

쓰기는 조직화 능력이 요구된다 글쓰기에 필요한 기술 중 가장 어려운 부분이 조직화이다. 관련된 정보를 독자들이 이해하기 쉽고 흥미롭게 읽도록 내용을 조직하고 배열하여야 한다. 아동과 어린 청소년들은 좀 더 성숙한 청소년 혹은 성인이 사용하는 전략과 다른 것을 사용한다(Bereiter & Scardamalia, 1987). **어린 작가들은 주로 주제에 관련된 정보를 기억에서 인출하여 지식을 전달하는 책략**(knowledge-telling strategy)**을 쓴다.** 예를 들어서 학교에서 있었던 일을 써 보라고 하면 2학년 아동은 다음과 같이 쓴다.

> 비가 왔어요. 우리 모두 해가 나오기를 바랐지요. 우리 모두 새로운 글자 책을 받았어요. 사진도 찍었고, 바바라에게 '생일 축하'노래를 불러 주었지요(Waters, 1980, p. 155).

이 이야기에는 구조가 없다. 처음 두 문장은 날씨에 관한 것이고, 뒤의 세 문장은 완전히 다른 것에 관한 이야기이다. 이 저자는 그날 있었던 일을 생각나는 대로 기술한 것이다.

청소년기가 되면 지식 변환 책략(knowledge-transforming strategy)**을 사용하게 되는데, 이는 어떤 정보를 포함시킬 것인가를 생각하며 이 정보를 어떻게 의미 있게 독자에게 전달할 것인가를 고려한다.** 이러한 책략은 글쓰기의 목적(즉 정보를 전달하려는 것인가, 설득하려는 것인가, 즐거움을 주려는 것인가 등)을 고려하는 것과 이에 맞는 정보를 고려하는 것을 의미한다. 또한 대상인 청중의 필요, 관심 및 지식의 수준도 고려하는 책략이다.

하루에 있었던 일을 써 보라고 하면, 청소년은 글쓰기의 목적 혹은 대상인 청중의 특징에 따라서 여러 장르 중 하나를 선택한다. 예를 들어서 오늘 있었던 유머러스한 일을 친구에게 쓰고자 하는 글은 이번 학기 과목의 부담이 얼마나 큰가를 부모에게 설득하고자 하는 글과 다른 양상으로 쓰일 것이다(Midgette, Haria, & MacArthur, 2008). 따라서 어린 아동들이 주로 사용하는 지식 전달 책략에 비하여 지식 변환 책략이 좀 더 내용적으로 일관적이며 주제에 통일되어 있는 글을 생산하도록 한다.

쓰기는 철자법, 띄어쓰기 등과 같은 기계적 기술에 관련된 노력이 요구된다 내가 경비행기 운전 면허증을 딴 뒤에 2학년 아들 매트를 태우고 비행을 한 적이 있다. 이후에 그는 다음과 같은 글을 썼다.

> 이번 주에 나는 프로펠러 경비행기를 탔다. 그러나 이번에는 우리 아버지 혼자 운전을 하였다. 아버지는 이제 면허증을 갖고 있다. 아주 긴 여행이어서 비행기를 탄 지 5분 만에 잠이 들었다. 육지에 착륙하여 깨어났는데, 우리 아버지가 말하기를 "아들아, 너는 멋진 비행을 놓쳤구나." 그리고 "게다가 제트기류도 경험하지 못했잖니!"라고 하였다. 그러나 나는 재미있었다.

매트가 이 글을 쓰는 데 한 시간 이상이 걸렸는데, 원본은 지우개 자국으로 얼룩져 있었다. 그는 틀린 철자와 맞춤법을 고치느라 많은 시간을 보냈다. 그냥 말로 비행 경험을 이야기해 보라고 했다면, 이 아이는 훨씬 수월하게 과제를 마쳤을 것이다. 말로 하는 수준에서는 맞춤법과 철자법에 신경을 쓰지 않아도 된다. 그러나 글쓰기는 초보 저자에게는 내용보다는 형식의 부담이 큰 과제이다.

사진에 보이는 아동처럼 철자를 맞히는 데 열중하여 글을 쓰는 어린 아동의 글의 질은 현저히 떨어지는 것이 정상이다. 많은 연구들이 이를 증명하여 인쇄체와 필기체 같은 글자 형태에 대한 지식과 기술이 발달되면 쓰기의 다른 측면에 더 집중할 수 있음을 보여 주었다(Medwell & Wray, 2014; Olinghouse, 2008). 정확한 철자 및 완벽한 문법 구조 등은 어린 아동들에게는 매우 어려운 작업이다. 즉 글쓰기 형식에 점차 익숙해질수록 아동의 저술 내용은 향상된다(Graham et al., 1997; McCutchen et al., 1994).

어린 아동이 글쓰기에서 어려움을 겪는 부분은 정확하게 철자 쓰기, 띄어쓰기 및 구두점에 관한 것이다.

쓰기는 수정을 통해 완성된다 전문 작가라도 초고에 모든 내용을 완성하는 것은 아니다. 그러나 어린 아동은 수정을 거의 하지 않는다. 최초로 작성된 원고가 마지막 원고이다. 수정을 한다 할지라도 그 수정이 글의 수준을 향상시킨다기보다는 오히려 저하시킬 수도 있다(Fitzgerald, 1987). 수정을 효율적으로 하려면 문제를 인지할 수 있어야 하며 이것의 상태를 호전시킬 수 있는 방법을 알아야 한다(Baker & Brown, 1984; Beal, 1996). 아동은 성장할수록 자신이 쓴 글의 문제점을 파악하는 능력이 향상되며 이를 수정할 능력도 향상된다(Limpo, Alves, & Fidalgo, 2014). 또한 글의 주제가 친숙한 것일수록, 초고와 수정의 시점에 여유가 있을수록 더 효과적인 수정을 할 수 있다(Chanquoy, 2001; McCutchen, Francis, & Kerr, 1997).

이상과 같이 글쓰기에는 많은 기술과 노력이 요구되므로 점차적으로 발달하는 것이 당연하다. 워드 프로세서와 같은 컴퓨터 소프트웨어를 사용하면 맞춤법을 자동으로 교정시켜 주거나 문법을 체크해 주기 있기 때문에 글쓰기가 향상될 수 있다(Clements, 1995; Rogers & Graham, 2008). 글쓰기에 필요한 계획, 원고, 수정 등의 과정을 배워서 글쓰기 능력도 향상시킬 수 있다(Graham & Perin, 2007; Tracy, Reid, & Graham, 2009). 글쓰기 교육 프로그램인 '글쓰기 자기 조절 전략 프로그램'에서는 POW + TREE 전략을 가르친다. 〈그림 7-6〉에 보이듯이 POW(Pick, Organize, Write)와 TREE(Topic sentence, Reasons, Explain, Ending)를 가르치면 아동의 글쓰기 실력 향상에 도움이 된다(Harris et al., 2008).

이러한 글쓰기 프로그램이 효과를 발휘하려면 아동 스스로가 글을 자주 써야 한다. 어떤 기술이건 연습을 많이 해야 습득될 수 있다. 또한 교실 분위기가 글쓰기를 지원하고 교사가 글쓰기에 대하여 스카홀딩을 하면 아동의 글쓰기 능력이 크게 향상된다(Graham, Gillespie, & McKeown, 2013). 따라서 글쓰기와 관련된 기술을 완전 정복하는 것은 아동기, 청소년기 심지어 성인기에 걸친 장기적 과제이다. 이는 다음에 기술하는 양적인 개념에 관한 지식에도 해당된다.

수에 대한 이해 및 사용

LO9 아동은 언제부터 수에 대한 이해가 발달하며 수와 관련된 지식을 사용하기 시작하는가?

수에 대한 기초적 이해는 영아기 때부터 시작된다. 아기들은 일상적 경험을 통해 양을 알게 된다. 예를 들어, 자신은 2개의 블록을 가지고 놀고 있으나 상대 아기는 3개의 블록을 가지고 놀고 있다는 것을 인식한다. 또한 빨래를 개고 있는 아버지가 검정 양말은 2개의 짝을 찾았으나, 파랑 양말은 1개의 짝을 찾지 못하고 있음을 인식할 수 있고, 자신은 소세지 1개를 먹었으나 그의 형은 3개를 먹었음을 인식할 수 있다.

이러한 일상적 경험을 통해 아기들은 사물들이 양적으로 차이가 있음을 인식한다. 이러한 주장은 실제 연구 자료에 의해서도 확증이 된다. 〈그림 7-7〉이 보여 주듯이 그림으로 표현된 사물은 실

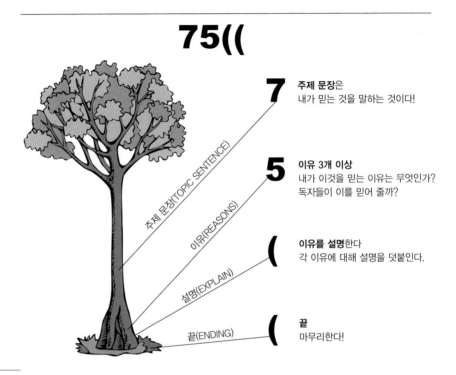

32:

3   아이디어를 떠올린다(Pick)

2   메모를 조직한다(Organize)

:   쓰고(Write) 더 말한다

75((

7 주제 문장(TOPIC SENTENCE)
주제 문장은
내가 믿는 것을 말하는 것이다!

5 이유(REASONS)
이유 3개 이상
내가 이것을 믿는 이유는 무엇인가?
독자들이 이를 믿어 줄까?

(설명(EXPLAIN)
이유를 설명한다
각 이유에 대해 설명을 덧붙인다.

(끝(ENDING)
끝
마무리한다!

그림 7-6
출처 : Harris, K. R., Graham, S., Mason, L., & Friedlander, B. (2008). *Powerful writing strategies for all students.* Baltimore, MD: Brookes.

제 크기, 색 및 위치 등에 차이가 있어도 처음 3개의 그림, 즉 꽃, 고양이, 나비는 각각 2개씩 있다는 점에서 동일하다. 아기에게 첫 번째 그림을 보여 주면 아기는 몇 초간 이 그림을 응시하고 있다. 다음 아기에게 사물이 2개씩 그려진 그림을 보여 주면 아기들은 습관화되어 그 그림을 잠깐 응시하다가 시선을 다른 곳으로 돌린다. 그때 〈그림 7-7〉의 마지막 그림인 풍선 3개 그림을 보여 주면 응시 시간이 길어지는데, 이는 새로운 자극에 대해 흥미를 보인다는 뜻이다. 즉 아기에게 2개에 비하여 3개의 사물은 새로운 자극으로 인식된다.

약 6개월이 되면 대부분의 아기들은 3개의 사물과 2개의 사물의 차이를 구분할 수 있다. 아기가 4개 이상의 양을 구분할 수 있으려면 한 번에 보는 양에 비하여 두 번째 본 양이 2배는 되어야 한다. 즉 아기는 4개와 6개는 구분할 수 없지만 6개와 12개는 구분할 수 있다(Cantrell & Smith, 2013; Opfer & Siegler, 2012). 이는 아기는 양을 표상하는 체계가 다르다는 가능성을 제시한다. 즉 어느 체계는 1~3까지의 양을 하나씩 자세하게 표상하고 다른 것은 좀 더 많은 양을 표상할 수 있으나 어림수로 표상하는 것이다. 아기들이 적은 양과 큰 양을 응시할 때 활성화되는 뇌 부위가 다르다는 것이 이 추측을 지지한다(Hyde & Spelke, 2011).

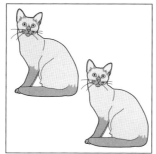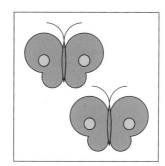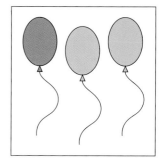

그림 7-7

    심지어 아기들은 아주 간단한 더하기와 빼기를 할 수 있다. 〈그림 7-8〉에서 보이듯이 아기들에게 무대 위에 놓인 한 마리의 쥐를 보여 준다. 스크린으로 쥐를 가린 다음, 옆의 창에서 손이 나와서 두 번째 쥐를 스크린 뒤의 무대 위에 올려놓는다. 스크린을 제거하였을 때 두 마리의 쥐가 보이는 것보다 한 마리의 쥐만 보이면 5개월 아기들은 더 오랫동안 응시한다. 즉 아기들은 한 마리의 쥐에 또 한 마리의 쥐가 더해졌으므로 두 마리의 쥐가 있을 것이라는 기대를 하고 있으나, 이러한 기대가 충족되지 않으므로 놀라워서 그 상황을 더 오랫동안 응시하는 것이다(Wynn, 1992). 또한 처음에 두 마리의 쥐가 있고 한 마리의 쥐를 제거하였는데, 스크린이 제거된 후에 여전히 두 마리의 쥐가 있으면 아기들은 이 상황을 신기해한다. 이러한 실험은 사물이 1개 혹은 2개로 아주 작은 양인 경우에만 해당되며, 아기들의 더하기 및 빼기 과정은 더 큰 아동들이 전형적으로 사용하는 더하기 및 빼기의 과정과 동일하다고는 볼 수 없다(Mix, Huttenlocher, & Levine, 2002).

수 세기 수의 이름은 아기들이 초기에 발화하는 어휘는 아니다. 그러나 2세가 되면 수를 가리키는

실험 과정 1 + 1 = 1 혹은 2

1. 무대 위에 쥐 한 마리를 올려놓는다.   2. 스크린으로 쥐를 가린다.   3. 두 번째 쥐를 올려놓는다.   4. 빈 손으로 나간다.

가능한 결과   **불가능한 결과**

5. 스크린이 제거되면...   두 마리의 쥐가 있다.   5. 스크린이 제거되면...   한 마리의 쥐가 있다.

그림 7-8

어휘를 발화하기 시작한다. 대개 영아기의 수 세기는 오류가 많은데, '하나, 둘, 여섯, 일곱'과 같이 수의 이름을 차례대로 진술하지 못한다. 그러나 이를 보고 단순히 아기들이 수에 대해서 모른다고 결론짓는 것은 섣부른 것이다. 한 연구(Gelman & Meck, 1986)는 5개 이하의 사물을 아동 앞에 놓아두고 "몇 개 있니?"라고 질문을 하였는데 그들의 응답을 분석한 결과, 약 3세경에 수 세기에 대하여 세 가지 원리를 터득함을 발견하였다. 이는 다음과 같다.

- **일대일 대응 원리**(one-to-one principle) : **한 개의 사물은 오로지 한 번만 세어진다.** "한 개, 두 개, 어…"라고 하는 아동은 일대일 대응 개념이 있음을 보여 주는 반응이다. 즉 세려고 하는 사물에는 수 이름이 오로지 한 번만 대응될 수 있음을 깨닫고 있는 것이다.
- **수 이름의 순서 원리**(stable-order principle) : **수의 이름은 동일한 순서로 배열되어 있다.** 4개의 사물을 셀 때, '한 개, 두 개, 네 개, 다섯 개'라고 반복해서 나열하는 아동은 비록 수의 이름을 정확하게 순서적으로 습득하지는 못했으나 수의 이름에는 순서가 있다는 것을 깨달았음을 보여 준다.
- **기수 원리**(cardinality principle) : **마지막으로 세어진 수가 이 집단의 양을 나타낸다.** 3세 된 아동이 "하나, 둘, 넷, 여덟…여덟!"의 반응을 보일 때 이 아동은 마지막으로 센 수가 여덟이므로 사물이 8개 있다고 생각한다.

유치원 입학 전에 아동은 위의 기본 원리를 습득한다. 5세가 되면 약 9개의 사물을 세는데 위의 원리를 적용한다. 부모가 어린 자녀와 대화할 때 수의 이름을 자주 언급하거나 사물의 수를 자주 세면 위의 수 세기에 필요한 원리를 빨리 터득한다(Gunderson & Levine, 2011). 앞에 제시한 재스민은 수 세기에 필요한 원리 중 무엇을 터득하였는지 한번 생각해 보라(이에 대한 답은 뒤 "학습 확인" 앞에서 제시하였다).

아동들이 위의 원리를 깨우쳤다 할지라도 수의 이름을 순서대로 정확하게 진술할 수 있는 능력은 또 다른 문제이다. 여전히 수의 이름을 정확한 순서로 진술하는 데 있어서 오류가 있지만 이들의 오류에 일관성이 있다면 위의 원리를 깨달았다고 볼 수 있다. 수를 정확하게 세는 것은 수의 이름을 알아야 하는데 9 이상의 수를 세는 것은 규칙이 있으므로 쉬울 수 있다. 즉 20, 30, 40의 이름을 알고 일의 자리 수에 해당하는 이름은 1~9까지의 숫자 이름을 사용하면 된다. 4세가 되면 20까지는 셀 수 있고 99까지 셀 수 있는 아이도 있다(Siegler & Robinson, 1982).

영어권 아동들에게 10 이상의 수를 세는 것은 어려운 문제이다. 열하나(eleven)와 열둘(twelve)의 수는 이름의 규칙성이 없다. 또한 13 이상의 수와 19 이하의 수를 나타내는 'teen'은 그 윗수 20 이상, 30 이상의 수를 셀 때에는 사용되지 않는다. 또한 20 이상, 30 이상의 수를 셀 때에는 twenty-one, twenty-two, thirty-one, thiryty-two이나, 13 이상 및 19 이하의 수 이름은 teen-three, teen-four가 아닌 thir-teen, four-teen으로 teen이 뒤에서 불린다.

반면 중국어와 한국어의 수 이름은 거의 완벽하게 규칙적이다. 11과 12는 ten-one, ten-two로 불린다. 또한 10의 자리 수 이름이 다르게 있는 것이 아니라 20과 21을 two-ten, two-ten-one으로 부른다. 수 이름이 규칙적인 것은 아시아 아동이 같은 나이의 미국 아동보다 수 세기가 빠른 이유가 된다(Miller et al., 1995).

더하기와 빼기 4세 혹은 5세가 되면 더하기 혹은 빼기를 해야 하는 상황을 경험하게 된다. 예를 들어서 콩을 하나만 먹으려는 4세 된 아동은 아빠가 콩 3개를 접시에 더 담아 주면, 싫은 얼굴로 "콩 몇 개를 더 먹어야 하는데요?"라고 반응할 수 있다. 사진의 여자 아이처럼 아동들은 더하기를 하기 위하여 사물을 하나하나 세면서 양을 계산할 수 있다. 먼저 한 손에서 손가락 4개를 접고 다른 손에서 손가락 2개를 접은 후에 두 손에 접혀진 손가락을 처음부터 하나하나 셀 것이다. 빼기에서는

이러한 과정을 반대로 진행한다(Siegler & Jenkins, 1989;
Siegler & Shrager, 1984).

좀 더 성숙해지면 위 방법보다는 좀 더 빠르고 효율적인
손가락 세기로 더하기와 빼기를 한다. 큰 수에 해당하는 4
는 한 손의 손가락 4개를 바로 접고, 같은 손의 손가락 1개
를 마저 접고 나머지 1개를 위하여 같은 손에서 손가락을
펴서 더해진 총수를 바로 안다(Groen & Resnick, 1977).

초등학교에 입학하여 수학 교육을 정식으로 받게 되면
아동은 손가락을 소리 내어 세는 방식으로 더하기와 빼기
를 하는 것이 아니라(Jordan et al., 2008) 머리로 한다. 8세
혹은 9세 아동에게 10 미만에 해당되는 더하기와 빼기는
외운 듯이 자동화된다(Ashcraft, 1982).

물론 더하기 및 빼기에 관계된 책략이 정확하게 위의 순
서대로 진행되는 것은 아니다. 아동들마다 차이가 있으며
문제에 따라서 같은 아동도 다양한 책략을 사용한다. 아동
은 기억을 통해서 먼저 더하기와 빼기를 할 수 있으며, 답에 대하여 확신이 없으면 손가락을 소리
내어 세는 방법을 사용할 수 있다(Siegler, 1996).

10 이상의 수가 되는 더하기 빼기는 초등학교 시절 동안 계속 발달되며, 곱하기와 나누기도 발
달하게 된다. 또한 중학교로 진학하면서 대수, 기하, 방정식 등을 배우게 된다(DeBrauwer & Fias,
2009). 어떤 아동은 이런 수학을 쉽게 이해하지만 어떤 아동에게는 이것이 어렵다. 5세쯤이 되면
수학 지식과 이해에서 개인차가 나타난다. 유아기 수 지식의 차이는 수 체계에 대한 표상과 관련
이 있어 보인다. 수 개념이 발달한 유아는 그렇지 않은 유아에 비하여 정교한 수 표상을 하고 있다
(Bonny & Lourenco, 2013; Fuhs & McNeil, 2013). 그러나 유아기에 수 이름을 정확하게 아는 것은
이후 더하기, 빼기와 같은 산수 능력의 예측변인으로 알려져 있다(Göbel et al., 2014).

초등학생 때 분수, 수열 등의 지식은 중학교와 고등학교 때의 수학 점수를 예측하는 것으로 알려
져 있다. 그러나 수학 지식과 더불어 작동 기억 혹은 인지적 처리 속도 등도 예측변인으로 알려져
있다(Geary, 2011; Siegler et al., 2012). 간단히 말해서 인지적 능력과 더불어 수학 지식과 기술이
이후 수학 성취를 예측한다.

미국 아동과 다른 나라 아동의 학습 기술 비교 미국 아동들의 수학 능력은 다른 나라 아동과 비교할 때
그리 높은 편은 아니다. 예를 들어 〈그림 7-9〉의 그래프는 25개 국가 아동들의 수학 점수를 국제적
으로 비교한 것이다(Kelly et al., 2013). 중학교 2학년을 비교했을 때 미국의 학생들은 다른 나라의
학생들에 비교하여 평균이 많이 낮다. 그래프를 다르게 읽어 보면 미국에서 가장 높은 수준의 수학
능력을 보여 주는 학생은 아시아 국가에서는 평범한 아동의 수준이다. 또한 이러한 경향은 초등학
교, 중학교 그리고 고등학교 학생들에서 25년 동안 계속되었다(Stevenson & Lee, 1990). 그렇다면
미국 학생들의 수학 능력은 왜 이리 부족한 것인지 아래 "문화적 영향"에서 힌트를 얻고자 한다.

어린 아동은 간단한 수학문제를 해결하기 위해서 손가락 세기 등 다양한 방법을 사용한다.

질문 7.3

에린의 엄마가 6세 된 딸에게 4 + 2, 3 + 1과
같은 문제를 내면 에린도 신나서 문제를 푼
다. 그런데 에린은 더하기를 할 때 어떤 때
는 손가락으로 세어서 답을 하기도 하고 어
떤 때는 그냥 말로 답을 하기도 한다. 에린
의 이러한 행동은 이상한 것인가?

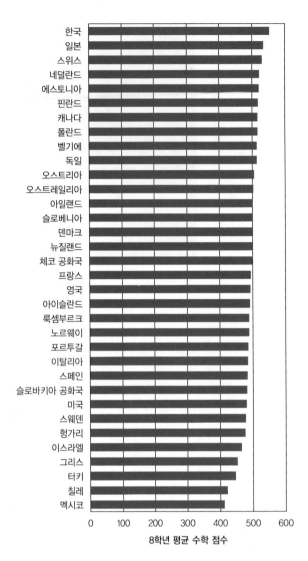

그림 7-9

출처 : Gonzales, P., Williams, T., Jocelyn, L., Roey, S., Kastberg, D., & Brenwald, S. (2008). Highlights from TIMSS 2007 : Mathematics and science achievement of U.S. fourth-and eighth-grade students in an international context. Washington, DC: U.S. Department of Education.

문화적 영향

타이완의 5학년 아동

싱잉은 타이완에서 가장 큰 도시인 타이베이에서 초등학교를 다니는 11세 학생이다. 대부분의 5학년생과 마찬가지로 싱잉은 아침 8시에 학교에 가서 오후 4시까지 있다. 매일 저녁에는 2~3시간 숙제를 한다. 이는 미국 학생을 기준으로 보면 엄청난 것인데, 왜냐하면 미국의 전형적 5학년은 하루 6시간 혹은 7시간을 학교에서 지내고 매일 숙제로 1시간 미만을 소요한다. 내가 싱잉에게 학교 및 숙제에 대한 생각을 물었을 때 싱잉의 답은 나를 놀라게 하였다.

카일 : 왜 학교에 가는 거지?

싱잉 : 공부를 좋아해요.

카일 : 다른 이유는 없니?

싱잉 : 학교에서 배우는 것은 유익한 것이 많아요.

카일 : 숙제는 왜 하는 거지?

싱잉 : 선생님과 부모님들이 중요하게 생각하시니까요. 그리고 숙제하는 것이 좋아요.

카일 : 공부를 지금처럼 열심히 안 해도 학교에서 잘할 것 같니?

싱잉 : 아니요. 학교에서 공부를 잘하는 아이들은 열심히 하는 아이들이에요.

위와 같이 학교 숙제는 싱잉의 삶에서 최우선이다. 반면 많은 미국 아동들은 학교 숙제로 놀이와 TV 시청이 방해받는 것을 무척 싫어한다. 그러나 싱잉은 학교와 과제에 매우 열성적이다. 싱잉은 타이완의 초등학교 아이들 중에서 그리 특별한 아동은 아니다. 일본, 타이완 그리고 미국 아동들의 학습 습관, 교사, 학생, 부모 및 교실에 대한 비교에서 드러난 차이를 기술하면 다음과 같다(Ni, Chiu, & Cheng, 2010; Stevenson & Lee, 1990; Pomerantz et al., 2014; Stigler, Gallimore, & Hiebert, 2000).

- **학교에서 보내는 시간** 일본과 타이완의 5학년 학생들은 미국 학생들에 비하여 학교에서 보내는 시간이 50% 이상 많고 이 시간들의 대부분 동안 학구적 활동을 하며, 교실의 교수법은 더 잘 조직되어 있으며 도전적이다.
- **학교 숙제에 소비하는 시간 및 이에 대한 태도** 일본과 타이완 학생들은 미국 학생들에 비하여 숙제에 들이는 시간이 많으며 숙제를 가치 있게 여긴다.
- **부모의 태도** 미국의 부모들은 자녀의 학업에 대하여 대체로 만족하나, 일본과 타이완의 부모들은 자녀의 학업 성취 기준이 높다.
- **노력과 능력에 대한 부모의 신념** 일본과 타이완의 부모들은 미국의 부모들보다 선천적 능력보다는 노력이 학업 성취의 결정적 요인이라고 믿는다.

아시아의 많은 학생들은 방해받지 않고 공부할 수 있는 공부방이 집에 있다.

따라서 일본과 타이완 학생들이 미국 아동들에 비하여 학업이 더 우수하다. 더욱이 부모와 교사들은 학업 성취 기준을 높게 두며, 이 목표를 위한 열심과 노력을 가치 있게 여긴다. 일본의 학교 교실에는 '간바루 코도모'(がんばるこども, 열심히 노력하는 자)라는 모토가 게시되어 있다.

일본과 타이완의 주거 면적은 미국에 비하여 매우 좁으나, 그럼에도 불구하고 자녀가 조용하게 방해받지 않고 공부할 수 있는 공간을 꼭 마련해 놓는다(Stevenson & Lee, 1990). 또한 이들에게 있어서 자녀의 성공은 학업 성취 여부에 달려 있다.

학업 성취에 대한 문화 간 비교를 통한 교육적 함의 일본과 타이완 부모들이 가지고 있는 학업에 대한 열심에서 미국이 배울 점은 무엇인가? 전문가들(Stevenson & Stigler, 1992; Tucker, 2011)은 미국 학교 교육의 개선을 위하여 다음과 같은 제안을 하였다.

- 교사들에게 수업을 준비할 여유 시간과 학생들의 성취에 대한 피드백을 줄 시간을 더 많이 주어야 한다.
- 교사들이 경력 있고 유능한 교사로부터 교수법을 배울 수 있는 기회를 갖도록 한다.
- 특정 개념을 터득할 수 있는 다양한 예를 준비하고 학생들도 새롭게 터득한 개념을 적용해 보고 훈련할 수 있는 기회를 주어야 한다.
- 학업 성취 기준에 대한 높은 기대를 가져야 한다.

미국 학생과 아시아 국가 학생들 간 학업 차이를 줄이기 위해서는 교수법을 개선해야 하며, 성취에 대한 태도가 변화되어야 한다. 이러한 문제를 무시한다면 차세대 인재 양성에 문제가 될 것이다.

216쪽 재스민의 수 세기에 대한 답: 재스민이 4개의 사물을 셀 때 "1, 2, 6, 7....일곱 개!"라고 하는 것은 사물 하나에 수 이름이 하나씩 대응하고 있으므로 재스민은 일대일 대응 원리를 알고 있다. 비록 수 이름은 틀릴지라도 같은 수의 이름을 일정하게 반복하고 있으므로 수 이름의 순서성 원리를 알고 있으며 마지막에 센 숫자가 그 집합의 양이 된다는 기수의 원리를 알고 있다.

 학습 확인

점검 독립적으로 글자를 읽는 데 필요한 기초 기술은 무엇인가?

중국과 미국 교육의 차이를 기술하시오.

해석 학교에 들어가기 전에 아는 수학 지식과 학교 교육을 받으면서 알게 되는 수학 지식을 비교하시오.

적용 210~211쪽에 제시된 독해 능력에 기여하는 요인은 쓰기 능력에 어떤 기여를 하겠는가?

주제 통합하기 **적극적 아동**

이 장은 **아동은 자신의 발달에 적극적으로 영향을 미친다**가 핵심 주제이다. 일본과 중국의 초등학교 학생들은 학습을 즐긴다(이러한 태도는 부모에 의하여 촉진된다). 이러한 태도는 매일 밤 숙제를 위하여 2~3시간을 사용하게 한다. 이는 다시 이 나라의 높은 학업 성취 수준을 낳는다. 미국의 아동은 숙제를 싫어하고 최소한의 것만 하여 국제적으로 비교하였을 때 이들의 학업 성취는 낮다. 따라서 태도는 행동에 영향을 미쳐 아동기와 청소년기의 성취 정도를 가늠한다.

직접 해 보기

동전 2개, 사탕 3개, 단추 4개, 연필 5개, 지우개 6개, 클립 7개 등을 모으라. 같은 것끼리 종이접시에 담아서 4세 혹은 5세 앞에 두고 "몇 개가 있니?"라고 질문한다. 유아가 세는 장면을 할 수 있다면 동영상 녹화를 하여 이후에 천천히 분석한다. 녹화가 어려우면 아동이 하는 말 혹은 행동을 그대로 노트에 적고 수 세기에 사용되는 전략을 분석하라. 세어야 할 대상이 적을 때와 많을 때 사용하는 전략에 차이가 있는지 앞에서 수 세기 전략으로 소개된 것과 비교하라. 직접 한번 해 보시길!

요약

7.1 기억력

기억력의 기원
로비 콜리어의 연구에 따르면 아기도 과거의 사건을 기억하고, 망각했다가 다시 기억할 수 있음을 알 수 있다.

기억을 돕는 전략
학령 전 아동은 기억을 쉽게 하는 전략을 사용한다. 학교에 입학할 즈음이 되면 리허설, 줄 긋기 등의 발전된 전략을 사용한다. 기억을 돕는 전략의 효과는 기억 과제의 목표를 분석하고 전략의 효과를 모니터링하는 데 달려 있다. 기억 과제의 목표 분석과 모니터링은 초기억을 구성하는 요소이며 초기억은 기억이란 무엇인가에 대한 이해를 뜻한다.

지식과 기억
기억해야 할 것을 조직하는 데 세상 지식이 사용된다. 몇 개의 사건이 일정한 순서로 일어나는 것에 대한 기억을 사태도식이라고 한다. 지식은 기억을 향상시키므로 기억이 많은 아동과 청소년이 기억에 유리하다. 반면 지식이 기억을 변형시키기도 하는데 자신의 지식과 일치하지 않는 것은 누락시키거나 혹은 자신의 지식과 일치하면 실제로 일어나지 않은 것도 기억할 수 있다.

전기적 기억은 자신의 인생에 대한 기억을 뜻한다. 전기적 기억은 부모가 지나간 일에 대하여 자녀에 질문을 하기 시작할 무렵부터 구성되기 시작한다. 영아기 기억상실증이란 어린 시절에 일어난 일을 기억하지 못하는 것이며 이는 언어가 없던 시기 혹은 자아 개념이 아직 형성되지 않은 시기에 일어난 것을 기억 못하는 것으로 이해할 수 있다.

법원에서 어린이를 증인으로 세울 때에는 세심한 주의가 필요하다. 증인에게는 같은 질문이 반복되어 어린이는 실제 일어난 일과 어른이 질문하면서 제안한 것을 구분하지 못하게 된다.

어린이 증언은 사건이 일어나 직후 바로 한 번에 면접이 이루어져야 한다. 먼저 무슨 일이 일어났는지 그가 말하는 그대로 듣고 면접자는 어린이의 설명에 대안적인 질문을 한다.

 문제해결력

문제해결력의 발달적 경향

아동은 성장하면서 문제를 더 자주 그리고 더 효과적으로 해결한다. 그러나 예외도 많아서 학령 전 아동이 문제를 더 잘 해결하기도 하고 청소년은 실패하기도 한다.

아동과 청소년의 문제해결의 특징

아동이 문제해결을 못하는 원인은 먼저 미리 계획을 세우지 않는 것과 문제해결과 관련된 정보에 집중하지 않는 데 있다. 문제를 해결하려면 문제와 관련된 지식뿐만 아니라 다양한 전략을 사용해야 한다. 또한 문제해결력은 어른 혹은 손위 또래와 협력할 때 증진된다.

과학적 문제해결

아동을 어린 과학자로 비유하지만 아동과 청소년의 과학적 추리 능력은 단점이 많다. 아동과 청소년은 과학적 사실에 위배되는 오개념을 가지고 있으며 실험 변인을 분류하는 데 실패한다. 또한 충분하지 않은 증거에 근거하여 성급한 결론을 내리고 자료 사용이 서툴러서 이론을 검증하는 데 미숙하다.

7.3 **학습 기술**

읽기

읽기는 글자 이름을 알고 글자가 내는 소리를 알아야 가능하다. 읽기의 초기 단계에서 글자와 단어의 소리를 내면서 시작되어 익숙해지면 장기 기억으로부터 단어의 소리에 대한 지식을 재생하여 읽는다. 텍스트의 의미를 해석하는 독해는 나이가 들면서 발전하는데 이는 작동 메모리의 용량이 증가하고 세상 지식이 축적되며 모니터링 능력이 향상되고 적절한 읽기 전략을 사용할 수 있는 능력이 증가하기 때문이다.

쓰기

아동의 쓰기는 나이가 들면서 향상되는데 이는 세상의 대한 지식이 증가하여 무언가 할 말이 많아지는 것과 관련이 있다. 이는 또한 철자, 구두점이 정확해지고 쓰고자 하는 내용을 조직하고 교정하는 능력이 향상되기 때문이다.

수에 대한 이해 및 사용

아기도 양 개념이 있고 2세가 되면 수를 셀 수 있고 3세가 되면 일대일 대응, 순서 원리와 기수 원리를 이해하며 작은 수의 대상을 셀 수 있다. 더하기를 할 때에는 차례대로 수를 세는 전략을 사용하다가 점차 기억으로부터 합계를 재생하는 더 효과적이고 빠른 전략을 사용하게 된다.

미국 학생들의 수학 능력은 국제적 수준에서 비교하면 평균 이하인데 이는 학교 공부와 학교 숙제에 소비하는 시간이 적기 때문이다. 이는 학교, 노력과 능력에 대한 학부모의 가치관 혹은 태도와 관련이 있다.

자기평가

1. 2~3개월 아기가 모빌을 발로 차는 것에 대한 연구는 아기도 _____ 는 것을 보여 준다.
   a. 과거의 사건을 기억할 수 없다
   b. 과거의 사건을 2, 3일 혹은 2, 3주 동안 기억할 수 있으나 이후 기억에 도움이 될 만한 단서가 없으면 기억하지 못한다
   c. 기억을 도와주는 단서 없이도 과거의 사건을 몇 달간 기억할 수 있다
2. 학령 전 아동이 기억을 위하여 사용하는 전략은 ___ 이다.
   a. 가리키기
   b. 리허설
   c. 줄 긋기
3. 전략의 효율성을 모니터링하는 것은 _____.

   a. 나이가 들면서 증가한다
   b. 고등학생이 되어야 가능하다
   c. 고등학생이 될 때까지 불필요하다
4. 아래 중 모호 흔적 이론 혹은 기억 오류에 대한 것으로 맞는 설명은?
   a. 어린 아동이 나이가 든 아동 혹은 청소년보다 요점을 정리하여 기억하는 경향이 더 큰데 이것이 어린 아동이 기억 오류를 많이 하는 이유이다.
   b. 나이가 있는 아동 혹은 청소년이 어린 아동보다 사실 그대로의 기억을 하는 경향이 더 큰데, 이것이 이들이 기억 오류를 많이 하는 이유이다.
   c. 나이가 있는 아동 혹은 청소년이 어린 아동보다 사실 그대로의 기억보다는 요점을 정리하여 기억을 더 많이 하고

이 때문에 이들이 기억 오류가 많다.

5. 전기적 기억은 기억을 도와주는 기술, 언어 습득, _____ (으)로 가능해진다.

    a. 자아 개념

    b. 초인지

    c. 사태 도식

6. 신뢰할 수 있는 학령 전 아동의 증언을 얻으려면 _____ 해야 한다.

    a. 일어난 일에 대한 한 가지 설명만을 요구

    b. 먼저 사건을 아동의 말로 기술하도록

    c. 아동의 기억을 돕기 위하여 일어났을 법한 것을 제안

7. 아래 중 아동의 문제해결력에 대하여 맞는 설명은?

    a. 청소년보다는 아동이 분석적 해결법에 의존한다.

    b. 아동은 문제해결에 대한 계획을 미리 세우지 못하는데 그 이유는 부모가 자신을 대신해서 해 주기를 기대하기 때문이다.

    c. 청소년보다 아동이 문제와 관련된 정보를 더 잘 찾는다.

8. 어린 아동은 문제를 협력적으로 해결하지 못하는데 그 이유는 _____ 때문이다.

    a. 어린 아동은 협력에 필요한 사회, 언어 기술이 부족하기

    b. 어린 아동은 어려운 문제를 해결할 때 자신의 생각이 강하기

    c. 미국의 학교는 급우를 문제 해결의 자원으로 너무 강조하기

9. 아동의 과학적 사고는 _____ 하는 경향이 있다.

    a. 실험을 구성할 때 여러 변인을 혼합하는

    b. 합당한 자료가 있을 때에만 결론을 내리는

    c. 증거를 해석하는 데 있어서 자신의 신념에 의하여 영향을 받지 않는

10. 아래 중 어린 아동의 읽기 능력에 대한 것으로 맞는 설명은?

    a. 읽기를 처음 배울 때에는 먼저 소리를 내어 읽으며 능숙한 자만이 기억에 저장되어 있는 단어의 소리를 재생한다.

    b. 읽기에 능숙한 아동이 소리를 내어 읽고 초보자가 기억으로부터 재생한다.

    c. 읽기에 능숙해지면 소리 내어 읽는 것은 거의 없어지고 기억으로부터 재생하는 것이 많아진다.

11. 읽은 자료에 대한 이해력이 증가하는 것은 _____ 때문이다.

    a. 세상에 대한 지식이 증가하기

    b. 작동 메모리가 감소하기

    c. 잘 이해되지 않는 단락을 다시 읽기 않기

12. 아동의 쓰기 능력이 향상되는 것은 _____ 때문이다.

    a. 기억으로부터 재생된 정보를 바로 적을 수 있기

    b. 철자 혹은 구두점과 같은 쓰기의 형식적인 면에 많은 시간을 할애하지 않아도 되기

    c. 초고가 이미 완벽해서 더 이상 수정이 필요하지 않기

13. 영아는 _____ 할 수 있다.

    a. 일대일 대응을

    b. 3개와 2개를 구분

    c. 사물의 양에 대해 무관심

14. 세 개의 사물을 본 앨리스는 '일, 이, 오'라고 하거나 '일, 이, 비' 혹은 '이, 일, 에이'라고 한다. 앨리스는 아래 중 어느 원리를 이해하였는가?

    a. 일대일 대응 원리

    b. 수 이름의 순서 원리

    c. 기수 원리

15. 아시아의 학생들은 미국의 학생들에 비하여 _____.

    a. 숙제를 하는 시간은 적으나 숙제를 중요시 여긴다

    b. 미국 학생들과 같은 양의 숙제를 한다

    c. 숙제를 하는 시간도 많고 숙제를 중요하게 생각한다

핵심 용어

CHAPTER **8**

지능과 개인차

창 시절 얼마나 많은 표준화된 검사를 받았는지 세어 본 적이 있는가? 아마 당신은 대학에 입학하기 위해 수능시험(SAT 혹은 ACT)을 치렀을 것이다. 이 시험 전에는 초등학교 및 중·고등학교를 거치면서 셀 수도 없이 많은 성취 검사를 치렀다. 심리 검사는 20세기 초 학교에서 시작되었으며, 21세기 미국 교육의 핵심을 이루고 있다.

모든 표준화된 검사 중 지능을 측정하는 검사만큼 말도 많고 관심을 끄는 검사도 없다. 지능 검사는 어떤 사람들로부터는 심리학이 사회에 공헌할 수 있는 가장 위대한 업적이라고 칭송을 받는가 하면, 어떤 사람들로부터는 강렬하게 비난받는다. 이번 장의 내용은 지능 검사와 이것이 측정하는 것에 대한 것이 주를 이룬다. 먼저 **8.1절**에서 지능에 대한 다양한 정의를, **8.2절**에서는 지능 검사의 기능과 검사 점수에 영향을 주는 변인들에 대하여 기술할 것이다. 마지막으로 같은 연령의 또래에 비하여 지능이 특별하게 다른 아동들에 대하여 기술할 것이다.

8.1 지능이란 무엇인가?

학습 목표

		개요
LO1	심리측정이론에서는 지능에 대하여 어떻게 정의하고 있는가?	심리측정이론
LO2	가드너의 다중지능은 심리측정이론의 지능과 어떻게 다른가?	가드너의 다중지능이론
LO3	스턴버그의 성공 지능의 구성 요인은 무엇인가?	스턴버그의 성공 지능 이론

초등학교 4학년을 가르치는 다이아나 선생님은 역사를 가르치는 것을 무척 좋아한다. 그런데 학생들은 선생님만큼 역사를 배우는 데 관심이 없어 보인다. 선생님이 미국의 남북전쟁에 대해서 설명을 시작한 지 얼마 지나지 않아 아이들의 눈빛은 초점을 잃어 가기 시작한다. 다이아나 선생님은 남북전쟁의 의미와 중요성에 대하여 관심을 보이지 않는 학생들을 이해하기가 어렵다. 선생님은 무언가 다른 교수법이 필요하다고 생각한다.

먼저, 당신 나름대로 지능에 대하여 정의를 해 보라. 전형적인 미국인은 지능을 논리적으로 사고할 수 있는 능력, 아이디어를 연결할 수 있는 능력 그리고 실생활의 문제를 해결할 수 있는 능력 등으로 정의할 것이다. 혹은 정확하게 의사소통할 수 있는 능력, 자신의 환경에 대한 호기심과 같은 사회적 능력으로도 정의할 수 있다(Sternberg & Kaufman, 1998).

일반인들이 가지고 있는 지능에 대한 생각과 아이디어는 심리학의 지능이론과 크게 다르지 않다. 먼저 지능에 대한 전통적 관점인 심리측정 관점을 소개한 후, 최근의 관점에 대한 소개를 하면서 다이아나 선생님의 고민에 대한 답을 찾아볼 것이다.

심리측정이론

LO1 심리측정이론에서는 지능에 대하여 어떻게 정의하고 있는가?

심리측정전문가(psychometrician)란 지능 혹은 성격과 같은 인간의 심리적 특징을 측정하는 사람을 뜻한다. 심리측정전문가가 진행하는 연구는 사람들에게 다양한 검사를 실시하는 것으로 시작된다. 그리고 다양한 검사에 대한 이들의 응답에서 일정한 유형을 탐색한다. 이는 마치 우림 지역의 사냥꾼이 강 위에 떠 있는 3개의 검은 점이 썩은 나무토막 3개인지 아니면 한 마리의 악어인지를 구분하는 것과 같다(Cattell, 1965). 즉 우림 지역의 사냥꾼은 3개의 점이 같이 움직이면 이는 한 마리의 악어라고 판단하나 이 점이 각각 움직이면 이것은 3개의 썩은 나무토막이라고 판단한다. 심리측정전문가들도 하나의 검사에 대한 응답자들의 수행이 다른 검사에 대한 수행과 같은 방향으로 움직이면 이 검사들은 같은 행동 특징 혹은 요인을 측정하는 것으로 간주한다.

만약 당신이, 지능이 높은 사람은 과제에 상관없이 똑똑한 것이고, 똑똑하지 않은 사람은 그 반대의 경우라고 하는 믿음을 갖고 있다고 하자. 이러한 지능에 대한 정의에 의하면 아동의 수행 정도는 과제에 상관없이 일관적이어야 한다. 즉 똑똑한 아동은 항상 높은 점수를 받아야 하며, 덜 똑똑한 아동은 항상 낮은 점수를 받아야 한다. 약 100여 년 전 찰스 스피어먼(Spearman, 1904)은 지능은 모든 종류의 지능 검사에 관련된 일반적 요인, 즉 *g*라고 하는 것이 실재한다는 결과를 발표하였다.

그러나 서스톤과 서스톤(Thurstone & Thurstone, 1941)은 지능은 여러 개의 요인으로 구성된다고 생각하였다. 이들은 여러 종류의 과제에 대한 수행 정도를 분석하여 지능에는 각각이 독특한 기능을 갖는 요인이 7개 있다고 하였다. 지각 속도, 언어 이해, 언어 유창성, 공간, 수, 기억력 및 귀납적 추론 능력이 이에 해당된다. 물론 서스톤과 서스톤 역시 모든 종류의 지능 검사에 관계되는 일반적 요인이 있다고는 하였으나 지능을 이해하는 데 있어서는 각각 독특한 특징을 갖는 요인을 강조해야 한다고 하였다.

지능에 대한 위의 상반된 견해는 후에 지능을 연구하는 심리측정자들에게 위계적 지능이론을 제안하도록 하였다(Deary, 2012). 존 캐롤(Carroll, 1993, 1996)은 〈그림 8-1〉에 보이듯이 3개 층으로 이루어진 다층적 지능이론을 제안하였다. 제일 위층에는 일반적 지능인 *g*가 있고, 그다음 층에는 8개의 지능 유형이 있다. 예를 들어서 **유동성 지능**(fluid intelligence)**이란 자극 간의 관계를 지각할 수 있는 능력이다.** 중간층에 있는 8개의 지능은 다시 가장 구체적인 기술로 나뉜다. 예를 들어서 **결정성 지능**(crystallized intelligence)**이란 글에 대한 이해, 언어에 대한 이해 혹은 어휘와 같은 문화적으로 영향을 받아서 축적된 지식과 기술을 말한다.**

캐롤의 지능에 대한 위계이론은 일반적 지능 대 요인적 지능이라는 두 가지 관점을 조화시킨 것이라고 볼 수 있다. 그러나 몇몇 비판가들은 이 위계이론은 제6장과 제7장에서 제시한 인지 발달 이론과 그 연구 결과와 모순된다고 지적한다. 궁극적으로 이들은 지능을 이해하기 위해서는 심리측정 관점을 넘어서야 한다고 주장한다. 그러면 지금부터 지능에 대한 새로운 관점을 소개하겠다.

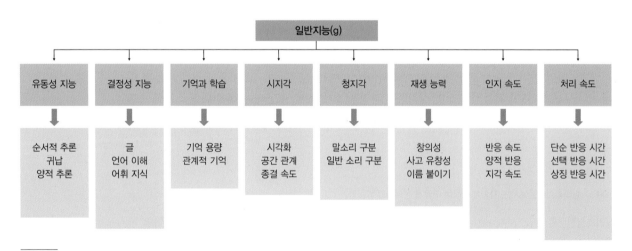

그림 8-1

출처 : Carroll, J. B. (1993). Human cognitive abilities: A survey of factor-analytic studies. New York, NY: Cambridge University Press.

가드너의 다중지능이론

LO2 가드너의 다중지능은 심리측정이론의 지능과 어떻게 다른가?

아동 발달 연구자들이 인지 발달 이론의 현대적 관점에서 지능을 조망하기 시작한 것은 최근이다. 이 새로운 관점은 지능에 대한 정의와 이것이 어떻게 발달해 가느냐에 대하여 좀 더 광범위한 시각을 제시한다. 이들 중 대표적 이론가가 다중지능이론을 제시한 하워드 가드너(Gardner, 1983, 1999, 2002, 2006)이다. 지능에 대한 그의 관점은 검사 점수를 기준으로 하는 것이 아니라 아동 발달 이론, 뇌 손상에 대한 연구 및 지적으로 아주 뛰어난 사람들에 대한 연구에서 시작되었다. 그는 1983년에 지능 7개를 제안하였다. 그 후에(1999, 2002) 몇 개의 지능을 더 추가하였다. 이것이 〈표 8-1〉에 요약되어 있다.

위의 다중지능 중 언어, 논리–수학 그리고 공간 지능은 심리측정이론에서 말하는 지능에도 포함된다. 그러나 나머지 6개의 지능은 가드너 이론에서만 제안된 것으로 요요마의 첼로 연주, 김연아가 피겨스케이팅으로 보여 주는 동작의 정교함과 아름다움, 오프라 윈프리가 TV 토크쇼에서 사람들의 감정과 느낌을 다루는 능력은 과거 전통적 지능이론에서는 고려되지 않은 지능으로 아주 새로운 것이다.

가드너는 어떻게 위와 같은 독특한 특징의 9개 지능을 제안하게 되었는가? 먼저, 각 지능의 도출은 순서적이고 독특한 경로를 거쳤다. 언어 지능은 다른 8개의 지능보다 먼저 도출되었다. 뇌를 다친 사람들에 대한 연구에 의하면 9개의 지능은 뇌에서 관장하는 부위가 각각 존재한다. 예를 들어서 공간 지능은 뇌 우반구의 특정 영역에서 관장한다. 또한 각각의 지능을 대표하는 재능 있는 개인이 존재한다는 것이다. 요요마는 7세 때 케네디 대통령 앞에서 콘서트를 열었다.

가드너 이론에 자극을 받아서 다른 연구자들도 과거에는 지능으로 다루어지지 않았던 능력에 대하여 연구하기 시작하였다. **정서지능**(emotional intelligence)은 **문제를 해결하거나 만족스러운 삶을 영위하기 위하여 자신과 타인의 감정을 효율적으로 사용하는 능력을 가리킨다.** 다니엘 골먼(Goleman, 1995)이 감성지능(*Emotional Intelligence*)이란 저서를 출판하였을 때 1995년 일간지에 베

표 8-1 가드너의 9가지 다중지능

지능의 유형	정의
언어	단어의 뜻을 알고, 새로운 아이디어를 이해하기 위하여 언어를 사용하는 능력과 아이디어를 다른 사람에게 언어로 전달하는 능력
논리-수학	사물, 행위 및 아이디어 간의 관계를 이해하는 능력과 논리적이고 수학적 조작을 할 수 있는 능력
공간	사물의 모습을 보이는 대로 지각할 수 있는 능력과 '마음의 눈'을 사용하여 사물의 변형을 볼 수 있는 능력
음악	소리의 높낮이, 박자 및 분위기를 이해하고 표현할 수 있는 능력
신체운동	댄서, 공예가 및 육상선수 등과 같이 신체를 자유자재로 사용할 수 있는 능력
개인 간	다른 사람의 감정, 기분, 동기 및 의도 등을 감지할 수 있는 능력
개인 내	자신의 감정, 강점 및 약점을 이해하는 능력
자연	자연물과 인공물을 구분하고 자연 현상을 이해할 수 있는 능력
존재	인생의 목표 및 삶과 죽음과 같은 '궁극적' 문제에 대하여 생각할 수 있는 능력

출처 : Based on Gardner, H. (1983). *Frames of mind: The theory of multiple intelligences*. New York, NY: Basic Books; Gardner, H. (1999). *Intelligence reframed: Multiple intelligences for the 21st century*. New York, NY: Basic Books; Gardner, H. (2002). MI millennium: Multiple intelligences for the new millennium [video recording]. Los Angeles, CA: Into the Classroom Media.

스트셀러로 헤드라인을 장식하였다. 그는 "정서 혹은 감정은 삶에서 가장 중요한 능력이다"(p. xiii) 라고 주장하였다. 정서지능에 대한 연구에 의하면 정서지능에는 타인과 자신의 감정을 정확하게 지각하는 능력, 자신의 감정을 조절할 수 있는 능력이 포함된다(Salovey & Grewal, 2005; Mayer, Salovey, & Caruso, 2008). 정서지능이 뛰어난 사람은 인간관계에서 만족도가 높고, 자아존중감이 높고 직장에서도 유능한 것으로 조사되었다(Joseph & Newman, 2010; Farh, Seo, & Tesluk, 2012).

정서지능에 대한 대부분의 연구들은 주로 성인을 대상으로 진행되었다. 이유는 골먼(Goleman, 1998; Goleman, Boyatzis, & McKee, 2002)이 정서지능은 성공한 커리어에서 가장 중요한 요인이라고 주장한 데서 기인한다. 아동 발달 연구가들도 정서를 연구하였으나 주로 발달적 관점에서 하였다. 즉 나이가 들어가면서 정서가 어떻게 변화해 가느냐에 연구의 초점을 맞추어 왔다. 이는 10.1절에서 자세히 다룬다.

교육에 대한 시사점 다중지능이론은 교육에 중요한 의미를 갖는다. 가드너(Gardner, 1993, 1995)는 전통적으로 언어 혹은 논리-수학 지능만이 학교 교육에서 강조되어 왔음을 지적하면서, 모든 지능이 학교 교육을 통해서 촉진되어야 한다고 주장했다. 교사는 각 아동이 갖고 있는 강한 지능에 초점을 맞추어야 한다(Chen & Gardner, 2005). 예를 들어, 앞의 다이아나 선생님은 남북전쟁을 가르칠 때 그 시절의 음악을 통해서 가르치거나 남북 군대가 움직인 경로를 지도로 가르치면 음악 지능 혹은 공간 지능이 강점인 학생들의 흥미를 불러일으킬 수 있다. 또한 그 시절의 남북에 거주하던 원주민들의 삶에 대하여 조명하면 개인 간 지능이 강점인 학생들의 관심을 끌 수 있다.

물론 각 아동의 강한 지능에 초점을 맞춘다는 것이 꼭 그 지능만을 촉진한다는 뜻은 아니다. 오히려 인간의 지능은 다양하므로 여러 종류의 지능이 가능하다는 것을 인식하고 되도록이면 다양한 방법으로 교육이 이루어져야 한다는 것이 가드너(Gardner, 1999, 2002)의 주장이다. 이러한 교육은 학생들의 이해도를 향상시킬 것이다.

미국 학교 중 가드너의 다중지능이론을 열심히 적용한 학교도 있다. 그러면 이러한 학교에서 교육받은 학생들의 학업 성취는 그렇지 않은 학교에 비하여 우수한가? 가드너 이론을 적용하는 학교의 교육자들은 물론 더 효과가 있다고 말한다. 자신들의 학생들이 지능 검사에 더 높은 점수를 받으며, 자기 조절이 잘되고 부모들도 교육에 많은 관심을 보이고 있다고(Kornhaber, Fierros, & Veenema, 2004) 하지만 크게 설득되지 않는 사람들도 있다(Waterhouse, 2006). 이들의 주장은 아동들의 학습과 성취에 대한 연구에 의하여 객관적으로 지지받아야 하나 실증적인 검증은 아직 충분하지 않다(Kaufman, Kaufman, & Plucker, 2013). 어쨌든 가드너의 다중지능이론은 지능에 대한 좁은 견해를 확장시켰다는 공헌이 있다. 지능에 대한 또 다른 이론을 지금부터 소개할 것이다.

스턴버그의 성공 지능 이론

LO3 스턴버그의 성공 지능의 구성 요인은 무엇인가?

로버트 스턴버그(Robert Sternberg)는 지능에 대하여 35여 년 이상을 연구한 사람이다. 그의 관심은 성인들이 지능 검사를 받을 때 어떻게 문제를 푸는가 하는 데서 시작되었는데, 시간이 흐르면서 그는 지능에 대한 포괄적인 이론을 발달시켰다. 스턴버그(Sternberg, 1999)는 성공 지능이란 목표를 달성하기 위하여 자신의 능력을 효율적으로 사용하는 능력이라고 정의한다. 목표란 중간고사 수학 시험에서 A를 받는 것, 전자레인지에서 팝콘을 튀기는 것 혹은 달리기 경주에서 1등을 하는 것과 같은 단기목표와 행복한 삶을 영위하는 것 혹은 직업에 성공하는 것과 같은 장기적 목표가 다 해당될 수 있다.

목표를 성취하기 위해서 세 종류의 능력을 사용하게 된다. **분석 능력(analytic ability)이란 문제를**

분석하고 해결 방법을 생각하는 능력이다. 예를 들어서 컴퓨터에서 노래를 다운받아서 아이팟에 저장하려는 10대 소녀가 있다고 하자. 의도된 대로 일이 진행되지 않으면 이 소녀는 문제해결을 위하여 분석과 대책을 마련할 것이다. 아이팟이 고장 난 것인지, 다운받는 소프트웨어에 문제가 있는지 등을 분석할 것이고, 문제해결을 위하여 인터넷을 더 검색하거나 옆에 있는 언니의 도움을 요청할 수 있을 것이다.

창의력(creative ability)이란 새로운 상황과 문제에 대하여 유연하게 적응하는 능력을 뜻한다. 음악을 다운받으려 했던 소녀를 다시 예로 들면 자동차를 오랫동안 타고 가는 여행을 막 떠나려는 참에 아이팟이 고장 난 것을 발견했다고 하자. 새 아이팟을 살 돈도 시간도 없으면, 이 소녀는 자동차를 타고 가는 지루한 시간을 무엇을 하며 지낼지를 나름대로 궁리하고 대안을 찾을 것이다.

실용 능력(practical ability)이란 어떤 해결 방법과 계획이 실제 효과가 있는 것인가를 판단할 수 있는 능력이다. 과제 해결을 위하여 원리적으로는 다양한 해결 방법이 모색될 수 있으나 실제 실행은 하나만 실천할 수 있다. 앞의 소녀의 경우, 고장 난 아이팟에 대한 해결 방법을 모색하는 중에 언니에게 의존하면 언니가 자신이 주로 듣는 음악을 다 알게 될 것이므로 이는 피할 것이고 또한 부모님에게 의뢰하여 새 아이팟을 얻으려면 부모님의 걱정을 들어야 할 것이므로 스스로 인터넷 검색을 통하여 문제를 해결하려는 결론에 도달할 것이다.

개인이 갖고 있는 분석, 창의 및 실용 능력에 차이가 있다면, 이들의 능력 혹은 강점에 초점을 맞추는 교육이 적용되어야 한다. 예를 들어서 분석 능력이 뛰어난 아동의 경우, 분석과 평가를 강조하는 대수 수업에서 능력을 발휘할 것이다. 실용 능력이 강한 아동은 교수 자료 및 과제가 실제적 적용에 관련된 것에서 능력을 발휘할 것이다. 따라서 성공 지능 이론은 가드너 다중지능이론처럼 각 아동이 갖고 있는 강점에 대하여 민감하게 하고 과제에 대한 성취도를 높일 수 있다(Grigorenko, Jarvin, & Sternberg, 2002).

스턴버그의 성공 이론은 개인의 목표 달성과 관련된 능력이다. 개인의 목표는 개인마다 차이가 있을 뿐만 아니라 문화적, 인종적으로도 차이가 있을 수 있다. 이러한 차이가 다른 집단에 속한 사람들의 지능 검사 및 결과에 대한 해석을 어렵게 하는 부분이다. "문화적 영향"에서 이에 관한 것을 논의하고자 한다.

문화적 영향

각 문화마다 똑똑하다는 것에 대한 정의는 다를 수 있다

뒤의 사진에서 보이는 것처럼 브라질에서는 초등학교 연령의 아동들이 과일 혹은 캔디를 파는 것을 쉽게 볼 수 있다. 이 아동들은 지폐에 표기된 숫자를 못 읽을 수 있으나 자신들이 팔 물건을 도매상에서 사 오거나, 거스름돈을 주는 일은 할 수 있다(Saxe, 1988).

뉴기니아에 가까운 태평양 섬에 사는 청소년들은 작은 배를 이용해서 수백 킬로미터가 떨어진 섬과 섬 사이를 다닐 수 있다. 이들은 정식으로 수학 교육을 받은 적이 없지만 별의 위치와 배의 속도 등을 가늠하여 항해할 수 있다(Hutchins, 1983).

브라질 길거리에서 장사하는 아동들과 태평양 섬의 청소년들에게 미국식 지능 검사를 해 보면 이들의 점수는 아주 낮다. 또한 그들은 고장 난 아이팟을 스스로 고칠 수도 없을 것이다. 그렇다고 이들이 미국의 아동들보다 지능이 낮다고 할 수 있겠는가? 물론 그렇지 않다. 미국의 기준에서 성공 지능에 관련된 기술과 지식은 다른 문화권에서는 그렇게 가치 있는 것으로 여겨지지 않을 수 있다. 마찬가지로 미국에서 가장 똑똑한 아동이라도 태평양의 청소년들처럼 넓은 바다에서 작은 배를 운전할 수 있다고 보장할 수 없다. 모든 문화권은 똑똑하다는 것에 대한 나름의 독특한 정의를 가지고 있다. 미국 문화권에서 언어능력이 중시되듯이 브라질과 태평양 군도 문화권에서는 장사꾼의 계산법과 항해법이 중시된다(Sternberg & Kaufman, 1998).

브라질 아동들은 과일 혹은 캔디를 판다. 이들은 지폐의 숫자를 읽지는 못하더라도 장사는 할 수 있다.

뉴기니아 근처 태평양 섬의 청소년들은 수학을 정식으로 배우지 않았지만 작은 배로 수백 킬로미터를 항해할 수 있다.

요약표 8-1 지능에 대한 주요 관점의 특징

관점	특징
심리측정이론	지능은 일반 지능과 특수 요소로 이루어져 있다.
가드너의 다중지능이론	지능은 언어, 논리-수학, 공간, 음악, 신체운동, 개인 간, 개인 내, 자연, 존재 지능 9개로 이루어져 있다.
스턴버그의 성공 지능 이론	개인의 목표를 성취하는 데 필요한 성공 지능은 분석, 창의, 실용 능력으로 이루어져 있다.

〈요약표 8-1〉에 심리측정 관점, 가드너와 스턴버그의 지능에 대한 정의가 요약되어 있다. 이들의 이론 중 어느 것이 지능을 더 잘 설명하고 있는가는 아직도 논쟁 중이다. 그러나 분명한 것은 모든 개인들이 가지고 있는 지적 능력은 차이가 있으며, 다양한 검사들이 개발되어서 다양한 지적 능력을 측정한다는 것이다. 지능을 검사하는 도구들의 구성, 특징 및 한계점을 이제부터 설명하겠다.

 학습 확인

점검 심리측정이론은 지능에 대하여 어떻게 말하고 있는지 설명하시오.

스턴버그의 성공 지능의 특징을 요약하시오.

이해 지능에 대한 세 가지 이론은 인지 능력과 신체, 사회, 정서 발달이 어떻게 통합되어 발달한다고 하는지 비교, 설명하시오.

적용 이 장 초입에 소개된 4학년 역사를 가르치는 다이아나 선생님이 미국의 남북전쟁 수업을 할 때 가드너의 9개 지능을 촉진하는 수업운영을 어떻게 하는 것이 좋을지 생각해 보시오.

8.2 지능 측정

학습 목표

LO4 최초로 지능 검사가 개발된 목적은 무엇인가? 현대적 지능 검사의 특징은 무엇인가?

LO5 지능 검사의 의미는 무엇인가? 역동적 검사와 과거 지능 검사와의 차이는 무엇인가?

LO6 유전과 환경은 지능에 어떠한 역할을 하는가?

LO7 민족 및 사회경제적 지위는 지능 검사 점수에 어떻게 영향을 미치는가?

개요

비네와 지능 검사의 발달

IQ 점수의 특징

유전과 환경의 영향

민족과 사회경제적 지위의 효과

아프리카계 미국인이며 3학년인 샬렌은 학교에서 실시한 지능 검사에서 75점을 받았다. 이 결과에 따르면 샬렌은 정신적 지체라고 판단되어 특수 교육을 받아야 한다. 그러나 샬렌의 부모는 이를 받아들일 수 없다. 그들은 이 검사가 아프리카계 미국인 아동에게 불리하게 편향된 검사이며 이 점수는 아무 의미가 없다고 생각한다.

미국은 1890년과 1915년에 이주민들의 수가 급격히 증가하고 아동 노동이 금지되고 교육이 강조되면서 학교에 입학하는 아동들의 수가 크게 증가하였다. 학교에 재학하는 학생 수가 증가하였다는 것은 한 선생님당 가르쳐야 할 학생 수가 크게 증가하였다는 것을 뜻하며, 또한 과거에는 선택된 아동만이 학교에 입학한 것과 비교할 때 학생들의 학습 준비도가 상당히 미흡하다는 것을 의미한다. 따라서 이러한 아동들을 어떻게 교육할 것인가가 그 시절의 커다란 과제였다(Giordano, 2005). 이 장에서 지능 검사가 갑자기 늘어난 학교 인구와 관련된 문제를 해결하는 과정에서 구성되기 시작하였음을 알게 될 것이다. 또한 '현대적 지능 검사는 유용한가'의 문제와 인종, 민족, 사회계층, 환경과 유전이 어떻게 지능에 공헌하는가에 대하여 생각하면서 위의 샬렌의 경우를 어떻게 해석할 것인가에 대하여 학습할 것이다.

비네와 지능 검사의 발달

LO4 최초로 지능 검사가 개발된 목적은 무엇인가? 현대적 지능 검사의 특징은 무엇인가?

20세기 초반, 미국 교육의 과제는 미국만의 문제가 아니었다. 1904년 프랑스 교육부는 그 당시 유명한 심리학자 비네(A. binet)와 사이먼(T. Simon)에게 학교를 다닐 준비가 된 아이들을 진단할 수 있는 검사를 개발해 줄 것을 의뢰했다. 비네와 사이먼의 검사는 먼저 색 이름, 거꾸로 수 세기와 수의 이름 순서대로 외우기 등과 같은 3, 4, 5세에 당연히 수행할 수 있는 과제로 이루어졌다. **아동의 정신 연령(mental age, MA)은 특정 나이에 해결할 수 있는 문제의 난이도를 가리킨다.** 7세 된 아동이 평균적으로 해결할 수 있는 문제를 맞춘 아동의 정신 연령은 7이다.

비네와 사이먼의 정신 연령은 '똑똑한' 아동과 '둔한' 아동을 구분하는 데 사용되었다. 6세 된 똑똑한 아동은 9세 아동이 해결할 수 있는 문제를 해결하는 경우이고, 6세 된 둔한 아동은 4세 된 아동이 해결할 수 있는 문제를 해결하는 정도를 가리킨다. 비네와 사이먼은 똑똑한 아동이 둔한 아동보다 학교에서의 성취 수준이 높다고 확신하였다.

스탠퍼드-비네 검사 미국 스탠퍼드대학의 터먼(L. Terman)은 비네와 사이먼의 지능 검사를 수정하여 스탠퍼드-비네 검사를 1916년에 발표하였다. 터먼은 이 검사에서의 수행 정도를 **지능 계수**(intelligence quotient, IQ)로 표현하였으며, 이는 정신 연령 대 생활 연령(chronological age)의 비에 **100을 곱한** 것이다.

$$IQ = MA/CA \times 100$$

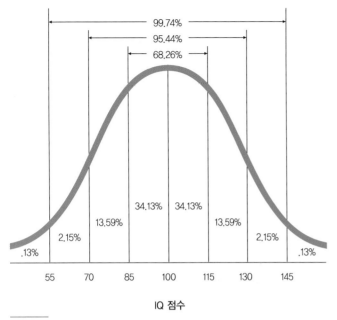

99.74%
95.44%
68.26%

34.13% 34.13%
13.59% 13.59%
2.15% 2.15%
.13% .13%

55 70 85 100 115 130 145

IQ 점수

그림 8-2

지능 계수가 100인 것은 어떤 연령에서든 평균적 능력을 의미하는데 이는 정신 연령과 생활 연령이 동일하기 때문이다. 이 지능 계수의 분포는 정상분포를 나타내서 검사를 받은 아동의 약 2/3가 지능 계수 85~115의 점수를 받고, 95%의 아동은 지능 계수 70~130 사이에 위치한다(그림 8-2 참조).

IQ 점수는 다른 연령의 아동들 간 지능을 비교하는 데도 사용된다. 정신 연령이 5인 4세 아동의 지능 계수는 125(5/4×100)이며 정신 연령이 10인 8세 아동의 지능 계수는 똑같이 125이다 (10/8×100).

그러나 지능 계수는 더 이상 이런 식으로 계산되지 않는다. 대신 동일 연령의 다른 아동들의 수행 수준과 비교하여 계산된다. 예를 들어서 자신의 나이에 해당되는 평균 정도의 수행을 보이면 이들의 지능 계수는 100이며, 평균보다 수준이 높으면 100 이상의 점수를 받게 된다. 또한 평균보다 못한 수행을 하게 되면 지능 계수는 100 이하가 된다.

교육자들은 1920년대까지 이 스탠퍼드−비네 검사를 상당히 열광적으로 사용하였다. 이들은 이 검사가 아동의 학교에서의 성공 여부를 꽤 정확하게 그리고 객관적으로 평가할 수 있는 검사라고 믿었다(Chapman, 1988). 거의 100년이 지난 현재에도 여전히 이 스탠퍼드−비네 검사는 인기를 누리고 있다. 최신 수정판이 2003년에 나왔으며, 이 검사는 인지 능력에서 동작 능력까지 다양한 능력을 아주 쉬운 수준에서부터 아주 어려운 수준까지 측정할 수 있다. 약 2세부터 성인까지 이 검사를 사용할 수 있으나 문항은 연령별 차이를 반영하였다. 예를 들어서 초등학교 입학 전 아동들을 위한 검사 과제는 사물의 이름 말하기, 구슬 꿰기, 일상생활에 대한 답하기, 종이접기 등으로 문항이 구성된다. 초등학교 저학년 아동들은 어휘, 추상적 문제 풀기, 혹은 임의적 암호문을 다시 읽어 보기 등의 과제를 풀도록 되어 있다. 검사 매뉴얼에 명시된 대로 검사자는 쉬운 문항에서 시작하여 점차적으로 문제를 더 이상 풀 수 없는 정도까지 검사를 시행한다. IQ 점수는 같은 연령 아동이 평균적으로 해결한 수와 비교하여 결정된다.

아동을 위한 또 다른 지능 검사는 웩슬러 지능 검사-IV(Wechsler Intelligence Scale for Children-IV, WISC-IV)와 간편형 WISC-IV가 있다. 스탠퍼드−비네 검사와는 달리 WISC-IV는 〈그림 8-3〉에서 보이듯이 언어 검사와 수행 검사 두 종류로 나뉜다. 아동은 언어 IQ, 수행 IQ와 이 두 종류의 IQ를 통합한 IQ 검사 점수를 받는다.

스탠퍼드−비네 검사나 WISC-IV 검사는 일대일 면접 방식으로 진행되는 점에서는 동일하다. 다른 검사들은 집단적으로 지능 검사를 할 수 있어서 많은 사람들의 지능 검사를 빠른 시간에 비용도 저렴하게, 훈련받은 심리 검사자가 아닌 보통 사람에 의하여 진행될 수 있다. 그러나 사진에서와 같이 개인 면접으로 진행되는 지능 검사는 아동의 동기와 집중력을 최적화할 수 있고 검사 수행에 영향을 미칠 수 있는 다양한 변인을 검사자가 관찰할 수 있는 기회가 있다는 장점이 있다. 즉 검사 진행자는 아동이 편안한 상태로 검사에 임하면 아동의 수행 수준은 이 아동의 능력을 평가하는 합리적인 수치가 될 수 있음을 확신할 수 있다. 반대로, 검사에 임하는 아동이 긴장하면 그가 최선을 다하지 못했을 것이라는 판단이 가능하다. 이러한 판단은 집단 검사에서는 불가능하다. 따라서 심리 검사자들은 집단 검사보다 개인 면접 검사를 선호하는 경향이 있다.

개인 면접 검사는 아동의 긴장을 최소화하여 아동이 검사에 집중하여 편안한 상태에서 검사에 임하는지를 알 수 있다.

WISC-IV의 척도별 지능 검사 문항의 예

언어 척도	정보 : 이 검사에서는 아동이 소지하고 있는 사실적 지식을 측정한다.
	1. 새의 날개는 몇 개인가?
	2. 수증기는 무엇으로 이루어져 있는가?

이해력 : 아동의 판단력과 상식을 측정한다.

1. 음식점에서 자신의 책을 두고 나가는 사람을 보면 어떻게 할 것인가?

2. 은행에 돈을 저금하면 어떤 점이 좋을까?

유사성 : 낱말 간의 유사성을 찾는 능력을 검사한다.

1. 사자와 호랑이는 어떤 점이 비슷한가?

2. 톱과 망치는 어떤 점이 비슷한가?

수행 척도 그림 배열 : 그림 카드를 아동 앞에 놓고 순서대로 이야기를 꾸며 보게 한다.

그림 완성 : 그림에서 빠진 부분을 찾아낸다.

그림 8-3

영아 지능 검사 스탠퍼드−비네 검사와 WISC-IV 검사로는 영아의 지능을 검사할 수 없다. 대신 베일리의 영아 발달 검사(Bayley, 1970, 1993, 2006)를 사용한다. 1~42개월까지 영아의 능력을 검사하는 베일리 검사는 인지, 언어, 동작, 사회정서 및 적응 행동 5개의 능력을 검사할 수 있도록 구성되어 있다. 동작 검사는 영아의 신체 조정 능력, 협응 능력 및 사물 조작 능력을 측정한다. 예를 들어서 6개월 된 아기는 검사자가 아기 앞에서 마루에 떨어뜨리는 사물을 향해 머리를 돌릴 수 있어야 하며 12개월 된 아기는 검사자의 행동을 따라 할 수 있어야 하며 16개월 된 아기는 세 개의 블록으로 쌓기를 할 수 있어야 한다.

IQ 점수의 안정성 지능이 안정된 특징이라고 하면 어린 시기의 IQ 점수는 이후의 IQ 점수를 예측하여야 한다. 똑똑한 아기로 판정되었으면 초등학생 때도 똑똑해야 하고 어른이 되어서도 똑똑해야 한다. 그러나 영아기의 지능 계수는 아동기, 청소년기 및 성인기에 획득된 지능 계수와 별 상관이 없다(McCall, 1993). 18~24개월 전의 IQ 점수는 이후의 IQ 점수를 예측하지 못한다(Kopp & McCall, 1982). 그렇다면 왜 아기 때 지능 점수는 아동기 혹은 성인기의 지능 점수를 예측할 수 없는 것일까? 가능한 설명은 아기 때 측정하는 검사의 내용과 아동기 및 성인기 때 측정하는 검사의 내용이 다르기 때문일 수 있다. 아기용 검사는 감각운동기술을 강조하며 언어, 사고 및 문제해결과 같은 인지적 과정에 대한 측정을 별로 하지 않는다.

아기 때 측정된 인지처리능력은 성장 후의 IQ 점수를 정확하게 예측하는가? 영아기 인지처리능력은 베일리 지능 검사 점수보다 성장 후 IQ 점수를 예측하는 것으로 알려져 있다. 아기 때 기억력은 중학생, 고등학생 때의 IQ 점수와 상관관계를 나타냈다(Bornstein, Hahn, & Wolke, 2013; Rose et al., 2012). 즉 아기 때 정보를 빠르게 처리하는 아기는 커서 똑똑한 아동이 될 가능성이 크다.

베일리 검사가 이후 아동기 지능을 예측할 수 없다면 이 검사는 왜 하는 것일까? 그 이유는 진단적 도구로서 유용하기 때문이다. 연구자 및 건강 전문가들은 베일리 검사가 아기들이 정상적으로 발달하고 있는가를 진단해 줄 수 있기 때문에 사용한다. 베일리 검사에서 낮은 점수를 받은 아기는 이후 발달에 문제가 있을 가능성이 크다(Luttikhuizen dos Santos et al., 2013).

영아기 때 측정된 지능이 아동기 지능 점수를 예측할 수 없다 하더라도, 아동기에 측정된 지능 점수는 후의 지능을 상당히 예측한다. 6세에 측정된 IQ 점수는 성인기 IQ 점수와 .7의 상관 계수를 보이는데(Brody, 1992; Kaufman & Lichtenberger, 2002) 이 수치는 꽤 높은 상관을 나타내는 것이며 또한 지능이 아동기 이후 꽤 안정적임을 보여 준다. 그러나 많은 아동들이 성장하면서 IQ 점수는 오르락내리락한다(McCall, 1993; Weinert & Haney, 2003).

IQ 점수의 특징

LO5 지능 검사의 의미는 무엇인가? 역동적 검사와 과거 지능 검사와의 차이는 무엇인가?

IQ는 "미국 사회에서 한 개인의 위치를 결정하는 가장 강력한 예측 변인이다"(Brody, 1992)라고 하듯이 다른 영역의 발달과 크게 관련되어 있다. IQ 검사는 학교 교육에의 적응도를 측정하도록 고안되어 있으므로 학업 성취도, 성적, 학업 정도가 .5~.7의 상관 계수를 보이는 것은 당연하다(Brody, 1992; Geary, 2005).

그러나 이것은 상관 계수 1에 비교하면 훨씬 못 미치는 수준인데, IQ 점수가 상당히 높은 아동일지라도 학교에서의 성적은 상위권이 아니며, IQ 점수가 낮더라도 학교 성적은 우수하다. 어떤 연구자들은 자기 통제력(self-discipline)이 IQ 점수보다 더 학교 성적과 관련이 있다고 한다(Duckworth & Carlson, 2013). 그러나 일반적으로 IQ 점수가 학교에서의 성공 여부를 꽤 예측하는 것으로 평가되고 있다.

IQ 점수는 학교에서뿐만 아니라 직장에서 보여 주는 능력을 유용하게 예측하는 것으로 평가되고 있다(Deary, 2012). IQ 점수가 높으면 높은 보수를 받으며 의학, 법, 공학계에서 높은 지위를 누릴 가능성이 크다(Oswald & Hough, 2012; Schmidt & Hunter, 2004). 동일한 학력을 가진 과학자 중 IQ가 높은 사람이 특허를 많이 내고 과학 잡지에 논문을 더 발표하였다(Park, Lubinski, & Benbow, 2008). 전문직에서 높은 보수를 받는 것은 학력과 관련이 있고 학력은 이미 IQ와 관련이 있으므로 IQ와 직업적 성공은 높은 상관을 보이는 것으로 해석될 수 있다. 비슷한 학력으로 진입하는 동일한 전문직 내에서도 IQ는 복잡한 일에 대한 높은 수행력과 수입을 예측한다(Henderson, 2010; Schmidt & Hunter, 2004). 예를 들어, 여름 방학 중 생물학 실험실에서 아르바이트를 하는 청소년이 있다 하자. 둘 중 IQ 점수가 높은 청소년이 관련 기술을 빨리 익히고 정확하게 수행할 가능성이 크다.

IQ는 수명과도 관련이 있어서 IQ가 높은 사람은 더 오래 사는 경향이 있다. 이것은 금연, 금주, 건강 관리, 식습관이 건강한 것으로 설명이 된다(Deary, 2012).

IQ 검사의 예측도를 높이는 역동적 지능 검사 스탠퍼드-비네 검사와 WISC-IV 검사와 같은 전통적인 지능 검사 도구들은 검사 시점까지 아동이 축적해 온 지식의 정도를 평가하는 경향이 있다. 즉 이 검사들은 아동이 갖고 있는 미래의 학습과 관련된 잠재적 능력을 평가하지는 않는다. 이 검사들의 기본적 가정은 지금까지 많이 배워 온 아동들이 미래에도 더 많이 배울 것이라는 것이다. 비평가들은 지능 검사가 미래의 학습에 대한 아동의 잠재력을 측정한다면 이것이 더 타당한 지능 검사가 될 것이라고 주장한다.

역동적 검사(dynamic assessment)란 검사자가 함께 있는 가운데 검사자의 도움을 받아서 새로운 것을 배울 수 있는 능력을 측정한다. 역동적 검사는 몇 가지 측면에서 전통적 검사와 다르다(Tzuriel, 2013). 먼저 전통적 지능 검사는 또래와 비교하여 아동의 능력을 예측하는 데 있으나 역동적 검사는 아동의 강점과 약점을 진단하는 데 있다. 전통적 검사는 표준화된 형식을 따르나 역동적 검사는 상호작용적이며 비고츠키의 근접발달영역(ZPD)과 스카폴딩의 개념에 기초한 것으로, 잠재 능력은 검사자와의 상호작용 및 도움을 통하여 새롭게 성취하거나 학습한 정도를 측정하는 것이다(Sternberg & Grigorenko, 2002). 마지막으로 전통적 지능 검사는 여러 영역을 측정하여 아동의 평균 능력을 측정하지만 역동적 검사는 아동의 최고 수행에 관심을 가지고 아동이 가장 잘 배울 수 있는 맥락을 알아내는 데 있다.

역동적 검사는 지적 장애 혹은 학습 장애를 가진 아동에게 가장 유익하다(242~243쪽에서 논의함). 전통적인 지능 검사에서 이런 아동은 대체로 낮은 점수를 받고 이 아동에 대한 유익한 정보를 얻을 수 없다. 그러나 역동적 검사는 아동이 가지고 있는 기술, 조건에 대한 정보와 강점을 촉진할 수 있는 맥락과 방법에 대한 정보를 얻을 수 있다(Tzuriel, 2013).

유전과 환경의 영향

LO6   유전과 환경은 지능에 어떠한 역할을 하는가?

전형적인 미국 초등학교 교실에는 IQ 점수가 120점 이상인 아동도 있고 80점대의 점수를 받는 아동도 있을 것이다. 같은 학년의 초등학생들 사이에서 40점의 지능 점수 차는 어디에서 비롯된 것일까? 여기에는 유전의 역할도 있을 것이고(Bouchard, 2009), 환경의 역할도 있다(Bronfenbrenner & Morris, 2006).

지능에 영향을 미치는 유전에 대한 것은 〈그림 8-4〉의 그래프에 나타나 있다. 유전이 지능에 영향을 미친다면 형제들 간 지능 점수의 상관성이 높아야 할 것이다(Plomin & Petrill, 1997). 그렇다면 일란성 쌍생아는 유전적으로 아주 동일하므로 이들의 지능 점수는 동일해야 하며, 상관 계수는 1을 나타내야 한다. 반면 이란성 쌍생아는 50%의 유전자가 동일하므로, 형제간 지능 점수의 상관계수와 같을 것이다. 또한 이들의 지능 상관 계수는 일란성 쌍생아 간의 계수보다 낮고, 생물학적으로 같은 부모를 둔 형제간의 계수와 같아야 하며, 입양된 형제간의 계수보다 높아야 한다. 이 그래프가 이러한 가정을 지지하고 있다.

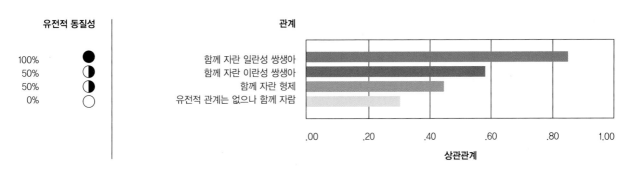

그림 8-4

입양 아동의 지능에 대한 연구도 유전의 영향을 확증해 준다. 유전이 지능을 결정한다면, 입양된 아동의 지능 점수는 입양 부모보다는 친부모의 지능 점수와 더 관련이 있어야 한다. 입양된 아동과 친부모 간 지능 점수의 상관 계수는 청소년에 이르기까지 입양된 부모와의 상관 계수보다 크다. 또한 입양 아동이 성장할수록 이들의 지능은 친부모의 지능을 더욱 닮아 간다(Plomin & Petrill, 1997).

그렇다면 이러한 사실들은 유전만이 지능의 결정 요소임을 의미하는 것인가? 그렇지 않다. 환경이 지능에 미치는 영향의 중요성을 보여 주는 연구는 세 종류로 나뉜다. 첫째, 가족 환경에 대한 연구이다. 지능이 온전히 유전의 영향을 받는다면 환경은 지능에 영향을 주지 않아야 한다. 그러나 부모의 행동과 가정환경은 아동의 지능과 관련이 있음을 우리 모두 알고 있다. 즉 지능 점수가 높은 아동들은 부모가 자녀와 대화를 많이 하며 박물관과 같은 지적 자극이 될 만한 체험을 많이 제공하며 책, 퍼즐 게임과 같은 자료를 많이 제공한다(Nisbett et al., 2012).

둘째, 지능 점수가 시대의 흐름과 함께 변화되고 있다는 연구이다. 20세기 동안 지능 점수는 아주 많이 상승되었다(Flynn & Weiss, 2007). 예를 들면 지난 25년 동안 WISC 점수가 10점 상승되었다(Flynn, 1999). 유전으로는 이러한 급격한 변화를 설명할 수 없다. 이는 환경에 의한 결과라고 볼 수밖에 없다. 이는 삶의 여유를 즐기고 보다 많이 교육받은 가족의 증가를 반영한 것으로 해석될 수 있다(Nisbett et al., 2012). 무엇이 IQ 점수를 높였는지 정확한 원인에 대한 것은 분명하게 밝혀지지 않았으나, 변화하는 환경이 지능에 영향을 주는 것은 분명하다.

환경이 지능에 영향을 끼친다는 세 번째 유형의 연구는 경제적으로 열악한 환경에 놓인 아동들에 대한 보상 교육의 효과에 관한 것이다. 보상 교육을 받지 않고 바로 유치원 혹은 초등학교에 입학하는 빈곤층 아동들은 학교 생활에 필요한 지식과 능력이 상당히 부족하다. 따라서 다른 또래에 비하여 학업 성취에서 뒤처진다. 이를 위하여 국가에서 빈곤을 없애고자 하는 정책의 일환으로 빈곤 계층의 아동들이 유치원 입학 전에 보상 교육을 받을 수 있게 하였다.

아동 발달과 가족 정책

헤드스타트 프로그램 : 학교 입학 전 먼저 출발하기

헤드스타트(Head Start) 프로그램은 저소득층 가정에 있는 유아들의 발달을 촉진하는 데 40년 이상을 기여해 왔다. 이 프로그램의 배경은 두 가지로 요약될 수 있다. 먼저, 1960년대 초반 아동 발달 연구가들은 그때까지 강조되어 왔던 것 이상으로 환경의 영향의 중요성을 크게 강조하였다. 한 영향력 있는 리뷰(Hunt, 1961)는 지능에 영향을 미치는 경험에 대한 연구를 탐색하고, 환경에 의한 지능 발달의 정도가 크다는 결론을 내렸다. 이에 더해 테네시 주에서 저소득층 가정의 유아를 위해 1년간 여름 방학 중 매주 가정 방문을 하고 학교 교육을 병행한 프로그램이 이들의 지능과 언어능력을 향상시켰다는 발표도 있었다(Gray & Klaus, 1965). 이것이 앞의 리뷰를 지지하게 되었다.

두 번째 배경은 정치적 이유와 관련되었다. 1964년 린든 존슨 대통령은 '빈곤과의 전쟁'을 시작하였고, 경제기회국(OEO)이 이를 추진하게 되었다. 이 프로젝트의 대상은 대개 성인이었으나, 성인을 위한 프로젝트가 납세자들에게 크게 설득력을 발휘하지 못할 것이라고 판단한 당시의 경제기회국장인 슈라이버는 아동을 대상으로 한 프로젝트가 더 적절하다고 생각하였다. 즉 빈곤은 성인 당사자의 책임인데 이들을 위하여 국가 세금을 쓰는 것은 낭비라는 비판을 받을 것이라고 우려한 것이다. 슈라이버는 본인 자신이 시카고 학교 위원회 회장으로서 어린 아동들을 대상으로 한 프로젝트에 익숙하였고, 그의 아내도 대통령 직속 정신지체위원회 위원(President Panel on Mental Retardation)이었다(Zigler & Muenchow,

1992).

슈라이버는 처음에는 가난한 가정의 1학년 입학 아동을 대상으로 한 프로그램을 마음에 두고, 1964년 12월 의학, 사회복지, 교육학 및 심리학 전문가 위원들 14명과 회의를 시작하였다. 그 후 6주간에 걸쳐 유아들의 건강과 교육을 위한 총체적 프로그램을 구성하였다. 1965년 5월에 존슨 대통령이 헤드스타트 프로그램의 시작을 발표하고 그해 여름에 50만 명의 유아가 이 프로그램에 등록하였다. 이후 이 프로그램은 계속되어 현재 가난한 가정 출신의 유아 약 100만 명에게 프로그램을 제공하고 있으며 지금까지 약 3,000만 명의 유아가 혜택을 보았다(Administration for Children and Families, 2013).

그러면 이 프로그램은 어떻게 학령 전 아동의 필요를 충족시키는가? 이에 대한 답은 그리 간단하지가 않다. 1960년대 이 프로그램이 시작된 이래로, 프로그램은 각 지역사회의 특성과 요구에 맞게 적용되어서 어느 프로그램도 동일하지 않다. 그러나 우수한 질의 헤드스타트 프로그램은 아주 효과적인 것으로 평가되고 있다. 옆의 사진과 같이 우수한 헤드스타트 프로그램을 경험한 아동들은 건강하며 초등학교에서 아주 잘한다(Ludwig & Phillips, 2007; Protzko, Aronson, & Blair, 2013). 예를 들어, 헤드스타트 졸업자들은 유급할 가능성이 적으며 특별반에 배정될 확률도 낮고 고등학교 졸업률도 높다.

캐롤라이나 기초 프로젝트(Carolina Abecedarian Project)는 대표적인 성공 사례이다(Campbell et al., 2001; Ramey & Campbell, 1991; Ramey & Ramey, 2006). 이 프로젝트는 중졸 학력과 평균 IQ 85와 수입이 거의 없는 아프리카계 미국인 어머니의 자녀 111명을 대상으로 한 프로젝트이다. 111명을 두 집단으로 나누어 한 집단에는 4개월부터 5세까지 보상 프로그램을 실시하고 다른 집단에선 특별한 프로그램을 제공하지 않았다. 보상 프로그램은 지능, 언어, 사회 발달을 자극하고 학교 준비 교육이 강화되었다.

우수한 질의 헤드스타트 프로그램은 효과적이다. 이 프로그램 출신 아동들은 학업 중도 포기 비율이 적고 고등학교까지 학업을 마칠 확률이 높다.

보상 프로그램을 경험한 집단은 초등학생 때와 중 · 고등학생 때 실시된 인지 검사에서 높은 점수를 받았고(Campbell et al., 2001) 성인이 되어서는 대학을 졸업하였고 전일제 직업을 가지고 있었다(Campbell et al., 2012).

보상 프로그램은 분명 효과가 있다. 물론 장기간 투자된 비용도 크다. 그러나 가난, 실직에 따른 사회적 비용도 크다. 한 분석에 의하면 보상 프로그램에 대한 사회적 투자는 이것이 결여되었을 때 낳을 실직, 범죄, 경제적 손실에 비하면 작은 것이라고 한다(Bartik, Gormley, & Adelstein, 2012; Reynolds et al., 2011). 이러한 보상 프로그램은 학력 부진, 학교 중퇴, 실직 등 악순환의 고리를 끊어 줄 가능성을 보여 준다.

민족과 사회경제적 지위의 효과

LO7 민족 및 사회경제적 지위는 지능 검사 점수에 어떻게 영향을 미치는가?

미국은 민족마다 지능 검사 점수의 평균이 다르다. 아시아계 미국인이 제일 높은 평균을 보이고, 그다음이 유럽계 미국인, 히스패닉계 미국인 그리고 아프리카계 미국인의 순서로 나타난다(Hunt & Carlson, 2007). 이러한 차이는 어느 정도 사회경제적 지위를 반영한 것이기도 하다. 경제적으로 넉넉한 가정의 아동들은 그렇지 않은 가정의 아동들보다 지능 점수가 높다. 유럽계 미국인과 아시아계 미국인들은 경제적으로 넉넉한 편인 반면, 히스패닉계와 아프리카계 미국인은 경제적으로 열악한 경향이 있다. 그러나 사회경제적 지위를 동일시하고 각 민족 간 지능 점수의 평균을 비교하여도 여전히 차이가 존재한다(Magnuson & Duncan, 2006). 다음에 이에 대한 설명 네 가지가 제시되어 있다.

유전자 앞에서도 지능은 유전에 의하여 영향을 받는다고 하였다. 똑똑한 부모 밑에 똑똑한 자녀가 있다. 그러면 민족 간 지능 점수의 차이도 유전에 의하여 설명되는 것일까? 답은 '아니다'이다. 대부분의 연구가들은 특정 민족이 더 똑똑한 '유전자'를 가졌다는 증거가 없다는 데 동의한다. 오히려 환경적 차이가 이에 대한 적절한 설명이라고 본다(Nisbett et al., 2012).

이를 잘 드러내는 유명한 비유가 있다(Lewontin, 1976). 두 가지 품종의 옥수수가 있다고 하자. 각 품종은 키가 크게 자랄 수도 있고 작게 자랄 수도 있다. 키가 크는 문제는 유전자로 결정되는 품종과 관련이 있다. 한 품종이 좋은 토양에서 자라게 되면, 유전적으로 자랄 수 있는 키의 한계 끝까지 자랄 수 있다. 그러나 나쁜 토양에서 자라면 유전적으로 갖고 있는 키의 한계에 도달할 만큼 크게 자라지 못한다. 즉 키는 유전 요인에 의하여 결정되는 것이라고 할지라도 이것은 자라는 토양처럼 환경에 의해서도 크게 영향을 받는다. 마찬가지로 IQ는 유전자의 영향을 받지만 환경에 따라서 낮을 수도 있고 높을 수도 있다.

검사 내용의 친숙성 몇몇 연구자들은 민족 간 지능 점수의 차이는 검사 편견에 기인한 것이라고 주장한다. 즉 검사 내용은 검사 개발자의 문화적 배경을 반영하는데, 이들 대부분이 경제적으로 넉넉한 유럽계 미국인에게 친숙한 배경 및 문화를 반영하여, 이들과 다른 배경을 갖는 집단에게는 검사가 불리하다고 주장한다(Champion, 2003). 그들이 주장하는 문화적 편견이란 다음과 같은 것이다.

지휘자 : 교향악단＝교사 : (   )

위와 같은 문제에 대하여 교향악단을 경험한 아동은 그렇지 않은 아동에 비하여 답을 생각해 낼 가능성이 크다.

검사의 편견에 대한 문제는 문화적 편견이 제거된 지능 검사(culture-fair intelligence tests) **개발을 시도하게 하였다.** 레이븐의 진행 행렬(Raven's Progressive Matrices) 검사는 〈그림 8-5〉와 같은 내용을 담고 있다. 이 문제는 그림에서 빠진 부분과 어울리는 그림을 찾는 것이다(이 경우, 답은 6번). 이러한 종류의 검사 내용은 특정한 경험을 하지 않고도 답을 맞힐 수 있다. 그러나 이러한 문화적 편견이 제거된 지능 검사에서도 여전히 민족에 따라서 점수 차이가 있다(Anastasi, 1988; Herrnstein & Murray, 1994). 즉 문항 내용에 대한 친숙성 자체가 집단 간 지능 점수의 차이를 설명하는 것이 아니라는 추론이 가능하다.

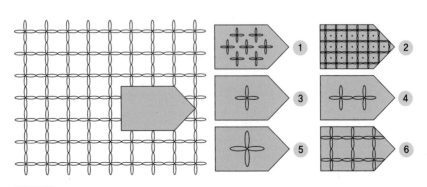

그림 8-5

고정관념 낙인 사람은 자신이 특정 기술이 부족하다고 알려진 집단에 속해 있다고 의식하면, 그에 대한 고정관념 의식에 의해 실제 행동 시 제 실력을 맘껏 발휘하기 어려울 수 있다. **이를 자기 예측 가설(self-fulfilling prophecy)이라고 하는데 이에 의하면 수행에 불안감을 느껴서 결과적으로 수행 수준이 만족스럽지 않게 되는데 이를 고정관념 낙인(stereotype threat)이라고 한다.** 지능의 경우, 10세 된 유럽계 미국인이 영재 교육 프로그램에 등록하기 위하여 지능 검사를 받을 때, 시험을 잘 못 치르면 이 프로그램에 등록할 수 없을 것이라는 것에만 불안해한다. 반면 아프리카계 미국인 아동은 위와 같은 불안감에 추가하여 자신이 지능 검사에서 점수가 낮은 아프리카계 미국인 출신이라는 것을 의식하고 결과적으로 불안감이 증가되어 제대로 검사에 집중할 수 없게 된다는 것이다(Suzuki & Aronson, 2005). 같은 논리로 아프리카계 미국 아동은 시험을 치를 때 자신이 잘할 수 있을 것이라고 스스로를 격려하고 환기하면 고정관념 낙인이 감소할 수 있다(Sherman et al., 2013). 다음 "집중 연구"에서 검사는 능력을 평가하는 것이 아니라 새로운 것을 배우는 것이라고 언질을 들을 경우 고정관념 낙인 혹은 불안이 감소하였다는 것을 제시하였다.

집중 연구

고정관념 낙인 효과 감소시키기

- **연구자 및 연구 목표** 고정관념 낙인 효과는 자신의 수행 수준이 고정관념과 일치할 것이라 생각할 때 일어난다. 따라서 이 효과를 없애려면 연구 참가자에게 수행 정도는 고정관념과 관련이 없는 것이라고 이해시키면 될 것이다. 얼터와 그의 동료들(Alter et al., 2010)은 이것을 검증하고자 하였다.

- **연구 방법** 연구 참여자들은 표준화된 수학 검사 10문제를 풀게 하였는데 참여자 반은 문제를 풀기 전 수학실력을 테스트하는 것이라는 말을 들었고, 나머지 반은 학교 수학을 더 잘할 수 있도록 돕기 위한 것이라는 말을 들었다. 또한 첫 번째 집단은 검사불안을 유지시키기 위하여 문제를 풀기 전 자신의 수학실력에 대하여 보고하도록 하였고 두 번째 집단은 이들의 문제풀이에 영향을 주지 않기 위하여 문제를 다 푼 이후에 점수를 듣도록 하였다.

- **연구 대상** 초등학교 4~6학년 아프리카계 미국인 아동 49명이 참여하였다.

- **연구 설계** 이 연구는 첫 번째 독립 변인은 문제풀이가 수학실력을 확인하는 것과 학교 교육에 도움이 되기 위해 참여하는 것이고 두 번째 독립 변인은 수행정도를 문제풀이 전에 하는 것과 이후에 하는 것으로 이루어진 실험 연구 설계이다. 종속 변인은 수학 문제를 정확하게 푼 점수이다. 4~6학년 아동이 참여하였으나 연령 차이는 연구 주제가 아니었으므로 이것은 종단 연구가 아니다.

- **윤리적 문제** 부모의 연구 참여 동의서를 받았고 수학 문제는 학교에서 흔히 사용하는 문제이므로 윤리적 문제는 없다. 또한 고정관념 낙인 효과가 없게 하기 위하여 모두 문제풀이를 잘할 것이라는 이야기를 들었다.

- **결과** 〈그림 8-6〉에 4개의 조건별 결과가 나와 있다. 점수가 가장 낮은 집단은 수학실력을 알아보기 위한 것이라는 이야기를 듣고 자신의 수학실력을 미리 이야기하도록 한 집단으로 고정관념 낙인 혹은 검사불안의 효과를 증명하고 있다. 반대로, 검사는 학습을 돕기 위한 것이라고 들은 집단의 점수가 가장 높았다.

- **결론** 자신이 잘 못하는 집단에 소속되어 있다는 것을 기억하고 경쟁에 참여해야 한다는 것은 부담을 더 주어 수행을 더 못하게 만든다. 반면에 부담 혹은 검사불안을 제거한 후 검사에 임하면 수행수준은 더 높아진다. 이는 비

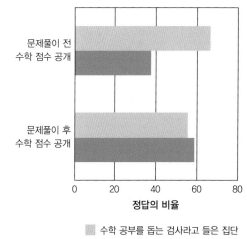

그림 8-6

용이 크게 들지 않으므로 고정관념 낙인 효과를 중재할 수 있는 효과적인 방법이다(Alter et al., 2010, p. 170).

• **함의 및 적용** 수학문제에 대한 불안 혹은 관념을 다르게 생각하면 고정관념 낙인을 극복할 수 있다. 고정관념 낙인 혹은 검사불안을 감소시킬 수 있는 다른 집단(예 : 여성과 수학)에게도 이것의 효과를 적용해 보는 것도 의미가 있을 것이다.

검사에 임하는 태도 어떤 문화는 다른 사람과의 협력에 의하여 문제를 푸는 것을 격려하고 개인 혼자 두드러지는 것을 가치 있게 여기지 않는다. 또한 잘 모르는 어른이 묻는 것에 대하여 대답하는 것을 꺼릴 수도 있으며 경제적으로 어려운 가정 출신의 아동들은 검사자가 질문한 것에 대하여 많은 경우 "잘 몰라요."라고 대답하는 경향이 있다. 이러한 반응은 명백히 검사 점수를 떨어뜨리게 된다. 이런 아동들에게 시간을 충분히 허락하고 긴장이 풀리면, "잘 몰라요."라는 대답 대신 상당히 정확하게 답을 하는 경향이 있다(Zigler & Finn-Stevenson, 1992).

결론 : 검사 점수의 해석 검사에는 어쨌든 문화적 특징이 반영되는 것이라면 검사 점수의 결과를 어떻게 해석하는 것이 마땅한가? 검사란 특정 문화 맥락에 대한 적응도를 평가하는 것이다. 대부분의 지능 검사는 학교라는 맥락에서의 성공 정도를 평가하는 것이고 이는 중류계층의 가치를 반영하는 것이다. 아프리카계 미국인, 히스패닉계 미국인 혹은 유럽계 미국인 등 특정 민족에 상관없이 지능 검사에서 높은 점수를 받는 아동은 중산층의 가치에 근거한 학업에 필요한 인지적 능력을 가지고 있다고 볼 수 있다(Hunt & Carlson, 2007). 반면 앞의 샬렌처럼 지능 점수가 낮으면 그러한 능력이 부족하다는 것이다. 그렇다면 샬렌이 이 지능 검사 점수가 낮다고 하여 학교에서 실패할 것이라는 예측이 합당한가? 대답은 '아니다'이다. 대신 현재 그의 지능 점수에 의하면 그가 학업 성취에서 잘할 가능성이 떨어진다는 것일 뿐이고 샬렌에게 필요한 기술을 향상시킨다면 학교에서의 수행도 향상될 것이다.

특정 집단 간 지능 검사 점수의 차이는 사실 동일한 집단 내 구성원 간의 점수 차이에 비하여 아주 작다는 것을 강조하면서 이 절을 마무리하고자 한다(Sternberg, Grigorenko & Kidd, 2005). 즉 어떤 민족 집단에서건 매우 높은 지능 점수를 갖는 아이가 있는 것만큼 아주 낮은 지능 점수를 갖는 아이가 있다. 그러면 다음 장에서는 이러한 극단적 능력을 가지는 아동들에 대하여 기술하겠다.

 학습 확인

점검 현대적 지능 검사는 어떠한 특징이 있는가?

민족 간 지능 평균 점수의 차이가 왜 존재하는가를 설명하시오.

이해 유전과 환경 각각이 지능에 영향을 주는 증거에 대하여 설명하시오.

적용 저소득층 가정의 학령 전 아동을 위한 지원을 중지하려는 움직임이 있다고 가정하고 이러한 지원이 아동, 가정, 사회에 얼마나 큰 이익을 주는가를 설득하는 편지를 써 보시오.

8.3 특수 아동 및 그들의 요구

학습 목표

LO8 영재아의 특징은 무엇인가?

LO9 장애의 종류에는 어떠한 것이 있는가?

개요

영재아

장애아

2학년인 싼짓은 두 종류의 지능 검사를 받았는데 모두 평균 이상의 점수를 받았다. 그럼에도 불구하고 그는 글자를 하나도 읽지 못한다. 그의 부모는 그를 안과의사에게 데려가서 검안을 하였으나 시력은 1.5/1.5로 눈에는 아무 이상이 없었다. 그러면 도대체 무엇이 문제인가?

인류는 오래전부터 특별하게 우수한 지적 능력을 보이는 사람뿐만 아니라 지적으로 문제가 있는 사람들을 인지하여 왔다. 우리는 현재 극단적인 인간 능력에 대하여 많이 알고 있다. 이 절은 먼저 영재아에 대하여 살펴보고, 장애를 가진 아동에 대하여 기술한 후, 싼짓이 왜 읽지 못하는가에 대하여 설명할 것이다.

영재아

LO8 영재아의 특징은 무엇인가?

사진의 주인공인 버니는 평범한 중류계층 가정의 12세 아동이다. 그는 축구 팀에서 골키퍼를 하고 토요일마다 피아노 레슨을 받고 교회 성가대에서 노래하고, 롤러브레이드 타는 것을 즐긴다. 그러나 지능과 학업 성취 분야에서는 평범한 아이가 아니다. 그는 지능 검사에서 175점을 받았고, 현재 대학교 미적분 수업을 수강하고 있다. **버니는 지능이 130 이상 되는 아동들을 지칭하는 영재아**(gifted)**이다**(Horowitz & O'Brien, 1986).

전통적으로 영재성은 지능 점수로 판정되어 왔기 때문에 이 특별한 능력은 대개 학업 성취와 관련이 컸다. 그러나 영재성에 대한 현대적 정의는 더 넓은 의미로 확장되어서 음악, 미술, 글쓰기 및 춤과 같은 분야에서 특별한 능력을 보이는 아동도 영재라고 한다. 그 분야가 음악이든 수학이든 이 특별한 재능은 다음과 같은 특징을 갖는다(Subotnik, Olszewski-Kubilius, & Worrell, 2011; Winner, 2000).

아동이 재능을 보이는 분야가 수학, 음악, 체육에 관계없이 영재아는 공통적인 특징이 있다(Subotnik et al., 2011). 반드시 머리가 좋지 않을 수 있으나 재능을 보이는 분야에서는 특별난 능력을 보인다. 특정 영역에 대하여 비상한 관심을 가지며 이를 완전 정복하고자 하는 의욕이 크다. 영재아는 새로운 생각, 행동을 보이며 창의적인 특징을 보인다. **창의성은 한 가지 정답에 관한 것이 아니라 새롭고 특이한 사고 특징을 나타내는 발산적 사고**(divergent thinking)**와 관계가 있다**(Callahan, 2000). 〈그림 8-7〉에서 보이듯이 평범한 자극인 동그라미를 기발하고 새롭게 창안할 수 있다.

특별한 재능은 반드시 개발되어야 한다. 부모의 지원과 격려가 없다면 혹은 적절한 자극과 도전하는 교사가 없으면 아동의 재능은 사그라든다.

과거에는 영재성을 판별하기 위하여 지능 검사 점수에만 의존하였으나 요즈음은 학업 능력뿐 아니라 예술, 체육 등 다양한 영역에서의 재능을 기준으로 영재성을 판별한다.

그림 8-7

영재아는 자신의 능력에 도전하는 교육 과정이 필요하며, 자신들의 흥미와 호기심을 공유하는 또래가 필요하다(Subotnik et al., 2011). 필요한 지원을 받은 영재아는 놀라운 성취를 보인다. 25년간 진행된 영재아에 대한 종단 연구에 의하면 학업 성취뿐만 아니라 성인이 되어서도 연구된 영재아 15% 이상이 40세가 되기 전 특허를 가지고 있는 것과 같이 성공적인 경력을 가지고 있었다(Kell, Lubinski, & Benbow, 2013).

"아동의 삶 향상시키기"에 아동의 창의성 향상을 위한 부모와 교사의 역할이 제시되어 있다.

아동의 삶 향상시키기

창의성 계발

아래는 아동의 창의성을 촉진하는 가이드라인이다.

1. 위험을 감수하도록 격려한다. 새로운 아이디어가 모두 의미 있는 것은 아니다. 어떤 것은 너무 엉뚱하여 전혀 실효성이 없을 수도 있다. 그러나 반복적으로 새롭고 독특한 방식으로 생각하게 하는 것은 아동이 독특한 생각을 할 수 있는 기회가 된다.

2. 상식에 대한 대안을 생각해 보도록 아동을 격려한다. 예를 들면 "만약 차가 없다면 우리의 삶은 어떻게 될까?" 혹은 "저녁에 아침을 먹고 아침에 저녁을 먹는다면 어떻게 될까?" 등이다.

3. 열심히 일하는 아동을 칭찬하라. 격언에 있듯이 창의성은 1퍼센트의 영감과 99퍼센트의 땀 흘리기에 의하여 창조된다. 초기의 창의적 직감은 그것에 뒤따르는 정교화와 노력에 의하여 의미 있는 결과물이 나온다.

4. '나는 창의적이지 않다'라고 하는 심리적 장애를 극복하도록 돕는다. 아동들은 다른 사람은 창의적이라도 자신은 그렇지 않다고 믿는 경향이 있다. 위와 같은 가이드라인을 따르는 누구나가 창의성을 발휘할 수 있다고 믿게 하라.

영재아는 정서적으로 미숙하고 또래와 잘 지내지 못한다는 고정관념이 있다. 그러나 실제로 영재아 혹은 영재 성인은 또래아보다 성숙한 경향이 있으며 정서적 문제도 적다(Simonton & Song, 2009; Subotnik et al., 2011). 영재 성인은 직업, 사회 관계, 삶 전반에 대한 만족도가 높다(Lubinski et al., 2006).

영재성은 인간 능력의 한 극단을 보여 준다. 또 다른 편의 극단은 장애인데 지금부터 이것을 논의할 것이다.

장애아

LO9   장애의 종류에는 어떠한 것이 있는가?

아버지 이름이 데이빗이기 때문에 그는 '어린 데이빗'이라고 불리는데, 그는 네 형제 중 제일 맏이다. 첫돌이 되기 며칠 전 혼자 앉게 되었고, 2세가 되어 걷기 시작했으며 3세에 첫 단어를 발화하게 되었다. 5세가 되었을 때 또래에 비하여 발달적으로 상당히 지체되었는데, 그는 21번째 염색체에 장애가 있는 다운증후군 아동이며 정신장애아이다.

지적 장애아   다운증후군은 **지적 장애**(intellectual disability)를 보이는데 지적 장애는 **18세 이전에 정신**

활동에 문제가 있으며, 환경에 적응하는 데 문제가 있다. 정신활동에 문제가 있다는 것은 스탠퍼드-비네 검사에서 지능 점수가 70점 이하임을 뜻한다. 적응 행동은 문해, 돈과 시간에 대한 이해, 사회적 관계, 개인위생 등을 의미한다. 부모 혹은 양육자를 면담하여 일상생활에 대한 적응 정도를 측정한다. 나이가 18세 이하이면서 적응행동에 문제가 있고 지능 점수가 70 이하일 경우 지적 장애로 진단된다(AAIDD Ad Hoc Committee on Terminology and Classification, 2010).*

정신장애의 원인은 네 가지가 있다.

- 염색체 이상, 영양실조, 뇌 상해와 같은 생리의학적 요인
- 가난, 왜곡된 부모-자녀 상호작용과 같은 사회적 요인
- 아동 유기, 가정 폭력과 같은 행동적 요인
- 실조된 부모 역할과 부적절한 특수교육과 같은 교육적 요인

위의 요인 하나하나가 반드시 정신장애를 낳는 것은 아니다. 대신 이 요인들이 합쳐지면 정신장애로 발달될 가능성이 크다(AAIDD Ad Hoc Committee on Terminology and Classification, 2010). 즉 다운증후군이면서 부모가 가난하고 적절한 특수교육을 받지 못하면 정신장애로 발달할 가능성이 커진다.

여러 가지 원인이 복합될 때 정신장애로 발전한다는 것은 이 장애의 유형이 일반 사람의 유형만큼 다양함을 암시한다. 이 장애의 다양성은 그들에게 제공되는 지원의 종류와 지원의 양으로 설명될 수 있다. 정신장애를 가진 사람들 중 어떤 사람은 스스로 할 수 있는 것이 거의 없어서 일반 가정이 아닌 기관에서 옷 입기, 먹기, 화장실 이용하기 등 자조행동을 교육받고 지원받아야 한다(Reid, Wilson, & Faw, 1991). 반면 일반아와 같은 속도로 학습할 수는 없어도 학교에 다니고 직업훈련, 사회적 기술을 교육받아 사회의 일원으로서 생활이 가능한 정신장애아도 있다(Ellis & Rusch, 1991).

학습 장애아 지적 장애아는 평균 이하의 지능을 나타낸다. 그러나 지능이 정상인데도 학습이 어려운 아동들이 있다. 이런 아동은 **학습 장애**(learning disability)를 갖고 있는데, 이들을 진단하려면 다음과 같은 요건이 만족되어야 한다. **(a)** 교과목을 학습하는 데 어려움이 있고, **(b)** 지능은 정상이며, **(c)** 감각 장애와 같은 문제가 전혀 없는데도 학습에 어려움이 있다.

미국에서 학교에 다니는 연령대의 약 5%인 300만 명이 학습 장애로 분류된다. 이들에 대한 진단 및 비율 등은 여전히 논쟁 중이지만(Torgesen, 2004) 동의된 사항은 세 종류의 장애에 대한 것이다(Hulme & Snowling, 2009). 이는 발달적 난독증(developmental dyslexia)이라고 불리는 읽기에 어려움이 있는 장애와, 글을 읽는 것은 문제가 없으나 내용을 이해하는 데 어려움이 있는 독해장애(impaired reading comprehension), 마지막으로 수학 학습에 장애를 보이는 발달적 난산증(developmental dyscalculia)이다.

난독증 아동은 말소리를 구분하는 데 어려움이 있다.

학습 장애는 각 유형마다 독특한 원인이 있으므로(Lanclerl et al., 2009) 장애의 유형마다 교육적

---

* 지적 장애는 과거에는 정신지체라고 불렸고 미 연방정부와 주정부는 여전히 이 용어를 주로 사용한다. 그러나 정신지체는 개인 자체에 문제가 있는 것을 암시하는 반면 지적 장애는 개인이 가진 능력과 환경과의 낮은 적합도에 초점을 맞추고 있다(AAIDD Ad Hoc Committee on Terminology and Classification, 2010, p. 13).

질문 8.3
라이언 씨의 8세 딸은 발달적 난독증인 것으로 판정되었다. 그는 자신의 딸이 난독증으로 판정된 것은 그저 제도적인 측면에서만 멍청하다는 뜻이라고 생각한다. 그의 생각에 대하여 당신은 어떻게 생각하는가?

노력이 다르다. 발달적 난독증은 학습 장애에서 가장 흔한 유형인데 이들은 낱자의 음성 인식에 문제가 있어서 'bis'는 'bep' 혹은 'dis'와 같은 소리로 들린다(Ziegler et al., 2010).

이들에게는 음운 인식(7.3절에서 논의)을 민감하게 할 수 있는 활동이 도움이 되고, 글자의 소리를 반복적으로 연습하면 많이 좋아진다(Hulme & Snowling, 2009).

독해 장애는 "그 남자는 버스를 타고 직장에 갔습니다"와 같은 글을 읽는 데는 문제가 없지만 '남자는 무엇을 타고 갔는가?', '남자가 간 곳은 어디인가?'와 같은 질문에 답을 못한다. 아래 "주목할 만한 이론"에 독해 장애의 원인이 무엇인지가 제시되어 있다.

주목할 만한 이론

난독증은 언어 장애에 원인이 있다

배경 7.3절에서 읽기는 글자의 소리를 읽는 것과 문장과 단락의 의미를 이해하는 과정이 포함된다고 하였다. 발달적 난독증은 글을 읽는 것에는 문제가 있으나 독해 장애는 글을 읽는 것에는 어려움이 없으나 그 의미를 이해하지 못하는 것이다.

이론 마가렛 스노울링, 찰스 흄과 그의 동료들(Snowling, Hulme et al., 2011, 2012; Clarke et al., 2014)은 독해 장애를 간단한 독서 모델(Simple Model of Reading)로 설명한다. 이 모델에 따르면 글은 해독의 과정을 통해 말로 전환되고 이는 다시 언어 이해 과정을 통해 독해된다. 즉 독해는 단어의 의미와 문법에 대한 지식의 도움을 받아 처리된다. 즉 독해 장애아는 어휘력과 문법이 약하다는 것이다. 예를 들어 "소녀는 승자가 누구일지 예측할 수 없었다"라는 문장은 읽었지만 이것의 의미를 이해하지 못하는 독해 장애아는 '승자' 혹은 '예측'이라는 말의 뜻을 모르기 때문이다. 혹은 "선생님이 볼에 맞았다"라는 문장에서 독해 장애아는 수동태에 대한 문법적 지식이 없어서 "선생님이 볼을 쳤다"라고 이해한다.

가설 스노울링과 흄의 이론에 따르면 두 가지 가설이 가능하다. 하나는 독해 장애아는 글자 해독에는 문제가 없는 것이므로 음운 인식 과제는 잘할 것이다. 또 하나는 단어의 뜻과 문법지식을 묻는 과제는 잘 못할 것이다.

검증 네이션과 그의 동료들(Nation et al., 2010)은 아동의 나이 5세부터 8세까지 여러 번에 걸쳐서 읽기, 언어, 음운 검사를 실시하였다. 이 중 15명의 아동이 독해 장애아로 판정되었다. 또한 독해 장애아와 비슷한 읽기 능력을 가지고 있는 15명의 일반아를 선정하였다. 그 다음 이 두 집단의 음운 인식과 언어 능력 검사를 5세에 실시하였다. 두 집단의 음운 인식 점수에서는 차이가 없었다. 그러나 독해 장애아는 단어의 뜻과 문법에 대한 이해가 비교 집단에 비하여 미흡하였다.

결론 스노울링과 흄이 예측하였듯이 독해 장애아의 음운 인식에는 문제가 없으나 단어의 뜻과 문법 지식에 문제가 있었다. 즉 독해 장애는 읽기 능력 자체의 문제라기보다는 언어 능력의 문제라는 것이다. 단어의 뜻과 문법 지식이 부족하면 아동은 듣는 것 혹은 읽는 것에 대한 이해력이 떨어진다.

적용 스노울링과 흄 이론이 함의하는 바는 분명하다. 독해 장애아의 언어 능력이 향상되면 이 장애는 상당히 호전될 것이다. 실제 어휘력 강화 프로그램에 참여한 독해 장애아의 독해력은 거의 일반아의 수준까지 향상되었다(Clarke et al., 2010). 이 이론은 독해 장애에 대한 해법을 보여 줄 뿐만 아니라 좋은 이론은 문제해결에 실제적 기여를 하고 있음을 보여 준다.

학습 장애 중 세 번째로 빈번한 유형이 수학 학습 장애이다. 초기 수학 교육을 받을 때 약 5~10%의 아동이 수학을 배우는 데 어려움을 겪는다. 또래에 비하여 이들은 천천히 수 세기, 더하기, 빼기를 할 수 있게 되는데 이들 중 대부분이 난독증을 가지고 있는 것으로 평가된다. 3학년 이상이 되면 9 + 7을 계산할 때 손가락을 사용하는 비효율적 방법에 의지하는 경향이 있다(Geary, 2010; Jordan, 2007).

무엇이 난산증을 유발하는지 정확하게 알 수 없으나 수학이 읽기보다는 더 많은 기술을 요구하는 것과 관련이 있는 것에서 원인을 찾기도 한다. 어떤 학자는 수이름의 불규칙성과 관련이 있다고 하고(Geary, 2013), 다른 학자는 수 세기와 관련된 정보를 저장하고 인출하는 데 장애가 있는 것이라고 보기도 한다(Hulme & Snowling, 2009). 혹은 작동 기억과 처리 속도와 같은 인지적 능력에 문제가 있다고 하는 학자도 있다(Geary et al., 2007).

난산증의 정확한 원인이 잘 파악되지 못하여 효과적인 중재 프로그램도 걸음마기 수준이다. 난산증 아동에게 수 세기와 수에 대한 이해에 도움이 되는 활동을 집중적으로 하는 것도 효과적이다(Fuchs et al., 2013). 난산증에 대한 연구와 이해가 깊어지면 이에 대한 교육적 중재도 분명해질 것이다. 모든 노력이 경주될 때 난독증, 독해 장애 그리고 난산증으로 고통받는 아동이 가지고 있는 잠재력을 극대화할 수 있을 것이다.

 학습 확인

점검 아동이 지적 장애의 위험에 빠지게 할 요인을 기술하시오.

학습 장애란 무엇인가? 학습 장애의 유형에 대하여 설명하시오.

이해 영재성에 대한 전통적 정의와 현대적 정의를 비교하시오.

적용 피아제, 가드너와 스턴버그는 각자 지적 장애를 무엇이라고 정의하겠는가?

 주제 통합하기 | 본성과 양육

이 장에서는 **발달은 유전과 환경 두 요인의 상호작용의 결과**임을 강조하였다. 지능만큼 아동 발달의 다른 어떠한 영역에서 유전과 환경의 상호작용이 강조될 수 없는데 그 이유는 사회적 정책의 효과가 크기 때문이다. 예를 들어 지능이 온전히 유전에 의하여 결정된다면 시간과 비용을 들인 노력은 크게 효과를 발휘하지 못할 것이다. 그러나 이장의 처음부터 끝까지 유전과 환경 모두가 지능에 같은 정도로 영향을 미친다는 것을 보여 주었다. 쌍생아를 연구하면 이란성 쌍생아보다 일란성 쌍생아의 지능 점수가 더 유사하다. 그러나 헤드스타트 혹은 캐롤라이나 기초 프로젝트를 보면 지능은 자극이 풍부한 환경에서는 분명 더 좋아진다.

유전은 그의 지능이 얼마나 발달할 수 있는지 한계를 설정하지만 그 한계는 환경에 따라서 변화될 수 있는 성격이다. 충분한 시간과 노력을 투자하면 아동의 지능을 꽤 변화시킬 수 있다.

직접 해 보기

지능에 대한 정의는 문화에 따라서 다르다. 부모를 면접하여 다음에 있는 지능을 구성하는 4개 요소에 대한 중요도를 조사하라.

- 문제해결력(행동하기 전 생각하기, 문제의 다른 측면을 보기)
- 언어 능력(정확하게 말하기, 어휘량의 정도)

- 창의성(질문 많이 하기, 새로운 것을 시도하기)
- 사회성(다른 사람과 잘 어울리고 협력하기, 다른 사람을 돌보고 존중하기)

각 영역을 하나도 중요하지 않다(1점)부터 매우 중요하다(5점)까지 리커트 척도로 질문을 하라. 다양한 민족의 부모를 포함하면 더 좋다. 동료가 수집해 온 결과와 비교하여 지능에 대하여 집단, 문화에 따라 차이가 있는지 살펴보라. 한번 직접 해 보시라!

요약

8.1 지능이란 무엇인가?

심리측정이론

지능에 대한 심리측정 관점은 지능은 일반적 능력으로 보는 이론뿐만 아니라 특수한 능력으로 보는 이론이 있다. 위계 이론에서는 일반 능력뿐만 아니라 언어, 공간처럼 특수 능력을 포함시킨다.

가드너의 다중지능이론

가드너의 다중지능이론에는 9개의 지능이 있다. 언어, 논리-수학, 공간 지능은 심리측정이론과 같은 것이고 음악, 신체-운동, 개인 간, 개인 내, 자연, 존재 지능은 가드너 이론에서 새로운 지능으로 제안되었다. 가드너로 인하여 전통적으로 지능으로 생각지 않았던 감성도 정서 지능으로 생각하게 되었다. 가드너의 다중지능이론은 각 아동이 가지고 있는 강점 지능을 강화하는 교육을 제안한다.

스턴버그의 성공 지능 이론

로버트 스턴버그에게 지능이란 단기 혹은 장기 목표를 달성하는 데 필요한 능력을 의미한다. 이에는 문제를 분석하여 해결 방법을 제안할 수 있는 능력, 새로운 상황을 다룰 수 있는 창의적 능력과 해결이 될 수 있는지를 판단할 수 있는 실용적 능력이 포함된다.

8.2 지능 측정

비네와 지능 검사의 발달

비네는 학교 학습을 어려워하는 아동을 구분하는 최초의 지능 검사를 개발하였다. 비네의 검사를 기초로 하여 터먼은 스탠퍼드-비네 검사를 개발하여 최초로 지능 계수를 소개하였다. 더 많이 사용되는 지능 검사인 WISC-IV 지능 검사는 언어 검사와 수행 검사로 이루어져 있다. 아기는 베일리 검사를 이용하여 지능과 동작 능력을 측정한다.

아기 때 지능 점수는 성인의 지능 점수와 관련이 없으나 아기의 정보 처리 능력은 아동기 지능 점수와 관련이 있다. 학령 전 지능 점수는 성인의 지능 점수와 관련이 있다.

IQ 점수의 특징

IQ 점수는 학업 성취도와 꽤 상관이 있다. 또한 졸업 후 직장에서의 성취 정도 그리고 장수와도 관련이 있다.

역동적 지능 검사는 아동의 잠재력을 검사하므로 검사 전 획득된 지식을 강조하는 전통적 지능 검사의 단점을 보완한다.

유전과 환경의 영향

유전이 지능에 미치는 영향에 대한 증거는 형제간의 지능 점수가 유사하다는 것과 입양아의 지능은 입양 부모보다는 생물학적 부모와 더 유사하다는 것에서 찾을 수 있다. 한편 환경이 지능에 미치는 영향에 대한 지능은 가정 환경, 역사적 변화, 교육적 개입 등에서 찾을 수 있다.

민족과 사회경제적 지위의 효과

구성원의 평균 지능 점수는 민족에 따라 다르다. 이러한 차이는 유전 혹은 지능 검사 문항에 대한 친숙도 때문이 아니라 검사의 상황에 대한 친숙도에 기인한다. 그러나 지능 점수는 학교에서의 성공 정도와 관련이 있는데 이유는 중산층의 경험은 학교에서의 성공을 위한 필요조건이기 때문이다.

8.3 특수 아동 및 그들의 요구

영재아

영재아는 전통적으로 IQ 점수가 높은 것으로 정의되어 왔다. 현대적 영재아에 대한 정의는 예술과 같은 분야에서 탁월한 능력을 보이는 경우도 포함된다. 영재아는 특정 영역에서 평균 이상의 능력을 보이고 열정적이고 창의적이다. 이들의 재능이 발휘되기 위해서는 지지적이고 도전적 환경이 필요하다. 영재아는 사회성도 발달되어 있고 정서적으로도 안정된 경향이 있다.

장애아

지적 장애아는 IQ 점수가 70 이하이거나 일상적 적응에 문제가 있다. 생물학적, 사회적, 행동적, 교육적 요인에 의해 지능 장애가 유발된다.

학습 장애아는 지능은 정상이나 특정 교과를 학습하는 데 문제가 있다. 글자를 읽을 수 없는 난독증, 글을 읽을 수 있으나 이해를 못하는 장애와 수학에 문제가 있는 경우가 있다. 가장 흔한 난독증의 현상은 말소리를 구분하지 못하거나 이해하지 못하는 것이다. 이러한 증세는 반복적으로 학습하면 많이 호전된다.

자기평가

1. 심리측정 접근법은 _____.
   a. 표준화된 지능 검사로 지능을 측정한다
   b. 지능은 특수능력이라고 본다
   c. 지적 행동이란 환경에 적응하는 기술을 포함한다
2. 지능의 위계이론은 _____.
   a. 아동 발달, 뇌 상해에 대한 연구, 재능 있는 사람들에 대한 연구를 활용하여 지능의 영역을 규정한다
   b. 지능에는 일반적이고 특별한 요인이 있다
   c. 단기 혹은 장기 목표를 이루는 지능의 역할을 강조한다
3. 다중지능이론은 _____.
   a. 지능에는 일반요인이 있음을 제안한다
   b. 다양한 종류의 지능을 통제하는 뇌의 영역이 다르게 존재함을 제안한다
   c. 많은 양의 경험 연구에 기초한다
4. 가드너의 다중지능이론은 심리측정적 지능에서 말하는 지능과 일치한다. 아래 중 이에 포함되지 않는 것은?
   a. 논리–수학 지능
   b. 음악 지능
   c. 언어 지능
5. 스턴버그의 성공지능이론은 ____ , 창의 지능, 실용 지능이 있다.
   a. 위계 지능
   b. 일반 지능
   c. 분석 지능
6. 집단 지능 검사와 비교할 때 개인 지능 검사는 _____.
   a. 가격이 저렴하다
   b. 훈련된 검사자가 필요 없다
   c. 검사받는 사람의 동기와 집중력을 최대화할 수 있다
7. 아기의 지능 점수는 아동기와 성인기의 지능을 _____.
   a. 감각활동은 지능의 시작이므로 정확하게 예측한다
   b. 개인의 지능은 아기 때 결정되므로 정확하게 예측한다
   c. 아기 때 측정된 지능은 아동기와 성인기에 측정하는 지능과 다른 영역이므로 크게 예측력이 없다
8. 역동적 지능 검사는 _____.
   a. 오랫동안 사용되어 왔고 안정적 결과를 낳는다
   b. 아동의 학습 잠재력을 측정한다
   c. 아동이 이미 알고 있는 것을 측정한다
9. 아래 중 유전과 지능에 대한 진술문 중 맞는 것은?
   a. IQ 점수는 이란성 쌍생아보다는 일란성 쌍생아 간에 더 유사하다.
   b. 입양아의 IQ 점수는 생물학적 부모보다는 입양 부모 간에 더 유사하다.
   c. 지능은 유전에 의해 크게 영향을 받으므로 환경의 영향은 거의 없다.
10. 문화적으로 편견이 없는 지능 검사를 하였을 때, 민족 간 차이는 _____.
   a. 감소하기는 하나 완전히 제거되는 것은 아니다
   b. 동일하다
   c. 완전히 제거된다
11. 아래 중 지능 검사에서 민족 간 차이에 대한 설명으로 맞지 않는 것은?
   a. 유전
   b. 고정관념
   c. 검사에 임하는 자세
12. 영재성에 대한 전통적 정의와 비교할 때, 현대적 정의는 _____.
   a. 전적으로 IQ 점수에 의존한다
   b. 피아제의 인지 발달 이론에 크게 의존한다
   c. 미술, 음악, 글쓰기, 춤과 운동과 같은 영역에서의 발휘되는 재능을 포함한다
13. 지적 장애는 지적인 능력의 제한, ____ (으)로 18세 이전에 나타난다.
   a. 발산적 사고
   b. 정서적 건강
   c. 환경에 적응하는 데에 문제가 있음
14. 학습장애로 진단된 아동은 _____.
   a. 감각에 문제가 있다
   b. 지능은 정상이나 특정 학과를 학습하는 데 어려움이 있다
   c. 지능이 평균 이하다
15. 아래의 진술문 중 학습 장애에 대한 설명으로 틀린 것은?
   a. 난독증 아동은 음운 인식에 문제가 있다.
   b. 독해에 문제가 있는 아동은 글을 해독하는 것과 의미를 이해하는 데 문제가 있다.
   c. 과학자들은 읽기 학습 장애보다 수학 학습 장애에 대하여 알고 있는 것이 많지 않은데 이유는 수학이 읽기보다 더 많은 기술을 포함하고 있기 때문이다.

핵심 용어

CHAPTER 9

언어와 의사소통

1993년 노벨 문학상, 2012년 대통령 자유 메달상을 받은 아프리카계 미국인이자 현대 작가인 토니 모리슨은 다음과 같이 말하였다. "우리는 죽는다. 이것이 아마 인생이 의미하는 바일 것이다. 그러나 우리는 언어를 한다. 이것은 아마 우리 인생의 척도일 것이다." 언어는 가장 놀라운 인간의 도구이다. 언어로 인해 우리의 생각과 감정을 타인에게 표현할 수 있으며, 현재의 생각을 보전하며 과거의 유산으로부터 학습할 수 있다.

진짜 놀라운 것은, 언어의 복잡성에도 불구하고 모든 아이가 이를 빠르게 그리고 쉽게 습득한다는 것이다. 이 장에서는 다양한 요소로 이루어진 언어를 습득하는 과정에 대하여 살펴볼 것이다. 먼저 **9.1절**은 언어 발달의 첫 단계인 말소리 습득으로 시작하며, **9.2절**에서는 말하는 법과 단어를 어떻게 배워 가는지를 기술할 것이다. 또한 **9.3절**에서 아이들이 최초 구성하는 문장의 구성 규칙에 대하여 기술할 것이다. 마지막으로 **9.4절**에서 타인과 의사소통하기 위하여 언어를 어떻게 사용하는지에 대하여 기술할 것이다.

 9.1 **말하기로 가는 여정**

학습 목표

LO1 언어의 구성요소는 무엇인가?

LO2 말의 기본 소리는 무엇이며 영아는 이를 얼마나 구별할 수 있는가?

LO3 옹알이는 무엇이며 어떻게 더 복잡해지는가?

개요

언어의 요소

말소리 지각

발화의 첫걸음

7개월이 되자 첼시아는 '다' 혹은 '너'와 같은 말소리 비슷한 소리를 내기 시작하였다. 몇 주 지나자 첼시아는 이 소리들을 '다–다' 혹은 '너–너'처럼 반복하기 시작하였다. 11개월이 되자 '다–너–바–배'처럼 마치 강세와 높낮이가 있는 문장을 표현하는 것처럼 말하였다. 첼시아 부모는 딸이 내는 소리가 자신들이 사용하는 말과 상당히 비슷하면서도 여전히 아무 의미가 없는 소리를 하는 것이 신기하고 놀랍다.

태어나면서부터 영아는 웃고, 울고 하는 등의 소리를 낸다. 그러나 생후 1년간 말은 거의 할 수 없다. 이는 말을 하지 못하는 존재인 영아에 대한 두 가지 의문을 제기한다. 첫째, 스스로 말을 하지 못하는 영아는 자신에게 들리는 말은 이해할 수 있는가? 둘째, 초기엔 울음으로만 의사표현을 하던 영아가 어떻게 하여 의사소통이 가능한 말을 하게 되는 것일까? 이 두 질문에 답을 하기 전 먼저 언어란 무엇인가에 대하여 탐색해야 한다.

언어의 요소

LO1 언어의 구성요소는 무엇인가?

언어(language)란 소리, 기호 혹은 동작을 의미와 연합시킨 일련의 체계이다. 언어는 말소리, 글 혹은 동작 등의 다양한 형태로 표현된다. 또한 언어는 다양한 하위 체계로 구성되어 있다. 소리 언어는 네 개의 하위 체계로 구성되어 있다.

- **음성체계(phonology)는 언어의 소리를 의미한다.** 인간이 사용하는 말소리에는 약 200개의 소리가 있는 것으로 알려져 있다. 수많은 영어 단어는 45개의 서로 다른 소리로 이루어져 있다.
- **의미체계(semantics)는 언어의 구성단위인 낱말의 의미에 대한 체계이다.** 웹스터 사전(3판)에는 약 50만 개의 단어가 있으며, 영어를 모국어로 대학 교육을 받은 사람은 평균적으로 약 15만 개

의 단어를 구사한다.
- **문장규칙(syntax)은 문장을 이루기 위하여 단어들이 어떻게 배열되는가에 대한 규칙이다.** 예를 들어 명사 뒤에 동사가 오면 문장이 된다(예 : 개가 짖다, 공이 구른다).
- **화용체계(pragmatics)는 효율적인 의사소통에 필요한 언어의 체계를 말한다.** 의사소통은 반드시 청자를 고려해야 하며, 상황과 맥락에 적절해야 한다. 예를 들면 우리는 5세 유아에게 아주 긴 문장과 어려운 단어로 이야기하지 않는다.

언어를 습득하는 것은 위의 네 가지 요소에 대한 구사력을 획득하는 것을 의미한다. 즉 말소리의 차이를 구별해야 하며, 이를 발화할 수 있어야 한다. 단어의 뜻을 알아야 하고, 문장을 만들기 위하여 단어들을 적절하게 배열해야 한다. 또한 다른 사람에게 적절하고 효율적으로 말할 수 있어야 한다. 이제부터 아동이 어떻게 언어를 이해하고 말하게 되는가를 살펴보겠다.

말소리 지각

LO2 말의 기본 소리는 무엇이며 영아는 이를 얼마나 구별할 수 있는가?

신생아의 소리 지각력이 뛰어나다는 것은 이미 5.1절에서 언급하였다. 신생아는 다른 소리에 비하여 말소리 듣기를 좋아한다(Vouloumanos et al., 2010). 그러나 신생아는 말소리를 구분할 수 있을까? **말소리의 가장 기초 단위는 음소(phonemes)인데 이는 말소리가 이루어지는 가장 작은 소리 단위이며 이것이 모여 말이 된다.** 예를 들면 영어의 *toe*와 *tap*의 *t*는 자음소, *get*과 *bed*의 *e*는 모음소이며 이들이 음소이다. 1개월 된 영아는 이러한 소리들을 구별할 수 있다(Aslin, Jusczyk, & Pisoni, 1998).

영아가 이러한 자음과 모음 소리를 구별한다는 것을 어떻게 알 수 있을까? 연구자들이 영아의 말소리 구별 능력을 알아내기 위하여 고안한 장치 중 하나는 고무 젖꼭지를 이용한 방법이다. 영아가 고무 젖꼭지를 빨면 리코더가 작동이 되어 스피커를 통하여 소리가 나는 장치를 고안하였다. 1개월 된 영아는 이러한 작동 원리를 금방 깨닫게 되는데, 영어의 *pin*, *pet*, *pat*의 /p/ 소리를 들으려고 영아는 왕성하게 젖꼭지를 빤다.

그러나 몇 분간 같은 소리를 반복적으로 듣게 되면 영아의 빨기 반응은 습관화로 인하여 현저히 저하된다. 연구자가 테이프에서 나오는 소리를 *bed*, *bat*, *bird*에서의 /b/ 소리로 바꾸면 영아의 빨기 반응은 다시 왕성해진다. 이를 보면 영아가 /b/와 /p/ 소리의 차이를 구분하고 있다고 할 수 있다(Jusczyk, 1995).

모든 사람이 음소를 같은 발음으로 발화하지는 않는다. 같은 모국어에서도 방언이 있을 수 있어 같은 음소도 다르게 발음될 수 있다. 따라서 신생아기를 벗어나서 더 나이가 들면 같은 음소의 다양한 발음 차이도 인식하게 된다(Schmale & Seidl, 2009).

노출의 효과 한 언어에서 세밀하게 구분되는 소리가 다른 언어에서는 무시될 수 있다. 예를 들어서 영어와 다르게 불어와 폴란드 말은 콧소리 모음과 콧소리가 아닌 모음 간의 명백한 구분이 있다. 예를 들어서 영어의 *rod*를 발음할 때, 그냥 발음하는 것과 코에 힘을 주면서 발음하는 것에는 분명한 차이가 있다. 전자의 경우가 콧소리가 아닌 모음이고, 후자가 콧소리 모음이다.

영아는 세상의 모든 언어에 노출될 가능성을 가지기 때문에 모든 경우의 음소를 지각할 수 있는 것이 유리할 것이다. 실제로 영아는 자신들의 모국어에서 사용하지 않는 음소를 구별할 수 있는 능력이 있다고 보고되고 있다. 예를 들어서 일본어는 *rip*의 /r/과 *lip*의 /l/을 구별하지 않아서 일본 성인은 이러한 차이를 배울 때 무척 어려워한다. 그러나 일본어 환경에만 노출되

그림 9-1

어 있어도 6개월 된 영아는 이 둘의 차이를 구별한다. 그러다가 영아가 11개월 혹은 12개월이 되면 영어 환경에 노출되어 있는 영아만이 이 차이를 구별할 수 있게 된다(Kuhl et al., 2006).

신생아는 세상의 모든 언어에서 사용되는 음소를 지각할 수 있는 능력을 생래적으로 갖고 태어난다. 그러나 아기가 자라면서 특정 언어에 대한 경험이 심화되면서 자신의 모국어에서 중요시되는 음소에만 민감해진다(Werker, Yeung, & Yoshida, 2012). 이는 수화에도 적용이 되어서 일반아라도 아주 아기 때는 수화를 구분하나 좀 더 나이가 들면 이 능력을 상실한다(Palmer et al., 2012). 따라서 특정 언어를 정복한다는 것은 다른 언어 소리에 대한 구분 능력을 상실하는 값을 치르는 것이다. 이는 앞 5.1절에서 기술한 얼굴 지각의 경우와 비슷하다. 즉 사람 얼굴에 대한 노출 경험이 많아지면 사람 얼굴 인식 수준이 깊어지는 것처럼 모국어에 대한 경험이 증가하면서 세밀한 모국어 소리의 특징에 민감해지는 것이다(Pascalis et al., 2014).

단어의 인지 음소를 구별하는 것은 말소리 지각의 첫 관문에 불과하다. 영아에게 가장 큰 도전은 반복적으로 들리는 소리의 유형인 단어 혹은 낱말을 구분하는 것이다. 예를 들어서 어머니와 오빠가 하는 대화를 옆에서 듣고 있는 영아가 있다고 가정해 보자.

오빠 : 재리가 새 자전거를 가졌어요.
엄마 : 그전 자전거가 고장 났다니?
오빠 : 아니요. 산악 자전거를 사려고 그동안 용돈을 모아 왔대요.

위의 대화를 곁에서 들은 영아는 '자전거'를 세 번 듣게 된다. 이러한 경험이 영아에게 도움이 되는가? 답은 '그렇다'이다. 7~8개월 된 영아는 대화에서 듣는 말소리에서 특정 단어가 반복적으로 들리면 그 단어에 주목한다(Houston & Jusczyk, 2003; Saffran, Aslin, & Newport, 1996). 영아가 6개월이 되면, 관사 혹은 전치사와 같은 기능어보다 명사와 동사 같은 내용어에 더 주의를 기울인다. 또한 이 나이에 '엄마' 혹은 '아빠'라는 말을 들으면 정확히 그 대상을 응시할 수 있다(Shi & Werker, 2001; Tincoff & Jusczyk, 1999).

일상적 대화에서 단어 간의 공백은 크게 명백하지 않은데, 영아가 어떻게 단어들을 구분하게 되는 것일까? 여기에 강세(stress)가 중요한 단서로 작용한다. 영어에는 음절 하나로 된 단어가 무수히 많고 이 경우에도 강세가 있으며, 강세가 있는 음절 뒤에 강세가 없는 음절이 뒤따라오는 두 음절 단어(예 : dough'-nut, tooth'-paste, bas'-ket)가 무수히 많다. 영아는 강세가 없는 음절보다 강세가 있는 음절에 더 많은 주의를 보이며 이러한 강세에 대한 인식은 단어와 단어를 구분하는 유효한 책략이 된다(Bortfeld & Morgan, 2010; Thiessen & Saffran, 2003). 또한 문장과 문장 사이는 공백이 있으므로 영아는 문장 끝 단어와 시작 단어를 더 잘 인식한다(Seidl & Johnson, 2006).

영아는 단어 인지를 위하여 통계 책략도 사용한다. 즉 영아는 같이 붙어 다니는 음절들에 대하여 인지한다(Jusczyk, 2002). 예를 들어 많은 연구에서 8개월 된 영아에게 인위적으로 구성된 다음과 같은 일련의 음절을 들려주었다.

<u>pa bi ku</u> <u>go la tu</u> <u>da ro pi</u> <u>ti bu do</u> <u>da ro pi</u> <u>go la tu</u> <u>pa bi ku</u> <u>da ro pi</u>

독자를 위하여 편의상 음절에 줄을 긋고 간격을 띄어 놓았으나 실제 연구에서는 간격도 없이 이러한 음절들의 흐름을 3분간 쉬지 않고 영아들에게 들려주었다. 얼마간의 시간이 지나면 영아들은 위 음절의 조합보다는 새로운 음절의 조합에 더 반응을 보였다. 즉 영아들은 반복적 청취로 인하여 *pa bi ku, go la tu, da ro pi*와 *ti bu do*는 친숙하게 느끼게 되므로 *tu da ro*와 같이 새로운 음절의 조합에 대하여 더 많은 관심을 보였다(Aslin & Newport, 2012; Ngon et al., 2013).

영아가 음절 및 단어를 인지하는 또 다른 방법은 자기의 모국어 소리들이 어떻게 사용되는가에 대한 지식을 습득하는 것이다. 예를 들어서 *s* 뒤에 *t* 소리와 *s* 뒤에 *d*가 연달아 오는 경우를 생각해 보자. 이 음절은 보통 한 단어의 끝소리와 앞소리로 자주 나는 소리인 경우가 많다. bus takes, kiss took; this dog, pass directly와 같은 경우이다. 그러나 s와 t는 한 단어 안에서 소리 나는 경우가 많으나(stop, list, pest, stink), s와 d는 그렇지 않다. 따라서 s 다음의 d 소리가 나는 것은 별개의 단어의 시작을 뜻하는 경우가 많다. 9개월 된 영아는 이러한 규칙을 인지하고 있다고 증명되었는데, 일상 대화에서 단어의 첫소리가 자주 결합되지 않는 앞소리와 연계되어 있으면 이 단어에 더 주목하므로 영아가 이것이 새 단어라는 것을 인지한다는 것을 알 수 있다(Mattys & Jusczyk, 2001).

영아가 사용하는 또 다른 전략은 a와 the와 같은 기능어에 기초하여 말의 흐름을 구분하는 전략이 있다. 6개월이 되면 영아는 기능어를 구분하여 새로 듣게 되는 단어의 시작을 구분한다(Shi, 2014). 즉 a를 아는 영아는 aballabatagblove를 a ball, a bat, a glove로 구분해서 들을 수 있다.

따라서 영아는 대화 중 단어를 인지할 수 있는 다양한 책략을 사용한다. 그렇다고 단어의 의미를 이해하는 것은 아니다. 그저 이 단계에서는 소리들의 경계와 특징을 인지하는 것이다. 그럼에도 불구하고 소리에 대한 지각 능력은 매우 중요한데 영아기의 소리 지각력은 걸음마기의 단어 인지력과 관계가 있고(Singh, Reznick, & Xuehua, 2012), 영아기에 말소리를 잘 인식하면 4~6세 때 언어 발달이 앞서는 것으로 알려져 있다(Newman et al., 2006).

부모들은 영아들에게만 독특한 방식으로 이야기를 하여 영아들이 소리를 구별할 수 있도록 돕는다. 이를 **아기를 상대로 하는 말**(infant-directed speech)이라고 하는데, 매우 천천히 그리고 과장된 억양과 소리의 급격한 높낮이 조절을 하면서 말하는 것을 가리키는 개념이다. 아기를 상대로 말을 하는 어머니는 부드럽게 혹은 크게 이야기를 하며 급격한 변화를 주거나, 높고 낮은 피치를 구사하며 정서적으로 매우 풍부한 말을 한다(Liu, Tsao, & Kuhl, 2007; Trainor, Austin, & Desjardins, 2000). [아기를 상대로 하는 말은 초기에 '엄마말(motherese)'이라는 용어로 표현되었으나, 많은 관찰에 의하여 이러한 특징적 말 습관은 엄마만 하는 것이 아니라 아기를 돌보는 대부분의 성인에게서 나타나는 것으로 확인되어 이제는 '아기를 상대로 하는 말'이라고 한다.]

아기를 상대로 하는 말은 성인을 상대로 하는 말보다 영아의 관심을 끌기에 충분하다. 그 이유는 천천히, 그리고 강세가 과장된 높낮이의 변화는 말의 특징을 보다 분명히 드러내기 때문이다. 아기를 상대로 하는 말의 특징을 잘 구사하는 어머니의 아기가 말소리에 대한 지각력이 뛰어난 것으로 알려져 있다. 그러나 선천적으로 청각에 이상이 있는 아기는 모국어의 소리적 특징을 지각할 수 있는 기회를 갖지 못하는데, 이러한 아기들은 언어를 어떻게 배우게 될까? 이에 대한 대답은 "아동 발달 및 가족 정책"에 제시되어 있다.

아기를 상대로 말을 하는 어머니는 부드럽게 혹은 크게 이야기를 하다가 급격한 변화를 주거나, 높고 낮은 억양을 구사하며 정서적으로 매우 풍부한 말을 한다.

질문 9.1

크리스틴은 아기에게 오랫동안 말을 걸며 시간 보내기를 즐긴다. 그의 남편은 아기와 엄마의 모습을 바라보며 함께 있는 것을 즐기지만 아내가 아기에게 과장된 목소리로 쉬지 않고 말하는 것을 별로 좋아하지 않는다. 게다가 아내의 이러한 말걸기는 아기에게 크게 도움이 되지 않는다고 그는 생각한다. 당신의 생각은 어떠한가?

아동 발달 및 가족 정책

달팽이관 삽입이 어린 아동에게 효과적인가?

1,000명 중 약 1명의 아기가 청각에 장애를 가지고 태어나거나 말을 배우기 전에 청력을 손실한다. 이 아이들 중 약 10%의 아이들이 청각 장애 부모에게서 태어난다. 이러한 경우에 아이의 청력 손실은 조기에 발견되고 부모들은 아이들과 수화로 의사소통한다. 청각 장애 아기들은 일반 아이들이 말을 배우는 것과 같은 과정과 속도로 수화를 습득한다. 10개월 된 청각 장애 유아는 몸동작으로 옹알이를 한다. 즉 손과 팔로 수화를 하는 듯하지만 이는 아직 의미가 담겨 있지 않은 것이다.

나머지 90%의 청각 장애 영아는 일반 부모에게서 양육된

다. 이 경우에 부모는 수화를 사용하지 않기 때문에 이 아이들은 구어를 배우게 된다. 아이들은 입술 모양 읽기, 언어 치료, 혹은 기호 혹은 몸동작으로 의사소통하는 법을 배운다. 안타깝게도 이러한 방법의 어떤 것도 아이들이 구어를 습득하는 데 완벽하지 않다. 이들의 구어 이해력 혹은 발화 능력은 또래에 비하여 몇 년이나 뒤떨어져 발달한다(Hoff, 2014).

그러나 1990년대 중반 이후부터 청각 장애아들에게 새로운 선택 사항이 제시되었다. 달팽이관 삽입은 지각한 말소리를 전자파로 전환시켜서 귀 안의 신경세포를 자극하는 장치이다. 이 장치는 일단 말 구사력을 획득한 사람에게는 굉장히

도움이 되는 보조기구이다. 이 장치를 단 성인은 일반인과 쉽게 대화할 수 있으며 전화로도 대화할 수 있다.

이 장치가 어린 아동에게도 효과가 있다. 이 장치를 한 청각 장애아는 이 장치를 하지 않은 청각 장애아보다 언어 능력이 월등하였으며 심지어 일반 아동의 언어 발달 능력 속도와 동일하였다(Svirsky et al., 2000; Wie et al., 2007).

그러나 달팽이관 이식으로 모든 아동이 효과를 본 것은 아니어서 연구자들은 아동에게 청력이 어느 정도 남아 있어야 하고 어린 나이에 이식을 해야 효과가 있다고 한다. 또한 달팽이관 이식을 한 자녀가 무엇인가를 바라보거나 행동을 할 때 부모가 함께 언어 자극을 충분히 주어야 효과가 있다(Cruz et al., 2013).

달팽이관 이식이 청각 장애아에게 도움이 되나 이 장치가 청각 장애아를 위한 다른 종류의 치료 혹은 노력을 완벽하게 대체하는 것은 아니다.

발화의 첫걸음

LO3   옹알이는 무엇이며 어떻게 더 복잡해지는가?

모든 부모는 이제 막 태어난 아기도 많은 소리를 낼 수 있다는 것을 증명할 수 있다. 아기는 울고, 트림하고, 재채기한다. 그러나 말소리와 같은 것은 금방 나타나지 않는다. **2개월 된 아기는 "우~" 혹은 "아~"와 같은 소리를 내는데 이를 목젖울림**(cooing)**이라고 한다.** 아기들은 이 목젖울림을 매우 열중해서 하는데 이는 소리를 가지고 노는 것을 즐기기 때문이다.

목젖울림 다음에는 옹알이(babbling)**를 하는데 이는 말소리와 비슷하나 아무 뜻도 없다.** 6개월 된 아기는 "다~" 혹은 "바~"와 같이 하나의 자음과 하나의 모음이 연합된 하나의 음소를 발화한다. 그 뒤 몇 달간 좀 더 복잡한 말소리를 가지고 실험을 하면서 소리들이 더 정교해진다. 아기들은 "바~ 바~ 바~"와 같이 1개의 음소를 반복하거나, "다~ 바~ 마~"같이 여러 음소를 결합하여 발화한다(Hoff, 2014).

옹알이는 아기들이 아무 의도 없이 소리만을 갖고 노는 게 아니다. 옹알이는 의미가 있는 말을 발화하기 전단계이다. 이는 성인이 말을 할 때의 입 모양과 비교해 보면 증명된다. 성인이 말을 하는 모습을 보면 오른쪽 입술이 왼쪽 입술보다 더 크게 벌려진다. 이는 좌뇌에 언어 중추가 있으므로 좌뇌에 의하여 오른쪽 근육의 움직임이 통제되기 때문이다(Graves & Landis, 1990). 아기들이 옹알이를 할 때도 성인처럼 오른쪽 입술 주변의 근육이 더 크게 움직이고, 옹알이가 아닌 다른 소리를 낼 때에는 이러한 현상이 관찰되지 않는다. 이는 바로 아기의 옹알이가 바로 언어라는 것을 입증하는 것이다(Holowka & Petitto, 2002).

옹알이의 언어학적 특징은 옹알이의 발달적 변화에 대한 연구로도 입증되고 있다. 약 8~11개월 된 아기들의 옹알이는 어떤 음소에 더 강세를 두거나 높낮이에 차이가 있어서 모국어의 음성학적 특징과 상당히 유사하다(Snow, 2006). 영어 평서문의 경우, 초반부에 높이 올라가다가 문장의 끝부분에서 내려온다. 그러나 질문의 경우, 초반부의 높낮이는 평범하다가 뒤에 가서 올라간다. **이러한 높낮이를 억양**(intonation)**이라고 하는데,** 아기들의 옹알이가 이러한 패턴과 유사하다. 옹알이는 아기들의 모국어의 억양과 강세를 상당히 유사하게 모방하고 있다(Levitt & Utman, 1992).

모국어의 억양과 유사한 옹알이는 아기들의 말소리에 대한 인지와 발화 간의 강력한 연결을 시사한다. 아기들의 옹알이는 그들이 듣는 말소리의 특징의 영향을 받는다(Goldstein & Schwade, 2008). 생후 6개월이 되면 주위의 사람이 자신과 의사소통하기 위하여 발화한 말소리와 상당히 유사한 소리를 생성해 낸다. *dog*를 들은 아기는 *dog* 소리를 정확하게 내기까지 'dod' 혹은 'gog'를 발화한다. 이러한 과정을 통하여 아기들은 혀, 입술과 이를 조정하여 정확한 소리를 발화하게 된다. 영아의 말소리 지각에 대한 민감성과 이와 유사한 소리를 발화할 수 있는 능력이 결합하여 아기들은 진짜 말소리를 발화하게 된다(Poulson et al., 1991).

말소리 비슷한 소리를 산출하게 되고 말소리를 지각할 수 있는 능력이 더욱 발달되면서 1세가 되면 아기들은 이제 정말 말을 하게 된다. 이제부터 9.2절에서 이 과정에 대하여 공부할 것이다.

 학습 확인

점검 말의 흐름 속에서 아기들은 어떻게 단어를 인지하는가?

옹알이가 말의 전단계임을 설명하시오.

이해 영아기에 일어나는 말소리 인지의 획기적 발달과 말의 발화의 발달을 비교하시오.

적용 루마니아에서 태어나 생후 3개월에 스웨덴 부모에게 입양된 아기가 있다고 하자. 환경의 변화가 이 아기의 언어 발달에 어떻게 영향을 주겠는가?

 9.2 단어 의미의 학습

개요	학습 목표	
상징으로서의 단어를 이해하기	**LO4**	옹알이에서 말하기로의 발달은 어떻게 일어나는가?
빠른 연결의 유형	**LO5**	새로운 어휘를 학습하기 위하여 아동이 사용하는 규칙은 무엇인가?
어휘 습득에서의 개인차	**LO6**	말 배우기 유형에는 어떠한 것이 있는가?
어휘 습득을 돕는 방법	**LO7**	새로운 어휘를 학습하도록 돕는 조건은 무엇인가?
단어를 넘어서서 : 단어 이외의 다른 상징들	**LO8**	언어 이외의 상징에 대한 아동의 이해는 어떻게 발달하는가?

20개월 아기, 세바스찬은 말을 많이 한다. 무엇보다도 그의 부모를 놀랍게 하는 것은 그가 매일매일 새로운 말을 발화한다는 것이다. 예를 들어 집에 새 컴퓨터를 들여온 날, 세바스찬은 이것의 설치과정을 유심히 보았다. 다음 날 자신이 먼저 컴퓨터를 가리키면서 '퓨터'라고 말하였다. 이러한 일은 세바스찬이 새로운 단어를 한두 번 정도 들으면 항상 일어나는 일이었다. 그의 부모는 자신들은 외국어 어휘를 배우는 데 그렇게 많은 시간과 노력이 드는 데 비하여 세바스찬은 어떻게 별 노력 없이도 금방 새 어휘를 말하게 되는지 정말 신기하다고 생각한다.

돌이 가까워 오면 대부분의 아기들은 첫 단어를 발화하게 된다. 첫 단어는 많은 언어권에서 비슷한 것들로(Nelson, 1973; Tardif et al., 2008), 엄마, 아빠, 인사(**안녕, 잘 가**)와 음식과 장난감(**주스, 공**)이다. 2세에는 수백 개의 단어를 발화하며 6세가 되면 1만 개 이상의 단어를 구사하게 된다(Bloom, 2000). 초기에 아기가 발화하는 단어는 동사보다는 주로 명사인데 이는 영아가 쉽게 인지할 수 있는 사물을 가리키기 때문이다. 그러나 한국어, 중국어는 동사가 명사보다 중요하기 때문인지 혹은 이들 문화권에서는 대상보다 행위를 강조하기 때문인지, 한국어와 중국어를 사용하는 아기들은 동사와 명사의 초기 발화율이 비슷하다(Waxman et al., 2013).

세바스찬처럼 대부분의 아기들은 귀에 들리는 단어를 빠르고 쉽게 발화한다. 이러한 급격한 성장은 어떻게 일어나는 것일까? 지금부터 이에 대하여 답하고자 한다.

상징으로서의 단어를 이해하기

LO4 옹알이에서 말하기로의 발달은 어떻게 일어나는가?

내 딸 로라가 9개월이었을 때, 'bay-bay'를 옹알이하곤 하였다. 몇 달 후, 여전히 'bay-bay'를 발화하였으나 분명 차이가 있었다. 9개월 때 발화된 'bay-bay'는 단순히 흥미로운 소리를 내는 것 같았으나 13개월 때 발화된 'bay-bay'는 분명 'baby'를 뜻하는 것이었다. 딸아이의 9개월과 13개월 사이에 어떤 일이 일어난 것일까? 아이가 말이란 단순히 재미있는 소리의 조합 혹은 발화하는 것에 있는 것이 아니라 말소리는 특정한 대상, 행동 혹은 성질을 지칭하는 것임을 깨달은 것이 분명하다. 즉 말은 어떤 것을 상징하는 것임을 깨달은 것이다. 이 아이는 '둥그렇고 통통 튀는 것'과 '털이 복슬복슬하며 짖는 것', '어른이 안고 다니는 작은 인간' 등 자신의 경험에 근거하여 사물에 대한 개념을 형성하기 시작한 것이다. 말은 사물 혹은 개념을 대신한다는 직관을 얻었을 때, 아기는 이를 대신하여 말을 사용하기 시작한다(Reich, 1986).

이러한 설명이 맞으려면 아동들은 언어만이 아닌 다른 영역에서도 상징을 사용해야 한다. 실제 아동들은 그런 능력을 보인다. 몸동작도 상징인데, 첫돌이 가까워 오면 몸동작을 사용한다 (Goodwyn & Acredolo, 1993). 아기들은 물건을 달라고 할 때에는 손바닥을 접었다 펴고, 떠날 때는 손을 흔든다. 아기의 몸동작과 말소리는 거의 같은 속도로 습득이 되는데 이는 몸동작이 언어처럼 의미를 전달하고 있다는 뜻이다.

몸동작은 말로 의미를 전달하는 과정의 선행자 역할을 한다. 사물의 이름을 알기 전에 아기는 손으로 그것을 가리키면서 이를 집어 올리는데, 이는 상대방에게 "나는 이것이 좋아." 혹은 "이것 뭐야?"라고 말하는 것이다. 한 연구에서는 아기 주변에 있는 사물의 50%가 몸동작으로 가리켜지다가 3개월 후에는 어휘로 표현된다고 하였다(Iverson & Goldin-Meadow, 2005). 몸동작과 초기 발화의 관계는 아기 때 몸동작을 많이 사용한 유아는 말하기 능력이 발달하였다는 것에 의하여 더욱 지지된다(Rowe, Raudenbush, & Goldin-Meadow, 2012).

아기는 첫 단어를 발화할 때쯤에 몸동작으로 무엇인가를 나타내기 시작한다. 이는 아기가 상징에 대하여 깨닫기 시작하였음을 의미한다.

빠른 연결의 유형

LO5 새로운 어휘를 학습하기 위하여 아동이 사용하는 규칙은 무엇인가?

어휘가 하나의 대상물 혹은 행위를 가리킨다는 것을 깨달은 초기에 어휘 발달은 그리 빠르지 않다. 일반적으로 15개월 된 아기는 한 주에 새로운 어휘 2~3개를 습득한다. **그러나 약 18개월이 되면 대부분의 아동은 사물의 이름을 급격한 속도로 습득하는 명명 폭발기**(naming explosion)**에 이르게 된다.** 이 시기에 아동은 한 주에 약 10개 이상의 새로운 단어를 습득한다(Fenson et al., 1994; McMurray, 2007).

대부분의 어휘가 하나 이상의 의미를 가져 애매하다는 것을 고려하면 이러한 어휘 습득 속도는 놀라운 것이다. 예를 들어서 사진에서 엄마가 꽃을 가리키며 "꽃이야. 이것은 꽃이야. 꽃 봐라."라고 말하고 있다고 하자. 이것이 말하는 사람이나 독자에게는 너무 분명한 것을 가리키는 것 같지만, 이제 막 어휘를 하나하나 배우고 있는 아기 입장에서 보면 그리 분명하지 않을 수 있다. '꽃'이란 말이 꽃잎을 말하는 것인지, 꽃의 색을 말하는 것인지 혹은 꽃을 가리키는 행동 그 자체를 의미하는 것인지 분명하지 않을 수 있다.

그러나 놀랍게도 대부분의 아기들은 몇 번의 경험만으로도 그

부모가 사물을 가리키며 이름을 말하면, 아기는 그 소리가 이 사물의 이름이라고 간주한다. 이로 인해 어휘 습득에 가속도가 붙는다.

어휘의 정확한 뜻을 알게 된다. **아기가 새로운 어휘를 습득할 때, 그 어휘가 내포하는 가능한 모든 의미를 습득하지 않고 빠르게 그 의미를 깨닫게 되는 것을 빠른 연결**(fast mapping)**이라고 한다.** 어휘를 빠르게 습득하는 것을 가능하게 하는 요인이 있다(Hollich, Hirsh-Pasek, & Golinkoff, 2000).

함께 바라보기 부모들은 자녀가 관심 있어 하는 것이 무엇인가를 주의 깊게 관찰하여 함께 응시한다. 이제 걷기 시작하여 아장거리는 아기가 특정 대상물을 만지거나 응시하면, 부모들은 이것의 이름을 말해 준다. 아기가 바나나를 가리키면 어머니는 "그것은 바나나야."라고 이야기해 준다. 아기가 적극적으로 환경에 관심을 가지면서 부모에게 가리키면 부모가 함께 바라보면서 이름을 붙여 주어 아기의 어휘 습득을 촉진한다(Beuker et al., 2013).

물론 부모의 이러한 도움이 효과가 있으려면, 부모가 그저 말을 하고 있는 것과 사물의 이름에 대하여 말하는 상황을 아기가 구별할 수 있어야 한다. 아기는 새로운 사물 앞에서 성인이 이 사물을 응시하거나 가리키면서 말할 때에만 이 사물의 이름을 언급하고 있음을 안다(Liebal et al., 2009; Nurmsoo & Bloom, 2008). 또한 아기는 사물의 이름을 말하는 사람의 신뢰성도 고려할 수 있다. 즉 과거에 이름을 틀리게 말해 주었거나 외국 액센트로 말을 하는 성인으로부터는 잘 배우지 않는다(Birch, Akmal, & Frampton, 2010; Corriveau, Kinzler, & Harris, 2013). 따라서 걸음마기 무렵에는 부모와 아기가 사물의 이름을 습득하는 조건을 함께 만들어 간다. 부모는 사물의 이름을 말해 주고 아기는 부모의 행동에 의지하여 그 사물의 이름을 배워 간다. 함께 바라보기가 아기의 어휘 습득을 도와준다 할지라도 이 방법만 있는 것은 아니다. 아기는 대화 중에 새로운 어휘를 배우며 다른 사람들이 하는 이야기를 곁에서 듣다가 배운다(Shneidman & Goldin-Meadow, 2012).

사물의 이름 붙이기 함께 바라보기가 사물의 이름을 배우는 것을 돕는다 하더라도 아기의 입장에서는 여전히 해결해야 할 문제가 있다. 엄마가 가리키며 말하는 바나나가 바로 바나나의 이름을 말하는 것인지를 바나나를 만지는 행위를 말하는 것인지, 바나나의 색을 말하는 것인지와 구분해야 한다. 아기들은 복잡한 추론 대신에 단순히 이것이 이름이라는 결론을 내릴 수 있는 몇 가지 규칙을 활용하고 있다. 한 연구(Au & Glusman, 1990)에서는 아기들이 활용하고 있는 규칙을 제시하고 있다. 이들은 원숭이와 비슷하게 생긴 빨간 뿔이 달린 털 인형을 유아에게 보여 주면서 이 인형의 이름을 미도라고 가르쳐 주었다. 반복적으로 이 인형을 보여 주면서 미도라고 가르쳐 주었는데, 후에 이 원숭이 모양의 빨간 뿔을 가진 털 인형과 함께 다른 여러 개의 털 인형을 보여 주면서 이 중에서 테리를 찾아보라고 하였다. 그러자 유아들은 미도는 제외하고 다른 털 인형 중에서 테리를 지적하였다. 즉 이들은 미도는 빨간 뿔을 가진 원숭이 모양의 털 인형임을 분명하게 알고 있으므로 다른 털 인형 중에서 테리를 고르는 것이다. 이 실험을 통해서 유아들은 새로운 단어를 습득할 때 특정 규칙을 활용하고 있음을 알 수 있다.

자신이 분명하게 그 이름을 알고 있는 사물과 함께 어떤 새로운 단어를 듣게 되면, 아이들은 이 새로운 단어는 자신이 모르는 사물을 지칭하는 것이라고 추론한다.

- 이 외에도 아이들이 새로운 단어를 배울 때 활용하는 몇 가지 규칙이 더 있다(Hoff, 2009; Woodward & Markman, 1998).
- 이름이란 사물의 일부분 혹은 다른 사물과의 관계성을 지칭하는 것이 아니며 또한 지금 이곳에 있는 이 사물만 유일하게 지칭하는 것이 아니라 같은 종류의 모든 사물을 지칭하는 것이다(Hollich, Golinkoff, & Hirsh-Pasek, 2007). 즉 엄마가 방에 있는 공룡 인형을 가리키면서 '공룡'이라고 이야기하면 이 '공룡'이란 말은 공룡의 귀, 코 혹은 방에 있는 공룡 하나만을 가리키는 것이 아니라 모든 종류의 공룡을 지칭한다고 생각한다.
- 특정 사물의 이름을 알고 있을 때 새로운 이름을 듣게 되면, 이 이름은 이미 알고 있는 대상물

이름의 하위 유형이라고 생각한다. 예를 들어, 공룡이란 대상의 이름을 이미 알고 있는 아이 옆에서 그의 형이 다른 종류의 공룡을 가리키면서 '다이노사우루스'라고 하면 이는 '다이노사우루스'는 공룡의 특수한 한 종류라고 생각한다.

- 같은 종류에 속하는 사물 중 한 이름이 특정 사물에만 계속적으로 사용되면 특정 사물에만 그 이름을 붙인다. 예를 들어 아동이 공룡의 이름을 알고 있는데, 그중 하나의 특정 공룡만 계속해서 '다이노'라고 부르면 이 공룡의 이름은 '다이노'라고 결론을 내린다.

아이는 이상의 규칙을 활용하여 불필요한 추론을 생략하여 단어가 바로 그 대상물을 지칭하는 것으로 간주하여 아주 빠른 속도로 단어의 이름을 습득하게 된다.

대화 속의 힌트 아이들은 사물을 지칭하는 말소리를 들으면서 이름을 습득하는 것 외에도 문장을 들으면서 새로운 단어를 습득하게 된다(Yuan & Fisher, 2009). 부모가 아이에게 문장으로 이야기를 할 때 그 문장 안에는 아이가 이미 알고 있는 단어도 있고 처음 듣는 단어도 있을 것이다. 이때 아이는 이미 알고 있는 단어와 문장의 구조를 통해서 혹은 맥락을 활용해서 새로운 단어의 의미를 깨닫는다. 예를 들어서 아이와 함께 공원에 구경을 나간 아버지가 공원 광장에서 저글링을 하는 사람을 보고 "아저씨가 공으로 저글링을 하네."라고 하면 아이는 아저씨, 공의 의미는 알고 있으므로 아저씨가 공을 여러 개 던지면서 하는 행위가 저글링이라고 추론한다. 또한 *a*와 *the*는 명사 앞에 오고 *he, she, they*는 동사 앞에 온다는 것을 알면 'a boz'는 사물을 가리키고 'she boz'는 행위를 가리키는 것임을 안다(Cauvet et al., 2014).

인지적 요인 명명 폭발기는 인지적 성장이 빠르게 일어나는 시기와 일치한다. 따라서 이 시기에 향상된 인지 능력이 새로운 단어를 쉽게 습득하도록 돕는다. 특히 아이의 행동이 목표와 의지를 갖게 되면서 언어는 이러한 목표를 표현하고 성취하는 수단이 된다. 따라서 의지 혹은 의도는 아기가 언어를 빠르게 습득하게 하는 동력이 된다(Bloom & Tinker, 2001). 또한 향상된 집중력과 지각 능력은 어휘 습득을 돕는다. 뒤의 "주목할 만한 이론"에서 모양에 대한 지각력(예 : 공은 둥글다, 연필은 긴 막대기다 등)이 어떻게 단어 습득에 도움이 되는가를 기술하겠다.

처음 듣는 단어의 뜻을 알기 위하여 이미 알고 있는 단어를 이용한다. 사진에 있는 유아들이 "저 남자가 야구 방망이로 재주를 부리고 있다"고 들었을 때 이들은 '남자', '야구 방망이'라는 말을 알고 있으므로 '재주를 부린다'는 야구 방망이를 가지고 하는 행위임을 깨닫게 된다.

주목할 만한 이론

어휘 습득의 모양 – 편견 이론

배경 많은 발달이론가들은 어휘 습득과 같은 복잡한 과제를 쉽게 할 수 있는 것은 선천적인 언어 습득 기제, 즉 "처음 듣는 말은 내가 이름을 모르는 새로운 사물을 가리킨다"라고 전제하는 빠른 연결과 같은 것이 있기 때문이라고 말한다. 그러나 모든 이론가들이 이러한 주장에 동의하는 것은 아니다. 이들은 어휘 습득은 주의 집중과 학습 과정에 의해 가능하다고 주장한다.

이론 린다 스미스(Smith, 2000, 2009)는 단어 습득에는 모양이 주요한 역할을 한다고 주장한다. 아동들은 사물의 모양에 주의를 기울이는데 모양에 대한 인식이 새로운 어휘를 배우는 데 활용된다. 스미스에 의하면 아기는 먼저 하나의 사물에 이름을 연결시킨다. 즉 '볼'은 테니스 공과 연결시키고 '컵'은 자신이 주로 사용하는 컵과 연결하여 인식한다. 공이라는 용어가 공과 같은 모양의 새로운 공에 적용되거나 혹은 컵이 컵 모양의 새로운 컵에 적용되는 것을 들으면 아동은 공은 둥그렇고 컵은 손잡이가 있는 원통 모양이라는 것을 지칭한다고 결론을 내린다. 이러한 경험이 반복되면서 보다 일반적인 규칙을 도출한다. 같은 모양을 가진 것은 같은 이름을 갖는다. 이로부터 아동들은 새로운 단어 혹은 어휘를 배우는 데 있어서 모양에 관심을 갖는 것이 유용함을 깨닫는다는 것이다.

가설 모양에 주목하는 성향이 아동의 어휘 습득을 도와주는 것이라면 모양에 주목하는 성향이 처음으로 나타나는 시기가 바로 명명 폭발기와 일치할 것이다. 즉 비슷한 모양의 대상물은 같은 이름을 갖는다는 것을 깨닫자마자 어휘 습득에 가속도가 붙을 것이다.

검증 거슈코프와 스미스(Gershkoff-Stowe & Smith, 2004)는 자녀가 습득하는 어휘를 부모가 몇 달간 자세하게 기록하는 연구를 실행하였다. 관찰 기간 중에 영아들은 매 3주마다 검사자에 의해 검사를 받았다. 아기들에게 여러 가지 색이 칠해진 U 모양의 나무로 된 사물을 보여 주고 이를 '닥스(dax)'라고 알려 주었다. 그다음 모두 U 모양이지만 색이나 재질이 다른 것을 제공하였다. 그다음 제공한 것은 앞의 사물과 같은 여러 가지 색으로 칠해져 있거나 혹은 재질은 같으나 U 모양이 아니었다. 그다음 아기들에게 모든 '닥스'를 달라고 요구하는 것이다.

이 검사에서 관심을 갖는 부분은 모양에 주목하는 성향이 나타나는 시기와 명명 폭발기의 시작 시기이다. 연구자들은 영아가 재질과 색에 상관없이 U 모양의 사물을 선택하는 때를 모양에 주목하는 시기의 시작이라고 정의하였다. 명명 폭발기는 한 주에 10개 이상의 새로운 어휘를 습득하게 되는 첫 주(week)로 정의하였다. 그 결과 이 두 시기는 $r = .85$로 상관관계가 매우 높게 나왔다. 이는 모양에 주목하는 성향과 명명 폭발 기간에는 상당한 관계가 있음을 의미한다.

결론 가설로 설정되었듯이 걸음마기 영아들이 모양에 주목하는 성향이 출현하는 시기에 어휘 습득에 속도가 붙는다. 즉 아기들은 재질 혹은 색과 상관없이 같은 모양을 갖는 사물은 동일한 이름을 갖는다는 지식을 갖게 되면 이 지식으로 새로운 어휘를 아주 빠르게 습득한다. 이러한 결론은 스미스의 이론뿐만 아니라 어휘 습득은 특별한 메커니즘을 필요로 하지 않는다는 일반적 견해를 지지하는 것이다.

적용 모양에 주목하는 성향이 아동의 어휘 습득을 쉽게 한다면 이러한 성향을 아동에게 가르쳐서 어휘 습득을 더 용이하게 할 수 있는가? 답은 '그렇다'이다. 스미스와 그의 동료들(Smith et al., 2002)은 걸음마기 영아들과 연구 보조원이 네 종류의 새로운 대상물을 가지고 함께 놀도록 하였다. 사물의 각 쌍은 동일한 이름과 모양이지만 색과 재질은 달랐다. '닥스'는 U 모양의 사물이고 '접(zup)'은 한쪽 면에 구멍이 있는 타원형의 사물을 가리킨다. 놀이 중에 연구 보조원은 각각의 사물의 이름을 10번 말한다. 영아는 구체물을 가지고 어휘를 듣게 될 때 어휘를 빠르게 습득하게 된다. '닥스'와 '접'을 가지고 놀면서 걸음마기 영아들은 모양에 주목하는 것이 사물의 이름을 습득하는 데 유용하다는 것을 깨닫는 것이 분명해 보였다. 같은 방식으로 비슷한 모양의 새로운 사물들을 보여 주면서 동일한 이름을 들려주면 아기들의 어휘 습득이 빠르다는 사실을 이용해 부모들도 이를 적용할 수 있을 것이다.

어휘 습득에서의 발달적 차이 지금까지 기술된 단어 습득에 관련된 책략은 영아의 나이에 따라서 활용도에 차이가 있다(Hirsh-Pasek & Golinkoff, 2008). 하루에 새 단어를 하나씩 정도 습득하는 18개월 미만의 아기는 모양을 주의 깊게 관찰하여 단어를 습득하는 경향이 크다. 그러나 이후 하루에 여러 개의 단어를 습득하는 명명 폭발기가 오면, 새로운 사물에는 처음 듣는 말로 부르기, 대화 속의 힌트 등에 많이 의존한다. 즉 아기가 첫 발화 이후 새 단어를 배울 때 주의 집중과 같은 인지적 과정에 의지하다가 점차 언어 형식, 대화 중의 힌트 등에 의존하는 비중이 커진다.

어휘 습득에서의 오류 지금까지 소개된 다양한 전략이 새로운 어휘를 습득하는 데 있어서 완벽한 규칙일 수는 없다. **제일 많이 나타나는 오류는 과잉축소(underextension)인데 어휘를 적용하는 범위를 너무 좁게 하는 것이다.** 자동차는 오로지 집에서 사용되는 자동차에만 적용하고 공은 자신이 좋아하는 공에만 사용하는 것이다. **1~3세 된 아기들은 과잉확대(overextension)라는 오류도 범하는데 이는 과잉축소와 완전 반대의 현상으로 한 어휘의 적용 범위를 아주 넓게 잡는 것이다.** 승용차는 버스, 트럭에도 사용하고 강아지는 네발 달린 짐승에게 다 적용한다.

과잉확대는 아동이 말을 들을 때보다 아동 자신이 어휘를 산출할 때 주로 나타난다. 2세인 제이슨은 염소를 '멍멍이'라고 말할 수는 있으나, 염소를 가리켜 보라고 하면 정확하게 염소를 가리킨다. 이러한 현상은 아동이 '사물의 이름을 알 수 없으면 비슷한 종류의 이름을 말하라'고 하는 또 하나의 빠른 연결 규칙을 활용하고 있다고 이해할 수 있다(Naigles & Gelman, 1995). 이러한 오류는 언어에 대한 경험이 증가하여 어휘의 의미를 세분화하면서 점차 사라진다.

어휘 습득에서의 개인차

LO6 말 배우기 유형에는 어떠한 것이 있는가?

명명 폭발은 대개 18개월 즈음에 나타나나 다른 발달적 지표와 마찬가지로 개인 간 차이가 크다. 어떤 아기는 약 14개월에 명명 폭발이 일어나나 어떤 아기는 22개월이 되어서야 나타나기도 한다(Goldfield & Reznick, 1990). 어휘 발달에서 개인차를 확인하는 방법은 특정 나이에 습득한 어휘 수를 측정해 보는 것이다. 예를 들어, 18개월 된 아기는 평균 75개 정도의 어휘를 습득하고, 상위 90%의 아기는 250개의 어휘를 습득하고, 하위 10%의 아기는 25개 이하의 어휘를 습득한다(Fenson et al., 1994).

18개월 된 일반 아기가 습득하는 어휘 범위는 25~250개로 그 편차가 크다. 그럼 이런 차이는 어디서 오는 것일까? 먼저 유전적 요인이 관여되는데, 쌍생아 연구에서 일란성 쌍생아의 어휘 수는 이란성 쌍생아 경우보다 더 비슷하다고 한다(Dionne et al., 2003). 그러나 이러한 차이는 상당히 작아서 유전의 영향력은 최소한의 수준이라고 판단할 수 있다.

더 중요한 요인을 두 가지 들 수 있는데, **그중 하나가 음성 기억력(phonological memory)이다. 이 능력은 말소리에 대한 기억력을 뜻한다.** 이 능력은 아동에게 별 뜻이 없는 말, 예를 들면 'ballop' 혹은 'glistering'과 같은 단어를 들려주고 즉시 똑같이 이 소리를 반복하게 하여 측정한다. 그 결과 이 능력은 습득한 어휘 수와 상당히 관련되어 있다(Gathercole et al., 1992; Leclercq & Majerus, 2010). 말소리를 듣고 정확하게 기억하는 것을 어려워하는 아동은 어휘 습득을 어려워하는데 이는 당연한 것이다. 왜냐하면 새로운 어휘를 습득한다는 것은 귀에 익숙하지 않은 말소리를 의미와 연결하는 것이기 때문이다.

또 하나, 아동의 어휘 습득에 영향을 미치는 요인은 환경적 요인이다. 언어 자극이 풍부한 환경에 놓인 아동은 어휘 습득이 빠르다. 말을 많이 들을수록 좋다(Hurtado, Marchman, & Fernald, 2008). 부모가 사용하는 말이 풍부하고 문법적으로 정확한 경우(Huttenlocher et al., 2010; Rowe, 2012), 자녀의 말에 즉각적으로 그리고 적절하게 응대해 주는 경우(Tamis-Lemonda & Bornstein, 2002), 자녀의 어휘 습득 속도가 빠르다.

주변에 말이 많으면 왜 어휘 습득에 도움이 되는 걸까? 물론 말을 많이 들으면 아기가 따라 할 모델이 많이 있는 것이므로 배우기가 쉬울 것이다. 그러나 다음 "집중 연구"가 이러한 관계가 그렇게 간단하지는 않다는 것을 보여 준다.

질문 9.2

가빈과 밋치의 월령은 16개월로 같다. 그러나 가빈의 어휘 수는 14개인 반면 밋치는 150개로 가빈에 비하여 10배가 많다. 이러한 차이는 어디에서 비롯된 것인가?

집중 연구

부모가 말을 많이 하면 왜 아기의 어휘 습득에 도움이 되는 것일까?

- **연구자 및 연구 목표** 많은 연구들은 아기의 주변에 들리는 말이 많으면 아기의 언어 발달에 도움이 된다는 것을 보여 준다. 그러나 이러한 효과의 구체적 관계에 대하여는 알려진 것이 그리 많지 않다. 웨이슬레더와 페르날드(Weisleder & Fernald, 2013)는 말에 충분히 노출되면 언어 처리 기술을 촉진하여 어휘 발달에 도움이 된다는 것을 증명하고자 하였다.
- **연구 방법** 연구자들은 아기에게 작은 녹음기를 장착하여 아기가 하루 종일 듣는 말을 녹음하였다. 또한 아기에게 친숙한 사물이 그려진 그림을 보여 주고 사물과 이름이 일치하는 경우의 응시시간을 측정하였다. 부모들은 자녀들이 이해하거나 산출하는 어휘력 검사를 체크하였다.
- **연구 대상** 29명의 걸음마기 아기가 연구에 참여하였다.
- **연구 설계** 이 연구는 아기가 듣는 말의 양과, 언어 처리의 효율성과 어휘력 간의 관계를 보는 상관 연구이다. 또한 언어 환경, 언어 처리 효율성, 어휘력을 아기가 19, 24개월 두 번에 나누어 측정하였으므로 종단 연구이다.
- **윤리적 문제** 아기에게 해를 가하지 않았으므로 윤리적 문제는 없으며 부모로부터 참여 동의서를 받았다.
- **결과** 먼저 언어 환경의 차이가 많았다. 하루 깨어 있는 10시간 동안 12,000개의 어휘를 사용한 부모도 있었고, 670개의 어휘를 사용한 부모도 있었다. 언어 환경과 아기의 언어 처리 효율성의 관계는 19개월에는 .44, 언어 환경과 아기의 어휘 습득 간의 관계는 24개월에 .57이었다. 즉 언어에 많이 노출되어 있으면 언어 처리 효율성도 높고 어휘력도 높다. 19개월의 언어 처리 효율성은 24개월의 어휘량과 .53의 상관을 나타냈다. 즉 고급통계 분석을 통해 연구자들은 풍부한 언어 환경은 효율적인 언어 처리 능력을 갖게 하고 이는 다시 많은 어휘를 습득하게 한다는 것을 확인하였다.
- **결론** 언어를 효율적으로 처리하는 능력은 풍부한 언어 자극과 관련되어 있고 이는 다시 많은 어휘를 습득하게 한다. 연구자들의 표현에 따르면 "언어 자극이 많은 아기는 듣는 언어를 이해하고자 노력하게 되고 이는 말소리 간의 경계를 구분하고 말의 뜻을 표상하는 어휘 학습에 중요한 기초가 된다"(Weisleder & Fernald, p. 2149).
- **함의 및 적용** 연구자들은 언어 효율성을 한 가지만 측정하였는데, 더 많은 측정이 이루어지고 언어 효율성이 어휘 습득에 미치는 장기 효과를 보는 것도 필요하다.

어휘 습득 유형 어휘 습득의 차이는 얼마나 많이 빨리 습득하느냐의 차이뿐만 아니라 초기에 습득하는 어휘의 유형에서도 차이가 있다(Bates, Bretherton, & Snyder, 1988; Nelson, 1973). **참조적 유형**(referential style)이란 사물의 이름, 사람 혹은 행동에 대한 어휘를 주로 습득하는 경우이다. 예를 들어, 참조적 아동 캐이틀린은 50개의 어휘 중 42개가 사물의 이름을 나타내는 어휘이고 나머지 2개만이 사회적 상호작용 혹은 질문을 하는 어휘이다. **표현적 유형**(expressive style)이란 "저리 가", "뭐할래?" 혹은 "그거 좋아" 등과 같이 사회적 관계를 지칭하는 어휘를 많이 사용하는 스타일이다. 캔디스는 22개의 이름 어휘와 13개의 상호작용 혹은 질문과 관계된 어휘를 가지고 있다.

참조적 혹은 표현적 유형은 하나의 연속선에서 극단에 해당되며 대개의 아동은 이 사이에 놓이게 된다. 참조적 유형의 아동에게 언어는 새로운 지식을 습득하고 사물에 대하여 언급할 때 사용되는 도구적 의미가 크다(Masur, 1995). 반면 표현적 유형의 아동에게 언어는 사회적 관계를 풍부하게 하는 사회적 도구이다. 지적 혹은 사회적 기능 모두 언어의 주요한 부분이며, 이것이 바로 모든 아동이 언어를 배울 때 두 가지 유형을 혼합하는 이유가 된다.

어휘 습득을 돕는 방법

LO7   새로운 어휘를 학습하도록 돕는 조건은 무엇인가?

아동이 새로운 어휘를 배울 수 있도록 돕는 방법은 무엇일까? 아동의 입장에서는 다른 사람들이 말하는 것을 듣는 기회가 많을수록 좋다. 그렇다면 부모가 자녀에게 이야기를 많이 해 주면 어휘 습득은 쉽게 이루어질 것이다(Huttenlocher et al., 1991; Roberts, Burchinal, & Durham, 1999). 물론 단순히 부모가 자녀에게 말해 주는 것이 전부는 아닐 것이다. 자녀가 관심을 갖는 사물 혹은 문제에 대하여 바로 진술해 줄 때 아동은 빨리 배운다(Dunham, Dunham, & Curwin, 1993). 부모들은 마트에서 장을 볼 때 다양한 상품을 가리키면서 자녀에게 말을 해 줄 수 있다. 산보하면서 새, 풀, 자동차처럼 아동이 지금 보고 있는 것에 대하여 이름을 말해 준다.

부모는 자녀에게 책을 읽어 주면서 어휘를 습득하는 것을 도울 수 있다. 책을 함께 읽는 것은 부모나 자녀 모두에게 재미가 있으며, 자녀에게는 새로운 어휘를 배울 기회가 된다(Song et al., 2012). 그러나 책을 읽어 주는 방법에 따라서 자녀의 어휘 습득에 영향을 준다. 부모가 그림책의 그림을 자세하게 묘사하면 유아기 자녀의 어휘 습득에 효과가 있다(Reese & Cox, 1999). 또한 질문을 하는 것도 도움이 된다(Sénéchal, Thomas, & Monker, 1995). 4세 된 자녀에게 책을 단순하게 읽어 주기만 하는 경우와, 중간중간에 '무엇' 혹은 '어디서'와 같은 질문을 하여 자녀가 특정 어휘를 발화하게 하는 경우를 비교하였더니, 후자의 경우에 어휘 습득이 더 많았다. "아서가 낚시질을 하고 있다."와 같은 글을 읽어 줄 때, "아서가 무엇을 하고 있지?"와 같은 질문은 '낚시질'과 같은 새로운 어휘와 그림을 연결하게 만들며, 자녀는 질문에 답하기 위하여 그 어휘를 발화하게 된다. 그러나 질문을 하지 않고 읽어 주기만 하면, 자녀는 자신이 이해하지 못하는 어휘를 무시하게 된다. 즉 질문은 새로운 어휘와 의미를 연결시키고 발화하도록 돕는다.

학령기 아동에게도 역시 부모는 중요하다. 부모가 고급 어휘를 사용하고, 교수적 방법과 이에 적절한 상호작용을 할 때 학령기 자녀의 어휘 습득에 영향을 미친다(Weizman & Snow, 2001). 독서는 새로운 어휘를 배우는 데 아주 중요한 경로가 된다. 도서, 잡지, 신문, 교과서와 같은 문서들은 일상 대화에서 사용되지 않는 어휘를 많이 포함하고 있으므로 어휘 습득에 가장 강력한 경로가 된다(Hayes, 1988). 놀랄 것도 없이 자주 글을 읽는 아동은 그렇지 않은 아동에 비하여 어휘 습득량이 많다(Allen, Cipielewski, & Stanovich, 1992).

비디오의 영향 1950년대 이후 TV 시청은 미국 어린이 삶의 일부가 되어 왔고, 비디오는 저렴한 플레이어의 보급과 어린이용 DVD로 인해 어린이 삶에 미치는 역할이 더 커졌다. 미국의 전형적인 유아는 매일 2시간 비디오를 보고 사진에 보이는 아기처럼 매일 1시간 이상을 비디오 앞에 앉아 있다(Linebarger & Vaala, 2010). 15.2절에서 비디오의 일반적 영향에 대해서 자세히 언급할 것이고, 이 절에서는 아동이 새 어휘를 배우는 데 비디오가 어떻게 영향을 주는가에 대하여 이야기할 것이다.

특정 조건에서 비디오를 보는 것은 어휘 습득에 도움이 된다. 예를 들어서 세서미 스트리트와 같은 유아용 교육프로그램을 정기적으로 시청한 유아는 유치원에 입학할 즈음이 되면 이 프로그램을 간헐적으로 시청한 유아에 비하여 어휘 습득량이 많다(Wright et al., 2001). 반면 만화 같은 프로그램은 어휘 습득에 별다른 효과를 나타내지 못했다(Linebarger & Vaala, 2010). 그러면 이러한 차이는 어떻게 설명될 수 있는가? 세서미 스트리트는 새로운 어휘가 소개될 때 유아가 함께 활동을 하도록 되어 있는데, 만화는 이러한 부분이 없다는 것이 그 차이를 낳는 것으로 보인다. TV 프로그램 시청이 교육적 효과를 내려면 성인이 유아와 함께 시청하기와 같은 언어 학습 책략이 동반될 때 가능하다.

새 어휘를 습득하는 데 비디오 시청은 도움이 될까? 18개월보다 어린 아기에게 아기 시청용으로 제작된 비디오는 단어 학습에 크게 효과가 없다(DeLoache et al., 2010; Linebarger & Vaala, 2010). 원인은 '언어 학습에 별 도움이 되지 않도록 만들어졌거나 혹은 발달적으로 부적합한 수준으로 만들어진' 데에 있다(Linebarger &

미국의 아기는 매일 1시간 이상을 TV 앞에 앉아 있지만, 어휘 습득에는 크게 도움이 되지 않는다.

Vaala, 2010, p. 184). 또 다른 이유는 12~18개월 아기는 실재와 그림 혹은 비디오로 묘사된 것을 잘 구분하지 못해서 비디오에서 본 것과 실제 삶에서 경험하는 사물과 행위를 연결하지 못하는 것으로 설명될 수 있다.

TV 시청 및 부모의 영향에 대한 연구의 결론은 강력하면서도 간단하다. 아동이 새로운 어휘를 의미와 연결하는 활동 혹은 새로운 어휘를 직접 사용하는 활동에 참여할수록 어휘 습득이 쉬워진다(O'Doherty et al., 2011). 그렇다면 두 언어에 노출된 아기가 어휘를 배운다는 것은 어떨까? 이에 대한 답은 "문화적 영향"에서 제시할 것이다.

문화적 영향

이중 언어 구사자로 성장하기

미국의 학령기 아동 중 1,000만 명의 아동이 가정에서 영어를 사용하지 않는다. 몇몇 주에서는 25% 이상의 아동이 이중 언어 구사자이며, 대도시 지역에서 이 수치는 더 올라간다(Shin & Kominski, 2010). 이들은 대개 영어와 스페인어, 중국어 등의 말을 할 수 있다.

2개의 언어를 배운다는 것은 어떨까, 어려울까 아니면 쉬울까? 20세기에는 이중 언어가 아동의 발달에 나쁘다는 견해가 지배적이었다. 60년 전에 출간된 아동심리학 교재에는 "이중 언어 환경에서 자란 아동의 언어 성장은 장애를 낳을 수밖에 없음이 확실하다"(Thompson, 1952, p. 367)라고 적혀 있다. 그러나 현재 이러한 견해는 잘못된 것이라는 것이 일반적 생각이다. 그 이유는 당시의 이중 언어 환경에 대한 연구는 가난한 이주민 아동이 대상이었고 그들의 지능 점수는 낮은 수준이었다. 되돌아보면 이 시기의 이주민 자녀의 지능 점수가 낮게 나온 것도 이중 언어 때문이 아니라 가난과 새로운 문화에 대하여 익숙하지 않은 것에 원인이 있다.

현재의 이중 언어에 대한 연구 결과들은 20세기 견해와는 상반된 의견을 제시하고 있다. 1세 혹은 2세 아기가 2개의 언어를 동시에 배우게 되면, 2개의 언어가 혼동되어서 이들의 초기 언어 발달은 느린 편이다. 각각의 언어를 따로 취급하여 습득된 어휘 수를 비교하면, 이중 언어 아동들이 습득한 어휘 수는 단일 언어 아동의 어휘 개수보다 적고 문장 구조도 단순하다. 그러나 이중 언어 아동이 습득한 전체 어휘 수는 단일 언어를 배우는 아동의 어휘 수보다 많다(Hoff et al., 2012).

이중 언어의 효과는 아동이 각각의 언어에 노출되는 상황에 따라 차이가 크다. 아동의 언어 기술은 그들이 가장 많이 듣는 언어에서 더 빨리 는다(Hoff et al., 2012). 예를 들어서 엄마와 어린이집에서 영어를 듣고, 아빠로부터 중국어를 듣게 되면 이 아기는 중국어보다 영어를 훨씬 빨리 배운다. 또한 말을 하는 사람이 원어민인 경우에 그 언어를 훨씬 잘 배운다(Place & Hoff, 2011). 또한 두 언어 중 사회적인 지위와 가치가 높은 언어를 더 빨리 배우고 각 언어가 가지고 있는 문화적 특성에 의해서도 영향을 받는다(Hoff, 2014).

이중 언어 아동들은 단일 언어 아동들에 비하여 언어에 대한 이해가 더 빠를 수 있다. 이중 언어 아동들은 말을 표기하는 글자는 그것의 의미와는 상관이 없음을 빨리 깨닫는다(Bialystok, 1997; Bialystok, Shenfield, & Codd, 2000). 예를 들어서 커다란 사물을 지칭하는 글자(예 : 버스)가 작은 사물을 지칭하는 글자(예 : 벌레)보다 더 크게 표기되지 않는다는 것을 알고 있다. 또한 말은 사용하는 사람들 간에 합의가 된다면 '개'가 고양이를 가리키는 말이 될 수도 있고 '고양이'가 개를 가리키는 말이 될 수 있다는 것을 안다(Bialystok, 1988; Campbell & Sais, 1995). 즉 이중 언어 아동들은 말 혹은 글자가 임의적 상징체계라는 것을 빨리 깨닫는다.

이중 언어 아동은 과제에 맞추어 필요한 지식과 기술을 선택하고 포기하거나 불필요한 반응을 억제하는 것을 잘한다(Barac & Bialystok, 2012; Carlson & Meltzoff, 2008). 일반적으로 아동은 색깔이 같은 것끼리 카드를 모으고, 다음에는 모양이 같은 것끼리 분류하는 과제에서 계속 색이 같은 것끼리 모으는 경향이 있다. 그러나 이중 언어 아동은 이런 오류가 적은데 아마 2개의 언어를 동시에 사용하기 때문에 맥락과 사용되는 언어를 듣고, 말하고, 읽는 데 민감하므로 다른 과제에서도 이런 능력을 발휘하는 것 같다.

학교에 입학할 즈음의 미국 아동들 중 영어를 유창하게 하지 못하는 경우도 많다. 이러한 아동을 어떻게 가르칠 것인가는 국가적 이슈이다. 한 가지 견해는 모든 미국인은 영어를 해야 하기 때문에 이들에 대한 교육도 영어로 해야 한다는 것이다. 반면에 유아기 때 가정에서 구사한 언어를 통해서 배울 때 가장 효과적으로 배울 수 있으므로, 이들에 대한 학교 교육도 그들 가정의 언어로 해야 한다는 견해가 있다.

어떠한 언어로 그들을 가르치는가에 대한 문제는 상당히 정치적 이슈가 되고 있다. 즉 이 문제는 여러 개의 문화적 유산과 여러 개의 언어가 있는 사회보다는 보편적 문화유산과 언어에 대한 사람들의 열망을 반영한다. 정치적 문제와는 상관없이 연구 결과가 지지하는 것은, 가정의 언어와 영어로 함께 교육하는 것이 효과적이라는 것이다(Castro et al., 2011). 기초적인 부분은 영어로 배우고, 다른 과목들은 그들 가정의 언어로 배우는 것이다. 점차 아동의 영어 구사력이 증가하면서 영어로 배우는 과목을 증가시킨다. 영어와 함께 모국어로 학교 교육을 받으면 교과 학습에도 도움이 되고 두 개의 언어를 다 학습할 수 있다(Farver, Lonigan & Eppe, 2009).

한 가지 언어만 구사하는 아동에 비하여 둘 이상의 언어를 구사하는 아동이 말 혹은 언어란 무언가를 나타낸다는 상징성을 잘 이해한다.

단어를 넘어서서 : 단어 이외의 다른 상징들

LO8 언어 이외의 상징에 대한 아동의 이해는 어떻게 발달하는가?

어휘는 가장 강력하고 유용한 상징이다. 그러나 아동은 성장하면서 언어 이외의 다른 상징체계를 학습하게 된다. 예를 들어서 그림은 다른 대상물을 나타내는 상징의 한 종류이다. 그림과 그것이 나타내는 것과의 관계는 꽤 쉽게 파악된다. 지갑에 넣고 다니는 가족사진은 지갑의 주인에게는 사진과 그 대상의 관계가 명백하다. 그러나 이러한 관계가 어린 아동에게 쉽게 인식되는 것은 아니다. 즉 사진은 실제 사물이 아니라 그 사물의 표상일 뿐이라는 것을 깨닫는 데 시간이 걸린다. 딸랑이 사진을 흔들거나, 주스가 든 컵의 그림을 구겨도 소리가 나거나 주스가 흘러나오지 않을 것이라는 인식이 쉽게 되는 것은 아니다. 9개월 아기에게 좋아하는 장난감 사진을 보여 주면, 아기는 이것이 실제 장난감인 듯 잡으려 한다. 18개월이 되면 이러한 반응은 더 이상 나타나지 않는데, 이는 사진이란 사물의 표상물일 뿐이지 사물 자체는 아니라는 것을 깨달았다는 의미이다(Troseth, Pierroutsakos, & DeLoache, 2004).

축척 모형 역시 상징 표상의 한 종류이다. 태양계 모형은 태양과 각 행성들 사이의 상대적 거리를 알도록 도와준다. 대학 신입생에게 학교 지도는 대학 캠퍼스의 모양과 위치에 대한 감을 갖게 해 준다. 비행기 모형은 우주 비행기 공학자가 공기의 흐름을 알 수 있도록 해 준다. 이처럼 축척 모형은 실제 사물의 축소판이므로 사물의 모양, 크기와 실체를 익히는 데 도움이 된다. 그럼에도 불구하고 어린 아동에게는 이것이 쉽게 이해되는 것은 아니다. 즉 지도 혹은 축소 모델과 이것이 표상하는 실제 사물과의 관계를 깨닫는 데는 시간이 필요하다. 이러한 능력은 학령 전 유아기를 걸쳐서 서서히 습득된다. 예를 들어서 장난감을 실제 방의 어딘가에 숨기는 것을 유아에게 보여 주고, 이 숨겨진 장난감을 가구, 창 및 카페트가 그대로 재현되었으나 모든 것이 축소된 모델에서 찾게 할 때, 3세 된 유아는 쉽게 찾으나 2세 반 된 유아는 이를 찾지 못한다(DeLoache, 1995).

그러면 이러한 과제가 3세에게는 쉬운데, 2세 반 유아에게는 왜 어려울까? 유아는 장난감이 놓인 위치를 방의 축소 모델을 보게 되면서 망각하게 되는 것일까? 답은 '아니다'이다. 왜냐하면 다시 이 유아를 실제 방으로 데려오면 숨겨진 장난감을 바로 찾아내기 때문이다. 연구자들은 이에 대

2세 반 유아는 이 역전류전광판이 인형과 방을 축소시켰다는 연구자의 제안을 믿었다.

한 설명으로 "어린 유아는 방의 축소 모델에 대한 관심과 흥미로 인해서, 실제 방에 숨겨진 장난감 위치와 모델에 동시에 연결지어 장난감을 찾는 것을 어려워한다"고 설명하고 있다(DeLoache, Miller, & Rosengren, 1997, p. 308). 즉 어린 아동들은 축소 모델을 실제 사물로 인식하여 이것이 실제 방의 상징적 모델이라는 것을 인지하지 못하기 때문에 과제에 실패한다.

이러한 주장이 옳다면 2세 반 유아가 방 모델이 실제 방의 축소 모델 혹은 상징 모델임을 고려할 필요가 없다면 과제에 대한 성공률이 높을 것이라고 예상할 수 있다. 이에 근거하여 연구자들은 아주 흥미로운 실험을 하였다. 이들은 아동들이 모델을 사물이지만 무엇인가를 대신하는 상징으로 생각할 필요가 없는 조건을 만들었다. 사진과 같이 아동에게 역전류전광판(오틸로스코프)을 보여주고 이것이 사물을 작게 만드는 기계라고 소개하였다. 그리고 '테리'라고 하는 인형을 그 앞에 놓아두었다. 그리고 연구자와 아동은 그 방에서 나오는데, 이때 기계가 작동할 때 나는 소리가 배경으로 들린다. 다시 연구자와 아동이 방에 들어가면 테리는 8인치에서 2인치로 축소되어 있다. 다시 연구자는 테리를 실제 방에 숨기고 이 기계를 방에 겨누고서는 다시 연구자와 아동은 방을 나온다. 이때 기계가 작동하는 소리를 아동이 방 밖에서 계속 들을 수 있도록 하였다. 이때 연구 보조자는 아동 몰래 실제의 방에 있는 실제 사물을 다 치우고 모두 축소 모델로 교체한다. 연구자와 아동이 방으로 돌아와서 아동이 축소된 테리를 찾도록 한다.

그 결과 유아는 이런 조건에서 테리를 찾을 수 있었다. 2세 반 유아는 모델을 사물이면서 어떤 것의 축소 모델이라는 것을 동시에 생각하는 것이 어려워서 축소한 모델에서 숨겨진 장난감을 찾을 수 없다는 주장이 검증된 것이다. 즉 모델을 방 자체로 인식하도록 한다면, 유아는 숨겨진 장난감을 찾을 수 있다.

지도는 공간을 평면으로 표상한 것이므로 아동이 이해하기 더 어렵다. 아동이 4~5세가 되면 지도를 이용하여 사물을 찾을 수 있다(Shusterman, Lee, & Spelke, 2008; Spelke, Gilmore, & McCarthy, 2011). 흥미로운 것은 지도를 보는 능력은 경험이 없어도 가능하다는 것이다. 남미의 고립된 부족에서 행해진 연구에서, 이 부족은 지도도 없고, 자도 없고 학교도 없는데 미국 아동이 지도를 이해하듯이 이 부족의 아동도 지도를 이해하고 사용할 수 있었다(Dehaene et al., 2006).

물론 지도 등 축척 모형에 대한 이해를 하게 되어도 또 새로운 종류의 상징들이 이들을 기다리고 있다. 그래프, 음표, 숫자 혹은 글자 등 다 열거하자면 수도 없다. 그러나 아기들은 동작과 말이 사물을 표상하는 것임을 깨닫기 시작하면서 상징에 대한 이해에 첫발을 내딛게 된다.

 학습 확인

점검 아기가 새 어휘를 단기간에 배울 수 있도록 돕는 요인은 무엇인가?

아기의 어휘 발달에서의 속도와 특징의 차이에 대하여 설명하시오.

이해 아기가 상징을 이해하였다는 증거가 최초로 발화한 말임을 설명하시오.

적용 이제 첫아이를 출산한 부모에게 아기의 어휘 발달에 도움이 될 수 있는 부모교육 자료를 작성해 보시오.

9.3 문장으로 말하기

제이미의 2세 반 된 딸, 루이사는 호기심이 많아서 계속 질문을 하는 아기이다. 제이미는 루이사의 질문에 답하는 것을 즐기지만, 루이사의 질문하는 방식에는 걱정이 든다. 루이사는 "하세요 뭐?" 혹은 "왜 자 않아?" 등으로 말을 한다. 제이미 자신은 이런 식으로 말을 한 적이 없는데 딸아이는 이런 식의 표현을 어디서 배운 것일까? 혹시 언어 발달에 장애가 있는 것은 아닐까 하는 것이 제이미의 걱정이다.

아기가 단어로 말하기 시작하면 곧 몇 개의 단어를 결합하여 문장으로 이야기하게 된다. 이때가 언어 습득에서의 새로운 단계인 문장의 규칙(syntax) 혹은 문법 습득이 시작되는 시기이다. 이 절에서는 아동들이 문법과 관계된 지식과 능력을 어떻게 습득하는지 살펴볼 것이다. 그리고 이 과정에서 루이사의 말은 아주 정상이라는 것을 알게 될 것이다. 또한 아동이 문법을 획득하는 과정에 영향을 미치는 요소에 대하여 제시할 것이다.

두 단어에서 복잡한 문장으로

LO9 아동은 단어로 말하는 수준에서 어떻게 복잡한 문장으로 말하게 되는가?

1세 반이 되면 몇 개의 단어를 함께 묶어서 주스 더, 과자 줘, 트럭 가, 엄마 가, 아빠 자전거 등의 말을 하게 된다. **연구자들은 이런 식의 말을 전신어(telegraphic speech)라고 하는데, 이유는 이 시기의 말은 의사소통에 필요한 최소한의 단어로 간결하게 표현하기 때문이다.** 전자 우편 혹은 문자메시지가 보편화되기 이전에 사람들은 전보 혹은 전신을 쳐서 의사소통을 하곤 하였는데, 전신의 비용은 단어 숫자에 따라서 계산되므로 단어의 사용을 최소화하게 된다. 결과적으로 전신은 최소한의 명사, 동사, 형용사 혹은 부사만을 사용하여 의미를 전달하므로 아동들의 두 단어 표현과 유사하다.

두 단어기에도 아기들이 사용하는 규칙이 있다. 예를 들어서 트럭 가 그리고 아빠 먹어는 행위자가 특정 행위를 하는 것을 나타낸다(Brown, 1973). 반면에 내 트럭은 소유자와 소유되는 물건을 나타내고 주스 줘는 행위와 대상의 관계이다. 어떤 언어를 모국어로 배우느냐에 상관없이 두 단어기의 아기들은 사람, 대상, 행위 그리고 그들의 속성으로 말하는 것이 유용하다(Tager-Flusberg, 1993).

전신어 이후의 발달 약 두 돌이 되면서 아동의 발화는 세 단어 이상으로 길어진다. 1세 반경에 "주스 줘." 혹은 "바이바이 엄마."라고 말하던 아기가 두 돌 반이 되면 "아이스크림 다 먹고, 목욕할래요." 혹은 "불 끄지 마세요. 잘 안 보여요!"라고 말할 수 있다. **이들의 길어진 발화에는 조사, 접두사 및 접미사(~들, ~의)와 같은 문법적 형태소(grammatical morphemes)가 사용된다.** 즉 1세 반 된 아기가 "공 차."라고 말한다면 3세 유아는 "지금 공을 차고 있어요."처럼 어린 시기의 전신어가 대명사, 현재진행형, '~을'과 같은 조사 등을 첨가한 문장으로 바뀐다. 따라서 이들의 발화는 더 길어지고 더 문법적이다.

그러면 아동은 이러한 문법적 형태와 기능을 어떻게 습득하게 되는 것일까? '(공을) 차고 있다'와 '(공을) 찼다'와 같은 말을 하는 아동은 '차고 있다'는 지금 현재 공을 차고 있는 행위를 지칭하는 것이고 '찼다'는 과거에 이미 일어난 일을 가리킨다는 것을 깨닫고 있다고 볼 수 있다. 또한 '비가 오고 있다'와 '비가 왔다'와 같은 경우에 전자는 현재 비가 오고 있는 상태를 말하는 것이고 후자는

이것은 워그야.

자 여기에 하나 더 있어. 그렇다면 이는 2개의 _____ 라고 하지.

_____

그림 9-2

과거에 비가 왔었다는 것을 가리킨다는 것을 알고 있다. 그런데 현재 및 과거를 나타내는 행위와 동작에 관한 어휘를 표현마다 하나씩 배워 간다면 습득 속도가 무척 느릴 것이다. 이보다는 '동사 + -있다'는 현재진행형을 나타내고 '동사 + -ㅆ다'는 과거를 나타낸다는 규칙을 깨달아 이를 활용하는 것이 더 효율적일 것이다. 결론적으로 아동은 이러한 규칙을 찾아 복잡한 의미를 전달한다. 아동들이 문법적 형태소를 사용하는 것이 각각의 어휘에 대한 기억에 의한 것이 아니라 문법에 대한 지식을 가지고 필요한 상황에 적용하여 사용하고 있다는 것을 밝힌 학자가 있다(Berko, 1958). 〈그림 9-2〉처럼 실제로 존재하지 않는 사물을 유아에게 보여 주었다. 연구자는 "이것은 워그야."라고 말해 주었다. 그다음에 유아에게 워그 2개를 보여 주면서 "자 여기에 또 하나가 있어. 즉 두 개가 있는 셈이지. 그렇다면 우리는 이를 두 개의 __라고 하지." 하면 대부분의 아동들은 "워그들."이라고 답하였다. 즉 워그는 유아가 처음으로 경험하는 사물이지만 하나 이상을 나타낼 때 복수를 뜻하는 '~들'이라는 문법적 규칙을 이미 알고 있고 이를 적용한다.

문법적 규칙은 완벽한 것은 아니어서 규칙이 모든 경우에 항상 적용되는 것은 아니다. 내 딸이 3세일 때, '단추를 풀다'의 의미로 "찍찍이 안 해(Unvelco it)."라고 하였다. 나는 찍찍이가 부착된 의류를 생산하는 벨크로(Velco) 회사의 의복을 벗을 때 내가 "찍찍이 안 해"라는 표현을 거의 사용하지 않았으므로 이것은 딸의 창의적 표현이라고 할 수 있다. 이는 유아가 반대말을 사용할 때, 영어의 경우 'un+동사'의 규칙을 무차별하게 활용하면서 오류가 발생했다고 볼 수 있다. 이 역시 아동들은 문법을 배울 때 낱낱의 어휘에 해당하는 문법적 형태소를 경험하고 이를 기억하여 활용하는 것이 아니라, 보다 일반적인 문법적 규칙을 획득하고 이를 모든 어휘에 적용하여 활용하고 있다는 증거가 된다.

문법은 규칙을 습득하여 활용하는 것임은 아동이 보여 주는 과잉규칙화에서도 볼 수 있는데, **문법적 규칙을 예외 없이 적용하는 현상을 과잉규칙화(overregularization)라고 한다.** 영어의 예를 들면 2개 이상의 복수를 나타낼 때 아동은 two men이 아니라 two mans, two feet를 two foots라고 하는 것이다. 또한 과거를 나타내는 ~ed를 사용할 때 불규칙 동사에도 무조건적으로 적용하여 I went를 I goed, I ran을 I runned로 표현한다(Maratsos, 2000; Marcus et al., 1992).

문법적 형태소는 간단한 규칙인 경우도 있지만 복잡한 것도 있다. 2개 이상의 사물은 ~s를 첨가한다는 비교적 간단한 규칙을 제일 먼저 습득한다. 또한 지금 현재진행 중인 동작이나 사건은 ~ing를 첨가한다는 규칙도 비교적 간단하다. 그러나 to be와 같은 것은 그리 간단한 규칙이 아닌데, 놀랍게도 유아기 후반이 되면 거의 습득한다.

유아기에는 문법적 형태소 이외에 영어에서 '주어-서술어-목적어'라는 기본 문형을 습득한다. 이러한 변화는 유아가 발화하는 의문문에서 명백하게 드러난다. 두 단어기에서 유아는 질문은 끝을 올리는 억양으로 대신한다. 그러나 유아들은 곧 누가, 무엇을, 언제, 어디서, 왜와 같은 의문사를 사용하게 된다. 2세 반 유아가 'What he eating?', 'What we see?'처럼 의문사 사용이 처음부터 정확한 것은 아니나 의문사를 사용할 수 있게 된다. 3세 혹은 3세 반이 되면 의문사를 사용하는 문장에 필요한 조동사를 사용할 수 있게 되어 'What is he eating?' 혹은 'What will we see?'와 같은 문형을 발화할 수 있다(deVilliers & deVilliers, 1985; Rowland et al., 2005).

3~6세 사이에는 부정형("That isn't a butterfly")과 복문("Jennifer thinks that Bill took the book") 문형을 구사하며, 능동태("The girl kicked the ball")와 수동태("The ball was kicked by the girl")도 이해하게 된다. 물론 능동태와 수동태의 완벽한 구사력은 초등학교 시기까지 계속 발달한다(Hoff, 2014). 요약하면, 유치원에 입학할 즈음이 되면 모국어의 문법을 거의 습득한다고 할 수 있다.

질문 9.3
3세 유아가 지난 주말 캠핑한 이야기를 하면서 "나 텐트에서 잤다!(I sleeped in a tent!)"라고 말하였다. 이는 문법 발달의 어떠한 특징을 보여 주는가?

문법 습득

LO10 아동은 어떻게 문법을 획득하게 되는가?

아동은 어떻게 이렇게 빨리 문법을 습득하게 되는 것일까? 유아기에는 철자도 잘 모르고, 수 계산이 빠른 것도 아니며, 더욱이 글을 읽을 수 있는 시기도 아니라는 것을 감안할 때, 다른 인지 능력에 비하여 언어 능력은 상당히 빠른 발달을 보인다. 그렇다면 어떤 비법이 있는 것일까?

행동주의자의 답변 스키너(Skinner, 1957)는 다른 모든 행동과 마찬가지로 언어 역시 경험의 결과라고 보았다. 즉 조작적 조건형성 및 모방의 결과로 언어가 습득된다는 것이다(Moerk, 2000; Whitehurst & Vasta, 1975). 이 답변의 단점은 유아 초기의 발화는 성인이 사용하지 않는 표현이 많다는 것을 설명할 수 없다. 예를 들어서 의문사가 있는 질문을 할 때 "What she doing?"과 같은 표현은 영어를 모국어로 사용하는 성인은 이런 식으로 절대 말하지 않는다. 또한 성인이 "I am drawing a picture"라고 한 말을 따라 할 때에도 "I draw picture"라고 한다. 또한 부모는 자녀의 말을 강화할 때에도 문법적 표현에 반응을 하기보다는 틀리게 말하였다 하더라도 의미에 반응을 보인다.

언어학자의 답변 촘스키(Chomsky, 1957)가 선두가 되어 인간은 문법을 쉽게 배울 수 있는 메커니즘을 가지고 태어난다고 언어학자들은 주장한다(Slobin, 1985). 영아는 언어의 규칙을 추론할 수 있는 신경회로를 뇌에 가지고 태어난다. 즉 문법 자체가 장착되어 있는 것이 아니라 문법을 처리할 수 있는 신경체계를 가지고 태어난다. 예를 들어 **의미 자동처리 이론**(semantic bootstrapping theory)에 따르면 아기는 명사는 사람 혹은 사물을 가리키고 동사는 행위를 나타낸다는 것을 이미 알고 태어나며 이 지식을 활용하여 문법규칙을 추론한다.* 예를 들어 "빌리가 마셔요(Billy drinks)", "수잔이 잠을 자요(Susan sleeps)"를 듣는 영어권 아동은 명사 + 동사로 문장이 된다는 것을 추론하게 된다. 영어를 사용하는 전형적인 2세 유아는 "토끼가 당근을 먹었어요"가 주체 + 대상 + 행위를 나타냄을 이해한다. 한 실험에서 "돼지가 소를 마을했어요(the pig is dorping the cow)"라는 말을 들은 2세 유아는 돼지가 소에게 무언가 행동을 하는 장면을 선택하였다(Gertner, Fisher, & Eisengart, 2006).

태어날 때부터 문법을 습득할 수 있는 기제를 가지고 태어난다는 주장은 모방으로 말을 습득한다는 것에 비하여 설득력이 적을 수 있으나 많은 증거들이 언어학자들의 주장을 간접적으로 지지하고 있다.

1. **뇌에는 언어를 처리하는 부위가 따로 있다.** 아기가 '문법학습 처리기'를 가지고 태어난다면 뇌의 특정 부위를 찾을 수 있어야 한다. 앞 4.3절에서 좌뇌가 언어를 이해하는 데 중요한 역할을 한다는 것을 이미 말하였다. 〈그림 9-3〉의 파란 부분은 브로카 영역이라고 하는데 이 부위가 단어를 조합하여 문장을 만드는 데 사용된다. 2세가 되면 동사가 나와야 하는 위치에 명사가 나오는 것처럼 간단한 문법 규칙이 깨지면 이 부위가 활성화되는 것으로 관찰되었다(Bernal et al., 2010). 언어에 뇌의 특정 부위가 사용된다는 것은 언어만을 위한 신경계를 가지고 태어난다는 주장을 지지하는 증거가 된다.

2. **인류만이 문법을 학습할 수 있다.** 강화와 모방으로 문법을 배울 수 있다면 사람이 아닌 생명체도 간단한 문법을 배울 수 있어야 한다. 그러나 사람에게만 있는 신경기제로 문법을 배울 수 있다면 이러한 노력은 성공할 수 없을 것이다. 이러한 가설을 검증하기 위하여 침팬지에게 문

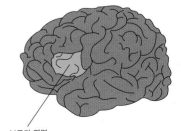

브로카 영역

그림 9-3

---

* 의미 자동처리 이론의 어원은 "남의 도움 없이 일어서다(pull yourself up by your bootstraps)"로 깊은 구덩이에 빠진 한 남작이 가죽 끈으로 구멍을 스스로 빠져나온 18세기 전래 이야기에 근거한다.

유아들과 비교가 안 될 만큼 오랜 훈련을 받아도 침팬지는 아주 간단한 언어 규칙만 이해할 수 있다.

법을 가르치는 연구가 진행되었다. 사진에 보이는 것처럼 침팬지에게 수화 동작을 가르쳤더니 두 단어 정도와 관련된 문법은 배울 수 있었는데 이렇게 되기까지는 상당한 시간이 요구되어서 유아들이 문법을 습득하는 데 들이는 시간과 노력과는 차이가 컸다(Hoff, 2014). 또한 언어 규칙도 유아가 습득하는 것과 차이가 있었는데 예를 들어서 님이라는 침팬지는 긴 문장으로 말하였지만, 같은 어휘를 여러 번 반복하여 긴 문장이 된 것이다. 님 침팬지는 "님이 먹다, 님이 먹다"라고 반복하였다. 침팬지에게 문법을 가르치려는 다양한 노력에도 불구하고 성공하지 못하였으므로 언어는 인류만이 습득할 수 있는 특별한 기제가 있다는 결론이 맞다.

3. **언어학습에는 결정적 시기가 있다.** 출생부터 12세까지가 언어학습의 결정기여서 이 시기를 지나서는 언어를 통달하기가 불가능하다. 지니라는 아이는 낮과 밤 모두 줄로 묶여 지내면서 아무도 지니에게 말을 걸지 않았고 지니가 소리를 지르면 매를 맞았다. 지니가 13세 때 발견되었을 때 전혀 말을 하지 못했다. 이후 몇 년간 집중적으로 언어교육을 받았으나 2세 정도 수준의 전신어 표현력에 그쳤다(Curtiss, 1989; Rymer, 1993).

외국어 학습 과정을 보아도 언어학습에는 결정기가 있다는 것이 분명하다. 외국어를 원어민 수준에서 통달하는 경우에는 청소년기 전에 노출되어야 한다(Newport, 1991). 그렇다면 왜 이렇게 특정 시기에만 언어학습이 가능한 것일까? 이는 여성의 가임시기가 결정되어 있는 것과 마찬가지로 언어학습도 신생아기부터 아동기까지에만 작동하는 신경체계에 의한 것으로 설명된다.

4. **어휘가 발달해야 문법도 발달한다.** 문법은 습득된 어휘량이 충분해야 발달하기 시작하므로 어휘와 문법은 동일한 체계에 있다고 할 수 있다(Dixon & Marchman, 2007). 예를 들어, 유아가 어휘를 습득하면 뜻만 습득하는 것이 아니라 어휘가 속하는 문장과 문장 내에서의 위치도 알게 된다. 즉 '선생님'이라는 말을 알게 되면 뜻과 행위자 혹은 대상이 될 수 있음을 알게 된다. 즉 어휘 습득이 늘어 가면서 문법지식도 함께 따라온다.

이러한 주장은 이중 언어를 사용하는 어린이의 어휘와 문법이 하나의 언어에서만 연관되어 발달하지 두 언어에 적용되지 않는 경우를 보면 지지된다(Conboy & Thal, 2006). 즉 영어 어휘 수는 영어 문장의 표현성과는 관계가 있으나 스페인어 문장과는 관계가 없으며 스페인어의 어휘 수는 스페인어 문장의 표현성과 관계가 있다. 즉 이중 언어를 사용하는 경우라도 문법이 발달하기 전 일정량 이상의 어휘가 습득되어야 한다.

국제 입양을 하면 어린 시기에 듣던 언어와 다른 언어를 사용하게 된다. 입양은 신생아, 걸음마기, 유아기 시기가 달라서 나이에 따라서 인지 능력이 다양하다. 그러나 입양아가 입양부모 언어의 문법을 습득하는 정도는 입양아의 나이가 아닌 어휘 습득의 정도와 관련이 있다(Snedeker, Geren, & Shafto, 2007). 즉 3세, 7세가 약 400개의 어휘를 습득하였다면 나이와 상관없이 문법지식도 거의 같다. 어휘와 문법 발달의 관계를 통해 본 이중 언어 사용 아동과 입양아의 경우는 언어는 동일한 언어 특정적인 체계에 의한 것이라는 가설을 지지하는 증거이다.

이상과 같은 자료는 언어 습득과 관련한 기제가 있음을 지지하지만 여전히 이러한 체계의 실존을 증명하는 것은 아니다. 따라서 다른 학자들은 언어 습득과 관련하여 대안적 설명을 하고 있다.

인지 발달 이론가의 답변 모든 연구자가 문법을 습득하는 데에 특별한 기제가 필요하다고 믿지는 않는다. 문법은 환경에서 관찰될 수 있는 규칙성을 처리하는 인지적 기술에 의해서도 습득될 수 있다고 믿는 연구자도 많다. 인간의 머리에는 마치 거대한 엑셀프로그램의 횡렬표가 있어서 자주 듣는 말은 한 열에 그것과 관련된 맥락은 그다음 열에 저장을 하여 말을 들을 때마다 횡렬을 검색하여 일정한 규칙을 찾는다(Maratsos, 1998). 예를 들어서 아기가 처음으로 명사 뒤에 's'가 붙어서 소리가 나는 것을 들으면 처음에는 혼란스러워하지만, 점차 다양한 대상물을 나타내는 말에 's'가 붙은 경우를 경험하면서 이것이 둘 이상의 사물을 나타낸다는 규칙을 형성한다. 인지 발달 이론은 어휘, 문법을 습득할 때 특별한 습득 기제가 없어도 저장된 자료의 규칙성을 찾아 습득한다고 주장한다(Bannard & Matthews, 2008). 아기가 소리의 규칙성을 찾는 데 천재적 능력을 발휘하듯이 문장 구조를 형성하는 규칙성도 충분히 발견할 수 있다(Kidd, 2012).

사회적 상호작용 이론에 의하면 아동은 자신의 욕구와 필요를 효과적으로 전달하는 데 문법이 도움이 되므로 열정적으로 문법을 배운다.

사회적 상호작용 이론가의 답변 이 이론은 이상에서 소개된 행동주의 이론에서 강조하는 환경의 중요성, 언어학에서 강조하는 언어 습득 기제와 인지 이론가들이 주장하는 인지 능력 등 모두가 언어 습득을 설명한다고 하여 여러 이론들을 절충하고 있다. 이 관점의 독특한 부분은 언어 습득에서의 사회적 상호작용을 강조하는 것이다(Bloom & Tinker, 2001). 사회적 상호작용론 이론가들은 영아와 양육자 간 적극적인 의사소통에 대한 의지가 언어를 습득하게 한다고 답한다. 아동은 계속 자신의 생각, 의도를 타인에게 알리고자 하고 양육자는 자녀의 의지를 이해하고자 하므로 양쪽 모두 소통이 잘되기 위하여 계속 노력한다. 상호 간에 소통이 잘될수록 자녀는 언어를 통달하고자 하며 부모는 더 잘 돕고자 한다.

9개월 된 아기가 과자를 가리키며 어머니를 바라본다(Hulit & Howard, 2002, pp. 37-38). 어머니는 과자를 아기에게 주며 "자, 과자야."라고 응대한다. 2세가 되어 "과자 주세요."라는 요구에 어머니는 "그래, 과자 줄게."라고 답하게 된다. 과자를 먹고 싶다는 욕구는 아기가 말을 하게 하며 이에 대한 어머니의 응수는 완벽하고 효과적인 언어 모델을 제공한다.

그렇다면 지금까지 소개된 다양한 이론들 중에 어떤 이론이 아동의 언어 습득 과정을 가장 잘 설명하는 것일까? 아동이 복잡한 문법을 습득하여 창의적으로 구사하는 것, 언어의 의미를 깨닫는 것 혹은 소리어를 구별할 수 있는 능력 등은 오직 하나의 이론만으로 설명될 수 없다. 아동이 소리어를 구별하고, 단어의 의미를 깨달으며 복잡한 문법을 창의적으로 활용할 수 있는 능력은 인간으로서 언어를 습득할 수 있는 특별한 능력이 있기 때문이고 동시에 이러한 언어적 능력을 발현할 수 있는 풍부한 언어적 자극이 제공되기 때문이다.

부모는 자녀의 언어 발달을 설명하는 이론에는 크게 관심이 없다. 이보다는 자녀가 언어를 빨리, 잘 배울 수 있도록 도와주는 방법에 더 관심이 있다. 뒤의 "아동의 삶 향상시키기"는 유익한 가이드라인이 될 수 있다.

요약표 9-1 문법 습득에 대한 여러 이론들	
이론	설명
행동주의	모방을 통해 문법을 습득한다.
언어학	모국어에 내재된 문법 규칙을 추론할 능력을 선천적으로 가지고 있다.
인지 발달	말에 자주 나타나는 규칙을 찾아낼 수 있는 인지적 전략을 사용한다.
사회적 상호작용	성인과 상호작용하는 맥락에서 의사소통을 통해 문법을 습득한다.

아동의 삶 향상시키기

언어 발달을 도와줄 수 있는 방법

다음은 아동의 언어 발달을 향상시키는 데 도움이 되는 아이디어를 정리한 것이다.

1. 아동에게 자주 말을 시켜 주고 아동을 대화의 상대로서 존중하라. 즉 아동에게 지시하기보다는 상호 존중하는 대화를 하라.

2. 아동이 사용한 언어를 기초로 해서 확장, 수정하라. 아동이 한 말에 기초하여 새로운 어휘를 소개하거나 올바른 문법적 형태를 들려주라.

3. 아동이 최소한의 의사소통을 넘어 확장하여 자신의 느낌과 생각을 표현하도록 장려하라. 질문에 대한 답을 요구할 때 단답형보다는 문장으로 대답하도록 장려하라. 또한 이것, 저것, 그것 등의 애매한 표현보다는 맛있는 사과, 큰 자동차와 같은 기술적 어휘를 쓰도록 하라.

4. 아동의 말을 들으라. 아동은 천천히 말하는 경향이 있는데 이때 인내심을 갖고 아동이 문장을 끝낼 때까지 기다리라. 또한 아동이 이야기하는 것에 주의를 주고 적절하게 응답하도록 노력하라.

5. 언어 사용이 즐겁다는 것을 느끼게 하라. 책을 읽어 주고, 노래를 들려주며, 농담을 하고 외국어도 가끔 사용하여 아동이 언어를 배우고 사용하는 것은 놀이와 같다는 느낌을 갖도록 도와주라.

   단어, 문법을 습득하여 구사력이 어느 정도가 되면 어른은 아동의 말을 더 잘 이해하게 된다. 아동은 맥락, 상대, 의도에 따라서 적절하게 표현하는 의사소통 기술을 배워야 한다.

 학습 확인

점검 두 단어기부터 문장으로 말하게 되는 과정에서 주요한 발달적 변화에 대하여 기술하시오.

아동이 어떻게 문법을 습득하게 되느냐에 대한 주요한 설명은 무엇인가?

이해 문법을 학습하는 과정에서 각 언어 이론들은 아동의 역할에 대하여 어떻게 설명하고 있는가?

적용 아동이 문법을 습득하는 과정을 제7장의 인지 발달의 과정으로 설명하시오.

 9.4 의사소통

개요	학습 목표
순서 바꾸기	**LO11** 대화란 화자와 청자의 역할을 바꾸면서 말하는 것임을 아동들은 언제, 어떻게 배우는 것일까?
효율적으로 말하기	**LO12** 효율적으로 말하는 데 필요한 기술은 언제 습득이 되는가?
잘 듣는 능력	**LO13** 다른 사람의 말을 정확하게 잘 듣기는 언제 습득이 되는가?

9세 말라와 키티는 사이 좋게 잘 놀다가 금방 싸우기도 잘한다. 말라는 아버지와 함께 사인펜을 사려고 마트에 가려고 한다. 이를 안 키티는 말라에게 돈을 주며 사인펜을 사다 달라고 부탁하였다. 말라가 사 온 사인펜을 보고 키티는 맘에 들지 않아서 화를 내자 말라도 화가 났다. 왜냐하면 말라는 키티가 사인펜의 종류를 말하지 않기 때문에 사인펜이 맘에 들지 않는다고 화를 내는 것은 부당하다고 생각했기 때문이다. 이런 와중에 아빠는 둘이 서로의 마음을 터놓고 이야기하여 서로를 이해하고 더 이상 화를 내지 않았으면 좋겠다고 생각한다.

말라와 키티 두 소녀가 서로의 잘못을 지적하며 논쟁하는 상황은 우리에게 효율적 의사소통에 필요한 것이 무엇인지를 알려 준다. 두 소녀가 싸울 때 동시에 서로를 향하여 소리를 지르고 알아들을 수 없는 말로 웅얼거리고 내용에 조리도 없어서 알아듣기조차 힘들다. 즉 이들은 효과적인 의사소통을 하고 있는 것이 아니다. 두 소녀는 효과적인 의사소통을 위하여 다음과 같은 간단한 규칙을 알아야 한다.

- 둘이 동시에 말을 할 수 없다. 한 사람이 말을 할 때 상대방은 들어야 한다. 즉 말하고 듣는 순서를 지켜야 한다.
- 말하는 사람의 내용은 현재 대화의 주제와 연관성이 있어야 하며, 듣는 사람이 알아들을 수 있어야 한다.
- 듣는 사람은 말하는 사람에게 주의를 집중해야 하고 자신이 말을 알아듣고 있는지 말하는 사람에게 신호를 보내야 한다.

이러한 규칙을 완벽하게 준수하기는 성인도 어려운 것으로 완벽한 구사는 평생 걸리는 과업이다. 효율적 의사소통 기술의 발달과 말라와 키티처럼 아동들이 의사소통에 실패하게 되는 원인을 살펴볼 것이다.

순서 바꾸기

LO11 대화란 화자와 청자의 역할을 바꾸면서 말하는 것임을 아동들은 언제, 어떻게 배우는 것일까?

아기가 처음으로 말을 하기 훨씬 전부터 부모는 아기에게 순서 바꾸기를 경험시킨다. 아기가 의사소통의 의미나 의지가 있지 않은 소리를 낼 때에도 부모는 아기가 내는 소리를 순서 바꾸기의 기회로 사용한다(Field & Widmayer, 1982).

부모 : 저기 새 보이지?
아기 : (목 울림소리로) 꾸르룩
부모 : 정말 예쁜 새지.
아기 : 꾸르룩
부모 : 맞아. 종달새야.

첫돌이 가까워 오면 부모는 아기와 대화하면서 아기가 순서 바꾸기에 참여하도록 격려한다. 이를 위하여 부모 자신이 말하는 역할과 듣는 역할을 번갈아 가며 대화한다(Shatz, 1983).

부모 : (아기에게) 에이미가 먹고 있는 것이 뭐지?
부모 : (과장된 목소리로) 과자를 먹고 있지.

부모 혹은 양육자는 아기가 대화에 참여하는 데 필요한 것은 무엇이든지 하는데, 아기가 대화를 하려는 시도 혹은 표현이 성공할 수 있도록 스카홀딩을 한다. 그러나 양육자와 아기 사이의 대화 유형은 어느 문화

부모가 아기에게 말을 할 때, 화자와 청자의 역할을 바꾸어 가면서 말한다.

말로 의사소통할 수 없는 단계일지라도 동작을 사용해서 자신의 의사를 전달한다.

권에나 보편적인 것은 아니다. 비서구 문화에서는 말을 하지 못하는 아기를 대화 상대로 여기지 않는 경우가 많다. 아기들이 말을 충분히 할 수 있는 수준이 되었을 때 대화 상대로 취급한다(Hoff, 2009).

2세가 되면서 이러한 순서 바꾸기는 아주 자연스러운 모습이 된다(Barton & Tomasello, 1991). 3세가 되면 대화의 상대가 자신의 질문이나 대화에 반응을 하지 않으면, 자신의 말을 반복하거나 반응을 이끌어 내도록 노력한다(Garvey & Beringer, 1981). 예를 들어 3세 아이가 다른 일로 분주한 형제에게 "형."이라고 건네었는데 형이 아무 응답이 없으면 다시 "형!" 하고 반복한다. 그래도 응답이 없으면 이 아이는 "혀엉!" 하고 소리를 지를 것이다. 이는 상대에게 말을 하면 상대방은 적합한 반응을 해야 한다는 기대와 지식을 갖고 있음을 의미한다.

효율적으로 말하기

LO12 효율적으로 말하는 데 필요한 기술은 언제 습득이 되는가?

아동이 다른 사람과 의사소통을 최초로 시도하는 때가 언제일까? 대개 이러한 시도는 약 10개월쯤 나타나는 것으로 알려져 있다(Golinkoff, 1993). 이 시기의 아기들은 사물을 만지거나 가리킬 때 다른 사람을 동시에 쳐다본다. 이러한 행동은 그 사람이 반응을 할 때까지 계속된다. 마치 아기는 "이 장난감 정말 좋아! 엄마도 한번 보세요."라고 말하는 것 같다.

10개월 된 아기는 손가락으로 가리키거나, 만지거나, 소리를 내면서 어른들이 무언가를 하도록 한다. 사진처럼 아기용 의자에 앉아 있는 아기가 아래에 떨어져 있는 장난감을 가리키면서 소리를 낼 때, 이러한 소리는 부모의 이목을 끌고 손가락은 자신이 원하는 사물이라는 메시지를 전달한다(Tomasello, Carpenter, & Liszkowski, 2007). 성인이 이런 방식으로 대화하면 유치하겠지만 아기들에게는 매우 효율적인 의사소통 방식이다. 또한 엄마는 아기가 손가락으로 가리키면 의미하는 바를 대신 말로 이야기해 주므로 아기는 이를 통해 말을 배우게 된다(Goldin-Meadow, Mylander, & Franklin, 2007).

첫돌이 지나면 아기는 말로 성인과 대화하며, 먼저 대화를 시작할 수 있게 된다(Bloom et al., 1996). 아기의 대화 내용은 초기에는 주로 자신에 대한 것이나 곧 자신을 둘러싼 사물과 환경(장난감 혹은 음식)에 대한 것을 이야기한다. 그러다가 아직 일어나지 않은 상황 혹은 이미 일어난 일에 대한 것 등 좀 더 추상적인 것에 대하여 이야기할 수 있게 된다(Foster, 1986).

물론 어린 아동이 능숙한 대화 상대자는 아니다. 때때로 이들과 대화하는 것은 혼동스럽다. 무엇인가에 대하여 분명하게 말한다는 것은 그리 쉬운 과제가 아닌데, 여기에는 듣는 사람의 나이, 경험, 지식뿐만 아니라 대화가 이루어지는 맥락을 고려하여 말할 수 있는 능력이 요구되기 때문이다. 예를 들어서 다음과 같은 간단한 요구를 고려해 보자. "십자 모양의 드라이버를 내게 주세요." 하는 말은 다양한 종류와 형태의 드라이버에 대한 지식을 갖고 있는 사람에게는 별 문제가 되지 않는 것이지만, 어린 아동들에게는 어려운 대화일 수 있다.

따라서 메시지가 분명하게 전달될 수 있도록 이야기하는 것은 사실 예술에 가까운 것인데, 유아기에 이러한 능력을 꽤 구사한다고 평가할 수 있다. 한 고전적 연구(Shatz & Gelman, 1973)에서 4세 유아에게 장난감이 어떻게 작동하는 것인지를 2세 유아와 성인 각각에게 설명하도록 하는 과제를 주었다. 4세 유아는 성인보다는 2세 유아에게 장난감의 작동방법에 대한 설명을 보다 자세하게 하였다. 또한 2세 유아에게 설명할 때는 상대 유아의 관심을 모을 수 있도록 '자 봐', '이봐'와 같은 말을 사용하고 보다 단순한 문법 및 짧은 문장을 사용하였다. 쓰레기 하적장으로 돌을 나르는

질문 9.4

샤우나의 오빠가 "이번 연도에 네 사물함은 어디 있니?"라고 묻자 샤우나는 "교무실 바로 옆이야"라고 답하였다. 다른 지역에 사는 할머니가 샤우나에게 같은 질문을 하자 "정문으로 들어가서, 좌측으로 돌아 복도를 쭉 따라가면 계단이 있어요, 그리고…"라고 길게 답을 하였다. 샤우나가 같은 질문에 대하여 다르게 답한 것을 효율적으로 말하기 능력과 관련하여 설명하시오.

트럭, 기사 그리고 주차장을 표현한 장난감을 성인과 2세 유아에게 설명하는 4세 유아의 발화를 비교해 보자.

성인 대상 : 이곳에 이 사람들을 넣는 거예요, 보이지요? 이 운전기사가 저기 여자아이랑 같이 가는 거예요. 그리고 다음에는 남자아이랑. 얘는 어린 남자아이이고 운전을 해요. 그리고 트럭을 뒤로 빼면서… 그리고 여자아이가 떨어지고 다시 뒤로 가요.

2세 유아 대상 : 자 봐라, 페리야. 이것을 봐. 기사가 이곳 뒤에 있지. 자 운전기사가 다시 운전을 한다. 봐라, 페리야. 이곳을 봐라, 페리야. 이것들이 돌이야, 페리. 그 기사를 이곳에 놓아. 자 이제 내가 할게(Shatz & Gelman, 1973, p. 13).

이 연구는 초등학교 입학 전 유아도 청취자에 따라서 자신의 전달 내용을 어떻게 조정해야 하는가에 대한 인식과 능력이 있음을 보여 준다. 더 최근의 연구들이 유아들이 대화 상대자와 맥락에 따라서 자신의 메시지를 어떻게 조정하는가를 보여 준다.

- 유아들은 이야기의 주제와 관련하여 필수적인 정보를 갖고 있는 상대자와 그렇지 않은 상대자에 따라서 이야기하는 수준을 달리한다(Nadig & Sedivy, 2002; O'Neill, 1996). 예를 들어서 숨겨진 장난감을 찾는 과제를 설명할 때 눈을 안대로 가린 상대에게 더 자세한 정보를 준다.
- 초등학생은 상대가 성인이냐 혹은 또래냐에 따라 다르게 이야기한다. 성인에게 이야기할 때는 정중하게 이야기하나 또래에게 이야기할 때에는 요구하는 투로 말을 한다(Anderson, 2000; Warren-Leubecker & Bohannon, 1989). 즉 성인에게는 "과자 하나만 가져가도 될까요?"라고 말하지만 또래에게는 "과자 하나만 주라."라고 이야기한다.
- 미국의 아프리카계 미국인은 **표준 영어와는 차이가 있는 아프리카계 미국 영어**(African American English)를 사용한다. '그는 피곤하다(He be tired)'는 표준 영어의 '그는 대체로 피곤하다(He usually is tired)'라는 뜻이다. 대부분의 아프리카계 미국인 아동은 아프리카계 미국 영어와 표준 영어 두 개를 습득하고 각각의 것을 상황에 따라 달리 구사한다. 그들은 학교에서나 혹은 유럽계 미국인과 이야기할 때는 표준 영어를 사용하나 가정에서나 아프리카계 미국인과 이야기할 때는 아프리카계 미국 영어를 사용한다(Warren & McCloskey, 1993).

이는 유아기 때부터 시작하여 초등학령기 이후로 자신의 메시지를 정확히 전달하기 위한 효율적 의사소통에 필요한 것을 이해하고 활용하고 있음을 확실히 보여 준다. 그렇다 할지라도 의사전달은 항상 성공하는 것이 아니어서 이를 시정하기 위한 노력이 필요하다.

잘 듣는 능력

LO13 다른 사람의 말을 정확하게 잘 듣기는 언제 습득이 되는가?

정확하게 잘 듣는 것은 일견 쉬워 보일 수 있으나 실제로는 그렇지 않다. 정확하게 듣는다는 것은 말하는 사람의 내용이 뜻이 통하는가를 계속적으로 체크하는 것을 의미한다. 그래야 듣는 자는 말한 사람의 내용에 적절하게 반응할 수 있다.

걸음마기 영아가 이러한 능력을 갖기를 기대하는 것은 무리다. 그들의 응답은 주제와 관련이 있기보다는 관련이 없는 경우가 더 빈번하다(Bloom, Rocissano, & Hood, 1976). 1세 반 아기에게 "양말이 어디 있니?"라고 질문한다면 "나 배고파!"라고 말하기 쉽다. 3세가 되어야 진행되는 이야기 주제와 연관된 내용으로 반응할 수 있는 능력이 생긴다.

4세가 되면 말의 뜻이 애매하거나 혼돈스럽다는 것을 알지만(Nilsen & Graham, 2012), 뜻을 제대로 이해하기 위하여 항상 질문을 하는 것은 아니다. 오히려 자신이 잘 이해하고 있다고 생각하는 경향이 있다(Beal & Belgrad, 1990). 말을 하는 아동이 불분명하게 이야기하고 듣는 아동도 이것을 분명히 하지 않으므로 이들 사이의 대화는 오해가 많이 있다. 앞의 에피소드에 등장하는 키티는 자신이 원하는 바를 분명하게 말하지 않았고, 말라도 그것을 인지하지 못했다. 화제가 일관적이고 분명하다는 것을 감지하고 산출할 수 있는 기술과 능력은 초등학교 전 학년에 걸쳐서 발달하는 것이다(Ackerman, 1993).

말의 뜻이 혼동되는 것은 듣는 사람의 문제에서도 기인할 수 있다. 예를 들어서 항상 실내에서 함께 생활하던 고양이가 도망갔다는 이야기를 들은 아동이 있다고 가정해 보자. 학령 전 유아들은 이러한 이야기를 또래보다 부모에게서 들었을 경우에 더 신뢰하는 경향이 있는데, 이유는 부모가 친구보다 더 많이 알고 있다고 믿고 있기 때문이다(Robinson, Champion, & Mitchell, 1999). 7세 혹은 8세가 되면 아동은 자신이 듣는 내용에 대하여 의심을 하기 시작한다. 예를 들어서 1학년 아동이 반 아이들에게 곧 자신의 생일파티가 있을 것인데 이 파티가 가장 멋진 파티가 될 것이라고 발표한다면, 대개의 아이들은 이 말을 제삼자가 이야기하는 것에 비하여 곧이 곧대로 듣지 않는다(Mills & Keil, 2005).

듣는 사람은 이야기의 뜻을 이해하기 위해서 현재 언급되고 있는 단어 이상의 의미로 확장시켜야 할 경우도 있다. 은유가 이에 속하는 예이다. 부모가 10대 청소년에게 "네 방은 재활용 야적장과 같다."라고 이야기할 때, 우리는 이것의 의미가 말 그대로가 아님을 안다. 이는 아이의 방이 지저분하며 갖다 버려야 할 쓰레기가 많다는 것을 강조하기 위하여 쓰인 표현이라고 알아듣는다. 이야기의 은유적 혹은 미묘한 의미를 이해하는 데는 시간이 걸린다(예 : Dews et al., 1996). 어린 아동들도 구체적 사물과 이것의 속성과 관련한 은유는 비교적 잘 이해하는 편이다. 예를 들어, 5세 된 자녀에게 부모가 "너는 물고기다."라고 이야기할 때, 이것이 '너는 수영을 잘하며, 물에서 노는 것을 좋아한다'는 의미로 말한 것이라는 것을 이해한다.

그러나 좀 더 높은 수준의 은유를 이해하려면 추상적 관계에 대한 이해를 필요로 한다. 예를 들어서 셰익스피어의 로미오와 줄리엣에서 로미오가 "줄리엣, 당신은 태양입니다."라는 말은 로미오의 세계에서 줄리엣이 중심이며, 줄리엣 없이 로미오는 죽은 생명과 다름없다는 의미로 표현한 것이다. 즉 처음 절의 것은 천문학, 후자의 절은 생물학에 대한 지식에 근거하여 이해할 수 있는 것이다. 그러나 어린 아동들은 이러한 지식이 없어서 로미오의 말을 말 그대로 이해할 것이다.

은유와 마찬가지로 풍자(sarcasm)도 말 그대로 이해될 수 있는 것이 아니다. 축구 선수가 어이없게 볼을 놓치게 되면, 같은 팀원이 "멋진 킥이야."라고 이야기할 때 이것의 진정한 의미는 그 반대이다. 은유에 대한 이해와 마찬가지로 풍자에 대한 이해도 점차적으로 발달한다(Creusere, 1999). 풍자를 말하는 자가 놀리는 듯한 말투 혹은 아주 드러나게 감정을 실어서 이야기하면, 초등학교를 다니는 아동들은 그것의 진정한 뜻을 이해할 수 있다. 그러나 풍자의 의미가 단지 맥락에 근거하여 이해될 수 있는 수준이 되는 것은 청소년기 이상이 되어야 한다(Capelli, Nakagawa, & Madden, 1990).

유치원에 입학할 시기가 되면 의사소통의 기초적인 규칙들을 상당히 습득하게 되며 나이가 들어가면서 점차 유창하게 말할 수 있게 된다.

 학습 확인

점검 어린 유아도 효율적으로 소통할 수 있다는 증거를 제시하시오.

상징적 의미를 나타내는 메시지에 대한 이해 발달 과정을 요약하시오.

이해 의사소통자로서 아기의 약점과 강점에 대하여 설명하시오.

적용 제6장에서 소개된 피아제 이론은 어린 유아의 자아중심성을 제시하고 있다. 이 장에 제시된 의사소통자로서의 어린 유아는 자아중심성으로 설명될 수 있는가?

 ## 주제 통합하기 **연결**

발달의 각 영역은 연결되어 있다가 이 장의 핵심 주제이다. 언어는 생리, 인지, 사회성 발달과 연결되어 있다. 구체적 메커니즘에 대하여 아직 자세히 알지는 못하지만 생리적 발달은 문법 습득과 연결되어 있다. 말이란 무엇인가를 나타내는 것이라는 것을 인식함과 동시에 시작되므로 초기에 습득하는 어휘는 아동의 인지 발달과 연결되어 있다. 의사소통하는 기술은 또래 혹은 성인과 상호작용하고자 하는 사회성 발달과 연결되어 있다.

직접 해 보기

본 장에 소개된 버코(Berko, 1958)의 '워그즈' 과제는 학령 전 아동에게 직접 해 보면 재미있을 것이다. 이 장에 있는 워그즈 그림을 복사하여 유아에게 보이며 버코가 한 대로 해 보라. 분명학령 전 아동은 바로 "워그즈 두 개"라는 말을 할 것이다. 현재 진행형을 나타내는 접미사(-ing) 혹은 과거에 일어난 일을 나타내는 접미사(-ed)를 표현할 수 있는 그림을 가지고 학령 전 아동의 문법 지식을 직접 확인해 보시라!

요약

9.1 말하기로 가는 여정

언어의 요소
언어는 소리에 관한 음운론, 의미에 관한 의미론, 언어 구조의 법칙에 관한 문법론 그리고 소통에 관한 규칙인 화용론 4개의 영역으로 이루어져 있다.

말소리 지각
단어를 구성하는 말소리의 최소단위가 음소이다. 출생 직후부터 아기는 모국어에 없는 음소도 지각할 수 있으나 이 능력은 1세쯤이면 상실된다. 말하기 전부터 아기는 단어의 강세, 음절 등 말소리의 묶음을 인식할 수 있다. 아기를 상대로 할 때 어른들은 말을 천천히 하고 강세를 차이 있게 대조적으로 하는 말투를 하는데 아기는 이러한 말을 더 잘 알아듣는다.

발화의 첫걸음
신생아는 주로 울음으로 의사를 표현하다가 3개월이 되면 목젖 울음을 낸다. 옹알이는 하나의 음절로 된 소리의 묶음으로 바뀌어 몇 달이 지나면 여러 개의 음절에 억양이 더해진 소리를 낸다.

9.2 단어 의미의 학습

상징으로서의 단어를 이해하기
아기가 내는 첫 단어는 모든 언어권에서 보편적인 것으로 상징을 해석하고 사용할 수 있는 인지적 성취의 결과이다. 초기 단어를 사용하는 시기에는 제스처 사용이 동반되는데 이 또한 상징을 사용할 수 있는 인지적 성취의 증거가 된다.

빠른 연결의 유형
대부분의 아동은 한 단어가 내포하는 모든 의미를 하나하나 차례로 습득하기보다는 빠르게 의미를 깨닫는다. 공유된 응시, 제한된 범위, 문장에서의 암시 그리고 인지 기술에 의해 단어의 의미를 빨리 깨닫는다. 그러나 이러한 빠른 연결이 항상 바른 의미를 깨닫게 하는 것은 아니다. 실제의 의미보다 제한적인 의미만을 적용하는 과잉축소 혹은 실제의 의미보다 더 과장되게 의미를 적용하는 과잉확대 오류를 낳기도 한다.

어휘 습득에서의 개인차
어휘 습득은 음운 기억력과 언어 환경의 차이에 따라 개인차가 있다. 또한 초기에 사물의 이름에 관한 어휘를 주로 습득하거나 인지적 도구로서 언어를 인식하는 참조적 유형의 아동이 있는가 하면, 관계성 혹은 사회적 상호작용에 주로 사용되는 표현을 주로 습득하는 표현적 유형의 아동이 있다.

어휘 습득을 돕는 방법

어휘 습득은 누군가가 책을 읽어 주거나, TV를 보거나 초등학생의 경우 독서를 스스로 하는 경우 어휘를 많이 습득한다. 아동이 새로운 어휘를 습득하려면 스스로 단어의 의미를 생각하는 것이 중요하다.

단어를 넘어서서 : 단어 이외의 다른 상징들

언어를 습득하는 과정에서 언어 이외의 상징에 대하여도 알게 된다. 18개월 아기는 사진은 사물을 나타낸 것임을 이해하고 3세 아동은 모형은 보다 큰 실물의 축소임을 이해한다. 학령 전 아동도 간단한 형태의 지도를 사용할 수 있다.

 9.3 문장으로 말하기

두 단어에서 복잡한 문장으로

1세가 되어 오래지 않아 아기는 욕구와 필요를 채우기 위해 간단한 규칙에 따라 두 단어로 말을 하기 시작한다. 이러한 문장은 최소한의 단어만으로 구성되어 있어서 전신어라고도 한다. 두 단어에서 더 진행하면 문법 형태소가 첨가된 더 복잡한 문장으로 말하게 된다. 아동이 먼저 습득하는 문법 형태소는 관계성을 간단하게 표시하는 것에서 시작하여 점차 복잡하게 표시하는 것으로 발전된다.

문법 형태소를 습득하면서 질문을 나타내는 문법적 규칙을 사용하면서 과거형을 표시할 수 있게 된다.

문법 습득

행동주의자들은 아동이 문법을 습득하는 것은 모방에 의한 것이라고 하였으나 이들의 설명은 크게 지지를 받지 못하고 있다. 대신 아동의 문법 습득의 과정은 생래적 메커니즘이 있어서 문법적 규칙을 추론할 수 있는 능력과 관련이 있다고 하는 설명이 더 지지를 받는다. 또한 인지론자들은 반복적으로 듣게 되는 문법적 표현에서 규칙을 찾을 수 있는 인지능력에 의해 문법 습득이 가능하다고 설명한다. 마지막으로 사회적 상호작용 이론가들은 아동과 성인은 의사소통의 질을 향상시키기 위하여 상호 간의 노력에 의하여 가능한 것이라고 설명한다.

 9.4 의사소통

순서 바꾸기

아기가 말을 하지 못하는 단계에도 부모는 순서 바꾸기 모델을 보여 주어 아기가 화자와 청자의 역할을 바꾸어 가면서 할 수 있도록 돕는다. 3세가 되면 스스로가 순서를 바꾸어 이야기할 수 있다.

효율적으로 말하기

말하기 전이라도 아기는 동작과 소리를 이용하여 소통하려고 한다. 학령 전 아동은 타인이 자신의 말을 더 잘 알아들을 수 있도록 더 정교하게 할 수 있다. 또한 상대방이 잘 알아듣고 있는지를 감지하여 그렇지 않다면 반복하여 청자의 이해를 돕는다.

잘 듣는 능력

아기는 이야기 주제에 맞추어 대화하지 못한다. 학령 전 아동은 상대방의 불분명한 말을 인지하는 데 어려움이 있다. 또한 이들은 은유 혹은 풍자처럼 간접적인 의미를 내포하는 메시지는 잘 이해하지 못한다.

자기평가

1. 5개월 미만의 아기는 _____.
   a. 말소리를 구분하기 위해서는 환경으로부터 그 말소리를 경험해야 한다
   b. 자신의 환경에서 들을 수 있는 말소리뿐만 아니라 듣지 않은 말소리도 구분할 수 있다
   c. 말소리를 구분할 수 없기 때문에 말을 할 수 없다
2. 아기는 말소리의 흐름에서 의미 있는 덩어리를 구분하기 위하여 _____ 한다.
   a. 강세가 있는 음절보다 강세가 없는 음절에 더 집중
   b. 반복적으로 함께 들리는 음절에 주의

c. 문법 기능어는 무시하고 의미가 있는 단어에 집중
3. 아래 중 아기를 대상으로 하는 말에 대한 설명으로 맞는 것은?
   a. 아기들은 상관하지 않기 때문에 유익하다.
   b. 아기를 대상으로 하는 말은 억양, 소리의 크기 등에 변화가 없는 평이한 말이다.
   c. 아기를 대상으로 하는 말을 아기를 돌보는 사람들이 사용한다.
4. 아기의 옹알이는 점점 _____.
   a. 처음에는 하나의 음절이 여러 개 다른 음절의 묶음으로

옹알이가 발전한다

   b. 처음에는 옹알이를 하다가 목젖울림으로 바뀐다

   c. 옹알이는 모국어의 소리 패턴과 다르다

5. 아기가 내는 첫 단어는 _____ 의 습득의 결과이다.

   a. 상징

   b. 모음

   c. 억양

6. 아동이 새 단어를 배우게 되면 _____.

   a. 새 단어의 뜻을 최소한으로 듣고 의미를 습득한다

   b. 단어와 그 의미 간의 관계에 대한 체계적인 가설 검증으로 새 단어를 배운다

   c. 믿을 만한 출처 그리고 의심할 만한 출처에 상관없이 배운다

7. 아래 중 아동이 새 단어를 배우는 규칙과 관련하여 올바른 것은?

   a. 이름은 대상의 일부분이 아니라 전체를 가리킨다.

   b. 이름은 같은 종류에 속하는 모든 대상물이 아니라 특정한 대상물만을 가리킨다.

   c. 이름이 있는 대상이 다른 이름으로 제시되면 아동은 원래의 이름을 포기하고 새로운 이름을 사용한다.

8. 어휘 수의 개인차는 _____.

   a. 유전과 관련이 없다

   b. 말소리를 기억할 수 있는 능력과 관련이 있다

   c. 부모가 문법적으로 너무 복잡하게 말하는 자녀는 어휘 습득을 잘 못한다

9. 자녀가 어휘를 많이 습득하기를 원한다면 부모는 _____ 한다.

   a. 자녀에게 독서를 장려해야

   b. 너무 많은 질문을 삼가야

   c. 만화를 포함하여 다양한 tv 프로그램을 보게 해야

10. 한 개의 모국어를 사용하는 아동과 비교할 때 이중 언어 사용 아동은 _____.

11. 아래 중 아동이 초기에 발화하는 문장에 대한 설명으로 맞는 것은?

   a. 언어마다 가지고 있는 규칙에 근거한 문장을 발화한다.

   b. 초기 문장은 의미전달에 본질적인 최소한의 단어만을 포함하고 있으므로 전신어라고 한다.

   c. 문장이 길어지면 이제 더 이상 문법 형태소가 필요하지 않다.

12. 아동은 문법을 습득할 수 있는 메커니즘을 가지고 태어난다는 주장은 _____ 는 사실에 의해 지지된다.

   a. 뇌의 상당 부분이 언어 처리와 관련되어 있다

   b. 언어 습득에는 결정적 시기가 있다

   c. 침팬지는 간단한 문법을 쉽게 배운다

13. 아동은 듣는 말의 규칙을 찾을 수 있는 기술을 가지고 있으므로 문법을 습득한다고 주장하는 관점은 아래 중 어느 것인가?

   a. 인지주의

   b. 행동주의

   c. 사회적 상호작용주의

14. 부모는 순서 바꾸기를 _____ 격려한다.

   a. 아기가 첫 단어를 말하기 시작하면서

   b. 초등학교에 입학하고 나서

   c. 아기가 첫 단어를 말하기 전부터 청자와 화자의 역할을 바꾸어 가면서

15. 아동의 의사소통 능력에 대한 설명으로 아래 중 맞는 것은?

   a. 듣는 사람의 지식과 나이에 따라서, 학령 전 아동은 자신의 말을 조정한다.

   b. 불분명한 말을 들으면, 학령 전 아동은 화자에게 분명하게 다시 말해 줄 것을 요청한다.

   c. 은유 혹은 풍자를 학령 전 아동은 잘 알아들을 수 있다.

핵심 용어

정서 발달

 이 장의 절

 10.1   정서의 출현

 10.2   기질

 10.3   애착

만약 당신이 공상과학 드라마 "스타트랙"의 팬이라면 등장인물 중 스팍을 기억할 것이다. 스팍은 벌칸 혹성 출신인데, 이들은 감정을 전혀 느끼지 못하는 종족이다. 스팍처럼 감정을 전혀 느끼지 않는 세상에서 살고 싶은가? 아마도 당신의 대답은 '아니다'일 것이다. 감정은 인간의 삶을 풍족하게 만든다. 영어에는 기쁨, 행복, 만족, 동의, 분노, 죄책감, 모욕감 등 다양한 감정을 묘사하는 단어가 500개 이상인데(Averill, 1980), 이것만 봐도 감정이 인간의 삶에서 차지하는 비중을 짐작할 수 있다.

이 장에서는 정서가 어떻게 출현하며 이것들이 아동 발달에 갖는 의미를 기술할 것이다. 먼저 **10.1절**에서 아기가 최초로 감정을 표현하는 시기와 타인의 감정을 인식하게 되는 시기에 대하여 기술할 것이다. 다음 **10.2절**에서 아동은 각자 행동 양식이 다르며, 이러한 양식의 차이는 그들의 감정에 근거하고 있다는 것을 보여 줄 것이다. 마지막으로 주 양육자와의 관계 속에서 발달하는 아기의 정서 관계에 대하여 탐색할 것이다.

10.1 정서의 출현

학습 목표

LO1 사람은 왜 '느끼는' 것일까? 사람은 왜 감정을 갖는 것일까?

LO2 언제부터 아기들은 다양한 감정을 경험하고 표현하는 것일까?

LO3 언제부터 아기들은 다른 사람의 감정을 이해하게 되는 것일까? 이러한 이해는 행동 조절에 어떻게 반영될까?

LO4 언제부터 자신의 감정을 조절할 수 있으며, 이것이 사회적 적응에 어떠한 의미를 갖는 것일까?

개요

정서의 기능

정서의 경험과 표현

다른 사람의 정서를 인식하고 행동하기

정서 조절

니콜은 7개월 된 조카 클라우드와의 만남이 크게 기다려진다. 그녀는 조카의 집으로 달려 들어가서 블록을 가지고 놀고 있는 클라우드를 얼른 안아 주었다. 얼떨떨한 표정으로 잠시 그녀를 바라보던 클라우드는 울음을 터뜨리며 '당신은 누구세요?', '왜 그러세요?', '나를 내려놓으세요'라고 말하는 듯이 니콜을 밀어내며 발버둥을 쳤다. 니콜은 얼른 클라우드를 그의 어머니에게 내려놓고, 아기가 이렇게 강하게 감정 표현을 할 수 있다는 것이 놀라웠다.

위의 에피소드는 일상에서 쉽게 경험할 수 있는 세 종류의 감정을 보여 주고 있다. 니콜의 기쁨과 놀라움 그리고 클라우드의 분노이다. 이 절에서는 감정을 왜 갖는 것인가로 시작하여, 아기가 처음으로 감정을 표현하는 때와 다른 사람의 감정을 이해하는 때를 기술하겠다. 마지막으로 아동들이 자신의 감정을 어떻게 조절하게 되는가에 대하여 기술할 것이다. 이를 통하여 위 에피소드에 나온 클라우드의 반응을 이해할 수 있으며 또한 니콜이 어떻게 하는 것이 클라우드의 폭발과 같은 분노를 방지하는가에 대하여 이해하게 될 것이다.

정서의 기능

LO1 사람은 왜 '느끼는' 것일까? 사람은 왜 감정을 갖는 것일까?

우리는 왜 감정을 갖게 되는 것일까? 컴퓨터 또는 벌칸족 스팍처럼 감정이 없다면 인류의 삶은 더 간편해지지 않을까? 그러나 이에 대한 답은 '아니다'이다. 일반 성인이 즐거워하는 활동을 생각해 보자. 맛있는 음식, 사랑, 자녀를 안아 주기와 도전적인 일을 성취하기 등을 들 수 있다. 이러한 활동은 인류의 종을 유지하는 데 꼭 필요한 것들이다(Gaulin & McBurney, 2001).

정서에 대한 현대 이론은 정서의 도구적 가치를 강조한다. 도구적 관점에 의하면 정서는 인류가 환경에 적응하도록 돕는다(Boiger & Mesquita, 2012; Shariff & Tracy, 2011). 공포를 예로 들어 보

자. 늦은 밤 혼자 길을 걷고 있을 때 당신은 겁에 질려서 작은 소리와 기척에도 매우 민감해진다. 이러한 정서적 반응은 당신이 빨리 안전한 장소로 이동하도록 한다. 따라서 공포는 위험을 피하게 하도록 우리의 행동을 조율한다(Tooby & Cosmides, 2008).

다른 정서도 이처럼 우리가 환경에 적응하도록 돕는다. 행복감은 미소 짓게 하며, 이로 인해 다른 사람의 행복감을 증진시키는 작용을 통하여 인간관계를 강화시킨다(Izard & Ackerman, 2000). 상한 우유를 보고 역겨움을 느끼는 것은 이 우유를 멀리하게 하여 우리를 질병으로부터 지켜 준다(Oaten, Stevenson, & Case, 2009). 따라서 정서는 인류가 환경에서 살아남고 우리의 독특한 삶을 유지하도록 한다.

정서의 경험과 표현

LO2 언제부터 아기들은 다양한 감정을 경험하고 표현하는 것일까?

기본 정서의 발달 기쁨, 분노 및 놀람과 흥미, 역겨움, 고통, 슬픔과 공포는 '기본 정서'이다(Darghi-Lorenz, Reddy, & Costall, 2001). **기본 정서(basic emotions)란 인류가 보편적으로 경험하는 정서로 주관적 느낌, 생리적 변화와 행동과 연결된다**(Izard, 2007). 예를 들어서 기숙사에서 잠을 자다가 천둥 번개 소리 때문에 깨어났다고 가정하자. 그런데 룸메이트가 당신의 우산을 가지고 학교로 간 사실을 발견한 순간, 당신은 분노를 느끼며 생리적으로 심장 박동이 빨라지며 아마 소리를 지르는 행동을 할 것이다.

아기의 얼굴 표정과 행동을 보고 기본 정서의 발달 과정을 연구한다. 아기는 크게 긍정적인 정서와 부정적인 것을 경험하는 것으로 연구자들은 보고 있다(Camras & Fatani, 2008). 그러다가 약 6개월이 되면 정서가 분화되기 시작하여 모든 기본 정서를 경험한다(Lewis, 2008). 예를 들어서 생후 1개월 아기도 잠을 자거나 부드러운 것이 피부에 닿으면 미소를 짓는다. 그러나 이 미소의 의미는 단순한 반사 반응일 수 있다. 2~3개월이 되면 **다른 사람에게 미소를 띠는 사회적 미소(social smiles)가 나타나기 시작한다.** 사진의 아기는 다른 사람과 상호작용하는 것에 기쁨을 느끼고 있음이 분명하다. 미소를 지으면서 아기는 때때로 옹알이 전단계인 목젖울림(cooing)을 하고 손과 발을 움직이면서 기쁨을 표시하기도 한다.

대표적인 부정적 정서인 분노는 대개 4~6개월 사이에 나타난다. 좋아하는 음식 혹은 장난감을 빼앗으면 아기들은 화를 낸다(Sullivan & Lewis, 2003). 이 시기의 아기들은 목적이 있는 행동에 대한 의지가 있는데 이를 방해받으면 화를 낸다(Braungart-Rieker, Hill-Soderlund, & Karrass, 2010). 예를 들어 흥미로운 것을 집으려는 아기를 못하게 하면 대부분의 아기들은 무척 화를 낸다.

분노와 마찬가지로 공포는 첫돌이 가까워지면서 나타난다. **약 6개월 정도 되면 낯선 성인에 대하여 아기들은 긴장하는데 이를 낯선 이 불안(stranger wariness)이라고 한다.** 낯선 성인이 아기에게 가까이 가면, 아기는 시선을 돌리거나 찡찡대기 시작한다(Mangelsdorf, Shapiro, & Marzolf, 1995). 오른쪽의 사진이 아기의 이러한 반응을 보여 주고 있다. 아기에게 할머니와 익숙해질 시간을 주지 않고 손자를 안자 아기는 겁을 먹고 울며, 팔을 자신이 친숙한 사람에게 뻗게 되는데, 이는 위에서 조카를 확 껴안은 이모에 대한 클라우드의 반응과 거의 유사하다.

낯선 이에 대한 아기의 반응은 여러 요인과 관련이 있다(Brooker et al., 2013; Thompson & Limber, 1991). 환경이 아기에게 친숙하면 낯선 이에 대한 반응이 그리 크지 않으나, 환경도 낯설면 아기의 두려움은 더 크게 표현된다. 또한 낯선 이 행동 자체에 의해서도 아기의 반응이 달라지는데, 앞의 니콜처럼 아기를 바로 껴안는 것이 아

2~3개월 아기는 타인과 상호작용하며 기쁘다는 것을 미소로 표현할 수 있다.

니라 낯선 사람이 아기와 친숙한 성인과 먼저 이야기를 나누거나 아기에게 장난감을 제시하는 것이 도움이 된다(Mangelsdorf, 1992). 이런 방법은 아기가 낯선 이에게 두려운 반응을 보이는 것이 아니라 호기심을 보일 수 있게 한다.

낯선 이에 대한 불안은 아기의 행동을 조절하는 기능을 갖는다. 그 이유는 아기가 기기 시작하면서 불안이 나타나는데, 이는 아기가 이동 능력을 가지고 환경에 대한 호기심으로 자신의 친숙한 환경 혹은 양육자로부터 멀어지는 것을 막아 준다. 아기가 사람의 표정을 보고 그 사람이 자신에게 호의적인지 아닌지를 구별하는 능력이 자라면 낯선 이 불안은 사라진다.

부정적 정서 중 혐오감에 대한 것은 많이 알려져 있지 않다. 유아도 동물 배설물에 역겨운 반응을 보이고, 구더기를 만져 보라고 하면 혐오감을 나타내고, 사용하지 않은 변기에 있는 캔디를 먹어보라고 하면 질색을 한다(Widen & Russell, 2013). 양육자는 혐오감을 유발하는 것 앞에서 꽤 강렬한 반응으로 아기들이 가까이 가지 못하게 한다. "더러운 것이야"라고 소리치면서 아기를 대상물로부터 멀리 이동시킨다(Stevenson et al., 2010). 혐오를 유발하는 물질을 감지하는 능력은 질병과 같은 잠재적인 위험으로부터 지켜 주므로 필요하다.

6개월 정도의 아기는 낯선 사람과 친숙한 사람을 구분할 수 있어서 낯선 이가 갑자기 자신을 안거나 얼굴을 마주하게 되면 강렬한 반응을 보인다.

복합 정서의 출현 인간은 기쁨과 분노와 같은 기본 정서뿐만 아니라 자부심, 죄책감 및 당혹감 같은 복합 정서를 갖는다. **자의식 정서**(self-conscious emotions)라고도 불리는 성공감 혹은 실패감은 복합 정서의 하나인데, 전자는 자신의 목표와 기대가 충족되었을 때 느끼는 것이고 후자는 그렇지 않을 경우 느끼는 것이다. 많은 전문가들은 복합 정서는 18개월부터 24개월이 되어야 나타난다고 보는데 이유는 자부심은 자아에 대한 의식이 있어야 가능하며 죄책감은 자신이 해서는 안 되는 일을 했을 때 잘못되었다는 느낌을 가질 수 있어야 하기 때문이다(Kochanska et al., 2002). 장난감을 부순 아기는 "엄마가 조심하라고 했는데…"라며 죄책감을 느낀다. 아동은 어려운 과제를 처음으로 성공하게 되면 자부심을 느낀다. 옆의 사진과 같이 아기가 '이것을 처음 해 보는 건데 이제 다 했어, 나 혼자!'라고 느끼고 있다고 할 수 있다. 자아에 대한 인식이 발달하면서 자부심과 죄책감과 같은 정서가 함께 발달한다(Lewis, 2000). 〈요약표 10-1〉에 기본 정서와 자의식 정서가 요약되어 있다.

이후의 발달 성장하면서 다양한 정서가 계속 발달한다. 후회와 안도감의 정서도 발달한다. 후회와 안도감은 자신의 행동과 대안을 비교하면서 느낄 수 있는 감정이다. 예를 들어, 시험을 앞두고 노트만을 공부하고 교과서는 읽지 못하였다고 하자. 시험지를 받아 보니 시험 문제가 거의 노트에서 나오고 교과서에서는 별로 나오지 않아서 답을 잘 기입할 수 있었다. 그런 경우 안도감을 느낄 것이다. 그러나 시험 문제가 거의 교과서에서 나왔다면, '내가 왜 교과서를 읽지 않았을까!' 하며 후회를 할 것이다. 5~6세 아동은 후회와 안도를 느끼기 시작하고 7세가 되면 각 정서를 상황에 맞게 느낄 수 있다(Van Duijvenvoorde, Huizenga, & Jansen, 2014).

복합 정서의 발달은 인지 능력의 발달과 함께 발달한다. 초등학교 아동은 학령전 유아들이 느낄 수 없는 부끄러움과 죄책감을 느낄 수 있다(Reimer, 1996). 예를 들어서 반 친구가 억울하게 누명을 쓰고 있다는 것을 알고 있으면서도 이를 모른 척하였다면, 유아기 때와 달리 초등학교 연령의

아기가 18~24개월 정도가 되면 과제 수행 후 성취감과 같은 복잡한 정서를 경험하기 시작한다.

요약표 10-1 유아기 정서의 유형			
유형	정의	연령	예
기본 정서	이는 개인이 느끼는 감정으로 생리적 반응과 행동이 동반된다.	출생~9개월	기쁨, 분노, 불안
자의식 정서	기대를 충족하거나 실패할 때 느끼는 정서이다.	18~24개월	자부심, 죄책감, 당혹감

질문 10.1

코트니는 기쁨, 화, 불안 등을 표현하지만 자부심, 죄책감, 당황 등은 아직 나타내지 않는다. 코트니의 나이는 몇 살일까?

아동들은 죄책감과 부끄러움을 느낀다.

성장하면서 공포를 느끼는 대상과 상황이 변한다. 유아기에는 어둠과 상상적 존재 때문에 두려워한다. 그러나 초등학교에 입학하면 인지적으로 성숙하여 외모와 실제가 다르다는 것을 판단할 수 있으므로 두려워하던 대상에 대한 두려움이 사라진다. 대신 학교, 건강 혹은 안전에 대한 두려움을 갖는다(Silverman, La Greca, & Wasserstein, 1995). 이런 불안감은 대부분 크게 문젯거리가 아니지만 어떤 아동의 경우 불안감이 너무 커서 등교 거부 등으로 나타날 수 있다(Chorpita & Barlow, 1998). "아동의 삶 향상시키기"에 과도한 불안의 예와 이에 대한 대처 방법이 소개되어 있다.

아동의 삶 향상시키기

"유치원에 가기 싫다고요!"

학교에 가기 싫다고 아침마다 부모와 실랑이를 하여 부모가 진땀을 흐르게 하는 아동이 있다. 예를 들어 9세 키건은 아침밥을 먹자마자 엄마를 붙들고 울기 시작한다. 통학차량 시간에 맞추어 나가려고 하면 바닥에 주저앉아 발길질을 시작한다.

등원 혹은 등교거부는 아동이 앞으로 감당해야 할 학업 성취에 좋지 않은 영향을 주고 이후 사회에 필요한 경쟁력을 갖추는 데 도움이 되지 않으므로 강력하게 등원거부를 하는 경우 그 원인을 잘 살펴야 한다. 아동은 시험을 친다거나 친구 앞에서 발표를 한다거나 낯선 사람을 만나는 것이 두려워서 등원거부를 하거나 집에서 할 수 있는 비디오 게임 등이 더 좋아서 거부를 할 수도 있다(Kearney, 2007).

등원거부는 행동적 방법과 인지적 방법으로 다룰 수 있다. 행동적 처치는 불안을 유발하는 대상과 조건에 점차 노출시켜 그 상황에 익숙해지고 편안해지도록 한다. 그리고 아동이 잘 적응할 때 긍정적 강화를 한다. 인지적 처치는 불안을 유발하는 대상 혹은 상황을 이성적으로 생각하고 긍정적으로 해석하도록 한다. 예를 들어서 선생님은 무섭게 하려는 것이 아님을 스스로가 기억하게 한다. 부모도 아침 일과를 효과적으로 운영하는 방법에 대하여 교육을 받고 아동의 등원거부가 줄어들면 강화한다(Kearney et al., 2011). 이상의 방법은 등원거부에 대한 효과적인 방법임이 메타 분석을 통해서 검증되었다(Pina et al., 2009).

정서 표현에서의 문화적 차이 대부분의 정서는 세계적으로 보편적인 표현 양상을 띤다. 그러나 정서가 표현되는 정도에서는 문화마다 차이가 있다(Hess & Kirouac, 2000). 많은 아시아 문화권에서는 감정을 드러내어 표현하는 것을 별로 가치 있게 여지지 않는다. 한 연구에 의하면 11개월 된 중국 아기는 유럽 아기보다 덜 웃고 덜 울었다(Camras et al., 1998). 유럽계 11개월 미국 아기는 11개월 중국 아기보다 더 많이 울고 더 자주 미소를 지었다. 한 연구(Camras et al., 2006)에서 미국의 유아들이 중국의 유아들보다 재미있는 장면에 미소를 더 많이 짓고 식초에 담겼던 면봉을 냄새 맡을 때 역겨움을 더 강하게 표현하였다.

또한 문화마다 복합 정서를 촉진하는 사건이 다르다. 어떤 문화권에서는 자부심을 느끼게 하는 상황과 사건이 다른 문화권에서는 당혹감 혹은 수치심을 느끼게 하는 것일 수 있다. 예를 들어서 사진에서와 같이 미국 초등학교 아동은 1등을 하거나 명예 학생으로 뽑히는 것과 같은 개인적 성취에 대하여 큰 자부심을 느낀다. 반면, 아시아권 아동들은 개인적 성취가 공공연하게 공개되는 것에 대하여 부끄러움을 느낀다. 반면 이들은 자신의 반이 우승을 하는 집단적 성취에 대하여 크게 자부심을 느낀다(Furukawa, Tangney, & Higashibara, 2012; Lewis et al., 2010).

분노를 표현하는 방식도 문화마다 차이가 있다. 공들여 그린 그림을 지나가는 친구가 음료수를 엎질러 망치게 된 상황을 예로 들어 보자. 대개의 미국 아동들은 이러한 사건에 대하여 분노로 반응한다. 반면, 불교를 믿는 몽골, 타이, 네팔 등 아시아 문화권 아동들은 분노로 반응하지 않는다. 이유는 불교는 자신을 괴롭히는 사람에 대해서조차 친절함으로 대해야 한다는 믿음을 갖고 있고 심지어 그림을 사람이 지나가는 길목에 나둔 자신을 탓하며 조용히 있는 경향이 있다(Cole, Tamang, & Shrestha, 2006).

따라서 언제 어떻게 정서를 표현하느냐는 문화마다 다르다. 정서를 표현하는 것은 정서 발달의 일부분이며 다른 사람의 정서를 인식하는 능력도 필요하다. 이제부터 이에 대하여 기술할 것이다.

미국, 캐나다, 유럽의 아동은 개인이 이룬 성취에 대하여 자부심을 크게 표현한다.

다른 사람의 정서를 인식하고 행동하기

LO3 언제부터 아기들은 다른 사람의 감정을 이해하게 되는 것일까? 이러한 이해는 행동 조절에 어떻게 반영될까?

용돈이 다 떨어져서 룸메이트에게 20달러를 빌리려고 한다고 하자. 그런데 룸메이트가 방으로 들어오면서 문을 소리 나게 닫고, 가방을 바닥에 던지는 모습을 보면서, 당신은 돈을 빌리려던 계획을 포기할 것이다. 정서를 표현하는 것이 적응적인 것과 마찬가지로, 다른 사람의 정서를 인식하는 것도 나의 행동에 변경을 가져올 수 있는 적응적 기능이 있다.

아기는 다른 사람의 감정을 언제부터 인식하게 될까? 4~6개월이 되면 아기들은 분명 얼굴 표정에 따른 감정을 느낄 수 있다. 이들은 슬프고 찡그린 표정과 기쁘고 행복한 표정을 구분할 수 있다(Bornstein & Arterberry, 2003; Montague & Walker-Andrews, 2001). 아기는 행복한 목소리를 들으면 웃고 있는 얼굴을 바라보고 화난 얼굴을 바라보지 않는다(Vaillant-Molina, Bahrick, & Flom, 2013). 또한 어른이 부정적 정서에 더 빨리 반응을 보이는 것과 같이 아기도 그렇다(Vaish, Woodward, & Grossmann, 2008). 표정이 없거나 웃는 얼굴보다는 화내는 얼굴에 빨리 반응을 하고 더 오래 바라본다(LoBue & DeLoache, 2010; Peltola et al., 2008).

아기, 유아 모두 뱀과 거미처럼 전에 노출된 경험이 없어서 무서워할 이유가 없는 것에도 무서워한다. 아기와 유아에게는 안전에 잠재적으로 위험이 되는 것들로부터 피하게 하는 기능이 있다(Leppänen & Nelson, 2012; LoBue, 2013).

성인과 마찬가지로 아기도 다른 사람의 감정에 따라서 자신의 행동을 조정한다. **낯선 환경에 있는 아기는 엄마 혹은 아버지의 얼굴 표정을 살피면서 상황을 해석하려고 하는데 이를 사회적 참조(social referencing)라고 한다.** 새 장난감을 보고 불안해하는 표정을 하는 부모의 12개월 아기는 부모가 행복해하는 경우보다 이 장난감을 가지고 놀 가능성이 적다(Repacholi, 1998). 아기는 부모가 보이는 정서적 암시에 꽤 정확하게 반응한다. 새 장난감 2개를 부모에게 소개하였을 때, 한 장난감에는 부모가 싫은 표정을 보이고, 다른 장난감에는 그렇지 않으면, 아기는 첫 번째 장난감은 피하나 두 번째 장난감에는 그렇지 않은 반응을 보인다(Moses et al., 2001). 실험실에서 아기가 처음 보는 장난감을, 한 사람은 능숙하게 다루고 옆의 다른 사람은 그렇지 않을 때 12개월 아기는 이 사물을 가지고 놀지를 결정하기 위하여 능숙하게 다루고 있는 성인을 쳐다본다(Stenberg, 2012).

18개월이 되면 한 사람이 장난감을 낯설어하고 옆의 다른 사람이 화난 목소리로 "정말 싫어! 이게 뭐야!"라고 하면 장난감을 가지고 놀지 않으려고 하고, 반면에 중립적인 목소리로 부드럽게 이야기하면 장난감을 가지고 논다(Repacholi & Meltzoff, 2007; Repacholi, Meltzoff, & Olsen, 2008).

아동은 성장하면서 자신의 문화가 적절하게 여기는 감정 표현을 습득한다. 예를 들어 미국 아이들은 또래와 함께 있을 때 우는 것보다 혼자 혹은 부모와 함께 있을 때 운다.

따라서 아기는 행동을 하는 데 다른 사람의 감정을 잘 활용하고 있다는 것이 사회적 참조로 알 수 있다.

아기가 다른 사람의 정서를 인식하는 능력이 있다고 하더라도 아직 충분히 성숙한 것은 아니다. 미묘한 감정의 의미를 읽어 내는 것은 아기, 초등학교 아동보다 성인이 훨씬 뛰어나다(Thomas et al., 2007). 또한 기쁜 표정을 짓고 있으나 실제로는 그렇지 않은 것과 진짜로 기뻐하는 얼굴을 성인은 구별할 수 있다(Del Giudice & Colle, 2007). 따라서 얼굴 표정을 통해 감정을 읽어 내는 것은 나이가 들어가면서 더 성숙해진다.

정서의 이해 인지적으로 성숙하면서 사람이 왜 그 기분을 느끼는지를 이해하는 것도 발달한다. 유치원 입학 즈음이 되면, 기대하지 않았던 일 혹은 유쾌하지 않은 일 등은 사람을 화나게 하거나 슬프게 한다는 것을 이해한다(Lagattuta, 2014). 고장 난 장난감 혹은 친구가 이사를 가는 것과 같이 기대하지 않았던 사건은 생각만 해도 슬퍼지며, 이러한 사건을 일으킨 당사자를 생각하면 화가 난다는 것도 이해한다. 유치원생도 슬프거나 화가 나면 글쓰기 혹은 수학 등 학업을 잘 할 수 없다는 것도 이해하고(Amsterlaw, Lagattuta, & Meltzoff, 2009) 사람은 좋지 않은 일이 일어날 수 있다고 생각하면 걱정한다는 것도 안다(Lagattuta, 2014).

초등학생이 되면 '양가감정(mixed feelings)'을 느낄 수 있다는 것을 이해한다. 사람은 기쁨을 느끼면서 동시에 슬픔을 느끼는 상황이 있다는 것을 안다(Larsen, To, & Fireman, 2007). 감정의 복합성에 대한 이해는 초등학교 아동기의 인지 발달 특성이 탈중심화되는 것과 관계가 있는 것 같다.

성장하면서 특정한 맥락 혹은 특정한 사람에 따라서 문화게 허용하는 적절한 정서표현 방식을 배우게 된다. 성인이 되면, 장례식에서는 슬픔을 표현해야 하며 기쁨을 표현하는 것은 금지되어 있음을 안다. 유아도 자신이 좋아하는 친구가 자신을 화나게 하였을 때에는 화나는 감정을 조절하려고 하나, 자신이 좋아하지 않는 친구가 화나게 하였을 때는 자신을 조절하려고 하지 않는다(Fabes et al., 1996). 초등학생과 청소년들은 슬픔보다는 화를 더 자주 표현하는 경향이 있으며, 또래보다는 부모에게 화와 슬픔을 더 자주 표현한다(Zeman & Garber, 1996; Zeman & Shipman, 1997). 적절한 감정 표현 방식에 대한 것은 문화마다 차이가 커서 동양계 아동보다 서구의 아동들이 감정을 더 잘 표현한다(Novin et al., 2011).

그러면 감정을 이해하도록 돕는 경험은 무엇일까? 부모와 자녀는 과거의 사건에 대하여 이야기하면서 그것에 따른 감정과 왜 그런 감정을 느끼게 되는지에 대하여 이야기를 나눈다. 특히 슬픔, 두려움 혹은 분노와 같은 감정에 대하여 이야기를 많이 나눈다(Lagattuta & Wellman, 2002). 아이들은 부모끼리 특정 상황이 왜 그러한 감정을 느끼게 하였는가에 대해 이야기하는 것을 들으면서도 배운다(Brown & Dunn, 1992; Kucirkova & Tompkins, 2014). 또한 긍정적이고 만족스러운 부모 혹은 형제 관계는 감정을 이해하는 데 도움이 된다(Brown & Dunn, 1992; Thompson, Laible, & Ontai, 2003). 왜 이런 관계가 성립되는지는 아직 분명하지 않으나, 긍정적 부모-자녀 관계 혹은 형제 관계는 감정 표현이 풍부하고 이에 대하여 자주 이야기를 나누기 때문에 감정에 대하여 학습할 기회를 주는 것으로 보인다.

다른 사람의 감정을 잘 이해하면 감정 이입이 가능하게 되므로 다른 사람을 도울 수 있게 된다. 또한 다른 사람의 감정을 잘 이해하는 것은 자신의 행동에 따른 결과를 예측할 수 있기 때문에 또래와의 관계도 원만하다. 따라서 감정에 대한 인식은 타인과의 성공적이고 만족스러운 관계의 필요조건이다. 따라서 성공적 사회관계의 필요조건인 정서 조절을 이제부터 기술하겠다.

정서 조절

LO4 언제부터 자신의 감정을 조절할 수 있으며, 이것이 사회적 적응에 어떠한 의미를 갖는 것일까?

좋아하는 친구에게 정말 화가 났던 경우를 생각해 보자. 그 친구에게 소리를 질렀는가? 차분하게 그 문제에 대하여 이야기를 나누었는가? 아니면 그 상황을 그냥 없던 일처럼 무시하였는가? 소리를 지르는 것은 감정을 직접적으로 표출하는 것이고, 차분하게 대화하거나 상황을 무시하려고 하는 것은 자신의 감정을 의도적으로 조절하는 것이다. 우리는 어둠 속에 귀신은 없다는 것을 알기 때문에 귀신에 대한 공포 감정을 조절하며, 내가 화가 났다는 것을 친구에게 알리기 싫어서 화난 감정을 억누르며, 좋은 일에 대한 나의 기쁜 감정도 다른 사람에게 들키지 않도록 조절할 때가 있다.

감정을 조절하는 것은 제6~9장에서 기술한 인지 과정과 관련이 있다(Zelazo & Cunningham, 2007). 공포를 느낄 때 우리는 다른 곳으로 주의를 돌려서 공포를 가라앉히려고 노력하기 때문에 주의집중은 정서 조절에 큰 역할을 한다(Rothbart & Sheese, 2007). 또는 사건 혹은 생각의 의미를 재해석하여 감정을 조절하려고 한다(John & Gross, 2007). 예를 들어서 패널티킥을 하는 축구선수는 긴장으로 심장이 터질 듯한 압박을 느끼지만 오히려 이것을 에너지가 힘 솟는 것으로 해석하여 자신의 감정을 조절한다.

정서 조절은 인지적 과정을 포함하므로 제6~9장에서 기술하였듯이 아동기와 청소년기를 지나면서 정서 조절이 발달하여 어린 연령보다 높은 연령에서 정서 조절을 더 잘한다(Thompson, Lewis, & Calkins, 2008). 감정 조절은 아기 때부터 시작된다. 4~6개월이 되면 아주 간단한 기술을 사용한다(Buss & Goldsmith, 1998; Rothbart & Rueda, 2005). 어머니 혹은 낯선 이가 갑자기 반응을 중단하면, 아기는 자신의 시선을 다른 곳으로 돌린다. 이는 마치 아동 혹은 성인들이 자신이 좋아하지 않는 자극을 피하기 위하여 고개를 돌리거나 눈을 감는 것과 같다. 또한 놀란 아기는 부모에게 접근하는데 이는 공포 감정을 조절하는 효율적인 방법이다(Parritz, 1996). 아기나 유아가 자신의 감정을 조절하는 데는 당연히 부모나 선생님이 안아 주거나 흔들어 주거나 부드럽게 말을 해주는 등의 도움이 필요하다(Jahromi, Putnam, & Stifter, 2004).

아동은 자라면서 다른 사람에게 의지하지 않고 스스로 감정을 조절하게 된다. 유아에게 엄마가 일을 끝내고 난 후 선물을 개봉할 수 있다고 기다리게 하면 거울을 보면서 얼굴 표정을 가지고 장난을 하며 기다림과 지루함을 달랜다(Roben, Cole, & Armstrong, 2013). 초등학생과 청소년은 인지 전략이 발달해 있어 정서 조절이 더 발달되어 있다. 기대했던 선물을 받지 못하면 원래 자신은 그 선물을 원하지 않았다고 스스로에게 말한다. 또한 정서를 조절하는 데 상황에 맞게 효과적인 전략을 사용하는 기술이 발달한다(Zimmer-Gembeck & Skinner, 2011). 예를 들어 치과 치료를 앞두고 불안해지면 이를 치료하게 된다는 긍정적인 관점으로 그 상황을 맞이할 수 있을 정도로 조절력이 자란다.

그렇다고 모든 아동이 감정을 잘 조절하는 것은 아니다. 감정을 잘 조절하지 못하는 아동은 또래 관계에 문제가 있으며 적응에도 문제가 있다(Olson et al., 2011; Zalewski et al., 2011). 분노, 걱정, 슬픔 등의 감정을 조절하지 못하면 또래 관계 중에 나타나는 갈등 해결에 문제가 생긴다(Fabes et al., 1999). 어떤 놀이를 할까 혹은 무엇을 볼까 등에 대하여 논쟁을 하거나 화를 내면 상호 만족스러운 결과를 얻기 어렵다. 따라서 자신의 감정을 잘 조절하지 못하면 또래 관계에 장애가 되며 학교 적응이 어려워진다(Eisenberg et al., 2001; Olson et al., 2005).

지금까지 감정을 표현하고 인식하고 조절하는 것에 대하여 기술하였다. 다음에는 아동 정서가 기질의 중요한 요소임을 살펴볼 것이다.

 학습 확인

점검 정서 표현에 영향을 미치는 생물학적, 문화적 요인에 대하여 설명하시오.

아기와 아동은 정서를 어떻게 조절하는가? 자신의 정서를 잘 조절하지 못하면 어떻게 되는가?

이해 자의식 정서와 기본 정서의 차이에 대하여 설명하시오.

적용 아기의 정서 표현과 조절의 발달 과정과 말을 이해하고 표현하는 발달 과정의 유사점에 대하여 생각해 보시오.

 10.2 기질

개요	학습 목표
기질이란 무엇인가?	**LO5** 각 기질의 특징은 무엇인가?
유전과 환경의 영향	**LO6** 유전과 환경은 기질에 어떻게 영향을 미치는가?
기질의 안정성	**LO7** 기질은 성장하면서 변화하는가 혹은 안정적인가?
기질과 다른 발달 영역 간의 관계	**LO8** 기질과 다른 영역의 발달과의 관련성은 어떠한가?

미국의 대학원에 유학 온 일본인 요시미 씨는 5개월 된 아들을 어린이집에 등록시켰다. 그는 자신의 아들에 비하여 유럽계 미국 아기들이 자주 우는 것을 보고 놀랐다. 자신의 아기가 보통 이상으로 '강한' 것인지 아니면 이것이 일본 아이들의 특징인지 분간이 안 되었다.

어떤 아기는 매우 조용한데 어떤 아기는 계속 운다. 혹은 어떤 아기는 낯선 사람에게 호의적 관심을 보이는 반면, 어떤 아기는 굉장히 위축된다. **상황에 일관되게 반응하는 아기의 행동적 특징 혹은 스타일을 기질(temperament)이라고 한다.** 어떤 아기는 화가 나도 금방 진정되는 반면 어떤 아기는 꽤 오랜 시간이 걸려야 진정된다. 이러한 행동 특징 혹은 정서적 반응의 특징은 출생 후 몇 주부터 나타나기 시작하여 일생 동안 지속된다. 이제 기질에 대한 정의부터 기술할 것이다.

기질이란 무엇인가?

LO5 각 기질의 특징은 무엇인가?

알렉산더 토머스와 스텔라 체스(Thomas, Chess, & Birch, 1968; Thomas & Chess, 1977)는 141명 아기의 기질을 성인기까지 추적한 뉴욕 종단 연구의 선구자이다. 먼저 아기의 부모를 면접하고, 제삼자가 가정에서 아기를 관찰하는 것으로 자료를 수집하였다. 그 결과 아기의 행동은 9개 유형으로 구분될 수 있었다. 이는 아기의 운동성을 의미하는 활동성과 장애물이 있는데도 불구하고 특정 활동에 집중하는 지속성과 같은 것이다.

이를 기초로 토머스와 체스는 대개 행복하고 새로운 환경에 잘 적응하며 생리적 반응이 규칙적인 '순한' 아기 기질을 발견하였다. 반면 대개 불만족스럽고 생리적 반응이 불규칙적이며 새로운 자극에 아주 강하게 반응을 보이는 '까다로운' 아기와 불만족스러운 부분에서는 까다로운 아기와 비슷하나 새로운 상황에 대한 반응은 까다로운 아기의 반응만큼 강렬하지 않은 '더딘 아기'라는 세 가지 기질을 발견하였다.

뉴욕 종단 연구로 인해 기질 연구가 시작되었고 이후 연구에서 이와 다르거나 새로운 종류의 기질이 제안되지 않았다. 대신 기질을 결정하는 요인들에 관심을 보였으며, 기질에 대한 현대적 관점 중 하나가 아래 "주목할 만한 이론"에서 설명하는 기질구조이론이다.

주목할 만한 이론

기질구조이론

배경 대부분의 연구자들은 기질이란 생물학적 특징에 기초한 정서적 반응성 혹은 정서적 자기 조절에서의 개인차를 지칭하는 것이라는 데 동의한다. 그러나 기질의 종류 및 특징에 대해서는 이론가마다 이견이 있다.

이론 메리 로스바트(Rothbart, 2011)는 3개의 영역으로 이루어진 기질을 제안하였다.

- 긍정성/외향성(surgency/extraversion)이란 아동의 행복감, 활동성의 정도 그리고 흥미 있는 자극을 추구하는 정도를 말한다.
- 부정적 정서(negative affect)란 아동의 분노, 두려움, 긴장 및 수줍음의 정도와 진정되기 어려운 정도를 말한다.
- 의지적 조절(effortful control)이란 아동이 집중할 수 있는 정도와 쉽게 산만해지지 않는 것 그리고 자신의 반응을 억제할 수 있는 정도를 말한다.

기질의 이러한 영역은 아기 때부터 분명하게 드러나서 아동기, 청소년기 및 성인기의 성격과도 관련이 있다. 그러나 이 영역들은 서로 독립적인 것이 아니라 의지적 조절이 높고 외향성이 높은 아기는 부정적 정서는 낮다. 즉 자신의 주의와 반응을 조절할 수 있는 아기는 행복한 경향이 있고 화가 나거나 불안감의 정도는 낮다.

가설 로스바트의 이론대로 기질은 생물학적 기초를 가지며 3개의 영역으로 이루어져 있다면 이는 인류의 모든 아기에게서 관찰되어야 한다. 즉 문화 간 연구로 3개의 기질 영역이 관찰되어야 한다.

검증 많은 연구들이 기질구조에 대하여 검증하였다. 부모들은 아이의 기질을 측정하는 영아행동질문지(Infant Behavior Questionnaire, IBQ-R)에 응답하였다. 척도의 문항 중 "귀하의 자녀는 새로운 장난감을 보면 얼마나 자주 만지려고 합니까?"와 "목욕을 할 때 얼마나 자주 물을 튀기거나 발로 찹니까?"는 외향성을 측정하는 것이다. "아기가 화가 났을 때 5분 안에 진정되는 것이 얼마나 자주 있습니까?"와 같은 문항은 부정적 정서 영역을 측정하는 것이다. 각 문항에 대하여 해당되는 행동이 과거 7일 동안 관찰된 정도에 따라서 '전혀 없다'에서 '항상 그렇다'의 리커트 척도에 응답한다.

부모의 응답은 8.1절에 소개된 패턴을 찾는 요인분석으로 분석되었다. 아기가 새 장난감을 보면 항상 신나한다고 응답한 부모는, 목욕할 때 아기가 물을 튕기며 발차기를 하냐는 질문에도 '네'라고 응답한다면 긍정성/외향성 요인은 타당하다(즉 두 질문은 모두 긍정성/외향성을 측정하는 것이므로). 벨기에, 중국, 일본, 네덜란드와 미국 부모들의 응답 결과를 요인 분석한 결과(Casalin et al., 2012; Sleddens et al., 2011), 긍정성/외향성, 부정적 정서, 의지적 조절의 세 요인은 타당한 것으로 구분되었다고 보고하였다.

결론 가설로 예측되었듯이 기질의 구조는 세 영역으로 이루어져 있으며 로스바트가 주장한 대로 기질은 생물학적 기초에 근거하며 아동이 성장하는 환경 혹은 문화와 상관없다고 할 수 있다.

적용 기질 연구에서 중요한 주제 중 하나가 기질과 환경은 서로 궁합이 맞을 때 발달이 최적화된다는 것이다. 즉 기질은 생물학적 요인에 의하여 결정되므로 부모는 자녀의 기질적 특성을 수용하여 이에 적절하게 양육해야 한다. 조용하고 수줍음이 많은 아기는 부모가 적극적으로 자극을 주는 것이 좋다. 반면 활동적이고 외향적이어서 스스로 환경을 탐색하는 아기에게 부모의 이러한 반응은 적절하지 않다(Miceli et al., 1998). 따라서 부모-자녀 간의 상호작용은 양쪽의 필요와 요구에 서로를 조절하는 양방향적 관계여야 성공적일 수 있음을 강조한다.

유전과 환경의 영향

LO6   유전과 환경은 기질에 어떻게 영향을 미치는가?

일란성 쌍둥이는 활동성 수준이 비슷한데 이는 유전이 기질에 영향을 준다는 증거이다.

기질은 생물학적 뿌리를 가지고 있으므로 당연히 유전과 관련이 있다(Saudino & Wang, 2012). 예를 들어서 일란성 쌍둥이는 이란성 쌍둥이보다 기질이 상당히 유사하다. 사진에서 보는 바와 같이 일란성 쌍둥이 중 한 아이가 활동적이면 대부분 다른 아이도 활동적이다(Saudino, 2012). 또한 유전이 기질에 미치는 영향은 나이가 들면서 더 강해져서 아기 때의 기질보다 아동기 때의 기질이 유전에 의해 영향을 크게 받는다(Wachs & Bates, 2001). 아직 더 검증되어야 하나 기질과 관련된 유전자가 있다는 안이 계속 제기되고 있다(Davies et al., 2013; Saudino & Wang, 2012).

환경은 세 가지 경로로 기질에 영향을 준다. 첫째, 기질은 부모의 행동에 의하여 바로 영향을 받는다. 예를 들어 부모가 민감하고 반응을 잘해 주면 아기는 대체로 평온하다(Hane & Fox, 2006; Leerkes, Blankson, & O'Brien, 2009). 둘째, 부정적 정서를 자주 표현하는 아기는 부모로부터 더 엄격한 양육행동을 유발하는 것처럼 유전적 요인을 환경이 더 극대화한다(Saudino & Wang, 2012). 셋째, 기질에 따라서 환경의 영향을 민감하게 받을 수 있다(van IJzendoorn & Bakermans-Kranenburg, 2012). DRD4 유전자는 성인의 주의집중, 동기, 보상, 새로운 것을 추구하는 성향을 조정하는 인자인데, 아동의 DRD4 변형체는 좋은 환경의 어린이집에서 보육교사가 아동에게 민감하게 반응하여 아동의 기질에 긍정적인 영향을 주거나, 부모의 스트레스에 민감하게 반응하여 이러한 환경이 아동의 부정적 기질을 더 키울 수도 있는 것으로 알려져 있다(Bakermans-Kranenburg & van IJzendoorn, 2011; Belsky & Pluess, 2013; Zohsel et al., 2014).

DRD4 자체가 기질 유전자는 아니지만 신기한 것을 추구하거나 겁이 없는 것과 같은 기질과 관련되어 있는 것으로 알려져 있다. 따라서 특정한 기질은 환경의 영향에 특히 민감하게 반응한다고 할 수 있다. 이것은 마치 작은 배가 작은 파도와 비바람에 의해 크게 흔들릴 수 있듯이 어떤 기질을 가진 아동은 환경에 의해 크게 영향을 받으나 다른 기질을 가진 아동은 환경에 의해 별다른 영향을 받지 않는다.

기질은 유전과 환경의 결과임을 상기하면서 다음의 "문화적 영향"에서 앞에서 소개한 미국에 유학 온 일본인 요시미 씨의 아들의 기질에 대하여 설명해 보자.

문화적 영향

요시미 씨의 아들은 왜 잘 울지 않을까?

예방접종을 받는 아기의 반응을 혹 보았을 것이다. 주사기를 통해 주사액이 거의 다 들어갈 무렵에 아기의 눈이 커지며 울기 시작한다. 이때 우는 정도 혹은 이후 진정되기까지 걸리는 시간은 아기마다 다르다.

예방접종 시 아기들은 모두 울 것이라는 가정이 쉬우나 실제는 그렇지 않다. 일본과 중국 아기들은 예방접종과 같은 스트레스 상황에서 잘 흥분하지 않는다(Kagan et al., 1994; Lewis, Ramsay, & Kawakami, 1993). 일본과 중국 아기들은 덜 미소 짓거나 웃기도 덜 하고, 행동에 절제가 있다(Chen, Wang, & DeSouza, 2006; Garstein et al., 2010).

아시아 아기들은 왜 서구의 아기들보다 덜 감정적인 것일까? 유전과도 관련이 있겠지만 환경의 영향을 무시할 수도 없다. 서구 엄마들에 비하여 일본 엄마들은 아기와 신체적 접촉이 더 많고 아기를 부드럽게 그리고 계속 달래 준다. 아마 이것이 아시아 아기가 덜 우는 것과 관련이 있을 수 있다.

기질의 안정성

LO7 기질은 성장하면서 변화하는가 혹은 안정적인가?

차분하고 순한 아기는 계속해서 차분하고 순한 아동과 청소년이 되어 차분한 성인으로 성장하는가? 까다롭고 찡찡대는 아기는 신경질적이고 불평 많은 아동으로 성장하는가? 이에 대한 대답은 종단 연구에서 찾을 수 있는데, 겁이 많은 유아는 위축된 아동기와 청소년기에서 위축된 인성 특징을 나타낸다고 한다(Shiner & Caspi, 2012). 위축된 기질을 보인 걸음마기 아기들은 성인이 되어서 친숙하지 않은 자극에 대하여 강하게 반응한다(Schwartz et al., 2003). 기질은 전 생애에 걸쳐서 유지되는 경향이 있어서 1세 때 위축된 기질을 가진 아이는 12세에도 여전히 부끄러움을 탄다. 그러나 이것이 완벽하게 유지되는 것이라고 보기는 어렵다. 기질적으로 사회적이고, 정서적이고, 활동적인 아기들은 성장하면서 부모가 이러한 기질적 특징을 강화할 때 유지될 가능성이 크다.

대개 기질은 인성의 기초가 되므로 많은 연구자들이 이 둘 간의 관계에 대하여 연구를 진행하였다. 기질과 인성의 관계는 직접적 경로와 간접적 경로의 두 가지로 설명한다(Shiner & Caspi, 2012). 직접적 경로란 기질이 인성 발달의 기초가 되는 것이다. 따뜻함, 사교성 그리고 활동성을 나타내는 외향적인 사람은 사람과 함께 있는 것을 좋아하고 친절하다. 반면 내향적인 사람은 조용하고 혼자 있는 것을 즐기며 차분한 분위기를 좋아한다(Costa & McRae, 2001). 외향성은 긍정 정서와 활동성 수준이라는 기질과 관련이 있고, 위축된 아동은 성인이 되어서 외향적인 사람보다 내향적인 사람이 되는 경향이 있다(Caspi et al., 2005).

간접적 경로란 아동의 특정 기질은 환경에 영향을 주고 이것이 다시 인성 발달에 영향을 주는 경로이다(Shiner & Caspi, 2012). 활발한 데이브는 자신과 비슷한 또래와 친구가 되기 쉽고 이러한 경험은 데이브가 사교적이게 만들어 외향적인 청소년과 성인으로 성장할 가능성을 높인다.

지금부터 기질과 발달의 다른 영역과의 관계에 대하여 기술하겠다.

기질은 아기 시절 동안 대체적으로 안정적이다. 즉 신생아 때 작은 스트레스에 울던 아기는 5개월 때도 운다.

기질과 다른 발달 영역 간의 관계

LO8 기질과 다른 영역의 발달과의 관련성은 어떠한가?

토머스와 체스의 뉴욕 종단 연구의 목적 중 하나는 기질의 어떠한 면이 이후의 심리적 적응과 관계가 있는가를 추적하는 데 있었다. 그들의 분석에 의하면 유아기에 까다로운 기질을 가진 아동의 2/3가 학교 입학 즈음에 문제 행동을 나타내었다. 반면 순한 기질의 유아는 1/5 정도가 문제 행동을 나타냈다(Thomas et al., 1968). 이후 다른 연구들도 쉽게 화를 내거나 감정 조절이 잘 안 되는 유아가 이후 행동 문제를 갖는 것으로 조사되었다(Gartstein, Putnam, & Rothbart, 2012; Zhou, Lengua, & Wang, 2009). 그렇다고 까다로운 기질을 가진 아동이 모두 문제 행동을 발달시키는 것은 아니고 부모가 자녀의 자율성을 존중하고 따뜻하며 지지적이면 까다로운 기질의 아이도 문제없이 성장한다(Stright, Gallagher, & Kelley, 2008).

다른 연구자들도 뉴욕 종단 자료를 사용하여 기질과 다른 발달 영역의 상관을 분석하였는데, 이들의 관계성이 지지되었다.

- 집요한 아동이 학교에서 성공하는 반면, 활동적이고 산만한 아동은 그렇지 않았다(Eisenberg et al., 2014; Martin, Olejnik, & Gaddis, 1994).
- 부끄러움이 많고 위축된 아동은 또래와의 상호작용에 어려움이 있었고 문제를 효율적으로 해결하는 데 미숙하였다(Eisenberg et al., 1998; Young et al., 1999).
- 걱정이 많고 불안한 아동은 부모가 있을 때뿐만 아니라 없을 때에도 부모의 지시에 순종적이다(Kochanska et al., 2007).
- 화를 잘 내는 아동은 우울증 경향이 있다(Lengua, 2006).
- 다루기가 어렵고, 자기 조절이 잘 안 되는 아동은 이후 알코올, 약물 및 게임 중독 성인이 될 가능성이 크다(Slutske et al., 2012; Zucker, Heitzeg, & Nigg, 2011).

다음 "집중 연구"에 아동기의 기질이 이후 청소년과 성인기의 여러 행동과 어떻게 관련이 되어 있는가가 제시되어 있다.

집중 연구

기질은 청소년과 성인기 발달에 영향을 준다

- **연구자 및 연구 목표** 자신의 정서와 행동을 조절하지 못하면 행동 문제를 유발한다는 것은 많은 연구들이 보여 주는 결과이다. 그러나 이러한 종단 연구의 많은 경우가 연구기간이 짧거나 행동 한 가지만을 보는 경향이 있다. 테리 모핏과 동료들(Moffitt et al., 2011)은 아동기의 자기 조절이 청소년기와 성인기의 발달에 어떠한 영향을 주는지를 알아보고자 하였다.
- **연구 방법** 이 연구는 뉴질랜드의 3~11세 아동이 성인이 되기까지를 추적한 듀네딘 융합 건강 및 발달 연구(Dunedin Multidisciplinary Health and Development Study)에 등재된 1,000명 아동의 자기 조절 자료를 활용하였다. 자기 조절은 교사, 부모, 관찰자 그리고 아동 자신이 체크하였고 이 외에도 아동의 지능 점수와 가족의 사회경제적 배경에 대한 것도 수집되었다. 청소년기 때에는 담배를 피우는지, 자퇴를 하였는지 혹은 부모가 되었는지에 대하여도 조사하였다. 성인이 되어서는 체력검사를 하고 정신건강 및 약물 중독 여부를 조사하였다. 또한 이들의 범죄 관련 여부도 법원 기록을 통하여 수집하였다.
- **연구 대상** 듀네딘 연구는 초기에 1,037명의 아기가 참여하여 이들이 어른이 될 때까지 꾸준하게 관련 자료가 수집되어 현재도 이 연구는 진행 중이다. 현재 참여자 연령이 40대 초반에 이르렀다.
- **연구 설계** 이 연구는 아동기의 자기 조절력과 청소년기와 성인기의 다른 행동 발달 영역과의 관계를 보는 것이므로

상관 연구 설계이다. 또한 참여자가 아동기, 청소년기와 성인기가 되기까지의 장기간에 걸쳐서 자료가 수집되었으므로 종단 연구 설계이다.

- **윤리적 문제** 검사 도구의 문제도 없고 참여자가 아동이었을 경우에는 부모의 동의서를 받았고, 성인이 되어서는 스스로 참여하였으므로 연구와 관련하여 윤리적 문제는 없다.

- **결과** 〈그림 10-1〉에 아동기의 자기 조절력과 청소년기, 성인기의 발달 특징과의 상관 그래프가 제시되어 있다. 자기 조절력이 발달한 아동(상위 30%)과 그렇지 않은 아동(하위 30%)을 비교하였다. 이들이 청소년기와 성인기의 행동 문제로 연결되는 정도를 1을 기준으로 표기한 것이다. 즉 행동 문제로 연결되는 정도가 1로 표기되면 자기 조절력이 발달한 아동이나 발달하지 않은 아동의 문제 행동과는 관계가 없는 것이지만, 1 이상으로 표기되면 자기 조절력이 덜 발달한 아동은 발달한 아동에 비하여 문제 행동과 관련이 있다는 뜻이다. 예를 들어서 〈그림 10-1〉에 보이듯이 자기 조절력이 덜 발달한 아동은 청소년기에 자퇴를 할 가능성이 자기 조절력이 발달한 아동이 자퇴할 확률의 2배가 넘고, 10대 부모가 될 확률과 흡연을 할 가능성이 상당히 높다. 또한 성인이 되어서도 아동기에 자기 조절력이 약했던 사람은 범죄자가 될 가능성이 자기 조절력이 높았던 사람보다 훨씬 높고 약물 중독과 건강 문제를 가질 확률도 높다.

- **결론** 자신의 감정과 행동을 잘 조절하지 못하면 성장하면

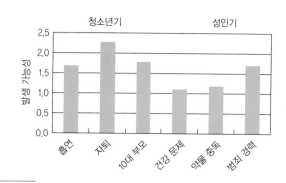

그림 10-1

서 다른 영역의 발달에도 문제가 있을 가능성이 크다. 모핏과 그의 동료들(Moffitt et al., 2011)은 "아동기에 자기 조절력을 길러 주는 데 주력하는 과감한 투자는 이후 시민과 정부가 지불해야 할 대가를 상당히 감소시킬 수 있다"(p. 2697)고 밝혔다.

- **함의 및 적용** 듀네딘 연구의 자료를 이용한 장기 종단 연구는 1970년대 초에 뉴질랜드에서 태어나서 자란 집단에게만 적용될 수 있다는 동질집단 효과의 단점을 제외하고는 훌륭한 연구이다. 뉴질랜드는 듀네딘 연구에 참여한 사람들이 성인기에 들어섰을 때 경제 불황이 몰아닥쳐서 실업자가 많았고 많은 사람들이 구직 중에 있었다. 이러한 경험이 이 연구에 참여한 집단의 경험을 특별하게 만들었을 가능성은 있다. 이러한 의심을 제거할 수 있는 것은 경제 불황을 경험하지 않은 다른 집단을 가지고 종단 추적 연구를 해 보는 것이다.

이상의 연구는 기질이 아동의 발달에 주요한 요인임을 분명하게 보여 주지만 유일한 결정자는 아님에 유의해야 한다. 기질과 문제 행동과의 관계성을 예를 들어 보면, 다루기가 어렵고 자극에 반응을 보이지 않고 간혹 충동적인 아기는 나이가 들면 공격성 같은 문제 행동을 보일 수 있다. 그러나 이러한 저항적 기질이 문제 행동으로 발전하는 경우는 엄마 혹은 주 양육자가 자녀를 충분히 통제하지 않는 경우임이 심화 분석을 통해 밝혀지고 있다. 즉 아기가 다루기 까다로울지라도 한계를 분명히 하고 미리 경고를 하고, 하지 말아야 하는 행동을 했을 때 일관되게 훈육을 하는 경우 문제 행동으로 발달하지 않는다(Bates et al., 1998).

가족에게 질병과 사고와 같은 문제가 있거나, 부모-자녀 간 갈등과 같은 스트레스를 경험하는 청소년은 부모가 담배를 피우거나 술을 마시면 자신도 담배와 술을 하거나 마약을 하는 경향이 있다. 그러나 똑같은 환경에서도 긍정 정서와 같은 기질을 갖는 청소년은 이러한 비행 행동을 보이지 않는다(Wills et al., 2001). 긍정 기질을 갖는 청소년은 삶과 세상을 장밋빛 렌즈로 보는 경향이 있어서 삶의 스트레스에 꼭 부정적으로 반응하는 것은 아니다.

이상의 내용은 정서가 기질의 가장 근원적 특징임을 확인시켜 준다. 다음 절에서 정서를 다른 측면에서 보고자 하는데 이는 아기와 양육자와의 정서적 관계에 대한 것이다.

학습 확인

점검 유전과 환경은 기질에 어떠한 영향을 주는가를 설명하시오.

기질이 다른 영역에 어떠한 영향을 주는지를 기술하시오.

이해 토머스와 체스의 기질이론과 로스바트의 기질이론을 비교 설명하시오.

적용 15개월 아기가 부끄러움을 잘 타고 내성적이라고 걱정하는 부모에게 어떻게 상담하겠는가?

10.3 애착

개요	학습 목표
애착의 발달	**LO9** 아기와 양육자 간의 애착 관계는 어떻게 발달하는가?
애착의 질	**LO10** 애착 관계의 유형에는 어떠한 것이 있는가? 또한 애착 관계의 질은 발달에 어떠한 영향을 주는가?

커렌과 딕 부부는 사만타가 태어난 이후로도 아기를 보모에게 맡기고 주말 저녁 외식을 하였다. 커렌은 아기를 돌보는 일에서 자유로워질 시간을 기다리고, 딕도 아기 돌보기로 방해받지 않고 아내와 오붓하게 이야기를 나눌 기대로 즐겁다. 그러나 생후 8개월이 되자 아기를 보모에게 맡기고 나가려 하면 아기는 얼굴 표정이 완전히 바뀌면서 심하게 울어 댄다. 커렌과 딕은 사만타의 행동이 정상인지 그리고 이제 주말 저녁 외식은 아예 할 수 없는 것인지 궁금하다.

아기와 부모 혹은 항상 그런 것은 아니지만 주로 어머니 간에 형성되는 사회정서적 관계는 특별하다. 이것은 아기가 최초로 맺는 인간관계이므로 이 관계가 이후 발달의 기초가 되는 것은 당연하다. 여기에서는 아기가 자신을 돌봐 주는 사람과 정서적 관계를 맺게 되는 과정을 기술할 것이다. 이를 통하여 위 에피소드의 커렌과 딕이 떠날 때 왜 8개월 아기가 우는지가 설명될 것이다.

애착의 발달

LO9 아기와 양육자 간의 애착 관계는 어떻게 발달하는가?

요즘의 부모들은 아기에게 뽀뽀와 안아 주기를 많이 해 준다. 스킨십이 많을수록 아기에게 좋다. 이 견해는 아주 당연해 보이나 20세기 전반까지만 해도 이러한 믿음이 없었다. 제2차 세계대전 때 부모가 사망한 아기들을 관찰한 결과, 잘 먹이고 건강을 유지하는 데 필요한 보살핌을 받는다 할지라도 아기들이 건강하게 잘 자라지 못했다. 지능 발달은 늦었고, 정서적으로 위축되었으며 산만했다(Bowlby, 1953; Spitz, 1965). 이는 아기와 성인 간에 밀접한 정서적 관계를 맺을 수 없는 고아원과 같은 시설 양육 때문이라는 것이 많은 연구자들의 생각이었다.

고립되어 지내는 원숭이 새끼의 경우도 마찬가지였다. 먹이를 충분히 먹었더라도 우리 구석에 혼자 웅크리고 있거나, 몸을 가만히 두지 못하였다. 다른 원숭이들과 함께 있으면 피하였다(Harlow & Harlow, 1965). 보살펴 주는 성인과의 꾸준한 정서적 관계가 없으면 발달이 왜곡되는 것이다.

사회성 발달의 이러한 특성을 설명하기 위하여 진화론적 관점이 사용된다. **진화심리학(evolutionary psychology)**에 의하면 인간 행동은 환경 적응에 성공적인 것만 진화하고 발전된다고 한다. 환경 적응에 도움이 되는 행동이 자손에게 유전자로 전달된다. 우리는 인간이 '사회적 존재'임을 당연하게 받아들인다. 그러나 진화심리학자들은 인간의 사회성은 진화의 산물이라고 주장한다. 집단생활은 포식자로부터 보호받을 수 있으며, 식량을 구하는 것을 용이하게 한다. 따라서 사회성이 발달한 사람은 그렇지 않은 사람에 비하여 생존율이 높고 자손을 낳고 번성하게 된다(Gaulin & McBurney, 2001). 생존에 유리한 사회성이 수백 세대를 거치면서 모든 인류가 사회성을 갖게 된 것이다.

아동 발달도 이러한 진화심리학적 관점에 의한 설명이 가능하다(Bjorklund & Jordan, 2013). 자녀를 키우는 데 부모가 들이는 시간과 노력이 없이는 다음의 자손을 생산할 수 있을 만큼 성숙하기 전에 자녀는 사라질 것이다. 이것은 부모 세대의 유전자가 재생산되는 것을 불가능하게 한다(Geary, 2002). 즉 부모의 양육 행동도 본성적이고 자연스러운 것으로 보일 수 있으나, 이 역시 자손을 유지시켜야 한다는 생존 전략으로 해석될 수 있다.

존 보울비(Bowlby, 1969, 1991)는 애착 관계도 이러한 진화론적 관점으로 해석한다. **보울비에 의하면 성인과 지속적인 사회정서적 관계인 애착(attachment)을 형성한 아동은 생존할 가능성이 크다.** 그 상대가 꼭 어머니일 필요는 없으나 무기력한 아기가 생존하기 위해서는 보살펴 주는 어른이 꼭 필요하다. 보울비는 애착의 발달 과정 네 단계를 제시하였다.

- **애착 전 단계**(출생부터 6~8주). 태아기와 신생아기에 아기는 냄새와 소리를 통해 재빨리 엄마를 인식하고 이것이 엄마와 아기의 애착 관계 형성에 기초가 된다(Hofer, 2006). 돌보는 행동을 성인이 하도록 만드는 행동을 아기는 이미 갖고 있다. 아기가 울고, 웃고, 응시할 때, 부모는 아기에게 다시 웃어 주고 안아 준다. 아기의 이러한 행동이 부모의 반응을 자극하므로 아기와 부모 간의 애착 관계가 형성된다.

- **애착의 시작**(6~8주부터 6~8개월). 이 기간 중 아기는 친숙한 사람과 낯선 사람을 다르게 대한다. 자신을 주로 돌보아 주는 성인에게 더 자주 미소 짓고 웃는다. 아기가 울 때 1차 양육자에 의하여 더 빨리 진정되며, 아기가 고통스럽거나 불안하면 이 양육자를 찾는다.

아기와 엄마 사이에 애착 관계가 형성되면 엄마는 아기의 안전 기지가 된다.

- **애착 형성**(6~8개월부터 18개월). 7~8개월이 되면, 마침내 한 명의 성인—주로 엄마—을 선택한다. 이 사람은 아기의 사회 · 정서성의 기반이 된다. 사진처럼 7개월 된 아기가 새로운 환경을 탐색할 때 마치 안전을 확인받으려는 듯 어머니를 반복적으로 응시한다. 이는 아기가 어머니를 신뢰하고 있으며, 어머니와 애착 관계가 형성되었음을 뜻한다. 또한 이 행동은 아기의 인지 발달에 중요하다. 아기는 엄마라는 존재에 대한 심상을 갖고 있으며, 어머니가 자신의 필요를 채워 줄 수 있도록 그곳에 있다고 인식하고 있다(Lewis, 1997). 앞에서 소개한 에피소드의 사만타 또래의 8개월 된 아기는 어머니와 헤어질 때 불안해하는데, 이는 자신의 안전 기지를 상실하기 때문이다.

- **상호적 관계**(18개월 이상). 1차 양육자와의 경험이 계속되고 아기의 인지 및 언어 능력이 발달하면서, 아기는 상호 애착 관계의 파트너로 성장한다. 아기는 먼저 상호작용을 시작하기도 하며 협상하기도 한다("이야기 하나만 더 읽어 주세요!"). 아동은 부모의 감정과 목표를 이해하기 시작하며, 이를 기초로 자신의 행동을 조정한다. 또한 부모와의 헤어짐에 좀 더 효율적으로 대처할 수 있는데, 이는 부모가 돌아온다는 것을 알기 때문이다.

아버지의 역할 어머니가 아기의 1차 양육자가 되는 경우가 많으므로 애착은 어머니와 아기 사이에 형성된다. 전형적인 핵가족에서는 어머니에 비하여 아버지가 아기와 지내는 시간 혹은 아기를 돌보는 시간은 절대적으로 적다(Lamb & Lewis, 2010). 아버지는 아기를 돌보기보다는 놀아 주는 데 주로 시간을 보낸다. 또한 놀아 주는 모습에도 차이가 있다. 아버지는 아기를 들어 올려 주는 것

아버지는 아기를 돌보기보다는 놀아 주는 데 주로 시간을 보내고 어머니보다는 신체 놀이와 격한 놀이를 하는 경향이 있다.

과 같은 신체 놀이를 주로 하는 반면, 어머니는 아기에게 책을 읽어 주거나 말을 시키거나, 장난감을 보여 주고, 점토 놀이 같은 것을 주로 한다. 따라서 아기는 놀이상대로서 어머니보다 아버지를 더 선택한다. 그러나 아기가 기분이 나쁠 때는 어머니에게 다가간다(Field, 1990). 그러나 어머니와 아버지가 자녀를 돌보는 것과 가계 소득에 대한 책임을 나누면 이러한 차이는 적어진다(Lamb & Lewis, 2010).

애착의 질

LO10 애착 관계의 유형에는 어떠한 것이 있는가? 또한 애착 관계의 질은 발달에 어떠한 영향을 주는가?

8~9개월이 되면 아기는 주 양육자와 애착 관계를 형성하는데, 이 관계는 질적으로 차이가 있다. 메리 에인스워스(Ainsworth, 1978, 1993)는 '낯선 상황'이라고 하는 실험 과정을 통하여 부모–자녀 간의 애착 관계에 대한 연구를 선도하였다. 〈그림 10-2〉에 보이듯이 낯선 상황은 각각 약 3분이 걸리는 여러 에피소드로 구성되어 있다. 아기는 어머니와 함께 흥미로운 장난감이 많이 있는 낯선 방에 들어온다. 곧 엄마가 잠시 방을 나갔다가 다시 아기와 만난다. 그동안 실험자는 아기의 행동을 관찰한다.

낯선 상황에서 어머니와 헤어지는 것에 대하여 아기가 어떻게 반응하는가에 기초하여 네 가지 유형을 구분하였다(Ainsworth, 1993; Thompson, 2006). 이는 안정 애착, 회피 애착, 저항 애착과 혼란 애착이며 회피, 저항, 혼락 애착은 불안정 애착으로 구분된다.

- **안정 애착**(secure attachment) : 어머니가 방을 나갈 때 아기는 울 수도 있고 울지 않을 수도 있으나, 어머니가 다시 돌아오면 어머니를 반기며, 울고 있다가도 울음을 그친다. 아기는 마치 "엄

낯선 상황 단계

① 관찰자가 아기와 엄마를 놀이방으로 안내하고 방을 나온다.

② 3분간 아기가 놀잇감을 가지고 놀고 엄마는 가만히 지켜본다.

③ 낯선 사람이 들어와서 1분간 조용히 있다가 아기에게 약 1분간 말을 걸고 아기에게 다가간다. 엄마는 조용히 방을 나간다.

④ 낯선 사람은 아기와 놀아 주지는 않지만 아기가 울면 달래 준다.

⑤ 3분이 지나면 엄마가 돌아와서 아기를 안아 주고 달래 준다.

⑥ 아기가 다시 놀기 시작하면 엄마는 아기에게 "안녕" 하면서 방을 나온다.

⑦ 낯선 사람이 아기를 달래고 놀아 준다.

⑧ 3분이 지나면 엄마가 방으로 들어오고 낯선 사람은 나간다.

그림 10-2

마, 무척 보고 싶었어요. 그러나 엄마가 돌아왔으니 이제 괜찮아
요."라고 말하는 것 같다. 미국 아기들의 60~65%가 이 유형에
속한다.

- **회피 애착**(avoidant attachment) **: 어머니가 방을 나갈 때 아기는 크
  게 불안해하지 않다가 어머니가 돌아오면 어머니에게 시선을 주지
  않으며 무시한다.** 아기는 마치 "또 나를 혼자 놔두었군요. 항상
  나는 스스로 돌보아야 해요!"라고 말하는 듯하다. 미국 아기의
  20%가 이 유형에 속하는데 이는 불안정 애착이다.

- **저항 애착**(resistant attachment) **: 어머니가 방을 나갈 때, 아기는
  강하게 저항하고 어머니가 다시 돌아와도 계속 흥분해서 진정이 되
  지 않는다.** 아기는 마치 "왜 그러세요? 엄마가 너무 필요한데 경

저항 애착 아기는 엄마와 헤어졌다가 다시 만나도 엄마를 거부한다.

  고도 없이 나를 버려 두었군요. 그래서 너무 화가 나요."라고 이
  야기하는 듯하다. 미국 아기의 약 10~15%가 이 유형에 속하며 이는 불안정 애착이다.

- **혼란 애착**(disorganized or disoriented attachment) **: 어머니가 방을 나갈 때 아기는 혼란스러워
  하다가 어머니가 돌아와도 무슨 일이 있었는지 파악을 잘 못하는 것 같다.** 아기는 마치 "무슨 일
  이 있었던 거죠? 엄마가 나갔다가 다시 왔죠. 웃어야 할지 울어야 할지 알 수 없군요!"라고 말
  하는 듯하다. 미국 아기의 5~10%가 이 유형에 속하며 역시 불안정 애착으로 분류된다.

낯선 이 상황은 애착을 연구하는 데 표준이 되어 왔으나 최근에는 좀 더 보완된 형태로 애착을
측정한다. 이 중 하나로 어린 아동과 아기를 대상으로 애착을 측정하는 Q-Set가 있다. 이것은 훈련
된 검사자가 아기의 집에서 아기와 엄마가 상호작용하는 것을 관찰하여 "아기는 엄마가 방에 들어
오면 미소를 크게 지으며 반긴다"와 같은 문항에 점수를 매겨 안정 애착의 정도를 측정한다. Q-Set
의 방법으로 측정한 애착의 정도는 낯선 이 상황에서 측정된 애착과 일치하는 경향이 있다(van
IJzendoorn et al., 2004).

애착의 보편성　대부분의 나라에서 안정 애착은 약 55~70%로 가장 많은 비중을 차지하고 있다.
그러나 불안정 애착은 나라마다 그 빈도가 다르다(van IJzendoorn, & Sagi-Schwartz, 2008; van
IJzendoorn, Schuengel, & Bakermans-Kranenburg, 1999). 일본에서는 저항 애착이 회피 애착보다
많은 반면 독일에서는 그 반대이다(Sagi et al., 1995).

이러한 문화 간 차이는 부모가 아기에게 기대하는 행동이 다르기 때문으로 해석될 수 있다. 예를
들어서, 독일 부모는 자녀의 독립성을 중요시 여기므로 회피 애착이 더 많을 수 있다. 그러나 일본
부모는 아기와 부모 간의 상호 의존을 중요시 여겨서 아기를 오래 안아 주므로 엄마와 격리 이후
다시 만났을 때 엄마를 피하지 않는다(Rothbaum et al., 2000).

불안정 애착의 분포가 문화마다 차이가 있다고 해서 안정 애착이 대부분의 부모와 아기의 관계
를 차지하고 있다는 보편적 현실을 무시해서는 안 된다. 진화심리학자들은 안정 애착이 불안정 애
착에 비하여 우리 종의 적응에 더 유리하다는 관점으로 설명할 것이다. 다음에서 실제로 정말 그러
한지에 대하여 기술하겠다.

애착의 질의 효과　에릭슨, 보울비와 다른 연구자들(Waters & Cummings, 2000)은 애착은 인간의
사회적 관계를 형성하는 기초라고 믿었다. 이들의 견해에 의하면 안정적 애착을 경험한 아기들은
자신감을 가지고 또래와도 성공적인 관계를 맺는 아동으로 성장한다. 반면 처음에 형성한 관계가
불만족스럽고 실패하면 이들의 또래 관계도 그렇게 된다.

안정 애착 아동은 그렇지 않은 아동에 비하여 친구 관계가 성공적이며 갈등도 적다(McElwain,

안정적 애착의 핵심은 아기의 욕구에 적절하고 일관되게 반응하는 것이다.

Booth-LaForce, & Wu, 2011). 또한 안정 애착은 청소년기와 청년기 만족스러운 남녀 관계와 관련되어 있다(Collins, Welsh, & Furman, 2009; Englund et al., 2011). 불안정 애착은 분노, 불안 그리고 공격 행동과 관련되어 있음이 여러 연구에서 보고되었다(Kerns & Brumariu, 2014; Madigan et al., 2013).

아기 때 안정 애착을 가진 아동은 만족스러운 사회 관계를 갖는다고 말할 수 있으나, 불안정 애착은 그렇지 않다. 왜 그럴까? 이는 첫째 인생 초기 타인과의 관계에 대한 경험이 오래 지속되는 것으로 설명할 수 있다. 안정 애착은 아기가 주변을 신뢰하고 긍정적인 태도를 갖게 하는데 아동기, 청소년기, 성인기에 성공적인 관계에는 주변을 신뢰하고 긍정적인 태도가 필요하다(Dykas & Cassidy, 2011). 두 번째 설명은 초기 관계의 경험의 중요성을 과소평가하지 않으면서도 다른 관점으로 설명한다. 즉 아기와 안정 애착을 형성한 부모는 온정적이고 지지적이며 효과적인 부모 역할을 하는데 이러한 양육행동은 자녀를 아기 때뿐만 아니라 아동기, 청소년기 발달에 긍정적인 영향을 주기 때문이라고 설명한다(McElwain et al., 2011; Thompson, 2006). 즉 아기 때 안정 애착을 형성하고 긍정적인 사회 관계를 맺어 갈 수 있도록 하는 것은 부모가 역할을 잘해서라는 설명이다.

애착의 질을 결정하는 요인 애착의 질이 아동 발달에 미치는 영향이 아주 크므로 연구자들은 애착과 관계된 요인을 밝혀내고자 하였다. 물론 가장 중요한 것은 부모와 자녀 사이의 상호작용이다. 부모가 아기에게 일관되고도 적절하게 반응하면 아기는 부모를 신뢰하고 의지한다(De Wolff & van IJzendoorn, 1997; Tomlinson, Cooper, & Murray, 2005). 사진에 보이는 엄마처럼 아기가 울 때 바로 아기의 필요와 욕구를 파악하여 반응하며 아기를 안정시키는 것이 필요하다. 이러한 부모의 반응은, 사회적 관계는 예측 가능하며 만족스럽다는 메시지를 아기에게 전달한다.

왜 예측 가능하며 반응적인 부모 행동이 안정적 애착에 기여하는 것일까? 이에 대해 답을 하려면 우리 자신의 친구 관계 혹은 애정 관계를 생각하면 된다. 이 관계는 상대방을 신뢰할 수 있고 내가 필요할 때 이들에게 의존할 수 있을 때 만족스럽다. 아기에게도 이는 마찬가지이다. **아기는 부모가 자신을 돌보아 주고 응답해 줄 것이라는 내적 작동 모델**(internal working model)**을 구성한다.** 부모가 의지할 만한 존재라는 믿음을 형성하면, 고통 혹은 스트레스 상황에서 부모를 찾게 되고 이들로부터 위안을 얻으려고 한다(Huth-Bocks et al., 2004; Thompson, 2000).

내적 작동 모델을 보여 주는 흥미로운 연구가 있다(Johnson et al., 2010). 아기에게 엄마를 상징하는 큰 원과 아기를 상징하는 작은 원이 등장하는 동영상을 보여 주었다. 처음에 엄마 원과 아기 원이 함께 있다가 엄마 원이 아기로부터 멀어지면 아기 원이 울기 시작한다. 이후 엄마가 다시 아기에게 돌아오는 장면이 있는 것과 엄마 원이 아기로부터 계속 멀어지는 장면을 보여 준다. 엄마와 안정 애착을 형성한 아기는 아기가 울고 있음에도 계속 멀어지고 있는 장면을 더 오래 응시하는 반면, 불안정 애착을 형성한 아기는 울고 있는 아기에게 바로 돌아가는 엄마 원을 보여 주는 장면을 더 오래 응시하였다. 이는 안정 애착과 불안정 애착을 형성한 아기 모두 엄마의 행동에 대한 내적 작동 모델을 가지고 있다는 증거인데 안정 애착을 형성한 아기는 자신의 내적 작동 모델의 기대와 어긋나는 엄마 원의 장면을 더 오래 응시하는 것이고, 반면 불안정 애착을 형성한 아기는 자신이 가지고 있는 엄마의 행동과 다르게 행동하는 엄마 원이 나오는 장면을 더 오래 응시하는 것으로 해석될 수 있다.

모든 부모가 성숙하고 안정되게 아기를 돌보는 것은 아니다. 어떤 부모들은 아기가 계속 울거나 심하게 울어야 반응을 보이는 경우도 있다. 이런 경우, 부모가 아기에게 반응을 보이는 시점에서 아기는 쉽게 진정이 되지 않으며, 또한 이러한 아기의 반응에 부모는 당황하고 짜증을 낼 가능성이 크다. 이러한 상호적 반응은 아기가 관계성을 불신하게 만들고 혼란스럽게 할 수 있다.

그러면 어떤 부모들은 아기의 욕구에 더 민감하고 반응적인 것일까? 현대 애착이론에 의하면 (예 : Cassidy, 1994), 부모는 자신들의 부모와의 관계에 대한 내적 작동 모델을 형성하고 있으므로 이 모델에 의하여 자기 자녀와 상호작용을 하게 된다고 한다. 부모들에게 자신의 부모와의 애착 관계에 대한 면접을 하였더니 다음과 같은 세 가지 유형으로 분류될 수 있었다(George, Kaplan, & Main, 1985; Bakermans-Kranenburg & van IJzendoorn, 2009).

- **안정적 성인**(secure adults)은 아동기 경험을 객관적으로 기술하며, 자신들의 성장에서 부모–자녀 관계를 가치 있게 여긴다.
- **망각적 성인**(dismissive adults)은 아동기의 경험을 무가치하게 여기거나 아동기의 경험을 정확하게 기억하지 못하기도 한다. 그러나 부모를 이상형으로 생각한다.
- **집착적 성인**(preoccupied adults)은 아동기를 감정적으로 기술하며 부모와의 관계에 대하여 분노를 나타내거나 혼란스러워한다.

애착이론에 의하면 자신의 부모와 안정 애착을 형성한 사람이 자신의 자녀와 안정 애착을 형성할 수 있는 민감한 부모 역할을 제공할 가능성이 크다. 많은 연구들이 부모가 가지고 있는 표상이 안정적이면 자녀에게 민감한 양육 행동을 하고 이는 자녀가 안정 애착을 형성하도록 한다는 것을 보여 준다(Mills-Koonce et al., 2011; Pederson et al., 1998; Tarabulsy et al., 2005). 또한 아기 때 부모와 안정적 애착 관계를 형성하면 안정 애착 표상을 갖는 성인으로 성장하므로 이는 순환적이다.

다행히도 아기의 욕구에 민감하고도 적절하게 반응하는 양육 행동은 교육으로 습득할 수 있다 (Bakermans-Kranenburg, van IJzendoorn, & Juffer, 2003; Dozier, Zeanah, & Bernard, 2013). 민감하고 정서적으로 따뜻하게 반응하는 법을 신생아 어머니에게 가르쳐 주면 아기와 안정적 애착 관계를 형성하는 데 도움이 되며, 장기적으로 자녀가 인간관계에 대한 긍정적 내적 작동 모델을 형성하도록 보장한다.

일, 애착과 보육 1970년대 이후로 아기의 어머니가 직업을 갖거나 한부모 가정이 늘어나면서 아기 때부터 어머니가 아닌 다른 성인에 의한 양육이 보편화되고 있다. 꽤 긴 시간 아기를 어머니가 아닌 다른 사람이 돌보게 되면 아기와 어머니의 애착 관계는 어떻게 되는 것인가? 부모와 정책 입안자들은 이러한 문제에 관심을 가져왔다. 어머니 이외의 다른 사람에게 양육받는 적정 시간이 있는 것일까? 아기가 몇 살이 되어야 어머니가 아닌 다른 사람에게 양육받을 수 있을까? 다음의 "아동 발달과 가족 정책"에서 이러한 질문에 답하고자 한다.

아동 발달과 가족 정책

보육 선택을 위한 안내

미국의 많은 가정이 아기를 위한 보육 서비스가 필요하기 때문에 보육이 아동 발달에 미치는 효과에 대한 연구를 많이 시행하였다. 이 작업은 미국의 아동 건강 및 인간 발달 연구소(U.S. National Institute of Child Health and Human Development)에서 1991년부터 시작하여, 미국 12개 도시에 거주하는 1,364명의 어머니와 그들의 신생아를 10년 이상 추적하는 종단 연구로 진행되었다.

연구 초기의 관심은 보육이 어머니와 아기의 애착 관계에 미치는 효과에 있었다. 분석 결과 보육은 15~36개월 된 아기와 어머니의 애착 관계 형성에 별다른 영향을 주지 않았다 (NICHD Early Child Care Research Network, 1997, 2001). 즉 아기와 어머니의 애착 관계는 보육의 질, 보육 시간, 보육을 경험한 최초의 나이, 얼마나 자주 아기의 보육자를 바꾸었는가 혹은 시설 보육인가 가정 보육인가와 같은 보육 유형 등과 같은 다양한 보육 관계 변인과 관계가 없었다.

그러나 보육의 효과를 아기 어머니의 특성과 함께 고려하면 그 결과는 달랐다. 15개월과 36개월 아기는 덜 민감한 어머니의 양육 행동이 낮은 질의 보육 혹은 많은 시간의 보육 경험과 연합되면, 아기와 어머니의 애착 관계는 불안정적일 가능성이 크다(NICHD Early Child Care Research Network, 1997, 2001). 연구자들은 "낮은 질의 보육 경험, 보육자가 자주 바뀌는 불안정 보육 경험 그리고 장시간의 타인 보육은 이미 존재하는 어머니가 제공하는 낮은 질의 양육 행동과 결합하여 아기와 어머니의 불안정 애착 관계의 가능성을 높였

다. 이러한 효과는 단지 어머니의 낮은 질의 양육 행동에 의한 불안정 애착 관계 형성의 가능성보다 크다"(1997, p. 877)라고 결론지었다. 이러한 결론은 NICHD의 연구 규모만큼 방대하게 진행된 이스라엘 아기의 연구에서도 동일하였다(Sagi et al., 2002).

위의 결과들은 부모에게 분명한 가이드라인을 제공한다. 안정 애착의 가장 중요한 요소는 부모가 제공하는 높은 질의 양육 행동이다. 즉 자녀의 안정 애착은 보육 경험과 관계 없이 부모의 양육 행동이 결정적 요소라는 점이다. 물론 이것이 좋은 질의 보육을 제공해 주어야 하는 것을 가볍게 여겨도 된다는 의미는 아니다. 보육의 우수한 질에 대한 것은 15.3절에 제시되어 있다.

 학습 확인

점검 아기와 어머니 간 애착 관계를 진화론적 관점에서 설명하시오.

애착의 유형을 열거하고 애착의 유형은 발달에 어떠한 영향을 미치는가를 설명하시오.

이해 아기와 어머니 사이의 애착 관계에 영향을 주는 아기의 역할과 어머니의 역할을 비교 설명하시오.

적용 아기와 어머니 사이 애착 관계 형성 시기를 고려할 때 입양을 위한 최적의 시기는 언제라고 생각하는가?

 ## 주제 통합하기 **적극적 아동**

기질은 **아동은 자신의 발달에 영향을 미친다**는 이 책의 주제를 가장 잘 설명할 수 있는 예 중 하나이다. 기질은 부모, 또래 그리고 다른 성인인 그 아동에게 어떻게 반응하는가를 결정짓는 요인 중 하나이다. 예를 들어 부모와 또래는 순한 기질을 가진 아동에게는 대개 긍정적으로 반응한다. 부모는 까다로운 기질을 가진

자녀보다는 순한 기질을 가진 자녀와 안정적 애착을 형성하기 쉽다. 또래는 부끄러움을 많이 타거나 긴장하고 있는 또래보다는 순한 기질의 또래와 잘 어울린다. 기질 하나로 발달의 양상에 절대적 영향을 미치는 것은 아니나 꽤 영향력을 미친다고 볼 수 있다.

직접 해 보기

어린이집을 방문하여 며칠간 유아를 관찰할 기회를 만들어 보시오. 10.2절에서 제시된 기질의 유형이 유아들 간에 보이는지 관찰하시오. 정서적 아동, 적극적 아동 혹은 사회적 아동을 구분할 수 있는가? 또한 성인은 기질적 차이가 있는 유아에게 어

떻게 반응하는지 관찰하시오. 기질에 따라서 같은 행동이라도 성인으로부터 다른 반응을 유도하는지 관찰하시오. 직접 해 보시라!

요약

 정서의 출현

정서의 기능

현대 이론가들은 정서 기능에 주목하고 있다. 두려움, 행복, 불쾌감의 정서는 위험을 피하게 하거나 관계를 강화시키는 등 우리가 환경에 적응하도록 돕는다.

정서의 경험과 표현

기쁨, 분노, 두려움과 같은 기본 정서는 생후 1년 내에 발달한다. 두려움은 낯선 이 불안을 시작으로 아기 때 나타난다. 죄의식, 부끄러움, 자부심처럼 자의식과 관련된 정서에는 평가적 요소가 들어 있다. 이는 18~24개월에 나타나는데 행복 혹은 두려움보다는 발달된 인지적 기술을 필요로 한다. 정서를 표현하는 방식 혹은 특정한 정서를 유발하는 맥락은 문화에 따라 차이가 있다.

다른 사람의 정서를 인식하고 행동하기

6개월이 되면 아기는 얼굴 표정을 보고 정서를 인식할 수 있다. 아기는 낯선 상황에 대처하기 위하여 얼굴 표정이 의미하는 정보를 활용한다. 영아기를 벗어나면 특정한 감정의 원인 혹은 결과를 이해할 수 있고 사람은 동시에 두 가지 이상의 감정을 느낄 수 있음을 이해하며 감정을 표현하는 적절한 방식을 깨닫는다.

정서 조절

아기는 두려움과 같은 정서를 조절하기 위하여 간단한 전략을 사용하다가 성장하면서 더 복잡하고 효과적인 전략을 사용할 수 있다. 정서를 잘 조절하지 못하는 아동은 다른 사람과 상호작용하는 데 문제가 있을 수 있다.

 기질

기질이란 무엇인가?

기질이란 생물학적 특질로서 신생아기 때부터 나타나는 일정한 행동양식을 말한다. 뉴욕 종단 연구에서는 세 범주의 기질을 제안하였으나 현대 이론은 기질을 3개의 차원으로 제안한다. 로스바트의 기질이론에는 긍정성/외향성, 부정적 정서, 의지적 조절 3개의 차원이 있다.

유전과 환경의 영향

쌍둥이 연구에 의하면 유전은 영아기 때보다 아동기 때에 기질에 더 영향을 준다. 부모의 행동은 유전적으로 타고난 특징을 강화한다. 기질은 아동에 따라서 환경으로부터의 영향에 더 민감하게 만든다.

기질의 안정성

기질은 아기 때부터 드러나기 시작하여 유아기가 되면 더 분명해진다. 아동기의 기질은 이후 성인의 성격과 관련되어 있다.

기질과 다른 발달 영역 간의 관계

많은 연구자들이 기질은 다른 발달 영역과 관련이 되어 있음을 보여 주었다. 까다로운 기질의 아기는 초등학교 입학할 때 즈음이면 행동 문제를 가질 가능성이 크다. 몰입도가 높은 아동은 학업에 성공할 가능성이 높고, 부끄러운 기질을 가진 아동은 또래와의 관계에 문제가 있고, 긴장도가 높은 아동은 부모의 말을 잘 들으며, 분노 수준이 높은 아동은 우울증의 가능성이 있다. 그러나 기질의 영향은 환경과의 관계성 속에서 이해되어야 한다.

 애착

애착의 발달

애착은 아기와 부모 간의 사회, 정서적 관계의 질을 뜻한다. 보울비의 애착이론은 진화심리학에 근거하고 있으며 애착 전단계, 애착 초기 단계, 애착 형성 단계, 상호적 관계 4개의 단계로 이루어져 있다.

애착의 질

아기와 엄마가 잠시 헤어져 있는 상황을 연출하는 낯선 이 상황 연구에 따르면 네 종류의 애착이 있다. 가장 흔한 것이 안정 애착으로 아기는 엄마에게 완전한 신뢰감을 가지고 있다. 나머지 3개는 불안정 애착으로 아기가 엄마에게 가지는 신뢰가 약한 상황이다. 회피 애착에서는 아기는 엄마를 무시하고, 저항 애착에서는 엄마에게 화가 나 있으며 마지막으로 혼란 애착에서는 엄마의 부재를 인지하지 못하고 있다.

엄마와 안정 애착 관계를 형성한 아동은 또래와의 관계도 무난하다. 안정 애착은 엄마가 아기의 필요에 민감하고 일관되게 반응을 할 때 형성된다. 자신의 부모와의 관계를 소중히 여기는 부모가 자신의 아기에게 민감한 양육행동을 하며 안정 애착 관계를 맺는다.

자기평가

1. 아래 중 기초 정서에 해당되는 것은?
   a. 분노
   b. 자부심
   c. 당황감

2. 아기 때 최초로 출현하는 두려움은 _____ 이다.
   a. 뱀 혹은 거미에 대한 두려움
   b. 낯선 이에 대한 불안
   c. 상상적 생물에 대한 두려움

3. 미국 아동에 비하여 아시아의 아동은 _____.
   a. 감정을 외향적으로 표현하는 경향이 있다
   b. 자신의 성취를 공중 앞에서 공개될 때 당황하는 경향이 있다
   c. 특히 분노를 표출하는 경향이 있다

4. 12개월 아기는 대개 _____.
   a. 슬픈 표정과 행복한 표정을 구분 못한다
   b. 가짜로 웃는 얼굴과 진짜로 웃는 얼굴을 구분할 수 있다
   c. 낯선 상황에 대처할 때 부모의 얼굴 표정을 활용한다

5. 정서 조절에 대한 아래의 진술문 중 옳은 것은?
   a. 정서 조절에 미숙한 아동은 또래와 잘 어울리지 못하는 경향이 있다.
   b. 아기는 정서 조절을 할 수 없다.
   c. 초등학생과 청소년은 정서 조절에 능한데 그 이유는 인지 전략을 사용하지 않기 때문이다.

6. 한나는 환경의 변화에 잘 적응하고 먹고 자는 습관도 규칙적인 행복한 아이다. 한나는 토마스와 체스가 분류한 기질 중 어느 것에 속하는가?
   a. 순한
   b. 느린
   c. 까다로운

7. 아래 중 로스바트가 제안한 기질이 아닌 것은?
   a. 의지적 조절
   b. 활동
   c. 부정적 정서

8. 기질에 영향을 주는 유전과 환경에 대한 연구에 따르면 _____.
   a. 유전의 형향은 아동기보다 영아기 때 더 크다
   b. 기질은 아동에 따라서 환경의 영향에 더 민감하게 만든다
   c. 기질에 영향을 주는 유전인자가 결정되어 있다

9. 기질은 _____.
   a. 아기 때는 분명한 특질을 보이나 유아기가 되면서 불분명해진다
   b. 성격과 직접, 간접적으로 관련되어 있다
   c. 아기 때부터 성인이 되기까지 안정되어 있다

10. 기질과 다른 발달 영역과의 관계에 대한 것으로 옳은 것은?
    a. 까다로운 기질의 아동은 항상 행동 문제가 있다.
    b. 불안한 아동은 부모의 규칙과 요구에 순종적이다.
    c. 정서를 잘 조절하지 못하는 아동은 청소년기에 문제가 있을 수 있으나 성인이 되어서는 그렇지 않다.

11. 진화적 관점에 따르면 애착은 _____.
    a. 아기의 생존력을 증가시키기 위한 진화의 산물이다
    b. 강화와 벌에 의하여 습득된다
    c. 적응적 기능이 없다

12. 엠마는 다른 사람으로부터 관심받는 것을 즐기는 아기다. 그런데 엠마가 울면 다른 누구보다도 엄마가 빨리 달랠 수 있다. 엠마는 여전히 낯선 사람과 있어도 크게 문제가 없다. 엠마는 보울비의 애착 단계 중 어디에 해당되는가?
    a. 애착 전 단계
    b. 애착을 형성하고 있는 단계
    c. 애착이 형성된 단계

13. 낯선 이 상황에서, 엄마가 떠날 때 울기 시작하다가 엄마가 돌아와도 여전히 울면서 무언가를 가리키며 쉽사리 울음이 그치지 않는 아기는 ___ 애착이다.
    a. 회피
    b. 저항
    c. 안정

14. 안정 애착 아동에 비하여, 불안정 애착 아동은 _____.
    a. 친구와 깊은 우정관계를 형성한다
    b. 불안 혹은 공격성 행동을 나타내기 쉽다
    c. 별 차이가 없다

15. 애착의 질에 미치는 영향에 대한 진술문으로 맞는 것은?
    a. 부모가 민감하고 반응적일 때 안정적 애착을 맺기 쉽다.
    b. 가정 밖에서 보육을 받는 아동은 안정 애착을 형성하기가 어려운 경향이 있다.
    c. 안정적이고 몰입된 성인이 자녀와 안정 애착 관계를 맺을 가능성이 가장 크다.

핵심 용어

자신과 타인 이해하기

이 장의 절

 11.1   나는 누구인가? 자아 개념

 11.2   자아존중감

 11.3   타인 이해하기

1세기 전, 미국의 영향력 있는 발달심리학자인 스탠리 홀은 청소년기를 몸과 마음과 도덕성의 잔해물이 어수선하게 뒤덮여 있는 시기라고 기술하였다(Hall, 1904, p. xiv). 오늘날의 영화와 대중매체는 청소년의 가출이나 약물중독, 좀도둑질 아니면 우울하거나 조증의 모습을 보여 줌으로써 홀의 청소년기에 대한 묘사를 지지하고 있다. 그러나 이러한 모습은 얼마나 정확한 것인가?

11.1절에서 자아정체감을 향상시키는 메커니즘에 대해 살펴보고, 청소년의 질풍노도기가 정체감 확립에 필요한 단계인지 아닌지에 대해 살펴볼 것이다. 11.2절에서는 자아정체감의 평가적인 측면에 대해 살펴볼 것이다. 마지막 11.3절에서는, 자신에 대해 학습할수록 타인에 대해 이해할 수 있다는 점에서 우리가 타인에 대한 이해를 어떻게 발달시킬 수 있는지를 살펴볼 것이다.

11.1 나는 누구인가? 자아 개념

학습 목표

LO1 유아가 처음 자아를 획득하는 때는 언제인가?

LO2 아동이 성장하는 동안 자아 개념은 어떻게 정교해지는가?

LO3 청소년들은 자아정체감을 어떻게 획득하는가?

개요

자아인지의 기원

자아 개념의 발달

자아정체감 탐색

디는 서울에서 한국인 부모로부터 태어났지만 생후 3개월 때 미시간에 있는 독일 부부에게 입양되었다. 성장하는 동안 그녀는 자신을 혈기왕성한 미국인으로 생각하였다. 그러나 고등학교 때 디는, 본인 스스로는 그동안 한 번도 생각해 본 적이 없었지만, 사람들이 자신을 아시아계 미국인으로 생각한다는 것을 알게 되었다. 그녀는 자신이 미국인인지, 독일계 미국인인지, 아시아계 미국인인지에 대해 의구심을 가지기 시작하였다.

디처럼 당신도 때때로 자신이 누구인지에 대해 의구심을 가지는가? **나는 누구인가에 대한 대답에는 개인이 가지고 있는 자아 개념(self-concept)(자신을 독특한 개인으로 인정하게 하는 태도, 행동, 가치 등으로 표현되는)이 반영되어 있다.** 15세 아동이 작성한 나는 누구인가에 대한 아래의 글은 개인의 자아 개념이 얼마나 복잡한 것인가를 보여 주는 예이다.

나는 친구들과 있을 때가 아니면 똑똑하고 수줍어하고 조용하고 부끄러움을 잘 탄다. 친구들과 있을 때는 시끄럽기도 하고 밉살스럽기도 하다. 나는 항상 외향적으로 보이고 싶지만 그것은 내 진짜 모습이 아니다. 나는 학교에 있을 때처럼 더 책임감이 있기를 원하지만, 그렇게 되면 공부만 잘하는 멍청이가 될지도 모른다. 누가 그것을 원하겠는가?

어른이 되면 그 응답은 더욱 복잡해지는데, 이렇게 복잡한 자아 개념은 어떻게 획득되는 것일까? 11.1절에서 유아가 가지고 있는 자아에 대한 감각의 기원을 시작으로, 유아기 이후 정체감이 어떻게 정교해지는지 그리고 디처럼 사람들이 인종적 정체감을 어떻게 발달시키는지 살펴봄으로써 그 답을 찾을 수 있을 것이다.

자아인지의 기원

LO1 유아가 처음 자아를 획득하는 때는 언제인가?

자아 개념의 출발점은 무엇인가? 19세기 심리학자이자 철학자인 윌리엄 제임스(William James)의 뒤를 이어 현대의 연구자들도 자아 개념의 토대가 자신의 존재에 대한 깨달음이라고 믿고 있다. 생의 초기에 아동은 자신이 주변에 있는 물체나 사람들과는 독립적인 존재라는 것과 시간이 지나도

매우 어린 아기들조차 거울 속에 있는 '사물'을 바라보는 것을 좋아하지만, 15개월이 되기 전까지는 자아 출현의 첫 번째 신호 중 하나인 자신이 거울 속의 그 '사물'이라는 것을 깨닫지 못한다.

자신의 존재는 지속되는 것이라는 것을 깨달아야 한다.

이 응답의 기초적인 형태는 유아기에 출현한다. 유아는 자신의 발과 다리를 보면서 그것이 자신의 신체라는 것을 깨닫고 움직이는 그 손이 자신의 손이라는 것을 깨닫는다. 예를 들어, 자신의 발을 보여 주는 모니터와 그 발의 거울 속 모습을 보여 주는 모니터를 보여 주면, 유아는 "저 발은 내 발이 아니야"라고 지각하면서 거울로 비춘 모습을 보여 주는 모니터를 더 오랜 시간 응시한다. 또한 유아는 자신을 담은 비디오보다 타인을 담은 비디오에 더 주의를 기울인다. 이는 유아가 타인과 자신을 구분함을 보여 주는 것이다(Rochat, 2013).

아동들은 18~24개월이 되면 자아 지각의 다음 단계에 도달한다. 이러한 발달은 엄마가 유아 몰래 유아의 코에 빨간 점을 찍어 주고는 거울 앞에 데리고 간 연구를 통해 밝혀졌다. 1세 유아의 대부분은 거울 속 빨간 코를 만지려고 했지만, 15~18개월 된 유아의 상당수는 자신의 코를 만졌다. 2세가 되면 거의 모든 유아들이 자신의 코를 만졌다(Bullock & Lütkenhaus, 1990; Lewis, 1997).

나이와 관련된 이러한 변화는 거울이 없는 문화에 살고 있는 유아에게서도 나타나기 때문에 걸음마기 아동의 이러한 행동은 거울에 대한 이해를 통해 발생된 것이 아니라는 것을 의미한다(Kärtner et al., 2012; Priel & deSchonen, 1986). 그러나 인간을 독립적인 존재로 생각하는 서구 문화에서는 거울 과제를 통한 자아 지각이 이른 나이에 나타난다. 즉 독립적인 본질을 강조하는 문화 속에 있는 아동은 어릴 때부터 자신을 독립적인 존재로 깨닫기 시작한다(Kärtner et al., 2012).

18개월에서 24개월 사이에 자아 지각이 출현함을 이해하기 위하여 거울에 전적으로 의지할 필요는 없다. 이 시기 동안 걸음마기 아동은 다른 아동의 사진보다 자신의 사진을 더 오랫동안 바라본다. 또한 이 시기의 아동은 이름이나 자신만을 위한 대명사, 예를 들면 '나' 또는 '나를'로 자신을 지칭하며, 때때로 자신의 나이나 성에 대해 알고 있다. 이러한 변화는 대부분의 아동이 2세 이전에 자아를 인식한다는 것을 보여 주는 것이다(Lewis & Ramsay, 2004; Kärtner et al., 2012).

유치원에 다니는 동안 아동은 자아의 지속성(오늘의 '나'는 어제의 '나'와 관련되어 있다)에 대해 이해하기 시작한다(Lazardis, 2013). 이와 같은 자아의 지속성은 과거와 미래에 대한 부모와의 대화를 가능하게 한다. 이러한 대화를 통해, 생일을 축하하는 3세 아동은 그 사람이 1년 전 생일을 맞이했던 바로 그 사람이 나이가 든 것이라는 것을 이해하게 된다(Koh & Wang, 2012). 학령기 동안 아동은 현재의 '나'가 나이가 들면 그렇게 될 것이라는 기대 속에서 미래의 나를 계획할 수 있다(Bohn & Berntsen, 2013).

일단 자아를 지각하고 나면 아동은 자아 개념을 획득하기 시작한다. 즉 자신이 존재한다는 것과 독특한 정신적 생명체라는 것을 아동이 완전히 이해하고 나면, 아동은 자신이 누구인가에 대해 의구심을 가지게 되고 자신에 대해 정의하기를 원하게 된다.

자아 개념의 발달

LO2   아동이 성장하는 동안 자아 개념은 어떻게 정교해지는가?

앞에 언급된 10대 소녀가 기술한 내용에 대해 다시 생각해 보자. 그 내용에는 특성을 언급하는 8개의 형용사(똑똑함, 수줍어함, 조용함, 부끄러움, 시끄러움, 밉살스러움, 외향적, 책임감)가 포함되어 있으며 심리적 특성이 많은 부분을 차지하고 있다. 아동은 어떻게 자신에 대한 이렇게 복합적인 견해를 발달시킬 수 있을까? 걸음마기 아동과 학령 전기 아동에게 자아 개념은 대단히 단순한 것이다. 학령 전기 아동에게 자신에 대해 묘사해 보라고 요구하면 아동은 주로 자신의 신체적 특성('내 눈은 푸르다'), 좋아하는 것('나는 과자를 좋아한다'), 소유하는 것('나는 트럭을 가지고 있다'), 자신의 능력('나는 50까지 셀 수 있다') 등에 대해 언급한다.

이러한 특성들은 관찰가능하고 구체적인 아동의 속성에 초점을 두는 것이고(Harter, 2006), 시간과 환경이 바뀌더라도 변화하지 않는 개인적인 특성을 강조하는 것이다. 그러나 이러한 특성도 유럽계 미국인 아동의 기술에 근거한다. 아시아 문화에서 자아는 아동의 사회적 관계로 정의된다. 중국계 학령 전기 아동은 타인과의 관계 속에서 자아를 찾는 경향을 보여 주는 말인 "나는 엄마를 사랑해" 또는 "나는 학교에서 제인과 놀아"와 같은 말을 유럽계 아동보다 더 자주 사용한다(Wang, 2006).

5~7세가 되면 아동의 자아에 대한 기술이 변화하기 시작한다(Harter, 2005). 아동은 정서('나는 종종 화가 난다')를 더 많이 언급하고, 자신이 속해 있는 사회적 집단('나는 축구팀에 있다')에 대해 언급하기를 좋아한다. 단순히 자신의 능력을 언급하는 학령 전기 아동과 대조적으로 학령기 아동은 자신의 수준을 또래와 비교하여 기술한다('나는 우리 반 전체에서 맞춤법을 가장 잘 맞히는 사람이다').

자아 개념은 청소년기로 들어설 때 다시 바뀐다(Harter, 2006). 이제 그들은 속성('나는 대수학을 좋아해')과 개인적 특성('나는 대체로 매우 행복한 사람이야')을 포함한다. 또한 청소년은 자아 개념의 한 부분으로 종교적·정치적 신념을 만들기 시작한다('나는 가톨릭 신자이다' 또는 '나는 보수공화당원이다'). 한편 청소년의 자아 개념은 환경에 따라 달라지기도 한다('나는 낯선 사람들 앞에서는 매우 수줍어하지만 친구나 가족 앞에서는 내 마음대로 한다').

청소년기의 또 다른 변화는 미래 지향적이 된다는 것이다. 청소년들은 때때로 자신이 성인이 되었을 때의 모습으로 자신을 기술한다(Harter, 2005; Steinberg et al., 2009). 청소년들은 직업적 목표('나는 영어 교사가 될 것이다'), 학업 계획('나는 컴퓨터를 배우기 위해 단과대학에 갈 예정이다'), 또는 사회적 역할('나는 고등학교를 졸업하자마자 결혼하고 싶다') 등을 기술한다.

〈요약표 11-1〉에 학령 전기부터 청소년기에 이르기까지 자아 개념이 단계적으로 정교해지고, 이 기간 동안 두 가지 변화가 나타남에 대해 요약하였다. 첫째, 자아 개념은 아동이 성장하면서 풍성해진다. 즉 청소년은 학령 전기 아동에 비해 자신에 대해 더 많이 알고 있다. 둘째, 자신에 대해 알고 있는 아동의 지식의 종류가 변화한다. 학령 전기 아동은 구체적이고, 현실적이며, 지금 여기 있는 것에 근거한다. 청소년은 더 추상적이고 심리적이며, 자신을 시간에 따라 진화하는 존재로 여긴다. 아동의 이러한 변화는 피아제가 기술한 바로 그 변화의 종류이므로 우리에게 놀라운 일은 아니다.

청소년기는 자아 반영(self-reflection)이 증가하는 시기이다. 청소년은 자아에 대한 매우 다양한 요소들을, 때로는 대립되기까지 하는 요소들을 통합하는 자아정체감을 추구한다(Marcia, 1991).

자아정체감 탐색

LO3 청소년들은 자아정체감을 어떻게 획득하는가?

에릭 에릭슨(Erikson, 1968)은 청소년들이 자아정체감 확립을 위해 노력한다고 믿었다. 정체감에 대해 더 많이 학습하기 위해 청소년들은 가설추론 기술을 사용한다. 청소년들은 인지적 기술의 발달을 통해 자신의 다른 역할들을 상상할 수도 있다.

요약표 11-1 자아 개념의 발달적 변화		
학령 전기 아동	**학령기 아동**	**청소년**
소유물	정서	속성
신체적 특성	사회적 집단	인성 특성
선호	또래와의 비교	환경에 따라 변화하는 신념
능력		미래 지향적

정체감 탐색을 위해 청소년은 록스타의 삶을 상상하는 등 다른 역할을 시도하기도 한다.

청소년들이 실행하는 실험과 조사의 상당수는 직업적 성향에 관한 것이다. 사진 속에서 보는 바와 같이 어떤 청소년은 록 가수로서의 꿈을 키우고 있다. 어떤 청소년은 프로 운동선수, 평화수호 군단, 베스트셀러 작가를 상상할지도 모른다. 다른 소사는 낭만 지향적인 성향에 관한 것이다. 10대는 사랑에 빠져 사랑하는 사람과 함께 생활하는 상상을 할 수도 있다. 다른 탐색으로 종교적인 것과 정치적인 신념이 있을 수 있다(Harre, 2007; Lopez, Huynh, & Fuligni, 2011). 우리가 차를 선택하기 전에 다른 여러 차를 시운전하듯이 청소년들도 다른 정체감을 위한 시도를 할 수도 있다. 미래에 대한 환상을 통해 청소년들은 자신이 될 수 있는 것을 발견하기 시작한다.

청소년의 자아도취(self-absorption)는 청소년의 자기중심적 사고(adolescent egocentrism)를 의미한다(Elkind, 1978; Schwartz, Maynard, & Uzelac, 2008). 학령 전기 아동과 달리 청소년은 서로 다른 관점들이 존재한다는 것을 안다. 동시에 많은 청소년들은 타인의 사고와 관심의 중심에 자신이 있다는 잘못된 믿음을 갖는 경향이 있다. 아래 사진 속에 있는 청소년처럼 음식을 쏟은 청소년은 친구들이 그녀의 옷에 묻은 얼룩만을 생각하여 그녀를 단정치 못한 사람으로 생각한다고 상상할지도 모른다. **많은 청소년들은 자신이 또래에 의해 끊임없이 관찰당하는 배우라고 느낀다. 이러한 현상을 상상 청중(imaginary audience)이라 한다.**

청소년의 자아도취는 10대들이 자신의 경험과 감정이 특별한 것이어서 어느 누구도 자신처럼 생각하거나 느낀 적이 없다고 생각하는 개인적 우화(personal fable)의 증거이다. 첫사랑으로 인한 흥분이든 깨어진 관계에 대한 절망이든 미래에 대한 계획이 혼란스럽든 간에, 청소년들은 종종 자신이 그 경험을 겪는 첫 번째 사람이고 어느 누구도 자신의 기분을 이해하지 못한다고 믿는다(Elkind & Bowen, 1979). **자신의 독특성에 대한 청소년의 믿음은 불행이 오로지 타인에게서만 일어난다는 불멸의 환상(illusion of invulnerability)을 가져온다.** 그래서 청소년들은 성관계를 가져도 임신이 되지 않으며 난폭운전을 해도 교통사고를 당하지 않는다고 믿는다. 이러한 불행은 오직 타인에게만 발생한다고 믿는다.

청소년의 자기중심적 사고, 상상 청중, 개인적 우화, 불멸의 환상은 청소년이 점차 자아정체감을 확립함에 따라 사라진다. 대부분의 청소년들은 다음의 순서대로는 아닐지라도 비슷한 측면 또는 수준을 통해 발달한다(Marcia, 1980, 1991).

청소년은 종종 타인이 자신을 지속적으로 관찰한다고 믿는다(상상 청중). 그 결과 음식이나 음료를 엎지르는 등 자신의 실수가 분명하면 종종 당황하여 쩔쩔매기도 한다.

- **분산(diffusion)** : 자아정체감 확립 과제로 인해 혼돈스러워하거나 압도되며 자아정체감을 거의 확립하지 못한 상태
- **권리 상실(foreclosure)** : 대안에 대한 개인적인 탐색보다는 성인에 의해 자아정체감을 결정하는 상태
- **유예(moratorium)** : 만족스러운 자아정체감을 이미 발견하였지만 다른 대안을 여전히 탐색하고 있는 상태
- **확립(achievement)** : 대안을 탐색하고 즐거운 마음으로 특별한 자아정체감을 선택한 상태

이 네 가지 측면은 피아제의 단계와 달리 연속적으로 발생하는 것이 아니다. 대부분의 청소년들은 분산과 권리 상실의 상태에 있다. 이 상태의 공통된 요소는 대안을 찾지 않는다는 것이다. 이들은 위기를 회피하거나 부모나 성인이 제안하는 자아정체감을 받아들여 문제를 해결한다. 그러나 점차 청소년기를 지나 성인기로 갈수록 자아정체감을 탐색할 수 있는 기회는 많아지므로, 산만이

나 권리 상실은 적어지고 성취나 유예가 보편화된다(Meeus et al., 2010). 그러나 청소년 후기와 성인 초기 동안 사람들은 유예와 확립 사이를 번갈아 오고 가는데, 예를 들어 청소년 후기 동안 자신이 선택한 직업에 대한 심도 깊은 탐색을 하다가 만일 그 직업이 자신과 맞지 않다는 생각을 하게 되면 이들은 자신의 선택에 대해 재고하게 되고 유예의 단계로 다시 돌아간다(Luyckx et al., 2013).

　일반적으로 정체감의 여러 측면이 동시에 확립의 수준에 도달하는 것은 아니다(Goossens, 2001; Kroger & Greene, 1996). 어떤 청소년들은 종교나 정치적인 측면보다 직업적인 측면의 성취수준에 먼저 도달하기도 한다. 어떤 청소년들은 종교적인 측면을 가장 먼저 성취하기도 한다. 자아정체감의 여러 측면을 동시에 확립하는 젊은이는 극소수이기 때문에 자아정체감의 위기는 어떤 영역에서 먼저 해결되고 다른 영역에서는 나중에 해결된다.

　어떤 환경이 청소년의 정체감 확립에 도움이 되는가? 부모는 영향력이 있는 존재이다(Marcia, 1980). 부모가 아동의 자율성을 인식하고 기꺼이 아동과 대화할 때, 그 자녀는 확립의 수준에 도달하기 쉽다. 반면 자녀에게 설명 없이 강요하고 판단할 수 있는 기회를 주지 않으면 아동은 권리상실의 수준에 머물기 쉽다.

　또래 또한 영향력 있는 존재이다. 신뢰할 수 있는 친한 친구가 있을 때 청소년은 대안을 탐색하는 데에 안전함을 느낀다(Doumen et al., 2012). 사회적 환경도 영향을 미친다(Bosma & Kunnen, 2001). 탐색을 위해서는 시간과 자원이 필요한데, 가난한 청소년은 이를 취하기 쉽지 않다. 예를 들어, 가족을 돌보기 위해 학교를 중퇴하는 일은 정체감을 탐색할 수 없게 만드는 일이다. 마지막으로 성격도 정체감 확립에 영향을 미친다. 경험에 대해 열린 마음을 가지고 있고 상냥하고 사려 깊은 사람은 정체감 확립에 도달하기 쉽다(Crocetti et al., 2008; Klimstra et al., 2013).

인종적 자아정체감　유럽과 북미에서 성장하는 많은 청소년들 중 소수인종집단의 구성원들은 자아정체감 확립에 더 많은 도전을 받는 경향이 있다. 다음의 "문화적 영향"에서 그 예를 기술하였다.

Q&A

질문 11.1

제니는 엔지니어가 되고 싶지만 춤추는 것도 좋아한다. 진로를 결정하기 위해 제니는 직업흥미 검사를 받기도 하고 이 두 가지를 함께 추구할 수 있는 대학에 대해 카운슬러와 상담도 하였다. 제니는 이 네 가지 수준 중 어디에 해당되는가?

문화적 영향

디의 인종적 자아정체감

미국의 소수인종집단 청소년의 3분의 1이 앞서 언급되었던 디와 같은 경우이다. 이 소수인종집단에는 아프리카계 미국인, 아시아계 미국인, 히스패닉계 미국인, 그리고 원주민이 포함된다. **이들은 자신을 자신이 속해 있는 인종집단의 한 부분이라 여기며 자신이 소속된 집단의 문화와 유산의 특별한 관습과 전통에 대한 배움을 통해 인종적 자아정체감(ethnic identity)을 발달시킨다**(Phinney, 2005).

　인종적 자아정체감은 3단계를 통해 획득되는 경향이 있다. 첫 번째 단계에 있는 청소년들은 자신의 인종적 뿌리를 검토하지 않는다. 이 단계에 있는 베트남계 미국인 10대 소녀는 "왜 내가 보트피플(Boat People)에 대해 배워야 하지? 난 내가 태어나기도 전 베트남에서 일어난 일에 관심 없어. 게다가 나는 미국인이야"라고 이야기한다. 이 소녀에게 인종적 자아정체감은 아직 중요한 개인적 이슈가 아닌 것이다.

　두 번째 단계에서 청소년들은 인종적 유산이 주는 영향에

인종적 정체감을 찾기 위해서 인종집단의 음식 만들기 등의 문화적 전통을 배우기도 한다.

대해 탐색하기 시작한다. 호기심과 의문은 이 단계의 특성이다. 이러한 특성은 "나는 아프리카, 노예, 시민평등권 운동과

같은 우리의 역사에 대해 좀 더 알고 싶어. 흑인문화센터에 가는 것은 나 자신을 발견할 수 있는 방법 중 하나"라고 이야기한 아프리카계 미국인 소녀의 이야기에서도 찾을 수 있다. 이 단계에서 문화적 전통에 대한 학습이 전개된다. 예를 들면 사진 속의 소녀처럼 많은 청소년들이 인종 전통의 음식 만드는 것을 배운다.

세 번째 단계에서 청소년들은 명백한 인종적 자아 개념을 획득한다. 어떤 멕시코계 미국인 청소년은 자신의 인종적 정체성을 "나는 LA에서 태어났지만 내 부모는 멕시코에서 태어나서 나와 같은 10대에 미국에 왔다. 나는 그곳에서의 그들의 삶에 대해 듣는 것을 좋아하고 멕시코에 살고 있는 내 사촌들과 스페인어로 이야기할 수 있다는 것이 자랑스럽다. 그러나 나는 미국인이라는 것도 자랑스럽기 때문에 내 나라의 유산에 대해 더 알고 싶다"로 설명하였다.

만일 인종적 자아정체감 단계의 차이점을 이해하기 원하면 디에 관한 이야기가 있는 이 절의 첫 부분을 다시 읽고 그녀가 어떤 단계에 있는지 생각해 보라. 그 답은 312쪽에 나와 있다.

나이가 있는 청소년들은 나이가 어린 청소년들보다 자신의 문화적 유산을 탐색할 기회가 많기 때문에 인종적 정체감을 더 획득하는 경향이 있다(French et al., 2006). 청소년들이 자신의 인종적 자아정체감에 대해 탐색할 때, 베트남에서 태어난 부모를 둔 미국의 10대가 자신을 때에 따라 베트남인, 베트남계 미국인, 아시아계 미국인으로 언급하는 것처럼 자기 자신에 대해 이야기하는 방식을 바꿀 수 있다(Fuligni et al., 2008).

일반적인 자아정체감 형성과 마찬가지로, 부모가 그들의 문화유산 학습을 격려하고 차별화할 수 있는 안목을 가지도록 격려할 때 청소년은 인종적 자아 개념을 더 획득한다. 예를 들어, 아프리카계 미국인 청소년은 엄마가 흑인의 역사에 대해 이야기해 주고 자신의 유산에 대해 자랑스러워하도록 격려할 때 인종적 자아정체감을 더 획득한다(McHale et al., 2006; Seaton et al., 2012). 라틴계 10대 역시 부모가 자신의 문화유산에 대한 지식의 중요성을 강조할 때 인종적 자아정체감이 더욱 발전한다(Umaña-Taylor & Guimond, 2010).

강한 인종적 자아정체감이 청소년에게 도움이 되는가? 그렇다. 인종적 자아정체감을 획득한 청소년들은 자아존중감이 높은 경향이 있고 친구와 가족과의 상호작용에 더 만족하는 경향이 있다(Mandara et al., 2009; Rivas-Drake et al., 2014). 또한 이들은 더 행복하고 걱정이 적다(Kiang et al., 2006). 게다가 인종적 자아정체감이 강한 청소년은 인종이나 민족 차별을 당한 후에도 자신을 여전히 가치 있게 여기기 때문에 차별에 의한 영향을 적게 받는다(Neblett, Rivas-Drake, & Umaña-Taylor, 2012; Tynes et al., 2012).

그러나 우리는 미국 내에 살고 있는 인종과 민족 집단이 다양하다는 것을 기억해야 한다. 아프리카계 미국인, 아시아계 미국인, 히스페닉계 미국인의 문화유산은 서로 다르다. 그렇기 때문에 강한 인종적 자아 개념의 본질과 결과가 집단에 따라 다르다는 것을 예측해야만 한다(Phinney, 2005).

특정한 집단 내에서조차 인종적 정체감의 본질과 결과는 세대를 넘어가면서 변화하기 마련이다(Cuellar et al., 1997). 세대를 거치면서 주류사회에 동화되는 만큼 소수인종 문화에 대한 정체감이 약화되어 간다(Marks, Patton, & García Coll, 2011). 부모가 자녀와 공유되지 못하는 강한 인종적 자아정체감을 가지고 있을 때, 예를 들면 부모는 오래된 방식을 고수하고 자녀는 새로운 문화에 젖어 있을 때 종종 문제가 발생한다. 미국에 있는 중국계 이민자에 관한 연구(Kim et al., 2013)에 따르면 아동은 미국에 동화되었지만 부모는 그렇지 못한 경우 부모가 아동을 잘 지원해 주지 못하기 때문에 아동이 학업 수행을 잘 하지 못한다고 한다. 멕시코계 미국인 연구(Schofield et al., 2008)에 따르면 아동은 자신을 백인으로 지각하고 부모는 멕시코계로 지각할 때 부모와의 갈등 및 문제행동이 많이 발생된다고 한다.

마지막으로 부모의 인종이나 민족이 각기 다르기 때문에 자아정체감의 특수한 변화를 겪어야 하는 청소년에 대해 생각해 보자. 이런 청소년의 자아정체감은 매우 유동적이다. 어떤 청소년은 처음에는 단일 인종으로 자신을 생각하다가 나중에 두 인종적 자아정체감을 받아들이는가 하면, 어떤 청소년은 반대로 나중에 하나의 인종적 자아정체감으로 귀결되기도 하고, 두 인종적 자아정체감 사이를 오가는 경우도 있다(Doyle & Kao, 2007). 대체로 인종적 자아정체감을 옮기는 청소년의 경우, 지속적으로 두 인종적 자아정체감을 가지고 있는 청소년보다 자아존중감이 낮다(Csizmadia, Brunsma, & Cooney, 2012; Hitlin, Brown, & Elder, 2006). 자신을 백인으로 지각하는 혼혈 청소년은 자아존중감이 낮고 성적도 낮은 것으로 알려져 있다(Burke & Kao, 2013; Csizmadia & Ispa, 2014).

질풍노도 미국의 소설가들과 영화감독들에 따르면 자아정체감을 탐색하는 것은 본질적으로 매우 힘든 일이라고 한다. 그러나 현실적으로 10대의 반항은 과장된 것이다. 청소년들은 대체로 부모와의 관계에 만족하고 행복을 느끼고 있다(Steinberg, 2001). 10대의 대부분은 부모를 사랑하고 부모로부터 사랑받고 있음을 느끼고 있다. 또한 부모의 가치를 받아들이고 있으며 부모의 충고를 바라고 있다.

비교문화 연구도 대부분의 10대가 혼돈과 갈등의 시기에 있지 않음을 보고하고 있다. 10개국의 청소년들을 인터뷰한 오퍼와 동료들(Offer et al., 1988)은 이들 대부분이 확신에 차고 행복하게 성인기로 향하고 있음을 발견하였다. 〈그림 11-1〉의 그래프와 같이 세계의 청소년들 대부분은 행복해하였으며, 가정을 벗어나고자 하는 경우는 많지 않았다.

이들의 연구는 4반세기 이상 된 것이지만, 새로운 연구들도 같은 결과를 보고하고 있다. 이스라엘에 살고 있는 아랍계 청소년에 대한 연구(Azaiza, 2005)에 따르면 82%의 청소년은 부모가 자신을 원하고 있다고 느끼며 89%는 가족에게 감사하고 있음을 보고하고 있다. 터키와 벨기에의 청소년에 관한 연구(Güngör & Bornstein, 2010)는 청소년들이 자신의 엄마를 매우 지지적인 존재로 여기고 있음을 보고하였다.

물론 부모-자녀 관계는 청소년기 동안 변화한다. 10대가 독립적이 되어 갈수록 부모와의 관계는 동등하게 되어 간다. 부모는 자녀를 동등하게 대함으로써 자녀의 독립심이 증가하는 것에 적응해야 한다(Laursen & Collins, 1994). 독립심이 증가한다는 것은 부모와 보내는 시간이 줄고 부모에 대한 애정이 줄고, 스타일, 맛, 자유에 대한 논쟁이 늘어난다는 것을 의미한다(Shanahan et al., 2007; Stanik, Riina, & McHale, 2013). 비록 청소년이 부모에게 동의하지 않는 일이 많아질지라도 그 논쟁은 상대적으로 온화해서 모두가 소리치고 싸우는 것은 아니며 주로 청소년 개인적인 선택과 관련된 것이다(Chen-Gaddini, 2012; Erhlich, Dykas, & Cassidy, 2012).

청소년기의 부모-자녀 관계에 대한 이러한 묘사가 너무 좋아보여서 믿을 수가 없다고 생각하기 전에 두 가지 경계해야 할 것에 대해 이야기하고 싶다. 첫째, 부모와 청소년 자녀와의 갈등은 종종 자녀보다는 부모에게 괴로움을 준다(Steinberg, 2001). 부모는 종종 복장이나 집 안의 소소한 일에 대한 논쟁이 근본적인

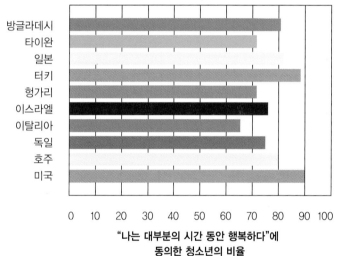

"나는 대부분의 시간 동안 행복하다"에
동의한 청소년의 비율

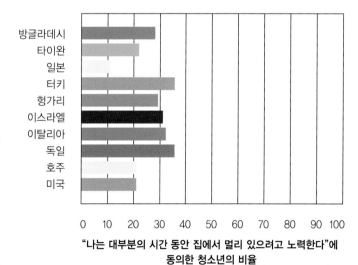

"나는 대부분의 시간 동안 집에서 멀리 있으려고 노력한다"에
동의한 청소년의 비율

그림 11-1
출처: Offer, D., Ostrov, E., Howard, K. I., & Atkinson, R. (1988). The teenage world: Adolescents' self-image in ten countries. New York, NY: Plenum.

가치관 불일치를 반영하는 것이라며 걱정을 한다. 아들이 자기 방 정리하기를 거부할 경우, 아들은 단지 자기 방이 금방 어질러질 것이므로 방 청소하는 데에 시간을 허비하고 싶지 않은 것뿐인데도, 엄마는 아들이 질서와 청결의 필요성에 대한 가치관을 거부하는 것이라 해석할 수도 있다. 둘째, 대략 25% 정도에 해당되는 소수의 가족만이 심각한 부모-자녀 간 갈등과 이로 인한 청소년의 문제행동을 경험한다(Ehrlich et al., 2012). 이러한 해로운 갈등은 자기 자신의 감정을 통제하지 못하는 청소년에게서 보편적인 것이다(Eisenberg et al., 2008).

우울 청소년기의 도전은 청소년들에게 우울을 유발하기도 한다(Fried, 2005). 우울한 사람은 보편적으로 슬픔, 짜증, 낮은 자아존중감, 불면증, 집중력 저하의 특성을 가지고 있다. 청소년의 5~15% 정도가 우울증을 겪고 있으며 청소년기의 사회적 어려움이 남아보다 여아에게 더 크기 때문에 우울증은 여자 청소년에게 더 많이 발생하는 경향이 있다(Center for Behavioral Health Statistics and Quality, 2012; Hammen & Rudolph, 2003).

우울은 사랑하는 사람의 사망이나 너무나도 기대하던 데이트가 엉망이 될 때와 같이 청소년이 심각한 낙심이나 실패를 경험할 때 더 자주 발생된다(Schneiders et al., 2006). 많은 청소년과 성인들도 이와 같은 부정적인 사건을 경험하지만, 모든 사람들이 우울해지는 것은 아니다. 왜일까? 영향력 있는 요인 중 하나는 기질이다. 자신의 감정을 잘 통제하지 못하는 아동은 청소년이 되었을 때 더 우울해지는 경향이 있다(Karevold et al., 2009). 다른 요인으로는 청소년이 자신을 극단적인 부정적 관점에서 보는 믿음체계이다. 예를 들어 우울한 경향이 있는 청소년은 실패의 책임을 자신에게 돌리는 경향이 있다(Gregory et al., 2007). 그래서 데이트가 엉망이 되었을 때, 우울한 경향이 있는 청소년은 "그 녀석은 정말 멍청해"처럼 실패의 책임을 다른 곳으로 돌리기보다는 "내가 바보같이 굴었어"라고 생각하는 경향이 있다.

부모와 가족 역시 청소년을 우울하게 만들기도 한다. 부모가 감정적으로 멀어질 때, 부모가 경멸할 때, 경제적으로 힘들거나 부부갈등으로 가족의 삶에 스트레스가 많을 때 청소년은 더 우울해지는 경향이 있다(Karevold et al., 2009; Schwartz et al., 2012; Yap et al., 2014). 아프리카계 미국인이나 히스패닉계 미국인은 가난한 경우가 많기 때문에 이들은 더 우울한 경향이 있다(Brown, Meadows, & Elder, 2007). 마지막으로 부모가 체벌적인 훈육을 할 때 청소년은 부정적인 귀인을 하게 된다(Lau et al., 2007).

유전도 청소년을 우울에 빠뜨린다(Haeffel et al., 2008; Lau et al., 2012). 신경전달물질이 근본적인 체계가 되기도 한다. 어떤 청소년은 신경전달물질이 적어 행복이나 즐거움을 경험하기 어렵다(Kaufman & Charney, 2003).

우울증 치료를 위해 어떤 청소년은 신경전달물질의 불균형을 교정하도록 만들어진 항우울성 약물을 섭취하기도 한다. 약물치료의 효과는 지속적인 것이 아니고 자살의 위험을 높이기도 한다(Vitiello & Swedo, 2004). 심리치료가 우울에 더 효과적이다. 보편적인 방법 중 하나는 인지와 사회적 기술을 강조하는 것으로, 청소년은 사회적으로 상호작용하는 방법과 이를 어떻게 해석해야 하는지를 배운다. 이 방법들은 효과적이고(Weisz, McCarty, & Valeri, 2006) 우울한 청소년에게 도움이 된다. 치료하지 않으면 이 시기의 우울은 학업 성취와 사회적 관계를 방해하고 성인기의 우울로 이어진다(Nevid, Rathus, & Greene, 2003; Rudolph, Ladd, & Dinella, 2007). 또한 고위험군 청소년에게 우울의 경험을 줄여 줄 수 있는 개입 프로그램도 효과적이다(Stice et al., 2009).

디의 인종적 정체감과 관련된 질문에 대한 답 : 독일계 아시아계 미국인 고등학생인 디는 자신이 성장한 독일계 미국 문화와 생물학적 부모에 의한 한국적 유산을 어떻게 통합해야 하는지를 모른다. 이것이 그녀를 인종적 정체감의 두 번째 국면으로 밀어 넣었을 것이다. 그녀가 인종적 뿌리를 조사하고 있다는 것은 첫 번째 단계를 뛰어넘었다는 것을 의미하는 것이지만 아직 자신의 아시아계와 유럽계의 뿌리를 통합하지 못하였기에 세 번째인 마지막 단계에 도달하지 못한 것이라 하겠다.

 학습 확인

점검 2세경에 자아가 출현함을 보여 주는 증거는 무엇인가? 무엇이 자아 출현에 기여하는가?

청소년기를 '질풍노도의 시기'로 보는 관점에 대해 비판하시오.

이해 피아제의 구체적 조작기와 형식적 조작기를 인종적 자아정체감의 확립과 비교 대조하시오.

적용 베트남에서 미국으로 이민을 간 트랜 씨 가족이 있다고 상상해 보자. 엄마와 아빠는 두 아이가 베트남 문화를 인정하면서 성장하길 바라지만 강한 인종적 자아정체감이 아이들에게 좋은 것이 아닐지도 모른다는 걱정을 한다. 인종적 자아정체감이 아동 발달에 미치는 영향에 대해 트랜 씨 부부에게 어떠한 충고를 하겠는가?

 11.2 자아존중감

학습 목표

LO4 아동이 발달하는 동안 자아존중감은 어떻게 변화하는가?

LO5 자아존중감은 인종과 문화에 따라 어떻게 달라지는가?

LO6 자아존중감 발달에 영향을 미치는 요인은 무엇인가?

LO7 낮은 자아존중감은 아동 발달에 영향을 미치는가?

개요

자아존중감의 발달적 변화

인종 및 문화와 관련된 자아존중감의 변화

자아존중감의 근원

낮은 자아존중감 : 결과인가 아니면 원인인가?

초등학생 시절 앰버는 자신이 매우 똑똑하고, 인기 있으며, 매력적이라고 생각하였으며 행복했었다. 그러나 중학교에 들어간 이후부터 자신이 더 이상 똑똑하지도 않고, 인기도 없고, 매력적이지도 않음에 대해 걱정하고 있다. 점점 커져 가는 그녀의 자아 의심에 대해 알게 된 엄마는 정신건강 전문가를 찾아가야 하는 것 아닌가 하는 걱정을 하였다.

앰버의 엄마는 딸의 자아존중감(self-esteem)(자신의 가치에 대한 느낌과 판단을 의미하는)에 관심이 있다. 자아존중감이 높은 아동은 자신을 긍정적으로 생각하지만, 자아존중감이 낮은 아동은 자신에 대해 부정적으로 판단하기 때문에 불행하게 여기며 때로는 다른 사람이 되었으면 하는 생각을 한다. 본 절에서 아동이 발달하는 동안 자아존중감이 어떻게 변화하며, 무엇이 자아존중감을 형성시키는지 살펴볼 것이다.

자아존중감의 발달적 변화

LO4 아동이 발달하는 동안 자아존중감은 어떻게 변화하는가?

우리 자신의 자아존중감에 대해 생각해 보자. 당신은 자신의 자아존중감이 높다고 생각하는가 아니면 낮다고 생각하는가? 이 질문에 답하기 위해서 다음의 문장을 읽고 각 문장이 여러분에게 얼마나 잘 적용될 수 있는지 살펴보자.

나는 학교공부를 잘한다.

나는 친구를 쉽게 사귈 수 있다.

나는 모든 스포츠를 잘한다.

나는 내 외모에 만족한다.

만일 당신이 각 문장에 강하게 동의한다면 당신은 높은 자아존중감을 가지고 있는 것이다.

아동과 청소년들이 이 문장에 응답을 할 때, 이들의 응답은 자아존중감의 매우 중요한 두 가지 변화를 보여 주는 것이다. 하나는 자존감 구조의 변화이고 다른 하나는 전반적인 자아존중감 수준의 변화이다.

자아존중감의 구조 자아존중감을 측정할 수 있는 가장 어린 연령인 4, 5세경이 되면 아동은 자신에 대한 차별화된 관점을 가지게 된다. 특정한 영역의 자아존중감만큼 전반적인 자아존중감을 구분할 수 있다(Marsh, Ellis, & Craven, 2002). 이러한 구조는 지능과 유사하다. 8.1절에서 살펴보았듯이, 지능의 위계적 이론들은 언어 능력과 공간 능력과 같은 특정 능력으로 나뉘는 전반적인 능력과 함께한다. 자아존중감의 경우, 전반적인 자아존중감은 위계적 구조의 가장 윗부분에 있다(Harter, 2006). 초등학교 시기에 4개의 특정 영역이 부각된다.

- **학업 능력** : 아동이 학교 공부에 얼마나 능력이 있는지, 얼마나 똑똑하다고 생각하는지에 관한 것
- **운동 능력** : 아동이 운동 능력이나 신체적 기술을 요구하는 스포츠나 게임에 얼마나 능력이 있다고 느끼는지에 관한 것
- **사회적 능력** : 아동이 부모와 또래와의 사회적 상호작용에서 얼마나 능력이 있다고 느끼는지에 관한 것
- **신체적 외모** : 아동이 자신의 외모에 대해 어떻게 느끼는지 그리고 신장, 체중, 얼굴과 같은 자신의 신체적 특성을 얼마나 좋아하는지에 관한 것

학령기 동안 아동의 학업 자아 개념은 특히 더욱 분화된다(Marsh & Craven, 2006; Marsh & Yeung, 1997). 아동은 학교에서의 성공과 실패를 통해 영어와 수학 등 각 영역에서의 자기 능력에 대한 신념을 형성해 나가며 이러한 신념은 전반적인 학업 자아 개념에 기여한다. 영어와 수학에 유능하지만 과학에 유능하지 못한 아동은 긍정적인 전반적 자아 개념을 가질 수 있지만, 대부분의 학업 영역에서 재능이 없다고 믿는 아동은 부정적인 학업 자아 개념을 가질 수 있다.

청소년기 동안 직업 능력, 친밀한 우정, 낭만적인 매력을 포함한 자아존중감의 다른 영역이 추가된다. 더구나 사회적 능력은 특히 더 차별화된다. 청소년은 매우 많은 사회적 관계 속에서 자아가치감을 차별화한다. 예를 들어 부모와의 관계를 매우 긍정적이라고 느끼는 10대는 낭만적인 관계에서는 실패자라고 믿을 수도 있다. 다른 10대는 부모로부터 사랑받고 있고 가치를 인정받는 존재라고 느낄 수 있지만 또래에게는 그렇지 못할 수도 있다(Harter, Waters, & Whitesell, 1998).

아동의 전반적인 자아가치감은 단순히 특정 영역에서의 자아가치감의 평균이 아니다. 물론 어떤 영역에서의 자아존중감이 다른 영역의 자아존중감보다 더 영향을 미칠 수는 있다. 많은 아동과 청소년에게 외모에 관한 자아존중감은 전반적인 자아존중감에 가장 강력하게 영향을 미친다(Shapka & Keating, 2005). 그래서 학업, 운동, 사회적 영역에서의 자아가치감이 평균인 앨리슨은 자신의 외모 때문에 높은 전반적인 자아가치감을 가질 수 있지만, 학업과 운동영역에서 높은 자아존중감을 가지고 있는 콜린은 매력적이지 못한 외모 때문에 전반적인 자아존중감은 평균일 수 있다.

인지적 기술과 사회적 관계가 확장되는 학령기 후기와 청소년기 동안 아동이 자아존중감의 차별화된 영역을 인지하게 되면서 자아존중감은 더욱 복잡해지게 된다.

자아존중감 수준의 변화 어떤 연령대의 자아존중감이 가장 높을까? 학령 전기라는 답이 아마도 당신을 놀라게 할 것이다. 대부분의 학령 전기 아동은 많은 다양한 영역에서 자신에 대해 극단적으로 긍정적인 관점을 가진다(Marsh, Ellis, & Craven, 2002). 피아제의 전조작기에 대해 다시 생각해 보면 그 결과는 놀라운 것이 아니다. 전조작기 아동은 자기중심적이다. 이 시기의 아동은 타인의 관점이 다르다는 것을 받아들이기 어렵다.

학령기 동안 아동의 자아존중감은 다소 낮아진다. 학령기 동안 또래와 자신을 비교하기 시작하면서(Ruble et al., 1980) 아동은 자신이 가장 잘 읽는 사람이나 가장 빨리 달리는 사람이 아니며 단지 평균적인 사람이라는 것을 알게 된다. 사진 속 소녀처럼, 그들은 자신이 학급에서 늦게 달리는 사람 중 하나라는 것을 이해하기 시작한다.

각 영역에서 자신의 서열을 알게 되고 자신의 자아존중감에 대해 적응하면서, 학령기 후반이 되면 아동은 고정된 자아존중감을 갖게 된다(Harter, Whitesell, & Kowalski, 1992). 아동이 중학교로 진학하게 되면 자아존중감이 낮아지기도 한다(Twenge & Campbell, 2001). 이제까지 비교해 본 적이 없던 다른 초등학교 출신의 아동들과 자신을 비교해야 하며 또래와의 경쟁을 다시 시작하기 때문에 자아존중감이 일시적으로 손상받을 수 있다. 그러나 새로운 학교에 익숙해지고 새로운 사회적 서열에 적응하게 되면 자아존중감은 다시 상승하게 된다. 앰버의 이야기는 고전적인 형태이므로 그녀의 엄마가 걱정할 필요는 없다. 앰버는 조만간 자신에 대해 다시 발견하게 될 것이고 자아의심은 낮아질 것이다.

아동의 자아존중감은 또래와의 비교에 의해 영향을 받는다. 자신이 빠르게 달리지 않는다는 것을 발견한 아동은 운동 자아존중감이 감소한다.

인종 및 문화와 관련된 자아존중감의 변화

LO5 자아존중감은 인종과 문화에 따라 어떻게 달라지는가?

앞서 기술된 자아존중감의 구조와 평균 수준에서의 발달적 변화는 보편적인 것이 아니다. 인종과 문화는 발달적 경향에 지대한 영향을 미친다. 예를 들어, 미국의 아동과 청소년의 자아가치감의 성장은 그들의 인종에 따라 다양하다. 유럽계 미국 아동과 비교해 보면, 아프리카계 미국 아동과 히스패닉계 미국 아동은 학령기 동안 자아존중감이 낮다. 그러나 청소년기 동안 히스패닉계 미국인은 유럽계 미국인과의 차이가 적어지지만, 아프리카계 미국인은 유럽계 미국인보다 자아존중감이 더 높아진다(Gray-Little & Hafdahl, 2000; Herman, 2004; Twenge & Crocker, 2002). 반면 아시아계 미국 아동은 학령기 동안 유럽계 미국 아동보다 자아존중감이 더 높지만 중학교와 고등학교를 다니는 동안 자아존중감이 낮아진다(Twenge & Crocker, 2002; Witherspoon et al., 2009).

과학자들은 왜 이러한 변화가 발생하는지 그 이유에 대해 전적으로 이해하지 못하고 있다. 히스패닉계 미국 아동과 아프리카계 미국 아동의 차이는 인종적 자아정체감 때문일지도 모른다. 청소년 초기에 아프리카계와 히스패닉계 미국 10대는 분명한 사회적 및 문화적 집단에 소속되어 있음에 자부심을 가지기 때문에 자아가치감이 상승한다(Gray-Little & Hafdahl, 2000; Umaña-Taylor, Diversi, & Fine, 2002).

아시아계 미국인과의 다른 점도 문화적 유산에 근거할지 모른다. 중국, 일본, 한국 등 동아시아에서 온 아동은 북미와 유럽에서 온 아동보다 자아존중감이 낮으며 청소년기가 되면 그 차이가 더 커지는 경향이 있다(Harter, 2012). 아시아의 문화는 서구 문화보다 더 겸손함을 강조하기 때문에, 젊은 사람들도 자신의 가치에 대한 긍정적인 감정표현을 꺼리는 문화적 규준을 내재화하였기 때문인 것으로 보인다(Cai et al., 2007).

다른 이유로는 아시아계 청소년들이 자신의 부족함에 대해 더 잘 수용하기 때문인 것을 들 수 있겠다(Hamamura, Heine, & Paulhus, 2008). 서구 청소년들은 전반적인 자아존중감을 평가할 때 강점에 중점을 두고 부족한 점은 무시하는 반면 아시아 청소년의 전반적인 자아존중감은 강점과 약

질문 11.2
중학교에 입학하게 된 카리나는 여름에 가족과 함께 새로운 도시로 이사를 갔다. 그녀가 새로운 학교에 입학할 때, 카리나의 자아존중감에 어떠한 일이 발생할까?

점을 반영하는 경향이 있다. 마지막으로는 서구사회에서 자아가치감의 근원이 되는 사회적 비교 과정이 아시아 사회에서는 보편적인 것이 아니어서 그러한 것으로 보인다. 서구사회의 아동은 집단 내 타인과 비교하여 타인을 이겼을 때 자신에 대해 긍정적인 감정을 가진다. 그러나 아시아 아동과 청소년은 사회집단의 한 부분으로 자신을 지각하고 집단 내 조화를 파괴하는 사회적 경쟁을 삼가는 경향이 있다(Falbo et al., 1997).

슬프게도, 어떤 연령이든 어떤 영역이든 어느 집단이든 간에 자신을 긍정적으로 보지 않는 아동은 쉽게 발견된다. 어떤 아동은 자신에 대해 양가적인 평가를 하고 어떤 아동은 부정적인 평가를 한다. 한 연구(Cole, 1991)에서 9세와 10세 아동의 25% 정도가 적어도 세 가지 영역에서 부정적인 자아존중감을 가지고 있는 것으로 나타났다. 왜 이 아동은 다른 아동에 비해 낮은 자아가치감을 가지는 것일까? 다음 절에서 그 질문에 답하고자 한다.

자아존중감의 근원

LO6   자아존중감 발달에 영향을 미치는 요인은 무엇인가?

어떤 아동은 자신에 대해 긍정적인 평가를 하고 어떤 아동은 부정적인 평가를 하는 이유는 뭘까? 유전은 간접적으로 기여한다. 유전자는 어떤 아동을 똑똑하고 더 사회적이며 더 매력적이고 더 운동 능력이 뛰어나게 만든다. 그런 아동은 많은 영역에서 능력이 있기 때문에 더 높은 자아가치감을 가진다. 즉 유전자가 더 높은 능력을 유발하고, 이 능력이 아동의 높은 자아가치감을 촉진시킨다(Harter, 2012; Neiss, Sedikides, & Stevenson, 2006).

아동과 청소년의 자아가치감은 타인, 특히 자신에게 중요한 타인이 자신을 어떻게 바라보는가에 의해서도 영향을 받는다. 부모는 중요한 존재이다. 아동은 부모가 자신에게 애정적이고 자신의 일에 관여해 줄 때 자신을 긍정적으로 평가한다(Behnke et al., 2011; Ojanen & Perry, 2007). 전 세계적으로 아동은 가족이 화합하는 분위기에서 양육될 때 높은 자아존중감을 갖는다(Scott, Scott, & McCabe, 1991). 딸을 자주 안아 주고 딸에게 즐거운 마음으로 피아노 레슨을 받게 해 주는 아버지가 딸에게 "너는 나에게 매우 중요한 사람이야"라는 말을 자주 해 주면 그 딸은 마침내 자신을 긍정적인 사람으로 여기게 된다.

부모의 훈육 역시 자아존중감에 영향을 미친다. 자아존중감이 높은 아동의 부모는 대체로 자녀에게 합리적인 기대를 가지고 자녀와 함께 규칙과 훈육에 대해 의논하는 경향이 있다(Awong, Grusec, & Sorenson, 2008; Laible & Carlo, 2004). 규칙을 세우는 데 실패한 부모는 마치 아동에게 "난 너에게 관심이 없다"(규칙을 만드는 수고를 할 만큼 너는 나에게 가치 있는 사람이 아니다)고 말하는 것과 같다. 같은 방식으로 자녀와 훈육에 대해 논의하기를 거부하는 부모는 "난 너의 의견 따위에 관심이 없어"라고 말하는 것과 같다. 아동이 그런 메시지를 내면화할 때 아동의 자아존중감이 전반적으로 낮아지는 것은 당연한 일이다.

또래의 견해 또한 중요하다. 아동과 청소년의 경우 또래가 자신의 가치를 높이 평가한다고 믿을 때 높은 자아 가치를 가진다(Harter, 2012).

낮은 자아존중감 : 결과인가 아니면 원인인가?

LO7   낮은 자아존중감은 아동 발달에 영향을 미치는가?

낮은 자아존중감을 가진다는 것은 많은 발달적 문제와 관련이 있다(Baumeister et al., 2003). 자아존중감이 낮은 아동은…

- 또래 관계에 많은 문제를 보인다(Parker et al., 2005; Rubin, Copland, & Bowker, 2009).
- 우울과 같은 심리적 장애가 있을 경향성이 높다(Boden, Fergusson, & Horwood, 2008; Orth et al., 2014).
- 약한 사람을 괴롭히거나 공격적인 행동, 범죄 활동을 하는 경향이 강하다(Donnellan et al., 2005; Trzesniewski et al., 2006).
- 학업을 잘 수행하지 못하는 경향이 있다(Marsh & Yeung, 1997).

이러한 결과들은 상관관계 연구를 통해 인과관계 파악이 어렵다는 것을 보여 준다. 또래들이 자아존중감이 낮은 아동을 피하기 때문에 낮은 자아존중감이 아동으로 하여금 적은 수의 친구를 사귀게 하는 것인가? 아니면 친구가 별로 없다는 것이 낮은 자아존중감을 유발하는 것인가? 이 두 가지 주장 모두 타당한 것이므로, 이를 분별하기 위해서는 종단 연구가 필요하다. 예를 들어 우울과 자아존중감에 관한 연구에서, 어린 시절의 낮은 자아존중감은 시간이 지난 후의 우울을 예측케 하지만, 어린 시절 감지된 우울은 성장한 후의 낮은 자아존중감에 미약하게 영향을 미치거나 전혀 영향을 미치지 않는 것으로 나타났다(Sowislo & Orth, 2013; van Tuijl et al., 2014). 즉 13세 때 낮은 자아존중감을 가진 아동이 16세 때 우울증을 보일 가능성은 있지만, 13세 때 우울증상을 보인 아동이 16세 때 자아존중감이 낮을 가능성은 적다.

낮은 자아존중감으로 인해 결과가 발생하기도 하고, 결과에 의해 낮은 자아존중감이 발생하기도 한다. 예를 들어, "낮은 자아존중감이 친구 관계를 빈약하게 한다"는 주장은 사회적 자아존중감이 낮은 아동이 친구 관계에서 철회를 많이 하고 학년말이 되면 사회적 활동에서 제외되고 친구도 거의 없다는 결과에 의해 지지될 수 있다. 그러나 "빈약한 친구 관계가 사회적 자아가치감을 떨어뜨린다"는 주장은 학년초에 친구가 거의 없었던 아동(사회적 자아가치감은 보통인)이 사회적으로 철회하는 경우가 많고 학년말이 되면 자아가치감이 떨어진다는 결과에 의해 지지된다(Caldwell et al., 2004). 이와 같이 빈약한 또래 관계는 친구 관계에서 자아가치감을 떨어뜨리고 낮은 자아가치감은 친구 관계를 붕괴시켜 버리는 이러한 순환주기가 지속된다(Rubin, Coplan, & Bowker, 2009). 물론 같은 순환주기가 아동의 자아가치감을 상승시켜서, 사회적 관계의 성공이 긍정적인 자아가치감을 키우고 이 긍정적인 자아가치감이 다시 성공을 가져올 수도 있다.

이와 같이 복잡한 원인-결과-원인 패턴에 대한 이해는 낮은 자아존중감의 아동을 어떻게 도울 것인가를 결정하는 데에 중요하다. 어떤 아동은 낮은 자아존중감을 증가시킬 수 있는 치료를 통해 직접적인 도움을 받기도 하지만, 행동을 변화시켜야 하는 아동은 사회적 기술을 어떻게 증진시킬 수 있는지를 배움으로써 도움을 받기도 한다(12.4절과 15.1절에서 이 주제를 다룬다). 또한 모든 아동에게는 키워 줄 수 있는 몇 가지 재능이 있음도 기억해야 한다. 각각의 아동들에게 자신이 '특별한 존재'라는 사실을 인식할 수 있는 시간을 갖도록 해 주자.

나는 이 절의 끝에 주의해야 할 사실에 대해 이야기하고 싶다. 너무 높은 자아존중감은 너무 낮은 자아존중감만큼 심각한 문제라는 것이다. **자기도취적(narcissistic)인 아동과 청소년은, 자신이 남보다 낫다고 여기고 타인으로부터 관심을 받고 칭찬받아야 한다고 믿는 등, 자기 자신에 대해 과대망상적인 관점을 가지고 있다.** 자기도취적인 아동은 공격적인 경향이 있다. 이들은 자신을 매우 긍정적으로 평가하기 때문에 타인이 자신의 방식에 따르지 않으면 공격해도 된다는 생각을 가지고 있다. 또한 이들은 과장된 자신의 가치감이 현실에 부딪혔을 때 우울해지는 경향이 있다(Pauletti et al., 2012). 그러나 불행하게도 우리는 아동과 청소년을 자기도취적이 되게 하는 요인에 대해서는 아는 바가 별로 없다. 한 가지 생각은 아동은 부모의 관심을 갈망하고 부모는 따뜻하지만 교묘하고 부정직한 능숙함으로 아동을 다룰 때 아동이 위험하다는 것이다(Thomaes et al., 2013).

 **학습 확인**

점검 초등학교 동안 도드라진 자아존중감의 특성은 무엇인가?

아동기와 청소년기 동안 자아존중감이 변화하는 방식에 대해 요약하시오.

이해 어떤 아동의 자아존중감은 높게, 어떤 아동의 자아존중감은 낮게 만드는 요인에 대해 설명하시오.

적용 중학생 자녀를 둔 부모를 대상으로 아동의 높은 자아존중감의 중요성을 강조하는 설명회에 참석하고 있다고 상상해 보자. 상담자가 자아존중감이 낮은 아동은 학교성적도 나쁘고 친구들과도 잘 지내지 못한다고 주장하였다. 당신은 상담자의 주장에 동의하는가 동의하지 않는가? 그 이유는?

 11.3 ## 타인 이해하기

개요 | **학습 목표**

타인에 대한 묘사

타인의 생각에 대한 이해

편견

LO8 아동이 발달하는 동안 타인에 대해 묘사하는 것은 어떻게 변화하는가?

LO9 아동이 발달하는 동안 타인의 사고에 대한 이해가 어떻게 변화하는가?

LO10 아동은 언제 타인에 대한 편견을 발달시키는가?

12세인 이안이 5세 남동생 케일을 돌보는 것에 동의했을 때 엄마는 아직 포장도 하지 않은 케일의 생일선물이 지하실에 있기 때문에 케일이 지하실에 가지 못하게 하라고 이안에게 일러두었다. 그러나 엄마가 떠나자마자 케일은 세발자전거를 타고 싶다며 지하실에 가고 싶어 했고 이안이 안 된다고 말하자 케일은 화가 나서 눈물을 흘리면서 소리쳤다. "형이 나에게 잘해 주지 않았다고 엄마에게 이를 거야." 이안은 케일에게 설명을 해 주고 싶었지만 이것이 오히려 더 문제를 일으킬 거라는 것을 알고 있었다.

우리는 11.1절과 11.2절을 통해 청소년 초기에 있는 이안이 자신에 대한 이해 능력이 증가되고 있음을 알고 있다. 이 일화는 타인에 대한 이해 역시 증가하였음을 보여 주는 것이다. 그는 케일이 왜 화가 났는지를 알고 있으며 만일 동생의 말을 들어주면 엄마가 돌아와서 화를 낼 것이라는 것도 알고 있었다. 아동의 타인에 대한 이해의 증가가 이 절에서 살펴보고자 하는 내용이다.

타인에 대한 묘사

LO8 아동이 발달하는 동안 타인에 대해 묘사하는 것은 어떻게 변화하는가?

아동은 발달하는 동안 자신에 대해 더욱 풍부하게 그리고 자신을 더욱 추상적이고 심리적인 측면으로 기술하게 된다. 이러한 변화는 타인에 대한 기술에서도 마찬가지로 발생한다. 아동은 처음에는 타인을 구체적인 특성으로 기술하지만 점차 추상적인 특성으로 기술한다(Livesley & Bromley, 1973). 예를 들어 자신이 가장 좋아하는 여아에 대해 설명하라고 요구하자 7세 탐슨은 다음과 같이 말한다.

> 베네사는 키가 작고 검은 머리에 눈은 갈색이야. 그 애는 걸을 수가 없어서 휠체어를 타고 있어. 그 애는 나랑 같은 반이고 내가 가지고 있는 것과 똑같은 인형을 가지고 있어. 그 애는 노래 부르는 것도 좋아하고 책 읽는 것도 좋아해.

베네사에 대한 탐슨의 묘사는 구체적인 특성, 예를 들면 외모, 가지고 있는 것, 선호하는 것 등에 근거한 그녀 자신의 묘사 방식과 아마도 차이가 없을 것이다. 탐슨이 10세 때 묘사한 아래의 내용과 비교해 보자.

케이트는 나와 같은 아파트에 살고 있다. 그녀는 책을 열심히 읽으며 수학과 과학을 잘한다. 또한 우리 반 모든 친구들에게 친절하고 매우 재미있는 친구이다. 가끔 그녀는 농담으로 우리를 정말 웃긴다. 그녀는 피아노 레슨을 받고 있고 축구를 좋아한다.

탐슨의 기술은 케이트가 사는 곳이나 좋아하는 것 등 여전히 구체적인 것에 근거하고 있지만, 케이트가 친절하고 재미있다는 등의 심리적인 특성도 기술하고 있다. 10세경이 되면 아동들은 완전히 구체적인 것이나 눈에 보이는 것으로 묘사하던 것에서 벗어나기 시작한다. 청소년기 동안 묘사는 더욱 복잡해진다. 다음은 탐슨이 16세에 기술한 내용이다.

제니는 매우 사려 깊은 아이로 누군가 어려움을 겪고 있을 때마다 도와준다. 그러나 제니는 매우 냉소적이기도 해서 사람들의 진정한 추잡함에 대해 이야기하곤 한다. 나는 그녀가 사람들의 감정을 상하게 하고 싶어 하지 않기 때문에 만일 사람들이 그녀의 이야기를 들을 것이라고 생각했었다면 절대로 그런 이야기를 하지 않았을 거라는 것을 알고 있다.

탐슨의 이 묘사는 사려와 타인의 감정에 대한 관심 등 심리적 특성에 초점을 두고 있다는 점에서 더욱 추상적이다. 또한 더욱 통합적으로 제니가 어떻게 사려 깊으면서 냉소적인지를 설명하고자 노력하였다. 7세경 구체적인 특성에 근거하였던 것이 16세경에는 특성들을 통합하려는 노력을 하게 되었다.

최근의 많은 연구들은 아동이 더 풍부하고 추상적으로 타인의 심리적인 특성을 기술하는 경향이 있음을 보여 주고 있지만, 아동이 언어로 표현하는 것보다 타인에 대한 이해가 더 정교함에 대해서도 이야기하고 있다(Heyman, 2009). 최근의 연구는 4세와 5세 아동이 똑똑하다거나 친절하다거나 협조적이라거나 부끄러워한다와 같은 심리적인 특성에 대한 용어로 타인을 생각하기 시작함에 대해 보여 주고 있다. 이 시기의 아동은 '과자를 나누어 먹기를 원하지 않는 아동'이나 '장난감을 함께 가지고 놀지 않는 아동' 등 행동적인 예를 기술할 수 있는데 그 아동을 이기적인 아동으로 정확하게 기술할 수 있다. 게다가 특성에 대한 정보가 주어지면, 예를 들어 수줍어하는 아동에 대한 이야기를 들으면 그 아이가 인형을 조정하는 사람을 돕지 않을 거라든지 많은 친척들과 밥을 먹을 때 조용할 것이라든지 등 미래의 행동을 정확하게 예측할 수도 있다(Liu, Gelman, & Wellman, 2007).

어린 아동이 타인을 기술하는 특이한 점 중 하나는 그들이 '장밋빛 유리'를 통해 타인을 본다는 점이다. 즉 10세가 되기 전까지 아동은 긍정적인 특성을 보는 편견이 있어서 타인의 부정적인 특성을 보지 못한다. 어린 아동은 증거도 별로 없으면서(증거들이 일치하지 않는데도) 어떤 사람이 똑똑하다(친절하다, 협조적이다)고 쉽게 믿으며, 그 사람이 어리석다는 것을 믿기 위해서는 무척 많은 증거(매우 일치하는 증거)를 필요로 한다. 이러한 편견은 자기 자신에 대한 긍정적인 평가의 확장일지도 모른다. 앞에서 자존감은 학령 전기에 가장 높으며 학령기 동안 점차 낮아진다고 언급한 내용을 기억하기 바란다(Boseovski, 2010).

타인의 생각에 대한 이해

LO9 아동이 발달하는 동안 타인의 사고에 대한 이해가 어떻게 변화하는가?

학령 전기 아동의 사고 특성 중 하나는 타인의 관점으로 세상을 보는 것을 어려워한다는 것이다. 피아제는 이를 전조작기 단계의 특성 중 하나인 **자아중심성**이라고 하였다(6.1절). 학령 전기 아동과의 대화는 듣는 사람의 관점에 대한 배려가 없기 때문에 유용하지 않을 때가 많다(9.4절). 그러나 학령 전기를 지나면 아동은 타인의 관점이 자신과 다르다는 것을 깨닫는다. 이 절의 앞부분에서 살펴본 바와 같이 케일은 12세인 이안이 으스대고 심술궂다고 생각하고 있지만 이안은 케일이 거기에 가면 안 되는 이유를 모르기 때문이리고 이해한다.

아동기와 청소년기를 지나면서 아동은 타인에 대해 좀 더 정교하게 이해하게 된다. 로버트 셀먼 (Selman, 1980, 1981)은 타인 이해에 관한 이론인 조망수용 능력에 대해 제안하였다. 셀먼의 이론은 피아제의 타인에 대한 이해와 발달 단계가 인지적 발달에 근거한다는 가정에 근거한다. 〈표 11-1〉은 셀먼의 조망수용의 5단계에 관한 것이다.

단계별 발달을 살펴보기 위하여 방과 후 하고자 하는 것에 대해 논쟁을 벌이는 두 소년이 있다고 상상해 보자. 한 명은 놀이터에서 놀고 싶어 하고 다른 한 명은 TV를 보고 싶어 한다. 만일 그 소년들이 5세라면(미분화단계) 둘 다 왜 저 아이가 다르게 놀고 싶어 하는지 이해하지 못한다. 이들의 사고는 돌처럼 차갑다. "내가 놀이터에서 놀고 싶어 하면 너도 그래야만 돼!"

학령기 초기 동안(사회적 정보 단계) 아동은 다른 아동이 다른 놀이를 하고 싶어 한다는 것을 이해하긴 하지만 중요한 정보가 결핍된 채로 서로의 관점에 대해 이야기한다. "네가 TV를 보고 싶어 한다는 것을 알아. 그러나 내가 알고 있는 것을 네가 안다면 너도 놀이터에서 놀고 싶어 할 거야." 학령기 후기 동안(자아 반영 단계), 소년들은 서로가 원하는 것이 다르다는 것을 이해하기 때문에 왜 '남의 뒤를 따르는지'에 대해 이해할 수 있다. "네가 한 주 내내 그곳에 가지 못했기 때문에 네가 놀이터에 가고 싶어 한다는 것을 이해할 수 있어."

청소년기 초기 동안(삼인칭 단계) 소년들은 부모나 교사와 같은 다른 사람들이 이 불일치를 어떻게 보는지를 상상할 수 있다. 마지막으로 청소년 후기 동안(사회적 단계) 소년들은(이제는 성인이 된), '사람들은 이렇게 화창한 날씨에 TV를 본다는 것은 어리석은 것으로 생각한다'와 같은 평가도 할 수 있다.

셀먼의 이론에 따르면, 아동이 성장하는 동안 아동의 논쟁은 다음 단계로 연속적으로 이동한다. 게다가 인지 능력이 높아질수록 조망수용 능력이 더 정교해지는 경향이 있다(Gurucharri & Selman, 1982; Krebs & Gillmore, 1982). 그러나 많은 과학자들은 조망수용 능력의 발달이 이와 같은 단계를 거치는 것인지에 대해서는 확신하지 못하고 있다.

어떤 연구자들은 7.3절에서처럼 조망수용 능력의 발달이 마음이론의 발달과 연관되어 있는 것으로 여기고 있다(Chandler & Carpendale, 1998). 전통적인 잘못된 믿음 과제는 타인의 행동이 종종, 아동의 믿음이 틀릴 때조차 아동의 믿음에 근거한다고 밝히고 있다. 다음과 같은 이야기를 들은 아동이 있다고 가정해 보자.

표 11-1 셀먼의 조망수용 단계

단계	연령	내용
미분화	3~6세	자신과 타인이 다른 사고와 감정을 가질 수 있다는 것을 알기는 하지만 때로는 이 둘을 혼동한다.
사회적 정보	4~9세	사람은 접근할 수 있는 정보가 다르기 때문에 관점도 다르다는 것을 안다.
자아 반영	7~12세	다른 사람들과 마찬가지로 타인의 관점으로 자신을 돌아볼 수 있다. 타인도 그러하다는 것을 안다.
삼인칭	10~15세	아동과 청소년은 제삼자의 관점에서 자신과 타인을 볼 수 있다.
사회적	14세 이후	청소년은 제삼자의 관점이 보다 넓은 개인적, 사회적, 문화적 맥락에 의해 영향을 받는다는 것을 안다.

린드세이와 안젤라는 공원에서 소프트볼 놀이를 하는 아이들을 보았다. 린드세이는 같이 놀고 싶어서 글러브를 가지러 집으로 뛰어갔다. 안젤라는 공원에서 린드세이를 기다렸다. 그러나 린드세이가 없는 동안 아이들은 너무 더워서 아이스크림을 사러 가 버렸다.

만일 그 아동이 린드세이의 잘못된 믿음(린드세이가 돌아올 때까지 아이들은 계속 놀고 있을 거라는)에 따라 린드세이는 돌아올 것이라고 말한다면 그 아동은 잘못된 믿음에 대해 이해하는 것이다. 그러나 우리는 여기에 새로운 아이디어를 추가할 수 있다.

아이들이 공원을 떠날 때, 그중 한 명이 린드세이도 아이스크림 먹으러 가고 싶어 할 거라는 생각에 린드세이에게 같이 가자고 얘기하였다.

다시 그 아동에게 "안젤라는 아이들이 어디에 있을 거라고 린드세이가 생각할 것이라 생각하는가?"라고 물을 때, 안젤라는 린드세이가 돌아올 거라고 생각한다고 그 아동이 답한다면 그 아동은 2차 믿음에 대해 이해하는 것이다. **"그녀가 ~~라 생각한다고 그가 생각한다"**는 추론을 회귀적 사고 (recursive thinking)라 한다. 이 사고는 5세나 6세경에 나타나 학령기 동안 언어적 기술의 증진과 처리기능의 강화에 의해 지속적으로 발달한다(Miller, 2009).

타인의 사고와 관점을 인지하는 능력의 발달로 인한 혜택 중 하나는 아동이 또래와 잘 지낼 수 있게 된다는 것이다. 타인의 관점을 받아들일 수 있는 준비가 된 아동은 또래와 잘 연계된다 (Banerjee, Wattling, & Caputi, 2011; FitzGerald & White, 2003). 일반적으로는 타인에 대한 이해가 증가할수록 긍정적인 상호작용을 증진시킬 수 있는 것으로 여겨지지만, 이런 이해가 좋은 사회적 행동을 보장한다는 것은 아니다.

편견

LO10 아동은 언제 타인에 대한 편견을 발달시키는가?

세상의 많은 성인은 인종, 민족, 종교집단과 같은 사회적 집단의 구성원이라는 이유로 개인에 대해 반감을 갖기도 한다. 타인에 대한 편견은 2~4세 사이에 처음 발견되며, 5~7세 사이에 심해지며 그 이후로도 그 경향성이 유지된다(Raabe & Beelmann, 2011). 이에 관해 다루어야 할 내용들이 많은데, 학령 전기까지 대부분의 아동은 여자와 남자를 구분할 수 있으며 다른 인종집단을 구분할 수 있다(Nesdale, 2001). 아동은 자신이 특정 집단의 구성원이라는 사실을 알게 된 후, 자신이 속한 집단에 대해 좋게 평가한다. 즉 학령 전기 아동과 유치원 아동은 자신이 속한 집단을 친밀함이나 똑똑함과 같은 긍정적인 특성이 많고 비열함과 같은 부정적인 특성은 적은 집단으로 여기는 경향이 있다(Bigler, Jones, & Lobliner, 1997; Patterson & Bigler, 2006).

다른 집단에 대한 부정적인 관점은 학령기에 시작되어 서서히 진행된다(Buttelmann & Böhm, 2014). 어린 아동의 부정적인 관점은 명백하게 공격적인 것을 포함하는 것은 아니다. 그저 단순히 자기가 속한 집단과 비교하여 다른 집단이 부족하다는 의미인 것이다(Aboud, 2003). 많은 학령기 아동은 자연종(출생에 의해 결정되고, 안정적이며, 신체적으로 행동적으로 비슷한 사람)의 하나로 인종을 생각한다(Rhodes, 2013). 한편 아동은 다른 집단에 대한 열린 마음을 배우기 때문에 공공연한 편견은 다소 줄어든다(Apfelbaum et al., 2008). 그러나 내재된 편견은 남아 있어서 많은 아동은 자신의 집단을 긍정적인 특성과 연결 짓고 타 집단을 나쁜 특성과 자동적으로 연결 짓는다(Baron & Banaji, 2006).

편견은 어떻게 발달하는가 편견이 집단 간의 오랜 갈등에서부터 출현된다고 볼 수도 있다(예를 들면, 미국 내 유럽계 미국인과 아프리카계 미국인 사이의 갈등, 북아일랜드의 신교도와 가톨릭 신자

Q&A

질문 11.3

그레이스는 사촌 앤드류가 일주일 예정으로 방문하기를 고대하고 있다. 그레이스는 자신이 수영을 좋아하기 때문에 앤드류가 도착하자마자 수영하러 가기를 원할 것이라고 생각하고 있다. 이 예에 근거해 볼 때, 그레이스의 조망수용의 단계는 어떤 단계인가? 그녀의 나이는 어느 정도일까?

의 갈등, 아랍권의 무슬림과 기독교인 간의 갈등과 같은 집단 간의 갈등). 이 견해로 볼 때, 만일 역사적인 혹평들이 다 사라졌다면 다른 집단들은 편견 없이 서로 조화롭게 살았을 것이다.

아래 '주목할 만한 이론'에 편견과 편향이 자신의 사회를 이해하기 위한 노력의 결과물이라 보는 견해(위와는 다른)가 기술되어 있다.

주목할 만한 이론

집단 간 이론의 발달

배경 편견과 편향이 생애 초기에 나타나는 것은 범세계적으로 발견되는 일이다. 내가 이 절에서 인종 편견에 대해 강조할지라도 아동은 성 편견 등 다른 편견 역시 빠르게 발달시킨다 (제13장의 주제). 왜 편견과 편향이 확산되는가? 왜 어린 나이에 발달되는가?

이론 레베카 비글러와 린 리벤(Bigler & Liben, 2007)은 편견과 편향은 아동이 자신의 사회에 대해 이해하기 위해 자연적으로 발생되는 것이라 믿고 있다. 우리는 이미 6.3절에서 어린 아동이 자기 주변의 세상을 이해하기 위해 생물과 무생물로 범주화한다는 것을 다루었다. 아동의 사회적 한계가 부모를 넘어 또래까지 확장될 때, 아동은 다른 집단의 사람을 구분하기 위해 범주화하는 것을 계속한다. 이것은 아동이 사람을 구분하기 위한 분명한 기준을 찾는다는 것을 의미한다. 아동은 어른들이 집단 구분을 위해 사용하는 언어적 표시, 예를 들면 "여학생이 먼저 점심을 먹고 남학생은 그다음에 먹는다"와 같은 언어적 표시처럼 인종, 성, 나이와 같은 지각적인 특징을 사용한다.

아동이 주변에 있는 또래를 정의하기 위해 특성을 인지한 후에는 그 특성들의 차원에 따라 사람들을 구분하기 시작한다. 야곱은 이제 백인 남자아이로 보이고 칼리카는 이제 흑인 여자아이로 보인다. 마지막으로 아동은 그들이 정의한 집단에 대해 더 학습하기 시작한다. 아동이 이러한 과정을 거치는 동안 아동은 본질주의(같은 집단에 속해 있는 개인은 본질과 같은 내재화된 유사성을 공유한다는 믿음)에 의해 사고하게 된다. 게다가 아동은 자신의 집단에 대해 편견을 갖게 되고 그 구성원들의 특성을 더 좋아하게 된다.

가설 편견이 생기는 첫 번째 단계는 집단을 구분하는 특성을 발견하는 것이다. 결과적으로 사람과 관련된 특성들을 많이 만들어 내는 것이 편견에 기여한다. 다시 말하면, 만일 교사가 왼손잡이 아동은 왼손잡이용 글러브를 껴야 하고 오른손잡이 아동은 오른손잡이용 글러브를 껴야 한다고 주장한다면, 이것이 사람들의 특성으로 우세한 손을 만들 수 있으며 아동으로 하여금 같은 손잡이 아동을 더 좋아하게 만들 수 있다는 것이다.

검증 패터슨과 비글러(Patterson & Bigler, 2006)는 어린이집에 다니는 3~5세 아동을 대상으로 조사하였다. 이들을 '빨간색 집단'과 '파란색 집단'으로 나누고, 매일 빨간색과 파란색 셔츠를 입게 하였다. 실험집단 교실에서 교사는 아동을 색깔 이름, 예를 들면 '안녕, 파란색!'으로 불렀고, 아동을 빨간색과 파란색으로 줄을 세우는 등 교실을 색깔 이름으로 정리하였다. 통제집단 교실에서 아동은 티셔츠를 입고 있기는 했지만 교사는 색깔 이름으로 아동을 부르거나 하지 않았다.

3주 후 아동의 지각과 선호를 조사하였다. 예측한 대로 교사가 색깔을 중요한 특성으로 만들었을 때 아동의 자신의 집단에 대한 편견이 발달하였다. 예를 들어, 이 교실에 있는 아동은 (a) 새로 온 아동이 자신의 집단에 합류하기를 원했고 (b) 다른 집단보다 자신들이 더 행복하다고 이야기했으며 (c) 자신의 집단에 있는 아동을 좋아했으며 더 자주 놀았다. 통제 집단 교실의 아동은 편견이 전혀 없었다.

결론 예측한 대로, 교사가 색깔 특성을 이야기할 때 자신이 속한 집단을 선호하는 아동의 편견이 발달하였다. 이러한 결론은 아동이 집단 간 차이를 구분하기 위한 노력의 과정에서 편견과 편향이 발생한다는 일반적인 견해를 지지하는 것이다.

적용 아동은 자신이 속한 세상에 대해 더 배우기를 원하고 기술적으로 범주화하려는 노력을 하기 때문에 집단 간 차이를 보여 주는 특성에 집중하기 쉽다. 이것은 부모와 사회가 편견을 줄이거나 없애는 데에 많은 어려움이 있음을 의미하는 것이다. 부모는 다문화집단의 아동과 자녀가 상호작용하는 것을 격려해서 인종이나 성이 아동의 특성이 되지 않도록 해야 한다. 기관의 정책도 마찬가지이다. 교사는 교실 내에서 인종에 근거한 표식만큼 성에 근거한 표식을 사용하지 않도록 주의해야 한다.

"주목할 만한 이론"에 기술된 연구는 사회적 집단이 특성을 가질 때 아동의 편견이 발달됨을 보여 주고 있다. 다른 연구는 다른 집단의 출현만으로도 편견이 발생함을 보여 주고 있다. 예를 들어, 연구자가 색깔 셔츠 집단과 같이 특정 집단에 어린 아동이 합류하기를 요청할 때 어린 아동은 자신의 집단의 긍정적인 특성에 주목하면서 자신의 집단을 선호하였고 다른 집단 아동의 부정적인 행동을 기술하였다(Dunham, Baron, & Carey, 2011; Schug et al., 2013). 걸음마기 아동조차 자신의 집단을 선호하였다. 이들은 자신의 모국어를 사용하는 어른을 더 흉내 내었으며 자신이 좋아하는 음식을 좋아한다고 말하는 인형을 좋아하였다(Buttelmann et al., 2013; Hamlin et al., 2013).

물론 아동의 편견의 정도에는 차이가 있다. 아동과 청소년은 부모와 주변의 영향력 있는 사람이 편견을 보일 때 더 편견을 가진다(Castelli, Zogmaister, & Tomelleri, 2009; Degner & Dalege, 2013). 다른 집단과 접촉하는 것은 중요한 일이어서 다른 집단과의 사소한 접촉에도 편견은 줄거나 없어졌다(Raabe & Beelmann, 2011).

차별의 결과 아동이나 청소년, 성인이 편견에 따라 행동할 때, 자신이 속한 집단을 다른 집단보다 선호하고, 다른 집단에 속해 있는 개인을 무시하고, 그들이 가지고 있는 장점이나 자원을 부정하는 등의 차별이 발생한다. 이러한 차별적인 취급은 소수집단의 아동이나 성인에게는 보편적인 것이고 이러한 경험은 스트레스를 유발하며 해로운 결과를 산출한다. 차별을 경험한 아프리카계와 라틴계 미국인은 낮은 자아존중감과 우울, 낮은 학업 성적, 문제행동 등으로 어려움을 겪는 경향이 있다(Benner & Graham, 2011; Zeiders, Umaña-Taylor, & Derlan, 2013).

몇몇 젊은이들은 차별의 해로운 영향을 파업과 같은 것으로 저항하기도 한다. 어떠한 요소들이 차별에 직면한 아동과 청소년을 빠르게 회복시켜 주는가? 그 해답 중 하나가 "집중 연구"에 있다.

집중 연구

차별로부터 빠르게 회복되는 사람은 누구인가?

- **연구자 및 연구 목표** 교사와 또래에 의해 차별받을 때 많은 아동과 청소년들은 학교생활이 힘겨워지게 된다. 어떤 아동과 청소년은 차별에 저항하고 학업에 성공을 이루기도 한다. 왕과 허글리(Wang & Huguley, 2012)의 연구는 그런 회복력 있는 행동을 이끄는 요인을 파악하고자 하였다.
- **연구 방법** 연구자들은 네 가지 요인을 측정하였다. (1) 교

사에 의한 차별. 인종 때문에 교사가 심하게 벌을 주거나 자주 부른다고 믿는지를 질문지로 측정하였다. (2) 또래에 의한 차별. 인종 때문에 또래가 자신을 놀리거나 무시한다고 믿는지를 질문지로 측정하였다. (3) 인종적 사회화. 부모를 대상으로 자녀에게 인종적 자부심을 얼마나 자주 강조하는지를 질문지로 측정하였다. (4) 성적. 학교 기록으로 측정하였다.

- **연구 대상** 이 연구는 12세 1,500명을 대상으로 21세가 될 때까지 추적 조사한 종단적 연구로 맥락 연구(context study) 내에서 청소년 연구로 알려진 대형 프로젝트 중 일부이다. 연구자들은 14~17세 사이인 아프리카계 미국인 청소년 630명을 대상으로 연구하였다.
- **연구 설계** 이 연구는 차별, 인종적 사회화, 학교 성적 간의 관계를 파악하기 위하여 상관관계를 살펴본 연구이다. 이 프로젝트는 종단적 연구임에도 불구하고 이 연구는 차별과 사회화를 살펴보는 것이므로 종단적 연구도 아니고 횡단적 연구도 아닌 형태이다.
- **윤리적 문제** 없다. 연구하는 데에 위험이 없었으며 동의를 구한 연구이다.
- **결과** 〈그림 11-2〉에 있는 2개의 그래프는 학교 성적과 교사 및 또래 차별을 의미하는 것이다. 각 패널에서 아동을 부모가 인종적 유산을 강조하는 집단과 아닌 집단으로 나누어 선을 그렸다. 두 그래프 모두 부모가 인종적 유산을 강조하지 않는 집단에서 차별을 받은 후에 학교 성적이 낮아졌다. 반대로 부모가 인종적 유산을 강조하는 아동의 경우 차별이 학교 성적에 영향을 주지 않는 것으로 나타났다.
- **결론** 부모가 인종적 유산을 강조할 때 교사와 또래에 의한 차별의 부정적 영향으로부터 보호되었다.

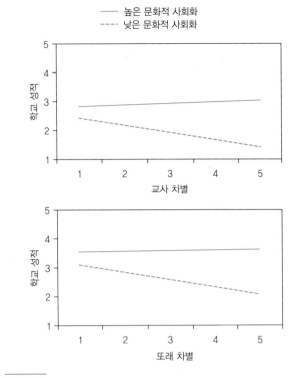

그림 11-2

- **함의 및 적용** 본 연구의 약점은 차별 자체를 측정한 것이 아니라 차별에 대한 아동의 지각을 측정하였다는 것이다. 아동이 교사와 또래로부터 경험했던 차별의 정도에 대한 독립적인 측정이 의미 있었을 것이다. 두 번째 약점은 그 조사대상자가 상대적으로 연령이 있는 청소년이었다는 것이다. 아동과 어린 청소년을 대상으로 인종적 사회화가 비슷한 효과를 갖는지 살펴보는 것이 의미가 있었을 것이다.

다른 연구는 소수집단의 아동과 청소년의 경우 자신의 문화와 잘 연계되어 있을 때, 그리고 인종적 자아정체감이 잘 확립되어 있을 때 차별의 해로운 영향으로부터 보호되었다고 확신하였다 (Brown & Chu, 2012; Galliher, Jones, & Dahl, 2011). 물론 차별을 경험하지 않는 것이 이 아동들에게 최상이었을 것이다.

차별 제거 부모, 교사, 다른 성인이 아동의 편견을 제거하거나 줄일 수 있을까? 한 가지 방법은 다른 집단의 아동과 접촉하도록 하는 것이다(Aboud et al., 2012; White, Abu-Rayya, & Weitzel, 2014). 집단 간 접촉은 다음과 같을 때 편견을 줄이는 데에 효과적이다.

- 집단에 참여하는 아동의 지위가 동일할 때
- 공동의 목표를 추구하는 집단에 참여하고 아동에게 대규모이고 일반적인 집단들 중 하나로

집단을 생각하도록 격려할 때

- 부모와 교사가 편견을 줄이고자 하는 목표를 지지할 때(Cameron et al., 2006; Killen & McGlothlin, 2005).

사진에서 보는 것처럼 성인은 학급 프로젝트에 다른 집단 소속의 아동을 포함시켜야 할지도 모른다. 스포츠에서의 일반적인 과제는 새로운 기술을 학습하는 것이어야 할지도 모른다.

다른 인종 집단의 아동과 상호작용을 증가시키는 것은 브라운 대 교육위원회(Brown v. board of Education)(아동 발달의 연구가 사회 정책에 어떻게 영향을 미치는지를 보여 주는 사례)에 대한 미국 대법원 판결의 결과 중 하나이다.

아동의 편견을 줄이는 방법 중 하나는 학교 숙제 완성과 같은 공동의 목표를 갖고 함께 작업하는 것이다.

아동 발달과 가족 정책

종료된 인종차별학교

1950년까지 미국 대부분 주의 아프리카계 미국인과 백인 아동은 같은 학교에 다닐 수 없었다. 인종차별적 학교 제도는 여러 차례에 걸친 유명한 대법원 판결에 의해 지지받으면서 100년이 넘도록 법으로 규정되어 있었다. 1950년 가을 캔자스 토피카에서 열린 국제유색인종발전연합(NAACP) 집회는 이 법의 합법 여부를 조사하기로 결정하였다. 올리버 브라운(Oliver Brown)을 포함한 13명의 아프리카계 미국인 부모들은 자신의 자녀들을 백인들만 다니는 학교에 등록시켰다. 이들이 학교에서 쫓겨났을 때 NAACP는 토피카 교육위원회를 고소하였다.

NAACP 사건의 주요 골자는 인종차별적 학교가 아프리카계 미국인들의 사회적으로 낮은 계층의 지위를 합법화하는 것이기 때문에 아프리카계 미국 아동들에게 해롭다는 것이다. 이러한 외침을 지지하기 위하여 NAACP 법률 팀은 클라크(Kenneth B. Clark) 박사의 증언을 제출하였다. 이전 연구에서 클라크(Clark, 1945; Clark & Clark, 1940)는 아프리카계 미국 아동들이 일반적으로 백인 인형은 '좋은 것'이고 갈색 인형은 '나쁜 것'이라고 생각한다는 것을 보여 주었다. 그는 토피카의 인종차별적 학교에 다니는 아프리카계 미국 아동들에게서 같은 결과가 나타났음을 발견하고 이를 증언한 것이다.

> 이 아동들은… 자신이 살고 있는 사회에서 명백히 열등한 지위를 부여받은 다른 사람들처럼 성격 발달에 결정적인 위해를 받고 있다.

1954년 5월 대법원은 인종차별적 학교가 위헌이라는 경계표가 되는 판결을 내렸다. 클라크 연구의 영향력과 증언은

클라크 박사의 편견에 관한 연구는 인종차별학교가 위헌이라는 대법원의 판결에 영향을 미쳤다.

대법원장인 얼 워렌(Earl Warren)에 의해 언도된 브라운 대 교육위원회에 대한 판결문에 명백히 기록되어 있다.

백인과 유색인종 아동으로 분리한 공립학교의 인종차별은 유색인종 아동에게 유해한 영향을 미친다. 인종차별적인 정책은 흑인 집단이 열등한 것으로 해석되기 때문에 이러한 영향력은 법적 처벌이 내려질 때 더욱 확대된다. 열등감은 학습하려는 아동의 동기에 영향을 미친다. 그러므로 인종차별적인 법적 근거는 흑인 아동의 정신적·교육적 발달을 저해하는 경향이 있으며 인종통합적 학교에서 받을 수 있는 혜택을 박탈하는 경향이 있다.

브라운 판결 이후 클라크는 인권을 위한 일을 계속하였고 아프리카계 미국 청소년을 위하여 일하였다. 아프리카계 미국 아동과 가족에게 공공 정책을 알리고자 하는 그의 일생에 걸친 노력으로 1987년 미국 심리학 재단으로부터 공익을 위한 심리학 분야 공로상 영역에서 금메달을 수상하였다. 그는 2005년 사망하였다.

클라크의 경우는 아동 발달에 관한 연구가 공공 정책(미국 내 인종차별적 학교 철폐에 기여한)에 영향을 미칠 수 있다는 것을 보여 주는 뛰어난 증거이다. 통합된 학교는 아동에게 다른 인종의 아동에 대해 배울 수 있는 기회를 제공함으로써 편견을 줄이는 데에 기여해 왔다.

다른 유용한 전략도 다른 집단의 문화와 역사에 대해 아동에게 가르치는 교육을 포함한다(Aboud et al., 2012). 한 연구(Hughes, Bigler, & Levy, 2007)에서 유럽계 미국인 학령기 아동에게 유명한 아프리카계 미국인이 경험한 인종차별에 대해 학습시켰다. 예를 들어, 메이저리그 야구를 책임지고 있는 백인들이 아프리카계 미국인들이 경기에 참여하는 것은 허용하지 않았기 때문에 재키 로빈슨이 흑인 리그에서 팀을 위해 경기를 했다는 것을 배우게 하였다. 통제 집단에서는 인종차별의 경험을 뺀 일대기를 배우게 하였다. 아프리카계 미국인을 겨냥한 인종차별을 배운 아동은 아프리카계 미국인에 대해 더 긍정적인 자세를 가지는 것으로 나타났다.

이와 같은 프로그램을 통해 아동과 청소년은 사회 집단의 구성원이라는 것만으로는 그 사람에 대해 아는 것이 거의 없다는 것을 발견하게 된다. 또한 아동과 청소년은 어떤 집단이 가지는 더 많은 기회가 집단 간의 차이에 기여하는 것이지 집단 간의 차이가 선천적인 특성에 기인하는 것은 아니라고 생각하였다. 이 프로그램의 학생들은 차별을 감지하고 거부할 수 있게 되었다(Bigler & Wright, 2014).

 학습 확인

점검 셀먼의 조망수용 능력 이론의 각 단계에 대해 기술하시오.

편견의 발달적 변화에 대해 요약하시오.

이해 타인에 대한 아동의 기술이 발달적으로 변화하는 것과 자아 개념의 발달적 변화에 대해 비교하시오(11.1절과 11.2절에 기술되어 있다).

적용 이 절에서 당신이 배운 것에 근거할 때, 부모와 교사가 아동의 편견을 저지할 수 있는 것은 무엇인가?

 주제 통합하기 성숙과 학습

이 장은 발달은 언제나 유전과 환경의 영향을 함께 받는다는 주제와 관련되어 있다. 15~24개월 사이의 자아 지각의 출현은 생물학적인 힘에 근거한다. 환경에 상관없이 아동은 1~2세 사이에 자아를 지각하기 시작한다. 그러나 특정 자아 개념으로 변화하는 정교한 자아 지각은 가정과 학교에서의 아동의 경험에 따라 많이 달라진다. 아동의 자아정체감은 주변 환경, 특히 부모와 교사에 의해 많은 영향을 받는다.

직접 해 보기

306쪽에 기술된 거울 인식 과제는 매우 재미있기도 하고, 1~2세 사이의 빠른 변화에 깜짝 놀라게 될 것이다. 이 과제를 위해서는 거울, 휴지, 붓, 12~18개월 된 아기를 둔 협조적인 부모만 있으면 된다. 거울 근처에서 아동이 부모와 놀고 있을 때 붓이 들어 있는 휴지로 아동의 코를 닦고서 빨간 코를 가진 걸음마기 아동의 반응을 보면 되는 것이다. 몇몇 12개월 아동은 아무것도 하지 않지만 어떤 아동은 거울 속의 빨간 코를 만질 것이다. 15~18개월 된 아동은 멈춰 서서 호기심 어린 표정을 짓고는 잠시 후 자신의 코를 만진다. 직접 해 보기 바란다!

요약

⓫.❶ 나는 누구인가? 자아 개념

자아인지의 기원
15개월경 유아는 거울 속의 자신에 대해 인지하기 시작한다. 또한 이들은 자신이 나온 사진 보는 것을 좋아하고, 이름과 대명사로 때로는 연령과 성으로 자신을 언급한다. 2세경이 되면 모든 유아는 자아 지각의 기본 요소들을 갖춘다.

자아 개념의 발달
학령 전기 아동은 관찰 가능한 특성, 예를 들면 소유물, 신체적 특성, 선호하는 것, 능력 등으로 자신을 정의한다. 학령기에는 자아 개념에 정서, 사회적 집단의 구성원, 또래와의 비교 등을 포함하기 시작한다. 청소년기에는 자아 개념에 사고방식, 개인적 특성, 신념, 미래의 계획 등을 포함한다. 일반적으로 청소년기의 자아 개념은 어린 아동보다 더 추상적이며, 더 심리적이고, 더 미래지향적이다.

자아정체감 탐색
자아정체감 탐색을 위해 일반적으로 네 가지 측면이 전개된다. 분산과 권리 상실은 청소년 초기에 가장 보편적이고, 유예와 확립은 청소년 후기와 청년기에 가장 보편적이다. 부모가 자녀의 자율성을 인식하고 토의할 때 청소년의 자아정체감은 더 잘 획득된다. 부모가 설명 없이 규칙을 세우고 이를 강요할 때 자아정체감 획득은 최소화된다.

인종적 집단의 청소년은 인종적 자아정체감 획득을 위해 초기의 무관심, 탐색, 자아정체감 획득이라는 세 단계를 거친다. 인종적 자아정체감 획득은 일반적으로 높은 자아존중감을 산출한다.

청소년기가 항상 질풍노도의 시기는 아니다. 대부분의 청소년은 부모를 사랑하고 부모로부터 사랑받음을 느끼며 부모의 충고에 의존하고 부모의 가치를 받아들인다. 청소년기 동안 독립심이 증가하면서 부모-자녀 관계는 동등해진다. 종종 자신의 행동에 대한 해석에 문제가 있는 소수의 청소년은 우울증을 경험한다.

⓫.❷ 자아존중감

자아존중감의 발달적 변화
나이 든 아동과 청소년이 더 많은 측면에서 자아존중감을 평가하는 만큼 자아존중감은 이 시기에 더욱 차별화된다. 전반적인 자아존중감은 학령 전기 동안 높지만, 또래와 자신을 비교하기 시작하는 학령기가 되면 낮아진다. 또한 학교를 옮길 때에도 일시적으로 자아존중감이 낮아진다.

인종 및 문화와 관련된 자아존중감의 변화
인종과 문화는 자아존중감의 구조와 수준에 강력한 영향을 미친다. 아프리카계와 히스패닉계 미국인은 아동기에 자아존중감이 낮지만 청소년기가 되면 높아진다. 아시아에서 온 아동은 겸손함, 약점에 대한 인정, 타인과 비교하지 않는 문화적 기준이 내재되어 있어 유럽이나 북미에서 온 아동보다 자아존중감이 낮은 경향이 있다.

자아존중감의 근원
부모가 애정적이고 양육에 참여적일 때 그리고 부모가 규칙을 세우며 훈육 행동에 대해 토의할 때 아동의 자아존중감은 높아진다. 또한 자아존중감은 또래와의 비교에 의해 결정된다. 타인이 자신을 긍정적으로 여긴다는 것을 아동이 알게 되면 자아존중감은 높아진다.

낮은 자아존중감 : 결과인가 아니면 원인인가?
아동의 자아존중감이 낮을 때 또래와의 관계가 미약해지고 우울과 같은 심리적 장애를 겪으며 반사회적 행동을 하고 학업 성적이 낮아지는 경향이 있다. 치료와 사회적 기술 증진이 아동의 자아존중감을 신장시킬 수 있다. 자기도취적인 아동은 자신의 가치를 과대평가하기 때문에 때때로 공격적이다.

⓫.❸ 타인 이해하기

타인에 대한 묘사
타인에 대한 아동의 묘사는 자신에 대한 묘사가 변화하는 것과 같은 방식으로 변화한다. 학령 초기 동안은 구체적인 특성에 대해 묘사한다. 학령 후기 동안 개인적인 특성에 대해 묘사한다. 청소년기 동안 개인의 통합적인 그림을 강조한다. 아동은 타인의 행동을 예측하는 묘사를 할 수도 있다.

타인의 생각에 대한 이해
셀먼의 조망수용 능력 이론에 따르면, 타인이 어떻게 생각하는가에 대한 아동의 이해는 다섯 단계로 진행된다고 한다. 첫 번째 단계인 미분화 단계에서 아동은 자신과 타인의 관점을 혼동한다. 마지막 단계인 사회적 단계에서 청소년은 제삼자의 관점을 수용하고 이 관점이 맥락에 의해 영향받는다는 것을 이해한다.

편견
학령 전기에 출현해서 학령기 동안 강력해지는 편견은 아동이 사회적 집단을 범주화하려는 노력에 의해 산출된다. 편견은 차별적인 행동(많은 아동과 청소년을 우울하게 만들고 학업 성적이 낮아지게 만드는)을 산출한다. 편견을 줄이는 방법은 다른 사회적 집단에 개인을 노출시키고 아동에게 차별의 나쁜 점에 대해 교육하는 것이다.

자기평가

1. 얼굴에 얼룩을 묻힌 12개월 아기가 거울을 볼 때, 그 아기는 아마도 _____.
   a. 거울에 보이는 모습을 무시할 것이다
   b. 거울에 있는 얼룩을 만질 것이다
   c. 자신의 코에 있는 얼룩을 만질 것이다

2. 18~24개월 사이에 자아인식이 발달한다는 것은 이 시기 아동의 _____을 통해 알 수 있다.
   a. 거울 속에 있는 자신을 인식하지 못하는 것
   b. 다른 아동의 사진 보는 것을 좋아하는 것
   c. 자신을 이름으로 지칭하는 것

3. _____는 자신의 신체적 특성과 소유물, 좋아하는 것으로 자신을 정의한다.
   a. 학령 전기
   b. 학령기
   c. 청소년기

4. _____단계에 있는 사람은 대안을 탐색하지 못하고 성인이 결정해 준 자아정체감을 가지고 있다.
   a. 분산
   b. 권리 상실
   c. 유예

5. 인종적 정체감에 관한 설명으로 맞는 것은?
   a. 인종적 정체감을 가지고 있는 아동은 더 높은 자아 가치감을 가지고 있으며 또래와 더 잘 지내는 경향이 있다.
   b. 부모가 아동의 인종적 정체감 발달을 격려할 때, 아동은 종종 저항하고 자신이 속한 인종 집단에 대해 알아보려 하지 않는다.
   c. 혼혈 청소년은 항상 부모 각각의 인종집단에 대해 알아보려고 한다.

6. 청소년기 동안, 부모-자녀 관계는 _____.
   a. 질풍노도로 가득 차 있다
   b. 더 평등해진다
   c. 부모와 함께 보내는 시간은 줄어들지만 더 애정적이다

7. 학령기의 자아존중감 영역이 아닌 것은?
   a. 학업 능력
   b. 친밀한 우정
   c. 신체적 외모

8. _____ 동안 자아존중감이 가장 높다.
   a. 학령 전기
   b. 학령기
   c. 청소년기

9. 자아존중감이 높은 아동의 부모는 종종 _____.
   a. 애정적이고 참여적이다
   b. 아동이 한 모든 것을 무턱대고 칭찬한다
   c. 아동의 행동에 대한 기준이 없어서 아동은 자신이 원하는 것은 무엇이든 할 수 있다

10. 자아존중감이 낮은 아동은 _____.
    a. 일반적으로 또래와 잘 지낸다
    b. 반사회적인 행동에 더 참여한다
    c. 학교 공부를 잘한다

11. 어린 아동은 타인을 묘사할 때 특이하게 _____을 강조한다.
    a. 부정적인 특성보다 긍정적인 특성
    b. 통합적 특성
    c. 심리적 특성

12. 조망수용 능력이 높은 아동에 대한 설명으로 맞는 것은?
    a. 연령이 높다.
    b. 인지적으로 덜 발달되어 있다.
    c. 또래와 잘 지내지 못한다.

13. 아동의 편견은 _____.
    a. 전통적으로 학령기에 나타난다
    b. 부모가 편견을 가지고 있을 때 더 심해진다
    c. 다른 사회집단과 시간을 많이 보낼 때 증가한다

14. 소수집단의 아동과 청소년이 차별행동을 경험할 때 그들은 _____.
    a. 우울해질 수 있지만 학업성적에는 영향을 미치지 않는다
    b. 인종적 정체감이 잘 발달되었다면 덜 위험해진다
    c. 영향을 받지 않는다

15. 다양한 집단의 아동과의 접촉은 _____ 때 편견을 줄일 수 있다.
    a. 소수집단이 더 높은 지위를 가질
    b. 상호 공동의 목표를 추구하는 집단에 참여할
    c. 부모와 교사가 참여하지 않을

핵심 용어

CHAPTER 12

도덕적 이해와 행동

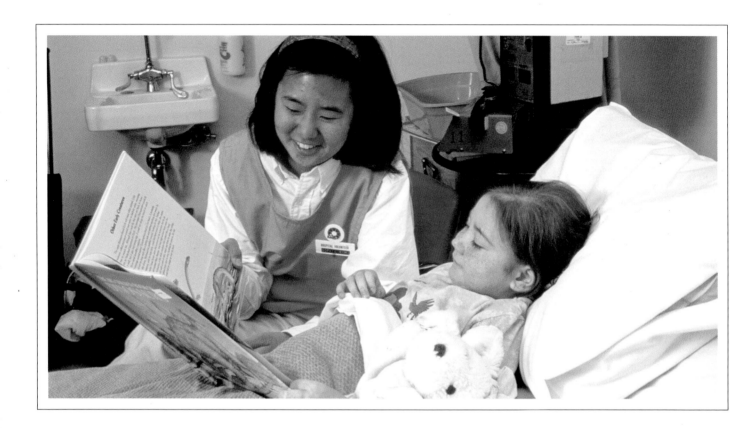

 이 장의 절

12.1 자아 통제

12.2 도덕적 이슈에 대한 추론

12.3 타인 돕기

12.4 공격성

당신이 태어난 지 이틀 된 아기들로 가득한 어린이집을 방문하였다고 생각해 보자. 어떤 아기는 잠들어 있고 어떤 아기는 울고 있고 어떤 아기는 그냥 조용히 누워 있다고 하자. 그런데 한 보육교사가 이 신생아들 중에는 넬슨 만델라, 마더 테레사, 아돌프 히틀러, 마하트마 간디, 그리고 마틴 루터 킹 주니어가 있다고 말했다고 하자. 지금은 비슷비슷해 보일지라도 신생아 중 4명은 20세기의 위대한 인물이 될 것이고 한 사람은 말할 수 없는 공포의 죄인이 될 것이다. 왜 그러한가? 어린이들을 도덕적 또는 비도덕적이게 하는 것은 무엇인가? 타인을 돌볼 것인가 아니면 타인의 것을 빼앗을 것인가? 사마리안이 될 것인가 아니면 악의 길을 걸을 것인가? **12.1절**에서 아동이 자신의 행동을 통제하는 것을 어떻게 배우게 되는지를 살펴볼 것이다. **12.2절**에서는 도덕적 아동과 청소년들이 도덕적 이슈에 대해 어떻게 추론하는지를 살펴볼 것이고, **12.3절**에서는 타인에게 친절하도록 격려하는 요인이 무엇인지 살펴볼 것이다. 마지막으로 **12.4절**에서는 아동이 왜 타인에게 공격적으로 행동하는지를 살펴볼 것이다.

12.1 자아 통제

학습 목표

LO1 자아 통제는 언제 시작되고 아동이 발달하는 동안 어떻게 변화하는가?

LO2 자아 통제를 유지하는 아동의 능력에 영향을 미치는 요인은 무엇인가?

LO3 자아 통제를 향상시키기 위해 아동이 사용할 수 있는 전략은 무엇인가?

개요

자아 통제의 시작

자아 통제에 영향을 미치는 요인

아동의 자아 통제의 향상

실리는 하루 종일 직장에서 일을 하여 피곤하였지만 그녀의 아들 라이안의 네 번째 생일을 축하해 주고 싶었다. 그녀의 흥분은 베이비시터가 점심을 준비하는 동안 라이안이 생일 케이크의 달짝지근한 부분을 크게 한 조각 떼었다는 것을 알았을 때 급격히 사라져 버렸다. 아침에 출근하기 전에 분명히 라이안에게 케이크에 손대지 말라고 했었다. 왜 라이안은 기다릴 수가 없었던 것일까? 왜 라이안은 유혹을 뿌리칠 수 없었던 것일까? 어떻게 해야 나중에 라이안이 스스로 자신을 통제할 수 있도록 도와줄 수 있을까?

실리는 라이안이 더 강한 **자아 통제**(self-control)(**자신의 행동을 통제하고 유혹에 충동적으로 반응하지 않는 능력**)를 가지기를 희망하였다. 근사하게 포장된 선물을 뜯지 말라는 엄마의 요구에 순응하는 것은 그 아동이 자아를 통제한다는 것을 보여 주는 것이고, 나중에 커서 친구와 쇼핑몰에 가고 싶어도 시험공부를 해서 시험에서 좋은 성적을 받고 난 후에 쇼핑몰에 가면 된다는 것을 아는 청소년이 될 것이다.

자아 통제는 자신을 유혹하는 모든 것에 다 유혹당해서는 안 된다는 것을 알아야 가능한 것이기 때문에 도덕적 행동의 첫 번째 단계인 것이다. 사회에는 행동 규칙이라는 것이 있기 때문에 아동은 스스로를 통제할 수 있어야 한다.

자아 통제의 시작

LO1 자아 통제는 언제 시작되고 아동이 발달하는 동안 어떻게 변화하는가?

자아 통제는 유아기에 나타나서 학령 전기 동안 점차적으로 향상된다(Kopp, 1997; Li-Grining, 2007). 대략적인 연령은 다음과 같다.

- 첫돌 무렵 유아는 사람들이 요구하는 바에 적절히 반응해야 한다는 것을 배우게 된다. 유아는

Q&A
질문 12.1
2세인 아만다는 주스가 가득 든 컵을 카운터 위에 놔두라는 이야기를 듣자마자 엎질렀다. 아만다의 아빠는 그녀의 불순종에 대해 야단을 쳐야 하는 것이 아닌가 하는 생각을 하였고 아만다의 엄마는 아직 그녀가 통제하는 것을 배우기에는 어리다는 생각을 하였다. 당신은 아만다의 부모에게 어떠한 충고를 하겠는가?

사람들이 요구하는 행동에서 자유로울 수 없으며 사람들이 유아가 할 수 있는 일의 한계를 설정해 놓았다는 것을 배운다. 이러한 한계 설정은 유아의 안전("뜨겁다. 만지지 마라!")과 초기 사회화("친구의 장난감을 만지지 마라!")를 반영한다.

• 2세경 걸음마기 유아는 타인이 제시하는 통제를 내재화하고 부모의 부재 시에도 다소 자아를 통제할 수 있다. 예를 들면 사진 오른쪽에 있는 남아는 다른 아동이 가지고 있는 장난감을 가지고 놀기를 원하지만, 부모님이 다른 사람의 물건을 빼앗으면 안 된다고 하셨던 말씀을 기억하기 때문에 장난감을 가지고 싶은 마음을 억제하고 있다.

• 3세경의 아동은 자신의 행동을 통제하는 방법을 고안할 수 있기 때문에 자기 조절(self-regulation)을 할 수 있다. 사진 속의 예에서 이 시기의 아동은 그 장난감을 가지고 놀고 싶지 않다고 자기 자신에게 이야기를 하거나 장난감을 가지고 싶은 유혹을 제거하기 위해 다른 놀이를 할 수도 있을 것이다.

물론 학령 전기 아동이 충동적인 행동을 조절할 수 있다고 해도 효율적인 통제는 학령기 동안 점진적으로 가능해진다(Vazsonyi & Huang, 2010). 만족지연 연구(아동에게 즉각적으로 주어지는 작은 보상과 기다렸다가 받는 큰 보상 중 선택하도록 하는)는 이러한 긴 발달적인 트랙을 도표화하는 방법 중 하나이다. 한 연구(Steelandt et al., 2012)에서 거의 모든 4세 아동은 큰 쿠키를 받기 위해 4분을 기다렸지만 2세 아동은 아주 소수만이 큰 쿠키를 받았다. 다른 연구(Rotenberg & Mayer, 1990)에서 아동과 청소년은 즉시 받을 수 있는 작은 사탕과 하루를 기다린 후에 받을 수 있는 큰 봉지의 과자를 선택하도록 제안받았다. 6~8세 아동 중 3분의 1만이 큰 보상을 선택하였고, 9~11세 아동의 2분의 1이, 12~15세 아동의 대부분이 과자를 받기 위해 하루를 기다렸다. 즉 걸음마기에 자아 통제가 출현은 하지만 아동기 동안(행동 금지에 결정적인 역할을 하는 전두엽의 전기회로망 성숙이 이루어지는) 점진적으로 완벽하게 된다(Berkman, Graham, & Fisher, 2012).

자아 통제의 일관성을 장기간에 걸쳐 연구한 종단적 연구를 통해 괄목할 만한 결과가 나타났다. 이 연구는 학령 전기의 자아 통제가 청소년기와 성인 초기의 결과를 예측케 한다는 것을 발견하였다. 10.2절에서 우리는 자신을 통제하기 어려운 아동이 10대에 학교를 자퇴하거나, 흡연하거나, 부모가 되는 경우가 많음을 살펴보았었다(Moffitt, Poulton, & Caspi, 2013). 게다가 자아 통제력이 강한 학령 전기 아동이 10대에 SAT 성적이 높고 약물이나 알코올을 시도하는 경우가 적으며, 성인 초기에 교육수준이 높고 자아존중감이 높으며 인지적 통제가 잘 되며 비만이 되는 경우가 적었다(Mischel et al., 2011; Schlam et al., 2013).

분명히 유혹에 저항하는 것은 개인마다 다르지만, 시간이 흐르는 동안 괄목할 만하게 안정적이 되어 간다. 그렇다면 왜 어떤 아동이나 성인은 다른 아동이나 성인보다 자아 통제를 잘 실행하는 것일까?

자아 통제에 영향을 미치는 요인

LO2 자아 통제를 유지하는 아동의 능력에 영향을 미치는 요인은 무엇인가?

부모들은 실리처럼 아동에게 자아 통제가 부족할 때 실망하거나 분노한다. 부모가 할 수 있는 일은 무엇인가? 연구들은 온화하고 애정적이지만 수용되는 행동에 대한 한계 설정이 명확한 부모들의 훈육 스타일이 높은 자아 통제와 관련되어 있음

2세경이 되면 많은 아동들은 친구의 장난감을 빼앗고 싶은 유혹을 억제할 수 있을 정도의 자아 통제를 가질 수 있다.

을 지속적으로 보여 주었다(Feldman & Klein, 2003; Vazsonyi & Huang, 2010). 부모가 부모의 권위를 분명히 보여 주는 것('내가 말했으니 너는 따라야 한다')보다 훈육 기준에 대해 이야기를 나눌 때 아동의 자아 통제는 신장된다. 실리가 라이안을 훈육시킬 때, 분명한 행동적 기준(케이크를 못 만지게 하는)을 주지시키고, 그녀의 실망에 대한 설명('이제 너의 케이크가 얼마나 예쁜지를 볼 수 있는 사람은 아무도 없구나')과 나중에 비슷한 유혹이 올 때 라이안이 저항할 수 있는 방법에 대해 이야기했어야 했다.

또한 연구들은 부모가 엄격할 때 아동의 자아 통제가 덜 숙련됨을 보여 주었다(Donovan, Leavitt, & Walsh, 2000; Feldman & Wentzel, 1990). 이러한 부모는 아동에게 통제를 내재화할 수 있는 기회나 동기 부여의 기회를 주지 않는다(Kochanska, Coy, & Murray, 2001).

그러나 부모가 아동의 자아 통제에 영향을 미치는 유일한 요인은 아니다. 10.2절에서 살펴보았듯이 기질도 자아 통제에 영향을 미친다는 것을 기억하기 바란다. 기질 차원 중 하나에는 통제(아동이 주의집중하고, 산만을 유도하는 것을 무시하고, 부적절한 행동을 저지하는 능력)를 위해 노력을 필요로 하는 것이 있다. 어떤 아동은 기질적으로 자아 통제를 잘 관리하고 자신의 행동을 잘 조절하기도 한다(Stifter et al., 2009).

물론 기질과 무관하게 아동이 완벽히 일관된 자아 통제를 보여 주는 것은 아니다. 이번 유혹에는 저항한 아동이 다음에는 포기할 수도 있다. 왜 아동은 어떤 과제에서는 자아 통제를 보여 주고 어떤 과제에서는 그렇지 못하는 것일까? 다음 절에서 이에 대해 살펴볼 것이다.

아동의 자아 통제의 향상

LO3 자아 통제를 향상시키기 위해 아동이 사용할 수 있는 전략은 무엇인가?

어느 날씨 좋은 봄날, 당신은 두 과목 시험에 대비하여 공부를 해야 하지만 햇볕 아래에 앉아서 친구와 하루 종일 놀고 싶은 유혹이 매우 강하다고 상상해 보자. 당신은 이러한 유혹을 이겨 내고 공부를 하기 위해 어떻게 할 수 있을까? 당신은 이 시험이 중요하다고 자신에게 주지시킬 수도 있고 창문이 없는 방으로 옮겨 유혹을 이겨 낼 수도 있을 것이다. 일반적으로 유혹에 저항하는 효과적인 방법은 당장의 유혹보다 긴 안목의 목적이 더 중요하다는 것을 자기 자신에게 일깨워 주고 유혹적 사건이나 환경의 매력을 줄이는 것이다.

학령 전기 동안 아동은 이 두 가지 방법을 동시에 사용하기 시작한다. 연구자들(Mischel & Ebbesen, 1970)은 실험에서 3~5세 사이의 아동에게 15분 동안 방 안에 혼자 앉아 있을 것을 요구하였다. 만일 아동이 그 시간을 다 기다리면 탐이 날 만한 보상을 받을 수 있다. 아동은 사전에 약속된 신호로 실험자를 언제든지 부를 수 있는데 이런 경우에는 덜 탐나는 보상을 받게 된다.

물론 어떤 아동은 다른 아동보다 15분을 기다리는 데 더 탁월하였다. 어떻게 그럴 수 있었을까? 어떤 아동은 자기 자신과 이야기를 하였다. "나는 지금 가장 좋은 상을 받으려고 기다리는 중이야!" 이런 어린 아동은 비고츠키가 언급한 것처럼(6.2절) 자기 자신의 행동을 통제하기 위해 혼잣말을 한다. 어떤 아동은 335쪽 사진 속의 아동처럼 유혹하는 상품을 쳐다보지 않았다. 어떤 아동은 유혹하는 상품이 실제로는 원하는 것이 아니라는 상상을 하였다. 이 모두 탐나는 상을 받기 위해 지루한 15분을 참는 데에 효과적인 방법이다.

후속 연구들은 그런 상황을 조절할 수 있는 구체적인 방법을 가지고 있는 아동이 유혹에 더 잘 저항한다는 것을 보여 주고 있다(Mischel & Ayduk, 2004). 다음의 "집중 연구"에서 그런 전략에 대해 살펴본다.

집중 연구

학령 전기 아동의 만족지연 신장

- **연구자 및 연구 목표** 필립 피케와 그의 동료들(Peake, Hebl & Mischel, 2002)은 아동의 만족지연을 도울 수 있는 상황에 대해 알고 싶었다. 즉 이들은 아동이 유혹에 저항할 수 있는 방법(즉시 받는 작은 보상 대신 좀 기다려서 더 나은 보상을 받는)에 대해 알고 싶었던 것이다.

- **연구 방법** 피케와 그의 동료들은 전통적인 과제로 아동들을 시험하였다. 아동에게 두 가지 보상을 보여 주고 어떤 것을 좋아하는지 물었다. 통제 집단 아동들에게 실험자는 잠시 방을 떠나야만 하고 실험자가 돌아올 때까지 조용히 있으면 아동이 선택한 보상을 받을 수 있다고 이야기하였다. 또한 실험자가 돌아오기를 원한다면 언제든지 벨을 누를 수 있으나 대신 덜 선호하는 보상을 받게 될 것이라는 설명도 덧붙였다. 다른 상황에 있는 아동에게는 같은 지침을 주지만 색깔 구슬 한 바구니를 보여 주면서 색깔 컵에 구슬들을 분류하여 넣으면서 시간을 보낼 수 있도록 하였다. 세 번째 조건의 상황에서, 아기 새처럼 보이는 튜브가 있는 컵을 주면서 아동에게 새에게 먹이를 주듯이 구슬을 넣으면서 시간을 보내도록 하였다. 실험자는 아동이 얼마나 오랫동안 기다리는지 기록하였다. 모든 아동에게 두 개의 보상 모두 제시되었으며 기다리는 동안 유혹하는 물체들이 제공되었다.

- **연구 대상** 피케와 그의 동료들은 3~5세 사이의 아동 30명

을 대상으로 하였다.

- **연구 설계** 실험 연구이다. 독립 변인은 아동이 기다리는 상황(아무것도 제공되지 않는 상황, 구슬 분류 상황, 새에게 먹이를 주는 상황)이고, 종속 변인은 아동이 기다리는 시간의 길이와 아동이 보상을 바라보는 시간의 양이다. 본 연구는 아동이 동일 연령대이고 실험은 한 번만 진행되므로 종단 연구도 아니고 횡단 연구도 아니다.

- **윤리적 문제** 없다. 이 실험은 최소의 위험요인을 가지고 있으며 실험으로 인해 차이가 발생되는 것은 없다.

- **결과** 아동이 얼마나 기다리는지 살펴보자. 〈그림 12-1〉의 왼쪽을 보면 아동이 새를 먹일 때 가장 오래 기다렸으며 아무 것도 없이 기다렸을 때가 가장 짧게 기다린 것을 알 수 있다. 〈그림 12-1〉의 오른쪽을 보면 왜 그런지 이해하는 데에 도움이 된다. 아무것도 없이 기다린 경우 기다리는 시간의 거의 절반을 보상을 바라보기만 하였다. 이들이 일찍 유혹에 지는 것은 놀라운 일이 아니다. 반대로 과업에 참여하였을 때 아동은 보상을 바라보는 경우가 드물었다.

- **결론** 학령 전기 아동에게 "그냥 여기서 기다려"라고 하는 것은 이 아동이 유혹을 성공적으로 통제하는 데에 도움이 되지 못한다. 그러나 이들의 주의를 다른 곳으로 돌리면, 특히 흥미로운 과제를 준다면 만족지연에 매우 성공할 수

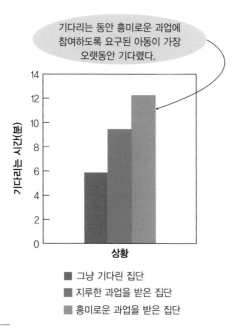

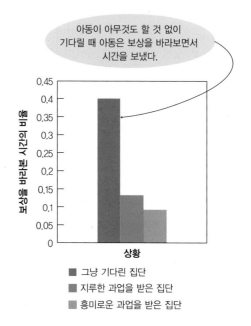

그림 12-1

있게 된다. 즉 유혹에 저항하는 결정적인 요인은 "집중하는 방향을 통제하고, 전략적으로 다른 곳으로 주의를 돌리고, 관심을 이동시키는 능력"(p. 325)인 것이다.

- **함의 및 적용** 피케와 그 동료들은 설계된 과제로 아동의 자아 통제를 측정하였다. 다음 단계는 아동의 집에서 자연적으로 발생할 수 있는 자아 통제를 관찰하여 그 결과를 보완하는 일이다. 3~5세 사이의 아동은 자아를 잘 통제하기 어려우므로 나이 든 아동을 대상으로도 조사되어야 할 것이다.

아동은 유혹하는 물체나 결과에 대해 어떻게 생각하는가? 학령 전기 아동도 적절한 자기 지시적인 계획을 세움으로써 자아 통제를 획득할 수 있다. 예를 들어 일화 속에서 실리는 라이안이 유혹에 저항하는 계획을 세울 수 있도록 도와줄 수 있었다. 실리는 라이안에게 "케이크가 먹고 싶을 때마다 '엄마가 돌아오실 때까지는 안 돼'라고 너 자신에게 말해 보렴. 그리고 네 방에 가서 놀려무나."라고 말했어야 한다. 또한 아동은 5.2절에 이미 기술되어 있는 프로그램을 통해서도 자아 통제를 신장시킬 수 있다(Berkman et al., 2012).

아동이 자신의 행동을 통제하는 방법을 배우는 동안 사회적으로 옳고 그른 도덕적인 규칙(다음 절에서 다룰 예정인)에 대해서도 배우게 된다.

 학습 확인

점검 유아기와 학령 전기 동안 자아 통제 출현의 세 가지 측면에 대해 기술하시오.

기질이 아동의 자아 통제에 어떻게 영향을 미치는가?

이해 학령 전기 아동의 만족지연 능력에 관한 종단 연구가 우리에게 발달의 지속성에 대해 이야기해 주는 것은 무엇인가?

적용 실리는 생일 케이크에 관한 에피소드를 엄마에게 이야기하였고 엄마는 "얘야, 그건 간단한 일이야. 너는 부모이고 그는 어린아이인 거지. 너는 그의 윗사람이야. 그가 무엇을 해야 하는지 그에게 이야기해 주렴" 하고 이야기하였다. 당신은 실리 엄마에게 무엇을 이야기해야 할까?

유혹에 저항하는 한 가지 방법은 다른 것을 생각하거나 노래와 같은 어떤 행동을 하는 것이다.

 12.2 도덕적 이슈에 대한 추론

학습 목표

LO4 피아제는 도덕적 추론의 성장을 어떻게 기술하였는가?

LO5 콜버그는 도덕적 추론의 어떤 단계들을 제안하였는가?

LO6 콜버그 이론의 대안으로는 무엇이 있는가?

개요

피아제의 관점

콜버그의 이론

콜버그의 이론을 넘어

8학년 중 가장 인기가 없는 남아인 하워드는 실제로는 훔치지 않았음에도 불구하고 6학년이 가지고 다니는 아이패드를 훔쳤다며 죄를 추궁당하여 왔다. 같은 6학년인 민선은 하워드가 죄가 없다는 것을 알고 있었지만 친구들에게 하워드 편이라는 이야기를 들을까 봐 두려워서 교장선생님께 아무 말도 못하고 있었다. 며칠 후 민선의 아버지는 이 사건에 대한 이야기를 듣고 자기의 아들에게 도덕심이 거의 없다는 사실에 분노하였다. 왜 민선은 부당함에 직면하고도 행동하지 않는가?

내가 이 절을 저술 중이던 어느 날 신문에 젊은이에 대한 2개의 기사가 실렸다. 한 기사는 아파트에 불이 나자 어린 동생을 구하려다가 심각하게 화상을 당한 14세 여아에 대한 내용이었다. 그녀의 엄마는 자신의 딸이 언제나 사람들을 과도하게 돌보아 왔기 때문에 딸의 행동에 놀라지 않았다고 하였다. 다른 기사는 어른을 때려서 숨지게 한 17세 남아들에 관한 것이었다. 이들은 그의 지갑만을 훔치려 하였으나 그가 자신을 모욕하고 때리려 하였기 때문에 화가 났다고 하였다.

이와 같은 기사를 읽으면서 왜 어떤 사람은 많은 존경과 감탄을 자아내는 행동을 하고 어떤 사람은 동정하리만큼 철저히 경멸받는 행동을 하는가에 대한 의문이 생기지 않을 수 없다. 그리고 민선은 도둑에 대한 진실을 왜 교장선생님에게 이야기하지 않았는지 의문스러워진다. 이 절에서 도덕적 이슈에 대한 아동의 생각을 살펴보면서 도덕적 이해와 행동에 대한 탐구를 시작할 것이다.

피아제의 관점

LO4 피아제는 도덕적 추론의 성장을 어떻게 기술하였는가?

나는 내 아들 매트가 6세일 때 '슈츠 앤 래더즈'를 가지고 놀았던 것을 기억한다. 이것은 사다리가 있는 공간에 착륙하면 빨리 전진할 수 있지만 낙하산에 착륙하면 뒤로 후퇴하여야만 하는 보드게임이다. 게임의 속도를 높이기 위해 나는 사다리뿐 아니라 낙하산에 착륙하여도 전진하는 것을 허용해 주자고 매트에게 제안하였다. 나는 그가 놀이터에서 미끄럼틀에 올라가는 것을 좋아했다는 것을 기억하였기 때문에 논리적인 제안을 한 것이다. 그러나 매트에게는 이것이 논리적인 것이 아니었다. 그는 "낙하산에 착륙하면 후퇴해야 하는 것이 규칙이기 때문에 앞으로 갈 수 없어요. 이걸 만든 사람이 그렇게 말했거든요. 사용방법을 읽어 보세요, 아빠."라고 말했다. 나는 다시 그를 설득하려 하였지만(사실 그 게임은 좀 지루하였다) 그는 꿈쩍도 하지 않았다.

6세아에게서 전형적으로 나타나는 매트의 이와 같은 유연하지 못함은 피아제의 도덕성 발달 단계에 의해 설명된다. 도덕성 발달의 첫 번째 단계(2~4세)의 아동은 도덕성에 관한 뚜렷한 생각을 가지고 있지 않다. 그러나 5~7세경이면 아동은 **도덕적 실재론**(moral realism)의 단계에 있게 된다. 이들은 규칙이 현명한 성인에 의해서 만들어지는 것이므로 반드시 따라야 하고 바꿀 수 없다고 믿는다. 도덕적 실재론의 또 다른 측면은 규칙을 어기면 반드시 처벌을 받는다는 **내재적 정의**(immanent justice)를 믿는다는 것이다. 만일 내가 매트에게 '슈츠 앤 래더즈'의 새로운 규칙 사용을 요구한 다음 날 그가 학교에 가는 도중 넘어져서 무릎을 다쳤다면 그는 내재적 정의를 믿기 때문에 자신의 상처를 어제 규칙을 깨뜨렸기 때문에 발생한 피할 수 없는 결과라고 받아들일 것이다.

8세경이 되면 아동은 규칙이란 사람들이 잘 지낼 수 있도록 돕기 위해 사람들에 의해 창조되는 것임을 이해하는 **도덕적 상대론**(moral relativism)의 단계로 발전하게 된다. 아동은 인지 발달을 통해 규칙의 이유에 대해 이해할 수 있기 때문에 보다 높은 수준의 도덕적 추론을 할 수 있게 된다. 더구나 또래와의 상호작용을 통해 규칙의 필요성과 규칙이 어떻게 창조되는지도 이해하게 된다. 예를 들어 사진 속의 남아들이 어디에서 스케이트보드를 탈 것인가를 결정할 때처럼, 모든 사람이 장소를 제안하고 투표로 결정하는 규칙을 따를 수 있다. 그 남아들은 그 규칙이 불변적인 것이라서가 아니라 공정하기 때문에 따르는 것이고 규칙을 사용함으로 인해 논쟁하는 시간을 줄이고 스케이트보드를 타는 시간이 많아진다는 것을 이해하기 때문이다.

도덕적 상대론에 있는 아동은 규칙이란 사람들의 동의에 의해 결정된 것이기 때문에 필요하면 그것을 바꿀 수 있다는 것

8세가 되면 아동은 사람들이 규칙을 만들어 낸다는 것을 이해하게 된다. 예를 들어 이 남아들은 스케이트보드를 탈 장소에 대해 투표하는 규칙을 따를 수 있다.

을 이해한다. 만일 스케이트보드를 타는 남아들이 다른 규칙이 더 공정하고 그 규칙이 더 사이 좋게 놀게 하는 것이라고 판단한다면 이들은 새로운 규칙을 차용할 수 있다.

도덕적 추론에 대한 피아제의 몇 가지 생각은 오랜 시간에 걸쳐 검증되어 왔다. 예를 들어, 후속 연구는 아동의 초기 도덕적 추론이 성인의 권위를 최종적이고 절대적으로 고려하는 것이 아님을 보여 주었다. 대신 학령 전기 아동은 성인의 권위를 제한적으로 생각하기 때문에 다른 아동에게 손해를 입히거나 밀었을 때 성인이 괜찮다고 말해도 그것은 틀린 일이라고 믿는다(Tisak, 1993). 콜버그의 이론은 피아제의 단계적 접근(도덕적 추론은 단계적으로 발달한다)을 토대로 한 이론 중 하나이다.

콜버그의 이론

LO5 콜버그는 도덕적 추론의 어떤 단계들을 제안하였는가?

먼저 내가 몇 년 전 코치를 하였던 축구팀의 스타플레이어인 하이디에 대한 이야기를 해 보자. 우리 팀이 무패로 진출한 결승전 게임이 있는 주말에, 몇 개월 전에 돌아가신 하이디의 할아버지께 해비타트 하우스를 헌정하는 일정이 하이디에게 생겼다. 만일 하이디가 게임에 빠지면 팀의 친구들이 속상해할 것이고, 모임에 빠지면 부모님이 실망할 것이다. 하이디는 둘 다 할 수도 없고 어떻게 해야 할지도 몰랐다.

하이디와 같은 딜레마는 콜버그 이론의 출발점이었다. 콜버그는 도덕적 딜레마를 만들어 아동, 청소년, 성인에게 그 상황에서 무엇을 할지에 대해 질문하였다. 콜버그는 사람들이 내린 결정보다는 그러한 판단을 내리는 데에 사용한 추론에 관심이 있었다. 왜 하이디는 결승전에 가야하는가? 왜 하이디는 헌정하는 일정에 참여해야 하는가?*

콜버그의 가장 유명한 도덕적 딜레마는 부인이 죽어 가고 있는 하인즈 이야기이다.

유럽에 암으로 죽어 가는 부인이 있었다. 같은 마을에 살고 있는 약사가 최근 발견한 라디움 형태의 약만이 그녀를 살릴 수 있다. 그 약사는 하인즈가 약 값으로 지불할 수 있는 비용의 10배인 2,000달러를 요구하였다. 하인즈는 아는 사람들을 다 찾아다니면서 돈을 빌려 보았지만 겨우 반정도만 구할 수 있었다. 하인즈는 약사에게 부인이 죽어 가고 있으니 좀 싸게 팔거나 나중에 갚게 해 달라고 하였다. 그러나 그 약사는 거절하였다. 하인즈는 절망하였고 부인을 위하여 그 약을 훔쳤다(Kohlberg, 1969, p. 379).

하이디보다 하인즈의 경우가 더 절박한 것이기는 하지만 둘 다 선택적 대안들이 도덕적으로 바람직한 것과 바람직하지 않은 경우를 가지고 있다.

콜버그는 많은 딜레마에 대한 아동, 청소년, 성인의 반응을 분석하여 각 단계마다 두 하위 단계로 나뉘는 도덕적 추론의 세 단계를 분류하였다. 가장 낮은 단계의 도덕적 추론은 보상에 대한 약속과 처벌에 대한 위협 등의 외적인 힘에 근거하였다. 가장 진보된 단계에서는 도덕적 추론이 개인적, 내적인 도덕적 코드에 근거하였고 타인의 관점이나 사회적 기대에 영향을 받지 않았다.

- **전인습적 단계(preconventional level)** : 대부분의 아동, 많은 청소년, 어떤 성인에게 도덕적 추론은 권위에 대한 복종과 보상과 처벌에 의해서만 통제된다.

  단계 1 : 복종 지향. 어른들은 무엇이 옳고 그른지 알고 있다고 믿기 때문에 이 사람들은 처벌을 피하기 위해 어른들이 옳다고 말하는 대로 한다. 이 단계의 사람은 법에 어긋나기 때문에 하

---

* 하이디는 딜레마를 해결할 필요가 없었다. 우리는 토요일 결승전에 졌으며, 하이디는 일요일에 헌정하러 갔다.

인즈가 약을 훔쳐서는 안 된다고 논쟁할 수도 있다.

단계 2 : 도구적 지향. 사람들은 자신의 욕구를 추구한다. 사람들은 미래에 돌아올 호의를 기대하기 때문에 타인에게 잘한다. 이 단계의 사람은 하인즈 부인이 나중에 그에게 잘할 수도 있기 때문에 약을 훔치는 것이 잘한 것이라고 말할지도 모른다.

- **인습적 단계(conventional level) : 청소년과 성인의 대부분은 도덕적 의사결정을 타인이 기대하는 사회적인 규범에 근거한다.**

단계 3 : 대인 간 규범. 청소년과 성인은 타인의 기대에 따라 행동한다. 그 목표는 '착한 사람'같이 행동함에 의해 타인의 칭찬을 얻기 위함이다. 이 단계에 있는 청소년이나 성인은 하인즈가 약을 훔쳐서는 안 되며 그래야 법에 복종하는 착한 시민이 되는 것이라 논쟁할지도 모른다.

단계 4 : 사회적 도덕체계. 청소년과 성인은 사회적 규칙과 기대, 법은 사회의 질서를 유지하기 위한 것이고 모든 사람에게 이로움을 증진시킨다고 믿고 있다. 이 단계의 청소년과 성인은 남편은 부인의 생명을 살리기 위해 가능한 모든 일을 해야 하기 때문에 하인즈가 약을 훔칠 수도 있다고 추론할 수도 있다. 또는 이 단계의 사람들은 훔치는 것은 법을 위반하는 것이고 사회는 도둑질을 금해야 하므로 약을 훔치지 말아야 한다고 추론할 수도 있다.

- **후인습적 단계(postconventional level) : 25세 이상의 성인 중 일부는 개인적, 도덕적 원리에 근거한 도덕적 추론을 한다.**

단계 5 : 사회적 계약 지향. 성인은 기대와 법이 모든 구성원을 이롭게 하기 때문에 문화적 집단의 구성원들이 '사회적 계약'에 충실해야 한다는 데에 동의한다. 그러나 기대와 법이 더 이상 개인의 복지 증진에 기여하지 않는다면 그것은 의미가 없는 것이다. 이 단계의 성인은 소유권에 관한 사회적 규칙이 더 이상 개인의 복지에 이득을 주지 않기 때문에 하인즈는 약을 훔칠 수 있다고 추론할 수도 있다.

단계 6 : 보편적 도덕적 원리. 정의, 열정, 평등과 같은 추상적인 원리들이 사회적 기대 및 법과 갈등을 일으키는 도덕의 기본을 형성한다. 이 단계의 성인은 생명이란 중요한 것이고 생명의 보존은 다른 모든 권리보다 우위에 있기 때문에 하인즈는 약을 훔칠 수 있다고 논쟁할 수도 있다.

아래에 있는 〈요약표 12-1〉에 콜버그 이론의 모든 단계를 요약하였다.

콜버그 이론을 지지하는 연구들 콜버그는 6단계가 순서대로 진행된다고 제시하였다. 만일 그의 단계 이론이 옳다면 도덕적 추론은 연령과 인지 발달의 수준과 강한 관련이 있는 것이다. 따라서 나이가 많은 사람과 높은 수준의 사색가들의 도덕성 발달의 수준이 높아야 하고 실제로도 그러한 경

Q&A

질문 12.2

패기는 하인즈 딜레마에 관한 이야기를 들었을 때, "그는 약을 훔쳐야만 해. 그가 그런 일을 한 이유를 사람들은 다 이해할 수 있어. 만일 부인을 죽게 놔두면 가족과 친구들은 그를 형편없는 남편이라고 생각할 거야. 사람들은 그와 다시는 이야기도 하려 하지 않을 거야"라고 답하였다. 패기의 생각을 가장 잘 설명하는 콜버그의 단계는 어떤 단계인가? 그녀의 나이는 몇 살 정도일까?

요약표 12-1 콜버그의 도덕성 발달 단계

전인습적 단계 : 처벌과 보상

1단계 : 권위에 대한 순종
2단계 : 미래의 특혜와 교환하는 착한 행동

인습적 단계 : 사회적 규범

3단계 : 타인의 기대에 부응
4단계 : 사회질서 규범에 순응

후인습적 단계 : 도덕적 코드

5단계 : 유용한 사회 계약 지향
6단계 : 추상적 원리에 근거한 개인적 도덕성

향이 있기는 하다(Stewart & Pascual-Leone, 1992). 종단 연구들은 개인이 이 단계를 순차적으로 밟아 가고 있으며 순서를 뛰어넘는 경우는 거의 없음을 보여 주었다(Colby et al., 1983).

도덕적 추론과 도덕적 행동의 관계에 관한 연구들도 콜버그 이론을 지지한다. 덜 발달된 도덕적 추론은 보상과 같은 외적인 힘에 영향을 받으며, 잘 발달된 도덕적 추론은 개인의 도덕적 코드에 근거한다. 그러므로 전인습적 단계와 인습적 단계에 있는 사람은 외적인 힘에 의해 도덕적으로 행동하며 외적인 힘이 없으면 도덕적으로 행동하지 않을 수도 있다. 그러나 도덕적 추론이 개인적 원리에 근거한 후인습적 단계의 사람은 외적인 힘이 없을 때에도 도덕적으로 행동할 수 있을 것이다.

이러한 주장과 일치하게, 어려운 상황 중에 자신의 원리를 고수하는 청소년은 콜버그의 단계 중 높은 단계에 있는 경향이 있다(Gibbs et al., 1986). 사진 속에 있는 학생과 같이 사회적 상황에 대해 시위하는 학생은 도덕적 추론 수준이 높은 경향이 있다. 이것은 일화 속의 민선이 왜 아무 말도 하지 않았는지를 설명하는 것이다. 인기 없는 학생을 대신하여 이야기하는 것은 보상도 없고 친구를 밀고하지 말라는 사회적 보상을 위반하는 것이다. 따라서 전인습적 단계나 인습적 단계에 있는 6학년 학생은 인기 없는 학생이 부당하게 처벌받도록 내버려 두게 된 것이다.

콜버그의 이론은 몇 가지 측면에서 문제가 지적되고 있다. 하나는 도덕적 추론이 이론에서 예측하는 것만큼 일치하는 것은 아니라는 것이다. 인습적 단계에 있는 10대의 추론은 타인의 기대에 항상 근거하지만 규범에도 항상 근거하는 것은 아니다. 도덕적 추론은 어떤 문제에서는 발달되어 있지만 다른 문제에는 덜 정교하기도 하다(Krebs & Denton, 2005).

다른 하나는 연속적 단계가 보편적이라는 콜버그의 주장(모든 문화의 모든 사람들이 이 여섯 단계를 거친다)에 관한 것이다. 많은 문화의 아동과 청소년은 북미와 유럽의 젊은이처럼 2단계나 3단계의 추론을 한다(Gibbs et al., 2007). 그러나 낮은 단계를 넘어서면, 다른 문화에서의 도덕적 추론은 콜버그의 이론만큼 잘 기술되지 않는다. 왜냐하면 모든 문화와 종교가 개인의 권리와 정의를 강조하는 것은 아니기 때문이다. 예를 들어, 힌두교는 타인에 대한 의무와 책임을 강조한다(Simpson, 1974). 힌두교 아동과 성인이 이 도덕적 딜레마에 반응할 때, 이들은 개인의 권리와 정의가 고통을 받을지라도 타인을 돌보는 것을 선호한다(Miller & Bersoff, 1992). 이들은 타인을 돌보는 책임을 완수하는 데에 그것이 최상의 방법이었다면 그것을 용서하기도 한다. 즉 도덕적 추론의 근거는 콜버그의 주장처럼 보편적인 것이 아니라 문화적 가치가 반영되는 것이다.

시위운동에 참여함으로써 도덕적 용기를 보여 주는 학생들은 대체로 더 진전된 도덕적 추론을 가지고 있다.

콜버그의 이론을 넘어

LO6 **콜버그 이론의 대안으로는 무엇이 있는가?**

콜버그의 이론이 최근의 도덕 발달 연구에 많은 기여를 하였지만 더 이상 주도적인 것은 아니다.

길리건의 돌봄의 윤리 캐롤 길리건(Gilligan, 1982; Gilligan & Attanucci, 1988)은 콜버그의 이론이 서양의 전통에 적용 가능한 것이 아니라 타인을 돌보는 데에 관심이 많은 여성보다는 정의를 강조하는 남성에게 적합한 것이라고 논쟁하였다. 길리건은 '돌봄의 윤리'가 뒤의 사진 속에 있는 소녀와 같은 여성이 타인을 위해 헌신하는 것에 우선순위를 두게 하며, 이들의 헌신이 도덕적 결정을 이끈다고 하였다.

여성과 남성의 도덕적 추론에 차이가 있다는 길리건의 주장을 입증할 만한 연구는 많지 않다. 광범위한 메타분석(Jaffee & Hyde, 2000)에서 남자는 정의가 강조된 문제에서 아주 조금 높은 점수를 획득하였고, 여자는 돌봄이 강조된 문제에서 아주 조금 높은 점수를 획득한 경향이 나타났다. 그러나 그 차이가 아주 미미하여 어지의 추론이 돌봄에서 우세하고 남자의 추론이 정의에서 우세하다고 말하기는 어렵다. 기대만큼 남자와 여자의 차이가 크지 않았지만, 길리건의 이론은 콜버그보다 도덕적 추론이 더 광범위하다는 것을 강조하였다는 데에 의미가 있다. 많은 사람들이 도덕적 딜레마와 상황에 따라 정의와 돌봄으로 도덕적 이슈를 생각하게 되었다(Turiel, 2006).

사회적 판단의 발달 다른 연구들은 도덕적 판단이 사회적 판단을 내리는 몇 가지 중요한 영역 중 하나라는 것에 주목하였다(Smetana, 2006; Turiel, 1998). 이에 대해 설명하기 위해 다음의 학령 전기 아동에 대해 생각해 보자.

- 브라이언은 엄마가 보지 않을 때 동생을 발로 차거나 때린다.
- 캐서린은 엄마와의 놀이가 끝났을 때 장난감을 치운 적이 한 번도 없다.
- 브래드는 팬티를 뒤집어 입는 것을 좋아한다.

길리건의 이론은 도덕적 추론의 가장 진보된 수준은 돌봄이 모든 인간관계의 토대라는 이해에 근거한 것이다.

각 아동의 행동이 다소 '잘못된' 것이기는 하지만 그 행동이 타인에게 해가 된다는 점에서 첫 번째 아동의 행동만이 도덕적 범죄인 것이다. **반면 사회적 관습(social convention)은 문화 집단에 의해 인정된 임의의 행동 기준이다.** 그래서 사회적 관습은 손으로 감자튀김을 먹을 수 있지만 푸른 콩을 손으로 먹지 않으며, 캐서린에게 놀고 난 후 치워야 한다고 말하는 것이다. **마지막으로 개인적 영역(personal domain)은 자신의 신체와 관련된 것(예 : 무엇을 먹을까, 무엇을 입을까와 같은)과 친구 또는 활동에 대한 선택을 포함한다.** 여기에는 맞는 것도 틀린 것도 없다. 대신 개인적인 선호는 개인에게 맡기는 것이다(Smetana, 2002). 그래서 팬티를 뒤집어 입는 브래드의 결정은 일반적인 것은 아니지만 틀린 것도 아닌 것이다.

학령 전기 동안 아동은 이러한 영역을 구별하기 시작한다(Lagattuta, Nucci, & Bosacki, 2010; Turiel, 1998; Yau, Smetana, & Metzger, 2009). 예를 들면 규칙을 위반하는 것은 사회적 관습을 어기는 것보다 더 심각한 것이기 때문에 더 심한 처벌을 받아야 한다고 믿는다. 더구나 학령 전기 아동은 상황과 상관없이 도덕적 규칙이 적용되어야 한다고 믿으며(예 : 다른 아이를 때리는 것은 절대 괜찮은 것이 아니야.) 성인도 따라야 한다고 믿는다. 반면 학령 전기 아동은 사회적 관습은 성인에 의해 세워지는 것이고 바뀔 수 있다고 생각한다(예 : 학교에서 아동에게 교사의 이름으로 부르도록 하는 것은 괜찮다). 학령 전기 아동조차 개인적인 영역은 개인의 선택이고 남이 좌지우지할 수 있는 것이 아니라고 믿는다.

도덕적인 규범은 문화에 걸친 일반적인 것이나 사회적 관습은 그렇지 않다. "문화적 영향"에서 사회적 관습이 어떻게 같은 행동을 관리하는지, 서양과 동양 문화의 차이에 대해 살펴볼 것이다.

문화적 영향

거짓말, 하얀 거짓말, 파란 거짓말

학령 전기 아동은 거짓말은 잘못된 거라 주장한다. 그러나 나이 든 아동은 그것이 누군가를 돕거나 부당함을 막는 것이라면 '예의 바른 거짓말'은 정당한 것이라고 주장한다. 즉 학령기 아동은 예의 바른 거짓말은 다른 사람을 보호하도록 고안된 사회적 관습이라는 문화적 관습에 능통한 것이다(Lee, 2013).

그럼에도 불구하고 예의 바른 거짓말을 판단하는 상황은 문화에 따라 다양하다. 하얀 거짓말은 서구 문화에서는 보편적인 것이다. 실험자가 아동에게 원치 않는 선물(비누 같은)을 좋아하느냐고 물을 때 대부분의 학령기 아동은 "예"라고 답한다. 그런 하얀 거짓말은 아동이 성장하는 동안 보편적인 것이어서 진실을 말하는 것은 무례하다는 것이 보편적인 변명이다(하얀 거짓말이 사람을 행복하게 만들고, 이것이 진

실을 말하는 것보다 중요하다고 여기는)(Popliger, Talwar, & Crossman, 2011).

반면 중국의 예의 바른 거짓말은 파란 거짓말(집단에게는 도움이 되고 개인에게는 해가 되는)에 가깝다. 만일 노래를 못 부르면서도 합창을 하고 싶어 하는 급우가 있다면, 중국 아동은 합창단을 위해 아동에게 거짓말("미안하지만, 합창단에 남은 자리가 없어.")하는 것은 수용되는 거짓말이라고 믿는다. 서구의 아동은 그 친구를 행복하게 만들기 때문에 합창단에게 거짓말("내 친구는 노래를 잘해")하는 것이 수용된다고 믿는다(Fu et al., 2007). 예의 바른 거짓말에 대한 문화적 기준은 집단과 개인을 강조하는 아시아와 서구 문화의 일반적인 차이를 반영하는 것이다. 또한 문화적 관습이 문화에 따라 기대되는 방식이 다양함을 보여 주는 것이다.

"문화적 영향"은 이러한 다른 영역에 대한 아동의 이해 형성, 특히 경험에 의한 이해 형성에 대해 보여 준다. 다른 종류의 위반에 대한 부모의 반응 역시 의미 있는 역할을 한다(Turiel, 1998). 아동이 도덕적 규칙을 어길 때, 성인은 그 행동이 피해자에게 미치는 영향에 대해 이야기하면서 사람이 어떻게 상처를 받는지에 대해 이야기한다. 반대로 아동이 사회적 관습을 어길 때, 성인은 규칙을 따르고 부모, 교사 그리고 다른 사람들의 말을 들을 필요성에 대해 더 많이 이야기한다. 개인적 영역에 대한 대화는 차이가 있는데, 성인들은 '옳고 그름'에 대한 선택을 명시하기보다는 자신이 선택하도록 격려하는 경향이 있다(Nucci & Weber, 1995).

유아기의 도덕적 추론의 기원 아동의 사회적 판단에 관한 연구에 따르면 3세 전까지 아동은 도덕적 규칙이 특별한 것이어서 바꿀 수 없으며 광범위하게 적용되는 것으로 이해한다고 한다(Smetana et al., 2012). 다른 연구는 도덕적 추론이 더 어린 나이에 시작될 수도 있음을 제시하였다. 연구에 따르면 19개월 된 아동은 균등하게 분배되는 자원을 기대하고 있으며(Sloane, Baillargeon, & Premack, 2012), 6~10개월 된 아동은 남을 괴롭히는 사람을 쓰러뜨리는 연기자를 더 선호하였다(Hamlin, Wynn, & Bloom, 2007).

몇몇 과학자들은 이러한 결과들에 따라 도덕적 판단에 대한 진화적인 근거를 제안하였다(Hamlin, 2014; Tomasello & Vaish, 2013). 이 논쟁의 요점은 도덕성으로 인해 인류가 일찍부터 집단적으로 살 수 있게 되었다는 것으로, 사람은 때때로 이기적이지만 도덕성이 타인과 협동할 수 있게 해 주고 때로는 집단의 이득을 위해 자신을 희생하게도 만든다는 것이다.

이러한 서술에 따르면, 타고난 도덕성에는 세 가지 필수적인 요인이 있다고 할 수 있다. (1) 도덕적 선함—타인에 대한 관심과 도움이 필요한 사람을 도우려는 마음, (2) 도덕적 평가—협동하지 않는 구성원을 식별하고 미워하는 것, (3) 도덕적 응징—집단에 해가 되는 행동을 하는 사람을 처벌하는 것. 이론과 일치하게도, 이러한 요소 각각은 유아기에도 관찰된다. 유아들은 타인이 분노할 때 관심을 보이며, 도와주는 사람을 좋아하고 그렇지 않은 사람은 싫어하며, 보상을 주지 않음으로써 비협동적인 사람에게는 벌을 준다(Davidov et al., 2013; Hamlin, 2013). 비록 유아의 도덕적 추

론에 대한 연구가 이제 시작일지라도 많은 과학자들은 도덕적 추론이 6.2절에서 언급한 바와 같은 핵심 영역을 대표하는 것이라고 믿고 있다.

정서의 역할 지금까지 우리는 도덕성 발달을 인지적 용어 속에서 생각해 왔다(아동이 신중하게 다른 행농들의 미덕에 대해 평가하는 합리적 추론 과정처럼). 그러나 도덕적 결정과정은 때때로 상당히 정서적(이 절의 앞부분에 기술되어 있는 민선의 일화처럼)이고 뇌의 정서적 영역이 작동함으로써 나타난 것이다(Greene, 2007). 따라서 연구자들은 도덕적 판단의 발달에 기여하는 인지와 정서의 상호작용에 대해 연구하기 시작하였다(Nucci & Gingo, 2011).

사건(실제적 자료에 근거한)에 대한 정서적 반응이 아동으로 하여금 도덕적 개념을 범주화하게 한다는 것이 하나의 아이디어였다(Arsenio, Gold, & Adams, 2006). 예를 들어, 학령 전기 아동조차 누군가 자신의 디저트를 훔쳐 가거나 그네타기 순서를 새치기하면 슬플 것이라는 것을 알고 있다. 또한 점심을 가져오지 않은 아동과 도시락을 나누어 먹거나 서류더미를 떨어뜨린 친구를 돕는다면 행복할 것이라는 것도 알고 있다. 이러한 사건의 반복적인 경험은 아동에게 다른 행동의 정서적 결과에 대한 대본을 형성하게 하고, 아동은 비슷한 정서적 결과를 산출하는 사건을 범주화한다 (7.1절 참조). 예를 들어, 도난을 당한 후에는 슬퍼질 것이라거나, 이유 없는 공격을 받으면 불공정한 희생의 개념이 산출되어 슬프게 될 것이라는 것이다.

이러한 이유로, 사회 · 도덕적인 사건에 대한 아동의 반응은 도덕적 개념의 범주를 산출하게 하는 중요한 단계인 것이다. 12.3절과 12.4절에서 사회적 상호작용에 대한 아동의 정서적 반응의 본질이 친사회적이거나 공격적인 행동을 예측케 함에 대해 살펴볼 것이다.

 학습 확인

점검 콜버그의 도덕적 추론 이론에 대해 지지하는 이론과 부인하는 이론을 요약하시오.

사회적 판단의 다른 영역들에는 어떠한 것들이 있는가? 어린 아동이 각각에 대해 이해하고 있는 것은 무엇인가?

이해 피아제의 도덕적 실제론과 도덕적 상대론이 콜버그의 6단계와 어떻게 부합되는가?

적용 만일 당신이 아이패드를 훔쳤다는 잘못된 혐의를 받고 있는 다른 남아를 도와주지 않은 민선의 아버지라고 상상해 보라. 이 절에서 살펴본 연구들에 근거하여 당신은 민선의 도덕적 추론 단계를 높이기 위해 어떤 노력을 할 수 있는가?

 12.3 타인 돕기

개요	학습 목표	
친사회적 행동의 발달	LO7	아동은 몇 세부터 친사회적인 행동을 하는가? 친사회적인 행동은 연령과 함께 어떻게 변화하는가?
친사회적인 행동의 근원이 되는 기술	LO8	친사회적인 행동에 필요한 기술은 무엇인가?
상황적 영향	LO9	아동의 친사회적인 행동에 영향을 미치는 상황은 무엇인가?
유전의 기여	LO10	유전은 아동의 친사회적 행동에 어떻게 기여하는가?
친사회적 행동의 사회화	LO11	부모는 아동의 친사회적인 행동을 어떻게 장려할 수 있는가?

6세인 주안이 디스크를 꺼내려다가 DVD 플레이어에 손가락이 끼었다. 그는 울고 또 울었지만 3세인 남동생 안토니오와 2세인 여동생 카라는 보고만 있을 뿐 도와주지 않았다. 나중에 엄마가 주안을 달래 주며 손이 다치지 않았음을 확인하였지만, 엄마는 동생들의 행동에 대해 걱정하였다. 동생은 형의 스트레스를 분명히 알면서도 왜 아무런 행동도 하지 않았던 것일까?

많은 부모, 교사, 종교가 아동에게 협동과 남을 도와주는 것이 필요하다는 것을 가르치려 노력해 왔다. **다른 사람에게 혜택을 주는 행동을 친사회적 행동**(prosocial behavior)**이라 한다.** 물론 협동은 혼자 하는 것보다 더 많은 것을 얻을 수 있기 때문에 때때로 협동이 발생한다. **이타주의**(altruism)**는 개인에게 직접적인 이득이 없어도 타인을 돕는 친사회적 행동이다.** 이타주의는 타인에 대한 책임감에 의해 발생한다. 나누어 먹기 위해 돈을 모아 막대 사탕을 하나 사는 두 어린이는 협동적인 행동을 보여 주는 것이다. 점심을 잊고 온 친구를 위해 자신의 점심의 반을 나누어 주는 아동은 이타주의를 보여 주는 것이다.

　많은 과학자들은 인간은 도와주고 나누어 주고 협동하고 타인에게 관심을 가지는 생물학적인 소인을 가지고 있다고 믿고 있다(Hastings, Zahn-Waxler, & McShane, 2006). 왜 친사회적 행동은 시간이 지나면서 발달하는 것일까? 최상의 설명은 거대한 도덕적 원리가 아니라 오히려 실용적인 데에 있다. 타인을 자주 돕는 사람은 도움도 더 받는 경향이 있으며 이것이 미래 세대에 자신의 유전자를 전달할 가능성을 높여 주는 것이다.

친사회적 행동의 발달

LO7　아동은 몇 세부터 친사회적인 행동을 하는가? 친사회적인 행동은 연령과 함께 어떻게 변화하는가?

이타주의의 단순한 행동은 18개월경에 나타난다. 걸음마기와 학령 전기 아동은 다치거나 흥분한 사람들을 볼 때 관심을 보인다. 일반적으로는 위협적이거나 스트레스인 사건을 경험할 때 산출되는, 공감에 관한 신경체계가 활성화된다(Hepach, Vaish, & Tomasello, 2012). 이들은 사진에 있는 아동처럼 안아 주거나 달래 줌으로써 사람들을 편안하게 해 주려고 노력한다(Zahn-Waxler et al., 1992). 분명히 어린 나이에도 아동은 스트레스의 신호를 인지한다. 도움이 필요한 성인이 있을 경우, 예를 들어 바닥에 매직펜을 떨어뜨린 교사를 위해 18개월 된 아기도 자발적으로 그 펜을 주워 준다(Warneken & Tomasello, 2006).

걸음마기 아동도 친구가 울고 있을 때를 인식하고 달래 주려고 노력한다.

　걸음마기와 학령 전기 동안 아동은 점진적으로 타인의 요구를 이해하고 적절한 이타적인 반응에 대해 배우게 된다(van der Mark, van IJzendoorn, & Bakermans-Kranenburg, 2002). 엄마의 관심을 얻으려다가 실패한 아빠를 본 3세 알렉스는 엄마를 손가락으로 찔러 관심을 받은 후 아빠를 가리킨다(Beier, Over, & Carpenter, 2014). 어린 아동은 자신이 할 수 있는 것에 대한 지식이 적기 때문에 이타주의적인 초기 시도는 때로는 제한적이다. 어린 아동이 타인을 돕기 위한 더 많은 전략을 획득할 때, 이들이 선호하는 전략은 성인과 더욱 유사해진다(Eisenberg, Fabes, & Spinrad, 2006).

　일반적으로 친사회적 행동의 의도는 돕기 위한 전략과 마찬가지로 연령과 함께 증가한다. 물론 모든 아동이 타인의 요구에 반응하는 것은 아니다.

친사회적인 행동의 근원이 되는 기술

LO8　친사회적인 행동에 필요한 기술은 무엇인가?

당신이 누군가를 도왔을 때를 떠올려 보자. 그 사람에게 도움이 필요한지 어떻게 알았는가? 왜 그 사람을 돕기로 결정했는가? 당신이 그 당시에는 알지 못했겠지만 남을 돕고자 하는 결정은 몇 가지 기술에 근거한다.

감정이입을 잘하는 아동은 도움이 필요한 타인을 돕는 경향이 있다.

- **조망수용 능력.** 6.1절에서 피아제의 자아중심적 사고에 대해 배웠다. 자아중심적 사고는 친사회적 행동을 위한 요구를 깨닫지 못하게 하기 때문에 공유하거나 돕고자 하는 아동의 능력을 제한한다. 아동은 단지 하나의 관점, 즉 자신의 관점만을 가지고 있다. 그러나 연령이 높은 아동은 다른 사람의 관점을 수용할 수 있기에 도우려는 경향이 더 많다. 일반적으로 타인의 사고와 감정을 이해할수록 더 기꺼이 타인을 돕거나 공유한다(Strayer & Roberts, 2004; Vaish, Carpenter, & Tomasello, 2009).
- **감정이입.** 타인의 감정을 경험할 수 있는 능력이 감정이입(empathy)**이다.** 타인의 두려움, 실망, 슬픔, 외로움을 깊이 느낄 수 있는 사람은 그러한 정서를 느끼지 못하는 사람보다 남을 더 돕는 경향이 있다(Eisenberg et al., 2006; Malti & Krettenauer, 2013). 즉 사진과 같은 어린 아동은 타인을 더 돕는 경향이 있다.
- **도덕적 추론.** 12.2절에서 우리는 보상과 처벌이 어린 아동의 도덕성 발달에 영향을 미치는 반면, 도덕적인 원칙에 대한 관심이 청소년과 성인의 도덕적 의사결정에 영향을 미친다는 사실에 대해 배웠다. 그러므로 어린 아동의 친사회적 행동은 보상과 처벌에 대한 기회로 결정된다. 아동이 성숙해지고 공평과 정의에 근거한 도덕적 의사결정을 하기 시작할 때 이들은 더욱 친사회적이 되어 간다. 이러한 생각과 일치하게 연구자들(Eisenber, Zhou, & Koller, 2001)은 13~16세 사이의 브라질 아동을 대상으로 도덕적 추론이 발달할 때 친사회적 행동이 증가하는 것을 발견하였다.

요컨대 타인을 돕는 아동과 청소년은 보상이나 처벌, 사회적 규범보다는 타인의 관점을 수용하고, 타인의 감정을 지각하고, 원칙에 근거한 행동을 하는 경향이 있다. 예를 들면 자신이 좋아하는 비디오 게임기를 친구에게 자발적으로 빌려 주는 15세 아동은 그 친구가 게임을 하고 싶어 한다는 것과 게임을 못할 경우 그 친구가 느낄 실망을 느끼며 또한 친구끼리는 서로 공유할 수 있어야 한다고 믿기 때문에 그렇게 하는 것이다.

물론 조망수용, 감정이입, 도덕적 추론 기술이 아동으로 하여금 언제나 이타적인 행동을 하게 한다고 보장하는 것은 아니다. 아동이 이타적으로 행동하는 데에 필요한 기술을 가지고 있다고 할지라도 상황에 따라 그렇게 하지 않을 수도 있다.

상황적 영향

LO9   아동의 친사회적인 행동에 영향을 미치는 상황은 무엇인가?

착한 아동이 가끔 잔인한 행동을 함으로써 우리를 실망시키며, 깍쟁이 아이가 관대한 모습을 보여 우리를 놀라게도 한다. 왜 그런 것일까?

- **책임감.** 아동은 도움이 필요한 사람에게 책임감을 느낄 때 이타적으로 행동한다. 아동은 친숙한 사람에게 직접적인 책임감을 느끼기 때문에 낯선 사람보다 형제나 친구를 더 돕는 경향이 있다(Costin & Jones, 1992).
- **유능감.** 아동은 도움이 필요한 사람을 도울 능력이 있다고 느낄 때 이타적으로 행동한다. 예를 들어 컴퓨터 게임을 하고 싶은데 컴퓨터 작동 방법을 몰라 점점 더 화를 내고 있는 학령 전기 아동이 있다고 상상해 보자. 컴퓨터 게임에 대해 잘 알지 못하는 학급 친구들은 무엇을 도와주어야 할지 알지 못하기 때문에 도와줄 수가 없다.
- **기분.** 실패한 것 같다고 느낄 때나 슬플 때가 아니라 행복하고 성공하고 있다고 느낄 때 아동

은 이타적으로 행동한다(Wentzel, Filisetti, & Looney, 2007). 어린이집에서 '지도자'로서 흥분된 아침을 보낸 아동은 교사에게 처벌을 받은 아동보다 형제와 나누는 행동을 더 많이 하는 경향이 있다(Eisenberg, 2000).

• **이타주의의 비용.** 이타주의를 실천하더라도 거의 피해가 없거나 경미할 때 아동은 이타적으로 행동한다. 특별히 좋아하지 않는 간식을 받은 학령 전기 아동은 너무나 좋아하는 간식을 받은 아동보다 나누어 주는 행동을 더 많이 하는 경향이 있다(Eisenberg & Shell, 1986).

아동은 언제 돕는 행동을 더 많이 하고 언제 덜 하려고 하는가? 언제 아동은 도움이 필요한 사람들에게 책임감을 느끼거나, 행복해하거나, 돕기 위해 많은 것을 포기해야 한다고 생각하지 않는가? 아동은 언제 책임감을 느끼지 못하거나 도울 능력이 없다고 생각하며, 기분이 나쁘고, 돕는 것은 많은 개인적인 희생을 안겨 준다고 생각하는가?

이러한 안내지침을 통해 일화 속에 있는 어린이, 안토니오와 카라가 왜 오빠가 울고 있는데도 멍하니 바라보고 있었는지를 설명할 수 있겠는가? 힌트 : 마지막 두 요소인 기분과 비용은 포함되지 않을 것 같다. 처음의 두 가지 요소가 안토니오와 카라가 오빠를 돕지 못한 이유를 설명해 줄 수 있을 것이다. 자세한 설명은 346쪽에 있다.

유전의 기여

LO10 유전이 아동의 친사회적 행동에 어떻게 기여하는가?

앞에서 언급하였듯이, 많은 학자들은 친사회적 행동이 진화적 적응을 의미하는 것이라고 믿고 있다. 타인을 돕는 사람은 그 자신도 도움을 받고 자손이 생존하는 경우가 더 많다. 친사회적 행동의 유전가능성에 대한 입증은 일란성 쌍생아가 이란성 쌍생아보다 친사회적 행동이 더 유사하다는 쌍생아 연구를 통해 가능했다(Gregory et al., 2009).

유전적인 영향을 증명하는 것 중 하나는 옥시토신(양육, 공감, 친밀, 협동 등 많은 사회적 행동에 영향을 미치는 호르몬이기도 하고 특정한 유전자와 관련되기도 한)이다. 이러한 설명에 따르면, 몇몇 아동들은 옥시토신 촉진 유전자를 상속받은 것일지도 모른다(Carter, 2014; Keltner et al., 2014).

또한 유전자는 간접적으로 친사회적 행동에 영향을 미친다. 예를 들어, 기질적으로 자신의 감정을 조절하기 어려운 아동은 타인의 고통에 화가 나기 때문에 타인을 돕는 행동을 적게 할지도 모른다(Eisenberg et al., 2007). 다른 기질적인 영향력은 억압(수줍음)을 통해 나타날지도 모른다. 기질적으로 수줍은 아동은 타인을 돕는 것을 꺼리며 특히 자신이 잘 모르는 사람에 대해서는 더 그러하다(Young, Fox, & Zahn-Waxler, 1999). 수줍은 아동은 타인이 도움을 필요로 한다는 것을 알고 타인의 고통에 분노할지라도 자신의 감정을 행동으로 옮기는 것을 내켜 하지 않는다. 이 두 경우 모두 아동은 타인이 도움을 필요로 한다는 것을 알고 있지만, 첫 번째의 경우는 어떻게 도와주어야 하는지를 생각하는 데에 분노하는 것이고 두 번째의 경우는 어떻게 도와주어야 하는지는 알지만 그것을 실현하는 것을 억압하는 것이다.

친사회적 행동의 사회화

LO11 부모는 아동의 친사회적인 행동을 어떻게 장려할 수 있는가?

마틴 루터 킹 주니어 박사는 자신이 아프리카계 미국인의 권리를 추구하는 데에 세 사람, 헨리 데이비드 소로(19세기 미국 철학자), 마하트마 간디(영국으로부터 독립하고자 한 인도의 지도자), 그

질문 12.3
파올라는 아들인 엘리엇이 너무 이기적이어서 좀 더 남을 돌보고 인정이 많았으면 좋겠다고 생각하고 있다. 부모로서 파올라가 엘리엇이 타인의 복지에 더 관심을 가질 수 있도록 격려할 수 있는 것은 무엇인가?

아동과 청소년이 타인을 도와줄 기회를 가지고 나면, 타인의 요구를 더 잘 이해할 수 있기 때문에 지속적으로 남을 도와주게 된다.

리고 그의 아버지 마틴 루터 킹 시니어 박사에 의해 영향을 받았다고 이야기하였다. 많은 인도주의자들과 마찬가지로 킹 박사의 친사회적인 행동은 가정에서 아동기 동안 시작되었다. 부모들이 아동의 이타성을 키울 수 있는 몇 가지 요소가 있다.

- **모델링.** 아동이 다른 사람을 도와주는 성인을 볼 때 아동은 친사회적 행동을 모방한다(Eisenberg et al., 2006). 타인에게 관심과 온정적인 감정이 많은 부모의 아동은 감정이입을 강하게 경험하는 경향이 있다. 엄마가 도움을 잘 주고 민감하면 아동은 협동적이고 도움을 잘 주며 나누어 주고 남을 덜 비판함으로써 엄마를 모방한다. 특히 부모 모델링의 영향에 대한 강력한 증거로 제2차 세계대전 동안 위험에도 불구하고 나치로부터 유대인을 보호해 주었던 사람들의 경우 부모 둘 다 사람을 돌보는 것을 강조하였던 사람들이었다는 것을 들 수 있다(Oliner & Oliner, 1988).

- **규율적 훈련.** 부모가 온정적이고 지지적이며 지침을 세우고 피드백을 제공할 때 아동은 더 친사회적으로 행동한다. 반면 부모가 엄하고 위협적이며 체벌을 자주 할 때 아동의 친사회적 행동은 잘 일어나지 않는다(Eisenberg & Fabes, 1998; Knight & Carlo, 2012; Moreno, Klute, & Robinson, 2008). 특히 중요한 것은 훈육을 위한 책략으로 자신의 행동이 타인에게 어떻게 영향을 미치는지 아동이 알 수 있도록 도와주고자 하는 목적에서 부모가 추론을 사용하는 것이다. 예를 들어 4세인 애니가 친구에게서 크레용을 빼앗았을 때 아버지가 애니에게 이야기하였다. "다른 사람들의 물건을 뺏으면 안 돼. 그것은 그 사람들을 화나게 만들고 불행하게 만들거든. 먼저 물어보고 만일 '안 돼'라고 말을 하거든 너는 그것을 가지면 안 돼."

- **친사회적으로 행동할 기회.** 운동 기술을 증진하기 위해 훈련이 필요하듯이 친사회적 행동도 마찬가지로 훈련이 필요하다. 아동과 청소년들은 정기적으로 타인을 돕고 협동할 수 있는 기회를 가질 때 더 친사회적인 행동을 하는 경향이 있다. 가정에서 아동은 상을 차리고 식탁을 정리하는 등의 집안일을 도울 수 있다. 청소년에게 식료품 저장실에서 일을 하거나 아니면 사진 속의 10대처럼 노인을 돕는 등 지역사회의 봉사에 참여하도록 격려할 수 있다. 이러한 경험은 아동과 청소년이 타인의 요구에 민감하도록 도와주며, 돕는 것을 즐길 수 있도록 해 주는 것이다(Grusec, Goodnow, & Cohen, 1996; McLellan & Youniss, 2003). 이러한 경험은 왜 멕시코계 미국 젊은이들이 유럽계 또래보다 더 친사회적인지를 설명해 준다. 멕시코계 미국 엄마들은 자녀들이 동생을 돌보는 등 집안일을 도울 것을 기대하는데 이것은 이들이 타인의 요구에 관심을 가질 수 있도록 도와주는 것이다(Knight & Carlo, 2012).

아동의 친사회적 행동에 기여하는 요소들을 뒤의 요약표에 제시하였다. 이러한 요소들이 결합하여 아동의 이타적 행동을 발생시킨다. 아동의 연령이 증가함에 따라 타인의 요구를 깨닫고 느끼게 하는 조망수용 능력과 감정이입 기술이 발달한다. 물론 상황적 특성도 이타적 행동에 영향을 미친다.

부모와 타인이 아동의 친사회적인 행동을 격려하기 위해 노력할 때 가장 크게 장애가 되는 요인 중 하나는 아동기와 청소년기 동안 일반적으로 발생하는 공격적 행동이다. 다음 절에서는 아동의 공격성에 영향을 미치는 요인들을 살펴볼 것이다.

안토니오와 카라가 돕지 않았던 이유에 대한 답 : 두 가지 설명이 가능하다. 첫째는 안토니오도 카라도 (a) 도와줄 수 있는 아동이 둘이므로 각자가 가지고 있는 책임감이 줄었을 수도 있고, (b) 어린 아동은 오빠를 위하고자 하는 책임을 덜 느낀다는 점에서 두 아동 모두 도와줄 책임을 충분히 느끼지 않았을지도 모른다. 둘째는 나의 추측인데 두 아동은 DVD 플레이어를 사용해서는 안 된다는 이야기를 들어 왔는지도 모른다. 그래서 두 아동은 그것을 어떻게 작동해야 하는지 알지 못

요약표 12-2 아동의 친사회적 행동에 영향을 미치는 요인		
일반적 범주	유형	아동이 더욱 친사회적 행동을 하는 경우
기술	조망수용	아동이 타인의 관점을 수용할 때
	감정이입	아동이 타인의 정서를 느낄 수 있을 때
	도덕적 추론	아동이 공정함에 근거하여 도덕적 결정을 할 때
상황적 영향	책임감	아동이 도움이 필요한 사람에 대해 책임감을 느낄 때
	유능감	아동이 도울 능력이 있다고 느낄 때
	기분	아동이 즐거운 기분일 때
	이타주의의 비용	친사회적 행동의 비용이 적을 때
유전	기질	수줍어하지 않고 자신의 감정을 통제할 수 있을 때
부모의 영향	모델링	부모가 친사회적으로 행동할 때
	훈육	부모와 도덕성에 대한 추론을 할 때
	기회	집뿐 아니라 어디서든지 돕는 것을 훈련할 수 있을 때

하였거나 주안의 손가락을 어떻게 **빼내** 줄 수 있는지 알지 못하였기 때문에 도울 수 있는 능력이 있다고 느끼지 못하였을 것이다.

 학습 확인

점검 친사회적 행동의 발달적 변화에 대해 기술하시오.

아동이 타인을 잘 도와주는 상황은 어떤 상황인가?

이해 왜 아동의 친사회적 행동의 기술(공감 등)만큼이나 상황(아동이 책임감을 느끼는지 등)을 강조해야만 하는가?

적용 집안일을 돕고 공동체에 자원봉사하는 것이 아동의 친사회적 행동을 증진시킨다. 친사회적 행동의 근간이 되는 기술 중(344쪽), 어떤 기술이 집이나 기타 장소에서 남을 돕는 아동의 경험에 가장 영향을 미친다고 생각하는가?

 12.4 공격성

학습 목표	개요
LO12 공격적인 행동은 언제 처음 출현하는가? 공격성은 아동기, 청소년기, 성인기 동안 얼마나 안정적인가?	변화와 안정성
LO13 가족과 TV, 아동 자신의 생각이 공격성에 어떻게 영향을 미치는가?	공격적 행동의 근원
LO14 왜 어떤 아동은 공격성의 희생자가 되는가?	공격성의 희생자

7세인 레자는 학교에서 돌아온 후 저녁식사 전까지 매일 액션모험만화를 계속 본다. 레자의 엄마는 아들이 좋아하는 프로그램의 폭력성 때문에 아들의 지속적인 TV 시청이 불안하지만 남편은 걱정하지 말라고 한다. "레자가 보고 싶어 하는 것을 보게 합시다. TV 시청이 레자를 다치게 하는 것도 아니고 당신을 괴롭히는 것도 아니지 않소."

만일 당신이 초등학교 시절로 돌아간다면 아마도 교실에서 싸우고 남을 언제나 울리며 약자를 괴롭히던 아이를 기억할 것이다. 그런 행동을 타인에게 해가 되는 행동인 **공격성(aggression)이라 한다.** 사람들이 가끔 공격성을 '자기주장이 강한'이라는 용어와 바꾸어 사용하기도 하지만, 분명 공격성은 자기주장이 강한 것을 의미하는 것은 아니다. 당신은 아마도 '공격적인 사업가' 또는 '주루를 향해 공격적인' 야구선수에 대한 칭찬을 들어 봤을 것이다. 심리학자들과 다른 행동주의 학자들은 이런 행동을 자기주장이 강한 것이라 부른다. 자기주장이 강하다는 것은 다른 사람의 권리를 존중하면서 자신과 자신이 속한 집단의 합법적인 이익을 위한 목표 지향적인 행동이다. 반면 신체적이나 언어적인 공격성은 다른 사람의 권리에는 아랑곳하지 않고 타인에게 해를 입히며 상처를 주려는 의도에 의한 것이다.

변화와 안정성

LO12 공격적인 행동은 언제 처음 출현하는가? 공격성은 아동기, 청소년기, 성인기 동안 얼마나 안정적인가?

아동이 1세 정도가 되면 대부분의 아동은 잡거나 미는 등의 간단한 공격성에 필요한 운동기술을 가지고 있으며, 많은 어린이들은 자신이 원하는 것을 얻기 위해 이러한 기술들을 사용할 수 있다(Hay et al., 2011). **이러한 도구적 공격성(instrumental aggression)은 아동이 목표를 획득하기 위해 사용하는 공격성이다.** 초등학교에서는 점심을 기다리는 줄 맨 앞에 서기 위해 다른 아동을 밀치는 것으로 나타날 수도 있다. 초등학교 시절 공격성의 다른 형태가 나타난다(Coie et al., 1991). **악의를 품은 공격성(hostile aggression)은 정당한 이유가 없는 것으로 분명히 다른 아동에게 창피를 주거나 겁을 주거나 괴롭히기 위한 목적에 의한 것이다.** 악의를 품은 공격성은 자발적으로 "너는 바보야!"라고 말하면서 다른 아동을 발로 차는 아동의 모습에서 찾아볼 수 있다. **반응적인 공격성(reactive aggression)은 한 아동에 의해 발생되는 다른 아동의 공격성을 의미한다.** 반응적 공격성은 게임에 지고 난 후 이긴 아동에게 주먹을 날리는 아동 또는 연극에서 주연으로 뽑히지 못한 후 뽑힌 아동을 발로 차는 아동을 포함한다.

도구적, 악의적, 반응적 공격성은 어린 아동들에게서 신체적으로 자주 나타나는 경향이 있다. 아동은 연령이 증가할수록 자신의 공격성을 표현하기 위해 언어를 자주 사용한다(Dodge, Coie, & Tremblay, 2006). **언어적 공격성의 일반적인 형태는 사람들의 사회적 관계를 파괴시킴으로써 그 사람에게 상처를 주는 관계에 대한 공격성(relational aggression)이다.** 관계에 대한 공격성은 남아보다 여아에게 더 많이 발생하며, 특정 친구를 피하도록 친구들에게 이야기하거나 악의에 찬 소문을 내거나, 다른 사람에게 상처가 되는 말을 함으로써 다른 사람에게 상처를 주려고 노력하는 경우를 말한다(Côté et al., 2007; Crick et al., 2004). 나의 아동 발달 수업을 듣는 학생들이 이야기했던 관계에 대한 공격성에 관한 두 가지 사례에 대해 이야기할 수 있을 것 같다. 2학년 때 열띤 토론이 끝난 후 한 친구가 학교의 모든 사람이 볼 수 있는 복도에 활자체로 "에린은 커다란 육포이다."라고 써 놓았다고 한다. 다른 학생인 베스는 철자 대회에서 친구를 때렸더니 그 친구의 친구들이 '나는 베스를 싫어해'라는 모임을 결성하였다고 내게 이야기해 주었다.

공격성의 안정성 공격성의 형태는 발달과 함께 변화하지만 아동의 공격적인 성향은 시간이 흐르면서 안정화되어 가는데 어린 시절 공격적이었던 아동은 더욱 그러하다(Kjeldsen et al., 2014). 다음의 종단적인 연구들은 어린 시절 공격적인 아동은 공격적이고 폭력적이며 범죄도 저지르는 청소년과 성인으로 성장한다는 것을 보여 준다.

● 웨일즈에서 성장한 250명의 영아와 걸음마기 아동에 대한 연구(Hay et al., 2014)에 따르면 다른 사람을 물고 때리던 6개월 아이는 3세경에 장난감을 갖기 위해 친구를 발로 차고 때리는

행동을 많이 한다고 한다.

- 900명 이상의 캐나다 여아에 대한 연구(Côté et al., 2001)에 따르면 교사에게서 수업을 방해하는 사람(불복종하거나 친구를 따돌리는 등)으로 평가받은 6세 아동은 청소년기에 품행장애(만성적으로 공격적이거나 기물을 파괴하거나 거짓말을 하거나 물건을 훔치는)로 진단받는 경향이 4~5배 이상 많았다고 한다.

- 200명의 독일 학령 전기 아동에 대한 연구(Asendorpf, Denissen, & van Aken, 2008)에서, 교사에 의해 가장 공격적이라고 평가받은 아동은 성인이 되었을 때 가장 덜 공격적이라고 평가받은 아동보다 공격적인 행동으로 인한 벌금이 12배 더 많다고 한다.

성인기의 폭력적 행동이 아동기 공격성에 의한 장기적인 결과인 것만은 아니다. 고등학교 시절의 부적응(예 : 결석, 낮은 성적 등)과 실업도 영향을 미친다(Asendorpf et al., 2008; Ladd, 2003). 한 연구에 따르면 공격적인 8세 아동은 고등학교 때 불량하게 행동하고, 성인기에 일을 할 수 있는 기회를 거의 갖지 못하며 심한 음주를 하는 경향이 있다고 한다. 30대 초반까지 공격성이 높았던 많은 아동은 교육을 잘 받지 못하며 낮은 위치의 직업을 갖는 경향이 있고 어떤 사람들은 만성적으로 취업을 못하기도 한다(Alatupa et al., 2013; Kokko & Pulkkinen, 2000).

이와 비슷한 연구의 결과들은 공격성이 아동이 장난스럽게 밀고 새치기하는 것을 의미하는 것은 아니며 매우 공격적이던 아동의 소수가 사회를 파괴시키는 성인으로 발달한다는 것을 보여 주는 것이다.

공격적 행동의 근원

LO13 가족과 TV, 아동 자신의 생각이 공격성에 어떻게 영향을 미치는가?

예전에 심리학자들은 공격성이 좌절에 의한 것이라고 믿었다. 아동이나 성인은 추구하던 목표를 얻을 수 없을 때 좌절하게 되고 공격적이 된다고 생각하였기 때문이다. 그러나 오늘날 과학자들은 생물학적인 요소, 가족, 아동의 공동체 사회와 문화, 그리고 아동 자신의 생각 등 여러 가지 이유를 생각하고 있다.

생물학적인 기여 '악한 자로 태어나다(Born to Be Bad)'라는 제목은 적어도 영화 두 편, CD 두 장, 책 세 권의 제목이다. 이러한 사실은 어떤 사람은 태어날 때부터 파괴적이고 폭력적이며 범죄적인 행동을 하는 발달적 궤도를 밟아 간다는 생각에 의한 것이다. 즉 경험이 아니라 생물학적인 것이 공격적인 사람을 만들어 놓는다는 의미이다.

이러한 생각은 진실일까? 생물학적인 것과 유전적인 것이 공격적인 행동과 폭력적인 행동에 영향을 미친다. 쌍생아에 대한 연구는 유전적 영향을 명확하게 보여 준다. 일란성 쌍생아는 이란성 쌍생아보다 신체적인 공격성의 수준이 유사하다(Brendgen et al., 2006; Lacourse et al., 2014). 그러나 이는 공격성이 유전되는 것이라는 것을 말해 주는 것이 아니라 어떤 아동의 경우 공격적이나 폭력적인 행동과 같이 위험한 요소를 가지고 태어난다는 것을 의미하는 것이다. 기질도 그런 하나의 요소이다. 기질적으로 까다롭거나 과도하게 감정적이거나 주의력이 부족한 아동은 공격적이 되기 쉽다(Joussemet et al., 2008; Xu, Farver, & Zhang, 2009). 호르몬도 영향을 미치는 요소이다. 높은 수준의 테스토스테론은 높은 수준의 공격성과 도발적인 강한 반응과 관련되어 있다(Carré, McCormick, & Hariri, 2011). 마지막으로 어떤 아동은 공격적인 행동을 금지하는 신경전달물질의 결함을 가질 수도 있다(van Goozen et al., 2007).

까다로운 기질도 테스토스테론의 높은 수준도 신경전달물질도 아동을 공격적으로 만드는 것은 아니지만 이것이 공격적인 행동을 더 많이 하게 하는 경향이 있다. 결국 생물학적인 요소는 아동을 공격성의 위험에 처하게 하는 요소인 것이다.

가족의 영향 아동에게 타인을 해롭게 하라고 가르치는 가족은 거의 없음에도 불구하고 어린 시절 가족의 경험은 공격성의 패턴을 배우는 온상이다. 훈육에 대한 부모의 접근이 결정적이다. 부모가 훈육을 위해 신체적인 처벌이나 위협을 할 때 아동에게 주는 감추어진 메시지는 남을 통제하기 위한 수단으로 신체적인 힘을 사용하라는 것이다. 사진 속의 부모가 보여 주는 것은, "네가 원하는 것을 얻을 수 있는 가장 좋은 방법은 남을 괴롭히는 것이다"인 것이다(Lee, Altschul, & Gershoff, 2013; Gershoff, 2013).

그러나 강하거나 공격적인 양육만이 아동의 공격성을 만드는 유일한 길은 아니다. 어떤 부모들은 아동에 대한 사랑을 철회함으로써 아동을 위협하고 실망을 표현하고 아동을 과도하게 독점하려 한다(관계적 공격성으로 볼 수 있다). 그 결과 이러한 양육을 과도하게 경험한 아동이 관계적 공격성의 경향이 있는 것은 놀라운 일이 아니다(Kuppens et al., 2013).

공격성이 강한 아동의 가족 중 다수에서 악순환적인 경향성이 발달한다(Keijsers et al., 2011). 비공격적인 아동의 가족과 비교하여, 공격적인 아동과 부모는 중립적인 행동에 공격적인 반응을 보이는 경향이 더 많다. 공격적인 교환이 이루어지고 나면 그것을 멈추기보다는 부모와 아동의 그러한 교환은 가속화한다. 일단 아동이 부모와 타인에게 공격적인 아동으로 분류되고 나면 아동이 상황에 맞는 적절한 행동을 했을 때조차 공격적인 것으로 치부되고 처벌을 받는 경향이 있다(Patterson, 2002). '공격적인 아동'에게 잘못된 모든 일에 대해 책임을 지우는 반면 다른 아동의 잘못된 행동은 무시되는 경향이 있다.

아동의 공격성과 관련된 부모의 또 다른 행동은 아동이 어디에 있고 무엇을 하며 누구와 함께 있는지 등에 대한 부모의 모니터링(monitoring)이다. 부모가 아동의 행동을 모니터링하지 않을 때 아동의 공격성은 더 빈번해진다(Patterson, 2008; Vieno et al., 2009). 물론 모니터링을 하기 위해서는 어느 정도 아동의 협력이 필요하고 만성적으로 공격적인 아동은 자신이 하는 일에 대해 부모에게 이야기하기를 꺼리는 경향이 있다(Racz & McMahon, 2011).

이제까지 우리는 부모들의 처벌 사용과 모니터링 부족이 아동의 공격성과 관련되어 있다고 생각해 왔다. 이러한 목록에 더 추가해야 할 것은 갈등이다. 부모가 지속적으로 싸우고 논쟁할 때 아동은 더 공격적인 경향이 있다(Cummings et al., 2006; Narayan, Englund, & Englund, 2013). 아동은 많은 경우 부모가 싸우는 현장 바로 앞에 있으며 부모가 어떻게 언어와 신체적인 공격을 하는지를 볼 수 있다. 불행하게도, 아동은 이러한 상호작용 패턴이 가족 간 문제 해결을 위한 '자연스러운' 방법이라고 믿게 된다(Graham-Bermann & Brescoll, 2000).

공동체와 문화의 영향 부모뿐만 아니라 다른 영향력이 있는 목소리들도 공격적인 행동에 대한 강력한 메시지를 전달하고 있다.

- **TV와 게임.** 아동 대상 TV 프로그램의 대부분이 신체적인 공격성을 담고 있다(Wilson et al., 2002). 미국 아동은 평균적으로 청소년기에 도달하기 전 수천 명의 TV 속 살인자를 보게 된다(Waters, 1993). 신체적 상해와 폭력 프로그램이 줄어들어야 함에 대해 연구가 우리에게 이야기해 주는 것은 무엇인가? 앞에 나왔던 일화 속의 레자는 더 공격적이 될 것인가? 아니면 그의 아버지의 믿음처럼, TV 시청은 단순히 재미인 것인가? 종단적인 연구들은 폭력물에 자주 노출된 아동이 공격적이고 폭력적인 성인으로 성장함에 대해 지속적으로 보고하고 있다. 부모의 교육 수준과 가족의 수입을 통제한 후에도 그 결과는 마찬가지이다(Fuld et al., 2009). 폭력적인 비디오 게임도 폭력적인 TV 프로그램과 같은 방식으로 아동의 공격성과 폭력적인 행동에 영향을 미친다(Willoughby, Adachi, & Good, 2012). 아동이 공격적인 게임 캐릭터와 동

부모가 신체적인 처벌을 사용할 때 아동은 더욱 공격적이 되어 간다.

일시하고 습관적으로 게임을 할 때 더욱 그러하다(Konijn, Nije Bijvank, & Bushman, 2007). 폭력적인 비디오 게임도 아동으로 하여금 공격의 대상을 덜 인간적으로 보게 만드는 경향이 있으며 공격적이 되는 것을 수용하게 만드는 경향이 있다(Greitemeyer & McLatchie, 2011). 앞에서 살펴본 일화 속 레자의 아버지는 분명히 틀렸다.

- **또래.** 공격적인 아동은 공격적인 다른 아동과 종종 친구가 된다. 이것은 놀라운 일이 아니다. 공격적인 친구는 다른 아동의 공격적인 행동을 지지하고 격려한다(Banny et al., 2011; Powers, Bierman, & The Conduct Problems Prevention Research Group, 2013). 음악에 흥미있는 아동들이 함께 음악 CD를 듣듯이 공격적인 아동은 팀을 이루어 또래를 공격하는 것을 즐긴다. 이들은 때때로 공격 대상을 공유하기도 한다(Card & Hodges, 2006). 공격적인 청소년은 종종 공격적이고 폭력적인 행동의 촉매 역할을 하는 폭력집단에 가입한다. 즉 폭력집단에 가입한 청소년이 이미 공격적이기는 하지만 폭력집단의 구성원은 더 빈번히 그리고 더 강력한 반사회적 행동을 이끌어 간다(Thornberry et al., 2003).

- **학업 실패.** 공격적인 아동은 종종 학업에 관심이 없고 학점은 그 무관심을 반영한다. 이러한 결과에 대한 하나의 해석은 공격적인 아동의 행동이 학습을 방해한다는 것이다. 공격적인 아동은 학업을 위해 시간을 사용하는 대신 파괴적인 행위를 하거나 훈육되는 것으로 더 바쁜데, 이 과정에서 아동은 학업의 방해 요소인 교사와의 갈등을 창출한다(Stipek & Miles, 2008). 다른 해석으로는 배우는 것이 어려운 아동이 좌절을 경험하게 되고 그 좌절을 또래에게 공격적인 행동으로 표현한다는 것이 있다.

  두 관점 모두 옳은 것으로 보인다(Masten et al., 2005; Miles & Stipek, 2006). 학업 실패는 공격적인 행동을 산출하고 반대로 공격적인 행동은 학업 실패를 산출한다. 즉 공격적 행동이나 학업 실패가 출발점이 되어 악순환하는 것으로 보이며 일단 시작이 되고 나면 그 악순환은 더욱 심해진다. 시간이 지나면 더 공격적이고 더 학업에 실패한 사람이 되어 있는 것이다(Masten et al., 2005).

- **빈곤.** 빈곤한 가정의 아동은 그렇지 않은 가정의 아동에 비해 공격적이고 반사회적인 행동을 더 많이 한다(Williams, Conger, & Blozis, 2007). 빈곤의 영향은 이미 우리가 살펴본 요소들에 의해 설명될 수 있다. 예를 들면 빈곤은 부모에게 극심한 스트레스이고 때로는 혹독한 훈육과 모니터링에 대한 게으름 등 공격성을 이끌어 내는 양육 행동을 가져온다(Shaw & Shelleby, 2014). 또한 빈곤은 폭력 문화를 창출하도록 도움으로써 공격적인 행동에 기여한다.

- **폭력적 문화.** 폭력성 범죄는 가난에 찌든 이웃들에게 보편적인 것이고 이러한 폭력에 노출되면 공격적인 행동은 촉진된다. 시카고 청소년 연구를 통해 빈곤 청소년이 총기 폭력에 더 노출되는 경향이 있으며, 성인이 되었을 때 더 공격적이고 폭력적인 경향성이 있음이 보고되었다(Bingenheimer, Brennan, & Earls, 2005). 미국 남부와 서부 지역에 살고 있는 사람들도 '명예의 문화'(개인의 명예, 가족과 재산을 지키기 위한 공격적이고 폭력적인 행동을 지지하는)를 지지한다(Hayes & Lee, 2005). 이러한 주에서 청소년은 학교에 총기를 가져가는 경향이 많은 것으로 보고되고 있는데 콜럼바인 고등학교의 경우와 같은 학교 총기사고가 보편적으로 발생한다(Brown, Osterman, & Barnes, 2009). 공격적인 아동이 많은 초등학교는 공격성을 인정하는 분위기를 만들어 가며 공격적인 행동으로 오염되어 간다(Powers et al., 2013).

인지적 과정 제6장에서부터 제8장에 이르기까지 살펴보았던 지각적 기술과 인지적 기술도 아동의 공격성에 영향을 미친다. 일반적인 요인 하나는 6.2절에 기술되어 있는 처리기능이다. 제한과 변화, 행동과 사고를 새롭게 하는 기술이 부족한 아동은 공격적인 행동을 하는 경향이 있다(Ellis, Weiss, & Lochman, 2009; McQuade et al., 2013; Schoemaker et al., 2013).

인지적 과정은 다른 방식으로 공격성에 영향을 미치는데, 공격적인 반응을 자주 보이는 아동의 경우 타인의 의도를 이해하는 기술이 부족해서 공격적인 반응을 보이기도 한다(Dodge, Bates, & Pettit, 1990). 이들은 "네가 하려는 것이 무엇인지 잘 모르겠고 의심이 들 때는 공격을 하면 된다"고 너무도 자주 생각한다. "주목할 만한 이론"에서 공격적인 아동이 타인에 대해 어떻게 생각하는지에 관한 인지적인 과정 이론에 대해 살펴볼 것이다.

주목할 만한 이론

사회정보처리이론과 아동의 공격적 행동

배경 유전, 부모, TV, 또래, 빈곤 모두 아동의 공격적 성향에 기여한다. 이러한 영향이 아동에게 세상을 적대적인 곳으로 인지하도록 이끌어 가기도 한다. 그러나 공격적인 아동의 적대적인 관점을 특징짓는 것은 쉬운 일이 아니다.

이론 아동이 사람을 어떻게 인지하고 이해하며 어떻게 반응하는지 설명하기 위해 니키 크릭과 케네스 닷지(Crick & Dodge, 1994; Dodge & Crick, 1990; Fontaine & Dodge, 2006)는 〈그림 12-2〉에 제시된 바와 같이, 아동의 생각에 대한 정보처리 과정 모델을 구성하였다. 이 모델에 따르면 사회적 자극은 몇 가지 단계로 전개된다. 첫째, 아동은 사회적 자극에 대해 선택적으로 주목한다. 둘째, 진행되고 있는 특성을 이해하려고 노력한다. 즉 사회적 자극에 의미를 부여하려고 노력한다. 셋째, 아동은 상황을 위한 자신의 목표를 평가한다. 넷째, 상황의 목적과 이해와 관련되는 행동적 반응을 기억에서 꺼내 온다. 다섯째, 그것이 적절한지를 평가한다. 여섯째, 그 행동을 수행한다.

이 이론은 공격적인 아동이 그림의 많은 단계에서 편향되고 제한적으로 정보를 처리한다는 것과 이렇게 결점이 있는 정보처리 과정이 아동을 더욱 공격적으로 이끈다는 것을 이

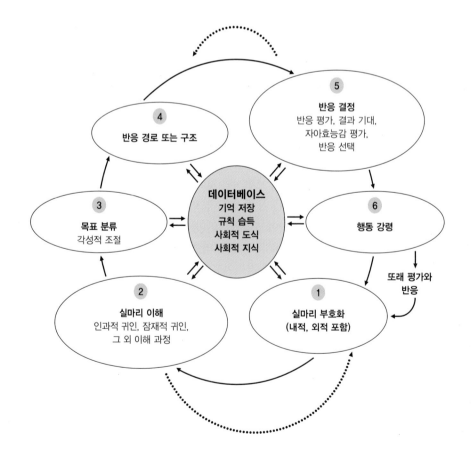

그림 12-2

야기해 주고 있다. 이들은 체계적으로 타인의 행동을 오해하고 있다(Crick & Werner, 1998; Egan, Monson, & Perry, 1998).

가설 사회정보처리이론에 따르면 공격적인 아동의 사회정보 처리 과정은 〈그림 12-2〉의 각 단계에서 편향되어 있다고 한다. 과정의 네 번째와 다섯 번째 단계(반응경로와 그 평가)에서의 편견으로 인해 공격적인 아동은 자신의 해석이 모호할 때 호전적인 반응을 한다는 가설을 세우게 한다. 예를 들어 공격적인 한 아동이 책상 위에 있는 책을 집어 들었을 때, 다른 공격적인 아동이 "내 책이야"라고 도발적이지 않는 태도로 이야기하면, 공격적인 아동은 그것을 중립적인 방식보다는 호전적인 방식으로 반응하는 경향이 있다.

검증 또 다른 연구자들(Fontaine et al., 2009)은 한 사람의 행동(예를 들면 '책을 집어 드는 행동')이 다른 사람의 중립적인 반응(예를 들면 "그건 내 책이야")을 일으키는 비디오를 청소년에게 보여 주면서 가설을 평가하였다. 그 비디오는 호전적인 반응과 비호전적인 반응을 담고 있었다. 연구에 참여한 청소년들에게 이들이 왜 그러한 방식으로 행동하는지 그

리고 그런 행동을 통해 어떤 느낌이 드는지에 대해 질문하였다. 공격적인 아동은 호전적인 반응을 지지하는 반면 공격적이지 않은 아동은 호전적이지 않은 반응을 지지하는 경향이 있었다.

결론 사람의 행동이 불분명한 상황에 직면할 때, 공격적인 아동과 청소년은 호전적인 방식으로 반응하는 경향이 있다. 즉 공격적인 아동은 의심스러운 눈으로 세상을 보면서 많은 중립적인 상호작용에 호전과 분노로 반응한다.

적용 만일 타인의 행동에 대한 반응과 이해에 대한 기술이 부족한 공격적인 아동을 대상으로 훈련을 시킨다면 이들의 공격적 행동을 줄일 수 있을까? 그 대답은 '그렇다'이다. 아동에게 좀 더 정교한 사회 인지 기술을 가르친다면, 그들은 타인의 정서를 인식하고 타인의 의도를 이해하고, 공격성 없이 또래와의 문제를 해결하는 방법을 배우게 될 것이다. 이와 같이 증진된 사회적 기술은 공격성과 같은 반사회적인 행동의 경향성을 줄일 수 있다(Dodge, Godwin, & The Conduct Problems Prevention Research Group, 2013).

복합적, 연쇄증폭적 위험 많은 요인이 아동과 청소년의 공격적 성향에 기여한다. 이러한 요인들이 아동의 삶에서 지속적으로 증가하면 이들은 공격적인 행동에 대한 더 많은 위험에 처하게 된다 (Greenberg et al., 1999). 더구나 많은 요인들이 증폭적인 형태로 작용하는데 예를 들면 나중에 나타난 요인은 그 전에 있던 요인을 발판으로 기세를 확장한다(Vaillancourt et al., 2013). 가난이나 어머니의 우울은 혹독하고 비효율적인 양육행동을 가져오며 이러한 양육행동은 아동이 학교생활에 대비하지 못하게 만들고 대비하지 못한 학교생활은 아동의 학업 실패나 품행 장애를 이끈다. 이러한 어려움은 부모로 하여금 양육행동을 위해 투자하지 못하게 하고 적극적이지 못하게 함(예를 들면 아동에 대한 모니터링을 못하는)으로써 아동이 비행적인 그리고 공격적인 또래와 어울리게 한다(Dodge, Greenberg, & Malone, 2008).

비행적이고 공격적이며 반사회적 아동으로 이끄는 발달적 긴 여행은 아동기 초기에 시작하지만 그 길을 따라가면서 점점 더 탄력을 받는다. 그러므로 아동이 이러한 길을 가지 못하도록 하기 위한 노력은 일찍부터 시작되어야 하고, 아동기 동안 관리되어야 하며, 아동과 부모 모두가 대상이 되어야 한다. 성공적인 프로그램의 한 예로 패스트 트랙(Fast Track)이 있다(Bierman et al., 2013; Conduct Problems Prevention Research Group, 2011). 이 프로그램은 청소년에게 생활과 직업 기술을 가르치는 것만큼 초등학생에게 학업 기술과 사회적 기술을 가르친다. 더구나 부모에게 효율적으로 아동을 양육하고 더 나아가 아동과 어떻게 함께 살아가며 아동의 행동을 어떻게 모니터링해야 하는지를 가르친다. 유치원 때에 매우 높은 위험에 처해 있던 아동을 대상으로 비교집단과 실험집단으로 나누어 연구한 결과, 12학년(프로그램이 끝나고 2년 후인) 때에 측정된 공격적이고 비행적인 행동은 실험에 참여한 아동이 비교집단 아동에 비해 절반 정도였다.

물론 이런 성공적인 프로그램을 위해서는 비용이 많이 든다. 그러나 그 비용은 공격적인 행동으

로 인해 산출되는 것에 비하면 매우 적은 비용이다. 희생자에게 지불되어야 하는 비용과 소송비용, 투옥에 사용되는 비용을 계산해 보면 폭력적이고 공격적인 미국 청소년 개개인에게 들어가는 비용은 200만 달러에서 500만 달러이다(Cohen & Piquero, 2009). 즉 패스트 트랙과 같은 프로그램은 아동의 삶을 증진시킬 뿐 아니라 비용 면에서도 효율적인 프로그램인 것이다.

공격성의 희생자

LO14 왜 어떤 아동은 공격성의 희생자가 되는가?

모든 공격적인 행동은 누군가를 향한 것이다. 모든 어린이가 공격성의 대상이지만 소수의 아동은 만성적인 대상이 되기도 한다. 유럽과 미국에서는 학령기 아동과 청소년의 10~25%가 신체적 폭력, 놀림, 교묘하게 험담당하기 등의 만성적인 희생자들이다(Juvonen & Graham, 2014). 최근 몇몇 청소년은 휴대전화나 인터넷으로 괴롭힘을 당하는 전자기기의 희생자들이다(Raskauskas & Stoltz, 2007).

Q&A

질문 12.4

브랜든은 학교에서 지속적으로 또래에게 괴롭힘을 당하고 있다. 여자아이들은 그를 놀리고 남자아이들은 종종 씨움을 건다. 그와 그의 부모가 또래 관계를 증진시킬 수 있는 방법은 무엇인가?

당신이 상상하는 것처럼 아동이 매일 또래에게 괴롭힘을 당하는 것은 정말 힘든 일이다. 연구들은 만성적인 희생자 아동이 고립되고 불안하며 우울해진다는 것, 그리고 학교와 또래를 싫어한다는 것, 자아존중감이 낮다는 것을 지속적으로 보여 주고 있다(Ladd & Ladd, 1998; Rodolph, Troop-Gordon, & Flynn, 2009). 성인들과 마찬가지로, 이들은 건강이 나빠지고 사회적 관계에 만족하지 못하는 경향이 있다(Wolke et al., 2013). 모순되게도 아동은 다른 사람이 따돌림당하는 것을 보면서 자신은 따돌림당하지 않았다고 느끼기 때문에, 따돌림으로 인한 영향은 줄어든다(Nishina & Juvonen, 2005).

왜 어떤 아동은 희생자의 슬픈 운명으로 고생하는가? 어떤 희생은 공격적인 자기 자신 때문이다(van Lier et al., 2012; Veenstra et al., 2005). 이러한 어린 아동은 때때로 과도하게 행동하고 쉽게 화를 낸다. 그들의 공격적인 또래는 그 아동이 쉽게 미끼에 걸려든다는 것을 잘 알고 있다. 이들은 그를 놀리거나 공격하면 그 아동은 수적 열세와 상관없이 싸움을 시작한다는 것을 안다. 다른 희생자는 철회나 수동적이며 자아존중감이 낮은 경향 때문이다. 그들은 또래의 공격으로부터 방어할 능력이 없거나 그럴 생각이 없어서 수동적인 희생자가 된다(Guerra, Williams, & Sadek, 2011; Ladd & Ladd, 1998; Salmivalli & Isaacs, 2005). 사진 속의 아동처럼 이들은 공격당할 때 스트레스를 받는다는 신호를 보여 주며 공격자들에게 항복함으로써 공격자들의 공격적인 행동을 보상한다. 그래서 공격적인 아동이나 철회적·수동적인 아동은 희생자로 끝이 나며, 이러한 패턴은 북미뿐만 아니라 중국에서도 나타난다(Schwartz, Chang, & Farver, 2001).

공격적인 아동에게 항복할수록 더욱 공격성의 희생자가 된다.

다른 요인도 따돌림의 희생자를 만드는 데에 기여한다. 아동이 비만일 때, 우울할 때, 장애일 때, 이민자일 때 더 많이 따돌림을 당한다. 또래와 또 다른 특성들이 따돌림을 만드는 요인이기도 하다(Juvonen & Graham, 2014; Strohmeier, Kärnä, & Salmivalli, 2011).

희생자 아이들은 과도하게 행동하거나 수동적으로 철회하기보다는 모욕을 당했을 때 때리지 않거나, 위협을 받을 때 두려움을 보여 주지 않는 등의 더 효율적인 대처방법을 배울 수 있다. 게다가 자존감의 증가도 도움이 될 수 있다. 공격을 받을 때 자존감이 낮은 아동은 '나는 패배자야. 다른 것을 선택할 수 없으니 참아야 돼'라고 생각할 수 있다(Egan et al., 1998). 희생자를 돕는 또 다른 방법은 또래와의 우정을 키우는 방법이다. 아동에게 친구가 있을 때 덜 희생될 수 있다(Veenstra et al., 2010).

물론 가장 좋은 방법은 따돌리는 것을 용서하지 않고 또래가 희생자를 도울 수 있는 학교 분위기를 만드는 것이 효율적이라고 제시한 "아동 발달과 가족 정책"처럼 따돌림과 희생자를 동시에 예방하는 방법이다.

아동 발달과 가족 정책

KiVa 따돌림 방지 프로그램

1990년대 초, 핀란드는 핀란드 학교에 따돌림이 만연해 있는 것에 관심을 두었다. 교육부 장관은 투르쿠대학의 따돌림 전문가인 크리스티나 살미발리 박사에게 학교에서 실시할 수 있는 따돌림 방지 프로그램을 만들어 달라고 요청하였다. 그 결과가 '따돌림 방지'를 의미하는 핀란드어 'kiusaamista vastaan'에서 나온 KiVa이다. 프로그램의 핵심은 따돌림을 받아들이지 않는 학교 분위기를 조성하는 것이었다. 타인 존중에 대한 강의와 토의, 역할 놀이, 컴퓨터 게임을 통해 따돌림을 목격한 아동이 이를 교사에게 보고하거나 희생자를 도울 수 있게 되었다. 또한 교사에게 따돌림의 문제를 다룰 수

있는 전략을 교육시켰다. 예를 들면, 교사는 따돌림당한 아동이 자신의 공격적인 행동을 바꿀 수 있는 방법에 대해 생각해 보게 함으로써 희생자를 도와주었다(Rubin, 2012).

KiVa 프로그램은 효율적이어서 따돌림과 희생자가 줄어들었다(Kärnä et al., 2013). 프로그램의 성공으로 핀란드에 있는 3,000개 가까운 학교에서 이 프로그램을 실행하였고 일본, 스웨덴, 네덜란드, 영국, 미국 등에서도 실행하였다(Rubin, 2012). KiVa는 따돌림을 발생시키는 요인들을 제거함으로써 어떻게 효율적인 프로그램을 개발할 수 있는지를 보여 주는 데에 성공한 것이다.

 학습 확인

점검 일반적인 경우 공격성과 연령의 차이에 대해 기술하시오.

크릭과 닷지의 정보처리 모델에서 의사결정의 기본적인 측면과 공격적인 아동에게서 발견되는 왜곡에 대해 요약하시오.

이해 아동의 공격적인 행동에 대한 본성과 양육의 영향을 비교하시오.

적용 교실에서의 공격적인 행동을 어떻게 하면 줄일 수 있는지 알고 싶어 하는 초등학교 교사들이 있다고 하자. 이들에게 어떠한 충고를 해 줄 수 있는가?

주제 통합하기 지속성

본 장은 **초기의 발달이 완벽하지는 않지만 후기의 발달과 관련되어 있다**는 주제에 적합한 예들로 구성되어 있다. 예를 들어, 332쪽에 기술되어 있는 만족지연을 잘하는 학령 전기 아동은 청소년기에 유혹에 빠지는 경우가 적으며 주의를 다른 곳으로 돌릴 수 있다. 그 관계가 완벽한 것은 아니지만 유혹에 잘 빠지는 학령 전기 아동의 많은 수는 주의를 다른 곳으로 돌리지 못한다. 공격적인 아동에 대한 종단 연구의 결과도 같은 결론을 낼 수 있다(348~349쪽). 공격적인 아동의 많은 수는 성인기에 심각한 범죄를 저지른다. 아동기의 공격적인 행동은 반드시 그러한 것은 아니지만 성인기 범죄 활동의 가능성을 증가시킨다.

직접 해 보기

이 과제는 마치 꿈 같은 것일지도 모른다. 당신에게 TV 시청이 요구되었다! 저녁 8시에서 10시까지 지상파 방송을 볼 수 있는 저녁 하루를 선택하라. 당신이 해야 할 일은 (1) 한 사람이 다른 사람에게 폭력을 휘두르는 것 (2) 원하지 않는 행동을 하도록 위협하는 것의 사례들을 세는 것이다. 한 방송을 무작위로 선택해서 그 프로그램을 10분 동안 보라. 그다음 다른 방송을 선택해서 그 프로그램을 10분 동안 보는 것이다. 2시간 동안 매 10분마다 계속적으로 채널을 바꿔라. 물론 모든 프로그램의 줄거리를 이해하기는 쉽지 않지만, 이 방법으로 폭넓은 표본을 구할 수 있을 것이다. 아동의 만화 프로그램을 볼 수 있는 토요일 아침에도 이 과정을 반복해 보라.

이제 시간당 공격성의 양을 측정하기 위해 측정된 공격적 행동 전부를 4로 나누어 보라. 그다음에 19세까지 청소년이 평균적으로 시청하는 공격적 행동의 수를 측정하기 위해 11,688을 곱하라.(왜 11,688이냐구? 16년 동안 2시간 곱하기 365일을 하기 때문이다.) 그 후 결과로 나타난 그 많은 수에 대해 곰곰이 생각해 보라. 만일 당신의 부모가 당신에게 12,000번 동안 훔치는 것은 괜찮은 일이라고 이야기한다면 아마도 당신은 훔치는 일을 더 많이 하게 될 것이다. TV 메시지에 과도하게 노출된 결과가 "갈등은 공격적인 것으로 해결해라"라고 한다면? 직접 해 보기 바란다!

요약

12.1 자아 통제

자아 통제의 시작
1세경 유아는 타인이 자신에게 요구하는 것이 있다는 것을 처음으로 깨닫는다. 3세 정도가 되면 어린아이는 자신의 행동 조절에 대한 계획을 세울 수 있다. 학령기가 되면 아동은 자신의 행동을 더 잘 통제할 수 있다.

자아 통제에는 개인차가 있지만 시간이 지나도 일관성이 있다. 자아 통제를 잘하는 학령 전기 아동은 청소년이나 성인이 되어도 자아 통제를 잘하는 경향이 있다.

자아 통제에 영향을 미치는 요인
자아 통제를 잘하는 아동의 부모는 사랑해 주고 제한을 설정하고 훈육에 관해 토의하는 경향이 있다. 부모가 지나치게 엄격하면 아동은 자아 통제를 더 잘하는 것이 아니라 오히려 더 못한다. 기질 역시 아동의 자아 통제에 영향을 미친다. 어떤 아동은 기질적으로 주의 집중을 잘하고 행동을 더 잘 제어한다.

아동의 자아 통제의 향상
아동이 자신의 목표의 중요성을 기억하고 유혹하는 물건으로부터 주의를 돌릴 수 있는 방법을 알고 있을 때 아동은 자신의 행동을 더 잘 조절할 수 있다.

12.2 도덕적 이슈에 대한 추론

피아제의 관점
피아제는 5~7세 아동이 도덕적 실재론의 단계에 있다고 이론화하였다. 이들은 규칙이란 현명한 어른에 의해 세워진 것이므로 규칙에 따라야 하고 바꿀 수 없다고 믿는다. 8세 정도가 되면 아동은 도덕적 상대론의 단계에 들어가며 어른이 만든 규칙이 그들을 잘 지내도록 돕는다고 믿는다.

콜버그의 이론
콜버그는 전인습적, 인습적, 후인습적 단계로 이루어진 도덕적 추론을 제안하였다. 도덕적 추론은 초기에는 보상과 처벌에 근거하지만 후에는 개인적인 도덕적 코드에 근거한다. 콜버그의 이론은 각 단계는 순서대로 진행되고 현재보다 낮은 단계로 되돌아가지 않으며, 높은 수준의 도덕적 추론은 도덕적 행동과 더 자주 관련되어 있다고 하였다. 그러나 가장 높은 수준에 도달한 사람은 매우 드물며 도덕적 추론의 근거는 문화에 따라 다르다.

콜버그의 이론을 넘어

길리건은 여자의 도덕적 추론은 정의가 아니라 타인 돌봄과 타인에 대한 책임에 근거한다고 제안하였다. 연구들은 성차를 지속적으로 지지하지 않았으며 남자와 여자 모두 상황에 따라 도덕적 판단을 위해 정의만큼이나 돌봄을 고려한다는 것을 발견하였다.

학령 전기 동안 아동은 도덕적 규칙, 사회적 관습, 개인의 선택을 구별한다. 예를 들어 이들은 사회적 관습은 바뀔 수 있으나 도덕적 규칙은 바뀔 수 없다고 믿는다. 그리고 사회적 관습을 어기는 것보다 도덕적 규칙을 어기는 것이 더 혹독한 처벌을 받는다는 것을 이해한다. 몇몇 학자들은 유아가 타인에 관심이 있고 협동하지 않는 사람을 싫어한다는 근거를 들어 이들이 선천적인 도덕성을 가지고 있다고 믿는다. 사건에 대한 아동의 정서적인 반응이 도덕적 개념의 범주를 형성하도록 도와줄 수도 있다.

 ## 타인 돕기

친사회적 행동의 발달

걸음마기 아동조차 다른 사람이 속상해하는 것을 알고 있으며 위로하려고 노력한다. 나이가 들면서 아동은 친사회적인 행동의 요구를 더 많이 이해하며 그렇게 할 수 있는 기술을 더 많이 가지는 경향이 있다.

친사회적인 행동의 근원이 되는 기술

타인의 관점을 이해할 수 있고 공감적이며 높은 수준의 도덕적 추론을 할 수 있을 때 아동은 친사회적인 행동을 더 하는 경향이 있다.

상황적 영향

아동의 친사회적인 행동은 종종 상황적 특성으로부터 영향을 받는다. 아동은 자신이 해야 하고 할 수 있다고 느낄 때, 기분이 좋을 때, 그리고 도와주어도 손해 보는 것이 별로 없을 때 친사회적인 행동을 더 많이 한다.

유전의 기여

유전자는 친사회적인 행동과 관련된 옥시토신과 기질을 통해 친사회적인 행동에 영향을 미친다. 몇몇 어린이는 너무 수줍어하거나 정서를 통제하지 못하는 자기 자신 때문에 속상해서 남을 잘 돕지 못한다.

친사회적 행동의 사회화

양육은 친사회적 행동의 모델 제공, 훈육에서의 추론 사용, 가정 안팎으로 친사회적인 행동을 사용할 수 있는 기회 제공 등을 통해 친사회적인 행동을 장려한다.

 ## 공격성

변화와 안정성

어린 아동의 공격성의 전통적인 형태는 도구적 공격성, 악의를 품은 공격성, 반응적인 공격성이다. 성장할수록 신체적 공격성은 줄어들고 관계에 대한 공격성이 보편화된다. 공격성의 전반적인 수준은 상당히 안정적이어서 어린 시절 매우 공격적인 아동은 청소년기와 성인기에 난폭하고 범죄 활동을 많이 하는 경향이 있다.

공격적 행동의 근원

아동의 공격적인 행동의 원인은 유전, 혹독한 양육, TV나 대중매체의 폭력물, 공격적인 또래, 학업 실패, 빈곤, 타인의 행동에 대한 잘못된 이해 등 다양하다.

공격성의 희생자

만성적으로 공격의 목표가 되는 아동은 자주 외로워하고 불안해한다. 어떤 공격성의 희생자는 화가 나면 과잉반응을 보이는 경향이 있고 어떤 공격성의 희생자는 철회하고 항복하는 경향이 있다. 집단 괴롭힘과 희생은 KiVa(집단 괴롭힘을 용인하지 않는 분위기를 만드는 학교 프로그램)를 통해 줄일 수 있다.

자기평가

1. 첫돌 무렵 대부분의 아동은 _____.
   a. 타인이 자신에게 요구하는 것이 있다는 것을 깨닫는다
   b. 타인이 요구하는 약간의 통제를 내재화한다
   c. 자기 조절을 할 수 있다

2. 자아 통제를 잘하는 학령 전기 아동은 _____.
   a. 성인이 되었을 때 자아존중감이 높다
   b. 청소년기에 학교를 중퇴하는 경향이 많다
   c. 종종 10대에 약물을 한다

3. 부모가 ____ 때 아동은 자아 통제를 잘한다.
   a. 엄격할
   b. 온화하지만 한계를 설정할
   c. 훈육에 대해 토의하지 않을

4. 피아제의 도덕적 실재론의 단계에 있는 아동은 _____을 믿는다.
   a. 규칙을 어기면 처벌받음
   b. 잘 지내도록 어른에 의해 만들어진 것이 규칙임
   c. 필요하면 규칙은 바뀔 수 있음

5. 타인의 기대에 의해 어떤 것이 선한 행동인지 판단하는 아동은 콜버그의 어떤 단계에서 추론하는 것인가?
   a. 전인습적 단계
   b. 인습적 단계
   c. 후인습적 단계

6. 콜버그에 대한 설명으로 틀린 것은?
   a. 나이 든 아동은 대체로 높은 수준에서 추론한다.
   b. 높은 수준에서 추론하는 사람은 도움이 필요한 사람을 더 잘 돕는다.
   c. 대부분의 아동과 청소년은 6단계를 연속적으로 거쳐 나아간다.

7. 해피 할로우 초등학교 교장선생님은 아동이 가지고 온 휴대전화를 수업시간 동안에 자신의 책상 위에 놓아두도록 해야겠다고 결심했다. 이러한 규칙은 다음의 어떤 영역에 해당되는가?
   a. 도덕적 추론
   b. 사회적 관습
   c. 개인적 영역

8. 도덕적 추론에 관한 설명으로 맞는 것은?
   a. 유아의 도덕적 추론에 관한 연구는 타고난 도덕성의 가능성을 배제하였다.
   b. 중국과 미국에서, 아동은 집단에 손해가 가더라도 친구

를 보호하기 위해 거짓말을 한다.
   c. 사건에 대한 아동의 정서적 반응은 도덕적 개념의 범주를 형성하도록 돕는다.

9. 어떤 아동이 다른 아동을 가장 잘 도울 것 같은가?
   a. 보상과 처벌에 근거하여 타인을 돕는 아동
   b. 공감의 수준이 낮은 아동
   c. 조망수용 능력이 있는 아동

10. 아동이 _____ 때 친사회적 행동이 많이 발생한다.
    a. 돕는 데에 희생이 많이 생길
    b. 슬플
    c. 도울 능력이 있다고 느낄

11. 부모는 ____으로써 아동의 친사회적 행동을 발전시킨다.
    a. 스스로 타인을 도움
    b. 자녀를 훈육하지 않음
    c. 집안일이 짐이 되지 않도록 자유 시간을 많이 줌

12. ____ 공격성은 아동이 다른 아이보다 먼저 놀이터의 미끄럼틀을 타려는 것과 같은 특정한 목적을 가지고 공격적인 행동을 하는 것이다.
    a. 악의를 품은
    b. 도구적
    c. 반응적인

13. 부모가 _____ 때 아동은 더 공격적으로 행동하는 경향이 있다.
    a. 종종 신체적인 처벌을 할
    b. 아동의 행동을 모니터링할
    c. 다른 사람과 잘 지낼

14. 다음 중 아동의 공격적 행동에 미치는 공동체와 문화의 영향에 대한 설명으로 맞는 것은?
    a. 가난은 공격적인 행동과 관계없다.
    b. TV폭력물을 많이 보는 아동은 덜 폭력적이 되고 폭력의 목표가 되는 사람에게 많은 공감을 한다.
    c. 학업 실패는 공격적인 행동을 산출하고 산출된 공격적인 행동은 학업 실패를 산출한다.

15. 만성적인 집단 따돌림의 희생자인 아동은 _____.
    a. 집단 따돌림에 의해 단기간의 영향은 받지만 장기간의 영향을 받는 것은 아니다
    b. 철회하고 굴복하지만 공격적이지는 않다
    c. 만일 친구가 있다면 집단 따돌림에 잘 대처할 수 있다

핵심 용어

성역할과 발달

이 장의 절

신이 전화기를 귀에 대기도 전에 형부가 소리친다. "카멜린이 아기를 낳았어!"
당신은 "남자야? 여자야?"라고 묻는다. 왜 사람들은 아기의 성에 대해 관심이 많을까? 남아냐 여아냐 하는 것은 단순히 생물학적 구분이 아니다. **이 용어들은 사람이 문화 속에서 해야 할 사회적인 역할(social roles)과도 관련되기 때문일 것이다.** 유아기가 되면 아동은 남성과 여성에게 적절하다고 판단되는 행동, 즉 **성역할(gender roles)을 배우게 된다.** 어린 아동이 이러한 역할을 배우면서, 이들은 자신을 그 집단의 한 사람으로 인지하기 시작한다. **아동은 남성 또는 여성으로 자신을 지각하는 성 정체감(gender identity)을 키워 나가게 된다.**

이 장에서 우리는 아동이 어떻게 성역할과 성 정체감을 획득하는지 살펴볼 것이다. **13.1절**에서 남성과 여성에 대한 문화적인 고정관념에 대해 살펴볼 것이고, **13.2절**에서 남아와 여아의 실제적인 심리적 차이에 대해 점검해 볼 것이다. **13.3절**에서 아동이 어떻게 성을 인식하는지를 살펴볼 것이고, **13.4절**에서 최근 변화된 성역할에 대해 논의할 것이다. 이 장에서는 성(sex)을 남자와 여자의 생물학적인 측면(해부학적인 측면)을 언급하는 데에 사용할 것이며, 성역할(gender)을 남성성 및 여성성과 관련된 모든 특성을 언급하는 데 사용할 것이다.

13.1 성역할 고정관념

학습 목표

LO1   성역할 고정관념이란 무엇이고, 남자와 여자는 어떻게 다른가?

LO2   성역할 고정관념이 행동에 어떻게 영향을 미치는가? 아동은 언제 문화적 성역할 고정관념을 습득하는가?

개요

우리는 남자와 여자를 어떻게 보는가?

성역할 고정관념 학습

낸시가 임신 7개월이었을 때 그녀의 11세 아들 클라크는 여동생이 아니라 남동생을 원한다고 이야기하였다. 클라크는 "여자애들 때문에 미치겠어. 여자애들은 진짜 변덕스럽고 도저히 이해가 안 되는 아이들이야."라고 말했다. '클라크가 어디서 그런 생각을 갖게 되었을까?' 낸시는 놀라며 '이것이 11세에게 전형적인 일일까?'라고 생각하였다.

모든 문화에는 성역할 고정관념(gender stereotypes)(남자와 여자는 성격 특성과 흥미, 행동에서 다르다는 신념)이 있다. 물론 이것은 신념에 관한 것이므로 진실일 수도 있고 아닐 수도 있다.

우리는 남자와 여자를 어떻게 보는가?

LO1   성역할 고정관념이란 무엇이고, 남자와 여자는 어떻게 다른가?

당신은 '테리는 활동적이고 독립적이며 경쟁적이고 공격적이다'라는 문장을 읽으면 아마도 테리가 남자일 것이라고 생각할 것이다. 이유가 뭘까? 테리라는 이름은 남자와 여자에게 모두 쓰이는 이름임에도 불구하고 그 형용사들은 대체로 여자보다는 남자와 관련되어 사용된다. 사실 많은 성인들은 남자와 여자의 특성을 구분하였으며 이는 1960년대 이후 거의 변화하지 않았다(Ruble, Martin, & Berenbaum, 2006). 남자는 독립적이고, 경쟁적이며, 공격적이고, 사교적이며, 야망적이고, 자아확신적이며, 지배적이라고 말해 왔다. **이러한 남자와 관련된 특성들은 세상 속에서 활동하고 세상에 영향을 미치는 것에 대한 기술이기에 도구적(instrumental)이라고 하였다.** 반면 여자들은 감정적이고, 친절하며, 창조적이고, 신중하며, 예의 바르고, 타인의 감정에 민감하다고 말해 왔다. **여자와 관련된 특성들은 정서적 기능과 대인 관계에 가치를 두는 것이기에 표현적(expressive)이라고 하였다.**

성인의 이러한 관점은 범세계적인 것일까? 〈그림 13-1〉에 있는 그래프는 네 가지 특성에 대한

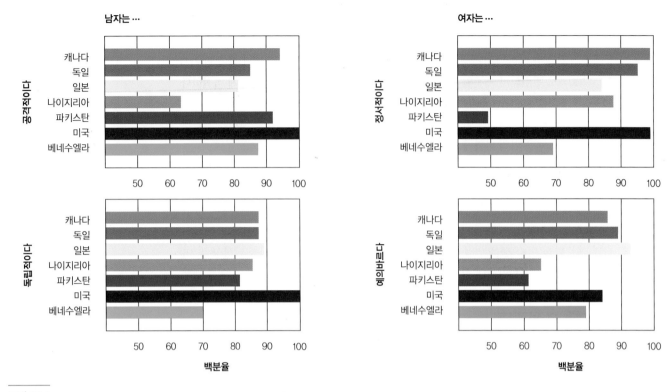

남자는 …

공격적이다
캐나다
독일
일본
나이지리아
파키스탄
미국
베네수엘라

독립적이다
캐나다
독일
일본
나이지리아
파키스탄
미국
베네수엘라

백분율

여자는 …

정서적이다
캐나다
독일
일본
나이지리아
파키스탄
미국
베네수엘라

예의바르다
캐나다
독일
일본
나이지리아
파키스탄
미국
베네수엘라

백분율

그림 13-1

성역할 고정관념은 인형을 가지고 노는 이 아동을 여라고 생각하게 만든다.

7개국의 결과를 제시한 것이다(Williams & Best, 1990). 각 특성들은 상당한 문화적 차이를 보여 주고 있다. 예를 들면 모든 미국인 참여자들은 남자는 공격적이라고 생각하고 있었지만, 나이지리아 참가자들은 과반수가 조금 넘은 숫자만이 그런 생각을 하였다. 즉 남자와 여자에 대한 미국인의 관점이 범세계적인 것은 아니었다. 연구 결과 중 주목할 만한 것은 미국인의 성역할 고정관념이 다른 나라에 비해 극단적이라는 것이다. 남자와 여자가 할 수 있는 것과 할 수 없는 것, 그리고 해야 할 것과 해서는 안 될 것에 대한 우리의 생각을 기억해 두자. 성역할에 대한 우리의 생각은 문화적인 신념에 관한 것이지 전 세계적인 것은 아니다.

만일 우리가 성에 대한 고정관념을 가지고 있다면, 개인이 아니라 성에 근거하여 남자는 어떤 특정한 방법으로 행동하고 여자는 다른 특정한 방법으로 행동할 것에 대해 기대할 것이고, 개인이 아니라 성에 근거하여 남녀 차별적으로 반응할 것이다. 예를 들어, 사진 속의 어린이가 가지고 노는 장난감을 보면서 그 아이가 여자아이일 것이라 추측하는가? 그 아이가 여자아이일 것이라는 추측은 그 아이가 남자아이일 것이라 추측할 때보다 그 아이가 조용히 노는 것을 좋아하고 쉽게 겁에 질릴 것이라는 생각을 유도한다(Karraker, Vogel, & Lake, 1995). 성역할에 대한 고정관념 형성은 이와 같이 행동과 인성에 대한 추론(진실이 아닐 수도 있는)을 이끌어 낸다.

아이들은 언제 그들의 문화적 성역할 고정관념을 학습하는가? 다음 절에서 그것에 대한 해답을 얻을 수 있을 것이다.

성역할 고정관념 학습

LO2 성역할 고정관념이 행동에 어떻게 영향을 미치는가? 아동은 언제 문화적 성역할 고정관념을 습득하는가?

아동이 성역할의 중립적인 세계에 있는 기간은 그리 길지 않다. 12개월 된 남아와 여아는 성역할 고정관념적인 장난감을 동일하게 취급하지만, 18개월 이후로는 여아는 트럭 그림보다 인형 그림을 더 오랫동안 바라보고 남아는 트럭 그림을 더 오랫동안 바라본다(Serbin et al., 2001). 4세경에는 성역할 고정화된 활동에 대한 지식이 광범위해져서 여자는 과자를 굽고 남자는 쓰레기를 버리고, 여자는 아기를 먹이고 남자는 나무를 자른다고 믿는다(Gelman, Taylor, & Nguyen, 2004). 그리고 이들은 남성적인 것과 여성적인 것에 대한 행동과 특성을 배우기 시작한다. 학령 전기 아동은 남아가 신체적으로 더 공격적이며 여아는 언어적으로 공격적이라고 믿는다(Giles & Heyman, 2005).

아동은 초등학교 동안 성역할 고정관념적인 행동과 특성에 대한 지식을 확장한다. 이들은 인성적인 특성(남자는 거칠고 여자는 예의바르다)과 학문적 주제(수학은 남자를 위한 것이고 읽기는 여자를 위한 것)로 지식을 확장한다(Cvencek, Meltzoff, & Greenwald, 2011; Heyman & Legare, 2004). 중학교에 들어가기 전까지 성인만큼 성역할에 대한 고정관념을 형성한다.

학령기 동안 아동은 남자와 관련된 직업은 돈을 버는 경향이 있으며 여자와 관련된 것보다 더 권력이 있다고 배운다(Weisgram, Bigler, & Liben, 2010). 낯선 직업(예 : 양초를 만드는 직업)에 대해 배운 아동은 여자와 관련된 직업보다 남자와 관련된 직업이 더 특혜가 있는 것으로 평가하기 때문에, 남자의 직업이 여자의 직업보다 더 좋다는 단순한 규칙도 배우게 된다(Liben, Bigler, & Krogh, 2001).

그러나 아동은 성장하면서 성역할 고정관념이 언제나 적용되는 것은 아니라는 것도 배우기 시작한다. 나이 든 아동은 다른 아동을 판단할 때 어린 아동보다 성역할 고정관념을 더 무시하는 경향이 있다. 예를 들어 여아와 놀고 다림질하는 척하며 노는 것을 좋아하는 남아의 경우, 학령 전기 아동은 여전히 그 남아가 남성적인 장난감을 가지고 노는 것을 좋아한다고 생각하지만, 학령기 아동의 경우 그 아동의 흥미는 고정관념적인 것이 아니며 여성적인 장난감을 가지고 노는 것을 좋아한다는 것을 깨닫는다(Blakemore, 2003).

나이 든 아동이 성역할 고정관념에 더 친숙하기는 하지만, 이들은 고정관념을 모든 남자아이와 여자아이에게 적용시킬 필요 없는 일반적인 가이드라인 정도로 생각한다(Conry-Murray & Turiel, 2012). 이들이 점차 융통성을 발달시키는 경향성을 "집중 연구"에서 살펴볼 것이다.

질문 13.1

아비가일은 여아는 남아보다 점잖고 남아는 여아보다 강하지만 남아와 여아 모두 수다스럽고 자아확신적이라고 믿고 있다. 성역할 고정관념의 믿음으로 보면 아비가일은 몇 세쯤 되었을까?

집중 연구

성역할 특질에 관한 추론

- **연구자 및 연구 목표** 아동은 남자와 여자의 신체적 그리고 행동적 특성을 유전적이고 안정적이라고 믿고 있는가? 예를 들어, 아동은 남아가 성장한 후 반드시 수염 기르는 것을 좋아하고 물건 쌓기를 좋아한다고 믿는가? 아동은 여아가 반드시 인형놀이를 좋아하고 성장한 후 가슴이 생기는 것을 좋아한다고 믿는가? 테일러와 동료 연구자들(Taylor, Rhodes, & Gelman, 2009)은 이러한 질문에 답하기 위하여 연구를 진행하였다.

- **연구 방법** 테일러와 동료들은 실험대상자에게 지금 막 태

어난 여아가 삼촌을 포함하여 남자들만 살고 있는 섬에 가서 살았다고 이야기하였다. 그 아기는 여자와 만난 적이 없다. 그리고 나서 참여자들에게 '큰 아이'로 아기 사진을 보여 주고 그녀의 신체적 특성(예를 들면, "그 여자 아기는 성장해서 엄마가 될까? 아빠가 될까?")과 행동적 특성(예를 들면, "그 여자 아기는 소꿉놀이를 좋아할까? 트럭을 가지고 노는 것을 좋아할까?")에 대한 몇 가지 질문을 하였다. 또한 참여자들에게 고모를 포함하여 여자들만 사는 섬에서 살고 있는 남아에 대한 이야기를 들려주었으며

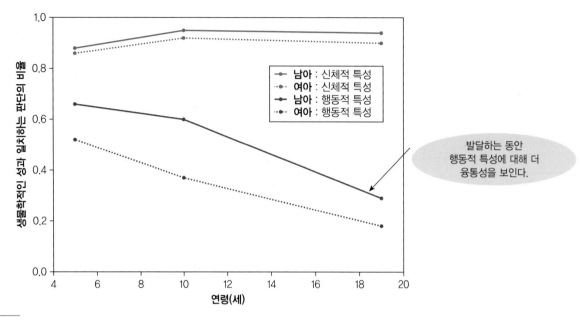

그림 13-2

같은 질문을 하였다.

- **연구 대상** 5세아 68명, 10세아 64명, 대학생 32명이 참여하였다. 각 나이마다 아동의 절반은 여아이다.
- **연구 설계** 이 연구는 테일러와 동료들이 신체와 행동 영역이 참여자의 판단에 미치는 영향에 대해 관심이 있었으므로 실험 연구이다. 이 연구는 5세아, 10세아, 대학생 각각을 한 번에 연구하였으므로 횡단 연구이다.
- **윤리적 문제** 없다. 아동은 섬에서 성장한 아기의 이야기를 듣는 것을 즐겼었다.
- **결과** 연구자들은 아기의 생물학적 성과 일치하는 응답의 비율을 기록하였다(예 : 여아는 소꿉놀이를 좋아하고 간호사가 되기를 원하고, 성장해서 엄마가 되고 가슴이 생길 것을 예측하는). 그 결과가 〈그림 13-2〉에 신체적 특성과 행동적 특성으로 나누어 제시되어 있다.

  신체적 특성에 대해 살펴보자. 모든 연령에서 참여자들은 생물학적인 성과 관련된 신체적 특성을 예측하였고 이에 대한 발달적 변화가 거의 없었다. 모든 연령에서 참여자들은 생물학적인 성과 관련된 신체적 특성을 예측하였다. 그러나 행동적 특성에 대한 패턴은 매우 달라서 나이가 들수록 꾸준히 하향세를 보였다. 5세아가 신체적인 특성보다 다소 융통성 있게 응답할지라도, 남아와 여아 모

두 성 고정관념적인 행동에 참여할 것이라고 믿었다. 반대로 성인은 여자 속에서 자란 남아가 여성적인 고정관념 행동을, 남자 속에서 자란 여아가 남성적인 고정관념 행동을 할 것이라고 믿었다. 주목해야 할 마지막 결과는 모든 연령의 참여자들은 남아보다 여아가 행동적 특성에서 더 융통성이 있을 것이라고 주장한다는 것이다. 이들은 남아가 여성적인 방향으로 영향받는 것보다 여아가 더 남성적인 방향으로 영향을 많이 받을 것이라고 생각하였다.

- **결론** 테일러와 동료들은 "어린 아동은 '남아'와 '여아'의 개념을 종과 동일하게 취급하여, 타고난 것이고 비융통적이며 구성원 범주와 본질적으로 연결되어 있는 것으로 여긴다…. 성인의 경우 참여자들은 남자와 여자의 행동은 환경에 영향을 많이 받으며 융통적이라고 여긴다…"(2009, p. 475).
- **함의 및 적용** 아동 참여자들은 미국 동서부 대학가에서 살고 있는 유럽계 미국인이 대부분이었다. 배경이 다른 아동도 비슷한 응답을 하는지 살펴보는 것은 중요한 일이다. 게다가 특성 목록, 예를 들면 신체적 특성을 더 고려하는지 아니면 행동적 특성을 더 고려하는지를 결정케 하는 심리적 특성(예 : 인성) 목록을 확대하는 것은 의미가 있는 일이다.

연령의 증가만이 성역할에 대한 융통성에 영향을 미치는 요인은 아니다. 여아가 좀 더 융통적인데(Ruble, Martin, & Berenbaum, 2006), 이는 여아들이 남성적인 특성이 여성적인 특성보다 더 지

위가 높고 매력적인 것으로 보기 때문인 것으로 여겨진다. 사회적 계층도 영향을 미친다. 중류계층의 청소년과 성인 초기의 성인은 하류계층의 이들보다 성에 대해 더 융통적인 사고를 하는 경향이 있다(예 : Serbin, Powlishta, & Gulko, 1993). 이러한 차이는 교육에 기인한 것으로 보인다. 교육을 더 잘 받은 중류계층의 부모들이 아동의 성에 대한 융통적인 사고에 영향을 미치는 것으로 보인다.

인종적인 특성도 성역할에 대한 융통적인 관점에 영향을 미치는 요인이다. 연구에 따르면 어린 아프리카계 미국 아동이 어린 유럽계 미국 아동보다 성역할에 대해 더 융통적인 경향이 있다고 한다(예 : Rowley et al., 2007). 유럽계 미국 엄마들에 비해 아프리카계 미국 엄마들이 밖에서 취업하는 경향이 더 많은데 이러한 경향이 아동들의 열린 태도에 영향을 미치는 것으로 보인다.

이러한 점에서 당신은 성역할 고정관념이 진실인지 아닌지 의문일 것이다. 예를 들어, 남아는 여아보다 지배적인가? 여아는 남아보다 더 흥분을 잘하는가? 그 질문의 해답을 얻기 위해 13.2절로 넘어가 보자.

 학습 확인

점검 나이 든 아동의 성역할 고정관념은 나이 어린 아동의 성역할 고정관념과 어떻게 다른가?

어떤 집단의 아동이 성역할 고정관념에 융통적인가?

이해 도구적 특질과 표현적 특질을 비교하고 대조하시오.

적용 피아제는 나이 든 아동이 성역할 고정관념에 더 융통적이라는 것을 어떻게 설명하고 있는가?

 ## 13.2 성역할과 관련된 차이

학습 목표

LO3 남아와 여아는 신체적 발달에 어떠한 차이가 있는가?

LO4 지적 능력은 성에 따라 어떠한 차이가 있는가?

LO5 인성과 사회적 행동에서 남아와 여아는 어떠한 차이가 있는가?

LO6 남아와 여아의 발달에 성차가 미치는 영향은 무엇인가?

개요

신체적 발달과 행동의 차이

지적 능력과 성취의 차이

인성과 사회적 행동에서의 차이

성차에 관한 솔직한 이야기

고등학교 학생자치위원회는 근처에 있는 큰 도시의 값비싼 호텔에서 무도회를 여는 문제로 토론을 하고 있다. 매기는 이 계획을 정말 끔찍한 생각이라고 싫어했지만 구성원의 대부분이 이 계획을 좋아하므로 이에 대해 아무 말도 하지 말아야겠다고 결심했다. 그러나 그녀의 친구인 찰스는 나름대로의 이유를 들어 투표할 때 그 계획안에 대해 반대한다는 의사표시를 할 것이라고 이야기하였다. 매기는 그 이유가 자신이 이야기하지 않았지만 자신이 생각했던 바로 그 이유라는 것을 발견하였다.

매기와 찰스는 그 계획안에 결함이 있다고 생각했다. 그러나 찰스만이 그것에 대해 표현하였다. 이유가 뭘까? 우리는 이 절에서 발달 네 영역에서의 성차에 대해 탐구함으로써 그에 대해 답을 할 것이다. 이 부분은 맥코비(Eleanor Maccoby)와 재클린(Carol Jacklin)이 1974년에 성차에 관해 그동안 이루어져 왔던 1,500편에 가까운 연구 결과들을 요약하여 발표한 *The Psychology of Sex Difference*에 기록되어 있다. 맥코비와 재클린은 단지 네 영역에서 성차가 존재한다고 결론지었다. 이들은 여아가 남아보다 언어능력이 뛰어나고 남아가 여아보다 수학능력과 공간지각력이 뛰어나며 더 공격적이라는 결론을 내렸다. 또한 이들은 여자가 남자보다 더 사회적이고, 자존감이 낮고, 분석적 사고력이 떨어지고, 성취동기가 부족하다는 보편적인 생각을 지지할 만한 증거를 발견하지 못하였다.

이들의 연구는 믿을 만하지 못한 연구들 그리고 다른 연구자들과는 다르게 행동을 정의했던 연구들을 포함시켰다는 점에서 비판을 받고 있다(Block, 1978). 그러나 이러한 논쟁은 메타분석과 같은 새로운 통계 기술을 시도하게 하는 등 많은 연구에게 자극을 주었다. 많은 발달심리학자들은 맥코비와 재클린의 연구 결과보다 성차는 더 광범위하다고 생각하고 있지만, 이들의 포괄성은 미래 연구를 위한 뛰어난 시발점이 되었기에 이 책은 성차에 관한 고전으로 남아 있다.

신체적 발달과 행동의 차이

LO3 남아와 여아는 신체적 발달에 어떠한 차이가 있는가?

물론 남아의 낮은 목소리와 얼굴의 털, 여아의 가슴 발달과 넓어진 엉덩이와 같은 2차 성징과 함께 생식체계의 차이가 남아와 여아의 차이이다. 남아는 여아보다 더 크고 강해지는 등 신체적인 기량이 여아를 앞지른다. 고등학교 동안 남아는 더 빨리 달리고, 높이 뛰고, 더 정확히 멀리 던진다. 그리고 〈그림 13-3〉에 나와 있는 바와 같이, 고등학교 이전부터 남아는 여아보다 더 멀리 던지고 더 멀리 뛴다. 운동 외에 정교한 운동 협응이 요구되는 과제, 예를 들면 선 그리기나 그림 그리기에서는 여아가 남아보다 더 잘한다(Thomas & French, 1985).

힘을 요하는 대근육 운동 기술에서의 성차는 사춘기 동안 여아의 신체가 남아에 비해 지방이 많아지고 근육이 적어진다는 사실을 반영하는 것이다. 이러한 차이는 여아보다 남아가 팔과 손을 이용하여 철봉에 더 오래 매달릴 수 있는 이유를 설명해 준다. 그러나 몸의 구성이 달리기, 던지기, 받기 등의 대근육 운동 기술에 미치는 영향은 적다(Smoll & Schutz, 1990). 이러한 경우 아동의 경험은 결정적인 것이다. 많은 여아와 그 부모들은 여아에게 스포츠와 신체적 건강함이 남아에게보다 덜 중요하다고 믿고 있다. 결과적으로 여아는 남아보다 스포츠와 건강에 관한 활동에 덜 참여하고, 운동 기술을 발달시키는 데에 필수적인 훈련 기회를 더 적게 가진다(Eccles & Harold, 1991).

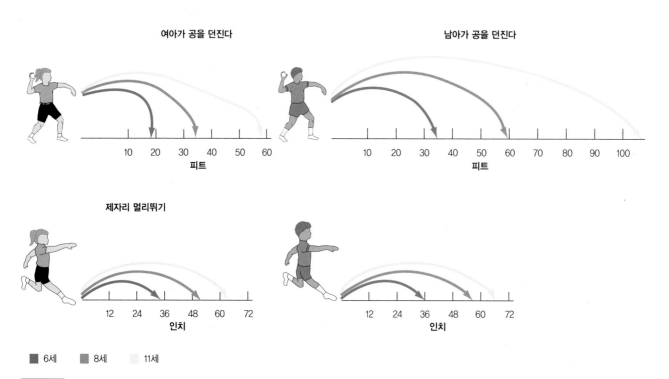

그림 13-3

남아는 여아보다 신체적으로 더 활동적이다. 놀이터에서 아동을 관찰해 보면 이러한 차이를 알 수 있다.

휴식 시간 동안 학령기 여아는 그네 타기, 줄넘기, 여러 명이 모여서 조용히 이야기하기 등을 자주 하며, 남아는 축구, 농구 등을 자주 한다. 이러한 논쟁과 일치하게도, 사냥할 때 전통적으로 여자도 던지기를 할 것이라 기대하는 호주 원주민에게서 이러한 차이는 적은 것으로 나타났다(Thomas et al., 2010).

유아기 동안 남아는 여아보다 더 활동적인데 이러한 차이는 아동기 동안 더욱 증가된다 (Alexander & Wilcox, 2012; Saudino, 2009). 예를 들어 교실에서 남아는 여아보다 지속적으로 앉아 있는 데에 어려움을 겪는다. 사진과 같이, 운동장에서 남아는 혈기왕성하게 놀고 여아는 조용히 앉아 있다. 5.2절에서 남아가 여아보다 주의력결핍장애로 진단을 받는 경우가 세 배 이상 된다고 했던 것을 기억하기 바란다.

여아는 남아보다 건강한 경향이 있다. 여아 태아는 남아 태아보다 더 생존하는 경향이 있다. 이러한 경향은 출산 후에도 지속된다. 유아 남아는 출산 합병증이 더 많고, 인생을 통해 남아는 더 많은 질병과 역기능을 겪는 경향이 있다(Jacklin, 1989). 마지막으로, 청소년기에 뇌가 성숙하는 동안 여아의 뇌는 남아의 뇌보다 더 많은 뇌세포와 수상돌기를 가지는 경향이 있으며 남아는 여아보다 더 많은 교질세포와 축색돌기를 가지는 경향이 있다(Nisbett et al., 2012).

요약하자면 남아는 여아에 비해 더 크고 더 강하고 더 활동적이며, 여아는 세련된 운동 협응이 더 뛰어나고 더 건강한 경향이 있다. 다음에 살펴볼 것은 지적 기술에 관한 것이다.

지적 능력과 성취의 차이

LO4 지적 능력은 성에 따라 어떠한 차이가 있는가?

맥코비와 재클린(Maccoby & Jacklin, 1974)에 의해 발견된 네 가지 성차 중 세 가지—여아가 언어 기술이 더 발달하였고, 남아는 수학능력과 시공간적 기술이 더 발달하였다—가 인지적 기술에 관한 것이다. 두 연구자가 발표한 이래로 우리는 이 영역에서 성차의 본질에 대해 더 많이 학습해 왔다.

언어능력 여아는 남아보다 단어를 더 많이 알고 있으며 이야기를 더 잘한다(Feldman et al., 2000; Leaper & Smith, 2004). 초등학교와 고등학교 동안 여아는 남아보다 더 잘 읽는데, 이러한 차이는 문명화된 사회에서 분명하게 나타난다(Miller & Halpern, 2014). 남아가 여아보다 잘 읽지 못하고 특수한 언어적 손상과 같은 언어 관련 문제가 있는 것으로 진단받는 경우가 많다(Halpern, 2012).

왜 여아가 남아보다 언어적인 재능이 뛰어난가? 뇌의 역할이 원인이기도 하다. 어떤 연구는 남아의 읽기 관련된 뇌 영역이 여아와 다르다는 것을 발견하였는데(Burman et al., 2013), 이는 여아의 뇌가 언어처리과정에 더 효율적이라는 것을 보여 주는 것이다. 그러나 그 결과들은 불일치하기에(Eliot, 2013; Wallentin, 2009), 읽기에서의 성차에 미치는 뇌의 영향은 퍼즐로 남아 있다. 반대로 경험의 역할에 대한 증거는 일관되어 있다. 부모는 아들보다는 딸에게 언어적 자극을 더 제공하는 경향이 있다. 예를 들어 걸음마기 동안 엄마는 아들보다 딸과 더 많은 이야기를 나눈다(Fivush et al., 2000). 그리고 초등학교 때까지 읽기는 여아의 성 고정관념화된 활동이고(Plante et al., 2013), 이러한 활동에 참여함으로써 여아는 남아보다 더 많은 시간 동안 읽기와 같은 언어적 기술을 마스터하기 위해 노력한다. 마지막으로 교사의 영향이 있다. 교사는 실질적인 차이보다 여아가 남아보다 더 잘 읽을 것을 기대한다(Ready & Wright, 2011).

공간능력 공간능력은 대부분의 인지능력 모델의 구성요소이다. **공간능력의 한 측면은 어떤 물체가 공간 속에서 움직인 후 어떻게 보일 것인지 상상할 수 있는 능력인 정신적 회전**(mental rotation)**이다.** 예를 들어 정신적 회전으로 〈그림 13-4〉가 다른 방향에서 보는 같은 물체인지 아닌지 결정할 수 있다. 아동기와 청소년기 동안 남아의 정신적 회전 기술이 여아의 기술보다 우월하다(Govier & Salisbury, 2000; Voyer, Voyer, & Bryden, 1995). 유아조차 남아가 여아보다 공간 속에서 회전하는 자극에 대해 더 잘 인지한다(Alexander & Wilcox, 2012). 그러나 이차원에서의 정신적 회전과 같은 공간과제(다른 공간과제)에서는 성차가 적었으며 다른 공간과제에서는 성차가 나타나지 않았다(Miller & Halperin, 2014).

정신적 회전과 기타 공간 능력에서의 성차에 관한 설명 중 어떤 것은 생물학적인 것을 강조한다. 어떤 과학자는 길을 찾고 무기를 사용하기 위해 경로를 계산하는 등의 공간 기술이 성공적인 사냥에 필수적이며 남성의 진화적 적응을 나타내는 것이라고 주장한다(Halpern et al., 2007). 어떤 연구는 더 나은 공간지각 기술이 남아에게서 많이 분비되는 안드로겐과 연결되어 있다고 보고한다(Miller & Halperin, 2014).

그러나 경험도 영향을 미친다. 남아는 여아보다 야구처럼 공간 속에 움직이는 물체의 경로를 예측함으로써 공간지각 기술을 촉진시키는 활동에 더 참여하는 경향이 있다. 부모는 남아에게 공간 기술을 촉진시키는 과제를 통해 더 많은 자극을 제공해 주는지 모른다. 한 연구(Levine et al., 2012)에서 부모는 남아에게 도전적인 퍼즐을 주고 퍼즐을 해결하는 동안 공간적인 언어, 예를 들면 형태, 위치, 퍼즐조각의 성향 등을 의미하는 용어를 더 많이 사용하는 것으로 나타났다. 그러나 사회경제적 지위가 낮은 가정에서 자란 남아와 여아의 공간 기술은 비슷하다(Levine et al., 2005). 이러한 결과는 중산층의 생활과 관련된 어떤 경험이 성차를 산출하는 데에 결정적이라는 것을 의미하는 것이다.

비디오 게임은 아동의 공간적 기술을 증진시킬 수 있다. 남아는 여아보다 비디오 게임을 더 자주 하기 때문에 공간적 기술에 차이가 있을 수 있다.

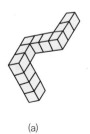 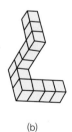 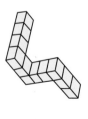

(a)　　　　　　(b)　　　　　　(c)

그림 13-4

물론 이러한 설명들이 상호 배타적일 필요는 없다. 생물학적 그리고 경험에 의한 영향이 언어능력과 마찬가지로 공간능력에서의 성차 설명에 기여한다. 즉 언어와 공간능력은 경험, 훈련, 연습에 의해 영향을 받으므로, 부모와 타인은 남아와 여아 모두에게 언어와 공간능력을 촉진시킬 수 있다(Newcombe, 2002; Uttal et al., 2013).

수학 초등학교에 다니는 동안, 여아는 계산과 수학의 기본 개념 이해에서 남아보다 대부분 우월하다(Wei et al., 2012). 이러한 차이는 더 뛰어난 여아의 언어 기술에 의해 산출되는 것일 수도 있다. 고등학교와 대학에 다니는 동안 남아가 여아보다 표준화된 수학 성취 검사의 성적이 더 높았으나, 지난 25년 동안 그 차이는 실질적으로 사라지고 있다. 이제 남아는 여아보다 그다지 유리한 것이 아니다(Lindberg et al., 2010). 이러한 변화는 분명히 여아에게 수학 성취를 격려하고 더 많은 수학 공부를 하게 한 노력이 반영된 것이다. 예를 들어, 요즘의 미국 남아와 여아는 고등학교에서 미적분 과정을 거의 동일하게 듣고 있다(National Science Foundation, 2008). 그리고 우리가 "문화적 영향"에서 보듯이, 문화에 따른 비교는 수학에서의 성차를 설명하는 데에 문화적 영향이 중요한 역할을 한다는 것을 보여 주고 있다.

문화적 영향

수학에서의 성차에 관한 비교문화적 관점

몇 개의 수학 성취 검사가 국제적으로 실시되었고, 그 결과는 수학에서 성차가 발생하는 힘을 통찰하는 데 유용하게 사용되었다. 예를 들어, 국제학생평가프로그램(Programme for International Student Assessment, PISA)은 각 나라의 고등학생 수천 명에게 수학, 독해, 과학 능력을 측정하는 검사를 실시한다(Organisation for Economic Co-operation and Development, 2010). 많은 국가에서, 예를 들면 프랑스, 독일 등에서 남아가 조금 높은 점수를 받는다. 그러나 어떤 나라, 예를 들어 한국, 슬로바키아 공화국에서는 남아의 점수가 월등히 높다. 아이슬란드에서는 여아가 더 높다(Else-Quest, Hyde, & Linn, 2010).

왜 패턴이 이렇게 다양한 것일까? 하나의 관점은 수학과 관련된 직업을 가질 기회에 대한 문화적 차이가 반영된다는 것이다. 여아가(부모와 교사도) 성공 성취에 대한 의미로 수학을 생각할 때, 이들은 수학과 수학 교육과정에 흥미를 느낄 것이다. 반대로, 만일 여아가 수학과 관련된 직업이 남아만을 위한 것이라 생각한다면, 이들은 수학을 이해하기 위해 시간과 에너지를 투자할 이유가 없을 것이다. 이러한 생각으로 예측해 보면, 여자가 남자와 마찬가지로 교육, 직업, 정치적 파워에 비슷하게 접근할 수 있는 나라에서는 수학에서의 성차는 미미할 것이다. 반대로, 여자들이 수학적 기술이 필요하지 않은 전형적인 여성적 직업만 가질 수 있는 나라에서는 수학에서의 성차는 남아 있을 것이다. 이러한 패턴이 정확하게 PISA 자료에서 발견되었다(Else-Quest et al., 2010). 예를 들어, 교육과 전문직의 기회는 여아가 수학에서 뛰어난 아이슬란드에서 확실히 있지만 남아가 더 높은 한국에서는 없다. 즉 문화적 비교는 "여아가 성공을 격려받고, 필요한 교육적 도구를 제공받고, 수학에 뛰어난 여성 롤 모델이 있을 때 남자 동급생과 비슷한 성취를 가질 것이다"는 것을 보여 주는 것이다(Else-Quest et al., 2010, p. 125).

기억 맥코비와 재클린에 따르면, 언어, 공간, 수학능력은 남아와 여아의 차이가 존재하는 영역이다. 후속 연구들을 통해 기억을 목록에 추가할 수 있다. 남아와 남자와 달리, 여아와 여자는 물건의 위치뿐만 아니라 물체가 무엇이었는지를 더 정확하게 기억한다(Miller & Halpern, 2014; Voyer et al., 2007). 예를 들어, 만일 얼굴이 나와 있는 사진을 보여 주면 여아는 남아보다 더 정교하게 그 얼굴들을 기억한다(Herlitz & Lovén, 2013). 게다가 박물관 방문, 학교에 찾아온 손님 등 과거의 사건을 묘사할 때 여아는 더 정교하고 감정이 가득한 묘사를 하는 경향이 있다(Grysman & Hudson,

Q&A

질문 13.2

브라이아나는 이제 막 초등학교에 입학한 이란성 쌍생아인 남아와 여아의 엄마이다. 그녀는 두 아이 모두 읽기와 수학에서 뛰어나야 한다고 믿고 있다. 그녀의 바람은 현실이 될 수 있을까?

2013).

기억에서의 성차가 극히 최근에 문서화되었기 때문에 그것을 다 이해할 수 있는 것은 아니다. 하나의 제언으로 다른 영역에서의 성차의 결과일지도 모른다는 제언이 있다. 예를 들어, 언어와 정서 인식에서 여아가 우월한 것이 여아로 하여금 더 정교한 표상을 구성할 수 있게 하고, 이 표상이 망각에 더 저항적이라는 것이다. 다른 가능성으로는 남아보다 여아가 큰 것으로 알려져 있고 기억에 결정적인 역할을 하는 뇌구조인 해마가 성차와 관련되었기 때문이라는 것도 있다(Lenroot & Giedd, 2010).

인성과 사회적 행동에서의 차이

LO5   인성과 사회적 행동에서 남아와 여아는 어떠한 차이가 있는가?

인성과 사회적 행동에서 남아와 여아에 따른 차이가 존재하는가? 1970년대에 맥코비와 재클린(Maccoby & Jacklin, 1974)은 이 영역에서 단 하나의 증거(남아가 여아보다 공격적이라는)를 발견하였다. 이 절에서는 연구자들이 지난 35년 동안 발견해 온 것에 대해 살펴볼 것이다.

신체적 공격성은 여아보다 남아에게서 보편적인 것이다.

공격적 행동   어느 누구도 남아가 여아보다 신체적으로 공격적이라는 맥코비와 재클린의 결론을 의심하지 않는다. 12.4절에 언급되고 사진에서 보듯이, 신체적 공격성에 대한 성차는 17개월에도 존재한다(Hyde, 2014).

남아와 남자는 모든 문화에서 더 공격적이기 때문에 그리고 인간이 아닌 종에서도 수컷이 더 공격적이기 때문에, 과학자들은 생물학적인 요인이 성차에 기여한다고 확신하고 있다. **공격적인 행동은 호르몬 종류인 안드로겐(androgens)과 관련되어 있다.** 안드로겐이 직접적으로 공격성을 이끄는 것은 아니다. 대신 안드로겐은 남아가 더 경쟁적이고 쉽게 분노하고 감정을 잘 통제하지 못하게 만듦으로써 남아를 공격적으로 만드는 경향이 있다(Archer, 2006; Dodge, Coie, & Lynam, 2006; Hay, 2007).

그러나 우리는 경험을 무시할 수 없다. 대중매체는 남성 모델의 공격성으로 가득하다. 부모는 여아보다는 남아의 공격적인 행동에 더 수용적이며 딸보다는 아들에게 더 신체적인 처벌을 가하는 경향이 있다(Condry & Ross, 1985; Martin & Ross, 2005). 12.4절에서 살펴보았듯이, 공격성 증가의 악순환은 여자보다는 남자에게 일상적인 것이다. 생물학적인 요인이 남아의 공격적 성향을 만들기는 하지만 경험이 여아보다는 남아의 신체적 공격성 표현을 더 격려한다.

남아의 공격성은 신체적 본질 때문에 더 분명할지 모르지만 여아도 공격적이 될 수 있다(Ostrov & Godleski, 2010). 12.4절에서 우리는 여아가 또래와의 관계를 손상시킴으로써 타인에게 해를 끼치려고 노력한다는 것을 살펴보았다(Crick & Grotpeter, 1995). 이들은 아동의 이름을 부르기도 하고, 놀리기도 하고, 유언비어를 퍼뜨리기도 하며, 무시하기도 한다. 남아도 이러한 방식으로 공격을 하지만, 신체적 공격이 보편적이고 남아에게 특출한 것이어서 눈에 잘 보이지 않는다(Archer, 2004).

정서적 민감성   361쪽에 기술된 고정관념 목록에 따르면, 여아는 타인의 정서를 해석하고 자신의 정서를 표현하는 데에 능숙하다. 이것은 연구에 의해 지지되고 있는 성차이다. 예를 들면 유아기, 아동기, 청소년기 동안 여아는 얼굴 표정을 남아보다 더 정확하게 인식한다(Alexander & Wilcox,

2012; Thompson & Voyer, 2014). 게다가 여아는 행복과 슬픔을 더 잘 표현하고, 남아는 분노를 더 잘 표현한다(Chaplin & Aldao, 2013). 마지막으로, 283쪽에 기술된 복합 정서와 같이, 여아는 남아보다 부끄러움과 죄책감을 더 잘 표현한다(Else-Quest et al., 2012).

대부분의 발달심리학자들은 정서적 민감성에서의 성차가 유전적인 것과 양육적인 것에 의해 유발된다고 믿고 있다. 한 가지 아이디어는 남아가 더 활동적이고 자신의 행동에 대한 통제를 잘 하지 못하기 때문에, 부모는 자기 통제를 촉진시키는 방법으로 아들에게 정서를 표현하지 못하게 하고, 반대로 여자에게 더 양육적이고 지지적인 것을 기대하는 성역할이 일관되므로, 부모는 딸에게 정서를 표현하도록 격려한다는 것이다(Brody & Hall, 2008).

사회적 영향 다른 성역할 고정관념은 여아가 타인에 의해 더 쉽게 영향을 받는다는 것이다. 사실 어린 여아들은 어린 남아보다 어른의 요구에 더 순응적이고 어른의 도움을 더 구하는 경향이 있다(Jacklin & Maccoby, 1978). 여아와 여자는 남아와 남자보다 설득적인 메시지와 타인의 행동에 의해 특히 집단의 압력하에 있을 때 더 영향을 받는 경향이 있다(Becker, 1986; Eagly, Karau, & Makhijani, 1995). 그러나 이러한 성차는 여자가 남자보다 집단의 조화에 더 가치를 두며 그래서 타인에게 굴복하는 것처럼 보인다는 사실에서 오는 경향이 있다(Miller, Danaher, & Forbes, 1986; Strough & Berg, 2000). 예를 들어 절 앞에 제시했던 일화와 같이, 여아는 남아와 비슷하게 좋지 않은 생각이라는 인식을 하더라도, 매기처럼 여아는 그저 단순히 그룹과 논쟁하고 싶지 않기 때문에 집단에 더 동조하는 것이다.

의도적인 통제 학령 전기 교실에서 이야기 나누기 시간 동안 많은 아동은 선생님이 읽어 주시는 것을 조용히 앉아 듣는다. 그러나 옆의 아동을 괴롭히고 안절부절못하는 아동이 있다면, 그건 남아일 가능성이 많다. 이 예와 일치하게도, 여아는 의도적인 통제를 좀 더 잘한다. 남아와 비교해 볼 때, 이들은 자신의 행동을 더 잘 통제하며 부적절한 반응을 억제하고, 주의집중을 잘한다(Else-Quest et al., 2006; Gagné, Miller, & Goldsmith, 2013). 게다가 남아는 ADHD 같은 집중력 장애로 진단받는 경우가 더 많다(Hyde, 2014).

우리가 앞에서 살펴보았듯이, 의도적인 통제와 ADHD는 생물학적인 기저를 가진다. 이 기저가 성차에 영향을 미칠지도 모른다. 즉 평균적인 여아는 남아보다 자기 통제에 더 능숙하도록 생물학적으로 프로그래밍되어 있다. 그러나 환경은 그 차이를 확대시킨다. 예를 들어, 2세 남아가 오케스트라 공연 장소같이 조용히 해야 하는 환경을 거부할 때, 부모는 그 남아를 데리고 가지 않아 그가 자신의 행동을 통제하는 것을 배울 기회를 주지 않을 수도 있다.

우울 청소년기 동안 여아는 남아보다 친구와 싸우는 것과 같은 부정적인 사건을 더 경험하고, 남아보다 이러한 사건에 대해 더 속상해한다(Flook, 2011). 이런 에피소드는 어떤 10대에게 우울을 가져와 만성적으로 슬픔을 느끼고 짜증을 내고 낮은 자존감을 가지게 한다(Mezulis et al., 2014).

여아를 우울에 더 민감하게 만드는 몇 가지 요인이 있다. 첫째, 그들은 사춘기 이후 변화하는 외모에 대한 불만족 또는 친한 친구와의 갈등과 같은 스트레스 요인을 더 빈번하게 경험한다(Hankin, Mermelstein, & Roesch, 2007). 둘째, 사진 속의 여아처럼, 여아는 남아보다 사회정서적 결과를 더 강조하면서, 부정적인 사건을 해로운 용어로 해석하는 경향이 강하

청소년기 동안 여아는 남아보다 더 우울에 시달리는 경향이 있다.

다. 예를 들어, 만일 10대 여아가 중요한 시험을 망치면, 그녀는 '나는 정말 어리석어. 만일 내가 이렇게 바보인 줄 알면 내 친구들은 나와 함께하기를 원하지 않을 거야'라고 생각하면서 남아보다 그 사건을 더 혹독하게 해석하는 경향이 있다. 셋째, 여아는 그것에 대해 생각하고 또 생각하고, 친구에게 이야기하고 또 이야기하면서 남아보다 자신의 문제에 대해 더 고민하는 경향이 있다(Cox, Mezulis, & Hyde, 2010; Rood et al., 2009). 넷째, 사춘기의 호르몬 변화가 10대 여아를 대인간 스트레스 요인에 취약하게 만드는지도 모른다(Martel, 2013).

성차에 관한 솔직한 이야기

LO6 남아와 여아의 발달에 성차가 미치는 영향은 무엇인가?

우리가 이 절에서 이야기해 왔던 성차를 아래 〈요약표 13-1〉에 정리하였다. 그 차이에 대해 당신이 생각하는 바와 같이, 이 절에서 기술된 성차는 남아와 여아의 평균 점수를 나타내는 것이고 그 차이는 비교적 적다는 것을 기억할 필요가 있다. 예를 들어 〈그림 13-5〉는 가설적 읽기 검사에서의 점수 분포를 보여 주는 것이다. 우리가 예상한 바와 같이, 전반적으로 여아는 남아보다 잘한다. 그러나 여아와 남아의 점수는 겹쳐진 부분이 있으며, 노란색으로 칠해진 부분은 평균적인 여아보다 읽기 점수가 높은 남아의 많은 퍼센트를 보여 주는 것이다. 그리고 붉은색으로 칠해진 부분은 평균적인 남아보다 읽기 점수가 낮은 여아의 많은 퍼센트를 말하는 것이다. 그래프에서 보듯이 평균에서의 차이는 모든 여아가 읽기를 잘하고 모든 남아는 읽기를 못한다는 것을 의미하는 것이 아님을 분명하게 보여 주고 있다. 결과적으로, 작가가 되길 원하는 남아는 남아와 여아 사이의 작은 차이 때문에 그 꿈을 억제해서는 안 된다. 물론 우리는 다른 영역에서 남아와 여아의 차이에 관한 같은 결론으로 비슷한 그래프를 그릴 수 있다. 성차의 대부분은 남아와 여아의 점수가 중복됨을 의미하는 .20 미만의 상관을 보일 만큼 작다(Hyde, 2014).

〈그림 13-5〉는 왜 성차가 실질적인 것보다 더 많은 것으로 보이는가에 대해 설명하고 있다. 분포의 끝부분은 소수의 극단적인 사례이다. 〈그림 13-5〉에서 보면 몇 안 되는 '대단한 독서가'는 여아가 남아보다 훨씬 많다. 만일 〈그림 13-5〉가 정신적 회전 기술의 분포를 보여 주는 것이라면, 남아

요약표 13-1 신체 발달과 행동 발달에서의 성차

일반적인 영역	특수한 영역	차이점
신체 발달	운동기술	남아는 힘을 요구하는 과업을 잘하고 여아는 정교한 기술을 요하는 과업을 잘한다.
	활동	유아기부터 남아가 여아보다 활동적이다.
	건강	임신에서부터 성인기까지 남아보다 여아가 더 건강하다
지적 능력	언어능력	여아가 많은 어휘를 알고 있다. 이들은 남아보다 더 잘 읽고, 언어와 관련된 손상이 적다.
	공간능력	남아가 여아보다 정신적 회전 과제에 더 능숙하다.
	수학	남아가 표준화된 시험에서는 더 높은 점수를 받지만, 여아에게 교육과 취업의 제한이 있는 나라에서 그러하다.
	기억	여아는 물체가 무엇인지, 물체가 어디에 있었는지 더 정확하게 기억한다. 또한 과거의 사건에 대한 묘사가 더 정교하다.
인성과 사회적 행동	공격성	남아가 더 신체적으로 공격적이고 여아는 관계적 공격성을 더 많이 사용한다.
	정서적 민감성	여아가 남아보다 정서 표현과 인지를 더 잘한다.
	사회적 영향	여아는 남아보다 조화에 더 가치를 두므로 타인의 영향에 더 민감하다.
	의도적인 통제	여아는 자신의 행동을 더 잘 조절할 수 있고, 부적절한 반응을 억제할 수 있으며, 주의집중할 수 있다. 남아는 ADHD로 진단받는 경향이 많다.
	우울	청소년기부터 여아가 남아보다 더 우울하다.

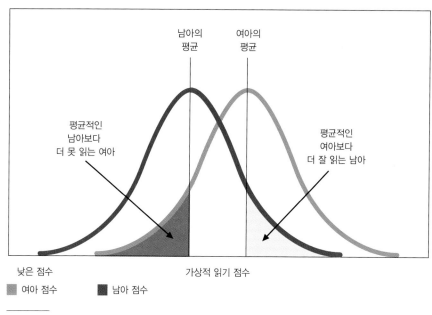

평균적인
남아보다
더 못 읽는 여아

남아의
평균

여아의
평균

평균적인
여아보다
더 잘 읽는 남아

낮은 점수　　　　　　　　　가상적 읽기 점수

■ 여아 점수　　　　■ 남아 점수

그림 13-5

와 여아의 분포는 뒤바뀌어서 '뛰어난 정신적 회전가'는 아마도 남아가 될 것이다. 이러한 극단적인 사례는 쉽게 기억되고 편견을 주어서 모든 여아를 뛰어난 독서가로, 모든 남아를 특출한 정신적 회전가로 생각하게 만든다.

　이 절에서 다루지 않은 능력과 행동, 특질에 관한 많은 영역에 대해 생각하는 것은 필수적인 것이다. 남아와 여아는 인지, 인성, 사회적 행동의 많은 측면에서 차이가 있는 것은 아니다. 사실 남아와 여아의 유사함에 대한 목록은 차이에 대한 목록보다 길다(Hyde, 2014). 지능, 추론, 사람에 대한 이해에서 남아와 여아는 차이보다는 비슷한 것이 더 많다.

　이 절에서는 남아와 여아 간에 차이가 있는 행동과 기술에 대해 중점을 두었고 다음 절에서는 아동이 어떻게 성 정체감을 획득하는지 살펴볼 것이다.

학습 확인

점검　재클린과 맥코비가 1974년에 발간한 책에서 묘사하고 있는 기본적인 성차는 무엇인가?

남아와 여아의 인성과 사회적 행동의 차이에 대해 요약하시오.

이해　본성과 양육이 지적 능력과 성취의 성차에 어떻게 기여하는가?

적용　인성과 사회적 행동에서의 남아와 여아의 성차에 대한 당신의 지식에 근거하여 볼 때, 2106년에 발간될 이 책의 40번째 개정판에서는 13.2절이 어떻게 달라질 거라 생각하는가?

13.3 성 정체감

학습 목표

LO7 부모, 또래, 매체가 아동의 성역할 학습에 어떠한 영향을 미치는가?

LO8 인지 이론은 아동의 성역할 학습을 어떻게 설명하는가?

LO9 생리적인 영향은 아동의 성역할 학습에 어떠한 영향을 미치는가?

이제 막 4세가 된 타린은 자신이 여자이기는 하지만 어른이 되면 남자가 될 것이라고 확신하고 있다. 타린은 여러 명의 남아와 함께 놀며 트럭이나 자동차를 가지고 논다. 타린은 부모님에게 자신이 성장하면 수염이 나고 아빠가 될 것이라고 이야기하였다. 그녀의 아빠는 타린의 생각이 성에 대해 제한적으로 이해하고 있는 학령 전기 아동의 자연적인 특성이라고 생각하였지만 그녀의 엄마는 아이를 잘못 키운 것은 아닌지 걱정하였다.

옛말에 남자는 남자로 자라고 여자는 여자로 자란다고 하지만, 그것이 성역할을 의미할 때에도 남자는 남자로 자라고 여자는 여자로 자라는 것일까? 아동은 남자와 여자에 대한 문화적인 역할을 어떻게 획득하고 내재화하는 것일까? 아동은 남자와 여자로서의 정체감을 어떻게 발달시키는 것일까?

사람과 매체에 의한 사회화의 영향

LO7 부모, 또래, 매체가 아동의 성역할 학습에 어떠한 영향을 미치는가?

부모와 성인들(예를 들어 교사와 TV 속의 인물 같은)이 아동의 성과 관련된 역할 행동을 직접적으로 형성한다는 속설이 있다. 남아는 남아다운 행동에 보상을 받지만 여자 같은 행동을 하면 처벌을 받는다.

속설조차도 이론적인 근거를 바탕으로 하는데, 앨버트 반두라(Bandura, 1977, 1986; Bandura & Bussey, 2004)와 월터 미셸(Mischel, 1970)과 같은 사회인지이론가들이 아동은 다른 사회적 행동과 마찬가지의 방식(주변 세상을 관찰하고 행동의 결과를 학습하는)으로 성역할을 학습한다고 하였다. 즉 아동은 어른과 또래를 관찰함으로써 문화적으로 남아와 여아에게 적절하다고 생각되는 행동을 학습한다.

아빠는 엄마보다 더 성 고정관념적인 방식으로 아동을 대한다.

부모 27,836명의 아동이 포함된 172개 연구를 광범위하게 메타 분석한 연구(Lytton & Romney, 1991)는 부모가 아들과 딸을 비슷하게 취급한다는 것을 발견하였다. 부모는 대체로 아들과 딸에게 비슷하게 반응하고, 둘 모두에게 비슷하게 온정적으로 대해 주고, 둘 다 성취적이고 독립적이 될 수 있도록 격려한다. 그러나 성역할과 관련된 행동에서 부모는 아들과 딸에게 다르게 반응한다(Lytton & Romney, 1991). 딸에게는 인형놀이, 옷 입기, 어른 돕기와 같은 행동을 아들보다 더 격려한다. 거친 몸싸움 놀이, 블록 가지고 놀기 등은 딸보다는 아들에게 더 격려한다. 부모는 딸보다는 아들의 완만한 공격성을 더 참는다(Martin & Ross, 2005). 아동의 출생순위에 근거하여, 특히 첫째 아이에게 성에 관한 전통적인 태도를 더 보여 주기도 한다(Katz-Wise, Priess, & Hyde, 2010). 아빠는 엄마보다 아들과 딸을 다르게 취급하는 경향이 있다. 엄마보다 아빠는 사진 속의 아빠처럼 성역할과 관련된 놀이를 더 격려한다. 또한 아빠는 딸의 순응성은 받아들이지만, 아들에게는 성취를 강요한다(Snow, Jacklin, & Maccoby, 1983). 예를 들어, 아빠는 아들에게 다이빙보드에서 뛰어내릴 것을 요구하지만 딸에게는 동일한 것을 요구하지 않는다. 엄마는 아동의 개별적인 요구에 기초하여 반응하는 경향이 있지만 아빠는 전형적인 성역할에 근거하여 반응하는 경향이 있다. 엄마는 자신의 아들이 똑똑하지만 스스로에게 자신 없어 한다는 지식을 가지고 행동하지만 아빠는 남자는 이러이러해야 한다는 생각으로 행동한다.

물론 성인들은 남자와 여자의 상대적인 역할과 권리에 대한 관점에 차이가 있다. 어떤 이는 전통적인 관점을 가지고 있고 어떤 이는 성역할 중립적인 관점을 가지고 있다. 만일 부모가 이러한 태도를 전달하지 않는다면 그건 놀라운 일일 것이다(Crouter et al., 2007). 부모와 아동 1만 쌍 이상을 대상으로 한 48개 연구를 메타 분석한 연구에 따르면 아동의 성역할에 관련된 흥미, 태도, 자아 개념은 부모가 전통적인 관점을 가지고 있을 때 매우 전통적이며, 부모가 비전통적인 관점을 가지고 있을 때 더 성역할 중립적이었다(Tenenbaum & Leaper, 2002).

교사 부모 다음으로는 교사가 아동의 삶에 가장 영향력 있는 성인일 것이다. 많은 교사들은 교실에서 성을 두드러지게 만듦으로써 아동의 성역할 고정관념에 기여한다. 초등학교에서 학생들은 남아와 여아를 구분하여 줄을 서라는 이야기를 들을 수도 있다. 또는 교사들은 비디오를 보는 동안 장난스럽게 웃어 대는 남아들을 비난하고 조용히 하는 집단으로 여아를 칭찬할 수도 있다(Thorne, 1993). 게다가 교사들은 여아보다 남아와 상호작용하는 시간이 더 많다. 교사들은 남아를 자주 부르며, 숙제한 것에 대해 더 칭찬하고, 파괴적인 교실 행동에 대해 야단치는 데에 더 많은 시간을 보낸다(Good & Brophy, 1996). 아동을 구분하는 근거로 성을 사용하고 남아에게 더 관심을 줌으로써 교사는 남아가 여아와 다르다는 생각을 조장한다(Ruble, Martin, & Berenbaum, 2006).

또래 3세경 아동 놀이의 대부분은 성역할 고정관념적이며 아동은 성에 적절하지 않은 놀이를 하는 아동을 비난한다(Aspenlieder et al., 2009). 여성적인 장난감이나 여성적인 활동을 좋아하는 남아에게 특히 그러하다. 인형을 가지고 노는 남아와 사진 속의 여아처럼 트럭을 가지고 노는 여아는 또래에게 무시당하거나 놀림을 받는 경향이 있지만, 남아는 여아보다 더 혹독하게 취급을 받는다(Levy, Taylor, & Gelman, 1995). 아동은 전통적인 성역할 놀이의 규칙을 학습하면 이를 위반하는 또래를 혹독하게 처벌한다.

또래는 또 다른 방법으로도 성역할에 영향을 미친다. 학령 전기 동안 아동은 동성 또래와 노는 것을 선호하기 시작한다(Halim et al., 2013). 어린 남아는 차를 가지고 놀고 어린 여아는 인형을 가지고 논다. 성에 의해 놀이 친구를 차별하는 것은 자발적이며, 술래잡기나 색칠하기와 같은 성 중립적인 활동에서조차 아동은 이성과 노는 것에 저항하기도 한다(Maccoby, 1990, 1998).

이러한 선호는 아동기 동안 증가하여 전청소년기에 가장 정점에 오른다. 10~11세경이 되면 대다수의 또래 활동을 동성 또래와 하며, 대부분은 성 전형적인 놀이를 한다. 남아는 운동을 하거나 차를 가지고 놀거나 영웅 캐릭터와 놀고, 여아는 미술을 하거나 인형 또는 애완동물과 논다(McHale et al., 2004). 변화가 있기는 하지만 성인기에도 일과 여가 동안 성에 따라 분리되어 있는 경우가 많다(Hartup, 1983).

왜 남아와 여아는 동성의 파트너와 노는 것에 그토록 매력을 느끼는가? 하나의 이유는 성에 의한 자기 선택이다. 남아와 여아는 자신과 같은 타인과 놀기를 선호하고, 자신의 성에 대해 안 후에는 그 기준에 따라 타인을 선택한다(Martin et al., 2013). 둘째, 남아와 여아는 놀이 스타일이 다르다. 남아는 거친 몸싸움 놀이를 선호하며, 더 경쟁적이다. 반면 여아는 더 협응적이고 친사회적

학령 전기 아동은 때때로 성 고정관념적이지 않은 놀이를 하는 아동을 놀린다.

이며, 대화중심적이다(Martin et al., 2011; Rose & Rudolph, 2006). 일반적으로 남아는 여아가 노는 방식으로 노는 것을 좋아하지 않으며 여아는 남아의 놀이 스타일에 반대한다(Maccoby, 1990, 1998).

셋째, 여아와 남아가 함께 놀 때 여아는 남아에게 별로 영향을 미치지 않는다. **여아는 전통적으로 상대를 지지하는 말과 행동을 통해 상호작용을 유지하는 권능 부여적인(enabling) 상호작용을 하는 경향이 있다.** 함께 그림을 그릴 때 여아는 다른 여아에게 "멋있다." 또는 "이젠 뭘 하고 싶어?"라고 하기도 한다. **반면 남아는 승자가 되기 위해 상대방을 위협하거나 부정하거나 아니면 과장하는 등의 제한하는(constricting) 상호작용을 하는 경향이 있다.** 같은 그림 그리기 과제에서 남아는 "내 그림이 더 낫다." 또는 "그림 그리는 것은 어리석은 짓이야. TV나 보자."라고 말할지도 모른다. 이러한 스타일들이 함께 있을 때, 여아는 자신이 보여 주고 있는 권능 부여적인 스타일이 남아에게 효과적이지 않음을 발견한다. 남아는 하고자 하는 것에 대한 여아의 예의 바른 제안을 무시하고 논의에서 갈등을 해결하려는 여아의 노력을 무시한다(Rose & Rudolph, 2006).

어떤 이론가들은 이러한 반대되는 스타일이 진화에 근거한 것이라고 믿는다(Geary et al., 2003). 타인 지배에 대한 남아의 관심은 남자 집단 속에서 서열을 만들려는 관심에서 나온 것일지 모른다. 왜냐하면 높은 서열이 자손을 위한 자원과 친구에게 접근하기 수월하게 만들기 때문이다. 소속에 대한 여아의 관심은 여성이 전통적으로 자신의 공동체를 떠나 남편의 공동체에서 살았던 사실에 근거할지도 모른다. 친척이 전혀 없다는 것은 가까운 친구의 가치를 증진시키는데 이는 우정을 만들고 유지하는 친화적인 행동에 프리미엄을 주는 것이다.

정확한 원인이 무엇이든 간에 놀이친구에 대한 어린 시절의 차별(놀이 스타일에 따른)은 남아는 남아에게서 배우고 여아는 여아에게서 배운다는 것을 의미한다. 시간이 흐르면서 성에 의한 사회적인 분리는 놀이에서의 성차를 강화시킨다. 예를 들면 마틴과 파베스(Martin & Fabes, 2001)는 학령 전기와 유치원 아동의 동성 놀이를 종단적으로 연구하였다. 어린 남아가 학년 초 다른 남아와 함께 노는 데에 가장 많은 시간을 보낼 경우, 학년 말에 이들의 놀이는 더 활동적이고 더 공격적이었다. 반대로 어린 여아가 학년 초 다른 여아와 함께 노는 데에 가장 많은 시간을 보낸 경우, 학년 말에 이들의 놀이는 덜 활동적이고 덜 공격적이었다. 이성 친구와 많은 시간을 놀았던 남아와 여아에게는 이러한 변화가 나타나지 않았다. 즉 어린 남아와 여아는 서로 간의 성에 적절한 놀이를 지도한다.

TV 성역할 학습에 영향을 미치는 또 다른 요인은 TV이다. TV는 지난 몇십 년 동안 남자와 여자를 고정관념적인 방식으로 묘사해 왔다. 여자는 가족의 역할을 수행하는 경향이 있기에 정서적이고 수동적이며 약한 존재로 묘사된다. 남자는 관리하는 역할을 맡는 경향이 있기에 논리적이고 활동적이며 강한 존재로 묘사되는 경향이 있다(Leaper et al., 2002; Smith et al., 2012). 당신이 상상하듯이 TV를 많이 보는 아동은 남성과 여성에 대한 성역할 고정관념을 가지게 될 것이다. 즉 TV 시청은 아동이 TV 프로그램에 지배적으로 등장하는 뒤틀어진 남성상과 여성상을 취하는 원인이 된다(Oppliger, 2007; Signorielli & Lears, 1992).

이제 원래의 질문으로 돌아가 보자. 연구들은 성역할에 대한 사회학습적 해석을 얼마나 지지하는가? 부모, 교사, 또래에 대한 연구는 아동이 남자와 여자를 관찰함으로써 성역할에 대해 많이 배운다는 것을 보여 주는 것이다. 그러나 그것이 전부는 아니다. 전통적으로 어린 남아는 아빠보다는 엄마를 관찰할 기회가 더 많지만 아빠를 더 모방한다. 성역할 학습의 중요한 요인은 하나의 성을 인지하고 성에 맞는 활동을 적극적으로 추구하는 것이다. 이러한 측면이 우리가 앞으로 살펴볼 인지 이론의 핵심이다.

Q&A

질문 13.3

릭은 4세 아들이 옆집에 사는 5세 여아와 놀 것에 대해 격려해 왔다. 그러나 아들은 항상 이를 거절해 왔다. 릭은 아들이 고집이 센 아이라고 생각했다. 당신도 이에 동의하는가?

성 정체감의 인지 이론

LO8 인지 이론은 아동의 성역할 학습을 어떻게 설명하는가?

아동의 성역할 이해에 대해 최초로 기술한 학자 중 한 명이 도덕성 단계를 기술(12.2절)한 바 있는 로렌스 콜버그(Kohlberg, 1966; Kohlberg & Ullian, 1974)이다. 콜버그에 따르면, 걸음마기 아동도 자신이 남아인지 여아인지 알고 있으며 자신을 그에 따라 식별할 수 있다고 한다. 학령 전기 동안 아동은 성이란 안정적인 것이므로 남아는 남자가 되고 여아는 여자가 된다는 것을 안다고 한다. 그러나 이 시기의 아동은 여아가 남아처럼 머리스타일을 하면 남아가 되고 인형을 가지고 노는 남아는 여아가 된다고 생각한다. 5, 6세가 되어야 아동은 남성과 여성이 소망이나 상황에 따라 바뀌는 것이 아니라는 것을 이해하게 된다. 이들은 아동의 성이 입고 있는 옷이나 좋아하는 장난감에 영향을 받는 것이 아니라는 것을 이해한다.

앞의 일화에서 이야기한 타린은 첫 번째 단계에 있는 것이다. 그녀는 자신이 여아라는 것을 알고 있지만 성이 안정적이고 지속적이라는 것을 아직 이해하지 못한다.

성이 안정적이라는 것을 아동이 알게 되면, 아동은 곧바로 성 전형적인 행동을 학습한다. 성에 대한 학습이 어떻게 발생하는지를 기술하는 이론이 "주목할 만한 이론"에 기술되어 있다.

주목할 만한 이론

성 도식 이론

배경 학령 전기 아동은 성역할을 빠르게 학습해 간다. 물론 환경이 전통적인 성역할 학습에 많은 실마리를 제공한다. 그러나 아동은 자신의 성과 관련된 전통적인 행동과 성격에 대해 배우는 데에 이러한 실마리를 어떻게 이용하는가?

이론 캐롤 마틴(Martin & Ruble, 2004; Martin et al., 1999)이 제안한 이론은 아동이 어떻게 성에 대해 배우는지를 기술하였다. **성 도식 이론**(gender-schema theory)에 따르면 아동은 어떤 사물 또는 활동, 행동이 남성적인 것인지 여성적인 것인지를 결정하고, 그 후 그 사물 또는 활동, 행동에 대해 더 배워야 하는지 아닌지를 결정하는 데에 이 정보를 사용한다고 한다. 즉 일단 아동이 자신의 성에 대해 배우고 나면 이들은 성에 적절한 경험과 사건에 관심을 가지게 된다(Martin & Halverson, 1987; Zosuls, Ruble, & Tamis-Lemonda, 2014). 성 도식 이론에 따르면, 모래장난을 하는 여아들을 보고 있는 학령 전기 남아는 모래장난은 여아들을 위한 것이고 자신은 남아이므로 모래장난은 자신을 위한 것이 아니라고 결정한다는 것이다. 나이 든 남아들이 축구하는 것을 보면 축구는 남아를 위한 것이라고 결정하고 자신은 남아이므로 축구를 수용하고 이에 대해 배워야 한다고 결정한다는 것이다.

가설 성 도식 이론에 따르면 아동은 처음에는 성 정체감을 확립하고 그 후에는 성역할에 대한 활동적인 학습을 시작한다. 따라서 성 정체감을 확립한 아동은 성역할에 대해 배우지만 성 정체감이 확립되지 않은 아동은 성역할에 대해 거의 알지 못한다.

검증 연구자들(Zosuls et al., 2009)은 아동이 자신을 남아 또는 여아로 지칭하는 시기인 10~21개월 사이에 있는 아동의 언어발달에 대해 기록하였다. 또한 아동은 17~21개월 사이에, 성 고정관념적인 장난감(트럭, 인형)과 성 중립적인 장난감(전화기, 사람 미니어처)을 가지고 놀 때 관찰되었다. 관찰자는 자신을 성에 근거해 이야기하는 아동이 성 고정관념적인 장난감을 더 가지고 논다는 것을 발견하였다. 즉 자신을 여아로 지칭하는 베스는 인형은 가지고 놀지만 트럭은 가지고 놀지 않았으며, 자신을 남아로 지칭한 적이 없는 제임스는 인형과 트럭을 다 가지고 놀았다.

결론 예측한 바와 같이 자신이 남아(여아)라는 것을 이해하는 것은 성역할을 학습시키는 촉매제였다. "아동은 누가 특정 활동에 참여하면 안 되는지, 누가 누구와 놀아야 하는지, 왜 남아와 여아는 다른지 등 성에 대한 실마리를 찾고 있는 성 탐정가이다"(Martin & Ruble, 2004, p. 67).

적용 아동은 성을 이해한 후 성 고정관념적인 활동에만 관심이 있는 특수한 안경을 통해 세상을 보는 듯하다(Liben &

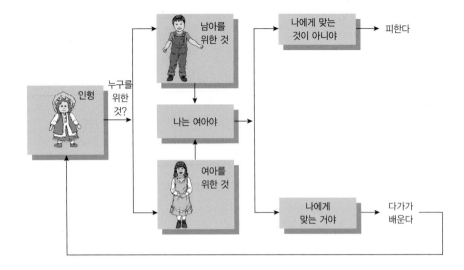

그림 13-6

Bigler, 2002). 자녀가 성에 대한 전통적인 관점과 성역할로 제한되는 것을 원하지 않는 부모는 좀 더 중립적인 안경을 지지하여 성에 대한 색안경을 제거하도록 아동을 격려할 수 있다. 그러나 일단 아동이 성 정체감을 획득하고 나면 좀 더 수월해진다. 하나의 방법은 아동을 반고정관념적인 많은 상황에 노출시키는 것이다. 비행기를 몰거나 건설 현장에서 일하거나 회사를 운영하는 여자를 여아에게 보여 주고, 간호사, 유치원 교사, 치과 위생사인 남자를 남아에게 보여 줌으로써 남자와 여자가 되는 것이 의미하는 바에 대한 좀 더 넓은 정의를 학습하게 할 수 있을 것이다.

아동은 성이 안정적이라는 것을 깨닫고 나면 자신의 성역할에 대해 자신이 할 수 있는 모든 것을 배우기 시작한다. 이로 인해 몇몇 학령 전기 여아는 전통적인 여성적 역할을 상징하는 주름이 많은 드레스를 좋아하는 것이다.

성 도식 이론은 아동이 성에 대해 이해한 이후 아동의 세계에서 '남자'와 '여자'가 가장 두드러진다는 것을 보여 주었다. 이 이론과 일치하게도, 나는 나의 딸 라우아가 4세일 때 내 아들 벤의 축구경기를 함께 보러 가자며 나눈 대화를 생생하게 기억한다. 나는 그녀가 경기를 너무 지루해해서 관람을 포기해야 할지도 모른다고 걱정했었다. 그러나 그것은 잘못된 생각이었다. 라우아는 전부 여자들인 치어리더들을 발견하자마자 이들 앞에 우리가 앉을 것을 주장하였다. 축구경기 내내(쉬는 시간에도) 라우아의 눈은 치어리더의 모든 움직임에 고정되었으며 우리가 집으로 돌아왔을 때 그녀는 그들을 흉내 내었다. 성 도식 이론에 따르면 4세인 라우아는 치어리딩이 여자를 위한 것이며 자신은 여아이므로 이에 대한 모든 것을 배워야 한다는 것을 알았다는 것이다.[*]

이러한 설명은, 사진 속의 여아처럼 왜 3~5세 사이의 여아가 주름이 많은 핑크색 드레스같이 과도하게 여성스러운 옷을 좋아하고, 학령기가 되면 바지에 스포츠를 즐기고 여성적인 장난감과 활동을 피하는 선머슴이 되는지를 이해할 수 있도록 도와준다(Bailey, Bechtold, & Berenbaum, 2002; Halim et al., 2014). 레이스가 많이 달린 드레스에 대한 여아의 사랑은 그녀가 새롭게 획득한 성 정체감에 부합되는 특출한 상징을 추구한다는 것을 보여 주는 것이다. 그러나 학령기가 되면, 아동은 성역할이라는 것이 유연한 것이어서 바지를 입는다고 여아가 남아가 되는 것은 아니며, 손톱을 칠한다고 남아가 여아가 되는 것은 아니라는 것은 알게 되고, 남성적인 역할이 더 서열을 가진다는 것도 알게 된다. 결과적으로 학령기 여아는 선머슴아가 된다는 것은 여아로서의 정체감을 흔들지 않으면서 남아와 같은 다소간의 서열을 가질 수 있는 것임을 깨닫는다(Halim, Ruble, & Amodio, 2011).

---

[*] 그러나 학령 전기 동안 그녀는 축구와 야구를 하기 위해 치어리더를 포기하였다.

생리학적 영향

LO9 생리적인 영향은 아동의 성역할 학습에 어떠한 영향을 미치는가?

대부분의 아동 발달 연구자들은 생리학이 성역할과 성 정체감에 기여한다는 것에 동의한다. 예를 들면 진화론적 발달심리학은 남자와 여자는 인간의 역사상 오랫동안 큰 차이가 있는 역할을 수행하였다는 것(여자는 자녀 양육에, 남자는 음식·보호 같은 중요한 자원 제공을 수행해 왔다)을 우리에게 상기시켜 준다(Geary, 2002). 이러한 역할을 수행하면서 다른 특질과 행동들이 남자와 여자에 맞게 진화되었다. 예를 들면 남자는 침입자를 물리치도록 진화되었기 때문에 공격적이다.

만일 성역할이 우리의 진화적인 유산에 근거한다면 행동유전학 연구들은 성역할 학습에 미치는 이 유산의 영향을 보여 주어야 한다. 쌍생아 연구는 성역할 학습에 미치는 방대한 유전적인 영향을 보여 주었다(Iervolino et al., 2005). 일란성 쌍생아의 경우, 한 명이 성 고정관념적인 장난감과 활동을 강하게 선호한 경우 다른 한 명도 대체로 이와 유사하였다. 이란성 쌍생아도 성 고정관념적인 장난감과 활동에 대한 선호도가 비슷하지만 일란성 쌍생아만큼은 아니었다.

쌍생아 연구는 성역할 학습에 관한 생물학적 근거에 대해 언급하고 있지만, 어떠한 요소에 책임이 있는지는 이야기해 주지 못하고 있다. 어떤 학자는 성호르몬이 중요한 역할을 한다고 믿고 있는데, 이와 일치하게 남아와 여아 모두 임신기간 동안 테스토스테론에 노출된 경우 학령기 동안 남성적인 활동에 더 큰 흥미를 보여 주었다(Constantinescu & Hines, 2012). **이러한 연계는 출생 전부터 아드레날 선이 안드로겐을 과다하게 분비하는 유전적 장애인 선천적부신피질과형성증(congenital adrenal hyperplasia, CAH) 아동 연구에서도 나타난다.** 아동기와 청소년기 동안 선천적부신피질과형성증 여아는 인형 대신 자동차를 가지고 노는 등 남성다운 활동을 선호하고, 과도한 안드로겐에 노출되지 않은 여아에 비해 남자 놀이 친구를 아주 많이 선호한다(Miller & Halpern, 2014; Pasterski et al., 2005). 분명히 안드로겐은 남성적 성역할과 여성적 성역할 행동에 결정적인 역할을 하는 뇌 영역의 태아기 발달에 영향을 미친다.

아마도 가장 정확한 결론은 생물학적인 것과 사람과 매체에 의한 사회화, 그리고 성 전형적인 행동을 이해하고자 하는 아동 자신의 노력이 성역할과 성차에 기여한다는 사실일 것이다. 성에 대한 학습에 영향을 미치는 이들의 상호작용에 대해 이해하는 것은 성역할이 오늘날 어떻게 변화하는지를 이해하는 데에 도움을 줄 것이다.

 학습 확인

점검 아동의 성 정체감 발달에 기여하는 사회화의 힘에 대해 기술하시오.

인지 발달에서 보는 성 정체감에 대해 기술하시오.

이해 11.1절에서 기술한 자아 개념과 비교해 볼 때 아동의 성역할 정체감은 어떻게 획득되는가?

적용 아동이 성인으로부터 성역할을 배운다는 것이 보편적인 관점이다. 그러나 아동은 성역할 학습의 능동적인 참여자이다. 아동이 자신의 성역할 학습에 어떻게 영향을 미치는지 기술하시오.

변환기의 성역할

개요

성역할의 출현

전통적인 성역할을 넘어

성역할은 지속적으로 변화하고 있으며 남자와 여자에게 수용가능한 역할의 범위도 지속적으로 확대되어 간다.

메다와 페리는 자신의 6세 된 딸 호프가 성에 근거하기보다 자신의 흥미와 능력에 근거한 활동, 친구, 더 나아가서는 직업을 선택하기를 바라고 있다. 그들은 성 중립적인 가치와 행동에 최선을 다해 왔다. 호프가 전통적인 부모들에 의해 양육된 다른 6세 아이들과 다를 바 없어 보였을 때 두 사람 다 놀라움을 금치 못하였다. 호프의 친한 친구들은 모두 여아들이었다. 호프가 친구들과 있을 때 이들은 주로 인형을 가지고 놀거나 소꿉놀이를 하였다. 성 중립적인 아동을 위한 메다와 페리의 계획에서 무엇이 잘못된 것일까?

성역할은 돌에 새겨지는 것이 아니라 시간에 따라 변화하는 것이다. 미국에서 여아와 남아, 여자와 남자에게 수용 가능한 역할의 범위가 지금보다 더 광범위한 적은 없었다. 예를 들어 사진 속에 있는 남자처럼 어떤 아버지는 아동의 일차 양육자로서 가정에 있고 어떤 여자는 가족의 유일한 생계 책임자로서 종일 일하기도 한다. 이러한 변화가 아동에게 미치는 영향은 무엇인가?

성역할의 출현

LO10 양성성은 무엇이고, 전통적인 남성성과 여성성과는 어떻게 관련되어 있는가?

전통적으로 남성성과 여성성은 연속선상의 끝에 있는 것으로 여겨져 왔기 때문에, 남성과 관련된 많은 특질을 가진 아동은 남성성이 많은 것으로 여겨지고, 여성과 관련된 특질을 많이 가진 어린 아동은 여성성이 많은 것으로 여겨져 왔다. 성역할에 대한 새로운 관점은 13.1절에 기술한 도구성과 표현성이 독립적인 차원으로 존재한다고 생각한다. 이 관점에서는 전통적인 남성은 도구성이 높은 반면 표현성은 낮고, 전통적인 여성은 도구성은 낮고 표현성은 높다고 평가한다. 새로운 접근 방식은 특질에 대한 새로운 조합이 가능하다는 것을 인정하는 것이다. **양성적인**(androgynous) 사람은 도구적 차원과 표현적 차원이 모두 높은 사람이다. 즉 양성적인 사람은 독립적이고, 정서적이며, 자아확신적이고, 사려 깊으며, 야망적이며, 창조적일 수 있다.

많은 이론가들(예 : Bem, 1996)은 도구적인 행동과 표현적인 행동 모두에 반응하는 능력이 하나에만 반응하는 능력보다 심리적으로 더 건강하다고 주장하였다. 사실 양성적인 아동은 성역할이 고정관념적인 아동보다 더 적응을 잘한다(DiDonato & Berenbaum, 2011; Norlander, Erixon, & Archer, 2000). 그러나 양성성은 남아보다는 여아에게 더 많은 이득을 준다. 양성적인 여아는 표현적인 여아보다 자존감이 더 높으며 생각이나 감정을 공식적으로 더 잘 표현한다(Harter, Waters, & Whitesell, 1998). 예를 들면 오른쪽 사진 속의 여아처럼 사려 깊으며 창의적이며 동시에 독립적이고 야망적인 여아는 전통적인 여성성과 관련된 표현적 특질만 가지고 있는 여아보다 자기 자신에 대해 긍정적으로 생각한다.

표현성과 도구성의 균형은 인생의 많은 과제에 잘 적응하게 만들 수 있을 것이다. 독립적이고 확신에 찬 것은 가정과 직장 생활에 도움이 되며 친절하고 사려 깊은 것도 마찬가지이다. 그러나 다음 절에서 보듯이 비전통적인 성역할에 적응하도록 아동을 지도하는 것은 쉬운 일이 아니다.

전통적인 성역할을 넘어

LO11 부모는 자녀를 성 중립적인 아동으로 양육할 수 있는가?

많은 연구자들(예 : Hyde, 2014)은 성역할이 아동에게 과도하게 강조되어 왔다고 믿고 있다. 그들은 성인이 때때로 아동들을 불필요하게 성으로 집단화하고 있다고 주장한다. 예를 들어 교회에 출석을 잘한 아동에게 상으로 목사님이 남아에게는 파란 연필을, 여아에게는 분홍 연필을 준다고 하자. 이것은 남아와 여아를 구분하는 것이 중요한 것처럼 보이게 하고 아동의 성에 대한 고정관념 증가에 기여하기 때문에 합리적인 보상이 아니다(Bigler, 1995).

여아는 도구적 차원의 독립성과 자아확신, 표현적 차원의 정서와 사려를 결합하는 양성성으로부터 이득을 얻고 있다.

많은 발달심리학자들은 성이 특질이나 행동, 능력보다 생식적 기능과 더 관련되어 있을 것이라고 믿고 있다. 이것이 가능한 일인가? 아동은 성에 대해 고정관념적이지 않은 관점을 배울 수 있다. 학령기 아동은 성이 아니라 개인의 기술과 흥미에 따라 직업에 잘 적응할 수 있는지에 대해 배울 수 있다(Bigler & Liben, 1990). 게다가 아동은 성에 대한 편견을 어떻게 인식하고 성차별주의자의 말에 어떻게 반응해야 하는지에 대해 배울 수 있다(Brinkman et al., 2011; Lamb et al., 2009; Pahlke, Bigler, & Martin, 2014).

자연적인 상황에서 장기간에 걸친 변화는 가족 생활양식 프로젝트(Family Lifestyles Project)의 결과에 근거해 볼 때 매우 복잡한 일일지도 모른다(Weisner & Wilson-Mitchell, 1990; Weisner, Garnier, & Loucky, 1994). 이 연구는 1960년대와 1970년대 반체제 문화의 구성원이었고 성에 대한 고정관념 없이 아동을 양육하기 위해 노력하는 부모를 둔 가족을 조사하였다. 이 가족들은 남자와 여자가 가사노동, 경제, 아동 양육의 과업을 공유하였다.

가족 생활양식 프로젝트는 이 절 앞부분의 일화에 나온 메다와 페리 같은 부모들이 다른 부모들보다 성 고정관념의 어떤 측면에 더 쉽게 영향을 미칠 수 있음을 지적하였다. 가족 생활양식 프로젝트에서 연구된 아동은 직업에 관한 고정관념이 적은 것으로 나타났으며 여아도 미국의 대통령이 될 수 있고 트럭을 운전할 수 있으며 남아도 간호사와 비서가 될 수 있다는 것에 동의하였다. 또한 물건 사용에 관한 고정관념도 적어서 남아와 여아 모두 다리미, 삽, 망치, 못, 바늘, 실 등을 사용하는 것에 비슷한 태도를 보였다. 그럼에도 불구하고 이 아동들은 동성의 친구와 성 고정관념적인 활동을 좋아하는 경향이 있었으며 남아는 신체적 놀이를, 여아는 그림 그리기와 읽기를 즐겼다.

성역할과 정체감의 어떤 측면이 경험에 의해 쉽게 영향을 받는다는 사실은 그리 놀라운 일은 아니다. 25만 년 동안 호모사피엔스는 가족의 작은 집단 속에 존재하였고, 동물을 사냥하고 식물을 채집하였다. 여자는 아기를 낳고 양육해 왔기 때문에 돌보는 것과 양육하는 것에 적응해 왔다. 10.3절에서 보았듯이 양육자는 안정적인 애착을 할 가능성이 많으며, 궁극적으로 유아 생존에 기여한다. 남자의 책임은 신체적 강건함과 공격성을 통해 침입자로부터 가족을 보호하고 사냥을 하는 것이다.

21세기의 생활환경은 분명히 차이가 있기에 남자와 여자 모두 집 밖에서 일을 하고 아동도 양육한다(Eagly & Wood, 2013). 그러나 지난 몇십 년 동안의 문화적 변화가 수천 년의 진화적 역사를 지울 수는 없다. 우리는 남아와 여아가 다르게 놀고 여아는 타인과의 상호작용에 지원적이며 남아는 신체적으로 공격적이라는 사실에 그리 놀랄 필요는 없는 것이다.

"아동의 삶 향상시키기"는 아동이 전통적인 성 고정관념을 넘어서며 두 가지 역할의 가장 좋은 것을 학습할 수 있도록 도와줄 수 있는 방법들을 제시하고 있다.

아동의 삶 향상시키기

성 특질이 아닌 가치 있는 특질에 대한 격려

부모와 성인들은 고정관념적인 두 역할의 가장 좋은 것을 학습할 수 있도록 격려할 수 있다. 독립적이고, 확신적이며, 양육적이고, 사려 깊은 것은 남아와 여아만이 아니고 모든 사람에게 가치 있는 특질이다. 여기 이러한 목표에 도달할 수 있도록 도와주는 몇 가지 안내 지침이 있다.

- 아동은 주변 사람들을 통해 성역할을 학습하므로 부모 자신이 성에 얽매어 있지 않아야 한다. 엄마와 아빠가 잔디를 깎고 수리를 하며 집 밖에서 일을 하며 식사를 준비하고 빨래를 하며 어린 아동을 돌볼 수 있다. 이러한 것이 차이를 만드는데 나는 언제나 우리 집의 빨래 담당이었으므로 5세인 내 딸은 내가 대부분 가정주부가 빨래를 한다고 이야기했을 때 놀랐었다.
- 부모는 아동의 성에 근거하여 아동의 장난감, 활동, 자질구레한 일 등을 결정해서는 안 된다. 부모는 장난감, 활동, 자질구레한 일 등에서 아동의 성이 아니라 연령, 능력, 흥미에 근거한 한 개인으로서 아동에게 적합한지 아닌지를 결정해야 한다.
- 매체나 교사같이 가정 외에 있는 영향력이 고정관념적인 성역할을 뛰어넘는 아동으로 키우고자 하는 부모와 반대되는 입장일 때가 있다. 아동에게 미치는 이러한 영향력을 차단하는 것은 가능한 일도 아니지만 현명한 것도 아니다. 오히려 부모는 아동에게 성에 근거한 판단에 비판적인 사고를 할 수 있도록 격려할 수 있다. 밴드부 교사가 남아는 트럼펫과 트럼본을 연주하고 여아는 클라리넷과 플루트를 연주해야 한다고 주장한다면, 부모는 아동에게 이것이 이치에 맞는 것인지 생각해 보도록 요구할 수 있다. TV 프로그램에서 남자가 스트레스를 받고 있는 고정관념적인 젊은 여자를 돕고 있는 것을 보여 준다면, 부모는 아동에게 여자는 어려운 상황에서 스스로 벗어날 수 없는 것인지 물어볼 수 있다.

이러한 안내 지침을 통해 성인은 아동이 성과 관련된 전통적인 관점이 아닌 개인적인 특질에 의해 자신의 모든 재능을 발달시킬 수 있도록 도울 수 있다.

 학습 확인

점검 어떤 특성이 양성성을 구성하는가?

성 고정관념의 어떤 요소가 쉽게 변화할 것으로 보이는가? 어떤 요소가 변화에 저항적일 것으로 보이는가?

이해 왜 여아가 남아보다 양성성으로부터 더 이득을 얻는가?

적용 자신의 딸이 태도, 신념, 열망에서 성별로부터 자유롭기를 원하는 엄마에게 어떠한 충고를 해 줄 수 있는가?

 주제 통합하기 **관련성**

성역할에 관한 연구는 다른 영역에서의 발달이 서로 관련되어 있음을 입증하고 있다. 아동이 성역할을 어떻게 학습하는지 생각해 보라. 사회적 통념에 따르면 아동은 부모와 아는 것이 많거나 권위적인 사람에 의한 사회화 과정을 통해 남성적 그리고 여성적인 특성과 행동을 배운다고 한다. 이 과정이 중요하긴 하지만, 성역할 학습을 위해서는 인지적 과정이 필수적이며 성역할 학습은 단순한 사회적 현상이 아니다. 아동은 성이 안정적이라는 것을 이해하기 전까지는 성역할에 대한 학습을 시작하지 않는다. 성 도식 이론은 아동이 어떻게 이러한 정보를 이용해 관련된 경험을 선택하는지를 보여 주고 있다. 생리적인 것이 어떻게 영향을 미치는지 아직까지 잘 이해하기 어렵지만, 생리적인 측면도 분명히 영향을 미치고 있다. 생리적인 측면, 인지, 그리고 사회적인 영향 모두가 고유한 성역할을 형성한다.

직접 해 보기

나이 든 아동이 성역할 고정관념에 대해 더 많이 알고 성역할 고정관념이 의무적인 것이 아니라는 것을 이해한다는 것을 살펴보기 위해 고정관념적인 특성을 입증할 수 있는 간단한 몇 가지 이야기를 만들어 볼 필요가 있다. **독립적, 확신에 찬, 감사하는, 예의 바른**이라는 단어를 사용해 볼 것을 권한다. 한 명의 아동을 묘사하기 위해 각 이야기를 두 문장 내지는 세 문장으로 작성해 보라. 이야기는 그 아동이 남자인지 여자인지 알 수 있는 힌트만 있어야 한다. 예를 들어, 이 이야기는 독립적인 것을 이야기한 것이다.

나는 어른의 도움 없이 일하는 것을 좋아하는 한 아이를 알고 있다. 이 아이는 혼자 숙제하고 다른 도시에 살고 있는 친척을 만나기 위해 혼자 여행하는 것을 좋아한다.

11~12세 아동에게 이야기를 들려줘 보라. 매 이야기를 읽어 주고 난 후 질문해 보라. "이 아동은 남아일까, 여아일까, 둘 다일까?" 응답을 기록하고 난 후 "대부분의 사람들은 이 아이를 남자라고 생각할까, 여자라고 생각할까?"라고 질문해 보라.

첫 질문으로는 고정관념에 대한 아동의 이해를 측정할 수 있다. 절반 정도는 "둘 다"라고 응답하는 아동(전부는 아니지만 어떤 경우 고정관념에 융통성이 있는)을 발견하게 될 것이다. 두 번째 질문으로는 아동의 고정관념에 대한 인식을 측정할 수 있다. 대부분의 아동이 고정관념적으로 두 번째 질문에 응답한다는 것(사람들은 독립적이고 확신에 찬 아동을 남아로, 감사하는, 예의 바른 아동을 여아로 인식한다고 응답하는)을 발견할 것이다. 직접 해 보기 바란다!

요약

13.1 성역할 고정관념

우리는 남자와 여자를 어떻게 보는가?
도구적 특성은 세상 속에서 활동하는 개인을 묘사하는 것이고 대개 남자와 관련된 것이다. 표현적 특성은 대인 관계에 가치를 두는 개인을 묘사하는 것이고 대개 여자와 관련된 것이다.

성역할 고정관념 학습
4세 정도가 되면 아동은 성역할 고정관념에 대한 상당한 지식을 가진다. 학령기에는 성역할 고정관념적인 특성과 행동에 대해 알게 된다. 또한 나이 든 아동은 남자와 관련된 특성과 직업이 더 높은 사회적 지위를 가지며 고정관념이 반드시 유효한 것은 아니라는 것을 이해하게 된다.

13.2 성역할과 관련된 차이

맥코비와 재클린이 1974년 발표한 *The Psychology of Sex Difference*에는 남자와 여자가 언어능력, 수학능력, 공간능력, 공격성 등 네 가지 영역에서 차이가 있다고 기술되어 있다. 후속 연구자들은 성차를 연구하는 시발점으로 이들의 연구를 활용하여 왔다.

신체적 발달과 행동의 차이
소근육 협응을 잘하고 더 건강한 경향이 있는 여아보다 남아는 크고 강하고 더 활동적인 경향이 있다.

지적 능력과 성취의 차이
남아는 공간능력이 뛰어난 반면 여아는 언어적 기술이 뛰어나다. 예전에는 남아가 수학 성취에 이점을 가지고 있었지만, 여아들이 수학과 관련된 직업을 추구하는 여성에 대해 많이 알게 되면서 최근에는 그 차이가 소소해졌다. 여아들은 남아보다 물체와 위치에 대해 더 정확하게 기억한다. 지적 능력의 차이는 유전과 환경적인 요소에 의한 것이다.

인성과 사회적 행동에서의 차이
남아는 여아보다 공격적이다. 아마도 생물학적인 요인이 강하게 작용하는 것 같다. 여아는 대개 또래와의 관계를 손상시킴으로써 공격성을 표현하곤 한다. 여아는 타인의 감정에 더 민감하고 타인에 의해 더 영향을 받는다. 이 두 차이는 경험에 기인한 것으로 보인다. 여아는 의도적인 통제를 더 잘하지만 청소년기에는 남아보다 더 우울해지는 경향이 있다.

성차에 관한 솔직한 이야기

대부분의 성차는 정말 소소한 것이고, 남아와 여아의 능력은 중첩되어 있다. 성차를 강조함에도 불구하고 남아와 여아는 인지, 인성, 사회적 행동의 많은 측면에서 매우 유사하다.

 성 정체감

사람과 매체에 의한 사회화의 영향

부모는 아들과 딸에게 성역할 관련한 행동을 제외하고는 비슷하게 대한다. 아빠는 아들과 딸을 다르게 대하기 때문에 성역할을 가르치는 데에 중요한 역할을 한다. 성을 두드러지게 만듦으로써 성역할 학습을 조장한다.

학령 전기에 또래는 동성이 아닌 이성적인 놀이에 참여하는 아동을 놀림으로써 그런 놀이를 단념케 하는 경향이 있다. 또한 아동은 거의 동성과 놀기 때문에 또래도 성역할에 영향을 미친다.

TV는 고정관념적으로 남자와 여자를 묘사하기 때문에 TV를 많이 보는 아동은 남자와 여자에 대한 고정관념을 가지는 경향이 있다.

성 정체감의 인지 이론

아동은 성이라는 것이 시간이 지나도 안정적인 것이며 개인적인 바람으로 바뀔 수 있는 것이 아니라는 것을 점차 배운다. 성이 안정적이라는 것을 아동이 이해하고 나면 전통적인 성역할 행동을 배우기 시작한다. 성 도식 이론에 따르면, 아동은 동성의 행동에 주의집중하면서 성역할을 배우고 이성의 행동은 무시한다고 한다.

생리학적 영향

생리학이 성역할의 일부에 영향을 미친다는 생각은 태아기에 남성 호르몬에 노출된 여자를 연구함으로써 지지되었다.

 변환기의 성역할

성역할의 출현

양성적인 사람은 도구적 특성과 표현적 특성을 표현한다. 양성적인 여아는 전통적인 여아보다 자아존중감이 더 높으며 공개적인 자리에서 자신을 더 잘 표현하는 경향이 있다. 양성적인 남아는 전통적인 남아와 자아존중감이 비슷한 수준이다.

전통적인 성역할을 넘어

훈련 프로그램에 관한 연구들은 아동의 성에 관한 고정관념이 적어질 수 있음을 보여 주었다. 그러나 성 중립적인 아동으로 키우려는 부모에 관한 연구는 많은 고정관념적 행동이 변화하려 하지 않음에 대해 보여 주었다.

자기평가

1. 도구적 특성은 _____.
   a. 여자와 관련된 것이다
   b. 세상 속에서 활동하는 사람을 묘사한 것이다
   c. 대인 관계에 가치를 두는 사람을 묘사한 것이다
2. ____ 동안 아동의 성역할 고정관념적 지식은 개인적인 특성으로 확장된다.
   a. 걸음마기
   b. 학령기
   c. 고등학교 시기
3. 학령기 중반의 아동은 많은 성역할 고정관념에 대해 알고 있지만 고정관념을 _____ 여긴다.
   a. 유연한 반면 유효한 것은 아니라고
   b. 엄격하게, 신체적 특성이 아동의 생물학적 성과 관련되어 있는 것처럼
   c. 남아보다는 여아가 더 강력하게
4. 여아와 비교하여, 남아는 ____ 경향이 있다.

   a. 더 강하고 더 활동적인
   b. 소근육 협응을 더 잘하는
   c. 더 건강한
5. 지적 영역에서 _____.
   a. 남아는 여아보다 모든 공간과제에서 더 뛰어나다
   b. 여아는 남아보다 더 잘 읽지만 더 많은 언어와 관련된 문제를 가지고 있다
   c. 여아는 남아보다 사물과 위치에 대해 더 정확하게 기억한다
6. 수학에서 _____.
   a. 여자와 남자가 교육적으로 비슷하게 접근할 수 있는 문화에서는 여아도 남아만큼 수학을 잘한다
   b. 남아는 수학 개념을 더 잘 이해하지만 여아가 고등학교 성취 검사에서 더 높은 점수를 받는다
   c. 여아는 계산 문제에서 남아보다 더 높은 점수를 받지만 그 차이는 지난 25년 동안 사라졌다

7. 공격성에서의 성차에 관한 설명으로 맞는 것은?

   a. 부모는 딸보다는 아들의 신체적인 공격성을 더 처벌하는 경향이 있다.

   b. 남아는 신체적 공격성에 전적으로 의존하고 관계에 대한 공격성은 하지 않는다.

   c. 안드로겐은 더 쉽게 분노하고 더 경쟁적이 되도록 만듦으로써 남아의 공격적인 행동에 기여하는 것 같다.

8. 인성과 사회적 행동 영역에서 여아는 _____.

   a. 정서적으로 더 민감하다

   b. 행동에 대한 통제를 잘 못한다

   c. 덜 우울해지는 경향이 있다

9. 남아와 여아는 몇 가지 영역에서 평균점수에 차이가 있다, _____.

   a. 그러나 남아와 여아 점수의 분포는 상당 부분 중첩되어 있다

   b. 그리고 그 차이는 매우 크다

   c. 그러나 남아와 여아는 매우 높거나 매우 낮은 점수를 비슷하게 받는 경향이 있다

10. 아동의 성역할 학습에 미치는 부모의 영향에 관한 연구는 ____는 것을 보여 주었다.

    a. 아버지는 어머니보다 아들과 딸을 더 동일하게 대하는 경향이 있다

    b. 성역할에 관한 전통적인 관점을 가지고 있는 부모는 전통적인 성역할과 관련된 흥미, 태도, 자아 개념을 가진 자녀를 둔 경향이 있다

    c. 부모는 아들보다 딸과 더 많은 상호작용을 하지만 아들에게 성취를 더 강력하게 격려한다

11. 아동의 놀이는 _____ 때문에 대개 성 차별적이다.

    a. 아동은 자신과 비슷한 아동과 노는 것을 좋아하기

    b. 남아는 관습지향적인 놀이를 선호하기

    c. 남아와 여아가 함께 놀 때 남아는 여아에게 영향을 주지 않기

12. 성 정체감의 인지 이론에 따르면 _____.

    a. 걸음마기 아동은 남아는 남자가 되고 여아는 여자가 된다는 것을 의미하는 성 안정성을 이해한다

    b. 성 고정화된 장난감으로 노는 것은 성 정체감을 학습하는 데에 결정적이다

    c. 전통적으로 여아는 성역할이 유연하다는 것을 깨닫고 난 후에 선머슴이 된다

13. 성역할에 미치는 생리학적 영향에 대한 설명으로 맞는 것은?

    a. 태아기 동안 과다한 테스토스테론에 노출된 여아는 여성적인 역할을 선호한다.

    b. 진화론적 심리학에 따르면, 다른 특성과 행동이 여자와 남자로 진화시킨다고 한다.

    c. 쌍생아 연구는 일란성과 이란성 쌍둥이는 성고정화된 놀이와 활동에 대한 선호가 유사하다는 것을 보여 주었다.

14. 어떤 아동의 자아존중감이 가장 낮은 것으로 보이는가?

    a. 양성적인 여아

    b. 남성적인 남아

    c. 여성적인 여아

15. 아동의 성 고정관념적 사고에 영향을 미치도록 만들어진 프로그램은 _____는 것을 보여 주었다.

    a. 학령기 아동에게 성차별과 편견을 인식하도록 가르칠 수 없다

    b. 직업에 관한 아동의 고정관념적인 관점을 변화시키는 것은 쉬운 일이다

    c. 훈련 후에 대부분의 아동은 이성 친구만큼 동성 친구들을 가지게 되었다

핵심 용어

권능 부여적인 376	성역할 361	정신적 회전 368
도구적 361	성역할 고정관념 361	제한하는 376
사회적인 역할 361	성 정체감 361	표현적 361
선천적부신피질과형성증(CAH) 379	안드로겐 370	
성 도식 이론 377	양성적인 380	

CHAPTER 14

가족 관계

 이 장의 절

14.1 양육

14.2 변화하는 가족

14.3 남자 형제와 여자 형제

14.4 학대 : 뒤틀린 부모-자녀 관계

가족이란 말은 야구, 애플파이처럼 미국인들에게는 가장 성스러운 단어이다. 가족을 생각할 때 당신에게 떠오르는 것은 무엇인가? TV가 한 가지 답을 제공해 준다. 우리는 TV 프로그램을 통해 가족을 엄마, 아빠 그리고 자녀들로 묘사하는 경향이 있다. 그러나 실제 가족의 형태는 편부모와 한 자녀로 구성된 가족에서부터 두 부모와 자녀, 조부모, 친척으로 구성된 가족에 이르기까지 매우 다양하다.

그 다양함에도 불구하고 모든 가족에게는 자녀를 양육하여 자신의 문화 속에서 완전한 성인으로 성장할 수 있도록 도와준다는 공통된 목표가 있다. 가족들이 어떻게 이러한 목표에 도달하는지 살펴보기 위해 먼저 14.1절에서 부모와 아동 간의 관계에 대해 살펴볼 것이다. 14.2절에서는 가족이 21세기에 어떻게 변화하는지에 대해 살펴볼 것이다. 14.3절에서는 형제간의 관계에 대해서, 14.4절에서는 아동 학대의 요인에 대해 살펴볼 것이다.

 ## 14.1 양육

학습 목표

LO1 가족 역동성에 대한 체계적 관점이란 무엇인가?

LO2 양육 스타일에는 어떠한 것이 있는가?

LO3 어떤 양육 행동이 아동 발달에 영향을 미치는가?

LO4 부모의 부부 관계의 질은 아동에게 어떠한 영향을 미치는가?

LO5 아동은 부모의 자녀 양육에 어떠한 영향을 미치는가?

개요

하나의 체계로서의 가족

양육 스타일

양육 행동

부부 체계의 영향

아동의 기여

타냐와 쉴라는 둘 다 6학년인데 같은 학교 남자친구 2명과 함께 음악 콘서트에 가고 싶었다. 타냐가 엄마에게 가도 되느냐고 물었을 때 엄마는 "안 돼."라고 하였고 이유가 뭐냐고 묻자 "내가 말했기 때문이지. 그게 이유야. 성가시게 굴지 마."라고 답하였다. 쉴라도 허락을 받지 못했다. 이유가 뭐냐고 물었을 때 쉴라 엄마는 "내가 생각하기에 네가 데이트하기에는 아직 어린 것 같다. 네가 콘서트에 가는 것은 괜찮아. 만일 타냐와 함께 간다면 그것은 괜찮은데, 그렇게 하면 어떻겠니?"라고 말했다.

이 일화는 우리가 개인적인 경험을 통해 이미 알고 있는 바와 같이 부모들이 다양한 방식으로 자녀를 양육한다는 것을 보여 주는 것이다. 이 절에서 자녀 양육에 대한 부모의 다양한 접근에 대해 살펴볼 것이다. 먼저, 가족 체계 내 중요한 요인인 부모에 대해 생각해 보자.

하나의 체계로서의 가족

LO1 가족 역동성에 대한 체계적 관점이란 무엇인가?

가족이란 것은 동물의 세계에서는 드문 현상이다. 인간과 소수의 종만이 가족과 같은 단위를 형성한다. 이유가 뭘까? 다른 종의 새끼들과 비교해 볼 때 아동은 느리게 발달한다. 아동은 출생 후 몇 년간은 자신을 돌볼 수 없는 미성숙한 존재이기 때문에 가족 구조는 어린 아동이 발달하는 동안 보호하고 양육하는 방식으로 전개되고 있다(Bjorklund, Yunger, & Pellegrini, 2002). 물론 현대 가족들에게는 경제·정서적 지원 등 많은 기능이 있지만, 자녀 양육은 가장 두드러지고 가장 중요한 가족 기능이라 하겠다.

부모들은 행동을 통해 아동 발달에 직간접적인 영향을 미친다. 초창기 심리학 이론들 중 일부

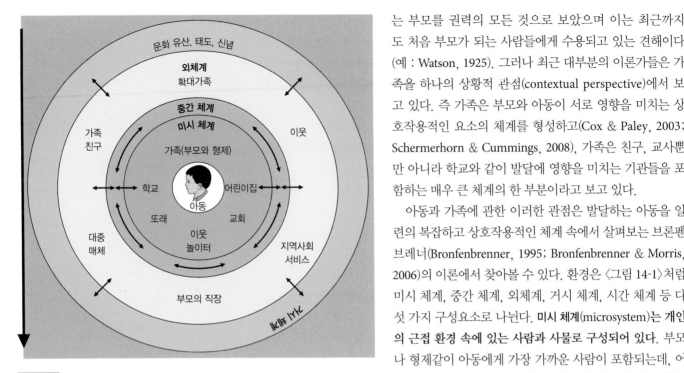

그림 14-1

체계론적 접근에 따르면 직장에서 좌절한 부모는 퇴근 후 비효율적인 부모 역할을 수행할 수 있다고 한다.

는 부모를 권력의 모든 것으로 보았으며 이는 최근까지도 처음 부모가 되는 사람들에게 수용되고 있는 견해이다(예 : Watson, 1925). 그러나 최근 대부분의 이론가들은 가족을 하나의 상황적 관점(contextual perspective)에서 보고 있다. 즉 가족은 부모와 아동이 서로 영향을 미치는 상호작용적인 요소의 체계를 형성하고(Cox & Paley, 2003; Schermerhorn & Cummings, 2008), 가족은 친구, 교사뿐만 아니라 학교와 같이 발달에 영향을 미치는 기관들을 포함하는 매우 큰 체계의 한 부분이라고 보고 있다.

아동과 가족에 관한 이러한 관점은 발달하는 아동을 일련의 복잡하고 상호작용적인 체계 속에서 살펴보는 브론펜브레너(Bronfenbrenner, 1995; Bronfenbrenner & Morris, 2006)의 이론에서 찾아볼 수 있다. 환경은 〈그림 14-1〉처럼 미시 체계, 중간 체계, 외체계, 거시 체계, 시간 체계 등 다섯 가지 구성요소로 나뉜다. **미시 체계(microsystem)는 개인의 근접 환경 속에 있는 사람과 사물로 구성되어 있다.** 부모나 형제같이 아동에게 가장 가까운 사람이 포함되는데, 어떤 아동은 하나 이상의 미시 체계를 가지고 있기도 하다. 예를 들면 어떤 아동은 가족과 어린이집이라는 미시 체계를 가지기도 한다. 물론 미시 체계는 발달에 강력한 영향을 미치는 체계이다.

미시 체계들은 중간 체계(mesosystem)를 만들어 낸다. 중간 체계는 하나의 미시 체계 안에서 발생한 것이 다른 미시 체계에 영향을 미친다는 사실을 표현하는 것이다. 여러분도 직장이나 학교에서 스트레스 받은 날은 집에서도 화가 나 있던 경험이 있을 것이다. 이는 여러분의 직장과 가정이라는 중간 체계가 정서적으로 서로 연결되어 있다는 것을 의미하는 것이다.

외체계(exosystem)는 개인이 직접 경험하는 것은 아니지만 여전히 개인에게 영향을 미치는 사회적 환경을 의미한다. 예를 들어 엄마의 직장 환경은 아동에게 외체계이다. 왜냐하면 엄마의 일이 잘 풀릴 때는 아동에게 많은 관심을 기울여 줄 수 있지만 일에 관한 스트레스가 많을 때에는 아동에게 관심을 주기 어렵기 때문이다. 외체계의 영향은 간접적이기는 하지만 그 영향력은 상당히 강하다. 사진 속에 있는 여성을 보자. 직장에서 좋은 하루를 보내고 있는 것 같지 않아 보이는 이 여성이 집에 돌아갔을 때 엄마로서의 일에 최선을 다할 것으로 보이는가?

가장 넓은 환경적 맥락은, 미시 체계, 중간 체계, 외체계가 모두 포함된 문화와 하위문화를 의미하는 거시 체계(macrosystem)이다. 엄마, 엄마의 직장, 아동, 아동의 학교는 큰 문화적 환경의 한 부분이다. 문화적 집단의 구성원들은 공통된 정체감, 유산, 가치를 가지고 있다.

마지막으로, 앞서 살펴본 체계들은 시간에 따라 모두 변화하는데, 이를 시간 체계(chronosystem)라 한다. 이 차원은 미시 체계와 중간 체계, 외체계, 거시 체계가 고정된 것이 아니고 종종 유동적인 것이라는 것을 우리에게 알려 준다. 예를 들어 아동의 미시 체계는 언니가 대학을 가기 위해 집을 떠날 때 변화하며, 엄마가 급여는 적었지만 수월했던 일을 그만두고 급여는 많지만 도전적인 일을 시작할 때에도 아동의 외체계는 변화한다. 물론 아동 자신도 시간이 흘러감에 따라 변화하며, 아동에게 영향을 주었던 요소들에도 영향을 미친다. 예를 들면 가족이 먼 곳으로 이사를 간다는 것은 걸음마기 아동보다 학령기 아동에게 더 영향을 미치는데, 나이 든 아동은 학교도 옮겨야 하고 오랫동안 사귀어 온 친구와도 헤어져야 하기 때문이다(Adams, 2004).

〈그림 14-1〉과 같이 상호작용적 체계는 부모를 체계의 한 부분으로 보고 있지만 부모는 여전히 아동에게 직·간접적으로 영향을 미친다. 그러나 이러한 영향은 상호 교환적인 것이라 부모로부터 아동에게로만 향하는 것만이 아니라 아동도 부모에게 영향을 미친다. 아동은 행동과 태도, 흥미 등으로 부모가 아동에게 대하는 방식에 영향을 미친다. 예를 들어 아동이 훈육에 저항하면 부모는 이유를 설명하기보다는 힘을 더 사용하게 된다.

가족을 상호작용적인 체계라는 관점에서 바라보면 아주 작은 것들의 영향도 분명하게 드러난다. 예를 들어 요구가 많은 아버지는 아내가 딸의 숙제를 돕기 위해 관심, 시간, 에너지 등을 쏟을 수 있도록 놔두지를 않는다. 또는 형제간에 다툼이 많으면 부모들은 아동의 발달을 격려하기보다는 문제가 발생하지 않도록 하는 데에 급급해진다.

이러한 예들은 아동에게 미치는 부모의 영향력에만 편협하게 초점을 두면 가족의 복합성을 잊어버리게 된다는 것을 보여 주는 것이다. 가족은 이웃이나 종교 기관 등 다른 사회적 체계 속에 있다(Parke & Buriel, 1998). 이런 기관들은 가족에게 역동적으로 영향을 미칠 수 있다. 때로는 이 기관들은 이웃끼리 서로의 자녀를 돌봐 주는 등 자녀 양육에 도움을 줄 수 있다. 반대로 자녀 양육을 어렵게 할 수도 있어서 근처에 살고 있는 조부모는 가족 내에서 마찰을 일으킬 수도 있다. 때때로 거대한 체계의 영향은 간접적으로 작용하는데, 근무시간 때문에 부모가 집에 없거나 학교가 아동에게 도움을 주었던 프로그램을 없애는 것 등이 그 예이다.

양육 스타일

LO2 양육 스타일에는 어떠한 것이 있는가?

양육은 양육 행동의 안정적인 측면을 표현하는 성격적 특성처럼 부모가 자녀와 상호작용하는 매너 또는 스타일이 창출되는 차원이란 용어로 기술되어 왔다(Holden & Miller, 1999). 차원론적 입장에서 양육에 대해 살펴보면 양육 행동의 일반적인 두 가지 차원이 산출된다. 하나는 부모가 자녀에게 보여 주는 온화함과 수용성의 정도이다. 이 연속선의 끝부분에는 자녀에게 애정적이며 온화한 부모들이 있다. 이들은 자녀와 함께하고 자녀의 정서적 요구에 반응한다. 다른 한끝에는 자녀와 함께하지 않고 때로는 자녀에게 적대적인 부모들이 있다. 이들은 종종 자녀의 요구와 흥미보다는 자신의 요구와 흥미에 더 집중하는 경향이 있다. 온화한 부모는 아동이 하루에 있던 일을 이야기하는 것을 즐거워하며 듣지만, 비참여적이거나 적대적인 부모는 그것을 시간낭비라고 생각하기 때문에 들으려고 하지 않는다. 온화한 부모는 아동이 분노하면 아동을 편안하게 해 주고자 노력하지만, 비참여적이거나 적대적인 부모는 아동의 정서 상태에 관심이 없고 편안하게 해 주고자 노력하지도 않는다. 예상한 바와 같이 온화하고 반응적인 부모가 자녀 발달에 도움이 된다(Pettit, Bates, & Dodge, 1997; Zhou et al., 2002).

두 번째 일반적인 차원은 두 가지 형태로 된 통제이다(Grusec, 2011). 심리적 통제는 예를 들면 부모의 사랑을 철회하거나 아동이 죄책감을 느끼게 하는 등 아동의 정서적 상태를 조정하려는 부모의 노력을 의미한다. 행동적 통제는 아동을 위해 규칙을 세우고 아동이 할 수 있는 일과 할 수 없는 일에 대한 제한을 설정하려는 부모의 노력을 의미한다. 어떤 부모는 독재적이라 아동 삶의 모든 측면을 통제하려 한다. 다른 극단적인 측면에는 아동을 전혀 통제하지 않거나 아주 조금 통제하려는 부모가 있다. 이러한 부모의 아동은 부모에게 물어보지도 않거나 부모의 반응에 대해 걱정하지도 않고 원하는 건 뭐든지 한다.

아동에게 가장 좋은 것은 중간 정도의 행동적 통제(부모가 아동의 행동을 위해 합리적인 기준을 세워서 아동이 그 기준에 도달할 수 있고 아동의 행동을 모니터링하는)와 최소한의 심리적 통제를 함께하는 것이다. 부모가 아동을 위해 합리적인 기준을 세우고 아동의 활동을 확인할 때, 예를 들

부모의 통제

	높음	낮음
높음	권위가 있는	허용적
낮음	권위적인	비참여적

(부모의 온정)

그림 14-2

출처 : Baumrind, D. (1975). *Early socialization and the discipline controversy*. Morristown, NJ: General Learning Press ; Baumrind, D. (1991). Parenting styles and adolescent development. In R. M. Lerner, A. C. Petersen, & J. Brooks-Gunn(Eds.) *Encyclopedia of adolescence*. New York, NY: Garland.

면 아동이 방과 후 합창 연습을 위해 학교에 있을 것이고 그 후 도서관에 간다는 등을 모니터링할 때 아동은 더 잘 적응할 수 있다(Kilgore, Snyder, & Lentz, 2000).

온정적 차원과 통제적 차원을 결합시키면 〈그림 14-2〉에 제시된 바와 같이 네 가지 양육의 전형적인 스타일이 나타난다(Baumrind, 1975, 1991).

- **권위적인 양육(authoritarian parenting)은 온정적인 면은 적고 통제적인 면은 많은 스타일이다.** 이러한 부모들은 아동과 의논하지 않고 규칙을 세우며 아동이 이를 따라야 한다고 생각한다. 자녀가 열심히 일(공부)하고, 존경하고, 복종하기를 바란다. 아동의 요구와 바람에 대해 관심이 별로 없기 때문에 부모-자녀 간에 의견 교환이란 없다. 우리가 앞에서 살펴본 일화 중 자신의 결정에 대해 설명해야 할 의무감을 느끼지 못하는 타냐의 엄마가 이 스타일이다.

- **권위가 있는 양육(authoritative parenting)은 아동에게 온정적이고 반응적이면서도 적정한 수준에서 통제를 하는 스타일이다.** 권위가 있는 양육은 규칙을 설명하고 토론을 격려한다. 우리가 앞에서 살펴본 일화 중 쉴라의 엄마가 이 스타일이다. 그녀는 쉴라가 콘서트에 가는 것을 원하지 않는 이유를 설명하고 딸에게 자신과 이런 논의를 하는 것에 대해 격려하였다.

- **허용적 양육(permissive parenting)은 온정적으로 자녀를 돌보지만 통제는 거의 하지 않는다.** 이런 부모는 자녀의 행동을 대체로 수용하지만 처벌을 하는 경우는 거의 없다. 수동적인 부모는 아이가 원한다는 이유로 콘서트에 가겠다는 타냐나 쉴라의 요구를 다 들어줄 것이다.

- **비참여적 양육(uninvolved parenting)은 온화한 것도 통제적인 것도 아니다.** 비참여적 부모는 아동의 기본적인 신체적 욕구와 정서적 욕구에 매우 적게 반응한다. 이런 부모는 아동과 함께하는 시간을 최소화하고 아동과 정서적으로 얽히는 것을 피하려고 한다. 만일 타냐의 부모가 비참여적 스타일의 부모라면 아동은 부모가 자신을 돌보는 것도 걱정하는 것도 아니라는 것을 알기 때문에 동의를 구하지 않고 콘서트에 갔을 것이다.

연구들은 권위가 있는 양육이 아동에게 가장 바람직한 것임을 지속적으로 보여 주고 있다. 권위가 있는 양육을 하는 부모의 아동은 책임감이 있고, 자아 독립적이며, 친밀하고, 성적도 좋은 경향이 있다(Amato & Fowler, 2002; Simons & Conger, 2007). 반대로 권위적인 양육을 하는 부모의 아동은 종종 불행해하며, 자존감이 낮고, 때로는 공격적이다(예 : Braza et al., 2014; Silk et al., 2003; Zhou et al., 2008). 비참여적 부모의 아동은 학교 성적이 낮은 경우가 많고 공격적인 반면 허용적 부모의 아동은 충동적이며 자아 통제가 낮다(Aunola, Stattin, & Nurmi, 2000; Driscoll, Russell, & Crockett, 2008).

사회경제적 지위와 문화와 관련된 변인 아동 양육의 일반적인 목적(자신이 속해 있는 문화에 도움이 되는 구성원으로 성장할 수 있도록 도움을 주고자 하는)은 세계 어디서든 같을 것이고(Whiting & Child, 1953), 온정과 통제는 양육 행동의 보편적인 측면이다. 그러나 통제와 온정의 '적절함'에 대한 관점은 문화에 따라 차이가 있을 것이다. 유럽계 미국인들은 자신의 아동이 행복하고 자아독립적인 사람이 되었으면 하고 바란다. 이들은 부모가 온화하고 중간 정도 통제적일 때 이러한 목표가 가장 잘 획득된다고 믿고 있다(Goodnow, 1992). 그러나 많은 나라에서 개인주의를 협응과 협동보다 덜 중요하게 여긴다(Wang, Pomerantz, & Chen, 2007). 중국에서는 감정 억제와 순종을 가족의 조화로움의 열쇠로 여겨 왔다(Chao, 2001). 결과적으로 중국 부모는 애정을 자주 보여 주지 않으며 아동은 의문을 제기하지 않고 부모에게 순종하는 권위적인 스타일에 의존한다(Lin & Fu, 1990;

Zhou et al., 2008).

또 하나의 전 세계적인 보편적 패턴은 온정적이고 통제적인 양육 행동이다(Deater-Deckard et al., 2011). 예를 들어 라틴 문화는 가족 간의 강한 유대와 모든 가족 구성원의 역할, 특히 성인의 역할 존중을 더 강조한다. 이러한 가치는 부모가 아동을 더 보호하게 하고 아동을 위해 더 많은 규제를 하도록 이끈다(Halgunseth, Ispa, & Rudy, 2006). 문화적 가치는 부모가 자녀와 상호작용하는 적절한 방식을 구체화하도록 돕는다.

문화에 따라 양육 스타일에 차이가 있지만, 문화 내에서도 부모의 사회경제적 지위에 따라 양육 스타일에 차이가 있다. 미국 내에서 사회경제적 지위가 낮은 부모는 사회경제적 지위가 높은 부모에 비해 처벌과 통제(권위적인 양육 스타일과 관련된)를 많이 하는 경향이 있다(Hoff-Ginsberg & Tardif, 1995). 이러한 차이는 사회경제적 지위의 차이에 기여하는 교육의 차이를 반영하는 것일 수도 있다. 사회경제적 지위가 높은 부모는 교육을 잘 받았기에 아동에게 친절하게 접근하고 복합적인 과정으로 발달을 보는 경향이 있다(Skinner, 1985). 사회경제적 지위에 기여하는 또 다른 변인은 수입이다(Melby et al., 2008). 낮은 사회경제적 지위의 부모는 월말에 식료품을 살 수 있는 충분한 돈이 있을지 알 수 없는 등의 스트레스가 높으며, 폭력이나 약물 · 범죄가 빈번한 이웃과 가까이에 살고 있는 경우가 많다. 사회경제적 지위가 낮은 부모들은 스트레스가 너무 많아서 권위가 있는 양육을 위해 에너지를 투자하지 못할 수도 있고, 권위적인 양육이 위험스러운 이웃으로부터 아동을 실질적으로 보호하는 방법이 될 수도 있다(Parke & Buriel, 1998; Smetana, 2011).

양육에 미치는 유전의 영향 효율적인 양육 행동과 관련된 유전자는 아동의 성숙을 돕기 때문에 다음 세대에 더 잘 전해진다. 쌍둥이 부모에 대한 연구는 양육 스타일에 미치는 유전의 영향에 대해 보여 주고 있다. 예를 들어 소극적 양육이 그러한 것처럼 온정적 양육은 유전적 형질에 의해 영향을 받는다(Klahr & Burt, 2014). 즉 유전적 형질은 어떤 사람들을 온정적 · 돌봄적 · 지지적 · 반응적 부모가 되기 쉽게 하고, 어떤 사람들을 적대 · 분노 · 학대하는 부모가 되기 쉽게 한다. 또한 행동유전연구들은, 부모의 부부 관계의 질과 아동 자신을 포함하여, 양육 스타일에 영향을 미치는 환경적 요인에 대해 밝히기도 하였다(Klahr & Burt, 2014).

양육 행동

LO3 어떤 양육 행동이 아동 발달에 영향을 미치는가?

양육 스타일은 부모 행동에 관한 특징을 보여 주는 것이다. 예를 들어 내가 권위적인 부모에 대해 기술한다면 당신은 그 부모들이 자녀들과 상호작용하는 방식에 대해 쉽게 알게 된다. 그럼에도 불구하고 그런 일반적인 묘사가 특정한 상황에서 부모가 어떻게 행동하는지 그리고 그런 양육 행동이 아동 발달에 어떻게 영향을 미치는지에 대해 우리에게 이야기해 줄 수 있는 것이 거의 없다. 부모를 연구하는 학자들은 부모가 어떤 특정한 행동으로 아동에게 영향을 미치는지를 살펴보기 위해, 세 가지 행동—직접적인 지도, 모델링, 피드백—을 언급한다.

직접적인 지도와 코칭 부모는 종종 자신의 자녀에게 무엇을 하라고 이야기를 한다. 그러나 아동에게 명령하는 군사 훈련 조교 같은 역할('네 방을 치워라!', 'TV를 꺼라!')은 효과적이지 않다. **보다 나은 접근 방법은 아동에게 언제 어디서 무엇을 해야 하는지를 일러 주는 직접적인 지도**(direct instruction)**이다.** "동생과 사탕을 나누어 먹어라!"라고 소리치는 대신 언제 왜 동생과 나누는 것이 중요한지를 설명해야 한다.

운동선수가 운동 기술을 습득할 수 있도록 코치가 돕는 것과 같이, 부모도 어린 아동이 사회적 기술과 정서적 기술을 습득할 수 있도록 도울 수 있다. 부모는 행동과 정서를 연결하여 설명할 수 있다. "케틀린은 네가 자기의 크레용을 부러뜨렸기 때문에 슬퍼하고 있단다"(Gottman, Katz, & Hooven, 1996). 또한 아동에게 어려운 사회적 상황에서 어떻게 대처해야 하는지도 가르쳐 줄 수 있다. "네가 린제이에게 자고 갈 수 있는지를 물어볼 때는 은밀하게 해야 케시나 한나의 감정이 상하지 않을 수 있다"(Mize & Pettit, 1997). 일반적으로 부모의 이런 코칭을 받은 아동은 더 나은 사회적인 기술을 가지는 경향이 있으며, 또래들과도 잘 지내는 경향이 있다(15.1절에서 다룰 예정이다).

타인을 관찰함으로써(관찰 학습), 아동은 부적절하다고 판단되는 행동(그리고 처벌을 받을 수 있는 행동)뿐 아니라 기대되는 행동(그리고 보상받을 수 있는 행동)에 대해 학습한다.

관찰을 통한 학습 아동은 부모를 관찰함으로써 배운다. 12.4절에서 언급하였듯이 부모가 타인과 어떻게 상호작용하는지를 관찰함으로써 자신이 타인과 어떻게 상호작용해야 하는지를 배운다. **관찰 학습(observational learning)은 해서는 안 되는 것을 배우는 반모방(counterimitation)을 산출하기도 한다.** 사진 속의 아동처럼 만일 오빠가 친구들에게 비열하게 행동을 해서 아빠가 오빠를 야단친다면 어린 동생은 비열한 행동 대신 친근하게 행동해야 한다는 것을 배울 것이다.

관찰 학습은 부모의 양육 행동이 다음 세대로 이어지게 하는 데에 기여한다. 부모의 양육 행동은 한 세대에서 다음 세대로 전달된다. 예를 들어, 부모가 자녀의 훈육을 위해 신체적으로 학대하면 아동은 부모가 되었을 때 이를 따라하게 된다(Bailey et al., 2009).

피드백 부모는 아동에게 피드백을 줌으로써 어떤 행동이 적절한 것이므로 계속해도 되고 어떤 행동이 부적절하므로 멈추어야 하는지를 가르친다. 피드백에는 두 가지 형태가 있다. **강화(reinforcement)는 행동에 따르는 반응을 증가시켜 주는 행동이다.** 부모는 아동의 학습을 강화시키기 위해 칭찬을 하거나 집안일을 다 했을 때 보상을 해 줄 수 있다. **처벌(punishment)은 반응이 다시 발생하는 것을 방지하는 행동이다.** 부모는 아동의 성적이 낮아졌을 때 TV 시청을 금지할 수 있고 집안일을 게을리했을 때 TV 시청 대신 일찍 자도록 할 수 있다.

부모들이 몇 세기 동안 아동에게 칭찬도 해 오고 처벌도 해 왔는데, 부모들도 몰랐던 것을 학자들이 알아낸 새로운 사실은 무엇인가? **학자들이 발견한 놀라운 사실은 부모들이 못하게 하고자 하는 행동을 부주의하게 강화해 왔다는 것이며, 이를 부정적 강화 올가미(negative reinforcement trap)라고 한다**(Patterson, 1980). 부정적 강화 올가미는 세 단계로 발생하며 엄마와 아들 사이에서 가장 빈번히 발생한다. 첫 번째 단계에서는 엄마는 아들에게 아들이 원하지 않는 행동을 하라고 말한다. 아마도 방을 치우라고 할 수도 있고, 친구들과 밖에서 놀 때 집으로 들어오라고 할 수도 있고, TV 시청 대신에 공부를 하라고 할 수도 있다. 다음 단계에서는 아들이 엄마가 참을 수 없는 행동으로 반응한다. 논쟁을 하거나 불평을 하거나 우는소리를 긴 시간 동안 할 수 있다. 마지막 단계에서 엄마가 (아들에게 처음 지시했던 것을 할 필요가 없다는 말을 하면서) 포기하고 나서야 아들은 그 참을 수 없는 행동을 멈춘다.

아동에 대한 피드백은 논쟁(또는 불평, 우는소리)을 일으킨다. 엄마는 아들이 싫어하는 요구를 철회함으로써 행동을 보상하였다. 즉 우리가 보통 생각하기에 행동은 가치가 있는 무언가의 출현으로 강화된다고 생각하지만, 싫어하는 무언가가 제거될 때에도 강화되는 것이다.

처벌에 대한 연구들은 다음과 같은 때가 가장 효과적이라고 보고하고 있다.

- 나중에 하기보다는 바람직하지 않은 행동이 발생한 직후 실행할 때

질문 14.1

10세 다란의 가족이 강아지를 얻게 되었을 때, 다란은 매일 방과 후 강아지를 산책시키는 데에 동의하였다. 그러나 엄마가 이에 대해 요구했을 때, 그는 TV를 보고 싶었기 때문에 화가 났다. 이들은 15분 동안 말싸움을 했고, 다란의 엄마는 포기하고서 혼자 강아지를 산책시켰고 다란은 TV를 보았다. 이 상황을 분석해 보라. 다란의 엄마가 이 정기적인 말싸움을 방지하기 위해 무엇을 할 수 있겠는가?

- 바람직하지 않은 행동에 간헐적이 아니라 항상 처벌을 할 때
- 왜 아동이 처벌받는지 그리고 나중에 어떻게 하면 처벌을 피할 수 있는지에 대한 설명이 동반될 때
- 아동이 처벌을 관리하는 성인과 온화하고 애정적인 관계를 가지고 있을 때

동시에 연구들은 처벌에 대한 몇 가지 심각한 결함을 보고하였다. 하나는 아동이 처벌받은 그 행동을 대체할 새로운 행동에 대해 배우지 않는다면 그 처벌의 영향이 일시적이라는 것이다. 예를 들어, 싸우고 있는 형제들에게 TV를 못 보게 하면 그 바람직하지 않은 행동은 멈출 수 있지만, 그들의 문제를 해결할 수 있는 새로운 방법을 배우지 않으면 싸움은 다시 발생한다.

두 번째 결함은 처벌이 바람직하지 않은 부작용을 발생시킨다는 것이다. 처벌받을 때 아동이 화를 내기 시작하면, 처벌을 통해 주려고 한 피드백을 놓치게 된다. 잘못한 행동 때문에 아동에게 TV를 못 보게 하면 아동은 처벌 자체에 대해 분노하게 되고 왜 자기가 처벌을 받아야 하는지에 대해 무시하게 된다.

아동을 사회적으로 고립시키는 타임아웃은 특히 효과적인 처벌이다.

때리는 것은 처벌의 문제점에 대한 예이다. 미국과 전 세계의 많은 부모들이 이것을 사용하고 있지만, 이것은 아동이 부모에게 순종하게 하는 데에 비효과적이고 심지어는 아동을 공격적으로 만들기도 한다(Gershoff, 2013). 혹독한 신체적 처벌은 정신건강의 문제나 부모-자녀관계 손상, 인지 발달 지연 등을 포함한 부정적인 결과를 산출한다(Berlin et al., 2009; Gershoff & Bitensky, 2007). 신체적 처벌은 아동에게 유해한 것이라서 코스타리카, 네덜란드, 뉴질랜드, 스페인과 같은 많은 나라에서 금지하고 있다(Global Initiative to End All Corporal Punishment of Children, 2011).

결점은 피하고 처벌의 가장 좋은 특성은 살리는 한 가지 방법이 있다. **잘못된 행동을 한 아동을 자극이 없는 조용한 장소에 짧은 시간 동안 혼자 있게 하는 타임아웃(time-out)이 그것이다.** 사진처럼 어떤 부모는 아동을 화장실에 혼자 놔두기도 하고, 다른 부모는 방에 혼자 놔두기도 한다. 타임아웃은 아동이 하고 있는 일을 못하게 하고 가족, 장난감, 책 등 자극을 줄 수 있는 모든 것에서 아동을 고립시키기 때문에 처벌인 것이다.

이 기간은 몇 분 정도로 짧기 때문에 부모들은 이 방법을 지속적으로 사용한다. 타임아웃 동안 부모와 아동은 대체로 평온해진다. 그리고 타임아웃이 끝나면 부모는 아동에게 왜 처벌된 행동이 못마땅한지 그리고 아동이 할 수 있는 것이 무엇인지에 대해 아동과 이야기를 나눌 수 있다. 이와 같은 '추론' 과정은 부모가 처벌하는 이유와 나중에 처벌을 어떻게 피할 수 있는지를 강조하기 때문에 학령 전기 아동에게도 효과적이다.

이런 기술을 부모에게 교육시킬 수 있다. 많은 메타분석들은 양육 기술(예 : 긍정적인 강화 사용, 비신체적 처벌 사용)을 지도하는 데에, 그리고 가족 간에 좋은 의사소통을 증진시키고, 좋은 부모가 될 수 있는 능력에 대해 부모가 확신할 수 있게 하는 효과적인 프로그램들을 보여 주고 있다. 이러한 종류의 중재 프로그램들은 부모가 자신의 양육에 더욱 만족스러워할 수 있도록 해 주며, 더 효율적인 부모 역할을 수행하게 하고 아동의 문제 행동을 감소시키게 해 준다(Brotman et al., 2011; Sanders, 2014). 유전자에 대한 연구들이 어떤 부모들에게는 좋은 부모가 될 수 있는 길이 있다고 이야기한다 할지라도, 대부분의 성인들은 아동 발달을 촉진시킬 수 있는 기술을 습득할 수 있다.

부부 체계의 영향

LO4 부모의 부부 관계의 질은 아동에게 어떠한 영향을 미치는가?

데릭이 기저귀와 분유 대신 소고기 6팩과 감자칩을 들고 세븐일레븐에서 돌아왔을 때 아니타는 화가 폭발하였다. "어떻게 이럴 수가 있어! 나는 한 시간 전에 마지막 기저귀를 써 버렸다구!" 이때 부엌에서 아들 랜디가 데릭과 아니타 주연의 드라마를 보고 있었다.

　데릭과 아니타가 랜디에 대해 논쟁한 것은 아니지만—사실 이들은 부부싸움을 하느라 아이가 집에 있다는 것을 잊고 있었다—이 아이가 부모의 지속적인 갈등으로부터 상처받지 않았을 것이라고 상상하기는 어렵다. 부모가 지속적인 갈등 속에 있을 때 아동과 청소년은 걱정, 철회, 공격적이 되어 가고 만성질환에 시달리며 이성에게 학대행위를 하기 쉽다(Miller & Chen, 2010; Narayan, Englund, & Egeland, 2013; Rhoades, 2008). 부모의 갈등은 세 가지 메커니즘을 통해 아동 발달에 영향을 미친다. 첫째, 부모가 싸우는 것을 보는 것은 가족은 안정적이고 안전하다는 아동의 감정을 위태롭게 하는 것이고 아동을 불안하고 놀라고 슬프게 한다(Cummings et al., 2012; Davies, Cicchetti, & Martin, 2012). 둘째, 부모 간의 만성적인 갈등은 부모-자녀 관계를 망가뜨리기도 한다. 남편과 자주 싸우는 아내는 자녀에게도 비효과적인 방식으로 상호작용할 가능성이 많다(Cox, Paley, & Harter, 2001). 셋째, 부모가 싸우는 데에 시간과 에너지를 소모하면 좋은 양육을 행하기에 너무 피곤할 수도 있다(Katz & Woodin, 2002).

부모가 갈등을 건설적으로 해결할 때 아동은 갈등에 긍정적으로 반응한다.

　물론 모든 결혼은 어떤 시점이 되면 갈등을 경험한다. 이것은 모든 아동이 다 상처를 안고 있다는 것을 의미하는가? 그것은 아니다. 많은 부모들은 파괴적이기보다는 건설적인 방법으로 갈등을 해결한다. 예를 들어 한 부모는 자녀가 여름 캠프에 가야 한다고 생각하는 반면, 다른 한 부모는 지난 여름에 캠프에 갔었기 때문에 그것은 가치 없는 일이고 또 너무 비싸기까지 하다고 생각한다고 상상해 보자. 소리치거나 욕설을 하는 대신 어떤 부모는 서로 수용적인 해결책을 찾는다. 만일 어머니가 돈을 벌어서 비용의 일부를 해결할 수 있다면 아동은 캠프에 갈 수 있을 것이다. 아니면 좀 더 싼 다른 캠프에 갈 수 있을 것이다. 사진 속에 있는 가족처럼 가족이 이와 같은 방식으로 문제를 해결해 왔다면, 이 가족은 화합하고 삶의 문제를 극복하고 이겨 내는 것을 보여 주기 때문에, 그것을 보며 성장한 아동은 분명히 갈등에 긍정적으로 반응한다(Miga, Gdula, & Allen, 2012).

　갈등의 정도와 해결은 부모 체계가 아동에게 영향을 미치는 분명히 방식이지만, 단 하나의 방법만 있는 것은 아니다. 많은 엄마와 아빠는 아동 발달이라는 목표를 공유하기 위해 협조적이고 상호 보완적인 팀이 된다. 예를 들어 엄마와 아빠는 자신의 딸이 똑똑하고 운동도 잘한다는 것에 동의할 수 있고 두 영역 모두에서 뛰어나야 한다는 것에 동의할 수도 있다. 이들은 딸이 이러한 목표를 달성하도록 돕는 것을 기뻐한다. 엄마는 그녀에게 농구에 대한 정보를 주고 아빠는 학교 에세이를 편집해 줄 수 있을 것이다.

　그러나 모든 부모가 다 잘 지내는 것은 아니다. 때때로 이들 중 한 사람은 학교 숙제보다 운동에 가치를 두지만 다른 사람은 그 반대에 우선순위를 두기도 하는 등 공동의 목표를 가지고 있지 않기도 한다. 때때로 부모는 아동의 관심을 얻기 위해 경쟁하기도 한다. 엄마는 아동에게 쇼핑을 하자고 하지만 아빠는 공놀이를 하자고 할 수도 있다. 마지막으로 부모는 문지기처럼 나머지 한 사람이 양육에 참여하는 것을 제한하는 행동을 하기도 한다.

테니스 복식 게임을 할 때 운동선수가 자기 파트너 선수를 무시하면 게임에서 이기기 어려운 것처럼, 양육도 혼자 하려고 하면 효과가 떨어지기 쉽다. 팀워크의 부재, 경쟁과 문지기 등은 아동의 사회성이 떨어진다든지 철회를 사용한다든지 등의 아동 문제를 유발한다(McHale et al., 2002; Scrimgeour et al., 2013).

아동 발달에 미치는 부모의 영향을 이해하기 위해서 양육 스타일과 양육 행동만큼이나 부부 관계의 본질에 대해 고려할 필요가 있다. 〈그림 14-1〉은 가족 외부의 힘이 양육과 아동 발달에 영향을 미칠 수 있음을 우리에게 보여 주는 것이다. 직장과 관련된 영향에 대해 생각해 보자. 부모 직업의 안전성도 하나의 요인이다. 아동과 청소년은 부모가 실직을 할 때 또는 부모가 실직할까 봐 걱정을 할 때 학교에 집중하기 어렵고 자존감이 낮아진다(Barling, Zacharatos, & Hepburn, 1999; Kalil & Ziol-Guest, 2005).

잘 알려진 또 하나의 요인은 직장과 관련된 스트레스이다. 부모가 직장에서 스트레스를 많이 받을 때 부모 역할에 비효율적이 된다. 때때로 기진맥진한 부모는 가족 간 상호작용으로부터 철회한다. 시간이 흐르면서 부모를 고립되게도 하고 관심 없는 사람이 되게도 한다. 직장 스트레스가 많은 부모는 수용성이 떨어지고 인내심이 줄어들며 아동과의 갈등을 유발하는 경향이 있다(Crouter & Bumpus, 2001; Lim & Kim, 2014; Maggi et al., 2008). 즉 개인의 직장 생활은 양육에 영향을 미침으로써 아동과 청소년에게 영향을 미친다.

아동의 기여

LO5 아동은 부모의 자녀 양육에 어떠한 영향을 미치는가?

나는 이미 앞에서 가족이란 부모와 아동의 상호 역동적이고 상호작용적인 체계라고 강조하였다. 사실 아동은 태어나면서부터 부모가 자신을 대하는 방식에 영향을 미치기 시작한다. 부모의 양육에 영향을 미치는 아동의 특성에 대해 살펴보자.

연령 아동이 성장하면서 양육도 변화한다. 유아와 걸음마기 아동에게 잘 맞는 양육도 청소년에게는 적합하지 않을 수 있다. 이러한 변화는 양육 행동과 관련된 두 가지 기본적인 차원(온정과 통제)에서 두드러진다. 온정은 발달에 도움이 되는 것이다. 유아와 10대 모두 자신을 돌봐 주는 사람이 있다는 것을 알면 즐거워한다. 그러나 부모의 애정에 관한 표시는 지속적으로 유지되지만 동시에 변화한다. 걸음마기 동안 좋아하던 열정적인 포옹과 키스는 청소년에게 당황스러운 행동이다(Shanahan et al., 2007).

부모의 통제 역시 아동이 성장하면서 변화한다(Maccoby, 1984; Vazsonyi, Hibbert, & Snider, 2003). 아동이 청소년이 되면서 청소년은 의사결정에 부모가 덜 권위적이 된다고 믿는다(Darling, Cumsille, & Martínez, 2008). 사실 부모가 점차적으로 통제를 포기하고(청소년이 원하는 만큼 빠르게 변화하지는 못할지라도) 의사결정에서의 자녀의 독립성을 증가시키는 것은 청소년의 높은 심리적 안녕감과 관련되어 있다(Qin, Pomerantz, & Wang, 2009; Wray-Lake, Crouter, & McHale, 2010).

기질과 행동 아동의 기질은 부모 양육 행동에 강력한 영향을 미칠 수 있다(Brody & Ge, 2001). 부모와 아동의 상호 호혜적인 영향을 설명하기 위해 권위가 있는 양육 스타일에 반응하는 두 아동(기질이 서로 다른)에 대해 상상해 보자. 첫 번째 아동은 부모의 요구에 잘 순응하고 가족 간

아동이 부모에게 반항적으로 행동할 때 부모는 더 엄한 처벌을 가하는 경향이 있다는 것은 양육에 영향을 미치는 아동 행동에 대한 예이다.

논의에 잘 반응하는 '순한' 기질을 가진 아동이다. 이러한 부모-자녀 관계는 성공적인 권위가 있는 양육의 예이다. 그러나 사진 속의 아동처럼 두 번째 아동은 '까다로운' 기질을 가진 아동이라 잘 순응하지 않으며 어떤 경우에는 부모의 말에 절대로 순종하지 않는다. 시간이 지나면서 부모는 더 통제적이 되고 덜 애정적이 되는데, 아동도 덜 순종적인 아동으로 성장하며 부모가 권위적인 양육 스타일을 차용하도록 유도한다(Bates et al., 1998; Paulussen-Hoogeboom et al., 2007).

이러한 예에서 보듯이 양육 행동과 스타일은 아동의 반응에 따라 형성되기도 한다. 어른을 즐겁게 하기 위해 노력하는 평균적인 아동의 부모는 통제를 적게 하는 것이 적절하다는 것을 발견하게 될 것이다. 그러나 어른을 즐겁게 하기 위해 노력하지 않는 매우 활동적인 아동의 부모는 더 통제적이고 지도를 많이 할 필요성을 느낄 수도 있다(Brody & Ge, 2001; Hastings & Rubin, 1999). 영향은 상호 호혜적이라, 아동의 행동은 부모가 아동에게 어떻게 대해야 하는지를 결정하는 데에 영향을 미치며, 동시에 부모의 행동은 아동의 행동에 영향을 미친다(Choe, Olson, & Sameroff, 2013; Schermerhorn, Chow, & Cummings, 2010).

시간이 지나면서 이러한 상호 호혜적 영향은 많은 가족들에게 상호작용하는 나름대로의 방식을 차용하도록 유도한다. 어떤 가족에게는 그 기능들이 부드럽게 잘 마무리되어, 부모와 아동은 협응적이고 서로의 요구를 예상하며 대체로 행복하다. 불행하게도 어떤 가족은 고통으로 마무리되는데, 불일치가 태반이고 부모는 많은 시간 동안 도전적인 아동을 통제하기 위한 헛수고를 하며, 모든 가족이 화를 내고 분노한다. 어떤 가족은 유리되어 있어서 부모가 서로에게 철회하고 아동에게 유용하지 않은 상태이기도 하다(Sturge-Apple, Davies, & Cummings, 2010). 오랜 시간에 걸쳐 그렇게 고통스러워하는 가족들은 잘 지내기 어려우며 부정적인 상호작용은 꽃봉오리를 꺾어 버리는 것과 같은 역할을 한다(Carrere & Gottman, 1999; Christensen & Heavey, 1999).

학습 확인

점검 부부 체계가 아동 발달에 영향을 미치는 방식에 대해 기술하시오.

아동이 자신의 발달에 영향을 미치는 방식에는 어떤 것이 있는가?

이해 양육 스타일에 대한 접근과 양육 행동 그 자체에 대한 접근을 비교하시오. 각각의 강점은 무엇인가?

적용 엄마와 아빠가 풀타임으로 직장에서 일하는 가족이 있다고 상상해 보자. 엄마의 상사는 그녀가 좀 거리가 있는 작은 도시에 가서 새로운 직위를 가지기를 원한다. 엄마는 그 직위가 더 많은 책임과 더 많은 급여를 주는 승진을 의미하는 것이기 때문에 매력을 느끼고 있다. 그러나 그 도시가 너무 작은 도시라 아빠는 지금 하고 있는 일과 비교할 만한 직업을 가질 수 없다. 브론펜브레너의 가족 체계에 대한 지식을 근거로 볼 때(388~389쪽), 이사가 10세인 딸과 4세인 아들에게 어떻게 영향을 미칠 것이라 생각되는가?

14.2 변화하는 가족

학습 목표

LO6 이혼이 아동에게 미치는 영향은 무엇인가?

LO7 아동은 부모의 재혼에 어떻게 적응하는가?

LO8 조부모는 자녀양육에 얼마나 기여하는가?

LO9 게이 부모는 효과적인가?

개요

아동에게 미치는 이혼의 영향

혼합 가족

조부모의 역할

게이와 레즈비언 부모의 아동

잭은 부모가 이혼한 후 4년 동안 아빠와 함께 살고 있다. 그는 매주 엄마를 만나 왔다. 부모가 이혼하였을 때 잭은 혼란스러웠고 우울했지만 곧 새로운 상황에 익숙해졌다. 그는 학교 공부도 잘하고 또래와 교사에게 인기도 많다. 잭의 친구 중 한 명인 트로이의 부모는 아빠가 실직한 이후로 말다툼이 끊기질 않았다. 그의 부모는 어떤 것에도 의견이 일치하지 않았다. 트로이의 성적은 떨어졌고 학급 남아들의 리더였던 트로이는 이제 혼자 있는 것을 더 좋아하는 아이가 되었다.

미국 가족은 20세기 중반 이후로 꾸준히 변화해 왔다. 첫째, 결혼 연령이 증가하였다. 1950년대와 1960년대에는 초혼 연령이 20대 초반이었지만, 요즘은 20대 후반이 되었다. 따라서 첫아이를 출산하는 연령도 증가되었다. 둘째, 1960년에 평균 3명 이상이던 자녀 수가 오늘날 2명 이하로 줄어드는 등 가족은 소규모가 되어 가고 있다(U.S. Census Bureau, 2011). 셋째, 1950년대와 1960년대에는 어린아이가 있는 엄마의 소수만이 직업을 가졌지만, 요즘은 대부분 직업을 가지고 있다(Bureau of Labor Statistics, 2013). 마지막으로, 1960년대 이후로 이혼율은 두 배가 되고 미혼모가 출산한 아동의 비율도 두 배가 되는 등 편부모 밑에서 성장하는 아동이 증가하고 있다(Children's Defense Fund, 2010).

이러한 사회적인 변화로 인해 오늘날 미국 내 가족의 형태는 다양해졌다. 이 절에서는 다양한 가족 내에서 성장하는 아동에 대해 살펴볼 것이다.

아동에게 미치는 이혼의 영향

LO6 이혼이 아동에게 미치는 영향은 무엇인가?

잭의 경우처럼, 많은 미국 부모는 이혼을 한다. 아동 발달의 모든 이론이 이야기하듯이 부모 간의 갈등이 전개되고 부모 중 한 사람과 이별해야 하기 때문에 이혼은 아동에게 스트레스이다. 이혼과 관련된 갈등, 붕괴, 스트레스가 아동에게 영향을 미치는가? 물론 그렇다. 그러나 이러한 쉬운 질문에 답을 하려면 너무 많은 어려운 질문이 발생한다. 이혼에 의해 아동의 모든 삶이 동일하게 영향을 받는가? 이혼이 발달에 어떠한 영향을 미치는가? 왜 이혼은 다른 아동보다 특정한 어떤 아동에게 더 스트레스인가?

아동의 어떤 측면이 이혼에 의해 영향을 받는가? 학령 전기 아동에서부터 대학생에 이르기까지 이혼에 관한 수백 편의 연구가 진행되었다. 이러한 연구의 메타 분석은 학교에서의 성취, 문제 행동, 적응, 자아 개념, 부모-자녀 관계 등에서 이혼한 가정의 아동은 정상적인 가정에서 성장한 아동에 비해 형편없음을 보고하였다(Amato, 2001; Amato & Keith, 1991; Lansford, 2009). 그러나 1980년대 빈번해진 이혼으로 인해 이혼이 별로 놀랄 만한 일이 아닌 것으로 받아들여지면서 1970년대에서부터 1980년대에 이르기까지 이혼의 영향은 감소되었다. 1990년대에 편부모 가정의 상대적으로 낮은 수입으로 인하여 다시 이혼의 영향이 증가되었다(Amato, 2001).

이혼한 부모의 아동이 성인이 되었을 때에도 이혼의 영향은 여전히 존재한다. 성인이 된 후에도 부부 갈등으로 이혼한 가정의 아동은 자신의 결혼에 갈등을 경험하며, 결혼에 부정적인 태도를 가지는 경향이 있으며 부부 갈등도 많고 이혼하는 경향도 많다. 또한 이들은 삶에 대한 만족이 낮으며, 우울해하는 경향이 있다(Hetherington & Kelly, 2002; Segrin, Taylor, & Altman, 2005). 또한 여성은 자존감이 낮아지며 친밀한 관계에서 성공하는 경우가 드물다(Mustonen et al., 2011). 이러한 결과는 이혼한 가정의 아동이 불행하고 결국 이혼할 운명이라는 이야기는 아니지만, 이혼한 가정의 아동에게 이러한 결과가 나타날 가능성이 높다는 것을 의미한다.

이혼 후 1년 동안은 부모와 아동에게 험난한 시기이다. 그러나 두 번째 해가 시작되면서 대부분의 아동은 새로운 환경에 적응하기 시작한다(Hetherington & Kelly, 2002). 아동은 이혼한 부모가 서로에게 협응적일 때(특히 훈육 문제에서) 이혼에 더 쉽게 적응한다(Buchanan & Heiges, 2001). **협응적 양육권**(joint custody)**의 경우 두 부모 모두 아동의 법적인 양육권을 가진다.** 부모가 잘 지내기만 한다면 협응적 양육은 아동에게 도움을 줄 수 있다(Bauserman, 2002). 그러나 불행하게도 이혼 부모 중 소수만이 성공적인 협응적 양육을 하며 대다수의 부모들은 서로 무시하거나 싸움을 한다(Amato, Kane, & James, 2011).

협응적 양육이 선택사항이 아닐 때는 전통적으로 엄마가 양육권을 가져왔으나 이것이 선택사항일 경우 아버지가 양육에 참여하는 것이 아동에게 도움을 주기도 한다(Fabricius & Luecken, 2007). 최근 아버지가 양육권을 가지는 경우가 증가하고 있다. 이러한 경향은 앞의 일화처럼 아동이 동성의 부모(남아는 아버지와, 여아는 어머니와)와 함께 있을 때 좀 더 잘 적응한다는 연구 결과들과 부합한다(McLanahan, 1999). 어머니와 함께 부정적인 강화의 올가미(14.1절 참조)에 있는 남아의 경우 아버지와 함께 있음으로써 더 나아질 수 있다. 또한 남아와 여아 모두 이성의 부모보다는 동성의 부모와 더 강력한 정서적인 관계를 맺는 경향이 있다(Zimiles & Lee, 1991).

이혼이 발달에 어떠한 영향을 미치는가? 대체로 이혼은 가족생활을 변화시킨다(Amato & Keith, 1991). 첫째, 한 부모의 부재는 아동에게 역할 모델과 부모의 도움과 정서적인 지원, 관리 감독자의 상실을 의미하는 것이다. 예를 들면 편부모의 경우 한 아이가 중요한 서류를 작성하도록 돕는 것과 다른 아이가 학교 연극에서 연기하는 것을 보는 것 사이에 선택을 해야 할지도 모른다.

둘째, 편부모 가족은 스트레스를 유발하는 경제적인 어려움을 경험함으로써 스트레스를 겪기도 하고 그동안 해 왔던 활동을 포기하기도 한다(Lansford, 2009). 편부모는 더 이상 책을 살 수 없거나, 음악 레슨을 받을 수 없거나, 아동의 발달에 도움을 주는 다른 활동들을 더 이상 해 줄 수 없을지도 모른다. 더구나 편부모가 식료비와 집세에 대한 걱정을 할 경우 양육에 헌신하기 위한 에너지와 노력이 부족해질 수 있다.

셋째, 14.1절에서 살펴보았듯이 부모 간의 갈등은 아동과 청소년에게 극단적인 스트레스를 안겨 준다(Leon, 2003). 정서적으로 안정적이지 않은 아동의 경우는 그 정도가 더욱 심하다(Davies & Cummings, 1998). 사실 이혼으로 인한 문제의 대부분은 이혼 전 부부 간의 갈등에 의해 발생된다(Amato, 2010; Shaw, Winslow, & Flanagan, 1999). 앞에서 기술한 일화 속의 트로이 같은 아동은 이혼으로 인한 영향과 비슷한 결과를 많이 보여 준다(Katz & Woodin, 2002).

어떤 아동이 이혼으로 인한 영향을 더 많이 받는가? 어떤 아동은 다른 아동보다 이혼으로 인해 더 많은 상처를 받는다. 기질적으로 더 감정적인 아동은 이혼으로 인해 더 많은 영향을 받는다(Lengua et al., 1999). 더구나 학령 전기나 대학생 시절보다 아동기나 청소년기에 발생한 이혼이 더 해롭다(Amato & Keith, 1991). 이혼 후 아동은 걱정이 많아지거나 발달상의 문제 행동을 하는 경우가 많으며 청소년은 학교 성적이 낮아지는 경향이 있다(Lansford et al., 2006).

어떤 아동은 사건을 부정적으로 해석하는 경향이 있기 때문에 이혼으로 인해 더 고통을 받는다.

예를 들어 아버지와 같이 외출하자는 약속을 하였지만 아버지가 약속시간에 나타나지 않았다고 상상해 보자. 한 아동은 아버지에게 응급 상황이 발생한 것 같다고 생각할지 모르지만 다른 아동은 아버지가 처음부터 자신과 시간을 보내고 싶어 하지 않았다고 생각하고 다시는 이와 비슷한 계획을 세우지 않겠다고 생각할지도 모른다. 사건을 부정적으로 생각하는 두 번째 아동은 이혼으로 문제 행동을 일으킬 가능성이 높다(Mazur et al., 1999).

이혼과 관련된 스트레스에 대처하려는 아동의 노력도 이혼으로 인한 영향에 영향을 미치는 요인이다. 문제를 해결하려고 하거나 덜 위축되려고 노력하는 등 적극적으로 대처할 때 자신이 인생에서 발생할 수 있는 사건을 통제할 수 있다고 확신하게 된다. 이러한 것은 불안이나 우울과 같은 행동적 장애로부터 아동을 보호한다(Sandler et al., 2000).

아동이 활동적인 문제 해결사로서 이혼의 해로움을 줄일 수 있는 것처럼 부모도 아동에게 이혼으로 인한 스트레스를 줄여 줄 수 있다. "아동의 삶 향상시키기"에 부모가 이혼으로 인한 아동의 스트레스를 줄여 줄 수 있는 방법을 제시하였다.

아동의 삶 향상시키기

이혼 가정 아동의 적응을 돕는 방법

이혼은 아동의 삶에 매우 스트레스를 주는 중요한 변화 요인이다. 여기 부모가 아동의 스트레스를 줄여 주고 새로운 환경에 적응할 수 있도록 도와주는 몇 가지 방법이 있다. 부모는 다음과 같이 해야 한다.

- 왜 부모가 이혼하려 하는지 그리고 어떤 일이 발생할 수 있는지를 예상할 수 있도록 부모가 함께 설명한다.
- 부모가 언제나 아동을 사랑할 것이고 언제나 부모로서 존재한다는 확신을 심어 준다. 힘들더라도 부모는 행동으로 이 말을 지켜야 한다.
- 아동이 이혼으로 인해 종종 화를 내고 슬퍼할 것을 예상하라. 그리고 아동에게 자신의 감정을 이야기하도록 격려하라.

부모는 다음과 같이 해서는 안 된다.

- 아동의 사랑과 관심을 받으려고 서로 경쟁하지 말라. 아동은 두 부모 모두 좋은 관계를 유지하고 있을 때 이혼에 대해 가장 잘 적응한다.
- 아동에게 서로에 대한 분노를 표출하지 말라.
- 아동 앞에서 상대편 배우자에 대해 비난하지 말라.
- 아동에게 논쟁을 중재하도록 요구하지 말라. 부모는 중간에 아동을 놓지 말고 문제를 해결하라.

이와 같은 규칙을 따르는 것은 쉬운 일이 아니다. 결국 이혼은 성인에게도 스트레스이고 고통을 주는 일이다. 다행히도 부모와 아동에게 이혼으로 인한 삶에 적응할 수 있도록 돕는 프로그램들이 있다. "집중 연구"에서 이에 대해 살펴볼 것이다.

집중 연구

부모와 아동이 이혼 후의 삶에 적응할 수 있도록 돕는 프로그램 평가

- **연구자 및 연구 목표** 이 절을 통해 우리는 이혼이 아동의 학업 성적을 저하시키고 행동 문제를 유발하며 다른 바람직하지 않은 결과들을 산출한다는 것을 살펴보았다. 클로린다 베레즈와 동료들(Vélez, Wolchik, Tein, & Sandler, 2011)은 엄마를 대상으로 하는 중재 프로그램(부모–자녀 관계의 질과 효율적인 훈육 방법에 관한)을 통해 아동이 얻는 이득에 대해 연구하였다.

- **연구 방법** 베레즈와 동료들은 프로그램 참여집단의 엄마에게는 아동과의 관계의 질을 높일 수 있는 다섯 가지 세션과 훈육에 헌신할 수 있는 세 가지 세션에 참여시켰다. 통제집단의 엄마에게는 이혼에 어떻게 적응하는지를 기술한 책과 가이드북을 제공해 주었다. 엄마와 아동은 양육의 질을 측정하는 여러 개의 설문지에 응답하였는데, 아동은 이혼과 관련된 적응에 얼마나 효율적으로 대처하였는지에 대해서도 응답하였다.

- **연구 대상** 최근 2년 내에 이혼하고 적어도 한 명의 자녀가 9~12세 사이인 어머니 240명을 대상으로 하였다. 이들은 재혼하지 않았거나 가까운 시일 내에 재혼할 계획이 없었다.

- **연구 설계** 베레즈와 동료들은 엄마들을 프로그램 참여집단과 통제집단에 무작위로 배정하였기 때문에 실험 연구이다. 또한 이 연구는 엄마와 아동을 5회(사전, 프로그램 종료 직후, 3개월 후, 6개월 후, 6년 후)에 걸쳐 테스트하였기에 종단 연구이다.

- **윤리적 문제** 없다. 엄마와 아동이 작성한 질문지는 부모–자녀 관계와 가족 관계 연구에서 사용하는 일반적인 설문지들이었다.

- **결과** 집단과 관계의 질, 아동의 적극적인 대처 간의 상관계수가 산출되었다. 부모–자녀 관계는 엄마가 프로그램에 참여했을 때 더 높은 질적 수준을 보였고, 높은 질적 수준의 관계는 아동이 더 적극적인 대처와 관련된 것으로 나타났다. 즉 프로그램 참여가 엄마와 자녀의 관계를 증진시켰고, 이러한 증진이 자신의 문제에 대한 아동의 적극적인 대처를 유발했다.

- **결론** 베레즈와 동료들은 "중재 프로그램이 아동의 가장 중요한 대인간 자원 중 하나인 어머니와 자녀 관계의 질을 증가시킴으로써, 아동의 대처 효율성과 활동적 대처를 증진시켰다"(2011, p. 255)고 결론지었다. 즉 아동이 어머니와 질적으로 높은 수준의 관계(어머니가 온정적이고 자녀와 의사소통적인)를 가질 때, 어머니의 이혼으로 인해 변화된 삶에 아동이 적응하는 과정에서 직면하게 되는 도전을 다루는 데에도 더 능숙해진다.

- **함의 및 적용** 본 연구의 결과에는 두 가지 제한점이 있다. 첫째, 아동들이 아동 중기의 아동들이라는 점이다. 중재 프로그램이 학령 전기 아동이나 청소년에게도 동일하게 효과적일 수 있을까? 둘째, 어머니와 자녀가 대부분 중류층이었다는 점이다. 중재 프로그램이 이혼한 빈곤층의 어머니(효과적인 양육에 장애가 되는 것들과 스트레스를 가지고 있는)에게도 효과적일까? 이러한 질문에 답을 할 수 있어야 이혼으로 인한 삶의 변화를 직면한 아동과 어머니에게 도움이 되는 중재 프로그램이라는 확신을 줄 수 있을 것이다.

혼합 가족

LO7 아동은 부모의 재혼에 어떻게 적응하는가?

이혼 후 대부분 아동은 5년 정도 편부모 가정에서 산다. 그러나 오른쪽 사진 속의 성인과 같이 남자와 여자는 결국에는 재혼을 한다(Sweeney, 2010). **생물학적인 부모, 양부모, 아동이 함께 있는 가족을 혼합 가족(blended family)이라 한다.** 다른 용어로는 '재혼 가족' 또는 '재구성된 가족'이라고도 한다.

어머니가 양육권을 소유하는 경우가 많기 때문에 혼합 가족의 대부분은 어머니, 아동, 양아버지이다. 대부분의 양아버지는 아동 양육에 적극적으로 참여하지 않는다(Clarke-Stewart & Bretano, 2005). 아동은 전형적으로 양아버지가 온정적이고 참여적일 때 도움을 받는다(King, 2006). 그러나 전청소년기 여아는 어머니와 유지해 왔던 친밀한 관계가 붕괴되기 때문에 어머니의 재혼에 잘 적응하지 못한다(Visher, Visher, & Pasley, 2003).

혼합 가족에의 적응은 양아버지가 생물학적인 아동을 데리고 왔을 때 더 어려워진다. 이런 가족들의 부모는 양아들과 양딸보다 자신의 친자녀를 더 선호하는 경향이 있다. 이러한 행동은 언제나 갈등과 불행을 가져온다(Dunn & Davies, 2001; Sweeney, 2010). 어머니와 양아버지가 논쟁을 할 때마다 아동은 언제나 생물학적인 부모 편이다(Dunn, O'Connor, & Cheng, 2005).

양아버지의 가장 좋은 전략은 기존의 관계에 끼어들려고 하지 말고 새로운 양아들과 양딸에게 관심을 갖는 일이다. 새로이 재혼한 어머니는 아동에 대한 시간과 노력을 희생하여 새로운 배우자에게 헌신하지 않도록 주의하여야 한다. 부모와 아동 모두 현실적인 기대를 가져야 한다. 혼합 가족은 아동과 청소년에게 성공적이고 득이 될 수 있지만, 복잡한 관계와 충성에 대한 갈등과 질투가 언제나 존재하기 때문에 노력이 필요하다(Sweeney, 2010; White & Gilbreth, 2001).

이혼은 20세기의 보편적인 현상이다. 양부모와 살거나 때에 따라 새롭게 형제와 사는 혼합 가족도 그러하다.

시간이 지나면 아동은 혼합 가족에 적응한다. 만일 결혼이 행복하다면 대부분의 아동은 돌보아 주는 두 성인으로부터 도움을 받는다. 그럼에도 불구하고 손상되지 않은 가족의 아동과 비교해 볼 때, 혼합 가족의 아동은 학업 성취가 낮고 우울의 증상을 더 보인다(Halpern-Meekin & Tach, 2008). 불행하게도 두 번째 결혼은 첫 번째 결혼에 비해 이혼으로 끝날 가능성이 높다. 특히 양자녀가 포함되어 있는 경우 더욱 그러하다(Teachman 2008). 이 말은 많은 아동이 다시 이혼의 트라우마를 겪게 된다는 뜻이다. 그러나 다행히도 효과적인 프로그램들이 새로운 역할에 적응해야 하는 혼합 가족의 삶을 위해 도움을 제공하고 있다(Bullard et al., 2010). 이러한 프로그램들은 문제 행동이 적어지고 결혼 만족도가 높을 수 있도록 도움을 준다.

조부모의 역할

LO8 조부모는 자녀양육에 얼마나 기여하는가?

인간의 수명이 길어지면서 3대(아동, 부모, 조부모) 가족이 보편적인 형태가 되어 가고 있다. 대부분의 미국 아동은 한 달에 적어도 한 번 정도 조부모를 만나고 있으며 만일 가까이에 살고 있다면 그보다 더 자주 보게 된다. 대략 미국 아동의 12%가 조부모와 살고 있다(Dunifon, 2013).

조모는 조부보다 손자녀와 더 가까운 경향이 있는데 몇몇 과학자들은 이를 진화적인 적응이라고 믿고 있다(Pollett, Nettle, & Nelissen, 2007). 여성의 폐경기는 손자녀의 출생과 일치하는 경향이 있다. 일반적으로 중년의 여성은 아이를 더 출산하는 것보다 손자녀를 돌보는 일에 더 가치를 두는 것으로 보인다(Coall & Hertwig, 2011).

최근의 한 분석은 조부모 양육의 다섯 가지 스타일을 제시하였다(Mueller & Elder, 2003).

- **영향력 있는 조부모**(influential grandparents)는 아동과 매우 친밀하며 빈번히 훈육을 포함한 부모의 역할을 수행한다.
- **지지적인 조부모**(supportive grandparents)는 친밀하다는 면에서 영향력 있는 조부모와 비슷하지만 부모의 역할을 수행하지는 않는다.

- **권위지향적 조부모**(authority-oriented grandparents)는 아동을 훈육하지만 아동의 삶에 아주 특별히 적극적인 것은 아니다.
- **수동적 조부모**(passive grandparents)는 아동 발달에 관여는 하지만 영향력 있는 조부모나 지지적 조부모의 모습은 아니다. 부모의 역할을 맡고 있지는 않다.
- **분리된 조부모**(detached grandparents)는 손자녀 발달에 관여하지 않는다.

영향력 있는 조부모와 지지적인 조부모는 손자녀의 발달에 가장 많이 관여하는 형태이다. 몇 가지 요인들이 조부모의 역할 수행에 영향을 미친다. 어떤 요인은 실질적인 것이어서, 조부모가 손자녀와 가까이 살고 있을 때 그리고 손자녀가 많은 경우보다 적은 경우일 때 더 참여적이다. 어떤 요인은 조부모와 부모와의 관계, 그리고 조부모와 조부모 자신의 조부모와의 관계와도 관련되어 있어서, 부모가 조부모의 참여를 격려할 때 그리고 조부모가 자신의 조부모에 대해 잘 알고 있을 때 조부모는 더 관여한다.

부모가 정신질환, 약물 사용, 가정폭력 등으로 인해 책임을 완수할 수 없을 때 조부모는 손자녀 양육에 더 참여하기도 한다. 예를 들어, 엄마가 투옥되었을 때 아동은 조부모와 사는 경우가 종종 있다. 그러나 조부모와 엄마와의 관계가 온정적이고 수용적일 경우에만 투옥된 엄마가 자녀와 접촉(전화나 방문 등)하며 지낼 수 있다(Loper & Clark, 2013). 투옥된 엄마와 조모가 만족스러운 협조적 양육의 관계를 맺고 있을 때 아동의 문제 행동은 적으며 출소했을 때 엄마가 양육을 효율적으로 한다(Baker et al., 2010).

놀라울 것 없이 아동과 청소년에게 조부모와의 친밀한 관계는 유익하다. 예를 들어, 조부모가 손자녀 양육에 활발하게 관여할 때 손자녀의 정서적 문제는 적어지고 더 친사회적이 된다(Attar-Schwartz et al., 2009; Barnett et al., 2010). 아동과 청소년이 이혼 등으로 인해 스트레스를 받을 때 조부모-손자녀 간의 강력한 관계는 더 가치가 있다(Henderson et al., 2009).

조부모는 때로는 부모의 역할을 수행함으로써 이민과 소수 인종 아동의 삶에 더욱 영향을 미친다(Hernandez, 2004; Minkler-Fuller & Thomson, 2005). 아래의 '문화적 영향'은 이에 관한 이야기이다.

Q&A
질문 14.2

4세인 올리에는 조부모를 일주일에 여러 차례 만난다. 조부모는 올리에를 월요일과 수요일에 학교에 데려다 주고, 매주 아이스크림과 같이 특별한 것을 사 주기 위해 노력한다. 그들은 올리에에게 "부탁해"나 "고마워"라는 말을 하는 데에 주저함이 없고 그의 순서를 기다려 준다. 조부모의 어떤 역할이 올리에에 조부모의 역할을 가장 잘 설명하는가?

문화적 영향

아프리카계 미국 할머니

유럽계 미국 어린이의 25명 중 1명이 할머니와 함께 살고 있는 반면 아프리카계 미국 어린이의 10명 중 1명이 할머니와 함께 살고 있다(U.S. Census Bureau, 2011). 왜 그러할까? 모든 아프리카계 미국 어린이의 4분의 1이 만성적인 가난 속에 살고 있는데 친인척과 함께 사는 것은 살림 비용이나 아동 양육과 관련된 비용을 줄이는 방법 중 하나이기 때문이다.

아프리카계 미국 할머니는 손자녀의 양육에 많은 역할을 함으로써 손자녀에게 도움을 준다.

딸과 손자녀와 함께 살고 있는 아프리카계 미국 할머니들은 영향력 있는 조부모의 역할을 차용하면서 손자녀 양육에 자주 관여한다(Oberlander, Black, & Starr, 2007). 딸이 10대에 어머니가 되었을 때 할머니는 10대인 딸과 아동에게 도움을 제공하는 아동의 일차 양육자가 된다. 아동 양육에서 자유로운 10

대 어머니는 학교를 마치는 등 보다 나은 삶을 위한 준비를 할 수 있다. 10대인 어머니보다 할머니가 아동에게는 더 도움이 되는데 할머니는 앞의 사진 속의 할머니처럼 덜 처벌적이고 손자녀에게 더 반응적이다(Chase-Lansdale, Brooks-Gunn, & Zamsky, 1994; Smith & Drew, 2002). 또한 할머니가 어린 엄마와 어린 아빠와 긍정적인 관계를 가지고 있고 또 서로 잘 지내고 있다면, 그리고 부모가 영향력이 있다면 아동은 긍정적인 발달을 이룬다(Krishnakumar & Black, 2003).

이러한 가족은 아동에게 좋은 영향을 미치기 때문에 이러한 가족의 아동은 학교 성적과 적응에서 두 부모님과 함께 살고 있는 아동과 유사한 발달을 보이며 편부모 가족의 아동보다 더 나은 경향이 있다(Dunifon, 2013). 할머니가 집에서 살고 있지 않은 경우라도 어머니가 할머니나 다른 친인척으로부터 사회적·정서적 지원을 받고 있는 경우 아동에게 좋은 영향을 주게 되는데, 아동은 자기 신뢰적이 되고 약물 남용이나 공공건물 파괴자 같은 비행 행동을 하는 경우가 드물게 된다(Taylor & Roberts, 1995).

즉 가난한 아프리카계 미국 할머니와 다른 친인척들은 가족에게 아동 양육으로 인한 짐을 덜어 주는 역할을 하고 아동은 확대 가족으로부터 온정, 지원, 안내를 받음으로써 도움을 받는다.

부모 대행자로서 할머니는 손자녀의 삶에 직접적인 영향을 미칠 수 있다. 조부모는 세대를 걸쳐 양육 태도와 행동을 전달함으로써 손자녀의 삶에 간접적인 영향도 미친다. 예를 들어 부모가 아동에게 온정적이라면 아동이 나중에 부모와 같은 사람이 되어서 자신의 자녀에게 온정적일 수 있다. 즉 조부모의 온정적인 행동은 궁극적으로 손자녀에게 온정적인 양육을 경험할 수 있게 한다. 따라서 조부모가 아동에게 미치는 직접적인 영향만큼 간접적인 영향에 대해서 생각하는 것은 중요한 일이다(Smith & Drew, 2002).

게이와 레즈비언 부모의 아동

LO9 게이 부모는 효과적인가?

미국 내 많은 아동의 부모가 게이나 레즈비언 부모이다. 이런 경우 대부분의 아동은 한쪽 부모가 동성애자라는 것이 밝혀짐으로써 이혼을 한 이성 부모의 결혼에 의해 태어난 아동이다. 드물지만 (차츰 늘어나고는 있지만) 인공 수정을 통해 아동을 얻거나 입양을 한 독신 레즈비언이나 게이 커플의 아동도 있다.

레즈비언과 게이 부모는 이들이 자녀 양육의 과업을 대등하게 나누어 하고 있음에도 불구하고 이성 커플과 비교할 때 다른 점보다 비슷한 점이 더 많다(Farr & Patterson, 2013). 레즈비언과 게이 부모가 이성 부모보다 덜 효과적이라는 징후는 없다. 사실 많은 연구들은 레즈비언과 게이 부모가 아동의 요구에 민감하고 더 온정적일 수도 있음을 제시하고 있다(Golombok et al., 2014).

레즈비언과 게이 부모에 의해 양육된 아동은 이성 부부에 의해 양육된 아동과 비슷하게 발달하는 것 같다(Golombok et al., 2003; Patterson, 2006). 연구들은 가족 간 과정 변인(양육 스트레스, 훈육적 양육)과 비교해 가족 구조(이성 부모 vs. 레즈비언과 게이 부모)가 아동에게 미치는 영향에 대해 논쟁하는데, 아동 발달을 예측케 하는 것은 과정이지 가족 구조는 아니라고 주장하고 있다(Farr, Forssell, & Patterson, 2010; Golombok et al., 2014). 예를 들어, 학령 전기 남아와 여아는 자신의 성에 대해 분명히 인식하고 있으며 성에 근거한 선호도, 흥미, 활동, 친구들 등을 획득한다. 청소년기에는 레즈비언 엄마의 딸이 동성관계를 더 탐색할 수도 있다는 다소의 증거가 있을지라도, 대부분은 이성적인 관계를 추구하고 있다(Gartrell, Bos, & Goldberg, 2011; Wainright, Russell, & Patterson, 2004). 자아 개념, 사회적 기술, 도덕적 추론, 지능과 같은 측면에서 레즈비언 엄마의 아동은 이성 부모의 아동과 유사하다(Farr & Patterson, 2013; Patterson, 2006; Wainright & Patterson, 2008). 이성 부모의 자녀는 온정적이고 놀봄적인 게이나 레즈비언 부모와의 가까운 관계를 통해 이득을 얻는다(Farr et al., 2010; Wainright & Patterson, 2008). 레즈비언 부모의 아동은 부모가 레즈비언이라는 이유로 공정하지 못하게 취급되고 있음이 보고되고 있다. 특히 엄마와 잘 지내지 못하거나 또래와 잘 어울리지 못할 때 더욱 그러하다(Van Gelderen et al., 2012).

레즈비언과 게이 부모의 아동에 관한 연구는 아프리카계 미국 할머니에 관한 연구와 함께 '좋은 양육'은 다른 많은 형태를 띨 수 있음을 우리에게 일깨워 준다. 또한 이러한 결과는 부모가 모두 있는 가족이 발달을 위한 최상의 환경이라는 전통적인 생각에 도전하고 있다. 이혼이 아동에게 미치는 영향에 관한 연구를 통해 다양한 성인이 중요하다는 것을 알 수 있으며 성인이 누구인가 하는 것은 그 성인이 무엇을 하는가보다 중요하지 않다는 것도 알 수 있다. 엄마든 아빠든 할머니든 간에 또는 두 여성이나 두 남성이 양육을 하거나 간에 좋은 양육 기술이 아동에게 도움이 된다.

 학습 확인

점검 조부모의 역할과 조부모의 역할에 영향을 미치는 요인에 대해 기술하시오.

게이와 레즈비언 부모의 아동의 발달에 대해 무엇을 알고 있는가?

이해 아동의 관점에서 혼합(재혼) 가족의 장단점은 무엇인가?

적용 지속적으로 논쟁하는 커플이 있다고 상상해 보자. 이들은 자신의 차이에 대해 상담을 받으며 노력하였으나, 성공을 얻지 못하였고 현재 이혼을 고려 중이다. 이들은 학령기 두 아동의 부모이다. 이혼이 이들에게 가져다주는 것은 무엇일까?

 14.3 남자 형제와 여자 형제

개요

첫째 아동, 둘째 이하 아동, 그리고 한 자녀 아동

형제 관계의 질

학습 목표

LO10 첫째와 둘째 이하, 그리고 한 자녀 아동은 어떤 차이가 있는가?

LO11 아동이 성장하는 동안 형제 관계는 어떻게 변화하는가? 형제간에 잘 지내도록 결정하는 요인은 무엇인가?

밥과 앨리스는 새로운 것을 배우는 데에 열성적이며 친절하고, 장난치기를 좋아하는 2세 아들 로베를 아주 좋아한다. 밥은 로베가 거의 완벽하기에 다른 아이를 낳음으로 인한 위험을 감수해야 할 이유가 없다고 생각하였다. 그러나 앨리스는 한 자녀 아동이 버릇없고 친절하지도 않다는 이야기를 들은 적이 있다. 앨리스는 로베에게 동생을 만들어 주지 않으면 이런 아이로 자랄 것이라는 확신을 가지고 있다. 어떻게 해야 하는가?

출생 후 첫 1년 동안 모든 첫째 아동은 로베처럼 한 자녀 아동이다. 어떤 아동은 영원히 한 자녀 아동이지만 대부분의 아동은 형제가 생긴다. 어떤 첫째 아이는 빠른 속도로 많은 동생들을 보게 되고, 어떤 아이는 한 명의 남동생이나 여동생을 본다. 특히 첫째 아이가 사교적이고 똑똑할 때 더욱 그러하다(Jokela, 2010). 새로운 가족 구성원이 생김으로써 부모-자녀 관계는 더 복잡해진다(McHale, Updegraff, & Whiteman, 2013). 부모는 더 이상 한 아동에게 신경을 쓸 수 없으며 다양한 아동의 요구에 적응해야 한다. 중요한 것은 형제는 아동기뿐 아니라 일생 동안 서로의 발달에 영향을 미친다는 것이다. 형제의 영향을 이해하기 위해 첫째 아동과 둘째 이하 아동, 그리고 한 자녀 아동의 차이에 대해 살펴보자.

첫째 아동, 둘째 이하 아동, 그리고 한 자녀 아동

LO10 첫째와 둘째 이하, 그리고 한 자녀 아동은 어떤 차이가 있는가?

첫째 아동은 열정은 많으나 양육에 관한 실제적 능력이 거의 없는 부모의 '모르모트'이다. 부모는 전통적으로 첫째 아동에 대한 기대가 높고 애정적이고 동시에 통제적이다(Furman & Lanthier, 2002). 아동이 많을수록 부모는 일찍 태어난 아동을 통해 배웠기 때문에 자신의 역할에 잘 적응한다. 둘째 이하의 아동에게 부모는 더 현실적인 기대를 하고 있으며 훈육도 더 적어진다(예 : Baskett, 1985).

일반적인 생각과 달리 한 자녀 아동은 문제아가 아니며 오히려 공부도 잘하고 리더십도 있다.

부모가 첫째 아동과 둘째 이하의 아동에게 다르게 대한다는 것이 아동 간의 차이를 설명하는 데에 도움을 준다. 첫째 아동은 일반적으로 지능 검사 점수가 높고 대학에 진학하는 경우도 많다. 또한 이들은 부모와 성인의 요구에 순응하는 경향이 많다. 둘째 이하의 아동은 부모와 성인을 기쁘게 하기 위한 관심은 적지만 나이 든 형제와 잘 지내야 할 필요가 있었기 때문에 또래에게 인기가 많으며 더 혁신적이다(Beck, Burnet, & Vosper, 2006; Bjerkedal et al., 2007).

한 자녀 아동은 어떠한가? 전통적인 속설에 따르면 사진 속의 부모처럼 한 자녀 아동의 부모들은 한 아이에게 완전히 빠져들기 때문에 아이가 이기적이고 자아중심적이 된다고 한다. 이러한 속설은 정확한 것인가? 100개 이상 연구의 복합적인 분석을 통해 볼 때, 그 답은 '아니다'이다. 다른 아동보다 학교에서 더 성공적이며 지능, 리더십, 자율성, 성숙도에서도 높은 수준을 가지고 있음이 발견되었다(Falbo & Polit, 1986; Falbo, 2012).

이러한 연구는 한 자녀 정책을 실시하고 있는 중국에 매우 중요한 영향력을 가진다. "아동 발달과 가족 정책"이 이러한 이야기를 들려줄 것이다.

아동 발달과 가족 정책

중국의 한 자녀 정책의 결과 평가

10억 이상의 인구를 가진 중국은 세계에서 가장 인구가 많은 나라이다. 20세기 중반에 중국의 지도자들은 인구가 가장 많고 빠르게 증가하는 것이 경제 성장과 생활 수준을 증진시키는 데에 심각한 장애 요인이 된다고 인식하였다. 그 결과 중국 정부는 가족의 크기를 줄일 수 있는 몇 가지 프로그램을 제안하였고 1979년 이래로 한 자녀 정책을 펼쳐 왔다. 뒤의 사진과 같이 한 자녀를 가질 경우 받게 되는 혜택을 광고하는 간판들이 세워졌다. 부모들에게 피임을 하도록 권장하였고 한 자녀 가족에게는 현금 보너스, 더 나은 건강관리와 아동 양육, 더 좋은 집 등 더 많은 경제적 혜택이 주어졌다.

이 정책은 중국의 출산율을 줄이는 데에 효과적이었으나 최근 사회과학자들은 한 자녀 정책이 가족과 아동에게 미치는 영향에 대해 조사하였다. 예를 들면 중국은 전통적으로 타인과 잘 지내는 아동에 대해 가치를 두어 왔다. 오늘날 중국의 한 자녀 아동은 그전 세대의 어린이보다 덜 협응적이고 더 자아중심적인가? 그 대답은 '아니다'로 보인다. 많은 연구들이 중국의 한 자녀 아동과 형제가 있는 아동을 비교하였으며 대부분 그 차이를 발견하지 못하였고 차이가 있는 경우에도 서구의 한 자녀와 마찬가지로 종종 한 자녀 아동이 학교에서 더 성공적인 것으로 나타났다(Falbo, 2012; Liu, Lin, & Chen, 2010).

중국의 한 자녀 아동이 성인기로 접어들 때 노인 부양 문제가 새로운 관심사가 될 것이다. 중국에서는 전통적으로 아동이 나이 든 부모를 책임져 왔으므로 이 과업을 다른 아동과 함께할 수 없을 때 경제적 및 심리적 부담은 높아지게 된다. 결국 중국 정부는 노인과 성인자녀에게 가족지원협정(자녀가 노인에게 제공할 지원의 종류와 양에 대해 자발적으로 계약하도록 하는 것)에 서명을 하도록 독려하고 있다(Chou, 2011).

1979년 이후 중국 정부는 한 자녀 정책을 펼쳐 왔다.

입양 아동 미국 정부는 입양 아동의 수에 대한 공식적인 통계를 가지고 있지 않지만 미국 아동의 2~4%가 입양아라는 추정이 가장 정확한 것으로 보인다. 입양의 대부분은 출생 가족이 아동을 학대했기 때문에 양부모 또는 입양 아동의 친척을 통해 발생된다. 약 5만 명의 아동이 6, 7세경에 이러한 식으로 입양된다. 나이 어린 부모 자신이 아동에게 적절한 양육을 제공하지 못한다고 믿을 때 아동은 일반적으로 개인 에이전시를 통해 입양된다. 이러한 방식으로 약 1만 4,000명의 아동이, 특히 어린 유아일 때 입양된다. 마지막으로 1만 명 정도의 아동은 중국이나 에티오피아와 같은 해외에서 입양된다. 이러한 방식은 유아나 학령 전기에 일어난다(Grotevant & McDermott, 2014).

입양아들은 종종 입양 전에 역경을 경험하기도 한다. 예를 들어, 입양아는 종종 학대를 경험하기도 한다. 국제 입양된 아동의 많은 수는 입양 전에 버림받아 시설에서 살았다. 이러한 환경이 아동에게 최적의 환경은 아니기에 아동이 많은 문제 행동, 예를 들면 반사회적이고 공격적인 행동, 우울과 불안, 학습 장애 등을 보이는 것은 놀라운 일이 아니다(Grotevant & McDermott, 2014). 그러나 그 결과는 다양하다. 입양된 대부분의 아동은 전통적인 범주에서 발달한다. 아동이 유아기 이후에 입양될 때 그리고 입양 전의 돌봄이 형편없을 때 문제는 더 많이 발생한다. 예를 들어, 1989년 루마니아의 차우세스쿠 정권이 몰락할 때, 수십만 명의 고아가 믿을 수 없는 원시적인 수준 이하의 환경에서 살고 있었음이 밝혀졌다. 1990년대 초에 이들의 많은 수가 국제 입양되었다. 이들 중 일부는 잘 성장하였지만, 많은 수는 인지 발달 지체나 애착 장애 등의 복합적인 손상을 보였다(Kreppner et al., 2007).

오늘날 많은 입양아와 부모들은 아동의 출생 가족과 연락을 해야 할지 말아야 할지, 흔히 말하는 공개 입양(open adoption)에 대해 의문을 가진다. 이제까지는 이를 실행하는 것이 아동에게 '진짜 부모'에 대해 혼란을 가져다줄까 봐 격려받지 못했다. 그러나 연구에 따르면 아동이 친밀한 입양을 경험한 만큼 공개 입양에도 잘 적응한다고 한다. 더구나 공개 입양이 입양의 본질에 이야기를 나눌 수 있는 기회를 제공하기 때문에 공개 입양된 아동은 입양아로서 깊이 있고 일관된 정체감을 갖는 경향이 있다(Grotevant et al., 2013).

형제 관계의 질

LO11 아동이 성장하는 동안 형제 관계는 어떻게 변화하는가? 형제간에 잘 지내도록 결정하는 요인은 무엇인가?

형제 관계는 그 초기부터 복잡한 것이다. 임신한 부모의 대부분은 새로 태어날 아동에 대한 기대로 흥분되어 있고 그들의 아동 역시 새로운 가족 구성원의 출현을 기대한다. 그러나 그 아기의 출현은 다양한 반응을 가져온다. 어떤 아동은 스트레스를 받고, 슬퍼하고, 부모에게 덜 반응적이 된다. 이런 반응은 어린아이에게 공통적인 것이다(Volling, 2012). 부모는 나이 든 아동의 욕구에 집중해 줌으로써 아동의 스트레스를 줄일 수 있다(Howe & Ross, 1990).

나이 든 아동의 다수는 신생아를 돌보는 부모를 기꺼이 돕는다. 아기와 놀아 주기도 하고 달래주기도 하며, 먹이기도 하고, 기저귀를 갈아 주기도 한다. 중산층의 서양 가족에서는 이러한 돌봄이 부모 곁의 놀이 상황에서 자주 발생한다. 그러나 어떤 문화에서는 사진 속의 여아처럼 나이 든 아동이 어린 동생을 돌보는 데에 중요한 역할을 수행하기도 한다(Zukow-Goldring, 2002).

유아가 성장하면서 형제간의 상호작용은 더 복잡해지고 더 빈번해진다. 예를 들면 걸음마기 아동은 형제보다 부모와 이야기를 더 주고받지만 아동이 4세경이 되면 상황은 반대로 바뀌어 엄마보다는 나이 든 형제와 더 많은 이야기를 한다(Brown & Dunn, 1992). 나이 든 형제는 어린 동생이 스트레스를 받거나 흥분해 있을 때 동생을 돌보고 달래는 자원이 되며(Kim et al., 2007; Gass, Jenkins, & Dunn, 2007), 어린 동생을 가르치는 선생님으로서 게임을 하는 방법과 간단한 음식을 요리하는 방법을 가르친다(Maynard, 2002). 나이 든 형제가 학교에서 잘 지내고 또래 간에 잘 지낼 때 어린 동생도 이를 따라 한다(Brody et al., 2003).

시간이 지나면서 형제는 한 자녀 아동에게는 절대로 있을 수 없는 가장 친한 친구가 되기도 한다. 어떤 형제는 끊임없이 논쟁하고 경쟁하는 등 서로 잘 지내지 못하는 경우도 있다. 형제간의 상호작용 패턴은 일찍부터 확립되어 안정화된다(Kramer, 2010). 일반적으로 학령 전기 시절 잘 지낸 형제는 청소년 초기에도 잘 지내지만 학령 전기 시절 싸우던 형제는 청소년 초기에도 종종 싸운다.

왜 어떤 형제는 사랑과 존경이 가득한 관계를 가지고 있고 어떤 형제들은 질투와 분노로 점철되어 있는가? 첫째, 아동의 성과 기질이 문제이다. 이성의 형제보다 동성의 형제일 때(Dunn & Kendrick, 1981), 그리고 형제 중 어느 누구도 기질에 문제가 없을 때(Brody, Stoneman, & McCoy, 1994) 더 온정적이고 조화로운 경향이 있다. 연령도 중요하다. 형제는 서로를 동등한 존재로 지각하기 때문에 어린 아동기에서 청소년기로 진행할 때 형제 관계는 점진적으로 발전한다(Kim et al., 2007; McHale et al., 2013).

부모는 직접적이든 간접적이든 간에 형제 관계의 질에 기여한다(Brody, 1998). 직접적인 영향은 부모의 태도에서 나온다. 형제들은 부모가 모든 형제를 공정하게 대해 주고 특별히 예뻐해 주는 사람이 없다고 믿을 때 서로 잘 지내는 경향이 있다(McGuire & Shanahan, 2010). 부모가 한 아동의 순응성을 열광적으로 칭찬하고 다른 아동은 무시하는 경우 아동은 그 차이에 주목하게 되고 형제 관계는 어려움을 겪게 된다(Updegraff, Thayer et al., 2005).

이 말은 부모가 모든 아동을 똑같이 대우해야 한다는 것을 의미하는 것은 아니다. 아동은 아동의 연령과 성격적 요구에 따라 부모가 다르게 대우해야 한다는 것을 알고 있다. 차별적인 대우가 정당하지 못하다고 판단될 때만 형제 관계가 나빠지는 것이다(Kowal & Kramer, 1997). 청소년기 동안 형제들이 부모와 잘 지낼 때 형제들끼리도 잘 지낸다(Feinberg et al., 2003).

형제 관계에 대한 부모의 간접적인 영향은 각자가 가지고 있는 부모 관계의 질에서 나온다. 부모와의 조화롭고 온정적인 관계는 긍정적인 형제 관계를 북돋워 준다. 때로는 부부 사이의 강한 갈등이 형제들끼리 가깝게 할 수도 있지만 대체로 부부 사이의 갈등은 형제간의 갈등과 관련되어 있다(McHale et al., 2013).

형제간의 좋은 관계와 관련된 특성들은 다른 인종집단에서도 공통적인 것이다. 그러나 독특한 특성들도 존재한다. 예를 들어, 아프리카계 미국인 가족 연구에 따르면 형제 관계는 아동의 인종적 정체감이 높을 때 더 긍정적으로 발생한다고 한다(McHale et al., 2007). 멕시코계 미국인 가족 연구에 따르면 형제는 가족에 대한 헌신이 강할 때 더 가깝고 더 많은 시간을 보낸다고 한다

많은 개발도상국에서는 나이 든 형제가 어린 동생을 돌보는 일에 적극적으로 참여하고 있다.

질문 14.3

8세인 케빈은 여동생 호프와 부모의 관심을 놓고 계속해서 경쟁하고 있다. 10대인 누나 멜리사와 캐롤린은 옷을 공유하고 모든 것을 함께하기를 좋아한다. 왜 케빈과 호프는 잘 지내지 못하고, 멜리사와 캐롤린은 잘 지내는 것일까?

학령 전기 아동은 불일치를 해결하는 사회적 기술이 부족하기 때문에 싸움을 하기도 한다.

(Updegraff, McHale et al., 2005).

이와 같은 결과는 부모가 형제 관계에 영향을 미칠 수 있음을 보여 주는 것이다. 부모는 모든 아동에게 동등하게 애정을 주고 반응하고 돌봄으로써 형제간의 균열을 줄일 수 있다. 그리고 긍정적인 형제 관계를 촉진시키는 행동, 예를 들면 서로가 좋아하는 활동에 참여하거나 서로 도와주며 고유한 경험에 대해 감사해 하는 등의 행동을 격려할 수 있다(Kramer, 2010).

동시에 의견의 차이는 특히 어린 남아와 여아가 있는 가족에게는 자연스러운 일이다. 아동의 다른 흥미가 사진 속의 아동처럼 논쟁을 가져오기도 한다. 어떤 프로그램을 시청할 것인지를 누가 결정할 것인가? 누가 마지막 과자를 먹을 것인가? 누가 새로운 강아지를 키울 것인가? 등의 일상적인 단순한 갈등에 직면할 때 3세 남동생과 5세 누나는 상호 간의 만족스러운 양보를 발견할 있도록 도와주는 사회인지적 기술이 부족하기 때문에 논쟁을 할 것이다.

형제 특히 어린 아동들이 싸울 때 부모는 중재를 해야 한다. 부모가 한 아동의 행동을 다른 아동에게 설명할(예 : "그는 무서워서 눈을 감고 있었어.") 형제는 긍정적인 상호 작용을 할 수 있다(Kojima, 2000). 그리고 아동이 다른 곳에 자리 잡을 수 있도록 도와줌으로써 협상하는 정교한 방법을 보여 줄 수 있고 나중에는 아동이 싸우는 것 대신에 이러한 기술을 사용할 수 있도록 도와줄 수 있다(McHale et al., 2013). 부모는 갈등이 공격적인 행동이나 소리 지르기, 칼싸움, 헐뜯음을 유발하는 시점에서 특히 중재해야 한다. 저지하고 않고 놔둘 때 갈등은 문제 행동을 유발할 수 있다(Garcia et al., 2000).

다행히 부모에게 자녀 간 논쟁을 중재할 수 있는 방법을 보여 줄 수 있다. 연구자들(Smith & Ross, 2007)은 부모가 아동에게 (1) 일치와 불일치한 점을 인지시키고, (2) 그들이 얻고자 하는 것에 대해 토론하게 하며, (3) 그들의 논쟁을 해결할 수 있는 방안에 대해 생각해 보게 할 수 있는 방법에 대해 훈련을 시켰다. 부모들이 어떻게 중재해야 하는지를 알고 난 후 형제들은 논쟁을 성공적으로 해결하게 되었으며, 조용히 이야기를 나누고, 경청하고, 사과하고, 자신의 행동을 설명하게 되었다. 따라서 부모는 자녀의 논쟁을 끊임없이 들을 필요가 없어졌다.

 학습 확인

점검 입양된 아동의 심리적 발달에 대해 아는 바를 요약하시오.

아동이 성장하는 동안 형제 관계가 어떻게 변화하는가?

이해 어떤 연구 결과가 형제 관계의 질의 지속성을 이야기하는가? 어떤 연구 결과가 비지속성을 이야기하는가?

적용 만일 당신의 여동생에게 2세 아동이 있다고 생각해 보자. 그녀와 그녀의 남편은 아이를 또 낳을 것인지 고민하고 있는 중이다. 그녀에게 한 아동에 비해 두 아동을 두는 것에 대한 이득과 손해에 대해 설명하시오.

학대 : 뒤틀린 부모–자녀 관계

학습 목표

LO12 아동 학대의 결과는 무엇인가?

LO13 어떤 요소가 부모로 하여금 아동을 학대하게 하는가?

LO14 어떻게 해야 학대를 예방할 수 있는가?

개요

학대의 결과

학대의 원인

학대 예방

7세인 막스가 처음 얼굴에 멍이 든 채로 학교에 왔을 때, 그는 지하실 계단에서 넘어졌다고 이야기하였다. 막스가 몇 주 후에도 비슷한 멍이 들어 학교에 왔을 때, 선생님은 해당 기관과 연계되어 있는 교장선생님께 이야기를 하였다. 그들은 막스의 엄마가 사소한 잘못에도 주걱으로 막스를 때리고 큰 잘못인 경우 막스를 매질하고 춥고 어두운 지하실에 혼자 재운다는 것을 알아냈다.

불행히도 막스 같은 사례는 요즘 미국에서 자주 발생한다. 학대는 여러 가지 형태로 발생한다(Cicchetti & Toth, 2006). 가장 먼저 생각할 수 있는 두 가지는 상해가 올 정도로 구타하는 신체적 학대와 애무, 성교, 기타 성적 행위를 포함하는 성적 학대이다. 학대의 다른 형태는 아동에게 적절한 음식, 의복, 의학적 치료를 하지 않는 유기이다. 아동은 비웃고, 거부하고, 창피를 주는 등의 심리적인 학대를 통해서도 해를 입을 수 있다(Wicks-Nelson & Israel, 2006).

아동 학대의 많은 사례가 보고되고 있지 않기 때문에 학대의 다양한 형태를 살펴보는 것은 어려운 일이다. 미국 보건복지부(HHS, 2013)에 따르면, 거의 70만 명가량의 아동이 매년 학대와 유기로 고생하고 있다고 한다. 80% 정도가 유기되고 있으며, 20% 정도는 신체적 학대를 받고 있고, 10%는 성적 학대, 5% 정도는 심리적 학대를 받고 있다고 한다.

학대의 결과

LO12 아동 학대의 결과는 무엇인가?

막스와 같은 어린 아동이 긍정적인 발달을 이루지 못한다는 것을 알게 되는 것은 신기한 일이 아니다. 물론 어떤 아동은 영구적인 신체적 손상으로 고생한다. 지속적인 신체적 손상이 없을 때조차 아동의 사회성 발달과 정서 발달에 문제가 발생한다. 이들은 때로 너무 공격적이기 때문에 또래와 관계를 잘 맺지 못하는 경향이 있다(Alink et al., 2012; Appleyard, Yang, & Runyan, 2010). 이들의 인지 발달과 학업 성취 역시 붕괴된다. 학대받은 아동은 학교 성적이 낮고 표준화된 학업 성취에서 낮은 점수를 받으며 진학하기보다는 유급하는 경향이 있다. 또한 학대받은 아동은 사회적 기술이 미숙하고, 정서적인 통제를 잘 못하고, 자신의 정서에 대해 인지하지 못하기 때문에 이들의 학교 관련 행동 문제가 일상적으로 발생한다(Burack et al., 2006; Kim-Spoon, Cicchetti, & Rogosch, 2013; Luke & Banerjee, 2013). 학대는 아동과 청소년을 우울하게 만든다(Appleyard et al., 2010; Harkness, Lumley, & Truss, 2008). 아동기에 학대받은 성인은 자살에 대해 생각하거나 자살을 시도하는 경향이 높으며, 자신의 자녀와 배우자를 학대하는 경향이 있다(Malinosky-Rummell & Hansen, 1993). 간략히 말해서 아동 학대의 영향은 광범위하고도 지속적이다.

탄력성 대부분은 아니지만, 어떤 아동은 학대의 영향으로부터 눈에 띄게 회복된다. 즉 학대를 받았던 아동과 청소년들 중 많은 수가 앞서 기술되어 있던 결과들을 보이지만, 아주 소수일지라도 어떤 이들은 학대의 이러한 영향을 적게 받는다. 어떤 아동은 위험한 상태에 있고, 왜 어떤 아동은 학대

Q&A

질문 14.4

케빈은 10세 아들 알렉스를 한 번도 신체적으로 학대한 적이 없다. 그러나 그는 지속적으로 아들을 정서적으로 괴롭혔다. 예를 들어 알렉스가 맞춤법 시험에서 F를 받았을 때 케빈은 "나는 월요일 저녁 축구경기를 빼먹으면서까지 너를 도왔는데, 너는 여전히 낙제구나"라고 하면서 비명을 질렀다. 알렉스가 울기 시작하자 케빈은 "알렉스 좀 봐. 어린애처럼 울고 있네"라고 하면서 알렉스를 조롱하였다. 이러한 상호작용은 거의 매일 일어났다. 이와 같이 반복되는 정서적 학대로 인해 발생할 수 있는 영향은 무엇인가?

의 부정적인 영향으로부터 보호된 것일까?

아동을 보호하는 요인 중 하나는 **자아탄력성**(ego-resilience)(새로운 환경에 잘 적응할 수 있는 아동의 능력에 기여하는)이다. 아동이 사회적 환경에 도전하고 새로운 것에 융통성 있게 반응할 때 학대의 영향은 적어진다(Flores, Cicchetti, & Rogosch, 2005). 다른 보호 요인으로는 학교에 다니는 것이다. 학대받은 아동이 주의집중할 수 있고, 과업을 완수할 수 있고, 잘 조직되어 있는 학교에 다닐 때 반사회적이고 공격적인 행동은 줄어드는 경향이 있다(Pears et al., 2013).

마지막 보호 요인은 긍정적인 어머니–자녀 관계이다. 아동이 자신의 어머니에 대한 긍정적인 표상을 가지고 있을 때, 아동은 상대적으로 적은 학대 증상을 가진다(Valentino et al., 2008). 그러나 이러한 완충의 가치는 유기된 아동으로 제한된다. 신체적인 학대를 받은 아동은 엄마에 대한 긍정적인 표상을 가지고 있을지라도 학대와 관련된 전통적인 증상에 시달린다.

학대의 원인

LO13 어떤 요소가 부모로 하여금 아동을 학대하게 하는가?

왜 부모는 아동을 학대하는가? 아마도 당신은 그 부모가 심각한 장애를 가지고 있거나 자신의 육체와 생명에 해를 끼칠 정도로 미쳤을 것이라 생각할지도 모른다. 이는 진실이 아니다. 학대 부모의 대다수는 정신적 또는 심리적 장애로 고생하고 있지 않다(Wolfe, 1985). 요인들의 주체가 어떤 아동을 학대의 위험에 내몰기도 하고 보호하기도 한다(Cicchetti & Toth, 2006). 이제 가장 중요한 세 가지 요인, 문화적 맥락과 공동체, 부모, 그리고 아동 자신에 대해 살펴볼 것이다.

문화와 공동체 가장 일반적인 요인은 문화적 가치와 공동체의 사회적 상황에 관한 것이다. 예를 들어 신체적 처벌에 대한 문화적 관점이 아동 학대에 기여할 수 있다. 유럽과 아시아의 많은 나라들은 신체적 처벌을 문화적으로 강하게 금지하였다. 오스트리아, 크로아티아, 독일, 이스라엘, 스웨덴과 같은 많은 나라에서 찰싹 때리는 것은 위법이다. 미국에서 신체적 처벌은 일상적인 일이다. 신체적 처벌에 대한 용인은 아동 학대의 문을 열어 주는 것이다.

문화적 가치뿐만 아니라 아동이 살고 있는 공동체도 아동을 학대와 혹사의 위험 속에 던져 넣는다. 가난하게 사는 것은 심각한 위험 요소 중 하나이다. 경제적 어려움도 일상생활 속의 스트레스를 증가시키기 때문에 학대는 빈곤 가족에서 일상적인 일이다(Duncan & Brooks-Gunn, 2000). 부모가 음식을 살 수 있을지 세를 낼 수 있을지를 걱정할 때 그들은 아동을 타이르기보다 신체적으로 처벌하는 경향이 있다. 비슷하게 군인 가족 내에서 군인이 전투지에서 배치될 때 학대는 보편적으로 발생한다(Gibbs et al., 2007). 이런 경우와 마찬가지로 부모 부재와 일시적인 편부모로 인해 발생되는 스트레스에서도 학대가 나타날 수 있다.

두 번째 위험 요소는 사회적 고립감이다. 고립은 아동에게서 아동을 보호해 줄 수 있는 성인을 빼앗아 가고, 부모에게 스트레스에 대처할 수 있도록 도와주는 사회적 지원을 빼앗아 가기 때문에 가족이 다른 친척이나 이웃으로부터 사회적으로 고립될 때 학대가 더욱 발생한다(Coulton et al., 2007).

문화적 가치와 공동체 요소들이 아동 학대에 기여하지만 이것은 퍼즐의 한 부분일 뿐이다. 학대는 빈곤 가족에게 일상적인 것이지만 이러한 가족의 대다수에게서 발생하는 것은 아니며 중류층 가족에게서도 발생한다.

부모 같은 문화적 가치와 생활환경에서도 왜 소수의 부모만이 아동을 학대하고 혹사하는가? 어떤 특성이 부모가 아동을 학대할 가능성을 증가시키는가? 아동 발달 연구자들은 몇 가지 중요한 요소들을 인지하고 있다(Berlin, Appleyard, & Dodge, 2011; Bugental & Happaney, 2004). 첫째, 아동을 학대하는 부모는 어린 시절 학대를 당한 경험이 있으며, 그 경험은 학대가 어린 시절의 한 부분을 차지한다는 믿음을 가지게 만든다. 그러나 학대받은 아동이 반드시 학대하는 부모가 된다는 것을 의미하는 것은 아니며 단지 3분의 1 정도가 학대하는 부모가 된다. 그러나 아동 학대의 역사는 분명히 성인이 자신의 아동을 학대할 위험에 처하게 한다(Berlin et al., 2011 ; Cicchetti & Toth, 2006). 둘째, 아동을 학대하는 부모는 비효과적인 양육 기술(예 : 비일관적 훈육)을 사용하며, 아동을 통제할 힘이 없다고 믿고 있다. 예를 들어, 학대하는 부모는 아동과 잘 지내지 못할 때 아동이 기질적으로 너무 까다롭다든지 오늘은 너무 피곤하다든지 하는 등 자신의 통제 밖에 있는 요소들을 탓한다. 이들은 자신의 행동이 유쾌하지 않은 상호작용에 기여한다는 것을 생각하지 못하는 경향이 있다. 셋째, 학대 가족의 남편과 아내 모두 비예측적이고, 비지지적이며, 만족스럽지 못한 상호작용을 한다. 즉 아동 학대는 가족의 역기능적인 증상의 하나인 것이다. 불협화음적인 결혼은 스트레스를 유발하고 부모들이 자녀 양육을 위해 노력하는 것을 어렵게 만든다.

아동의 기여 퍼즐의 마지막 조각을 맞추기 위해 우리는 학대받는 아동 자신에 대해 살펴보아야 한다. 부모-자녀 간의 상호작용에 관한 14.1절을 통해 아동 스스로 학대를 유발할 수 있다는 것을 생각해 볼 수 있을 것이다(Sidebotham et al., 2003). 사실 유아와 학령 전기 아동은 나이 든 아동에 비해 학대를 많이 당한다. 왜일까? 이들은 쉽게 학대의 목표가 되며 학대를 유발하는 행동을 통제할 수 없다. 당신은 아마도 아기가 울음을 멈추지 않는다고 아기가 죽을 때까지 아기를 흔들었던 부모의 이야기를 들은 적이 있을 것이다. 아동은 과도하게 흐느끼거나 울기 때문에(모든 부모가 참기 어려운 행동) 학대의 대상이 되는 경향이 있다.

같은 이유로 만성적으로 아프거나 8.3절에서 다루었던 내용과 같이 장애로 고통받고 있을 때 학대의 대상이 되는 경향이 있다(Govindshenoy & Spencer, 2007 ; Sherrod et al., 1984). 아동이 아플 때 아동은 더 흐느끼거나 우는 경향이 있으며 이는 부모를 화나게 만든다. 또한 아동이 아프면 의학 치료를 받아야 하는데 비용이 들게 되고 학교에도 갈 수 없기 때문에 부모는 아동 양육을 위한 다른 대안을 찾아야 한다. 아픈 아동은 가족의 스트레스 수준을 증가시킴으로써 학대의 대상이 될 수 있다.

입양 아동도 학대의 위험에 있는 집단이다(Archer, 2013). 신데렐라의 계모가 자신의 친딸은 예뻐해 주고 신데렐라를 학대하였듯이 입양 아동은 친자녀에 비해 학대와 무시의 대상이 되기 쉽다. 성인은 입양 아동에게 마음을 다하지 않으며 입양 아동은 이로 인해 상처받기 쉽다.

분명한 것은 이러한 모든 예에서도 아동은 잘못이 없으며 학대를 받을 이유가 없다는 것이다. 그럼에도 불구하고 평범한 유아와 아동이 부모의 분노와 학대를 유발하기도 한다.

아동 학대에 영향을 미치는 많은 요소들을 〈요약표 14-1〉에 제시하였다. 단 하나의 요인이 학대를 유발하는 것은 아니며 위험 요소들이 첨가되기 시작할 때 학대는 시작된다. 일화 속에 있는 막

요약표 14-1 아동 학대에 기여하는 요인	
일반적인 범주	**특수한 요인**
문화적 그리고 공동체의 영향	학대는 신체적 처벌을 수용하는 문화에서 보편적으로 발생한다.
	학대는 경제적인 이유로 스트레스를 받는 빈곤 가정에서 보편적으로 발생한다. 학대는 사회적 지원이 부족하여 부모가 사회적으로 고립되어 있을 때 보편적으로 발생한다.
부모의 기여	아동을 학대하는 부모는 어린 시절 학대를 당한 경험이 있다. 아동을 학대하는 부모는 양육 기술이 좋지 않다.
아동의 기여	어린 아동은 자신의 행동을 통제할 수 없기 때문에 더 학대받는 경향이 있다. 대부분 아플 때 더 혐오스러운 행동을 하기 때문에 아픈 아동이 더 학대받는 경향이 있다. 양부모들은 입양 자녀들에게 관심이 적기 때문에 입양 자녀들을 더 학대하는 경향이 있다.

스의 경우 학대의 요인이 얼마나 있는지 살펴보자. 그의 양아버지는 지역에 있는 공장에서 일을 할 수 있을 것이라 생각하였기 때문에 이사를 왔다. 그러나 아버지는 고용되지 못하였고 그렇기에 가족들에게는 경제적인 여유가 별로 없었다. 막스는 천식을 앓고 있었기 때문에 정기적으로 의료비를 지출하여야 했고 발작이 일어나면 응급실에도 가야 했다. 이러한 요소들의 조합이 막스를 학대의 위험에 빠뜨린 것이다. 얼마나 많은 위험 요인이 있는가? 답은 413쪽에 있다.

학대 예방

LO14 어떻게 해야 학대를 예방할 수 있는가?

여러 가지 요인이 출현할 때 학대가 발생되는 경향이 있기 때문에 학대를 근절시키기 위해서는 대규모의 노력이 필요하다. 처벌에 대한 수용 수준과 빈곤에 대한 미국인의 태도는 변화해야 한다. 미국 아동은 신체적 처벌이 수용되고 가난에 찌든 가족이 만성적인 스트레스에 시달리는 한 지속적으로 학대받게 될 것이다. 부모 역시 상담과 양육 기술에 대한 훈련을 받아야 한다. 학대는 부모가 효과적인 양육과 훈육을 무시하는 동안 지속될 것이다.

하룻밤 새에 이러한 변화가 발생하기는 어렵지만, 손쉽게 다룰 수 있는 몇 가지 요소들을 통해 학대의 위험을 줄일 수 있다. 사회적 지원도 도움이 될 수 있다. 자신에게 조언과 확신을 줄 수 있는 누군가가 있다는 것을 알 때, 부모들은 학대를 유발할 수 있는 양육 스트레스에 잘 대처할 수 있다. 그리고 가족은 학대가 유발될 수도 있는 상황에 효과적으로 대처하는 방법에 대해 배울 수도 있다(Wicks-Nelson & Israel, 2006). 역할극 놀이를 통해 부모는 권위 있는 양육의 좋은 점과 피드백과 모델링의 효과적인 방법에 대해 배울 수 있다(14.1절 참조).

학대가 발생하였을 때 사회적 지원을 제공하고 효과적인 양육도 지도해 왔지만 학대는 예방하는 것이 더 바람직하며 비용도 절감이 된다. 예방을 위해 친숙한 한 가지 방법이 있다. 유아기의 예방 프로그램이 그것이다. 학대와 혹사는 가족이 2년 이상의 예방 프로그램에 참여할 때 절반으로 감소될 수 있다(Reynolds & Robertson, 2003). 부모가 이 프로그램에 참여할 때 부모는 아동 교육에 헌신하게 된다. 예방 프로그램 참여는 스트레스의 원인을 감소시켜 주고 자녀 양육 기술에 대한 부모의 믿음을 신장시킴으로써 학대의 위험을 줄이며 아동이 학교에서 성공할 가능성을 높여 준다.

또 다른 접근 방식은 아동 학대의 위험에 처한 가족의 양육 기술에 중점을 둔다. 한 프로그램(Bugental & Schwartz, 2009)은 유아(출생 시 발생한 의학적인 문제로 인해 학대가 발생할 가능성이 있는)의 엄마가 아기를 돌보는 동안 발생하게 되는 문제의 원인을 인지할 수 있도록 훈련시키는 프로그램이다. 이 엄마들은 문제를 다루는 방법을 고안하고 그 방법의 효율성을 모니터링하는 방법을 학습하였다. 엄마가 이 프로그램에 참여하였을 때 이들은 거친 처벌(아동 학대의 위험 요소로 알려진)을 잘 사용하지 않았고 이들의 아기는 집에서 상해로 고생하는 경우(방치에 대한 일반적인 평가)가 적었다.

학대의 위험에 처한 나이 든 아동을 둔 부모를 대상으로 하는 효과적인 프로그램도 있다. 그중 하나인 부모-자녀 상호작용 치료(Parent-Child Interaction Therapy)는 (1) 부모가 자녀와 온정적이고 긍정적인 관계를 만들도록 돕고 (2) 아동에 대한 타당한 기대를 발달시키며 좀 더 효과적인 훈육 방식을 취하도록 도와주었다. 위험에 처한 아동의 부모가 이 프로그램에 참여하였을 때, 이들은 스트레스가 적어졌으며 아동을 대하는 행동이 더 긍정적으로 변하였고, 학대로 의심되는 행동을 적게 하였다고 보고하였다(Thomas & Zimmer-Gimbeck, 2011, 2012).

우리는 자녀를 학대하는 부모들이 비난보다는 동정을 받아야 한다는 것을 기억해야 한다. 많은 경우 부모와 아동은 서로에게 접착되어 있기 때문에 학대는 악의에 의한 것이 아니고 무지와 무거운 짐에 의한 결과인 것이다.

412쪽의 여러 위험 요소에 대한 답 : 네 가지 요소가 막스를 위험에 처하게 한다. 사회적 고립(이제 막 이사를 하였다는 점), 빈곤(비고용, 저축액 없음), 그가 양아들이라는 것, 그가 만성적인 질환을 가지고 있다는 것.

 학습 확인

점검 아동 학대를 유발하는 요인에 대해 기술하시오.

아동 학대를 어떻게 하면 방지할 수 있는가?

이해 불행하게도 아동이 때때로 자신에 대한 학대에 기여하고 있다는 것을 아동 학대 연구가 어떻게 보여 주고 있는가?

적용 만일 당신이 지역신문 편집장이 받은 자녀를 학대하는 부모는 정신적으로 문제가 있다고 주장하는 편지를 읽는다고 상상해 보자. 만일 답장을 쓴다면 무엇을 이야기해야 하는가?

> 주제 통합하기 | **적극적인 아동**

이 장은 **아동이 자신의 발달에 영향을 미친다**는 주제를 강조하고 있다. 대개는 부모가 아동 발달에 어떻게 영향을 미치는가를 생각하기 때문에 이러한 주제를 강조하는 것이 매우 특이해 보일지도 모른다. 그러나 본 장은 여러 차례에 걸쳐 아동에 의해 양육이 결정된다는 것을 보여 주었다. 아동이 성장하는 동안 부모는 행동을 바꾼다. 부모 또한 아동이 이전의 훈육에 어떻게 반응하느냐에 따라 자신의 행동을 조절한다. 아동 학대에서 논의한 것처럼, 어린아이와 약한 아동은 자신도 모르게 자신의 행동 때문에 학대의 위험에 처하기도 한다. 아동이 지속적으로 흐느끼고 우는 것은 모든 부모가 겪는 일이지만 소수의 부모만이 아동에게 해를 가한다.

물론 부모는 여러 가지 중요한 방식으로 아동 발달에 영향을 미친다. 모든 아동에게 적용되는 다용도의 효과적인 양육 공식은 없다. 부모는 아동의 특별한 요구, 강점, 약점을 고려하여 각 아동을 위한 양육 행동을 재단해야 한다

직접 해 보기

많은 학생들은 부모가 14.1절에 묘사된 각기 다른 스타일을 실제 사용한다는 것을 믿기 어려워한다. 부모의 온정과 통제가 어떻게 다른지 관찰하기 위하여 부모와 아동이 상호작용하는 장소를 방문해 보라. 쇼핑몰과 패스트푸드점은 좋은 두 가지 예이다. 부모와 아동을 관찰하고 난 후 그들의 온정(아동의 요구에 대한 민감 대 무관심)과 통제(비교적 통제 대 통제 부재)의 정도를 판단하라. 관찰하면서 부모가 피드백을 사용하고 효과적으로 모델링하고 있는지를 판단하라. 아마도 부모의 양육 행동은 놀라울 만큼 다양하다(어떤 경우는 효과적이고 어떤 경우는 아닌)는 것을 관찰하게 될 것이다. 직접 해 보기 바란다!

요약

 14.1 양육

하나의 체계로서의 가족

체계적 접근에 따르면, 가족은 상호작용적 요소(부모와 아동은 서로에게 영향을 미친다)들로 구성된 진화적 적응을 한다. 가족은 미시 체계(아동의 즉각적인 환경 내에 있는 사람과 물체)에서부터 거시 체계(다른 모든 체계에 있는 문화와 하위문화)에 이르는 상호 연관된 체계의 맥락 속에 있다.

양육 스타일

양육의 차원 중 하나는 부모의 온정의 정도이다. 아동은 온정적이고 돌봄적인 부모에게서 분명히 도움을 받는다. 다른 차원은 통제이다. 효과적인 부모의 통제는 적절한 기준을 세우고 지속적으로 실행하는 것을 포함한다. 온정과 통제의 배합은 4개의 양육 스타일을 산출한다. (1) 통제하지만 참여적이지 않은 권위적인 부모 (2) 통제를 하지만 아동에게 반응적인 권위가 있는 부모 (3) 사랑은 하지만 통제는 하지 않고 응석을 다 받아 주는 허용적인 부모 (4) 온정도 통제도 하지 않는 무관심한 비참여적인 부모. 권위가 있는 부모가 대부분의 아동에게 가장 좋은 부모이다.

아동 양육은 문화와 가족의 영향을 받는다. 미국 부모와 비교하여, 중국 부모는 더 통제적이고 덜 애정적이다. 빈곤한 부모는 권위적인 양육을 더 하는 경향이 있다.

양육 행동

부모는 직접적인 지도와 코칭으로 아동 발달에 영향을 미친다. 게다가 아동은 부모의 행동을 직접적으로 모방하기도 하고 자신이 본 것과 반대되는 방식으로 모방하기도 하기 때문에 부모는 아동에게 모델이 된다.

또한 부모는 아동 행동에 영향을 미치기 위해 피드백을 사용하기도 한다. 종종 부모는 원하지 않는 행동을 강화하게 되는 부정적 강화 올가미에 빠지기도 한다. 처벌은 즉각적이고, 지속적이며, 설명이 동반되고, 온정적인 관계에 있는 사람에 의해 실행될 때 효과적이다. 타임아웃은 유용한 처벌 중 하나이다.

부부 체계의 영향

만성적인 갈등은 아동에게 해가 되지만, 부모가 건설적으로 갈등을 해결할 때 아동에게 실질적인 도움이 된다. 자녀 양육의 목표와 방법에서 갈등을 겪기 때문에 모든 부모가 다 잘해 나가는 것은 아니다.

아동의 기여

양육은 아동의 연령과 기질과 같은 아동의 특성에 의해 영향을 받는다.

 14.2 변화하는 가족

아동에게 미치는 이혼의 영향

이혼은 학업 성적에서부터 적응에 이르기까지 여러 가지 방식으로 아동에게 해를 준다. 이혼은 아동 감독 소홀, 경제적 난관, 부모 갈등을 산출한다.

혼합 가족

혼합 가족은 아동과 청소년에게 성공적이고 은혜로울 수 있지만, 대부분의 혼합가족에게서 발생하는 복잡한 관계, 충성심에 대한 갈등, 질투 때문에 노력이 요구된다. 엄마가 재혼할 경우 새아버지가 친밀했던 모녀 관계를 잠식시키기 때문에 딸은 종종 적응에 어려움을 겪는다. 가장 좋은 전략은 생물학적 아동에게 특권을 주지 말고 모든 가족에게 온정과 돌봄을 보여 주며 조화로운 부부 관계를 유지하는 것이다.

조부모의 역할

조부모는 손자녀에게 매우 다양한 역할을 수행한다. 영향력 있고 지지적인 역할은 조부모가 손자녀 양육에 적극적인 역할을 하는 두 가지 방식이다. 아프리카계 미국인 가족은 조모가 딸과 함께 사는 경우가 종종 있는데 이는 아동에게 도움이 되는 방식이다. 조부모는 아동의 부모를 양육하던 방식을 통해 손자녀에게 간접적인 영향을 미치기도 한다.

게이와 레즈비언 부모의 아동

게이와 레즈비언 부모에 관한 연구는 이들이 이성 부모와 다르기보다는 비슷하다는 것은 보여 주었으며 그 자녀들이 이성 부모에게서 성장하는 아동과 비슷하게 발달한다는 것을 보여 주었다.

14.3 남자 형제와 여자 형제

첫째 아동, 둘째 이하 아동, 그리고 한 자녀 아동

첫째 아동은 더 지적이고 대학에 가는 경우도 더 많지만, 막내는 더 인기가 있고 혁신적인 경향이 있다. 외동이는 대부분의 영역에서 형제가 있는 아동과 비슷하다. 입양된 아동 중 몇몇은 나이 들어서 입양될 때 그리고 입양 전 돌봄의 질이 형편없었을 때 문제를 갖게 된다.

형제 관계의 질

형제의 탄생은 나이 든 아동에게 스트레스이다. 특히 부모가 나이 든 아동의 요구를 무시할 때 더욱 그러하다. 형제가 동성일 때, 부모가 형제에게 공평하게 대한다고 믿을 때, 청소년기로 들어갈 때, 부모와 잘 지낼 때 형제는 더 잘 지낸다.

 ### 학대 : 뒤틀린 부모-자녀 관계

학대의 결과
학대받은 아동은 종종 영구적인 신체적 손상으로 고생한다. 그들의 또래 관계는 빈약하며 인지 발달과 학업 성취가 뒤처지는 경우가 종종 있다.

학대의 원인
폭력, 빈곤, 사회적 고립에 대한 문화적 관점이 아동 학대를 조장할 수 있다. 아동을 학대한 부모는 종종 불행하며, 사회적 기술이 미숙하다. 어리고 건강하지 않은 아동은 의붓자식과 마찬가지로 학대의 목표가 되는 경향이 많다.

학대 예방
종종 예방 프로그램은 스트레스에 대처할 수 있는 자원 제공과 함께 가족에게 문제에 대처할 수 있는 새로운 방식을 제공해 주는 데에 중점을 둔다.

자기평가

1. _____는 개인이 직접 경험하는 것은 아니지만 여전히 발달에 영향을 미치는 사회적 환경을 말한다.
   a. 미시 체계
   b. 중간 체계
   c. 외체계

2. _____양육은 부모의 온정과 통제가 잘 조화롭게 결합된 것이다.
   a. 권위적인
   b. 비참여적인
   c. 권위가 있는

3. 권위적인 부모의 아동은 _____.
   a. 종종 불행하다
   b. 자아존중감의 수준이 높다
   c. 학교에서 비행을 하는 경우가 드물다

4. _____은/는 부모가 감소시켰으면 하는 행동을 오히려 강화하는 것이다.
   a. 허용적 양육
   b. 타임아웃
   c. 부정적 강화 올가미

5. 부부체계가 아동에게 미치는 영향에 관한 설명 중 맞는 것은?
   a. 아동은 부모 간 갈등을 경험할 때마다 고통을 받는다.
   b. 대부분의 부모는 일에 관한 스트레스가 아동에게 영향을 미치지 못하게 한다.
   c. 양육은 부모가 아동에 대한 목표를 공유하기 위해 함께 일할 때 더 효과적이 된다.

6. 아동이 나이가 들어가면서, 부모는 _____.
   a. 애정을 표현할 때 말이 더 없어진다
   b. 개인적 영역에서 더 통제적이다
   c. 아동의 기질이나 행동의 영향을 더 이상 받지 않는다

7. 부모가 이혼할 때, _____.
   a. 아동의 또래 관계는 힘들어지지만 학업 성취는 영향을 받지 않는다
   b. 만일 부모가 잘 지내기만 하면 아동은 협응적 양육권의 도움을 받는다
   c. 아동이 사건을 긍정적으로 해석할 때 특히 더 영향을 받는다

8. 혼합 가족에서 새아버지는 _____.
   a. 새로운 자녀에게 관심을 가져야 하지만 기존의 관계를 해치면 안 된다
   b. 대개 의붓딸이 의붓아들보다 더 잘 적응한다는 것을 발견하게 된다
   c. 자녀 양육에 참여하는 것을 전통적으로 열렬히 원한다

9. 조부모는 _____ 때 손자녀에게 더 참여적인 경향이 있다.
   a. 손자녀가 적을
   b. 손자녀와 멀리 살
   c. 조부모의 참여에 자녀(손자녀의 부모)가 관심이 없을

10. 부모가 게이이거나 레즈비언인 아동은 _____.
    a. 대개 게이나 레즈비언으로 성장한다
    b. 이성부모에게서 성장한 아동만큼 지적이지만 사회적 기술이 부족하고 자아개념이 낮다
    c. 때때로 엄마가 레즈비언이라는 이유로 부당하게 대우받는다

11. 양육에 대한 설명으로 맞는 것은?
    a. 공개 입양을 경험한 아동은 비밀 입양을 경험한 아동만큼 잘 적응한다.

b. 입양 후의 삶의 질이 입양 아동의 발달에 영향을 미치지
만 입양 전의 삶의 질은 영향을 미치지 않는다

c. 대부분의 입양 아동은 발달적 문제를 경험한다

12. 형제는 _____ 때 잘 지낸다.

   a. 둘 다 정서적일

   b. 이성일

   c. 둘 다 청소년일

13. _____은/는 아동 학대의 일반적인 형태이다.

   a. 신체적 학대

   b. 성적 학대

   c. 방임

14. 아동을 학대하는 부모는 _____.

   a. 종종 사회적으로 고립되어 있다

   b. 학대받은 경우는 드물다

   c. 종종 지지적이고 만족스러운 부부 관계를 가지고 있다

15. _____ 때 아동은 학대의 대상이 되는 경향이 있다.

   a. 아프기보다는 건강할

   b. 의붓자녀보다 생물학적인 자녀일

   c. 학령기 아동보다 유아와 학령 전기 아동일

핵심 용어

강화 392

거시 체계 388

공개 입양 406

관찰 학습 392

권위가 있는 양육 390

권위적인 양육 390

권위지향적 조부모 402

미시 체계 388

반모방 392

부정적 강화 올가미 392

분리된 조부모 402

비참여적 양육 390

수동적 조부모 402

시간 체계 388

영향력 있는 조부모 401

외체계 388

자아탄력성 410

중간 체계 388

지지적인 조부모 401

직접적인 지도 391

처벌 392

타임아웃 393

허용적 양육 390

협응적 양육권 398

혼합 가족 400

가족 이외의 영향

 이 장의 절

교에 들어간 첫날 유치원 교실 밖에 서 있어 보면 새로운 환경에 직면한다는 두려움 때문에 울고 있는 아동을 볼 수 있을 것이다. 놀라운 것은 많은 부모들도 눈물을 참고 있다는 것이다. 이유가 뭘까? 부모들은 아동이 학교에 들어갈 때 독립을 향해 중요한 한 걸음을 떼고 있는 중이라는 것을 알고 있다. 이제 다른 영향력이 아동의 삶에 영향을 미치고 때로는 부모의 영향력에 도전하기도 할 것이다. 이러한 영향력에는 또래, 대중매체, 학교 등이 있다. 15.1절에서 또래의 영향력을 살펴보고, 15.2절에서는 TV나 컴퓨터와 같은 전자매체가 아동 발달에 어떤 영향을 미치는지에 관해 살펴볼 것이다. 15.3절에서는 아동 발달에 영향을 미치는 문화적 기관, 예를 들면 어린이집, 직장, 이웃, 학교 등에 대해 살펴볼 것이다.

15.1 또래

학습 목표

LO1 어린 아동들은 언제부터 상호작용을 시작하는가? 그리고 그 상호작용은 유아기, 아동기, 청소년기를 거치는 동안 어떻게 변화하는가?

LO2 왜 아동은 친구를 사귀는가? 우정으로 인한 이득은 무엇인가?

LO3 청소년기의 낭만적인 관계는 언제 나타나는가?

LO4 아동기와 청소년기에 가장 중요한 집단의 특성은 무엇인가? 집단이 어떻게 개인에게 영향을 미치는가?

LO5 왜 어떤 아동이 다른 아동보다 더 인기가 있는가? 거부되는 것의 원인은 무엇이고 결과는 무엇인가?

개요

또래 상호작용의 발달

우정

낭만적 관계

집단

인기와 거부

17세의 그레첸은 6개월 동안 18세인 제프와 데이트를 하였다. 그들은 매번 피임하지 않고 여러 차례 성관계를 가져왔다. 그레첸은 제프에게 콘돔을 사 오라고 이야기했었지만 제프는 누군가 약국에 있는 자신을 본다면 매우 당황스러울 것이라며 이것을 원하지 않았다. 그레첸은 제프에게 이야기한 적은 없지만 임신을 하는 것도 좋겠다고 생각했었다. 이후 이들은 아파트로 옮겨 가족을 이루었다.

프로이트, 에릭슨, 피아제, 비고츠키 등과 같은 주요 발달 이론가들의 대부분은 또래가 아동 발달에 강력한 영향을 미친다고 믿었다. 학급 친구나 소집단, 낭만적인 관계이든 간에 아동과 청소년에게 또래와의 상호작용은 중요한 발달적 사건이다.

이 절에서는 또래 상호작용에 대해 살펴볼 것이다. 그리고 그레첸과 제프처럼 왜 보호받지 못하는 성관계를 맺는지 이해하기 위해 우정과 낭만적인 관계에 대해 살펴볼 것이다. 마지막으로 집단 내 사회적 관계를 포함하여 구성원으로서의 자격에 대해 살펴볼 것이다.

또래 상호작용의 발달

LO1 어린 아동들은 언제부터 상호작용을 시작하는가? 그리고 그 상호작용은 유아기, 아동기, 청소년기를 거치는 동안 어떻게 변화하는가?

또래와의 상호작용은 놀랍게도 유아기 초기부터 시작된다. 6개월 된 2명의 아기는 서로 바라보고, 미소 짓고, 서로에게 손가락질도 한다. 그 후 몇 개월 되지 않아 유아는 다른 유아와 함께 있을 때 소리 내어 웃기도 하고 떠들기도 한다(Rubin, Bukowski, & Parker, 2006).

첫돌부터 시작하여 학령 전기 동안 또래 관계는 더욱 복잡해진다. 파튼(Parten, 1932)은 아동이 처음에는 혼자 놀거나 다른 아동의 놀이를 구경하는 행동을 한 후 정련된 역할에 의한 정교한 형태의 놀이를 한다고 제안하였다. 오늘날 연구자들은 아동이 일련의 순서대로 놀이의 단계가 발달한

병행 놀이 동안 아동은 혼자 놀지만 가까이 있는 아동에게 관심을 보이기도 한다.

다고 이야기한 파튼의 견해를 더 이상 공유하지는 않지만 그녀가 구분하였던 각 단계의 놀이를 유용하게 사용하고 있다.

첫돌이 지난 후 나타나는 첫 번째 사회적 놀이는 다른 아동의 놀이에 관심은 있지만 혼자서 노는 형태인 병행 놀이(parallel play)이다. 사진 속 유아들처럼, 유아들은 가자의 장난감을 기지고 있으면서 다른 유아의 놀이도 구경한다. 병행 놀이 동안 유아들 간에 상호 교환이 발생한다. 한 명이 말을 하거나 미소 지을 때 다른 한 명은 이에 반응을 한다(Howes, Unger, & Seidner, 1990).

대략 15~18개월경의 걸음마기 아동은 놀이 동안에 더 이상 다른 아동을 처다보지 않는다. **연합 놀이(associative play) 동안 어린 아동은 비슷한 활동에 참여하며, 장난감을 주고받기도 하고, 미소를 짓거나 말을 하기도 한다.** 놀이는 이제 진정한 상호작용 형태로 이루어진다(Howes & Matheson, 1992). 단순한 사회적 놀이의 예로는 20개월 된 두 아이가 바닥에서 장난감 차를 가지고 밀면서 '차 소리'를 내며 주기적으로 차를 바꿔 가며 노는 경우이다.

두 돌이 될 즈음 협동 놀이(cooperative play)가 시작된다. 이제 아동들은 명확한 주제를 가지고 자신의 놀이를 구성하고 주제에 맞는 특수한 역할을 수행할 수 있다. 예를 들면 아동은 숨바꼭질 놀이를 하면서 숨는 사람과 찾는 사람의 역할을 할 수 있다. 또는 소꿉놀이를 하면서 손님과 주인의 역할을 수행할 수 있다. 아동이 3세 반에서 4세 정도가 되면 병행 놀이는 확실히 줄어들고 대개 협동 놀이를 한다. 협동 놀이는 거의 동성 아동과 하며, 놀이의 3분의 2 정도를 동성으로 선택하는 6세가 될 때까지 선호하는 놀이이다(LaFreniere, Strayer, & Gauthier, 1984).

학령 전기 아동이 가상 놀이를 할 때 놀이를 지원해 줄 수 있는 도구가 필요하다. 나이가 어린 학령 전기 아동에게는 구체적인 도구가 필요하지만 나이 든 학령 전기 아동은 추상적인 것도 가능하다.

가상 놀이 학령 전기 동안 협동 놀이는 가상 놀이 형태로도 발생한다. 학령 전기 아동은 상상 속의 인물과 전화로 대화할 수 있고 실제로는 없는 주스를 마시는 척할 수도 있다. 가상 놀이의 초기에는 이러한 놀이를 지원해 줄 수 있는 실제적인 도구가 필요하다. 가상 놀이의 후기에는 더 이상 실제적인 도구가 필요하지 않다. 이와 같이 추상적인 가상 놀이로 변화하는 것은 학령 전기 동안 일어나는 인지적 성장 때문에 가능하다(Striano, Tomasello, & Rochat, 2001).

가상 놀이가 학령 전기 놀이의 눈에 띄는 특성이기는 하지만, 사실 가상 놀이는 더 이른 나이에 출현한다. 16개월이나 18개월경 걸음마기 아동은 가상 놀이와 실제를 구분할 수 있는 능력을 가지고 있다. 이 시기의 아동은 성인이 컵에 물을 따르고 마시는 시늉을 하는 것을 본다면 아동도 다른 컵에 물을 따르는 척할 것이다(Bosco, Friedman, & Leslie, 2006).

물론 부모가 처음 가상 놀이를 보여 줄 때 걸음마기 아동은 그 활동으로 인해 어리둥절해진다. 아마도 이들은 왜 엄마가 빈 컵을 마시고 빈 그릇에서 시리얼을 먹는 척하는지 어리둥절할 것이다. 그러나 엄마는 걸음마기 아동이 이러한 행동을 이해할 수 있도록 돕는다. 엄마가 가상 놀이를 할 때 엄마는 아동에게 "이건 재미있는 일이야! 실제는 아니지!"라고 말하는 것처럼 바라본다. 이에 걸음마기 아동은 "알았어요! 우리는 놀이를 하고 있는 거예요!"라고 말하듯이 엄마에게 미소로 답한다(Nishida & Lillard, 2007). 아동이 나이가 들면서 놀이 상대자에게 말하곤 한다("역할 놀이 하자!"). 그리고 나서 바꿀 수 있는 현실의 특성에 대해 이야기한다["나는 조종사 할 거야. (소파를 가리키며) 이건 비행기야."]. 이것은 자신들이 세운 규칙에 의한 세계로 들어가자고 상호 동의하는 것과 같은 것이다(Rakoczy, 2008; Skolnick Weisberg & Bloom, 2009).

문화적인 영향이 가상 놀이 발달에 영향을 미친다. 어떤 문화(인도, 페루 등)에서는 부모가 아동과 함께하는 가상 놀이에 정기적으로 참여하지 않는다. 부모의 도움이 없기 때문에 아동은 나이가 들 때까지 가상 놀이를 시작하지 않는다(Callaghan et al., 2011). 물론 가상 놀이의 내용은 아동의 문화에서 중요한 가치를 가진다(Gosso, Morais, & Otta, 2007). 예를 들어, 유럽계 미국 아동에게는 모험과 환상이 선호되는 주제이지만, 한국계 미국 아동은 가족의 역할과 일상생활을 선호하였다. 문화적인 가치는 가상 놀이의 출현과 내용에 영향을 미친다(Farver & Shin, 1997).

가상 놀이는 아동에게 즐거움을 주지만 인지적인 발달에도 영향을 미친다. 가상 놀이를 많이 하는 아동은 언어, 기억, 추론에서 더 진전을 보이는 경향이 있다(Bergen & Mauer, 2000; Lillard et al., 2013). 이들은 타인의 생각이나 신념, 감정을 더욱 정교하게 이해하는 경향이 있다(Lindsey & Colwell, 2003).

가상 놀이의 다른 장점은 아동이 무서워하는 주제에 대한 탐색을 허용한다는 것이다. 어둠을 두려워하는 아동은 어둠을 두려워하는 인형을 안심시킬 수도 있다. 왜 두려워해서는 안 되는지를 설명하면서 어둠에 대한 자신의 두려움을 조절하고 이해하게 된다. 아동은 인형이 잘못 행동하고 있고 그래서 벌 받아야 한다는 가상을 하면서 부모의 분노와 인형의 죄를 경험하게 된다. 가상 놀이는 아동에게 기쁨이나 애정과 같은 정서를 경험하게 해 준다(Gottman, 1986; Lillard et al., 2013).

많은 학령 전기 아동의 가상 놀이에는 상상의 친구가 있다. 예전에는 상상의 친구가 드물 것이라 생각했었지만 많은 학령 전기 아동, 특히 외동이, 첫째 아이에게서 상상의 친구가 보고되었다(Taylor et al., 2004). 아동들은 상상의 친구가 무엇을 보고 어떤 소리를 내는지 기술할 수 있다(Tahiroglu, Mannering, & Taylor, 2011). 상상의 친구를 가지는 것은 긍정적인 사회적 특성과 관련되어 있다(Davis, Meins, & Fernyhough, 2011; Gleason & Hohmann, 2006; Roby & Kidd, 2008). 상상의 친구가 부족한 아동과 비교해 볼 때, 상상의 친구를 둔 학령 전기 아동은 더 사회적이고, 실제 친구들이 더 많으며, 다른 학령 전기 아동보다 자기 인식(self-knowledge)을 더 많이 한다. 문제 행동의 위험에 빠져 있는 나이 든 아동 중에는 상상의 친구가 청소년기 동안 더 나은 적응을 돕기도 한다(Taylor, Hulette, & Dishion, 2010).

또한 많은 아동은 동물, 특히 가족 애완동물과 놀이를 한다. 미국과 유럽의 대부분의 가족은 동물과 살고 있다. 아동은 종종 이들을 가족 구성원으로 생각하기도 한다. 외동이와 어린 동생이 없는 아동은 특히 애완동물과 놀이를 많이 한다. 아동과 동물과의 보편적인 놀이 중 하나는 아동이 애완동물처럼 동물로 가상 놀이를 하기도 하고, 애완동물이 사람인 양 이야기를 나누는 척하기도 한다(Melson, 2003, 2010).

단독 놀이 학령 전기 동안 많은 아동들은 혼자 노는 것을 좋아한다. 부모가 걱정해야만 하는 일일까? 대개는 아니다. 단독 놀이는 많은 형태로 나타나는데 대개는 평범한 일이고 심지어는 건강하기까지 하다. 자유 놀이 동안 혼자 색칠하고, 퍼즐을 맞추고, 레고를 하면서 시간을 보내는 일은 부적응의 신호가 아니다. 많은 어린 아동은 혼자 활동하는 것을 즐기지만 어떤 때에는 매우 사회적인 특성을 갖는 놀이를 선택하기도 한다(Coplan & Ooi, 2014).

그러나 단독 놀이의 많은 형태는 아동이 타인과 상호작용하는 것이 수월하지 않다는 신호이기도 하다(Coplan et al., 2001; Harrist et al., 1997). 건강하지 않은 단독 놀이의 한 형태는 목적 없이 걸어가는 것이다. 때때로 아동은 무엇을 할 것인지 결정하기 위한 것처럼 다른 활동이 있는 장소로 걸어간다. 그러나 그것은 그냥 걸어가는 것이고 다른 아동 옆이나 구성적 단독 놀이에 들어가는 것은 아니다. 또 다른 건강하지 못한 단독 놀이는 배회하는 것이다. 한 아동이 놀고 있는 또래 근처에서 놀이에 참여하지 않고 그냥 구경하고 서 있다. 이러한 행동들은 이들이 또래를 피하거나 거부하는 것이기 때문에(Coplan & Armer, 2007) 어린 아동에게 좋은 징조가 아니다. 이들에게는 사회적 상황에서 침묵을 극복할 수 있도록 도울 수 있는 전문가의 조언이 필요하다.

부모의 영향 부모는 여러 가지 방법으로 학령 전기 아동의 놀이에 참여한다(Parke & O'Neill, 2000).

- **놀이 친구** 많은 부모들은 놀이 친구라는 역할을 즐기고 있다. 많은 부모들이 오스카상을 받아야 할 정도이다. 이들은 아동의 놀이를 스카폴딩의 기회로 삼고 있으며(6.2절 참조) 때로는 좀

더 정교한 수준으로 끌어올린다(Tamis-LeMonda & Bornstein, 1996). 부모가 상호 호혜적이고 협동적인 놀이를 보여 줄 때 아동의 또래와의 놀이는 더욱 성공적이다(Lindsey, Cremeens, & Calders, 2010).

- **사회적 지도자** 부모와 상호작용하는 동안 아동은 사회적 상호작용을 위한 기회를 창조하는 부모에게 의지하게 된다. 많은 부모들은 아동을 또래와의 활동에 참여시키고 어린 아동에게 매력적인 환경에 데리고 가기도 한다. 이러한 모든 노력은 가치가 있다. 또래와 상호작용의 기회를 자주 제공하는 부모의 아동은 또래와 더 잘 지내는 경향이 있다(Ladd & Pettit, 2002).
- **코치** 성공적인 상호작용을 위해서는 처음에 어떻게 상호작용해야 하는지, 의사 결정에 어떻게 참여해야 하는지, 갈등을 어떻게 해결해야 하는지 등에 관한 기술이 필요하다. 부모가 이러한 기술 습득을 도울 때 아동은 더욱더 사회적으로 능력 있고 또래로부터 수용되는 경향이 있다(Grusec, 2011; Mounts, 2011). 코치는 아동에게 도움이 되도록 구성되어야 한다. 부모 코칭이 때로는 잘못 진행되기도 한다. 좋지 못한 코칭은 아동의 또래 관계에 해가 되기 때문에 가장 나쁜 것이다(Russell & Finnie, 1990).
- **중재자** 어린 아동은 놀이를 하면서 논쟁하기도 하고 심지어는 싸우기도 한다. 사진처럼 부모가 갈등 해결을 도와줄 때 아동의 놀이는 협응적이고 오래 지속될 수 있다(Mize, Pittit, & Brown, 1995). 어린 아동들이 어떤 놀이를 하는가에 동의할 수 없을 때 부모는 상호 수용적인 활동으로 협상할 수도 있다. 두 아동이 같은 장난감을 가지고 놀고 싶어 하면 부모는 장난감을 가지고 노는 시간을 할당해 줄 수 있다. 부모는 학령 전기 아동에게 부족한 몇 가지 사회적 기술을 제시함으로써 상호작용을 부드럽게 할 수 있도록 아동의 놀이를 스카폴딩하기도 한다.

부모가 아동의 놀이를 촉진시키는 한 가지 방법은 중재자 역할을 하는 것이다. 부모는 갈등 해결에 도움을 줄 수 있다.

부모는 직접적인 영향뿐 아니라, 부모-자녀 간 애착을 통해 아동의 놀이에 간접적인 영향도 미친다. 아동이 어머니와의 안정적인 애착을 형성할 때 또래 관계를 더욱 성공적으로 맺는다는 10.3절의 내용을 기억하도록 하자(Bascoe et al., 2009; Brown & Bakken, 2011). 부모와의 관계는 미래의 사회적 관계를 위한 내재적 기능을 수행함으로써 타인과의 관계 형성에 기여한다. 부모-자녀 관계가 질적으로 높을 때 아동은 다른 사람과의 관계를 더 잘 맺을 수 있다. 또한 엄마와의 안정적인 애착 관계는 환경을 탐색하고 또래와 상호작용할 수 있는 더 많은 기회를 제공한다. 이 두 가지 모두 아동이 수월하게 또래와 상호작용하는 데에 기여한다(Hartup, 1992).

학령 전기 이후의 또래 관계 초등학교 동안 또래 관계는 극적으로 변화한다(Rubin et al., 2006). 또래의 수도 급격히 증가하고 예전보다 더 다양한 또래에게 노출된다. 또한 어른의 감독하에 구성된 상황에서부터 어른의 감독이 최소화된 비구조적인 상황에 이르기까지 또래와 상호작용한다.

인지 발달, 언어 발달과 마찬가지로, 또래와의 경험이 또래 관계의 변화에 영향을 미치기 때문에 아동이 학령기에 접어들면 예전보다 또래와 더 잘 지낸다. 아동은 갈등 해결을 위해 협상과 같이 더욱 정교한 방법을 사용하기도 한다(Laursen, Finkelstein, & Betts, 2001).

학령기 아동은 또래들과 무엇을 하는가? 한 연구(Zarbatany, Hartmann, & Rankin, 1990)에서 연구자들은 5학년과 6학년 캐나다 학생들에게 또래와 어떻게 시간을 보내는지를 물어보았다. 학생들은 29가지의 다양한 활동에 또래와 자주 참여한다고 응답하였다. 그 결과는 〈그림 15-1〉의 그래프에 제시된 바와 같이 그다지 놀라운 것은 아니다. 또래와 함께하는 가장 보편적인 활동은 단순하게도 그냥 같이 있거나 이야기를 하는 것이다. 이것은 고등학생에게도 많이 일어나는 일들이다. 그들은 음악을 듣거나 숙제를 하거나 학교의 활동에 참여하는 것보다 이야기하기와 친구와 빈둥거리는 데에 가장 많은 시간을 보내고 있다(Nelson & Gastic, 2009).

또한 그래프는 학령기 동안 가장 중요한 다른 특성을 보여 준다. 아동은 매주 많은 시간 동안 신체적 놀이를 한다. **거친 몸싸움 놀이**(rough-and-tumble play)**에서 아동은 또래와 장난스럽게 뛰고 달리고 차고 싸우고 레슬링을 한다.** 놀이라는 말에 주목하기 바란다. 공격적인 것은 해치려는 의도가 담겨 있는 것이지만 거친 몸싸움 놀이는 재미를 추구한다. 아동이 거친 몸싸움 놀이를 하는 동안에는 대개 미소를 짓고 크게 웃기도 한다(Pellis & Pellis, 2007). 부모나 교사가 그만두라고 하면 아동들은 우리는 그냥 놀고 있는 것이라며 아무 문제가 없다는 것을 설명한다. 거친 몸싸움 놀이는 여아보다는 남아에게 더 보편적인 것이며 여아의 거친 몸싸움 놀이는 레슬링이나 싸움보다는 달리고 쫓고 쫓기는 것을 강조하는 경향이 있다.

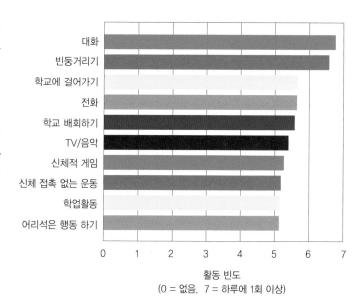

활동 빈도
(0 = 없음, 7 = 하루에 1회 이상)

그림 15-1

아동이 청소년이 될 때 또래 관계의 세 가지 특성이 전반적으로 나타난다. 우정은 친밀한 관계로 바뀌고, 처음으로 낭만적인 관계를 가지게 되고, 집단들은 더욱 중요한 것으로 받아들이게 된다.

우정

LO2 왜 아동은 친구를 사귀는가? 우정으로 인한 이득은 무엇인가?

시간이 지나면서 어린 아동조차 특정 또래와 특수한 관계를 발달시킨다. **우정**(friendship)**은 서로 좋아하는 두 사람 사이의 자발적인 관계이다.** 4, 5세경 대부분의 아동들은 '가장 친한 친구'를 가졌다고 주장한다. 만일 왜 그 친구를 가장 친한 친구라고 부르는지 물어보면 그들의 반응은 아마도 5세인 캐슬린과 비슷할 것이다.

면접자 : 왜 하이디가 가장 친한 친구이지?
캐슬린 : 나하고 노니까요. 그리고 나한테 잘해요.
면접자 : 다른 이유는 더 없니?
캐슬린 : 네, 하이디는 내가 자기 인형을 가지고 놀게 해 줘요.

학령 전기와 초등학교 저학년 아동에게 우정의 중요한 요소는 서로 좋아한다는 것과 함께 놀이를 즐긴다는 것이다.

아동이 발달하는 동안 우정은 더욱 복잡해진다. 초등학교 고학년 아동(8~11세)은 신뢰 및 지지와 같은 심리적 본질에 의해 서로 좋아하고 함께 활동한다. 이 연령이 되면, 아동은 친구에게 의존하고, 친구는 자신에게 잘해 주고, 약속을 지키며, 자신의 창피한 것을 타인에게 말하지 않을 거라는 기대를 한다.

청소년이 되면 우정은 더욱더 복잡해진다. 서로 좋아하는 것, 공통의 관심사, 신뢰 등이 존재한다. 신뢰는 청소년의 우정에 더욱 중요한 요인이다. 친밀감이 새롭게 나타나기 때문에 친구들은 이제 개인적인 생각과 감정을 공유하면서 서로에게 비밀을 털어놓는다. 10대는 이제 새로운 로맨스에 흥분하며 학교 뮤지컬에 참여하지 못해 실망하기도 한다. 친밀감은 남아에 비해 독점적인 '가장 친한 친구'를 가지길 더 원하는 여아에게 보편적으로 일어나는 일이다(Markovits, Benenson, & Dolenszky, 2001). 친밀감은 우정의 핵심이기 때문에 여자아이들은 친구와의 신뢰에 대해 더 관심이 많으며 거부되는 것을 두려워한다(Benenson & Christakos, 2003; MacEvoy & Asher, 2012; Poulin & Chan, 2010).

청소년기 동안 친구 관계에서 친밀감이 나타난다는 것은 아동이 친구를 사회·정서적 지지의 존재로 생각한다는 의미이다. 초등학교 아동은 도움을 주는 일차적인 자원으로 부모, 형제, 조부모와 같은 가까운 가족 구성원을 생각한다. 그러나 청소년이 되면 친구와 가까워지고, 개인적인 사고와 정서를 공유하기 때문에 친구가 지지해 주는 존재가 된다(del Valle, Bravo, & Lopez, 2010; Levitt, Guacci-Franco, & Levitt, 1993).

Q&A

질문 15.1

고등학교 때 하이디가 여전히 캐슬린과 가장 친한 친구라면, 캐슬린의 우정에 대한 기술은 5세에 했던 것과 어떻게 다를 것인가?

충성심도 출현하는데 청소년은 친구에 대해 확신이 생기면 언제나 친구와 함께할 수 있을 것이라 기대한다. 만일 친구가 불충성하게 된다면 청소년은 자신의 개인적인 사고와 정서가 많은 다른 사람들에게 알려지게 될까 봐 그리고 그로 인해 창피해지게 될까 봐 두려워한다(Berndt & Perry, 1990).

누가 친구가 되는가? 아동기와 청소년기에 대부분의 친구들은 사진 속에 있는 이들처럼 연령, 성별, 인종이 유사한 경향이 있다(Hamm, 2000; Mehta & Strough, 2009). 친구는 관습적으로 서로를 동일한 존재로 취급하는 경향이 있기 때문에 우정은 나이가 많거나 경험이 많은 아동과 어리거나 경험이 적은 아동 사이에는 잘 생기지 않는다. 아동은 전통적으로 동성 또래와 놀기 때문에(13.3절 참조) 남아와 여아가 가까운 친구가 되는 것은 드문 일이다.

동성 간의 우정이 보편적이지만 꽤 많은 아동이 이성 간에 우정을 쌓기도 한다. 동성과 이성 간의 우정을 갖는 아동은 잘 적응하는 경향이 있지만 이성 간의 우정만 갖는 아동은 동성에게 인기가 없거나 학업적·사회적으로 능력이 없거나 자존감이 낮은 경향이 있다. 분명히 동성과 이성 간의 우정을 가지고 있는 아동은 남아와 여아 모두 친구가 되고 싶어 하는 인기 있고 사회적 기술이 좋은 아동이다. 반대로 이성 간의 우정만을 가지고 있는 아동은 동성으로부터 거부당하는 인기 없고 사회적 기술이 부족한 아동이다(Bukowski, Sippola, & Hoza, 1999).

이성 간의 우정은 10대에 보편적인 것이다(Arndorfer & Stormshak, 2008). 청소년기 중반까지, 여아의 친구 중 33%가 남아이고, 남아의 친구 중 20%만이 여아이다. 남아는 이성 친구로부터 더 많은 이득을 얻는다. 여자친구는 남자친구보다 남아에게 더 도움을 많이 주고 지지해 준다(Poulin & Pedersen, 2007; Sears, Graham, & Campbell, 2009).

친구 간에는 나이, 성, 인종과 흥미가 유사한 경향이 있다.

우정은 인종이나 민족 집단이 동일한 집단일 때가 다른 집단일 때보다 더 보편적으로 발생한다. 다른 집단의 아동 간에 생기는 우정은 학급이 적은 학교일 때(Hallinan & Teixeira, 1987), 아동의 학교와 이웃이 인종적으로 다양할 때(Quillian & Campbell, 2003)에 보편적으로 나타난다. 이런 우정이 보편적인 것이 아닐지라도 이러한 우정은 의미가 있는 일이다. 주류집단의 아동은 소수집단의 아동과 우정을 만들면서 소수집단에 대한 긍정적인 태도를 형성하게 된다(Feddes, Noack, & Rutland, 2009). 이러한 우정을 가진 아동은 관계성 공격의 대상이 되는 경우는 드물다(Kawabata & Crick, 2011).

물론 친구는 나이, 성, 인종만 비슷한 것이 아니다. 이들은 인기도 비슷하다. 인기가 많은 젊은이는 인기가 많은 또래와 친구가 되며 인기가 없는 또래와 우정을 쌓는 것을 피한다(Dijkstra, Cillessen, & Borch, 2013). 더구나 친구는 학교에 대한 태도, 여가, 약물 사용, 미래에 대한 계획 등에서도 비슷한 태도를 가진다(Hamm, 2000; Newcomb & Bagwell, 1995). 아동과 청소년은 자신과 비슷한 사람과 친구가 되며, 시간이 지나면 친구는 더욱 비슷한 태도와 가치를 소유한다(Popp et al., 2008; Van Zalk et al., 2010). 그럼에도 불구하고 친구는 배우자나 이란성 쌍생아보다는 덜 비슷하다(Rushton & Bonds, 2005).

우정의 질과 결과 우정에는 오랫동안 지속되고 만족스러운 우정뿐만 아니라 금방 싫증나서 결국 사라지는 우정도 있다. 우정의 질과 수명의 차이를 설명해 줄 수 있는 것은 무엇인가? 아동은 우정을 산출하는 기술은 가지고 있지만 우정을 유지하는 기술은 부족하기 때문에 때때로 우정이 짧게 끝나기도 한다(Blair et al., 2014; Jiao, 1999; Parker & Seal, 1996). 때로는 갈등이 발생했을 때 아동은 자신의 흥미에 더 관심을 가지고 있어서 협상하려 하지 않기 때문에 우정이 끝나기도 한다(Glick & Rose, 2011; Rose & Asher, 1999). 자신의 욕구와 흥미가 처음 생각했던 것과 비슷하지 않다는 것을 발견했을 때도 우정은 사라진다(Ellis & Zarbatany, 2007; Poulin & Boivin, 2000).

많은 이유로 우정이 붕괴된다는 점에서 진정한 좋은 친구는 보물과도 같은 존재라는 것을 알게 된다. 연구자들은 좋은 친구가 아동에게 도움이 된다는 것을 지속적으로 발견하고 있다. 친구가 부족한 아동에 비해 좋은 친구를 둔 아동은 자존감이 높고, 외로움이나 우울도 덜하고, 타인과 협응하고 공유하는 등 더 친사회적으로 행동한다(Burk & Laursen, 2005; Hartup & Stevens, 1999). 좋은 친구를 둔 아동은 생활 스트레스에 잘 대처하고(Adams, Santo, & Bukowski, 2011; McDonald et al., 2010) 또래에 의해 희생당하는 경우도 드물다(Schwartz et al., 2000). 우정으로 인한 이득은 오랫동안 지속된다. 친구를 둔 아동은 성인이 되었을 때 자아 가치가 높다(Bagwell, Newcomb, & Bukowski, 1998). 그래서 청소년기의 많은 친구는 중요한 자원인 것이다. 아동은 친구로부터 배우기도 하고 도움을 주기도 한다.

그러나 아동과 청소년은 친구의 지지로부터 도움을 받지만, 그만큼 대가를 지불해야 한다. **종종 친구들은 개인적인 문제 토의를 위해 시간을 너무 많이 소비한다**(co-rumination). 여아는 남아보다 더 심하다. 이렇게 서로의 개인적인 문제를 해결하기 위해 시간을 많이 사용하는 것은 여아의 우정을 강화시켜 주는 것이지만, 우울과 불안을 더 크게 만드는 위험에 처하게도 한다. 즉 아반티와 미스라가 부모와 숙제에 대한 이야기로 많은 시간을 낭비할 때 그들은 친밀해지지만 더 고통스러워진다(Brendgen et al., 2010; Schwartz-Mette & Rose, 2012).

우정이 해로운 경우가 또 있다. 예를 들어, 공격적인 아동이 친구일 때 이들은 서로의 공격적인 행동을 독려한다(Dishion, Poulin, & Burraston, 2001; Piehler & Dishion, 2007). 비슷하게 10대가 위험한 행동(음주, 흡연, 성관계 등)을 할 때 이들은 서로의 위험한 행동을 강화한다(Bot et al., 2005; Henry et al., 2007). "집중 연구"에서 이러한 친구의 영향을 보여 주는 연구를 살펴본다.

집중 연구

가장 친한 친구가 성행위에 미치는 영향

- **연구자 및 연구 목표** 자카드와 동료들(Jaccard, Blanton, & Dodge, 2005)은 친한 친구가 청소년의 성행위에 영향을 미치는지 살펴보기 위한 연구를 시작하였다. 이들은 동성의 가장 친한 친구가 성행위를 활발히 할 때 청소년 자신도 성행위를 활발히 하는지 알고 싶었다.
- **연구 방법** 자카드와 동료들은 미국의 7학년에서 12학년까지의 청소년 2만 명 이상을 대상으로 조사하였던 Add

*Health*의 자료를 사용하였다. 청소년들은 질문지에 응답하였고, 청소년의 건강과 발달에 관한 인터뷰를 했다. 가장 친한 친구를 결정하기 위해 5명의 동성 친구와 한 주 동안 얼마나 함께 시간을 보내는지를 측정하였다. 성행위는 이들이 성적 교류를 하였는지, 만일 있다면 얼마나 최근에 하였는지에 대한 질문을 통해 측정되었다.

- **연구 대상** 결혼하지 않은 약 1,700명(남아 837명, 여아 851

명) 정도의 청소년을 대상으로 두 번 인터뷰를 하였다.

- **연구 설계** 자카드와 동료들은 한 청소년의 성적 행위 여부와 가장 친한 친구의 성적 행위 간의 관계에 관심이 있었기 때문에 이 연구는 상관 연구이다. 청소년을 1년 후 두 번째 인터뷰를 하였으므로 종단 연구였다.

- **윤리적 문제** 없다. 이 연구는 미 의회에서 논의되어 온 연구 중 하나이다. 1980년대 후반에 제안된 이 프로젝트는 AIDS의 확산과 청소년의 성행위에 초점을 둔 것이었다. 미국 국립보건원(NIH)이 프로젝트에 연구비를 지원하기로 결정을 한 후 많은 보수 집단들은 이 연구가 청소년의 성적 행위를 실질적으로 조장할 것이라며 이의를 제기하였다. NIH의 연구비 지원은 철회되었지만 1993년까지는 지원을 약속하였다. 미 의회는 청소년의 건강과 복지, 청소년 건강에 위협이 되는 요인들, 건강을 증진시키는 행동들을 연구하는 많은 종단적 연구를 요하는 법안을 통과시켰다. 그 결과 국가적 차원에서 청소년의 건강에 관한 연구(줄여서 *Add Health*)가 단기간에 걸쳐 이루어진 것이다. 부모와 청소년들은 동의서에 서명하였고 응답자의 이름이 절대로 알려지지 않는다는 확인을 받았다.

- **결과** 청소년을 처음 인터뷰하였을 때 청소년의 성적 행위와 가장 친한 친구의 성적 행위 간 상관은 남아의 경우 .34, 여아의 경우 .40이었다. 가장 친한 친구가 성적 행위를 하면 청소년도 성적 행위를 더 하는 경향이 있는가? 가장 친한 친구가 성적 행위를 할 때 청소년의 56%는 같은 시기 동안 성적 행위를 하였다. 반면 가장 친한 친구가 성적 행위를 하지 않을 때는 청소년의 24%만이 성적 행위를 하였다. 시간이 지나면서 청소년은 가장 친한 친구가 성적 행위를 할 때 더 성적 행위를 하였다. 이것은 성적 행위를 하지 않는 청소년과 성적 행위를 하는 청소년에게서 나타난 진실이다.

- **결론** 청소년의 우정은 유사성에 근거하며 일단 우정이 형성되고 나면 서로의 행동을 격려하고 지지한다. 성적 행위 여부도 마찬가지이다. 그러나 우정이 이 관계에서 가장 영향력 있는 요인은 아니었다. 청소년의 가장 친한 친구가 성행위를 하고 있을 때 청소년의 56%는 친구를 모방하였지만 44%는 아니었다. 자카드와 동료들은 또래와 사회적 관계망이 다양한 범주의 행동(음악에 대한 흥미, 선호하는 의상, 과외 활동 등)에 영향을 준다고 기술하였다 (2005, p. 144).

- **함의 및 적용** 종단적 연구를 통해 장기간에 걸친 친구의 영향을 지속적으로 연구하여야 한다. 또 청소년의 가장 친한 친구 1명만이 아니라 또래 관계망을 확대하여 연구하는 것도 필요하다.

마지막으로, 많은 청소년들이 우정의 반대편에 속해 있다는 것에 주목할 필요가 있다. 상호 간의 반감은 서로 싫어하는 감정(때로는 강력하기도 하고—예를 들어, "나는 너의 배짱이 싫어." 때로는 가벼운—예를 들어, '서로 회피하는')을 공유하는 것이다. 미국 아동과 청소년의 3분의 1이 서로에 대해 반감을 가지고 있어서 공격적이고 철회적이다(Card, 2010). 이러한 관계는 종종 서로의 비유사성을 반영하기도 한다(Nangle et al., 2004). 읽는 것을 좋아하고 학교생활을 즐기며 하버드대에 갈 계획이 있는 톰은 아이패드를 계속 들으며 고등학교를 그만두고 록 스타가 될 계획을 세우고 있는 배리와는 아마도 친구가 되지 않을 것이다. 배리도 마찬가지일 것이다. 때로 상호 간의 반감은 깨어진 우정의 잔해에서 출현한다. 예를 들어, 캐리가 리간의 은밀한 비밀을 자신이 속한 집단의 친구들과 공유할 때 리간은 같은 방식으로 캐리에게 복수할 것이다. 이들의 우정은 깨지고 상호 간의 반감이 빠르게 발달할 것이다. 마지막으로, 상호 간의 반감은 종종 인기가 적은 아동에게서 멀어지려는 인기 있는 아동과 청소년에게서 나타나기도 한다(Berger & Dijkstra, 2013).

낭만적 관계

LO3 청소년기의 낭만적인 관계는 언제 나타나는가?

사회적 지평은 청소년기의 도드라진 특성이다. 낭만적 관계는 초등학교 동안에 보편적으로 발생하는 것은 아니지만, 고등학교 즈음에는 미국 청소년의 약 3분의 2 정도가 1년 반 이내에 낭만적인 관계를 가졌던 경험이 있으며 거의 대부분이 약 1년 정도 낭만적인 관계를 지속해 왔던 것으로 알려졌다(Carver, Joyner, & Udry, 2003).

문화적 요인은 낭만적 관계의 시기에 영향을 미친다. 전통적으로 히스패닉계와 아시아계 미국인 부모들은 가족 간 유대와 부모에 대한 충성심을 강조한다. 낭만적인 관계는 독립의 신호이고 가족과 함께하는 시간이 적어지는 결과를 산출하기 때문에, 히스패닉계와 아시아계 미국인 청소년들이 늦은 나이에 데이트를 시작하고 데이트 빈도가 낮은 것은 놀라운 일이 아니다(Collins, Welsh, & Furman, 2009).

낭만적인 관계는 우정을 기반으로 한다. 친구와 마찬가지로, 낭만적인 상대는 인기와 신체적인 매력 면에서 유사하다. 가장 친한 우정은 사회적 지지의 근원이자 원형이다(Collins et al., 2009). 더구나 낭만적 관계는 우정의 변화와 비슷한 방식으로 변화한다. 어린 청소년에게 낭만적인 관계는 동료애를 제공하고 성적 탐색의 발산인 것이다. 나이 든 청소년은 사진처럼, 친밀감, 우정, 사회적 지지가 낭만적 관계의 중요한 특성이 된다(Shulman & Kipnis, 2001). 마지막으로, 우정과 마찬가지로 아동이 양질의 양육을 받을 때 성인기의 낭만적인 관계에 집중할 준비가 더 되어 있다(Oriña et al., 2011).

10대들의 낭만은 '풋사랑'이기는 하지만 발달상 중요한 것이다(Collins et al., 2009). 낭만적 관계를 가지고 있는 청소년은 더 자아 확신적이고 자아존중감도 높다. 청소년기의 질적 수준이 높은 연애는 성인기의 긍정적인 관계와 관련되어 있다. 그러나 다른 한편으로 이들은 정서적인 격변과 갈등을 더 경험하기도 한다(Joyner & Udry, 2000). 게다가 많은 다른 파트너와 이르게 데이트하는 것은 약물 남용과 낮은 성적 등의 문제와 관련되어 있고 성인기의 낭만적인 관계에 대한 낮은 만족과 관련되어 있다(Collins, 2003).

성적 행동 성적 탐색은 어린 청소년의 낭만적인 관계에서 중요한 부분이다. 고등학교 졸업 전까지 미국 청소년의 3분의 2가 최소한 한 번은 성관계를 갖는다(Eaton et al., 2008). 청소년의 성적 행위를 예측할 수 있는 요인은 하나만 있는 것이 아니다. 청소년은 부모나 또래, 대중매체로부터 성에 대한 허용적인 태도를 획득했을 때, 부모가 자신의 행동을 모니터링하지 않을 때, 신체적으로 더 성숙했을 때, 정기적으로 음주를 할 때 성행위를 더 하는 경향이 있다(Belsky et al., 2010; Collins et al., 2011; Hipwell et al., 2010; Zimmer-Gembeck & Helfand, 2008). 혹독한 환경에 노출된 청소년은 어린 나이에 성행위를 시작하지만, 더 나은 처리기능이 있는 청소년은 늦은 나이에 시작한다(Carlson, Mendle, & Harden, 2014; Khurana et al., 2012).

성적 교제를 한 경험이 있는 미국 여자 청소년의 6분의 1이 임신한다는 점에서 청소년의 성적 행동은 관심의 대상이다. 그 결과 미국의 10대에게서 매년 50만 명의 아기가 태어난다. 아프리카계와 히스패닉계 미국 청소년들은 10대에 엄마가 되는 경우가 많다(Ventura et al., 2008).

성적 활동을 하는 10대들은 정확하게 또는 지속적으로 피임하지 않기 때문에 10대 임신은 보편적인 것이다(Guttmacher Institute, 2013). 이유는 무엇일까? 몇 가지 요인이 있다(Gordon, 1996). 첫째, 많은 청소년들은 피임에 대해 잘못된 정보를 가지고 있으며, 자신에게는 그런 일이 절대로 일어나지 않으며 다른 사람만이 임신을 한다고 믿는 경향이 있다. 둘째, 어떤 청소년들은 피임 기구를 구할 수 있는 장소를 모르며 일화 속의 제프처럼 그것을 사는 것을 당황스러워한다(Ralph & Brindis, 2010). 셋째, 어떤 청소년 여아에게는 이 절의 처음에 있는 일화 속의 그레첸처럼 임신이 매력적이다(Phipps et al., 2008). 이들은 아기를 갖는 것이 부모로부터 멀어지고 독립적인 성인으로서의 지위를 갖는 것이며 자신을 사랑하는 누군가를 갖는 방법이라고 생각한다.

청소년의 성적 행위와 10대의 임신을 줄일 수 있는 가장 좋은 방법은 포괄적인 성교육 프로그램이다(Kirby & Laris, 2009). 이러한 프로그램들은 성에 대한 생물학적 지식을 가르치고 있으며, 성행위에 대한 책임이나 결혼 전 절제된 성관계를 강조하고 있다. 또한 성행위에 대한 압력과 이러한

나이 든 청소년이 연애를 할 때, 이들은 신뢰와 지지가 그들의 관계에서 중요한 부분을 차지한다고 믿는다.

청소년의 5%는 동성에게 매력을 느끼고 자신을 게이나 레즈비언으로 인식한다.

압력에 반응하는 방법에 대해 토론한다. 학생들은 역할극 활동을 통해 성관계 요구를 거부하기 위한 전략을 실행한다. 이러한 프로그램에 참여한 젊은이들은 성관계를 덜 가지며, 성관계를 갖더라도 피임 기구를 사용하는 경향이 많았다. 반면 금욕만을 강조하는 프로그램이 성적 행위를 효율적으로 줄이고 피임 기구를 사용하는 것을 격려하였다는 증거는 거의 없다.

성적 성향 대부분의 청소년들은 이성과 성행위를 한다. 그러나 10대의 15%는 청소년 초기와 중기에 때때로 동성에게 성적, 정서적 매력을 느낀다(Carver, Egan, & Perry, 2004). 대부분의 청소년들에게 이러한 경험은 보편적인 역할 실험의 과정 중 일부이다. 그러나 사진 속의 청소년처럼 10대 남아와 여아의 5%는 게이의 성적 성향이 있다(Rotherman-Borus & Langabeer, 2001).

동성에게 매력을 느끼는 이유에 대한 이해는 부족한 상황이다. 한 가지 아이디어는 아동기와 청소년 초기에 유전적 형질과 호르몬이 어떤 남아에게 '다름'에 대해 느끼게 하며, 그 느낌이 비전형적인 성역할에 대해 관심을 가지게 하고, 다른 남자에게 매력을 느끼게 할지도 모른다는 것이다. 여성이 여성에게 매력을 느끼는 것은 더 예측하기 어려운 일이다. 보통 다른 여자에게 매력을 느끼는 것은 청소년 중기나 후기까지, 어떤 경우 중년 혹은 노년까지 나타나지 않는다. 레즈비언의 많은 수는 특별한 여성에 대한 깊은 감정으로부터 동성에 대한 매력을 느끼기 시작하여, 시간이 지나면서 다른 여성에게로 확장된다(Diamond, 2007).

동성에게 매력을 느끼는 것을 아직 다 이해하기는 어렵지만, 게이나 레즈비언 모두 도전에 직면하게 된다는 것은 분명하다. 이들의 가족과 또래 관계는 종종 붕괴되고(Pearson & Wilkinson, 2013), 언어적 그리고 신체적 공격을 견뎌야 한다(Duncan & Hatzenbuehler, 2014). 이로 인해 게이나 레즈비언이 정신건강의 문제를 경험한다는 것은 놀라운 일이 아니다(Burton, Marshal, & Chisolm, 2014). 최근의 사회적 변화들은 젊은 게이와 레즈비언들이 이러한 도전에 더 효과적으로 대처할 수 있도록 돕고 있다. 많은 역할 모델과 젊은 게이와 레즈비언 센터들이 도움을 주고 있다. 이러한 자원들은 젊은 게이와 레즈비언들이 자신의 성적 성향을 이해하고 청소년기의 다른 요구에 대처하기 쉽도록 도움을 주었다(Saewyc, 2011).

우리는 성인에게조차 성행위와 성적 취향이 엄청나게 복잡하고 격론을 일으키는 이슈임을 인식할 필요가 있다. 청소년을 다루는 성인은 이러한 복잡함을 인식하고 10대들 스스로 성행위와 관련된 이슈를 다룰 수 있는 기술을 제공해 주어야 한다.

집단

LO4 아동기와 청소년기에 가장 중요한 집단의 특성은 무엇인가? 집단은 어떻게 개인에게 영향을 미치는가?

청소년에게 집단은 사회생활의 중요한 특징이다. 청소년기 동안 두 가지 집단의 형태가 보편적으로 나타난다. **짝패**(clique)는 나이, 성, 인종, 흥미가 비슷한 좋은 친구 4~6명으로 구성되어 있다. 짝패의 구성원들은 시간을 같이 보내며 때로는 옷, 대화, 행동도 같이한다. 짝패는 큰 집단의 한 부분일 때도 있다. **패거리**(crowd)는 비슷한 가치와 태도를 가지고 있으며 공통된 표식을 하는 대규모 혼성 집단이다. 아마도 당신은 당신이 속해 있던 패거리가 아닌 다른 패거리에 속해 있던 사람들을 기억할 것이다. 조크(jocks, 운동을 좋아하는 집단), 프레피(preppies, 비싼 사립학교 학생 집단), 번아웃(burnouts, 탈진한 사람들 집단), 너드(nerds, 공부는 잘하지만 좀 멍청한 집단), 브레인(brains, 공부도 잘하고 활동적인 집단)은 청소년들이 패거리를 지칭하는 용어들이다(Brown & Klute, 2003). 소수인종 청소년은 전통적으로 이런 패거리들에 소속되어 있지만 이들 중 소수는 인종에 근거한 패거리에 소속되어 있기도 하다(Brown et al., 2008).

어떤 패거리는 다른 패거리보다 더 높은 지위를 가지고 있다. 나이 든 아동과 청소년의 자아존증감은 때로 자신이 속한 패거리의 지위를 반영한다. 학교에 다니는 동안 패거리 내에서 높은 지위를 가진 젊은이는 지위가 낮은 청소년보다 자존감이 더 높은 경향이 있다(Sussman et al., 2007). 마지막으로, 조크와 프레피처럼 성인의 가치를 지지하는 패거리의 젊은이는 번아웃처럼 그런 가치를 지지하지 않는 패거리의 젊은이보다 우울과 같은 심리적 장애를 덜 겪는 경향이 있다(Doornward et al., 2012).

왜 어떤 청소년은 조크처럼 공부만 잘하고 세상 물정 모르는 사람이 되어 가고 어떤 청소년은 번아웃처럼 탈진된 패거리에 가담하는 것일까? 청소년의 흥미와 능력이 관건이다. 학교에 참여하는 똑똑한 청소년은 브레인처럼 우수한 두뇌 패거리에 가담하고 운동에 재능이 있는 청소년은 조크처럼 운동을 좋아하는 패거리의 일원이 된다(Prinstein & LaGreca, 2004). 청소년의 패거리는 부모의 영향을 받는다. 부모가 권위가 있는 양육행동을 할 때 청소년은 성인 기준의 행동을 독려하는 패거리, 예를 들면 평범하거나 조크나 브레인 같은 패거리에 가담한다. 그러나 부모가 허용적이거나 방임적이면 아동은 성인 기준의 행동을 덜 인지하게 되고 약물을 하는 패거리에 가담한다. 이러한 결과는 아프리카계 미국인, 아시아계 미국인, 유럽계 미국인, 히스패닉계 미국 아동과 부모 모두에게서 나타난 사실이었다(Brown et al., 1993).

집단 구조 대부분의 집단은 잘 정련된 구조를 가지고 있다. **대부분의 집단은 모든 구성원이 경외하는 지도자를 갖춘 지배 계층(dominance hierarchy)을 가지고 있다.** 구성원들은 계층 내에서의 자신의 지위를 알고 있다. 이들은 자신보다 계층이 높은 사람에게 복종하고 자신보다 낮은 계층의 사람에게 큰소리를 친다. 모든 구성원들은 자신의 위치를 잘 알고 있으므로 계층은 집단 내 갈등을 줄이고 자원을 할당하는 데 유용하게 사용된다.

무엇이 계층 내 지위를 결정하는가? 아동 특히 남아에게는 육체적인 힘이 지배 계층을 결정하기도 한다. 지도자는 때로 힘으로 아동을 협박하기도 한다(Hawley, 1999). 여아나 나이 든 남아 중에 리더는 높은 자아존중감, 또래 간 좋은 관계, 그리고 집단 내에서 유용한 기술을 가지고 있다. 걸스카우트의 여아들은 똑똑하고 목표지향적이며 새로운 아이디어를 가지고 있는 사람을 순찰대 리더로 선출하는 경향이 있다(Edwards, 1994). 순찰대의 1차 기능은 걸스카우트 전체의 활동 계획을 돕는 것이기 때문에 이것은 적절한 방법이다. 리더십은 집단에 중대한 영향을 미치기 때문에 주요 기술에 근거한 리더십은 중요한 것이다.

또래의 압력 일단 모든 구성원에게 적용되는 규범(norms)이 정해지고 나면 집단은 규범을 수행하도록 구성원에게 압력을 가하게 될 것이다. '또래의 압력'은 때로 저항할 수 없는 위험한 힘이다. 10대는 서로에게 반사회적인 행동을 하도록 압력을 가한다는 고정관념이 있다. 사실 또래의 압력은 막강한 것도 전적으로 나쁜 것만도 아니다.

물론 또래의 압력은 전 생애를 통해 보편적인 것이다. 1.1절에서 보았듯이, 아동과 성인은 또래의 행동을 모방한다. 특히 또래의 지위가 높고 그 행동으로 보상을 받을 때 더욱 그러하다. 그러나 청소년은 자아정체감을 구축하는 중이기 때문에 또래의 영향을 더 잘 받아들이고, 가치가 있다고 인정받는 또래 집단의 행동에 더 잘 부응한다.

또래의 압력이 언제나 강력한 것은 아니다. 또래의 영향력은 (1) 어리거나 사회적 불안이 많을 때, (2) 또래의 사회적 지위가 높을 때, (3) 적절한 행동의 기준이 모호할 때 더 강력하다(Allen et al., 2012; Brechwald & Prinstein, 2011). 그래서 14세인 더그의 가장 친한 친구가 저스틴 베버처럼 머리를 잘랐을 때, 더그는 어리고, 친구는 인기 있는 친구이고, 머리스타일에 대한 고정된 기준이 없기 때문에 더 따라 할지도 모른다. 그러나 18세인 켈리에게 잘 모르는 인기 없는 아이가 쇼핑몰에 가서 물건을 훔치자고 이야기한다면, 그 친구가 인기 없고 친구도 아니고 물건을 훔치는 것에 대한 기준은 분명하기 때문에 켈리는 이를 거절할 것이다.

인기와 거부

LO5 왜 어떤 아동이 다른 아동보다 더 인기가 있는가? 거부되는 것의 원인은 무엇이고 결과는 무엇인가?

에일렌은 자신의 학급에서 가장 인기 있는 아동이다. 다른 아이들은 그녀와 함께 놀기를 원하고 학교 버스나 식당에서도 옆에 앉기를 원한다. 반대로 제이는 반에서 가장 인기가 없는 아이이다. 그가 게임에 참여하려고 하면 아이들이 그 게임을 그만둔다. 반에 있는 어떤 아이들은 에일렌을 좋아하는 만큼 제이를 싫어하기도 한다.

에일렌과 제이 같은 인기 아동과 거부 아동은 모든 교실과 이웃에 있다. 인기도에 관한 연구 (Hymel et al., 2004)는 대부분의 아이들을 다섯 가지 범주로 나누었다.

- 많은 아이들이 좋아하는 인기 아동
- 많은 아이들이 싫어하는 거부 아동
- 반 아이들이 싫어하기도 하고 좋아하기도 하는 논쟁이 되는 아이
- 몇몇 아동들이 좋아하기도 하고 싫어하기도 하지만, 인기 아동이나 거부 아동, 논쟁이 되는 아이가 아닌 평균 아동
- 반 친구들이 무시하는 무시 아동

이 범주 중에 우리는 인기 아동과 거부 아동에 대해서 잘 알고 있다. 이 범주들 각각에는 두 가지 하위 유형이 있다. 가장 인기 있는 아동은 학업적 그리고 사회적으로 능력이 있다. 이들은 친절하고 협응적이며 도움이 되는 좋은 학생들이다. 이들은 의사소통에 능숙하고 자신을 통제할 수 있으며 게다가 대화나 놀이 속에 자신을 잘 통합시킬 수 있다(Graziano, Keane, & Calkins, 2007; Kam et al., 2011; Véronneau et al., 2010). 인기 아동의 소규모 집단에는 신체적으로 공격적인 남아와 사회적 관계를 교묘하게 다루는, 관계적으로 공격적인 여아가 포함되기도 한다. 이런 청소년들이 특별하게 친근한 것은 아니지만, 이들의 반사회적인 행동은 분명하게 또래에게 매력적이기도 하다 (Kuryluk, Cohen, & Audley-Piotrowski, 2011; Xie et al., 2006).

문화적 영향

인기의 비결

미국 내에서 인기 아동은 다른 아동과 어떻게 하면 잘 지낼 수 있는지를 아는 것 같아 보인다. 이러한 결과는 캐나다, 유럽, 이스라엘, 중국 등 세계 여러 나라 아동에게도 적용된다(예 : Casiglia, Coco, & Zappulla, 1998; Chung-Hall & Chen, 2010). 그러나 때때로 인기 아동은 그 문화의 독특한 특성을 가지고 있기도 하다. 예를 들어 이스라엘에서 인기 있는 아동이 다른 나라에서 인기 있는 아동보다 더 지도적이고 자기주장이 강한 경향이 있다(Krispin, Sternberg, & Lamb, 1992). 중국에서는 역사적으로 수줍은 아동이 인기가 있다. 왜냐하면 이들은 절제된 행동을 사회적 성숙의 신호로 받아들이기 때문이다. 그러나 최근 25년간 중국의 경제 개혁은 진취적이고 자아확신적인 것을 강조하였고 그 결과 경제 개혁을 경험한 도시의 수줍은 아동은 또래에게서 거부되었으며 시골에서는 여전히 인기가 있는 것으로 나타났다(Chen, Wang, & Cao, 2011). 확실히 대부분의 나라에서 좋은 사회적 기술은 인기의 핵심이다. 그러나 시간이 흐르면 변화할 수 있는 특정의 문화적 가치가 반영된 특성도 인기가 있을 수 있다.

거부 아동들은 대부분 공격적이고, 과잉행동적이며, 사회적 기술이 미숙하고, 자신의 정서를 잘 조절하지 못한다. 이런 아동은 인기 있는 공격적인 아동보다 더 냉담하며 공격이 목적인 것처럼 보인다(Prinstein & Cillessen, 2003). 다른 거부 아동들은 수줍어하고, 철회적이며, 소심하고, 외톨이인 경향이 있다(Coplan et al., 2013; Rubin, Coplan, & Bowker, 2009).

거부의 결과 거부되는 것을 즐기는 사람은 아무도 없다. 또래의 거부가 아동 발달에 중요한 장애인 것은 놀라운 일이 아니다. 예를 들어 오랫동안 거부된 아동은 교실 활동에 덜 참여하고 학기 말이 되면 외롭다고 느끼고 학교에 가는 것을 싫어한다(Ladd, Herald-Brown, & Reiser, 2008; Sturaro et al., 2011). 어린 시절 또래 간의 거부가 반복되는 것은 장기적으로 심각한 결과를 불러온다(Ladd, 2006; Rubin et al., 2009). 거부 아동은 다른 범주에 있는 아동보다 학교를 그만두거나 청소년 범죄를 저지르거나 정신병리적인 면에서 고생하는 경우가 더 많다.

거부의 원인 부모가 원인이 되기도 한다(Ladd, 1998). 아동은 부모가 사회적 상황에 어떻게 반응하는지를 보아 왔기 때문에 나중에는 부모의 반응을 모방한다. 타인과 협응적이고 친밀한 부모들은 효과적인 사회적 기술을 보여 준다. 호전적이고 논쟁적인 부모들은 비효과적인 사회적 기술을 보여 준다. 부모가 대인 간 갈등에 사진 속의 커플처럼 협박적이고 공격적으로 반응할 때 아동은 부모를 모방한다. 이러한 것은 아동의 사회적 기술 발달을 방해하며 장기간에 걸쳐 아동을 덜 인기 있는 아동으로 만드는 것이다(Keane, Brown, & Crenshaw, 1990).

많은 거부 아동은 너무 공격적이며. 부모의 갈등 해결 과정을 통해 그 스타일을 배우기도 한다.

부모의 훈육 역시 아동의 사회적 기술과 인기도에 영향을 미친다. 하루는 잘못된 행동으로 아동에게 벌을 주고 다른 날은 무시하는 비일관적인 훈육은 비사회적이고 공격적인 행동과 관련되어 있고 거부를 포장하는 방법이다(Dishion, 1990). 애정과 사랑의 일관적인 처벌은 사회적 기술과 인기도를 증진시킨다(Dekovic & Janssens, 1992).

양육은 아동에게 공격적인 인간관계 스타일을 유도하며 이를 통해 또래의 거부를 유도하기도 한다. 어린 아동과 부모에게 타인과 상호작용하는 효과적인 방법을 교육시킴으로써 거부를 줄일 수 있다. 사회적 기술의 증진으로 거부 아동은 반사회적인 행동에 의지할 필요가 없어질 것이다. 거부 아동은 상호작용을 어떻게 초기화할 수 있는지, 의사소통을 어떻게 분명하게 할 수 있는지, 그리고 친밀하게 할 수 있는지를 배울 수 있다. 또한 이들에게 또래가 싫어하는 행동을 못하게 할 수 있다. 이러한 훈련은 공격적인 청소년의 훈련과 유사하다(12.4절 참조). 거부된 아동은 또래에게 수용되고 거부로 인한 장기적 해로움에서 벗어날 수 있는 기술을 배울 수 있다(LaGreca, 1993; Mize & Ladd, 1990).

이 절을 통해 우리는 다양한 방식으로 아동 발달에 영향을 미치는 또래에 대해 살펴보았다. 다음 절에서는 비사교적인 것이 아동 발달에 미치는 영향에 대해 살펴볼 것이다.

 학습 확인

점검 청소년이나 어린 성인의 성적 성향에 기여하는 요인에 대해 기술하시오.

10대가 또래의 압력에 언제 어떻게 순응하는가?

이해 유아기와 학령 전기 동안 또래와의 상호작용이 발달적으로 변화하는 것을 6.1절에 기술된 피아제의 인지 발달 이론에 근거하여 어떻게 설명할 수 있는가?

적용 학급에서 가장 인기가 없는 제이를 당신이 만났다. 제이의 엄마는 그녀의 자녀가 인기가 없다는 것에 대해 걱정을 하면서 그녀가 아들을 어떻게 도울 수 있는지 알고 싶어 한다. 제이의 아빠는 아내가 별것도 아닌 것으로 속상해한다고 생각한다. 그는 인기란 일시적인 것이며 아들이 결국에는 좋아진다고 주장한다. 제이의 부모에게 어떤 충고를 할 수 있을까?

15.2 전자매체

개요

TV

새로운 매체

학습 목표

LO6 TV 시청이 아동의 태도와 행동에 어떠한 영향을 미치는가? TV 시청이 아동의 인지 발달에 어떠한 영향을 미치는가?

LO7 아동은 컴퓨터, 스마트폰, 그리고 다른 디지털 매체를 어떻게 사용하는가?

빌은 손녀 하모니의 집을 방문할 때마다 하모니가 TV를 너무 많이 보는 것 같아 걱정이다. 그녀가 보고 있는 프로그램의 대부분은 가치가 있는 것들이다. 그렇지만 빌은 손녀가 TV를 보면서 계속 먹는 것이 해로울 것 같아 걱정이다. 화면 속의 이미지가 그렇게 빨리 나타나고 사라지는데 하모니가 그것에 주의집중하는 것을 어떻게 배웠는지도 의문이다. 그리고 비디오만큼 자극이 많지 않은 환경에서도 주의집중할 수 있는지도 걱정이다.

그동안 아동은 부모, 교사, 종교적인 지도자, 신문 등으로부터 문화적 가치를 배웠다. 문화적 지식의 근원은 여전히 우리에게 있지만, 이들은 부모의 가치가 언제나 반영되는 것은 아닌 새로운 매체(위성 TV, DVD, 비디오 게임 플레이어, 아이패드, 스마트폰, 인터넷 등)와 함께 공존한다. 심지어는 이러한 것들은 이전보다 더 강력한 힘으로 아동 발달에 잠재적인 영향을 미친다. 이 절에서는 이러한 기술 중 두 가지—TV와 컴퓨터—에 중점을 둔다.

TV

LO6 TV 시청이 아동의 태도와 행동에 어떠한 영향을 미치는가? TV 시청이 아동의 인지 발달에 어떠한 영향을 미치는가?

만일 당신이 전형적인 미국 아동과 청소년이었다면, 아마도 친구들이나 부모님들과 상호작용하는 것보다 TV 시청에 더 많은 시간을 보냈을 것이다. 학령기 아동은 매주 20~25시간 동안 TV를 시청한다(Rideout, Foehr, & Roberts, 2010). 미국 고교 졸업생은 전통적으로 평균 15,000시간 동안 TV를 시청한다. 미국 사회과학자들이 TV가 미국 아동의 사회화에 중요한 역할을 한다고 생각하는 것은 놀라운 일이 아니다.

시청 시간은 학령 전기와 학령기 동안 점차 증가하여 청소년기 직전에 가장 정점을 이룬다. 남아는 여아보다 시청 시간이 더 길다. 또한 IQ가 낮은 아동이 IQ가 높은 아동보다 시청 시간이 길며 수입이 낮은 가정의 아동이 높은 가정의 아동보다 시청 시간이 더 길다(Rideout et al., 2010).

TV 시청이 아동의 행동에 영향을 미치지 않을 것이라고 상상하는 것은 쉬운 일이 아니다. 이러한 이유에서 과학자들은 1950년대 이래로 TV의 영향을 연구해 왔다. 초창기 연구들은 매체 자체의 영향을 연구하였으나 나중에는 TV의 내용이 미치는 영향에 대해 연구하기도 하였다(Huston & Wright, 1998).

매체는 메시지인가, 아닌가? TV가 처음 보편화되기 시작하였을 때 프로그램 내용과 별도로 매체 자체가 아동에게 해로운 영향을 미칠 것이라는 우려가 있었다(Huston & Wright, 1998).

- TV 프로그램은 빠르게 연속적으로 제시되는 매우 짧은 장면들로 구성되어 있기 때문에 TV를 많이 보는 아동은 집중하는 시간이 짧아져 학교에서 집중하기가 힘들어질 것이다.
- TV는 이미 만들어져 있고 해석되기 쉬운 이미지를 제공하기 때문에 TV를 많이 보는 것은 아

동을 수동적이고, 생각하기 귀찮아하고, 덜 창조적인 사람으로 만들 것이다.

- TV를 보는 시간으로 인해 많은 아동은 생산적이고 가치 있는 활동에 덜 참여한다.

이런 비판 중 어떤 것도 연구를 통해 지속적으로 지지받은 것은 없다. TV 시청이 주의집중 시간을 줄인다는 첫 번째 비판은 쉽게 사라졌다. 연구들은 TV 시청 증가가 주의집중을 줄이고, 충동성을 증가시키고, 과제 완수를 줄이고, 행동 수준을 증가시키는 것이 아님을 반복적으로 보여 주고 있다(Foster & Watkins, 2010). TV 프로그램의 내용이 아동의 행동에 영향을 미치지만 TV 자체가 아동의 주의집중력에 해로운 것은 아니다. 앞의 일화에 나오는 할아버지 빌은 손녀의 TV 시청이 나중에 주의집중력에 부정적인 영향을 미칠까 봐 걱정할 필요는 없다.

TV 시청이 생각하기 귀찮아하고 창의성을 억누를 것이라는 증거는 혼재되어 있다. 한 측에서는 어떤 교육 프로그램들은 사람들을 창의적인 것으로 묘사하고 아동이 창의적이 될 수 있도록 격려하기 때문에 이러한 프로그램을 자주 보는 아동은 창의적인 아동이 된다고 한다. 다른 한 측에서는 아동이 액션 프로그램을 자주 볼 때 아동은 덜 창의적인 사람이 될 수 있다고 한다. 이러한 프로그램의 내용과 속도는 시청자가 창의성에 필수적인 것들을 반영할 시간을 주지는 않는다(Calvert & Valkenburg, 2013).

마지막으로, TV 시청은 사회적으로 더 바람직한 활동을 대체한다. TV 시청 시간은 독서나 숙제하기와 같이 더 바람직한 활동을 대체한다. 예를 들어 독서를 생각해 보자. TV 시청 시간과 독서 시간은 부적인 관계이다. TV를 많이 보는 사람은 독서를 적게 한다(Ennemoser & Schneider, 2007; Schmidt & Vandewater, 2008). 그러나 이러한 상관관계를 이해하기 위해서는 조심해야 하는 것이 있다(그림 1-2 참조). 간단히 해석하면 TV를 많이 보는 것이 독서를 덜 하게 하는 이유이긴 하지만, 책을 잘 읽지 않는 아동이 TV를 더 보기 때문이기도 하다. 책을 잘 읽지 않는 아동은 1시간 TV 시청을 다른 활동으로 대체할 수는 있지만 1시간 책을 읽는 활동으로 대체하는 것은 아니다(Huston & Wright, 1998).

연구들은 매체 자체가 해롭다는 것을 한 가지 방식으로 밝혔다. 가정에서 TV가 하루 종일(아침부터 잠들기 전까지) 심지어는 특별한 프로그램을 보는 것도 아니면서 켜 있을 경우 TV는 집중을 방해하는 강력한 요인이 된다. 어린 아동은 놀이의 질을 방해할 만큼 빈번히 그리고 간략히 TV를 본다. 부모는 부모-자녀 관계 동안, 그 질과 양을 떨어뜨릴 수 있을 정도로 TV를 빠르게 훔쳐본다(Kirkorian et al., 2009; Setliff & Courage, 2011).

우리가 매체 자체와 프로그램의 내용에 대해 살펴보게 되면, 아래와 같이 TV가 아동 발달에 상당한 영향을 미친다는 것을 알게 될 것이다(Anderson & Hanson, 2009).

태도와 사회적 행동에 미치는 영향 아동은 분명 자신이 보고 있는 TV의 영향을 받는다(Browne & Hamilton-Giachritsis, 2005; Huesmann, 2007). 아동은 TV 폭력물을 본 후에 공격적이 되어 가며(12.4절) TV로부터 성역할 고정관념을 얻게 된다(13.3절). 게다가 성행위를 묘사한 비디오에 노출되면 10대는 이른 나이에 성행위를 시작한다(O'Hara et al., 2012). 반면 TV 시청은 자기 통제적이고, 어린이를 돕는 데에 관용적이고, 협동적이 되는 등 긍정적인 결과를 산출한다. 예를 들어, TV 시청은 공감을 만들어 내기 때문에 친사회적 행동을 강조하는 프로그램을 본 아동은 친사회적으로 행동하는 경향이 있다(Prot et al., 2014; Wilson, 2008). 그러나 TV에는 친사회적인 행동이 폭력적인 행동보다 적게 나오므로 TV를 통해 친사회적 행동을 배울 기회는 적다.

소비 행동에 미치는 영향 달짝지근한 시리얼, 햄버거, 프렌치 파이, 간식, 장난감, 청바지, 운동화. 이러한 상품에 대한 엄청난 수의 TV 광고가 아동과 청소년에게 전달된다. 일반적으로 미국 청소년은 1년에 4만 개 이상의 광고를 본다(Carlvert, 2008)! 학령 전기 아동은 광고가 시청자에게 정보

"휴스톤 부인, 오늘 학교에 잠시 오시겠어요?"

질문 15.2

브랜트는 독서를 좋아하는 5세 남아이다. 그의 부모는 그가 독서하는 시간이 줄어들까 봐 그의 TV 시청을 제한해야 하는 것 아닌가 걱정이다. 연구 결과물들은 그의 부모가 옳은 길을 갈 수 있도록 제안해 주고 있는가?

40년 이상 "세서미 스트리트"는 학령 전기 아동이 수 세기나 글자 공부 등 학교 공부에 필요한 많은 기술을 학습할 수 있도록 돕는 데에 많은 기여를 해 왔다.

를 주는 오락물의 한 형태라고 믿고 있지만 3세 정도가 되면 프로그램과 광고를 구분할 수 있다. 8~9세가 될 때까지 아동은 광고가 추구하는 목적을 이해하지 못한다. 몇 년이 지나서야 아동은 광고기 항상 진실이 아니라는 것을 알게 된다(Linn, 2005; Oates, Blades, & Gunter, 2002). 이들은 장난감 로켓이 광고에서 보여 준 것과 달리 진짜 날 수 없으며 인형이 말을 할 수 없다는 것을 이해한다. 그러나 학령기 아동조차 광고의 목적을 완전히 이해하지는 못한다(Owen et al., 2012).

아동과 청소년이 광고의 의도를 파악하고 있다고 할지라도 광고는 세일이라는 효과적인 무기를 가지고 있다(Smith & Atkin, 2003). 아동은 TV를 통해 많은 광고를 보면서 성장하고(Buijzen, Schuurman, & Bomhof, 2008), 자신이 TV에서 본 물건을 사도록 부모에게 강요한다. 청소년들이 알코올 광고에 노출되는 것은 음주의 빈도와 관련 있다(Stacy et al., 2004). 영양가는 별로 없고 비만과 충치를 부르는 먹을거리에 관한 광고가 많기 때문에 아동을 보호하는 사람들은 TV의 판매력에 대해 오랫동안 걱정해 왔다. 미국 정부가 예전에는 아동용 TV 프로그램에서 광고의 종류와 양을 규제하였으나(Huston, Watkins, & Kunkel, 1989) 지금은 그 책임의 대부분이 부모에게로 돌아왔다.

인지에 미치는 영향 40년이 넘도록 "세서미 스트리트"는 학령 전기 아동을 교육시켜 왔다. 요즘은 학령 전기 동안 "세서미 스트리트"를 보고 자란 부모들이 자신의 자녀들과 함께 이 프로그램을 본다. 분명히 학령 전기 동안 "세서미 스트리트"를 시청한 시간이 고등학교 성적을 예측케 하고 청소년기 동안 독서를 하는 시간의 양을 예측하게 한다(Anderson et al., 2001).

"세서미 스트리트"는 언어와 독서 기술을 가르치는 프로그램과 과학과 수학의 기본 개념을 가르치는 프로그램으로 구성되어 있다. 이러한 프로그램들은 아동이 중요한 학업 기술을 학습할 수 있도록 돕는 TV의 힘을 보여 주는 것이다(Ennemoser & Schneider, 2007).

아동의 삶 향상시키기

아동을 소파에서 떨어지게 하라!

만일 방과 후부터 잠잘 때까지 TV 앞에 딱 붙어 앉아 있는 아동을 알고 있다면 이제 뭔가를 해야만 한다. 여기 몇 가지 대안이 있다.

- 아동이 볼 수 있는 프로그램의 종류와 시간에 관한 규칙이 필요하다. 이러한 규칙을 지속적으로 강조해야 한다.
- 아동이 "심심해서 TV 볼래." 하지 않도록 하라. TV를 켜기 전에 보고 싶은 것이 무엇인지 파악하도록 격려하자.
- 성인은 아동과 함께 TV를 보면서 프로그램에 대해 토론해야 한다. 예를 들어 부모는 등장인물의 공격성에 대해 반대를 표현하고 갈등을 해결하기 위한 다른 방법을 제시해야 한다. 또한 고정관념도 지적해야 하는데 이는 TV가 제공하는 것이 정확하지 않을 수 있고 TV를 비판적으로 보아야 한다는 것을 아동이 배울 수 있도록 하기 위한 것

이다.

- 부모 자신이 좋은 TV 시청자여야 한다. 맨 위에 있는 두 가지 사항은 모든 연령대에 해당이 된다. 아동이 옆에 있으면 부모도 공격적인 프로그램이나 어린이에게 적당하지 않은 프로그램은 삼가야 한다. 또한 부모도 채널을 아무 생각 없이 마구 돌리면서 보는 것이 아니라 신중하게 선택해서 TV를 보아야 한다.

새로운 매체

LO7   아동은 컴퓨터, 스마트폰, 그리고 다른 디지털 매체를 어떻게 사용하는가?

어떤 사람은 컴퓨터, 비디오 게임, 스마트폰이 '디지털화된 아동기'를 창조한다고 믿고 있다. 이 절에서는 아동 발달에 영향을 미치는 새로운 매체에 대해 살펴볼 것이다.

교실에서의 컴퓨터 사용 새로운 과학 기술들은 교실에서 쉽게 발견된다. 개인용 컴퓨터도 예외는 아니다. 미국 공립학교들은 이제 교육을 목적으로 개인용 컴퓨터를 사용한다. 컴퓨터는 교실에서 많은 기능을 한다(Roschelle et al., 2000). 하나는 가정교사이다. 아동은 읽기, 맞춤법, 계산, 과학, 사회 공부를 위해 컴퓨터를 사용한다. 컴퓨터는 아동과 개별적으로 상호작용하면서 지도할 수 있다. 학생들은 피드백을 받고 필요에 따라 도움도 받으면서 자신의 속도에 맞게 공부할 수 있다(Hunts, 2008; Roschelle et al., 2010). 컴퓨터는 경험 학습에도 도움을 준다. 영상 프로그램은 아동이 위험하거나 불가능한 세상을 탐험할 수 있도록 도와준다. 학생들은 중력의 법칙을 바꿀 수도 있고 세금이 없을 때의 세상의 변화 등을 볼 수 있다. 마지막으로 컴퓨터는 학생들이 전통적인 학문적 목표를 완수할 수 있도록 도와준다(Steelman, 1994). 그래픽 프로그램은 예술적 재능이 없는 학생이 아름다운 삽화를 그릴 수 있도록 도와줄 수 있다. 워드 프로세스 프로그램은 수정하는 데에 따른 많은 어려움을 덜어 주고 보다 나은 문서 작성을 도울 수 있다.

개인이 사용하는 새로운 매체 미국 청소년의 90% 이상이 가정에 컴퓨터를 가지고 있으며 4분의 3 이상이 아이패드와 같은 태블릿 장치를 사용한다(Rideout, 2013; Rideout et al., 2010). 이들은 매우 어린 나이에 컴퓨터를 시작한다. 2세 정도의 미국 아동 3분의 1 이상이 게임이나 비디오를 보기 위해 모바일 장치를 이용한다(Rideout, 2013). 전반적으로 남아, 나이 든 아동, 중산층 아동은 여아나 어린 아동, 하류층 아동보다 이런 매체를 사용하는 데에 더 많은 시간을 사용한다(Whitty, 2014).

대부분의 아동과 청소년은 유튜브에 있는 것을 보기 위해, 게임을 하기 위해, 페이스북 같은 SNS를 통해 또래와 상호작용하기 위해 매체를 사용한다(Rideout et al., 2010). 온라인 비디오 시청도 TV를 통한 비디오 시청과 마찬가지로 아동에게 영향을 미친다—내용이 문제인 것이다.

비디오 게임의 내용도 아동과 청소년에게 영향을 미친다. "테트리스"나 "스타 폭스" 같은 많은 유명한 게임들은 기본적인 지각-공간 기술을 필요로 한다. 아동이 이런 게임을 자주 하면 공간 기술, 처리 속도, 처리 기능이 종종 증진된다(Best, 2014; Mackey et al., 2011; Subrahmanyam et al., 2001). 반면 "맨헌트"나 "그랜드 데프트 오토" 같은 게임들은 상대편을 비정상적인 잔인한 방법으로 죽이는 폭력적인 게임이다. TV 폭력물이 아동을 더욱 공격적으로 만드는 것처럼 폭력적인 비디오 게임은 아동을 더욱 공격적인 아동으로 만든다(Gentile, 2011).

컴퓨터를 이용한 학습은 개별적으로 상호작용(학생 개인의 학습속도에 맞추고 개인적인 피드백을 주고받는다는 점에서)하며 지도한다는 점에서 매우 유용하다.

젊은이의 10% 정도는 비디오 게임에 빠져 있다(Gentile, 2009). 이들은 병적인 도박과 관련된 많은 증상(비디오 게임이 삶을 지배하고 이로 인해 타인과 갈등을 겪는)을 가지고 있다. 극단적인 비디오 게임이 낮은 학업 성적과 관련되어 있는 것은 시간의 대부분을 공부 대신 비디오 게임으로 보내고 있기 때문이라는 점에서 놀라운 일이 아니다(Weis & Cerankosky, 2010).

새로운 매체의 세 번째 주된 사용은 SNS나 문자 교환, 종종 페이스북, 트위터, 인스타그램과 같은 SNS를 통한 의사소통이다. 대부분의 청소년은 오프라인에서 만난 친구를 매일매일 온라인에서 만난다(Spies Shapiro & Margolin, 2014). 온라인 커뮤니케이션은 자기 노출을 증진시켜서 높은 수준의 우정을 산출하고 아동의 복지에 기여한다(Valkenburg & Jochen, 2009). 이러한 커뮤니케이션은 사회적 기술이 미성숙한 젊은이가 편안한 매체를 통해 또래와 접촉할 수 있게 한다(Spies Shapiro & Margolin, 2014). 그러나 젊은이의 많은 수가 거칠고 위협적인 코멘트의 대상이 되면서 사이버 왕따의 대상이 되기도 한다. 젊은이의 10% 정도는 사이버 왕따(여아가 대부분임)라는 보고가 있고 이들의 낮은 자아존중감, 많은 우울, 반사회적 행동이 보고되기도 한다(Jones, Mitchell, & Finkelhor, 2013; Patchin, 2013).

새로운 기술은 여러 가지 측면에서 아동기와 청소년기의 본질을 바꾸는 것이 아니라 아동기와 청소년기를 보내는 방법을 바꾸어 왔다. 이전 세대와 마찬가지로 아동과 청소년은 게임도 하고 또래와 관계를 맺고 숙제도 하지만, 컴퓨터와 같은 기술은 그 과업을 수행하는 다른 방법들을 제공해 주었다.

 학습 확인

점검 대중매체로서 TV가 아동에게 미치는 영향을 살펴본 연구에 대해 요약하시오.

학교에서 컴퓨터를 사용하는 기본 방식은 무엇인가?

이해 TV 시청과 인터넷이 아동 발달에 어떠한 방식으로 영향을 미치는지 비교하고 대조하시오.

적용 만일 당신이 아동의 TV 프로그램을 위한 새로운 규제를 작성할 수 있는 권한을 가졌다면? 당신은 어떤 프로그램을 격려하였을까? 어떤 프로그램을 제한하였을까?

 15.3 기관의 영향

개요

탁아와 방과 후 활동

시간제 취업

이웃

학교

학습 목표

LO8 아동은 부모가 아닌 다른 사람의 돌봄을 통해 어떠한 영향을 받는가?

LO9 시간제 취업이 아동 발달에 미치는 영향은 무엇인가?

LO10 아동은 이웃에 의해 어떠한 영향을 받는가?

LO11 효과적인 학교와 교사의 특성은 무엇인가?

15세인 아론이 방과 후 동네 슈퍼마켓에서 아르바이트를 하고 싶다고 말하였을 때, 엄마는 그가 그 경험을 통해 많은 것을 배울 수 있을 것이라는 믿음으로 즐거웠다. 5개월 후 엄마는 의구심을 가지게 되었다. 아론은 학교에 흥미를 잃었고 엄마와 아들은 돈을 어떻게 사용해야 하는가에 대해 끊임없이 논쟁을 하게 되었다.

우리는 이제까지 아동 발달에 미치는 또래와 매체의 영향에 대해 살펴보았다. 여기 아동과 아동 발달에 영향을 미치는 또 다른 형태인 문화적 기관들이 있다. 이 절에서는 네 가지의 기관, 즉 탁아, 직장, 이웃, 학교에 대해 살펴볼 것이다.

탁아와 방과 후 활동

LO8   아동은 부모가 아닌 다른 사람의 돌봄을 통해 어떠한 영향을 받는가?

21세기 미국에 맞벌이와 편모가 증가하면서 5세 이하의 미국 아동 12만 명 정도가 매일 엄마가 아닌 다른 사람의 손에서 양육되고 있다(US Department of Health and Human Services, Health Resources and Services Administration, Maternal and Child Health Bureau, 2013). 아동 양육에는 보편적인 세 가지 형태가 있다. (1) 가정에서 아버지나 조부모와 같은 친척에 의한 양육, (2) 양육 제공자 가정에서의 양육, (3) 탁아소나 어린이집에서의 양육이 그것이다.

많은 엄마와 아빠들은 아이가 타인에 의해 장시간 양육되는 것에 대해 불안해하고 있다. 왜 걱정을 해야 하는가? 엄마가 아닌 타인의 양육은 아동에게 해가 되는가? 이 질문에 답을 하기 위해 역사와 비교문화적 관점에서 살펴보자. 타인의 양육이 자연스러운 것이 아닌 것처럼 그려지고 있지만 역사의 많은 부분과 다양한 문화에서 아동의 대부분은 엄마가 아닌 타인에 의해 양육되어 왔다(Lamb, 1999; Leinaweaver, 2014). 역사와 다른 문화에 대한 넓은 시각에서 볼 때 어머니가 아동 양육의 유일한 책임자라는 것이 자연적인 것이거나 전통적인 것이라는 증거는 없다.

그럼에도 불구하고 제2차 세계대전 이후 미국과 다른 선진국에서는 아동이 가정에서 엄마에 의해 양육되는 것이 더 바람직하다는 생각이 지배적이었다. 많은 연구자들은 타인의 양육이 엄마와 유아의 애착에 영향을 미칠 것이라는 우려를 하였다. 그러나 10.3절에서 보았듯이 민감하지 못한 어머니와 낮은 질의 양육 기관에 있는 유아와의 관계에서만 애착 안정성의 문제가 있었다.

연구자들이 탁아가 다른 측면에서의 아동 발달에 미치는 영향에 관하여 연구하였을 때에도 비슷한 패턴이 나타났다. 탁아의 영향을 이해하기 위해 가장 중요한 요소는 아동이 받고 있는 양육의 질이다. 보다 나은 탁아가 보다 나은 결과를 지속적으로 산출한다. 양육자가 훈련을 잘 받고, 민감하며, 연령에 적합한 자극을 제공하고, 부모와 의사소통이 잘되었을 때, 그리고 양육자 1인당 비교적 적은 수의 아동을 대상으로 하는 탁아가 이루어질 때 아동은 잘 자란다(American Academy of Pedatrics, 2011). 비슷하게 양질의 탁아를 받은 아동은 반사회적인, 공격적인 행동을 하는 경향이 적다(Vandell et al., 2010). 반대로 질 낮은 탁아를 받은 아동은 인지와 사회성 발달이 뒤처진다. 질적 수준이 낮은 탁아가 아동 발달에 미치는 해로운 영향은 아동이 유전적으로 환경에 매우 민감할 때(Belsky & Pleuss, 2013), 숙련되지 못한 양육 기술을 경험할 때(Burchinal, Vandell, & Belsky, 2014; Watamura et al., 2011), 또는 질 낮은 프로그램에서 질 낮은 다른 프로그램으로 빈번하게 옮겨질 때(Morrissey, 2009) 증가된다.

그래서 탁아가 이루어지는 한 탁아의 질적 수준은 높아야 하고, 부모는 해로운 결과에 대한 두려움 없이 자녀를 등록할 수 있어야 한다. 부수적인 이득은 질적 수준이 높은 탁아를 받은 아동이 학교에 입학할 때, 엄마가 아동의 교육에 더 참여한다는 것이다(Crosnoe, Augustine, & Huston, 2012).

아동이 초등학교에 들어가면 맞벌이 부모에게 양육은 좀 더 수월해진다. 그럼에도 불구하고 많은 아동에게 방과 후 돌봄이 필요하다. 이제까지 방과 후 프로그램은 게임이나 운동, 예능, 공예, 음악, 연극 등의 레크리에이션에 집중되어 왔다. 그러나 최근 많은 방과 후 프로그램들은 학업적인 것에 초점을 둔다. 이러한 프로그램, 특히 양질의 프로그램에 다녔던 아동이 학교 성적에도 적당한 발전을 보여 왔다(Vandell, Pierce, & Dadisman, 2005).

게다가 많은 아동과 청소년들은 방과 후에 운동, 학교 클럽, 커뮤니티 서비스나 종교기관 활동 등 구조화된 활동에 참여한다(Fredricks & Eccles, 2006; Larson, Hansen, & Moneta, 2006). 일반

많은 미국 아동은 방과 후 스스로를 돌보고 있다(아동의 연령, 성숙도, 이웃, 아동에게 적용되는 규칙을 고려하여 안전할 수 있도록 준비된).

적으로 아동과 청소년은 이런 활동에 참여함으로써 도움을 받기도 한다. 학교에서 성공적으로 지낼 수도 있고, 잘 적응하며, 문제 행동을 적게 할 수도 있다(Beal & Crockett, 2010; Feldman Farb & Matjasko, 2012). 가장 예외적인 것은 운동에 참여하는 것인데, 그 결과가 혼재되어 있다. 어떤 연구(예 : Fauth, Roth, & Brooks-Gunn, 2007)는 청소년이 운동에 참여하면 음주도 더 하고 성적도 낮아진다고 한다. 그러나 모든 연구가 이러한 결과를 보여 주는 것은 아니다(예 : O'Connor & Jose, 2012). 그 결과는 아동이 참여하는 특수한 운동 그리고 운동에 대한 학교의 태도에 따라 다를 수 있다(Metzger et al., 2011; Wilson et al., 2010).

물론 어떤 학생은 많은 활동에 참여하고, 그런 다양한 활동이 그에게 도움을 주기도 한다. 다양한 학교 활동에 참여하는 학생은 학교 활동에 성공적이고, 잘 적응하며, 약물도 덜 하고, 자신의 공동체에 더 참여한다(Feldman Farb & Matjasko, 2012; Fredricks & Eccles, 2006). 미국의 청소년이 과도한 방과 후 활동으로 인해 스트레스를 받는다는 것은 놀라움일 수도 있을 것이다. 그러나 연구들은 대부분의 10대들이 바쁜 방과 후 일과로 스트레스를 받는 것은 아니라고 제시하였다. 대부분의 아동은 즐겁기 때문에 활동에 참여하고 있으며 성취지향적인 부모의 압력에 의해서 참여하는 것은 아니다(Luthar, Shoum, & Brown, 2006).

마지막으로, 많은 학령기 아동과 청소년(중학교 학생의 3분의 1과 고교생의 2분의 1 정도)이 일주일에 적어도 한 번 스스로를 돌보고 있다(Mahoney & Parente, 2009). **스스로를 돌보는 아동을 종종 열쇠 아동(latchkey children)(집에 들어가기 위해 열쇠를 가지고 다니는 아동을 묘사하는 200년 이상 된 용어)이라 부른다.** 사진 속의 아동처럼 어떤 열쇠 아동은 집에 혼자 있다(때로는 전화나 문자를 통해 부모의 모니터링을 받는다). 어떤 아동은 어른이 있는 친구 집에 있을 수도 있고 아니면 쇼핑몰 같은 공공장소에서 보호받지 않은 채로 있을 수도 있다.

일반적으로는 열쇠 아동은 겁에 질려 있고 위험하다고 생각한다. 연구들은 스스로 돌봄이 어떤 특정 환경하에서는 위험하다고 제언한다. 스스로 돌보는 젊은이가 방과 후 가출하거나 범죄가 자주 발생하는 동네에 살고 있을 때 음주와 약물, 공격성, 자퇴 등의 어려움을 겪을 수 있다. 이러한 환경은 나이 든 아동과 청소년이 성공적으로 스스로를 돌볼 때에는 적용되지 않는다(Mahoney & Parente, 2009).

부모는 아동을 혼자 집에 남겨 둘지 말지를 결정할 때 몇 가지 요소를 고민할 필요가 있다(Child Welfare Information Gateway, 2013). 그 리스트의 가장 위에 있는 것은 아동의 연령이다. 많은 전문가들은 아동이 12세 이하일 때 자기 보호 능력이 없음을 이야기하고 있지만 어떤 전문가들은 8세 아동도 낮에 한 시간에서 한 시간 반 정도의 짧은 시간 동안 자신을 보호할 수 있다고 한다. 연령보다 더 중요한 것은 아동의 성숙도이다. 아동에게 책임감이 있는가? 아동이 스스로 좋은 결정을 내릴 수 있는가? 부모는 아동이 혼자 있는 것에 대해 어떻게 느끼고 있는지 그리고 어떤 태도를 취하는지를 고려해야 한다. 아동이 혼자 집에 있는 것에 대해 불안해하는가? 마지막으로 이웃을 고려하는 것도 부모에게 중요한 일이다. 안전한가? 필요하다면 아동이 이웃에 의지할 수 있는가?

이와 같은 질문에 '예'라고 대답한다면 자기 보호는 시작될 수 있다. 그러나 아동의 준비가 중요하다. 아동은 방과 후 일과, 방과 후 자신의 행동에 대한 규칙, 응급 상황에서 어떻게 해야 하는지, 그리고 응급 상황에서 사용해야 할 전화번호에 대해 알 필요가 있다(Child Welfare Information Gateway, 2013).

시간제 취업

LO9 시간제 취업이 아동 발달에 미치는 영향은 무엇인가?

오른쪽 사진 속에 있는 10대는 시간제 근무를 하고 있다. 오늘날 고등학교 4학년의 절반 이상이 전통적으로 소매점에서 시간제 근무를 하고 있다(Bachman et al., 2011; U.S. Department of Labor, 2000). 많은 성인들은 직장을 일찍 경험함으로써 자기 훈련, 자기 확신, 중요한 직업 기술 연마 등을 배울 수 있을 것이라는 믿음에서 일하는 청소년을 칭찬한다. 그러나 현실은 다르다. 시간제 근무는 몇 가지 이유에서 청소년에게 해가 된다.

1. **학교 성적 문제** 학생이 주당 20시간 이상 일을 할 경우 수업에 빠지게 되고 학업 성취도 높지 않은 경향이 있다. 특히 이들이 상대적으로 부유한 유럽계 미국인일 때 더욱 그러하다 (Bachman et al., 2013; Monahan, Lee, & Steinberg, 2011). 많은 고등학생들은 직장과 학교를 잘 겸비하는 데에 필요한 통찰력도 훈련도 되어 있지 않다.

많은 미국 청소년들은 시간제 근무를 하고 있다. 시간제 근무가 도움이 될 수도 있지만, 주당 15~20시간 이상 근무할 때는 그렇지 않다.

2. **청소년이 겪는 정신건강과 문제 행동** 주당 20시간 이상 근무하는 청소년은 불안과 우울을 경험하며 자아존중감이 낮아지는 경향이 있다. 많은 청소년들은 반복적이고 지루하며 스트레스 받는 일 속에 있는 자신을 발견한다. 이런 상황은 자아존중감을 약화시키며 불안을 조성한다. 과도한 시간제 근무는 약물의 남용 및 문제 행동과 빈번하게 관련되어 있다. 특히 이따금씩 학교에 가는 어린 10대에게는 더욱 그러하다(Monahan et al., 2011; Monahan, Steinberg, & Cauffman, 2013).

   왜 근무가 이러한 문제들과 관련되는지는 분명하지 않다. 아마도 약물이 일하는 청소년의 불안과 우울(근무함으로써 발생하는)에 대한 대처를 돕는지도 모른다. 불안하고 우울한 청소년은 논쟁적인 경향이 있기 때문에 또는 돈을 버는 청소년은 자유와 수입을 연결시켜도 된다고 믿을 수 있기 때문에 부모와의 논쟁이 보편화되어 있다. 메커니즘이 무엇이건 간에 과도한 시간제 근무가 대부분의 청소년의 정신건강에 해가 되는 것은 분명하다.

3. **풍요함이 일으키는 오해** 때때로 성인들은 일이 돈의 가치를 가르치기 때문에 10대에게 좋은 경험이 된다고 생각한다. 그러나 전통적으로 10대는 '버는 것은 쓰는 것'이라는 패턴을 갖게 된다. 일을 하는 청소년들은 자신을 위해 번 것의 대부분을 소비한다. 옷을 사고 군것질을 하고 화장품을 사고 오락을 위해 돈을 소비한다. 일하는 청소년의 소수만이 미래(대학 교육, 가족의 생활비 등)를 위해 돈을 저축한다(Shanahan et al., 1996a, 1996b). 부모들이 독립적인 생활과 관련된 필수적인 경비(집세, 공과금, 식료품비 등)의 많은 부분을 지불해 주기 때문에 일하는 청소년들은 오히려 성인보다 쓸 수 있는 돈이 더 많을 수도 있다. 그래서 많은 10대에게 시간제 근무는 수입을 어떻게 할당할 것인지에 대한 비현실적인 기대를 갖게 한다(Darling et al., 2006; Zhang, Cartmill, & Ferrence, 2008).

시간제 근무에 대한 연구에서 반복적으로 나타나는 이러한 메시지는 사람들에게 거의 인식되지 못하고 있다. 일화 속의 아론처럼 시간제 근무를 장시간 하는 청소년들은 경험을 통한 이득을 얻지 못하고 있다. 이들의 학교 성적은 낮아지고, 문제 행동은 더 많아지며, 돈을 어떻게 관리하느냐보다는 어떻게 쓰느냐를 먼저 배우게 된다. 이러한 영향은 다른 인종 집단의 청소년에게서도 비슷하게 나타난다(Steinberg & Dornbusch, 1991). 그리고 남아와 여아에게서도 비슷하게 나타난다 (Bachman & Schulenberg, 1993). 그럼에도 불구하고 장기적인 이득은 있다. 청소년 시절 스트레스 받는 시간제 근무를 하였던 젊은 성인들은 스트레스를 받는 성인기 사건에 잘 대처한다(Mortimer & Staff, 2004).

Q&A

질문 15.3

16세인 닉은 TV나 영화, 음악 등과 같은 연예계에서 일하고 싶어 한다. 그래서 요즘 일주일에 이틀 밤 총 8시간 동안 지역 영화관에서 좌석 안내원으로 일하고 있다. 부모의 요구에 따라 임금의 3분의 1을 대학 등록금을 위해 저축하고 있다. 이러한 시간제 근무가 닉에게 해로울 수 있는가?

이러한 이야기는 학교에 있는 10대는 시간제 근무를 해서는 안 된다는 것을 의미하는 것일까? 그럴 필요는 없다. 시간제 근무는 환경에 따라 좋은 경험이 될 수 있다. 중요한 것은 근무하는 시간이다. 대부분의 학생들은 해가 되지 않게 주당 5시간 근무할 수 있고, 많은 학생들은 주당 10시간 근무할 수 있다. 또 다른 중요한 것은 일의 종류이다. 청소년들이 자신의 기술을 사용할 수 있고 새로운 기술을 습득할 수 있고 효율적인 모니터링을 받을 수 있는 곳에서 일을 할 때 자아존중감이 신장되고 근무의 경험을 통해 배울 수도 있다(Staff & Schulenberg, 2010; Vazsonyi & Snider, 2008). 또 다른 요소로 근무와 학교의 연계이다. 10대는 종종 학교와 명확하게 연계되어 있어서 직장의 경험이 학교의 경험을 보완해 주는 인턴십이나 도제로부터 이득을 얻을 수 있다(Symonds, Schwartz, & Ferguson, 2011). 마지막 요소는 청소년이 번 돈을 어떻게 사용하느냐이다. 청소년이 번 돈을 저축할 수 있을 때 또는 학교 경비를 위해 지출할 때 부모와의 관계는 증진되고 저축과 소비의 균형에 대해 배울 수 있다(Marsh & Kleitman, 2005; Shanahan et al., 1996b).

이러한 기준에 따라 시간제 근무로 인해 문제가 되는 사람은 누구인가? 식료품을 가방에 담아 주는 일을 주당 30시간 하고 CD나 비디오를 사기 위해 돈의 대부분을 사용하는 10대이다. 시간제 근무를 통해 이득을 얻는 사람은 누구인가? 자동차 고치는 일을 좋아하기에 정비소에서 토요일에 일을 하며 대학에 가기 위해 수입을 저축하는 사람이다.

마지막으로 여름 방학에 일하는 것은 직장과 학교의 갈등을 불러오지 않는다. 시간제 근무의 해로움과 관련된 많은 것들은 학기 중의 시간제 근무와 관련된 것이다. 여름 방학에 하는 근무는 종종 청소년의 자아존중감을 신장시키고 이들이 미래를 위해 수입을 저축할 때 더욱 그러하다(Marsh, 1991).

이웃

LO10 아동은 이웃에 의해 어떠한 영향을 받는가?

이웃이 아동 발달에 영향을 미치는가? 그렇다. 다른 모든 것이 동일할 경우, 교육 수준이 높고 경제적으로 여유가 있는 이웃이 아동에게 도움을 준다. 이러한 이득은 학교 성적과 심리적 적응에서 나타난다. 즉 아동이 경제적으로 여유가 있는 이웃과 살고 있을 때 아동은 학교에 잘 적응하고 행동 문제나 정서 문제를 덜 보였다(Ackerman & Brown, 2006; Murray et al., 2011).

연구자들은 이웃 자체가 아동 행동에 영향을 미치는 것은 아니라고 이야기한다. 이웃의 영향은 사람과 사회적 기관들을 통해 간접적으로 나타난다. 영향을 미치는 경로는 다양하다(Leventhal & Brooks-Gunn, 2000). 그중 한 가지는 기관에서 제공하는 자원과 관련되어 있다. 경제적으로 여유 있는 이웃은 아동 발달에 기여하는 다양한 자원을 제공해 줄 수 있다. 아동의 인지 발달에 영향을 주는 도서관, 박물관, 질 좋은 보육시설, 좋은 학교, 아동의 신체적·정신적 건강을 제공하는 의료 서비스, 직업을 찾을 수 있는 기회 등이 그것이다. 이러한 이웃을 통해 아동은 학교에서의 성공과 건강, 10대 시절 시간제 근무 등을 얻을 수 있다. 반면 경제적으로 여유가 없는 이웃은 이러한 자원을 제공해 줄 수 없다. 이러한 이웃으로 인해 아동이 학교에 적응하기 어렵고, 낮은 의료 서비스를 받게 되며, 10대 시절 시간제 근무를 발견할 수 없어서 비행이나 범

가난한 사람들은 이웃에 관심이 적으며 이웃의 삶에 관여하고 싶어 하지 않는다. 예를 들면, 아동이 싸울 때 이웃 아동에 대해 잘 알지 못하므로 싸움을 멈추도록 하는 노력을 별로 하지 않는다.

죄 행동을 할 가능성이 많아지게 되는 것이다.

이웃이 아동과 청소년 발달에 영향을 미치는 두 번째 방식은, 경제적으로 여유가 있는 이웃은 안정적이기 때문에 서로 응집적이고 긴밀하여 아동과 청소년을 포함한 이웃의 행사와 활동에 관심을 가지고 있다는 사실에 근거한다(Chung & Steinberg, 2006; Odgers et al., 2009). 예를 들어 옆의 사진처럼 아동이 공원에서 마구 싸우고 있는 것을 어른이 보았다고 가정하자. 응집적인 이웃은 이웃에 관심이 많기 때문에 중재를 하는 경향이 많다. 그러나 응집이 낮은 이웃은 그런 혼돈에 끼어들고 싶어 하지 않기 때문에 이러한 상황을 무시하는 경향이 있다. 그래서 응집적인 이웃이 있는 경우 주민들이 이웃의 아동을 자주 모니터링하기 때문에 아동이 곤란에 빠지는 경우가 드물다.

가난과 아동 발달과의 관계는 빈곤한 아동의 가정생활은 종종 혼돈으로 기술된다는 사실에 근거한다(Chen, Cohen, & Miller, 2010). 이들의 주택은 좁고 사람은 너무 많으며 시끄럽고 또한 생활도 비구조적이며 비예측적인 경향이 있다. 예를 들어, 아동은 숙제를 할 수 있는 시간이나 장소를 찾기 어려울 수 있다. 이러한 혼돈 속에서 사는 것은 종종 무력감을 증진시킨다. 아동은 자신의 삶을 잘 통제할 수 없다고 느끼고 이러한 무력감은 정신건강 문제와 학업 실패와 관련된다(Bradley & Corwyn, 2002; Evans et al., 2005). 게다가 아동이 만성적 가난을 경험할 때, 스트레스에 대항하는 심리적 체제를 압도하는 가난과 관련된 스트레스에 지속적으로 노출됨으로써 성인기에 건강이 나빠질 수 있다(Evans & Kim, 2013; Hostinar & Gunnar, 2013). 이러한 일은 일찍부터 시작될 수 있는데, 엄마가 스트레스에 심리적으로 반응하면 아기도 그렇게 된다(Waters, West, & Mendes, 2014).

이웃은 부모의 양육 행동에 영향을 미침으로써 아동에게 영향을 미친다. 그러한 연계 중 하나를 "주목할 만한 이론"에 담았다.

주목할 만한 이론

가족 경제적 스트레스 모델

배경 빈곤이 아동에게 해로운 영향을 미친다는 것은 수십 년간 알려진 사실이다. 연구자들이 빈곤이 아동에게 해롭다는 것을 많은 다양한 방법으로 이해하고자 한 것이 최근의 일은 아니다. 가장 이해하기 어려운 일은 빈곤이 비효과적인 양육을 실시하게 하는 방식이다.

이론 만성적인 빈곤 속에서 살고 있는 성인은 음식이나 집세를 지불해야 한다는 지속적인 걱정으로 인해 많은 스트레스를 경험한다. 콩거와 엘더(Conger & Elder, 1994)는 빈곤으로 인한 스트레스가 아동 발달에 어떻게 영향을 미치는지를 설명할 수 있는 가족 경제적 스트레스 모델(Family Economic Stress Model, FESM)을 제안하였다.

1. 부모들은 수입이 자신의 욕구를 충족시키기에 적당하지 않다는 것을 발견한다.
2. 이러한 경제적 압력은 때로는 부모의 정신건강에 영향을 미치기 때문에 우울이 유발되기도 한다.
3. 일단 우울해지면 결혼 관계의 질은 하락한다.
4. 이러한 결과는 비효율적인 양육의 원인이 된다. 부모는 아동에게 온정적이지 않으며, 칭찬도 자주 하지 않고, 대신 화를 더 자주 낸다.
5. 아동은 비효율적인 양육을 받기 때문에 문제 행동이 보편화된다.

FESM에서 보면 수입과 지출로 인한 부모의 어려움은 우울을 낳고 비효율적인 양육을 산출하기 때문에 빈곤은 아동에게 해로운 것이다.

가설 부모의 경제적 상황이 나빠질 때, 예를 들면 부모 중 한 명 또는 두 명 모두 실직을 하고 새로운 직업을 발견하기 어려울 때, 가족 경제적 스트레스 모델(FESM)에서 기술된 단계들이 나타나기 시작할 수 있다. 수입의 감소는 경제적인 스트레스를 낳고, 이것이 우울을 유발하고, 이 우울이 결혼 갈등과 비효율적인 양육을 낳고, 마침내는 아동 발달을 붕괴시키는 것이다.

검증 1990년대 초에 심각한 경제적 공황을 겪은 핀란드 가족에 대한 연구(Solantaus, Leinonen, & Punamäki, 2004)가 이 가설을 지지하였다. 연구자들은 1980년대 후반부터 핀란드 가족을 대상으로 대규모의 횡단적 연구를 해 왔다. 아동과 가족은 불경기가 최고조에 이르는 1994년 재조사되었다. 연구자들은 가족 경제적 스트레스 모델의 모든 주요 요인—가족의 경제적 어려움, 부모의 정신건강, 배우자 상호작용의 질, 양육의 질, 아동의 정신건강—을 측정하였다. 모든 것은 부모, 아동, 아동의 교사로부터 질문지로 측정되었다. 가족 경제적 스트레스 모델은 이 연구를 통해 (1) 더 심한 경제적 어려움을 겪은 가족에게 더 심한 정신건강 문제가 있으며, (2) 더 심한 정신 문제를 겪을수록 부모들의 결혼 만족도는 더 낮았고, (3) 결혼 만족도가 낮은 부모들은 양육의 질이 낮았고, (4) 낮은 양육의 질은 더 빈번한 아동의 정신건강 문제와 관련되어 있었다는 점에서 지지받았다.

결론 연구자들은 가족 경제적 스트레스 모델로부터 예측되었던 결과를 발견하였다. 경제적 어려움은 아동의 정신건강에 해가 되는 연속적인 사건을 시작하게 하였다. 그들이 말한 것처럼, "[가족은] 관계의 난위이다. 그러나 또한 경제적 단위이다. … 이것은 경제적 그리고 관계적 이슈는 서로 엮여 있다는 것—경제가 무너질 때 관계도 상처받는다는 것—을 의미한다"(Solantaus et al., 2004, p. 425).

적용 이러한 결과를 통해 빈곤을 제거해야 하는 이유에 '아동의 정신건강 증진'이라는 사안을 첨가할 수 있게 되었다. 빈곤한 가족에게는 빈곤에서 벗어나기 위한 장기적인 목표 추구와 함께 즉각적인 도움, 예를 들면 정신적 문제를 가지고 있는 부모와 아동을 위해 제공되는 도움도 필요하다.

만성적으로 빈곤한 부모는 스트레스에 대한 대처 자원이 부족하다. 경제적으로 여유 있는 이웃과 함께 살고 있는 성인은 이웃이나 건강관리 전문가들의 도움을 받을 수 있지만, 빈곤하게 사는 성인은 이웃(이웃이 안정적이지 못하므로 이웃을 잘 모른다)이나 건강관리 전문가(가까이에 없거나 비용을 지불할 수 없다)에게 의지할 수 없다. 즉 만성적으로 가난한 성인은 비효율적인 양육에 기여하는 '이중 불행'(많은 스트레스와 스트레스에 대처하는 자원 부족)을 경험하게 된다.

그래서 아동의 이웃이 빈곤할 경우 아동은 기관에서 제공하는 자원에 접근하기 어렵고, 이웃에 의해 모니터링되는 경우도 적으며, 혼돈 속에서 사는 경우가 많고, 부모의 만성적인 스트레스로 인한 비효율적인 양육을 경험한다. 동시에 연구자들은 빈곤한 이웃을 위한 가장 효과적인 방법은 기관에서 더 많은 자원을 제공하는 것이라고 제안하였다(Huston et al., 2005). 이웃에 좋은 아동 양육 기관, 좋은 학교, 레크리에이션의 많은 기회, 효과적인 건강관리 기관 등이 있을 때 아동은 직접적인 이득을 받게 된다. 또한 부모가 스트레스를 덜 받을 때 더 효율적인 양육을 받을 수 있으며, 이웃 주민들이 이사를 덜 가기 때문에 발생할 수 있는 이웃의 응집성으로 인한 간접적인 이득도 더 얻는다(Duncan & Magnuson, 2012).

이웃은 경제적으로 여유가 있든 없든 간에 몇 달 또는 몇 년에 걸쳐 조금씩 변화한다는 점에서 대체적으로 비교적 안정적인 기관이다. 그러나 이웃이나 공동체 전체는 재난(홍수, 지진, 안전사고 등)에 의한 급격한 변화를 겪기도 한다. 미국에서 7명 중 1명은 아동기와 청소년기에 이러한 종류의 재난을 경험한다(Becker-Blease, Turner, & Finkelhor, 2010). 재난에 노출되는 것이 아동에게 트라우마라는 것은 놀라운 일이 아니다. 우울과 같은 정신적 건강은 재난에 노출된 후 종종 나타나며, 위험은 노출 정도에 따라 증가된다(Masten & Narayan, 2012).

어떤 아동은 이웃이 정치적 범죄의 현장이기 때문에 대변동을 경험한다. 그런 이웃과 살고 있는 아동은 정치적 범죄가 아동의 관점(이웃이 안전하고 안정적이라는)을 잠식하기 때문에 불안하고 우울하며 공격적이다(Cummings et al., 2014). 어떤 아동은 함께할 수 있는 이웃이 부족하다. 이들은 집이 없거나 너무 자주 거처를 옮긴다. 이런 상황에서 사는 아동이 학교에서 성공하지 못하고 문제 행동의 위험에 처해 있는 것

허리케인 카트리나와 같은 재난에 노출되는 것은 젊은이에게 스트레스이며, 특히 나이가 어린 경우 더욱 그러하다. 이러한 노출은 젊은이로 하여금 삶의 여러 스트레스에 직면하게 만들고 자신의 감정을 잘 조절할 수 없게 만든다.

은 놀라운 일이 아니다(Masten et al., 2014).

그러나 이미 몇 차례 본 것과 같이, 아동의 역경에 대한 반응은 다양하다. 젊은이가 다른 가족 또는 학교 관련된 스트레스를 다루려고 노력하지 않을 때, 정서와 행동을 잘 조절할 수 있을 때, 정치적 범죄의 경우 인종 집단에 대한 정체감이 강할 때 재난과 관련된 역경에 더 잘 대처한다(Cummings et al., 2014; Kithakye et al., 2010; Kronenberg et al., 2010; Masten et al., 2014). 그러나 이러한 재난에 잘 대처하지 못하는 아동을 위해, 인지행동 치료가 재난과 관련된 생각을 바꾸어주고 스트레스와 관련된 감정에 반응하는 방식을 가르쳐 줄 수 있다(LaGreca & Silverman, 2009). 재난이 발생하고 나면 가능한 한 빨리 친밀한 기관에서 아동을 회복시켜 주는 것이 아동에게 도움이 된다. 그중의 하나가 다음에서 다룰 학교이다(Masten & Osofsky, 2010).

학교

LO11 효과적인 학교와 교사의 특성은 무엇인가?

5~6세 정도가 되면 대부분의 미국 아동은 유치원에 가야 하고, 대개는 13년 동안, 어떤 사람은 17년 동안 지속되는 긴 교육의 여정을 시작한다. 학교는 아동 발달에 어떤 영향을 미치는가? 미국 교육은 지역에 따라 너무 다양하기 때문에 이 질문에 답하기는 어렵다. 학교는 학업 목표와 부모 참여 등 강조하고 있는 차원에 따라 차이가 난다. 또한 교사도 학급을 어떻게 운영하는가 그리고 어떻게 가르치는가와 같은 여러 가지 측면에서 차이가 있다.

학생의 성적에 미치는 학교의 영향 디트로이트 중심에 있는 루즈벨트 고등학교에는 9학년에서 12학년까지 3,500명의 학생들이 있다. 1936년에 문을 연 이 학교의 건물들도 학교와 역사를 같이하고 있기 때문에 교실은 외풍이 있고 책상은 낙서투성이고 최신 장비란 OHP 정도이다. 그럼에도 불구하고 학생들의 출석률은 좋으며, 대부분의 학생들이 졸업을 하고, 많은 학생들이 지역 전문대나 종합대학교로 진학한다. 보스턴에 있는 사우스포트 고등학교는 루즈벨트 고등학교와 학생 수가 비슷하며 건물을 지은 시기도 비슷하다. 사우스포트에서는 무단결석이 보편적이고 졸업하는 사람이 학생의 절반에도 미치지 못하며 단과대학에 진학한 사람이 한 사람도 없다.

이러한 학교는 최근의 미국 교육을 묘사하기 위해 가상적으로 만들어 본 학교이다. 어떤 학교는 다른 학교에 비해 매우 성공적이다. 그 성공이란 것의 기준이 글을 읽고 쓸 수 있는 학생의 비율이든 졸업하는 비율이든 단과대학에 진학하는 학생의 비율이든 상관없다. 왜 어떤 학교는 성공적이고 어떤 학교는 그렇지 않은가? 연구자들(DuBois et al., 2011; El Nokali, Bachman, & Votruba-Drzal, 2010; Good & Brophy, 2008; Pianta, 2007)은 성공적인 학교와 관련된 요소들을 발견하였다.

- 교직원과 학생들 모두 학업 성적이 첫 번째 목표이고 그것에 따라 기준이 세워졌다는 것을 이해하고 있다. 학교는 지도를 강조하고 있고 학생들은 학업적 성취를 분명히 인지하고 있다.
- 학교 분위기는 안전하고 양육적이다. 학생들은 학업에 전념해야 한다는 것과 교사들이 진심으로 학생들의 성공을 원한다는 것을 알고 있다.
- 부모가 참여한다. 어떤 경우에는 부모와 교사 모임과 같은 공식적인 자리를 통해 이루어지기도 한다. 비공식적일 수도 있다. 부모들은 학교에서 답안지를 채점하기 위해 많은 시간을 보낼 수도 있고 사진 속의 엄마처럼 아동을 가르칠 수도 있다. 이러한 참여는 교사와 학생 모두에게 부모가 학생의 성공에 헌신한다는 신호이다.
- 멘토링 프로그램을 통해 아동과 청소년은 부모가 아닌 성인으로부터 학습할 수 있다. 젊은이가 자신과 관심이 비슷한 성인 그리고 자신을 옹호해 주고 규칙을 가르치는 성인의 지도를 받을 때, 또래 관계만이 아니라 학교에서 더 잘 지내고 자아존중감이 증진된다.

성공적인 학교는 부모들의 참여를 격려한다. 예를 들면 부모가 학생을 개인 지도할 수 있도록 격려할 수 있다.

- **학생과 교사와 프로그램의 진행을 모니터링한다.** 학교가 성공적인지 아닌지를 아는 방법은 성적을 측정하는 것이다. 학생과 교사와 프로그램은 학업 성취를 살펴볼 수 있는 객관적인 측정을 통해 정기적으로 평가되어야만 한다. 이러한 가이드라인을 따르는 학교에서 학생들은 대체로 성공한다. 가이드라인을 무시하는 학교의 학생들은 대체로 실패한다.

물론 교사 개인이 가장 중요한 영향력을 가지고 있다. 교사가 학생의 학업에 어떻게 영향을 미치는지 살펴보자.

교사의 영향 초등학교, 중학교, 고등학교 시절의 선생님을 떠올려 보자. 열성적이고 창의적이며 재미있게 가르친 선생님들을 기억할 수 있을 것이다. 또한 쓰디쓴 기억과 관련된 선생님도 생각 날 것이다. 그들은 가르치는 것에 대한 열정과 아동에 대한 사랑을 잃어버리고 교실을 지옥같이 만들었는지도 모른다. 당신은 경험을 통해 어떤 교사는 다른 교사보다 낫다는 이야기를 할 수 있을 것이다. 무엇이 좋은 교사를 만드는 것일까? 인품과 열정은 중요한 요소가 아니다. 당신이 교사의 온화함과 열정을 좋아했을지라도, 연구들(Good & Brophy, 2008; Gregory et al., 2014; Pianta, 2007; Walberg, 1995)은 학생들의 성취에 결정적인 영향을 미치는 몇 가지 다른 요소들을 보여 주고 있다. 학생들은 교사가 다음과 같을 때 가장 많이 배운다.

- **효율적으로 교실을 관리하여 대부분의 시간을 지도에 헌신할 수 있다.** 교사가 학생 훈육에 많은 시간을 보낼 때, 그리고 학생들이 한 교실에서의 활동에서 다른 교실에서의 활동으로 원활하게 이동하지 않을 때, 수업시간은 낭비되고 학생들은 덜 배우게 된다.
- **학생들의 학습에 책임이 있다고 믿으며 학생들이 잘 배울 수 있도록 잘 가르쳐야 한다고 믿는다.** 학생들이 새로운 주제에 대해 이해할 수 없을 때, 이러한 교사들은 학생들이 잊고 있는 근본적인 것에 대해 지도하거나, 새로운 방식으로 지도한다.
- **속도에 주의집중한다.** 학생들이 새로운 개념을 이해할 수 있도록 교육 자료들을 천천히 그리고 충분히 제시한다. 그러나 학생들이 지루해할 만큼 천천히 하는 것은 아니다.
- **주제의 숙달을 강조한다.** 교사들은 주제를 소개하면서, 학생들의 이해, 연습, 적용을 위한 많은 기회를 제공한다. 운전자 교육만으로 자동차 경주를 할 수 없는 것과 같이 학생들이 새로운 주제를 완전히 이해할 때 점진적으로 더 진보된 주제로 옮겨 간다.
- **적극적으로 가르친다.** 이들은 단지 학생들에게 이야기하거나 끊임없이 학습지를 나누어 주는 것이 아니라 주제를 구체적으로 보여 주고 학생들을 위한 실질적인 시연을 한다. 또한 이들은 학생들이 교실 활동에 참여하고 상호작용하는 것을 격려하며 함께 문제를 풀고 아이디어를 산출하는 것을 격려한다.
- **개별 지도에 가치를 둔다.** 이들은 학생들과 개별적으로 또는 소집단으로 작업하기 때문에 학생들 개개인의 능력에 맞게 지도할 수 있고 각 학생들의 이해를 체크할 수 있다. 또한 이들은 또래의 개인 지도도 격려하는데 이는 배우는 학생과 가르치는 학생 모두 학업에 도움이 되는 일이기 때문이다.
- **자신의 학습을 관리하고 모니터링하기 위한 기술을 아동에게 가르친다.** 학생들이 학교 과업의 목적을 인지하고 그 목적을 성취할 수 있도록 도와주는 효율적인 기술 습득의 방법에 대해 배울 때 더 많이 성취할 수 있다.
- **자신의 가르침을 증진시킬 수 있는 자원에 접근한다.** 교사가 교수 방식에 대해 피드백을 받을 수 있고 그것을 증진시킬 수 있는 방법을 제공해 줄 수 있는 전문가 교사와 직접적으로 작업할 때, 학생들은 더 나아진다.

무엇이 효율적인 학교와 교사를 만드는가? 결정적인 단 하나의 요인이라는 것은 없다. 대신 많은 요인들이 효율적인 학교와 교사를 만드는 데에 기여한다. 참여적인 부모, 학생의 학습에 대해 관심이 많고 교실 관리를 잘하는 교사, 안전하고 양육적이며 성취를 강조하는 학교 등이 잘 조화되어야 한다.

물론 많은 학교가 성공적인 것은 아니다. 그러나 부모로서 교사로서 시민으로서 우리는 학교의 병폐를 치료할 수 있는 요술과 같은 하나의 묘약을 기대해서는 안 된다. 이 책 전반에서 살펴본 바와 같이, 발달의 결과(이 경우에는 학업 성취)는 환경의 힘(부모, 교사 같은)과 아동 자신의 기여를 포함한 많은 요인에 의해 결정된다. 학문적 성취를 위해 우리는 이러한 모든 요인을 고려해야 하며 하나나 둘 정도에만 중점을 두어서는 안 된다.

마지막으로, 효율적인 학교와 효율적인 가르침의 특성을 고려하는 것처럼, 아동이 학교에 들어갈 때 아동의 기술이 학업 성취를 예측하는 강력한 요인이라는 것을 기억하는 것은 중요한 일이다. 종단 연구들은 글자, 약간의 단어, 수, 간단한 질적 개념을 아는 유치원 아동이 학교에서 성공한다는 것을 분명히 보여 주고 있다(Duncan et al., 2007; Marks & García Coll, 2007). 물론 우리가 반복적으로 살펴본 것처럼, 발달의 지속성이 완벽한 것은 아니어서 수를 모르던 5세 아동이 고등학교 수학을 A를 받을 수도 있다. 그러나 그것은 예외적인 것이다. 결론적으로 아동이 선행 읽기 기술과 선행 산수 기술을 가지고 유치원을 시작하는 것이 중요하다.

아동이 학교에서 어떻게 성공하고 왜 성공하는지를 이해하는 것은 퍼즐에 도전하는 것과 같다. 그러나 과학자들은 아동 발달이라는 퍼즐을 해결하기 위해 괄목할 만한 많은 진보를 이루었다. 나는 여러분이 이러한 발견들을 배우는 즐거움을 얻기 바란다.

 학습 확인

점검 시간제 근무가 청소년에게 미치는 영향에 대해 알려진 것은 무엇인가?

사춘기가 아동 발달에 영향을 미치는 방식에 대해 요약하시오.

이해 기관으로서 학교가 아동의 학습에 영향을 미치는 방식과 교사가 아동의 학습에 영향을 미치는 방식을 비교하고 대조하시오.

적용 당신이 새로운 직업을 가졌다고 상상해 보자. 그 직업은 당신의 10세 된 딸이 저녁 6시까지 방과 후 집에 혼자 있어야 하는 직업이다. 그녀가 스스로를 돌보는 능력이 있는지 판단하게 하는 것은 무엇인가? 만일 그녀에게 능력이 있다고 판단된다면, 그녀를 위해 무엇을 준비하겠는가?

 주제 통합하기 **지속성**

이 책의 마지막 장은 **초기 발달은 후기 발달과 관련되어 있지만 완벽한 것은 아니다**라는 것을 상기시켜 준다. 또래에게서 거부당한 아동은 시간이 지나면서 학교 성적이 낮아지는 경향이 있으며 자아존중감이 낮아지고 행동 문제를 산출한다. 물론 모든 거부 아동이 이러한 운명을 갖는 것은 아니다. 어떤 아동은 학교에서 잘 지내며 자아존중감이 높고 행동 문제와 거리가 멀다. 아동이 타인과 상호작용하는 데에 효과적인 기술을 가지고 있으면 긍정적인 결과가 산출될 가능성이 많다. 이전의 장에서 살펴본 바와 같이, 초기의 경험은 종종 아동에게 특정한 발달의 경로를 보여 주지만 후기 경험이 그 과정을 바꾸기도 한다.

직접 해 보기

좋은 가르침과 나쁜 가르침의 차이를 이해하는 가장 좋은 방법은 몇몇 학교 교실을 방문해 보는 것이다. 적어도 두 학교의 3~4개 교실을 방문해 보라. (보통은 학교 교장선생님에게 이야기하면 가능하다.) 444쪽에 있는 좋은 가르침의 원리를 가지고 가라. 교사와 아동이 어떻게 상호작용하는지 살펴보고, 교사가 각 원리에 어떻게 의존하는지 판단하라. 대부분의 교사가 이 원리 전부는 아니지만 일부를 사용하는 것을 보게 될 것이다. 또한 요즘의 교실에서 모든 원리를 지속적으로 따르는 것이 힘들다는 것을 발견하게 될 것이다. 직접 해 보기 바란다!

요약

또래

또래 상호작용의 발달

12~15개월경에 아동이 하는 최초의 실제 사회적 상호작용은 병행 놀이(유아가 서로 바라보지만 혼자 노는 놀이)의 형태를 띤다. 주제를 중심으로 한 협동 놀이는 2세쯤에 보편적이 된다.

가상 놀이 역시 보편적이 되며, 재미 외에도 인지 발달을 고취시키고, 아동에게 무서운 주제를 연습하게 해 준다. 대부분의 혼자 놀이는 해로운 것이다. 부모는 노련한 놀이 친구로 행동하고, 사회적 지도자 역할을 하며, 사회적 기술을 코칭하고, 논쟁을 중재함으로써 아동의 놀이를 촉진시킨다.

학령 전기 이후 또래 관계는 개선되고, 거친 몸싸움 놀이뿐 아니라 대화하는 것과 함께 있는 것을 강조한다.

우정

학령 전기 아동에게 우정은 공통된 관심과 잘 지내는 것에 근거한다. 아동이 성장하면서 충성, 신뢰, 친밀감은 우정의 중요한 특성이 된다. 친구는 대체로 연령, 성, 인종, 태도가 유사하다. 친구가 있는 아동은 사회적으로 더 유능하고 더 잘 적응한다.

낭만적 관계

어린 청소년에게 낭만적인 관계는 우정과 성적인 탐색의 가능성을 제공한다. 나이 든 청소년에게는 우정과 지원을 제공한다. 많은 청소년은 보호받지 못하는 성관계를 가짐으로써 임신이 보편적으로 발생한다. 포괄적인 성교육은 10대의 성적 활동을 줄이는 데에 효과적이다. 청소년은 종종 자신의 성적 취향에 대해 궁금해하지만 소수만이 동성애 경험이 있는 것으로 보고되고 있다.

집단

나이 든 아동과 청소년은 종종 짝패(패거리의 한 부분으로 생각이 비슷한 사람이 모인 작은 집단)를 형성한다. 높은 지위를 가진 패거리의 구성원은 종종 높은 자아존중감을 가진다.

대부분의 집단은 지배 계층(맨 위에 지도자가 있는 잘 만들어진 체계)을 가진다. 신체적인 힘이 종종 지배 계층을 결정한다. 특히 어린 남아에게서 그러하다. 나이 든 아동과 청소년에게 지배 계층은 집단에서 필요로 하는 기술에 근거하기도 한다.

행동의 기준이 모호할 때, 예를 들면 음악이나 의상 취향 또는 음료에 관한 것 등에서 기준이 모호할 때 또래는 특히 영향력을 가진다.

인기와 거부

대부분의 인기 아동은 사회적으로 유능하다. 이들은 대체로 공유하고, 협동적이고, 남을 잘 돕는다. 다른 인기 아동은 사회적 목표를 추구하기 위해 공격적이다. 어떤 아동은 너무 공격적이어서 또래에게서 거부되고, 어떤 아동은 수줍어서 거부된다. 거부 아동의 두 집단은 종종 학업 성적이 낮으며 행동 문제가 있다.

전자매체

TV

매체의 하나인 TV에 관한 많은 일반적인 비판(예를 들면 아동의 주의집중을 단축시킨다)은 연구에 의해 지지받지 못하고 있다. 그러나 TV 프로그램의 내용은 아동에게 영향을 미칠 수 있다. 친사회적인 TV 프로그램을 자주 보는 아동은 사회적으로 더 유능해지며, "세서미 스트리트" 같은 프로그램을 자주 보는 학령 전기 아동은 학업 기술이 증진되고 학교에 적응할 준비가 잘 되어 있다.

새로운 매체

개인교사로 학교에서 사용되는 컴퓨터는 경험적 학습을 제공하고, 다목적인 도구로 전통적인 학업 목표를 획득하게 한다. 가정에서 아동은 비디오 게임을 하기 위해(그리고 게임의 내용에 의해 영향을 받는다), 그리고 인터넷으로 친구와 이야기하기 위해 컴퓨터를 사용한다.

기관의 영향

탁아와 방과 후 활동

많은 미국 아동은 아빠 또는 다른 친척, 양육 제공자의 집, 어린이집에 의해 돌봄을 받고 있다. 아동이 높은 수준의 돌봄을 받을 때 인지 발달과 사회 정서 발달이 촉진된다. 방과 후 프로그램과 구조화된 활동 역시 도움이 된다. 아동이 충분히 성숙되어 있고 안전한 이웃과 살고 있고 부모에 의해 모니터링되고 있다면 방과 후 스스로를 돌볼 수 있다.

시간제 취업

학교 다니는 동안 일주일에 15~20시간 이상 근무하는 청소년은 종종 자아존중감이 낮으며 불안이 증가하고 타인과 상호작용하는 데에 문제를 가지고 있다. 고용된 청소년은 수입의 비교적 적은 돈을 저축하고 있다. 대신 수입의 대부분을 소비함으로써 어떻게 수입을 분배해야 하는지에 관한 잘못된 기대를 갖기도 한다.

청소년이 비교적 적은 시간 동안 근무하고 기술을 발달시킬 수 있고 학교와 관련된 일을 하고 수입의 상당 부분을 저축한다면 시간제 근무는 유익할 수 있다. 여름방학 동안의 근무 역시 유익할 수 있다.

이웃

부유하고 안정적인 이웃과 살고 있는 아동은 잘 발달하는 경향이 있다. 그러한 이웃은 기관에서 제공하는 자원(예를 들면 학교)이 많고, 주민들이 이웃의 아동 행동을 모니터링하는 경향이 있으며, 가정에서의 삶이 예측적이고, 부모는 빈곤과 관련된 만성적인 스트레스를 겪지 않기 때문에 아동에게 더 유익하다.

학교

학교는 여러 가지 방법으로 학생의 성취에 영향을 미친다. 학교가 학업의 우수성을 강조하고, 안정적이고 양육적인 환경을 제공하며, 학생과 교사의 발전을 모니터링하고, 부모가 참여하는 것을 격려할 때 학생은 더 성취하는 경향이 있다.

교사가 교실을 효율적으로 관리하고, 학생의 학습에 책임을 지며, 자료 숙달을 지도하고, 자료 사용의 속도를 잘 유지하며, 개인지도에 가치를 두고, 스스로의 학습을 어떻게 모니터링하는지를 아동에게 보여 줄 때 학생은 더 높은 성취를 한다.

자기평가

1. _____는 2세 즈음에 나타나는 것으로, 아동이 분명한 주제로 놀이를 조직하고 주제에 따른 특수한 역할을 수행하는 것이다.
   a. 병행 놀이
   b. 협동 놀이
   c. 연합 놀이
2. _____는 아동에게 무서운 주제를 탐색하게 해 준다.
   a. 가상 놀이
   b. 단독 놀이
   c. 병행 놀이
3. 청소년기에 나타나는 새로운 우정의 특성은 _____이다.
   a. 서로 좋아하는 것
   b. 신뢰
   c. 친밀감
4. 낭만적 관계에 관한 설명으로 틀린 것은?
   a. 낭만적 관계는 우정을 기반으로 한다.
   b. 히스패닉계 미국인 청소년과 아시아계 미국인 청소년 종종 늦은 나이에 데이트를 한다.
   c. 낭만적 관계의 청소년은 전통적으로 자아존중감이 낮으며 자아 확신이 부족하다.
5. 또래 압력은 _____.
   a. 청소년에게 강력한 영향을 미치기 때문에 반사회적인 행동을 하게 만든다
   b. 아동이 자아정체감을 구축하고 있는 중일 때 특히 강력하다
   c. 행동에 대한 기준이 명백할 때 강력하다
6. 거부된 아동은 _____.
   a. 종종 외로움을 느끼고 학교를 싫어하고 청소년 범죄를 저지른다
   b. 대부분 수줍어하고 철회하고 소심하다
   c. 종종 일관성 있게 훈육하는 부모가 있다
7. TV를 많이 보는 아동은 _____.
   a. 학교에 집중하기 어렵다
   b. 가끔 창의력이 떨어지는 것이 발견된다
   c. 이 때문에 독서를 적게 한다
8. TV프로그램이 아동에게 미치는 영향에 대한 설명으로 맞는 것을 선택하시오.
   a. 아동은 TV프로그램을 통해 공격적인 행동을 배울 수 있

지만 친사회적인 행동은 아니다.

b. 학령 전기 아동은 광고의 목적이 시청자를 설득하는 것이라는 것을 안다.

c. "세서미 스트리트" 같은 프로그램은 중요한 학업 기술을 아동에게 가르친다.

9. 개인 컴퓨터가 교육을 돕기 위해 학교에서 사용될 때, 학생은 _____.

a. 피드백은 받지만 교육은 개별적으로 이루어지지 않는다

b. 자신의 속도로 진행할 수 없다

c. 경험적 학습을 위한 모의실험 프로그램을 사용할 수 있다

10. 아동이 비디오 게임을 할 때, _____.

a. 아동은 공격적인 행동을 배울 수 있지만 지각-공간 기술을 증진시킬 수는 없다

b. TV와 다르게 아동이 가지고 노는 게임 내용의 영향을 받지 않는다

c. 작은 퍼센트만이 게임에 중독된다

11. 탁아가 아동에게 미치는 영향에 대한 연구는 _____는 것을 보여 준다.

a. 어린이집에 다니는 아동의 대부분은 정서적으로 엄마에게 애착을 가지지 않는다

b. 탁아의 질은 매우 중요한 요인이다. 더 좋은 탁아가 더 좋은 결과와 관련되어 있다

c. 양육자의 질과 관계없이 어린이집에서 잘 자란다

12. 방과 후 활동에 참여하는 것은 _____.

a. 유익하지만 스포츠에 참여하는 것은 예외이다

b. 유익하지만 아동이 하나의 활동에 참여할 때만 그러하고 여러 가지 활동에 참여할 때는 아니다

c. 열쇠 아동은 언제나 곤란을 겪게 되므로 아동이 스스로를 돌보는 것보다 더 많이 유익하다

13. 시간제 근무는 _____.

a. 청소년이 일하는 시간의 양과 상관없이 해롭다

b. 여름방학 동안 근무하는 것보다 덜 해롭다

c. 청소년이 학교에서 덜 성공적이게 하고 우울하게 한다

14. 가난이 시달리는 이웃은 _____.

a. 친밀하고 이웃의 아동을 더 모니터링하는 경향이 있다

b. 종종 어른에게 비효율적인 양육을 산출하는 스트레스를 더 많이 경험하게 한다

c. 전통적으로 더 많은 자원에 접근하게 한다

15. 가장 효율적인 교사는 다음 중 누구인가?

a. 많은 시간을 학생 훈육에 사용하여 교실을 조용하게 만드는 교사

b. 교육의 유형과 상관없이 배우려 하지 않는 학생이 있다는 것을 이해하는 교사

c. 스스로의 학습을 모니터링할 수 있도록 학생을 지도하는 교사

핵심 용어

개인적인 문제 토의를 위해 시간을 많이 소비하는 것 425

거친 몸싸움 놀이 423

병행 놀이 420

연합 놀이 420

열쇠 아동 438

우정 423

지배 계층 429

짝패 428

패거리 428

협동 놀이 420

각인(imprinting) 출생 또는 부화 이후 중요한 결정적 시기 동안 발생하는 학습으로 태어나 처음 본 움직이는 물체에 정서적 유대감을 형성한 병아리로 증명됨

감각 간 중복 이론(intersensory redundancy theory) 영아의 지각 체계가 다양한 감각으로 제시된 무형의 정보들에 맞춰진다는, 바릭(Bahrick)과 릭클리터(Lickliter)가 제안한 이론

감각 기억(sensory memory) 2초 정도의 짧은 순간에만 저장되는 것으로 분석되지 않은 원래 상태의 정보가 저장된다.

감각운동기(sensorimotor stage) 출생에서 2세까지의 기간으로, 환경에 적응하고 환경을 탐색하는 시기로서 영아는 단순한 반사행동에서 시작하여 상징을 다룰 수 있는 수준으로 변화한다.

감각 · 지각 과정(sensory and perceptual processes) 신경계에서 받아들이고 선택하고 수정하고 상황을 조직하는 방법

감광 세포(cones) 빛의 파장을 감지하고 색을 지각하게 하는 망막 뒷부분 특정 뉴런

감정이입(empathy) 타인의 감정을 체험하는 것

강화(reinforcement) 앞으로 일어날 행동의 빈도를 증가시키는 결과

개인적 영역(personal domain) 개인의 신체에 대해 판단하고(예를 들면 무엇을 먹을까, 무엇을 입을까) 친구 또는 활동에 대해 선택하는 영역

개인적 우화(personal fable) 자신의 경험과 감정은 특별한 것이어서 어느 누구도 자신처럼 생각하거나 느낀 적이 없다고 많은 청소년이 느끼는 감정

개인적인 문제 토의를 위해 시간을 많이 소비하는 것(corumination) 종종 청소년 여아의 우울에 영향을 미치는 것으로, 개인적인 문제를 중점으로 하는 친구 간의 대화

거시 체계(macrosystem) 브론펜브레너가 제시한 것으로, 미시 체계, 중간 체계, 외체계가 포함된 문화와 하위문화의 세팅

거친 몸싸움 놀이(rough-and-tumble play) 학령기 아동이 또래와 장난스럽게 뛰고 때리고 차고 밀고 싸우고 레슬링하는 놀이의 한 형태

걸음마기 영아(toddlers) 걸음마를 배우는 아기들

결의 변화(texture gradient) 가까이 있는 사물의 결은 고르지 않고 분명하지만, 멀리 있는 사물의 결은 더 촘촘하고 희미하다는 사실에 근거한 깊이 지각 단서

결정성 지능(crystallized intelligence) 글에 대한 이해, 언어에 대한 이해 혹은 어휘와 같은, 문화적으로 영향을 받아서 축적된 지식과 기술

결정적 시기(critical period) 특정 유형의 학습이 일어날 수 있는 발달 시기로 결정적 시기 이전이나 이후에는 동일한 학습이 일어나기 어렵거나 아예 불가능함

겸상 세포 특성(sickle-cell trait) 산소가 심각하게 부족할 때 가벼운 빈혈을 보이는 질환으로 겸상 적혈구 유전자에 하나의 우성 대립 형질과 하나의 열성 대립 형질을 가지고 있는 경우에 발생됨

경험–기대 성장(experience-expectant growth) 모든 아동의 발달의 특정 시점에서 전형적으로 발생하는 환경적 영향에 따른 뇌의 변화

경험–의존 성장(experience-dependent growth) 발달의 특정 시점들과 연결되어 있지 않으면서 개인과 문화에 따라 차이를 보이는 뇌의 변화

고통스러운 울음(pain cry) 갑자기 시작되는 긴 울음으로 중도에 쉬거나 숨이 막히기도 함

골단(epiphyses) 연골 조직 구조들의 끝부분으로 연골 조직 구조의 중심부부터 먼저 뼈로 변화함

공개입양(open adoption) 입양된 아동이 출생가족과 연락하고

지내는 입양의 한 형태

공격성(aggression) 타인에게 해가 되는 행동

과잉규칙화(overregularization) 문법적 규칙을 예외 없이 적용하는 현상

과잉축소(underextension) 어휘를 적용하는 범위를 너무 좁게 하여 자동차는 오로지 집에서 사용되는 자동차에만 적용하고 공은 자신이 좋아하는 공에만 사용하는 것

과잉확대(overextension) 과잉축소와 완전 반대의 현상으로 한 어휘의 적용 범위를 아주 넓게 잡아 승용차는 버스, 트럭에도 사용하고 강아지는 네발 달린 짐승에게 다 적용한다.

관계에 대한 공격성(relational aggression) 사람의 사회적 관계를 파괴시킴으로써 그 사람에게 상처를 주려고 하는 아동의 언어적 공격성의 한 형태

관찰 학습(observational learning) 모방처럼 타인 관찰에 근거한 학습

구조화된 관찰(structured observation) 연구자가 관심 있는 행동을 끌어내기 위해 환경을 조성하는 관찰법

구체적 조작기(concrete operational stage) 약 7~11세까지의 시기에 해당되는데 문제를 해결하거나 이유를 생각하는 데 있어서 정신적 조작을 할 수 있다.

권능 부여적인(enabling) 상대를 지지하고 상호작용을 유지하려는 아동의 말과 행동을 의미하는 것으로 여아에게서 보편적으로 발생하는 상호작용

권리 상실(foreclosure) 마르시아 이론에서 제시된 것으로, 청소년이 대안에 대한 개인적인 탐색보다는 성인의 충고에 의해 결정된 자아정체감을 가지고 있는 상태

권위가 있는 양육(authoritative parenting) 아동에게 온정적이고 반응적이면서도 적정한 수준에서 행동을 통제하는 양육의 한 형태

권위적인 양육(authoritarian parenting) 아동에게 온정은 적게 하고 통제는 많이 하는 양육의 한 형태

권위지향적 조부모(authority-oriented grandparents) 아동을 훈육하지만 아동의 삶에 특별히 적극적이지는 않은 조부모

그림 단서(pictorial cues) 예술가들이 데생이나 채색과정에서 깊이를 표현하기 위해 사용하는 단서들과 같은 것을 사용하는 깊이 지각 단서. 예를 들어 사이에 두기, 선형 원근 화법

근접발달영역(zone of proximal development) 아동 혼자 독립적으로 수행하여 성취할 수 있는 수준과 아동보다 더 능력이 있는 어른 혹은 또래와 상호작용하여 성취할 수 있는 수준과의 차이

기능적 자기 공명 화상법(functional magnetic reasonance imaging, fMRI) 뇌 속 혈액의 흐름을 추적하기 위해 자기장을 이용하는 뇌 활동 측정 기술

기본적인 울음(basic cry) 부드럽게 시작하여 점점 강렬해지며, 보통 아기가 배가 고프거나 피곤할 때 일어남

기본 정서(basic emotions) 인류가 보편적으로 경험하는 정서로 주관적 느낌, 생리적 변화와 행동과 연결된다.

기수 원리(cardinality principle) 마지막으로 세어진 수가 이 집단의 양을 나타낸다는 원리

기억력 전략(memory strategy) 기억력을 향상시키기 위하여 사용하는 전략으로 리허설, 조직화, 정교화가 있다.

기질(temperament) 상황에 일관되게 반응하는 아기의 행동적 특징 혹은 스타일

기형 발생 물질(teratogen) 비정상적인 태내 발달을 일으키는 물질

낯선 이 불안(stranger wariness) 아기들이 6개월 정도 되었을 때 보이는 낯선 성인에 대한 긴장

내배엽(endoderm) 배아의 안쪽 층으로 후에 소화계와 폐를 형성함

내재적 정의(immanent justice) 규칙을 어기면 반드시 처벌을 받는다고 믿는 아동의 도덕적 실재론 단계의 특성

내적 언어(inner speech) 인지 기술이 성숙해지면서 사적 언어가 변화된 언어

내적 작동 모델(internal working model) 아기가 불안할 때 부모의 반응과 활용 가능성에 대하여 아기가 가지는 기대와 신념

뇌량(corpus callosum) 좌우 반구를 연결하는 두터운 다발로 이뤄진 뉴런들

뇌파 전위 기록술(electroencephalography) 두피에 붙인 전극을 통해 뇌의 전기 활동을 측정하는 방법

뉴런(neuron) 뇌와 신경계의 기본 구성단위로의 세포로 정보를 받아들이고 전달하는 것에 전문화됨

능동적-수동적 아동(active-passive child) 아동은 단지 환경에 의해 좌우되는지(수동적 아동) 혹은 자신의 독특한 개인적 특

성을 통해 능동적으로 자신의 발달에 영향을 미치는지(능동적 아동)에 대한 논쟁

다운증후군(Down syndrome) 21번째 염색체가 1개 더 많아 나타나는 유전적인 장애로 정신 지체를 초래하며 독특한 외모를 가지고 있음

다원 유전(polygenic inheritance) 표현형이 여러 개 유전자들의 결합된 작용의 결과로 나타나는 것

단일 접합체 쌍생아(monozygotic twins) 하나의 수정란이 둘로 분리되어 나타난 쌍생아

달팽이관 삽입(cochlear implants) 지각한 말소리를 전자파로 전환시켜서 귀 안의 신경세포를 자극하는 장치

대뇌 피질(cerebral cortex) 인간의 많은 고유 기능을 관장하는 뇌의 주름진 표면

대립 형질(alleles) 특정 유전자의 변형

대상 영속성(object permanence) 사물은 우리의 바람과 생각과는 상관없이 독립적으로 존재하고 있음을 이해하는 것

도구적 공격성(instrumental aggression) 명백한 목표를 획득하기 위해 사용하는 공격성

도구적 특성(instrumental traits) 세상 속에서 활동하고 세상에 영향을 미치는 사람을 묘사하는 심리적 특성

도덕적 상대론(moral relativism) 8세 이상의 아동은 규칙이란 사람들이 잘 지낼 수 있도록 돕기 위해 사람들에 의해 창조되는 것임을 이해한다는 피아제 이론의 한 단계

도덕적 실재론(moral realism) 5~7세 아동은 규칙이란 현명한 성인에 의해서 만들어진 것이므로 반드시 따라야 하고 바꿀 수 없다고 믿는다는 피아제 이론의 한 단계

독립 변인(independent variable) 실험에서 연구자가 조작하는 변인

독해(comprehension) 일련의 문자열에서 의미를 추출하는 읽기 과정

동물행동학 이론(ethological theory) 진화론적인 관점에서 발달을 보는 이론으로 행동은 생존을 위한 것으로 설명됨

동의(informed consent) 현명한 결정을 하도록 연구에 대해 충분히 설명한 후 연구에 참여하려는 개인의 결정을 의미하며 아동의 동의를 얻는 것은 법률적으로 불가능함

동적 시스템 이론(dynamic systems theory) 발달은 특정 과제들의 요구에 맞추어 오랜 시간에 걸쳐 많은 별개의 기술들이 조직되고 재조직되는 것이라는 관점을 가진 이론

동질 접합(homozygous) 대립 형질의 특성이 같은 경우

동화(assimilation) 아동이 현재 갖고 있는 이론에 기초하여 새로운 사건과 경험을 이해하는 과정

둔위 역위(breech presentation) 머리가 나오기 이전에 발이나 엉덩이가 먼저 나오는 출산

디옥시리보핵산(deoxyribonucleic acid, DNA) 4개의 뉴클레오티드 베이스로 구성된 분자로 유전의 생화학적 근거

리허설(rehearsal) 기억해야 할 정보를 반복적으로 소리 내어 외우는 것

마음의 이론(theory of mind) 사람의 마음과 행동의 관계에 대한 순진한 이론

말초신경 버튼(terminal buttons) 신경전달물질을 방출하는 축색돌기 끝에 위치한 작은 혹

망막 불균형(retinal disparity) 사람이 한 물체를 볼 때, 좌우 망막의 이미지가 서로 다르다는 사실에 근거한 깊이를 지각하는 지각 단서

메타 분석(meta-analysis) 많은 연구 결과들을 통합하여 변인들 간의 관계를 추정하도록 하기 위한 도구

메틸화(methylation) DNA 표현의 변화를 경험하는 과정으로 유전 코드는 보존되나, 유전자는 메틸 1 분자에 의해 나뉨

명명 폭발기(naming explosion) 약 18개월경 대부분의 아동이 사물의 이름을 급격한 속도로 습득하여 한 주에 약 10개 이상의 새로운 단어를 습득하는 시기

모니터링(monitoring) 부모-자녀 관계에 적용된 것으로, 자녀가 어디에 있고 무엇을 하며 누구와 함께 있는지에 대해 부모가 아는 것

모방(imitation) 다른 대상인 관찰자로부터 단순하게 발생하는 학습

모집단(population) 아동 발달 연구에서 초점이 되는 보통의 아동으로 구성된 폭넓은 집단

모호 흔적 이론(fuzzy trace theory) 대부분의 경험은 말 그대로(verbatim) 혹은 그것의 기초적 의미 혹은 요점(gist)으로 저장된다는 이론

목적론적 신념(teleological belief) 모든 살아 있는 것은 목적이

있다는 믿음으로 예를 들어 물고기의 피부가 미끄러운 이유는 옆에서 수영하고 있는 다른 물고기에게 상처 내지 않기 위한 것이라고 믿는 것이다.

목젖울림(cooing) 2개월 된 아기가 "우~" 혹은 "아~"와 같은 소리를 내는 것

문법체계(grammar) 언어의 구조와 규칙을 가진 체계

문화(culture) 특정 집단과 관련이 있는 지식, 태도, 또는 행동

문화적 편견이 제거된 지능 검사(culture-fair intelligence tests) 검사 내용이 경제적으로 넉넉한 유럽계 미국인에게 친숙한 배경 및 문화를 반영하여, 이들과 다른 배경을 갖는 집단에게는 검사가 불리하므로 이러한 편견을 제거한 지능 검사를 의미한다.

물활론적 사고(animism) 전조작기 아동의 사고 특징으로 생명이 없는 사물에 생명이 있는 것처럼 생각한다.

미시 체계(microsystem) 브론펜브레너가 제시한 것으로, 개인의 근접 환경 속에 있는 사람과 사물

미시발생적 연구(microgenetic study) 아동들에게 며칠 혹은 몇 주에 걸쳐 일어나는 변화를 관찰하기 위해 반복적으로 검사를 받는 종단적 설계의 특별한 유형

미엘린(myelin) 정보를 더 빠르게 교환하도록 하는 신경계의 핵심 뉴런을 둘러싼 지방질

반모방(counterimitation) 해서는 안 되는 것에 대해 배우고 관찰하는 관찰 학습의 한 형태

반사(reflexes) 특정 자극 유형에 의해 촉발되는 반응

반응적인 공격성(reactive aggression) 다른 아동의 행동에 의해 유발되는 공격성

반응 편파성(response bias) 연구 참여자들이 사회적으로 수용되는 방법으로 반응하려는 경향성

발산적 사고(divergent thinking) 한 가지 정답에 관한 것이 아니라 새롭고 특이한 사고 특징

배반포(blastocyst) 수정되고 4일 후 대략 100개의 세포들로 구성되며, 속이 빈 공 모양과 비슷한 수정란

배아(embryo) 접합체가 자궁벽에 완전히 정착한 후 성장하는 아기를 지칭하는 단어

배아 원반(germ disc) 접합체 중앙 근처의 작은 세포 덩어리로 후에 아기로 발달함

변인(variable) 변화시키려는 어떤 요인

병행 놀이(parallel play) 다른 아동의 놀이에 관심은 있지만 혼자서 노는 형태로 첫돌이 지나면 나타남

본성-양육 논쟁(nature-nurture issue) 유전적 요인과 환경적 요인이 발달에 영향을 주는 방법에 대해 논의한 논쟁

부정적 강화 올가미(negative reinforcement trap) 부모들이 못하게 하고자 하는 행동을 부주의하게 강화하는 상황. 특히 모자 관계에서 잘 발생함

부정적 정서(negative affect) 아동의 분노, 두려움, 긴장 및 수줍음의 정도와 진정되기 어려운 정도

부호화 과정(encoding processes) 문제와 관련된 정보를 인지적으로 표상하는 것

분리된 조부모(detached grandparents) 손자녀에게 관여하지 않는 조부모

분산(diffusion) 마르시아 이론에서 제시된 것으로, 청소년이 자아정체감 확립을 위해 아무것도 하지 않으며 자아정체감이 확립되지 못한 상태

분석 능력(analytic ability) 문제를 분석하고 해결 방법을 생각하는 능력

분화(differentiation) 개별 기술들을 식별하고 숙달하는 것

불멸의 환상(illusion of invulnerability) 청소년에게 보편적으로 일어나는 것으로 불행이 오로지 타인에게서만 일어난다는 믿음

불완전 우성(incomplete dominance) 한 대립 형질이 다른 대립 형질을 완전히 지배하지 않는 경우

비공유 환경 영향(nonshared environmental influences) 아동들을 서로 다르게 만드는 가족 내 영향

비참여적 양육(uninvolved parents) 온화한 것도 통제적인 것도 아니며 부모가 자녀와 보내는 시간을 최소화하는 양육의 한 형태

빠른 안구 운동 수면[rapid-eye-movement(REM) sleep] 눈꺼풀 밑 영아의 눈이 빠르게 움직이고 몸도 움직이는 불규칙한 수면

빠른 연결(fast mapping) 아기가 새로운 어휘를 습득할 때, 그 어휘가 내포하는 가능한 모든 의미를 습득하지 않고 빠르게 그 의미를 깨닫게 되는 것

사이에 두기(interposition) 가까이에 있는 사물이 더 멀리 있는

사물을 부분적으로 잘 안 보이게 한다는 사실에 근거한 깊이 지각 단서

사적 언어(private speech) 타인을 대상으로 하는 것이 아니라 자신의 행동을 조정하기 위한 말

사춘기(puberty) 성장 급등, 유방 혹은 고환의 성장과 같은 청소년기의 시작을 알리는 신체적 변화

사태도식(script) 특정 사건이 일어나는 순서에 대한 구조가 기억된 것

사회문화적 관점(sociocultural perspective) 아동의 인지 발달은 사회적 상호작용으로 진행되는 것뿐만 아니라 그 아동이 속한 문화적 맥락과도 분리될 수 없이 진행된다는 관점

사회 인지 이론(social cognitive theory) 반두라에 의해 개발된 이론으로 아동은 보상, 처벌, 모방을 자신의 세계를 이해하기 위한 노력으로 사용한다는 이론

사회적 관습(social conventions) 집단 내의 협동적인 상호작용을 돕기 위해 문화 집단에 의해 수용되는 임의의 행동 기준

사회적 미소(social smile) 2~3개월이 되면 다른 사람에게 미소를 띠기 시작한다.

사회적 선택(social selection) 어떤 10대 소녀들은 다른 10대 소녀들보다 임신을 하게 될 가능성이 더 많은데, 이들이 임신을 하도록 영향을 미치는 같은 요인들이 그 자녀들 또한 위험에 처하도록 이끈다는 것

사회적 역할(social role) 사람이 특히 타인과 어떻게 행동해야 하는지에 대한 문화적 지침

사회적 영향(social influence) 10대 소녀가 출산을 하게 될 때 수반되는 사건들로 소녀가 아기의 발달을 위해 긍정적인 환경을 제공하기 어렵도록 하는 사건들

사회적 참조(social referencing) 낯선 환경에 있는 아기가 어머니 혹은 아버지의 얼굴 표정을 살피면서 상황을 해석하려고 하는 것

산후 우울증(postpartum depression) 10~15%의 산모들에게 발생하는 현상으로 수개월 동안 지속되며, 종종 낮은 자기 가치감, 수면 장애, 식욕 감퇴, 무관심 등이 동반됨

상관 계수(correlation coefficient) 두 변인 간 관계의 방향과 강도를 나타내는 통계

상관 연구(correlational study) 연구자는 존재하는 변인들 간의 관계를 보는 연구 설계

상대적 크기(relative size) 가까이 있는 사물은 멀리 있는 사물보다 훨씬 크게 보인다는 사실에 근거한 깊이를 지각하는 지각 단서

상상 청중(imaginary audience) 자신의 행동이 또래에 의해 끊임없이 관찰된다고 믿는 청소년의 믿음

상염색체(autosomes) 첫 22쌍의 염색체

상호주관성(intersubjectivity) 특정한 활동 혹은 과제에서 참여자들 간의 상호적이고 공유된 이해

생존 가능 시기(age of viability) 수정 후 7개월 정도가 지나면 태아의 신체 시스템들은 대부분 잘 기능하므로 만약 조산아로 태어나게 되더라도 태아가 생존할 가능성이 있는 시기

선천적부신피질과형성증(congenital adrenal hyperplasia, CAH) 태내기 동안 아드레날선이 안드로겐을 과도하게 분비했기 때문에 여아가 남자 같아지는 유전적 장애

선형 원근 화법(linear perspective) 평행선들은 멀리 한 점에서 모이게 된다는 사실을 바탕으로 하는 깊이 지각 단서

성 도식 이론(gender-schema theory) 아동은 어떤 사물 또는 활동, 행동이 남성적인 것인지 여성적인 것인지를 결정하고 난 후 그 사물 또는 활동, 행동에 대해 더 배워야 하는지 아닌지를 결정하는 데에 이 정보를 사용한다는 아동의 성역할 학습에 관한 이론

성숙 이론(maturational theory) 아동의 발달이 신체에 미리 예정된 특정 설계 혹은 계획이 그대로 반영된 것이라는 관점

성역할(gender role) 남성과 여성에게 적절하다고 고려되는 문화적으로 규정된 행동

성역할 고정관념(gender stereotypes) 진실은 아니지만 남성적인 것과 여성적인 것에 대한 믿음과 이미지

성염색체(sex chromosomes) 아동의 성을 결정하는 23번째 염색체 쌍

성장 호르몬(growth hormone) 근육과 뼈를 자라게 하는 다른 호르몬들을 방출하여 성장을 조절하는 뇌하수체에서 수면 중에 분비되는 호르몬

성 정체감(gender identity) 자신을 남성 또는 여성으로 지각하는 것

세포체(cell body) 뉴런의 생명을 유지시키는 뉴런의 중심

소근육 기술(fine-motor skills) 사물을 쥐는 것, 잡는 것, 조작하

는 것과 관련된 운동 기술

수 이름의 순서 원리(stable-order principle) 수의 이름은 동일한 순서로 배열되어 있다는 원리

수단과 목표 분석(means-ends analysis) 목표에 근거하여 현재 상태를 평가하여 목표점과 현재 상태의 차이를 분석하는 것

수동적 조부모(passive grandparents) 아동 발달에 관여하지만 영향력 있는 조부모나 지지적 조부모는 아니며 부모 역할을 수행하지 않는 조부모

수지상돌기(dendrite) 정보를 받아들이는 뉴런의 한쪽 끝으로, 가지가 많은 나무와 모양이 비슷함

스카홀딩(scaffolding) 학습자가 문제를 해결하는 데 필요한 도움의 양, 방법과 내용을 적절하게 조정하여 제공하는 교수 스타일을 지칭

스트레스(stress) 위협적인 혹은 힘든 상황에 대한 개인의 신체적, 심리적 반응

습관화(habituation) 반복적으로 제시되는 자극에 무반응하게 되는 것

시각 절벽(visual cliff) 한쪽은 얕아 보이며 다른 한쪽은 깊어 보이는 영아의 깊이 지각을 연구할 때 사용되는 유리가 깔려 있는 단

시각 확장(visual expansion) 사물이 가까워질수록 망막의 더 큰 부분을 차지하게 된다는 운동 단서

시간 체계(chronosystem) 브론펜브레너의 체계이론에서 제시한 것으로, 미시 체계, 중간 체계, 외체계, 거시 체계가 고정적인 것이 아니며 시간에 따라 변화한다는 생각

시냅스(synapse) 한 뉴런과 다음 뉴런 사이의 틈

시냅스 가지치기(synaptic pruning) 사용하지 않는 시냅스의 점진적인 손실로 영아기에 시작되어 초기 청소년기까지 계속됨

시대적 성장 추세(secular growth trends) 한 세대에서 다음 세대까지의 신체적 발달의 변화(예 : 산업사회의 사람들은 그 이전 세대보다 더 크고 성숙하다)

시력(visual acuity) 분명하게 구별될 수 있는 가장 작은 패턴

신경성 식욕부진증(anorexia nervosa) 음식에 대한 지속적인 거부와 함께 과체중이 되는 것에 대한 비합리적인 두려움을 보이는 장애

신경성 폭식증(bulimia nervosa) 폭식(개인이 먹는 것을 통제할 수 없음)과 자발적 구토, 설사약 복용을 반복하는 섭식 장애

신경 전달 물질(neurotransmitters) 가까운 뉴런의 정보를 운반하는 말초신경 버튼을 자극하는 화학물질

신경판(neural plate) 세포들의 평평한 조직으로 후에 뇌와 척수를 형성함

신뢰도(reliability) 실험을 할 때, 처음 한 결과와 다음에 한 결과가 얼마나 일관성이 있는지를 보는 것

신체질량지수(body mass index) 비만을 규정하기 위해 사용되는 키에 대한 체중의 비율

실용 능력(practical ability) 어떤 해결 방법과 계획이 실제 효과가 있는 것인가를 판단할 수 있는 능력

실행 기능(executive functioning) 감각 기억, 작동 기억, 장기 기억을 통합하여 조율하는 역할을 한다.

실험(experiment) 연구자가 특정 행동을 일으킨다고 가정하는 요인들을 조작하는 체계적인 방법

심리사회적 이론(psychosocial theory) 에릭슨이 제안한 이론으로 성격 발달은 성숙과 사회적 요구 간 상호작용의 결과라는 관점

아기를 담요로 꼭 싸는 것(swaddling) 담요로 꽉 감싸서 우는 아이를 달래는 기술

아기를 상대로 하는 말(infant directed speech) 매우 천천히 그리고 과장된 억양과 소리의 급격한 높낮이 조절을 하면서 말하는 것

아기 자서전(baby biographies) 종종 유명한 과학자들로 행해진 아동에 대한 상세하고 체계적인 관찰로 아동에 대한 객관적 연구를 촉진하도록 도움

아프가 점수(Apgar score) 신생아의 호흡, 심장 박동, 근육 상태, 반사의 유무(예 : 기침), 피부색을 기초로 하여 신생아의 상태를 평가하는 방법

악의를 품은 공격성(hostile aggression) 정당한 이유 없이 타인을 겁주거나 괴롭히거나 창피 주려는 목적에 의한 공격성

안내된 참여(guided participation) 진보한 기술을 가진 타인과의 구조적 활동에 아동이 몰입할 수 있도록 하는 상호작용

안드로겐(androgens) 공격적인 행동에 영향을 미치며 고환에서 분비되는 호르몬

안정 애착(secure attachment) 어머니가 방을 나갈 때 아기는 울

수도 있고 울지 않을 수도 있으나, 어머니가 다시 돌아오면 어머니를 반기며, 울고 있다가도 울음을 그친다. 미국 아기들의 60~65%가 이 유형에 속한다.

애착(attachment) 아동과 성인 간의 지속적인 사회정서적 관계이며 안정적 애착을 형성한 아동은 생존과 적응의 가능성이 높다.

양막 주머니(amniotic sac) 배아가 발달하는 동안 머무는 안쪽 주머니

양성적인(androgynous) 도구적 행동과 표현적 행동을 모두 가지고 있는 성역할 특성

양수(amniotic fluid) 충격으로부터 태아를 보호하는 쿠션 역할과 일정한 온도를 유지해 주는 역할을 하는 양막 내 유동체

양수 천자(amniocentesis) 임산부의 복부에 바늘을 삽입하여 양수의 샘플을 얻는 태아기 진단 기법

언어(language) 소리, 기호 혹은 동작을 의미와 연합시킨 일련의 체계

역동적 검사(dynamic testing) 검사자의 도움을 받아서 새로운 것을 배울 수 있는 능력을 측정하는 것

연구 설계(research design) 연구의 종합적인 개념적 계획으로 대개 상관 연구와 실험 연구로 이뤄짐

연속성 대 비연속성 논쟁(continuity vs. discontinuity issue) 발달상의 현상이 생애 전반을 통해 순조롭게 연속적으로 진행되는지 아니면 일련의 돌발적인 변화를 통해 진행되는지에 대한 논쟁

연합 놀이(associative play) 걸음마기 아동이 비슷한 활동에 참여하고 미소를 짓거나 말을 하기도 하고 장난감을 주고받기도 하는 놀이의 한 형태

열성(recessive) 우성 대립 형질과 연합될 때 무시되는 대립 형질

열쇠 아동(latchkey children) 방과 후 스스로를 돌보는 아동

염색체(chromosomes) 유전적 요소를 가지고 있는 핵 안의 작은 조직

영아기 기억상실증(infantile amnesia) 인생 초기에 경험한 사건을 기억하지 못하는 것

영아 돌연사 증후군(sudden infant death syndrome, SIDS) 건강한 아기가 갑자기 명백한 이유 없이 사망하는 것으로 보통 2~4개월 영아에게 발생

영양실조(malnutrition) 불충분한 영양 때문에 개인의 연령에 비해 작은 것

영재아(gifted) 지능이 130 이상 되는 아동

영향력 있는 조부모(influential grandparents) 손자녀와 매우 친밀하며 그들의 삶에 매우 참여적이고 빈번히 훈육을 포함한 부모의 역할을 수행하는 조부모

옹알이(babbling) 6개월 된 아기가 "다~" 혹은 "바~"와 같이 하나의 자음과 하나의 모음이 연합된 하나의 음소를 발화하는 것

외배엽(ectoderm) 배아의 바깥층으로 후에 머리카락, 피부 표피, 신경계를 형성함

외체계(exosystem) 브론펜브레너가 제시한 것으로, 개인이 직접 경험하는 것은 아니지만 여전히 개인에게 영향을 미치는 사회적 환경

외향성(extraversion) 아동의 행복감, 활동성의 정도 그리고 흥미 있는 자극을 추구하는 정도

우성(dominant) 대립 형질의 화학적 지시를 따르는 유형

우정(friendship) 서로 좋아하는 두 사람 사이의 자발적인 관계

운동 기술(motor skills) 근육과 팔다리의 협응적인 움직임

운동 단서(kinetic cues) 시각적 확장과 이동 변위같이 움직임으로 깊이를 측정하는 운동적 단서

원초아(id) 프로이트에 따르면, 신체의 요구와 필요를 즉각적인 만족시키고자 하는 욕구를 가진 성격 요소로 태어날 때부터 존재함

유동성 지능(fluid intelligence) 자극 간의 관계를 지각할 수 있는 능력

유사 실험(quasi-experiment) 무작위 배정으로 구성되지 않은 집단들을 사용하여 독립변인의 영향을 조사하는 실험 방식

유예(moratorium) 마르시아 이론에서 제시된 것으로, 만족스러운 자아정체감을 이미 발견하였지만 다른 대안을 여전히 탐색하고 있는 상태

유전 계수(heritability coefficient) 사람들 간의 차이가 유전을 반영하는 정도를 측정하는 방법

유전 공학(genetic engineering) 결함이 있는 유전자들을 합성된 정상 유전자들로 교체하는 태아 의학의 한 분야

유전자(gene) 특정 생화학적 지시를 제공하는 뉴클리오타이드

각 집단

융모(villi) 손가락 모양의 탯줄 혈관 돌기로 모체의 혈관 가까이에 위치해 모체와 배아 간에 영양분, 산소, 비타민, 배설물 등을 교환할 수 있도록 함

융모막 융모 채취(chorionic villus sampling, CVS) 융모막으로부터 조직의 샘플을 채취하여 분석하는 태아기 진단 기법

음성 기억력(phonological memory) 말소리에 대한 기억력을 뜻하는데 아동에게 별 뜻이 없는 말, 예를 들면 'ballop' 혹은 'glistering'과 같은 단어를 들려주고 즉시 똑같이 이 소리를 반복하게 하여 측정한다.

음성체계(phonology) 언어의 소리를 의미

음소(phonemes) 말소리의 가장 기초 단위. 이는 말소리가 이루어지는 가장 작은 소리 단위이며 이것이 모여 말이 된다.

음운 인식(phonological awareness) 낱자가 내는 소리를 들을 수 있는 능력

응용 발달 과학(applied developmental science) 건강한 발달을 증진시키기 위해 발달 연구들을 활용하며, 특히 취약한 아동들과 가족들에게 초점을 맞춘 과학

의미 자동처리 이론(semantic bootstrapping theory) 명사는 사람 혹은 사물을 가리키고 동사는 행위를 나타낸다는 것을 이미 알고 태어나며 이 지식을 활용하여 문법규칙을 추론한다는 이론

의미체계(semantics) 언어의 구성단위인 낱말의 의미에 대한 체계

의지적 조절(effortful control) 아동이 집중할 수 있는 정도와 쉽게 산만해지지 않는 것 그리고 자신의 반응을 억제할 수 있는 정도

이동력(locomotion) 이곳저곳으로 돌아다닐 수 있는 능력

이동 변위(motion parallax) 가까운 곳의 이동 물체가 멀리 있는 이동 물체에 비해 시야에서 더 빠르게 움직인다는 운동적 깊이 지각 단서

이란성 쌍생아(dizygotic twins) 두 개의 난자와 두 개의 정자가 수정되어 생겨난 쌍생아

이론(theory) 발달을 설명하기 위해 계획된 조직화된 생각

이질 접합(heterozygous) 대립 형질의 특성이 서로 다른 경우

이타주의(altruism) 개인에게 직접적인 이득이 없음에도 남을 돕거나 나누어 주는 등의 친사회적 행동

인습적 단계(conventional level) 콜버그 이론에서 제시된 것으로, 도덕적 추론이 사회적인 규범에 근거한다는 두 번째 단계

인자형(genotype) 한 개인의 유전적 구조

인종적 자아정체감(ethnic identity) 자신을 자신이 속해 있는 인종집단의 한 부분이라 여기며 그 집단의 문화와 유산의 특별한 관습과 전통에 대해 이해하는 것

인지 발달적 관점(cognitive-developmental perspective) 아동이 어떻게 사고하는가와 아동이 성장함에 따라 사고가 어떻게 변화하는지에 초점을 둔 발달에 대한 접근법

인지적 자기 조절(cognitive self-regulation) 목표를 설정하고 효율적 전략을 선택하며, 그 과정을 점검하는 능력으로 학업에 성공적인 학생들이 많이 활용한다.

일대일 대응 원리(one-to-one principle) 한 개의 사물은 오로지 한 번만 세어진다.

자기도취적인 사람(Narcissistic personality) 자기 자신을 대단하게 여겨 남보다 낫다고 믿으며 타인으로부터의 관심과 칭찬을 즐기는 아동과 청소년

자기 보고(self reports) 아동이 특정 주제에 대한 질문에 응답하는 측정 방법

자기 예측 가설(self-fulfilling prophecy) 수행에 불안감을 느껴서 결과적으로 수행 수준이 만족스럽지 않게 된다.

자기 효능감(self-efficacy) 개인이 어떤 일을 수행하는 능력이 있다는 믿음

자동 처리(automatic processes) 아무런 의식적 노력 없이 수행 가능한 인지적 활동

자아(ego) 프로이트에 따르면, 성격의 합리적인 요소로 생후 1년경부터 형성됨

자아 개념(self-concept) 자신을 독특한 개인으로 믿게 하는 태도, 행동, 가치

자아존중감(self-esteem) 자신의 가치에 대한 느낌과 판단

자아중심성(egocentrism) 다른 사람의 관점에서 사물을 보는 데 어려움을 갖는 것

자아탄력성(ego-resilience) 새로운 환경에 잘 적응할 수 있는 아동의 능력. 학대의 해로움에서 아동을 보호하는 요인 중 하나

자아 통제(self-control) 직면한 압력에 굴하지 않으며 충동에 굴

복하지 않는 능력

자연적 관찰(naturalistic observation) 실제 삶의 상황에서 아동의 자발적인 행동을 관찰하는 관찰법

자의식 정서(self-conscious emotions) 자신의 목표와 기대가 충족되었을 때 느끼는 성공감과 그렇지 않을 경우 느끼는 실패감 같은 정서

작동 기억(working memory) 인지 활동이 계속적으로 일어나면서 필요한 정보를 저장하고 있다.

장기 기억(long-term memory) 무제한적이고 영원한 정보 저장 창고로서 컴퓨터의 프로그램과 데이터를 반영구적으로 저장하는 하드 드라이브와 같다.

저산소증(hypoxia) 분만 시 탯줄이 조이거나 꼬여져서 나타나는 산소 부족

저항 애착(resistant attachment) 불안정 애착의 한 종류로 어머니가 방을 나갈 때, 아기는 강하게 저항하고 어머니가 다시 돌아와도 계속 흥분해서 진정이 되지 않는다. 미국 아기의 약 10~15%가 이 유형에 속한다.

적합한 환경 선택하기(niche-picking) 의도적으로 자신의 유전에 적합한 환경을 찾는 과정

전기적 기억(autobiographical memory) 개인 각자의 삶에 중요한 사건 혹은 경험에 대한 기억

전두 피질(frontal cortex) 개인의 성격이나 계획을 세우고 실행하는 능력을 다루는 뇌 영역

전신어(telegraphic speech) "주스 더", "과자 줘", "트럭 가", "엄마 가", "아빠 자전거" 등 의사소통에 필요한 최소한의 단어로 간결하게 표현하는 말

전인습적 단계(preconventional level) 콜버그 이론에서 제시된 것으로, 도덕적 추론이 외부의 권위에 근거한다는 첫 번째 단계

전조작기(preoperational stage) 2~7세까지의 시기를 말하며 이 시기에는 사물과 사건을 상징으로 표상할 수 있게 된다.

접합체(zygote) 수정란

정교화(elaboration) 암기해야 할 사실에 정보를 추가하는 전략

정보처리이론(information-processing theory) 인간의 인지 작용은 정신 하드웨어와 정신 소프트웨어의 작동으로 이루어진다고 보는 이론

정서지능(emotional intelligence) 문제를 해결하거나 만족스러운 삶을 영위하기 위하여 자신과 타인의 감정을 효율적으로 사용하는 능력

정신역동 이론(psychodynamic theory) 프로이트에 의해 처음 형성된 관점으로 각기 다른 연령대에서 직면하게 되는 갈등들을 어떻게 잘 해결하느냐에 의해 발달이 결정된다고 보는 관점

정신적 조작(mental operation) 문제를 해결하거나 이유를 추론하는 과정에서 좀 더 체계적이며 효율적인 책략과 규칙을 사용하는 것

정신적 회전(mental rotation) 어떤 물체가 공간 속에서 움직이면 어떤 모습이 될지 상상할 수 있는 공간 능력의 한 측면

제왕 절개(casarean section, C-section) 자궁에서 아기를 꺼내기 위해 임산부의 복부를 절개하는 수술 방법

제한하는(constricting) 승자가 되기 위해 상대방을 위협하거나 부정하거나 과장하는 것으로 남아에게서 보편적으로 발생하는 상호작용

조산아(premature infants) 수정 후 35주 혹은 그 이전에 태어나는 아기

조작적 조건화(operant conditioning) 보상과 처벌을 강조한 스키너의 학습에 대한 관점

조절(accommodation) 새로운 경험에 맞추어서 자신의 이론을 수정하는 과정

조직화(organization) 관련된 정보를 서로 연관시켜서 암기를 용이하게 하는 기억력 전략

종단적 설계(longitudinal design) 동일한 개인들을 그들 삶의 다양한 시점에서 반복적으로 관찰하거나 검사하는 연구 설계

종속 변인(dependent variable) 실험에서 다른 변인이 조작된 후 관찰된 행동

좌우 반구(hemispheres) 좌측과 우측 피질

주의력(attention) 개인이 처리하는 정보의 결정 과정

중간 체계(mesosystem) 브론펜브레너가 제시한 것으로, 미시 체계 간의 상호작용

중배엽(mesoderm) 배아의 중간층으로 후에 근육, 뼈, 순환계를 형성함

중심성(centration) 학령 전 아동들이 문제의 한 측면에만 주의

를 기울이고 다른 측면은 완전히 무시하는 좁은 시각을 가리켜 피아제가 이른 말

지배 계층(dominance hierarchy) 지위가 낮은 사람이 높은 사람에게 경의를 표하는 집단 내 개인의 서열

지식 변환 책략(knowledge transforming strategy) 청소년기가 되면 사용 가능해지는 전략으로 어떤 정보를 포함시킬 것인가를 생각하며 이 정보를 어떻게 의미 있게 독자에게 전달할 것인가를 고려하는 것

지식을 전달하는 책략(knowledge telling strategy) 주제와 관련된 정보를 기억에서 인출하는 전략

지지적인 조부모(supportive grandparents) 손자녀와 친밀하고 참여적이지만 부모의 역할을 수행하지는 않는 조부모

직접적인 지도(direct instruction) 아동에게 언제 어디서 무엇을 해야 하는지를 일러 줌으로써 아동에게 영향을 미치는 양육 행동의 하나

진화심리학(evolutionary psychology) 인간 행동은 환경 적응에 성공적인 것만 진화하고 발전된다.

짝패(clique) 나이, 성, 인종, 흥미가 비슷한 작은 집단의 친구

착상(implantation) 접합체가 자궁벽에 구멍을 내고 모체의 혈관에 연결부를 만드는 과정

참조적 유형(referential style) 사물의 이름, 사람 혹은 행동에 대한 어휘를 주로 습득한다.

창의력(creative ability) 새로운 상황과 문제에 대하여 유연하게 적응하는 능력

처벌(punishment) 혐오적인 자극(예 : 엉덩이 때리기)을 제공하고 좋아하는 자극(예 : TV 보기)을 제거함으로써 뒤따라오던 반응이 다시 발생하지 않게 하는 행동

척추 피열(spina bifida) 임신 첫 달에 배아의 신경관이 제대로 닫히지 않는 장애

첫 사정(spermarche) 첫 번째 자발적인 정액 사정으로 보통 13세에 발생

청각 한계(auditory threshold) 사람이 들을 수 있는 가장 작은 소리

청소년의 자기중심적 사고(adolescent egocentrism) 자아정체감을 찾아가는 10대에게서 나타나는 특성인 자아도취

체계적 관찰(systemic observation) 조사자가 아동을 관찰하고 아동이 행동하고 말하는 것을 기록하는 관찰 방법

체외 수정(in vitro fertilization) 실험실에서 정자와 난자를 함께 섞어 수정된 몇 개의 난자를 어머니의 자궁에 넣어 자궁벽에 정착하게 하는 기술

초경(menarche) 월경의 시작

초기억(metamemory) 자신의 기억에 대한 인식으로 과제에 적절한 기억 전략을 사용하고 이것의 효과를 점검하는 능력

초음파(ultrasound) 태아의 이미지를 만들어 내고 태아가 보내는 건강한 소리를 포함하는 태내 진단 기술

초인지적 지식(metacognitive knowledge) 인지적 과정에 대한 지각 혹은 인식

초자아(superego) 프로이트에 따르면, 옳고 그름의 성인 기준을 포함하는 성격의 도덕적 요소

축색돌기(axon) 세포체의 한 부분으로 정보를 다른 뉴런에 전달하는 튜브 모양의 구조

친사회적 행동(prosocial behavior) 다른 사람에게 도움이 되는 행동

코호트(cohort) 같은 해, 같은 세대에 태어난 사람들의 집단

크기 항상성(size constancy) 망막 상의 크기가 달라지더라도 물체의 실제 크기는 여전히 동일하다는 것을 지각

크라우닝(crowning) 분만 시 아기의 머리 꼭대기가 보이는 것

타당도(validity) 연구에서 측정하려는 것을 실제 측정하는 정도

타임아웃(time-out) 잘못된 행동을 한 아동을 자극이 없는 조용한 장소로 이동시키는 처벌

태내 발달(prenatal development) 수정란이 신생아로 바뀌게 되는 많은 변화들

태반(placenta) 모체와 유기체 간에 영양분과 배설물을 교환하는 조직

태아기(period of the fetus) 수정 후 9주에서 출생에 이르는 가장 긴 시기

태아 알코올 스펙트럼 장애(fetal alcohol spectrum disorder) 임신 기간 중 많은 양의 알코올을 규칙적으로 섭취한 어머니의 아기들에게 발생하는 장애

태아 의학(fetal medicine) 태내 문제 치료를 다루는 의학계의 한 분야

태아 지방(vernix) 태내 발달 동안 태아를 감싸 보호하는 두꺼운 지방질

탯줄(umbilical cord) 배아와 태반을 이어 주는 혈관들을 포함하는 구조

통합(integration) 각각의 움직임이 일관성 있는 하나의 전체로 작용하도록 연결하는 것

패거리(crowd) 비슷한 가치와 태도를 가지고 있는 많은 짝패가 모인 대규모 집단

평형(equilibrium) 동화와 조절이 균형을 이루는 상태

표본(sample) 연구에 참여하는 모집단에서 추출해 낸 아동 집단

표현적 유형(expressive style) "저리 가", "뭐 할래?" 혹은 "그거 좋아" 등과 같이 사회적 관계를 지칭하는 어휘를 많이 사용하는 스타일

표현적 특성(expressive traits) 정서와 대인관계에 중점을 두는 사람을 묘사하는 심리적 특성

표현형(phenotype) 개인의 유전적 지시와 환경적 영향과의 상호작용을 통해 형성된 개인의 신체적, 행동적, 심리적 특징

학습 장애(learning disability) 진단에는 다음과 같은 요건이 만족되어야 한다. (1) 교과목을 학습하는 데 어려움이 있고, (2) 지능은 정상이며, (3) 감각 장애와 같은 문제가 전혀 없는데도 학습에 어려움이 있다.

해독(word decoding) 언어가 갖고 있는 낱자의 고유한 패턴을 인식하는 과정

행동 유전학(behavioral genetics) 행동 및 심리적인 특징의 유전적 영향을 다루는 유전학의 한 분야

허용적 양육(permissive parenting) 온정적으로 돌보지만 통제는 거의 하지 않는 양육 행동의 한 형태

헌팅턴 무도병(Huntington's disease) 우성 대립인자에 의해 발생하는 치매의 한 유형으로 중년기에 시작되는 신경계의 퇴행이 특징

현장 실험(field experiment) 연구자가 자연적인 환경에서 독립 변인을 조작하여 연구 결과가 실제 환경에서의 행동에 더욱 가깝도록 하는 실험 유형

협동 놀이(cooperative play) 두 돌이 될 즈음에 시작하는 것으로 하나의 주제를 가지고 각 아동이 다른 역할을 수행하도록 조직된 놀이

협응적 양육권(joint custody) 이혼 후 두 부모 모두 아동의 법적인 양육권을 가지는 것

형식적 조작기(formal operational stage) 약 11세부터 성인기에 해당되며 추상적 대상에 대하여 정신적 조작을 할 수 있고 가설적이며 연역적 사고를 할 수 있다.

혼란 애착(disorganized or disoriented attachment) 불안정 애착의 한 종류로 어머니가 방을 나갈 때 아기는 혼란스러워하다가 어머니가 돌아와도 무슨 일이 있었는지 파악을 잘 못하는 것 같다. 미국 아기의 5~10%가 이 유형에 속한다.

혼합가족(Blended family) 생물학적인 부모, 양부모, 아동이 함께 있는 가족

화가 난 울음(mad cry) 기본적인 울음의 더욱 강렬한 형태

화용체계(pragmatics) 효율적인 의사소통에 필요한 언어의 체계

확립(achievement) 마르시아 이론에서 제시된 것으로, 청소년이 자아정체감 대안들을 탐색하여 이제는 자아정체감을 획득한 상태

회귀적 사고(recursive thinking) 타인이 생각하는 것에 대해 생각할 수 있는 아동의 능력, 특히 타인이 그 아동에 대해 생각할 때(예를 들면, "내가 ~라 생각한다고 그가 생각한다")

회피 애착(avoidant attachment) 어머니가 방을 나갈 때 아기는 크게 불안해하지 않다가 어머니가 돌아오면 어머니에게 시선을 주지 않으며 무시한다. 미국 아기의 20%가 이 유형에 속한다.

횡단적 설계(cross-sectional design) 동일한 시점에서 다양한 연령의 사람들을 비교하는 연구 설계

후성설(epigenesis) 유전자들과 환경의 다양한 수준(세포에서부터 문화에 이르기까지) 간의 지속적인 상호작용

후인습적 단계(postconventional level) 콜버그 이론에서 제시된 것으로, 도덕성이 개인적인 도덕적 원리에 근거한다는 세 번째 단계

1차 성징(primary sex characteristics) 직접적으로 생식을 포함하는 신체 기관(여아의 난소, 자궁, 질과 남아의 음낭, 고환, 음경)의 변화로 신체적 성숙의 신호가 됨

2차 성징(secondary sex characteristics) 생식 기관과 직접적인 연관이 없는 신체적 성숙의 신호(여아의 유방 성장과 골반 확장, 남아의 수염과 벌어진 가슴, 그리고 남녀 모두에게 나타나는 체모, 음성 및 피부의 변화)

non-REM 수면(non-REM sleep) 심박동수, 호흡, 뇌 활동이 고른 상태에서 자는 것

sfd 영아(small-for-date infant) 임신 기간에 기초하여 기대되는 것보다 상당히 작은 신생아

제1장

1. a
2. c
3. a
4. b
5. b
6. a
7. c
8. b
9. a
10. c
11. a
12. b
13. c
14. b
15. b

제2장

1. a
2. b
3. a
4. a
5. a
6. b
7. b
8. a
9. b
10. a
11. c
12. c
13. a
14. c
15. c

제3장

1. a
2. b
3. b
4. c
5. a
6. c
7. a

8. b
9. b
10. c
11. a
12. b
13. a
14. b
15. a

제4장

1. b
2. c
3. b
4. b
5. a
6. c
7. c
8. b
9. a
10. b
11. a
12. c
13. a
14. c
15. a

제5장

1. c
2. a
3. a
4. c
5. b
6. a
7. c
8. c
9. a
10. a
11. b
12. a
13. a
14. c.
15. b

제6장

1. a
2. b
3. c
4. b
5. b
6. a
7. b
8. a
9. c
10. b
11. c
12. a
13. b
14. c
15. a

제7장

1. b
2. a
3. a
4. c
5. a
6. b
7. b
8. a
9. a
10. c
11. a
12. b
13. b
14. a
15. c

제8장

1. a
2. b
3. b
4. b
5. c
6. c
7. c

8. b
9. a
10. a
11. a
12. c
13. c
14. b
15. b

제9장

1. b
2. b
3. c
4. a
5. a
6. a
7. a
8. b
9. a
10. a
11. b
12. b
13. a
14. c
15. a

제10장

1. a
2. b
3. b
4. c
5. a
6. a
7. b
8. b
9. b
10. b
11. a
12. b
13. b
14. b
15. a

제11장

1. b
2. c
3. a
4. b
5. a
6. b
7. b
8. a
9. a
10. b
11. a
12. a
13. b
14. b
15. b

제12장

1. a
2. a
3. b
4. a
5. b
6. c
7. b
8. c
9. c
10. c
11. a
12. b
13. a
14. c
15. c

제13장

1. b
2. b
3. a
4. a
5. c
6. a
7. c
8. a
9. a
10. b
11. a
12. c
13. b
14. c
15. b

제14장

1. c
2. c
3. a
4. c
5. c
6. a
7. b
8. a
9. a
10. c
11. a
12. c
13. c
14. a
15. c

제15장

1. b
2. a
3. c
4. c
5. b
6. a
7. b
8. c
9. c
10. c
11. b
12. a
13. c
14. b
15. c

AAIDD Ad Hoc Committee on Terminology and Classification. (2010). *Intellectual disability* (11th ed.). Washington, DC: American Association on Intellectual and Developmental Disabilities.

Aboud, F. E. (2003). The formation of in-group favoritism and out-group prejudice in young children: Are they distinct attitudes? *Developmental Psychology, 39,* 48–60.

Aboud, F. E., Tredoux, C., Tropp, L. R., Brown, C. S., Niens, U., Noor, N. M. et al. (2012). Interventions to reduce prejudice and enhance inclusion and respect for ethnic differences in early childhood: A systematic review. *Developmental Review, 32,* 307–336.

Ackerman, B. P. (1993). Children's understanding of the speaker's meaning in referential communication. *Journal of Experimental Child Psychology, 55,* 56–86.

Ackerman, B. P., & Brown, E. D. (2006). Income poverty, poverty co-factors, and the adjustment of children in elementary school. In R. V. Kail (Ed.), *Advances in child development and behavior* (Vol. 34, pp. 91–129). Amsterdam: Elsevier Academic Press.

Adams, J. (1999). On neurodevelopmental disorders: Perspectives from neurobehavioral teratology. In H. Tager-Flusberg (Ed.), *Neurodevelopmental disorders* (pp. 451–468). Cambridge, MA: MIT Press.

Adams, E. K. (2004). Beyond quality: Parental and residential stability and children's adjustment. *Current Directions in Psychological Science, 13,* 210–213.

Adams, R. J., & Courage, M. L. (1995). Development of chromatic discrimination in early infancy. *Behavioral Brain Research, 67,* 99–101.

Adams, R. E., Santo, J. B., & Bukowski, W. M. (2011). The presence of a best friend buffers the effects of negative experiences. *Developmental Psychology, 47,* 1786–1791.

Adams, M. J., Treiman, R., & Pressley, M. (1998). Reading, writing, and literacy. In W. Damon (Ed.), *Handbook of child psychology* (Vol. 4, pp. 275–355). New York, NY: Wiley.

Administration for Children and Families. (2013). *Head Start facts fiscal year 2012.* Washington DC: Author.

Adolph, K. E. (2000). Specificity of learning: Why infants fall over a veritable cliff. *Psychological Science, 11,* 290–295.

Adolph, K. (2002). Learning to keep balance. In R. V. Kail (Ed.), *Advances in child development and behavior* (Vol. 30, pp. 1–40). Orlando, FL: Academic Press.

Adolph, K. E., Cole, W. G., Komati, M., Garciaguirre, J. S., Badaly, D., Lingeman, J. M., et al. (2012). How do you learn to walk? Thousands of steps and dozens of falls per day. *Psychological Science, 23,* 1387–1394.

Adolph, K. E., & Robinson, S. R. (2013). The road to walking: What learning to walk tells us about development. In P. Zelazo (Ed.) *Oxford handbook of developmental psychology* (pp. 403–443). New York NY: Oxford University Press.

Adolphus, K., Lawton, C. L., & Dye, L. (2013). The effects of breakfast on behavior and academic performance in children and adolescents. *Frontiers in Human Neuroscience, 7,* Article 425.

Adzick, N. S., Thom, E. A., Spong, C Y., Brock, J. W., Burrows, P. K., Johnson, M. P., et al. (2011). A randomized trial of prenatal versus postnatal repair of myelomeningocele. *The New England Journal of Medicine, 364,* 993–1004.

Ainsworth, M. S. (1978). The development of infant–mother attachment. In B. M. Caldwell & H. N. Ricciuti (Eds.), *Review of child development research* (Vol. 3, pp. 1–94). Chicago, IL: University of Chicago Press.

Ainsworth, M. S. (1993). Attachment as related to mother–infant interaction. *Advances in Infancy Research, 8,* 1–50.

Alatupa, S., Pulkki-Råback, L., Hintsanen, M., Elovainio, M., Mullola, S., & Keltikangas-Järvinen, L. (2013). Disruptive behavior in childhood and socioeconomic position in adulthood: a prospective study over 27 years. *International Journal of Public Health, 58,* 247–256.

Alberts, A. E. (2005). Neonatal behavioral assessment scale. In C. B. Fisher & R. M. Lerner (Eds.), *Encyclopedia of applied developmental science* (Vol. 1, pp. 111–115). Thousand Oaks, CA: Sage.

Aldridge, V., Dovey, T. M., & Halford, J. C. G. (2009). The role of familiarity in dietary development. *Developmental Review, 29,* 32–44.

Alexander, G. M., & Wilcox, T. (2012). Sex differences in early infancy. *Child Development Perspectives, 6,* 400–406.

Alink, L. R. A., Cicchetti, D., Kim, J., & Rogosch, F. A. (2012). Longitudinal associations among child maltreatment, social functioning, and cortisol regulation. *Developmental Psychology, 48,* 224–236.

Allen, J. P., Chango, J., Szwedo, D., Schad, M., & Marston, E. (2012). Predictors of susceptibility to peer influence regarding substance use in adolescence. *Child Development, 83,* 337–350.

Allen, L., Cipielewski, J., & Stanovich, K. E. (1992). Multiple indicators of children's reading habits and attitudes: Construct validity and cognitive correlates. *Journal of Educational Psychology, 84,* 489–503.

Alter, A. L., Aronson, J., Darley, J. M., Rodriguez, C., & Ruble, D. N. (2010). Rising to the threat: Reducing stereotype threat by reframing the threat as a challenge. *Journal of Experimental Social Psychology, 46,* 166–171.

Amato, P. R. (2001). Children of divorce in the 1990s: An update of the Amato and Keith (1991) meta-analysis. *Journal of Family Psychology, 15,* 355–370.

Amato, P. R. (2010). Research on divorce: Continuing trends and new developments. *Journal of Marriage and Family, 72,* 650–666.

Amato, P. R., & Fowler, F. (2002). Parenting practices, child adjustment, and family diversity. *Journal of Marriage & the Family, 64,* 703–716.

Amato, P. R., Kane, J. B., & James, S. (2011). Reconsidering the "good divorce." *Family Relations, 60,* 511–524.

Amato, P. R., & Keith, B. (1991). Parental divorce and the well-being of children: A meta-analysis. *Psychological Bulletin, 110,* 26–46.

American Academy of Pediatrics. (2008). *Feeding kids right isn't always easy: Tips for preventing food hassles.* Elk Grove Village, IL: Author.

American Academy of Pediatrics. (2011). *Caring for our children: National health and safety performance standards; guidelines for early child care and education programs* (3rd ed.). Elk Grove Village, IL: Author.

American College of Obstetricians and Gynecologists. (2011a). *Frequently asked questions: Cesarean birth.* Washington DC: Author.

American College of Obstetricians and Gynecologists. (2011b). *Frequently asked questions: Pain relief during labor and delivery.* Washington DC: Author.

American Lung Association. (2007). *State of lung disease in diverse communities: 2007.* New York, NY: Author.

American Psychological Association. (2004, July 19). [Amicus curiae brief filed in U.S. Supreme Court in *Roper v. Simmons*, 543 U.S. 551 (2005)].

American Psychiatric Association. (2004). *Diagnostic and statistical manual of mental disorders* (4th ed.). Washington, DC: Author.

Amso, D., & Johnson, S. P. (2006). Learning by selection: Visual search and object perception in young infants. *Developmental Psychology, 42,* 1236–1245.

Amsterlaw, J., Lagattuta, K. H., & Meltzoff, A. N. (2009). Young children's reasoning about the effects of emotional and physiological states on academic performance. *Child Development, 80,* 115–133.

Anastasi, A. (1988). *Psychological testing* (6th ed.). New York, NY: Macmillan.

Anderson, E. (2000). Exploring register knowledge: The value of "controlled improvisation." In L. Menn & N. B. Ratner (Eds.), *Methods for studying language production* (pp. 225–248). Mahwah, NJ: Erlbaum.

Anderson, S. W., Damasio, H., Tranel, D., & Damasio, A. R. (2001). Long-term sequelae of prefrontal cortex damage acquired in early childhood. *Developmental Neuropsychology, 18,* 281–296.

Anderson, D. R., & Hanson, K. G. (2009). Children, media, and methodology. *American Behavioral Scientist, 52,* 1204–1219.

Anzures, G., Quinn, P. C., Pascalis, O., Slater, A. M., Tanaka, J. W., & Lee, K. (2013). Developmental origins of the other-race effect. *Current Directions in Psychological Science, 22,* 173–178.

Anzures, G., Wheeler, A., Quinn, P. C., Pascalis, O., Slater, A. M., Heron-Delaney, M., et al. (2012). Brief daily exposures to Asian females reverses perceptual narrowing for Asian faces in Caucasian infants. *Journal of Experimental Child Psychology, 112,* 484–495.

Apfelbaum, E. P., Pauker, K., Ambady, N., Sommers, S. R., & Norton, M. I. (2008). Learning (not) to talk about race: When older children underperform in social categorization. *Developmental Psychology, 44,* 1513–1518.

Apgar, V. (1953). A proposal for a new method of evaluation of the newborn infant. *Current Researches in Anesthesia & Analgesia, 32,* 260–267.

Appleyard, K., Yang, C. M., & Runyan, D. K. (2010). Delineating the maladaptive pathways of child maltreatment: A mediated moderation analysis of the roles of self-perception and social support. *Development & Psychopathology, 22,* 337–352.

Arabi, M., Frongillo, E. A., Avula, R., & Mangasaryan, N. (2012). Infant and young child feeding in developing countries. *Child Development, 83,* 32–45.

Archer, J. (2004). Sex differences in aggression in real-world settings: A meta-analytic review. *Review of General Psychology, 8,* 291–322.

Archer, J. (2006). Testosterone and human aggression: An evaluation of the challenge hypothesis. *Neuroscience and Biobehavioral Reviews, 30,* 319–345.

Archer, J. (2013). Can evolutionary principles explain patterns of family violence? *Psychological Bulletin, 139,* 403–440.

Arndorfer, C. L., & Stormshak, E. A. (2008). Same-sex versus other-sex best friendship in early adolescence: Longitudinal predictors of antisocial behavior throughout adolescence. *Journal of Youth & Adolescence, 37,* 1059–1070.

Arseneault, L., Tremblay, R. E., Boulerice, B., & Saucier, J. F. (2002). Obstetrical complications and violent delinquency: Testing two developmental pathways. *Child Development, 73,* 496–508.

Arsenio, W. F., Gold, J., & Adams, E. (2006). Children's conceptions and displays of moral emotions. In M. Killen & J. G. Smetana (2006), *Handbook of moral development* (pp. 581–609). Mahwah, NJ: Erlbaum.

Arunachalam, S., Escovar, E., Hansen, M. A., & Waxman, S. R. (2013). Out of sight, but not out of mind: 21-month-olds use syntactic information to learn verbs even in the absence of a corresponding event. *Language and Cognitive Processes, 28,* 417–425.

Asbridge, M., Brubacher, J. R., & Chan, H. (2013). Cell phone use and traffic crash risk: A culpability analysis. *International Journal of Epidemiology, 42,* 259–267.

Asendorpf, J. B., Denissen, J. J. A., & van Aken, M. A. G. (2008). Inhibited and aggressive preschool children at 23 years of age: Personality and social transitions into adulthood. *Developmental Psychology, 44,* 997–1011.

Ashcraft, M. H. (1982). The development of mental arithmetic: A chronometric approach. *Developmental Review, 2,* 212–236.

Aslin, R. N. (1987). Visual and auditory discrimination in infancy. In J. D. Osofsky (Ed.), *Handbook of infant development* (2nd ed.). New York, NY: Wiley.

Aslin, R. N., Jusczyk, P. W., & Pisoni, D. B. (1998). Speech and auditory processing during infancy: Constraints on and precursors to language. In W. Damon (Ed.), *Handbook of child psychology* (Vol. 2). New York, NY: Wiley.

Aslin, R. N., & Newport, E. L. (2012). Statistical learning: From acquiring specific items to forming general rules. *Current Directions in Psychological Science, 21,* 170–176.

Aspenlieder, L., Buchanan, C. M., McDougall, P., & Sippola, L. K. (2009). Gender nonconformity and peer victimization in pre- and early adolescence. *European Journal of Developmental Science, 3,* 3–16.

Astill, R. G., van der Heijden, K. B., van IJzendoorn, M. H., & van Someren, E. J. W. (2012). Sleep, cognition, and behavioral problems in school-age children: A century of research meta-analyzed. *Psychological Bulletin, 138,* 1109–1138.

Attar-Schwartz, S., Tan, J. P., Buchanan, A., Fluri, E., & Griggs, J. (2009). Grandparenting and adolescent adjustment in two-parent biological, lone-parent, and step families. *Journal of Family Psychology, 23,* 67–75.

Au, T. K., & Glusman, M. (1990). The principle of mutual exclusivity in word learning: To honor or not to honor? *Child Development, 61,* 1474–1490.

Aunola, K., Stattin, H., & Nurmi, J.-E. (2000). Parenting styles and adolescents' achievement strategies. *Journal of Adolescence, 23,* 205–222.

Averill, J. A. (1980). A constructivist view of emotion. In R. Plutchik & H. Kellerman (Eds.), *Emotion: Theory, research, and experience: Vol. 1 Theories of emotion.* New York, NY: Academic Press.

Awong, T., Grusec, J. E., & Sorenson, A. (2008). Respect-based control and anger as determinants of children's socio-emotional development. *Social Development, 17,* 941–959.

Azaiza, F. (2005). Parent-child relationships as perceived by Arab adolescents living in Israel. *International Journal of Social Welfare, 14,* 297–304.

Bachman, J. G., & Schulenberg, J. (1993). How part-time work intensity relates to drug use, problem behavior, time use, and satisfaction among high school seniors: Are these consequences or merely correlates? *Developmental Psychology, 29,* 229–230.

Bachman, J. G., Staff, J., O'Malley, P. M., & Freedman-Doan, P. (2013). Adolescent work intensity, school performance, and substance use: Links vary by race/ethnicity and socioeconomic status. *Developmental Psychology, 49,* 2125–2134.

Bachman, J. G., Staff, J. G., O'Malley, P. M., Schulenberg, J. E., & Freedman-Doan, P. (2011). Twelfth-grade student work intensity linked to later educational attainment and substance use: New longitudinal evidence. *Developmental Psychology, 47,* 344–363.

Backscheider, A. G., Shatz, M., & Gelman, S. A. (1993). Preschoolers' ability to distinguish living kinds as a function of regrowth. *Child Development, 64,* 1242–1257.

Baddeley, A. (2012). Working memory: Theories, models, and contro-versies. *Annual Review of Psychology, 63*, 1–29.

Baenninger, M., & Newcombe, N. (1995). Environmental input to the development of sex-related differences in spatial and mathematical ability. *Learning & Individual Differences, 7*, 363–379.

Bagwell, C. L. (2004). Friendships, peer networks and antisocial behavior. In J. B. Kupersmidt & K. A. Dodge (Eds.), *Children's peer relations* (pp. 37–57). Washington, DC: American Psychological Association.

Bagwell, C. L., Newcomb, A. F., & Bukowski, W. M. (1998). Preadolescent friendship and peer rejection as predictors of adult adjustment. *Child Development, 69*, 140–153.

Bahrick, L. E., & Lickliter, R. (2002). Intersensory redundancy guides early perceptual and cognitive development. In R. V. Kail (Ed.), *Advances in child development and behavior* (Vol. 30, pp. 153–177). Orlando, FL: Academic Press.

Bahrick, L. E., & Lickliter, R. (2012). The role of intersensory redundancy in early perceptual, cognitive, and social development. In A. Bremner, D.J. Lewkowicz, and C. Spence (Eds.), *Multisensory development* (pp. 183–205). Oxford, England: Oxford University Press.

Bailey, J. M., Bechtold, K. T., & Berenbaum, S. A. (2002). Who are tomboys and why should we study them? *Archives of Sexual Behavior, 31*, 333–341.

Bailey, J. A., Hill, K. G., Oesterle, S., & Hawkins, J. D. (2009). Parenting practices and problem behavior across three generations: Monitoring, harsh discipline, and drug use in the intergenerational transmission of externalizing behavior. *Developmental Psychology, 45*, 1214–1226.

Bailey, R. K., & Owens, D. L. (2005). Overcoming challenges in the diagnosis and treatment of attention-deficit/hyperactivity disorder in African Americans. *Journal of the National Medical Association, 97*, 5S–10S.

Baillargeon, R. (1987). Object permanence in 3½- and 4½-month-old infants. *Developmental Psychology, 23*, 655–664.

Baillargeon, R. (1994). How do infants learn about the physical world? *Current Directions in Psychological Science, 3*, 133–140.

Baillargeon, R. (2004). Infants' reasoning about hidden objects: Evidence for event-general and event-specific expectations. *Developmental Science, 7*, 391–424.

Baker, L., & Brown, A. L. (1984). Metacognitive skills and reading. In P. D. Pearson (Ed.), *Handbook of reading research: Part 2*. New York, NY: Longman.

Baker, J., McHale, J., Strozier, A., & Cecil, D. (2010). Mother-grandmother coparenting relationships in families with incarcerated mothers: A pilot investigation. *Family Process, 49*, 165–184.

Bakermans-Kranenburg, M. J., & van IJzendoorn, M. H. (2009). The first 10,000 Adult Attachment Interviews: distributions of adult attachment representations in clinical and non-clinical groups. *Attachment and Human Development, 11*, 223–263.

Bakermans-Kranenburg, M. J., & Van IJzendoorn, M. H. (2011). Differential susceptibility to rearing environment depending on dopamine-related genes: New evidence and a meta-analysis. *Development and Psychopathology, 23*, 39–52.

Bakermans-Kranenburg, M., van IJzendoorn, M. H., & Juffer, F. (2003). Less is more: Meta-analyses of sensitivity and attachment interven-tions in early childhood. *Psychological Bulletin, 129*, 195–215.

Bandura, A. (1977). *Social learning theory*. Englewood Cliffs, NJ: Prentice-Hall.

Bandura, A. (1986). *Social foundations of thought and action: A social-cognitive theory*. Englewood Cliffs, NJ: Prentice-Hall.

Bandura, A. (2006). Toward a psychology of human agency. *Perspectives on Psychological Science, 1*, 164–180.

Bandura, A. (2012). On the functional properties of self-efficacy revis-ited. *Journal of Management, 38*, 9–44.

Bandura, A., & Bussey, K. (2004). On broadening the cognitive, motivational, and sociostructural scope of theorizing about gender development and functioning: Comment on Martin, Ruble, and Szkrybalo (2002). *Psychological Bulletin, 130*, 691–701.

Banerjee, R., Watling, D., & Caputi, M. (2011). Peer relations and the understanding of faux pas: Longitudinal evidence for directional associations. *Child Development, 82*, 1887–1905.

Bannard, C., & Matthews, D. (2008). Stored word sequences in language learning: The effect of familiarity on children's repetition of four-word combinations. *Psychological Science, 19*, 241–248.

Banny, A. M., Heilbron, N., Ames, A., & Prinstein, M. (2011). Relational benefits of relational aggression: Adaptive and maladaptive associ-ations with adolescent friendship quality. *Developmental Psychology, 47*, 1153–1166.

Barac, R., & Bialystok, E. (2012). Bilingual effects on cognitive and linguistic development: Role of language, cultural background, and education. *Child Development, 83*, 413–422.

Barajas, R. G., Martin, A. Brooks-Gunn, J., & Hale, L. (2011). Mother-child bed-sharing in toddlerhood and cognitive and behavioral outcomes. *Pediatrics, 128*, e339–e347.

Barbaresi, W. J., Colligan, R. C., Weaver, A. L., Voigt, R. G., Killian, J. M., & Katusic, S. K. (2013). Mortality, ADHD, and psychosocial adver-sity in adults with childhood ADHD: A prospective study. *Pediatrics, 131*, 637–644.

Barca, L., Ellis, A. W., & Burani, C. (2007). Context-sensitive rules and word naming in Italian children. *Reading & Writing, 20*, 495–509.

Barker, E. D., Copeland, W., Maughan, B., Jaffee, S. R., & Uher, R. (2012). Relative impact of maternal depression and associated risk factors on offspring psychopathology. *The British Journal of Psychiatry, 200*, 124–129.

Barkley, R. A. (2004). Adolescents with attention deficit/hyperactivity disorder: An overview of empirically based treatments. *Journal of Psychiatric Review, 10*, 39–56.

Barling, J., Zacharatos, A., & Hepburn, C. G. (1999). Parents' job insecurity affects children's academic performance through cognitive difficulties. *Journal of Applied Psychology, 84*, 437–444.

Barnett, M. A., Scaramella, L. V., Neppl, T. K., Ontai, L. L., & Conger, R. D. (2010). Grandmother involvement as a protective factor for early childhood social adjustment. *Journal of Family Psychology, 24*, 635–645.

Baron, A. S., & Banaji, M. R. (2006). The development of implicit attitudes: Evidence of race evaluations from ages 6 and 10 and adulthood. *Psychological Science, 17*, 53–58.

Baron, R., Manniën, J., de Jonge, A., Heymans, M.W., Klomp, T., Hutton, E. K., et al. (2013) Socio-demographic and lifestyle-related char-acteristics associated with self-reported any, daily and occasional smoking during pregnancy. *PLoS ONE 8(9)*, e74197.

Baron-Cohen, S. (2005). The Empathizing System: A revision of the 1994 model of the Mind Reading System. In B. J. Ellis & D. F. Bjorklund (Eds.), *Origins of the social mind: Evolutionary psychology and child development* (pp. 468–492). New York, NY: Guilford.

Barrett, T. M., Davis, E. F., & Needham, A. (2007). Learning about tools in infancy. *Developmental Psychology, 43*, 352–368.

Bartik, T. J., Gormley, W., & Adelstein, S. (2012). Earning benefits of Tulsa's pre-K program for different income groups. *Economics of Education Review, 31*, 1143–1161.

Barton, M. E., & Tomasello, M. (1991). Joint attention and conversation in mother-infant-sibling triads. *Child Development, 62*, 517–529.

Bascoe, S. M., Davies, P. T., Sturge-Apple, M. L., & Cummings, E. M. (2009). Children's representations of family relationships, peer information processing, and school adjustment. *Developmental Psychology, 45*, 1740–1751.

Baskett, L. M. (1985). Sibling status effects: Adult expectations. *Developmental Psychology, 21*, 441–445.

Basso, K. H. (1970). *The Cibecue Apache*. New York, NY: Holt, Rinehart, & Winston.

Bates, E., Bretherton, I., & Snyder, L. (1988). *From first words to grammar: Individual differences and dissociable mechanisms*. New York, NY: Cambridge University Press.

Bates, J. E., Pettit, G. S., Dodge, K. A., & Ridge, B. (1998). Interaction of temperamental resistance to control and restrictive parenting in the development of externalizing behavior. *Developmental Psychology, 34*, 982–995.

Bauer, P. J. (2006). Event memory. In W. Damon & R. M. Lerner (Eds.), *Handbook of child psychology* (6th ed., Vol. 2). New York, NY: Wiley.

Bauer, P. J., Larkina, M., & Deocampo, J. (2011). Early memory development. In U. Goswami (Ed.), *The Wiley-Blackwell handbook of cognitive development* (2nd ed., pp.153–179). West Sussex UK: Wiley-Blackwell.

Bauer, P. J., & Leventon, J. S. (2013). Memory for one-time experiences in the second year of life: Implications for the status of episodic memory. *Infancy, 18*, 755–781.

Bauer, P. J., & Lukowski, A. F. (2010). The memory is in the details: Relations between memory for the specific features of events and long-term recall during infancy. *Journal of Experimental Child Psychology, 107*, 1–14.

Bauer, P. J., San Souci, P., & Pathman, T. (2010). Infant memory. *WIREs Cognitive Science, 1*, 267–277.

Baumeister, R. F., Campbell, J. D., Krueger, J. I., & Vohs, K. D. (2003). Does high self-esteem cause better performance, interpersonal success, happiness, or healthier lifestyles? *Psychological Science in the Public Interest, 4*, 1–44.

Baumgartner, J. A., & Oakes, L. M. (2013). Investigating the relation between infants' manual activity with objects and their perception of dynamic events. *Infancy, 18*, 983–1006.

Baumrind, D. (1975). *Early socialization and the discipline controversy*. Morristown, NJ: General Learning Press.

Baumrind, D. (1991). Parenting styles and adolescent development. In R. M. Lerner, A. C. Petersen, & J. Brooks-Gunn (Eds.), *Encyclopedia of adolescence*. New York, NY: Garland.

Bauserman, R. (2002). Child adjustment in joint-custody versus sole-custody arrangements: A meta-analytic review. *Journal of Family Psychology, 16*, 91–102.

Bayley, N. (1970). Development of mental abilities. In P. H. Mussen (Ed.), *Carmichael's manual of child psychology*. New York, NY: Wiley.

Bayley, N. (1993). *Bayley scales of infant development: Birth to two years* (2nd ed.). San Antonio, TX: Psychological Corporation.

Bayley, N. (2006). *Bayley scales of infant and toddler development–Third edition*. San Antonio, TX: Harcourt Assessment, Inc.

Beal, C. R. (1996). The role of comprehension monitoring in children's revision. *Educational Psychology Review, 8*, 219–238.

Beal, C. R., & Belgrad, S. L. (1990). The development of message evaluation skills in young children. *Child Development, 61*, 705–712.

Beal, S. J., & Crockett, L. J. (2010). Adolescents' occupational and educational aspirations and expectations: Links to high school activities and educational attainment. *Developmental Psychology, 46*, 258–265.

Beauchamp, G. K., & Mennella, J. A. (2011). Flavor perception in human infants: Development and functional significance. *Digestion, 83*, 1–6.

Beck, E., Burnet, K. L., & Vosper, J. (2006). Birth-order effects on facets of extraversion. *Personality & Individual Differences, 40*, 953–959.

Becker, B. J. (1986). Influence again: An examination of reviews and studies of gender differences in social influence. In J. S. Hyde & M. C. Linn (Eds.), *The psychology of gender differences. Advances through meta-analysis*. Baltimore, MD: Johns Hopkins University Press.

Becker-Blease, K. A., Turner, H. A., & Finkelhor, D. (2010). Disasters, victimization, and children's mental health. *Child Development, 81*, 1040–1052.

Behnke, M., & Eyler, F. D. (1993). The consequences of prenatal substance use for the developing fetus, newborn, and young child. *International Journal of the Addictions, 28*, 1341–1391.

Behnke, A. O., Plunkett, S. W., Sands, T., & Bámaca-Colbert, M. Y. (2011). The relationship between Latino adolescents' perceptions of discrimination, neighborhood risk, and parenting on self-esteem and depressive symptoms. *Journal of Cross-Cultural Psychology, 42*, 1179–1197.

Beier, J. S., Over, H., & Carpenter, M. (2014). Young children help others to achieve their social goals. *Developmental Psychology, 50*, 934–940.

Belsky, J., Bakermans-Kranenburg, M. J., & van IJzendoorn, M. H. (2007). For better and for worse: Differential susceptibility to environmental influences. *Current Directions in Psychological Science, 16*, 300–304.

Belsky, J., Houts, R. M., & Pasco Fearon, R. M. (2010). Infant attachment security and the timing of puberty: Testing an evolutionary hypothesis. *Psychological Science, 21*, 1195–1201.

Belsky, J., & Pluess, M. (2013). Genetic moderation of early child-care effects on social functioning across childhood: A developmental analysis. *Child Development, 84*, 1209–1225.

Belsky, J., Steinberg, L., Houts, R. M., Halpern-Felsher, B. L., & the NICHD Early Child Care Research Network. (2010). The development of reproductive strategy in females: Early maternal harshness → earlier menarche → increased sexual risk taking. *Developmental Psychology, 46*, 120–128.

Bem, D. J. (1996). Exotic becomes erotic: A developmental theory of sexual orientation. *Psychological Review, 103*, 320–335.

Benenson, J. F., & Christakos, A. (2003). The greater fragility of females' versus males' closest same-sex friendships. *Child Development, 74*, 1123–1129.

Benner, A. D., & Graham, S. (2011). Latino adolescents' experiences of discrimination across the first 2 years of high school: Correlates and influences on educational outcomes. *Child Development, 82*, 508–519.

Benton, S. L., Corkill, A. J., Sharp, J. M., Downey, R. G., & Khramtsova, I. (1995). Knowledge, interest, and narrative writing. *Journal of Educational Psychology, 87*, 66–79.

Bereiter, C., & Scardamalia, M. (1987). *The psychology of written composition*. Hillsdale, NJ: Erlbaum.

Bergen, D., & Mauer, D. (2000). Symbolic play, phonological awareness, and literacy skills at three age levels. In K. A. Roskos & J. F. Christie (Eds.), *Play and literacy in early childhood: Research from multiple perspectives* (pp. 45–62). Mahwah, NJ: Erlbaum.

Berger, S. E., Adolph, K. E., & Lobo, S. A. (2005). Out of the toolbox: Toddlers differentiate wobbly and wooden handrails. *Child Development, 76*, 1294–1307.

Berger, C., & Dijkstra, J. K. (2013). Competition, envy, or snobbism? How popularity and friendships shape antipathy networks of adolescents. *Journal of Research on Adolescence, 23*, 586–595.

Berk, L. E. (2003). Vygotsky, Lev. In L. Nadel (Ed.), *Encyclopedia of cognitive science* (Vol. 6). London: Macmillan.

Berkman, E. T., Graham, A. M., & Fisher, P. A. (2012). Training self-control: A domain-general translational neuroscience approach. *Child Development Perspectives, 6*, 374–384.

Berko, J. (1958). The child's learning of English morphology. *Word, 14*, 150–177.

Berlin, L. J., Appleyard, K., & Dodge, K. A. (2011). Intergenerational continuity in child maltreatment: Mediating mechanisms and implications for prevention. *Child Development, 82,* 162–176.

Berlin, L. J., Ispa, J. M., Fine, M. A., Malone, P. S., Brooks-Gunn, J., Brady-Smith, C., et al. (2009). Correlates and consequences of spanking and verbal punishment for low-income White, African Americans and Mexican American toddlers. *Child Development, 80,* 1403–1420.

Bernal, S., Dehaene-Lambertz, G., Millotte, S., & Christophe, A. (2010). Two-year-olds compute syntactic structure on-line. *Developmental Science, 13,* 69–76.

Berndt, T. J., & Perry, T. B. (1990). Distinctive features and effects of adolescent friendships. In R. Montemayer, G. R. Adams, & T. P. Gullotta (Eds.), *From childhood to adolescence: A transition period?* London: Sage.

Bernier, A., Carlson, S. M., & Whipple, N. (2010). From external regulation to self-regulation: Early parenting precursors of young children's executive functioning. *Child Development, 81,* 326–339.

Bertenthal, B. H., & Clifton, R. K. (1998). Perception and action. In W. Damon (Ed.), *Handbook of child psychology* (Vol. 2). New York, NY: Wiley.

Berthier, N. E. (1996). Learning to reach: A mathematical model. *Developmental Psychology, 32,* 811–823.

Berthier, N., & Carrico, R. L. (2010). Visual information and object size in infant reaching. *Infant Behavior and Development, 33,* 555–566.

Best, J. R. (2010). Effects of physical activity on children's executive function: Contributions of experimental research on aerobic exercise. *Developmental Review, 30,* 331–351.

Best, J. R. (2014). Relations between video gaming and children's executive functions. In F. C. Blumberg (Ed.), *Learning by playing: Video gaming in education* (pp. 42–53). New York, NY: Oxford.

Beuker, K. T., Rommelse, N. N. J., Donders, R., & Buitelaar, J. K. (2013). Development of early communication skills in the first two years of life. *Infant Behavior and Development, 36,* 71–83.

Bhutta, Z. A., Chopra, M., Axelson, H., Berman, P., Boerma, T., Bryce, J., et al. (2010). Countdown to 2015 decade report (2000–10): Taking stock of maternal, newborn, and child survival. *Lancet, 375,* 2032–2044.

Bialystok, E. (1988). Levels of bilingualism and levels of linguistic awareness. *Developmental Psychology, 24,* 560–567.

Bialystok, E. (1997). Effects of bilingualism and biliteracy on children's emerging concepts of print. *Developmental Psychology, 33,* 429–440.

Bialystok, E., Shenfield, T., & Codd, J. (2000). Languages, scripts, and the environment: Factors in developing concepts of print. *Developmental Psychology, 36,* 66–76.

Biddle, S. J. H., & Asare, M. (2011). Physical activity and mental health in children and adolescents: a review of reviews. *British Journal of Sports Medicine, 45,* 886–895.

Biederman, J., Monuteaux, M. C., Mick, E., Spencer, T., Wilens, T. E., Silva, J. M., et al. (2006). Young adult outcome of attention deficit hyperactivity disorder: A controlled 10-year follow-up study. *Psychological Medicine, 362,* 167–179.

Biederman, J., Petty, C. R., Evans, M., Small, J., & Faraone, S. V. (2010). How persistent is ADHD? A controlled 10-year follow-up study of boys with ADHD. *Psychiatry Research, 177,* 299–304.

Bierman, K. L., Coie, J., Dodge, K., Greenberg, M., Lochman, J., McMohan, R., et al. (2013). School outcomes of aggressive-disruptive children: Prediction from kindergarten risk factors and impact of the Fast Track Prevention Program. *Aggressive Behavior, 39,* 114–130.

Bigler, R. S. (1995). The role of classification skills in moderating environmental influences on children's gender stereotyping: A study of the functional use of gender in the classroom. *Child Development, 66,* 1072–1087.

Bigler, R. S., Jones, L. C., & Lobliner, D. B. (1997). Social categorization and the formation of intergroup attitudes in children. *Child Development, 68,* 530–543.

Bigler, R. S., & Liben, L. S. (1990). The role of attitudes and interventions in gender-schematic processing. *Child Development, 61,* 1440–1452.

Bigler, R. S., & Liben, L. S. (2007). Developmental intergroup theory: Explaining and reducing children's social stereotyping and prejudice. *Current Directions in Psychological Science, 16,* 162–166.

Bigler, R. S., & Wright, Y. F. (2014). Reading, writing, arithmetic, and racism? Risks and benefits to teaching children about intergroup biases. *Child Development Perspectives, 8,* 18–23.

Bingenheimer, J. B., Brennan, R. T., & Earls, F. J. (2005). Firearm violence exposure and serious violent behavior. *Science, 308,* 1323–1326.

Birch, S. A., Akmal, N., & Frampton, K. (2010). Two-year-olds are vigilant of others' non-verbal cues to credibility. *Developmental Science, 13,* 363–369.

Biro, S., & Leslie, A. M. (2007). Infants' perception of goal-directed actions: Development through cue-based bootstrapping. *Developmental Science, 8,* 36–43.

Bjerkedal, T., Kristensen, P., Skjeret, G. A., & Brevik, J. I. (2007). Intelligence test scores and birth order among young Norwegian men (conscripts) analyzed within and between families. *Intelligence, 35,* 503–514.

Bjorklund, D. F. (2005). *Children's thinking: Cognitive development and individual differences* (4th ed.). Belmont, CA: Wadsworth.

Bjorklund, D. F. (2012). *Children's thinking* (5th ed). Belmont, CA: Wadsworth.

Bjorklund, D. F., & Jordan, A. C. (2013). Human parenting from an evolutionary perspective. In W. B. Wilcox & K. K. Kline (Eds.), *Gender and parenthood: Biological and social scientific perspectives* (pp. 61–90). New York, NY: Columbia University Press.

Bjorklund, D. F., & Rosenblum, K. E. (2002). Context effects in children's selection and use of simple arithmetic strategies. *Journal of Cognition & Development, 3,* 225–242.

Bjorklund, D. F., Yunger, J. L., & Pellegrini, A. D. (2002). The evolution of parenting and evolutionary approaches to childrearing. In M. H. Bornstein (Ed.), *Handbook of parenting. Vol. 2: Biology and ecology of parenting* (pp. 3–30). Mahwah, NJ: Erlbaum.

Black, J. E. (2003). Environment and development of the nervous system. In I. B. Weiner, M. Gallagher, & R. J. Nelson (Eds.), *Handbook of psychology, Vol. 3: Biological psychology* (pp. 655–668). Hoboken, NJ: Wiley.

Blair, B. L., Perry, N. B., O'Brien, M., Calkins, S. D., Keane, S. P., & Shanahan, L. (2014). The indirect effects of maternal emotion socialization on friendship quality in middle childhood. *Developmental Psychology, 50,* 566–576.

Blakemore, J. E. O. (2003). Children's beliefs about violating gender norms: Boys shouldn't look like girls, and girls shouldn't act like boys. *Sex Roles, 48,* 411–419.

Block, J. H. (1978). Another look at sex differentiation in the socialization behavior of mothers and fathers. In J. Sherman & F. L. Denmark (Eds.), *Psychology of women: Future directions for research* (pp. 29–87). New York, NY: Psychological Dimensions.

Bloom, P. (2000). *How children learn the meanings of words.* Cambridge MA: MIT Press.

Bloom, L., Margulis, C., Tinker, E., & Fujita, N. (1996). Early conversations and word learning: Contributions from child and adult. *Child Development, 67,* 3154–3175.

Bloom, L., Rocissano, L., & Hood, L. (1976). Adult-child discourse: Developmental interaction between information processing and linguistic knowledge. *Cognitive Psychology, 8,* 521–552.

Bloom, L., & Tinker, E. (2001). The intentionality model and language acquisition. *Monographs of the Society for Research in Child Development, 66* (Serial No. 267).

Boden, J. M., Fergusson, D. M., & Horwood, L. J. (2008). Does adolescent self-esteem predict later life outcomes? A test of the causal role of self-esteem. *Development & Psychopathology, 20,* 319–339.

Bohn, A., & Berntsen, D. (2013). The future is bright and predictable: The development of prospective life stories across childhood and adolescence. *Developmental Psychology, 49,* 1232–1241.

Boiger, M., & Mesquita, B. (2012). The construction of emotion in inter-actions, relationships, and cultures. *Emotion Review, 4,* 221–229.

Boivin, M., Brendgen, M., Vitaro, F., Dionne, G., Girard, A., Pérusse, D., & Tremblay, R. E. (2013). Strong genetic contribution to peer relationship difficulties at school entry: Findings from a longitudinal twin study. *Child Development, 84,* 1098–1114.

Bonnie, R. J., & Scott, E. S. (2013). The teenage brain: Adolescent brain research and the law. *Current Directions in Psychological Science, 22,* 158–161.

Bonny, J. W., & Lourenco, S. F. (2013). The approximate number system and its relation to early math achievement: Evidence from the pre-school years. *Journal of Experimental Child Psychology, 114,* 375–388.

Bornstein, M. H., & Arterberry, M. E. (2003). Recognition, discrimination, and categorization of smiling by 5-month-old infants. *Developmental Science, 6,* 585–599.

Bornstein, M. H., Hahn, C-S., & Wolke, D. (2013). Systems and cascades in cognitive development and academic achievement. *Child Development, 84,* 154–162.

Bornstein, M. H., Putnick, D. L., Suwalsky, J. T., & Gini, M. (2006). Maternal chronological age, prenatal and perinatal history, social support, and parenting of infants. *Child Development, 77,* 875–892.

Bortfeld, H., & Morgan, J. L. (2010). Is early word-form processing stress-full? How natural variability supports recognition. *Cognitive Psychology, 60,* 241–266.

Bosco, F. M., Friedman, O., & Leslie, A. M. (2006). Recognition of pretend and real actions in play by 1- and 2-year-olds: Early success and why they fail. *Cognitive Development, 21,* 3–10.

Boseovski, J. J. (2010). Evidence for "rose-colored glasses": An examina-tion of the positivity bias in young children's personality judgments. *Child Development Perspectives, 4,* 212–218.

Bosma, H. A., & Kunnen, E. S. (2001). Determinants and mechanisms in ego identity development: A review and synthesis. *Developmental Review, 21,* 39–66.

Bot, S. M., Engels, R. C. M. E., Knibbe, R. A., & Meeus, W. H. J. (2005). Friend's drinking behavior and adolescent alcohol consumption: The moderating role of friendship characteristics. *Addictive Behaviors, 30,* 929–947.

Bouchard, T. J. (2004). Genetic influence on human psychological traits. *Current Directions in Psychological Science, 13,* 148–151.

Bouchard, T. J. (2009). Genetic influence on human intelligence (Spearman's g): How much? *Annals of Human Biology, 36,* 527–544.

Bouchard, T. J., & McGue, M. (1981). Familial studies of intelligence: a review. *Science, 212,* 1055–1059.

Bowker, A. (2006). The relationship between sports participation and self-esteem during early adolescence. *Canadian Journal of Behavioral Science, 38,* 214–229.

Bowlby, J. (1953). *Child care and the growth of love.* London, UK: Penguin.

Bowlby, J. (1969). *Attachment and loss* (Vol. 1). New York, NY: Basic Books.

Bowlby, J. (1991). Ethological light on psychoanalytical problems. In P. Bateson (Ed.), *The development and integration of behaviour: Essays in honour of Robert Hinde* (pp. 301–313). New York, NY: Cambridge University Press.

Bradley, L., & Bryant, P. E. (1983). Categorising sounds and learning to read—a causal connection. *Nature, 301,* 419–421.

Bradley, R. H., & Corwyn, R. F. (2002). Socioeconomic status and child development. *Annual Review of Psychology, 53,* 371–399.

Brainerd, C. J. (1996). Piaget: A centennial celebration. *Psychological Science, 7,* 191–203.

Brainerd, C. J. (2013). Developmental reversals in false memory: A new look at the reliability of children's evidence. *Current Directions in Psychological Science, 22,* 335–341.

Brainerd, C. J., Holliday, R. E., Reyna, V. F., Yang, Y., & Toglia, M. P. (2010). Developmental reversals in false memory: Effects of emotional valence and arousal. *Journal of Experimental Child Psychology, 107,* 137–154.

Brainerd, C. J., & Reyna, V. F. (2005). *The science of false memory.* New York, NY: Oxford University Press.

Brainerd, C. J., & Reyna, V. F. (2013). Dual processes in memory development: Fuzzy-trace theory. In P. J. Bauer & R. Fivush (Eds.), *Wiley-Blackwell handbook on the development of children's memory.* New York, NY: Wiley-Blackwell.

Brainerd, C. J., Reyna, V. F., & Ceci, S. J. (2008). Developmental reversals in false memory: A review of data and theory. *Psychological Bulletin, 134,* 343–382.

Brandone, A. C., & Wellman, H. M. (2009). You can't always get what you want: Infants understand failed goal-directed actions. *Psychological Science, 20,* 85–91.

Braungart-Rieker, J. M., Hill-Soderlund, A. L., & Karrass, J. (2010). Fear and anger reactivity trajectories from 4 to 16 months: The roles of temperament, regulation, and maternal sensitivity. *Developmental Psychology, 46,* 791–804.

Braza, P., Carreras, R., Muñoz, J. M., Braza, F., Azurmendi, A., Pascual-Sagastizábal, E., et al. (2014). Negative maternal and paternal parenting styles as predictors of children's behavioral problems: Moderating effects of the child's sex. *Journal of Child and Family Studies,* in press.

Brazelton, T. B., & Nugent, J. K. (1995). *Neonatal behavioral assessment scale* (3rd ed). London: MacKeith.

Brechwald, W. A., & Prinstein, M. J. (2011). Beyond homophily: A decade of advances in understanding peer influence processes. *Journal of Research on Adolescence, 21,* 166–179.

Brendgen, M., Boivin, M., Dionne, G., Barker, E. D., Vitaro, F., Girard, A. et al. (2011). Gene-environment processes linking aggression, peer victimization, and the teacher-child relationship. *Child Development, 82,* 2021–2036.

Brendgen, M., Lamarche, V., Wanner, B., & Vitaro, F. (2010). Links between friendship relations and early adolescents' trajectories of depressed mood. *Developmental Psychology, 46,* 491–501.

Brendgen, M., Vitaro, F., Boivin, M., Dionea, G., & Perusse, D. (2006). Examining genetic and environmental effects on reactive versus proactive aggression. *Developmental Psychology, 42,* 1299–1312.

Brinkman, B. G., Jedinak, A., Rosen, L. A., & Zimmerman, T. S. (2011). Teaching children fairness: Decreasing gender prejudice among children. *Analyses of Social Issues and Social Policy, 11,* 61–81.

Brockington, I. (1996). *Motherhood and mental health.* Oxford, UK: Oxford University Press.

Brody, N. (1992). *Intelligence* (2nd ed.). San Diego, CA: Academic Press.

Brody, G. H. (1998). Sibling relationship quality: Its causes and consequences. *Annual Review of Psychology, 49,* 1–24.

Brody, G. H., & Ge, X. (2001). Linking parenting processes and self-regulation to psychological functioning and alcohol use during early adolescence. *Journal of Family Psychology, 15,* 82–94.

Brody, L. R., & Hall, J. A. (2008). Gender and emotion in context. In M. Lewis, J. M. Haviland-Jones, & L. F. Barrett (Eds.), *Handbook of emotions* (3rd ed., pp. 395–408). New York, NY: Guilford.

Brody, G. H., Kim, S., Murry, V. M., & Brown, A. C. (2003). Longitudinal direct and indirect pathways linking older sibling competence to the development of younger sibling competence. *Developmental Psychology, 39*, 618–628.

Brody, G. H., Stoneman, A., & McCoy, J. K. (1994). Forecasting sibling relationships in early adolescence from child temperament and family processes in middle childhood. *Child Development, 65*, 771–784.

Bronfenbrenner, U. (1995). Developmental ecology through space and time: A future perspective. In P. Moen, G. H. Elder, Jr., & K. Luscher (Eds.), *Examining lives in context: Perspectives on the ecology of human development*. Washington, DC: American Psychological Association.

Bronfenbrenner, U., & Morris, P. (2006). The ecology of developmental processes. In W. Damon & R. M. Lerner (Eds.), *Handbook of child psychology* (6th ed., Vol. 1, pp. 793–829). New York, NY: Wiley.

Brooker, R. J., Buss, K. A., Lemery-Chalfant, K., Aksan, N., Davidson, R. J., & Goldsmith, H. H. (2013). The development of stranger fear in infancy and toddlerhood: Normative development, individual differences, antecedents, and outcomes. *Developmental Science, 16*, 864–878.

Brotman, L. M., Calzada, E., Huang, K-Y., Kingston, S., Dawson-McClure, S., Kamboukos, D., et al. (2011). Promoting effective parenting practices and preventing child behavior problems in school among ethnically diverse families from underserved, urban communities. *Child Development, 82*, 258–276.

Brown, R. (1973). *A first language: The early stages*. Cambridge, MA: Harvard University Press.

Brown, B. B., & Bakken, J. P. (2011). Parenting and peer relationships: Reinvigorating research on family-peer linkages in adolescence. *Journal of Research on Adolescence, 21*, 153–165.

Brown, C. S., & Chu, H. (2012). Discrimination, ethnic identity, and academic outcomes of Mexican immigrant children: The importance of school context. *Child Development, 83*, 1477–1485.

Brown, J., & Dunn, J. (1992). Talk with your mother or your sibling? Developmental changes in early family conversations about feelings. *Child Development, 63*, 336–349.

Brown, B. B., Herman, M., Hamm, J. V., & Heck, D. J. (2008). Ethnicity and image: Correlates of crowd affiliation among ethnic minority youth. *Child Development, 79*, 529–546.

Brown, B. B., & Klute, C. (2003). Friends, cliques, and crowds. In G. R. Adams & M. D. Berzonsky (Eds.), *Blackwell handbook of adolescence* (pp. 330–348). Malden, MA: Blackwell.

Brown, J., Meadows, S. O., & Elder, G. H., Jr. (2007). Race-ethnic inequality and psychological distress: Depressive symptoms from adolescence to young adulthood. *Developmental Psychology, 43*, 1295–1311.

Brown, B. B., Mounts, N., Lamborn, S. D., & Steinberg, L. (1993). Parenting practices and peer group affiliation in adolescence. *Developmental Psychology, 64*, 467–482.

Brown, R. P., Osterman, L. L., & Barnes, C. D. (2009). School violence and the culture of honor. *Psychological Science, 20*, 1400–1405.

Brown, R., Pressley, M., Van Meter, P., & Schuder, T. (1996). A quasi-experimental validation of transactional strategies instruction with low-achieving second-grade readers. *Journal of Educational Psychology, 88*, 18–37.

Browne, K. D., & Hamilton-Giachritsis, C. (2005). The influence of violent media on children and adolescents: A public-health approach. *Lancet, 365*, 702–710.

Bruck, M., & Ceci, S. J. (1995). Amicus brief for the case of *State of New Jersey vs Michaels* presented by Committee of Concerned Social Scientists. *Psychology, Public Policy, & Law, 1*, 272–322.

Brummelman, E., Thomaes, S., Orobio de Casto, B., Overbeek, G., & Bushman, B. J. (2014). "That's not just beautiful—that's incredibly beautiful!" The adverse impact of inflated praise on children with low self-esteem. *Psychological Science, 25*, 728–735.

Buchanan, C. M., & Heiges, K. L. (2001). When conflict continues after the marriage ends: Effects of postdivorce conflict on children. In J. Grych & F. D. Fincham (Eds.), *Interparental conflict and child development* (pp. 337–362). New York, NY: Cambridge University Press.

Buckhalt, J. A., El-Sheikh, M., & Keller, P. (2007). Children's sleep and cognitive functioning: Race and socioeconomic status as moderators of effects. *Child Development, 78*, 213–231.

Buckingham-Howes, S., Berger, S. S., Scaletti, L. A., & Black, M. M. (2013). Systematic review of prenatal cocaine exposure and adolescent development. *Pediatrics, 131*, e1917–d1936.

Bugental, D. B., & Happaney, K. (2004). Predicting infant maltreatment in low-income families: The interactive effects of maternal attributions and child status at birth. *Developmental Psychology, 40*, 234–243.

Bugental, D. B., & Schwartz, A. (2009). A cognitive approach to child maltreatment prevention among medically at-risk infants. *Developmental Psychology, 45*, 284–288.

Buijzen, M., Schuurman, J., & Bomhof, E. (2008). Associations between children's television advertising exposure and their food consumption patterns: A household diary-survey study. *Appetite, 50*, 231–239.

Bukowski, W. M., Sippola, L. K., & Hoza, B. (1999). Same and other: Interdependency between participation in same- and other-sex friendships. *Journal of Youth & Adolescence, 28*, 439–459.

Bull, R., & Lee, K. (2014). Executive functioning and mathematics achievement. *Child Development Perspectives, 8*, 36–41.

Bullard, L., Wachlarowicz, M., DeLeeuw, J., Snyder, J., Low, S., Forgatch, M., et al. (2010). Effects of the Oregon model of Parent Management Training (PMTO) on marital adjustment in new stepfamilies: A randomized trial. *Journal of Family Psychology, 24*, 485–496.

Bullock, M., & Lütkenhaus, P. (1990). Who am I? The development of self-understanding in toddlers. *Merrill-Palmer Quarterly, 36*, 217–238.

Burack, J. A., Flanagan, T., Peled, T., Sutton, H. M., Zygmuntowicz, C., & Manly, J. T. (2006). Social perspective-taking skills in maltreated children and adolescents. *Developmental Psychology, 42*, 207–217.

Burchinal, M. R., Vandell, D. L., & Belsky, J. (2014). Is the prediction of adolescent outcomes from early child care moderated by later maternal sensitivity? Results from the NICHD Study of Early Child Care and Youth Development. *Developmental Psychology, 50*, 542–553.

Bureau of Labor Statistics. (2013). *Employment characteristics of families—2012*. Washington DC: U.S. Department of Labor.

Burk, W. J., & Laursen, B. (2005). Adolescent perceptions of friendship and their associations with individual adjustment. *International Journal of Behavioral Development, 29*, 156–164.

Burke, R., & Kao, G. (2013). Bearing the burden of whiteness: The implications of racial self-identification for multiracial adolescents' school belonging and academic achievement. *Ethnic and Racial Studies, 36*, 747–773.

Burman, D. D., Minas, T., Bolger, D. J., & Booth, J. R. (2013). Age, sex, and verbal abilities affect location of linguistic connectivity in ventral visual pathway. *Brain & Language, 124*, 184–193.

Burnham, D., & Dodd, B. (2004). Auditory-visual speech integration by prelinguistic infants: Perception of an emergent consonant in the McGurk effect. *Developmental Psychobiology, 45*, 204–220.

Burton, C. M., Marshal, M. P., & Chisolm, D. J. (2014). School absenteeism and mental health among sexual minority youth and heterosexual youth. *Journal of School Psychology, 52*, 37–47.

Buss, K. A., & Goldsmith, H. H. (1998). Fear and anger regulation in infancy: Effects on the temporal dynamics of affective expression. *Child Development, 69*, 359–374.

Buttelmann, D., & Böhm, R. (2014). The ontogeny of the motivation that underlies in-group bias. *Psychological Science, 25*, 921–927.

Buttelmann, D., Zmyj, N., Daum, M., & Carpenter, M. (2013). Selective imitation of in-group over out-group members in 14-month-old infants. *Child Development, 84*, 422–428.

Cai, H., Brown, J. D., Deng, C., & Oakes, M. A. (2007). Self-esteem and culture: Differences in cognitive self-evaluations or affective self-regard? *Asian Journal of Social Psychology, 10*, 162–170.

Cain, K. (1999). Ways of reading: How knowledge and use of strategies are related to reading comprehension. *British Journal of Developmental Psychology, 17*, 293–312.

Caldwell, M. S., Rudolph, K. D., Troop-Gordon, W., & Kim, D-Y. (2004). Reciprocal influences among relational self-views, social disengagement, and peer stress during early adolescence. *Child Development, 75*, 1140–1154.

Callaghan, T., Moll, H., Rakoczy, H., Warneken, F., Liszkowski, U., Behne, T., et al. (2011). Early social cognition in three cultural contexts. *Monographs of the Society for Research in Child Development, 76*, Serial No. 299.

Callahan, C. M. (2000). Intelligence and giftedness. In R. J. Sternberg (Ed.), *Handbook of intelligence* (pp. 159–175). Cambridge, UK: Cambridge University Press.

Calvert, S. L. (2008). Children as consumers: Advertising and marketing. *The Future of Children, 18*, 205–234.

Calvert, S. L., & Valkenburg, P. M. (2013). The influence of television, video games, and the internet on children's creativity. In M. Taylor (Ed.), *The Oxford handbook of the development of imagination* (pp. 438–450). New York, NY: Oxford.

Cameron, L., Rutland, A., Brown, R., & Douch, R. (2006). Changing children's intergroup attitudes toward refugees: Testing different models of extended contact. *Child Development, 77*, 1208–1219.

Campbell, F. A., Pungello, E. P., Burchinal, M., Kainz, K., Pan, Y., Wasik, B. H., et al. (2012). Adult outcomes as a function of an early childhood educational program: An Abecedarian Project follow-up. *Developmental Psychology, 48*, 1033–1043.

Campbell, F. A., Pungello, E. P., Miller-Johnson, S., Burchinal, M., & Ramey, C. T. (2001). The development of cognitive and academic abilities: Growth curves from an early childhood educational experiment. *Developmental Psychology, 37*, 231–242.

Campbell, R., & Sais, E. (1995). Accelerated metalinguistic (phonological) awareness in bilingual children. *British Journal of Developmental Psychology, 13*, 61–68.

Campos, J. J., Anderson, D. I., Barbu-Roth, M. A., Hubbard, E. M., Hertenstein, M. J., & Witherington, D. (2000). Travel broadens the mind. *Infancy, 1*, 149–219.

Campos, J. J., Hiatt, S., Ramsay, D., Henderson, C., & Svedja, M. (1978). The emergency of fear on the visual cliff. In M. Lewis & L. Rosenblum (Eds.), *The origins of affect*. New York, NY: Plenum.

Camras, L. A., Chen, Y., Bakeman, R., Norris, K., & Cain, R. T. (2006). Culture, ethnicity, and children's facial expressions: A study of European American, Mainland Chinese, Chinese American, and adopted Chinese girls. *Emotion, 6*, 103–114.

Camras, L. A., Ester, H., Campos, J., Campos, R., Ujiie, T., Miyake, K., et al. (1998). Production of emotional facial expressions in European, American, Japanese, and Chinese infants. *Developmental Psychology, 34*, 616–628.

Camras, L. A., & Fatani, S. S. (2008). The development of facial expressions: Current perspectives on infant emotions. In M. Lewis, J. M. Haviland-Jones, & L. F. Barrett (Eds.), *Handbook of emotions* (3rd ed., pp. 291–303). New York, NY: Guilford.

Candel, I., Hayne, H., Strange, D., & Prevoo, E. (2009). The effect of suggestion on children's recognition memory for seen and unseen details. *Psychology, Crime, & Law, 15*, 29–39.

Cantrell, L., & Smith, L. B. (2013). Open questions and a proposal: A critical review of the evidence on infant numerical abilities. *Cognition, 128*, 331–352.

Capelli, C. A., Nakagawa, N., & Madden, C. M. (1990). How children understand sarcasm: The role of context of information. *Child Development, 61*, 1824–1841.

Caravolas, M., Lervåg, A., Mousikou, P., Efrim, C., Litavský, M., Onochie-Quintanilla, E., et al. (2012). Common patterns of prediction of literacy development in different alphabetic orthographies. *Psychological Science, 23*, 678–686.

Card, N. A. (2010). Antipathetic relationships in child and adolescent development: A meta-analytic review and recommendations for an emerging area of study. *Developmental Psychology, 46*, 516–529.

Card, N. A., & Hodges, E. V. (2006). Shared targets for aggression by early adolescent friends. *Developmental Psychology, 42*, 1327–1338.

Carlson, S. M., Koenig, M. A., & Harms, M. B. (2013). Theory of mind. *WIREs Cognitive Science, 4*, 391–402.

Carlson, S. M., & Meltzoff, A. N. (2008). Bilingual experience and executive functioning in young children. *Developmental Science, 11*, 282–298.

Carlson, M. D., Mendle, J., & Harden, K. P. (2014). Early adverse environments and genetic influences on age at first sex: Evidence for gene × environment interaction. *Developmental Psychology, 50*, 1532–1554.

Carpenter, P. A., & Daneman, M. (1981). Lexical retrieval and error recovery in reading: A model based on eye fixations. *Journal of Verbal Learning & Verbal Behavior, 20*, 137–160.

Carpenter, R., McGarvey, C., Mitchell, E. A., Tappin, D. M., Vennemann, M. M., Smuk, M., et al. (2013). Bedsharing when parents do not smoke: Is there a risk of SIDS? An individual level analysis of five major case-control studies. *British Medical Journal Open, 3*:e002299.

Carré, J. M., McCormick, C. M., & Hariri, A. R. (2011). The social neuroendocrinology of human aggression. *Psychoneuroendocrinology, 36*, 935–944.

Carrere, S., & Gottman, J. M. (1999). Predicting the future of marriages. In E. M. Hetherington (Ed.), *Coping with divorce, single parenting, and remarriage: A risk and resiliency perspective*. Mahwah, NJ: Erlbaum.

Carroll, J. B. (1993). *Human cognitive abilities: A survey of factor-analytic studies*. New York, NY: Cambridge University Press.

Carroll, J. B. (1996). A three-stratum theory of intelligence: Spearman's contribution. In I. Dennis & P. Tapsfield (Eds.), *Human abilities: Their nature and measurement*. Mahwah, NJ: Erlbaum.

Carroll, J. L., & Loughlin, G. M. (1994). Sudden infant death syndrome. In F. A. Oski, C. D. DeAngelis, R. D. Feigin, J. A. McMillan, & J. B. Warshaw (Eds.), *Principles and practice of pediatrics*. Philadelphia, PA: Lippincott.

Carskadon, M. A. (2002). Factors influencing sleep patterns of adolescents. In M. A. Carskadon (Ed.), *Adolescent sleep patterns: Biological, social, and psychological influences* (pp. 4–26). New York, NY: Cambridge University Press.

Carter, C. S. (2014). Oxytocin pathways and the evolution of human behavior. *Annual Review of Psychology, 65*, 17–39.

Carver, P. R., Egan, S. K., & Perry, D. G. (2004). Children who question their heterosexuality. *Developmental Psychology, 40*, 43–53.

Carver, K., Joyner, K., & Udry, J. R. (2003). National estimates of adolescent romantic relationships. In P. Florsheim (Ed.), *Adolescent romantic relations and sexual behavior: Theory, research, and practical implications* (pp. 23–56). Mahwah, NJ: Erlbaum.

Casalin, S., Luyten, P., Vliegen, N., & Meurs, P. (2012). The structure and stability of temperament from infancy to toddlerhood: A one-year prospective study. *Infant Behavior and Development, 35,* 94–108.

Caselli, M. C., Rinaldi, P., Stefanini, S., & Volterra, V. (2012). Early action and gesture "vocabulary" and its relation with word comprehension and production. *Child Development, 83,* 526–542.

Casey, B. J., & Caudle, K. (2013). The teenage brain: Self control. *Current Directions in Psychological Science, 22,* 82–87.

Casey, B. J., Tottenham, N., Liston, C., & Durston, S. (2005). Imaging the developing brain: What have we learned about cognitive development? *Trends in Cognitive Neuroscience, 9,* 104–110.

Casiglia, A. C., Coco, A. L., & Zappulla, C. (1998). Aspects of social reputation and peer relationships in Italian children: A cross-cultural perspective. *Developmental Psychology, 34,* 723–730.

Casper, D. M., & Card, N. A. (2010). "We were best friends, But…": Two studies of antipathetic relationships emerging from broken friendships. *Journal of Adolescent Research, 25,* 499–526.

Caspi, A., Roberts, B. W., & Shiner, R. L. (2005). Personality development: Stability and change. *Annual Review of Psychology, 56,* 453–484.

Cassidy, J. (1994). Emotion regulation: Influences of attachment relationships. *Monographs of the Society for Research in Child Development, 59* (Serial No. 240), 228–283.

Castelli, L., Zogmaister, C., & Tomelleri, S. (2009). The transmission of racial attitudes within the family. *Developmental Psychology, 45,* 586–591.

Castro, D. C., Páez, M. M., Dickinson, D. K., & Frede, E. (2011). Promoting language and literacy in young dual language learners: Research, practice, and policy. *Child Development Perspectives, 5,* 15–21.

Cattell, R. B. (1965). *The scientific analysis of personality.* Baltimore, MD: Penguin.

Cauvet, E., Limissuri, R., Millotte, S., Skoruppa, K., Cabrol, D., & Christophe, A. (2014). Function words constrain on-line recognition of verbs and nouns in French 18-month-olds. *Language Learning and Development, 10,* 1–18.

Ceci, S. J., & Bruck, M. (1998). Children's testimony: Applied and basic issues. In W. Damon (Ed.), *Handbook of child psychology* (Vol. 4). New York, NY: Wiley.

Center for Behavioral Health Statistics and Quality. (2012). *Depression triples between the ages of 12 and 15 among adolescent girls.* Rockville MD: Substance Abuse and Mental Health Services Administration.

Centers for Disease Control and Prevention. (2012). Youth risk behavior surveillance—United States, 2011. *Morbidity and Mortality Weekly Report, 61.* Atlanta GA: Author.

Centers for Disease Control and Prevention. (2013). *2011 Assisted Reproductive Technology Fertility Clinic Success Rates Report.* Atlanta, GA: Author.

Central Intelligence Agency. (2013). *The world factbook* 2013–14. Washington, DC: Author.

Cerella, J., & Hale, S. (1994). The rise and fall in information-processing rates over the life span. *Acta Psychologica, 86,* 109–197.

Champion, T. B. (2003). A "matter of vocabulary": Performance of low-income African-American Head Start children on the Peabody Picture Vocabulary Test. *Communication Disorders Quarterly, 24,* 121–127.

Chandler, M. J., & Carpendale, J. I. M. (1998). Inching toward a mature theory of mind. In M. D. Ferrari & R. J. Sternberg (Eds.), *Self-awareness: Its nature and development* (pp. 148–190). New York, NY: Guilford Press.

Chanquoy, L. (2001). How to make it easier for children to revise their writing: A study of text revision from 3rd to 5th grades. *British Journal of Educational Psychology, 71,* 15–41.

Chao, R. K. (2001). Extending research on the consequences of parenting style for Chinese Americans and European Americans. *Child Development, 72,* 1832–1843.

Chaplin, T. M., & Aldao, A. (2013). Gender differences in emotion expression in children: A meta-analytic review. *Psychological Bulletin, 139,* 735–765.

Chapman, P. D. (1988). *Schools as sorters: Lewis M. Terman, applied psychology, and the intelligence testing movement, 1890–1930.* New York, NY: New York University Press.

Chase-Lansdale, P. L., Brooks-Gunn, J., & Zamsky, E. S. (1994). Young African-American multigenerational families in poverty: Quality of mothering and grandmothering. *Child Development, 65,* 373–393.

Chavajay, P. (2008). Organizational patterns in problem solving among Mayan fathers and children. *Developmental Psychology, 44,* 882–888.

Chen, E., Cohen, S., & Miller, G. E. (2010). How low socioeconomic status affects 2-year-hormonal trajectories in children. *Psychological Science, 21,* 31–37.

Chen, J., & Gardner, H. (2005). Assessment based on multiple intelligences theory. In D. P. Flanagan & P. L. Harrison (Eds.), *Contemporary intellectual assessment: Theories, tests, and issues* (pp. 77–102). New York, NY: Guilford Press.

Chen, Y., Norton, D. J., McBain, R., Gold, J., Frazier, J. A. & Coyle, J. T. (2012). Enhanced local processing of dynamic visual information in autism: Evidence from speed discrimination. *Neuropsychologia, 50,* 733–739.

Chen, X., Wang, L., & Cao, R. (2011). Shyness-sensitivity and unsociability in rural Chinese children: relations with social, school, and psychological adjustment. *Child Development, 82,* 1531–1543.

Chen, X., Wang, L., & DeSouza, A. (2006). Temperament, socioemotional functioning, and peer relationships in Chinese and North American children. In X. Chen, D. C. French, & B. H. Schneider (Eds.), *Peer relationships in cultural context* (pp. 123–147). New York, NY: Cambridge University Press.

Chen-Gaddini, M. (2012). Chinese mothers and adolescents' views of authority and autonomy: A study of parent-adolescent conflict in urban and rural China. *Child Development, 83,* 1846–1852.

Cheung, W. W., & Mao, P. (2012). Recent advances in obesity: Genetics and beyond. *ISRN Endocrinology,* Article ID 536905.

Chi, M. T. H. (1978). Knowledge structures and memory development. In R. Siegler (Ed.), *Children's thinking: What develops?* Hillsdale, NJ: Erlbaum.

Child Welfare Information Gateway. (2013). *Leaving your child home alone.* Washington DC: Children's Bureau.

Children's Defense Fund. (2010). *State of America's children: 2010.* Washington, DC: Author.

Choe, D. E., Olson, S. L., & Sameroff, A. J. (2013). The interplay of externalizing problems and physical and inductive discipline during childhood. *Developmental Psychology, 49,* 2029–2039.

Chomitz, V. R., Cheung, L. W. Y., & Lieberman, E. (1995). The role of lifestyle in preventing low birth weight. *The Future of Children, 5,* 121–138.

Chomsky, N. (1957). *Syntactic structure.* The Hague, The Netherlands: Mouton.

Chorpita, B. F., & Barlow, D. H. (1998). The development of anxiety: The role of control in the early environment. *Psychological Bulletin, 124,* 3–21.

Chou, R. J. A. (2011). Filial piety by contract? The emergence, implementation, and implications of the "Family Support Agreement" in China. *Gerontologist, 51*, 3–16.

Chow, B. W., McBride-Chang, C., Cheung, H., & Chow, C. S. (2008). Dialogic reading and morphology training in Chinese children: Effects on language and literacy. *Developmental Psychology, 44*, 233–244.

Christensen, A., & Heavey, C. L. (1999). Intervention for couples. *Annual Review of Psychology, 50*, 165–190.

Chung, H. L., & Steinberg, L. (2006). Relations between neighborhood factors, parenting behaviors, peer deviance, and delinquency among serious juvenile offenders. *Developmental Psychology, 42*, 319–331.

Chung-Hall, J., & Chen, X. (2010). Aggressive and prosocial peer group functioning: Effects on children's social, school, and psychological adjustment. *Social Development, 19*, 659–680.

Cicchetti, D., & Toth, S. L. (2006). Developmental psychopathology and preventive intervention. In W. Damon & R. M. Lerner (Eds.), *Handbook of child psychology* (Vol. 4.) New York, NY: Wiley.

Clark, K. B. (1945). A brown girl in a speckled world. *Journal of Social Issues, 1*, 10–15.

Clark, K. B., & Clark, M. K. (1940). Skin color as a factor in racial identification of Negro preschool children. *Journal of Social Psychology, 11*, 159–169.

Clarke, P. J., Snowling, M. J., Truelove, E., & Hulme, C. (2010). Ameliorating children's reading-comprehension difficulties: A randomized controlled trial. *Psychological Science, 21*, 1106–1116.

Clarke, P. J., Truelove, E., Hulme, C., & Snowling, M. J. (2014). *Developing reading comprehension*. Chichester, West Sussex, UK: Wiley.

Clarke-Stewart, K. A., & Bretano, C. (2005). *Till divorce do us part*. New Haven, CT: Yale University Press.

Clements, D. H. (1995). Teaching creativity with computers. *Educational Psychology Review, 7*, 141–161.

Clifford, A., Lang, L. D., & Chen, R. L. (2012). Effects of maternal cigarette smoking during pregnancy on cognitive parameters of children and young adults: A literature review. *Neurotoxicology and Teratology, 34*, 560–570.

Cnattingius, S. (2004). The epidemiology of smoking during pregnancy: Smoking prevalence, maternal characteristics, and pregnancy outcomes. *Nicotine & Tobacco Research, 6*, S125–S140.

Coall, D. A., & Hertwig, R. (2011). Grandparent investment: A relic of the past or a resource for the future? *Current Directions in Psychological Science, 20*, 93–98.

Coatsworth, J. D., & Conroy, D. E. (2009). The effects of autonomy-supporting coaching, need satisfaction, and self-perceptions on initiative and identity in youth swimmers. *Developmental Psychology, 45*, 320–328.

Coelho, J. S., Jansen, A., Roefs, A., & Nederkoom, C. (2009). Eating behavior in response to food-cue exposure: Examining the cue-reactivity and counteractive-control models. *Psychology of Addictive Behaviors, 23*, 131–139.

Cohen, L. B., & Cashon, C. H. (2003). Infant perception and cognition. In R. M. Lerner, D. K. Freedheim, I. B. Weiner, M. A. Easterbrooks, & J. Mistry (Eds.), *Handbook of psychology: Developmental psychology*. Hoboken, NJ: Wiley.

Cohen, R. W., Martinez, M. E., & Ward, B. W. (2010). *Health insurance coverage: Early release of estimates from the National Health Interview Survey, 2009*. Hyattsville MD: National Center for Health Statistics.

Cohen, M., & Piquero, A. R. (2009). New evidence on the monetary value of saving a high risk youth. *Journal of Quantitative Criminology, 25*, 25–49.

Cohen, S., & Williamson, G. M. (1991). Stress and infectious disease in humans. *Psychological Bulletin, 109*, 5–24.

Cohen Kadosh, K., Johnson, M. H., Dick, F., Cohen Kadosh, R., & Blakemore, S-J. (2013). Effects of age, task performance, and structural brain development on face processing. *Cerebral Cortex, 23*, 1630–1642.

Coie, J. D., Dodge, K. A., Terry, R., & Wright, V. (1991). The role of aggression in peer relations: An analysis of aggression episodes in boys' play groups. *Child Development, 62*, 812–826.

Colby, A., Kohlberg, L., Gibbs, J. C., & Lieberman, M. (1983). A longitudinal study of moral development. *Monographs of the Society for Research in Child Development, 48* (Serial No. 200).

Cole, C. A. (1991). Change in self-perceived competence as a function of peer and teacher evaluation. *Developmental Psychology, 27*, 682–688.

Cole, M. (2006). Culture and cognitive development in phylogenetic, historical and ontogenetic perspective. In W. Damon & R. M. Lerner (Eds.), *Handbook of child psychology* (6th ed., Vol. 2). New York, NY: Wiley.

Cole, P. M., Tamang, B. L., & Shrestha, S. (2006). Cultural variations in the socialization of young children's anger and shame. *Child Development, 77*, 1237–1251.

Coleman-Jensen, A., Nord, M., & Singh, A. (2013). Household food security in the United States in 2012. *Economic Research Report*, Number 155, U.S. Department of Agriculture.

Collins, W. A. (2003). More than myth: The developmental significance of romantic relationships during adolescence. *Journal of Research on Adolescence, 13*, 1–24.

Collins, R. L., Martino, S. C., Elliot, M. N., & Miu, A. (2011). Relationships between adolescent sexual outcomes and exposure to sex in media: Robustness to propensity-based analysis. *Developmental Psychology, 47*, 585–591.

Collins, W. A., Welsh, D. P., & Furman, W. (2009). Adolescent romantic relationships. *Annual Review of Psychology, 60*, 631–652.

Committee on Genetics. (1996). Newborn screening fact sheet. *Pediatrics, 98*, 473–501.

Conboy, B. T., & Thal, D. J. (2006). Ties between the lexicon and grammar: Cross-sectional and longitudinal studies of bilingual toddlers. *Child Development, 77*, 712–735.

Condry, J. C., & Ross, D. F. (1985). Sex and aggression: The influence of gender label on the perception of aggression in children. *Child Development, 56*, 225–233.

Conduct Problems Prevention Research Group. (2011). The effects of the Fast Track preventive intervention on the development of conduct disorder across childhood. *Child Development, 82*, 331–345.

Conger, R. D., & Elder, G. H. (1994). *Families in troubled times: Adapting to change in rural America*. New York, NY: Aldine de Gruyter.

Conry-Murray, C., & Turiel, E. (2012). Jimmy's baby doll and Jenny's truck: Young children's reasoning about gender norms. *Child Development, 83*, 146–158.

Constantinescu, M., & Hines, M. (2012). Relating prenatal testosterone exposure to postnatal behavior in typically developing children: Methods and findings. *Child Development Perspectives, 6*, 407–413.

Cook, E. C., Buehler, C., & Henson, R. (2009). Parents and peers as social influences to deter antisocial behavior. *Journal of Youth & Adolescence, 38*, 1204–1252.

Cooke, L. J., Chambers, L. C., Añez, E. V., Croker, H. A. Boniface, D., Yeomans, M. R., et al. (2011). Eating for pleasure or profit: The effects of incentives on children's enjoyment of vegetables. *Psychological Science, 22*, 190–196.

Cooper, H., Hedges, L. V., & Valentine, J. C. (Eds.). (2009). *The handbook of research synthesis and meta-analysis* (2nd ed.). New York: Russell Sage Foundation.

Coplan, R. J., & Armer, M. (2007). A "multitude" of solitude: A closer look at social withdrawal and nonsocial play in early childhood. *Child Development Perspectives, 1,* 26–32.

Coplan, R. J., Gavinski-Molina, M. H., Lagace-Seguin, D. G., & Wichman, C. (2001). When girls versus boys play alone: Nonsocial play and adjustment in kindergarten. *Developmental Psychology, 37,* 464–474.

Coplan, R. J., & Ooi, L. (2014). The causes and consequences of "playing alone" in childhood. In R. J. Coplan & J. C. Bowker (Eds.), *The handbook of solitude: Psychological perspectives on social isolation, social withdrawal, and being alone* (pp. 111–128). Chichester, West Sussex, UK: Wiley.

Coplan, R. J., Rose-Krasnor, L., Weeks, M., Kingsbury, A., Kingsbury, M., & Bullock, A. (2013). Alone is a crowd: Social motivations, social withdrawal, and socioemotional functioning in later childhood. *Developmental Psychology, 49,* 861–875.

Copper, R. L., Goldenberg, R. L., Das, A., Elder, N., Swain, M., Norman, G. et al. (1996). The preterm prediction study: Maternal stress is associated with spontaneous preterm birth at less than thirty-five weeks' gestation. *American Journal of Obstetrics & Gynecology, 175,* 1286–1292.

Coppus, A. M. W. (2013). People with intellectual disability: What do we know about adulthood and life expectancy. *Developmental Disabilities Research Reviews, 18,* 6–16.

Corballis, M. C., Badzakova-Trajkova, G., & Häberling, I. S. (2012). Right hand, left brain: Genetic and evolutionary assymetries for language and manual action. *WIREs Cognitive Science, 3,* 1–17.

Cornelius, M., Taylor, P., Geva, D., & Day, N. (1995). Prenatal tobacco exposure and marijuana use among adolescents: Effects on offspring gestational age, growth, and morphology. *Pediatrics, 95,* 738–743.

Corriveau, K. H., Kinzler, K. D., & Harris, P. L. (2013). Accuracy trumps accent in children's endorsement of object labels. *Developmental Psychology, 49,* 470–479.

Costa, P. T., & McRae, R. R. (2001). A theoretical context for adult temperament. In T. D. Wachs & G. A. Kohnstamm (Eds.), *Temperament in context* (pp. 1–21). Mahwah, NJ: Erlbaum.

Costin, S. E., & Jones, D. C. (1992). Friendship as a facilitator of emotional responsiveness and prosocial interventions among young children. *Developmental Psychology, 28,* 941–947.

Côté, S. M., Vaillancourt, T., Barker, E. D., Nagin, D., & Tremblay, R. E. (2007). The joint development of physical and indirect aggression: Predictors of continuity and change during childhood. *Development and Psychopathology, 19,* 37–55.

Côté, S., Zoccolillo, M., Tremblay, R. E., Nagin, D., & Vitaro, F. (2001). Predicting girls' conduct disorder in adolescence from childhood trajectories of disruptive behaviors. *Journal of the American Academy of Child and Adolescent Psychiatry, 40,* 678–684.

Coulton, C. J., Crampton, D. S., Irwin, M., Spilsbury, J. C., & Korbin, J. E. (2007). How neighborhoods influence child maltreatment: A review of the literature and alternative pathways. *Child Abuse & Neglect, 31,* 1117–1142.

Cousminer, D. L., Berry, D. J., Timpson, N. J., Ang, W., Thiering, E., Byrne, E. M., et al. (2013). Genome-wide association and longitudinal analyses reveal genetic loci linking pubertal height growth, pubertal timing, and childhood adiposity. *Human Molecular Genetics, 22,* 2735–2747.

Coutelle, C. Themis, M., Waddington, S. N., Buckley, S. M., Gregory, L. G., Nivsarkar, M. S., et al. (2005). Gene therapy progress and prospects: Fetal gene therapy—first proofs of concept—some adverse effects. *Gene Therapy, 12,* 1601–1607.

Cox, S. J., Mezulis, A. H., & Hyde, J. S. (2010). The influence of child gender role and maternal feedback to child stress on the emergence of the gender difference in depressive rumination in adolescence. *Developmental Psychology, 46,* 842–852.

Cox, M. J., & Paley, B. (2003). Understanding families as systems. *Current Directions in Psychological Science, 12,* 193–196.

Cox, M. J., Paley, B., & Harter, K. (2001). Interparental conflict and parent–child relationships. In J. H. Grych & F. D. Fincham (Eds.), *Interparental conflict and child development* (pp. 249–272). New York, NY: Cambridge University Press.

Coyne, C. A., Långström, N., Rickert, M. E., Lichtenstein, P., & D'Onofrio, B. M. (2013). Maternal age at first birth and offspring criminality: Using the children of twins design to test causal hypotheses. *Development and Psychopathology, 25,* 17–35.

Craig, K. D., Whitfield, M. F., Grunau, R. V. E., Linton, J., & Hadjistavropoulos, H. D. (1993). Pain in the preterm neonate: Behavioral and physiological indices. *Pain, 52,* 238–299.

Creusere, M. A. (1999). Theories of adults' understanding and use of irony and sarcasm: Applications to and evidence from research with children. *Developmental Review, 19,* 213–262.

Crick, N. R., & Dodge, K. A. (1994). A review and reformulation of social-information processing mechanisms in children's social adjustment. *Psychological Bulletin, 115,* 74–101.

Crick, N. R., & Grotpeter, J. K. (1995). Relational aggression, gender, and social-psychological adjustment. *Child Development, 66,* 710–722.

Crick, N. R., Ostrov, J. M., Appleyard, K., Jansen, E., & Casas, J. F. (2004). Relational aggression in early childhood: You can't come to my birthday party unless…In M. Putallaz & K. Bierman (Eds.), *Aggression, antisocial behavior, and violence among girls: A developmental perspective* (pp. 71–89). New York, NY: Guilford.

Crick, N. R., & Werner, N. E. (1998). Response decision processes in relational and overt aggression. *Child Development, 69,* 1630–1639.

Cristia, A. (2010). Phonetic enhancement of sibilants in infant-directed speech. *Journal of the Acoustical Society of America, 128,* 424–434.

Crocetti, E., Rubini, M., Luyckx, K., & Meeus, W. (2008). Identity formation in early and middle adolescence from various ethnic groups: From three dimensions to five statuses. *Journal of Youth & Adolescence, 37,* 983–996.

Croker, S., & Buchanan, H. (2011). Scientific reasoning in a real-world context: The effect of prior belief and outcome on children's hypothesis-testing strategies. *British Journal of Developmental Psychology, 29,* 409–424.

Crosnoe, R., Augustine, J. M., & Huston, A. C. (2012). Children's early child care and their mothers' later involvement with schools. *Child Development, 83,* 758–772.

Crouter, A. C., & Bumpus, M. F. (2001). Linking parents' work stress to children's and adolescents' psychological adjustment. *Current Directions in Psychological Science, 10,* 156–159.

Crouter, A. C., Whiteman, S. D., McHale, S. M., & Osgood, D. (2007). Development of gender attitude traditionality across middle childhood and adolescence. *Child Development, 78,* 911–926.

Cruz, I., Quittner, A. L., Marker, C., DesJardin, J. L. and the DCaCI Investigative Team. (2013). Identification of effective strategies to promote language in deaf children with cochlear implants. *Child Development, 84,* 543–559.

Csizmadia, A., Brunsma, D. L., & Cooney, T. M. (2012). Racial identification and developmental outcomes among Black-White multiracial youth: A review from a life course perspective. *Advances in Life Course Research, 17,* 34–44.

Csizmadia, A., & Ispa, J. M. (2014). Black-White biracial children's social development from kindergarten to fifth grade: Links with racial identification, gender, and socioeconomic status. *Social Development, 23,* 157–177.

Cuellar, I., Nyberg, B., Maldonado, R. E., & Roberts, R. E. (1997). Ethnic identity and acculturation in a young adult Mexican-origin population. *Journal of Community Psychology, 25,* 535–549.

Cummings, E. M., George, M. R. W., McCoy, K., P., & Davies, P. T. (2012). Interparental conflict in kindergarten and adolescent adjustment: Prospective investigation of emotional security as an explanatory mechanism. *Child Development, 83,* 1703–1715.

Cummings, E. M., Goeke-Morey, M. C., Merrilees, C. E., Taylor, L. K., & Shirlow, P. (2014). A social-ecological, process-oriented perspective on political violence and child development. *Child Development Perspectives, 8,* 82–89.

Cummings, E., Schermerhorn, A. C., Davies, P. T., Goeke-Morey, M. C., & Cummings, J. S. (2006). Interparental discord and child adjustment: Prospective investigations of emotional security as an explanatory mechanism. *Child Development, 77,* 132–152.

Cunningham, A. E., Perry, K. E., Stanovich, K. E., & Share, D. L. (2002). Orthographic learning during reading: Examining the role of self-teaching. *Journal of Experimental Child Psychology, 82,* 185–199.

Currie, J. (2013). Pollution and infant health. *Child Development Perspectives, 7,* 237–242.

Currie, J., & Walker, R. (2011). Traffic congestion and infant health: Evidence from EZPass. *American Economic Journals: Applied Economics, 3,* 65–90.

Curtiss, S. (1989). The independence and task-specificity of language. In M. H. Bornstein & J. S. Bruner (Eds.), *Interaction in human development* (pp. 105–137). Hillsdale, NJ: Erlbaum.

Cvencek, D., Meltzoff, A. N., & Greenwald, A. G. (2011). Math-gender stereotypes in elementary school children. *Child Development, 82,* 766–779.

Daniels, H. (2011). Vygotsky and psychology. In U. Goswami (Ed.), *The Wiley-Blackwell handbook of childhood cognitive development* (2nd ed., pp. 673–696). West Sussex, UK: Wiley-Blackwell.

Dannemiller, J. L. (1998). Color constancy and color vision during infancy: Methodological and empirical issues. In V. Walsh & J. Kulikowski (Eds.), *Perceptual constancy: Why things look as they do.* New York, NY: Cambridge University Press.

Darling, N., Cumsille, P., & Martínez, M. L. (2008). Individual differences in adolescents' beliefs about the legitimacy of parental authority and their own obligation to obey: A longitudinal investigation. *Child Development, 79,* 1103–1118.

Darling, H., Reeder, A. I., McGee, T., & Williams, S. (2006). Brief report: Disposable income, and spending on fast food, alcohol, cigarettes, and gambling by New Zealand secondary school students. *Journal of Adolescence, 29,* 837–843.

David, A., & Rodeck, C. H. (2009). Fetal gene therapy. In C. H. Rodeck & M. J. Whittle (Eds.), *Fetal medicine: Basic science and clinical practice.* London: Churchill Livingstone.

Davidov, M., Zahn-Waxler, C., Roth-Hanania, R., & Knafo, A. (2013). Concern for others in the first year of life: Theory, evidence, and avenues for research. *Child Development Perspectives, 7,* 126–131.

Davies, P. T., Cicchetti, D., Hentges, R. F., & Sturge-Apple, M. L. (2013). The genetic precursors and the advantageous and disadvantageous sequelae of inhibited temperament: An evolutionary perspective. *Developmental Psychology, 49,* 2285–2300.

Davies, P. T., Cicchetti, D., & Martin, M. J. (2012). Toward greater specificity in identifying associations among interparental aggression, child emotional reactivity to conflict, and child problems. *Child Development, 83,* 1789–1804.

Davies, P. T., & Cummings, E. M. (1998). Exploring children's emotional security as a mediator of the link between marital relations and child adjustment. *Child Development, 69,* 124–139.

Davis, K. M., Gagnier, K. R., Moore, T. E., & Todorow, M. (2013). Cognitive aspects of fetal alcohol spectrum disorder. *WIREs Cognitive Science, 4,* 81–92.

Davis, P. E., Meins, E., & Fernyhough, C. (2011). Self-knowledge in childhood: Relations with children's imaginary companions and understanding of mind. *British Journal of Developmental Psychology, 29,* 680–686.

Davis, E. P., & Sandman, C. A. (2010). The timing of prenatal exposure to maternal cortisol and psychosocial stress is associated with human cognitive development. *Child Development, 81,* 131–148.

Deary, I. (2012). Intelligence. *Annual Review of Psychology, 63,* 453–482.

Deater-Deckard, K., Lansford, J. E., Malone, P. S., Alampay, L. P. Sorbring, E., Bacchini, D., et al. (2011). The association between parental warmth and control in thirteen cultural groups. *Journal of Family Psychology, 25,* 790–794.

De Beni, R., & Palladino, P. (2000). Intrusion errors in working memory tasks: Are they related to reading comprehension ability? *Learning & Individual Differences, 12,* 131–143.

De Brauwer, J., & Fias, W. (2009). A longitudinal study of children's performance on simple multiplication and division problems. *Developmental Psychology, 45,* 1480–1496.

DeCasper, A. J., & Spence, M. J. (1986). Prenatal maternal speech influences newborns' perception of speech sounds. *Infant Behavior & Development, 9,* 133–150.

Declercq, E. (2012). The politics of home birth in the United States. *Birth, 39,* 281–285.

Degner, J., & Dalege, J. (2013). The apple does not fall far from the tree or does it? A meta-analysis of parent-child similarity in intergroup attitudes. *Psychological Bulletin, 139,* 1270–1304.

de Haan, M., Wyatt, J. S., Roth, S., Vargha-Khadem, F., Gadian, D., & Mishkin, M. (2006). Brain and cognitive-behavioral development after asphyxia at term birth. *Developmental Science, 9,* 441–442.

Dehaene, S., Izard, V., Pica, P., & Spelke, E. (2006). Core knowledge of geometry in an Amazonian indigene group. *Science, 311,* 381–384.

Dekovic, M., & Janssens, J. M. (1992). Parents' child-rearing style and child's sociometric status. *Developmental Psychology, 28,* 925–932.

Delaney, C. (2000). Making babies in a Turkish village. In J. S. DeLoache & A. Gottlieb (Eds.), *A world of babies: Imagined child care guides for seven societies.* New York, NY: Cambridge University Press.

Del Giudice, M. (2011). Alone in the dark? Modeling the conditions for visual experience in human fetuses. *Developmental Psychobiology, 53,* 214–219.

Del Giudice, M., & Colle, L. (2007). Differences between children and adults in the recognition of enjoyment smiles. *Developmental Psychology, 43,* 796–803.

DeLoache, J. S. (1984). Oh where, oh where: Memory-based searching by very young children. In C. Sophian (Ed.), *Origins of cognitive skills.* Hillsdale, NJ: Erlbaum.

DeLoache, J. S. (1995). Early understanding and use of models: The modal model. *Current Directions in Psychological Science, 4,* 109–113.

DeLoache, J. S., Chiong, C., Sherman, K., Islam, N., Vanderborght, M., Troseth, G. L., Strouse, G. A., & O'Doherty, K. (2010). Do babies learn from baby media? *Psychological Science, 21,* 1570–1574.

DeLoache, J. S., Miller, K. F., & Pierroutsakos, S. L. (1998). Reasoning and problem solving. In W. Damon (Ed.), *Handbook of child psychology* (5th ed., Vol. 2, pp. 801–850). New York, NY: Wiley.

DeLoache, J. S., Miller, K. F., & Rosengren, K. S. (1997). The incredible shrinking room: Very young children's performance with symbolic and nonsymbolic relations. *Psychological Science, 8*, 308–313.

del Valle, J. F., Bravo, A., & Lopez, M. (2010). Parents and peers as providers of support in adolescents' social network: A developmental perspective. *Journal of Community Psychology, 38*, 16–27.

Demir, A., Levine, S. C., & Goldin-Meadow, S. (2010). Narrative skill in children with unilateral brain injury: A possible limit to functional plasticity. *Developmental Science, 13*, 636–647.

deVilliers, J. G., & deVilliers, P. A. (1985). The acquisition of English. In D. I. Slobin (Ed.), *The cross-linguistic study of language acquisition*. Hillsdale, NJ: Erlbaum.

Dewey, K. G. (2001). Nutrition, growth, and complementary feeding of the breastfed infant. *Pediatric Clinics of North America, 48*, 87–104.

Dewey, C., Fleming, P., Goldin, J., & the ALSPAC Study Team. (1998). Does the supine sleeping position have any adverse effects on the child? II. Development in the first 18 months. *Pediatrics, 101*, e5.

De Wolff, M. S., & van IJzendoorn, M. H. (1997). Sensitivity and attachment: A meta-analysis on parental antecedents of infant attachment. *Child Development, 68*, 571–591.

Dews, S., Winner, E., Kaplan, J., Rosenblatt, E., Hunt, M., Lim, K., et al. (1996). Children's understanding of the meaning and functions of verbal irony. *Child Development, 67*, 3071–3085.

Diamond, A. (2007). Interrelated and interdependent. *Developmental Science, 10*, 152–158.

Diamond, A. (2013). Executive functions. *Annual Review of Psychology, 64*, 135–168.

Diamond, A., & Lee, K. (2011). Interventions shown to aid executive function development in children 4 to 12 years old. *Science, 333*, 959–964.

Dick-Read, G. (1959). *Childbirth without fear*. New York, NY: Harper & Brothers.

DiDonato, M. D., & Berenbaum, S. A. (2011). The benefits and drawbacks of gender typing: How different dimensions are related to psychological adjustment. *Archives of Sexual Behavior, 40*, 457–463.

Diesendruck, G., Birnbaum, D., Deeb, I., & Segall, G. (2013). Learning what is essential: Relative and absolute changes in children's beliefs about the heritability of ethnicity. *Journal of Cognition and Development, 14*, 546–560.

Dijkstra, J. K., Cillessen, A. H. N., & Borch, C. (2013). Popularity and adolescent friendship networks: Selection and influence dynamics. *Developmental Psychology, 49*, 1242–1252.

Dionne, G., Dale, P.S., Boivin, M., & Plomin, R. (2003). Genetic evidence for bidirectional effects of early lexical and grammatical development. *Child Development, 74*, 394–412.

DiPietro, J. A. (2004). The role of maternal stress in child development. *Current Directions in Psychological Science, 13*, 71–74.

DiPietro, J. A., Bornstein, M. H., Hahn, C. S., Costigan, K., & Achy-Brou, A. (2007). Fetal heart rate and variability: Stability and prediction to developmental outcomes in early childhood. *Child Development, 78*, 1788–1798.

DiPietro, J. A., Caulfield, L., Costigan, K. A., Merialdi, M., Nguyen, R. H. N., Zavaleta, N., et al. (2004). Fetal neurobehavioral development: A tale of two cities. *Developmental Psychology, 40*, 445–456.

DiPietro, J. A., Hodgson, D. M., Costigan, K. A., & Milton, S. C. (1996). Fetal neurobehavioral development. *Child Development, 67*, 2553–2567.

DiPietro, J. A., Novak, M. F., Costigan, K. A., Atella, L. D., & Reusing, S. P. (2006). Maternal psychological distress during pregnancy in relation to child development at age two. *Child Development, 77*, 573–587.

Dishion, T. J. (1990). The family ecology of boys' peer relations in middle childhood. *Child Development, 61*, 874–892.

Dishion, T. J., Poulin, F., & Burraston, B. (2001). Peer group dynamics associated with iatrogenic effects in group interventions with high-risk young adolescents. In D. W. Nangle & C. A. Erdley (Eds.), *The role of friendship in psychological adjustment* (pp. 79–92). San Francisco, CA: Jossey-Bass.

Divan, H. A., Kheifets, L., Obel, C., & Olsen, J. (2012). Cell phone use and behavioral problems in young children. *Journal of Epidemiology and Community Health, 66*, 524–529.

Dixon, J. A., & Marchman, V. A. (2007). Grammar and the lexicon: Developmental ordering in language acquisition. *Child Development, 78*, 190–212.

Docherty, S. J., Davis, O. S. P., Kovas, Y., Meaburn, E. L., Dale P. S., Petrill, S. A., et al. (2010). A genome-wide association study identifies multiple loci associated with mathematics ability and disability. *Genes, Brain, and Behavior, 9*, 234–247.

Dodge, K. A., Bates, J. E., & Pettit, G. S. (1990). Mechanisms in the cycle of violence. *Science, 250*, 1678–1683.

Dodge, K. A., Coie, J. D., & Lynam, D. (2006). Aggression and antisocial behavior in youth. In N. Eisenberg (Ed.), *Handbook of child psychology: Vol. 3. Social, emotional, and personality development* (6th ed., pp. 719–788). New York, NY: Wiley.

Dodge, K. A., Coie, J. D., & Tremblay, R. E. (2006). Aggression. In W. Damon & R. M. Lerner (Eds.), *Handbook of child psychology, Vol. 3* (6th ed.). New York, NY: Wiley.

Dodge, K. A., & Crick, N. R. (1990). Social information-processing bases of aggressive behavior in children. *Personality & Social Psychology Bulletin, 16*, 8–22.

Dodge, K. A., Godwin, J., & The Conduct Problems Prevention Research Group. (2013). Social-information-processing patterns mediate the impact of preventive intervention on adolescent antisocial behavior. *Psychological Science, 24*, 456–465.

Dodge, K. A., Greenberg, M. T., & Malone, P. S. (2008). Testing an idealized dynamic cascade model of the development of serious violence in adolescence. *Child Development, 79*, 1907–1927.

Donnellan, M. B., Trzesniewski, K. H., Robins, R. W., Moffitt, T. E., & Caspi, A. (2005). Low self-esteem is related to aggression, antisocial behavior, and delinquency. *Psychological Science, 16*, 328–335.

D'Onofrio, B. M., Goodnight, J. A., Van Hulle, C. A., Rodgers, J. L., Rathouz, P. J., Waldman, I. D., et al. (2009). Maternal age at childbirth and offspring disruptive behaviors: Testing the causal hypothesis. *Journal of Child Psychology & Psychiatry, 50*, 1018–1028.

D'Onofrio, B. M., Singh, A. L., Iliadou, A., Lambe, M., Hultman, C. M., Neiderhiser, J. M., et al. (2010). A quasi-experimental study of maternal smoking during pregnancy and offspring academic achievement. *Child Development, 81*, 80–100.

Donovan, W. L., Leavitt, L. A., & Walsh, R. O. (2000). Maternal illusory control predicts socialization strategies and toddler compliance. *Developmental Psychology, 36*, 402–411.

Doornwaard, S. M., Branje, S., Meeus, W. H. J., & ter Bogt, T. F. M. (2012). Development of adolescents' peer crowd identification in relation to changes in problem behaviors. *Developmental Psychology, 48*, 1366–1380.

Dorn, L. D., Dahl, R. E., Woodward, H. R., & Biro, F. (2006). Defining the boundaries of early adolescence: A user's guide to assessing pubertal status and pubertal timing in research with adolescents. *Applied Developmental Science, 10*, 30–56.

Doumen, S., Smits, I., Luyckx, K., Duriez, B., Vanhalst, J., Verschueren, K., et al. (2012). Identity and perceived peer relationship quality in emerging adulthood: The mediating role of attachment-related emotions. *Journal of Adolescence, 35*, 1417–1425.

Doyle, J. M., & Kao, G. (2007). Are racial identities of multiracials stable? Change self-identification among single and multiple race individuals. *Social Psychology Quarterly, 70,* 405–423.

Dozier, M., Zeanah, C. H., & Bernard, K. (2013). Infants and toddlers in foster care. *Child Development Perspectives, 7,* 166–171.

Draghi-Lorenz, R., Reddy, V., & Costall, A. (2001). Rethinking the development of "nonbasic" emotions: A critical review of existing theories. *Developmental Review, 21,* 263–304.

Driscoll, A. K., Russell, S. T., & Crockett, L. J. (2008). Parenting styles and youth well-being across immigrant generations. *Journal of Family Issues, 29,* 185–209.

DuBois, D. L., Portillo, N., Rhodes, J. E., Silverthorn, N., & Valentine, J. C. (2011). How effective are mentoring programs for youth? A systematic assessment of the evidence. *Psychological Science in the Public Interest, 12,* 57–91.

Duckworth, A. L., & Carlson, S. M. (2013). Self-regulation and school success. In B.W. Sokol, F. M. E. Grouzet, & U. Müller (Eds.), *Self-regulation and autonomy: Social and developmental dimensions of human conduct* (pp. 208–230). New York, NY: Cambridge University Press.

Duncan, G. J., & Brooks-Gunn, J. (2000). Family poverty, welfare reform, and child development. *Child Development, 71,* 188–196.

Duncan, G. J., Dowsett, C. J., Claessens, A., Magnuson, K., Huston, A. C., Klebanov, P., et al. (2007). School readiness and later achievement. *Developmental Psychology, 43,* 1428–1446.

Duncan, D. T., & Hatzenbuehler, M. L. (2014). Lesbian, gay, bisexual, and transgender hate crimes and suicidality among a population-based sample of sexual-minority adolescents in Boston. *American Journal of Public Health, 104,* 272–278.

Duncan, G. J., & Magnuson, K. (2012). Socioeconomic status and cognitive functioning: moving from correlation to causation. *WIREs Cognitive Science, 3,* 377–386.

Dunham, Y., Baron, A. S., & Carey, S. (2011). Consequences of "minimal" group affiliations in children. *Child Development, 82,* 793–811.

Dunham, P. J., Dunham, F., & Curwin, A. (1993). Joint-attentional states and lexical acquisition at 18 months. *Developmental Psychology, 29,* 827–831.

Dunifon, R. (2013). The influence of grandparents on the lives of children and adolescents. *Child Development Perspectives, 7,* 55–60.

Dunn, J., & Brophy, M. (2005). Communication, relationships, and individual differences in children's understanding of mind. In J. W. Astington & J. A. Baird (Eds.), *Why language matters for theory of mind* (pp. 50–69). New York, NY: Oxford.

Dunn, J., & Davies, L. (2001). Sibling relationships and interpersonal conflict. In J. Grych & F. D. Fincham (Eds.), *Interparental conflict and child development* (pp. 273–290). New York, NY: Cambridge University Press.

Dunn, J., & Kendrick, C. (1981). Social behavior of young siblings in the family context: Differences between same-sex and different-sex dyads. *Child Development, 52,* 1265–1273.

Dunn, J., O'Connor, T. G., & Cheng, H. (2005). Children's responses to conflict between their different parents: Mothers, stepfathers, nonresident fathers, and nonresident stepmothers. *Journal of Clinical Child & Adolescent Psychology, 34,* 223–234.

Dunson, D. B., Colombo, B., & Baird, D. D. (2002). Changes in age in the level and duration of fertility in the menstrual cycle. *Human Reproduction, 17,* 1399–1403.

Durik, A. M., Hyde, J. S., & Clark, R. (2000). Sequelae of cesarean and vaginal deliveries: Psychosocial outcomes for mothers and infants. *Developmental Psychology, 36,* 251–260.

Durston, S., Davidson, M. C., Tottenham, N., Galvan, A., Spicer, J., Fossella, J. A., et al. (2006). A shift from diffuse to focal cortical activity with development. *Developmental Science, 9,* 1–8.

Dykas, M. J., & Cassidy, J. (2011). Attachment and the processing of social information across the life span: Theory and evidence. *Psychological Bulletin, 137,* 19–46.

Eagly, A. H., Karau, S. J., & Makhijani, M. G. (1995). Gender and the effectiveness of leaders: A meta-analysis. *Psychological Bulletin, 117,* 125–145.

Eagly, A. H., & Wood, W. (2013). The nature-nurture debates: 25 years of challenges in understanding the psychology of gender. *Perspectives on Psychological Science, 8,* 340–357.

Easterbrook, M. A., Kisilevsky, B. S., Muir, D. W., & Laplante, D. P. (1999). Newborns discriminate schematic faces from scrambled faces. *Canadian Journal of Experimental Psychology, 53,* 231–241.

Eaton, D. K., Kann, L., Kinchen, S., Shanklin, S., Ross, J., Hawkins, J., et al. (2008). Youth risk behavior surveillance—United States, 2007. *Morbidity & Mortality Weekly Report, 57,* 1–131.

Eccles, J. S., & Harold, R. D. (1991). Gender differences in sport involvement: Applying the Eccles expectancy-value model. *Journal of Applied Sports Psychology, 3,* 7–35.

Edwards, C. A. (1994). Leadership in groups of school-age girls. *Developmental Psychology, 30,* 920–927.

Edwards, R. C., Thullen, M. J., Isarowong, N., Shiu, C-S., Henson, L., & Hans, S. L. (2012). Supportive relationships and the trajectory of depressive symptoms among young, African American mothers. *Journal of Family Psychology, 26,* 585–594.

Egan, S. K., Monson, T. C., & Perry, D. G. (1998). Social-cognitive influences on change in aggression over time. *Developmental Psychology, 34,* 996–1006.

Ehri, L., Nunes, S., Willows, D., Schuster, B., Yaghoub-Zadeh, Z., & Shanahan, T. (2001). Phonemic awareness instruction helps children learn to read: Evidence from the National Reading Panel's meta-analysis. *Reading Research Quarterly, 36,* 250–287.

Ehrlich, K. B., Dykas, M. J., & Cassidy, J. (2012). Tipping points in adolescent adjustment: Predicting social functioning from adolescents' conflict with parents and friends. *Journal of Family Psychology, 26,* 776–783.

Eime, R. M., Young, J. A., Harvey, J. T., Charity, M. J., & Payne, W. R. (2013). A systematic review of the psychological and social benefits of participation in sport for children and adolescents: informing development of a conceptual model of health through sport. *International Journal of Behavioral Nutrition and Physical Activity, 10:* 98.

Eisenberg, N. (2000). Emotion, regulation, and moral development. *Annual Review of Psychology, 51,* 665–697.

Eisenberg, N., Duckwork, A. L., Spinrad, T. L., & Valiente, C. (2014). Conscientiousness: origins in childhood? *Developmental Psychology,* in press.

Eisenberg, N., & Fabes, R. A. (1998). Prosocial development. In W. Damon (Ed.), *Handbook of child psychology* (Vol. 3, pp. 701–778). New York, NY: Wiley.

Eisenberg, N., Fabes, R. A., & Spinrad, T. (2006). Prosocial development. In W. Damon & R. M. Lerner (Eds.), *Handbook of child psychology, Vol. 3* (6th ed.). New York, NY: Wiley.

Eisenberg, N., Michalik, N., Spinrad, T. L., Hofer, C., Kupfer, A., Valiente, C., et al. (2007). The relations of effortful control and impulsivity to children's symptoms: A longitudinal study. *Cognitive Development, 22,* 544–567.

Eisenberg, N., & Shell, R. (1986). Prosocial moral judgment and behavior in children: The mediating role of cost. *Personality & Social Psychology Bulletin, 12,* 426–433.

Eisenberg, N., Shepard, S. A., Fabes, R. A., Murphy, B. C., & Guthrie, I. K. (1998). Shyness and children's emotionality, regulation, and coping: Contemporaneous, longitudinal, and across-context relations. *Child Development, 69,* 767–790.

Eisenberg, N., Zhou, Q., & Koller, S. (2001). Brazilian adolescents' prosocial moral judgment and behavior: Relations to sympathy, perspective taking, gender-role orientation, and demographic characteristics. *Child Development, 72,* 518–534.

Elbert, T., Pantev, C., Weinbruch, C., Rockstroh, B., & Taub, E. (1995). Increased cortical representation of the fingers of the left hand in strings players. *Science, 270,* 305–307.

Eliot, L. (2013). Single-sex education and the brain. *Sex Roles, 69,* 363–381.

Elkind, D. (1978). *The child's reality: Three developmental themes.* Hillsdale, NJ: Erlbaum.

Elkind, D., & Bowen, R. (1979). Imaginary audience behavior in children and adolescents. *Developmental Psychology, 15,* 38–44.

Ellis, B. J. (2004). Timing of pubertal maturation in girls: An integrated life history approach. *Psychological Bulletin, 130,* 920–958.

Ellis, B. J., Bates, J. E., Dodge, K. A., Fergusson, D. M., Horwood, L. J., Pettit, G. S., et al. (2003). Does father absence place daughters at special risk for early sexual activity and teenage pregnancy? *Child Development, 74,* 801–821.

Ellis, B. J., & Essex, M. J. (2007). Family environments, adrenarche, and sexual maturation: A longitudinal test of a life history model. *Child Development, 78,* 1799–1817.

Ellis, W. K., & Rusch, F. R. (1991). Supported employment: Current practices and future directions. In J. L. Matson & J. A. Mulick (Eds.), *Handbook of mental retardation* (2nd ed.). New York, NY: Pergamon.

Ellis, S., & Siegler, R. S. (1997). Planning and strategy choice, or why don't children plan when they should? In S. L. Friedman & E. K. Scholnick (Eds.), *The developmental psychology of planning: Why, how, and when do we plan?* (pp. 183–208). Hillsdale, NJ: Erlbaum.

Ellis, M. L., Weiss, B., & Lochman, J. E. (2009). Executive functions in children: Associations with aggressive behavior and appraisal processing. *Journal of Abnormal Child Psychology, 37,* 945–956.

Ellis, W. E., & Zarbatany, L. (2007). Explaining friendship formation and friendship stability—the role of children's and friends' aggression and victimization. *Merrill-Palmer Quarterly, 53,* 79–104.

El Nokali, N. E., Bachman, H. J., & Votruba-Drzal, E. (2010). Parent involvement and children's academic and social development in elementary school. *Child Development, 81,* 988–1005.

Else-Quest, N. M., Higgins, A., Allison, C., & Morton, L. C. (2012). Gender differences in self-conscious emotional experience: A meta-analysis. *Psychological Bulletin, 138,* 947–981.

Else-Quest, N. M., Hyde, J. S., Goldsmith, H. H., & Van Hulle, C. A. (2006). Gender differences in temperament: A meta-analysis. *Psychological Bulletin, 132,* 33–72.

Else-Quest, N. M., Hyde, J. S., & Linn, M. C. (2010). Cross-national patterns of gender differences in mathematics: A meta-analysis. *Psychological Bulletin, 136,* 103–127.

El-Sheikh, M., Bub, K. L., Kelly, R. J., & Buckhalt, J. A. (2013). Children's sleep and adjustment: A residualized change analysis. *Developmental Psychology, 49,* 1591–1601.

Engel, S. M., Berkowitz, G. S., Wolff, M. S., & Yehuda, R. (2005). Psychological trauma associated with the World Trade Center attacks and its effect on pregnancy outcome. *Paediatric & Perinatal Epidemiology, 19,* 334–341.

Engel, S. M., Zhu, C., Berkowitz, G. S., Calafat, A. M., Silva, M. J., Miodovnik, A., et al. (2009). Prenatal phthalate exposure and performance on the Neonatal Behavioral Assessment Scale in a multiethnic birth cohort. *Neurotoxicology, 30,* 522–528.

Englund, M. M., Kuo, S. I., Puig, J., & Collins, W. A. (2011). Early roots of adult competence: The significance of close relationships from infancy to early adulthood. *International Journal of Behavioral Development, 35,* 490–496.

Ennemoser, M., & Schneider, W. (2007). Relations of television viewing and reading: Findings from a 4-year longitudinal study. *Journal of Educational Psychology, 99,* 349–368.

Erikson, E. H. (1968). *Identity: Youth and crisis.* New York, NY: Norton.

Eskritt, M., & Lee, K. (2002). Remember when you last saw that card?: Children's production of external symbols as a memory aid. *Developmental Psychology, 38,* 254–266.

Eskritt, M., & McLeod, K. (2008). Children's note taking as a mnemonic tool. *Journal of Experimental Child Psychology, 101,* 52–74.

Espy, K. A., Fang, H., Johnson, C., Stopp, C., Wiebe, S. A., & Respass, J. (2011). Prenatal tobacco exposure: Developmental outcomes in the neonatal period. *Developmental Psychology, 47,* 153–169.

Evans, G. W., Gonnella, C., Marcynyszyn, L. A., Gentile, L., & Salpekar, N. (2005). The role of chaos in poverty and children's socioemotional adjustment. *Psychological Science, 16,* 560–565.

Evans, G. W., & Kim, P. (2013). Childhood poverty, chronic stress, self-regulation, and coping. *Child Development Perspectives, 7,* 43–48.

Eyer, D. E. (1992). *Mother–infant bonding: A scientific fiction.* New Haven, CT: Yale University Press.

Fabes, R. A., Eisenberg, N., Jones, S., Smith, M., Guthrie, I., Poulin, R., et al. (1999). Regulation, emotionality, and preschoolers' socially competent peer interactions. *Child Development, 70,* 432–442.

Fabes, R. A., Eisenberg, N., Smith, M. C., & Murphy, B. C. (1996). Getting angry at peers: Associations with liking of the provocateur. *Child Development, 67,* 942–956.

Fabricius, W. V., & Luecken, L. J. (2007). Postdivorce living arrangements, parent conflict, and long-term physical health correlates for children of divorce. *Journal of Family Psychology, 21,* 195–205.

Falbo, T. (2012). Only children: An updated review. *Journal of Individual Psychology, 68,* 38–49.

Falbo, T., & Polit, E. F. (1986). Quantitative review of the only child literature: Research evidence and theory development. *Psychological Bulletin, 100,* 176–186.

Falbo, T., Poston, D. L., Triscari, R. S., & Zhang, X. (1997). Self-enhancing illusions among Chinese schoolchildren. *Journal of Cross-Cultural Psychology, 28,* 172–191.

Falk, D., & Bornstein, M. H. (2005). Infant reflexes. In C. B. Fisher & R. M. Lerner (Eds.), *Encyclopedia of applied developmental science* (Vol. 1, pp. 581–582). Thousand Oaks, CA: Sage.

Farh, C. I. C. C., Seo, M-G., & Tesluk, P. E. (2012). Emotional intelligence, teamwork effectiveness, and job performance: The moderating role of job context. *Journal of Applied Psychology, 97,* 890–900.

Farr, R. H., Forssell, S. L., & Patterson, C. J. (2010). Parenting and child development in adoptive families: Does parental sexual orientation matter? *Applied Developmental Science, 14,* 164–178.

Farr, R. H., & Patterson, C. J. (2013). Coparenting among lesbian, gay, and heterosexual couples: Associations with adopted children's outcomes. *Child Development, 84,* 1226–1240.

Farrant, B. M., Maybery, M. T., & Fletcher, J. (2012). Language, cognitive flexibility, and explicit false belief understanding: Longitudinal analysis in typical development and specific language impairment. *Child Development, 83,* 223–235.

Farrar, M. J., & Boyer-Pennington, M. (1999). Remembering specific episodes of a scripted event. *Journal of Experimental Child Psychology, 73,* 266–288.

Farver, J. M., Lonigan, C. J., & Eppe, S. (2009). Effective early literacy skill development for young Spanish-speaking English language learners: An experimental study of two methods. *Child Development, 80,* 703–719.

Farver, J. M., & Shin, Y. L. (1997). Social pretend play in Korean- and Anglo-American preschoolers. *Child Development, 68,* 544–556.

Fauth, R. C., Roth, J. L., & Brooks-Gunn, J. (2007). Does the neighborhood context alter the link between youth's after-school time activities and developmental outcomes? A multilevel analysis. *Developmental Psychology, 43,* 760–777.

Fazel, S., Bakiyeva, L., Cnattingius, S., Grann, M., Hultman, C. M., Litchtenstein, P., et al. (2012). Perinatal risk factors in offenders with severe personality disorder: A population-based investigation. *Journal of Personality Disorders, 26,* 737–750.

Feddes, A. R., Noack, P., & Rutland, A. (2009). Direct and extended friendship effects on minority and majority children's interethnic attitudes: A longitudinal study. *Child Development, 80,* 377–390.

Federal Interagency Forum on Child and Family Statistics. (2013). *America's Children: Key National Indicators of Well-Being, 2013.* Washington, DC: U.S. Government Printing Office.

Feinberg, M. E., McHale, S. M., Crouter, A. C., & Cumsille, P. (2003). Sibling differentiation: Sibling and parental relationships trajectories in adolescence. *Child Development, 74,* 1261–1274.

Feldman, H. M., Dollaghan, C. A., Campbell, T. F., Kurs-Lasky, M., Janosky, J. E., & Paradise, J. L. (2000). Measurement properties of the MacArthur Communicative Development Inventories at one and two years. *Child Development, 71,* 310–322.

Feldman, R., & Klein, P. S. (2003). Toddler's self-regulated compliance to mothers, caregivers, and fathers: Implications for theories of socialization. *Developmental Psychology, 39,* 680–692.

Feldman, S. S., & Wentzel, K. R. (1990). The relationships between parental styles, sons' self-restraint, and peer relations in early adolescence. *Journal of Early Adolescence, 10,* 439–454.

Feldman Farb, A., & Matjasko, J. L. (2012). Recent advances in research on school-based extracurricular activities and adolescent development. *Developmental Review, 32,* 1–48.

Fenson, L., Dale, P. S., Reznick, J. S., Bates, E., Thal, D., & Pethick, S. (1994). Variability in early communicative development. *Monographs of the Society for Research in Child Development, 59* (Whole No. 173).

Fergusson, D. M., & Woodward, L. J. (2000). Teenage pregnancy and female educational underachievement: A prospective study of a New Zealand birth cohort. *Journal of Marriage & the Family, 62,* 147–161.

Fernyhough, C. (2010). Inner speech. In H. Pashler (Ed.), *Encyclopaedia of the mind.* Thousand Oaks, CA: Sage.

Ferreol-Barbey, M., Piolat, A., & Roussey, J. (2000). Text recomposition by eleven-year-old children: Effects of text length, level of reading comprehension, and mastery of prototypical schema. *Archives de Psychologie, 68,* 213–232.

Fidler, E. (2012). Sickle cell trait: A review and recommendations for training. *Strength and Conditioning Journal, 34,* 28–32.

Field, T. (2010). Postpartum depression effects on early interactions, parenting, and safety practices: A review. *Infant Behavior & Development, 33,* 1–6.

Field, T. M. (1990). *Infancy.* Cambridge, MA: Harvard University Press.

Field, T., Diego, M., & Hernandez-Reif, M. (2010). Preterm infant message therapy research: A review. *Infant Behavior and Development, 33,* 115–124.

Field, T. M., & Widmayer, S. M. (1982). Motherhood. In B. J. Wolman (Ed.), *Handbook of developmental psychology.* Englewood Cliffs, NJ: Prentice Hall.

Fischer, K. W., & Immordino-Yang, M. H. (2008). The fundamental importance of the brain and learning for education. In *The Jossey-Bass reader on the brain and learning.* San Francisco, CA: Jossey-Bass.

Fitzgerald, J. (1987). Research on revision in writing. *Review of Educational Research, 57,* 481–506.

FitzGerald, D. P., & White, K. J. (2003). Linking children's social worlds: Perspective-taking in parent-child and peer contexts. *Social Behavior & Personality, 31,* 509–522.

Fivush, R., Brotman, M. A., Buckner, J. P., & Goodman, S. H. (2000). Gender differences in parent-child emotion narratives. *Sex Roles, 42,* 233–253.

Fivush, R., Reese, E., & Haden, C. A. (2006). Elaborating on elaborations: Role of maternal reminiscing style in cognitive and socioemotional development. *Child Development, 77,* 1568–1588.

Flavell, J. H. (1985). *Cognitive development* (2nd ed.). Englewood Cliffs, NJ: Prentice Hall.

Flavell, J. H. (1996). Piaget's legacy. *Psychological Science, 7,* 200–203.

Flavell, J. H. (2000). Development of children's knowledge about the mental world. *International Journal of Behavioral Development, 24,* 15–23.

Flom, R., & Bahrick, L. E. (2007). The development of infant discrimination of affect in multimodal and unimodal stimulation: The role of intersensory redundancy. *Developmental Psychology, 43,* 238–252.

Flook, L. (2011). Gender differences in adolescents' daily interpersonal events and well-being. *Child Development, 82,* 454–461.

Flores, E., Cicchetti, D., & Rogosch, F. A. (2005). Predictors of resilience in maltreated and nonmaltreated Latino children. *Developmental Psychology, 41,* 338–351.

Flynn, J. R. (1999). Searching for justice: The discovery of IQ gains over time. *American Psychologist, 54,* 5–20.

Flynn, J. R., & Weiss, L. G. (2007). American IQ gains from 1932 to 2002: The WISC subtests and educational progress. *International Journal of Testing, 7,* 209–224.

Fontaine, R. G., & Dodge, K. A. (2006). Real-time decision making and aggressive behavior in youth: A heuristic model of response evaluation and decision (RED). *Aggressive Behavior, 32,* 604–624.

Fontaine, R. G., Yang, C., Dodge, K. A., Pettit, G. S., & Bates, J. E. (2009). Development of response evaluation and decision (RED) and antisocial behavior in childhood and adolescence. *Developmental Psychology, 45,* 447–459.

Foster, E. M., & Watkins, S. (2010). The value of reanalysis: TV viewing and attention problems. *Child Development, 81,* 368–375.

Foster, S. H. (1986). Learning discourse topic management in the preschool years. *Journal of Child Language, 13,* 231–250.

Fox, S. E., Levitt, P., & Nelson, C. A. (2010). How the timing and quality of early experiences influence the development of brain architecture. *Child Development, 81,* 28–40.

Franklin, A., Pilling, M., & Davies, I. (2005). The nature of infant color categorization: Evidence from eye movements on a target detection task. *Journal of Experimental Child Psychology, 91,* 227–248.

Franquart-Declercq, C., & Gineste, M. (2001). Metaphor comprehension in children. *Annee Psychologique, 101,* 723–752.

Frazier, B. N., Gelman, S. A., Kaciroti, N., Russell, J. W., & Lumeng, J. C. (2012). I'll have what she's having: The impact of model characteristics on children's food choices. *Developmental Science, 15,* 87–98.

Fredricks, J. A., & Eccles, J. S. (2006). Is extracurricular participation associated with beneficial outcomes? Concurrent and longitudinal relations. *Developmental Psychology, 42,* 698–713.

French, S. E., Seidman, E., Allen, L., & Aber, J. (2006). The development of ethnic identity during adolescence. *Developmental Psychology, 42,* 1–10.

Frick, P. J., & Nigg, J. T. (2012). Current issues in the diagnosis of attention deficit hyperactivity disorder, oppositional defiant disorder, and conduct disorder. *Annual Review of Clinical Psychology, 8,* 77–107.

Fried, A. (2005). Depression in adolescence. In C. B. Fisher & R. M. Lerner (Eds.), *Encyclopedia of applied developmental science* (Vol. 1, pp. 332–334). Thousand Oaks, CA: Sage.

Fu, G., Xu, F., Cameron, C. A., Herman, G., & Lee, K. (2007). Cross-cultural differences in children's choices, categorizations, and evaluations of truths and lies. *Developmental Psychology, 43,* 278–293.

Fuchs, L. S., Geary, D. C., Compton, D. L., Fuchs, D., Schatschneider, C., Hamlett, C. L., et al. (2013). Effects of first-grade number knowledge tutoring with contrasting forms of practice. *Journal of Educational Psychology, 105,* 58–77.

Fuhs, M. W., & McNeil, N. M. (2013). ANS acuity and mathematics ability in preschoolers from low-income homes: Contributions of inhibitory control. *Developmental Science, 16,* 136–148.

Fuld, G. L., Mulligan, D. A., Altmann, T. R., Brown, A., Christakis, D. A., Clarke-Pearson, K., et al. (2009). Policy statement—media violence. *Pediatrics, 124,* 1495–1503.

Fuligni, A. J., Kiang, L., Witkow, M. R., & Baldelomar, O. (2008). Stability and change in ethnic labeling among adolescents from Asian and Latin American immigrant families. *Child Development, 79,* 944–956.

Furlan, S., Agnoli, F., & Reyna, V. F. (2013). Children's competence or adults' incompetence: Different developmental trajectories in different tasks. *Developmental Psychology, 49,* 1466–1480.

Furman, W., & Lanthier, R. (2002). Parenting siblings. In M. Bornstein (Ed.), *Handbook of parenting: Practical issues in parenting* (Vol. 5, pp. 165–188). Mahwah, NJ: Erlbaum.

Furukawa, E., Tangney, J., & Higashibara, F. (2012). Cross-cultural continuities and discontinuities in shame, guilt, and pride: A study of children residing in Japan, Korea, and the USA. *Self and Identity, 11,* 90–133.

Gable, S., Krull, J. L., & Chang, Y. (2012). Boys' and girls' weight status and math performance from kindergarten entry through fifth grade: A mediated analysis. *Child Development, 83,* 1822–1839.

Gagliardi, A. (2005). Postpartum depression. In C. B. Fisher & R. M. Lerner (Eds.), *Encyclopedia of applied developmental science* (Vol. 2, pp. 867–870). Thousand Oaks, CA: Sage.

Gagné, J. R., Miller, M. M., & Goldsmith, H. H. (2013). Early—but modest—gender differences in focal aspects of childhood temperament. *Personality and Individual Differences, 55,* 95–100.

Gagne, J. R., & Saudino, K. J. (2010). Wait for it! A twin study of inhibitory control in early childhood. *Behavior Genetics, 40,* 327–337.

Galliher, R. V., Jones, M. D., & Dahl, A. (2011). Concurrent and longitudinal effects of ethnic identity and experiences of discrimination on psychosocial adjustment of Navajo adolescents. *Developmental Psychology, 47,* 509–526.

Galván, A. (2013). The teenage brain: Sensitivity to rewards. *Current Directions in Psychological Science, 22,* 88–93.

Garcia, M. M., Shaw, D. S., Winslow, E. G., & Yaggi, K. E. (2000). Destructive sibling conflict and the development of conduct problems in young boys. *Developmental Psychology, 36,* 44–53.

Garciaguirre, J. S., Adolph, K. E., & Shrout, P. E. (2007). Baby carriage: Infants walking with loads. *Child Development, 78,* 664–680.

Gardner, H. (1983). *Frames of mind: The theory of multiple intelligences.* New York, NY: Basic Books.

Gardner, H. (1993). *Multiple intelligences: The theory in practice.* New York, NY: Basic Books.

Gardner, H. (1995). Reflections on multiple intelligences: Myths and messages. *Phi Delta Kappan, 77,* 200–203, 206–209.

Gardner, H. (1999). *Intelligence reframed: Multiple intelligences for the 21st century.* New York, NY: Basic Books.

Gardner, H. (2002). *MI millennium: Multiple intelligences for the new millennium* [video recording]. Los Angeles, CA: Into the Classroom Media.

Gardner, H. (2006). *Multiple intelligences: New horizons.* New York, NY: Basic Books.

Gardner, W., & Rogoff, B. (1990). Children's deliberateness of planning according to task circumstances. *Developmental Psychology, 26,* 480–487.

Gardner, M., Roth, J., & Brooks-Gunn, J. (2009). Sports participation and juvenile delinquency: The role of the peer context among adolescent boys and girls with varied histories of problem behavior. *Developmental Psychology, 45,* 341–353.

Gartrell, N. K., Bos, H. M. W., & Goldberg, N. G. (2011). Adolescents of the U. S. National Longitudinal Lesbian Family Study: Sexual orientation, sexual behavior, and sexual risk exposure. *Archives of Sexual Behavior, 40,* 1199–1209.

Gartstein, M. A., Putnam, S. P., & Rothbart, M. K. (2012). Etiology of preschool behavior problems: Contributions of temperament attributes in early childhood. *Infant Mental Health Journal, 33,* 197–211.

Gartstein, M. A., Slobodskaya, H. R., Zylicz, P. O., Gosztyla, D., & Nakagawa, A. (2010). A cross-cultural evaluation of temperament: Japan, USA, Poland, and Russia. *International Journal of Psychology and Psychological Therapy, 10,* 55–75.

Garvey, C., & Beringer, G. (1981). Timing and turn taking in children's conversations. *Discourse Processes, 4,* 27–59.

Gass, K., Jenkins, J., & Dunn, J. (2007). Are sibling relationships protective? A longitudinal study. *Journal of Child Psychology & Psychiatry, 48,* 167–175.

Gathercole, S. E, Willis, C. S., Emslie, H., & Baddeley, A. D. (1992). Phonological memory and vocabulary development during the early school years: A longitudinal study. *Developmental Psychology, 28,* 887–898.

Gaulin, S. J. C., & McBurney, D. H. (2001). *Psychology: An evolutionary approach.* Upper Saddle River, NJ: Prentice-Hall.

Gauvain, M. (1998). Cognitive development in social and cultural context. *Current Directions in Psychological Science, 7,* 188–192.

Gauvain, M. (2001). *The social context of cognitive development.* New York NY: Guilford.

Gauvain, M., & Munroe, R. L. (2009). Contributions of social modernity to cognitive development: A comparison of four cultures. *Child Development, 80,* 1628–1642.

Gauvain, M., & Munroe, R. L. (2012). Cultural change, human activity, and cognitive development. *Human Development, 55,* 205–228.

Ge, X., Brody, G. H., Conger, R. D., Simons, R. L., & Murphy, V. M. (2002). Contextual amplification of pubertal transition effects on deviant peer affiliation and externalizing behavior among African American children. *Developmental Psychology, 38,* 45–54.

Geary, D. C. (2002). Sexual selection and human life history. In R. V. Kail (Ed.), *Advances in child development and behavior* (Vol. 30, pp. 41–102). San Diego, CA: Academic Press.

Geary, D. C. (2005). *The origin of mind: Evolution of brain, cognition, and general intelligence.* Washington, DC: American Psychological Association.

Geary, D. C. (2010) Mathematical learning disabilities. In P. Bauer (Ed.), *Advances in child development and behavior* (Vol. 38, pp. 45–77). San Diego CA: Academic Press.

Geary, D. C. (2011). Cognitive predictors of achievement growth in mathematics: A 5-year longitudinal study. *Developmental Psychology, 47,* 1539–1552.

Geary, D. C. (2013). Early foundations for mathematics learning and their relations to learning disabilities. *Current Directions in Psychological Science, 22,* 23–27.

Geary, D. C., Byrd-Craven, J., Hoard, M. K., Vigil, J., & Numtee, C. (2003). Evolution and development of boys' social behavior. *Developmental Review, 23,* 444–470.

Geary, D. C., Hoard, M. K., Byrd-Craven, J., Nugent, L., & Numtee, C. (2007). Cognitive mechanisms underlying achievement deficits in children with mathematical learning disability. *Child Development, 78,* 1343–1359.

Gelman, S. A. (2003). *The essential child.* New York, NY: Oxford.

Gelman, S. A., Coley, J. D., Rosengren, K. S., Hartman, E., & Pappas, A. (1998). Beyond labeling: The role of maternal input in the acquisition of richly structured categories. *Monographs of the Society for Research in Child Development, 63,* Serial No. 253.

Gelman, S. A., & Gottfried, G. M. (1996). Children's causal explanations of animate and inanimate motion. *Child Development, 67,* 1970–1987.

Gelman, R., & Meck, E. (1986). The notion of principle: The case of counting. In J. Hiebert (Ed.), *Conceptual and procedural knowledge: The case of mathematics.* Hillsdale, NJ: Erlbaum.

Gelman, S. A., & Meyer, M. (2011). Child categorization. *WIREs Cognitive Science, 2,* 95–105.

Gelman, S. A., Taylor, M. G., & Nguyen, S. P. (2004). Mother-child conversations about gender. *Monographs of the Society for Research in Child Development, 69* (Serial No. 275).

Gelman, S. A., & Wellman, H. M. (1991). Insides and essences: Early understandings of the non-obvious. *Cognition, 38,* 213–244.

Gentile, D. (2009). Pathological video-game use among youth ages 8 to 18: A national study. *Psychological Science, 20,* 594–602.

Gentile, D. A. (2011). The multiple dimensions of video game effects. *Child Development Perspectives, 5,* 75–81.

George, J. B. F., & Franko, D. L. (2010). Cultural issues in eating pathology and body image among children and adolescents. *Journal of Pediatric Psychology, 35,* 231–242.

George, C., Kaplan, N., & Main, M. (1985). *The adult attachment interview.* Unpublished manuscript, Department of Psychology, University of California, Berkeley.

Gerry, D. W., Faux, A. L., & Trainor, L. J. (2010). Effects of Kindermusik training on infants' rhythmic enculturation. *Developmental Science, 13,* 545–551.

Gershoff, E. T. (2013). Spanking and child development: We know enough now to stop hitting our children. *Child Development Perspectives, 7,* 133–137.

Gershoff, E. T., & Bitensky, S. H. (2007). The case against corporal punishment of children: Converging evidence from social science research and international human rights law and implications for U.S. public policy. *Psychology, Public Policy, & the Law, 13,* 231–272.

Gershkoff-Stowe, L., & Smith, L. B. (2004). Shape and the first hundred nouns. *Child Development, 75,* 1098–1114.

Gertner, Y., Fisher, C., & Eisengart, J. (2006). Learning words and rules: Abstract knowledge of word order in early sentence comprehension. *Psychological Science, 17,* 684–691.

Ghetti, S. (2008). Rejection of false events in childhood: A metamemory account. *Current Directions in Psychological Science, 17,* 16–20.

Ghetti, S., Hembacher, E., & Coughlin, C. A. (2013). Feeling uncertain and acting on it during the preschool years: A metacognitive approach. *Child Development Perspectives, 7,* 160–165.

Ghetti, S., & Lee, J. (2011). Children's episodic memory. *WIREs Cognitive Science, 2,* 365–373.

Gibbs, J. C., Clark, P. M., Joseph, J. A., Green, J. L., Goodrick, T. S., & Makowski, D. (1986). Relations between moral judgment, moral courage, and field independence. *Child Development, 57,* 185–193.

Gibbs, D. A., Martin, S. L., Kupper, L. L., & Johnson, R. E. (2007). Child maltreatment in enlisted soldiers' families during combat-related deployments. *Journal of the American Medical Association, 298,* 528–535.

Gibson, E. J., & Walk, R. D. (1960). The "visual cliff." *Scientific American, 202,* 64–71.

Giles, J. W., & Heyman, G. D. (2005). Reconceptualizing children's suggestibility: Bidirectional and temporal properties. *Child Development, 76,* 40–53.

Gillen-O'Neel, C., Huynh, V. W., & Fuligni, A. J. (2013). To study or to sleep? The academic costs of extra studying at the expense of sleep. *Child Development, 84,* 133–142.

Gilligan, C. (1982). *In a different voice: Psychological theory and women's development.* Cambridge, MA: Harvard University Press.

Gilligan, C., & Attanucci, J. (1988). Two moral orientations: Gender differences and similarities. *Merrill-Palmer Quarterly, 34,* 223–237.

Ginsburg-Block, M. D., Rohrbeck, C. A., & Fantuzzo, J. W. (2006). A meta-analytic review of social, self-concept, and behavioral outcomes of peer-assisted learning. *Journal of Educational Psychology, 98,* 732–749.

Giordano, G. (2005). *How testing came to dominate American schools: The history of educational assessment.* New York, NY: Peter Lang.

Gizer, I. R., & Waldman, I. D. (2012). Double dissociation between lab measures of inattention and impulsivity and the dopamine transporter gene (*DAT1*) and the dopamine D4 receptor gene (*DRD4*). *Journal of Abnormal Psychology, 121,* 1011–1023.

Gleason, T. R., & Hohmann, L. M. (2006). Concepts of real and imaginary friendships in early childhood. *Social Development, 15,* 128–144.

Glick, G. C., & Rose, A. J. (2011). Prospective associations between friendship adjustment and social strategies: Friendship as a context for building social skills. *Developmental Psychology, 47,* 1117–1132.

Global Initiative to End All Corporal Punishment of Children. (2011). *States with full prohibition.* Retrieved March 26, 2011, from http://www.endcorporalpunishment.org.

Göbel, S. M., Watson, S. E., Lervåg, A. & Hulme, C. (2014). Children's arithmetic development: It is number knowledge, not the approximate number sense, that counts. *Psychological Science, 25,* 789–798.

Goeke-Morey, M. C., Cummings, E. M., Harold, G. T., & Shelton, K. H. (2003). Categories and continua of destructive and constructive conflict tactics from the perspective of U.S. and Welsh children. *Journal of Family Psychology, 17,* 327–338.

Goh, Y. I., & Koren, G. (2008). Folic acid in pregnancy and fetal outcomes. *Journal of Obstetrics and Gynecology, 28,* 3–13.

Goldfield, B. A., & Reznick, J. S. (1990). Early lexical acquisition: Rate, content, and the vocabulary spurt. *Journal of Child Language, 17,* 171–184.

Goldin-Meadow, S., Mylander, C., & Franklin, A. (2007). How children make language out of gesture: Morphological structure in gesture systems developed by American and Chinese deaf children. *Cognitive Psychology, 55,* 87–135.

Goldstein, S. (2011). Attention-deficit/hyperactivity disorder. In S. Goldstein and C. R. Reynolds (Eds.), *Handbook of neurodevelopmental and genetic disorders in children* (2nd ed., pp. 131–150). New York, NY: Guilford.

Goldstein, M. H., & Schwade, J. A. (2008). Social feedback to infants' babbling facilitates rapid phonological learning. *Psychological Science, 19,* 515–523.

Goleman, D. (1995). *Emotional intelligence: Why it can matter more than IQ.* New York, NY: Bantam.

Goleman, D. (1998). *Working with emotional intelligence.* New York, NY: Bantam.

Goleman, D., Boyatzis, R., & McKee, A. (2002). *Primal leadership: Realizing the power of emotional intelligence.* Boston, MA: Harvard University Press.

Golinkoff, R. M. (1993). When is communication a "meeting of minds"? *Journal of Child Language, 20,* 199–207.

Golombok, S. (2013). Families created by reproductive donation: Issues and research. *Child Development Perspectives, 7,* 61–65.

Golombok, S., Mellish, L., Jennings, S., Casey, P., Tasker, F., & Lamb, M. E. (2014). Adoptive gay father families: Parent-child relationships and children's psychological adjustment. *Child Development, 85,* 456–468.

Golombok, S., Perry, B., Burston, A., Murray, C., Mooney-Somers, J., Stevens, M., et al. (2003). Children with lesbian parents: A community study. *Developmental Psychology, 39,* 20–33.

Good, T. L., & Brophy, J. E. (2008). *Looking in classrooms.* Boston, MA: Pearson/Allyn & Bacon.

Goodman, S. H., Rouse, M. H., Connell, A. M., Broth, M. R., Hall, C. M., & Heyward, D. (2011). Maternal depression and child psychopathology: A meta-analytic review. *Clinical Child and Family Psychology Review, 14,* 1–27.

Goodnow, J. J. (1992). *Parental belief systems: The psychological consequences for children.* Hillsdale, NJ: Erlbaum.

Goodwyn, S. W., & Acredolo, L. P. (1993). Symbolic gesture versus word: Is there a modality advantage for onset of symbol use? *Child Development, 64,* 688–701.

Goossens, L. (2001). Global versus domain-specific statuses in identity research: A comparison of two self-report measures. *Journal of Adolescence, 24,* 681–699.

Gordon, C. P. (1996). Adolescent decision making: A broadly based theory and its application to the prevention of early pregnancy. *Adolescence, 31,* 561–584.

Gordon, R. A., Chase-Lansdale, P. L., & Brooks-Gunn, J. (2004). Extended households and the life course of young mothers: Understanding the associations using a sample of mothers with premature, low birth weight babies. *Child Development, 75,* 1013–1038.

Gosso, Y., Morais, M. L. S., & Otta, E. (2007). Pretend play of Brazilian children: A window into different cultural worlds. *Journal of Cross-Cultural Psychology, 38,* 539–558.

Gottman, J. M. (1986). The world of coordinated play: Same- and cross-sex friendships in children. In J. M. Gottman & J. G. Parker (Eds.), *Conversations of friends.* New York, NY: Cambridge University Press.

Gottman, J. M., Katz, L. F., & Hooven, C. (1996). Parental meta-emotion philosophy and the emotional life of families: Theoretical models and preliminary data. *Journal of Family Psychology, 10,* 243–268.

Goubet, N., Clifton, R. K., & Shah, B. (2001). Learning about pain in preterm newborns. *Journal of Developmental & Behavioral Pediatrics, 22,* 418–424.

Gough, P. B., & Tunmer, W. E. (1986). Decoding, reading and reading disability. *Remedial & Special Education, 7,* 6–10.

Governor's Task Force on Children's Justice. (1998). *Forensic interviewing protocol.* Lansing, MI: Author.

Govier, E., & Salisbury, G. (2000). Age-related sex differences in performance on a side-naming spatial task. *Psychology, Evolution, & Gender, 2,* 209–222.

Govindshenoy, M., & Spencer, N. (2007). Abuse of the disabled child: A systematic review of population-based studies. *Child Care, Health, & Development, 33,* 552–558.

Grabe, S., Hyde, J. S., & Ward, L. M. (2008). The role of the media in body image concerns among women: A meta-analysis of experimental and correlational studies. *Psychological Bulletin, 134,* 460–476.

Graber, J. A. (2013). Pubertal timing and the development of psychopathology in adolescence and beyond. *Hormones and Behavior, 64,* 262–269.

Graesser, A. C., Singer, M., & Trabasso, T. (1994). Constructing inferences during narrative text comprehension. *Psychological Review, 101,* 371–395.

Graham, S., Berninger, V. W., Abbott, R. D., Abbott, S. P., & Whitaker, D. (1997). Role of mechanics in composing of elementary school students: A new methodological approach. *Journal of Educational Psychology, 89,* 170–182.

Graham, S., Gillespie, A., & McKeown, D. (2013). Writing: Importance, development, and instruction. *Reading and Writing, 26,* 1–15.

Graham, S., & Perin, D. (2007). A meta-analysis of writing instruction for adolescent students. *Journal of Educational Psychology, 99,* 445–476.

Graham-Bermann, S. A., & Brescoll, V. (2000). Gender, power, and violence: Assessing the family stereotypes of the children of batterers. *Journal of Family Psychology, 14,* 600–612.

Grammer, J., Coffman, J. L., & Ornstein, P. (2013). The effect of teachers' memory-relevant language on children's strategy use and knowledge. *Child Development, 84,* 1989–2002.

Grammer, J. K., Purtell, K. M., Coffman, J. L., & Ornstein, P. A. (2011). Relations between children's metamemory and strategic performance: Time-varying covariates in early elementary school. *Journal of Experimental Child Psychology, 108,* 139–155.

Granrud, C. E. (1986). Binocular vision and spatial perception in 4- and 5-month-old infants. *Journal of Experimental Psychology: Human Perception & Performance, 12,* 36–49.

Grantham-McGregor, S., Ani, C., & Gernald, L. (2001). The role of nutrition in intellectual development. In R. J. Sternberg & E. L. Grigorenko (Eds.), *Environmental effects on cognitive abilities* (pp. 119–155). Mahwah, NJ: Erlbaum.

Graves, R., & Landis, T. (1990). Asymmetry in mouth opening during different speech tasks. *International Journal of Psychology, 25,* 179–189.

Gray, S. W., & Klaus, R. A. (1965). An experimental preschool program for culturally deprived children. *Child Development, 36,* 887–898.

Gray-Little, B., & Hafdahl, A. R. (2000). Factors influencing racial comparisons of self-esteem: A quantitative review. *Psychological Bulletin, 126,* 26–54.

Graziano, P. A., Keane, S. P., & Calkins, S. D. (2007). Cardiac vagal regulation and early peer status. *Child Development, 78,* 264–278.

Greenberg, M. T., & Crnic, K. A. (1988). Longitudinal predictors of developmental status and social interaction in premature and full-term infants at age two. *Child Development, 59,* 554–570.

Greenberg, M. T., Lengua, L. J., Coie, J. D., Pinderhughes, E. E., & the Conduct Problems Prevention Research Group. (1999). Predicting developmental outcomes at school entry using a multiple-risk model: Four American communities. *Developmental Psychology, 35,* 403–417.

Greene, J. (2007). The secret joke of Kant's soul. In W. Sinnott-Armstrong (Ed.), *Moral psychology: The neuroscience of morality, emotion, brain disorders, and development* (pp. 35–80). Cambridge, MA: MIT.

Greenough, W. T., & Black, J. E. (1992). Induction of brain structure by experience: Substrates for cognitive development. In M. Gunnar & C. Nelson (Eds.), *Minnesota symposia on child psychology: Vol. 24: Developmental behavioral neuroscience* (pp. 155–200). Hillsdale, NJ: Erlbaum.

Gregory, A., Allen, J. P., Mikami, A. Y., Hafen, C. A., & Pianta, R. C. (2014). Effects of a professional development program on behavioral engagement of students in middle and high school. *Psychology in the Schools, 51,* 143–163.

Gregory, A. M., Light-Häusermann, J. H., Rijsdijk, F., & Eley, T. C. (2009). Behavioral genetic analyses of prosocial behavior in adolescents. *Developmental Science, 12,* 165–174.

Gregory, A. M., Rijsdijk, F., Lau, J. Y. F., Napolitano, M., McGuffin, P., & Eley, T. C. (2007). Genetic and environmental influences on interpersonal cognitions and associations with depressive symptoms in 8-year-old twins. *Journal of Abnormal Psychology, 116,* 762–775.

Greitemeyer, T., & McLatchie, N. (2011). Denying humanness to others: A newly discovered mechanism by which violent video games increase aggressive behavior. *Psychological Science, 22,* 659–665.

Grigorenko, E. L., Jarvin, L., & Sternberg, R. J. (2002). School-based tests of the triarchic theory of intelligence: Three settings, three samples, three syllabi. *Contemporary Educational Psychology, 27,* 167–208.

Gripshover, S. J., & Markman, E. M. (2013). Teaching young children a theory of nutrition: Conceptual change and the potential for increased vegetable consumption. *Psychological Science, 24,* 1541–1553.

Groen, G. J., & Resnick, L. B. (1977). Can preschool children invent addition algorithms? *Journal of Educational Psychology, 69,* 645–652.

Grosse, G., Scott-Phillips, T. C., & Tomasello, M. (2013). Three-year-olds hide their communicative intentions in appropriate contexts. *Developmental Psychology, 49,* 2095–2101.

Grotevant, H. D., & McDermott, J. M. (2014). Adoption: Biological and social processes linked to adaptation. *Annual Review of Psychology, 65,* 235–265.

Grotevant, H. D., McRoy, R. G., Wrobel, G. M., & Ayers-Lopez, S. (2013). Contact between adoptive and birth families: Perspectives from the Minnesota/Texas adoption research project. *Child Development Perspectives, 7,* 193–198.

Grusec, J. E. (2011). Socialization processes in the family: Social and emotional development. *Annual Review of Psychology, 62,* 243–269.

Grusec, J. E., Goodnow, J. J., & Cohen, L. (1996). Household work and the development of concern for others. *Developmental Psychology, 32,* 999–1007.

Grysman, A., & Hudson, J. A. (2013). Gender differences in autobiographical memory: Developmental and methodological considerations. *Developmental Review, 33,* 239–272.

Guerra, N. G., Williams, K. R., & Sadek, S. (2011). Understanding bullying and victimization during childhood and adolescence: A mixed methods study. *Child Development, 82,* 295–310.

Gunderson, E. A., Gripshover, S. J., Romero, C., Dweck, C. S., Goldin-Meadow, S., & Levine, S. C. (2013). Parent praise to 1- to 3-year-olds predicts children's motivational frameworks 5 years later. *Child Development, 84,* 1526–1541.

Gunderson, E. A., & Levine, S. C. (2011). Some types of parent number talk count more than others: relations between parents' input and children's cardinal-number knowledge. *Developmental Science, 14,* 1021–1032.

Güngör, D., & Bornstein, M. H. (2010). Culture-general and -specific associations of attachment avoidance and anxiety with perceived parental warmth and psychological control among Turk and Belgian adolescents. *Journal of Adolescence, 33,* 593–602.

Gurucharri, C., & Selman, R. L. (1982). The development of interpersonal understanding during childhood, preadolescence, and adolescence: A longitudinal follow-up study. *Child Development, 53,* 924–927.

Guttmacher Institute. (2013). *Facts on American teens' sexual and reproductive health.* New York, NY: Author.

Guxens, M., van Eijsden, M., Vemeulen, R., Loomans, E., Vrijkotte, T. G. M., Komhout, H., et al. (2013). Maternal cell phone and cordless phone use during pregnancy and behaviour problems in 5-year-old children. *Journal of Epidemiology and Community Health, 67,* 432–438.

Haeffel, G. J., Getchell, M., Koposov, R. A., Yrigollen, C. M., DeYoung, C. G., af Klinteberg, B., et al. (2008). Associations between polymorphisms in the dopamine transporter gene and depression: Evidence for a gene-environment interaction in a sample of juvenile detainees. *Psychological Science, 19,* 62–69.

Halford, G. S., & Andrews, G. (2011). Information-processing models of cognitive development. In U. Goswami (Ed.), *The Wiley-Blackwell handbook of childhood cognitive development* (2nd ed., pp. 697–722). West Sussex, UK: Wiley-Blackwell.

Halgunseth, L. C., Ispa, J. M., & Rudy, D. (2006). Parental control in Latino families: An integrated review of the literature. *Child Development, 77,* 1282–1297.

Halim, M. L., Ruble, D. N., & Amodio, D. M. (2011). From pink frilly dresses to 'one of the boys': A social-cognitive analysis of gender identity development and gender bias. *Social and Personality Psychology Compass, 5,* 933–949.

Halim, M. L., Ruble, D., Tamis-Lemonda, C., & Shrout, P. E. (2013). Rigidity in gender-typed behaviors in early childhood. *Child Development, 84,* 1269–1284.

Halim, M. L., Ruble, D. N., Tamis-Lemonda, C. S., Zosuls, K. M., Lurye, L. E., & Greulich, F. K. (2014). Pink frilly dresses and the avoidance of all things "girly": Children's appearance rigidity and cognitive theories of gender development. *Developmental Psychology,* in press.

Hall, G. S. (1904). *Adolescence, 1.* New York, NY: Appleton.

Hallinan, M. T., & Teixeira, R. A. (1987). Opportunities and constraints: Black-white differences in the formation of interracial friendships. *Child Development, 58,* 1358–1371.

Halpern, D. F. (2012). *Sex differences in cognitive abilities* (4th ed.). New York, NY: Psychology Press.

Halpern, D. F., Benbow, C. P., Geary, D. C., Gur, R. C., Hyde, J. S., & Gernsbacher, M. A. (2007). The science of sex differences in science and mathematics. *Psychological Science in the Public Interest, 8,* 1–51.

Halpern, L. F., MacLean, W. E., & Baumeister, A. A. (1995). Infant sleep-wake characteristics: Relation to neurological status and the prediction of developmental outcome. *Developmental Review, 15,* 255–291.

Halpern-Meekin, S., & Tach, L. (2008). Heterogeneity in two-parent families and adolescent well-being. *Journal of Marriage & Family, 70,* 435–451.

Hamamura, T., Heine, S. J., & Paulhus, D. L. (2008). Cultural differences in response styles: The role of dialectical thinking. *Personality and Individual Differences, 44,* 932–942.

Hamilton, B. E., Martin, J. A., & Ventura, S. J. (2010). Births: Preliminary data for 2008. *National Vital Statistics Reports,* Vol. 58. Hyattsville, MD: National Center for Health Statistics.

Hamlin, J. K. (2013). Moral judgment and action in preverbal infants and toddlers: Evidence for an innate moral core. *Current Directions in Psychological Science, 22,* 186–193.

Hamlin, J. K. (2014). The origins of human morality: Complex sociomoral evaluations by preverbal infants. In J. Decety & Y. Christen (Eds.), *New frontiers in social neuroscience* (pp. 175–188). New York, NY: Springer.

Hamlin, J. K., Mahajan, N., Liberman, Z., & Wynn, K. (2013). Not like me! Bad: Infants prefer those who harm dissimilar others. *Psychological Science, 24,* 589–594.

Hamlin, J. K., Wynn, K., & Bloom, P. (2007). Social evaluation by preverbal infants. *Nature, 450,* 557–559.

Hamm, J. V. (2000). Do birds of a feather flock together? The variable bases for African American, Asian American, and European American adolescents' selection of similar friends. *Developmental Psychology, 36,* 209–219.

Hammen, C., & Rudolph, K. D. (2003). Childhood mood disorders. In E. J. Mash & R. A. Barkley (Eds.), *Child psychopathology* (2nd ed., pp. 233–278). New York, NY: Guilford.

Hane, A. A., & Fox, N. W. (2006). Ordinary variations in maternal caregiving influence human infants' stress reactivity. *Psychological Science, 17,* 550–556.

Hankin, B. L., Mermelstein, R., & Roesch, L. (2007). Sex differences in adolescent depression: Stress exposure and reactivity models. *Child Development, 78,* 279–295.

Hannon, E. E., & Trehub, S. E. (2005). Metrical categories in infancy and adulthood. *Psychological Science, 16,* 48–55.

Harden, K. P. (2014). Genetic influences on adolescent sexual behavior: Why genes matter for environmentally oriented researchers. *Psychological Bulletin, 140,* 434–465.

Harkness, K. L., Lumley, M. N., & Truss, A. E. (2008). Stress generation in adolescent depression: The moderating role of child abuse and neglect. *Journal of Abnormal Child Psychology, 36,* 421–432.

Harlow, H. F., & Harlow, M. K. (1965). The affectional systems. In A. M. Schier, H. F. Harlow, & F. Stollnitz (Eds.), *Behavior of nonhuman primates* (Vol. 2.). New York, NY: Academic Press.

Harre, N. (2007). Community service or activism as an identity project for youth. *Journal of Community Psychology, 35,* 711–724.

Harris, K. R., Graham, S., Mason, L., & Friedlander, B. (2008). *Powerful writing strategies for all students.* Baltimore, MD: Brookes.

Harrison, K., Bost, K. K., McBride, B. A., Donovan, S. M., Grigsby-Toussaint, D. S., Kim, J., et al., (2011). Toward a developmental conceptualization of contributors to overweight and obesity in childhood: The Six-Cs model. *Child Development Perspectives, 5,* 50–58.

Harrist, A. W., Zaia, A. F., Bates, J. E., Dodge, K. A., & Pettit, G. S. (1997). Subtypes of social withdrawal in early childhood: Sociometric status and social-cognitive differences across four years. *Child Development, 68,* 278–294.

Harter, S. (2005). Self-concepts and self-esteem, children and adolescents. In C. B. Fisher & R. M. Lerner (Eds.), *Encyclopedia of applied developmental science* (Vol. 2, pp. 972–977). Thousand Oaks, CA: Sage.

Harter, S. (2006). The self. In W. Damon & R. M. Lerner (Eds.), *Handbook of child psychology* (6th ed., Vol. 3). New York, NY: Wiley.

Harter, S. (2012). *The construction of the self: Developmental and sociocultural foundations* (2nd ed.). New York, NY: Guilford.

Harter, S., Waters, P., & Whitesell, N. R. (1998). Relational self-worth: Differences in perceived worth as a person across interpersonal contexts among adolescents. *Child Development, 69,* 756–766.

Harter, S., Whitesell, N. R., & Kowalski, P. S. (1992). Individual differences in the effects of educational transitions on young adolescents' perceptions of competence and motivational orientation. *American Educational Research Journal, 29,* 777–807.

Hartup, W. W. (1983). Peer relations. In P. H. Mussen (Ed.), *Handbook of child psychology* (Vol. 4). New York, NY: Wiley.

Hartup, W. W. (1992). Friendships and their developmental significance. In H. McGurk (Ed.), *Contemporary issues in childhood social development.* London: Routledge.

Hartup, W. W., & Stevens, N. (1999). Friendships and adaptation across the life span. *Current Directions in Psychological Science, 8,* 76–79.

Hastings, P. D., & Rubin, K. H. (1999). Predicting mothers' beliefs about preschool-aged children's social behavior: Evidence for maternal attitudes moderating child effects. *Child Development, 70,* 722–741.

Hastings, P. D., Zahn-Waxler, C., & McShane, K. (2006). We are, by nature, moral creatures: Biological bases of concern for others. In M. Killen & J. G. Smetana (2006), *Handbook of moral development* (pp. 483–516). Mahwah, NJ: Erlbaum.

Hawley, P. H. (1999). The ontogenesis of social dominance: A strategy-based evolutionary perspective. *Developmental Review, 19,* 7–132.

Hay, D. F. (2007). The gradual emergence of sex differences in aggression: Alternative hypotheses. *Psychological Medicine, 37,* 1527–1537.

Hay, D. F., Mundy, L., Roberts, S., Carta, R., Waters, C. S., Perra, O., et al. (2011). Known risk factors for violence predict 12-month-old infants' aggressiveness with peers. *Psychological Science, 22,* 1205–1211.

Hay, D. F., Waters, C. S., Perra, O., Swift, N., Kairis, V., Phillips, R., et al. (2014). Precursors to aggression are evident by 6 months of age. *Developmental Science, 17,* 471–480.

Hayes, D. P. (1988). Speaking and writing: Distinct patterns of word choice. *Journal of Memory & Language, 27,* 572–585.

Hayes, T. C., & Lee, M. R. (2005). The Southern culture of honor and violent attitudes. *Sociological Spectrum, 25,* 593–617.

Hayne, H., & Jack, F. (2011). Childhood amnesia. *WIREs Cognitive Science, 2,* 136–145.

Hazell, P. L. (2009). 8-year follow-up of the MTA sample. *Journal of the American Academy of Child & Adolescent Psychiatry, 48,* 461–462.

Hellekson, K. L. (2001). NIH consensus statement on phenylketonuria. *American Family Physician, 63,* 1430–1432.

Hemker, L., Granrud, C. E., Yonas, A., & Kavsek, M. (2010). Infant perception of surface texture and relative height as distance information: A preferential-reaching study. *Infancy, 15,* 6–27.

Henderson, N. D. (2010). Predicting long-term firefighter performance from cognitive and physical ability measures. *Personnel Psychology, 63,* 999–1039.

Henderson, C. E., Hayslip, B., Sanders, L. M., & Louden, L. (2009). Grandmother-grandchild relationship quality predicts psychological adjustment among youth from divorced families. *Journal of Family Issues, 30,* 1245–1264.

Henderson, A. M. E., Wang, Y., Matz, L. E., & Woodward, A. L. (2013). Active experience shapes 10-month-old infants' understanding of collaborative goals. *Infancy, 18,* 10–39.

Henderson, L. M., Weighall, A. R., Brown, H., & Gaskell, M. G. (2012). Consolidation of vocabulary is associated with sleep in children. *Developmental Science, 15,* 674–687.

Henry, D. B., Schoeny, M. E., Deptula, D. P., & Slavick, J. T. (2007). Peer selection and socialization effects on adolescent intercourse without a condom and attitudes about the costs of sex. *Child Development, 78,* 825–838.

Hepach, R., Vaish, A., & Tomasello, M. (2012). Young children are intrinsically motivated to see others helped. *Psychological Science, 23,* 967–972.

Hepper, P. G., Wells, D. L., Dornan, J. C., & Lynch, C. (2013). Long-term flavor recognition in humans with prenatal garlic experience. *Developmental Psychobiology, 55,* 568–574.

Herlitz, A., & Lovén, J. (2013). Sex differences and the own-gender bias in face recognition: A meta-analytic review. *Visual Cognition, 21,* 1306–1336.

Herman, M. (2004). Forced to choose: Some determinants of racial identification in multiracial adolescents. *Child Development, 75,* 730–748.

Hernandez, D. J. (2004). Demographic change and the life circumstances of families. *Future of Children, 14,* 17–47.

Herrnstein, R. J., & Murray, C. (1994). *The bell curve: Intelligence and class structure in American life.* New York, NY: Free Press.

Hershkowitz, I., Lamb, M. E., Orbach, Y., Katz, C., & Horowitz, D. (2012). The development of communicative and narrative skills among preschoolers: Lessons from forensic interviews about child abuse. *Child Development, 83,* 611–622.

Hespos, S. J., Ferry, A. L., & Rips, L. J. (2009). Five-month-old infants have different expectations for solids and liquids. *Psychological Science, 20,* 603–611.

Hespos, S. J., & vanMarle, K. (2012). Physics for infants: Characterizing the origins of knowledge about objects, substances, and number. *WIREs Cognitive Science, 3,* 19–27.

Hess, U., & Kirouac, G. (2000). Emotion expression in groups. In M. Lewis & J. Haviland-Jones (Eds.), *Handbook of emotions* (2nd ed., pp. 368–381). New York, NY: Guilford.

Hetherington, E. M., & Kelly, J. (2002). *For better or for worse: Divorce reconsidered.* New York, NY: W. W. Norton.

Heyman, G. D. (2009). Children's reasoning about traits. In P. Bauer (Ed.), *Advances in child development and behavior* (Vol. 37, pp. 105–143). London, UK: Elsevier.

Heyman, G. D., & Legare, C. H. (2004). Children's beliefs about gender differences in the academic and social domains. *Sex Roles, 50,* 227–239.

Hill, J. L., Brooks-Gunn, J., & Waldfogel, J. (2003). Sustained effects of high participation in an early intervention for low-birth-weight premature infants. *Developmental Psychology, 39,* 730–744.

Hillman, C. H., Buck, S. M., Themanson, J. R., Pontifex, M. B., & Castelli, D. M. (2009). Aerobic fitness and cognitive development: Event-related brain potential and task performance indices of executive control in preadolescent children. *Developmental Psychology, 45,* 114–129.

Hipwell, A. E., Keenan, K., Loeber, R., & Battista, D. (2010). Early predictors of sexually intimate behaviors in an urban sample of young girls. *Developmental Psychology, 46,* 366–378.

Hirsh-Pasek, K., & Golinkoff, R. M. (2008). King Solomon's take on word learning: An integrative account from the radical middle. In R. V. Kail (Ed.), *Advances in child development and behavior* (Vol. 36, pp. 1–29). San Diego, CA: Elsevier.

Hitlin, S., Brown, J., & Elder, G. H., Jr. (2006). Racial self-categorization in adolescence: Multiracial development and social pathways. *Child Development, 77,* 1298–1308.

Ho, C. S., & Fuson, K. C. (1998). Children's knowledge of teen quantities as tens and ones: Comparisons of Chinese, British, and American kindergartners. *Journal of Educational Psychology, 90,* 536–544.

Hodnett, E. D., Gates, S., Hofmeyr, G. J., & Sakala, C. (2012). Continuous support for women during childbirth. *Cochrane Database of Systematic Reviews,* Issue 10.

Hofer, M. A. (2006). Psychobiological roots of early attachment. *Current Directions in Psychological Science, 15,* 84–88.

Hoff, E. (2009). *Language development* (2nd ed.). Belmont, CA: Wadsworth Cengage Learning.

Hoff, E. L. (2014). *Language development* (5th ed.). Belmont, CA: Wadsworth, Cengage Learning.

Hoff, E., Core, C., Rumiche, R., Señor, M., & Parra, M. (2012). Dual language exposure and early bilingual development. *Journal of Child Language, 39,* 1–27.

Hoff, E., & Naigles, L. (2002). How children use input to acquire a lexicon. *Child Development, 73,* 418–433.

Hoff-Ginsburg, E., & Tardif, T. (1995). Socioeconomic status and parenting. In M. H. Bornstein (Ed.), *Handbook of parenting* (Vol. 2, pp. 161–188). Mahwah, NJ: Erlbaum.

Hogan, A. M., de Haan, M., Datta, A., & Kirkham, F. J. (2006). Hypoxia: An acute, intermittent and chronic challenge to cognitive development. *Developmental Science, 9,* 335–337.

Hogge, W. A. (1990). Teratology. In I. R. Merkatz & J. E. Thompson (Eds.), *New perspectives on prenatal care.* New York, NY: Elsevier.

Holden, G. W., & Miller, P. C. (1999). Enduring and different: A meta-analysis of the similarity in parents' child rearing. *Psychological Bulletin, 125,* 223–254.

Hollich, G. J., Golinkoff, R. M., & Hirsh-Pasek, K. (2007). Young children associate novel words with complex objects rather than salient parts. *Developmental Psychology, 43,* 1051–1061.

Hollich, G. J., Hirsh-Pasek, K., & Golinkoff, R. M. (2000). Breaking the language barrier: An emergentist coalition model for the origins of word learning. *Monographs of the Society for Research in Child Development, 65* (Serial No. 262).

Holowka, S., & Petitto, L. A. (2002). Left hemisphere cerebral specialization for babies while babbling. *Science, 297,* 1515.

Hood, B., Carey, S., & Prasada, S. (2000). Predicting the outcomes of physical events: Two-year-olds fail to reveal knowledge of solidarity and support. *Child Development, 71,* 1540–1554.

Hopkins, B., & Westra, T. (1988). Maternal handling and motor development: An intercultural study. *Genetic, Social, & General Psychology Monographs, 14,* 377–420.

Horowitz, F. D., & O'Brien, M. (1986). Gifted and talented children: State of knowledge and directions for research. *American Psychologist, 41,* 1147–1152.

Hostinar, C. E., & Gunnar, M. R. (2013). The developmental effects of early life stress: An overview of current theoretical frameworks. *Current Directions in Psychological Science, 22,* 400–406.

Houston, D. M., & Jusczyk, P. W. (2003). Infants' long-term memory for the sound patterns of words and voices. *Journal of Experimental Psychology: Human Perception & Performance, 29,* 1143–1154.

Howe, M. L., & Courage, M. L. (1997). The emergence and early development of autobiographical memory. *Psychological Review, 104,* 499–523.

Howe, N., & Ross, H. S. (1990). Socialization, perspective taking and the sibling relationship. *Developmental Psychology, 26,* 160–165.

Howes, C., & Matheson, C. C. (1992). Sequences in the development of competent play with peers: Social and social pretend play. *Developmental Psychology, 28,* 961–974.

Howes, C., Unger, O., & Seidner, L. B. (1990). Social pretend play in toddlers: Parallels with social play and with solitary pretend. *Child Development, 60,* 77–84.

Hudson, J. A., Shapiro, L. R., & Sosa, B. B. (1995). Planning in the real world: Preschool children's scripts and plans for familiar events. *Child Development, 66,* 984–998.

Huesmann, L. R. (2007). The impact of electronic media violence: Scientific theory and research. *Journal of Adolescent Health Care, 41,* S6–S13.

Hughes, J. M., Bigler, R. S., & Levy, S. R. (2007). Consequences of learning about historical racism among European American and African American children. *Child Development, 78,* 1689–1705.

Hulit, L. M., & Howard, M. R. (2002). *Born to talk: An introduction to speech and language development* (3rd ed.). Boston, MA: Allyn & Bacon.

Hulme, C., & Snowling, M. J. (2009). *Developmental disorders of language learning and cognition.* Chichester, West Sussex, UK: Wiley-Blackwell.

Hulme, C., & Snowling, M. J. (2011). Children's reading comprehension difficulties: Nature, causes, and treatments. *Current Directions in Psychological Science, 20,* 139–142.

Human Genome Project. (2003). *Genomics and its impact on science and society: A 2003 primer.* Washington, DC: U.S. Department of Energy.

Hunt J. M. (1961). *Intelligence and experience.* New York, NY: Ronald.

Hunt, E., & Carlson, J. (2007). Considerations relating to the study of group differences in intelligence. *Perspectives on Psychological Science, 2*, 194–213.

Hurtado, N., Marchman, V. A., & Fernald, A. (2008). Does input influence uptake? Links between maternal talk, processing speed, and vocabulary size in Spanish-learning children. *Developmental Science, 11*, F31–F39.

Hurts, K. (2008). Building cognitive support for the learning of long division skills using progressive schematization: Design and empirical validation. *Computers & Education, 50*, 1141–1156.

Huston, A. C. (2008). From research to policy and back. *Child Development, 79*, 1–12.

Huston, A. C., Duncan, G. J., McLoyd, V. C., Crosby, D. A., Ripke, M. N., Weisner, T. S., et al. (2005). Impacts on children of a policy to promote employment and reduce poverty for low-income parents: New hope after 5 years. *Developmental Psychology, 41*, 902–918.

Huston, A. C., Watkins, B. A., & Kunkel, D. (1989). Public policy and children's television. *American Psychologist, 44*, 424–433.

Huston, A. C., & Wright, J. C. (1998). Mass media and children's development. In W. Damon (Ed.), *Handbook of child psychology* (Vol. 4). New York, NY: Wiley.

Hutchins, E. (1983). Understanding Micronesian navigation. In D. A. Gentner & A. Stevens (Eds.), *Mental models*. Hillsdale, NJ: Erlbaum.

Hutchinson, D. M., Rapee, R. M., & Taylor, A. (2010). Body dissatisfaction and eating disturbances in early adolescence: A structural modeling investigation examining negative affect and peer factors. *Journal of Early Adolescence, 30*, 489–517.

Huth-Bocks, A. C., Levendosky, A. A., Bogat, G. A., & von Eye, A. (2004). The impact of maternal characteristics and contextual variables on infant–mother attachment. *Child Development, 75*, 480–496.

Huttenlocher, J., Haight, W., Bryk, A., Seltzer, M., & Lyons, T. (1991). Early vocabulary growth: Relation to language input and gender. *Developmental Psychology, 27*, 236–248.

Huttenlocher, J., Waterfall, H., Vasilyeva, M., Vevea, J., & Hedges, L. V. (2010). Sources of variability in children's language growth. *Cognitive Psychology, 61*, 343–365.

Hyde, J. S. (2014). Gender similarities and differences. *Annual Review of Psychology, 65*, 373–398.

Hyde, D. C., & Spelke, E. S. (2011). Neural signatures of number processing in human infants: Evidence for two core systems underlying numerical cognition. *Developmental Science, 14*, 360–371.

Hymel, S., Vaillancourt, T., McDougall, P., & Renshaw, P. D. (2004). Peer acceptance and rejection in childhood. In P. K. Smith & C. H. Hart (Eds.), *Blackwell handbook of childhood social development* (pp. 265–284). Malden, MA: Blackwell.

Iervolino, A. C., Hines, M., Golombok, S. E., Rust, J., & Plomin, R. (2005). Genetic and environmental influences on sex-typed behavior during the preschool years. *Child Development, 76*, 826–840.

Inhelder, B., & Piaget, J. (1958). *The growth of logical thinking from childhood to adolescence*. New York, NY: Basic Books.

Institute of Medicine. (1990). *Nutrition during pregnancy*. Washington, DC: National Academy Press.

Iverson, J. M., & Goldin-Meadow, S. (2005). Gesture paves the way for language development. *Psychological Science, 16*, 367–371.

Izard, C. E. (2007). Basic emotions, natural kinds, emotion schemas, and a new paradigm. *Perspectives on Psychological Science, 2*, 260–280.

Izard, C. E., & Ackerman, B. P. (2000). Motivational, organizational, and regulatory functions of discrete emotions. In M. Lewis & J. Haviland-Jones (Eds.), *Handbook of emotions* (2nd ed., pp. 253–264). New York, NY: Guilford.

Jaccard, J., Blanton, H., & Dodge, T. (2005). Peer influences on risk behavior: An analysis of the effects of a close friend. *Developmental Psychology, 41*, 135–147.

Jack, F., MacDonald, S., Reese, E., & Hayne, H. (2009). Maternal reminiscing style during early childhood predicts the age of adolescents' earliest memories. *Child Development, 80*, 496–505.

Jacklin, C. N. (1989). Female and male: Issues of gender. *American Psychologist, 44*, 127–133.

Jacklin, C. N., & Maccoby, E. E. (1978). Social behavior at thirty-three months in same-sex and mixed-sex dyads. *Child Development, 49*, 557–569.

Jacobi, C., Hayward, C., de Zwaan, M., Kraemer, H. C., & Agras, W. S. (2004). Coming to terms with risk factors for eating disorders: Application of risk terminology and suggestions for a general taxonomy. *Psychological Bulletin, 130*, 19–65.

Jacobs, J. E., & Klaczynski, P. A. (2002). The development of judgment and decision making during childhood and adolescence. *Current Directions in Psychological Science, 11*, 145–149.

Jacobson, J. L., & Jacobson, S. W. (1996). Intellectual impairment in children exposed to polychlorinated biphenyls in utero. *New England Journal of Medicine, 335*, 783–789.

Jacobson, S. W., & Jacobson, J. L. (2000). Teratogenic insult and neurobehavioral function in infancy and childhood. In C. A. Nelson (Ed.), *The Minnesota Symposium on Child Psychology: Vol. 31. The effects of early adversity on neurobehavioral development* (pp. 61–112). Mahwah, NJ: Erlbaum.

Jaffe, S. R. (2003). Pathways to adversity in young adulthood among early childbearers. *Journal of Family Psychology, 16*, 38–49.

Jaffee, S., & Hyde, J. S. (2000). Gender differences in moral orientation: A meta-analysis. *Psychological Bulletin, 126*, 703–726.

Jahromi, L. B., Putnam, S. P., & Stifter, C. A. (2004). Maternal regulation of infant reactivity from 2 to 6 months. *Developmental Psychology, 40*, 477–487.

James, J., Ellis, B. J., Schlomer, G. L., & Garber, J. (2012). Sex-specific pathways to early puberty, sexual debut, and sexual risk taking: Tests of an integrated evolutionary-developmental model. *Developmental Psychology, 48*, 687–702.

Jansen, J., de Weerth, C., & Riksen-Walraven, J. M. (2008). Breastfeeding and the mother-infant relationship—A review. *Developmental Review, 28*, 503–521.

Jensen, L. A. (2012). Bridging universal and cultural perspectives: A vision for developmental psychology in a global world. *Child Development Perspectives, 6*, 98–104.

Jiao, Z. (1999, April). *Which students keep old friends and which become new friends across a school transition?* Paper presented at the 1999 meeting of the Society for Research in Child Development, Albuquerque, New Mexico.

Jipson, J. L., & Gelman, S. A. (2007). Robots and rodents: Children's inferences about living and nonliving kinds. *Child Development, 78*, 1675–1688.

John, O. P., & Gross, J. J. (2007). Individual differences in emotion regulation. In J. J. Gross (Ed.), *Handbook of emotion regulation* (pp. 351–372). New York, NY: Guilford.

Johnson, S. P. (2001). Visual development in human infants: Binding features, surfaces, and objects. *Visual Cognition, 8*, 565–578.

Johnston, L. D., Delva, J., & O'Malley, P. M. (2007). Sports participation and physical education in American secondary schools: Current levels and racial/ethnic and socioeconomic disparities. *American Journal of Preventive Medicine, 33*, S195–S208.

Johnson, S. C., Dweck, C. S., Chen, F. S., Stern, H. L., Ok, S-J., & Barth, M. (2010). At the intersection of social and cognitive development:

Internal working models of attachment in infancy. *Cognitive Science, 34*, 807–825.

Johnson, M. H., Grossman, T., & Cohen Kadosh, K. (2009). Mapping functional brain development: Building a social brain through interactive specialization. *Developmental Psychology, 45*, 151–159.

Johnson, K. A., Robertson, I. H., Barry, E., Mulligan, A., Daibhis, A., Daly, M., et al. (2008). Impaired conflict resolution and alerting in children with ADHD: Evidence from the Attention Network Task (ANT). *Journal of Child Psychology and Psychiatry, 49*, 1339–1347.

Jokela, M. (2010). Characteristics of the first child predict the parents' probability of having another child. *Developmental Psychology, 46*, 915–926.

Jones, D. C. (2004). Body image among adolescent girls and boys: A longitudinal study. *Developmental Psychology, 40*, 823–835.

Jones, L. M., Mitchell, K. J., & Finkelhor, D. (2013). Online harassment in context: Trends from three youth internet safety surveys (2000, 2005, 2010). *Psychology of Violence, 3*, 53–69.

Jordan, N. C. (2007). The need for number sense. *Educational Leadership, 65*, 63–64.

Jordan, N. C., Kaplan, D., Ramineni, C., & Locuniak, M. N. (2008). Development of number combination skill in the early school years: When do fingers help? *Developmental Science, 11*, 662–668.

Joseph, R. (2000). Fetal brain behavior and cognitive development. *Developmental Review, 20*, 81–98.

Joseph, D. L., & Newman, D. A. (2010). Emotional intelligence: An integrative meta-analysis and cascading model. *Journal of Applied Psychology, 95*, 54–78.

Joussemet, M., Vitaro, F., Barker, E. D., Côté, S., Zoccolillo, M., Nagin, D. S., et al. (2008). Controlling parenting and physical aggression during elementary school. *Child Development, 79*, 411–425.

Joyner, K., & Udry, J. R. (2000). You don't bring me anything but down: Adolescent romance and depression. *Journal of Health & Social Behavior, 41*, 369–391.

Juffer, F., & van IJzendoorn, M. H. (2007). Adoptees do not lack self-esteem: A meta-analysis of studies on self-esteem of transracial, international, and domestic adoptees. *Psychological Bulletin, 133*, 1067–1083.

Jusczyk, P. W. (1995). Language acquisition: Speech sounds and phonological development. In J. L. Miller & P. D. Eimas (Eds.), *Handbook of perception and cognition: Vol. 11. Speech, language, and communication* (pp. 263–301). Orlando, FL: Academic Press.

Jusczyk, P. W. (2002). How infants adapt speech-processing capacities to native-language structure. *Current Directions in Psychological Science, 11*, 15–18.

Juvonen, J., & Graham, S. (2014). Bullying in schools: The power of bullies and the plight of victims. *Annual Review of Psychology, 65*, 159–185.

Kagan, J., Arcus, D., Snidman, N., Feng, W. Y., Hendler, J., & Greene, S. (1994). Reactivity in infants: A cross-national comparison. *Developmental Psychology, 30*, 342–345.

Kahn, P. H., Gary, H. E., & Shen, S. (2013). Children's social relationships with current and near-future robots. *Child Development Perspectives, 7*, 32–37.

Kaijura, H., Cowart, B. J., & Beauchamp, G. K. (1992). Early developmental change in bitter taste responses in human infants. *Developmental Psychobiology, 25*, 375–386.

Kail, R. V. (2013). Influences of credibility of testimony and strength of statistical evidence on children's and adolescents' reasoning. *Journal of Experimental Child Psychology, 116*, 747–754.

Kail, R., & Hall, L. K. (1999). Sources of developmental change in children's word-problem performance. *Journal of Educational Psychology, 91*, 660–668.

Kail, R. V., McBride-Chang, C., Ferrer, E., Cho, J.-R., & Shu, H. (2013). Cultural differences in the development of processing speed. *Developmental Science, 16*, 476–483.

Kalil, A., & Ziol-Guest, K. M. (2005). Single mothers' employment dynamics and adolescent well-being. *Child Development, 76*, 196–211.

Kam, C.-M., Greenberg, M. T., Bierman, K. L., Coie, J. D., Dodge, K. A., Foster, M. E., et al. (2011). Maternal depressive symptoms and child social preference during the early school years: Mediation by maternal warmth and child emotion regulation. *Journal of Abnormal Child Psychology, 39*, 365–377.

Kaplan, H., & Dove, H. (1987). Infant development among the Ache of eastern Paraguay. *Developmental Psychology, 23*, 190–198.

Karasik, L. B., Tamis-LeMonda, C. S., & Adolph, K. E. (2011). Transition from crawling to walking and infants' actions with objects and people. *Child Development, 82*, 1199–1209.

Karevold, E., Røysamb, E., Ystrom, E., & Mathiesen, K. S. (2009). Predictors and pathways from infancy to symptoms of anxiety and depression in early adolescence. *Developmental Psychology, 45*, 1051–1060.

Kärnä, A., Voeten, M., Little, T. D., Alanen, E., Poskiparta, E., & Salmivalli, C. (2013). Effectiveness of the KiVa antibullying program: Grades 1–3 and 7–9. *Journal of Educational Psychology, 105*, 535–551.

Karniol, R. (1989). The role of manual manipulative states in the infant's acquisition of perceived control over objects. *Developmental Review, 9*, 205–233.

Karraker, K. H., Vogel, D. A., & Lake, M. A. (1995). Parents' gender-stereotyped perceptions of newborns: The eye of the beholder revisited. *Sex Roles, 33*, 687–701.

Kärtner, J., Keller, H., Chaudhary, N., & Yovsi, R. D. (2012). The development of mirror self-recognition in different sociocultural contexts. *Monographs of the Society for Research in Child Development, 77*, Serial No. 307.

Katz, L. F., & Woodin, E. M. (2002). Hostility, hostile detachment, and conflict engagement in marriages: Effects on child and family functioning. *Child Development, 73*, 636–652.

Katz-Wise, S. L., Priess, H. A., & Hyde, J. S. (2010). Gender-role attitudes and behavior across the transition to parenthood. *Developmental Psychology, 46*, 18–28.

Kaufman, J., & Charney, D. (2003). The neurobiology of child and adolescent depression: Current knowledge and future directions. In D. Cicchetti & E. Walker (Eds.), *Neurodevelopmental mechanisms in psychopathology* (pp. 461–490). New York, NY: Cambridge University Press.

Kaufman, J. C., Kaufman, S. B., & Plucker, J. A. (2013). Contemporary theories of intelligence. In D. Reisberg (Ed.), *The Oxford handbook of cognitive psychology*. New York, NY: Oxford University Press.

Kaufman, J., & Lichtenberger, E. O. (2002). *Assessing adolescent and adult intelligence* (2nd ed). Boston, MA: Allyn & Bacon.

Kavsek, M., & Bornstein, M. H. (2010). Visual habituation and dishabituation in preterm infants: A review and meta-analysis. *Research in Developmental Disabilities, 31*, 951–975.

Kawabata, Y., & Crick, N. R. (2011). The significance of cross-racial/ethnic friendships: Associations with peer victimization, peer support, sociometric status, and classroom diversity. *Developmental Psychology, 47*, 1763–1775.

Keane, S. P., Brown, K. P., & Crenshaw, T. M. (1990). Children's intention-cue detection as a function of maternal social behavior: Pathways to social rejection. *Developmental Psychology, 26*, 1004–1009.

Kearney, C. A. (2007). Forms and functions of school refusal behavior in youth: Am empirical analysis of absenteeism severity. *Journal of Child Psychology & Psychiatry, 48*, 53–61.

Kearney, C. A., Haight, C., Gauger, M., & Schafer, R. (2011) School refusal behavior and absenteeism. In R. J. R. Levesque (Ed.), *Encyclopedia of adolescence* (pp. 2489–2492). New York, NY: Springer.

Keijsers, L., Loeber, R., Branje, S., & Meeus, W. (2011). Bidirectional links and concurrent development of parent-child relationships and boys' offending behavior. *Journal of Abnormal Psychology, 120,* 878–889.

Kelemen, D. (2003). British and American children's preferences for teleo-functional explanations of the natural world. *Cognition, 88,* 201–221.

Kelemen, D., & DiYanni, C. (2005). Intuitions about origins: Purpose and intelligent design in children's reasoning about nature. *Journal of Cognition & Development, 6,* 3–31.

Kell, H. J., Lubinski, D., & Benbow, C. P. (2013). Who rises to the top? Early indicators. *Psychological Science, 24,* 648–659.

Kellman, P. J., & Arterberry, M. E. (2006). Infant visual perception. In W. Damon & R. M. Lerner (Eds.), *Handbook of child psychology: Vol. 2. Cognition, perception, and language* (6th ed., pp. 109–160). Hoboken, NJ: Wiley.

Kellman, P. J., & Spelke, E. S. (1983). Perception of partly occluded objects in infancy. *Cognitive Psychology, 15,* 483–524.

Kelly, P. (2011). Corporal punishment and child maltreatment in New Zealand. *Acta Paediatrica, 100,* 14–20.

Kelly, D., Xie, H., Nord, C. W., Jenkins, F., Chan, J. Y., & Kastberg, D. (2013). *Performance of U. S. 15-year-old students in mathematics, science, and reading literacy in an international context: First look at PISA 2012.* Washington DC: National Center for Education Statistics.

Keltner, D., Kogan, A., Piff, P. K., & Saturn, S. R. (2014). The socio-cultural appraisals, values, and emotions (SAVE) framework of prosociality: Core processes from gene to meme. *Annual Review of Psychology, 65,* 425–460.

Kendall, J., & Hatton, D. (2002). Racism as a source of health disparity in families with children with attention deficit hyperactivity disorder. *Advances in Nursing Science, 25,* 22–39.

Kerns, K. A., & Brumariu, L. E. (2014). Is insecure parent-child attachment a risk factor for the development of anxiety in childhood or adolescence? *Child Development Perspectives, 8,* 12–17.

Khalil, A., Syngelaki, A., Maiz, N., Zinevich, Y., & Nicolaides, K. H. (2013). Maternal age and adverse pregnancy outcomes: A cohort study. *Ultrasound in Obstetrics and Gynecology, 42,* 634–643.

Khashan, A. S., Baker, P. N., & Kenny, L. C. (2010). Preterm birth and reduced birthweight in first and second teenage pregnancies: a register-based cohort study. *BMC Pregnancy and Childbirth, 10,* 36.

Khurana, A., Romer, D., Betancourt, L. M., Brodsky, N. L., Giannetta, J. M., & Hurt, H. (2012). Early adolescent sexual debut: The mediating role of working memory ability, sensation seeking, and impulsivity. *Developmental Psychology, 48,* 1416–1428.

Kiang, L., Yip, T., Gonzales-Backen, M., Witkow, M., & Fuligni, A. J. (2006). Ethnic identity and the daily psychological well-being of adolescents from Mexican and Chinese backgrounds. *Child Development, 77,* 1338–1350.

Kidd, E. (2012). Implicit statistical learning is directly associated with the acquisition of syntax. *Developmental Psychology, 48,* 171–184.

Kilgore, K., Snyder, J., & Lentz, C. (2000). The contribution of parental discipline, parental monitoring, and school risk to early-onset conduct problems in African American boys and girls. *Developmental Psychology, 36,* 835–845.

Killen, M., & McGlothlin, H. (2005). Prejudice in children. In C. B. Fisher & R. M. Lerner (Eds.), *Encyclopedia of applied developmental science* (Vol. 2, pp. 870–872). Thousand Oaks, CA: Sage.

Kim, S.Y., Chen, Q., Wang, Y., Shen, Y. & Orozco-Lapray, D. (2013). Longitudinal linkages among parent–child acculturation discrepancy, parenting, parent-child sense of alienation, and adolescent adjustment in Chinese immigrant families. *Developmental Psychology, 49,* 900–912.

Kim, J.-Y., McHale, S. M., Crouter, A. C., & Osgood, D. (2007). Longitudinal linkages between sibling relationships and adjustment from middle childhood through adolescence. *Developmental Psychology, 43,* 960–973.

Kim-Spoon, J., Cicchetti, D., & Rogosch, F. A. (2013). A longitudinal study of emotion regulation, emotion lability-negativity, and internalizing symptomatology in maltreated and nonmaltreated children. *Child Development, 84,* 512–527.

Kindermann, T. A. (2007). Effects of naturally existing peer groups on changes in academic engagement in a cohort of sixth graders. *Child Development, 78,* 1186–1203.

King, V. (2006). The antecedents and consequences of adolescents' relationships with stepfathers and nonresident fathers. *Journal of Marriage & the Family, 68,* 910–928.

King, S., Dancause, K., Turcotte-Tremblay, A-M., Veru, F., & Laplante, D. P. (2012). Using natural disasters to study the effects of prenatal maternal stress on child health and human development. *Birth Defects Research (Part C), 96,* 273–288.

Kirby, D., & Laris, B. A. (2009). Effective curriculum-based sex and STD/HIV education programs for adolescents. *Child Development Perspectives, 3,* 21–29.

Kirkorian, H. L., Pempek, T. A., Murphy, L. A., Schmidt, M. E., & Anderson, D. R. (2009). The impact of background television on parent-child interaction. *Child Development, 80,* 1350–1359.

Kisilevsky, B. S., Hains, S. M. J., Brown, C. A., Lee, C. T., Cowperthwaite, B., Stutzman, S. S., et al. (2009). Fetal sensitivity to properties of maternal speech and language. *Infant Behavior and Development, 32,* 59–71.

Kithakye, M., Morris, A. S., Terranova, A. M., & Myers, S. (2010). The Kenyan political conflict and children's adjustment. *Child Development, 81,* 1114–1128.

Kitzman, H. J., Olds, D. L., Cole, R. E., Hanks, C. A., Anson, E. A., Arcoleo, K. J., et al. (2010). Enduring effects of prenatal and infancy home visiting by nurses on children. *Archives of Pediatrics and Adolescent Medicine, 164,* 412–418.

Kjeldsen, A., Janson, H., Stoolmiller, M., Torgersen, L., & Mathiesen, K. S. (2014). Externalising behavior from infancy to mid-adolescence: Latent profiles and early predictors. *Journal of Applied Developmental Psychology, 35,* 25–34.

Klaczynski, P. A. (2000). Motivated scientific reasoning biases, epistemological beliefs, and theory polarization. *Child Development, 71,* 1347–1366.

Klaczynski, P. A. (2004). A dual-process model of adolescent development: Implications for decision making, reasoning, and identity. In R. Kail (Ed.), *Advances in child development and behavior* (Vol. 32, pp. 73–123). San Diego, CA: Elsevier.

Klahr, A. M., & Burt, S. A. (2014). Elucidating the etiology of individual differences in parenting: A meta-analysis of behavioral genetic research. *Psychological Bulletin, 140,* 544–586.

Klahr, D., Zimmerman, C., & Jirout, J. (2011). Educational interventions to advance children's scientific thinking. *Science, 333,* 971–975.

Klaus, M., & Kennell, H. H. (1976). *Mother-infant bonding.* St. Louis: Mosby.

Klemfuss, J. Z., & Ceci, S. J. (2012). Legal and psychological perspectives on children's competence to testify in court. *Developmental Review, 32,* 268–286.

Klimstra, T. A., Luyckx, K., Branje, S., Teppers, E., Goossens, L., & Meeus, W. H. J. (2013). Personality traits, interpersonal identity, and relationship stability: Longitudinal linkages in late adolescence and young adulthood. *Journal of Youth and Adolescence, 42,* 1661–1673.

Klump, K. L., & Culbert, K. M. (2007). Molecular genetic studies of eating disorders: Current status and future directions. *Current Directions in Psychological Science, 16,* 37–41.

Knight, G. P., & Carlo, G. (2012). Prosocial development among Mexican American youth. *Child Development Perspectives, 6,* 258–263.

Kochanska, G., Aksan, N., & Joy, M. E. (2007). Children's fearfulness as a moderator of parenting in early socialization: Two longitudinal studies. *Developmental Psychology, 43,* 222–237.

Kochanska, G., Coy, K. C., & Murray, K. T. (2001). The development of self-regulation in the first four years of life. *Child Development, 72,* 1091–1111.

Kochanska, G., Gross, J. N., Lin, M., & Nichols, K. E. (2002). Guilt in young children: Development, determinants, and relations with a broader system of standards. *Child Development, 73,* 461–482.

Koepke, S., & Denissen, J. A. (2012). Dynamics of identity development and separation-individuation in parent-child relationships during adolescence and emerging adulthood. *Developmental Review, 32,* 67–88.

Koh, J. B. K., & Wang, Q. (2012). Self-development. *WIREs Cognitive Science, 3,* 513–524.

Kohlberg, L. (1966). A cognitive-developmental analysis of children's sex-role concepts and attitudes. In E. E. Maccoby (Ed.), *The development of sex differences.* Stanford, CA: Stanford University Press.

Kohlberg, L. (1969). Stage and sequence: The cognitive-developmental approach to socialization. In D. Goslin (Ed.), *Handbook of socialization theory and research* (pp. 347–480). Chicago, IL: Rand McNally.

Kohlberg, L., & Ullian, D. Z. (1974). Stages in the development of psychosexual concepts and attitudes. In R. C. Friedman, R. M. Richart, & R. L. Van Wiele (Eds.), *Sex differences in behavior.* New York, NY: Wiley.

Kojima, Y. (2000). Maternal regulation of sibling interactions in the preschool years: Observational study in Japanese families. *Child Development, 71,* 1640–1647.

Kokis, J. V., Macpherson, R., Toplak, M. E., West, R. F., & Stanovich, K. E. (2002). Heuristic and analytic processing: Age trends and associations with cognitive ability and cognitive styles. *Journal of Experimental Child Psychology, 83,* 26–52.

Kokko, K., & Pulkkinen, L. (2000). Aggression in childhood and long-term unemployment in adulthood: A cycle of maladaptation and some protective factors. *Developmental Psychology, 36,* 463–472.

Kolb, B., & Teskey, G. C. (2012). Age, experience, injury, and the changing brain. *Developmental Psychobiology, 54,* 311–325.

Kolberg, K. J. S. (1999). Environmental influences on prenatal development and health. In T. L. Whitman & T. V. Merluzzi (Eds.), *Life-span perspectives on health and illness* (pp. 87–103). Mahwah, NJ: Erlbaum.

Konijn, E. A., Nije Bijvank, M., & Bushman, B. J. (2007). I wish I were a warrior: The role of wishful identification in the effects of violent video games on aggression in adolescent boys. *Developmental Psychology, 43,* 1038–1044.

Kopp, C. B. (1997). Young children: Emotion management, instrumental control, and plans. In S. L. Friedman & E. K. Scholnick (Eds.), *The developmental psychology of planning: Why, how, and when do we plan?* (pp. 103–124). Mahwah, NJ: Erlbaum.

Kopp, C. B., & McCall, R. B. (1982). Predicting later mental performances for normal, at-risk, and handicapped infants. In P. B. Bates & O. G. Brim (Eds.), *Life-span development and behavior* (Vol. 4). New York: Academic Press.

Kornhaber, M., Fierros, E., & Veenema, S. (2004). *Multiple intelligences: Best ideas from research and practice.* Boston, MA: Allyn & Bacon.

Koss, K. J., George, M. R. W., Cummings, E. M., Davies, P. T., El-Sheikh, M., & Cicchetti, D. (2013). Asymmetry in children's salivary cortisol and alpha-amylase in the context of marital conflict: Links to children's emotional security and adjustment. *Developmental Psychobiology, 56,* 836–849.

Kowal, A., & Kramer, L. (1997). Children's understanding of parental differential treatment. *Child Development, 68,* 113–126.

Kramer, L. (2010). The essential ingredients of successful sibling relationships: An emerging framework for advancing theory and practice. *Child Development Perspectives, 4,* 80–86.

Krebs, D. L., & Denton, K. (2005). Toward a more pragmatic approach to morality: A critical evaluation of Kohlberg's model. *Psychological Review, 113,* 672–675.

Krebs, D., & Gillmore, J. (1982). The relationships among the first stages of cognitive development, role-taking abilities, and moral development. *Child Development, 53,* 877–886.

Kreppner, J. M., Rutter, M., Beckett, C., Castle, J., Colvert, E., Groothues, C., et al. (2007). Normality and impairment following profound early institutional deprivation: A longitudinal follow-up into early adolescence. *Developmental Psychology, 43,* 931–946.

Kretch, K. S., & Adolph, K. E. (2013a). Cliff or step? Posture-specific learning at the edge of a drop-off. *Child Development, 84,* 226–240.

Kretch, K. S., & Adolph, K. E. (2013b). No bridge too high: Infants decide whether to cross based on the probability of falling not the severity of the potential fall. *Developmental Science, 16,* 336–351.

Krishnakumar, A., & Black, M. M. (2003). Family processes within three-generation households and adolescents mothers' satisfaction with father involvement. *Journal of Family Psychology, 17,* 488–498.

Krispin, O., Sternberg, K. J., & Lamb, M. E. (1992). The dimensions of peer evaluation in Israel: A cross-cultural perspective. *International Journal of Behavioral Development, 15,* 299–314.

Kroger, J., & Greene, K. E. (1996). Events associated with identity status change. *Journal of Adolescence, 19,* 477–490.

Kronenberg, M. E., Hansel, T. C., Brennan, A. M., Osofsky, H. J., Osofsky, J. D., & Lawrason, B. (2010). Children of Katrina: Lessons learned about postdisaster symptoms and recovery patterns. *Child Development, 81,* 1241–1259.

Kucirkova, N., & Tompkins, V. (2014). Personalization in mother-child emotion talk across three contexts. *Infant and Child Development, 23,* 153–169.

Kuhl, P. K., Andruski, J. E., Chistovich, I. A., Chistovich, L. A., Kozhevnikova, E. V., Ryskina, V. L., et al. (1997). Cross-language analysis of phonetic units in language addressed to infants. *Science, 277,* 684–686.

Kuhl, P. K., Stevens, E., Hayashi, A., Deguchi, T., Kiritani, S., & Iverson, P. (2006). Infants show a facilitation effect for native language phonetic perception between 6 and 12 months. *Developmental Science, 9,* F13–F21.

Kuhn, D. (2011). What is scientific thinking and how does it develop? In U. Goswami (Ed.), *The Wiley-Blackwell handbook of cognitive development* (2nd ed., pp. 497–523). West Sussex UK: Wiley-Blackwell.

Kuhn, D. (2012). The development of causal reasoning. *WIREs Cognitive Science, 3,* 327–335.

Kuhn, D., Garcia-Mila, M., Zohar, A., & Andersen, C. (1995). Strategies of knowledge acquisition. *Monographs of the Society for Research in Child Development, 60* (Serial No. 245).

Kulkofsky, S., Wang, Q., & Koh, J. B. K. (2009). Functions of memory sharing and mother-child reminiscing behaviors: Individual and cultural variations. *Journal of Cognition & Development, 10,* 92–114.

Kumar, V., Abbas, A. K., Aster, J. C., & Fausto, N. (2010). *Robbins and Cotran pathologic basis of disease, professional edition* (8th ed.). Philadelphia: W. B. Saunders.

Kuppens, S., Laurent, L., Heyvaert, M., & Onghena, P. (2013). Associations between parental psychological control and relational aggression in children and adolescents: A multilevel and sequential meta-analysis. *Developmental Psychology, 49*, 1697–1712.

Kuryluk, A., Cohen, R., & Audley-Piotrowski, S. (2011). The role of respect in the relation of aggression to popularity. *Social Development, 20*, 703–717.

Lackner, C., Sabbagh, M. A., Hallinan, E., Liu, X., & Holden, J. J. A. (2012). Dopamine receptor D4 gene variation predicts preschoolers' developing theory of mind. *Developmental Science, 15*, 272–280.

Lacourse, E., Boivin, M., Brendgen, A., Petitclerc, A., Girard, A., Vitaro, F., et al. (2014). A longitudinal twin study of physical aggression during early childhood: evidence for a developmentally dynamic genome. *Psychological Medicine, 44*, 2617–2627.

Ladd, G. W. (1998). Peer relationships and social competence during early and middle childhood. *Annual Review of Psychology, 50*, 333–359.

Ladd, G. W. (2003). Probing the adaptive significance of children's behavior and relationships in the school context: A child by environment perspective. In R. V. Kail (Ed.), *Advances in child development and behavior* (Vol. 31, p. 43–104). San Diego, CA: Academic Press.

Ladd, G. W. (2006). Peer rejection, aggressive or withdrawn behavior, and psychological maladjustment from ages 5 to 12: An examination of four predictive models. *Child Development, 77*, 822–846.

Ladd, G. W., Herald-Brown, S. L., & Reiser, M. (2008). Does chronic classroom peer rejection predict the development of children's classroom participation during the grade school years? *Child Development, 79*, 1001–1015.

Ladd, G. W., & Ladd, B. K. (1998). Parenting behaviors and parent–child relationships: Correlates of peer victimization in kindergarten? *Developmental Psychology, 34*, 1450–1458.

Ladd, G. W., & Pettit, G. S. (2002). Parents and children's peer relationships. In M. Bornstein (Ed.), *Handbook of parenting: Vol. 4* (2nd ed., pp. 377–409). Hillsdale, NJ: Erlbaum.

LaFreniere, P., & MacDonald, K. (2013). A post-genomic view of behavioral development and adaptation to the environment. *Developmental Review, 33*, 89–109.

LaFreniere, P., Strayer, F. F., & Gauthier, R. (1984). The emergence of same-sex affiliative preferences among preschool peers: A developmental/ethnological perspective. *Child Development, 55*, 1958–1965.

Lagattuta, K. (2014). Link past, present, and future: Children's ability to connect mental states and emotions across time. *Child Development Perspectives, 8*, 90–95.

Lagattuta, K. N., Nucci, L., & Bosacki, S. L. (2010). Bridging theory of mind and the personal domain: Children's reasoning about resistance to parental control. *Child Development, 81*, 616–635.

Lagattuta, K. H., & Wellman, H. M. (2002). Differences in early parent–child conversations about negative versus positive emotions: Implications for the development of psychological understanding. *Developmental Psychology, 38*, 564–580.

LaGreca, A. M. (1993). Social skills training with children: Where do we go from here? *Journal of Clinical Child Psychology, 22*, 288–298.

LaGreca, A. M., & Silverman, W. K. (2009). Treatment and prevention of posttraumatic stress reactions in children and adolescents to disasters and terrorism: What is the evidence? *Child Development Perspectives, 3*, 4–10.

Laible, D. J., & Carlo, G. (2004). The differential relations of maternal and paternal support and control to adolescent social competence, self-worth, and sympathy. *Journal of Adolescent Research, 19*, 759–782.

Laird, R. D. (2011). Teenage driving offers challenges and potential rewards for developmentalists. *Child Development Perspectives, 5*, 311–316.

Lamaze, F. (1958). *Painless childbirth*. London: Burke.

Lamb, M. E. (1999). Nonparental child care. In M. E. Lamb (Ed.), *Parenting and child development in "nontraditional" families*. Mahwah, NJ: Erlbaum.

Lamb, L. M., Bigler, R. S., Liben, L. S., & Green, V. A. (2009). Teaching children to confront peers' sexist remarks: Implications for theories of gender development and educational practice. *Sex Roles, 61*, 361–382.

Lamb, M. E., & Lewis, C. (2010). The development and significance of father-child relationships in two-parent families. In M. E. Lamb (Ed.), *The role of the father in child development* (5th ed., pp. 94–153). Hoboken, NJ: Wiley.

Lambert, B. L., & Bauer, C. R. (2012). Developmental and behavioral consequences of prenatal cocaine exposure: A review. *Journal of Perinatology, 32*, 819–828.

Landa, R. J., Gross, A. L., Stuart, E. A., & Faherty, A. (2013). Developmental trajectories in children with and without autism spectrum disorders. *Child Development, 84*, 429–442.

Landerl, K., Fussenegger, B., Moll, K., & Willburger, E. (2009). Dyslexia and dyscalculia: Two learning disorders with different cognitive profiles. *Journal of Experimental Child Psychology, 103*, 309–324.

Lansford, J. E. (2009). Parental divorce and children's adjustment. *Perspectives on Psychological Science, 4*, 140–152.

Lansford, J. E., Malone, P. S., Castellino, D. R., Dodge, K. A., Pettit, G. S., & Bates, J. E. (2006). Trajectories of internalizing, externalizing, and grades for children who have and have not experienced their parents' divorce or separation. *Journal of Family Psychology, 20*, 292–301.

Larsen, J. T., To, R. M., & Fireman, G. (2007). Children's understanding and experience of mixed emotions. *Psychological Science, 18*, 186–191.

Larson, R. W., Hansen, D. M., & Moneta, G. (2006). Differing profiles of developmental experiences across types of organized youth activities. *Developmental Psychology, 42*, 849–863.

Lau, J. Y. F., Belli, S. D., Gregory, A. M., Napolitano, M., & Eley, T. C. (2012). The role of children's negative attributions on depressive symptoms: An inherited characteristic or a product of the early environment? *Developmental Science, 15*, 569–578.

Lau, J. Y., Rijsdijk, F., Gregory, A. M., McGuffin, P., & Eley, T. C. (2007). Pathways to childhood depressive symptoms: The role of social, cognitive, and genetic risk factors. *Developmental Psychology, 43*, 1402–1414.

Laursen, B., & Collins, W. A. (1994). Interpersonal conflict during adolescence. *Psychological Bulletin, 115*, 197–209.

Laursen, B., Finkelstein, B. D., & Betts, N. T. (2001). A developmental meta-analysis of peer conflict resolution. *Developmental Review, 21*, 423–449.

Lazardis, M. (2013). The emergence of a temporally extended self and factors that contribute to its development: From theoretical and empirical perspectives. *Monographs of the Society for Research in Child Development, 78*, Serial No. 305.

Leaper, C., & Smith, T. E. (2004). A meta-analytic review of gender variations in children's language use: Talkativeness, affiliative speech, and assertive speech. *Developmental Psychology, 40*, 993–1027.

Lecanuet, J. P., Granier-Deferre, C., & Busnel, M. C. (1995). Human fetal auditory perception. In J. P. Lecanuet, W. P. Fifer, N. A. Krasnegor, & W. P. Smotherman (Eds.), *Fetal development: A psychobiological perspective*. Hillsdale, NJ: Erlbaum.

Leclercq, A-L., & Majerus, S. (2010). Serial-order short-term memory predicts vocabulary development: Evidence from a longitudinal study. *Developmental Psychology, 46,* 417–427.

Ledebt, A. (2000). Changes in arm posture during the early acquisition of walking. *Infant Behavior & Development, 23,* 79–89.

Ledebt, A., van Wieringen, P. C. W., & Saveslsbergh, G. J. P. (2004). Functional significance of foot rotation in early walking. *Infant Behavior & Development, 27,* 163–172.

Lee, K. (2013). Little liars: Development of verbal deception in children. *Child Development Perspectives, 7,* 91–96.

Lee, S. J., Altschul, I., & Gershoff, E. T. (2013). Does warmth moderate longitudinal associations between spanking and child aggression in early childhood? *Developmental Psychology, 49,* 2017–2028.

Lee, P. C., Niew, W. I., Yang, H. J., Chen, V. C. H., & Lin, K. C. (2012). A meta-analysis of behavioral parent training for children with attention deficit hyperactivity disorder. *Research in Developmental Disabilities, 33,* 2040–2049.

Leekam, S. R., Prior, M. R., & Uljarevic, M. (2011). Restricted and repetitive behaviors in autism spectrum disorders: A review of research in the last decade. *Psychological Bulletin, 137,* 562–593.

Leerkes, E. M., Blankson, A. M., & O'Brien, M. (2009). Differential effects of maternal sensitivity to infant distress and nondistress on social-emotional functioning. *Child Development, 80,* 762–775.

Legare, C. H., Gelman, S. A., & Wellman, H. M. (2010). Inconsistency with prior knowledge triggers children's causal explanatory reasoning. *Child Development, 81,* 929–944.

Legare, C. H., Wellman, H. M., & Gelman, S. A. (2009). Evidence for an explanation advantage in naïve biological reasoning. *Cognitive Psychology, 58,* 177–194.

Leinaweaver, J. (2014). Informal kinship-based fostering around the world: anthropological findings. *Child Development Perspectives, 8,* 131–136.

Lengua, L. J. (2006). Growth in temperament and parenting as predictors of adjustment during children's transition to adolescence. *Developmental Psychology, 42,* 819–832.

Lengua, L. J., Sandler, I. N., West, S. G., Wolchik, S. A., & Curran, P. J. (1999). Emotionality and self-regulation, threat appraisal, and coping in children of divorce. *Development & Psychopathology, 11,* 15–37.

Lenroot, R. K., & Giedd, J. N. (2010). Sex differences in the adolescent brain. *Brain and Cognition, 72,* 46–55.

Leon, K. (2003). Risk and protective factors in young children's adjustment to parental divorce: A review of the research. *Family Relations, 52,* 258–270.

Leppänen, J. M., & Nelson, C. A. (2012). Early development of fear processing. *Current Directions in Psychological Science, 21,* 200–204.

Lerner, R. M., Fisher, C. B., & Giannino, L. (2006). Editorial: Constancy and change in the development of applied developmental science. *Applied Developmental Science, 10,* 172–173.

Leventhal, T., & Brooks-Gunn, J. (2000). The neighborhood they live in: The effects of neighborhood residence on child and adolescent outcomes. *Psychological Bulletin, 126,* 309–337.

Levine, S. C., Ratliff, K. R., Huttenlocher, J., & Cannon, J. (2012). Early puzzle play: A predictor of preschoolers' spatial transformation skill. *Developmental Psychology, 48,* 530–542.

Levine, S. C., Vasilyeva, M., Lourenco, S. F., Newcombe, N. S., & Huttenlocher, J. (2005). Socioeconomic status modifies the sex difference in spatial skill. *Psychological Science, 16,* 841–845.

Levine, L. E., Waite, B. M., & Bowman, L. L. (2007). Electronic media use, reading, and academic distractibility in college youth. *Cyberpsychology and Behavior, 10,* 560–566.

Levitt, M. J., Guacci-Franco, N., & Levitt, J. L. (1993). Convoys of social support in childhood and early adolescence: Structure and function. *Developmental Psychology, 29,* 811–818.

Levitt, A. G., & Utman, J. A. (1992). From babbling towards the sound systems of English and French: A longitudinal two-case study. *Journal of Child Language, 19,* 19–49.

Levy, B. A., Gong, Z., Hessels, S., Evans, M. A., & Jared, D. (2006). Understanding print: Early reading development and the contributions of home literacy experiences. *Journal of Experimental Child Psychology, 93,* 63–93.

Levy, G. D., Taylor, M. G., & Gelman, S. A. (1995). Traditional and evaluative aspects of flexibility in gender roles, social conventions, moral rules, and physical laws. *Child Development, 66,* 515–531.

Lewis, M. (1997). The self in self-conscious emotions. In J. G. Snodgrass & R. L. Thompson (Eds.), *The self across psychology: Self-awareness, self-recognition, and the self-concept* (pp. 119–142). New York, NY: New York Academy of Science.

Lewis, M. (2000). The emergence of human emotions. In M. Lewis & J. Haviland-Jones (Eds.), *Handbook of emotions* (2nd ed., pp. 265–280). New York, NY: Guilford.

Lewis, M. (2008). The emergence of human emotion. In M. Lewis, J. M. Haviland-Jones, & L. F. Barrett (Eds.), *Handbook of emotions* (3rd ed., pp. 304–319). New York, NY: Guilford.

Lewis, M., & Ramsay, D. (2004). Development of self-recognition, personal pronoun use, and pretend play during the second year. *Child Development, 75,* 1821–1831.

Lewis, M., Ramsay, D. S., & Kawakami, K. (1993). Differences between Japanese infants and Caucasian American infants in behavioral and cortisol response to inoculation. *Child Development, 64,* 1722–1731.

Lewis, M., Takai-Kawakami, K., Kawakami, K., & Sullivan, M. W. (2010). Cultural differences in emotional responses to success and failure. *International Journal of Behavioral Development, 34,* 53–61.

Lewkowicz, D. J. (2000). Infants' perception of the audible, visible, and bimodal attributes of multimodal syllables. *Child Development, 71,* 1241–1257.

Lewontin, R. C. (1976). Race and intelligence. In N. J. Block & G. Dworkin (Eds.), *The IQ controversy* (pp. 78–92). New York: Pantheon Books.

Li, Y., Anderson, R. C., Nguyen-Jahiel, K., Dong, T., Archodidou, A., Kim, I.-H., et al. (2007). Emergent leadership in children's discussion groups. *Cognition & Instruction, 25,* 75–111.

Li, W., Farkas, G., Duncan, G. J., Burchinal, M. R., & Vandell, D. L. (2013). Timing of high-quality child care and cognitive, language, and preacademic development. *Developmental Psychology, 49,* 1440–1451.

Liben, L. S., & Bigler, R. S. (2002). The developmental course of gender differentiation. *Monographs of the Society for Research in Child Development, 67* (Serial No. 269).

Liben, L. S., Bigler, R. S., & Krogh, H. R. (2001). Pink and blue collar jobs: Children's judgments of job status and job aspirations in relation to sex of worker. *Journal of Experimental Child Psychology, 79,* 346–363.

Liebal, K., Behne, T., Carpenter, M., & Tomasello, M. (2009). Infants use shared experience to interpret pointing gestures. *Developmental Science, 12,* 264–271.

Li-Grining, C. P. (2007). Effortful control among low-income preschoolers in three cities: Stability, change, and individual differences. *Developmental Psychology, 43,* 208–221.

Lillard, A. S., Lerner, M. D., Hopkins, E. J., Dore, R. A., Smith, E. D., & Palmquist, C. M. (2013). The impact of pretend play on children's development: A review of the evidence. *Psychological Bulletin, 139,* 1–34.

Lim, V. K. G., & Kim, T-Y. (2014). The long arm of the job: Parents' work-family conflict and youths' work centrality. *Applied Psychology, 63,* 151–167.

Limpo, T., Alves, R. A., & Fidalgo. R. (2014). Children's high-level writing skills: Development of planning and revising and their contribution to writing quality. *British Journal of Educational Psychology, 84,* 177–193.

Lin, C. C., & Fu, V. R. (1990). A comparison of childrearing practices among Chinese, immigrant Chinese, and Caucasian-American parents. *Child Development, 61,* 429–433.

Lindberg, S. M., Hyde, J. S., Petersen, J. L., & Linn, M. C. (2010). New trends in gender and mathematics performance: A meta-analysis. *Psychological Bulletin, 136,* 1123–1135.

Lindsey, E. W., & Colwell, M. J. (2003). Preschoolers' emotional competence: Links to pretend and physical play. *Child Study Journal, 33,* 39–52.

Lindsey, E. W., Cremeens, P. R., & Caldera, Y. M. (2010). Mother-child and father-child mutuality in two contexts: Consequences for young children's peer relationships. *Infant and Child Development, 19,* 142–160.

Linebarger, D. L., & Vaala, S. E. (2010). Screen media and language development in infants and toddlers: An ecological perspective. *Developmental Review, 30,* 176–202.

Linn, S. (2005). The commercialization of childhood. In S. Oldman (Ed.), *Childhood lost: How American culture is failing our kids* (pp. 107–122). Westport, CT: Praeger.

Linver, M. R., Roth, J. L., & Brooks-Gunn, J. (2009). Patterns of adolescents' participation in organized activities: Are sports best when combined with other activities? *Developmental Psychology, 45,* 354–367.

Lipsitt, L. P. (2003). Crib death: A biobehavioral phenomenon. *Psychological Science, 12,* 164–170.

Liu, D., Gelman, S. A., & Wellman, H. M. (2007). Components of young children's trait understanding: Behavior-to-trait and trait-to-behavior predictions. *Child Development, 78,* 1543–1558.

Liu, H.-M., Kuhl, P. K., & Tsao, F.-M. (2003). An association between mothers' speech clarity and infants' speech discrimination skills. *Developmental Science, 6,* F1–F10.

Liu, R. X., Lin, W., & Chen, Z. Y. (2010). School performance, peer association, psychological and behavioral adjustments: A comparison between Chinese adolescents with and without siblings. *Journal of Adolescence, 33,* 411–417.

Liu, H.-M., Tsao, F.-M., & Kuhl, P. K. (2007). Acoustic analysis of lexical tone in Mandarin infant-directed speech. *Developmental Psychology, 43,* 912–917.

Livesley, W. J., & Bromley, D. B. (1973). *Person perception in childhood and adolescence.* New York, NY: Wiley.

Lobelo, F., Dowda, M., Pfeiffer, K. A., & Pate, R. R. (2009). Electronic media exposure and its association with activity-related outcomes in female adolescents: Cross-sectional and longitudinal analyses. *Journal of Physical Activity & Health, 6,* 137–143.

Lobo, M. A., & Galloway, J. C. (2012). Enhanced handling and positioning in early infancy advances development throughout the first year. *Child Development, 83,* 1290–1302.

LoBue, V. (2013). What are we so afraid of? How early attention shapes our most common fears. *Child Development Perspectives, 7,* 38–42.

LoBue, V., & DeLoache, J. S. (2010). Superior detection of threat-relevant stimuli in infancy. *Developmental Science, 13,* 221–228.

Lockl, K., & Schneider, W. (2007). Knowledge about the mind: Links between theory of mind and later metamemory. *Child Development, 78,* 148–167.

Loomans, E. M., van der Stelt, O., van Eijsden, M., Gemke, R. J. B. J., Vrijkotte, T. G. M., & Van den Bergh, B. R. H. (2012). High levels of antenatal maternal anxiety are associated with altered cognitive control in five-year-old children. *Developmental Psychobiology, 54,* 441–450.

Loper, A. B., & Clarke, C. N. (2013). Attachment representations of imprisoned mothers as related to child contact and the caregiving alliance: The moderating effect of children's placement with maternal grandmothers. *Monographs of the Society for Research in Child Development, 78,* Serial No. 308, 41–56.

Lopez, A. B., Huynh, V. W., & Fuligni, A. J. (2011). A longitudinal study of religious identity and participation during adolescence. *Child Development, 82,* 1297–1309.

Lorch, R. F., Lorch, E. P., Calderhead, W. J., Dunlap, E. E., Hodell, E. C., & Freer, B. D. (2010). Learning the control of variables strategy in higher and lower achieving classrooms: Contributions of explicit instruction and experimentation. *Journal of Educational Psychology, 102,* 90–101.

Lowry, R., Wechsler, H., Kann, L., & Collins, J. L. (2001). Recent trends in participation in physical education among U.S. high school students. *Journal of School Health, 71,* 145–152.

Lubinski, D., Benbow, C. P., Webb, R. M., & Bleske-Rechek, A. (2006). Tracking exceptional human capital over two decades. *Psychological Science, 17,* 194–199.

Ludwig, J., & Phillips, D. (2007). The benefits and costs of Head Start. *SRCD Social Policy Report, 21,* 3–11, 16–18.

Luke, N., & Banerjee, R. (2013). Differentiated associations between childhood maltreatment experiences and social understanding: A meta-analysis and systematic review. *Developmental Review, 33,* 1–28.

Lung, F-W., & Shu, B-C. (2011). Sleeping position and health status of children at six-, eighteen-, and thirty-six-month development. *Research in Developmental Disabilities, 32,* 713–718.

Lushington, K., Pamula, Y., Martin, J., & Kennedy, J. D. (2013). Developmental changes in sleep: Infancy and preschool years. In A. R. Wolfson and H. W. Montgomery-Downs (Eds.), *The Oxford handbook of infant, child, and adolescent sleep and behavior* (pp. 34–47). Oxford, UK: Oxford University Press.

Luthar, S. S., Shoum, K. A., & Brown, P. J. (2006). Extracurricular involvement among affluent youth: A scapegoat for "ubiquitous achievement pressures"? *Developmental Psychology, 42,* 583–597.

Luttikhuizen dos Santos, E. S., de Kieviet, J. F., Königs, M., van Elburg, R. M., & Oosterlaan, J. (2013). Predictive value of the Bayley Scales of Infant Development on development of very preterm/very low birth weight children: A meta-analysis. *Early Human Development, 89,* 487–496.

Luyckx, K., Klimsta, T. A., Duriez, B., Van Petegem, S., & Beyers, W. (2013). Personal identity processes through the late 20s: Age trends, functionality, and depressive symptoms. *Social Development, 22,* 701–721.

Lynne-Landsman, S. D., Graber, J. A., & Andrews, J. A. (2010). Do trajectories of household risk in childhood moderate pubertal timing effects on substance initiation in middle school? *Developmental Psychology, 46,* 853–868.

Lytton, H., & Romney, D. M. (1991). Parents' differential socialization of boys and girls: A meta-analysis. *Psychological Bulletin, 109,* 267–296.

Maccoby, E. E. (1984). Socialization and developmental change. *Child Development, 55,* 317–328.

Maccoby, E. E. (1990). Gender and relationships: A developmental account. *American Psychologist, 45,* 513–520.

Maccoby, E. E. (1998). *The two sexes: Growing up apart, coming together.* Cambridge, MA: Belknap Press.

Maccoby, E. E., & Jacklin, C. N. (1974). *The psychology of sex differences.* Stanford, CA: Stanford University Press.

MacEvoy, J. P., & Asher, S. R. (2012). When friends disappoint: Boys' and girls' responses to transgressions of friendship expectations. *Child Development, 83,* 104–119.

Mackey, A. P., Hill, S. S., Stone, S. I., & Bunge, S. A. (2011). Differential effects of reasoning and speed training in children. *Developmental Science, 14,* 582–590.

MacWhinney, B. (1998). Models of the emergence of language. *Annual Review of Psychology, 49,* 199–227.

Madigan, S., Atkinson, L., Laurin, K., & Benoit, D. (2013). Attachment and internalizing behavior in early childhood: A meta-analysis. *Developmental Psychology, 49,* 672–689.

Magee, L., & Hale, L. (2012). Longitudinal associations between sleep duration and subsequent weight gain: A systematic review. *Sleep Medicine Reviews, 16,* 231–241.

Maggi, S., Ostry, A., Tansey, J., Dunn, J., Hershler, R., Chen, L., & Hertzman, C. (2008). Paternal psychosocial work conditions and mental health outcomes: A case-control study. *BMC Public Health, 8,* 104.

Magnuson, K., & Duncan, G. (2006). The role of family socioeconomic resources in black and white test score gaps among young children. *Developmental Review, 26,* 365–399.

Maguire, A. M., High, K. A., Auricchio, A., Wright, J. F., Pierce, E. A., Testa, F., et al. (2009). Age-dependent effects of RPE65 gene therapy for Leber's congenital amaurosis: A phase 1 dose-escalation trial. *Lancet, 374,* 1597–1605.

Maguire, E. A., Woollett, K., & Spiers, H. J. (2006). London taxi drivers and bus drivers: A structural MRI and neuropsychological analysis. *Hippocampus, 16,* 1091–1101.

Mahoney, J. L., & Parente, M. E. (2009). Should we care about adolescents who care for themselves? What we have learned and what we need to know about youth in self-care. *Child Development Perspectives, 3,* 189–195.

Malinosky-Rummell, R., & Hansen, D. J. (1993). Long-term consequences of childhood physical abuse. *Psychological Bulletin, 114,* 68–79.

Malti, T., & Krettenauer, T. (2013). The relation of moral emotion attributions to prosocial and antisocial behavior: A meta-analysis. *Child Development, 84,* 397–412.

Mandara, J., Gaylord-Harden, N. K., Richard, M. H., & Ragsdale, B. L. (2009). The effects of changes in racial identity and self-esteem on changes in African American adolescents' mental health. *Child Development, 80,* 1660–1675.

Mandel, D. R., Jusczyk, P. W., & Pisoni, D. B. (1995). Infants' recognition of the sound patterns of their own names. *Psychological Science, 6,* 314–317.

Mangelsdorf, S. C. (1992). Developmental changes in infant–stranger interaction. *Infant Behavior & Development, 15,* 191–208.

Mangelsdorf, S. C., Shapiro, J. R., & Marzolf, D. (1995). Developmental and temperamental differences in emotional regulation in infancy. *Child Development, 66,* 1817–1828.

Maratsos, M. (1998). The acquisition of grammar. In W. Damon (Ed.), *Handbook of child psychology.* New York, NY: Wiley.

Maratsos, M. (2000). More overregularizations after all: New data and discussion on Marcus, Pinker, Ullman, Hollander, Rosen, and Xu. *Journal of Child Language, 27,* 183–212.

Marcia, J. E. (1980). Identity in adolescence. In J. Adelson (Ed.), *Handbook of adolescent psychology.* New York, NY: Wiley.

Marcia, J. E. (1991). Identity and self-development. In R. M. Lerner, A. C. Petersen, & J. Brooks-Gunn (Eds.), *Encyclopedia of adolescence* (Vol. 1). New York, NY: Garland.

Marcus, G. F., Pinker, S., Ullman, M., Hollander, M., Rosen, T. J., & Xu, F. (1992). Overregularization in language acquisition. *Monographs of the Society for Research in Child Development, 58* (Serial No. 228).

Mareschal, D., & Tan, S. H. (2007). Flexible and context-dependent categorization by eighteen-month-olds. *Child Development, 78,* 19–37.

Margett, T. E., & Witherington, D. C. (2011). The nature of preschoolers' concept of living and artificial objects. *Child Development, 82,* 2067–2082.

Markovits, H., Benenson, J., & Dolenszky, E. (2001). Evidence that children and adolescents have internal models of peer interactions that are gender differentiated. *Child Development, 72,* 879–886.

Marks, A. K., & García Coll, C. (2007). Psychological and demographic correlates of early academic skill development among American Indian and Alaska Native youth: A growth modeling study. *Developmental Psychology, 43,* 663–674.

Marks, A. K., Patton, F., & García Coll, C. (2011). Being bicultural: A mixed-methods study of adolescents' implicitly and explicitly measured multiethnic identities. *Developmental Psychology, 47,* 270–288.

Marschik, P. B., Einspieler, C., Strohmeier, A., Plienegger, J., Garzarolli, B., & Prechtl, H. F. R. (2008). From the reaching behavior at 5 months of age to hand preference at preschool age. *Developmental Psychobiology, 50,* 511–518.

Marsh, H. W. (1991). Employment during high school: Character building or a subversion of academic goals? *Sociology of Education, 64,* 172–189.

Marsh, H. W., & Craven, R. G. (2006). Reciprocal effects of self-concept and performance from a multidimensional perspective: Beyond seductive pleasure and unidimensional perspectives. *Perspectives on Psychological Science, 1,* 133–163.

Marsh, H. W., Ellis, L. A., & Craven, R. G. (2002). How do preschool children feel about themselves? Unraveling measurement and multidimensional self-concept structure. *Developmental Psychology, 38,* 376–393.

Marsh, H. W., & Kleitman, S. (2005). Consequences of employment during high school: Character building, subversion of academic goals, or a threshold? *American Educational Research Journal, 42,* 331–369.

Marsh, H. W., & Yeung, A. S. (1997). Causal effects of academic self-concept on academic achievement: Structural equation models of longitudinal data. *Journal of Educational Psychology, 89,* 41–54.

Martel, M. M. (2013). Sexual selection and sex differences in the prevalence of childhood externalizing and adolescent internalizing disorders. *Psychological Bulletin, 139,* 1221–1259.

Martin, C. L., & Fabes, R. A. (2001). The stability and consequences of young children's same-sex peer interactions. *Developmental Psychology, 37,* 431–446.

Martin, C. L., Fabes, R. A., Evans, S. M., & Wyman, H. (1999). Social cognition on the playground: Children's beliefs about playing with girls versus boys and their relationships to sex-segregated play. *Journal of Social & Personal Relationships, 16,* 751–772.

Martin, C. L., Fabes, R. A., Hanish, L., Leonard, S., & Dinella, L. M. (2011). Experienced and expected similarity to same-gender peers: Moving toward a comprehensive model of gender segregation. *Sex Roles, 65,* 421–434.

Martin, C. L., & Halverson, C. F. (1987). The roles of cognition in sex role acquisition. In D. B. Carter (Ed.), *Current conceptions of sex roles and sex typing: Theory and research* (pp. 123–137). New York, NY: Praeger.

Martin, J.A., Hamilton, B.E., Ventura, S. J., Osterman, M. J. K., & Mathews, T. J. (2013). Births: Final data for 2011. *National Vital Statistics Reports, 62,* no 1. Hyattsville, MD: National Center for Health Statistics.

Martin, J. A., Hamilton, B. E., Ventura, S. J., Osterman, M. J. K., Wilson, E. C., & Mathews, T. J. (2012). Births: Final data for 2010. *National Vital Statistics Reports, 61.* Hyattsville, MD: National Center for Health Statistics.

Martin, C. L., Kornienko, O., Schaefer, D. R., Hanish, L. D., Fabes, R. A., & Goble, P. (2013). The role of sex of peers and gender-typed activities in young children's peer affiliative networks: A longitudinal analysis of selection and influence. *Child Development, 84,* 921–937.

Martin, R. P., Olejnik, S., & Gaddis, L. (1994). Is temperament an important contributor to schooling outcomes in elementary school? Modeling effects of temperament and scholastic ability on academic achievement. In W. B. Casey & S. C. McDevitt (Eds.), *Prevention and early intervention.* New York, NY: Brunner/Mazel.

Martin, J. L., & Ross, H. S. (2005). Sibling aggression: Sex differences and parents' reactions. *International Journal of Behavioral Development, 29,* 129–138.

Martin, C. L., & Ruble, D. (2004). Children's search for gender cues: Cognitive perspectives on gender development. *Current Directions in Psychological Science, 13,* 67–70.

Mash, E. J., & Wolfe, D. A. (2010). *Abnormal child psychology* (4th ed). Belmont, CA: Cengage.

Masten, A. S., & Narayan, A. J. (2012). Child development in the context of disaster, war, and terrorism: Pathways of risk and resilience. *Annual Review of Psychology, 63,* 227–257.

Masten, A. S., & Osofsky, J. D. (2010). Diasters and their impact on child development: Introduction to the special section. *Child Development, 81,* 1029–1039.

Masten, A. S., Roisman, G. I., Long, J. D., Burt, K. B., Obradovic, J., Riley, J. R., et al. (2005). Developmental cascades: Linking academic achievement and externalizing and internalizing symptoms over 20 years. *Developmental Psychology, 41,* 733–746.

Masten, A., Cutuli, J., Herbers, J., Hinz, E., Obradovic, J., & Wenzel, A. (2014). Academic risk and resilience in the context of homelessness. *Child Development Perspectives, 8,* in press.

Masur, E. F. (1995). Infants' early verbal imitation and their later lexical development. *Merrill-Palmer Quarterly, 41,* 286–306.

Mattys, S. L., & Jusczyk, P. W. (2001). Phonotactic cues for segmentation of fluent speech by infants. *Cognition, 78,* 91–121.

Matusov, E., Bell, N., & Rogoff, B. (2002). Schooling as cultural process: Working together and guidance by children from schools differing in collaborative practices. In R. V. Kail & H. W. Reese (Eds.), *Advances in child development and behavior* (Vol. 29, pp. 129–160). San Diego, CA: Academic Press.

May, P. A., Blankenship, J., Marais, A-S., Gossage, J. P., Kalberg, W. O., Joubert, B., et al. (2013). Maternal alcohol consumption producing fetal alcohol spectrum disorders (FASD): Quantity, frequency, and timing of drinking. *Drug and Alcohol Dependence, 133,* 502–512.

Mayer, J. D., Salovey, P., & Caruso, D. R. (2008). Emotional intelligence: New ability or eclectic traits? *American Psychologist, 63,* 503–517.

Maynard, A. E. (2002). Cultural teaching: The development of teaching skills in Maya sibling interactions. *Child Development, 73,* 969–982.

Mazur, E., Wolchik, S. A., Virdin, L., Sandler, I. N., & West, S. G. (1999). Cognitive moderators of children's adjustment to stressful divorce events: The role of negative cognitive errors and positive illusions. *Child Development, 70,* 231–245.

McAlister, A. R., & Peterson, C. C. (2013). Siblings, theory of mind, and executive functioning in children aged 3–6 years: New longitudinal evidence. *Child Development, 84,* 1442–1458.

McCall, R. B. (1993). Developmental functions for general mental performance. In D. K. Detterman (Ed.), *Current topics in human intelligence* (Vol. 3, pp. 3–29). Norwood, NJ: Ablex.

McCartt, A. T., & Teoh, E. R. (2011). Strengthening driver licensing systems for teenaged drivers. *JAMA, 306,* 1142–1143.

McCarty, M. E., & Ashmead, D. H. (1999). Visual control of reaching and grasping in infants. *Developmental Psychology, 35,* 620–631.

McCormick, C. B. (2003). Metacognition and learning. In I. B. Weiner (Editor-in-Chief) and W. M. Reynolds & G. E. Miller (Eds.), *Handbook of psychology: Vol. 7. Educational psychology* (pp. 79–102). New York, NY: Wiley.

McCormack, T. A. (2011). Planning in young children: A review and synthesis. *Developmental Review, 31,* 1–31.

McCutchen, D., Covill, A., Hoyne, S. H., & Mildes, K. (1994). Individual differences in writing: Implications of translating fluency. *Journal of Educational Psychology, 86,* 256–266.

McCutchen, D., Francis, M., & Kerr, S. (1997). Revising for meaning: Effects of knowledge and strategy. *Journal of Educational Psychology, 89,* 667–676.

McDonald, K. L., Bowker, J. C., Rubin, K. H., Laursen, B., & Duchene, M. S. (2010). Interactions between rejection sensitivity and supportive relationships in the prediction of adolescents' internalizing difficulties. *Journal of Youth & Adolescence, 39,* 563–574.

McElwain, N. L., Booth-LaForce, C., & Wu, X. (2011). Infant-mother attachment and children's friendship quality: Maternal mental-state talk as an intervening mechanism. *Developmental Psychology, 47,* 1295–1311.

McGee, L. M., & Richgels, D. J. (2004). *Literacy's beginnings* (4th ed.). Boston, MA: Allyn & Bacon.

McGraw, M. B. (1935). *Growth: A study of Johnny and Jimmy.* East Norwalk, CT: Appleton-Century-Crofts.

McGuire, S., & Shanahan, L. (2010). Sibling experiences in diverse family contexts. *Child Development Perspectives, 4,* 72–79.

McHale, S. M., Crouter, A. C., Kim, J.-Y., Burton, L. M., Davis, K. D., Dotterer, A. M., et al. (2006). Mothers' and fathers' racial socialization in African American families: Implications for youth. *Child Development, 77,* 1387–1402.

McHale, S. M., Kim, J. Y., Whiteman, S. D., & Crouter, A. C. (2004). Links between sex-typed activities in middle childhood and gender development in early adolescence. *Developmental Psychology, 40,* 868–881.

McHale, J. P., Laurette, A., Talbot, J., & Pourquette, C. (2002). Retrospect and prospect in the psychological study of coparenting and family group process. In J. P. McHale & W. Grolnick (Eds.), *Retrospect and prospect in the psychological study of families* (pp. 127–165). Mahwah, NJ: Erlbaum.

McHale, S. M., Updegraff, K. A., & Whiteman, S. D. (2013). Sibling relationships. In G. W. Peterson & K. R. Bush (Eds.), *Handbook of marriage and the family* (pp. 329–351). New York, NY: Springer Science+Business Media.

McHale, S. M., Whiteman, S. D., Kim, J.-Y., & Crouter, A. C. (2007). Characteristics and correlates of sibling relationships in two-parent African American families. *Journal of Family Psychology, 21,* 227–235.

McLanahan, S. (1999). Father absence and the welfare of children. In E. M. Hetheringon (Ed.), *Coping with divorce, single parenting, and remarriage: A risk and resiliency perspective* (pp. 117–145). Mahwah, NJ: Erlbaum.

McLellan, J. A., & Youniss, J. (2003). Two systems of youth service: Determinants of voluntary and required youth community service. *Journal of Youth & Adolescence, 32,* 47–58.

McMurray, B. (2007). Defusing the childhood vocabulary explosion. *Science, 317,* 631.

McNeil, N. (2014). A "change-resistance" account of children's difficulties understanding mathematical equivalence. *Child Development Perspectives, 8,* 42–47.

McQuade, J. D., Murray-Close, D., Shoulberg, E. K., & Hoza, B. (2013). Working memory and social functioning in children. *Journal of Experimental Child Psychology, 115,* 422–435.

Meaney, M. J. (2010). Epigenetics and the biological definition of gene x environment interactions. *Child Development, 81,* 41–79.

Medland, S. E., Duffy, D. L., Wright, M. J., Geffen, G. M., Hay, D. A., Levy, F., et al., (2009). Genetic influences on handedness: Data from 25,732 Australian and Dutch twin families. *Neuropsychologia, 47,* 330–337.

Medwell, J., & Wray, D. (2014). Handwriting automaticity: The search for performance thresholds. *Language and Education, 28,* 34–51.

Meeker, J. D., & Benedict, M. D. (2013). Infertility, pregnancy loss and adverse birth outcomes in relation to maternal secondhand tobacco smoke exposure. *Current Women's Health Reviews, 9,* 41–49.

Meeus, W., van de Schoot, R., Keijsers, L., Schwartz, S. J., & Branje, S. (2010). On the progression and stability of adolescent identity formation: A five-wave longitudinal study in early-to-middle and middle-to-late adolescence. *Child Development, 81,* 1565–1581.

Mehta, C. M., & Strough, J. (2009). Sex segregation in friendships and normative contexts across the life span. *Developmental Review, 29,* 201–220.

Melby, J. N., Conger, R. D., Fang, S., Wickrama, K. A. S., & Conger, K. J. (2008). Adolescent family experiences and educational attainment during early adulthood. *Developmental Psychology, 44,* 1519–1536.

Melby-Lervåg, M., Lyster, S. H., & Hulme, C. (2012). Phonological skills and their role in learning to read: A meta-analytic review. *Psychological Bulletin, 138,* 322–352.

Melson, G. F. (2003). Child development and the human-companion animal bond. *American Behavioral Scientist, 47,* 31–39.

Melson, G. F. (2010). Play between children and domestic animals. In E. Enwokah, (Ed.), *Play as engagement and communication* (pp. 23–39). Lanham, MD: University Press of America.

Mendle, J., & Ferrero, J. (2012). Detrimental psychological outcomes associated with pubertal timing in adolescent boys. *Developmental Review, 32,* 49–66.

Mendle, J., Turkheimer, E., & Emery, R. E. (2007). Detrimental psychological outcomes associated with early pubertal timing in adolescent girls. *Developmental Review, 27,* 151–171.

Mennella, J., & Beauchamp, G. K. (1997). The ontogeny of human flavor perception. In G. K. Beauchamp & L. Bartoshuk (Eds.), *Tasting and smelling: Handbook of perception and cognition.* San Diego, CA: Academic Press.

Mennella, J. A., Jagnow, C. P., & Beauchamp, G. K. (2001). Prenatal and postnatal flavor learning by human infants. *Pediatrics, 107,* e88.

Metcalfe, J. S., McDowell, K., Chang, T.-Y., Chen, L.-C., Jeka, J. J., & Clark, J. E. (2005). Development of somatosensory-motor integration: An event-related analysis of infant posture in the first year of independent walking. *Developmental Psychobiology, 46,* 19–35.

Metzger, A., Dawes, N., Mermelstein, R., & Wakschlag, L. (2011). Longitudinal modeling of adolescents' activity involvement, problem peer associations, and youth smoking. *Journal of Applied Developmental Psychology, 32,* 1–9.

Mezulis, A., Salk, R. H., Hyde, J. S., Priess-Groben, H. A., & Simonson, J. L., (2014). Affective, biological, and cognitive predictors of depressive symptom trajectories in adolescence. *Journal of Abnormal Child Psychology, 42,* 539–550.

Miceli, P. J., Whitman, T. L., Borkowsky, J. G., Braungart-Riekder, J., & Mitchell, D. W. (1998). Individual differences in infant information processing: The role of temperament and maternal factors. *Infant Behavior & Development, 21,* 119–136.

Midgette, E., Haria, P., & MacArthur, C. (2008). The effects of content and audience awareness goals for revision on the persuasive essays of fifth- and eight-grade students. *Reading & Writing, 21,* 131–151.

Miga, E. M., Gdula, J. A., & Allen, J. P. (2012). Fighting fair: Adaptive marital conflict strategies as predictors of future adolescent peer and romantic relationship quality. *Social Development, 21,* 443–460.

Milberger, S., Biederman, J., Faraone, S. V., Guite, J., & Tsuang, M. T. (1997). Pregnancy, delivery and infancy complications, and attention deficit hyperactivity disorder: Issues of gene-environment interaction. *Biological Psychiatry, 41,* 65–75.

Miles, S. B., & Stipek, D. (2006). Contemporaneous and longitudinal associations between social behavior and literacy achievement in a sample of low-income elementary school children. *Child Development, 77,* 103–117.

Miller v. Alabama, 132 S. Ct. 2455 (2012).

Miller, S. A. (2009). Children's understanding of second-order mental states. *Psychological Bulletin, 135,* 749–773.

Miller, P. H. (2011). Piaget's theory: Past, present, and future. In U. Goswami (Ed.), *The Wiley-Blackwell handbook of childhood cognitive development* (2nd ed., pp. 649–672). West Sussex, UK: Wiley-Blackwell.

Miller, J. G., & Bersoff, D. M. (1992). Culture and moral judgment: How are conflicts between justice and interpersonal responsibilities resolved? *Journal of Personality & Social Psychology, 62,* 541–554.

Miller, G. E., & Chen, E. (2010). Harsh family climate in early life presages the emergence of proinflammatory phenotype in adolescence. *Psychological Science, 21,* 848–856.

Miller, P. M., Danaher, D. L., & Forbes, D. (1986). Sex-related strategies of coping with interpersonal conflict in children aged five to seven. *Developmental Psychology, 22,* 543–548.

Miller, D. I., & Halpern, D. F. (2014). The new science of cognitive sex differences. *Trends in Cognitive Sciences, 18,* 37–45.

Miller, T. W., Nigg, J. T., & Miller, R. L. (2009). Attention deficit hyperactivity disorder in African American children: What can be learned from the past ten years? *Clinical Psychology Review, 29,* 77–86.

Miller, K. F., Smith, C. M., Zhu, J., & Zhang, H. (1995). Preschool origins of cross-national differences in mathematical competence: The role of number-naming systems. *Psychological Science, 6,* 56–60.

Mills, C. M., & Keil, F. C. (2005). The development of cynicism. *Psychological Science, 16,* 385–390.

Mills-Koonce, W. R., Appleyard, K., Barnett, M., Deng, M., Putallaz, M., & Cox, M. (2011). Adult attachment style and stress as risk factors for early maternal sensitivity and negativity. *Infant Mental Health Journal, 32,* 277–285.

Milunsky, A. (2002). *Your genetic destiny: Know your genes, secure your health, and save your life.* Cambridge, MA: Perseus Publishing.

Minkler, M., & Fuller-Thomson, E. (2005). African American grandparents raising grandchildren: A national study using the Census 2000 American Community Survey. *Journals of Gerontology: Psychological Sciences & Social Sciences, 60B,* S82–S92.

Mischel, W. (1970). Sex-typing and socialization. In P. H. Mussen (Ed.), *Carmichael's manual of child psychology* (Vol. 2). New York, NY: Wiley.

Mischel, W., & Ayduk, O. (2004). Willpower in a cognitive-affective processing system: The dynamics of delay of gratification. In R. F. Baumeister & K. D. Vohs (Eds.), *Handbook of self-regulation* (pp. 99–129). New York, NY: Guilford.

Mischel, W., Ayduk, O., Berman, M. G., Casey, B. J., Gotlib, I. H., Jonides J., et al. (2011). "Willpower" over the life span: decomposing self-regulation. *Social Cognitive and Affective Neuroscience, 6,* 252–256.

Mischel, W., & Ebbesen, E. (1970). Attention in delay of gratification. *Journal of Personality & Social Psychology, 16,* 329–337.

Mix, K. S., Huttenlocher, J., & Levine, S. C. (2002). Multiple cues for quantification in infancy: Is number one of them? *Psychological Bulletin, 128,* 278–294.

Mize, J., & Ladd, G. W. (1990). A cognitive social-learning approach to social skill training with low-status preschool children. *Developmental Psychology, 26,* 388–397.

Mize, J., & Pettit, G. S. (1997). Mothers' social coaching, mother–child relationship style, and children's peer competence: Is the medium the message? *Child Development, 68,* 312–332.

Mize, J., Pettit, G. S., & Brown, E. G. (1995). Mothers' supervision of their children's peer play: Relations with beliefs, perceptions, and knowledge. *Developmental Psychology, 31,* 311–321.

Moerk, E. L. (2000). *The guided acquisition of first language skills.* Westport, CT: Ablex.

Moffitt, T. E. (2005). The new look of behavioral genetics in developmental psychopathology: Gene-environment interplay in antisocial behaviors. *Psychological Bulletin, 131,* 533–554.

Moffitt, T. E., Arseneault, L., Belsky, D., Dickson, N., Hancox, R. J., Harrington, H., et al. (2011). A gradient of childhood self-control predicts health, wealth, and public safety. *Proceedings of the National Academy of Sciences, 108,* 2693–2698.

Moffitt, T. E., Poulton, R., & Caspi, A. (2013). Lifelong impact of early self-control: Childhood self-discipline predicts adult quality of life. *American Scientist, 101,* 352–359.

Molfese, D. L., & Burger-Judisch, L. M. (1991). Dynamic temporal-spatial allocation of resources in the human brain: An alternative to the static view of hemisphere differences. In F. L. Ketterle (Ed.), *Cerebral laterality: Theory and research. The Toledo symposium.* Hillsdale, NJ: Erlbaum.

Molina, B. S. G., Hinshaw, S. P., Swanson, J. M., Arnold, L. E., Vitiello, B., Jensen, P. S., et al. (2009). The MTA at 8 years: Prospective follow-up of children treated for combined-type ADHD in a multisite study. *Journal of the American Academy of Child & Adolescent Psychiatry, 48,* 484–500.

Molloy, L. E., Gest, S. D., & Rulison, K. L. (2011). Peer influences on academic motivation: Exploring multiple methods of assessing youths' most "influential" peer relationships. *Journal of Early Adolescence, 31,* 13–40.

Monahan, K. C., Lee, J. M., & Steinberg, L. (2011). Revisiting the impact of part-time work on adolescent adjustment: Distinguishing between selection and socialization using propensity score matching. *Child Development, 82,* 96–112.

Monahan, K. C., Steinberg, L., & Cauffman, E. (2013). Age differences in the impact of employment on antisocial behavior. *Child Development, 84,* 791–801.

Mondloch, C. J., Lewis, T. L., Budreau, D. R., Maurer, D., Dannemiller, J. L., Stephens, B. R., et al. (1999). Face perception during early infancy. *Psychological Science, 10,* 419–422.

Monk, C., Fifer, W. P., Myers, M. M., Sloan, R. P., Trien, L., & Hurtando, A. (2000). Maternal stress responses and anxiety during pregnancy: Effects on fetal heart rate. *Developmental Psychology, 36,* 67–77.

Monk, C., Georgieff, M. K., & Osterholm, E. A. (2013). Research review: Maternal prenatal distress and poor nutrition—mutually influencing risk factors affecting infant neurocognitive development. *Journal of Child Psychology and Psychiatry, 54,* 115–130.

Monk, C., Spicer, J., & Champagne, F. A. (2012). Linking prenatal adversity to developmental outcomes in infants: The role of epigenetic pathways. *Development and Psychopathology, 24,* 1361–1376.

Montague, D. P., & Walker-Andrews, A. S. (2001). Peekaboo: A new look at infants' perception of emotion expressions. *Developmental Psychology, 37,* 826–838.

Moore, C. F. (2003). *Silent scourge: Children, pollution, and why scientists disagree.* New York, NY: Oxford University Press.

Moore, K. L., Persaud, T. V. N., & Torchia, M. G. (2012). *Before we are born: Essentials of embryology and birth defects* (8th ed.). Philadelphia: W. B. Saunders.

Moreno, A. J., Klute, M. M., & Robinson, J. L. (2008). Relational and individual resources as predictors of empathy in early childhood. *Social Development, 17,* 613–637.

Morgan, B., & Gibson, K. R. (1991). Nutritional and environmental interactions in brain development. In K. R. Gibson & A. C. Peterson (Eds.), *Brain maturation and cognitive development: Comparative and cross-cultural perspectives* (pp. 91–106). New York, NY: Aldine de Gruyter.

Morgan, P. L., Staff, J., Hillemeier, M. M., Farkas, G., & Maczuga, S. (2013). Racial and ethnic disparities in ADHD diagnosis from kindergarten to eighth grade. *Pediatrics, 132,* 85–93.

Morgane, P. J., Austin-LaFrance, R., Bronzino, J. D., Tonkiss, J., Diaz-Cintra, S., et al. (1993). Prenatal malnutrition and development of the brain. *Neuroscience & Biobehavioral Reviews, 17,* 91–128.

Morrissey, T. W. (2009). Multiple child-care arrangements and young children's behavioral outcomes. *Child Development, 80,* 59–76.

Morrongiello, B. A., Klemencic, N., & Corbett, M. (2008). Interactions between child behavior patterns and parent supervision: Implications for children's risk of unintentional injury. *Child Development, 79,* 627–638.

Morrongiello, B. A., & Schell, S. L. (2010). Child injury: The role of supervision. *American Journal of Lifestyle Medicine, 4,* 65–74.

Morrow, J. R., Martin, S. B., Welk, G. J., Zhu, W., & Meredith, M. D. (2010). Overview of the Texas Youth Fitness Study. *Research Quarterly for Exercise and Sport, 81,* S1–S5.

Mortimer, J. T., & Staff, J. (2004). Early work as a source of developmental discontinuity during the transition to adulthood. *Development & Psychopathology, 16,* 1047–1070.

Morton, J., & Johnson, M. H. (1991). CONSPEC and CONLERN: A two-process theory of infant face recognition. *Psychological Review, 98,* 164–181.

Moses, L. J., Baldwin, D. A., Rosicky, J. G., & Tidball, G. (2001). Evidence for referential understanding in the emotions domain at twelve and eighteen months. *Child Development, 72,* 718–735.

Mounts, N. S. (2011). Parental management of peer relationships and early adolescents' social skills. *Journal of Youth and Adolescence, 40,* 416–427.

The MTA Cooperative Group. (1999). Moderators and mediators of treatment response for children with attention-deficit/hyperactivity disorder. *Archives of General Psychiatry, 56,* 1088–1096.

Mueller, M. M., & Elder, G. H. (2003). Family contingencies across the generations: Grandparents–grandchild relationships in holistic perspective. *Journal of Marriage & the Family, 65,* 404–417.

Murphy, K. R., Barkley, R. A., & Bush, T. (2002). Young adults with attention deficit hyperactivity disorder: Subtype differences in comorbidity, educational, and clinical history. *Journal of Nervous & Mental Disease, 190,* 147–157.

Murphy, N., & Messer, D. (2000). Differential benefits from scaffolding and children working alone. *Educational Psychology, 20,* 17–31.

Murray, V. M., Berkely, C., Gaylord-Harden, N. K., Copeland-Linder, N., & Nation, M. (2011). Neighborhood poverty and adolescent development. *Journal of Research on Adolescence, 21,* 114–128.

Murray-Close, D., Hoza, B., Hinshaw, S. P., Arnold, L. E., Swanson, J., Jensen, P. S., et al. (2010). Developmental processes in peer problems of children with attention-deficit/hyperactivity disorder in the Multimodal Treatment Study of Children with ADHD: Developmental cascades and vicious cycles. *Development & Psychopathology, 22,* 785–802.

Mustanski, B. S., Viken, R. J., Kaprio, J., Pulkkinen, L., & Rose, R. J. (2004). Genetic and environmental influences on pubertal development: Longitudinal data from Finnish twins at ages 11 and 14. *Developmental Psychology, 40,* 1188–1198.

Mustonen, U., Huurre, T., Kiviruusu, O., Haukkala, A., & Aro, H. (2011). Long-term impact of parental divorce on intimate relationship quality in adulthood and the mediating role of psychosocial resources. *Journal of Family Psychology, 25,* 615–619.

Muter, V., Hulme, C., Snowling, M. J., & Stevenson, J. (2004). Phonemes, rimes, vocabulary, and grammatical skills as foundations of early reading development: Evidence from a longitudinal study. *Developmental Psychology, 40,* 663–681.

Nadig, A. S., & Sedivy, J. C. (2002). Evidence of perspective-taking constraints in children's online reference resolution. *Psychological Science, 13,* 329–336.

Nahar, B., Hossain, M. I., Hamadani, J. D., Ahmed, T., Huda, S. N., Grantham-McGregor, S. M., et al. (2012). Effects of a community-based approach of food and psychosocial stimulation on growth and development of severely malnourished children in Bangladesh: a randomised trial. *European Journal of Clinical Nutrition, 66,* 701–709.

Naigles, L. G., & Gelman, S. A. (1995). Overextensions in comprehension and production revisited: Preferential-looking in a study of dog, cat, and cow. *Journal of Child Language, 22,* 19–46.

Nancekivell, S. E., Van de Vondervoort, J., & Friedman, O. (2013). Young children's understanding of ownership. *Child Development Perspectives, 7,* 243–247.

Nánez, J., Sr., & Yonas, A. (1994). Effects of luminance and texture motion on infants' defensive reactions to optical collision. *Infant Behavior & Development, 17,* 165–174.

Nangle, D. W., Erdley, C. A., Zeff, K. R., Staunchfield, L. L., & Gold, J. A. (2004). Opposites do not attract: Social status and behavioral-style concordances and discordances among children and peers who like or dislike them. *Journal of Abnormal Child Psychology, 32,* 425–434.

Narayan, A. J., Englund, M. M., & Egeland, B. (2013). Developmental timing and continuity of exposure to interparental violence and externalizing behavior as prospective predictors of dating violence. *Development and Psychopathology, 25,* 973–990.

Nation, K., Adams, J. W., Bowyer-Crane, C. A., & Snowling, M. J. (1999). Working memory deficits in poor comprehenders reflect underlying language impairments. *Journal of Experimental Child Psychology, 73,* 139–158.

Nation, K., Cocksey, J., Taylor, J. S. H., & Bishop, D. V. M. (2010). A longitudinal investigation of early reading and language skills in children with poor reading comprehension. *Journal of Child Psychology and Psychiatry, 51,* 1031–1039.

National Association for Sport and Physical Education. (2004). *Appropriate practices for high school physical education.* Reston, VA: Author.

National Cancer Institute. (2006). *DES: Questions and answers.* Washington DC: Author.

National Institute of Neurological Disorders and Stroke. (2013). *Spina bifida fact sheet.* NIH Publication No. 13–309. Author: Bethesda, MD.

National Science Foundation. (2008). *Science and engineering indicators 2008.* Retrieved April 10, 2013, from http://www.nsf.gov/statistics/seind08.

Neblett, E. W., Rivas-Drake, D., & Umaña-Taylor, A. J. (2012). The promise of racial and ethnic protective factors in promoting ethnic minority youth development. *Child Development Perspectives, 6,* 295–303.

Neiss, M., B., Sedikides, C., & Stevenson, J. (2006). Genetic influences on level and stability of self-esteem. *Self and Identity, 5,* 247–266.

Nelson, K. (1973). Structure and strategy in learning to talk. *Monographs of the Society for Research in Child Development, 38* (Serial No. 149).

Nelson, E. L., Campbell, J. M., & Michel, G. F. (2013). Unimanual to bimanual: Tracking the development of handedness from 6 to 24 months. *Infant Behavior and Development, 36,* 181–188.

Nelson, K., & Fivush, R. (2004). The emergence of autobiographical memory: A social cultural developmental theory. *Psychological Review, 111,* 486–511.

Nelson, I. A., & Gastic, B. (2009). Street ball, swim team and the sour cream machine: A cluster analysis of out of school time participation portfolios. *Journal of Youth & Adolescence, 38,* 1172–1186.

Nelson, E. A. S., Schiefenhoevel, W., & Haimerl, F. (2000). Child care practices in nonindustrialized societies. *Pediatrics, 105,* e75.

Nesdale, D. (2001). The development of prejudice in children. In M. A. Augoustinos & K. J. Reynolds (Eds.), *Understanding prejudice, racism, and social conflict* (pp. 57–73). London, UK: Sage.

Nevid, J. S., Rathus, S. A., & Greene, B. (2003). *Abnormal psychology in a changing world* (5th ed.). Upper Saddle River, NJ: Prentice-Hall.

Neville, H. J., Stevens, C., Pakulak, E., Bell, T. A., Fanning, J., Klein, S., et al. (2013). Family-based training program improves brain function, cognition, and behavior in lower socioeconomic status preschoolers. *PNAS, 110,* 12138–12143.

Newcomb, A. F., & Bagwell, C. L. (1995). Children's friendship relations: A meta-analytic review. *Psychological Bulletin, 117,* 306–347.

Newcombe, N. S. (2002). The nativist-empiricist controversy in the context of recent research on spatial and quantitative development. *Psychological Science, 13,* 395–401.

Newcombe, N. (2013). Cognitive development: changing views of cognitive change. *WIREs Cognitive Science, 4,* 479–491.

Newman, G. E., & Keil, F. C. (2008). Where is the essence? Developmental shifts in children's beliefs about internal features. *Child Development, 79,* 1344–1356.

Newman, R., Ratner, N. B., Jusczyk, A. M., Jusczyk, P. W., & Dow, K. A. (2006). Infants' early ability to segment the conversational speech signal predicts later language development: A retrospective analysis. *Developmental Psychology, 42,* 643–655.

Newport, E. L. (1991). Contrasting conceptions of the critical period for language. In S. Carey & R. Gelman (Eds.), *The epigenesis of mind: Essays on biology and cognition* (pp. 111–130). Hillsdale, NJ: Erlbaum.

Ngon, C., Martin, A., Dupoux, E., Cabrol, D., Dutat, M., & Peperkamp, S. (2013). (Non)words, (non)words, (non)words: Evidence for a protolexicon during the first year of life. *Developmental Science, 16,* 24–34.

Ni, Y., Chiu, M. M., & Cheng, Z-J. (2010). Chinese children learning mathematics: From home to school. In M. H. Bond (Ed.), *Oxford handbook of Chinese psychology* (pp. 143–154). New York, NY: Oxford University Press.

NICHD. (2004). *The NICHD community connection.* Washington DC: Author.

NICHD Early Child Care Research Network. (1997). The effects of infant child care on infant–mother attachment security: Results of the NICHD Study of Early Child Care. *Child Development, 68,* 860–879.

NICHD Early Child Care Research Network. (2001). Child-care and family predictors of preschool attachment and stability from infancy. *Developmental Psychology, 37,* 847–862.

Nilsen, P. (2007). The how and why of community-based injury prevention: A conceptual and evaluation model. *Safety Science, 45,* 501–521.

Nilsen, E. S., & Graham, S. A. (2012). The development of preschoolers' appreciation of communicative ambiguity. *Child Development, 83,* 1400–1415.

Nisbett, R. E., Aronson, J., Clair, C., Dickens, W., Flynn, J., Halpern, D. F., et al. (2012). Intelligence: New findings and theoretical developments. *American Psychologist, 67,* 130–159.

Nishida, T. K., & Lillard, A. S. (2007). The informative value of emotional expressions: "Social referencing" in mother–child pretense. *Developmental Science, 10,* 205–212.

Nishina, A., & Juvonen, J. (2005). Daily reports of witnessing and experiencing peer harassment in middle school. *Child Development, 76,* 435–450.

Nordine, J., Krajcik, J., & Fortus, D. (2011). Transforming energy instruction in middle school to support integrated understanding and future learning. *Science Education, 95,* 670–699.

Norlander, T., Erixon, A., & Archer, T. (2000). Psychological androgyny and creativity: Dynamics of gender-role and personality trait. *Social Behavior & Personality, 28,* 423–435.

Notaro, P. C., Gelman, S. A., & Zimmerman, M. A. (2001). Children's understanding of psychogenic bodily reactions. *Child Development, 72,* 444–459.

Novin, S., Rieffe, C., Banerjee, R., Miers, A. C., & Cheung, J. (2011). Anger response styles in Chinese and Dutch children: A sociocultural perspective on anger regulation. *British Journal of Developmental Psychology, 29,* 806–822.

Nucci, L., & Gingo, M. (2011). The development of moral reasoning. In U. Goswami (Ed.), *The Wiley-Blackwell handbook of childhood cognitive development* (2nd ed., pp. 420–445). West Sussex, UK: Wiley.

Nucci, L., & Weber, E. (1995). Social interactions in the home and the development of young children's conception of the personal. *Child Development, 66,* 1438–1452.

Nunes, T., Bryant, P., & Barros, R. (2012). The development of word recognition and its significance for comprehension and fluency. *Journal of Educational Psychology, 104,* 959–973.

Nurmsoo, E., & Bloom, P. (2008). Preschoolers' perspective taking in word learning: Do they blindly follow eye gaze? *Psychological Science, 19,* 211–215.

Nyaradi, A., Li, J., Hickling, S., Foster, J., & Oddy, W. H. (2013). The role of nutrition in children's neurocognitive development, from pregnancy through childhood. *Frontiers in Human Neuroscience, 7,* Article 97.

Oakhill, J. V., & Cain, K. (2012). The precursors of reading ability in young readers: Evidence from a four-year longitudinal study. *Scientific Studies of Reading, 16,* 91–121.

Oaten, M., Stevenson, R. J., & Case, T. I. (2009). Disgust as a disease-avoidance mechanism. *Psychological Bulletin, 135,* 303–321.

Oates, C., Blades, M., & Gunter, B. (2002). Children and television advertising: When do they understand persuasive intent? *Journal of Consumer Behavior, 1,* 238–245.

Oberlander, S. E., Black, M. M., & Starr, R. H., Jr. (2007). African American adolescent mothers and grandmothers: A multigenerational approach to parenting. *American Journal of Community Psychology, 39,* 37–46.

O'Brien, T. (2013). Gene therapy for Type 1 diabetes moves a step closer to reality. *Diabetes, 62,* 1396–1397.

O'Connor, T., Heron, J., Golding, J., Beveridge, M., & Glover, V. (2002). Maternal antenatal anxiety and children's behavioral/emotional problems at 4 years. *British Journal of Psychiatry, 180,* 502–508.

O'Connor, S., & Jose, P. E. (2012). A propensity score matching study of participation in community activities: A path to positive outcomes for youth in New Zealand? *Developmental Psychology, 48,* 1563–1569.

Odgers, C. L., Moffitt, T. E., Tach, L. M., Sampson, R. J., Taylor, A., Matthews, C. L., et al. (2009). The protective effects of neighborhood collective efficacy on British children growing up in deprivation: A developmental analysis. *Developmental Psychology, 45,* 942–957.

O'Doherty, K., Troseth, G. L., Shimpi, P. M., Goldenberg, E., Akhtar, N., & Saylor, M. M. (2011). Third-party social interaction and word learning from video. *Child Development, 82,* 902–915.

OECD. (2006). *Starting strong II: Early childhood education and care.* Paris: OECD Publishing.

Offer, D., Ostrov, E., Howard, K. I., & Atkinson, R. (1988). *The teenage world: Adolescents' self-image in ten countries.* New York, NY: Plenum.

O'Hara, M. W. (2009). Postpartum depression: What we know. *Journal of Clinical Psychology, 65,* 1258–1269.

O'Hara, R. E., Gibbons, F. X., Gerrard, M., Li, Z., & Sargent, J. D. (2012). Greater exposure to sexual content in popular movies predicts earlier sexual debut and increased sexual risk taking. *Psychological Science, 23,* 984–993.

O'Hara, M. W., & McCabe, J. E. (2013). Postpartum depression: Current status and future directions. *Annual Review of Clinical Psychology, 9,* 379–407.

Ojanen, T., & Perry, D. G. (2007). Relational schemas and the developing self: Perceptions of mother and of self as joint predictors of early adolescents' self-esteem. *Developmental Psychology, 43,* 1474–1483.

Okagaki, L., & Frensch, P. A. (1994). Effects of video game playing on measures of spatial performance: Gender effects in late adolescence. *Journal of Applied Developmental Psychology, 15,* 33–58.

Okami, P., Weisner, T., & Olmstead, R. (2002). Outcome correlates of parent–child bedsharing: An eighteen-year longitudinal study. *Developmental & Behavioral Pediatrics, 23,* 244–253.

Oliner, S. P., & Oliner, P. M. (1988). *The altruistic personality: Rescuers of Jews in Nazi Europe.* New York, NY: Free Press.

Olinghouse, N. G. (2008). Student- and instruction-level predictors of narrative writing in third-grade students. *Reading & Writing, 21,* 3–26.

Olson, S. L., Lopez-Duran, N., Lunkenheimer, E. S., Chang, H., & Sameroff, A. J. (2011). Individual differences in the development of early peer aggression: Integrating contributions of self-regulation, theory of mind, and parenting. *Development and Psychopathology, 23,* 253–266.

Olson, S. L., Sameroff, A. J., Kerr, D. C. R., Lopez, N. L., & Wellman, H. M. (2005). Developmental foundations of externalizing problems in young children: The role of effortful control. *Development & Psychopathology, 17,* 25–45.

Olweus, D., Mattson, A., Schalling, D., & Low, H. (1988). Circulating testosterone levels and aggression in adolescent males: A causal analysis. *Psychosomatic Medicine, 50,* 261–272.

O'Neill, D. K. (1996). Two-year-old children's sensitivity to a parent's knowledge state when making requests. *Child Development, 67,* 659–677.

Online Mendelian Inheritance in Man. (2013). Nathans Institute of Genetic Medicine, Johns Hopkins University (Baltimore, MD). Retrieved from http://omim.org/ on September 22, 2013.

Opfer, J. E., & Gelman, S. A. (2011). Development of the animate-inanimate distinction. In U. Goswami (Ed.), *The Wiley-Blackwell handbook of childhood cognitive development* (2nd ed., pp. 213–238). West Sussex, UK: Wiley-Blackwell.

Opfer, J. E., & Siegler, R. S. (2004). Revisiting preschoolers' living things concept: A microgenetic analysis of conceptual change in basic biology. *Cognitive Psychology, 49,* 301–332.

Opfer, J. E., & Siegler, R. S. (2007). Representational change and children's numerical estimation. *Cognitive Psychology, 55,* 169–195.

Opfer, J. E., & Siegler, R. S. (2012). Development of quantitative thinking. In K. Holyoak & R. Morrison (Eds.), *Oxford handbook of thinking and reasoning* (pp. 585–605). New York, NY: Oxford University Press.

Oppliger, P. A. (2007). Effects of gender stereotyping on socialization. In R. W. Preiss, B. M. Gayle, N. Burrell, M. Allen, & J. Bryant (Eds.), *Mass media effects research: Advances through meta-analysis* (pp. 199–214). Mahwah, NJ: Erlbaum.

Organisation for Economic Co-operation and Development. (2010). *PISA 2009 assessment framework—Key competencies in reading, mathematics and science.* Paris: Author.

Oriña, M. M., Collins, W. A., Simpson, J. A., Salvatore, J. E., Haydon, K. C., & Kim, J. S. (2011). Developmental and dyadic perspectives on commitment in adult romantic relationships. *Psychological Science, 22,* 908–915.

Ornstein, P. A., Coffman, J., Grammer, J., San Souci, P., & McCall, L. (2010). Linking the classroom context and the development of children's memory skills. In J. L. Meece & J. S. Eccles (Eds.), *Handbook of research on schools, schooling, and human development* (pp. 42–59). New York, NY: Routledge.

Orth, U., Robins, R. W., Widaman, K. F., & Conger, R. D. (2014). Is low self-esteem a risk factor for depression? Findings from a longitudinal study of Mexican-origin youth. *Developmental Psychology, 50,* 622–633.

Ostrov, J. M., & Godleski, S. A. (2010). Toward an integrated gender-linked model of aggression subtypes in early and middle childhood. *Psychological Review, 117,* 233–242.

Oswald, F. L., & Hough, L. (2012). I-O 2.0 from Intelligence 1.5: Staying (just) behind the cutting edge of intelligence theories. *Industrial and Organizational Psychology: Perspectives on Science and Practice, 5,* 172–175.

Oude Luttikhuis, H., Baur, L., Jansen, H., Shrewsbury, V. A., O'Malley, C., Stolk, R .P., et al. (2009). Interventions for treating obesity in children. *Cochrane Database of Systematic Reviews, 3,* 1–57.

Ouellet-Morin, I., Wong, C. C. Y., Danese, A., Pariante, C. M., Papdopoulous, A. S., Mill, J. et al. (2013). Increased serotonin transport gene (SERT) DNA methylation is associated with bullying victimization and blunted cortisol response to stress in childhood: A longitudinal study of discordant monozygotic twins. *Psychological Medicine, 43,* 1813–1823.

Over, H., & Carpenter, M. (2009). Eighteen-month-old infants show increased helping following priming with affiliation. *Psychological Science, 20,* 1189–1193.

Owen, L., Hang, H., Lewis, C., & Auty, S. (2012). Children's processing of embedded brand messages: Product placement and the role of conceptual fluency. In L. J. Shrum (Ed.), *The psychology of entertainment media: Blurring the lines between entertainment and persuasion* (2nd ed., pp. 65–92). New York, NY: Taylor & Francis.

Ozturk, O., Shayan, S., Liszkowski, U., & Majid, A. (2013). Language is not necessary for color categories. *Developmental Science, 16,* 111–115.

Pahlke, E., Bigler, R. S., & Martin, C. L. (2014). Can fostering children's ability to challenge sexism improve critical analysis, internalization, and enactment of inclusive, egalitarian peer relationships? *Journal of Social Issues, 70,* 115–133.

Palmer, S. B., Fais, L., Golinkoff, R. M., & Werker, J. F. (2012). Perceptual narrowing of linguistic sign occurs in the 1st year of life. *Child Development, 83,* 543–553.

Parault, S. J., & Schwanenflugel, P. J. (2000). The development of conceptual categories of attention during the elementary school years. *Journal of Experimental Child Psychology, 75,* 245–262.

Parcel, G. S., Simons-Morton, B. G., O'Hara, N. M., Baranowksi, T., Kilbe, L. J., & Bee, D. E. (1989). School promotion of healthful diet and exercise behavior: An integration of organizational change and social learning theory interventions. *Journal of School Health, 57,* 150–156.

Park, G., Lubinski, D., & Benbow, C. P. (2008). Ability differences among people who have commensurate degrees matter for scientific creativity. *Psychological Science, 19,* 957–961.

Parke, R. D. (2004). The Society for Research in Child Development at 70: Progress and promise. *Child Development, 75,* 1–24.

Parke, R. D., & Buriel, R. (1998). Socialization in the family: Ethnic and ecological perspectives. In W. Damon (Ed.), *Handbook of child psychology* (Vol. 3). New York, NY: Wiley.

Parker, J. G., Low, C. M., Walker, A. R., & Gamm, B. K. (2005). Friendship jealousy in young adolescents: Individual differences and links to sex, self-esteem, aggression, and social adjustment. *Developmental Psychology, 41,* 235–250.

Parke, R. D., & O'Neil, R. (2000). The influence of significant others on learning about relationships: From family to friends. In R. S. L. Mills & S. Duck (Eds.), *The developmental psychology of personal relationships* (pp. 15–47). New York, NY: Wiley.

Parker, J. G., & Seal, J. (1996). Forming, losing, renewing, and replacing friendships: Applying temporal parameters to the assessment of children's friendship experiences. *Child Development, 67,* 2248–2268.

Parritz, R. H. (1996). A descriptive analysis of toddler coping in challenging circumstances. *Infant Behavior & Development, 19,* 171–180.

Partanen, E., Kujala, T., Naatanen, R., Liitola, A., Sambeth, A., & Houtilainen, M. (2013). Learning-induced neural plasticity of speech processing before birth. *PNAS, 110,* 15145–15150.

Parten, M. (1932). Social participation among preschool children. *Journal of Abnormal & Social Psychology, 27,* 243–269.

Pascalis, O., de Haan, M., & Nelson, C. A. (2002). Is face processing species-specific during the first year of life? *Science, 296,* 1321–1323.

Pascalis, O., Loevenbruck, H., Quinn, P., Kandel, S., Tanaka, J., & Lee, K. (2014). On the linkage between face processing, language processing, and narrowing during development. *Child Development Perspectives, 8,* 65–70.

Pascual, B., Aguardo, G., Sotillo, M., & Masdeu, J. C. (2008). Acquisition of mental state language in Spanish children: A longitudinal study of the relationship between the production of mental verbs and linguistic development. *Developmental Science, 11,* 454–466.

Pasterski, V. L., Geffner, M. E., Brain, C., Hindmarsh, P., Brook, C., & Hines, M. (2005). Prenatal hormones and postnatal socialization by parents as determinants of male-typical toy play in girls with congenital adrenal hyperplasia. *Child Development, 76,* 264–278.

Patchin, J. W. (2013). Cyberbullying among adolescents: Implications for empirical research. *Journal of Adolescent Health, 53,* 431–432.

Patel, S., Gaylord, S., & Fagen, J. (2013). Generalization of deferred imitation in 6-, 9-, and 12-month-old infants using visual and auditory contexts. *Infant Behavior and Development, 36,* 25–31.

Patterson, G. R. (1980). Mothers: The unacknowledged victims. *Monographs of the Society for Research in Child Development, 45* (Serial No. 186).

Patterson, C. J. (2006). Children of lesbian and gay parents. *Current Directions in Psychological Science, 15,* 241–244.

Patterson, G. R. (2008). A comparison of models for interstate wars and for individual violence. *Perspectives on Psychological Science, 3,* 203–223.

Patterson, M. M., & Bigler, R. S. (2006). Preschool children's attention to environmental messages about groups: Social categorization and the origins of intergroup bias. *Child Development, 77,* 847–860.

Pauletti, R. E., Menon, M., Menon, M., Tobin, D. D., & Perry, D. G. (2012). Narcissism and adjustment in preadolescence. *Child Development, 83,* 831–837.

Paulussen-Hoogeboom, M. C., Stams, G. J. J., Hermanns, J. M., & Peetsma, T. T. (2007). Child negative emotionality and parenting from infancy to preschool: A meta-analytic review. *Developmental Psychology, 43,* 438–453.

Paus, T. (2010). Growth of white matter in the adolescent brain: Myelin or axon? *Brain & Cognition, 72,* 26–35.

Peake, P. K., Hebl, M., & Mischel, W. (2002). Strategic attention deployment for delay gratification in working and waiting situations. *Developmental Psychology, 38,* 313–326.

Pears, K. C., Kim, H. K., Fisher, P. A., & Yoerger, K. (2013). Early school engagement and late elementary outcomes for maltreated children in foster care. *Developmental Psychology, 49,* 2201–2211.

Pearson, J., & Wilkinson, L. (2013). Family relationships and adolescent well-being: Are families equally protective for same-sex attracted youth? *Journal of Youth and Adolescence, 42,* 376–393.

Pederson, D. R., Gleason, K. E., Moran, G., & Bento, S. (1998). Maternal attachment representations, maternal sensitivity, and the infant–mother attachment relationship. *Developmental Psychology, 34,* 925–933.

Pellicano, E. (2013). Testing the predictive power of cognitive atypicalities in autistic children: Evidence from a 3-year follow-up study. *Autism Research, 6,* 258–267.

Pellis, S. M., & Pellis, V. C. (2007). Rough-and-tumble play and the development of the social brain. *Current Directions in Psychological Science, 16,* 95–98.

Peltola, M. J., Leppänen, J. M., Palokangas, T., & Hietanen, J. K. (2008). Fearful faces modulate looking duration and attention disengagement in 7-month-old infants. *Developmental Science, 11,* 60–68.

Perkins, D. F., Jacobs, J. E., Barber, B. L., & Eccles, J. S. (2004). Childhood and adolescent sports participation as predictors of participation in sports and physical fitness activities during young adulthood. *Youth & Society, 35,* 495–520.

Peterson, L. (1983). Role of donor competence, donor age, and peer presence on helping in an emergency. *Developmental Psychology, 19,* 873–880.

Petersen, J. L., & Hyde, J. S. (2013). Peer sexual harassment and disordered eating in early adolescence. *Developmental Psychology, 49,* 184–195.

Peterson, C., & Rideout, R. (1998). Memory for medical emergencies experienced by 1- and 2-year-olds. *Developmental Psychology, 34,* 1059–1072.

Peterson, C. C., Wellman, H. M., & Slaughter, V. (2012). The mind behind the message: Advancing theory-of-mind scales for typically developing children, and those with deafness, autism, or Aspberger syndrome. *Child Development, 83,* 469–485.

Petrass, L. A., & Blitvich, J. D. (2013). Unobtrusive observation of caregiver-child pairs at public pools and playgrounds: Implications for child unintentional injury risk. *International Journal of Aquatic Research and Education, 7,* 204–213.

Pettit, G. S., Bates, J. E., & Dodge, K. A. (1997). Supportive parenting, ecological context, and children's adjustment: A seven-year longitudinal study. *Child Development, 68,* 908–923.

Pettoni, A. N. (2011). Fetal alcohol effects. In S. Goldstein & J. A. Naglieri (Eds.), *Encyclopedia of child behavior and development* (pp. 649–650). New York, NY: Springer Science+Business Media.

Phinney, J. S. (2005). Ethnic identity development in minority adolescents. In C. B. Fisher & R. M. Lerner (Eds.), *Encyclopedia of applied developmental science* (Vol. 1, pp. 420–423). Thousand Oaks, CA: Sage.

Phipps, M. G., Rosengard, C., Weitzen, S., Meers, A., & Billinkoff, Z. (2008). Age group differences among pregnant adolescents: Sexual behavior, health habits, and contraceptive use. *Journal of Pediatric & Adolescent Gynecology, 21,* 9–15.

Piaget, J. (1929). *The child's conception of the world.* New York, NY: Harcourt, Brace.

Piaget, J., & Inhelder, B. (1956). *The child's conception of space.* Boston, MA: Routledge & Kegan Paul.

Pianta, R. C. (2007). Developmental science and education: The NICHD Study of Early Child Care and Youth Development findings from elementary school. In R. V. Kail (Ed.), *Advances in child development and behavior, Vol. 35* (pp. 254–296). Amsterdam: Elsevier.

Piasta, S. B., Justice, L. M., McGinty, A. S., & Kaderavek, J. N. (2012). Increasing young children's contact with print during shared reading: Longitudinal effects on literacy achievement. *Child Development, 83,* 810–820.

Piehler, T. F., & Dishion, T. J. (2007). Interpersonal dynamics within adolescent friendships: Dyadic mutuality, deviant talk, and patterns of antisocial behavior. *Child Development, 78,* 1611–1624.

Pina, A. A., Zerr, A. A., Gonzales, N. A., & Ortiz, C. D. (2009). Psychosocial interventions for school refusal behavior in children and adolescents. *Child Development Perspectives, 3,* 11–20.

Place, S., & Hoff, E. (2011). Properties of dual language exposure that influence 2-year-olds' bilingual proficiency. *Child Development, 82,* 1834–1849.

Plante, I., de la Sablonnière, R., Aronson, J. M., & Théorêt, M. (2013). Gender stereotype endorsement and achievement-related outcomes: The role of competence beliefs and task values. *Contemporary Educational Psychology, 38,* 225–235.

Plomin, R. (2013). Child development and molecular genetics: 14 years later. *Child Development, 84,* 104–120.

Plomin, R., Fulker, D. W., Corley, R., & DeFries, J. C. (1997). Nature, nurture, and cognitive development from 1 to 16 years: A parent-offspring adoption study. *Psychological Science, 8,* 442–447.

Plomin, R., & Petrill, S. A. (1997). Genetics and intelligence: What's new? *Intelligence, 24,* 53–77.

Plomin, R., & Spinath, F. (2004). Intelligence: Genes, genetics, and genomics. *Journal of Personality & Social Psychology, 86,* 112–129.

Poehlmann, J., Schwichtenberg, A. J., Bolt, D. M., Hane, A., Burnson, C., & Winters, J. (2011). Infant physiological regulation and maternal risks as predictors of dyadic interaction trajectories in families with a preterm infant. *Developmental Psychology, 47,* 91–105.

Pollett, T. V., Nettle, D., & Nelissen, M. (2007). Maternal grandmothers do go the extra mile: Factoring distance and lineage into differential contact with grandchildren. *Evolutionary Psychology, 5,* 832–843.

Polman, J. L. (2004). Dialogic activity structures for project-based learning environment. *Cognition & Instruction, 22,* 431–466.

Pomerantz, E. M., Ng, F. F., Cheung, C. S., & Qu, Y. (2014). Raising happy children who succeed in school: Lessons from China and the United States. *Child Development Perpsectives, 8,* 71–76.

Poole, D. A., & Bruck, M. (2012). Divining testimony? The impact of interviewing props on children's reports of touching. *Developmental Review, 32,* 165–180.

Poole, D. A., & Lindsay, D. S. (1995). Interviewing preschoolers: Effects of nonsuggestive techniques, parental coaching, and leading questions on reports of nonexperienced events. *Journal of Experimental Child Psychology, 60,* 129–154.

Popliger, M., Talwar, V., & Crossman, A. (2011). Predictors of children's prosocial lie-telling: Motivation, socialization variables, and moral understanding. *Journal of Experimental Child Psychology, 110,* 373–392.

Popp, D., Laursen, B., Kerr, M., Stattin, H., & Burk, W. K. (2008). Modeling homophily over time with an actor-partner interdependence model. *Developmental Psychology, 44*, 1028–1039.

Porter, R. H., & Winburg, J. (1999). Unique salience of maternal breast odors for newborn infants. *Neuroscience & Biobehavioral Reviews, 23*, 439–449.

Posner, M. I., & Rothbart, M. K. (2007). Research on attention networks as a model for the integration of psychological science. *Annual Review of Psychology, 58*, 1–23.

Posner, M. I., Rothbart, M. K., Sheese, B. E., & Voelker, P. (2012). Control networks and neuromodulators of early development. *Developmental Psychology, 48*, 827–835.

Poulin, F., & Boivin, M. (2000). The role of proactive and reactive aggression in the formation and development of boys' friendships. *Developmental Psychology, 36*, 233–240.

Poulin, F., & Chan, A. (2010). Friendship stability and change in childhood and adolescence. *Developmental Review, 30*, 257–272.

Poulin, F., & Pedersen, S. (2007). Developmental changes in gender composition of friendship networks in adolescent girls and boys. *Developmental Psychology, 43*, 1484–1496.

Poulson, C. L., Kymissis, E., Reeve, K. F., Andreatos, M., & Reeve, L. (1991). Generalized vocal imitation in infants. *Journal of Experimental Child Psychology, 51*, 267–279.

Powers, C. J., Bierman, K. L., & The Conduct Problems Prevention Research Group. (2013). The multifaceted impact of peer relations on aggressive-disruptive behavior in early elementary school. *Developmental Psychology, 49*, 1174–1186.

Pressley, M. (2002). *Reading instruction that works: The case for balanced teaching* (2nd ed). New York, NY : Guilford Press.

Pressley, M., & Hilden, K. (2006). Cognitive strategies. In D. Kuhn & R. S. Siegler (Eds.), *Handbook of child psychology* (6th ed., Vol. 2., pp. 511–556). Hoboken, NJ: Wiley.

Price, T. S., Grosser, T., Plomin, R., & Jaffee, S. R. (2010). Fetal genotype for the xenobiotic metabolizing enzyme NQO1 influences intrauterine growth among infants whose mothers smoked during pregnancy. *Child Development, 81*, 101–114.

Priel, B., & deSchonen, S. (1986). Self-recognition: A study of a population without mirrors. *Journal of Experimental Child Psychology, 41*, 237–250.

Principe, G. F., & Ceci, S. J. (2002). I saw it with my own ears: The effects of peer conversations on preschoolers' reports of nonexperienced events. *Journal of Experimental Child Psychology, 83*, 1–25.

Principe, G.F., & Schindewolf, E. (2012). Natural conversations as a source of false memories in children: Implications for the testimony of young witnesses. *Developmental Review, 32*, 205–223.

Prinstein, M. J., & Cillessen, A. H. N. (2003). Forms and functions of adolescent peer aggression associated with high levels of peer status. *Merrill Palmer Quarterly, 49*, 310–342.

Prinstein, M. J., & LaGreca, A. M. (2004). Childhood peer rejection and aggression as predictors of adolescent girls' externalizing and health risk behaviors: A 6-year longitudinal study. *Journal of Consulting & Clinical Psychology, 72*, 103–112.

Prot, S., Gentile, D. A., Anderson, C. A., Suzuki, K., Swing, E., Lim, K. M., et al. (2014). Long-term relations among prosocial-media use, empathy, and prosocial behavior. *Psychological Science, 25*, 358–368.

Protzko, J., Aronson, J., & Blair, C. (2013). How to make a young child smarter: Evidence from the Database of Raising Intelligence. *Perspectives on Psychological Science, 8*, 25–40.

Provins, K. A. (1997). Handedness and speech: a critical reappraisal of the role of genetic and environmental factors in the cerebral lateralization of function. *Psychological Review, 104*, 554–571.

Puhl, R. M., & Brownell, K. D. (2005). Bulimia nervosa. In C. B. Fisher & R. M. Lerner (Eds.), *Encyclopedia of applied developmental science* (Vol. 1, pp. 192–195). Thousand Oaks, CA: Sage.

Puhl, R. M., & Latner, J. D. (2007). Stigma, obesity, and the health of the nation's children. *Psychological Bulletin, 133*, 557–580.

Qin, L., Pomerantz, E. M., & Wang, Q. (2009). Are gains in decision-making autonomy during early adolescence beneficial for emotional functioning? The case of the United States and China. *Child Development, 80*, 1705–1721.

Quas, J. A., Goodman, G. S., Bidrose, S., Pipe, M., Craw, S., & Ablin, D. S. (1999). Emotion and memory: Children's long-term remembering, forgetting, and suggestibility. *Journal of Experimental Child Psychology, 71*, 235–270.

Quillian, L., & Campbell, M. E. (2003). Beyond black and white: The present and future of multiracial friendship segregation. *American Sociological Review, 68*, 540–566.

Quinn, P. H. (2004). Development of subordinate-level categorization in 3- to 7-month-old infants. *Child Development, 75*, 886–899.

Quinn, P. H. (2011). Born to categorize. In U. Goswami (Ed.), *The Wiley-Blackwell handbook of childhood cognitive development* (2nd ed., pp. 129–152). West Sussex, UK: Wiley-Blackwell.

Raabe, T., & Beelmann, A. (2011). Development of ethnic, racial, and national prejudice in childhood and adolescence: A multinational meta-analysis of age differences. *Child Development, 82*, 1715–1737.

Racz, S. J., & McMahon, R. J. (2011). The relationship between parental knowledge and monitoring and child and adolescent conduct problems: A 10-year update. *Clinical Child and Family Psychology Review, 14*, 377–398.

Raedeke, T. D., & Smith, A. L. (2004). Coping resources and athlete burnout: An examination of stress mediated and moderation hypotheses. *Journal of Sport & Exercise Psychology, 26*, 525–541.

Rakic, P. (1995). Corticogenesis in humans and nonhuman primates. In M. S. Gazzaniga (Ed.), *The cognitive neurosciences*. Cambridge, MA: MIT Press.

Rakison, D. H., & Hahn, E. R. (2004). The mechanisms of early categorization and induction: Smart or dumb infants? *Advances in Child Development & Behavior, 32*, 281–322.

Rakison, D. H., & Yermolayeva, Y. (2010). Infant categorization. *WIREs Cognitive Science, 1*, 894–905.

Rakoczy, H. (2008). Taking fiction seriously: Young children understand the normative structure of joint pretence games. *Developmental Psychology, 44*, 1195–1201.

Ralph, L. J., & Brindis, C. D. (2010). Access to reproductive healthcare for adolescents: Establishing healthy behaviors at a critical juncture in the lifecourse. *Current Opinion in Obstetrics & Gynecology, 22*, 369–374.

Raman, L., & Gelman, S. A. (2005). Children's understanding of the transmission of genetic disorders and contagious illnesses. *Developmental Psychology, 41*, 171–182.

Ramey, C. T., & Campbell, F. A. (1991). Poverty, early childhood education, and academic competence: The Abecedarian experiment. In A. Huston (Ed.), *Children reared in poverty*. New York, NY: Cambridge University Press.

Ramey, S. L., & Ramey, C. T. (2006). Early educational interventions: Principles of effective and sustained benefits from targeted early education programs. In S. B. Neuman & D. K. Dickinson (Eds.), *Handbook of early literacy research* (Vol. 2, pp. 445–459). New York, NY: Guilford.

Rancourt, D., Conway, C. C., Burk, W. J., & Prinstein, M. J. (2013). Gender composition of preadolescents' friendship groups moderates peers socialization of body change behaviors. *Health Psychology, 32*, 283–292.

Raskauskas, J., & Stoltz, A. D. (2007). Involvement in traditional and electronic bullying among adolescents. *Developmental Psychology, 43,* 564–575.

Rayner, K., Foorman, B. R., Perfetti, C. A., Pesetsky, D., & Seidenberg, M. S. (2001). How psychological science informs the teaching of reading. *Psychological Science in the Public Interest, 2,* 31–75.

Rayner, K., Foorman, B. R., Perfetti, C. A., Pesetsky, D., & Seidenberg, M. S. (2002). How should reading be taught? *Scientific American, 286,* 85–91.

Ready, D. D., & Wright, D. L. (2011). Accuracy and inaccuracy in teachers' perceptions of young children's cognitive abilities: The role of child background and classroom context. *American Educational Research Journal, 48,* 335–360.

Reese, E., & Cox, A. (1999). Quality of adult book reading affects children's emergent literacy. *Developmental Psychology, 35,* 20–28.

Reich, P. A. (1986). *Language development.* Englewood Cliffs, NJ: Prentice-Hall.

Reid, D. H., Wilson, P. G., & Faw, G. D. (1991). Teaching self-help skills. In J. L. Matson & J. A. Mulick (Eds.), *Handbook of mental retardation* (2nd ed.). New York, NY: Pergamon.

Reimer, M. S. (1996). "Sinking into the ground": The development and consequences of shame in adolescence. *Developmental Review, 16,* 321–363.

Repacholi, B. M. (1998). Infants' use of attentional cues to identify the referent of another person's emotional expression. *Developmental Psychology, 34,* 1017–1025.

Repacholi, B. M., & Meltzoff, A. N. (2007). Emotional eavesdropping: Infants selectively respond to indirect emotional signals. *Child Development, 78,* 503–521.

Repacholi, B. M., Meltzoff, A. N., & Olsen, B. (2008). Infants' understanding of the link between visual perception and emotion: "If she can't see me doing it, she won't get angry." *Developmental Psychology, 44,* 561–574.

Reynolds, A. J., & Robertson, D. L. (2003). School-based early intervention and later child maltreatment in the Chicago Longitudinal Study. *Child Development, 74,* 3–26.

Reynolds, A. J., Temple, J. A., White, B. A. B., Ou, S., & Robertson, D. L. (2011). Age 26 cost-benefit analysis of the child-parent center early education program. *Child Development, 82,* 379–404.

Rhoades, K. A. (2008). Children's responses to interparental conflict: A meta-analysis of their associations with child adjustment. *Child Development, 79,* 1942–1956.

Rhodes, M. (2013). How two intuitive theories shape the development of social categorization. *Child Development Perspectives, 7,* 12–16.

Ricciardelli, L. A., & McCabe, M. P. (2004). A biopsychosocial model of disordered eating and the pursuit of muscularity in adolescent boys. *Psychological Bulletin, 130,* 179–205.

Richland, L. E., & Burchinal, M. R. (2013). Early executive function predicts reasoning development. *Psychological Science, 24,* 87–92.

Richters, J. E., Arnold, L. E., Jensen, P. S., Abikoff, H., Conners, C. K., Greenhill, L. L., et al. (1995). NIMH collaborative multisite multimodal treatment study of children with ADHD: I. Background and rationale. *Journal of the American Academy of Child & Adolescent Psychiatry, 34,* 987–1000.

Rideout, V. (2013). *Zero to eight: Children's media use in America 2013.* San Francisco, CA: Common Sense Media.

Rideout, V., Foehr, U. G., & Roberts, D. F. (2010). *Generation M²: Media in the lives of 8-18 year olds.* Menlo Park, CA: Henry J. Kaiser Family Foundation.

Rindermann, H., & Thompson, J. (2013). Ability rise in NAEP and narrowing ethnic gaps? *Intelligence, 41,* 821–831.

Ritchie, S. J., & Bates, T. C. (2013). Enduring links from childhood mathematics and reading achievement to adult socioeconomic status. *Psychological Science, 24,* 1301–1308.

Rivas-Drake, D., Seaton, E. K., Markstrom, C., Quintana, S., Syed, M., Lee, R. M., et al. (2014). Ethnic and racial identity in adolescence: Implications for psychosocial, academic, and health outcomes. *Child Development, 85,* 40–57.

Roben, C. K. P., Cole, P. M., & Armstrong, L. M. (2013). Longitudinal relations among language skills, anger expression, and regulatory strategies in early childhood. *Child Development, 84,* 891–905.

Roberts, J. E., Burchinal, M., & Durham, M. (1999). Parents' report of vocabulary and grammatical development of African American preschoolers: Child and environmental associations. *Child Development, 70,* 91–106.

Robinson, E. J., Champion, H., & Mitchell, P. (1999). Children's ability to infer utterance veracity from speaker informedness. *Developmental Psychology, 35,* 535–546.

Roby, A. C., & Kidd, E. (2008). The referential communication skills of children with imaginary companions. *Developmental Science, 11,* 531–540.

Rochat, P. (2013). Self-conceptualizing in development. In P. D. Zelazo (Ed.), *The Oxford handbook of developmental psychology* (Vol. 2., *Self and Other*; pp. 378–397). Oxford, UK: Oxford University Press.

Rodeck, C. H., & Whittle, M. J. (Eds.). (2009). *Fetal medicine: Basic science and clinical practice.* London: Churchill Livingstone.

Roffwarg, H. P., Muzio, J. N., & Dement, W. C. (1966). Ontogenetic development of the human sleep-dream cycle. *Science, 152,* 604–619.

Rogers, L. A., & Graham, S. (2008). A meta-analysis of single subject design writing intervention research. *Journal of Educational Psychology, 100,* 879–906.

Rogoff, B. (1998). Cognition as a collaborative process. In W. Damon (Ed.), *Handbook of child psychology* (5th ed., Vol. 2, pp. 679–744). New York, NY: Wiley.

Rogoff, B. (2003). *The cultural nature of human development.* New York, NY: Oxford University Press.

Rogoff, B., Mistry, J., Goncu, A., & Mosier, C. (1993). Guided participation in cultural activity by toddlers and caregivers. *Monographs of the Society for Research in Child Development, 58,* Serial No. 236.

Rohrbeck, C. A., Ginsburg-Block, M. D., Fantuzzo, J. W., & Miller, T. R. (2003). Peer-assisted learning interventions with elementary school students: A meta-analytic review. *Journal of Educational Psychology, 95,* 240–257.

Rood, L., Roelofs, J., Bögels, S. M., Nolen-Hoeksema, S., & Schouten, E. (2009). The influence of emotion-focused rumination and distraction in depressive symptoms in non-clinical youth: A meta-analytic review. *Clinical Psychology Review, 29,* 607–616.

Roper v. Simmons, 543 U.S. 551 (2005).

Roschelle, J. M., Pea, R. D., Hoadley, C. M., Gordin, D. M., & Means, B. M. (2000). Changing how and what children learn in school with computer-based technologies. *Future of Children, 10,* 76–101.

Roschelle, J. M., Schechtman, N., Tatar, D., Hegedus, S., Hopkins, B., Empson, S., et al. (2010). Integration of technology, curriculum, and professional development for advancing middle school mathematics: Three large-scale studies. *American Educational Research Journal, 47,* 833–878.

Rose, A. J., & Asher, S. R. (1999). Children's goals and strategies in response to conflicts within a friendship. *Developmental Psychology, 35,* 69–79.

Rose, A. J., & Rudolph, K. D. (2006). A review of sex differences in peer relationship processes: Potential trade-offs for the emotional and behavioral development of girls and boys. *Psychological Bulletin, 132,* 98–131.

Rose, S. A., Feldman, J. F., Jankowski, J. J., & Van Rossem, R. (2012). Information processing from infancy to 11 years: Continuities and prediction of IQ. *Intelligence, 40,* 445–457.

Rosengren, K. S., Gelman, S. A., Kalish, C., & McCormick, M. (1991). As time goes by: Children's early understanding of growth in animals. *Child Development, 62,* 1302–1320.

Ross, M., & Wang, Q. (2010). Why we remember and what we remember: Culture and autobiographical memory. *Perspectives on Psychological Science, 5,* 401–409.

Rotenberg, K. J., & Mayer, E. V. (1990). Delay gratification in native and white children: A cross-cultural comparison. *International Journal of Behavioral Development, 13,* 23–30.

Rothbart, M. K. (2011). *Becoming who we are: Temperament and personality in development.* New York, NY: Guilford.

Rothbart, M. K., & Rueda, M. R. (2005). The development of effortful control. In U. Mayr, E. Awh, & S. W. Keele (Eds.), *Developing individuality in the human brain: A tribute to Michael I. Posner* (pp. 167–188). Washington, DC: American Psychological Association.

Rothbart, M. K., & Sheese, B. E. (2007). Temperament and emotion regulation. In J. J. Gross (Ed.), *Handbook of emotion regulation* (pp. 331–350). New York, NY: Guilford.

Rothbaum, F., Weisz, J., Pott, M., Miyake, K., & Morelli, G. (2000). Attachment and culture: Security in the United States and Japan. *American Psychologist, 55,* 1093–1104.

Rotherman-Borus, M. J., & Langabeer, K. A. (2001). Developmental trajectories of gay, lesbian, and bisexual youth. In A. R. D'Augelli & C. Patterson (Eds.), *Lesbian, gay, and bisexual identities among youth: Psychological perspectives* (pp. 97–128). New York, NY: Oxford University Press.

Rovee-Collier, C. (1997). Dissociation in infant memory: Rethinking the development of implicit and explicit memory. *Psychological Review, 104,* 467–498.

Rovee-Collier, C. (1999). The development of infant memory. *Current Directions in Psychological Science, 8,* 80–85.

Rovee-Collier, C., & Barr, R. (2010). Infant learning and memory. In T. D. Wachs & G. Bremner (Eds.), *Blackwell handbook of infant development,* 2nd ed. Oxford, UK: Blackwell.

Rowe, M. L. (2012). A longitudinal investigation of the role of quantity and quality of child-directed speech in vocabulary development. *Child Development, 83,* 1762–1774.

Rowe, M. L., Raudenbush, S. W., & Goldin-Meadow, S. (2012). The pace of vocabulary growth helps predict later vocabulary skill. *Child Development, 83,* 508–525.

Rowland, C. F., Pine, J. M., Lieven, E. V. M., & Theakston, A. L. (2005). The incidence of error in young children's wh-questions. *Journal of Speech, Language, & Hearing Research, 48,* 384–404.

Rowley, S. J., Kurtz-Costes, B., Mistry, R., & Feagans, L. (2007). Social status as a predictor of race and gender stereotypes in late childhood and early adolescence. *Social Development, 16,* 150–168.

Rubin, C. M. (2012, September 17). The global search for education: It takes a community. *HuffPost Education.* Retrieved from www.huffingtonpost.com.

Rubin, K. H., Coplan, R. J., & Bowker, J. C. (2009). Social withdrawal in childhood. *Annual Review of Psychology, 60,* 141–171.

Rubin, K., Bukowski, W., & Parker, J. (2006). Peer interaction and social competence. In W. Damon & R. M. Lerner (Eds.), *Handbook of child psychology* (6th ed., Vol. 3). New York, NY: Wiley.

Rubinstein, O., Henrik, A., Berger, A., & Shahar-Shalev, S. (2002). The development of internal representations of magnitude and their association with Arabic numerals. *Journal of Experimental Child Psychology, 81,* 74–92.

Ruble, D. N., Boggiano, A. D., Feldman, N. S., & Loebl, N. H. (1980). Developmental analysis of the role of social comparison in self-evaluation. *Developmental Psychology, 16,* 105–115.

Ruble, D. N., Martin, C. L., & Berenbaum, S. A. (2006). Gender development. In N. Eisenberg, W. Damon, & R. M. Lerner (Eds.), *Handbook of child psychology: Vol. 3, Social, emotional, and personality development* (6th ed., pp. 858–932). Hoboken, NJ: John Wiley & Sons.

Rudolph, K. D., Ladd, G., & Dinella, L. (2007). Gender differences in the interpersonal consequences of early-onset depressive symptoms. *Merrill-Palmer Quarterly, 53,* 461–488.

Rudolph, K. D., & Troop-Gordon, W. (2010). Personal-accentuation and contextual-amplification models of pubertal timing: Predicting youth depression. *Development & Psychopathology, 22,* 433–451.

Rudolph, K. D., Troop-Gordon, W., & Flynn, M. (2009). Relational victimization predicts children's social-cognitive and self-regulatory responses in a challenging peer context. *Developmental Psychology, 45,* 1444–1454.

Ruff, H. A., & Capozzoli, M. C. (2003). Development of attention and distractibility in the first 4 years of life. *Developmental Psychology, 39,* 877–890.

Rushton, J. P., & Bonds, T. A. (2005). Mate choice and friendship in twins. *Psychological Science, 16,* 555–559.

Russell, A., & Finnie, V. (1990). Preschool children's social status and maternal instructions to assist group entry. *Developmental Psychology, 26,* 603–611.

Rutter, M., Sonuga-Barke, E. J., Beckett, C., Castle, J., Kreppner, J., Kumsta, R., et al. (2010). Deprivation-specific psychological patterns: Effects of institutional deprivation. *Monographs of the Society for Research in Child Development, Serial No. 295, 75*(1).

Ryan, R. M., & Claessens, A. (2013). Associations between family structure changes and children's behavior problems: The moderating effects of timing and marital birth. *Developmental Psychology, 49,* 1219–1231.

Rymer, R. (1993). *Genie.* New York, NY: Harper Collins.

Saewyc, E. M. (2011). Research on adolescent sexual orientation: Development, health disparities, stigma, and resilience. *Journal of Research on Adolescence, 21,* 256–272.

Saffran, J. R., Aslin, R. N., & Newport, E. L. (1996). Statistical learning by 8-month-old infants. *Science, 274,* 1926–1928.

Saffran, J. R., Werker, J. F., & Werner, L. A. (2006). The infant's auditory world: Hearing, speech, and the beginnings of language. In W. Damon & R. M. Lerner (Eds.), *Handbook of child psychology: Vol. 2. Cognition, perception, and language* (6th ed., pp. 58–108). Hoboken, NJ: Wiley.

Sagi, A., Koren-Karie, N., Gini, M., Ziv, Y., & Joels, T. (2002). Shedding further light on the effects of various types and quality of early child care on infant–mother attachment relationship: The Haifa study of early child care. *Child Development, 73,* 1166–1186.

Sagi, A., van IJzendoorn, M. H., Aviezer, O., Donnell, F., Koren-Karie, N., Joels, T., et al. (1995). Attachments in a multiple-caregiver and multiple-infant environment: The case of the Israeli kibbutzim. In E. Waters, B. E. Vaughn, G. Posada, & K. Kondo-Ikemura (Eds.), *Caregiving, cultural, and cognitive perspectives on secure-base behavior and working models: New growing points in attachment theory and research. Monographs of the Society for Research in Child Development, 60,* Serial No. 244.

Sahni, R., Fifer, W. P., & Myers, M. M. (2007). Identifying infants at risk for sudden infant death syndrome. *Current Opinion in Pediatrics, 19,* 145–149.

Sakkalou, E., Ellis-Davies, K., Fowler, N. C., Hilbrink, E. E., & Gattis, M. (2013). Infants show stability of goal-directed imitation. *Journal of Experimental Child Psychology, 114,* 1–9.

Salmivalli, C., & Isaacs, J. (2005). Prospective relations among victimization, rejection, friendlessness, and children's self- and peer-perceptions. *Child Development, 76,* 1161–1171.

Salovey, P., & Grewal, D. (2005). The science of emotional intelligence. *Current Directions in Psychological Science, 14,* 281–285.

Sameroff, A. (2010). A unified theory of development: A dialectic integration of nature and nurture. *Child Development, 81,* 6–22.

Sanders, M. (2014). A public health approach to improving parenting and promoting children's well being. *Child Development Perspectives, 8,* in press.

Sandler, I. N., Tein, J.-Y., Mehta, P., Wolchik, S., & Ayers, T. (2000). Coping efficacy and psychological problems of children of divorce. *Child Development, 71,* 1099–1118.

Sangrigoli, S., Pallier, C., Argenti, A.-M., Ventureyra, V. A. G., & de Schonen, S. (2005). Reversibility of the other-race effect in face recognition during childhood. *Psychological Science, 16,* 440–444.

Sann, C., & Streri, A. (2007). Perception of object shape and texture in human newborns: Evidence from cross-modal transfer tasks. *Developmental Science, 10,* 399–410.

Saudino, K. J. (2009). Do different measures tap the same genetic influences? A multi-method study of activity level in young twins. *Developmental Science, 12,* 626–633.

Saudino, K. J. (2012). Sources of continuity and change in activity level in early childhood. *Child Development, 83,* 266–281.

Saudino, K. J., & Wang, M. (2012). Quantitative and molecular genetic studies of temperament. In M. Zentner & R. L. Shiner (Eds.), *Handbook of temperament* (pp. 315–346). New York, NY: Guilford.

Saxe, G. B. (1988). Candy selling and math learning. *Educational Researcher, 17,* 14–21.

Scarr, S. (1992). Developmental theories for the 1990s: Development and individual differences. *Child Development, 63,* 1–19.

Scarr, S., & McCartney, K. (1983). How people make their own environments: A theory of genotype-environment effects. *Child Development, 54,* 424–435.

Schaal, B., Soussignan, R., & Marlier, L. (2002). Olfactory cognition at the start of life: The perinatal shaping of selective odor responsiveness. In C. Rouby et al. (Eds.), *Olfaction, taste, and cognition* (pp. 421–440). Cambridge, UK: Cambridge University Press.

Schauble, L. (1996). The development of scientific reasoning in knowledge-rich contexts. *Developmental Psychology, 32,* 102–119.

Schelleman-Offermans, K., Knibbe, R. A., & Kuntsche, E. (2013). Are the effects of early pubertal timing on the initiation of weekly alcohol use mediated by peers and/or parents? A longitudinal study. *Developmental Psychology, 49,* 1277–1285.

Scherf, K. S., Behrmann, M., Humphreys, K., & Luna, B. (2007). Visual category-selectivity for faces, places and objects emerges along different developmental trajectories. *Developmental Science, 10,* F15–F30.

Schermerhorn, A. C., Chow, S., & Cummings, E. M. (2010). Developmental family processes and interparental conflict: Patterns of microlevel influences. *Developmental Psychology, 46,* 869–885.

Schermerhorn, A. C., & Cummings, E. M. (2008). Transactional family dynamics: A new framework for conceptualizing family influence processes. In R. V. Kail (Ed.), *Advances in child development and behavior* (Vol. 36, pp. 187–250). Amsterdam: Academic Press.

Schlam, T. R., Wilson, N. L., Shoda, Y., Mischel, W., & Ayduk, O. (2013). Preschoolers' delay of gratification predicts their body mass 30 years later. *The Journal of Pediatrics, 162,* 90–93.

Schmale, R., & Seidl, A. (2009). Accommodating variability in voice and foreign accent: Flexibility of early word representations. *Developmental Science, 12,* 583–601.

Schmidt, F. L., & Hunter, J. (2004). General mental ability in the world of work: Occupational attainment and job performance. *Journal of Personality & Social Psychology, 86,* 162–173.

Schmidt, M. E., & Vandewater, E. A. (2008). Media and attention, cognition, and school achievement. *Future of Children, 18,* 63–85.

Schneider, W. (2011). Memory development in childhood. In U. Goswami (Ed.), *The Wiley-Blackwell handbook of cognitive development* (2nd ed., pp. 347–376). West Sussex UK: Wiley-Blackwell.

Schneider, W., & Bjorklund, D. F. (1998). Memory. In W. Damon (Ed.), *Handbook of child psychology* (Vol. 2). New York, NY: Wiley.

Schneiders, J., Nicolson, N. A., Berkhof, J., Feron, F. J., van Os., J., & deVries, M. W. (2006). Mood reactivity to daily negative events in early adolescence: Relationship to risk for psychopathology. *Developmental Psychology, 42,* 543–554.

Schoemaker, K., Mulder, H., Dekovic, M., & Matthys, W. (2013). Executive functions in preschool children with externalizing behavior problems: A meta-analysis. *Journal of Abnormal Child Psychology, 41,* 457–471.

Schofield, T. J., Parke, R. D., Kim, Y., & Coltrane, S. (2008). Bridging the acculturation gap: Parent-child relationship quality as a moderator in Mexican American families. *Developmental Psychology, 44,* 1190–1194.

Schröder, L., Keller, H., Kärtner, J., Kleis, A., Abels, M., Yovsi, R. D. et al. (2013). Early reminiscing in cultural contexts: Cultural models, maternal reminiscing styles, and children's memories. *Journal of Cognition and Development, 14,* 10–34.

Schuetze, P., Molnar, D. S., & Eiden, R. D. (2012). Profiles of reactivity in cocaine-exposed children. *Journal of Applied Developmental Psychology, 33,* 282–293.

Schug, M. G., Shusterman, A., Barth, H., & Patalano, A. L. (2013). Minimal-group membership influences children's responses to novel experience with group members. *Developmental Science, 16,* 47–55.

Schum, N., Jovanovic, B., & Schwarzer, G. (2011). Ten- and twelve-month-olds' visual anticipation of orientation and size during grasping. *Journal of Experimental Child Psychology, 109,* 218–231.

Schwartz, D., Chang, L., & Farver, J. M. (2001). Correlates of victimization in Chinese children's peer groups. *Developmental Psychology, 37,* 520–532.

Schwartz, D., Dodge, K. A., Pettit, G. S., Bates, J. E., & The Conduct Problems Prevention Research Group. (2000). Friendship as a moderating factor in the pathway between early harsh home environment and later victimization in the peer group. *Developmental Psychology, 36,* 646–662.

Schwartz, O. S., Dudgeon, P., Sheeber, L. B., Yap, M. B. H., Simmons, J. G., & Allen, N. B. (2012). Parental behaviors during family interactions predict changes in depression and anxiety symptoms during adolescence. *Journal of Abnormal Child Psychology, 40,* 59–71.

Schwartz, C., Issanchou, S., & Nicklaus, S. (2009). Developmental changes in the acceptance of the five basic tastes in the first year of life. *British Journal of Nutrition, 102,* 1375–1385.

Schwartz, P. D., Maynard, A. M., & Uzelac, S. M. (2008). Adolescent egocentrism: A contemporary view. *Adolescence, 43,* 441–448.

Schwartz, C. E., Wright, C. I., Shin, L. M., Kagan, J., & Rauch, S. L. (2003). Inhibited and uninhibited infants "grow up": Adult amygdalar response to novelty. *Science, 300,* 1952–1953.

Schwartz-Mette, R. A., & Rose, A. J. (2012). Co-rumination mediates contagion of internalizing symptoms within youths' friendships. *Developmental Psychology, 48,* 1355–1365.

Schwarzer, G., Freitag, C., Buckel, R., & Lofruthe, A. (2013). Crawling is associated with mental rotation ability by 9-month-old infants. *Infancy, 18,* 432–441.

Schwebel, D. C., Davis, A. L., & O'Neal, E. E. (2012). Child pedestrian injury: A review of behavioral risks and preventive strategies. *American Journal of Lifestyle Medicine, 6,* 292–302.

Schwenck, C., Bjorklund, D. F., & Schneider, W. (2009). Developmental and individual differences in young children's use and maintenance of a selective memory strategy. *Developmental Psychology, 45,* 1034–1050.

Scott, L. S., Pascalis, O., & Nelson, C. A. (2007). A domain-general theory of the development of perceptual discrimination. *Current Directions in Psychological Science, 16,* 197–201.

Scott, W. A., Scott, R., & McCabe, M. (1991). Family relationships and children's personality: A cross-cultural, cross-source comparison. *British Journal of Social Psychology, 30,* 1–20.

Scrimgeour, M. B., Blandon, A. Y., Stifter, C. A., & Buss, K. A. (2013). Cooperative coparenting moderates the association between parenting practices and children's prosocial behavior. *Journal of Family Psychology, 27,* 506–511.

Scrimsher, S., & Tudge, J. (2003). The teaching/learning relationship in the first years of school: School revolutionary implications of Vygotsky's theory. *Early Education & Development, 14,* 293–312.

Sears, H. A., Graham, J., & Campbell, A. (2009). Adolescent boys' intentions of seeking help from male friends and female friends. *Journal of Applied Developmental Psychology, 30,* 738–748.

Seaton, E. K., Yip, T., Morgan-Lopez, A., & Sellers, R. M. (2012). Racial discrimination and racial socialization as predictors of African Americans adolescents' racial identity development using latent transition analysis. *Developmental Psychology, 48,* 448–458.

Segrin, C., Taylor, M. E., & Altman, J. (2005). Social cognitive mediators and relational outcomes associated with parental divorce. *Journal of Social & Personal Relationships, 22,* 361–377.

Seidl, A., & Johnson, E. L. (2006). Infants' word segmentation revisited: Edge alignment facilitates target extraction. *Developmental Science, 9,* 565–573.

Selman, R. L. (1980). *The growth of interpersonal understanding: Development and clinical analyses.* New York, NY: Academic Press.

Selman, R. L. (1981). The child as a friendship philosopher: A case study in the growth of interpersonal understanding. In S. R. Asher & J. M. Gottman (Eds.), *The development of children's friendships.* Cambridge, UK: Cambridge University Press.

Sénéchal, M., & LeFevre, J. (2002). Parental involvement in the development of children's reading skill: A five-year longitudinal study. *Child Development, 73,* 445–460.

Sénéchal, M., Thomas, E., & Monker, J. (1995). Individual differences in 4-year-old children's acquisition of vocabulary during storybook reading. *Journal of Educational Psychology, 87,* 218–229.

Serbin, L. A., Poulin-Dubois, D., Colburne, K. A., Sen, M. G., & Eichstedt, J. A. (2001). Gender stereotyping in infancy: Visual preferences for and knowledge of gender-stereotyped toys in the second year. *International Journal of Behavioral Development, 25,* 7–15.

Serbin, L. A., Powlishta, K. K., & Gulko, J. (1993). The development of sex typing in middle childhood. *Monographs of the Society for Research in Child Development, 58* (Serial No. 232).

Setliff, A. E., & Courage, M. L. (2011). Background television and infants' allocation of their attention during toy play. *Infancy, 16,* 611–639.

Shahaeian, A., Peterson, C. C., Slaughter, V., & Wellman, H. M. (2011). Culture and the sequence of steps in theory of mind development. *Developmental Psychology, 47,* 1239–1247.

Shanahan, M. J., Elder, G. H., Burchinal, M., & Conger, R. D. (1996a). Adolescent earnings and relationships with parents: The work-family nexus in urban and rural ecologies. In J. T. Mortimer & M. D. Finch (Eds.), *Adolescents, work, and family: An intergenerational developmental analysis.* Thousand Oaks, CA: Sage.

Shanahan, M. J., Elder, G. H., Burchinal, M., & Conger, R. D. (1996b). Adolescent paid labor and relationships with parents: Early work-family linkages. *Child Development, 67,* 2183–2200.

Shanahan, L., McHale, S. M., Crouter, A. C., & Osgood, D. (2007). Warmth with mothers and fathers from middle childhood to late adolescence: Within- and between-families comparisons. *Developmental Psychology, 43,* 551–563.

Shapka, J. D., & Keating, D. P. (2005). Structure and change in self-concept during adolescence. *Canadian Journal of Behavioural Sciences, 37,* 83–96.

Share, D. L. (2008). Orthographic learning, phonological recoding, and self-teaching. In R. V. Kail (Ed.), *Advances in child development and behavior* (Vol. 36, pp. 31–84). San Diego, CA: Elsevier.

Shariff, A. F., & Tracy, J. L. (2011). What are emotion expressions for? *Current Directions in Psychological Science, 20,* 395–399.

Shatz, M. (1983). Communication. In P. H. Mussen (Ed.), *Handbook of child psychology* (Vol. 3). New York, NY: Wiley.

Shatz, M., & Gelman, R. (1973). The development of communication skills: Modifications in the speech of young children as a function of listener. *Monographs of the Society for Research in Child Development, 38* (5, Serial No. 152).

Shaw, D. S., & Shelleby, E. C. (2014). Early-starting conduct problems: Intersection of conduct problems and poverty. *Annual Review of Clinical Psychology, 10,* 503–528.

Shaw, D. S., Winslow, E. B., & Flanagan, C. (1999). A prospective study of the effects of marital status and family relations on young children's adjustment among African American and European American families. *Child Development, 70,* 742–755.

Sherman, D. K., Hartson, K. A., Binning, K. R., Purdie-Vaughns, V., Garcia, J., Taborsky-Barba, S., et al. (2013). Deflecting the trajectory and changing the narrative: How self-affirmation affects academic performance and motivation under identity threat. *Journal of Personality and Social Psychology, 104,* 591–618.

Sherrod, K. B., O'Connor, S., Vietze, P. M., & Altemeier, W. A., III (1984). Child health and maltreatment. *Child Development, 55,* 1174–1183.

Shi, R. (2014). Functional morphemes and early language acquisition. *Child Development Perspectives, 8,* 6–11.

Shi, R., & Werker, J. F. (2001). Six-month old infants' preference for lexical words. *Psychological Science, 12,* 70–75.

Shin, H. B., & Kominski, R. A. (2010). *Language use in the United States: 2007.* (American Community Survey Reports, ACS-12). Washington, DC: U.S. Census Bureau.

Shiner, R. L., & Caspi, A. (2012). Temperament and the development of personality traits, adaptations, and narratives. In M. Zentner & R. L. Shiner (Eds.), *Handbook of temperament* (pp. 497–516). New York, NY: Guilford.

Shneidman, L. A., & Goldin-Meadow, S. (2012). Language input and acquisition in a Mayan village: How important is directed speech? *Developmental Science, 15,* 659–673.

Shoemaker, L. B., & Furman, W. (2009). Interpersonal influences on late adolescent girls' and boys' disordered eating. *Eating Behaviors, 10,* 97–106.

Shonkoff, J. P., & Bales, S. N. (2011). Science does not speak for itself: Translating child development research for the public and its policymakers. *Child Development, 82,* 17–32.

Shulman, S., & Kipnis, O. (2001). Adolescent romantic relationships: A look from the future. *Journal of Adolescence, 24,* 337–351.

Shusterman, A., Lee, S. A., & Spelke, E. W. (2008). Young children's spontaneous use of geometry in maps. *Developmental Science, 11,* F1–F7.

Siddiqui, A. (1995). Object size as a determinant of grasping in infancy. *Journal of Genetic Psychology, 156,* 345–358.

Sidebotham, P., Heron, J., & the ALSPAC Study Team. (2003). Child maltreatment in the "children of the nineties": The role of the child. *Child Abuse & Neglect, 27,* 337–352.

Siegler, R. S. (1981). Developmental sequences within and between concepts. *Monographs of the Society for Research on Child Development, 46,* Serial No. 189.

Siegler, R. S. (1986). Unities in strategy choices across domains. In M. Perlmutter (Ed.), *Minnesota symposia on child development* (Vol. 19). Hillsdale, NJ: Erlbaum.

Siegler, R. S. (1996). *Emerging minds: The process of change in children's thinking.* New York, NY: Oxford University Press.

Siegler, R. S. (2000). The rebirth of children's learning. *Child Development, 71,* 26–35.

Siegler, R. S. (2007). Cognitive variability. *Developmental Science, 18,* 303–307.

Siegler, R. S., & Alibali, M. W. (2005). *Children's thinking* (4th ed.). Upper Saddle River, NJ: Prentice Hall.

Siegler, R. S., Duncan, G. J., Davis-Kean, P. E., Duckworth, K., Claessens, A., Engel, M. et al. (2012). Early predictors of high school mathematics achievement. *Psychological Science, 23,* 691–697.

Siegler, R. S., & Ellis, S. (1996). Piaget on childhood. *Psychological Science, 7,* 211–215.

Siegler, R. S., & Jenkins, E. (1989). *How children discover new strategies.* Hillsdale, NJ: Erlbaum.

Siegler, R. S., & Robinson, M. (1982). The development of numerical understanding. In H. W. Reese & L. P. Lipsitt (Eds.), *Advances in child development and behavior* (Vol. 16). New York, NY: Academic Press.

Siegler, R. S., & Shrager, J. (1984). Strategy choices in addition and subtraction: How do children know what to do? In C. Sophian (Ed.), *Origins of cognitive skills.* Hillsdale, NJ: Erlbaum.

Signorielli, N., & Lears, M. (1992). Children, television, and conceptions about chores: Attitudes and behaviors. *Sex Roles, 27,* 157–170.

Silk, J. S., Morris, A. S., Kanaya, T., & Steinberg, L. D. (2003). Psychological control and autonomy granting: Opposite ends of a continuum or distinct constructs? *Journal of Research on Adolescence, 13,* 113–128.

Silva, K. G., Correa-Chávez, M., & Rogoff, B. (2010). Mexican-heritage children's attention and learning from interactions directed to others. *Child Development, 81,* 898–912.

Silverman, W. K., La Greca, A. M., & Wasserstein, S. (1995). What do children worry about? Worries and their relations to anxiety. *Child Development, 66,* 671–686.

Simcock, G., & Hayne, H. (2002). Breaking the barrier? Children fail to translate their preverbal memories into language. *Psychological Science, 13,* 225–231.

Simons, L. G., & Conger, R. D. (2007). Linking mother-father differences in parenting to a typology of family parenting styles and adolescent outcomes. *Journal of Family Issues, 28,* 212–241.

Simons, D. J., & Keil, F. C. (1995). An abstract to concrete shift in the development of biological thought: The insides story. *Cognition, 56,* 129–163.

Simonton, D. K., & Song, A. V. (2009). Eminence, IQ, physical and mental health, and achievement domain: Cox's 282 geniuses revisited. *Psychological Science, 20,* 429–434.

Simpson, E. L. (1974). Moral development research: A case study of scientific cultural bias. *Human Development, 17,* 81–106.

Simpson, J. M. (2001). Infant stress and sleep deprivation as an aetiological basis for the sudden infant death syndrome. *Early Human Development, 61,* 1–43.

Singh, L., Reznick, J. S., & Xuehua, L. (2012). Infant word segmentation and childhood vocabulary development: A longitudinal analysis. *Developmental Science, 15,* 482–495.

Skinner, B. F. (1957). *Verbal behavior.* New York, NY: Appleton-Century-Crofts.

Skinner, E. A. (1985). Determinants of mother-sensitive and contingent-responsive behavior: The role of childbearing beliefs and socioeconomic status. In I. E. Sigel (Ed.), *Parental belief systems: The psychological consequences for children* (pp. 51–82). Hillsdale, NJ: Erlbaum.

Skolnick Weisberg, D., & Bloom, P. (2009). Young children separate multiple pretend worlds. *Developmental Science, 12,* 699–705.

Slater, A., Bremner, G., Johnson, S. P., Sherwood, P., Hayes, R., & Brown, E. (2000). Newborn infants' preference for attractive faces: The role of internal and external facial features. *Infancy, 1,* 265–274.

Slater, A. M., Riddell, P., Quinn, P. C., Pascalis, O., Lee, K., & Kelly, D. J. (2010). Visual perception. In T. D. Wachs & G. Bremner (Eds.), *Blackwell handbook of infant development,* 2nd ed. Oxford, UK: Blackwell.

Sleddens, E. F. C., Kremers, S. P. J., Candel, M. J. J. M., De Vries, N. N. K., & Thijs, C. (2011). Validating the Children's Behavior Questionnaire structure in Dutch children: Psychometric properties and a cross-cultural comparison of factor structures. *Psychological Assessment, 23,* 417–426.

Sloane, S., Baillargeon, R., & Premack, D. (2012). Do infants have a sense of fairness? *Psychological Science, 23,* 196–204.

Slobin, D. I. (1985). Cross-linguistic evidence for the language-making capacity. In D. I. Slobin (Ed.), *The cross-linguistic study of language acquisition: Vol. 2. Theoretical issues.* Hillsdale, NJ: Erlbaum.

Slutske, W. S., Moffitt, T. E., Poulton, R., & Caspi, A. (2012). Undercontrolled temperament at age 3 predicts disordered gambling at age 32: A longitudinal study of a complete birth cohort. *Psychological Science, 23,* 510–516.

Smetana, J. G. (2002). Culture, autonomy, and personal jurisdiction in adolescent-parent relationships. *Advances in Child Development & Behavior, 29,* 52–87.

Smetana, J. G. (2006). Social-cognitive domain theory: Consistencies and variations in children's moral and social judgments. In M. Killen & J. G. Smetana (2006). *Handbook of moral development* (pp. 119–153). Mahwah, NJ: Erlbaum.

Smetana, J. G. (2011). Parenting beliefs, parenting, and parent-adolescent communication in African American families. In N. E. Hill, T. Mann, & H. E. Fitzgerald (Eds.), *African-American children's mental health: Vol. 1. Development and context* (pp. 173–197). Santa Barbara, CA: Praeger.

Smetana, J. G., Rote, W. M., Jambon, M., Tasopoulos-Chan, M., Villalobos, M., & Comer, J. (2012). Developmental changes and individual differences in young children's moral judgments. *Child Development, 83,* 683–696.

Smith, L. B. (2000). How to learn words: An associative crane. In R. Golinkoff & K. Hirsch-Pasek (Eds.), *Breaking the word learning barrier* (pp. 51–80). Oxford, UK: Oxford University Press.

Smith, L. B. (2009). From fragments to geometric shape: Changes in visual object recognition between 18 and 24 months. *Current Directions in Psychological Science, 18,* 290–294.

Smith, S. L., & Atkin, C. (2003). Television advertising and children: Examining the intended and unintended effects. In E. L. Palmer & B. M. Young (Eds.), *The faces of televisual media: Teaching, violence, selling to children* (pp. 301–326). Mahwah, NJ: Erlbaum.

Smith, S. L., Choueiti, M., Prescott, A., & Pieper, K. (2012). *Gender roles and occupations: A look at character attributes and job-related aspirations in film and television*. Los Angeles, CA: Geena Davis Institute on Gender in Media.

Smith, P. K., & Drew, L. M. (2002). Grandparenthood. In M. H. Bornstein (Ed.), *Handbook of parenting: Vol. 3. Status and social conditions of parenting* (2nd ed., pp. 141–172). Mahwah, NJ: Erlbaum.

Smith, L. B., Jones, S. S., Landau, B., Gershkoff-Stowe, L., & Samuelson, L. (2002). Object name learning provides on-the-job training for attention. *Psychological Science, 13*, 13–19.

Smith, E. R., & Mackie, D. M. (2000). *Social psychology* (2nd ed.). Philadelphia, PA: Psychology Press.

Smith, R., Paul, J., Maiti, K., Tolosa, J., & Gemma, M. (2012). Recent advances in understanding the endocrinology of human birth. *Trends in Endocrinology and Metabolism, 23*, 516–523.

Smith, J., & Ross, H. (2007). Training parents to mediate sibling disputes affects children's negotiation and conflict understanding. *Child Development, 78*, 790–805.

Smits, I., Soenens, B., Vansteenkiste, M., Luyckx, K., & Goossens, L. (2010). Why do adolescents gather information or stick to parental norms? Examining autonomous and controlled motives behind adolescents' identity style. *Journal of Youth & Adolescence, 39*, 1343–1356.

Smock, T. K. (1998). *Physiological psychology: A neuroscience approach*. Upper Saddle River, NJ: Prentice-Hall.

Smoll, F. L., & Schutz, R. W. (1990). Quantifying gender differences in physical performance: A developmental perspective. *Developmental Psychology, 26*, 360–369.

Snedeker, J., Geren, J., & Shafto, C. L. (2007). Starting over: International adoption as a natural experiment in language development. *Psychological Science, 18*, 79–87.

Snell, E. K., Adam, E. K., & Duncan, G. J. (2007). Sleep and the body mass index and overweight status of children and adolescents. *Child Development, 78*, 309–323.

Snow, C. W. (1998). *Infant development* (2nd ed.). Upper Saddle River, NJ: Prentice Hall.

Snow, D. (2006). Regression and reorganization of intonation between 6 and 23 months. *Child Development, 77*, 281–296.

Snow, M. E., Jacklin, C. N., & Maccoby, E. E. (1983). Sex-of-child differences in father–child interaction at one year of age. *Child Development, 54*, 227–232.

Snowling, M. J., & Hulme, C. (2012). Annual Research Review: The nature and classification of reading disorders—a commentary on proposals for DSM-5. *Journal of Child Psychology and Psychiatry, 53*, 593–607.

Sodian, B., Zaitchik, D., & Carey, S. (1991). Young children's differentiation of hypothetical beliefs from evidence. *Child Development, 62*, 753–766.

Solantaus, T., Leinonen, J., & Punamäki, R.-L. (2004). Children's mental health in times of economic recession: Replication and extension of the family economic stress model in Finland. *Developmental Psychology, 40*, 412–429.

Solomon, G. E. A., & Zaitchik, D. (2012). Folkbiology. *WIREs Cognitive Science, 3*, 105–115.

Somerville, L. H., & Casey, B. J. (2010). Developmental neurobiology of cognitive control and motivational systems. *Current Opinion in Neurobiology 20*, 236–241.

Song, L., Tamis-LeMonda, C. S., Yoshikawa, H., Kahana-Kalman, R., & Wu, I. (2012). Language experiences and vocabulary development in Dominican and Mexican infants across the first 2 years. *Developmental Psychology, 48*, 1106–1123.

Sowislo, J. F., & Orth, U. (2013). Does low self-esteem predict depression and anxiety? A meta-analysis of longitudinal studies. *Psychological Bulletin, 139*, 213–240.

Spearman, C. (1904). "General intelligence" objectively determined and measured. *American Journal of Psychology, 15*, 201–293.

Spector, F., & Maurer, D. (2009). Synesthesia: A new approach to understanding the development of perception. *Developmental Psychology, 45*, 175–189.

Spelke, E. S., Gilmore, C. K., & McCarthy, S. (2011). Kindergarten children's sensitivity to geometry in maps. *Developmental Science, 14*, 809–821.

Spelke, E. S., & Kinzler, K. D. (2007). Core knowledge. *Developmental Science, 10*, 89–96.

Spencer, J. P., Perone, S., & Buss, A. T. (2011). Twenty years and going strong: A dynamic systems revolution in motor and cognitive development. *Child Development Perspectives, 5*, 260–266.

Spies Shapiro, L. A., & Margolin, G. (2014). Growing up wired: Social networking sites and adolescent psychosocial development. *Clinical Child and Family Psychology Review, 17*, 1–18.

Spitz, R. A. (1965). *The first year of life*. New York, NY: International Universities Press.

Springer, K., & Keil, F. C. (1991). Early differentiation of causal mechanisms appropriate to biological and nonbiological kinds. *Child Development, 62*, 767–781.

Stacy, A. W., Zoog, J. B., Unger, J. B., & Dent, C. W. (2004). Exposure to televised alcohol ads and subsequent alcohol use. *American Journal of Health Behavior, 28*, 498–509.

Staff, J., & Schulenberg, J. E. (2010). Millenials and the world of work: Experiences in paid work during adolescence. *Journal of Business & Psychology, 25*, 247–255.

Staiano, A. E., & Calvert, S. L. (2011). Exergames for physical education courses: Physical, social, and cognitive benefits. *Child Development Perspectives, 5*, 93–98.

Stanford v. Kentucky, 492 U.S. 361 (1989).

Stanik, C. E., Riina, E. M., & McHale, S. M. (2013). Parent-adolescent relationship qualities and adolescent adjustment in two-parent African American families. *Family Relations, 62*, 597–608.

Stanovich, K. E., West, R. F., & Toplak, M. E. (2011). The complexity of developmental predictions from dual process models. *Developmental Review, 31*, 103–118.

Stattin, H., Kerr, M., & Skoog, T. (2011). Early pubertal timing and girls' problem behavior: Integrating two hypotheses. *Journal of Youth and Adolescence, 40*, 1271–1278.

Steeger, C. M., & Gondoli, D. M. (2013). Mother-adolescent conflict as a mediator between adolescent problem behaviors and maternal psychological control. *Developmental Psychology, 49*, 804–814.

Steelandt, S., Thierry, B., Broihanne, M-H., & Dufour, V. (2012). The ability of children to delay gratification in an exchange task. *Cognition, 122*, 416–425.

Steele, C. M. (1997). A threat in the air: How stereotypes shape intellectual identity and performance. *American Psychologist, 52*, 613–629.

Steelman, J. D. (1994). Revision strategies employed by middle level students using computers. *Journal of Educational Computing Research, 11*, 141–152.

Steinberg, L. D. (1999). *Adolescence* (5th ed.). Boston, MA: McGraw-Hill.

Steinberg, L. (2001). We know some things: Parent-adolescent relationships in retrospect and prospect. *Journal of Research on Adolescence, 11*, 1–19.

Steinberg, L., & Dornbusch, S. M. (1991). Negative correlates of part-time employment during adolescence: Replication and elaboration. *Developmental Psychology, 27,* 304–313.

Steinberg, L., Graham, S., O'Brien, L., Woolard, J., Cauffman, E., & Banich, M. (2009). Age differences in future orientation and delay discounting. *Child Development, 80,* 28–44.

Steinberg, L., & Monahan, K. C. (2007). Age differences in resistance to peer influence. *Developmental Psychology, 43,* 1531–1543.

Steinberg, L., & Silk, J. (2002). Parenting adolescents. In M. Bornstein (Ed.), *Handbook of parenting: Vol. 1* (2nd ed., pp. 103–133). Hillsdale, NJ: Erlbaum.

Stenberg, G. (2012). Why do infants look at and use positive information from some informants rather than others in ambiguous situations? *Infancy, 17,* 642–671.

Sternberg, R. J. (1999). The theory of successful intelligence. *Review of General Psychology, 3,* 292–316.

Sternberg, R. J., & Grigorenko, E. L. (2002). *Dynamic testing: The nature and measurement of learning potential.* New York, NY: Cambridge University Press.

Sternberg, R. J., Grigorenko, E. L., & Kidd, K. K. (2005). Intelligence, race, and genetics. *American Psychologist, 60,* 46–59.

Sternberg, R. J., & Kaufman, J. C. (1998). Human abilities. *Annual Review of Psychology, 49,* 479–502.

Stevens, E., Plumert, J. M., Cremer, J. F., & Kearney, J. K. (2013). Preadolescent temperament and risky behavior: Bicycling across traffic-filled intersections in a virtual environment. *Journal of Pediatric Psychology, 38,* 285–295.

Stevens, J., & Ward-Estes, J. (2006). Attention-deficit/hyperactivity disorder. In M. Hersen & J. C. Thomas (Series Eds.), & R. T. Ammerman (Vol. Ed.), *Comprehensive handbook of personality and psychopathology, Vol. 3: Child psychopathology* (pp. 316–329). Hoboken, NJ: Wiley.

Stevenson, H. W., & Lee, S. (1990). Contexts of achievement. *Monographs of the Society for Research in Child Development, 55* (Serial No. 221).

Stevenson, R. J., Oaten, M. J., Case, T. I., Repacholi, B. M., & Wagland, P. (2010). Children's response to adult disgust elicitors: Development and acquisition. *Developmental Psychology, 46,* 165–177.

Stevenson, H. W., & Stigler, J. W. (1992). *The learning gap.* New York, NY: Summit Books.

Stewart, L., & Pascual-Leone, J. (1992). Mental capacity constraints and the development of moral reasoning. *Journal of Experimental Child Psychology, 54,* 251–287.

St. George, I. M., Williams, S., & Silva, P. A. (1994). Body size and menarche: The Dunedin study. *Journal of Adolescent Health, 15,* 573–576.

Stice, E., Rohde, P., Gau, J., & Shaw, H. (2009). An effectiveness trial of a dissonance-based eating disorder prevention program for high-risk adolescent girls. *Journal of Consulting and Clinical Psychology, 77,* 825–834.

Stice, E., & Shaw, H. (2004). Eating disorder prevention programs: A meta-analytic review. *Psychological Bulletin, 130,* 206–227.

Stice, E., Shaw, H., Bohon, C., Martin, C. N., & Rohde, P. (2009). A meta-analytic review of depression prevention programs for children and adolescents: Factors that predict magnitude of intervention effects. *Journal of Consulting & Clinical Psychology, 77,* 486–503.

Stice, E., South, K., & Shaw, H. (2012). Future directions in etiologic, prevention, and treatment research for eating disorders. *Journal of Clinical Child and Adolescent Psychology, 41,* 845–855.

Stifter, C. A., Cipriano, E., Conway, A., & Kelleher, R. (2009). Temperament and the development of conscience: The moderating role of effortful control. *Social Development, 18,* 353–374.

Stigler, J. W., Gallimore, R., & Hiebert, J. (2000). Using video surveys to compare classrooms and teaching across cultures: Examples and lessons from the TIMSS video studies. *Educational Psychologists, 35,* 87–100.

Stiles, J. (2008). *Fundamentals of brain development.* Cambridge, MA: Harvard University Press.

Stiles, J., Reilly, J., Paul, B., & Moses, P. (2005). Cognitive development following early brain injury: Evidence for neural adaptation. *Trends in Cognitive Sciences, 9,* 136–143.

Stipek, D., & Miles, S. (2008). Effects of aggression on achievement: Does conflict with the teacher make it worse? *Child Development, 79,* 1721–1735.

St. James-Roberts, I. (2007). Helping parents to manage infant crying and sleeping: A review of the evidence and its implications for services. *Child Abuse Review, 16,* 47–69.

St. James-Roberts, I., & Plewis, I. (1996). Individual differences, daily fluctuations, and developmental changes in amounts of infant waking, fussing, crying, feeding, and sleeping. *Child Development, 67,* 2527–2540.

Stjernqvist, K. (2009). Predicting development for extremely low birthweight infants: Sweden. In K. Nugent, B. J. Petrauskas, & T. B. Brazelton (Eds.), *The newborn as a person: Enabling healthy infant development worldwide.* Hoboken, NJ: Wiley.

Strayer, J., & Roberts, W. (2004). Children's anger, emotional expressiveness, and empathy: Relations with parents' empathy, emotional expressiveness, and parenting practices. *Social Development, 13,* 229–254.

Striano, T., Tomasello, M., & Rochat, P. (2001). Social and object support for early symbolic play. *Developmental Science, 4,* 442–455.

Stright, A. D., Gallagher, K. C., & Kelley, K. (2008). Infant temperament moderates relations between maternal parenting in early childhood and children's adjustment in first grade. *Child Development, 79,* 186–200.

Strohmeier, D., Kärnä, A., & Salmivalli, C. (2011). Intrapersonal and interpersonal risk factors for peer victimization in immigrant youth in Finland. *Developmental Psychology, 47,* 248–258.

Strough, J., & Berg, C. A. (2000). Goals as a mediator of gender differences in high-affiliation dyadic conversations. *Developmental Psychology, 36,* 117–125.

Sturaro, C, van Lier, P. A. C., Cuijpers, P., & Koot, H. M. (2011). The role of peer relationships in the development of early school-age externalizing problems. *Child Development, 82,* 758–765.

Sturge-Apple, M. L., Davies, P. T., & Cummings, E. M. (2010). Typologies of family functioning and children's adjustment during the early school years. *Child Development, 81,* 1320–1335.

Subotnik, R. F., Olszewski-Kubilius, P., & Worrell, F. C. (2011). Rethinking giftedness and gifted education: A proposed direction forward based on psychological science. *Psychological Science in the Public Interest, 12,* 3–54.

Subrahmanyam, K., Greenfield, P., Kraut, R., & Gross, E. (2001). The impact of computer use on children's and adolescents' development. *Journal of Applied Developmental Psychology, 22,* 7–30.

Sullivan, M. W., & Lewis, M. (2003). Contextual determinants of anger and other negative expressions in young infants. *Developmental Psychology, 39,* 693–705.

Super, C. M. (1981). Cross-cultural research on infancy. In H. C. Triandis & A. Heron (Eds.), *Handbook of cross-cultural psychology: Vol. 4. Developmental psychology.* Boston, MA: Allyn & Bacon.

Super, C. M., Herrera, M. G., & Mora, J. O. (1990). Long-term effects of food supplementation and psychosocial intervention on the physical growth of Colombian infants at risk of malnutrition. *Child Development, 61,* 29–49.

Sussman, S., Pokhrel, P., Ashmore, R. D., & Brown, B. B. (2007). Adolescent peer group identification and characteristics: A review of the literature. *Addictive Behaviors, 32,* 1602–1627.

Suzuki, L., & Aronson, J. (2005). The cultural malleability of intelligence and its impact on the racial/ethnic hierarchy. *Psychology, Public Policy, & Law, 11,* 320–327.

Svirsky, M. A., Robbins, A. M., Kirk, K. I., Pisoni, D. B., & Miyamoto, R. T. (2000). Language development in profoundly deaf children with cochlear implants. *Psychological Science, 11,* 153–158.

Sweeney, M. M. (2010). Remarriage and stepfamilies: Strategic sites for family scholarship in the 21st century. *Journal of Marriage & Family, 72,* 667–684.

Sylvan, L. J., & Christodoulou, J. A. (2010). Understanding the role of neuroscience in brain based products: A guide for educators and consumers. *Mind, Brain, and Education, 4,* 1–7.

Symonds, W. C., Schwartz, R. B., & Ferguson, R. (2011). *Pathways to prosperity: Meeting the challenge of preparing young Americans for the 21st century.* Cambridge, MA: Harvard Graduate School of Education.

Szücks, D., & Goswami, U. (2007). Educational neuroscience: Defining a new discipline for the study of mental representations. *Mind, Brain, & Education, 1,* 114–127.

Tager-Flusberg, H. (1993). Putting words together: Morphology and syntax in the preschool years. In J. Berko Gleason (Ed.), *The development of language* (3rd ed.). New York, NY: Macmillan.

Tager-Flusberg, H. (2007). Evaluating the theory-of-mind hypothesis of autism. *Current Directions in Psychological Science, 16,* 311–315.

Tahiroglu, D., Mannering, A. M., & Taylor, M. (2011). Visual and auditory imagery associated with children's imaginary companions. *Imagination, Cognition, and Personality, 31,* 99–112.

Tamis-Lemonda, C. S., Adolph, K. E., Lobo, S. A., Karasik, L. B., Ishak, S., & Dimitropoulou, K. A. (2008). When infants take mothers' advice: 18-month-olds integrate perceptual and social information to guide motor action. *Developmental Psychology, 44,* 734–746.

Tamis-LeMonda, C. S., & Bornstein, M. H. (1996). Variation in children's exploratory, nonsymbolic, and symbolic play: An explanatory multidimensional framework. In C. Rovee-Collier & L. P. Lipsitt (Eds.), *Advances in infancy research* (Vol. 10). Norwood, NJ: Ablex.

Tamis-LeMonda, C. S., & Bornstein, M. H. (2002). Maternal responsiveness and early language acquisition. In R. V. Kail & H. W. Reese (Eds.), *Advances in child development and behavior* (Vol. 29, pp. 90–127). San Diego, CA: Academic Press.

Tan, K. L. (2009). Bed sharing among mother-infant pairs in Kiang District, Peninsular Malaysia, and its relationship to breast-feeding. *Journal of Developmental & Behavioral Pediatrics, 30,* 420–425.

Tanner, J. M. (1970). Physical growth. In P. H. Mussen (Ed.), *Carmichael's manual of child psychology* (3rd ed., pp. 77–135.). New York, NY: Wiley.

Tanner, J. M. (1990). *Fetus into man: Physical growth from conception to maturity* (2nd ed.). Cambridge, MA: Harvard University Press.

Tarabulsy, G. M., Bernier, A., Provost, M. A., Maranda, J., Larose, S., Moss, E., et al. (2005). Another look inside the gap: Ecological contributions to the transmission of attachment in a sample of adolescent mother–infant dyads. *Developmental Psychology, 41,* 212–224.

Tarantino, N., Tully, E. C., Garcia, S. E., South, S., Iacono, W. G., & McGue, M. (2014). Genetic and environmental influences on affiliation with deviant peers during adolescence and early adulthood. *Developmental Psychology, 50,* 663–673.

Tardif, T., Fletcher, P., Liang, W., Zhang, Z., Kaciroti, N., & Marchman, V. A. (2008). Baby's first 10 words. *Developmental Psychology, 44,* 929–938.

Taylor, M., Carlson, S. M., Maring, B. L., Gerow, L., & Charley, C. M. (2004). The characteristics of fantasy in school-age children: Imaginary companions, impersonation, and social understanding. *Developmental Psychology, 40,* 1173–1187.

Taylor, M., Hulette, A. C., & Dishion, T. J. (2010). Longitudinal outcomes of young high-risk adolescents with imaginary companions. *Developmental Psychology, 46,* 1632–1636.

Taylor, M. G., Rhodes, M., & Gelman, S. A. (2009). Boys will be boys; cows will be cows: Children's essentialist reasoning about gender categories and animal species. *Child Development, 80,* 461–481.

Taylor, R. D., & Roberts, D. (1995). Kinship support and maternal and adolescent well-being in economically disadvantaged African-American families. *Child Development, 66,* 1585–1597.

Taylor, J., & Schatschneider, C. (2010). Genetic influence on literacy constructs in kindergarten and first grade: Evidence from a diverse twin sample. *Behavior Genetics, 40,* 591–602.

Teachman, J. (2008). Complex life course patterns and the risk of divorce in second marriages. *Journal of Marriage & Family, 70,* 294–305.

Tegethoff, M., Greene, N., Olsen, J., Meyer, A. H., & Meinlschmidt, G. (2010). Maternal psychosocial adversity is associated with length of gestation and offspring size at birth: Evidence from a population-based cohort study. *Psychosomatic Medicine, 72,* 419–426.

Tenenbaum, H. R., & Leaper, C. (2002). Are parents' gender schemas related to their children's gender-related cognitions? A meta-analysis. *Developmental Psychology, 38,* 615–630.

Terlecki, M. S., & Newcombe, N. S. (2005). How important is the digital divide? The relations of computer and videogame usage to gender differences in mental rotation ability. *Sex Roles, 53,* 433–441.

Thelen, E., & Ulrich, B. D. (1991). Hidden skills. *Monographs for the Society for Research in Child Development, 56,* Serial No. 223.

Thelen, E., Ulrich, B. D., & Jensen, J. L. (1989). The developmental origins of locomotion. In M. H. Woollacott & A. Chumway-Cook (Eds.), *Development of posture and gait across the life span.* Columbia: University of South Carolina Press.

Thiessen, E. D., Hill, E., & Saffran, J. R. (2005). Infant-directed speech facilitates word segmentation. *Infancy, 7,* 53–71.

Thiessen, E. D., & Saffran, J. R. (2003). When cues collide: Use of stress and statistical cues to word boundaries by 7- to 9-month-old infants. *Developmental Psychology, 39,* 706–716.

Thomaes, S., Brummelman, E., Reijntjes, A., & Bushman, B. (2013). When Narcissus was a boy: origins, nature, and consequences of childhood narcissism. *Child Development Perspectives, 7,* 22–26.

Thomas, J. R., Alderson, J. A., Thomas, K. T., Campbell, A. C., & Elliot, B. C. (2010). Developmental gender differences for overhand throwing in Aboriginal Australian children. *Research Quarterly for Exercise & Sport, 81,* 432–441.

Thomas, A., & Chess, S. (1977). *Temperament and development.* New York, NY: Brunner/Mazel.

Thomas, A., Chess, S., & Birch, H. G. (1968). *Temperament and behavior disorders in children.* New York, NY: New York University Press.

Thomas, L. A., De Bellis, M. D., Graham, R., & LaBar, K. S. (2007). Development of emotional facial recognition in late childhood and adolescence. *Developmental Science, 10,* 547–558.

Thomas, J. R., & French, K. E. (1985). Gender differences across age in motor performance: A meta-analysis. *Psychological Bulletin, 98,* 260–282.

Thomas, R., & Zimmer-Gembeck, M. J. (2011). Accumulating evidence for parent-child interaction therapy in the prevention of child maltreatment. *Child Development, 82,* 177–192.

Thomas, R., & Zimmer-Gembeck, M. J. (2012). Parent-Child Interaction Therapy: An evidence-based treatment for child maltreatment. *Child Maltreatment, 17,* 253–266.

Thompson v. Oklahoma, 487 U.S. 815 (1988).

Thompson, G. G. (1952). *Child psychology.* Boston, MA: Houghton Mifflin.

Thompson, R. A. (2000). The legacy of early attachments. *Child Development, 71,* 145–152.

Thompson, R. A. (2006). The development of the person: Social understanding, relationships, conscience, self. In N. Eisenberg (Ed.), *Handbook of child psychology: Vol. 3. Social, emotional, and personality development* (6th ed.). Hoboken, NJ: Wiley.

Thompson, R. (2007). *What is albinism?* East Hampstead, NH: National Organization for Albinism and Hypopigmentation.

Thompson, R. A., Laible, D. J., & Ontai, L. L. (2003). Early understandings of emotion, morality, and self: Developing a working model. *Advances in Child Development & Behavior, 31,* 137–172.

Thompson, R. A., Lewis, M. D., & Calkins, S. D. (2008). Reassessing emotion regulation. *Child Development Perspectives, 2,* 124–131.

Thompson, R. A., & Limber, S. (1991). "Social anxiety" in infancy: Stranger wariness and separation distress. In H. Leitenberg (Ed.), *Handbook of social and evaluation anxiety.* New York, NY: Plenum.

Thompson, A. E., & Voyer, D. (2014). Sex differences in the ability to recognise non-verbal displays of emotion: A meta-analysis. *Cognition and Emotion, 28,* 1164–1195.

Thornberry, T. P., Krohn, M. D., Lizotte, A. J., Smith, C. A., & Tobin, K. (2003). *Gangs and delinquency in developmental perspective.* New York, NY: Cambridge University Press.

Thorne, B. (1993). *Gender play: Girls and boys in school.* New Brunswick, NJ: Rutgers University Press.

Thurstone, L. L., & Thurstone, T. G. (1941). Factorial studies of intelligence. *Psychometric Monograph, No. 2.*

Tincoff, R., & Jusczyk, P. W. (1999). Some beginnings of word comprehension in 6-month-olds. *Psychological Science, 10,* 172–175.

Tisak, M. (1993). Preschool children's judgments of moral and personal events involving physical harm and property damage. *Merrill-Palmer Quarterly, 39,* 375–390.

Tither, J. M., & Ellis, B. J. (2008). Impact of fathers on daughters' age at menarche: A genetically and environmentally controlled sibling study. *Developmental Psychology, 44,* 1409–1420.

Tomasello, M., Carpenter, M., & Liszkowski, U. (2007). A new look at infant pointing. *Child Development, 78,* 705–722.

Tomasello, M., & Vaish, A. (2013). Origins of human cooperation and morality. *Annual Review of Psychology, 64,* 231–255.

Tomlinson, M., Cooper, P., & Murray, L. (2005). The mother–infant relationship and infant attachment in a South African peri-urban settlement. *Child Development, 76,* 1044–1054.

Tomson, L. M., Pangrazi, R. P., Friedman, G., & Hutchison, H. (2003). Childhood depressive symptoms, physical activity and health related fitness. *Journal of Sport Psychology, 25,* 419–439.

Tooby, J., & Cosmides, L. (2008). The evolutionary psychology of emotions and their relationship to internal regulatory variables. In M. Lewis, J. M. Haviland-Jones, & L. F. Barrett (Eds.), *Handbook of emotions* (3rd ed., pp. 114–137). New York, NY: Guilford.

Torgesen, J. K. (2004). Learning disabilities: An historical and conceptual overview. In B. Y. L. Wong (Ed.), *Learning about learning disabilities* (3rd ed., pp. 3–40). San Diego, CA: Elsevier.

Trachtenberg, F. L., Haas, E. A., Kinney, H. C., Stanley, C., & Krous, H. F. (2012). Risk factor changes for Sudden Infant Death Syndrome after initiation of Back-to-Sleep campaign. *Pediatrics, 129,* 630–638.

Tracy, B., Reid, R., & Graham, S. (2009). Teaching young students strategies for planning and drafting stories. The impact of self-regulated strategy development. *Journal of Educational Research, 102,* 323–331.

Trainor, L. J., Austin, C. M., & Desjardins, R. N. (2000). Is infant-directed speech prosody a result of vocal expression of emotion? *Psychological Science, 11,* 188–195.

Trainor, L. J., & Heinmiller, B. M. (1998). The development of evaluative responses to music: Infants prefer to listen to consonance over dissonance. *Infant Behavior & Development, 21,* 77–88.

Treiman, R., & Kessler, B. (2003). The role of letter names in acquisition of literacy. *Advances in Child Development & Behavior, 31,* 105–135.

Tremblay, M. S., LeBlanc, A. G., Kho, M. E., Saunders, T. J., Larouche, R., Colley, R. C., et al. (2011). Systematic review of sedentary behaviour and health indicators in school-aged children and youth. *International Journal of Behavioral Nutrition and Physical Activity, 8,* Article 98.

Tremblay, R. E., Schall, B., Boulerice, B., Arsonault, L., Soussignan, R. G., & Paquette, D. (1998). Testosterone, physical aggression, and dominance and physical development in adolescence. *International Journal of Behavioral Development, 22,* 753–777.

Troseth, G. L., Pierroutsakos, S. L., & DeLoache, J. S. (2004). From the innocent to the intelligent eye: The early development of pictorial competence. In R. V. Kail (Ed.), *Advances in child development and behavior* (Vol. 32, pp. 1–35). San Diego, CA: Elsevier.

Trzesniewski, K. H., Donnellan, M. B., Caspi, A., Moffitt, T. E., Robins, R. W., & Poultin, R. (2006). Adolescent low self-esteem is a risk factor for adult poor health, criminal behavior, and limited economic prospects. *Developmental Psychology, 42,* 381–390.

Tsubota, Y., & Chen, Z. (2012). How do young children's spatio-symbolic skills change over short time scales? *Journal of Experimental Child Psychology, 111,* 1–21.

Tucker, M. S. (2011). *Surpassing Shanghai: An agenda for American education built on the world's leading systems.* Cambridge, MA: Harvard Education Press.

Tucker-Drob, E. M., Briley, D. A., & Harden, K. P. (2013). Genetic and environmental influences on cognition across development and context. *Current Directions in Psychological Science, 22,* 349–355.

Tudge, J. R. H., Winterhoff, P. A., & Hogan, D. M. (1996). The cognitive consequences of collaborative problem solving with and without feedback. *Child Development, 67,* 2892–2909.

Turiel, E. (1998). The development of morality. In W. Damon (Ed.), *Handbook of child psychology, Vol. 3: Social, emotional, and personality development* (pp. 863–932). New York, NY: Wiley.

Turiel, E. (2006). The development of morality. In W. Damon & R. M. Lerner (Eds.), *Handbook of child psychology* (6th ed., Vol. 3, pp. 789–857). Hoboken, NJ: Wiley.

Twenge, J. M., & Campbell, W. K. (2001). Age and birth cohort differences in self-esteem: A cross-temporal meta-analysis. *Personality & Social Psychology Review, 5,* 321–344.

Twenge, J. M., & Crocker, J. (2002). Race and self-esteem: Meta-analysis comparing Whites, Blacks, Hispanics, and American Indians and comment on Gray-Little and Hafdahl (2000). *Psychological Bulletin, 128,* 371–408.

Tynes, B. M., Umaña-Taylor, A. J., Rose, C. A., Lin, J., & Anderson, C. J. (2012). Online racial discrimination and the protective function of ethnic identity and self-esteem for African American adolescents. *Developmental Psychology, 48,* 343–355.

Tzuriel, D. (2013). Dynamic assessment of learning potential. In M. M. C. Mok (Ed.), *Self-directed learning oriented assessments in the Asia-Pacific* (pp. 235–235). Heidelberg, Germany: Springer Dordrecht.

Uchiyama, I., Anderson, D. I., Campos, J. J., Witherington, D., Frankel, C. B., Lejeune, L., et al. (2008). Locomotor experience affects self and emotion. *Developmental Psychology, 44,* 1225–1231.

Umaña-Taylor, A., Diversi, M., & Fine, M. (2002). Ethnic identity and self-esteem among Latino adolescents: Distinctions among Latino populations. *Journal of Adolescent Research, 17*, 303–327.

Umaña-Taylor, A. J., & Guimond, A. B. (2010). A longitudinal examination of parenting behaviors and perceived discrimination predicting Latino adolescents' ethnic identity. *Developmental Psychology, 46*, 636–650.

UNICEF. (2006). *Progress for children: A report card on nutrition, 2000–2006*. New York, NY: Author.

UNICEF. (2007). *The state of the world's children, 2008*. New York, NY: Author.

UNICEF. (2010). *Facts for life* (4th ed.). New York, NY: Author.

UNICEF-WHO-The World Bank. (2012). *UNICEF-WHO-World Bank joint malnutrition estimates*. New York, NY: Author.

Updegraff, K. A., McHale, S. M., Whiteman, S. D., Thayer, S. M., & Delgado, M. Y. (2005). Adolescent sibling relationships in Mexican American families: Exploring the role of familism. *Journal of Family Psychology, 19*, 512–522.

Updegraff, K. A., Thayer, S. M., Whiteman, S. D., Denning, D. J., & McHale, S. M. (2005). Aggression in adolescents' sibling relationships: Links to sibling and parent–adolescents relationship quality. *Family Relations: Interdisciplinary Journal of Applied Family Studies, 54*, 373–385.

U.S. Census Bureau. (2011). America's Families and Living Arrangements: 2010. Retrieved March 31, 2011 from www.census.gov/population/www/socdemo/hh-fam/cps2010.html.

U.S. Centers for Disease Control. (2012). *Breastfeeding report card—United States, 2012*. Atlanta GA: Author.

U.S. Department of Health and Human Services. (2010). *The Surgeon General's vision for a healthy and fit nation*. Rockville, MD: Author.

U.S. Department of Health and Human Services. (2013). Child maltreatment 2012. Available from http://www.acf.hhs.gov/programs/cb/research-data-technology/statistics-research/child-maltreatment.

US Department of Health and Human Services, Health Resources and Services Administration, Maternal and Child Health Bureau. (2013). *Child health USA 2013*. Rockville, MD: Author.

US Department of Labor. (2000). *Report on the youth labor force*. Washington, DC: Author.

Usher, E. L., & Pajares, F. (2009). Sources of self-efficacy in mathematics: A validation study. *Contemporary Educational Psychology, 34*, 89–101.

Uttal, D. H., Meadow, N. G., Tipton, E., Hand, L. L., Alden, A. R., Warren, C., et al. (2013). The malleability of spatial skills: A meta-analysis of training studies. *Psychological Bulletin, 139*, 352–402.

Vaillancourt, T., Brittain, H. L., McDougall, P., & Duku, E. (2013). Longitudinal links between childhood peer victimization, internalizing and externalizing problems, and academic functioning: Developmental cascades. *Journal of Abnormal Child Psychology, 41*, 1203–1215.

Vaillant-Molina, M., Bahrick, L. E., & Flom, R. (2013). Young infants match facial and vocal emotional expressions of other infants. *Infancy, 18*(S1), E97–E111.

Vaish, A., Carpenter, M., & Tomasello, M. (2009). Sympathy through affective perspective taking and its relation to prosocial behavior in toddlers. *Developmental Psychology, 45*, 534–543.

Vaish, A., Woodward, A., & Grossmann, T. (2008). Not all emotions are created equal: The negativity bias in social-emotional development. *Psychological Bulletin, 134*, 383–403.

Valentino, K., Ciccetti, D., Rogosch, F. A., & Toth, S. L. (2008). Memory, maternal representations, and internalizing symptomatology among abused, neglected, and nonmaltreated children. *Child Development, 79*, 705–719.

Valenza, E., & Bulf, H. (2011). Early development of object unity: Evidence for perceptual completion in newborns. *Developmental Science, 14*, 799–808.

Valkenburg, P. M., & Jochen, P. (2009). Social consequences of the Internet for adolescents: A decade of research. *Current Directions in Psychological Science, 18*, 1–5.

Vandell, D. L., Belsky, J., Burchinal, M., Steinberg, L., Vandergrift, N., & The NICHD Early Child Care Research Network. (2010). Do effects of early child care extend to age 15 years? Results from the NICHD Study of Early Child Care and Youth Development. *Child Development, 81*, 737–756.

Vandell, D. L., Pierce, K. M., & Dadisman, K. (2005). Out-of-school settings as a developmental context for children and youth. In R. V. Kail (Ed.), *Advances in child development and behavior* (Vol. 33, pp. 43–77). Amsterdam: Elsevier Academic Press.

van der Mark, I. L., van IJzendoorn, M. H., & Bakermans-Kranenburg, M. J. (2002). Development of empathy in girls during the second year of life: Associations with parenting, attachment, and temperament. *Social Development, 11*, 451–468.

Vander Wal, J. S., & Thelen, M. H. (2000). Eating and body image concerns among obese and average-weight children. *Addictive Behaviors, 25*, 775–778.

Van Duijvenvoorde, A. C. K., Huizenga, H. M., & Jansen, B. R. J. (2014). What is and what could have been: Experiencing regret and relief across childhood. *Cognition and Emotion, 28*, 926–935.

Van Gelderen, L., Gartrell, N. N., Bos, H. M. W., & Hermanns, J. M. A. (2012). Stigmatization and promotive factors in relation to psychological health and life satisfaction of adolescents in planned lesbian families. *Journal of Family Issues, 34*, 809–827.

van Goozen, S. H., Fairchild, G., Snoek, H., & Harold, G. T. (2007). The evidence for a neurobiological model of childhood antisocial behavior. *Psychological Bulletin, 133*, 149–182.

van Hof, P., van der Kamp, J., & Savelsbergh, G. J. P. (2002). The relation of unimanual and bimanual reaching to crossing the midline. *Child Development, 73*, 1352–1362.

Van IJzendoorn, M. H., & Bakermans-Kranenburg, M. J. (2012). Integrating temperament and attachment: The different susceptibility paradigm. In M. Zentner & R. L. Shiner (Eds.), *Handbook of temperament* (pp. 403–424). New York, NY: Guilford.

Van IJzendoorn, M. H., Bakermans-Kranenburg, M. J., & Ebstein, R. P. (2011). Methylation matters in child development: Toward developmental behavioral epigenetics. *Child Development Perspectives, 5*, 305–310.

Van IJzendoorn, M. H., & Sagi-Schwartz, A. (2008). Cross-cultural patterns of attachment: Universal and contextual dimensions. In J. Cassidy & P. R. Shaver (Eds.), *Handbook of attachment: Theory, research, and clinical applications* (pp. 713–734). New York, NY: Guilford.

van IJzendoorn, M. H., Schuengel, C., & Bakermans-Kranenburg, M. J. (1999). Disorganized attachment in early childhood: Meta-analysis of precursors, concomitants, and sequelae. *Development & Psychopathology, 11*, 225–249.

van IJzendoorn, M. H., Vereijken, C. M. J. L., Bakermans-Kranenburg, M. J., & Riksen-Walraven, J. M. (2004). Assessing attachment security with the Attachment Q-Sort: Meta-analytic evidence for the validity of the observer AQS. *Child Development, 75*, 1188–1213.

van Lier, P. A. C., Vitaro, F., Barker, E. D., Brendgen, M., Tremblay, R. E., & Boivin, M. (2012). Peer victimization, poor academic achievement, and the link between childhood externalizing and internalizing problems. *Child Development, 83*, 1775–1788.

Van Tuijl, L. A., de Jong, P. J., Sportel, B. E., de Hullu, E., & Nauta, M. H. (2014). Implicit and explicit self-esteem and their reciprocal relationship with symptoms of depression and social anxiety: A longitudinal study in adolescents. *Journal of Behavior Therapy and Experimental Psychiatry, 45,* 113–121.

Van Zalk, M., Herman, W., Kerr, M., Branje, S. J. T., Stattin, H., & Meeus, W. H. J. (2010). It takes three: Selection, influence, and de-selection processes of depression in adolescent friendship networks. *Developmental Psychology, 46,* 927–938.

Vazsonyi, A. T., Hibbert, J. R., & Snider, J. B. (2003). Exotic enterprise no more? Adolescent reports of family and parenting practices from youth in four countries. *Journal of Research on Adolescence, 13,* 129–160.

Vazsonyi, A. T., & Huang, L. (2010). Where self-control comes from: On the development of self-control and its relationship to deviance over time. *Developmental Psychology, 46,* 245–257.

Vazsonyi, A. T., & Snider, J. B. (2008). Mentoring, competencies, and adjustment in adolescents: American part-time employment and European apprenticeships. *International Journal of Behavioral Development, 32,* 46–55.

Veenstra, R., Lindberg, S., Oldenhinkel, A. J., De Winter, A. F., Verhulst, F. C., & Ormel, J. (2005). Bullying and victimization in elementary schools: A comparison of bullies, victims, bully/victims, and uninvolved preadolescents. *Developmental Psychology, 41,* 672–682.

Veenstra, R., Lindenberg, S., Munniksma, A., & Dijkstra, J. K. (2010). The complex relation between bullying, victimization, acceptance, and rejection: Giving special attention to status, affection, and sex differences. *Child Development, 81,* 480–486.

Vélez, C. E., Wolchik, S. A., Tein, J., & Sandler, I. (2011). Protecting children from the consequences of divorce: A longitudinal study of the effects of parenting on children's coping processes. *Child Development, 82,* 244–257.

Ventura, S. J., Abma, J. C., Mosher, W. D., & Henshaw, S. K. (2008). Estimated pregnancy rates by outcome for the United States, 1990–2004. *National Vital Statistics Reports, 56,* 1–26.

Verkuyten, M., & De Wolf, A. (2007). The development of in-group favoritism: Between social reality and group identity. *Developmental Psychology, 43,* 901–911.

Véronneau, M.-H., Vitaro, F., Brendgen, M., Dishion, T. J., & Tremblay, R. E. (2010). Transactional analysis of the reciprocal linkages between peer relationships and academic achievement from middle childhood to early adolescence. *Developmental Psychology, 46,* 773–790.

Verschaeve, L. (2009). Genetic damage in subjects exposed to radiofrequency radiation. *Mutation Research—Reviews in Mutation Research, 681,* 259–270.

Victora, C. G., Adam, T., Bruce, J., & Evans, D. B. (2006). Integrated management of the sick child. In D. T. Jamison et al. (Eds.), *Disease control priorities in developing countries* (2nd ed., pp. 1172–1192). New York, NY: Oxford University Press.

Vieno, A., Nation, M., Pastore, M., & Santinello, M. (2009). Parenting and antisocial behavior: A model of the relationship between adolescent self-disclosure, parental closeness, parental control, and adolescent antisocial behavior. *Developmental Psychology, 45,* 1509–1519.

Vijayalaxmi & Prihoda, T. J. (2012). Genetic damage in human cells exposed to non-ionizing radiofrequency fields: A meta-analysis of the data from 88 publications (1990–2011). *Mutation Research/Genetic Toxicology and Environmental Mutagenesis, 749,* 1–16.

Visher, E. G., Visher, J. S., & Pasley, K. (2003). Remarriage families and stepparenting. In F. Walsh (Ed.), *Normal family processes* (pp. 153–175). New York, NY: Guilford.

Vitiello, B., & Swedo, S. (2004). Antidepressant medications in children. *New England Journal of Medicine, 350,* 1489–1491.

Volling, B. L. (2012). Family transitions following the birth of a sibling: An empirical review of changes in the firstborn's adjustment. *Psychological Bulletin, 138,* 497–528.

Vorhees, C. V., & Mollnow, E. (1987). Behavior teratogenesis: Long-term influences on behavior. In J. D. Osofsky (Ed.), *Handbook of infant development* (2nd ed.). New York, NY: Wiley.

Vouloumanos, A., Hauser, M. D., Werker, J. F., & Martin, A. (2010). The tuning of human neonates' preference for speech. *Child Development, 81,* 517–527.

Voyer, D., Postma, A., Brake, B., & Imperato-McGinley, J. (2007). Gender differences in object location memory: A meta-analysis. *Psychonomic Bulletin & Review, 14,* 23–38.

Voyer, D., Voyer, S., & Bryden, M. P. (1995). Magnitude of sex differences in spatial abilities: A meta-analysis and consideration of critical variables. *Psychological Bulletin, 117,* 250–270.

Vraneković, J., Božović, I. B., Grubić, Z., Wagner, J., Pavlinić, D., Dahoun, S., et al. (2012). Down syndrome: Parental origin, recombination, and maternal age. *Genetic Testing and Molecular Biomarkers, 16,* 70–73.

Vygotsky, L. S. (1978). *Mind in society: The development of higher psychological processes* (M. Cole, V. John-Steiner, S. Scribner, & E. Soubermen, Eds.). Cambridge, MA: Harvard University Press.

Wachs, T. D., & Bates, J. E. (2001). Temperament. In G. Bremner & A. Fogel (Eds.), *Blackwell handbook of infant development* (pp. 465–501). Malden, MA: Blackwell.

Wagner, K., & Dobkins, K. R. (2011). Synaesthetic associations decrease during infancy. *Psychological Science, 22,* 1067–1072.

Wainwright, J. L., & Patterson, C. J. (2008). Peer relations among adolescents with female same-sex parents. *Developmental Psychology, 44,* 117–126.

Wainwright, J. L., Russell, S. T., & Patterson, C. J. (2004). Psychosocial adjustment, school outcomes, and romantic relationships of adolescents with same-sex parents. *Child Development, 75,* 1886–1898.

Wakschlag, L. S., Leventhal, B. L., Pine, D. S., Pickett, K. E., & Carter, A. S. (2006). Elucidating early mechanisms of developmental psychopathology: The case of prenatal smoking and disruptive behavior. *Child Development, 77,* 893–906.

Walberg, H. J. (1995). General practices. In G. Cawelti (Ed.), *Handbook of research on improvising student achievement*. Arlington, VA: Educational Research Service.

Walker, P., Bremner, J. G., Mason, U., Spring, J., Mattock, K., Slater, A., et al. (2010). Preverbal infants' sensitivity to synaesthetic cross-modality correspondences. *Psychological Science, 21,* 21–25.

Wallentin, M. (2009). Putative sex differences in verbal abilities and language cortex: A critical review. *Brain & Language, 108,* 175–183.

Walton, G. M., & Spencer, S. J. (2009). Latent ability: Grades and test scores systematically underestimate the intellectual ability of negatively stereotyped students. *Psychological Science, 20,* 1132–1139.

Wang, Q. (2006). Culture and the development of self-knowledge. *Current Directions in Psychological Science, 15,* 182–187.

Wang, S. S., & Brownell, K. D. (2005). Anorexia nervosa. In C. B. Fisher & R. M. Lerner (Eds.), *Encyclopedia of applied developmental science* (Vol. 1, pp. 83–85). Thousand Oaks, CA: Sage.

Wang, M-T., & Huguley, J. P. (2012). Parental racial socialization as a moderator of the effects of racial discrimination on educational success among African American adolescents. *Child Development 83,* 1716–1731.

Wang, Q., Pomerantz, E. M., & Chen, H. (2007). The role of parents' control in early adolescents' psychological functioning:

A longitudinal investigation in the United States and China. *Child Development, 78,* 1592–1610.

Wansink, B., & Sobal, J. (2007). Mindless eating: The 200 daily food decisions we overlook. *Environment & Behavior, 39,* 106–123.

Warneken, F., & Tomasello, M. (2006). Altruistic helping in human infants and young chimpanzees. *Science, 311,* 1301–1303.

Warner, B., Altimier, L., & Crombleholme, T. M. (2007). Fetal surgery. *Newborn & Infant Nursing Reviews, 7,* 181–188.

Warnock, F., & Sandrin, D. (2004). Comprehensive description of newborn distress behavior in response to acute pain (newborn male circumcision). *Pain, 107,* 242–255.

Warren, A. R., & McCloskey, L. A. (1993). Pragmatics: Language in social contexts. In J. Berko Gleason (Ed.), *The development of language* (3rd ed., pp. 195–238). New York, NY: Macmillan.

Warren-Leubecker, A., & Bohannon, J. N. (1989). Pragmatics: Language in social contexts. In J. Berko Gleason (Ed.), *The development of language* (2nd ed., pp. 327–368). Columbus, OH: Merrill.

Watamura, S. E., Phillips, D. A., Morrissey, T. W., McCartney, K., & Bub, K. (2011). Double jeopardy: Poorer social-emotional outcomes for children in the NICHD SECCYD experiencing home and child-care environments that confer risk. *Child Development, 82,* 48–65.

Waterhouse, L. (2006). Multiple intelligences, the Mozart effect, and emotional intelligence: A critical review. *Educational Psychologist, 41,* 207–225.

Waters, H. S. (1980). "Class news": A single-subject longitudinal study of prose production and schema formation during childhood. *Journal of Verbal Learning & Verbal Behavior, 19,* 152–167.

Waters, H. F. (1993, July 12). Networks under the gun. *Newsweek,* 64–66.

Waters, E., & Cummings, E. M. (2000). A secure base from which to explore close relationships. *Child Development, 71,* 164–172.

Waters, S. F., West, T. V., & Mendes, W. B. (2014). Stress contagion: Physiological covariation between mothers and infants. *Psychological Science, 25,* 934–942.

Watson, J. B. (1925). *Behaviorism.* New York, NY: Norton.

Wax, J. R., Pinette, M. G., & Cartin, A. (2010). Home versus hospital birth: Process and outcome. *Obstetrical & Gynecological Survey, 65,* 132–140.

Waxman, S., Fu, X., Arunachalam, S., Leddon, E., Geraghty, K., & Song, H-J. (2013). Are nouns learned before verbs? Infants provide insights into a long-standing debate. *Child Development Perspectives, 7,* 155–159.

Waxman, S., Medin, D., & Ross, N. (2007). Folkbiological reasoning from a cross-cultural developmental perspective: Early essentialist notions are shaped by cultural beliefs. *Developmental Psychology, 43,* 294–308.

Webb, S. J., Monk, C. S., & Nelson, C. A. (2001). Mechanisms of postnatal neurobiological development: Implications for human development. *Developmental Neuropsychology, 19,* 147–171.

Webster-Stratton, C. H., Reid, M. J., & Beauchaine, T. (2011). Combining parent and child training for young children with ADHD. *Journal of Clinical Child and Adolescent Psychology, 40,* 191–203.

Wei, W., Lu, H., Zhao, H., Chen, C., Dong, Q., & Zhou, X. (2012). Gender differences in children's arithmetic performance are accounted for by gender differences in language abilities. *Psychological Science, 23,* 320–330.

Weichold, K., & Silbereisen, R. K. (2005). Puberty. In C. B. Fisher & R. M. Lerner (Eds.), *Encyclopedia of applied developmental science* (Vol. 2, pp. 893–898). Thousand Oaks, CA: Sage.

Weinert, F. E., & Haney, E. A. (2003). The stability of individual differences in intellectual development: Empirical evidence, theoretical problems, and new research questions. In R. J. Sternberg, J. Lautrey, &

T. I. Lubart (Eds.), *Models of intelligence: International perspectives* (pp. 169–181). Washington, DC: American Psychological Association.

Weis, R., & Cerankosky, B. C. (2010). Effects of video-game ownership on young boys' academic and behavioral functioning: A randomized, controlled study. *Psychological Science, 21,* 463–470.

Weisgram, E. S., Bigler, R. S., & Liben, L. S. (2010). Gender, values, and occupational interests among children, adolescents, and adults. *Child Development, 81,* 778–796.

Weisleder, A., & Fernald, A. (2013). Talking to children matters: Early language experience strengthens processing and builds vocabulary. *Psychological Science, 24,* 2143–2152.

Weisner, T. S., Garnier, H., & Loucky, J. (1994). Domestic tasks, gender egalitarian values and children's gender typing in conventional and nonconventional families. *Sex Roles, 30,* 23–54.

Weisner, T. S., & Wilson-Mitchell, J. E. (1990). Nonconventional family lifestyles and sex typing in six-year-olds. *Child Development, 61,* 1915–1933.

Weissman, M. D., & Kalish, C. W. (1999). The inheritance of desired characteristics: Children's view of the role of intention in parent-offspring resemblance. *Journal of Experimental Child Psychology, 73,* 245–265.

Weisz, J. R., McCarty, C. A., & Valeri, S. M. (2006). Effects of psychotherapy for depression in children and adolescents: A meta-analysis. *Psychological Bulletin, 132,* 132–149.

Weizman, Z. O., & Snow, C. E. (2001). Lexical output as related to children's vocabulary acquisition: Effects of sophisticated exposure and support for meaning. *Developmental Psychology, 37,* 265–279.

Wellman, H. M. (2002). Understanding the psychological world: Developing a theory of mind. In U. Goswami (Ed.), *Blackwell handbook of childhood cognitive development* (pp. 167–187). Malden, MA: Blackwell.

Wellman, H. M. (2011). Developing a theory of mind. In U. Goswami (Ed.), *The Wiley-Blackwell handbook of childhood cognitive development* (2nd ed., pp. 258–284). West Sussex, UK: Wiley-Blackwell.

Wellman, H. M. (2012). Theory of mind: Better methods, clearer findings, more development. *European Journal of Developmental Psychology, 9,* 313–330.

Wellman, H. M., Fang, F., & Peterson, C. C. (2011). Sequential progressions in a theory-of-mind scale. *Child Development, 82,* 780–792.

Wellman, H. M., & Gelman, S. A. (1998). Knowledge acquisition in foundational domains. In W. Damon (Ed.), *Handbook of child psychology* (Vol. 2, pp. 523–573). New York, NY: Wiley.

Wentworth, N., Benson, J. B., & Haith, M. M. (2000). The development of infants' reaches for stationary and moving targets. *Child Development, 71,* 576–601.

Wentzel, K. R., Filisetti, L., & Looney, L. (2007). Adolescent prosocial behavior: The role of self-processes and contextual cues. *Child Development, 78,* 895–910.

Werker, J. F., Yeung, H. H., & Yoshida, K. A. (2012). How do infants become experts at native-speech perception? *Current Directions in Psychological Science, 21,* 221–226.

Werner, H. (1948). *Comparative psychology of mental development.* Chicago, IL: Follet.

Werner, N. E., Eaton, A. D., Lyle, K., Tseng, H., & Holst, B. (2014). Maternal social coaching quality interrupts the development of relational aggression during early childhood. *Social Development, 23,* 470–486.

Werner, E. E., & Smith, R. S. (2001). *Journeys from childhood to midlife: Risk, resilience, and recovery.* Ithaca, NY: Cornell University Press.

Wertsch, J. V., & Tulviste, P. (1992). L. S. Vygotsky and contemporary developmental psychology. *Developmental Psychology, 28,* 548–557.

West, F., Sanders, M. R., Cleghorn, G. J., & Davies, P. S. W. (2010). Randomised clinical trial of a family-based lifestyle intervention for childhood obesity involving parents as the exclusive agents of change. *Behaviour Research and Therapy, 48,* 1170–1179.

Whitaker, R. C., Wright, J. A., Pepe, M. S., Seidel, K. D., & Dietz, W. H. (1997). Predicting obesity in young adulthood from childhood and parental obesity. *New England Journal of Medicine, 337,* 869–873.

White, F. A., Abu-Rayya, H. M., & Weitzel, C. (2014). Achieving twelve-months of intergroup bias reduction: The dual identity-electronic contact (DIEC) experiment. *International Journal of Intercultural Relations, 38,* 158–163.

White, L., & Gilbreth, J. G. (2001). When children have two fathers: Effects of relationships with stepfathers and noncustodial fathers on adolescent outcomes. *Journal of Marriage & the Family, 63,* 155–167.

Whitehurst, G. J., & Vasta, R. (1975). Is language acquired through imitation? *Journal of Psycholinguistic Research, 4,* 37–59.

Whiting, J. W. M., & Child, I. L. (1953). *Child training and personality: A cross-cultural study.* New Haven, CT: Yale University Press.

Whitty, M. T. (2014). The internet and its implications for children, parents and family relationships. In A. Abela & J. Walker (Eds.), *Contemporary issues in family studies: Global perspectives on partnerships, parenting, and support in a changing world* (pp. 262–274). Chichester, West Sussex, UK: Wiley.

Wicks-Nelson, R., & Israel, A. C. (2006). *Behavior disorders of childhood* (6th ed.). Upper Saddle River, NJ: Pearson.

Widen, S. C., & Russell, J. A. (2013). Children's recognition of disgust in others. *Psychological Bulletin, 139,* 271–299.

Wie, O. B., Falkenberg, E.-S., Tvete, O., & Tomblin, B. (2007). Children with a cochlear implant: Characteristics and determinants of speech recognition, speech-recognition growth rate, and speech production. *International Journal of Audiology, 46,* 232–243.

Willatts, P. (1999). Development of means-end behavior in young infants: Pulling a support to retrieve a distant object? *Developmental Psychology, 35,* 651–667.

Williams, J. E., & Best, D. L. (1990). *Measuring sex stereotypes: A thirty-nation study* (rev. ed.). Newbury Park, CA: Sage.

Williams, S. T., Conger, K. J., & Blozis, S. A. (2007). The development of interpersonal aggression during adolescence: The importance of parents, siblings, and family economics. *Child Development, 78,* 1526–1542.

Williams, T. L., & Davidson, D. (2009). Interracial and intra-racial stereotypes and constructive memory in 7- and 9-year-old African-American children. *Journal of Applied Developmental Psychology, 30,* 366–377.

Willoughby, T., Adachi, P. J. C., & Good, M. (2012). A longitudinal study of the association between violent video game play and aggression among adolescents. *Developmental Psychology, 48,* 1044–1057.

Wills, T. A., Sandy, J. M., Yaeger, A., & Shinar, O. (2001). Family risk factors and adolescent substance use: Moderation effects for temperament dimensions. *Developmental Psychology, 37,* 283–297.

Wilson, R. D. (2000). Amniocentesis and chorionic villus sampling. *Current Opinion in Obstetrics & Gynecology, 12,* 81–86.

Wilson, B. J. (2008). Media and children's aggression, fear, and altruism. *Future of Children, 18,* 87–118.

Wilson, D. M., Gottfredson, D. C., Cross, A. B., Rorie, M., & Connell, N. (2010). Youth development in after-school leisure activities. *Journal of Early Adolescence, 30,* 668–690.

Wilson, G. T., Heffernan, K., & Black, C. M. D. (1996). Eating disorders. In E. J. Marsh & R. A. Barkley (Eds.), *Child psychopathology.* New York, NY: Guilford.

Wilson, B. J., Smith, S. L., Potter, W. J., Kunkel, D., Linz, D., Colvin, C. M., & Donnerstein, E. (2002). Violence in children's television programming: Assessing the risks. *Journal of Communication, 52,* 5–35.

Winneke, G. (2011). Developmental aspects of environmental neurotoxicology: Lessons from lead and polychlorinated biphenyls. *Journal of the Neurological Sciences, 308,* 9–15.

Winner, E. (2000). Giftedness: Current theory and research. *Current Directions in Psychological Science, 9,* 153–156.

Witherspoon, D., Schotland, M., Way, N., & Hughes, D. (2009). Connecting the dots: How connectedness to multiple contexts influences the psychological and academic adjustment of urban youth. *Applied Developmental Science, 13,* 199–216.

Wolfe, D. A. (1985). Child-abusive parents: An empirical review and analysis. *Psychological Bulletin, 97,* 462–482.

Wolff, P. H. (1987). *The development of behavioral states and the expression of emotions in early infancy.* Chicago, IL: University of Chicago Press.

Wolke, D., Copeland, W. E., Angold, A., & Costello, E. J. (2013). Impact of bullying on adult health, wealth, crime, and social outcomes. *Psychological Science, 24,* 1958–1970.

Wolraich, M. L., Lindgren, S. D., Stumbo, P. J., Stegink, L. D., Appelbaum, M. I., & Kiritsy, M. C. (1994). Effects of diets high in sucrose or aspartame on the behavior and cognitive performance of children. *New England Journal of Medicine, 330,* 301–307.

Woodward, A. L. (2009). Infants' grasp of others' intention. *Current Directions in Psychological Science, 18,* 53–57.

Woodward, A. L. (2013). Infant foundations of intentional understanding. In M. R. Banaji & S. A. Gelman (Eds.), *Navigating the social world: What infants, children, and other species can teach us* (pp. 75–80). New York, NY: Oxford University Press.

Woodward, A. L., & Markman, E. M. (1998). Early word learning. In W. Damon (Ed.), *Handbook of child psychology* (Vol. 2). New York, NY: Wiley.

World Health Organization. (2004). *The analytic review of the integrated management of childhood illness strategy.* Geneva, Switzerland: Author.

World Health Organization. (2010). *Population-based prevention strategies for childhood obesity.* Geneva, Switzerland: Author.

World Health Organization. (2012). *Recommendations for management of common childhood conditions.* Geneva, Switzerland: Author.

World Health Organization. (2013). *World health statistics 2013.* Geneva, Switzerland: Author.

Worobey, J. (2005). Effects of malnutrition. In C. B. Fisher & R. M. Lerner (Eds.), *Encyclopedia of applied developmental science* (Vol. 2, pp. 673–676). Thousand Oaks, CA: Sage.

Worthman, C. M., & Brown, R. A. (2007). Companionable sleep: Social regulation of sleep and cosleeping in Egyptian families. *Journal of Family Psychology, 21,* 124–135.

Wray-Lake, L., Crouter, A. C., & McHale, S. M. (2010). Developmental patterns in decision-making autonomy across middle childhood and adolescence: European American parents' perspectives. *Child Development, 81,* 636–651.

Wright, J. C., Huston, A. C., Murphy, K. C., St. Peters, M., Piñon, M., Scantlin, R. et al. (2001). The relations of early television viewing to school readiness and vocabulary of children from low-income families: The Early Window Project. *Child Development, 72,* 1347–1366.

Wynn, K. (1992). Addition and subtraction by human infants. *Nature, 358,* 749–750.

Xie, H., Li, Y., Boucher, S. M., Hutchins, B. C., & Cairns, B. D. (2006). What makes a girl (or a boy) popular (or unpopular)? African American children's perceptions and developmental differences. *Developmental Psychology, 42,* 599–612.

Xu, Y., Farver, J. A., & Zhang, Z. (2009). Temperament, harsh and indulgent parenting, and Chinese children's proactive and reactive aggression. *Child Development, 80,* 244–258.

Yap, M. B. H., Pilkington, P. D., Ryan, S. M., & Jorm, A. F. (2014). Parental factors associated with depression and anxiety in young people: A systematic review and meta-analysis. *Journal of Affective Disorders, 156,* 8–23.

Yarrow, A. L. (2011). A history of federal child antipoverty and health policy in the United States since 1900. *Child Development Perspectives, 5,* 66–72.

Yau, J., Smetana, J. G., & Metzger, A. (2009). Young Chinese children's authority concepts. *Social Development, 18,* 210–229.

Yip, T., Douglass, S., & Shelton, J. C. (2013). Daily intragroup contact in diverse settings: Implications for Asian Adolescents' ethnic identity. *Child Development, 84,* 1425–1441.

Young, S. K., Fox, N. A., & Zahn-Waxler, C. (1999). The relations between temperament and empathy in 2-year-olds. *Developmental Psychology, 35,* 1189–1197.

Yuan, S., & Fisher, C. (2009). "Really? She blicked the baby?": Two-year-olds learn combinatorial facts about verbs by listening. *Psychological Science, 20,* 619–626.

Yumoto, C., Jacobson, S. W., & Jacobson, J. L. (2008). Fetal substance exposure and cumulative environmental risk in an African American cohort. *Child Development, 79,* 1761–1776.

Zahn-Waxler, C., Radke-Yarrow, M., Wagner, E., & Chapman, M. (1992). Development of concern for others. *Developmental Psychology, 28,* 126–136.

Zalewski, M., Lengua, L. J., Wilson, A. C., Trancik, A., & Bazinet, A. (2011). Emotion regulation profiles, temperament, and adjustment problems in preadolescents. *Child Development, 82,* 951–966.

Zarbatany, L., Hartmann, D. P., & Rankin, D. B. (1990). The psychological functions of preadolescent peer activities. *Child Development, 61,* 1067–1080.

Zarrett, N., Fay, K., Li, Y., Carrano, J., Phelps, E., & Lerner, R. M. (2009). More than child's play: Variable- and pattern-centered approaches for examining effects of sports participation on youth development. *Developmental Psychology, 45,* 368–382.

Zeiders, K. H., Umaña-Taylor, A. J., & Derlan, C. L. (2013). Trajectories of depressive symptoms and self-esteem in Latino youths: Examining the role of gender and perceived discrimination. *Developmental Psychology, 49,* 951–963.

Zelazo, P. D., Anderson, J. E., Richler, J., Wallner-Allen, K., Beaumont, J. L., & Weintraub, S. (2013). NIH Toolbox Cognition Battery (CB): Measuring executive function and attention. In P. D. Zelazo and P. J. Bauer (Eds.), National Institutes of Health Toolbox Cognition Battery (NIH Toolbox CB): Validation for children between 3 and 15 years. *Monographs of the Society for Research in Child Development, 78,* Serial No. 309, 16–33.

Zelazo, P. D., & Cunningham, W. A. (2007). Executive function: Mechanisms underlying emotion regulation. In J. J. Gross (Ed.), *Handbook of emotion regulation* (pp. 135–158). New York, NY: Guilford.

Zeman, J., & Garber, J. (1996). Display rules for anger, sadness, and pain: It depends on who is watching. *Child Development, 67,* 957–973.

Zeman, J., & Shipman, K. (1997). Social-contextual influences on experiences for managing anger and sadness: The transition from middle childhood to adolescence. *Developmental Psychology, 33,* 917–924.

Zhang, B., Cartmill, C., & Ferrence, R. (2008). The role of spending money and drinking alcohol in adolescent smoking. *Addiction, 103,* 310–319.

Zhou, Q., Eisenberg, N., Losoya, S. H., Fabes, R. A., Reiser, M., Guthrie, I. K., et al. (2002). The relations of parental warmth and positive expressiveness to children's empathy-related responding and social functioning: A longitudinal study. *Child Development, 73,* 893–915.

Zhou, Q., Lengua, L., & Wang, Y. (2009). The relations of temperament reactivity and effortful control to children's adjustment problems in China and the United States. *Developmental Psychology, 45,* 724–739.

Zhou, Q., Wang, Y., Eisenberg, N., Wolchik, S., Tein, J-W., & Deng, X. (2008). Relations of parenting and temperament to Chinese children's experience of negative life events, coping efficacy, and externalizing problems. *Child Development, 79,* 493–513.

Zhu, M., Cummings, P., Chu, H., Coben, J. H., & Li, G. (2013). Graduated driver licensing and motor vehicle crashes involving teenage drivers: an exploratory age-stratified meta-analysis. *Injury Prevention, 19,* 49–57.

Ziegler, J. C., Bertrand, D., Töth, D., Csépe, V., Reis, A., Faísca, L. et al. (2010). Orthographic depth and its impact on universal predictors of reading: A cross-language investigation. *Psychological Science, 21,* 551–559.

Zigler, E., & Finn-Stevenson, M. (1992). Applied developmental psychology. In M. H. Bornstein & M. E. Lamb (Eds.), *Developmental psychology: An advanced textbook.* Hillsdale, NJ: Erlbaum.

Zigler, E. F., & Muenchow, S. (1992). *Head Start: Inside story of American's most successful educational experiment.* New York, NY: Basic Books.

Zimiles, H., & Lee, V. E. (1991). Adolescent family structure and educational progress. *Developmental Psychology, 27,* 314–320.

Zimmer-Gembeck, M. J., & Helfand, M. (2008). Ten years of longitudinal research on U.S. adolescent sexual behavior: Developmental correlates of sexual intercourse, and the importance of age, gender and ethnic background. *Developmental Review, 28,* 153–224.

Zimmer-Gembeck, M. J. & Skinner, E. A. (2011). The development of coping across childhood and adolescence: An integrative review and critique of research. *International Journal of Behavioral Development, 35,* 1–17.

Zimmerman, B. J. (2001). Theories of self-regulated learning and academic adjustment: An overview and analysis. In B. J. Zimmerman & D. H. Schunk (Eds.), *Self-regulated learning and academic achievement: Theoretical perspectives* (2nd ed., pp. 1–37). Mahwah, NJ: Erlbaum.

Zimmerman, C. (2007). The development of scientific thinking skills in elementary and middle school. *Developmental Review, 27,* 172–223.

Zinar, S. (2000). The relative contributions of word identification skill and comprehension-monitoring behavior to reading comprehension ability. *Contemporary Educational Psychology, 25,* 363–377.

Zohsel, K., Buchmann, A. F., Blomeyer, D., Hohm, E., Schmidt, M. H., Esser, G., et al. (2014). Mothers' prenatal stress and their children's antisocial outcomes—a moderating role for the dopamine receptor D4 (DRD4) gene. *Journal of Child Psychology and Psychiatry, 55,* 69–76.

Zosuls, K. M., Ruble, D. N., & Tamis-Lemonda, C. S. (2014). Self-socialization of gender in African American, Dominican immigrant, and Mexican immigrant toddlers. *Child Development, 85,* in press.

Zosuls, K. M., Ruble, D. N., Tamis-LeMonda, C. S., Shrout, P. E., Bornstein, M. H., & Greulich, F. K. (2009). The acquisition of gender labels in infancy: Implications for gender-typed play. *Developmental Psychology, 45,* 688–701.

Zucker, R. A., Heitzeg, M. M., & Nigg, J. T. (2011). Parsing the undercontrol-disinhibition pathway to substance use disorders: A multilevel developmental problem. *Child Development Perspectives, 5,* 248–255.

Zukow-Goldring, P. (2002). Sibling caregiving. In M. H. Bornstein (Ed.), *Handbook of parenting: Vol. 3. Status and social conditions of parenting* (2nd ed., pp. 253–286). Mahwah, NJ: Erlbaum.

283: Myrleen Fergueson Cate/PhotoEdit; 285: Tetra Images/Alamy; 286: Jeff Greenberg/PhotoEdit; 290: Big Cheese Photo/SuperStock; 291: Jan Mika/Shutterstock; 295: Mary Kate Denny/PhotoEdit; 296: Design Pics Inc./Alamy; 297: Loisjoy Thurstun/Bubbles Photolibrary/Alamy; 298: Harriet Gans/The Image Works.

제11장　Page 304: Andresr/Shutterstock; 306: age fotostock/SuperStock; 308: Juice Images/Alamy; 308: Sean Murphy/The Image Bank/Getty Images; 309: Radius Images/Alamy; 315: Theodore Liasi/Alamy; 325: Big Cheese Photo LLC/Alamy; 325: Robert Maass/Corbis.

제12장　Page 330: Myrleen Ferguson Cate/PhotoEdit; 332: Petr Bonek/Alamy; 335: NewStock/Alamy; 336: Tony Freeman/PhotoEdit; 339: Jim West/Alamy; 340: Myrleen Ferguson Cate/PhotoEdit; 343: Alister MacBain/Moment Open/Getty Images; 344: Al Behrman/AP Images; 346: Myrleen Ferguson Cate/PhotoEdit; 350: Peter Dazeley/Photographer's Choice/Getty Images; 354: Jennie Woodcock/Reflections Photolibrary/Corbis.

제13장　Page 360: Lisa F. Young/Shutterstock; 362: Somwaya/Fotolia; 367: (left) Stockbyte/Getty Images; 367: (center) Addison-Wesley/Pearson Education; 368: Jeff Greenberg 4 of 6/Alamy; 370: WoodyStock/Alamy; 371: Janine Wiedel Photolibrary/Alamy; 374: (top left) Annika Erickson/Blend Images/Alamy; 375: (bottom left) Sally and Richard Greenhill/Alamy; 378: Svitlana-ua/Shutterstock; 380: Loisjoy Thurstun/Bubbles Photolibrary/Alamy; 381: Tony Freeman/PhotoEdit.

제14장　Page 386: Oliveromg/Shutterstock; 388: Ablestock/Hemera Technologies/Alamy; 392: marko turk/MARKA/Alamy; 393: James Shaffer/PhotoEdit; 394: Denise Hager/Catchlight Visual Services/Alamy; 395: Robert Brenner/PhotoEdit; 401: Kayte Deioma/PhotoEdit; 402: Richard Mittleman/Alamy; 405: Corbis Flirt/Alamy; 406: (bottom right) Gao feng/Imaginechina/ZUMA Press/Newscom; 407: Cindy Charles/PhotoEdit; 408: Irina1977/Shutterstock.

제15장　Page 418: Jacob Wackerhausen/Getty Images; 420: (top left) Radius/SuperStock; 420: (bottom left) Urban Zone/Alamy; 422: Myrleen Ferguson Cate/PhotoEdit; 427: Â©Monkey Business Images/Shutterstock; 428: Jan Greune/look/Getty Images; 431: Manfred Baumann/Westend61 GmbH/Alamy; 433: Thomas Cockrem/Alamy; 434: Everett Collection; 435: Bill Aron/PhotoEdit; 438: Phyllis Picardi/Photo Network/Alamy; 439: Sally and Richard Greenhill/Alamy; 440: Catherine Ursillo/Science Source; 442: Alison Wright/Danita Delimont/Alamy; 443: 237/Monashee Frantz/Ocean/Corbis.

내용

제1장　Page 4: John Locke, (1632–1704), Essay Concerning Human Understanding, 1689; Page 21: Yip, T., and Douglass S. (2013). The application of experience sampling approaches. . . . Child Development Perspectives, 7, 211–214.

제2장　Page 43: Based on American Lung Association. (2007). State of lung disease in diverse communities: New York, NY: Author; Committee on Genetics. (1996). Newborn screening fact sheet. Pediatrics, 98, 473–501; Hellekson, K. L. (2001). NIH consensus statement on phenylketonuria. American Family Physician, 63, 1430–1432; Thompson, R. (2007). What is albinism? East Hampstead, NH: National Organization for Albinism and Hypopigmentation; Pages 50–52: Bouchard, T. J. (2004). Genetic influence on human psychological traits. Current Directions in Psychological Science, 13, 148–151.

제3장　Page 88: St. James-Roberts, I., & Plewis, I. (1996). Individual differences, daily fluctuations, and developmental changes in amounts of infant waking, fussing, crying, feeding, and sleeping. Child Development, 67, 2527–2540; AND Wolf, P. H. (1987). The development of behavioral states and the expression of emotions in early infancy. Chicago, IL: University of Chicago Press.

제4장　Page 111: Stice, E., Shaw, H., Bohon, C., Martin, C. N., & Rohde, P. (2009). A meta-analytic review of depression prevention programs for children and adolescents: Factors that predict magnitude of intervention effects. Journal of Consulting & Clinical Psychology, 77, 486–503; Page 121: Fischer, K. W., & Immordino-Yang, M. H. (2008). The fundamental importance of the brain and learning for education. In The Jossey-Bass reader on the brain and learning. San Francisco, CA: Jossey-Bass.

제5장　Page 141: Based on the Diagnostic and Statistical Manual of Mental Disorders, Fourth Edition, (Copyright 2012). American Psychiatric Association.

제6장　Pages 159–160: Piaget, J. (1929). The child's conception of space. Boston, MA: Routledge and Kegan Paul. Page 162: Flavell, J. H. (1985). Cognitive development. Englewood Cliffs, NJ: Prentice Hall; Page 163: Inhelder, B. and Piaget, A. (1958). The growth of logical thinking from childhood to adolescence. New York, NY: Basic Books; Page 164: Flavell, J. H. (1996). Piaget's legacy. Psychological Science, 7, 200–203; Pages 164–165: Data from Brainard, C. J. (1996). Piaget: A centennial celebration. Psychological Science, 7, 191–203; Siegler, R. S. and Ellis, S. Piaget on childhood. Psychological Science, 7, 211–215; Pages 167–168: Gauvain, M. Cognitive development in social and cultural context. Current Directions in Psychological Science, 7, 188–192; Page 178: Hespos, S. J; Ferry A. L; and Rips, L. J. (2009). Five-month-old infants have different expectations for solids and liquids. Psychological Science, 20, 603–611; Pages 184: Baron-Cohen (2005). Mindblindness: An essay on autism and theory of mind. Cambridge, MA: MIT Press/Bradford Books.

제7장　Page 198: State of New Jersey vs Kelly Michaels, Jan. 31, 1994. Cited in Bruck, M., & Ceci, S. J. (1995). Amicus brief for the case of State of New Jersey vs Michaels presented by Committee of Concerned Social Scientists. Psychology, Public Policy, & Law, 1, 272–322; Page 199: Governor's Task Force on Children's Justice. (1998). Forensic interviewing protocol. Lansing, MI: Author, p. v; Page 200: Hershkowitz et al., 2012;

Poole & Bruck, 2012; Page 202: Based on Ellis, S., & Siegler, R. S. (1997). Planning and strategy choice, or why don't children plan when they should? In S. L. Friedman & E. K. Scholnick (Eds.), *The developmental psychology of planning: Why, how, and when do we plan?* (pp. 183–208). Hillsdale, NJ: Erlbaum; Page 204: Kokis, J. V., Macpherson, R., Toplak, M. E., West, R. F., & Stanovich, K. E. (2002). Heuristic and analytic processing: Age trends and associations with cognitive ability and cognitive styles. *Journal of Experimental Child Psychology, 83,* 26–52; Page 205: Kuhn, 2012; Pages 206: "Learning the control of variables strategy in higher and lower achieving classrooms: Contributions of explicit instruction and experimentation" by Robert F. Lorch Jr., Elizabeth P. Lorch, William J. Calderhead, Emily E. Dunlap, Emily C. Hodell and Benjamin Dunham Freer(*Journal of Educational Psychology*, 2010[Feb], Vol 102[1], 90–101). p. 98; Pages 210–211: Siegler & Alibali, 2005; Page 212: Waters, H. S. (1980). "Class news": A single-subject longitudinal study of prose production and schema formation during childhood, p. 155. *Journal of Verbal Learning & Verbal Behavior, 19,* 152–167; Page 218–219: Based on Ni, Chiu, & Cheng, 2010; Stevenson, H. W., & Lee, S. (1990). Contexts of achievement. Monographs of the Society for Research in Child Development, 55 (Serial No. 221); Stigler, J. W., Gallimore, R., & Hiebert, J. (2000). Using video surveys to compare classrooms and teaching across cultures: Examples and lessons from the TIMSS video studies. Educational Psychologists, 35, 87–100.

제8장 Page 227: Daniel Goleman, *Emotional Intelligence*, Bantam Books, 1995, p. xiii; Page 243: Brody, N. (1992). Intelligence (2nd ed.). San Diego, CA: Academic Press; Page 239–240: Alter, A. L., Aronson, J., Darley, J. M., Rodriguez, C., & Ruble, D. N. (2010). Rising to the threat: Reducing stereotype threat by reframing the threat as a challenge. *Journal of Experimental Social Psychology, 46,* 166–171.

제9장 Page 251: Toni Morrison, "Nobel Lecture," Nobel Foundation, 7 December 1993; Page 254: Hoff, E. (2009). *Language development* (2nd ed). Belmont, CA: Wadsworth Cengage Learning; Page 261: Naigles, L. G., & Gelman, S. A. (1995). Overextensions in comprehension and production revisited: Preferential-looking in a study of dog, cat, and cow. *Journal of Child Language, 22,* 19–46; Page 262: Weisleder, A., & Fernald, A. (2013). Talking to children matters: Early language experience strengthens processing and builds vocabulary. *Psychological Science, 24,* 2143–2152; Page 263: Linebarger, D. L., & Vaala, S. E. (2010). Screen media and language development in infants and toddlers: An ecological perspective, p. 184. *Developmental Review, 30,* 176–202; Page 264: Thompson, G. G. (1952). *Child psychology*, p. 367. Boston, MA: Houghton Mifflin; Page 266: DeLoache, J. S., Miller, K. F., & Rosengren, K. S. (1997). The incredible shrinking room: Very young children's performance with symbolic and nonsymbolic relations. *Psychological Science, 8,* 308–313; Page 268: Berko, J. (1958). The child's learning of English morphology. Word, 14, 150–177; Page 269: Gertner, Y., Fisher, C., & Eisengart, J. (2006). Learning words and

rules: Abstract knowledge of word order in early sentence comprehension. *Psychological Science, 17,* 684–691; Page 286: Field, T. M., & Widmayer, S. M. (1982). Motherhood. In B. J. Wolman (Ed.), *Handbook of developmental psychology*. Englewood Cliffs, NJ: Prentice Hall; Page 273: Shatz, M. (1983). Communication. In P. H. Mussen (Ed.), *Handbook of child psychology* (Vol. 3). New York, NY: Wiley; Page 274: Shatz, M., & Gelman, R. (1973). The development of communication skills: Modifcations in the speech of young children as a function of listener, p. 13. *Monographs of the Society for Research in Child Development, 38* (5, Serial No. 152); Page 276: William Shakespeare, *Romeo and Juliet*, 1562.

제10장 Page 287: Data from Rothbart, M. K. (2007). Temperament, development, and personality. *Current Directions in Psychological Science, 16,* 207–212; Page 291: Gartstein, M. A., Knyazev, G. G., & Slobodskaya, H. R. (2005). Cross-cultural differences in the structure of infant temperament: United States of America and Russia. *Infant Behavior and Development, 28,* 54–61; Page 292: Moffitt TE, Arseneault L, Belsky D, et al. A gradient of childhood self-control predicts health, wealth, and public safety. Proc Natl Acad Sci U S A. Feb 15 2011;108(7):2693–2698; Page 312: Based on Bowlby, J. (1969). *Attachment and loss* (Vol. 1). New York, NY: Basic Books; Page 299: Data from George, J. B. F., & Franko, D. L. (2010). Cultural issues in eating pathology and body image among children and adolescents. *Journal of Pediatric Psychology, 35,* 231–242; Page 299: NICHD Early Child Care Research Network. (1997). The effects of infant child care on infant-mother attachment security: Results of the NICHD Study of Early Child Care. *Child Development, 68,* 860–879.

제11장 Page 305: Hall, G. S. (1904). *Adolescence*, 1. New York, NY: Appleton; Page 309: Marcia, J. E. (1980). Identity in adolescence. In J. Adelson (Ed.), Handbook of adolescent psychology. New York, NY: Wiley; Marcia, J. E. (1991). Identity and self-development. In R. M. Lerner, A. C. Petersen, & J. Brooks-Gunn (Eds.), *Encyclopedia of adolescence* (Vol. 1). New York, NY: Garland; Page 309: Phinney, J. (1989). Stage of ethnic identity in minority group adolescents, p. 44. *Journal of Early Adolescence, 9,* 34–49; Page 311: Güngör, D., & Bornstein, M. H. (2010). Culture-general and -specific associations of attachment avoidance and anxiety with perceived parental warmth and psychological control among Turk and Belgian adolescents. *Journal of Adolescence, 33,* 593–602; Page 314: Harter, S. (2006). The self. In W. Damon & R. M. Lerner (Eds.), *Handbook of child psychology* (6th ed., Vol. 3). New York, NY: Wiley; Page 318: Livesley, W. J., & Bromley, D. B. (1973). *Person perception in childhood and adolescence*. New York, NY: Wiley; Page 321: Baron, A. S., & Banaji, M. R. (2006). The development of implicit attitudes: Evidence of race evaluations from ages 6 and 10 and adulthood. *Psychological Science, 17,* 53–58; Page 325: Clark, K. B., & Clark, M. K. (1940). Skin color as a factor in racial identification of Negro preschool children. *Journal of Social Psychology, 11,* 159–169; Page 325: Brown v. Board of Education, 347 U.S. 483 (1954).

제12장 Page 334: Peake, P. K., Hebl, M., & Mischel, W. (2002). Strategic attention deployment for delay gratification in working and waiting situations. *Developmental Psychology, 38,* 313–326; Pages 337–339: Kohlberg, L. (1969). Stage and sequence: The cognitive-developmental approach to socialization. In D. Goslin (Ed.), *Handbook of socialization theory and research* (pp. 347–480). Chicago, IL: Rand McNally.

제13장 Pages 363–364: Taylor, M. G., Rhodes, M., & Gelman, S. A. (2009). Boys will be boys; cows will be cows: Children's essentialist reasoning about gender categories and animal species. *Child Development, 80,* 461–481; Page 369: Else-Quest, N. M., Hyde, J. S., & Linn, M. C. (2010). Cross-national patterns of gender differences in mathematics: A meta-analysis, p. 125. *Psychological Bulletin, 136,* 103–127; Pages 377–378: Martin, C. L., & Ruble, D. (2004). Children's search for gender cues: Cognitive perspectives on gender development. *Current Directions in Psychological Science, 13,* 67–70.

제14장 Page 390: Baumrind, D. (1975). Early socialization and the discipline controversy. Morristown, NJ: General Learning Press; Page 392: Gottman, J. M., Katz, L. F., & Hooven, C. (1996). Parental meta-emotion philosophy and the emotional life of families: Theoretical models and preliminary data. *Journal of Family Psychology, 10,* 243–268; Page 392: Mize, J., & Pettit, G. S. (1997). Mothers' social coaching, mother-child relationship style, and children's peer competence: Is the medium the message? *Child Development, 68,* 312–332; Page 400: Vélez, C. E., Wolchik, S. A., Tein, J., & Sandler, I. (2011). Protecting children from the consequences of divorce: A longitudinal study of the efects of parenting on children's coping processes, p. 255. Child Development, 82, 244–257; Page 401: Mueller, M. M., & Elder, G. H. (2003). Family contingencies across the generations: Grandparents-grandchild relationships in holistic perspective. *Journal of Marriage & the Family, 65,* 404–417.

제15장 Page 430: Hymel, S., Vaillancourt, T., McDougall, P., & Renshaw, P. D. (2004). Peer acceptance and rejection in childhood. In P. K. Smith & C. H. Hart (Eds.), *Blackwell handbook of childhood social development* (pp. 265–284). Malden, MA: Blackwell; Pages 441–442: Conger, R. D., & Elder, G. H. (1994). Families in troubled times: Adapting to change in rural America. New York, NY: Aldine de Gruyter.